韩天衡 书

1991

中国汽车工业年鉴

CHINA AUTOMOTIVE INDUSTRY YEARBOOK

中国汽车工业总公司　编

吉林科学技术出版社

中国汽车工业年鉴(1991)　　中国汽车工业总公司　编

责任编辑:李　玫　　封面设计:杨玉中

出版　吉林科学技术出版社　787×1092毫米 16开本　47.25印张
插页 4　彩图 82　1012 000字
1991年12月第1版　1991年12月第1次印刷
发行　吉林省新华书店　印数:1—5000册　定价:45.00元
印刷　长春市文艺印刷厂　ISBN 7-5384-0661-1/U·49

1991 年 2 月 6 日，邓小平同志在上海市市长朱镕基、上海汽车工业公司总经理陆吉安陪同下，参观了上海大众汽车有限公司。

1989 年 9 月 21 日，江泽民总书记参观于北京举行的建国四十周年工业成就展览会时，在第一汽车制造厂展台旁，听取了该厂李玉堂、韩玉麟、林敢为同志介绍奥迪 200 加长型豪华轿车情况。

1990 年 9 月 25 日，江泽民总书记视察内蒙古第一机械制造厂时，参观该厂引进德国奔驰公司专有技术生产的重型载货汽车。

1988 年 4 月 20 日，李鹏总理参观中国、意大利经济贸易合作《南京轻型卡车项目》的主导产品—“依维柯”轻型厢式客车，鼓励南京汽车制造厂“要快点搞上去”。

1990 年 10 月 25 日，李鹏总理在中南海紫光阁观看北京吉普汽车有限公司生产的 BJ2020N 轻型越野汽车。该公司总经理陈须林向总理介绍情况。

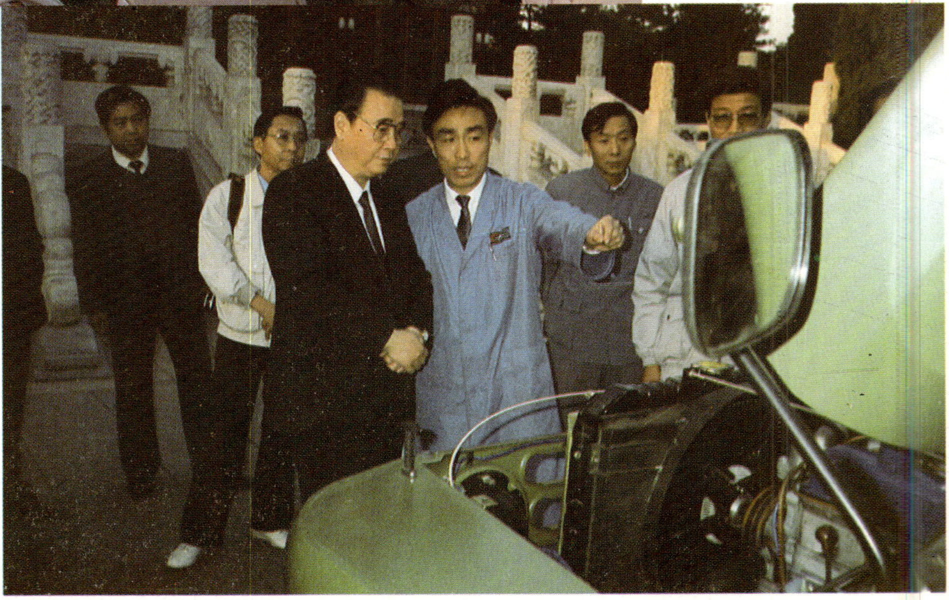

1991 年 1 月 13 日，李鹏总理在天津市市长聂壁初等同志陪同下视察天津市微型汽车厂。图为李鹏总理和工人们亲切交谈。

1990 年 4 月 18 日，李鹏总理在上海参加上海大众汽车有限公司成立五周年庆祝活动。

1988年11月21日，中共中央政治局常委乔石，由湖北省有关领导同志陪同视察第二汽车制造厂，听取该厂厂长陈清泰等同志引进雪铁龙轿车生产情况的汇报。

1989年4月17日，全国政协主席李先念在湖北省委书记关广富陪同下，视察第二汽车制造厂襄樊基地，听取二汽党委书记马跃介绍EQ153型汽车投产前准备工作情况。

1990 年 4 月 30 日，国务委员兼国家教委主任李铁映在广西柳州微型汽车厂参观底盘生产情况。

“1988 年全国乘用车展览会”10 月 7 日至 15 日在北京举行。图为获新产品先进奖的第一汽车制造厂装配生产的奥迪 100 型轿车。

1990年8月16日，第二汽车制造厂隆重举行襄樊汽车试验场竣工典礼。上图：国务委员邹家华（中）、湖北省省长郭树言（左）、机电部部长何光远（右）为典礼剪彩；下图：试验场全景。

1990年7月3日，“国际汽车及工艺装备展览会”在北京举行。图为中国汽车工业总公司总经理蔡诗晴致开幕词。

1991 年《中国汽车工业年鉴》

编审委员会

高尚奇　航空航天工业部民品司处长
郭良楠　中国汽车工业物资总公司副总经理
高明福　上海汽车工业总公司副总经理
崔世尧　济南汽车制造总厂经营副厂长
崔高勤　长春汽车研究所副所长
程德显　北京汽车工业联合公司编纂室主任
董仪隆　天津市汽车工业公司副经理
滕伯乐　南京汽车制造厂副总经济师

1991年《中国汽车工业年鉴》

编辑部

总编辑　渠世居
副总编辑　苗圩　刘国昌　张正智　沈长春
编辑部主任　张正智
编辑部副主任　马凤芝
特约编辑　滕伯乐　周去非　杨妙梁　乐玉汉
特约美术编辑　张世德
美术编辑　黄浩
编辑部成员　葛伟　于淑珍　王祖德　王静　黄浩　李毓青　张进华　田莉　张秦　马凤芝
协助编辑工作单位
中国汽车工业总公司天津设计研究院计算机室等

为汽车工业的调整与发展扎扎实实地工作

（代前言）

在此《中国汽车工业年鉴》(1991版)出版发行之际，谨向为其顺利出版发行予以大力支持和付出辛勤劳动的汽车界同仁表示热烈祝贺，并致以诚挚谢意！

本刊年鉴出版，适逢“七五”与“八五”交替之机。回顾“七五”，总结经验与教训，承上而启下，以利后战，我相信此年鉴将发挥其应有的参考价值和作用。

汽车工业在“七五”期间，以解决“缺重少轻”矛盾，调整改善产品结构和老产品更新换代，提高产品水平为主要目标，通过以引进技术的消化吸收逐步提高国产化率为重点的建设和改造，整个行业的面貌发生了比较明显的变化。概括起来：初步扭转了“缺重少轻”被动局面，轿车发展开始起步，产品结构有较大改善；品种发展较快，产品水平提高，行业服务能力增强；制造工艺和技术装备水平有所提高；引进技术的消化吸收和产品国产化取得进展，实力和发展后劲增强，初步形成了一个以载货汽车为主体，品种较为齐全，具备一定制造和开发能力，比较完整的汽车工业体系；生产和效益取得较好成绩；宏观调控能力有所改善。“七五”期间取得的进展，为汽车工业实现发展重点的战略转移奠定了一个较为坚实的基础，这是值得全行业感到欣慰的。但是“七五”发展中，“散乱”状况严重，生产不集中，投入多、产出少的问题也十分突出，这一严重教训值得认真记取，引以为戒。

中共中央“关于十年规划和‘八五’计划的建议”中指出：“汽车制造工业在整个经济发展中占有重要地位，应当在全国范围内统筹规划，合理布局，促使其健康发展。”我们必须严肃认真地贯彻这一指示精神，在汽车工业“八五”或稍长一些时间，要按照“加速引进产品国产化，加速发展系列化、多品种，加速零部件专业化，搞好结构调整；提高企业素质和经济效益；增强宏观调控能力，增强企业活力，继续深化改革；继续推动汽车工业走联合、高起点、大批量、专业化、优质量的道路，搞好汽车工业的调整和发展”的方针，努力完成五项重点任务：(1)进一步搞好行业的结构调整，总的目标是搞好国家规划内重点企业的专业化分工，解决好规划外企业的转产方向问题；(2)在继续完成载货汽车重点建设项目和引进产品国产化以及进一步提高产品水平的同时，把发展重点放到轿车上来；(3)加强零部件工业的发展，提高专业化水平和技术水平；(4)加强科技进步，形成自主开发和创新能力；(5)企业的发展转到以提高素质求效益的轨道上来。“八五”将是汽车工业发展最好的一个时期，同时又是最艰难的一个时期；是国家对汽车工业支持最大的一个时期，同时也是对汽车工业要求最高的一个时期。我们要在“八五”及稍长时间内，使汽车工业在产品品种、数量、质量、水平方面基本满足国民经济发展各方面的需求，由替代进口、挡住进口为主发展成机电产品出口创汇的重要产业。任务虽十分艰巨，但前景也令人鼓舞。只要全行业150万职工，振奋精神，同心协力，顾全大局，扎扎实实地工作，一定能实现汽车工业调整与发展的各项重点任务，为振兴中国汽车工业作出新的贡献，以更辉煌的成就载入新的《中国汽车工业年鉴》之中！

吴自强

1991年9月

编辑出版说明

《中国汽车工业年鉴》已经出版发行了三刊，该册是第四刊。此书自出版发行以来，得到国内外广大读者的普遍欢迎，为我国汽车工业的发展尽了一份绵薄之力。

我国汽车工业经过40年的发展，取得了很大成绩，特别是党的十一届三中全会以来，发展很快。近几年，在继续治理整顿、深化改革的形势下，汽车工业进行了产品结构、企业结构等多方面的调整，特别是确定了发展轿车、发展零部件等方针，必将使汽车工业发生重大变化。

汽车工业的各级领导机关、广大职工以及关心汽车工业发展的各界人士，都十分需要了解汽车工业各方面的发展情况，以便研究问题、总结经验、制定政策时参考。为此，特编辑出版了这本年鉴，以飨读者。

按照《中国汽车工业年鉴》编审委员会制定的原则，这本年鉴，记录了我国汽车工业"七五"后三年，即1988年至1990年各方面的发展情况。在设计该册年鉴的框架栏目时，编辑部遵照编委会的安排，对前三刊年鉴进行了广泛地发文调查，征求各方面读者的意见。在基本保持原框架结构的前提下，结合汽车工业的新发展、新形势，调整和增设了部分专栏及条目。如："安全、环境保护"和"中国汽车工业协会"两个专栏，就是新增设的。

该册的正文部分共设有20个专栏，超过了前三册的栏目设置。主要栏目有指导汽车工业发展的"领导讲话，重要文件"；有再现"部门、集团、地区汽车工业基本情况"专栏；有记录行业发展步伐和脉络的"大事记"；反映汽车工业深化"改革与企业管理"的经验介绍；全国汽车工业基本情况的统计资料。汽车新产品、标准化、产品质量以及制造技术的新发展；汽车工业科研及教育的发展成果；节能技术、销售和技术服务；引进技术的消化吸收、外事活动、汽车工业进出口情况等，也均有较全面地反映。同时还介绍了汽车行业部分企事业单位的发展情况，汇集了与汽车工业密切相关的国内外资料等。

该年鉴征集资料的范围，仍是生产汽车、改装车、摩托车、车用发动机、汽车与摩托车配件的企业；有关的科研、教育等事业单位；领导机关；销售与服务部门等。在统计资料中，对汽车与摩托车配件生产企业，仍划出"汽车配套相关行业"（即生产非机电产品——轮胎、挡风玻璃等和机电产品——通用轴承、蓄电池等，这两类产品的非汽车工业主管部门所属的企业），进行单独统计。

在全行业基本情况统计中，分别按企业主导产品类别、所属地区、系统、专业、兼业、"大、中、小"规模等，进行统计。汽车工业产品产值占企业全年工业总产值的比例低于75%的兼业企业，各项数据均进行当量折算；大于或等于75%者，为专业企业，所有指标全部计入；低于25%的兼业企业，且汽车工业产值在20万元以下时，只计汽车产品实物量及企业数，其它各项指标不再计入。汽车工业产值按1980年和1990年不变价格分别列出。

《中国汽车工业年鉴》编审委员会，由于管理体制及人员变动，作了适当调整。本年鉴是由编审委员会确定编辑方针及原则，在中国汽车工业总公司的具体领导下，由编辑部进行实施，开展工作。在征集资料及编辑过程中，得到了国家有关部、委、局；各省、直辖市、自治区汽车工业领导机关、汽车工业集团（公司）、生产企业及有关单位的关心和大力支持，特别是得到了《中国汽车工业年鉴》各位联络员、特约编辑及所在单位的大力支持与协助，为之做了大量工作，在此表示诚挚的谢意！

由于编辑人员少，时间仓促，水平有限，会出现一些错误和不足之处，敬请读者批评指正、不吝赐教。

《中国汽车工业年鉴》编辑部

1991年7月26日

目　次

领导讲话　重要文件

汽车工业大事记

改革与企业管理

部门 集团 地区汽车工业基本情况

汽车工业基本情况

汽车工业新产品

汽车标准化

汽车产品质量

汽车制造工艺与装备

科 研

教 育

安全 环境保护

汽车工业节能

汽车销售和技术服务

汽车工业技术引进及外事活动

汽车工业产品进出口

中国汽车工业协会

中国汽车工程学会

经济法规

部分企业概况

附录1

国内有关资料

附录2

国外有关资料

企业产品介绍

领导讲话　重要文件

邹家华国务委员在1990年全国汽车工业工作会议上的讲话(摘要)

(1990年2月11日)

(根据记录整理)

今天这个会是很重要的会。所以这么说，我认为有两点。一是这次会实际上是成立中国汽车工业总公司的大会，是从过去中汽联这么一个社团组织形式转变到一个新的形式开展工作。这是一个很重要的转折。二是这次需要大家商讨如何贯彻中央五中全会的决定。因此，相信这次会对今后汽车工业的发展将起到很重要的作用。只想强调几点：

第一，要搞统筹规划，中国汽车工业总公司一定要抓好全行业的统筹规划。总公司归口到机电部，机电部授权总公司来抓好行业的规划。我国汽车工业发展到今天，已经有很大的成绩了。整个汽车的门类基本上形成了，不仅是重型、中型、轻型还有微型；卡车、旅行车、矿用车以及现在要搞好的小轿车，大的门类在几十年中逐步发展起来了。现在最大的一个问题就是怎么搞好统一规划。过去国家的经济完全搞集中，对经济发展有影响；但是完全搞分散，对经济发展也不利；我国不可能形成31个省、市、自治区都有一个完整的、万事不求人的经济体系，这是不可能的。汽车工业也是如此。大家都有非常大的积极性来发展汽车工业，可是也不能设想每一个省、市、自治区都搞一个完整的汽车工业体系，这绝对不可能。这就自然地提出了一个全国汽车工业到底怎样既统筹规划，又发挥省、市、自治区的积极性，把两者更好地结合起来的问题。这里首先要讲的是统筹规划的问题。在统筹规划的指导下，充分发挥各个地方的积极性，这样就形成了完整的国家经济。很多省、市都愿意发展轿车，但是就汽车工业来讲是很不容易的。绝对不是一个装配车间搞起来，就可以发展轿车了。轿车在投资、人才、技术上讲都是非常密集的，离开了统筹规划，大家就是有积极性，也会产生投资大、效益低的后果。中汽总公司的成立，一定要把统筹规划这件事抓好。从国家来讲，希望各地区经济都得到发展，虽然我国经济发展不平衡，但总希望各地方经济充分发展起来，这样对国家经济有利，对提高人民生活有利。但是必须在统筹规划下考虑，不然的话，就会造成很大的浪费。实际上不管是谁的钱，浪费的结果还是国家的钱。

第二，要抓好产品质量，如果不把质量抓好，是不行的。特别在治理整顿时期，也有这个可能。大家花更大的力量，把质量抓好。质量的问题在汽车行业来讲是一个非常重要的问题。从这个意义上讲，宁愿少些，也要好些。生产出一大堆质量不好的产品，对民对国都不利。到外国去真正交给人家，将来声誉也不好，买卖也就吹了。希望中汽总公司成立之后，千万千万要抓好质量，大家无论如何，不能在这个问题上放松。过去讲质量是企业的生命。这句话仔细品一品，一点也不夸大。产品质量不好，信誉没有了，企业就走到生命最后的尽头了。

第三，今天的汽车工业，整车已有了很大的发展，更为重要的是汽车零部件的工作需要加强。汽车工业是一个专业化、大批量生产的行业。没有专业化、大批量，很难讲汽车工业的效益。在这个工业中，特别是零部件有很大的通用化、系列化问题。假如每一种车都是去搞自己的所有专用零部件，所有零部件都是很小的批量，那么这个工业就发展不起来。我到德国大众汽车厂参观，看了一个发动机厂，一个厂年产70万台发动机，而且几个型号在一条线上生产，这样的生产组织，效益非常高，成本也就降低了。我们一年生产万把台就了不得了，好像大批量了。大批量的概念远远超过万把台，我们汽车上的雨刷，全国三十几个厂，这算什么产量啊？很显然不合理。我和地方同志讲，汽车工业不光是大家热心搞总装，最后出整车。汽车工业要没有大批量零部件的基础，光有装配厂的汽车工业是没有什么活力的。搞零部件，一定要搞专业化、大批量。热心于搞汽车工业的，应该有兴趣去搞汽车零部件。如车锁，一个车上至少5把。一年生产一百万辆车，车锁就要五百万把。组织两、三个企业每个企业生产百万把锁，效益就会大大提高。日本那么多汽车，全国搞化油器只有4个厂家。这个问题是今后汽车工业发展中很突出的问题，希望大家热心于零部件，而且要打破从局部方便不方便来考虑问题的局面。

最后一点意见，非常希望中汽总公司成立后，一方面抓好统筹规划的工作，另一方面多为地方，多为基层服务。总公司不是简单的恢复原来的总公司，名字一样，但工作的内容与原来的总公司不完全一样。一方面希望总公司抓好行业的统筹规划和各部门、各地方一起抓好。另一方面希望总公司能够做好为地方、为基层服务的工作。真正能够把汽车工业凝聚起来，形成一个力量。集团的问题，是我们当前正在逐步形成的，不是领导撮合的，要不断改善、完善。集团将来可能成为汽车工业的一个很好的发展形式。

总之，总公司成立后要更好地为大家服务，抓好统筹规划，抓好自身的经济实体的组织工作。

何光远部长在1990年全国汽车工业工作会议上的讲话（摘要）

（1990年2月11日）

（根据记录整理）

利用这次工作会议的机会，向大家宣布一下国务院国函〔1990〕9号《国务院关于组建中国汽车工业总公司的批复》（略）。

下面讲几点意见，供大家参考。

1　组建中国汽车工业总公司是理顺汽车工业管理体制的一项重大措施。

中国汽车工业联合会自1987年6月成立。两年多的实践表明，这种组织形式对汽车行业实行管理很不顺，工作起来有很多困难。因此，机电部针对这种情况向国务院写了报告。在报告中，当时提出三种方案：一是成立中国汽车工业总局；第二种方案是恢复中汽总公司；第三种方案是维持中汽联不变，在国务院设立汽车工业办公室。经过反复比较，考虑到多方面因素，最后国务院采取了重新组建中汽总公司这一方案。总公司有面向行业的问题，要公正，站在行业的立场，代表国家抓好行业管理，这是主要的着眼点。此外，对大的集团公司，已经放权的，不要由于成立总公司而把他们的权力都收上来，这样不利于搞活。当然，随着经济发展，要求逐步走上经济一体化，在国内外市场上有更强的竞争能力，成为中国的“丰田”，中国的“福特”，中国的汽车工业必须向实体化、集团化方向进一步走下去，这是另外一个问题。这次由中汽联改为总公司，不是简单地恢复过去的中汽公司，是重新组建，是要在职能、工作方式和工作作风上，中汽总公司都要有一些大的转变。中国汽车工业总公司成立后要承担起对整个汽车行业进行宏观调控和管理的任务。总公司要站在国家的立场上，充分发挥行业管理的作用，综合运用政策法规、经济、行政等手段，加强宏观调控，要理直气壮地抓好行业的宏观管理；要面向全行业、依靠全行业、管理全行业、服务全行业，搞好“统筹规划、综合平衡、组织协调、监督服务。”作为一个经济实体，总公司还要在搞好行业管理的同时，做好自身的经营管理工作，争取把公司办成出管理经验、出人才、经济效益好的一流大公司。

2　走集团化、专业化、高起点、大批量的道路，是我国汽车工业发展的主要方向。

汽车行业是我国国民经济的一个重要支柱产业。建国以来，我国汽车工业从无到有，有了很大发展，培养出一支有一定水平的职工队伍，在产品设计和制造技术方面具备了相当的水平，积累了建设和生产的丰富经验。但总的看来，我国汽车工业还比较落后，还不能满足各行各业对汽车的需求。主要表现在汽车的品种少、质量差、水平低、经济效益低。中国汽车工业总公司成立后，要进一步促进全国汽车企业的联合，走集团化、高起点、专业化、大批量的道路。走集团化的路子有三点很重要。一是要资产一体化。松散的联合当然也有一定的作用，但是，它的效益，功能发挥，都是有限的。因此，集团化应在资产一体化上探索新路子，对“三不变”要有所突破。不管是中央资产还是地方资产，都是国家的。国家授权集团法人代表国家管理这块固定资产，“三不变”就自然突破了，当然在具体处理时，要适当照顾地方的利益。我认为，通过国有资产的授权管理，可能在突破“三不变”方面走出一条新路子。搞集团化，汽车工业是走在前面的，希望汽车工业在资产一体化和突破“三不变”的试点中也走在前面。这个问题很重要。如果集团公司不能相对集中财力，只是一种松散的协调组织，很难成长壮大。第二点是，集团公司要有很强的开发能力，要在产品和技术开发能力方面下功夫。第三点，集团公司扩大实力，吸收企业，一定要和专业化改造结合起来，不能搞“母鸡下蛋”的办法。吸收的厂仍然维持“小而全”，还是生产原车型，甚至集团公司出钱去培植它，这个路子不可取。一定要走专业化的路子，才有经济规模，才能有更高的效益。

3　关于产品结构的调整

汽车工业“七五”期间，在解决“缺重少轻”的战略布局中，有个整体的布署和思路，对重型车和轻型车的发展做了布署，又对轿车发展布局做了多次论证，基本形成了一个概念，就是发展“三大三小”，这是一段时期之内的主要目标。现在的问题是要结合市场的需求，以及国家投入的可能性，把实施搞得更切合实际一些。在实施过程中，做到全行业统筹规划，避免盲目、低水平重复的项目出现。已经出现的，如何向规化的布局靠拢，包括零部件问题。

希望中汽总公司今后在加强宏观调控方面，能比以前有更大的权威，发挥更好的作用，要理直气壮地抓好这件事情。

4　关于扩大出口的问题

汽车工业在机电工业当中，是出口潜力较大的行业。与国际汽车工业相比，我国汽车工业产品的出口微不足道。但在中国的机电工业中，汽车产品出口占有一定位置，出口的基数虽然较小，但是增长的幅度比较大，有的产品出口前景看好。一个是重型，包括“斯泰尔”系列重型卡车和我们自己开发的重型卡车还是不错的。希望重型汽车工业公司，能在这方面认真地抓好，应该有一套战略；对市场要有调研，售后服务要跟上等等。对如何长期占领住这个市场，应该有一套具体的安排，不能靠一个广交会，再加上“提篮小卖”，卖到哪算哪。这样，售后服务没有那么大的能力。希望重型公司在市场较好的情况下，能稳扎稳打，抓住几个主要市场。再一个是大客车前景也比较好，但现在大客车的质量问题也是比较多的。

必须强调，产品质量搞不好，宁可晚出，一定要把产品质量搞好。大客车在菲律宾有市场，在南美有市场，市场情况总的还不错，最要紧的是质量问题必须注意。一汽、二汽的中型卡车，装上柴油机以后，出口的前景也是好的，也希望你们要研究主市场，不要这买一台我也卖，那买一台我也卖，结果售后服务跟不上去，这样从眼前看，今年多出了几台，但从长远看是吃亏的。还有汽车零部件的出口也是有前景的，希望能认真地把扩大出口工作抓好。

最后谈一点，机电部对中汽总公司今后的各方面工作将给予全力的支持，希望下一步国家在宏观管理上对各部能多给予支持，这样，机电部对中汽总公司的支持也就更大一些。

蔡诗晴总经理在1990年全国汽车工业工作会议上的报告(摘要)

——进一步搞好治理整顿和深化改革，努力实现汽车工业持续、稳定、协调发展

(1990年2月11日)

1 认清形势，坚定信心，搞好治理整顿

1989年，汽车工业遇到的困难是很严重的。除了原材料、能源紧张外，突出的是由于市场疲软，生产速度回落，加上原材料涨价幅度大，造成企业经济效益下降，资金十分紧张。

随着治理整顿措施的逐步到位，原有的困难难以完全缓解，还可能出现新的困难。汽车工业面临的形势还是十分严峻的，把困难想得多一些有好处。困难主要有三方面：首先，从市场上看，汽车市场疲软的局势短期内不会有大的改观。

调整期间，由于国家大力加强农业、能源、交通运输以及基础原材料工业的发展，所以要注重开发适销对路的产品，有些车型的销售可能出现较好的势头。何光远部长在机电部厅局长会议上的报告中指出，克服当前市场疲软，解决任务不足，生产滑坡的唯一出路，是发展“一创三节两保证”六大类产品，并把它作为机电工业渡难关、求发展、为国家多做贡献的主攻方向，争取较大突破，使整个机电产品的构成有一个结构性的变化。何部长提出的这一要求，完全适用于汽车行业。要按照这个要求的精神，在调整结构上下功夫，努力发展适销对路产品和节汇创汇产品，力争1990年的汽车生产和销售好于去年。其次，从资金看，由于市场疲软，加上国家将继续实行财政信贷双紧政策，以及1989年企业产成品积压和“三角债”相互拖欠占用的大量资金，使企业的生产资金紧张状况不可能完全缓解。第三是效益，搞不好有继续滑坡的危险。各企业要尽最大努力，做到市场好的产品，增产创收，市场差的，减产不减收。要注意从各方面，特别是从企业内部努力挖掘潜力，防止效益滑坡。

以上涉及到的困难和问题，是汽车工业在治理整顿过程中，出现的新困难和新问题；而面临的更深层次问题是结构不合理，矛盾尤为突出。因此，在治理整顿期间，努力搞好结构调整，是面临的一项亟待抓紧进行的重要任务。

2 以“三加速、一提高、两增强”为重点推进汽车工业的调整和改革

汽车工业治理整顿总的要求是：

第一是产品水平要有较大提高，引进车型国产化率达到60%～70%。产品结构得到改善，具有80年代初水平的引进技术产品和换代产品达到总产量的70%；产品质量稳步提高。

第二是企业结构得到改善，按产品分工，形成若干个具有一定实力的企业集团和大批量生产的骨干厂，以及零部件“小型巨

人口。

第三是出口有较大增长，创汇额在1989年基础上每年递增20%。

第四是经济效益由下降转向稳步提高。

第五是逐步建立健全汽车工业宏观调控机制，散乱状况和不合理的重复得到基本控制。

为此，要认真抓好以下几方面工作。

2.1　以“三加速”为主攻方向，搞好结构调整

2.1.1　加速引进产品国产化，提高产品水平

十年来，全行业引进了200多项重要的产品设计和制造工艺、测试及管理等方面的先进技术，其中有不少是成套技术。特别是引进的19个汽车整车系列车型和品种，以及14项摩托车整车产品，几乎涉及到目前我国车型分类中，除中型以外的重型、轻型、微型卡车、轿车、摩托车，以及部分客车、改装专用车等所有车型。加速这些引进车型的国产化，至少具有两方面的现实意义。首先，这些引进车型大多是国内各方面急需的车型，水平高、质量好、品种全。但目前由于受国产化和批量的限制，一时还难以满足国内用户的要求，有些产品仍在进口。因此，从某种意义上说，加速这些引进车型的国产化就是最大的节汇。其次，更重要的是，这些引进车型实现国产化后，将迅速把我国汽车产品提高到一个新的水平，这对于改变目前我国不合理的产品结构和低水平重复生产的落后局面，将产生巨大的推动作用。目前，挡住进口、扩大出口的能力之所以薄弱，原因是产品档次低、水平低。从这个角度来看，加速引进技术消化吸收和国产化，又是当前一项极为紧迫的任务。

到1989年底几种主要引进车型的装车国产化率：切诺基吉普为36%，桑塔纳轿车为31%，标致504和505分别为30%和17%，天津大发为87%，夏利为40%，斯泰尔重型车为61%，一汽奥迪为6.7%，摩托车大多数超过70%。

2.1.2　加速发展系列化、多品种

目前，现有品种中，达到国际70年代末、80年代初水平的产品，仅占30%左右，相当部分是比较落后的产品，这种状况亟待改革。

加速发展系列化、多品种，特别是加速发展变型车，以及国民经济各部门急需的各种特殊用途的专用车，不仅仅关系到企业渡难关、求发展，提高经济效益，而且关系到汽车工业能否挡住进口，最大限度地占领国内市场，进一步开拓国外市场，扩大出口，满足社会各方面需要的问题。

加速发展系列化、多品种，必须注意围绕引进车型和换代车型进行。这些车型，为我们发展系列化、多品种创造了很好的条件。

目前，从市场需求分析，要特别注意加强以下产品的系列化、多品种的开发工作。一是顶替进口的轿车、小客车，能够出口的大客车、专用车和零部件；二是满足能源、交通运输需要的重型车；三是适用于广大农村及中、小城镇的、经济实惠的载货、载客汽车；四是适用于高速公路行驶，进行大容量运输的集装箱牵引车、挂车、半挂车；五是与轿车工业发展相配套的重点零部件。对于以上产品的系列化、多品种开发，行业要注意进行组织协调工作，避免一哄而上，形成新的重复和浪费。

2.1.3　加速零部件专业化

零部件的专业化，是汽车工业健康协调发展的基础，有利于改善汽车工业“大而全”、“小而全”的不合理企业结构。目前，我国汽车零部件工业虽已有一定基础，但这个基础很薄弱。一是技术水平低，与引进车型(特别是轿车)的要求不适应，差距很大；二是现有的零部件厂还是属于生产型的，基本上不具备自我发展和技术开发能力；三是重复布点，重复建设，主机厂无论大小，几乎都有各自的一大套或一小套零部件配套体系，形不成专业化的格局；四是重复引进比较严重。另外，零部件企业资金缺乏，投资回收能力差的问题也十分突出。

当前，加速零部件专业化工作，要以轿车和其他引进车型的零部件和扩大出口的零部件为重点，促进引进车型的国产化和面

向两个市场。在发展上要加强管理，分层次进行安排。在全行业统一规划下，充分发挥企业集团、部门、地方和军工的积极性，形成既有国家扶植的专业化零部件厂，又有部门、地方为主的专业化厂；从发展模式上，既可以以产品为对象组织零部件专业化公司，也可以依靠企业集团内相对独立的零部件专业化工厂，这些专业厂既为企业集团服务，又面向全国这样一种格局，逐步建立起多层次的专业化汽车零部件体系。目前，首先要充分利用桑塔纳的零部件厂点、其他引进车型零部件厂点，以及具有一定条件的军工企业，抓好"七五"在建设项目的建设；同时，要继续组织引进技术，鼓励引进外资，面向两个市场，扩大出口，逐步形成一批"小型巨人"企业。

2.1.4　围绕"三加速"，合理调整投资方向，确保重点，改善结构

投资方向调整的主要原则是：

2.1.4.1　把投资政策倾斜到国产化产品、换代产品及其配套总成、零部件的大中型企业及专业化工厂；对围绕引进的系列车型和换代产品发展系列化，多品种生产的企业予以适当考虑。

2.1.4.2　先控制、再调整，在严格控制新开项目和清理计划外项目的基础上，再调整计划内项目。

2.1.4.3　按产品进行分类指导，有压有保。

各类车型分类进行调整的原则意见是：

重型车——除"七五"规划内的重型集团、二汽重型和北方集团重型车项目外，不批新项目，重点建成斯泰尔项目。对其它生产重型车的企业要引导向市场急需的改装车、专用车方向发展。

中型车——严格限制扩大规模，现有厂点按专业分工逐步向"一汽"、"二汽"两大集团靠拢。

轻型车——目前生产厂点过多，批量较小，重复建设、重复生产较严重，是治理整顿的重点。首先要搞好东北、北京、南京、西南四大轻型车基地的建设，重点建成南京轻型车基地。对地方已初具万辆规模的轻型车项目要围绕着引进的先进产品搞好专业化生产；全行业要集中力量搞好发动机和变速箱，对其他轻型车项目要引导向改装车、专用车和满足建立农业服务体系急需的车辆发展。

微型车——不增加新点，不扩大投资规模。现有厂点要提高质量，增加品种，争取出口。

轿车——严格按国家确定的"三大"(一汽、二汽、上海大众)、"三小"(天微、广州标致、北京吉普)安排，重点是"三大"。当前重点是建成一汽三万辆先导工程和搞好上海桑塔纳轿车国产化工作。

客车及改装车、专用车——按品种、布局、分工，调整现有厂点，不盲目发展新点。重点扶植替代进口及有出口能力的客车企业和国家急需的专用生产企业。对改装车，特别是硬顶吉普、面包车、自卸车、双排座等车型的低水平重复生产，要加强治理整顿。

摩托车——不布新点，不增加技改新项目，限制性能落后的老产品生产点，重点支持大型骨干企业和主要零部件专业厂。非定点企业向大企业靠拢，努力扩大出口。

零部件——重点扶植为轿车和其他引进车型配套的零部件专业厂，以及"外向型"的零部件专业厂。

合资项目——要继续办好三资企业。重点把上海、北京、广州三个合资公司办好。继续鼓励汽车行业企业积极开展各种形式的对外合作，在国家统一规划下，可以广泛采取独资、合资、合作、"三来一补"等多种引进技术和利用外资的方式，加强对外合作交流。对一般整车项目从严控制，对产品能大部分出口及外汇平衡条件好的项目适当安排。

2.2　以提高企业素质为中心，增加经济效益。

2.2.1　加强科学管理，向管理要效益。

2.2.2　依靠科技进步，加强自我开发及创新能力。

先进技术，对推动汽车工业科技进步起了很大作用。但是，还应强调独立自主、自力更生的精神，在充分吸取国外先进经验的同

时进一步提高自我开发及创新能力。这方面工作的重点要放在新产品、新工艺、新技术、新材料开发应用，加强基础技术、共性技术的研究，促进科技成果向生产力转化上。引进技术的企业，要特别注意在加速产品国产化的同时，组织力量，集中精力研究掌握引进技术中的设计、试验规范和方法、标准等开发性资料，把引进技术与技术开发、技术改造、技术攻关紧密结合起来，结合实践，学习和掌握自行开发新产品的方法和本领，尽快形成自我开发创新能力。

2.2.3 把教育放在重要的战略地位，不断提高职工队伍的素质。

2.2.4 不断提高产品质量水平。

2.2.5 扩大出口，多创外汇。

在出口产品战略上，要以引进的先进技术和装备及汽车新产品为依托，以出口汽车零部件为主，巩固和发展大客车、重型车已出现的批量出口好势头，努力促进其他各类整车多出口，逐步扩大技术密集型产品出口的比重。近两年要力争把已有基础的柴油机、汽车齿轮、万向节、气门及挺杆、钢板弹簧、千斤顶、水箱、电器件等零部件，以及有出口潜力的整车，扶植培养成出口"拳头"产品。使生产这些产品的企业逐步发展成为出口基地，发挥汽车产品扩大出口的主渠道作用。

2.3 增强宏观调控能力和增强企业活力，继续深化改革。

2.3.1 增强行业宏观调控能力。

2.3.1.1 根据《国务院关于当前产业政策要点的决定》，按国家计委关于制订实施办法的《通知》和《意见》，深入细致地做好制订汽车工业产业政策实施办法的工作，作为行业统一的实施办法贯彻执行。

2.3.1.2 实行统一的行业规划。中汽总公司作为全国汽车工业主管部门，根据国民经济和社会发展的长远规划，按照国家的产业政策，在与有关部门、地方和企业集团充分协商的基础上，编制全国汽车行业规划，经国家批准后作为行业发展和宏观调控的依据。

2.3.1.3 严格固定资产投资项目的立项审批制度。

2.3.1.4 加强技术引进的统一归口管理。

2.3.1.5 加强产品开发的管理。各企业必须按照行业统一的"产品发展计划"和行业颁布的新产品开发暂行管理办法规定的程序，研制开发汽车、摩托车产品。

2.3.1.6 严格限制汽车、摩托车产品进口。中汽总公司要定期公布以产顶进的汽车产品目录，作为限制进口的依据。

2.3.1.7 建立企业生产许可证的管理制度。

2.3.1.8 加强企业目录和产品目录的管理。

凡生产汽车、民用改装车、摩托车的企业都要按原中汽联会同公安部联合制定的"关于联合审批公布全国汽车、民用改装车和摩托车生产企业及产品目录的暂行规定"，对生产企业及其产品实行"目录管理"，定期公布"生产企业和产品目录"。对已列入"目录"的企业和产品，要根据企业生产许可证规定的条件限期进行复查，凡复查后不符合规定条件的企业不能上"目录"。

2.3.1.9 运用价格、税收、信贷等经济杠杆的作用逐步理顺全行业汽车产品比价关系，适当集中价格审批权，充分利用价格杠杆实行宏观调控。

根据扶优限劣原则，中汽总公司要根据国家产业政策提出需要发展和限制发展的产品目录，并对已有汽车、改装车厂点进行分类排队，对要发展的产品和要扶植的厂点实行信贷、税收的优惠政策。对要淘汰的产品和厂点，实行高利率、高税率的限制政策。具体的税率、利率由国家计委、国家税务局、金融主管部门和中汽总公司商定，经国家批准后实施。

2.3.1.10 进一步提高信息、咨询、工厂设计工作水平，积极发展汽车工业软科学。

2.3.2 增强企业，特别是大中型企业和企业集团的活力。

2.3.2.1 坚持和完善承包经营等各种责任制，深化企业内部改革。通过治理整顿和深化内部改革，真正建立起自主经营、自负盈亏、自我发展、自我约束的新机制。

2.3.2.2 充分发挥大中型企业的作用。根据中央的要求，已推荐一批重点企业列入国家“双保企业”名单，除此之外，行业还准备按产业政策列出一批重点骨干企业名单，作为今后向国家有关部门推荐优先考虑技术进步、出口扩权、优惠贷款等待遇的主要对象，并建议国家对这些企业在材料和能源供应、流动资金贷款、技术改造项目安排等方面优先予以考虑。中汽总公司搞好生产协调，在国务院生产委员会领导下，加强生产调度，以及各种服务工作，为其发展努力创造必要的外部条件。

2.3.2.3 进一步巩固和发展企业集团。当前，特别是要积极探索突破“三不变”，实行资产经营一体化的新途径；同时，要探索如何加速实现联营厂改组、改造，真正按经济规模建立起专业化、大批量的汽车工业生产体系，充分发挥企业集团的整体功能；一汽与吉林、青岛，二汽与新疆的经验值得借鉴。要认真研究总结国内外发展企业集团的成功经验，以推动企业集团的健康发展。

2.4 加强思想政治工作，保证调整和改革的顺利进行。

当前，汽车行业不同程度地存在着重业务、轻政治，一手硬、一手软，思想教育不经常、不系统，政工队伍不稳定等问题，职工队伍的政治素质、道德素质还不能完全适应形势和任务的要求，对此，首先应该在思想上统一几个方面的认识。

一是要统一对汽车工业面临的形势认识。当前汽车工业面临的形势，有困难的一面，也有好的一面，希望，就在于搞好治理整顿和深化改革。

二是要处理好治理整顿和深化改革的关系。

三是正确对待局部与整体的关系。

3 调整管理机构，逐步理顺行业管理关系。

为了更好地推动汽车工业的发展，在体制上进一步探索适应汽车工业发展的管理模式。1987年6月，经国务院国发〔1987〕50号文件决定，撤消中国汽车工业公司，组建了中国汽车工业联合会(简称中汽联)。中汽联成立后，承担了一部分行业管理和协调服务工作。

这些工作主要有：在国务院确定通过发展轿车工业来振兴我国汽车工业的发展战略基础上，中汽联参予国务院振兴汽车工业协调小组工作，对轿车和重、中、轻型卡车以及零部件的发展方针、政策、重点、规模等若干问题进行了多次研究，并提出原则意见，为初步确定汽车工业二〇〇〇年发展战略奠定了基础；围绕实现汽车工业战略重点转移，中汽联与有关部门一起，组织企业共同研究并向国务院提出了轿车工业发展的扶植政策；提出并组织实施零部件分层次发展以及“外向型”发展的战略；配合有关部门、地方，充分发挥军工及地方积极性，在全行业范围内，协调和组织上海桑塔纳轿车等引进车型的国产化工作；组织和协调汽车行业“七五”发展规划重点建设改造项目的实施；制定了一批有关汽车企业、生产、产品、试验、质量检验的制度、法规、成套标准和管理办法；加强了汽车行业各类学校的管理和智力开发；同时，为企业努力做好咨询、信息交流和各项服务工作等等。

但是，由于中汽联是社团组织性质，与加强宏观管理的要求越来越不适应。针对这一情况，国务院批复了机电部《关于组建中国汽车工业总公司的请示》，同意组建中汽总公司。中汽联改为行业协会继续试点。

国务院国函〔1990〕9号文件明确指出，中汽总公司是一个经济实体，机电部又授权它实行全行业管理的职能。因而，中汽总公司肩负探索汽车工业如何集团化，以及如何加强行业管理的双重任务。要逐步理顺各方面关系，一是要处理好集团化与行业管理之间的关系。要面向全行业，加强业务指导，做好“统筹规划、综合平衡、组织协调、监督服务”工作，搞好治理整顿，促进行业的健康发展；二是要处理好微观与宏观之间的关系，中汽总公司要真正做到该放的放，该管的管。凡是企业能办的事，要放手让企业去办，凡是企业办起来有困难的事，中汽总公司要尽力协助企业办好；同时，要从大局出发，敢于坚持原则，按照国家确定的产业政策和统一规划，把全行业进一步组织起来，加强领导，引导和推动企业向专业化大生产发展。三是要处理好中汽总公司与各部门、各地方之间的关系。在研究行业发展的重大问题时，要认真听取各部门、各地方的意见，不论是中央直属企业，还是地方企业，都一视同仁，充分发挥各部门、各地方的积极性，在国家统一规划指导下，统筹兼顾，择优安排，共同把行业的整体优势充分发挥出来。为实现汽车工业沿着“联合、高起点、大批量、专业化、优质量”的道路，持续、稳定、协调发展而奋斗！

蔡诗晴总经理在1991年全国汽车工业工作会议上的报告(摘要)

(1991年1月22日)

1 当前行业面临的形势

“七五”期间，全行业累计生产各种汽车257万辆，为“七五”前累计产量318万辆的80.8%，摩托车累计生产478万辆，为“七五”前累计产量250万辆的1.9倍，汽车生产年平均递增率达到10%；年产值最高约400亿元；利税总额五年累计225亿元，为“七五”实际总投资120亿元的1.8倍，年利税总额最高达60多亿元；出口创汇五年累计6.24亿美元，出口创汇额1990年突破两亿美元。

汽车基本型品种由“六五”末期的六大类52种，发展到现在的103种，专用和改装车品种由300多种发展到640多种；“缺重少轻”的矛盾得到缓解，重型和轻型车分别占总产量的4%和22%；汽车产品的质量和可靠性稳定提高。

截止到1990年末引进技术170余种，用汇8亿美元；全行业采用了一大批新工艺、新技术、新材料及先进装备，制造水平显著提高，科研、开发、试验、检测手段有所增强。几种主要引进车型国产化率进一步提高，上海桑塔纳轿车国产化率由前一年的31%提高到60%，北京切诺基由36%提高到43.5%，一汽奥迪由6.7%提高到14.5%，广州标致504和505分别由23%和16%提高到31%和19%。人才培养和教育事业得到了较大的发展。

五年来，全行业累计批准了356个基建和技术改造项目，投资规模165亿元，到1990年止包括一批国家重点工程在内的130个项目已竣工投产，完成投资120亿元，相当于“六五”前累计投资总额；合资企业39家，利用外资4.6亿美元。全行业固定资产总值增加到300多亿元。初步形成了八、九个有一定实力的企业集团和公司，一个以载货汽车为主体，品种较齐全，具备一定制造能力和开发能力、比较完整的汽车工业体系初步形成，整个行业的实力明显增强，成为国民经济发展的一个重要产业。

近两年来，市场疲软，资金严重不足，效益大幅度滑坡，生产和发展受到严重影响。在这种困难的局面下，广大企业尽了很大的努力，克服了重重困难。通过治理整顿和深化改革，调整结构和提高企业素质在全行业引起了普遍重视；不少企业积极调整产品结构，努力开发适销对路产品，强化质量管理和成本控制，以及销售服务体系，经营观念和机制发生了深刻变化，企业综合素质有所提高。行业各方面情况正在逐步好转。宏观调控能力也有所改善。

总的来说，“七五”汽车工业的调整、改革与发展取得一定进展，有了一个比过去更为坚实的基础。但是，也要充分看到，汽车工业在“七五”发展中结构不合理的问题仍然十分突出。在产品品种、质量以及效益上，都还不能完全适应国民经济发展的要求。这个问题与汽车工业长期来投资分散，投向不合理、重复建设、重复引进有极大关系。

据调查分析，“七五”完成的120亿投资，约有一半符合“高起点、大批量、专业化、优质量”的要求，约1/4投资是用于低水平的重复建设；行业要求“七五”末期，引进技术产品和换代产品分别达到总产量30%和50%的目标没有如期实现。“七五”期间，新增厂房面积多达1700万m^2，相当于好几个现在的一汽，但相当部分没有很好地利用。现在全国有轻型车厂74个，大客车厂106个，小型客车厂107个，硬顶吉普车57个，大部分是没有规模和经济效益的低水平重复建设。重复引进的现象也很严重。据不完全统计，全国新增250吨以上的大型冲压设备达600多台，相当于200万辆生产能力，没有发挥应有作用。

汽车工业“八五”究竟面临一个什么样的形势，概括起来是，“八五”将是汽车工业发展最好的一个时期，同时又是最艰难的一个时期；是国家对汽车工业支持最大的一个时期，同时也是对汽车工业要求最高的一个时期。为什么这样说？

一方面，通过“七五”的建设，有了一个比过去更好一些的基础，两年的治理整顿也积累了不少调整改革方面的经验；更重要的是由载货汽车向轿车进行战略转移。发展项目之多，投资规模之大，都是历次五年计划所没有的。最近，党中央七中全会通过的关于十年规划和“八五”计划的建议中又进一步肯定了汽车工业的地位和作用，指明了汽车工业“八五”及今后发展的方向。这些都说明，“八五”是国家对汽车工业比以往支持最大的一个时期，也将是汽车工业发展最好的一个时期，也是汽车工业发展的一个重要转折点。

另一方面，也要充分估计到“八五”任务的艰巨性。

一是国家对汽车工业提出了更高的要求。要求通过“八五”或稍长一点时间，整个汽车工业在产品品种、数量、质量、水平方面，满足国民经济发展各方面的需求；由替代进口、挡住进口为主发展成为机电产品出口创汇的重要产业。任务相当艰巨、相当繁重。

二是近两年汽车行业效益滑坡，资金严重短缺，企业自筹资金发展的能力严重下降；同时，零部件及相关工业同步发展、人才培养、石油供应等问题也十分突出。

三是在治理整顿中，汽车工业力图改善结构不合理、素质低的状况。两年多来，在增量控制方面取得一些成效，但对于存量的调整进展缓慢，收效甚微，厂点多而分散，批量小，规模经济效益差，专业化水平低，“大而全”、“小而全”的格局，没有发生根本变化。汽车工业当前存在的结构性、素质性问题必须引起特别重视，这两个问题解决不好，不仅对“八五”计划实施将造成严重影响，也将使汽车工业失去一次最好的发展时机。

四是从国际环境看，国际汽车工业市场竞争十分激烈，技术发展迅速，产品日新月异。发达国家汽车工业在设计、开发、试验、制造、检测、以及管理、销售和汽车产品本身，都已比较广泛地采用电子技术，而我国还正处在起步阶段。这对缩短我国汽车工业与国外的差距，进入国际市场是个严重的威胁，也是严重的挑战。

总之，全行业的同志都要认识到所面临形势的严重性和任务的紧迫性。要实现国家提出的目标和要求，必须抓紧时间，搞好行业的调整改组。同时要在质量、品种、效益上大大地提高一步，企业整体素质发生根本变化，才能促使整个汽车行业进入高水平，高效益的健康发展轨道。以这个意义上看，当前的形势，既是最大的挑战，也是最好的机遇。全行业同志必须认清这个大局，增强信心，提高战胜困难的勇气，努力做好本身的工作，在调整中不断前进。

2 方针与任务

党中央七中全会通过的关于十年规划和“八五”计划的建议中指出：“汽车制造工业在整个经济发展中占有重要地位，应当在全国范围内统筹规划，合理布局，促使其健康发展。”

李鹏总理在全国计划会议上指出：“要处理好治理整顿与‘八五’计划的关系。在工作安排上，今年仍要坚持以治理整顿为主，并开始执行‘八五’的发展计划，在治理整顿中求发展。将来治理整顿基本完成以后，我们要转入以发展为主，同时也还要继续完成治理整顿遗留下来的某些任务。”

遵照中央和李鹏总理的指示，以及机电部提出的“调整产品结构、提高企业素质和加强宏观调控”三大任务的要求，汽车工业调整与发展的方针是：加速引进产品国产化，加速发展系列化、多品种，加速零部件专业化，搞好结构调整；提高企业素质和经济效益；增强宏观调控能力，增强企业活力，继续深化改革；以及“联合、高起点、大批量、专业化、优质量”的发展方针，搞好汽车工业的调整和发展。

在调整与发展中，必须坚持“两求一立”的精神。一是“求实”，一切工作要从实际出发，不铺大摊子；二是“求质”，一切工作都要讲究质量；“立”就是立足于改革开放和自力更生。

重点任务是：

2.1 进一步搞好行业的结构调整，这是汽车工业在“八五”前期的首要任务。调整总的目标是，搞好国家规划内重点企业的专业化分工，解决好规划外企业的转产方向问题。调整的原则：一是以重点企业为核心，推动联合改组，进一步办好有不同特色的企业集团；二是以优质名牌产品为龙头，组织专业化生产，通过调整提高生产水平和专业化水平；三是以改装为导向，使规模经济效益不高或生产条件较差的整车生产点，逐步转向改装，或调整发展其他产品；以及按1990年行业会提出的各类车型分类进行调整的原则，把各类车型(含摩托车)的调整工作搞好。

2.2 在继续完成载货汽车重点建设项目、引进产品国产化和进一步提高产品水平的同时，要把发展重点放到轿车上来。发展轿车工业必须按照国家确定的：“三大三小”重点在“三大”的布局上。在全行业搞好统筹安排。

2.3 加强零部件工业的发展，提高专业化水平和技术水平。必须坚持在国家统一规划下，按照专业化的原则进行合理分工，有计划地发展。各地区、各企业集团、各主机厂都不要单独搞自己封闭的零部件生产配套体系。同时，集中力量逐步形成一批有实力的零部件“小型巨人”，来带动整个零部件工业发展。

2.4 加强科技进步，形成自主开发和创新能力。在今后发展中，必须重视增加科技投入，加强人员培训，提高素质，逐步形成一支具有自主开发和创新能力的队伍。

2.5 企业的发展要转到以提高素质求效益上来。把着眼点要放在企业内部，有产品问题，有质量问题，也有管理问题。要按照李鹏总理指示精神，进一步改善内部条件，求得更好一些的经济效益，为企业发展创造条件。

3 1991年的主要工作

3.1 坚决而又稳妥地搞好调整、改革工作

近两年汽车行业的调整、改革取得了一定进展。但行业内盲目发展的现象时有发生。如果这种状况继续发展下去，势必严重影响调整与发展五项重点任务的实现，摆脱不了汽车工业目前这种重复分散的落后局面。因此要下决心把调整、改革搞好，这关系到汽车工业发展的大局。今年仍然要把调整、改革作为一项主要工作，在继续严格控制增量的同时，搞好存量的调整。

3.1.1 搞好产品结构调整，既是行业和企业不断发展的要求，也是企业克服困难，渡过难关的重要措施。产品结构调整总的是根据国家产业政策，围绕1990年汽车工业工作会议提出的“三加速”的要求进行。

要按照市场的需求，在国家统一规划下，发展缺门短线产品和搞好老产品的改进，促使其上质量、上水平。发展缺门短线产品，还要注意围绕引进车型和换代车型进行，向系列化发展。

3.1.2 1991年调整的重点是轻型载货车、硬顶吉普和大、小型客车。对这些车型及其生产企业，根据上述调整目标和原则，采取以下不同的解决办法：一是对国家规划内重点企业要积极给予支持扶植，实行倾斜政策，尽快形成高水平、大批量的生产能力。二是保留生产点，但产品要靠国家系列产品，零部件要纳入全国专业化网点。三是对一些生产、技术条件都很差的规划外企业，要通过联合改组或并转，调整产品发展方向。

3.1.3 结构调整任务重，难度大，要求大家同心协力 切实把调整工作搞好。中汽总公司上半年的主要任务是继续完善汽车工业"八五"产业政策的制定和实施；同时，在国家计委组织领导下，进一步研究和提出汽车重点产品经济规模标准及有关政策。在此基础上，提出上述车型的调整方案。各地方、部门、各企业集团和公司也要根据前面讲的调整原则和方法，针对实际情况，制定各自的调整方案。下半年适当时间中汽总公司将分别与各单位进一步商议，提出方案，报国家审批。

3.1.4 进一步完善承包经营责任制。要坚持和完善厂长负责制。深化企业内部改革，继续推行优化劳动组合。企业集团要按专业化、大生产方向，搞好企业集团内的结构优化，加强企业集团的建设。中汽总公司要按照国家以及机电部的有关要求，认真研究完善和发展企业集团的意见，以推进企业集团的健康发展。

3.2 统筹规划，合理布局，安排好"八五"计划

3.2.1 要把全行业的思想统一到十年规划和"八五"计划上来，统一认识，统一行动。汽车工业如果再不加强统筹规划，不仅无法缩短与发达国家的差距，还很可能落在更多的发展中国家后面。因此，统一思想认识，搞好统筹规划，是开始实施"八五"计划的第一件大事。

3.2.2 集中力量，保证重点建设。首先是要集中力量，搞好"七五"结转项目的建设。同时，要抓好规划内的零部件项目的建设，尤其是为轿车项目配套的零部件项目。其次，要做好"八五"新开重点建设项目的前期准备工作，特别是一汽、二汽两个合资轿车项目，要做好"七五"、"八五"建设的衔接，特别是投资的衔接，使其开工后能比较顺利地投产。

3.2.3 各地报来的"八五"规划，较普遍存在项目偏多，规模偏大的问题。各单位要本着集中力量，突出重点的精神，结合本地区、本部门的实际情况，量力而行，量入为出，区别轻重缓急，予以调整。"八五"计划的要求，分别与有关地方、部门，以及企业集团和公司商议，做到统筹规划，合理安排。在此基础上，再专门召开会议进行落实，扎扎实实地安排好"八五"发展计划。

3.3 加强行业宏观管理，搞活大中型企业

主要工作方向是在进一步贯彻落实国发〔1990〕45号《国务院关于贯彻国家产业政策对若干产品生产能力的建设和改造加强管理的通知》，以及国办发〔1990〕50号《国务院办公厅转发国家计委关于国家产业政策贯彻执行情况和下一步工作意见报告的通知》精神，抓好以下几个方面工作。

3.3.1 加强对汽车工业固定资产投资项目和投资规模的管理。各地区、部门和企业拟投资于列入国家控制建设产品目录的汽车和摩托车产品的建设项目，不论其建设和改造的规模大小、投资多少、资金来源，都要按照国务院文件的规定，报经行业主管部门进行核准后，再按规定程序审批。外商直接投资汽车工业而合同又规定产品全部出口的限下项目，可由地方政府审批，但必须报行业主管部门备案。在总量控制上，要运用投资方向调节税，控制投资规模的增长。

3.3.2 加强对引进项目、引进技术的管理，严格控制汽车产品的盲目进口。行业主管部门要根据国家授权，对汽车、摩托车整车、关键总成及零部件的引进项目、引进

技术和产品进口，进行归口审查或审批，严格审查制度，把好审查关。

3.3.3 严格限制新开厂点，控制厂点总数的增长。今年着手开始进行生产许可证管理的试点，逐步由现在的目录管理办法向许可证管理办法过渡。

3.3.4 研究制定汽车产品出口管理办法，改善汽车产品出口工作中存在的混乱现象。

3.3.5 继续搞活大中型企业和企业集团。大中型企业和企业集团，是汽车工业的骨干和主力军，他们在很大程度上担负着为国家出产品，出人才，出效益的重担。同时，只有大中型企业健康发展了，才能更好地引导"小而全"企业向联合、高起点和专业化生产的轨道健康发展。从这个意义上说，大中型企业的健康发展，也是企业结构合理化，建立规模生产体制的关键。因此，对大中型企业，在政策、投资等方面要给予重点扶植。另外大中型企业本身也要在国家统一规划下，按照"联合、高起点、大批量、专业化、优质量"的原则，进行合理调整，健康发展，决不要搞"大而全"、自成体系、封闭式的生产格局。

加强宏观管理应首先要帮助把大中型企业搞好。大中型企业要带头执行行业的产业政策和发展方针，严格按照行业统一规划确定自已的发展方向和发展重点，带头走专业化发展道路。行业只有把大中型企业首先统一起来，才能进一步统一全行业，搞好统筹规划和调整工作。

3.4 搞好生产经营，争取比1990年取得更好的效益。

3.4.1 计划安排留有余地。1991年全行业的生产计划，按留有充分余地考虑，汽车生产计划安排51万辆，其中指令性计划10.7万辆，均与1990年计划持平，摩托车计划安排93万辆。各企业也要根据实际情况和可能性，在计划安排上要积极稳妥，适当留有余地。一是要以销定产，注意防止过热思想复苏，盲目扩大生产，出现新的积压。二是压缩长线产品，多生产适销对路的短线产品。三是努力改进产品，不断推陈出新，积极开拓市场，满足用户需要。

3.4.2 进一步强化和完善供销服务体系。首先是要强化和完善企业的销售及售后服务体系。二是充分发挥各主要供销系统的作用。三是巩固和充实现有销售网点，并有计划有步骤地进行延伸扩点。四是巩固老市场、老用户，开辟新市场、新用户，尤其要注重开拓农村市场和满足国防需要。

3.4.3 力争创造较好的市场环境和外部条件，帮助企业克服困难。要进一步落实更新政策，严格更新办法；争取国家适当放宽大客车、小轿车社控；争取国家的支持，使物资部门发挥好"蓄水池"功能，按计划收购；加强价格管理。研究制定汽车产品合理比价；严格控制进口，按照国家政策，做好进口汽车、发动机、散件的审批、审查工作，保护国内市场。

3.5 依靠科技进步，加快人才培养

1991年的科技工作，主要加快消化吸收和利用引进技术；积极推广、应用已取得的科研成果，将先进的科学技术尽快转化为生产力；加强行业的基础科研工作。

3.5.1 针对实际情况，按照国家的有关要求，科技工作的重点要围绕以下几方面进行。

一是围绕节油、节电、节材、节水，改造老产品，开发新产品，改造工艺装备，提高制造质量。二是围绕引进产品的技术攻关，加快引进产品的国产化。引进产品中，要下决心组织企业，科研单位和院校等各方面力量攻关。在严格执行引进技术标准，坚持质量第一，好中求快的原则基础上，确保国产化计划目标的实现。三是围绕消化吸收引进技术，尽快形成自己的开发创新能力。必须立足于自力更生，在消化吸收的基础上，尽快形成一支具有自主开发和创新能力的技术队伍，只有这样，我国汽车工业发展才有希望。四是围绕提高产品水平，促进出口创汇。必须在改善产品性能，保证质量，提高产品水平上狠下功夫，提高产品在国际市场上的竞争能力。

3.5.2 重视电子技术的推广和应用，提高汽车工业水平。1991年要以运用计算机辅助设计系统提高汽车车身设计水平，提高汽车模具的研制开发能力，着手电子喷油装置的开发与应用，争取在“八五”汽车工业在运用电子技术的范围和水平方面有一个较大的提高。

3.5.3 重视教育工作，加快人材培养。重点放在培养应用型专门人才的直属高校和职业技术教育、在职教育。认真抓好以下几方面工作。一是设计好科学的人才结构模式，做好专门人才需求预测，安排好人才来源。二是坚持社会主义办学方向，把德育放在首位，切实办好现有高等、中等职业技术学校。深化教育改革，继续探索引进国外的教育模式。三是大力开展各层次管理人员、科技人员、技术工人的岗位培训和继续工程教育。同时，要注意处理好以下问题，一是在提高质量的基础上增加数量；二是注重理论与实践结合；三是高级人才与一般人才相结合，既要办好大学，又要办好中专和技校；四是继续坚持采用“请进派出”的方式，加强国际人才交流；五是改进用人制度，要注意从实践中选拔人才。为汽车工业的发展提供更多的合格人才。

3.6 组织好开展“质量、品种、效益年”的活动

国务院决定1991年在全国范围内开展“质量、品种、效益年”的活动。这个决定具有战略性的重大意义，是办企业的立足点和归宿。从根本上说，要求从过去依靠速度、数量求效益转到靠质量、素质求效益上来。根据汽车行业的实际情况，1991年全行业都要以质量为中心，广大职工，特别是各级领导要树立全面质量观念。坚持把质量、品种、效益放在一切工作的首位，加强各方面管理工作，处理好多快好省的关系。具体来说：

要强化一个观念——全面质量观念，从产品开发、设计、试验、工艺、制造，一直到销售服务，都要强化质量观念。核心是产品质量。要求大中型企业进一步推行厂长(经理)质量责任制，对照GBT10300国家标准健全质量保证体系，落实质量职能，强化全面质量管理。中汽总公司要做好在全行业贯彻新的“汽车质量检验系列标准”的工作；组织好载货汽车创国优检测评比和微型车国产化质量考核；要做好汽车安全件实施认证、发放许可证工作，以及做好出口汽车产品的质量许可证工作。

要加强五个方面的管理：即工艺管理、现场管理、均衡生产管理、成本管理、物耗定额管理。抓好三个教育，即基本功教育、基础知识教育和基本路线教育。

要达到四个目标：中央企业要消灭亏损企业，地方亏损企业要减少一半；可比产品成本要比去年降低1%～2%；产成品库存压缩到全年产量的1/12；产品质量按1991年的质量标准，确保合格，力争一等；引进产品国产化质量必须达到原车的技术质量标准。

同时，要把“质量、品种、效益年”活动与继续深入开展双增双节运动结合起来，进一步加强财务管理，努力增加收入，节省开支，提高经济效益。

希望各企业按照上述要求，结合企业的实际，研究制定开展“质量、品种、效益年”活动的具体计划，把这项活动搞好。

3.7 积极扩大出口，为国家多创汇。

要针对1991年“调整汇率、取消补贴、自负盈亏”的新形势，研究对策，决不要由于出现这个新的形势而影响出口，要做好商情调研；加强出口市场、客户和价格方面的协调，做到统一政策、统一计划、联合对外；努力巩固已争取到的出口市场，要打阵地战，避免打游击战；改变主机出口比零部件出口更为薄弱的局面，力争主机、零部件一齐上，同时，争取不同档次的产品进入不同档次的市场；继续搞好出口基地建设，增强出口企业的物质技术基础；各外贸公司要组织好出口和售后服务工作。

3.8 加强两个文明建设，充分调动广大职工群众的积极性。

3.8.1 加强各级领导班子的建设，巩固和提高干部队伍的素质。中汽总公司最近下发了《中国汽车工业总公司干部管理的若干暂行规定》，对加强领导班子和干部队伍建设提出了具体的要求和措施，希望各企、事业单位认真贯彻执行。中汽总公司今后除了搞好直属企、事业单位领导班子的管理

外，对汽车行业各级领导班子的建设情况也要关心、过问，促进各级领导班子同心协力，带领全行业150万名职工，坚定不移地按照党的方针政策和汽车行业统一规划，共同把行业的事情办好。

3.8.2　加强社会主义建设理论的学习，加强行业的思想政治工作。要认真贯彻1990年6月全国汽车工业第三次政治工作会议通过的《关于加强汽车行业思想政治工作的决定》。要结合实际，认真组织职工学习社会主义建设理论，开展社会主义理论教育、"双基教育"，爱国主义教育，激发职工爱国主义情怀，提高社会主义觉悟，调动职工的积极性。配合理论教育，还要抓好调整中行业面临的形势、任务、方针、政策的教育，把汽车工业面临的困难、出路和发展前景，告诉群众，使广大群众看清方向，增强信心。

3.8.3　加强典型教育，用典型引路，引导全行业职工，为实现四个现代化，为汽车工业的发展而奋斗。各企业都要善于总结先进人物、先进事例，加强宣传，促进广大职工树立为国分忧，为厂分忧的责任感。

3.8.4　纠正行业各种不正之风，加强廉政、勤政建设。要克服汽车行业"无风可纠"的思想，杜绝各种以权谋私的现象。当前尤其要把利用质量评比，企业升级和各种行业检查谋取私利的问题作为重点来抓，改变工作作风，避免会议大、会议多、会议长。行业要减少召开各种会议，压缩规模，减少企业的负担。

3.8.5　加强中汽总公司机关建设，树立为企业服务的思想。机关建设首先要提高工作人员的政治素质、业务素质、工作素质，这是搞好机关建设和为企业服务的基础；要认真调查研究企业生产经营和发展中的重大问题，从方针政策上对企业予以指导；努力帮助企业解决企业自身难以解决的问题；要改进机关作风和工作作风，严于管理，热情服务。

关于印发《汽车行业贯彻执行国家产业政策实施办法》的通知

各省、自治区、直辖市、计划单列市机械厅(局)、汽车工业公司(办公室)，各部主管汽车司局(公司)，各计划单列企业集团、有关汽车及摩托车生产企业：

为贯彻国务院《关于当前产业政策要点的决定》，根据国家计委《关于制订国务院＜关于当前产业政策要点的决定＞实施办法的通知》以及《关于进一步制订好＜国务院关于当前产业要点的决定＞实施办法的意见》的要求，中国汽车工业总公司在组织广泛深入研究的基础上，针对汽车工业特点和实际情况，制订了《汽车行业贯彻执行国家产业政策实施办法》，经反复讨论修改并征求国家计委有关司的意见，现印发实行。

请各地、各部门及各有关单位将实行过程中遇到的问题及时向中国汽车工业总公司反映。

中国汽车工业总公司(章)

文件号：中汽信字〔1990〕801号

1990年9月8日

汽车行业贯彻执行国家产业政策实施办法

为贯彻国务院《关于当前产业政策要点的决定》，结合汽车工业特点和实际情况，特制订《汽车行业贯彻执行国家产业政策实施办法》，现颁布实行。

1　实施产业政策的若干原则

汽车行业实施国家产业政策，要结合汽车工业特点和实际，遵循以下基本原则：

1.1　坚持全国统一，发挥整体优势

汽车工业已经是世界工业，我国汽车工业必须首先成为国家工业，全国范围内统筹规划，合理布局，统一发展，才有可能自立于世界工业之林。但现实是我国汽车工业滞后并且不适应国民经济发展，更没有作为经济主导产业，在推动产业结构优化，出口结构高级化，提高国民经济的素质和效益，增加有效供给和增强经济发展后劲中发挥应有作用。各地区和部门从各自实际工作中认识到汽车工业对经济发展的巨大牵动作用，投入相当力量发展；而由于宏观经济机制不完善，国家既无法制止分散和低水平的重复投资，又不能聚敛多方资金实现足够规模和强度的有效投资，投资主体多元化和宏观调控乏力使本来需要集中大量资金发展的汽车工业反而形成投资方向和效果分散化这一合法而不合理的状况。

国家产业政策是全国统一的政策，汽车行业贯彻执行国家产业政策的实施办法是全国统一的办法。各省市、部门所从事的汽车方面的工业性生产活动都是国家汽车工业整体的一部分，不存在独立于国家的地方或部门汽车工业，其所制订的产业政策实施办法中有关汽车工业的内容要与本实施办法协调一致。过去已经各级各类部门批准公布实行的各种有关汽车工业发展的政策、规定、措施、办法，包括只适用于地方和部门的，都要按国家产业政策和行业实施办法进行调整。今后有关汽车工业的政策必须首先符合国家产业政策并与行业实施办法统一协调。

国家产业政策和行业实施办法是进行行业统一规划的政策基础，各省市、部门（包括军工部门）、计划单列企业关于汽车产品和项目方面的规划必须符合国家产业政策和汽车行业实施办法。有关地方、部门和企业应当克服分散主义，局部利益服从整体利益。实行经济承包责任制的企业，首先要执行国家产业政策及其行业实施办法。

1.2　必须遵循汽车工业发展规律

汽车工业是规模经济极为显著的产业，当今汽车工业的跨国垄断和竞争，核心问题占首位的仍然是取得规模经济。组织轿车生产，30万辆是最小的经济规模，考虑到相关工业等方面自身的规模经济要求，汽车工业整体的最小有效规模须达到200万辆。我国汽车工业中除中吨位载重汽车和少数产品外，轻型载货车、轿车、大多数零部件产品都尚未达到生产的最低规模经济要求，要通过产业政策实施，按规模经济原则组织建设和生产，使主要车型汽车及主要零部件的制造逐步达到规模经济标准。

汽车工业具有资金密集、技术密集和劳动密集的多重特点。现代汽车工业的资金密集性主要体现为人均装备率很高并在进一步提高；对研究开发技术的巨额投资，正在使汽车工业的技术基础发生巨大变化；世界范围内汽车工业已经并正在进行的结构性转移的基本动因是寻求降低劳动成本以提高竞争力。我国汽车工业必须增加集中投资强度，提高人均装备率水平，加速技术进步，进而提高汽车工业整体技术水平和劳动生产率。只有这样，我国劳动力廉价的潜在优

势才能转化为现实的成本竞争优势。

汽车工业的特点决定了发展具有国际竞争力的独立的汽车工业必须跨越必要资本量和规模经济壁垒，进行足够规模和强度的有效投资，对我国汽车工业来说就是必须摒弃那种在低水平下起步，分散化自然成长的"滚元宵"模式，坚决贯彻"联合、高起点、大批量、专业化、优质量"的方针，集中全国的有限资源，实现优化配置，同时以组织的集中为保证，争取资源的有效利用。

1.3　坚持结构调整，实现协调发展

国家已经确定，汽车工业的发展战略重点逐步转移到建设具有国际竞争能力的轿车工业上来，为此要按照市场需求、产业关联、技术进步、创汇作用、经济效益等因素，坚定不移地调整汽车工业内部的小产业和产品结构。

目前世界汽车工业已经形成了很高的生产集中和资本集中，并且还在进一步兼并和相互渗透以形成更大的利益集团，大大提高了进入壁垒。集中已成为立足汽车工业的必要条件。长期以来我国汽车工业的分散化问题一直没有解决，而且有进一步恶化的趋势。要在国家的指导和干预下，通过发展大型企业集团，打破地区、部门界线，逐步实行资产和经营一体化，改变企业组织结构分散，生产集中度差，专业化水平低的状况，实现生产要素的重新分配和优化组合，提高总体结构效益。

实施产业政策所着重进行的行业内部各种结构的调整和优化，将按国家产业政策实行倾斜。参照国家工业分类，对汽车工业内部分类进行科学细化和修订，根据各自不同的发展规律，区别不同产品的发展特点，必须集中统一发展的，要加强宏观控制，应该放开的要放开搞活，充分发挥各方面积极性，并利用产业政策手段，实行分类管理和有区别的政策导向，实现协调发展。

1.4　贯彻治理整顿方针，搞好分步实施

当前实施国家的产业政策，必须贯彻治理整顿和深化改革的方针，这是汽车行业和各地方部门的共同任务，各有关主管汽车生产、计划、规划的部门要切实负起责任，对所属汽车生产活动进行检查，治理整顿的效果将影响汽车工业今后的发展。在当前汽车工业的结构调整中，对国家产业政策规定严格限制、停止生产和建设的产品，必须采取坚决措施，真正做到停下来限制住，限劣扶优以便保证国家重点和计划内项目和产品，重点支持具有不断扩大出口创汇能力或替代进口以及附加价值高、经济效益好的小产业及项目和产品。

本实施办法遵循分步实施的原则。包括产品结构、技术结构、规模结构和企业组织结构以及地区结构等方面在内的结构合理化和优化是汽车工业面临的长期任务，从现在做起，将分阶段制订实施办法，分步实施，逐步实现。

为保证汽车工业长期持续、稳定、协调发展，当前与"八五"期间以及未来十年产业政策实施的基本原则保持一致。

2　当前产业政策实施要点

汽车行业实施国家产业政策，当前发展和限制的实施要点包括以下四个方面：

2.1　产品政策要点

2.1.1　当前产品发展和限制要点

2.1.1.1　轿车

轿车的发展方向是按规模经济组织生产的先进产品，重点是中级以下的普及型轿车。轿车工业必须按国家统一安排发展，禁止同级产品重复布点，各地区部门和企业一律不得擅自安排轿车生产点。无论限上限下，轿车的技术改造和基本建设项目必须由国家批准。

当前支持国务院已批准的轿车生产基地的建设，现有轿车生产点主要是在现有基础上加速国产化，发展变型车，组织多品种生产，降低成本。

2.1.1.2　载货汽车

2.1.1.3　微型汽车：支持已有国家定点产品提高国产化率，质量达到引进产品水平，不增加新的整车项目。不论限上限下，不得通过微型汽车项目以改装、系列化等名义变相上轿车项目。

2.1.1.4 轻型汽车：当前重点支持并加速国家已批准的轻型车生产基地的建设。其它轻型车企业要围绕国家主导产品系列，按规模经济标准组织总成专业化生产，逐步形成跨地区跨部门大型轻型车生产集团。

2.1.1.5 中型汽车：保持现有货车生产规模，压缩普通中型自卸车生产，限制中型牵引车生产厂点的增加，中型越野车重点是利用引进的技术和总成开发部队需要的军用越野车和油田、沙漠、边远地区需要的民用越野车。

现有生产点按专业化分工逐步向大企业靠拢，重点提高产品质量，并利用国内和引进的先进技术开发新产品，逐步更新老产品，积极开拓国际市场。

2.1.1.6 重型汽车：除在建项目外规模不再扩大，确保重点项目建成。利用引进产品发展各类变型车、专用车，重点开发高质量的重型自卸车，矿用自卸车要加快引进产品的国产化，实现产品升级换代。为适应高速公路集装箱运输，尽早开发重型、超重型牵引车，争取顶替进口。

2.1.1.7 客车：按品种、行业布局和分工进行调整，压缩生产点，改造和淘汰一批落后企业和低质产品，扶植重点企业形成优势，使其生产规模、产品水平和质量达到国内领先，替代进口，其中争取大客车出口。

吉普车的重点是利用引进的技术和总成，开发部队需要的军用越野车和油田、沙漠、边远地区需要的民用越野车。不得通过吉普车项目(不分限上限下)变相上轿车项目。

2.1.1.8 专用车(含改装车)：按品种、布局和分工进行调整，压缩生产点，扶植重点企业形成优势，使其经济效益、产品水平和质量达到国内领先。根据市场需要发展品种，重点发展国家急需和技术难度较大的产品，努力提高产品水平和质量，替代进口并争取出口。

任何企业不得通过专用车上国家禁止或限制的项目，硬顶吉普不属于专用车。

2.1.1.9 汽车总成和汽车零部件：按照专业化原则，根据主机配套需要安排汽车主要总成(发动机、变速箱、前后桥、驾驶室、专用汽车液压缸和鞍座)项目，支持出口创汇项目。

零部件重点是轿车零部件和面向全国配套以及出口创汇的零部件，支持提高水平、填补空白以及面向国内外两个市场的合资、合作零部件项目。避免零部件配套自成体系和重复布点。

2.1.1.10 摩托车：不上新项目，不开新的生产点。50cc 的摩托车按市场需求安排生产计划，重点是提高产品质量，增加新品种，提高出口创汇能力。250cc 摩托车加快发动机更新换代，原车型保持或减少现有产量，不得扩大生产能力。

2.1.2 明确各类整车特别是盲目发展较严重的整车的"国家主导产品系列"。"国家主导产品系列"是产品成熟先进、能够作为今后一段时期产品发展方向、市场适应性强、适于组织进行大批量生产并已具备一定现实条件的基本车型。当前分类别主导产品为：

2.1.2.1 轿车：由国家确定的中级以下的普及型系列；

2.1.2.2 轻型车：依维柯系列、五十铃系列；

2.1.2.3 中型车：解放系列、东风系列；

2.1.2.4 重型车：斯泰尔系列。

2.1.3 提高产品质量是汽车工业不可动摇的方向，各企业要严格按各级质量标准实行生产过程中的质量控制与保证。国家逐步完善和强化油耗、排放、噪声等"质量标准体系"，达不到最低标准的产品不能进入市场销售。

2.2 技术和装备要点

2.2.1 根据市场需求、产品结构、技术结构和相对比较优势等状况分步制订汽车工业技术发展政策，明确"重点技术发展方向"、"技术引进领域和范围"以及"集中技术开发领域"；

2.2.2 技术政策的基本方向是顺应国际汽车工业技术发展趋势，构造适合我国实际的多层次技术结构，加速技术进步，形成独立的技术开发能力，适应世界汽车工业技术基础变化和新技术发展，避免新一轮的大规模引进；

2.2.3　技术引进的根本目地是通过掌握技术，形成我国汽车工业独立的技术开发能力，各种方式的技术引进（包括合资）都要围绕这一中心进行；

2.2.4　按照技术发展要点，明确"引进和对外合作的重点领域和范围"，保证引进技术的先进性、适用性和经济性，有选择地引进并掌握轿车及零部件制造技术，推动汽车工业内部结构的合理化；

2.2.5　加强已引进技术的消化和吸收工作，制订"国产化率、国产化进度标准"，强化产品国产化，并鼓励在引进技术基础上的改进和革新，反对同一类技术重复引进和反复引进；

2.2.6　提高企业的人均装备率和装备技术水平，重点企业的设备新度系数要达到0.6。装备组成结构的调整方向是：

2.2.6.1　机床：重点企业生产线上与产品精度相差一个以上等级的普通加工机床要逐步淘汰，向数控数显发展，推行机电一体化；

2.2.6.2　锻铸设备：采用并发展优质、高精、高效、节材、节能及减少污染、降低劳动强度的新技术、新工艺和新设备；

2.2.6.3　设备自动化：开发柔性加工系统，初步装备机械手；

2.2.6.4　计算机：广泛应用计算机，在CAD和CAM以及计算机管理等方面取得进展。

2.2.7　设备进口除国内不能满足和技术引进必需以外，严格控制。当前严格限制引进的设备如下：

2.2.7.1　冲压设备和汽车模具；

2.2.7.2　整车和发动机生产装配线；

2.2.7.3　微型车、轻型车和摩托车的各种生产线；

2.2.7.4　非专用汽车生产设备。

2.2.8　加强国内设备配套和引进设备国产化，提高工艺装备技术水平，切实发挥汽车工业对基础装备工业的产业带动作用，杜绝低水平引进和重复引进。

2.3　进出口发展要点

2.3.1　出口是汽车工业面临的长期任务，汽车工业的出口以汽车工业的发展为基础，不简单是贸易问题，关系到国民经济出口结构的升级，必须坚持长期扶植培育，逐步实现投资计划、科技计划、生产计划和出口计划一体化；

2.3.2　根据产品技术水平和成本的国际比较优势等因素，进一步使出口战略具体化，制订"分阶段的出口重点"，并统筹规划，组织全行业联合对外；

2.3.3　利用国内外资源，开拓国内外市场。采取直接出口、以产顶进、来料加工、国外配套等方式参与国际分工，使我国汽车工业逐步取得在国际分工中的有利地位；

2.3.4　现阶段重点扶植零部件、大客车、专用车等中等技术水平并兼有劳动密集型产品的出口。未来的主要目标是中型车、摩托车、轻型车、轿车等大批量生产产品的出口；

2.3.5　运用进口手段引导市场变化，调整汽车工业结构：

2.3.5.1　继续严格限制轿车进口，在轿车工业起步和初期发展阶段给予进口保护；

2.3.5.2　逐步开放国内已形成一定规模和水平的中型车市场，强化国内产品的国际竞争力；

2.3.5.3　控制国家限制的进口整车的配件进口，提高国内配件生产水平，防止变相组装整车。

2.4　零部件和相关工业发展要点

2.4.1　零部件是汽车工业的基础，是我国汽车工业当前和未来相当时期内的战略重点之一，要调整整车生产与零部件生产的关系，给予切实的扶植。同时，在国家层次加强汽车工业与相关工业的宏观协调，同步发展；

2.4.2　零部件的组织方向是围绕主导产品系列，以整车和总成企业为中心，逐步建立多层次大规模生产协作体制，并在重点零部件生产领域形成面向国内国外两个市场的专业性零部件生产集团；

2.4.3 制订“零部件分类分阶段发展重点”，现阶段要加速引进车型的零部件和原材料国产化，充分利用已经引进技术的现有专业厂能力(包括军工企业)；

2.4.4 制订“整车和总成生产自制率及限额标准”，并规定“零部件企业生产品种数和工艺过程数”，强化企业间分工，促使企业由全能型向专业型转化；

2.4.5 充分发挥地方和部门的积极性，引导、组织各类企业围绕国家主导产品系列进行零部件专业化、系列化生产。支持企业间跨地区、跨部门的经济联合和专业化协作，吸收多种经济成份从事汽车零配件和辅助性工业生产。

3 实施保障政策

为保证国家重点项目和产品的发展，严格限制盲目布点和落后产品的蔓延，产业政策实施将着重进行行业内部各种结构的调整和优化。当前产业政策实施要点的保障政策如下：

3.1 进一步明确汽车工业的产业重要地位

汽车工业是高水平综合性加工制造业，与农业、能源、原材料、交通运输、多种制造业、服务业的发展有密切的相互制约、相互促进关系。

交通运输要先行，运输装备工业，特别是量大面广的交通运输装备即汽车要同步并适当超前发展，否则将阻碍社会劳动生产率提高，新一轮的大量进口也将不可避免。

汽车工业是高附加价值产业，对国家的直接贡献在制造业中名列前茅。更重要的是，汽车制造向前关联了几乎所有主要原材料和制造产业，汽车工业所需原材料和大部分零部件由这些产业提供，汽车产品和汽车制造设备是机械、电子和材料等技术的最大应用市场。汽车生产出来之后又关联了销售、燃油供应、维修服务等产业。汽车工业在国民经济中的综合关联程度是各产业中最高的，其形成的很长的价值创造过程，构成了国家财政收入的重要来源。

在制造业产品国际贸易中，占最大份额的产品是汽车及零部件。目前许多发展中国家也都在致力于发展汽车工业，以期带动经济发展和出口。我国经济的发展有赖于高附加价值和高水平成品出口能力的提高。而汽车工业具有成为出口创汇主导产业的潜力。

汽车工业在产业结构的调整和优化以及出口结构的改善中起着其它产业难以比拟、不可替代的带动作用，能给国家带来巨大财富，具有作为国民经济发展重要带头产业的客观属性。联合国最新工业分类标准中，已将汽车工业与交通运输装备工业、一般机械制造业并列，划分为独立的工业部门，说明汽车工业的产业地位进一步上升。

我国汽车工业的战略地位应在国家产业政策中明确，在“八五”和未来十年中给予必要的政策倾斜，这也是产业政策有效实施的重要条件。同时争取以汽车行业为试点，率先进行经营体制、投资体制、计划体制以及深化配套等方面的改革。

3.2 当前项目和投资保障政策

3.2.1 坚定不移地贯彻国家产业政策和国务院《关于贯彻国家产业政策对若干重大产品的建设和改造加强管理的规定》，严格控制有关“汽车、摩托车整车及总成和汽车关键零部件”的项目和投资；

3.2.2 中汽总公司是全国汽车行业的归口部门，由政府授权实行统一的行业规划。所有汽车、摩托车整车及总成和汽车关键零部件的项目和投资都要有中汽总公司按照国家产业政策和国家批准的固定资产投资规模以及统一的技术经济标准进行规划和核准；

3.2.3 当前严格控制整车项目，地方和部门不得擅自批准任何整车项目，正在审批的项目无论限上限下必须立即停止，已经批准但尚未开工需要继续建设改造的项目，要上报中汽总公司补办核准手续；

3.2.4 在计划与市场的结合上，我国汽车工业在目前阶段要多强调计划性和中央统一管理，为此建议国家在明确汽车工业产业重要地位的基础上，实行投资倾斜，尽快形成具有相当实力的国家汽车工业主本

(特别是轿车工业)；

3.2.5　年度投资保证国家重点项目，提高投资强度，优先安排竣工投产项目、国产化项目和出口创汇节汇项目，轿车及重点零部件项目根据投资专项安排，其他年度投资严格限制；

3.2.6　技术改造资金必须真正用于技术改造，提高产品质量，减少物质消耗，促进产品更新换代，严禁以各种名目用于在现有水平上扩大生产能力；

3.2.7　各地方部门和企业对汽车工业的投资必须符合国家产业政策和行业规划方向，将制订"参与国家汽车工业发展鼓励办法"，鼓励通过对国家汽车项目投资入股参与汽车工业，并得到利润、产品、招工指标等利益分配。

3.3　设厂标准和生产资格

3.3.1　新开项目以及扩大能力和增加品种的汽车、摩托车企业，必须符合一定标准才有资格申请立项和从事生产，中汽总公司将根据标准体系对新项目和现有企业的资格进行审查核准；

3.3.2　汽车、摩托车设厂标准和生产资格主要内容包括：

3.3.2.1　注册资本及占总投资比重；

3.3.2.2　项目投资总额和投资强度；

3.3.2.3　经济规模标准；

3.3.2.4　工程技术人员比例及技术开发能力；

3.3.2.5　工艺装备制造能力；

3.3.2.6　零部件配套能力等。

3.3.3　按上标准和规范建立并逐步完善汽车工业"生产许可证"制度。达不到标准，新建企业不予立项和颁发生产许可证，现有生产企业在规定期限内达不到标准，吊销其生产许可证；

3.3.4　生产许可证由国家授权单位统一发放，资金落实情况必须由银行和金融部门出具信用证明，其它标准由发证单位检查核准。无生产许可证企业不得在工商部门注册，生产汽车、摩托车产品；

3.3.5　《现阶段设厂主要标准》见附件。

3.4　产品和技术引进保障政策

3.4.1　根据技术发展政策，组织开展行业技术交流和联合技术攻关，建立技术市场，打破不合理的技术封锁和壁垒。基础应用技术强调集中，统筹兼顾，统一安排，发挥行业技术力量的整体优势，逐步形成自主开发能力；

3.4.2　根据国家"商标法"制订"汽车产品商标注册补充规定"，对各类汽车产品实行商标管理，整车产品必须进行商标注册，由工商行政管理部门统一批准并限制商标数量；

3.4.3　凡属汽车、摩托车的国外技术引进项目(包括整车、总成、零部件)，由中汽总公司统一归口审查，经批准后组织联合对外，未经审查批准的项目不得引进，外汇部门不支付外汇，海关不予放行；

3.4.4　根据"产品和技术要点"，中汽总公司定期核定并公布行业内已引进汽车、摩托车产品国产化实施情况，海关根据国产化率实行进口散件级差关税，促进国产化水平提高；

3.4.5　为提高装备水平，加快设备更新，装制订"装备淘汰标准"，强制淘汰落后设备，对专用生产线、组合机床、数控机床采取提高折旧率、加速折旧等经济措施，并尽快制订有关机械手、计算机等先进设备的折旧方法。

3.5　产业组织政策

3.5.1　我国汽车工业的主体部分必须全国集中统一发展，产业组织的政策方向是行业相对集中化，建立和发展由大型骨干企业组成的国家统一的全国性集团公司，抑制企业组织结构分散化；

3.5.2　全国性集团公司是受国家委托汽车工业中的国有资产经营者，通过国家控股；地方和部门参股等方式，集中各方面的有限资金，作为汽车工业的结构主体，贯彻国家的汽车工业发展战略和政策，引导地方和企业的资金投向，最大限度地追求各层次规模经济；

3.5.3　完善现有"企业集团"，探索新的发展途径，通过企业资产划拨、兼并形成以资金为纽带的联合，逐步实现资产经营一体化，增强企业间相互凝聚力。集团内部要实行集中统一经营和科技开发，加快从工厂管理模式向集团管理模式的转化；

3.5.4　明确规定“集中和竞争的小行业及集中度标准”，限制企业间的不合理竞争，促进汽车工业整体结构的集中，提高规模经济水平；同时，充分发挥企业积极性，鼓励合理竞争，提高企业特别是大型骨干企业的活力；

3.5.5　为促进零部件专业性生产集团的形成，关键总成和零部件将列入行业规划，重点扶植，整车企业必须在行业规划的范围内选择零部件配套企业；

3.5.6　理顺各类汽车产品特别是整车与零部件的比价关系，逐步建立合理的价格体系，扩大发展外部配套件生产，促进结构调整和专业化格局的形成；

3.5.7　汽车市场是全国统一的大市场，任何地方和部门不得以任何名义和方式对本地方和部门企业生产的汽车及产品进行市场保护，必须维护全国汽车市场的统一性和公平竞争。对制造地区壁垒、分割市场的行为，各企业和中汽总公司将提请监察机关查处。

3.6　差别保障措施

3.6.1　根据生产规模、固定资产、产品质量、可比成本和劳动生产率等经济技术标准和行为规范，对企业进行分类排队，并制订倾斜方向明确的综合性差别政策；

3.6.2　重点发展项目和产品的承担企业享受优惠政策，新发放的银行贷款优先提供此类企业，稳定供应渠道，保证其物资需要；

3.6.3　各地方和部门要严格清理各种贷款和税收优惠，凡不属于重点扶植的企业和产品，所享受的优惠条件必须停止执行；

3.6.4　对被限制和清理的基建、技改项目，银行不提供建设贷款，并控制企业自有资金使用，工厂设计单位不承担其设计任务；

3.6.5　对限制的产品，银行严格控制生产企业的流动资金，企业不能享受优惠贷款利率。对已明令限制的项目和淘汰、停止的产品，除银行停止贷款外，电力部门停止供电，物资部门停止供应燃料和原材料，运输部门不予运输；

3.6.6　被限制的企业必须尽快调整产品方向，整车企业应转向专用车、总成或零部件生产，向重点企业和产品靠拢，为重点企业配套；

3.6.7　现有企业，凡达不到行业经济技术标准，特别是生产规模达不到最低规模经济要求的，应尽快改变现状。通过治理整顿达不到要求的企业，将对其产品规定最高限价，降低利润水平，迫使调整；

3.6.8　推进税收制度改革，对重点产品和企业有选择地进行试点，实行利税分留、分税制，并按企业分类排队和产品水平实施差别税率措施。

在当前贯彻执行国家产业政策过程中，中汽总公司将与各地方、各部门以及计划、财政、物资、金融、税务、物价、海关、工商行政和外贸外汇等综合管理部门统一协调，积极配合，引导和帮助汽车行业的企业调整产品结构，共同促进汽车工业组织结构合理化，并为下一步产业政策的实施做准备，争取汽车工业结构的根本改善，实现汽车工业长期持续、稳定、协调发展。

本办法报国家计委并报国务院备案，自发布之日起实施，并由中汽总公司负责解释。进一步的措施作为本办法的“具体实施办法”分别报请批准后，由上级授权有关部门颁布实施。

附件：《现阶段设厂主要标准》

附件：

现阶段设厂主要标准

	轿　车	轻型车	发动机	旅行车（含硬顶吉普）
经济规模	30万辆	12万辆	30万台	3万辆
注册资本（自有资金）	20亿元	10亿元	10亿元	3亿元
固定资产投资总额	50亿元	20亿元	30亿元	5亿元
技术人员比例	18%	12%	20%	10%

国务院关于组建中国汽车工业总公司的批复

机械电子工业部：

你部《关于组建中国汽车工业总公司的请示》(机电办〔1989〕1737号)收悉。现批复如下：

1　同意组建中国汽车工业总公司，由你部负责归口管理，并在国家计划中实行单列。中国汽车工业总公司是社会主义全民所有制企业，是负责管理汽车工业直属企事业单位的经济实体。

2　同意你部授权中国汽车工业总公司行使汽车工业行业管理的职能。其机构设置、编制定员，由你部商人事部从严审定。

3　同意中国汽车工业总公司享受副部级待遇，与各地区、各部门直接建立业务联系。

4　中国汽车工业总公司实行总经理负责制。总经理职数为一正四副，干部任免按有关规定办理。

5　中国汽车工业联合会是汽车工业的行业协会，可作为试点继续保留，挂靠在中国汽车工业总公司。

中华人民共和国国务院(章)
文件号：国函〔1990〕9号
1990年1月23日

民政部关于同意中国汽车工业联合会更名的批复

中国汽车工业联合会：

你会1990年5月21日《呈报中国汽车工业协会更改名称及登记注册的函》(中汽协字〔1990〕001号)收悉。经审核，该协会已具备全国性社会团体法人资格，同意"中国汽车工业联合会"更名为"中国汽车工业协会"(社团编制另行核定)。其登记证书待复查登记后，再予补发。

该协会成立后，应遵守宪法和国家有关法律、法规，接受社团管理机关的管理和监督。

中华人民共和国民政部(章)
文件号：民社批〔1990〕56号
1990年7月14日

汽 车 工 业 大 事 记

汽车工业大事记(1988～1990)

1988年

月　(10日)　中国汽车工业联合会被评为国家级工业普查先进单位，获得了锦旗和奖状。

(12～13日)　中国汽车工业联合会第一届常务理事会第二次会议在北京举行，会议由陈祖涛理事长主持。陈祖涛在会上作了关于1987年工作总结和1988年工作展望的讲话。总工程师李荫寰传达了国务院振兴汽车工业协调小组会议的《纪要》。副理事长吴庆时作了关于增补理事和常务理事的说明和增补办法。会议还讨论并通过了关于《中汽联会员交纳会费的暂行办法》。

(16日)　国家计委以计机〔1988〕04号文批准第二汽车制造厂30万辆轿车项目建议书。

(20日)　我国组装的第一辆本茨轿车在一汽轿车厂下线。

根据国家经委下达给一汽组装一批本茨200型、230E型中高级轿车任务，一汽建成31万m^2厂房和84m长的装配线。

(21日)　年产30万台、排量2L的汽车发动机制造技术和设备转让合同，在北京人民大会堂举行签字仪式。由美国通用汽车公司提供技术和设备的引进项目，进口设备将在北京内燃机总厂安装投产。国家机械委主任邹家华等出席了签字仪式。

(22日)　坚强的无产阶级革命战士、中国科学院学部委员、中国汽车工业的创始人之一、汽车技术领域的奠基人孟少农同志的追悼会，在北京八宝山革命公墓举行。国家有关部门领导人，汽车工业的老领导、老同志，以及孟少农同志生前友好人士参加了追悼仪式。

(25～29日)　全国汽车行业企业管理工作座谈会，由中国汽车工业联合会主持，在第二汽车制造厂召开。会上，讨论了《汽车工业国家级企业审定办法》、《审定汽车工业国家级企业经济效益的几点规定》、《汽车工业国家级企业管理工作基本要求》(征求意见稿)。

(26日)　武汉汽车测试设备研究所研制的国产汽车安全自动检测线，在石家庄通过中国汽车工业联合会主持的部级鉴定。

(26日)　国家工商行政管理局和中国汽车工业联合会联合发布《关于加强拼装汽车管理的通知》。

通知规定了：生产、销售汽车的企业必须具备的条件；对汽车产品的商标使用作出规定；对汽车生产企业及汽车产品质量的管理作明确规定；对违反上述规定的企业制订了相应的措施。

(27日)　我国第一条采用国外新技术的缸体铣削自动线在第二汽车制造厂设备制造厂制造成功。

(30日)　上午9时30分，北京汽车工业联合公司在北京吉普汽车有限公司总装车间隆重举行了第50万辆北京牌汽车下线庆祝仪式。

2月　(22日)　中国汽车工业联合会决定成立汽车工业产品生产许可证办公室，实施对汽车工业产品生产许可证的归口管理及发证工作。

(　　)　在全国首届经济改革人才奖新闻发布会上，汽车行业的五位改革者分别获得金杯奖和银杯获。获金杯奖者：杭州万向节厂厂长鲁冠球；获银杯奖者：第二汽车制造厂厂长陈清泰、北京汽车工业联合公司总经理郑焕明、沈阳汽车工业公司总经理赵希友、深圳中华汽车工业公司经理唐锦生。

（22日） 中国汽车出口商会在北京成立。商会任务：组织起来，统筹协调，一致对外，维持全行业的共同利益，提高我国出口竞争能力，为企业间搭桥铺路。推选出中国汽车进出口公司、中国机械进出口公司等12个理事单位。

（29日） 南京汽车制造厂跃进牌NJD131B型3t柴油载货车正式投产。该车选用扬州柴油机厂生产的YZ4102Q1型四缸直喷式柴油机，于1987年12月通过定型鉴定，该车最大车速可达85km/h，百公里油耗11L。

4月 （20日） 在中南海怀仁堂举行的中国企业管理协会和中国企业家协会成立大会上，党和国家领导人为首届全国优秀企业家颁发金球奖，其中有：第二汽车制造厂厂长陈清泰。

（20日） 机电工业部发布第八批替代进口产品。汽车、摩托车产品9种：沈阳飞机制造公司生产的SL650型高级旅游车；昌河飞机制造厂生产的CH110X系列微型厢式货车；哈尔滨飞机制造公司和陕西飞机制造公司生产的WF110等微型汽车；南昌飞机制造公司和南方动力机械公司生产的HF125等两轮摩托车；石家庄飞机制造厂生产的M250型摩托车；东安发动机制造公司生产的DA462型汽车发动机；黎明发动机公司生产的IE40F轻便摩托车用汽油机；曙光电机厂生产的JF217等汽车发电机和QD143等汽车起动机。

（22日） 北京第二汽车制造厂、中国国际信托投资公司和香港萧特吉有限公司共同投资建立的“北京轻型汽车有限公司”正式开业。

该公司以开发、生产具有国际先进水平的轻型载货汽车为目标。当前开发的是日本五十铃N系列轻型载货汽车的11个品种，试制投产BJ136型2t载货汽车。预计到1992年年产4万辆国产化五十铃轻型汽车及配件。

（28～29日） 全国汽车标准化技术委员会在北京成立。该委员会是在国家标准局授权下，由中国汽车工业联合会领导，负责进行汽车及摩托车全国标准化工作的技术组织。该委员会由生产企业、管理部门、科研单位、高等院校、使用部门及质量监督部门推荐并经国家标准局聘请的37名委员组成。该委员会秘书处设在中国汽车技术研究中心标准化研究所，负责处理全国标准化技术委员会的日常工作。会议审议通过了《全国汽车标准化技术委员会工作细则》等章程，还研究确定了委员会下设19个专业分委员会的方案。

5月 （1日） 中国汽车工业联合会根据国务院有关文件精神，决定建立汽车新产品鉴定试验单位。已确定的首批新产品鉴定试验单位共有18家，他们是：中国汽车技术研究中心；重庆汽车研究所；海南汽车试验站；长春汽车研究所；第二汽车制造厂技术中心；南京汽车制造厂汽车研究所；中国重型汽车工业企业联营公司技术中心；北京汽车开发研究技术中心；重庆公路研究所；上海汽车拖拉机研究所；天津市汽车研究所；武汉市汽车研究所；汉阳专用汽车研究所；丹东客车研究所；沈阳市汽车工业公司研究所；机械委201所；清华大学汽车研究所；吉林工业大学汽车学院。

（3日） 金杯汽车股份有限公司在沈阳正式成立。这是由国家、企事业单位和个人共同集资组成的产融结合、多种成分并存的股份制企业。

（10日） 长沙交通学院机械系副教授喻资生主持研究的利用乌桕梓油及其混合油作柴油机代用燃料的科研成果通过交通部鉴定。这种混合油通过400h台架试验和实车试用，能满足柴油机的各项要求，废气中不含新的污染环境的物质。

(19日)　解放汽车工业企业联营公司研制的解放CA155P型8t载货汽车通过中国汽车工业联合会鉴定定型技术审查。

(21日)　国营内蒙古第二机械制造总厂与英国特雷克斯设备有限公司合资成立北方重型汽车有限责任公司。该公司是由合作生产而转为合资生产经营的,生产33—07型、40t自卸汽车为代表的系列产品。

(24～29日)　由国务院经济技术社会发展研究中心和中国汽车工业联合会共同召开的《发展轿车工业政策研讨会》在第一汽车制造厂召开。会议的中心议题是研究如何进一步贯彻国务院关于汽车工业的发展方针,推动我国轿车工业的建设和生产。

(30日)　长征汽车制造厂年组装1000辆T815重型汽车技术改造项目,经中国汽车工业联合会、中国重型汽车工业企业联营公司等部门的全面审查,达到了竣工标准,一次验收合格。

6月　(15～18日)　中国汽车工业联合会第一届理事会第二次全体会议在重庆举行。会上,讨论通过了会员单位交纳会费办法,《建立中国汽车工业科技进步奖励基金》办法,讨论修订了《汽车工业振兴条例》(草案)。

(28日)　中国国际贸易促进委员会汽车行业分会在北京成立。

7月　(1日)　以中外合资企业上海大众汽车有限公司为龙头的跨地区、跨部门的上海桑塔纳轿车国产化共同体宣告成立,参加共同体的全国有120家工厂、高等院校和科研所。

(12～18日)　由天津市汽车研究所、哈尔滨伟建飞机制造公司设计研究所联合起草的《微型货车系列标准》在天津通过审定。

8月　(2日)　根据国务院批准的《关于深化物资体制改革的方案》和物资部"三定"方案,物资部与中汽联领导就中汽联物资供销机构交接问题交换了意见并达成协议。协议的主要内容是:同意将中国汽车销售服务公司划归物资部,并与原国家物资局和有关部门的汽车销售机构合并,组建中国汽车贸易总公司,负责国产与进口汽车计划分配部分和国家订购部分的销售工作;同意将中国汽车工业物资供应公司划归物资部,并保留原名称,单独立户,独立核算,原业务范围不变,负责对汽车工业包括原中汽公司直属、直供企事业单位的物资分配计划的实施组织订货供应、物资储备调度剂、进口出口及资源开发等工作。

(15日)　1987年度汽车工业科技进步奖和1988年度汽车标准科技进步奖评审工作结束,共评出1987年度汽车工业科技进步奖项目32项,其中特等奖1项,二等奖2项,三等奖17项。1988年度汽车标准科技进步奖19项,其中二等奖2项,三等奖17项。

(22日)　李鹏总理在《关于30万辆轿车项目会议纪要的报告》上批示:

1.同意定点意见,先按此工作。

2.整个汽车发展战略应由常务会议正式讨论作出决定。

9月　(27日)　李鹏总理在北京人民大会堂会见德国戴姆勒——本茨汽车公司董事长劳乃特一行,并在交谈时表示,中国执行对外开放政策,主要是引进外国的先进技术、先进管理经验和先进的竞争机制。中国和德国在合作方面,特别是大项目的广泛合作,无论是合作程度,还是合作数量都比较高、比较多。为了双方更好地合作,第一要保证产品质量,第二是要产品国产化,这很重要。如果产品不能迅速达到国产化,就不可能得到更好地发展,也就是说发展将受到限制。国务委员邹家华,国家有关领导会见时在座。

(27日)　中国北方工业(集团)总公司和德国戴姆勒——本茨公司关

于重型载货汽车生产许可证合同在北京签字。该项目的整个合同由三个部分组成：一是许可证合同，产品包括14个基本车型，全车总质量16～36t；二是技术工程合同；三是技术援助合同。

10月 (3～29日) 由《中国汽车报》社、新华社《半月谈》杂志社主办，中大经济发展公司承办的“第二届国产轻微型汽车质量测试赛”经过27天的赛程到达北京。机械电子工业部部长邹家华题词：“质量第一，日新月异”。这次参赛的有9个生产厂家、21辆汽车，中国汽车技术研究中心担任这次质量测试赛的检测任务。

(7～15日) 全国乘用车展览会在北京农业展览馆举行。参展的179辆车，分属机械电子、城建、交通、军工等部门的85家生产企业，有轿车、轻型越野车、微型客车及大中型客车，展示了国产乘用车生产的新成果。

(20～24日) 全国两轮摩托车厂牌赛和外观质量展评会在北京举行。上海易初摩托车有限公司队获250mL组第一名；南方动力机械公司队获125mL组第一名；天津摩托车厂队获80mL组第一名；嘉陵机器厂队获70mL组第一名；龙江电工厂队获50mL组第一名。摩托车外观质量按排量分四个组评比，有9个厂的产品荣获一等奖。

(28日) 根据国务院和国家有关部门的授权，中国汽车工业联合会组织制订了汽车工业产品生产许可证《管理办法》和《实施细则》，自1988年10月28日起，对载货汽车产品实施生产许可证制度。实施发证的载货汽车产品为：列入中汽联和公安部联合公布的“年度汽车和民用改装车生产企业及产品目录”的各种微型、轻型、中型、重型和农用载货汽车。生产上述产品的企业(包括合资企业)，不分隶属部门和地区，均需申请生产许可证。凡按计划实施生产许可证的产品，没有取得许可证的企业，将不得进行生产和销售。

11月 (17日) 中国汽车工业联合会以〔88〕中汽技字789号文发布了《汽车产品型号中企业名称代号管理办法》，贯彻国家标准GB9417—88《汽车产品型号编制规则》，指定中国汽车技术研究中心标准化研究所负责企业名称代号的整顿和管理工作，按照唯一性原则对各厂的申请进行审查、分配企业名称代号及颁发证书。

(25日) 在首届国际专利及新技术设备专利展览会上，中汽联系统参展的16项中，1项被评为金牌奖(电源集成块)，2项被评为银牌奖(复合式自锁差速系统、振动摩擦试验机)，8项被评为优秀奖(扭力扳手校验仪等)，获奖率为62.5%。

12月 (7日) 北京轻型汽车有限公司经过三年三轮研制的日本五十铃N系列过渡车型BJ136、BJ136L单、双排座2t轻型载货汽车，在北京通过国家级鉴定。该车型采用了膜片弹簧离合器、五档同步变速器、变截面钢板弹簧和真空助力双管路制动器等先进结构的总成。

(24日) 国务院国发〔1988〕82号文《关于严格控制轿车生产点的通知》再次明确规定：除国务院批准的一汽、二汽、上海三个轿车生产基地和天津、北京、广州三个轿车生产点以外，在全国范围内不再安排新的轿车生产点。各地区和部门不得擅自同外商洽谈引进轿车制造技术和装配生产线；防止假借轻型越野、微型、超微型汽车的名义变相上轿车；严禁以维修配件名义进口关键总成和零部件在国内拼装轿车。

中国汽车工业联合会公布第二批8个汽车新产品鉴定试验单位：安徽省汽车研究所、安徽工学院汽车实验室(安徽省汽车产品质量监督检测站不再承担新产品鉴定试验任务)、江苏省交通科学研究所、江苏工学院车辆测试中心、山西省汽车产品质量监督检测站、西安公路学院汽车实验室、湖南大学汽车实验室、河北汽车质量监督检验站。这些单位不承担汽车基本型的定型试验任务，只承担变型车、专用汽车定型试验，并根据中汽联[88]中汽技安368号文件精神开展变型专用汽车新产品鉴定试验工作。

1989年

1月 （4日） 第二届全国优秀企业家评选结果揭晓。汽车行业有：金杯汽车股份有限公司总经理赵希友，第一汽车制造厂厂长耿昭杰，杭州万向节厂厂长鲁冠球。

（12日） 中国汽车工业联合会颁布《汽车前照灯行业国家级企业等级标准》(试行)、《汽车发动机气门、气门挺杆行业国家级企业等级标准》(试行)。

（14～18日） 中国旅游汽车理论研讨会在西安召开。23个省市旅游汽车公司和从事旅游汽车业务的代表讨论制订了《中国旅游汽车行为规范》，成立了中国旅游汽车集团(联合会)，通过了集团章程。

（16～18日） 中国汽车工业联合会一届三次常务理事扩大会议在北京召开。蔡诗晴代理事长作工作报告，机电部何光远副部长到会讲了话。蔡诗晴在报告中提出1989年汽车行业要做好以下几项工作：1.合理调整投资结构，确保重点项目建设，促进产业结构合理化；2.合理调整发展速度和产品结构，增加有效供给，努力扩大出口；3.切实加强零部件工业建设，为汽车工业上水平打好基础；4.大力加强科技和人才培养，加速实现引进技术产品国产化，把汽车工业水平提上新台阶；5.加强和改进宏观调控、行业管理，深化企业改革。

（ ） 国家计委发出《关于加强小轿车销售管理实施办法的通知》，对国产小轿车出厂价、统一销售价作出规定。除已核准的56个小轿车经营单位外，其它单位自1989年2月1日起一律不准销售小轿车。

（18日） 南京汽车制造厂累计生产跃进牌汽车30万辆。

（31日） 上海大众汽车有限公司累计生产轿车超过4万辆，其中“上海桑塔纳”39458辆；“奥迪100”600辆；“帕萨特”400辆。

2月 （11日） 第20万辆BJ130型汽车开下北京轻型汽车有限公司的组装生产线。

3月 （6日） 中国汽车工业联合会颁布《自卸汽车、半挂牵引汽车列车行业国家级企业等级标准》(试行)。

长春第一汽车制造厂轿车项目，湖北第二汽车制造厂轿车项目、中国重型汽车工业企业联营公司斯泰尔重型汽车项目，南京汽车制造厂依维柯轻型汽车项目，列入国家计委下达的1989年第一批按合理工期组织建设的国家重点项目(续建)。

（7日） 经物资部批准，中国汽车贸易总公司在北京成立。该总公司是由原国家物资总局机电局的有关业务部门、原中国汽车工业联合会的中国汽车工业销售服务公司、原建设部的中国城市客车城建设备公司合并组建的全国性从事汽车、汽车配件经营业务的公司。

（20～25日） 由中国汽车出口商会主办的1989年北京国际汽车零部件展览会在北京展览馆举行。参加这次展览会的有国内350多个汽车零部件厂家，国外7个国家和地区的80多家厂商。

（28日） 国务委员邹家华主持听取二汽30万辆轿车项目汇报。国务院副秘书长王书明、国家计委副主任郝建秀、机械电子工业部副部长何光远及中汽联代理事长蔡诗晴出席会议。

4月 (3日) 经总后勤部批准，由全军生产汽车、船舶产品企业组成的金燕汽车船舶工业公司在北京成立。该公司为全民所有制企业，归总后车船部领导，实行董事会领导下的经理负责制，独立核算，自负盈亏。

(10日) 机械电子工业部转发国家物资局《关于明确汽车产品价格分管权限的复函》，并根据此精神，作了“严格按照价格分管权限，不得随意越权定价、调价和变相混涨价”等三点补充通知。

(11日) 1988年全国十大最佳合资企业(生产型)评选揭晓，汽车行业有4家金榜题名。他们是：上海大众汽车有限公司、北京吉普汽车有限公司、广州标致汽车公司、上海易初摩托车有限公司。

(24日) 二汽奋战四年，经历四轮样机设计、试制和试验的EQ6110柴油机通过部级鉴定。十四家大专院校和科研单位的专家、教授在鉴定中认为，该产品达到80年代同类机型的中上水平。

5月 (6日) 中国汽车工业联合会和公安部联合颁布：《全国汽车、民用改装车和摩托车生产企业及产品目录(简称目录)管理暂行规定》。凡国内生产汽车、改装车和摩托车的企业及产品，不分隶属部门和地区，均应纳入目录管理，目录是办理车辆牌照的依据。

(7日) 中国汽车工业联合会在杭州召开会议，审定通过《摩托车产品质量检查评定办法》(试行)，正式批准该办法自1989年9月1日起在全国摩托车行业贯彻执行。

(22日) 第二汽车制造厂自行设计制造的国内第一条长达120m的新型自动线——摩擦滚道柔性发动机装配线，在二汽发动机厂安装成功并投入试生产。

(23日) 作为中国汽车行业群众团体的中国汽车工业体育协会在北京正式成立。

(30～6月1日) 中国汽车工业联合会在北京召开红旗轿车恢复生产协调会，有第一汽车制造厂和各配套厂参加商讨具体落实措施。机电部副部长何光远在会上传达了邹家华部长的重要指示并讲话，段君毅、周子健等老部长也在会上讲了话。

6月 (23日) 第一辆中国——斯泰尔重型载货汽车在济南汽车制造总厂诞生。该车型是从奥地利引进的具有80年代初水平的重型汽车制造技术。

(30日) 第一汽车制造厂开发的解放CA11 11 K2R (CA 151KP)型5t柴油平头载货汽车，在长春通过解放汽车工业企业联营公司主持的技术鉴定。

8月 (12日) 第一汽车制造厂新建成的轿车装配线开出国内首批组装的“奥迪”轿车。

(21日) 国家计委以计工二〔1989〕1007号文，下发《关于〈第二汽车制造厂——法国雪铁龙汽车公司合资建设轿车厂可行性研究报告〉的审批意见》，正式批复联合可行性研究报告。

(24～29日) 展示世界汽车新潮、促进中外技术交流的1989年国际汽车工业展览会在上海展览馆中心举行。18个国家和地区的150余家厂商参展。

(30日) 汽车行业1988年度国家二级企业审定工作结束，南京汽车制造厂等20家企业被批准为国家二级企业。

9月 (25～26日) 由国家技术监督局主持，对在重庆建设的“国家客车质量监督检测中心”进行审查认可和计量认证，获得通过。

(28日) 1988年度汽车工业科技进步奖评选揭晓，经汽车工业科技进步奖励基金委员会评审，共评出1988年度汽车行业科技进步奖34项，其中一等奖1项、二等奖7项、三等奖23项、四等奖3项。获一等奖的是“海南汽车试验场试验跑道”。

10月 （10日） 中国汽车工业联合会和公安部联合公布《1989年全国汽车、民用改装车和摩托车生产企业及产品目录》。《目录》中的企业名称代号，是按照中汽联有关规定统一制订的；产品型号是按照国家公布的《汽车产品型号编制规则》编制的；对少数未编制产品型号的，仍列1988年目录的产品型号，两者同样有效。《目录》增列了企业产品商标。

（11日） 国家计委以计工二〔1989〕695号文批准第二汽车制造厂轿车总装配厂，厂址定在武汉，机械加工厂厂址定在襄樊。

（21日） 中国汽车工业联合会颁布《汽车散热器行业国家级企业等级标准》（试行）和《摩托车、轻便摩托车汽油机行业国家级企业等级标准》（试行）。

（21日） 国内配套设施完善、工艺先进的现代化轿车油漆车间在上海大众汽车有限公司投产。它采用了国际上最新的轿车喷漆工艺，整个生产过程由预处理、阴极电泳涂漆、车身密封、底漆、面漆、检验、喷蜡等7条流水线和供漆、废水处理、废气燃烧炉、二氧化碳消防设施等9个辅助配套系统共同完成。各工序之间由907m高架悬链和1237m地面雪撬链组成一体进行自动传送，平均每3.45分就可完成一辆轿车的油漆工作。

（26日） 我国首次采用国产化“斯泰尔”重型汽车底盘与英国西蒙公司SS300型（30m）曲臂登高消防车散件，在青岛专用汽车制造厂成功地组装了曲臂登高消防车，并通过了国家消防装备检测中心检测，达到了中国和英国标准。

（26日） “斯泰尔”重型汽车发动机引进技术基建项目，经过五年努力，在山东潍坊柴油机厂竣工，正式通过国家验收。设计纲领年产1万台615型斯泰尔发动机。

11月 （4日） 中国汽车工程学会在北京主办了“IPC－5”国际汽车新技术展览会，机械电子工业部副部长何光远为展览会剪彩。会期5天，有10个国家、300多名代表参加学术交流及参观活动。

（5日） 国务委员邹家华在钓鱼台国宾馆会见德国大众汽车公司董事长哈恩博士一行。国家计委、机电部、中汽联、一汽和上海大众汽车公司的负责人参加了会见。双方就大众汽车公司与一汽、上海轿车项目事项进行了友好交谈。

（6日） 江泽民总书记在中南海会见德国大众汽车公司董事长哈恩博士一行。双方就中国汽车工业的发展和大众汽车公司同一汽、上海的合作项目交换了看法。国家计委郝建秀、机电部何光远、中汽联蔡诗晴、一汽耿昭杰、上海汽拖公司陆吉安等参加了会见。

（8日） 李鹏总理、邹家华国务委员在钓鱼台国宾馆会见国际汽车制造商协会主席、法国雪铁龙汽车公司总裁代表哈夫纳先生。李鹏总理表示：中国政府支持二汽与雪铁龙的轿车合资项目。

（9日） 第一届《中国汽车艺术摄影大奖赛》在广州评选揭晓。在1768幅参赛作品中选146幅入围作品，然后又选出最佳构思奖《嫁女》，最佳形式奖《啊！广州标致……》，最佳技巧奖《力翻千钧，易于反掌》以及五个优秀奖：《红旗颂》、《西北荒漠》、《篝火边》、《登峰的欢呼》。

（25日） 我国自行设计、自行施工的又一条椭圆形汽车试验闭合高速环行跑道，在安徽定远解放军总后勤部汽车试验场合龙建成。这条由上海市政工程设计院设计、铁道部第四工程局承建的高速环道，全长4000m，路面为高强度水泥混凝土，按高、中、低速三车道设计；路幅宽26m，路面宽12m，其曲线部分的横断面呈0°到42°渐变的曲面形，内外圆高差超过7m，汽车在高速下从直线到圆曲线之间，能安全平稳地连续行驶。环道采用当前世界上最先进的“麦克唐纳”螺线作缓和曲线，路面曲率施工精度误差不超过2mm，具有保证车辆颠振加速度最小的优良颠振运动特性。

12月　（5日）　由中国汽车工业联合会科技部组织联合开发和研制的6600系列轻型客车，经过两年时间的两轮设计、两轮试验，在北京通过鉴定。6600系列轻型客车为平头型，有：短轴距，标准轴距，长轴距；发动机前置、后置；汽油发动机、柴油发动机；独立悬挂，非独立悬挂；普通型，豪华型；平顶、高顶等多种类型。

（8日）　由中国汽车工业联合会科技部组织联合开发的6450系列轻型客车和6700系列轻型客车，在北京通过鉴定。6450系列轻型客车，是由国内25个厂家及有关部门联合研制的，底盘驱动方式为4×2、4×4两种，不仅适用于城市行驶，也适用于山路、农村道路行驶，其变型车可以适应勘探、水电、地质、公安等部门的需要。

（15日）　全国首批高级技师颁发证书大会在人民大会堂举行。这是由劳动部会同机电部、航空航天部、轻工业部、国家旅游局、中国人民银行五个行业在36家企业试点，评聘出221名高级技师，其中：汽车专业90名。李鹏总理代表党中央、国务院在中南海接见首批高级技师。

1990年

2月　（10日）　中国汽车工业联合会一届五次常务理事会作出决议，中国汽车工业联合会更名为中国汽车工业协会。与此同时，一届二次会员代表大会讨论通过了《中国汽车工业协会章程》，选举产生第二届115个理事单位和116名理事。二届一次会选举产生18个常务理事单位和19名常务理事；二届一次常务理事会选举了理事长和副理事长，胡信民为中国汽车工业协会理事长，和泉山为副理事长。

（10～15日）　全国汽车工业工作会议在北京召开。会议的主要任务是：深入贯彻党的十三届五中全会《关于进一步治理整顿和深化改革的决定》，以及全国计划、财政和经济体制改革会议以及机电部厅局长会议的精神，研究汽车工业深入贯彻中央《决定》的具体措施和办法，搞好汽车工业的治理整顿和深化改革，促进汽车工业的持续、稳定、协调发展。

国务委员邹家华到会讲了话。机电部部长何光远在开幕式上宣读了《国务院关于组建中国汽车工业总公司的批复》，并宣布机电部决定，由蔡诗晴同志负责中汽总公司的组建工作，他还就组建中汽总公司和发展汽车工业的问题讲了话。

江泽民总书记在会议期间看望了全体会议代表。

（16日）　《中国汽车工业史》编审委员会在北京成立。段君毅为名誉主任，周子健、何光远、张逢时、祁田、李刚、陈祖涛为顾问；胡亮为主任，刘守华、冯克、方　、李子政、李代胜、丁志寰、王立三、胡信民为副主任，张剑飞等

41名同志为委员。

(23日)　国函〔1990〕9号，国务院关于组建中国汽车工业总公司的批复。

3月　(1日)　中国汽车工业总公司决定，从1990年3月起，凡企业开发试制的摩托车零部件新产品，其鉴定定型试验必须由指定的单位承担。指定的摩托车五种零部件新产品试验单位为：1.中国摩托车质量天津监督检验所(设在天津内燃机研究所)，承担摩托车化油器、磁电机、活塞、活塞环的鉴定试验。2.中国摩托车减震器质量监督检验所(设在北京理工大学车辆工程系)，承担摩托车减震器鉴定试验。

(30～31日)　国务院生产委员会叶青主任、赵维臣副主任会同国务院有关部门的负责人，在中国汽车工业总公司召开办公会，研究解决汽车工业生产和销售中的急迫问题。办公会指出，要不折不扣地坚决抓紧落实国务院已经出台的政策和措施，尽快地促使汽车工业生产和销售实现适度发展。为此，要注意四个基本点：一是要坚决更新老旧汽车，既能促进汽车生产和销售的发展，解决市场疲软，又能达到节能、节油、环保的目的；二是要贯彻生产和控购相一致的原则；三是中汽总公司要抓住时机，做好结构调整，扶优限劣；四是国家要给予必要的扶持，同时企业要在提高素质、提高产品质量、提高效益上下功夫，为国家多做贡献。

4月　(7日)　中国汽车工业总公司正式颁布执行《汽车工业引进技术的汽车产品国产化鉴定管理办法》。适用于汽车工业引进国外汽车整车、总成及零部件的设计、制造技术在国内生产的产品，并按照引进技术的要求，工厂设计的工艺流程和装备对生产的整车、总成和零部件产品的性能和质量进行试验鉴定。

(18日)　中国和德国合资经营的上海大众汽车有限公司，经过双方五年合作，形成了年产3万辆轿车、10万台发动机的能力，正式建成投产。

李鹏总理到会，发表重要讲话，并题词："为发展中国的轿车工业而努力奋斗"。国务委员邹家华题词："日新月异，走向世界"。机械电子工业部部长何光远题词："祝上海大众建成投产，为我国轿车工业现代化做出新的贡献"。中国汽车工业总公司总经理蔡诗晴题词："合作楷模，友谊典范"。

(24～27日)　反映中国汽车工业的八集电视专题片《走出低谷》在中央电视台播放。

该片从历史的角度讴歌了我国汽车工业战线广大职工为振兴汽车工业付出的巨大努力，剖析了我国汽车工业发展同国外汽车工业的差距。

(25日)　国务院1990年4月24日决定，任命蔡诗晴为中国汽车工业总公司总经理(副部级)。

(27日)　第二汽车制造厂第一辆EQ153型8t平头柴油载货汽车在总装配厂第三装配线下线。

5月　(1日)　1990年汽车(含摩托车)行业8名同志荣获全国"五一"劳动奖章，他们是：王群生(北京内燃机总厂铸造厂工人)，杨全华(沈阳轿车制造厂工人)，刘海山(丹东汽车制造厂钳工)，朱洪喜(第一汽车制造厂底盘厂车间主任)，吴可(上海延峰汽车内饰件厂副总工程师)，刘益顺(合肥江淮汽车制造厂金工车间钳工)，戴宗晴(第二汽车制造厂中心医院外科主任)，郝振　(国营嘉陵机器厂厂长)。

(1日)　1990年汽车(含摩托车)行业4个班组荣获全国"五一"劳动奖状，他们是：第一汽车制造厂铸模分厂有色车间熔化班，江西省汽车底盘厂钳工组，第二汽车制造厂车箱厂油漆车间面漆班，航空航天部南方动力机械公司一厂喷漆班。

(4日)　国务委员兼国家计委主任邹家华、国务院副秘书长王书明、国家计委副主任兼国务院生产委员会主任叶青，在天津市市长聂壁初等陪同下，视察了天津市微型汽车厂，仔细询问了工厂设备的技术水平和生产能力，还乘坐了“夏利”轿车。

（29日）　1990年伦敦——北京汽车旅游活动历时52天，行程15700km于5月29日到达北京。这次由中国国际体育旅游公司和英国旅游促进有限公司共同举办的横穿欧亚大陆的大规模汽车旅游活动，汇集了60辆不同年代生产的各式汽车，由十几个国家的车手驾驶，4月7日从伦敦海德公园出发，经过法国、奥地利、保加利亚、土耳其、苏联等国，5月10日进入我国新疆，沿“丝绸之路”抵达北京。

6月　（1日）　国务院1990年5月31日决定，任命吕福源、吴自强为中国汽车工业总公司副总经理。

（19日）　由中国汽车工业总公司组织的ZQ6450车身联合设计方案在武汉通过审定。此方案是以武汉汽车工业公司为主，北京旅行车股份有限公司、保定汽车制造厂参加，湖南汽车厂配合联合设计的。它是以中国汽车技术研究中心组织开发的ZQ6450底盘为基础，以国外同类型汽车为参考样本，开发具有国际80年代初水平的轻型系列汽车，包括4×2、4×4乘用车和单排、双排座载货汽车。

（19日）　第一汽车制造厂第二铸造厂正式开工生产。它是一汽发展轿车、轻型车的重点工程，1986年9月1日破土动工，建设面积8万m^2，设计纲领为年产60万t铸件。

（25～28日）　全国第一次汽车行业期刊工作会议在天津中国汽车技术研究中心召开。会议对汽车工业科技期刊管理细则（试行稿）等进行了认真讨论。会议认定，今后汽车行业科技期刊将由中汽总公司科技部领导，具体管理工作由中国汽车技术研究中心技术情报所负责。

7月　（3日）　长春汽车研究所成立四十周年。40年来，完成科研课题1032项，开发新车型288种，开发新发动机56个，为国内119个厂家检验汽车、零部件761项，为汽车行业制订标准、法规273项，对全国20多个省市400多个单位进行科技咨询3895次，为国内厂家提供技术经济分析、情报研究报告、技术资料299篇，为中国汽车工业建设和发展输送技术骨干918名，为我国汽车工业的发展作出了贡献。

（3日）　北京国际汽车及工艺装备展览会在北京国际展览中心开幕。美国、英国、德国、日本、法国、香港等17个国家和地区的70家外商参展，展出整车20多辆。国内有13个部门的320家企业参展，展车170多辆。国内外厂家还展出了各类汽车零部件、汽车内饰、检测设备及汽车制造工艺装备。

（6日）　国务院1990年7月5日决定，任命夏德明、丁志寰为中国汽车工业总公司副总经理。

（24日）　济南汽车制造总厂的第10万辆重型载货汽车驶下装配线。三十年来，该厂生产“黄河”牌JN150、JN160、JN162、“罗曼”、“斯达——斯泰尔”五大系列81个品种的重型载货汽车。

（30日）　中国汽车工业总公司根据国家授权，自1991年起，在汽车工业企业中组织评选汽车工业企业质量管理奖和汽车行业优质产品奖。

8月　（3日）　国家“七五”重点科技攻关项目——二汽车身厂“东风系列驾驶室多品种混流机器人自动喷涂生产线”正式投产，满载运行，形成年产14万辆生产能力。

（7日）　机械电子工业部任命徐仁根同志为中国汽车工业总公司总工程师。

（9日）　汽车工业科学技术进步奖励基金委员会正式成立。中国汽车工业总公司总工程师徐仁根为第一届基金会主任委员。该委员会第一次全体会议原则通过了《汽车工业科学技术进步奖励基金委员会章程》和《汽车工业科学技术进步奖励办法》两个文件。汽车工业科学技术进步奖，每年评选一次，由基金会聘请专家组成评审组和评审委员会，审定获奖项目。

（15日） 国家环保局、公安部、商检局、总后勤部、交通部、中汽总公司联合发布《汽车排放污染监督管理办法》。自发布之日起实行，由有关部门等对汽车发动机的生产、使用、维修、检测按国家规定的排放标准实施具体监督管理，同时规定了各个环节的监督管理细则，明确指出排放不达标的产品不准出厂、不准发牌照、不准行驶。

（ ） 国家计委、国务院生产委员会、物资部、中汽总公司联合发出通知，对老旧汽车进行强制报废更新，并规定了若干报废更新的优惠措施。属于1973年以前投入使用的（含1973年）应予以报废的进口、国产车型，包括全民、集体和个人的，一律实行强制报废更新。

9月 （11日） 机电部召开机电工业全行业规划工作会议，贯彻国家计委、机电部计工二（1990）936号《关于机械电子工业全行业统筹规划工作的通知》精神，要求按国家计委规定的投资笼子控制总量，对部门、本地区在“八五”期间总投资500万元或用汇100万美元以上的基建、技改、引进项目，按产品分类纳入机电工业分行业规划，分别报送汽车（摩托车）、家用电器、机床工具等29个分行业规划组，并经机电部审核后，报国家计委审批。凡未纳入行业规划的项目，一律不得立项、审批和列入年度计划，各银行不予贷款，经贸部门及海关不予批准引进，不得享受减免税收等优惠政策。凡属市场急需、各地争上而又宜于集中生产的重点热门产品，无论限上限下项目（包括合资项目），各部门、各地区一律报机电部、国家计委审批（汽车、摩托车整车及总成和汽车关键部件已列入机电部第一批重点热门产品目录）。

10月 （1日） 交通部发布《汽车运输业车辆技术管理规定》，1990年10月1日起实行，并对车辆的购置、使用、保管、维修、报废和技术检验等各个方面都作了详细规定。

（10日） 1990年汽车工业科学技术进步奖揭晓，共评出获奖项目30项，其中二等奖6项：轮胎力学特性的试验研究、汽车转弯制动稳定性动态模拟、改建DF—09风洞为汽车模型风洞、交换式有限元前后处理程序的研制、微机炉前快速碳硅热分析样杯和分析仪的研制与应用、锻压机滑动轴承故障诊断方法研究及应用；三等奖有一吨级积放式悬挂输送机的开发与应用等19项；四等奖有《汽车百年》电视专题片等5项。

（16日） 第二汽车制造厂在湖北襄樊建成汽车综合试验场，邹家华、何光远、郭树言、蔡诗晴等领导同志参加了竣工典礼。该汽车试验场在1987年3月开工建设，占地面积167.6万m^2，试验道路长约15km，修筑了高速环形道路、二号环道、石块路、综合路、溅水槽、涉水池、标准坡道共七种试验路面，可基本适应我国现有公路用车和越野车试验的要求。

（17～21日） 1990年北京国际摩托车技术展览在北京展览馆举行。参展的有日本、意大利、南朝鲜、捷克和斯洛伐克、香港等5个国家和地区的7家公司（企业）。我国43家摩托车生产企业展示了产品、新技术和新成果。

（18日） 第二汽车制造厂新开发的具有国际80年代先进水平的EQ153型8t平头柴油载货汽车批量投产。国务委员邹家华、中顾委常委段君毅、机电部部长何光远、湖北省省长郭树言、中汽总公司总经理蔡诗晴等参加了投产典礼。

（22日） 北京吉普汽车有限公司发动机分厂建成投产。每3分钟生产一台发动机，年生产能力单班3万台。预计到“八五”末期，形成年产四缸、六缸发动机8万至10万台规模。

（27日） 第二汽车制造厂通过中国汽车工业总公司安全性评价评审团检查验收，跨入国家安全级企业行列。

（30日） 在广州结束的1990年秋季中国出口商品交易会上，中国汽车工业进出口公司系统同来自23个国家和地区的147家客商签订241份合同，汽车产品成交总金额8200多万美元。

（26～30日） 《汽车工业厦门展示研讨会》在厦门经济特区举行。大陆汽车、摩托车和零部件厂家的代表，以及台湾汽车界“大陆汽机车工业考察团”共600多人参加，进行大会介绍、分组座谈研讨以及参观展览、广泛交流、洽谈等各种形式的活动，达到了“沟通信息、增进了解、广交朋友、发展合作”的预期目的。两岸汽车界展示了各类汽车、摩托车、总成和零部件产品，其中：大陆250多家企业生产的轿车、货车、客车、专用车和摩托车等整车41辆，22个汽车总成，130种汽车零部件产品；台湾60多家企业生产的轿车、货车、客车、摩托车等15辆、汽车总成和零部件。

（27日） 全国进出口汽车检验工作会议在第二汽车制造厂召开。重申从1990年5月1日起，国家商检局根据《商检法》制订定了对进口汽车9种商品实施质量许可证制度。这9种商品进入中国市场，必须获取商检部门颁发的质量许可证，各地商检局凭加贴的安全标志检验放行。

12月 （7日） 1990年度国家科技进步奖揭晓，汽车行业3个项目获得二等奖。它们是：长春汽车研究所和海南汽车试验场等单位共同完成的海南汽车试验跑道；第二汽车制造厂和新疆汽车制造厂联合开发的EQ230型4×4沙漠越野车；重庆汽车发动机厂引进技术生产的康明斯NH系列柴油机。

（19日） 在法国巴黎勒多亚安饭店，第二汽车制造厂厂长陈清泰、法国雪铁龙汽车公司董事长卡尔维先生正式签订二汽——雪铁龙轿车项目合资合同。

（27日） 第二汽车制造厂EQ150型6t平头柴油载货汽车通过国家级鉴定。

改革与企业管理

坚定不移地走集团化的道路

——东风集团十年改革的实践

东风汽车工业企业联营公司

东风集团是在党的十一届三中全会确定的改革和开放的总方针指引下，在国务院发布关于发展横向经济联合若干规定的政策环境下产生的。

东风集团经过十年改革的探索和实践，初步走出了一条依托大型骨干企业，围绕名优产品的开发和生产经营，发展企业联合，实行专业化改造，组织社会化大生产，走企业集团化的发展道路。

1　坚持联合、改组、改造的方针，是实现企业集团化，发展我国汽车工业的主要途径。

"联营不改组，等于白辛苦"。东风集团在横向经济联合中，坚持联合、改组、改造的方针，实现专业化生产，注意优化生产要素，发挥集团的整体优势。

首先优化产品结构，使单一品种向多品种系列发展。优质的产品系列，是集团有否凝聚力的首要因素，也是集团在市场竞争中有否实力的所在。原来，8个省区的8家汽车厂有7～8个杂牌车型，产量低、质量差、成本高，企业处于亏损状态。联营，首先是淘汰老产品，过渡到东风系列产品。二汽同联营企业联合开发，使东风系列产品由原来3个基本车型，发展到现在的7个系列车型，152种变型车，64种专用底盘，各类专用车（包括大客、轻型客车）245种，形成了一个多品种系列化的东风"家族"，增强了东风集团的凝聚力和市场竞争能力。

第二、按照产品专业化和工艺专业化要求，进行优化生产要素，提高生产效率。东风集团成员企业围绕东风系列产品，从三个方面进行专业化改造：一是分工生产基本型和变型产品，形成云南汽车制造厂着重发展高原车，柳州汽车制造厂着重发展柴油车，新疆汽车制造厂开发东风沙漠车的合理生产格局。二是承担某类（种）改装车、专用车生产，将一批全能厂变成专业化厂。三是围绕东风系列产品，承担汽车零部件生产（包括备品和维修服务配件的生产），形成一批"小型巨人"式工厂，面向二汽和全行业，提供质优价廉的系列汽车零部件。同时，降低主机厂的自制率，使主导厂能够不断提高技术水平，开发新产品。二汽联营后，中吨位车扩散了671种零件，使自制率由75%降至58%；八吨柴油车也扩散了1652种零件，节省投资近2亿元。由于东风集团提高了技术水平，不断开发和推出新产品，在汽车市场出现疲软的情况下，能够闯过难关。

第三、进行组织结构调整，开始"三层次"公司型改造工作。联营初期，二汽是"一个机构、两块牌子"。随着经济体制改革和东风集团的实践发展，这种组织结构越来越不适应横向经济联合的发展。1988年，二汽着手"三层次"的公司型改造工作，即在公司内部形成投资决策层的投资决策中心，经营管理层的利润中心，协作生产层的成本中心，相应确立公司和集团融合的新体制，以理顺关系，适应横向经济联合的发展，发挥好东风集团的整体优势。

2　制定一套切实可行的发展政策，是实现企业集团化发展我国汽车工业的关键。

东风集团为什么能得以发展？其关键是根据改革、开放的客观条件，制订了一套符合国情，体现联营企业意愿，切实可行的发展政策。主要有：(1)坚持按企业自愿、平等、协商、互利的原则，打破地区、部门、行业、所有制界限，择优组织企业联合的政策，使联合有较牢的思想和组织基础。(2)坚持对国家，对地方，对成员企业，对二汽发展“四有利”的方针，使横向联合既破除条块分割，又能得到条块的支持和职工的拥护，争创了集团发展的良好外部条件。(3)坚持联合和改组、改造并举，使成员企业逐步向专业化生产迈进，改造了“小而全”的局面，增强了集团凝聚力。(4)坚持既联合又竞争的政策，不搞集团性保护，不是合起来吃大锅饭，也防止集团内的过渡竞争和集团外的盲目竞争，增加了集团成员企业的压力，使压力变成动力，联营整体优势得以发挥。(5)坚持按商品经济原则处理内部企业间的经济关系，制订合理的价格等，形成“联营离不开二汽，二汽离不开联营”的融合体制，增强集团意识。

东风集团是我国汽车工业改革的一个试点，从东风集团的历程来看，走集团化道路，发展我国汽车工业的关键，仍是要制订一套切实可行的发展政策。

3 不断拓宽联合的领域，是实现企业集团化，发展我国汽车工业的重要环节

东风集团围绕系列产品发展，不断拓宽联合的领域，至今已建成一个以生产汽车为主业，具有科技开发、技术装备、人才培养、销售服务、材料供应、金融、信息等综合功能的经济组织。

在技术开发、人才培养方面，形成“三大中心”。具有综合开发能力的技术中心；包括8所大中专院校和1所中外合作的技工学校在内的教育中心；由1个管理系统和6个技术设备制造工厂组成，能够提供成套工艺设备的装备中心。近几年来，以“三大中心”为主的横向经济联合有所发展。与中国科学院、清华大学等科研、教学单位，在产品开发、工程技术、基础研究、成果移植、人才培训等方面，进行了广泛合作，目前合作项目有60个。在技术装备联营上，组建了专用机床公司、冲模和涂装集团、刃量具生产联合体等，使二汽在不投资或少投资的情况下，利用社会力量，扩大了装备供给能力。

在经营销售、技术服务方面，组建了东风汽车贸易公司和由270个技术维修服务站组成的销售服务网。并在北京、上海、广州、武汉等中心城市设有分支机构。为开拓国际市场，成立了东风汽车进出口公司，享有外贸权。并在纽约、汉堡、香港建立了商务机构，在菲律宾建立东风车的维修站。1990年整车出口泰国、菲律宾、孟加拉、尼泊尔等国家883辆，创汇1600万美元。铸件法兰、钢板弹簧、标准件等135种汽车零部件也打入了国际市场。同时，还率先在全国企业集团内组建了东风汽车财务公司，已有资本5021万元，其中联营厂集资1021万元。1990年财务公司收付量达17.2亿元。为联营厂及时提供了急需的专项基金和流动资金。与原材料生产企业，如宝钢集团，开展联合，参股，吸收竹胶板生产厂3家为集团成员企业，，与义马煤矿签合作协定等。由于拓宽了联合的领域，使东风集团初步形成多角化经营态势，增强对市场的应变能力。

4 东风集团的实践，为企业集团化，发展我国汽车工业提供了有益的启示

东风集团十年发展，以企业联合为先导，从微观改革起步，致力探索的是一条使企业成为真正独立的商品生产经营者的发展道路。它是改革的产物，也是一种历史的选择。

建国以来，在特定的历史条件下，二汽模仿苏联管理经济的模式，建立了高度集权为特征的经济管理体制，这对于建立国民经济体系和工业体系曾经发挥过积极作用，它的基本点是排斥价值规律的作用，限制商品经济的发展，以行政手段管理为主，财政统收统支，产品统购包销，企业按照行政区域和隶属关系划分，被束缚在条块之中。没有经营的、财务上的独立性和责任，经济效益很差，劳动生产率低下。企业之间的经济联系被人为地割裂，这种企业组织结构与社会化大生产、发展商品经济日益不相适应。虽经多次调整，都是在条块之间转来转去，企业始终没有摆脱政府的附属地位。党的十一届三中全会以后，确定了我国实行有计划商品经济，确定了企业是社会主义商品生产经营者的地位，而且开始给企业放权，扩大企

业的经营管理自主权，采取了给企业承包经营、租赁等两权分离的初级形式。二汽充分利用国家给予的政策，率先联合，形成集团化的经营，和一大批企业结成企业集团，开始从条块中游离出来，逐步向独立的商品生产经营者发展，建立了现代化大生产体系，形成了货车生产的经济规模和专业化生产格局，搞活了一大批企业，取得了条块管理下所无法比拟的社会效益。二汽这种发展道路，避免了资本主义原始积累时从自由竞争到垄断那种大鱼吃小鱼的社会振荡和残酷性。生产的集中，规模经济的形成，主要通过企业的自愿结合，比较平稳地过渡。是否可以说，这是一种通过改革，社会主义制度的自我完善，走出的一条中国特色的企业集团化之路。

企业集团的发展有效地调整了产品、产业和企业结构，更重要的是造就了一种集团化的经营机制。东风集团十年的横向联合实践，塑造了一个独立的社会主义商品生产经营者——企业。随着企业的解放(从附属地位到主体地位)成为投资主体(利益主体)，它必然按照商品经济的规律，选择集团化的方式以取得最好的经济效益，集团化的经营机制才能够发挥整体效应，取得一加一大于二的规模经济效益。它会自觉地推动生产要素的流动，形成一种不同于单个企业的具有跨度大，企业幅度宽，内在经济技术联系更紧密，推动集团企业围绕市场战略目标滚动的一种集团合力。它的产品开发能力，先进技术的消化能力，对市场的抗冲击能力，集团的凝聚力都大大增强。

二汽的改革，从微观起步，深入到产权领域，使企业逐步摆脱附属地位，成为独立的竞争主体，推动社会主义统一市场的发育和成长。企业集团的进一步发展和完善，有可能形成一种新的调控体系，国家通过市场调控企业集团(核心企业)，通过集团核心企业，引导大批集团成员企业的活动，企业集团成为聚集生产力，引导中小企业的桥梁，这对于探索计划与市场相结合的运行机制和具体形式，也是有益的尝试。

调整产品结构　提高应变能力

潍坊柴油机厂

潍坊柴油机厂(简称潍柴)建厂已经四十多年了，但在汽车行业中，还是一个新兵。为此，潍柴提出了以增强企业的应变能力为目标，以技术改造为突破口，坚持"以老养新，以新促老"的发展方针，下决心在产品结构调整和产品水平方面取得突破性的进展。经过五年多的艰苦奋斗，已经收到显著成效。企业产品结束了过去单一生产中速机的历史，形成了广用途、高层次的产品结构。通过抓产品结构调整，企业面貌发生了深刻的变化。工艺装备水平有了显著改善，冷热加工及装配试验、检测手段达到了国内同行业先进水平，部分达到了国际先进水平。企业的经济实力和应变能力大大增强，固定资产五年翻了二番，生产能力提高了三倍，不仅能满足国内市场的需求，而且出口产品每年有较大幅度的增长。1989 年被国家批准为出口基地企业。尤其是在近几年市场疲软、销售滑坡的形势下，产品结构调整发挥了重要作用。1990 年新产品和新品种的产值占企业总产值的 42.86%。

回顾几年来企业的产品结构调整，主要有以下几个方面体会：

前几年，潍柴的中速机产品在市场上供不应求，但随着国家经济的发展，企业之间的竞争将更加激烈，为了竞争中求发展，潍柴下决心在“七五”期间抓好产品结构调整，增强企业的应变能力。1984年，在上级有关部门的大力支持下，争得了引进具有国际80年代水平的斯泰尔发动机制造项目。经过全厂职工五年的艰苦奋战，提前一年完成了项目建设，基本形成了年产万台的生产能力，使潍柴的产品档次和产品水平跨入先进行列。

在项目建设过程中，潍柴认识到，斯泰尔发动机是一个很有发展前途的产品，尤其是发展变型配套产品前景广阔。通过分析按照市场需求先后开发出了与豪华大客车、推土机、装载机、船机及发电机等配套的新品种，与汽车吊、铁路工程车、公路工程车、高速快艇、全自动电源等配套的新品种也正在加紧开发。从现已投放市场的斯泰尔发动机新品种来看，不仅提高了配套产品的档次，而且发展前景广阔，增强了企业的应变能力。

二是树立市场观念，抓好中速机的适应性调整。

潍柴的6160A型中速柴油机已生产了30余年，由于以市场需求为导向，依靠技术进步进行改进提高，功率范围由原来引进时的99kW(135马力)提高到184kW(250马力)适应了市场需要，由于质量、价格在竞争中有优势，形成了畅销不衰的局面，为了使中速机产品在国内市场上继续占领优势地位，又集中力量抓了这一系列产品的适应性调整。

为了加速产品结构调整的步伐，在新产品开发过程中，潍柴始终坚持了从市场调查、开发设计、生产制造到售后服务的一条龙承包开发的原则，最大限度地缩短了产品开发周期。

三是强化质量意识，努力提高质量。

开发优质产品，是潍柴在调整产品结构中始终坚持的重要原则。为了保证新品种的最终质量，潍柴牢固树立为企业长远发展、为用户使用负责的观念，动员和教育广大科技人员首先把好开发设计第一关。

在新品种设计过程中，从提出开发计划，就瞄准高档次，采用先进标准，以保证不断提高产品水平，在新产品试制过程中，严格遵守试验鉴定规范，按照标准，进行试验鉴定，未经试验的新产品，绝不出厂，做到了凡是交给用户的，都是自己首先信得过的合格产品。

为了使新开发的品种不断完善提高，在样机投放市场以后，潍柴坚持跟踪服务，帮助用户了解和掌握新品种的使用方法，解决技术难题，并了解产品在使用中的适用性对问题及时反馈改进，从而保证了新品种在批量投放市场后的质量。

四是树立技术价值观念，在提高科技人员的业务素质和调动他们的积极性上下功夫。

潍柴把科技看作是推动企业发展的第一生产力，十分重视科技人员的作用。为了提高他们的业务素质，采取措施支持科技人员不断更新知识。凡是科技人员的业务培训和学习都大开绿灯，专业出国考察培训也优先安排，并在厂内成立了工程师培训班，聘请国内外专家对他们进行专业知识培训。

在调动广大科技人员的积极性和创造性方面，潍柴进行了一些改革尝试，对开发项目实行招标承包，促进有创造能力的科技人员发挥才智。并对他们在产品结构调整中所取得的成果，坚持承包合同兑现，以精神鼓励和物质利益体现他们的技术价值。大张旗鼓的进行表彰和宣传，从物质上、精神上和荣誉上给予充分肯定和热情鼓励，注重落实知识分子政策，在住房、工资、农转非等生活上给予照顾，极大地调动了科技人员的创造热情。

“七五”期间，潍柴通过抓产品结构性调整和适用性调整，使企业的应变能力显著增强，使潍柴这样一个老企业充满了生机和活力。“八五”中，潍柴将继续以技术进步为先导，狠抓产品结构的进一步调整，大力发展高档次、高附加值的适销产品。

《设备五型管理》的基本思想与实践

第一汽车制造厂

第一汽车制造厂(简称一汽),在设备管理上进行了大量开拓性的工作。完成了"三个过渡":由传统管理方式向现代化管理方式过渡;由时间性计划修理向针对性计划修理过渡;由故障事后管理向故障全面管理过渡。进而形成了以全员设备管理为基础,以针对性计划检修为主体,以全面故障管理为重点的一汽设备管理的三大支柱。

为进一步将设备管理工作落到实处,更有效地为企业的生产经营服务,又在多年的管理实践中逐渐地形成了一套具有中国特色的和一汽特点的设备管理思想、理论、体制及管理机制、方法和手段等。这些内容从理论上加以概括就是一汽的《设备五型管理》,而管理实践就是设备五型管理系统工程。

由于《设备五型管理》来源于企业自身的管理实践,同时又能在管理实践中得到不断完善,因此在一汽设备管理工作中发挥了很大作用。从1984年开始,一汽连续三届被评为国家设备管理先进单位,一汽的《设备五型管理》标准曾多次被中汽总公司作为行业设备管理检查标准的兰本。更重要的是:近年来一汽在设备新度系数只有0.38的条件下,通过在企业内部实施设备五型管理系统工程,基本保证了企业发展和生产经营。下面分几个部分将《设备五型管理》的基本思想和内容以及工程实践情况简要介绍一下。

1 《设备五型管理》所运用的基本理论、政策依据及体现的基本思想

《设备五型管理》是一汽在设备磨损理论基础之上,运用系统论的原理,将设备一生全过程的综合管理,划分为13个工作方面而进行的有机的系统管理;运用控制论的原理建立科学的运行机制,贯彻7个基本思想而进行的主动管理;运用信息论的原理进行64种数据的统计核算,作为设备管理工作评价和决策的依据。

由于《设备五型管理》的形成与发展、完善与实践,始终以贯彻国务院颁发的《全民所有制工业交通企业设备管理条例》和国家及地方政府有关政策和法规为主线,因此《设备五型管理》实现了《条例》和有关政策法规与企业设备管理工作实际的结合,有效地促进了设备管理工作水平的提高。

《设备五型管理》体现了7个基本思想:即以上级主管部门的有关设备管理方针、政策、规定为基谱,又兼顾本单位生产经营,设备构成特点及设备管理发展趋势的思想;设备管理是为企业生产经营服务的思想;加强基础工作提高现代化管理水平,保证企业发展上后劲的思想;将设备管理全过程划分为四个阶段,对其进行一生管理的思想;物质、技术、经济相结合,进行综合管理的思想;建立各种业务工作体系,构成闭环系统规范化管理的思想;提高各类人员素质,满足设备管理不断发展的思想。

2 《设备五型管理》的主要工作内容

《设备五型管理》的主要工作内容一共有13个方面,30项主要工作条目和160条工作细则。

13个方面的工作内容是:(1)组织机构与方针目标管理;(2)设备台帐与资产动态、设备档案与原始凭证管理;(3)设备前期与初期管理;(4)设备维护保养与润滑管理;(5)设备完好状态管理;(6)设备预防维修工作管理;(7)设备故障管理;(8)设备经济管理;(9)设备备品件管理;(10)设备改造与新技术应用管理;(11)设备维修技术资料的管

理；(12)维修人员培训管理；(13)设备现代化管理方法运用。

30项主要工作条目是在13方面工作的基础之上提出具体管理要求，方针目标和在管理工作中所用的管理方法和手段。160条细则则是将30项主要工作条目具体细化，用定量化的形式将主要工作完成后所达到的水平以及评价方法进行了具体的规定，旨在使管理工作实现普遍与特殊相结合；治标与治本相结合；短期与中长期相结合；设备管理与企业升级，工厂文明建设和质量管理相结合。由于篇幅所限，这两部分内容从略。

3　《设备五型管理》中各型级的标准及评定。

《设备五型管理》中的“五型”是按设备管理水平设定的5个等级标准：即设备管理特优型、优秀型、先进型、进攻型和防御型。

把评价160条工作细则的100分和现代化管理的20分划分成5个分数段，再加上否决条件，每年对各专业厂(处)进行一至两次全面检查，并结合在日常管理掌握的情况对其进行评价定级。

设备管理特优型在企业升级中和国家的特级企业相对应，优秀型和一级企业相对应，先进型和二级企业相对应。

4　《设备五型管理》工作的实践——设备五型管理系统工程

《设备五型管理》自1984年试行之后，又在具体实施和管理实践中对其进行了不断完善。这个阶段的工作被称之为设备五型管理系统工程。

在具体实施和管理实践中，一汽注意抓了以下几个方面的工作：

4.1　注意发挥机动处的设备管理职能的龙头作用，将设备管理职能分解到所有专业厂和厂内17个职能处室，并完善了相应的方针目标体系、管理制度、主要工作流程、职责范围。从而形成了一个设备全过程管理的保证体系，这个体系在强化一汽及设备管理工作中发挥了重要作用。

4.2　在管理实践中注意广泛地吸收国内外的先进经验，并在总结提炼的基础上运用于实践，使一汽的设备管理工作得到了促进。

4.3　在《设备五型管理》的贯彻中，注意管理层次的逐步深化。先典型，再全面；先在专业厂一级，再深化到车间班组；先在主体厂内，继而在联营厂之中。

4.4　不断强化基础建设，使管理工作的规范化，标准化程度逐年提高，各主要工作逐步形成闭环路线的管理，使整个管理工作更加切合实际和科学化。

4.5　在管理实践中抓住以科技为先导，并针对企业老、设备旧、资金缺等问题，以自我开发为主，大量采用新技术、新材料改造老旧设备，近五年仅采用微电子技术改造设备就达495台，使大量老设备焕发了青春。1989年机电部在一汽召开现场会，肯定和介绍了一汽这方面的工作。

4.6　在管理实践中，一汽还注意现代化管理方法在实践中的运用，为鼓励这方面工作的开拓，将此作为升级定型的特殊条件。近几年一汽相继开发了设备微机辅助管理系统，备件微机辅助管理系统等，还建立了设备故障监测诊断中心及两级监测网，对一汽设备管理步入中国第三代设备维修管理打下了基础。

4.7　还重点抓了设备软件管理和设备现场管理的相互结合，并突出管理为生产经营服务这个重点。十几年来，一汽注重修、改、换相结合，并在实践中总结出诸如故障管理的八大信息，预防维修的八步法等一系列行之有效的好经验和好方法，在设备老旧的底子上使得主要生产设备的技术状态呈逐年上升的趋势，有力地保证了工厂的生产和经营。

4.8　为了适应管理的需要，一汽还坚持设备管理系统的人员培训，多年来在岗位培训的基础上积极开展多层次、多渠道并针对管理中存在的问题开展管理与技术培训。使人员素质得到了普遍的提高，如近几年连续举办的高级电修人员学习班，培训出的人才在技术改造和进口设备维修调试工作中，发挥了巨大的作用。

一汽《设备五型管理》和设备五型管理

系统工程的实施凝结了一汽广大管理干部和工人辛勤的汗水，同时也为一汽设备管理乃至整个汽车行业的设备管理做出了重要贡献。许多兄弟企业先后到一汽学习和进行交流，这也对一汽提高设备管理水平起到了促进作用。特别应该提到的是，中汽总公司和国家计委主管设备的领导，对一汽《设备五型管理》的形成发展及实施给予了热情的支持和极大的帮助，同时也希望一汽在国内老企业设备管理工作中探索出一条新路，一汽决不辜负领导的希望，决心在今后的工作中坚持改革，不断开拓，争取在设备管理工作中迈出更大的步子。

现场综合管理——“一个流”生产方式

第二汽车制造厂

现场综合管理——“一个流”生产方式，是第二汽车制造厂（简称二汽）在引进、吸收了日本企业管理的基本思想和方法后，在厂内具体实践的成果。现场综合管理——“一个流”生产方式，最初是二汽以智力引进方式，从日本日产柴油汽车工业株式会社（简称日产柴）引进的对现场管理的管理经验。1987年，在日产柴专家的指导下，首先在二汽车桥厂转向节生产线上试点，并取得了成功。

转向节生产线由于生产能力的不足和管理的不善，曾长期是二汽生产的“瓶子口”，生产、管理一直比较被动。推行现场综合管理——“一个流”生产方式后，在物质技术基础条件没有变化的情况下，发生了很大的变化。日产量增长了29.8%；人员减少了28%；平均作业充实度由29%上升到了42%；不良品减少了68%；在制品减少了79.9%；设备故障停工时间减少了84%；以及其它一些变化。

这条生产线所发生的变化，使二汽看到了现场综合管理的价值，并开始进一步扩大试点和推广。

“一个流”的叫法来自生产过程的物流形态，这种生产组织方式要求各生产环节按节拍同步生产。一个个地制造、一个个地流动，制品始终处于流动状态，不停滞、不堆积、不超越，一个节拍生产一个。这种生产方式的实质，就是彻底排除浪费。“一个流”是以挖掘潜力为目的，同时也是挖潜的手段，是目的和手段的统一。通过生产要素的优化组合，以最少的投入，最短的转换周期，追求最大的综合效益，从而提高企业整体优化水平。因此，“一个流”生产水平即为企业整体管理水平。由于其重点体现了现场生产过程的管理水平，故称之为现场综合管理。

“一个流”生产方式的管理思想主要体现在5个方面：

第一，彻底排除浪费的思想。凡与最终产品形成有关的部门、环节——整个开发生产经营过程，应彻底清除浪费、损失、多余。使人、物、设备、信息、时间毫无浪费地为创造附加价值而工作，实施“纯生产”。

第二，准时的思想。把需要的东西，在必要的时间，按所需的量，有节奏的供应。为此在所有工序及生产过程各环节中保持物流、信息流畅通、准时，做到“刚好及时”。

第三，全局的思想。局部效益并不都有利于整体效益，必须是局部服从全局，企业的综合效益需要企业全员、全部门、全过程协调综合的活动来实现。

第四，现场是“帝王”的思想。企业应建成以现场为中心的“逐级报告、主动联系、相互协作”的体制，从而提高和发挥现场的综合能力，体现部门因现场改善、现场支援、现场服务的需要而存在的价值。

第五,实事求是,不断实践的思想。不按"一个流"的目标追求和"一个流"思想去实践,"一个流"不可能实现。但是通往"一个流"的道路不止一条。企业应根据各自不同的管理状态、人员的素质水平、环境条件,采用不同的方式推进"一个流"。坚持"一个流"方向的不断实践的结果,"一个流"将会成功。

与传统的管理方式相比,"一个流"是生产方式和管理方式的一种变革。

现行生产方式是简单的劳动组合,一个人只操作一台设备,工时包含了机动时间。"一个流"生产管理方式,则是以人为中心,按作业充实度组织生产,要求对作业动作分解、分析,使之最优化,并按作业标准实施。工时不含机动时间(只计人动时间),从而避免了等待、无效动作等时间上的浪费,提高了劳动生产率。现行生产方式使工序间存在大量在制品,生产周期长、零件易磕碰、占用大量的资金,而且问题被掩盖、原因不清、责任不明,不便分析解决。"一个流"生产管理要求在制品向"零"挑战,不仅促进停工时间减少、流动资金占用减少,而且推动了生产现场的目视管理、现场问题将一目了然,任何浪费都将"曝光",不安全隐患也能及时处理。

现行生产管理方式容易出现成批不良品,而"一个流"生产方式不仅使不良品大为减少,而且不易出批量事故。由于工位器具过目知数控制投入产出,质量问题明显化,有利于及时处理,更有利于消除"四害"(磕碰、锈蚀、毛刺、油污)。

现行的生产方式,使现场和部门不协调,发现、处理问题迟缓,信息传递慢。而"一个流"生产管理方式以现场为中心,实行"三现主义"(到现场、看现场、出现策),要求科室为现场服务,树立车间是"帝王"的思想,解决问题加快,减少时间浪费。

"一个流"生产管理方式,要求一切改善从"5S"做起(即"整理、整顿、清扫、清洁、素养"),"整理、整顿"不仅是为了使物归其位,定置摆放,而且是为了减少无效动作时间、保证产品质量,其"清扫"、"清洁"也不是简单的打扫卫生,更重要的是从中发现问题;"5S"的核心是培养人的"素养",通过"5S"活动培养了职工的职业道德和发现问题的能力,以此激发职工的改善欲望,促进现场环境的改善,文明生产水平的提高。

现行生产管理方式,由于存在大量在制品,从而使设备管理缺少压力,生产与维修的目标难以统一,忽视维护保养,设备使用易于出现恶性循环;而"一个流"生产管理方式,使生产有序,设备管理改单一的"消火"体制,为"消防"并举的综合管理体系,从而不但能够及时有效地处理设备故障,而且能有效地减少故障。

现行生产方式职工单机操作,各自为战,集体观念不强,相互协作不利;"一个流"生产管理方式由于实行生产同步化,使现场形成凝聚力,促进职工团结协作,前方工作上下序间相互监督,后方工作及时上岗服务,促进了全体职工参与管理的欲望,同时,也提高了工人多能化水平,可以节约大量人力资源,增强企业的活力。

另外,"一个流"生产方式要求管理不断改善,强调激励人们的改善欲望,推动合理化建议和 QC 活动开展,促进"自主管理"水平的提高,这本身也是挖掘潜力。

"一个流"生产方式的推进,使二汽找到了以改善现场综合管理来挖掘内部潜力的道路。以最低的成本,制造用户满意的产品并及时交货为总目标的"一个流"生产方式,已成为二汽人挖掘"金矿"的利斧,推动着工厂各项管理的改革与改善。

“3S”管理法在现场管理中的应用

南京汽车制造厂

1988年底以来，南京汽车制造厂(以下简称南汽)，全面开展了“3S”管理活动。经过一年多的实践和努力，工厂面貌发生了可喜的变化，生产环境明显改善，生产现场秩序井然，道路畅通、整洁、产品质量不断提高，现场管理水平有了明显改观，并受到一些兄弟厂家和有关部门、领导的称赞。

1 “3S”管理方法的分析、研究和制订

1.1 “3S”管理活动的内容和目的

所谓“3S”是指“整理”(SEIRI)、“整顿”(SEITON)、“清扫”(SEISO)。“3S”管理即是对现场的各种状态进行往复不断地整理——整顿——清扫。

1.1.1 整理、整顿、清扫的简要内容：

1.1.1.1 整理：把要与不要的物件分开，去掉不必要的东西；

1.1.1.2 整顿：把要的物件定量定位，把杂乱无章的东西收拾得井然有序；

1.1.1.3 清扫：像人要天天洗脸一样，进行干干净净的扫除。

1.1.2 “3S”管理的目的：

1.1.2.1 通过整理把要与不要的物件，包括原材料、半成品、工具、设备、表单等等分开，然后再将不要的物件处理掉，从而改善环境；

1.1.2.2 通过整顿把要的物件分类(如零件、半成品、工具等)，并按一定的数量摆放，这样可使管理者和使用者在最短的时间内准确地盘点出物件的数量并使生产(或工作)顺利进行；

1.1.2.3 通过清扫使工作场所、环境、设备、材料等的灰尘和污垢清除干净，这是产品质量得以保证的一个重要条件；

1.1.2.4 通过整理、整顿、清扫活动的开展，培养广大职工当家做主的思想，加强工作责任心，树立完成各项任务的责任感。

总之，通过开展“3S”管理，使工作环境变得整洁、和谐、舒适，使生产井然有序。机器、设备故障得到有效的预防和控制，增强产品的质量保证。同时还能使人际关系变得融洽、和睦，使生产者心情舒畅，精力充沛，现场管理的五大任务(提高产品质量、完成生产任务、降低产品成本、实现安全生产、建立好劳动纪律)都可得以实现。

1.2 根据“3S”内容，确定日常检查条款

把整理、整顿、清扫内容具体划成作业现场、设备、定置、产品、工具箱、工位器具、遵章守纪等六个方面。办法中要求由车间主任每日下班前15分钟带领“3S”活动小组对班组进行检查，并填写检查记录，根据执行程度计分。把对每个班组的打分情况用绿、蓝、黄、红四色公布出来，做到使职工能及时了解本班组开展“3S”活动的情况。

1.3 确定“3S”管理办法的原则

“3S”活动是一个全员参加的群众活动，要使广大职工自觉地长期坚持开展下去，首先考虑到开展“3S”活动的可行性和可操作性。力求使内容简洁、方法简便。

1.4 建立三级检查保证体系

根据南汽体制情况，建立了车间、专业厂、总厂三级检查保证体系。车间一级每天检查一次，专业厂每周综合检查一次，总厂每月抽查一次。

1.5 制订三级标准，组织分期达标

对现场管理内容的要求，要有一个逐步提高的过程。所以在制订标准时不能一下子订得太高，而是根据先易后难的原则，制订出三个等级的标准。“3S”的三级标准相当于

省级企业对现场管理的要求；“3S”的二级标准相当于国家二级企业的现场管理要求；“3S”的一级标准相当于国家一级企业的现场管理要求。这样一来，标准明确，要求具体，使专业厂可以根据本单位的实际情况，制订分级达标的活动计划，并列入工厂目标，组织实施。

总厂根据平时掌握的数据，对专业厂提出的“3S”达标申请进行验收。对验收合格的单位，由总厂颁发达标合格证书。总厂每年命名、表彰一批优秀的“3S”管理人员。

2 推行“3S”管理法的几个阶段及做法

为了使“3S”管理活动能扎扎实实地开展起来，收到实效，将此活动分为宣传动员、实施开展、达标评审三个阶段来进行。

2.1 第一阶段：即宣传动员阶段

主要进行了以下几项工作：

2.1.1 宣传“3S”内容。通过宣传，使全厂职工了解、熟悉“3S”的内容与要求。

2.1.2 动员、布置开展“3S”活动。1989年初，厂领导要求计划调度处牵头布置开展“3S”活动。在以车间为单位试行开展的“3S”活动一段时间之后，及时对开展的方法与措施进行了修改、补充，使之完善，简便易行。

2.1.3 上课、辅导讲述“3S”内容。总厂派有关人员先后到各专业厂给车间主任及班组长上课辅导，然后再通过车间主任、班组长传授给广大职工。

2.2 第二阶段：即实施开展阶段

2.2.1 抓点带面，全面推开。在统一布置、全面开展“3S”活动的同时，按专业厂不同类型分析选择一、两个点，分类进行重点指导和帮助，不断总结经验，然后向面上推开。

2.2.2 分工合作，协同组织。根据“3S”活动内容，分成现场管理、设备管理、安全生产、环境卫生等内容，进行专项服务、检查，月内集中起来进行一至两次综合性检查，这样既结合了各业务部门的工作，针对性强，又做到整体工作的协调同步开展。

2.2.3 召开现场会，组织经验交流。“3S”管理活动全面开展起来以后，有的厂抓得紧，组织得好，有的厂结合自身的特点，通过竞赛评比的方式，把“3S”活动开展得有声有色，取得了较好的效果。为了使一些开展活动缓慢的厂得到启发，同时也促使他们尽快赶上去，多次召开现场会进行交流。总厂组织召开6次现场经验交流会，各专业厂先后分别组织了共42次、568人次现场互相观摩学习，收到了较好的效果，促使全厂“3S”活动进一步开展。

2.2.4 制订标准，组织实施。为了使现场管理水平不断提高，分别制订了三个等级的标准。在达到三级标准后，再向二级标准努力，直至达到一级标准。

2.2.5 加强检查，扎实开展。在“3S”活动开展过程中，必须加强检查、服务、指导，促使这项活动长期坚持下去。车间一级由车间主任带领“3S”活动检查小组，按照现场六方面内容每日进行一次督促考核性检查，认真做好原始记录，列入月度奖励内容。专业厂一级由生产科长牵头，每周组织进行一次服务、督促性检查，进行现场服务，督促存在问题的整改，并帮助车间协调、解决存在的困难。总厂一级由计调处现场管理检查组每月不定期对各专业厂进行一次指导、服务性检查，既检查“3S”活动开展情况，又宣传、交流其它兄弟厂的好经验。检查情况公布并与奖励挂钩，促使“3S”活动更进一步扎实开展下去。

2.3 第三阶段：评审达标

在评审达标阶段主要进行两项工作：

2.3.1 自我总结，达标申请。各专业厂一年来在开展“3S”活动中做了大量工作，取得了一定的效果。为了在下一年度更深入一步开展“3S”活动，各专业厂都进行专题总结，肯定成绩，找出差距，制订措施。各专业厂对照“3S”活动三级达标标准，都要进行自查。凡自查在90分以上的单位，方可提出三级达标的书面申请。

2.3.2 达标评审。根据专业厂提出的三级达标申请，总厂组织由工会、企质管办公室、计划调度处及专业厂代表参加的验收小组进行达标评审。评审办法是：既看书面总结，又看现场效果；既看每月的现场检查记录，又看近期变化；既看领导对“3S”活动的重视程度，又看职工对“3S”内容了解程度及参加的情况。总之，既严格按照标准，又用发展的眼光进行对照衡量。

经验收，有总装厂、二发厂、车厢厂、车身厂、轴套厂、制动器厂、锻热厂、动力厂、东发厂、转向器厂等10个专业厂达到了三级标准，占专业厂的43%。对评审在90分和85分之间的单位，给一个季度的整改机会。

3 推行“3S”管理法所取得的成效

南汽现行的管理工作，主要是以企业升级为主体，系统管理为主线，综合配套应用现代化管理方法、手段来抓管理、上水平的。“3S”管理法的应用，是整体企业管理工作中的一个现场管理优化课题。通过“3S”管理法在现场管理上的应用，又促进工艺、设备、工具、生产、安全等系统管理水平的提高，具有一定的科学性。

3.1 减少在制品、压缩生产资金

通过“3S”活动的开展，全厂生产在制品资金占用有了明显下降，特别是从1989年4季度起下降幅度更为显著。在产量与去年同期基本持平的情况下，全厂10月份比去年同期降低129.2万元，11月份降低123.42万元，12月份降低217.34万元，1989年12月份，南汽总装、南发、锻热、车厢、制动器等5个前方专业厂，生产在制品资金占用平均比去年同期下降88.06万元，从而使南汽取得了较好的经济效益。

3.2 产品质量得到了保证

在开展“3S”管理活动过程中，推行了定置管理，对不良品及时处理，对加工后的产品用工位器具存放、转移，减少了产品的磕、碰、伤、碎、乱的现象，从而使产品质量得到了保证。

3.3 安全生产得到了加强

开展“3S”活动后，处理了大量废旧物品，产品零件按规定位置摆放，保持了车间内道路的通畅，从而使全厂的安全生产得到了加强。

3.4 职工精神面貌有了明显变化

通过开展“3S”活动，职工养成了每天进行整理、整顿、清扫的好习惯，从而建立了一个良好的工作环境。这对于振奋精神、减少疲劳、减轻负担、提高工效以及稳定职工情绪、促进企业内部的人际关系、安定团结，都起到了一定作用。

3.5

南京市经委1990年2月12日，对南汽“3S”管理法在现场管理中的应用项目进行了鉴定，被评为1989年度南京市管理现代化成果一等奖。

4 开展“3S”活动的几点认识和体会

“3S”管理在我国虽然起步较晚，但却方兴未艾。一年多来的实践使我们认识到“3S”管理是一项适合我国国情且行之有效的先进管理方法。为使这一活动能继续深入、持久、健康地开展下去，并在不同企业和行业中得到普及和推广，必须在不断实践和认识的基础上，加以总结和提高。

第一、“3S”活动必须与企业内部升级工作紧密结合。“3S”管理活动的上等级有力促进了厂内企业升级工作，从而为南汽向国家一级企业迈进奠定了良好的基础。

第二、“3S”活动必须做到全员参加、全方位开展，方可收效。

“3S”管理活动起先可以从一个专业厂、一个部门或一个车间开始，通过试点取得经验，逐步推广。如同全面质量管理中所述的，产品质量与企业的每一个部门和每一个成员都有关系一样，要想取得“3S”管理的最佳效果，同样要求全员参加和全方位开展。

第三、必须建立一支专职管理队伍，做好宣传、组织、指导和帮助工作。

“3S”是一项带有综合性的基础管理工作，在企业中，尤其是大型企业中，若没有一支训练有素的专职队伍，做到有组织、有计划、有步骤地开展，同时在组织实施过程中经常不断地加以引导、协调、督促和检查，那么，“3S”活动便难以收到预期的效果。

第四、各级领导必须亲自抓。

“3S”管理既是一项综合管理，它必将涉及到企业的方方面面，只有各级领导站在全局的高度统一指挥、统一协调、才能保证“3S”活动的顺利进行，以至不断提高和不断

完善,否则将会遭受挫折,乃至失败。因此,"3S"管理开展的成功与否,与各级领导关心和参与程度直接相关。

第五、"3S"活动必须常抓不懈,持之以恒。

"3S"活动即"整理——整顿——清扫"是一个不断循环往复的过程,只有常抓不懈,持之以恒,并做到制度化、规范化才可能使其不断完善和提高。

管理增效 扭转滑坡

北京汽车摩托车联合制造公司

1990年是北京汽车摩托车联合制造公司(简称北汽摩)历史上生产经营最困难的一年。该公司以"管理年"为动力,以完善一项制度,提高五项管理水平为基础,把向管理要效益贯穿于企业生产经营活动全过程,贯穿于企业政治工作的方方面面,狠抓调整产品结构、拓展国内外市场、压缩投入、降低消耗、完善企业内部承包和依靠全体职工闯关献策五个重点。经过一年的努力,制止了生产滑坡,取得了较好的经济效益,主要经济技术指标较1989年均呈上升势头。

1 适应市场需求 调整产品结构

调整产品结构既是一个战略问题也是战术问题。北汽摩一方面抓企业产品方向的调整,例如:BJ1022的投产准备、BJ1025的研制以及其它十几种新产品的开发;另一方面,狠抓了发挥本企业优势,抓住市场急需的可以立竿见影渡难关、提高经济效益的"短平快"产品,收到了一举改变被动局面的效果。

第一,坚持按以销定产的原则。从1990年第二季度开始削减了市场上供过于求的BJ1021整车的产量(由8000辆削减为3700辆),把三种底盘的产量增加到15398辆,占汽车产量的70.98%,仅此一项调整,就为企业增利2111.7万元。

第二,为了渡过难关,在北京吉普汽车有限公司的大力支持下,恢复了老产品BJ2023C的生产。全厂职工齐心协力,只用了三个月的时间就完成了生产准备工作。尽管实施这一措施时碰到不少麻烦,但当年仍生产整车1199辆,多创利653.5万元。

第三,创蓝牌H201A化油器。目的一是实现北京汽车尾气排放达标,治理北京市大气严重污染;二是提高化油器的质量,防止附配件丢掉市场。为此,从产品设计、制造、工艺、检测手段等方面入手,落实六项改进措施;强化质量管理,严格工艺纪律,加强工序质量控制,实行产品总成质量责任制等六项措施,提高了市优产品水准。蓝牌化油器的改进使该产品从年初的压库滞销转为供不应求,从而巩固了化油器市场,实现利税620万元,且比1989年水平略有提高。

2 拓展国内外市场 突破销售难关

1990年北汽摩的传统产品在市场上遇到了来自各方面的挑战。在困难面前,北汽摩主动出击,把拓展两个市场作为制止滑坡,向管理要效益,实现利润的重点,在开拓两个市场上做了大量工作,并取得了较好的经济效益。

在国内市场上,举办展销会8次,主动参加全国大型展销会4次,地方性展销会6次,甚至在人烟稀少的山区跋涉1200km参加地方展销,当场介绍产品、销售产品。一改过去通过中间环节销售产品的方式,直接到用车单位抓大户。实行了挂牌服务制度,用优质服务促产品销售,在全国主要城市、地区建立了49个维修点,在配件供应和资金上给予优惠。维修范围从原来只维修本厂产品发展到包括用北汽摩生产的底盘车生产的改装车，深得各改装厂的欢迎。在广告宣传方面，在全国12个城市建立了路牌广告，以提高企业和产品的知名度。这一系列促销措施的实施使1990年销售工作取得了突破性进展，实现销售收入10.9亿元，比1989年增长11.8%。

在大力拓展国内市场的同时，北汽摩下大力量在国际市场上走出一条切实可行，适应本厂产品特点的销售路子，把销售触角伸到第三世界。北汽摩生产的产品，价格公道，质量稳定，坚固耐用，很受第三世界国家欢迎。由此可见，不同档次的产品求售于不同类型的国家，且百分之百的赚取外汇，这条道路是成功的。

3 压缩投人 降低消耗

1990年北汽摩之所以能做到汽车产量较1989年增加1.1%，而经济效益增加14.2%，重要措施之一就是在"管理年"中坚持了一条压缩投入、降低消耗、强化管理、内涵挖潜的正确道路，使企业管理水平得到了不断提高。

在难度较大的定额流动资金管理上，严格按以销定产、产销平衡的原则，重新划分各类物资的归口管理单位，按计划收支，取得了较好的效果。

在物资管理上，加强和发挥了物耗保证体系的作用，在长、短计划、限额发料、下料核算、在制品管理、余料回收五个主要环节上实行一条龙管理，并纳入经济责任制认真考核。各种材料利用率都超过了国家二级企业的考核标准。

在能源管理上，北汽摩突出了节能意识和能源管理基本知识的教育，举办了主管能耗的领导干部学习班和工业炉窑站房班长培训班，贯彻动力站房管理条例和合格站房标准。在汽车产量与去年基本持平的条件下，能耗有大幅度下降，超过国家一级企业规定的水平。

此外，在推行现代化管理方法方面，突出抓了价值工程的应用。举办了有200余名中层领导干部和主要技术干部参加的培训班，成立了价值工程领导小组，严格按价值工程的指导思想和基本方法确定计划，选择课题。

4 完善企业内部承包责任制

在"管理年"中，北汽摩逐步完善了以提高经济效益为中心的企业内部承包责任制。针对有关影响效益的薄弱环节，公司与主要处室、专业厂签订了13个不同形式的承包合同，以"包中有管，管中有包"细化了企业管理，在很大程度上克服了"以包代管"的弊端。

为了实现全年5000万元利润，激励销售干部的积极性，与销售公司签订了"两保一挂"承包任务书，提出了销售收入同工资、奖金挂钩的方案，对实现利润指标起了强有力的保证作用。

在年初资金相当困难的情况下，为了节省采购资金和储备资金，公司与资金使用大户供应处、配套处签订了资金使用和配套件降价承包合同，供应处成立了资金占用管制小组，实行按品种分配资金，按多批次小批量的原则进行采购。配套处为实现合同，把协作件降价指标分解到人，深入到协作厂调查研究、反复协商，使近百种配套产品降低价格。

为把有关指标落到实处和克服分配上的平均主义，对专业厂、车间分别实行效益工资与产值、产量、工时、品种挂钩，效益工资与劳产率挂钩，并把质量指标作为否决指标。专业厂根据这种双挂钩的办法，把指标层层下达给车间、班组，在分配上做到了奖勤罚懒、奖优罚劣，按贡献大小拉开了差距，形成了干不干不一样、干多干少不一样的势头。

为了调动公司全体干部闯关增效的积极性，树立整体闯关意识，对所有处室实行了公司实现利润与奖金挂钩每月浮动的办法，明确规定：公司月实现利润小于等于零时，干部不能发奖；少于等于100万元时，干部发半奖；超过100万元，每增加10万元，人均提高奖金1元；月实现利润大于200万元时发整奖。这种作法，增强了职工与厂荣辱与共的整体闯关意识。

5　依靠全体职工闯关献策

从 1989 年下半年到 1990 年初，由于市场疲软、经济滑坡，企业效益不好，增加了职工的思想负担。北汽摩组织了多次领导干部恳谈会，在全体职工中开展了闯难关大讨论，并逐步恢复中断了多年的班组职工业余政治学习。这些活动使大部分干部和职工统一了思想，认清了形势，坚定了信心，明确了任务，并扭转了部分干部和职工的埋怨、消极、悲观情绪，北汽摩精神得到进一步发扬。

1990 年在全体职工中开展了为企业闯难关献计献策的群众性合理化建议活动。随着管理年的逐渐深入，向管理要效益的认识不断提高，在群众性献计献策的基础上，6 月份又开始对向管理要效益重大项目进行登记，全厂取得直接经济效益估计在 800 万元左右。

通过一系列的群众性闯关活动，管理年主旋律不断深入人心。下半年，特别是亚运会以后，职工思想进一步稳定，经济效益不断提高，生产经营秩序逐步走向正常。

北汽摩在工作中，取得了一些经验。

第一、向管理要效益必须贯穿于企业生产经营活动的全过程，杜绝虚盈实亏的现象发生。管理和经营是一致的，在企业生产经营活动各个环节上的低投入高产出应是向管理要效益的主要指导思想。

第二、提高产品质量是向管理要效益的基本保证。提高产品质量应具体化，要从企业实际和用户基本要求出发。“质量标准”只能由用户评说，得不到用户承认的产品，不能创效益。

第三、在企业整体优化的思想指导下，首先整顿生产现场，这是提高经济效益、消除生产过程中浪费的重要一环。目前，北汽摩正在广泛发动职工开展“五 S”活动，认真贯彻“三型标准”和推行定置管理，提高文明程度，克服生产过程中各种浪费和无效劳动。此外，计划从下半年开始逐步推行“一个流”的生产方式，建立起以科研、设计、生产三位一体并以生产为中心的管理体制。

第四、把以人为中心的企业管理放在首位。从企业各级领导班子抓起，要从干部抓起，而对群众的思想问题应进行疏导，采取说服教育的方法。工人与领导的关系，应提倡互相理解互相尊重。解决好这一问题，就能增强企业的群体闯关意识和向管理要效益，使其成为努力制止生产滑坡的原动力。

完善网络通讯　逐步实现信息资源管理

北京吉普汽车有限公司

北京吉普汽车有限公司的信息资源管理以局部区域网为基础，共包含五个部分：

- 企业管理信息系统；
- 项目管理信息系统；
- 生产信息检索系统；
- 网络通讯系统；
- 中西文应用程序库。

它们利用计算机局部区域网结合成一个整体，实现信息、软件和硬件共享，通过计算机网络通讯，改善管理信息的反馈，增强管理的控制功能。目前网上共有 64 个微机工作站，基本上覆盖整个公司。系统内的全部信息（程序及数据），都由经过二次开发的网络服务器软件统一管理以达到如下目的：

- 对资源共享的有效控制；
- 建立对用户友好的环境；

●保证系统的可靠性及数据的安全性；
●充分利用本地资源提高运行速度；
●实现规范化设计以利于系统的管理及维护。

下面对微机局部区域网和它包含的五个系统作简单介绍。

1 微机局部区域网

1.1 建立网络工作站信息管理系统，使用户一开机后就受一系列菜单和揭示的引导，通过对话实现各种网络操作并进入各种应用程序。此时用户不必了解任何网络命令及文件服务器中的文卷组织情况，只要通过菜单选择及对提问题的回答，就能使用系统所提供的下述12种功能，即：选择是否进网工作、选择是否在网络通讯系统内进行登录、选择进入英文或中文操作系统（DOS或CCDOS）、联想式汉卡工作站的特殊处理、发布网络管理员通知、在中文系统下选择打印机汉字驱动模块、选择进入何种操作（如EJC企业管理信息系统，恢复中断了的企业管理系统作业，进入工程项目管理系统恢复中断了的工程项目管理系统作业，进入生产检索系统，恢复中断了的生产检索系统以及自由操作等）、为用户挂装私人文卷、选择进入何种应用程序、查阅网络资料以及进入系统管理方式等。

1.2 建立系统的组织、运行及安全措施：

处理工作全部在本机硬盘上进行，只在作业开始和结束时进行网络通讯；

所有文卷都用口令保护；

进入作业都要提供相应的口令；

在将修改过的数据写回相应文卷之前，先将原文件拷贝到同一文卷的子目录\BAK中做一备份，提供一个恢复原状的机会；

在每个子系统的数据文卷中带一作业登记数据库，每次运行写数据作业都自动登记，供日后检查；

若改过的数据在写回网络数据文卷时因故中断从而造成网络数据损坏，则在下一次进入该项目任何作业时将发出错误信息，拒绝进入，以免错误扩散；

每次维护数据作业后安排用户作软盘备份；

用作业和文卷封锁来协调多个用户对同一项目的访问。

1.3 建立一套网络管理服务程序，以便于网络管理员进行管理操作。在一个有许多用户的共享系统中，为保证系统的可靠性和数据的安全性，只有系统管理员才有权发送网络命令，所有文件的建立和删除、口令设置和更改等均由系统管理员来进行。为便于系统管理，避免差错，使管理工作规范化，对一些常用的操作编制了程序，这些程序的功能有：

建立或删除用户私人文卷，为用户文卷更改口令；

为建立管理信息系统中的一个子系统生成各种必要的文卷、文件及作业过程控制程序；

为建立工程项目管理系统中的一个项目生成各种必要的文卷及文件；

各类口令管理，包括口令的设置、登记及查询。

1.4 建立公司的各种管理信息系统（详见后）。

2 企业管理信息系统

本系统涉及生产、环保、人事、文档、产品结构、工艺路线、设备管理、材料消耗定额管理、成本管理、固定资产、财务、车间产品零件盘点、进口散件管理、材料及外协件管理、技术图书管理及检索以及编码管理等业务。各个部门按规定方式维护自己的数据，部门之间则实现数据的自动传递。系统按业务性质及数据管辖部门划分为一系列子系统，每一子系统负责自己那部分数据的维护和更新，除通过处理得到自己所需的报表外，也为其它子系统提供共享数据。所有子系统的数据都存放在网络共享的硬盘中，各个子系统可按需要从其它子系统取得信息，领导部门也在任一工作站上对所需数据进行查阅。子系统间的数据调用由程序自动实现。各子系统内所用软件全由计算中心自行设计编制。

对子系统可进行五种不同的作业：
- 维护数据作业；
- 读数据作业；
- 维护程序作业；
- 自由读数据作业；
- 自由写数据作业。

3 项目管理信息系统

所用软件也由计算机中心自己汉化开发。主要用途及功能如下：

- 能随时进行进度计算，提供各活动的进度和资源数据；
- 利用窗口技术输入、显示或改变有关数据，窗口能在屏幕上改变位置及大小，能重叠使用；
- 提供两种网络进度：当前进度和目标进度。当前进度给出网络进度的最新数据，目标进度给出在某一特定时间“冻结”下来的当前进度。利用目标可以衡量实际进度和费用状态是否合理。进度计算时可使用户自己定义的项目日历，包括对节假日进行定义；
- 通过费用估算和目前预算工作，能监督并管理资源消耗和费用支出。资源可直接赋予活动，根据提供的分配方法和资源类型，能方便地将实际消耗与预算进行比较；
- 通过屏幕输入并显示活动间的逻辑关系，包括：FS（由结束到开始）、SS（由开始到开始）、SF（由开始到结束）、FF（由结束到结束）等四种逻辑关系类型及由用户规定的相应正负时滞；
- 对各种资源按不同的费用类型在屏幕上显示资源直方图；打印 20 种报告或条线图，可按活动的 16 种特性中的任一种进行三个级别的排序。打印或显示的内容可以选择；
- 直接在打印机上打印网络图，宽度最大可达 2.28m，长度决定于网络规模。
- 本系统能简化项目管理过程，最佳地利用时间和资源，帮助用户计划、监督、管理，并协调全部项目，同时将纸上作业降至很低。

4 生产信息检索系统

系统内有：

- 说明、数据及程序负责人表；
- 公司生产、技术、经济指标数据。包括按指标或按单位查询八大指标数据以及指标的考核汇总，还可检索车间及公司的各种日报；
- 公司基本数据查询。包括人员数据、设备数据、能源消耗数据、出口数据、国产化工厂改造数据、成本数据、外汇数据、利润数据等；
- 主要例外管理数据。包括总零库缺件，配套科缺件，进口散件缺件，材料缺件及代用，车间互供缺件，国产化验证缺件等。还包括有关安技情况，并分车间列出事故单位，在册人数、工伤人数、损失工作日、事故分类、分车间三废超标情况等，后者内容有：三废名称、标准值、超标值、超标单位和罚款值。

5 计算机网络通讯系统

由公司计算中心自行开发，其作用是：
- 将发文自动集中并统一发送；
- 将收文自动分发到对应部门或个人；
- 广播。

系统具有以下三种作业：
- 用户作业，包括发送和接收两种子作业；
- 审批人作业；
- 管理作业：建立和维护邮箱编码；对一些死信（如：收件人邮箱号不对，长时间无人取的急件）进行随机处理；每天向对方统一发送文件一次；不定时地进行文档备份；设定邮箱口令。

6 中西文应用程序库

为用户提供最常用的各种中西文应用程序如：数据库、电子报表、字处理以及其他通用软件。在中文应用程序内还包括公司计算中心自己汉化开发的一种三维集成软件，它使用灵活方便，协调功能强，能将经营管理所需的各种应用，如字处理、电子报表、数据处理、图形处理、通讯以及结构处理等融为一体。

以上对局部区域网及在网上运行的几

个系统作了初步介绍。其全部投资约260万元。五年内职工人数年平均增加5%，但公司人均利润每年平均提高24%，人均创利税平均提高26%，全员劳动生产率平均提高12%。在发展过程中的各个阶段都经过评定并得到多次奖励。

保证质量是国产化的核心

上海大众汽车有限公司

1 公司概况

上海大众汽车有限公司（简称上海大众）成立于1985年3月，是中德合资的轿车生产企业，由上海汽车工业总公司、中国汽车工业总公司、中国银行上海信托咨询公司和德国大众汽车公司经营，主要产品为上海桑塔纳轿车及发动机。

公司采用董事会领导下的执行管理委员会负责制，由执管会及下设各职能部门主管日常工作。公司成立5年多来，经过中德双方共同努力，在吸收消化先进技术，工厂改造和建设、生产、人员培训和零部件国产化方面都取得了很大进展，目前已形成年产6万辆轿车，10万台发动机的生产能力，到1990年底，已累计生产上海桑塔纳轿车70816辆，产品遍布全国各地，深受用户欢迎。

2 国产化情况介绍

上海桑塔纳轿车经过上海大众及各配套厂几年来的共同努力，国产化工作取得了可喜成绩。到1990年底，工装样品认可率和减货国产率已分别达到72.96%和60.09%，一大批国产率很高的零部件和总成都已实现减货。上海大众自行承担的冲压、拼装、油漆和发动机加工及总装也已基本实现国产化。一批国产车身已投入使用，第一批1298台短发动机已于1990年12月出口德国，经严格检验，达到德国大众质量标准。

上海大众在这几年的国产化工作中的做法和体会是：

2.1 国产化工作必须紧紧依靠政府及有关部门的支持

桑塔纳轿车的国产化工作始终得到了各级政府部门的支持，同时，也得到了各系统工业局的密切配合和合作，根据国产化计划，上海大众帮助配套厂解决各方面的困难，同时还经常督促检查进度实施情况，上海汽车总公司在所属工厂中实行“桑塔纳生产特区”，开展“保质量、保供货、保效益”竞赛，取得了良好效果。

2.2 德国大众汽车公司的积极配合是加快国产化进度的一个重要因素。

桑塔纳轿车的国产化得到了德国大众公司的积极支持和配合，德国大众公司提供了旧工装、旧设备、旧模具，帮助解决分步国产化所需的材料、部件，同时还派遣了不少退休专家到有关配套厂帮助解决技术难题，介绍德国配套厂到中国投资，转让技术，到目前为止，已有58家配套厂引进了国外的技术，有17家与国外企业合资，这些在稳定质量、加速国产化进度中都起到了很大作用。

2.3 引进先进管理，坚持质量标准，严格遵循认可程序，加强对配套厂的服务，是保证质量、稳中求快的关键。

质量是上海大众的生命，质量是桑塔纳轿车国产化成败的关键。

上海大众始终坚持从定点到减货的全部程序，坚持质量标准，从不为图提高国产率的虚名而放过不该放过的试验环节，降低不该降低的质量标准，扎扎实实地把国产化推向前进，这样做实际上也减少或避免了许多反复，反而加快了国产化程度。

在国产化工作中，还引进了德国大众公司先进的配套厂质量能力评审制度，根据评审结论，对有差距的厂提出具体整改要求，帮助整改。邀请在上海大众工作的外籍职工担任“促进者”，利用他们的专业知识和经验以及信息，为促进国产化工作服务。对一些在国内解决零部件和原材料一时有困难的厂，积极帮助，代为进口，搞分步国产化，对加速国产化也起到了良好的作用。

3　上海大众的质保体系

汽车工业是一个综合性很强的工业，由于技术进步和经济发展，分工越来越细，大量零部件需要外购，以上海大众为例，按价值计算，约65%的零部件是外购件。根据这一特点，在以“使用户满意”为宗旨的上海大众质保工作中，吸收了德国大众公司的先进办法和经验，并在此基础上结合中国情况，制订出了一整套符合中国实际情况的体系。

下面，重点介绍上海大众质保体系中的几个重要组成部分。

3.1　QQM检查制度(Q为质量、Q为产量、M为维修)

“质量是生产出来而不是检查出来的”。所以，为了提高产品质量，要特别注重班组建设。

以往不注意班组质量管理建设，只把希望寄托在检查人员身上，把问题集中到报交检查点上，这样既浪费检查和返修工时，又保证不了产品质量。利用QQM体制，就把质量目标落实到每个班组，如加强班组的质量管理，这样既提高了劳动生产率，又保证了产品质量。

QQM班组质量管理是将车间按工序的连续性划分成若干小组，形成QQM班组质量管理小组。QQM班组的责任是保证产品质量(Q)，保证产量(Q)，又要保证设备和工艺装备的正常运行所需的一般维修保养(M)。这个班组除必要的操作工人外，有一名现场工程师和由质量保证部派出的质保工程师，由他们全面负责该班组的质量、产量和工艺装备。这样，产品质量不是靠最终的检验，而是将缺陷消除在每个QQM班组里。

实施了QQM班组质量管理，工艺纪律得到了进一步加强，质量信息能及时迅速地传达到每一个操作工人，设备和工艺装备有专人负责定期保养，完好率提高了，产品质量有了进一步提高。

3.2　奥迪特检查制度

奥迪特检查是从“AUDIT”这个概念派生出来的，相当于企业内部制造质量的“审计”。奥迪特检查是根据汽车制造要求和汽车用户的合理要求而确定的质量保证的一种工作手段，以确保交验后的汽车制造质量和判断公司内部所采取的质量措施的有效性。

奥迪特检查所使用的检查表，包括大约1300个缺陷部位和50个缺陷种类。检查内容分几个方面：电器装置；车身；车身表面；发动机/变速器；试车/底盘/底部；密封性(淋雨试验)。

奥迪特检查的汽车原则上随机抽样取自经检验合格，已最终报交的汽车。但车辆检查不是最终目的，奥迪特检查制度的目的是为了指出重点的制造缺陷，及时掌握交验汽车质量的客观信息并采取措施。每次检查完毕都必须将检查结果公布，并将缺陷落实到各有关部门和具体班组和人，最终提高企业自身的制造质量。

引进这一体制后，上海桑塔纳轿车质量有了很大程度提高，经大众集团检查组几次抽查，上海桑塔纳轿车质量在目前世界上生产桑塔纳轿车的4个国家中名列榜首。

3.3　外购件的质量保证

外购件的质量保证是汽车工业质量保证很重要的方面。没有外购件的质量保证就根本谈不上汽车的质量保证。尤其目前我国的横向配套工业还较落后，要确保上海桑塔纳的质量，任务是非常艰巨的。

上海大众的横向配套工业的质量保证由三大支柱组成：

3.3.1　横向配套厂的质量能力评审

为了保证汽车产品的高质量，选择能够满足要求的横向配套厂是保证质量很重要的一个环节。上海大众采取对配套厂进行质量能力评审的办法，依据专门的评审表，对横向配套厂从技术上和管理上进行评定，撰写访问报告，判别其是否具有能力供应满足质量要求的产品，评定结果告诉横向配套厂，指出它是否有质量能力或属于哪个等级。横向配套厂也必须根据自己产品技术条件，从技术上和管理上确保产品的供货质量，尤其要根据访问报告的具体要求，按照规定的期限，制订计划，逐项落实改进措施，最终成为质量保证的桑塔纳配套厂。

整个评分系统分如下几个方面：生产条件；生产监控；组织管理；物料管理；配套厂质保能力；成品检验；测试设备及生产设备监控。

评分分三个等级：A、B 和 C。

A 等级的配套厂：具有质量保证能力，供货不受限制；

B 等级的配套厂：带有条件的质量保证能力，对其中部分严重的缺陷，通知其整改期限和措施；

C 等级的配套厂：不具备质量保证能力，或者必须采取紧急措施。

一个横向厂获得一个好的外协评定结果，不意味“终身”有效。对于 A 级评分厂，过一年或两年重新评审；对 B 级评分厂，过一段时间复评，如果符合率大于 90%，则上升至 A 级，如果没有改进仍为 B 级，再过一段时间进行复评，仍无改进，则降至 C 级。对于 C 级评分厂，如复评时仍为 C 级，则必须通知采购部门采取必要的措施（停止供应或减少供货等）。

3.3.2　零件的开发和认可

一种汽车外购件的开发和认可，必须经过很细致和严格的工作过程。从横向配套厂零件开发到认可，直到投入批量生产，必须经过以下认可过程：

第一阶段：开发认可；

第二阶段：商务认可；

第三阶段：批量认可；

第四阶段：小批量试生产认可。

在批量认可阶段中，配套厂必须在成批生产的条件下，以成批生产的工艺装备加工制造首批样品，并且首先在厂内由质量主管部门负责进行首批样品检验。然后，向上海大众提供首批样品，并且务必附上详细的自检报告。上海大众收到首批样品和自检报告后，按照自己的推测进行进一步的检验。

批量认可检验是很重要的质量保证环节，因为批量供货的质量与批量认可的检验结论有关，它可以保证以后不供应具有系统误差的批量零件。

3.3.3　批量供货零件质量控制的指导思想

有了满意的质量能力评定和首批样品的检验结论之后，还是不能排除在批量供货时存在质量问题。因此，供需双方还应该对批量供货零件的质量引起足够的重视。指导思想是：

要加强入库检查的同时，把工作做到配套厂去，与配套厂共同努力，把批量供货零件的质量问题消除在横向配套厂批量发货之前。

以上分三个部分对上海大众的部分情况作一个简单介绍。

中国汽车工业的发展目前还处于起步阶段，还有大量工作要做，上海大众在这几年的工作中取得了一些成绩，积累了一些经验，相信也为中国汽车工业的进一步发展作了一些有益的探索，但还需进一步努力，为开创中国汽车工业崭新的未来作出新的贡献。

改善中求提高　探索中求发展

江西汽车制造厂

江西汽车制造厂(简称江汽)是江西汽车工业集团公司的主机厂。80年代中期，通过技贸结合的方式，从日本引进具有80年代先进水平的五十铃NHR型双排座轻型载货汽车制造技术，使企业有了较快的发展。

1989年企业定为"质量年"，坚持以质量为中心，强化基础工作；1990年企业定为"管理年"，在抓工艺纪律、产品质量工作的基础上全面铺开了各项管理工作。通过这一系列管理措施的实施，几年来企业连上新的台阶；1988年被评为"江西省先进企业"，1989年企业主导产品江西五十铃JX1030DS型轻型车被评为一等品，并获得省优质产品称号；1990年以来企业先后通过了一系列国家二级企业各专项管理考核验收，企业素质有了显著的提高。

生产现场管理，是企业各项管理的具体表现。为了寻求一种适合本厂实际且卓有成效的生产管理方式，江汽先后吸取了看板管理、目标管理、全面质量管理以及二汽"一个流"的生产方式等多种现代化管理方法，总结出一条管理新途径，实现生产要素合理配置，全面推行"日投料"方式，综合治理生产现场。

1　实现生产要素合理配置，为"日投料"创造条件

"日投料"方式是集多种现代化管理方法之长总结出来的一种先进的管理方法，它要求有合理的生产要素与之配套实施。

首先，江汽花大力气整治了生产环境和生产布局，为保证生产的顺利进行、物流的合理运转着重抓了以下几方面的工作。

1.1　增加必要的先进设备，积极投资从国外引进先进的生产线和成套的工艺装备，相继建成2.4万m^2的冲压、焊装、涂装车间，1.8万m^2的新总装车间也将于近期内竣工，"七五"期间总投资1.5亿元，使企业综合生产能力达1.5万辆/年，对生产布局作了适当的调整，初步达到现代化生产要求。

1.2　为减少在制品在流转中的磕碰，配套增设了各种工位器具，各车间现场色标分明，一目了然，提高了工作效益，产品完全做到不磕碰、不落地、有效地保证了产品质量，促进了文明生产和现场管理。

1.3　产品品种生产布局作了较大调整。1989年前老产品(井冈山牌汽车)与新产品(五十铃NHR汽车)原是混线生产，不仅给生产指挥、调度增加困难，而且不利于保证产品质量，1989年开始将两种产品分离，成立二总装车间，使生产现场再度得到改观。

其次，在改善生产环境的同时，积极抓好人的因素。为了从根本上转变人的思想，达到"治本"、"优化"的目的，主要采取了以下几项措施：

第一、改善劳动组织。1989年，围绕着厂长方针目标，铺开了优化劳动组合的工作，通过优化组合，使生产效率大幅度提高。全员劳动生产率1989年比1987年提高了144.65%，同时还加强了劳动纪律，增强了职工的竞争意识，使之有了危机感和紧迫感。

第二、健全完善各种经济责任制和承包合同制。各项指标层层分解，企业内部采取

了多种分配形式，各部门及部门内每个职工的奖金多少完全取决于本部门工作质量的好坏和个人的贡献大小，进一步打破了分配上的平均主义。

第三、为了适应现代化生产的需要，加强了对职工的培训与教育，使职工队伍素质明显提高。

现场中人和物两大因素的改善为彻底打破厂内传统的生产管理方式，为推行“日投料”奠定了基础。

2 以强化现场管理为中心，全面推行“日投料”制

为了理顺生产秩序，综合治理生产现场，从批量投料到限额投料，再由限额投料达到“日投料”，经过两个阶段，最后形成“日投料”。

“日投料”生产方式的含义：是从车间次日的需求出发，反生产顺序使上序车间或仓库围绕着需求目标组织投料到工位；物流的主要表现：必要的东西，必要的数量，在必要的时刻，送到必要的指定位置。“日投料”适用于流水线作业，江汽已在焊装、涂装、总装等车间大力推行，为适应“日投料”方式进程，主要采取了以下措施和方法：

2.1 措施

2.1.1 健全以生产科为中心的强有力生产指挥系统。不强化生产指挥就无法组织“日投料”，把现场当作战场，生产指令就是命令，生产者无条件执行；生产数量实行“看板化”，谁影响谁负责，调度员负责现场监督考核。

2.1.2 彻底整治自产件、配套件仓库，使之适应“日投料”。仓库设立专职负责人，隶属生产科和配套科管理，科室下放权限与责任；添置必要的运输工具、工位器具、实行劳动力最佳组合；另外，对在制品实行动态管理，核实仓库在制品的最大与最佳储量，对产品零件建立动态图板，定置管理，每天各种零件的进、发量及仓储量可以通过动态图板上的“活动牌”反映出来，便于生产调度。

2.1.3 促进以生产现场为中心的综合管理体系的形成。过去企业普遍存在着车间围绕科室转的现象。为改变这种局面，全质办健全了一整套对现场管理工作质量的考核办法，要求职能部门、管理技术人员视“现场为上帝”把工作重心移到现场，目前各职能科室都有专人现场服务，信息处理及时，随叫随到。设备、动力科还健全了设备、动力保证体系，空气、蒸气等确保供应，供应率从以前 80%提高到 97%，确保了“日投料”生产方式的推进。

2.2 方法

2.2.1 由生产科下达“日投料”车间次日生产数量的指令，为了便于上工序车间或仓库的投料，下达的生产数量原则上尾数为5或0。

2.2.2 核定“日投料”车间生产周期及工序在制品储备量。江汽是以销定产安排生产计划，每天至少 20 台下线，才能保证装车计划，结合三个车间的目前能力，涂装难以保证。因为涂装车间日交检合格率 80%不是恒定指标，所以在涂装车间再增设 5 台半成品储备起调节作用，总装和焊装两车间不设储备量。

2.2.3 核定“日投料”车间工艺所需的在制品周转量。通过现场的调查与分析，每天出产 20 台套是基本可行的，所以原则上核定的周转量的计算公式为：1 天生产量×生产周期。

2.2.4 综合平衡“日投料”生产车间能力，通过实地考查平衡，总装车间驾驶室内饰装配节拍为 10min/台，节拍最慢，以此安排“日投料”生产。

3 实践效果与经验体会

1988 年以来，江汽产品在市场上日趋走俏，形成供不应求的局面。由于较好地运用“日投料”方式组织生产，确保了快出车、多出车，使企业经济连年翻番，1990 年成为江西省利税首户。

“日投料”方式使生产现场得到明显改善，在制品阻塞通道的现象明显少了，车间实行了定置管理，使零部件绝大多数上了工位器具，过目知数；磕碰、锈蚀、毛刺、油污等

基本消除，保证了产品质量；生产指挥系统得到强化；科室为一线服务的观念得到增强，使企业生产有秩序地均衡进行。

经过这几年抓现场管理，推行“日投料”生产方式，江汽尝到了甜头，积累了一定的经验，但也清楚地看到自己的差距，发现存在的问题。

第一、计划管理与同步化生产有时还不平衡。

第二、电子计算机应用还没有全面推广，使对在制品的管理带来不便，各类现场信息传递受到限制。

第三、动力设备管理保证体系未完全达到要求。

尽管如此，焊装、涂装、总装正努力实现同步化生产，加之全厂孜孜不倦的工作态度，拼搏求实的精神，相信江汽一定能谱写具有自己特色的管理篇章。

部门　集团　地区汽车工业

基　本　情　况

交　通　部

交通部公路车辆的生产主要是为公路运输服务的。1988～1990年交通部计划生产的汽车产品有公路客车、汽车挂车、公路专用车以及客车、挂车配套件。

1　基本情况

交通部所属汽车生产厂共计93家。其中，公路客车生产厂35家，汽车挂车生产厂32家，公路专用车生产厂7家，配件生产厂19家。主要产品有：用17种底盘改装的150余种型号的大、中、小型公路客车；3t、4t、5t、6t、8t全挂车，10t、20t、30t、40t半挂车、集装箱运输车、零担运输车、自卸半挂车、工程洒水车、沥青运输车、散装水泥车、运油车；交通管理车、公路运料车、农用运输车；多种客车、挂车附配件。据统计，截止到1990年底，公路客车、汽车挂车企业有职工5.9万人，其中，工程技术人员3000人，固定资产原值5亿元，净值3.6亿元。企业占地面积550万m^2，生产建筑面积140万m^2。主要生产设备8700台(套)，公路客车和汽车挂车生产能力分别达到3万辆和2万辆。

2　生产发展情况

1988～1990年公路车辆生产完成情况见下表。在公路客车产品中，大型客车占5%，中型客车占82%，小型客车占13%。在汽车挂车产品中，全挂车占76%，半挂车占24%，半挂车中，专用半挂车占1.5%。

附表1　　1988～1990年交通部门公路车辆生产完成情况

产品	年份	工业总产值(1980年不变价万元)	增长率(%)	实现利润(万元)	增长率(%)	产量(辆)	销售量(辆)	增长率(%)
公路客车	1988	75819		6671		12595	12228	
	1989	64747	−14.6	2822	−58	12076	11713	−4.2
	1990	70286	+8.6	−561	−120	12477	12800	+9.3
	合计	210852		8932		37104	36741	
汽车挂车	1988	36484		1978		15348	15790	
	1989	28892	−20.8	816	−59	13791	12895	−18.3
	1990	24575	−14.9	−1456	−278	9151	9577	−25.7
	合计	89951		1338		38290	38260	

1988～1990 年交通部门开发了几种适应于长途运输的新型公路车辆。其中有能够替代进口、适用于旅游观光的高档大客车和高级轻型客车，有适用于公路干线旅客运输的双层客车，还有适用于夜间长途客运的卧铺客车，以及大吨位半挂车和集装箱、零担、公路工程等多种专用半挂车。

JT6120 型客车是交通部承担的“七五”国家重点科技攻关项目，于 1990 年 10 月通过国家技术鉴定，达到了国际 80 年代同类产品的先进水平。这种客车，外部造型和内饰设计集功能、美观为一体，采用后置卧式增压水或风冷柴油发动机，空气悬挂，最高车速大于 100km/h；在整车设计方面，开发了客车 CAD 辅助设计和微机多单元结构分析系统，它的系列化设计，可派生出不同车长、不同悬挂等 64 种车型。它是一种适用于较高等级公路的中、高档大型客车，可作为长途客运、旅游和团体客车。曾荣获国家“七五”科技攻关成果奖。

4 技术改造及技术引进

“七五”期间，交通系统 39 家汽车生产企业不同程度地进行了技术改造。总投资 5.36 亿元，至 1990 年底，累计完成投资 3.99 亿元，为计划投资的 74.4%。其中，1990 年投资 5100 万元，新增固定资产 3141 万元。

“七五”期间，通过改建、扩建生产设施，更新设备，引进国外先进技术和工艺装备，如自动喷涂技术和设备、薄板自动校平——下料机、单面点焊机等，以及推广、应用国内的新技术、新工艺、新材料，提高了工艺技术水平、产品质量和生产能力。

5 产品质量管理

1988～1990 年共有 8 项公路车辆产品荣获交通部优质产品称号。在此期间，共向菲律宾、肯尼亚、苏联等国家出口 150 辆公路客车，创汇约 500 万美元。

“八五”期间，公路车辆生产企业将根据公路运输部门的发展要求，引进先进生产技术，进一步提高生产工艺技术水平，使产品上质量，上档次，重点解决公路运输部门缺少中档客车、大型柴油客车以及大型、专用半挂车问题，为发展我国公路运输事业做出贡献。

建 设 部

改革开放十年来，建设部归口管理的城市车辆行业发展很快，现已形成城市客车生产能力 25000 辆，城建专用汽车生产能力 5000 辆。

截止 1990 年底，由建设部归口管理的城市客车生产厂有 37 家，城建专用汽车生产厂有 20 家，科研单位 4 家。行业职工人数 38365 人，其中工程技术人员 2283 人，拥有固定资产原值 3.46 亿元。1989 年工业总值 57250 万元（1980 年不变价），利润 2413 万元。1990 年实际生产城市客车 10000 辆，城建专用汽车 2000 辆。已能生产城市公共汽车、团体客车、轻型客车、旅游客车、旅行车、电车及垃圾车、吸粪车、洒水车、绿化喷药车、高空作业车、下水道吸污泥车、下水道高压射水车、清扫车、架线工程车、液压石油气槽车等品种。近年来又先后开发了豪华旅游客车、新型旅行车、新型轻型客车和两吨级、十吨级后装压缩式垃圾车与集装箱式垃圾车，消化引进技术生产的多功能性能先进的吸尘车等品种。

目前，城市客车、专用汽车的实际产量远没有达到生产厂的生产能力，除生产质量和技术性能尚有不足之处外，主要是受市场疲软、资金不足的影响。

为了推进行业科技进步，提高城市车辆水平，经建设部批准，建设部科学技术委员会城市车辆技术专家委员会于 1989 年 12 月成立。1990 年 3 月在北京召开了建设部客车行业科技发展座谈会。座谈会讨论了在城市客车发展中存在的差距和问题，提出了“八五”科技发展目标。

在1988年到1990年的建设部科研新产品研制计划中，安排的新产品研制计划项目有：城市客车整车33项，相关部件总成6项；城建专用汽车36项，相关部件总成4项。其中列入1990年国家级新产品计划的7项。从城市客车新产品研制计划中看出，调整产品结构，优化产品投向，扭转缺重少轻的局面，是今后发展趋势；整车项目中多选用川汽、陕汽、杭汽等大型十吨级底盘及后置式发动机；多采用液压助力、离合器助力器、张力蒙皮、全啮合套式变速器等一些近年来比较成熟的新技术、新结构，覆盖了整个项目的四分之三。在城建专用汽车新产品研制计划中安排了一些未开发领域的项目，如盐砂撒布车、吸扫式清扫车等。广州市环境卫生机械设备厂开发的ZDGH5200ZLJY型后装压缩式垃圾车，具有垃圾压碎压实程度高，能将大体积废弃物压碎、装运的特点，比目前广泛使用的4～5t侧装垃圾车可提高装运能力2～2.5倍，因而更适应目前远程度运输的需要，有较好的社会效益和经济效益。天津环卫设备厂生产的TH5060GXC型吸尘车，是1989年通过建设部鉴定的新产品，为纯吸入式清扫车，同国内现有产品比较，操作方便，储尘箱体采用液压控制，适用于城市道路、广场、机场、港口、隧道、码头、大型厂区的清扫作业。

中国城市客车城建设备公司同第二汽车制造厂于1988年9月开始合作开发城市客车三类底盘，1990年4月30日，第二汽车制造厂试制出两台EQ1110SC型三类底盘，这是我国第一种自行式低地板三类城市客车底盘，由武汉公用客车厂装配出两辆WG6900型城市客车。

1986年，全国客车工作会议决定，由建设部、交通部、公安部等五部和中汽总公司组成客车标准联合工作组。之后，有关各方面组织客车行业的工程技术人员，已经完成了《客车通用技术条件》等54项客车成套标准的制订工作。包括客车整车基础标准、产品标准和方法标准的大部分，占客车标准体系的四分之三。现在，54项标准已经陆续开始发布和实施，其中49项已经完成了报批稿，23项已经颁布。在此之前，我国客车标准沿用汽车和相关标准。到1980年后，开始制订了十多项客车国家标准和部标准。如GB4991—85《城市用公共汽车系列型谱》、GB4992—85《城市用公共汽车技术条件》等。这些标准的实施，对于指导客车生产、促进产品质量和客车技术水平的提高，起了一定的推动作用。

建设部中国城市车辆总公司积极开拓客车出口业务。从1988年到1990年，先后有十多家企业的产品出口到亚洲、非洲、南美洲的许多国家和地区，创汇约250万美元。

航空航天部　航空系统

航空工业部门所属企业，生产汽车、摩托车的历史已有30余年。1988～1990年，成果尤为突出。先后有110余家企业生产汽车、摩托车。其中大客车和专用汽车厂家8个、轻微型汽车厂家6个、摩托车厂家24个、汽车零部件厂家76个。已建成专业生产线的厂家43个，其中汽车线11条、摩托车线14条、零部件线18条，累计投资近10亿元。拥有专业生产面积约170万m²，专用设备35000余台，职工94000余人。三年累计生产各种汽车45494辆，生产微型汽车发动机47405台；各型摩托车284927辆，摩托车发动机300394台；各种汽车零部件800余种。产值54.6亿元，创利税7.7亿元。创外汇1126万美元。有70种产品获国家、省、部级优质产品称号，30种产品被国家定为替代进口产品，10种产品增加了国内新品种。

哈尔滨飞机制造公司生产的松花江牌微型汽车，在原WJ110型基础上，自行开发设计了松花江牌HFJ1010F微型厢式货车，

HFJ1010G 微型载货汽车，HFJ1010H 微型双排座载货汽车，HFJ1010J 微型玻璃钢车身厢式货车，HFJ1010A 可用于运钞票的微型简易厢式货车等系列产品。1988 年两万台生产线通过国家验收。该公司 1989 年晋升为国家二级企业。昌河飞机制造厂在生产 CH110X 微型厢式货车、CH630 轻型车的基础上，1989 年又开发出微型中顶双排座、高顶双排座、单排座载货汽车和玻璃钢厢式货车，并全部通过省级鉴定。陕西飞机制造公司在原车型 SX110 基础上又开发研制了汉江牌 SFJ1010 型 6 种新型微型车，其中双排座车、厢式货车、高顶玻璃钢式货车，于 1989 年通过国家鉴定。哈尔滨东安发动机制造公司，从日本引进了发动机黑色铸造生产线主要成套设备。该线于 1988 年 11 月通过了国家验收。到 1990 年末，东安公司在原 DA462 型的基础上，又开发了 7 个 DA462 系列新机型和一个增大马力的 DA465 型机。三年共生产 47045 台微型汽车发动机。

1990 年 12 月，年产 20 万台微型汽车发动机铸造生产线改造消化吸收项目参加全国 1990 年军转民高技术、出口产品展览交易会，该公司 1990 年晋升为国家二级企业。

成都发动机公司于 1988 年 6 月被确定为西南轻型汽车发动机总成定点厂。生产日本五十铃 J 系列（4JBI 型、4JAI 型）柴油发动机。生产纲领为 6.6 万台，投资 1.59 亿元。

沈阳飞机制造公司投资 3000 万元，于 1988 年建成客车生产线，形成年 1000 辆的生产能力。其中 SF662 型车 1989 年在全国汽车行业质量检查中被评为一等品。

上海飞机制造公司生产的飞翼牌系列 SF650 型团体客车，在 1988 年国家综合评定为一等奖。

云马客车是贵州省云马飞机制造厂生产的产品。YM6970 型团体客车 1988 年通过省级鉴定，1989 年 9 月通过部级鉴定。

航空工业系统专用汽车生产厂家，1990 年末已发展到 6 个。湖北宏图飞机制造厂先后生产了液化石油气等 15 种型号槽车；成都航空发动机公司生产 SNC—I 型固井水泥车；贵州云马飞机制造厂生产 YM5040ZLJ 后装车垃圾收运车；长春机载设备公司生产 CHJ5091JJH－20 大型地衡检定车；

上海飞机制造公司生产地质、沙漠工程车，地震测量车、航天测控车、X 光医疗车、电视转播车等多种专用工程车辆。

航空工业部门，目前已有 76 个厂家，60 多大类 800 多项达 4500 多个品种，形成了可为 20 万辆汽车进行综合配套的年生产能力。

摩托车是航空工业系统又一开发生产时间较长的产品。南昌飞机制造公司，株洲航空发动机制造公司是摩托车生产的主要企业。1990 年航空工业系统生产摩托车整车厂 9 个、发动机厂 5 个，生产零部件厂家 10 个。产品以 50ml、70ml、80ml、100ml125ml、750ml 摩托车为主，具有 6 个系列 42 个品种，引进技术和产品已全部实现国产化。750 型边三轮和 125 型两轮摩托车的产销量，在全国同类产品中均居首位，南昌赣江机械厂生产的长江 750A 型和 B 型边三轮摩托车、南昌飞机公司生产的长江 750 系列摩托车、株洲航空发动机厂生产的南方 125 两轮摩托车先后荣获国家优质产品银奖。摩托车零部件生产近几年也有较大发展。

航空航天部　航天系统

航天系统，早在 1980 年就开始研制生产各种军用特种车。近些年来，为了贯彻中央军民结合的方针，大力开发生产民用轻型车，轻、中、重型改装车，中、大型客车，专用车及汽车、摩托车零部件。

到 1990 年底，航天系统生产汽车零部件的单位已有 66 家，生产整车的企业有国营星光机器厂、万山特种车辆厂、江北机械厂、贵州航天工业总公司乌江机械厂等 4 家。生产改装车的企业有晨光机器厂、清华机械厂、云南航天工业总公司昆明旅行车厂、沈阳新阳机器制造公司、铜江机械厂、四川达宇汽车改装厂、北京天云汽车改装厂、三院239厂、贵州航天工业总公司高原机械厂,9个厂家。生产发动机的工厂有沈阳新光动力机械公司、星光机器厂。生产汽车零部件的企业有40多家。

星光机器厂是生产轻型汽车的工厂,从1973年开始试制了130型轻型载货汽车和492Q发动机,到1989年共研制生产了10种车型,逐渐实现了130系列汽车产品。1988年星光厂共生产15265辆轻型车,销售13110辆。1989、1990年,生产大幅度下降。1988年,星光机器厂晋升为国家二级企业,获中汽总公司颁发的第一批生产许可证。1990年2月星光机器厂的"七五"一期技改工程经过国家验收,其中通过验收的阴极电泳涂漆生产线和机器人驾驶室焊接生产线,居国内同类厂家先进水平。

国营万山特种车辆制造厂,从1979年逐渐开发生产了WS6482、WS6602、WS6400"WS6600、WS6430五个系列43种重型车和轻型客车。

1989年WS621A被国家评为一级产品。WS6600系列豪华客车是中汽总公司组织国内有关厂家联合开发设计的具有国际80年代水平的替代进口产品。1988年制出样车,同年在北京参加全国首届国产乘用车展览被评为优秀设计奖。1989年被列为国家级新产品开发项目,1990年已批量投放市场。

WS6430型豪华小客车是万山厂"八五"技术改造的重点项目,也是工厂未来的换代产品,1989年开始试制,1990年已试制出样车,并完成海南道路试验。

国营江北机械厂,1980年开始承担130型载货汽车的总装任务。1981年开发了JB—130双排座轻型载货汽车,到1989年已具有年生产5000辆能力。

贵州航天工业总公司有工厂和研究所18个,1988年生产出航天牌GHT6470型轻型客车。1987年国家正式批准西南三省一市定点生产五十铃轻型汽车,贵州航天工业总公司乌江机械厂承担1.5万辆的整车生产任务和6万套后桥生产任务,为了提高汽车生产能力贵州航天工业总公司在1988年共投资4000万元形成年产6000辆轻型车的生产能力。

国营晨光机器厂是生产加注设备专用厂,也是全国最大的油罐车生产厂家,年产量已达1500余辆(生产能力2000辆)。

国营清华机械厂,从60年代开始研制生产军用运输车、拖车和挂车等各种专用车,贯彻"军民结合"后,开始研制各种民用专用车。

云南航天工业总公司昆明旅行车厂是国家旅行车专业生产厂,开发研制出BJ632A北京牌旅行车以及各种专用车。该厂在中汽总公司和东风汽车联营公司的领导下,研制出具有中国特色的替代进口的产品,如:YH6600高级旅行车,YH6700豪华旅行车,达到国际80年代水平,其中YH6700型豪华旅行车在88年全国乘用车展览会上,荣获设计优秀奖,YH6600型豪华旅行车在内饰件和外观上与国内同类产品比较处于领先地位。1989年通过部级鉴定。

沈阳新光动力机械公司,从1984年开始进行轻型汽车汽油发动机486Q的开发,1987年开始试生产。1989年又试制出491Q发动机,1990年进行了部、省级鉴定。1989年沈阳新光动力机械公司又进行了3ml汽油机的研制,即1989年又研制了686Q汽油机,到1990年为止,设计工作已全部结束,1991年可进行样机鉴定。

总后勤部中国金燕汽车船舶工业公司

该公司是由生产车辆装备及维修保障任务的36个汽车厂组成。现有近4万名职工。

"七五"期间，累计投资2.5亿元进行技术改造，完成150多个技术改造项目，已形成年产中小型客车、轻型越野车、客货车3万辆、零部件产值3亿元的生产能力。5年间累计生产各种汽车5.1万辆，提供了产值为4亿元的零部件。燕京汽车厂和松辽汽车厂的6500型客车，年生产能力已达到了5000辆。

松辽轻型汽车车桥厂仅用了5年时间，从一个修理厂，发展成为生产4个系列8万只车桥的专业化制造厂。

汽车新产品增多，水平提高。截止1990年底，已列入全国汽车产品目录的制造或改装汽车发展到229种，其中90%都是"七五"期间开发的新产品。"七五"期间，汽车产品有6项荣获国家技术进步奖和军队科技成果奖，有74项被评为"军优"、"部优"、"省优"产品。燕京2020型越野汽车，是在"七五"期间吸收国外先进技术，开发研制的具有高越野性能汽车，已完成了试制，试验和鉴定，并已投入了小批量生产。

汽车零部件的开发，也取得很大进展。七四二五工厂开发的轿车制动软管，在国内居先进水平；九七八〇工厂开发的五十铃转向机在国内率先通过了鉴定；为2020N型轻型越野车配套的新型转向机，实现了老式方向的更新换代。

由于汽车产品水平不断提高，白云牌客车、茶花牌客货车、山鹿牌越野乘座车和郴州牌吉普车，以及制动软管、橡胶件等已开始小批量出口。

经济效益实现翻番。"七五"期间，汽车工业完成工业总产值31.5亿元，实现利润总额4.5亿元。其中1990年完成工业总产值8.2亿元，比1985年增长1.2倍；实现利税总额1.4亿元，比1985年翻了一番。

回顾"七五"期间军队汽车工业的发展，主要有三条经验：一是坚持"军民结合、以民养军"的方针。开发军民通用的汽车产品，到"七五"后期，汽车企业的民品工业产值已占工业总产值的80%，而民品生产实现的利润已占总利润的90%以上，走出了"以民养军"的发展之路。二是坚持从维修型向维修制造型转变。"七五"期间，汽车企业在保障完成部队车辆设备维修任务的前提下，努力开发汽车制造、改装和零部件产品，提高企业的综合效益。三是坚持"专业化、大批量、优质量"。为此"七五"期间，形成了一批发动机、车桥、转向机、减震器、传动轴、化油器、制动软管等专业化生产厂。为我国的汽车发展作出了一定贡献。

中国重型汽车集团公司(简称重汽公司)

中国重型汽车集团公司(简称重汽公司)是全民所有制大型联合企业。1983年3月，经原国家机械委批准成立，总部设在山东省济南市，隶属于中国汽车工业总公司，自1987年起实行在国家计划单列。

国家组建重汽公司的目的，主要是解决我国长期以来汽车工业"缺重"的被动局面，以适应国内外市场对重型汽车日益增长的需求。重汽公司成立以来，按照国家确定的"引进国外先进技术，利用和改造现有企业，实现重型汽车工业专业化改组"的总体方案，坚持"高起点、大批量、专业化、联合发展"的方针，在统一组织"斯泰尔91系列重型汽车制造技术引进项目"建设实施的过程中，积极推进横向经济联合，探索集团化发展的道路。现已发展成为由17家直属厂和41家联营单位组成的全国性大型企业集团，其成员单位分布在全国14省、44市(县)。

重汽公司作为重汽集团的核心企业对紧密层的直属企业实行"人、财、物、产、供、销"六统一管理，集中组织产品开发和国际市场开发。1990年底，重汽公司(包括紧密层企业)共有固定资产原值18亿元，净值11.4亿元，职工7.5万人(其中：中、高级工程技术人员4305人,管理人员5611人);拥有一个技术发展中心、一个培训中心、一所职工大学总校和5所分校、15个经营公司、17个生产厂;具有年产各种重型汽车20000辆、发动机600kW、配件产值8亿元(1990年不变价)的生产能力。1990年,重汽公司共完成工业总产值18亿元,,生产汽车10618辆、发动机15162台、配件产值43767万元,实现利税17238万元,实现出口创汇1652.4万美元。

重汽公司引进的奥地利斯泰尔、戴姆勒·普赫公司的91系列重型汽车产品,整车系列完整,品种规格齐全,全车通过6种驱动形式、5种发动机功率和多种轴距的不同组合,可构成单车总重从16t到40t6个吨级、15种基本车型和147种变型车,整个系列产品基本上可满足国民经济各部门和国防对重型汽车的不同需求。

1989年6月23日,第一辆国产斯泰尔汽车在济南汽车制造总厂总装配下线,国产化率为61.3%,第一批共试生产400辆。此后,又于1990年安排第二批1000辆车的试生产,国产化率为67%,经过两轮试生产后,产品质量有了较大改进和提高,使该产品于1991年2月通过了中奥双方专家的考核验收,已进入小批量生产阶段。

引进技术的消化吸收,推动了重汽公司各厂的技术进步,重汽公司生产的二层次的重型汽车产品有了较大改进和提高。四川汽车制造厂采用斯泰尔先进技术,及时开发了红岩牌CQ19、210和CQ30、290载货汽车,较好地实现了军品向民品的过渡,生产规模达到年产2000辆;济南汽车制造总厂贯彻“以老养新,以新促老”的方针,在黄河牌JN150汽车进入衰退期的情况下,通过技术改造,使JN162汽车形成年产4千辆能力;陕西汽车制造厂利用斯泰尔总成,新开发了延安牌SX1160载货汽车;长征汽车制造厂与公司技术发展中心共同研制开发了CZ1260载货汽车,该产品继承了太脱拉T815汽车的结构特点,又采用了斯泰尔发动机、驾驶室,转向器等先进总成,集两种引进车型之特长,并加快了T815底盘国产化的步伐;青岛专用汽车制造厂利用斯泰尔汽车底盘和德国“施维因”、英国“西蒙”公司的上车,推出了32m混凝土泵车、30m曲臂登高消防车。同时,还开发了垃圾车、衡器鉴定车等新产品;南阳汽车制造厂的临清专用汽车制造厂正逐步向专用车方向发展,开发了长轴距车和水泥搅拌车等品种。目前,重汽公司二层次产品有了比较稳定的市场,JN162系列,CQ3029和CQ19210系列整车获部优产品称号。

重汽公司在柴油发动机生产上具有一定的优势。斯泰尔WD615系列发动机,采用自然吸气、增压、增压中冷,可使功率覆盖范围从148kW到272kW,满足系列车型和各种变型车的需要。潍坊柴油机厂和杭州汽车发动机厂同时生产斯泰尔发动机,设计纲领分别为年产1万台和5千台,除满足装车外,还开发了大客车用、船用和工程机械用发动机。

重汽公司还有三家齿轮生产厂和四家零部件生产厂,分别是:綦江齿轮厂、陕西汽车齿轮厂、株洲汽车齿轮厂、重庆汽车配件制造厂、重庆红岩汽车弹簧厂、重庆油泵油嘴厂、扬州汽车电机厂。“七五”期间,通过引进技术和改扩建,工厂都有了较大发展,除满足内部配套生产外,还可向社会提供各种汽车齿轮、轴类零件、气制动元件、汽车板簧、油泵油咀、汽车电机等零部件和总成。

在国内销售方面,重汽公司组建了“中国重型汽车销售服务公司”,并在全国一些大城市和工厂所在地设立了分公司,实行集中与分散相结合的经营体制,实行产品联销和联合服务,设立了近百个销售服务网点,分布在全国27个省区。

计划单列以后,重汽公司有了独立的外贸自主权和对外邀请权,产品出口创汇工作有了长足的发展。1988~1990年3年的出口创汇额分别为:708万美元、1263.2万美元和1652.4万美元,平均每年递增54.6%。重汽公司直属企业中,有13个企业都有不同程度的出口创汇能力,其中潍坊柴油机厂和重庆汽车发动机厂,1990年出口创汇额均突破300万美元,成为出口基地企业。重汽公司在青岛设立了重型汽车进出口公司,已与国外二十多个国家和地区的一百多家客户建立了联系,并在深圳、珠海等地设立了对外窗口,在各工厂设有出口科，为集团进出口业务的发展奠定了基础。1990年，集团公司内外的厂家通过重汽进出口公司出口的工作有了较大发展，出口额达到513万美元。目前，重汽公司的产品已经打入国际市场的有：载货汽车、越野车、专用改装车、柴油机、柴油发电机组、汽车齿轮、钢板弹簧、汽车电机、油泵油嘴偶件、油杯等。随着引进技术消化吸收成果的不断扩大，重型汽车和柴油机产品的出口将具有广阔的前景。

目前，重汽公司已具备了生产经营、科研开发、人才培训、资金融通、对外贸易、信息服务等综合功能，为集团化管理体制的形成和向外向型企业集团发展奠定了良好的基础。“八五”期间，重汽公司在使国产斯泰尔汽车达到年产万辆能力的基础上，开发斯泰尔91系列产品中47种车型和56种专用车品种，不断满足国内外市场需求，为我国重型汽车工业的发展做出新的贡献。

中国北方工业（集团）总公司

中国北方工业（集团）总公司，是经国务院批准组建的全民所有制企业，是军民结合、工贸结合、科研与生产相结合的企业集团，是以实业为基础，贸易为中心，开发为重点的综合经营型公司，是自主经营、独立核算、自负盈亏、依法承担经济责任、具有法人资格的经济实体。

中国北方工业（集团）总公司目前拥有工厂、科研院所、工程勘察设计、物资供应、产品销售及驻外机构等单位计300余个，现有职工75万人，其中各类专业技术人员15万人。拥有各种设备数10万台，固定资产达100多亿元。

该总公司所属企业大量开发与生产汽车产品是从1980年开始的。现在有汽车整车生产厂11个，汽车改装车厂9个，摩托车整车厂9个，汽车、摩托车零部件厂53个。现已成为生产重型、轻型、微型、超微型汽车、高档客车、改装车、摩托车和零部件等产品系列齐全的公司之一。

与英国特雷克斯（TEREX）公司合资经营的北方重型汽车有限责任公司，生产30～77t重型自卸汽车，年产300辆的生产线已建成，并具备生产120t超重型自卸车的能力；铁马SC2630重型载货汽车（货15吨）已投产；引进的本茨重型载货汽车有14种车型的生产许可证合同正在履约中，1989年已装配整车10辆，1990年生产20辆；长安牌微型汽车大批量生产有两种基型车，并开发出12种微型专用车，如微型双排座载货汽车、微型警车、微型邮政车等，1990年生产各种微型汽车13370辆，其销售量占全国销售量的30%。1988～1990年共出口2470辆；有四种超微型汽车通过了部级鉴定。北方牌高档大客车是与德国尼奥普兰（NEOPLAN）公司合作生产，55座，已开始出口。在专用车方面，还开发了铁马SC2630自卸汽车；以本茨汽车底盘的承重12.5～17.5t的自卸车；14m高空作业车、飞机除冰车、航空食品装运车、机场塔台指挥车、导弹运输车；液化石油气罐车、丙烯罐车、液氨罐车、散装水泥罐车、重油罐车；6m（20呎）集装箱运输列车以及引进生产-20℃的冷板式冷藏车、混凝土泵车等。

在摩托车生产方面，总公司生产有50、70、80、90、125、145、250ml 7个排量40余个型号的两轮摩托车和50型残疾人用三轮摩托车，250型正三轮摩托车、边三轮摩托车，其产量约占全国摩托车产量的50%以上。1988～1990年共出口摩托车54232辆，建设机床厂（重庆—雅马哈牌）1990年产15万余辆；嘉陵机器制造厂，为我国最大的摩托车制造厂，1990年产量超过22万辆。以嘉陵厂为主体组建了中国嘉陵工业股份有限公司（集团），使原来的生产联合体向更高层次发展。

在汽车零部件生产上，与澳大利亚等合资兴建的亚大塑料制品有限公司，生产汽车用的尼龙压力管、螺旋管等，为机电部推荐的替代进口产品；凌源机械厂开发的薄钢板辊压件，如左右车门窗框、左右顶盖流水檐、左右侧门。中导轨等供天津大发、夏利等十几个汽车厂使用；东北光学仪器厂引进英国AP公司生产重型～轿车用的膜片弹簧离合器于1990年投产；西南车辆制造厂引进德国ZF公司的5S—111GP/GPA机械式变速箱已试制出样机；1988年华北柴油机厂与德国道依茨(KHD)公司签订了更先进的B/FL513系列风冷柴油机的补充许可证协议，513系列是对413系列喷油燃烧系统进行改进和广泛采用电子、陶瓷等一系列先进技术，具有80年代世界水平，工厂正在试制该系列品。

总之，总公司将努力为国内外广大用户提供优质的产品和服务，争取为我国汽车工业的发展做出更大的贡献。

北京汽车工业联合公司

北京汽车工业联合公司，1990年末拥有紧密联营企业30家，其中按主导产品分：生产汽车的5家，生产车用发动机的1家，生产汽车、摩托车配件的24家。固定资产原值13.3亿元，固定资产净值8.52亿元，职工人数5.83万人，占地面积460万m^2。三年内(1988～1990)共完成工业总产值75.23亿元，占全国汽车工业总产值7.42%，汽车产量为25.6万辆，占全国汽车产量的14.69%，销售收入122.65亿元，实际利税15.58亿元，分别占全国汽车工业的9.47%及9.76%。

1989年以来，系统内成立了调整产品结构领导小组，各企业加强了“吃饭产品”的基础工作，以市场为导向，完成了BJ1041系列9种车型的开发和BJ1022型汽车的生产准备工作，北京吉普汽车有限公司利用新技术，对原车进行了27项改进。抓紧了产品的开发。如BJ1021型降低高度的底盘车、BE6590K轻型客车等。仅在1990年内适时开发了28种变型车。新产品和改进型产品产值达11.9亿元，创利税1.5亿元，分别占总产值及实现利税的42%及33%。

发挥整体优势，多方开拓市场。全系统瞄准国内、国际两个市场，在国内，针对近两年国家和地方指令性购车计划执行不力的情况，遵循依靠主渠道，但不依赖主渠道的原则，千方百计自主开拓销售渠道，到1990年末在全国建立了200多个销售网点。同时在全国建立了50多个维修网点，开展从维修到配件一条龙服务。为了打破地区封锁，分别在西安、海南、新疆等地区建立了SKD组装厂点，初步形成了主渠道和自销渠道并存的格局。在国际市场上，扩大出口，并在国外建立SKD厂点，合资签约两项，利用外资300万美元。产品质量在1988～1990年中，系统内有力地开展了“质量、品种、效益”及“管理年”等活动。三年中全系统新创市优产品16种，部优产品7种，到1990年末共有优质产品56种。北京汽车工业联合公司所属30个企业计量定级率达到100%，其中国家一级计量企业3个，北京市二级计量企业23个，三级计量企业3个。

固定资产投资、消化吸收引进技术，国产化工作。1988～1990年固定资产投资累计完成投资额7.95亿元。其中仅1990年技术改造32个项目累计完成投资额3.28亿元。三年内全系统以消化吸收引进技术为中心，狠抓零部件国产化，集中了一定的人力、物力、财力、使BJ2021(切诺基)汽车国产化取得重大进展。如：北京市汽车机油泵厂和北京理工大学密切配合，研制了美国专利件硅油风扇离合器，不但为切诺基配套，还成功的移植到BJ2020N汽车上。

技术进步，几年来全系统以提高经济效益为中心，积极推广新技术、微电子技术。仅1990年科技协作完成30项，推广应用微电子技术88项，应用新技术成果31项，技术革新、合理化建议1600项，创经济效益2534万元。

出口创汇，1988～1990年初步形成了一批出口产品企业。到1990年末，由单一的出口千斤顶，发展为汽车零部件到整车多品种，并打破了整车出口都是以出顶进的贸易方式，整车首次进入国际市场，并以SKD的方式出口。1990年整车出口已超过千辆，出口创汇完成2227万美元，比1989年增长32.7%，占当年工业总产值的3.7%。

强化企业管理，提高企业素质。几年来全系统认真实行厂长负责制，积极推进内部配套改革，各企业根据自身特点，不断完善企业内部经济责任制，并引入竞争机制，实行层层承包，使企业基本形成了包、保、核体系。1987～1990年北京汽车摩托车联合制造公司、北京内燃机总厂、北京齿轮总厂、北京市第二汽车齿轮厂等被评为国家二级企业；有15家企业被评为北京市级先进企业。北京内燃机总厂获第三届全国设备管理优秀企业奖；有3家企业获中汽系统设备管理优秀奖；北京市一级设备管理企业3个，二级企业两个，三级企业6个，4级企业7个。

通过"管理年"活动，全系统各企业在质量管理，整顿规章制度，修改定额，加强原始记录，强化产品检验、健全计量检测、推行定置管理等基础管理做了大量的工作，为此从1988年至1990年，在北京汽车工业联合公司的直接领导下，取得了上述诸多方面的成就，并为"八五"后期北京汽车工业的发展拓宽了路子。

天津市

"七五"期间是天津汽车工业上水平、上能力，大发展的时期。从1985年至1988年主要经济指标连年大幅度增长。1989年、1990年，在国民经济紧缩运行和多种因素的制约下，生产有所下降。

1988年与1985年相比，汽车产量由20529辆增至45262辆；工业总产值由75600万元增至157200万元；实现利润由8670万元增至17475.5万元；汽车产品增加天津大发微型汽车及夏利轿车两个具有国际水平的新产品。老产品TJ6480(620)系列三峰牌旅行车和TJ1040(130)系列雁牌轻型汽车都经过了换型改造，三峰旅行车换型已经完成，并且TJ6481(TJ622)新型三峰旅行车已经批量生产，雁牌TJ1041轻型车换型改造任务将于1991年完成，换型后的新车型，本身技术均达到国际80年代先进水平。同时在整车改造的同时相应改造了一批零部件企业，为引进车型国产化、新车配套以及产品出口提供了条件。"七五"期间完成技术改造投资6.8亿元，"七五"技术改造项目的实施，提高了天津汽车工业产品技术水平，扩大了生产能力，1990年汽车综合生产能力达到6万辆。自1989年以来，天津汽车行业生产经营遇到很大困难，在连续几年大发展之后，主要经济指标首次出现负增长，到1990年一季度降至谷底，成品资金占压4亿多元。

为适应市场形势，狠抓强化经营、促销压库。二季度月均销售汽车和汽车产量均比一季度增长50%以上，三四季度继续保持增长势头，全年累计销售车30609辆，比实际产量26963辆多销售3646辆，超额完成了预定计划。

在强化经营销售的同时，全行业开展了以提高产品质量及使用可靠性为重点的整质活动。通过整质，雁牌轻型汽车外观和整车质量有了明显提高，保持了部优产品称号，赢得了用户的信任，占有了市场。销量在全国同类车型中显示了一定的优势，平均月销千辆以上。天津大发微型汽车在1990年国产车产品质量监督检验中，在全国40个生产微型汽车的厂家中，天津大发名列榜首。夏利轿车和新型三峰旅行车亦倍受欢迎，做到尽产尽销。

在治理整顿过程中，坚持以市场为导向，

积极调整产品品种结构，实行以销定产，以产促销的原则。

为扩大天津大发微型汽车的销售市场，公司成立了专用汽车工作部门，认真组织专用汽车的生产和销售，与公安部、最高检察院、能源部、技术监督局和农业部等国家机关建立了定点供货合同，开发生产了17种专用汽车，销售势头很好。随着产品结构的调整，提高了产品适应能力，新产品投产产值65750万元，比上年增长42%，出口产品产值2772万元，比上年增长173%，对缓解经济困难起了重要作用。虽然有很多困难，但也是机遇。首先抓住生产任务不足的机遇，深入开展企业达标升级和职工培训工作，全面提高企业和职工的素质。全行业48个企业普遍制订了达标升级规划。为统一思想、明确任务、落实措施，公司举办了管理达标讲座，培训企业厂长、管理干部3000多人，许多企业相应举办了不同层次的学习培训。到1990年公司13个企业达标升级(4个国家二级企业，9个市级先进企业)，占全部企业的27%，其中在1990年升级的有6个企业(国家二级企业两个，市级先进企业4个)，获市级以上单项管理奖的企业7个，有40%的班组取得了班组建设合格证书。在职工培训方面，利用公司教育培训中心，组织各类短期脱产培训3954人，其中厂长、管理干部1164人，专业技术干部758人，职工岗位培训2032人，作为骨干力量，各企业结合实际情况，利用生产空余时间，广泛开展不同层次的培训教育活动，普遍提高职工的业务素质。通过企业管理达标升级和全员培训教育，在当前生产活动中产生了明显的经济效益，同时对长远发展积蓄了后劲。

其次，千方百计筹措资金，抓紧技术改造。根据市场调研，夏利轿车和新型三峰牌旅行车产品畅销，社会需求量较大，迫切需要通过技术改造进一步扩大生产能力，提高产品质量；根据南方气候特点，天津大发微型汽车为占领南方市场，需尽快开发安装空调设备的新车型；雁牌轻型汽车是天津的基础效益产品，产品覆盖面大，经济效益高，为保持和扩大市场，必须抓紧换型改造，尽管资金极度紧张，本着投资少，见效快的原则，千方百计筹措资金，积极组织以上重点技术改造项目的实施。1990年完成技术改造工作量7380万元，各项技术改造项目进展顺利，大部分在生产中收到了实效。

经过一年的艰苦努力，终使天津汽车工业走出了困境。1990年全年累计完成工业总产值14369万元，比上年降低5.32%；汽车产量26963辆，比上年降低31.3%；实现利税13153.4万元，比上年降低38.89%；实现利润比上年降低46.4%；全民企业上缴利税6561.3万元，比上年降低34%，其中上缴利润2446.8万元，降低46.2%；出口创汇519万美元，比上年增长135.9%。

河 北 省

河北省汽车工业在"七五"期间重点围绕"一重、二轻"三种产品和各种重型、轻型专用改装汽车，坚持以改为主，造改结合，积极发展零部件生产的战略思想，按照国家统一发展规划，把各系统各部门的汽车生产企业最大限度地组织起来，加以引导，充分发挥各自的优势，调动各方面的积极性，调整改造现有企业，取得了较为明显的效果。

目前全省共有汽车及汽车配件生产企业118家。其中列入国家《1990年汽车和民用改装车生产企业及产品目录》的有41家，汽车零部件生产企业87家，各种汽车年生产能力已形成3万多辆。1990年全省汽车工业总产值为16.7亿元。各种汽车产量为11438辆，汽车配件产值5.4亿元。职工87719人，固定资产原值为19.5亿元，销售税金为0.57亿元。利润总额为 0.42 亿元。

长征汽车制造厂所生产的重型 T815 型载货汽车，具有 80 年代国际水平。“七五”期间，投资 3000 多万元进行技术改造。1990 年 T815 型汽车底盘已初步实现国产化计划，并形成年生产能力近 1000 辆。T815 型载货汽车采用独特的摆动半轴，三桥驱动，独立悬挂，脊骨梁式车架结构。具有良好的通过性和平顺性，是深受国内用户欢迎和适合我国国情的产品。

长征汽车厂在积极消化、吸收引进先进技术的同时，努力组织跨地区、跨行业的横向经济联合。目前省内外已有 48 家经济、技术力量较雄厚的厂家参加联营，承担了 T815 重型载货汽车零部件的配套任务。

关于轻型客车底盘，河北省规划生产 6400、6450、6600 三个系列品种。其底盘年生产能力达 11000 辆；整车改装年生产能力达 16000 辆。在“七五”期间，坚持自立更生，上质量、上品种、上能力，不断得到完善和发展，使河北省逐步发展成为轻型专用汽车生产基地。目前已有七个基本车型近百个品种专用车供应市场。

“七五”期间，石家庄汽车制造厂改建为年产 5000 辆客车和 6450 系列专用车底盘的专业生产厂，同时还适当保留发展改装自卸车，变形车和专用车的生产能力。胜利客车厂“七五”期间投资 3000 万元，进行厂房扩建和技术改造，已形成 4000 辆轻型客车的生产能力，6400 型轻型客车从 1988 年开始批量生产。红星旅行车制造厂投资 1000 万元，上了装焊、油漆、总装三条生产线，6400 型汽车底盘年生产能力达 3000 台。华北车身厂投资 2167 万元，上了冲压模具、总装和阴极电泳涂装三条生产线，每年可生产轻型 BJ212 汽车车身 25000 台，出口汽车覆盖件 50 万件，完成 50000 台 BJ212 型车身和 30 万个车门的油漆，华北牌 BJ212 型轻型越野汽车车身总成，获 1988 年“省优”称号。汽车配件生产企业廊坊制动空压机厂，经过“七五”规划和投资改造，已形成了制动空压机及制动系统的科研、生产、测试、销售与服务的完整体系，在消化吸收德国科诺公司制泵技术的基础上，不断推出新产品，现已有五大类 28 个品种。其中斯泰尔型替代进口，CA141 型、道依茨型、EQ140 型等直接出口或间接出口。1990 年又开发了三种刹车盘直接出口美国。已逐步发展为气泵行业中较有影响、开发能力居先、品种最多、生产规模较大的厂家之一。“八五”期间，被中汽总公司列为气泵重点发展企业。

河北省已有五家重型汽车改装厂，年生产能力达 3000 辆。长征汽车制造厂利用 T815 型汽车二类底盘改装的 CE3270XFG 型粉煤灰保温自卸车，为电厂运输粉煤灰专用车辆，防止寒冷粉煤结冻，达到了保温作用；改装的 CE3270XSG 型砂罐车为油田井下作业专用车辆，性能良好，很受用户欢迎。承德市汽车挂车厂改装的太极牌 CDG9370J 型 30t 集装箱半挂车，1990 年获得河北省省优称号，唐山市专用汽车厂生产的 8m³ 混凝土搅拌机运输车 TZ5321GJB 型于 1989 年鉴定，达到国际同类产品 80 年代先进水平。河北省是太脱拉重型汽车生产基地之一，因此发展重型改装汽车生产大有潜力。国防科工委一些企业积极贯彻军转民的战略方针，转变经营思想，生产汽车产品。截止到 1990 年，已批量供货的有天津大发汽车、天津夏利轿车、天津微型卡车配件共 47 种。1991 年达到批量供货的有长春一汽 126LF 型轻型车、北京 213 型吉普车、重庆长安车等 6 种车型的 33 种汽车配件。凌云机械厂和澳大利亚管道有限公司、丹麦橡胶公司合资兴办的亚大塑料制品有限公司生产的主要产品有：尼龙 11 压力管、螺形管、PVC 编织管等，年生产能力 1530t。符合德国(DIN)标准的汽车刹车管、油管、尼龙 11 压力管产品，使用寿命超过了汽车用铜管、钢管。1989 年 10 月。国家机电部以机电料(1989)1477 号文《关于公布第十九批推荐替代进口产品的通知》向全国公布了亚大尼龙压力管、螺形管为替代进口产品。

河北省汽车工业在“八五”期间将继续巩固和发展“一重、二轻”汽车产品和专用汽车生产，重点发展汽车配件替代进口，使河北的汽车工业有一个大的发展。

辽　宁　省

辽宁省汽车工业，始于60年代，经过近30年的历程，尤其是经过“六五”、“七五”期间的建设与改造，现已初步形成批量生产载货汽车、大型客车、轻型厢式客车、各种变形车、民用改装车和各类总成、零部件基本协调发展的汽车工业体系。具有年产各类汽车7万辆的生产能力。

辽宁汽车工业企业，包括机械、交通、城建、司法、军工、军队、农牧、民政等12个系统所属省以上定点的工业企业136个（金杯汽车股份有限公司12个全民或合营生产企业以1个计算），其中，汽车制造企业8个，民用汽车改装企业22个，车用发动机企业4个，汽车零部件生产企业102个，国家定点科研单位3个。至1990年共有职工152858人，其中，工程技术人员11079人，占职工总人数的7.2%；固定资产原值234 429万元，固定资产净值158112万元；拥有各种主要设备28726台（套），其中，金属切削机床14860台，锻压设备3017台；汽车工业企业占地面积1 601万 m^2，生产性建筑面积294万 m^2。

在改革开放的10年中，辽宁汽车工业得到了长足的发展。1978的辽宁汽车产量仅有4 434辆，占全国汽车产量的3%左右，到1988年汽车产量达56 555辆，占全国汽车产量的8.75%，比1978年增长11.8倍，平均增长速度为29%。从1981～1990年的10年间，辽宁共生产汽车254 326辆，约占全国汽车产量的7.6%。其中轻型汽车产量约占全国轻型汽车产量的1/4，是我国轻型车的主要生产基地之一。

1990年辽宁汽车工业受市场疲软、资金不足的影响，但仍完成汽车产量24 086辆。

辽宁汽车产品品种比较齐全。从载货量0.5t的微型汽车，1t、2t系列的轻型载货汽车，5t系列的中型载货汽车，8t、12t重型载货汽车直到载货量68t、77t、108t矿用自卸汽车，客车有微型面包车、小旅行车、中型客车、大型客车，以及轻型越野车和各种变形车等。据1989年统计，共有汽车品种（含改装车）281种，汽车工业产值约占全省工业生产总值的4%，占省机械委系统的1/4～1/5，各主要汽车工业企业向各级政府交付的利税额已8倍于投资额，各项技术经济指标均列全省机械行业前茅。1988～1990年的3年间共完成汽车工业产值579 504万元，每年分别为111 027、271 059、197 418万元。自1981年以来，该省共有142种汽车产

1988～1990年辽宁省汽车产量统计表

单位：辆

年　度	总　产　量	其中：					
		载货汽车	越野汽车	客　车	微型汽车	汽车底盘	其　它
1988	56 555	37 270	1 504	10 376	2 390	1 840	3 175
1989	49 322	33 466	2 753	11 311	645	798	349
1990	24 086	9 886	1 501	11 677	66	414	542

品获省以上优质产品称号，优质品率占产品总数的35%左右。其中，获国家质量奖的4种，获部优质称号的产品44种，获省优质产品称号的94种。

1989年国家例行监督检查汽车产品质量抽查结果，辽宁受检的6个汽车工业企业的6种主导产品 平均得分为86.78分，高于全国抽查平均81.43分的水平。其中达到一等品的车型为5种，合格品为1种，一等品率为83.33%，与全国抽检结果相比，高43个百分点。受检的大连柴油机厂、沈阳汽车发动机厂两个厂的两种主导车用发动机，平均得分为94.65分，高于全国平均85.15分水平，一等品率达到了100%。沈阳汽车厂、沈阳轿车厂、丹东汽车厂、松辽汽车厂、朝阳柴油机厂连续3年为一等品，获免检资格。

依靠科技进步，加快新产品的开发步伐。近几年来，各企业提高了调整产品结构意识，把新产品开发纳入了重要议事日程。3年来仅省机械委鉴定的新产品就达49种。其中，整车31种，零部件18种。如沈阳双马汽车制造厂与成都飞机制造公司联合开发研制的1021型轻型载货汽车，采用了486Q型汽油机，四档同步变速器，焊接整体后桥桥壳，断开式前轴，不等长双横臂扭杆弹簧式独立悬架，循环球式转向器，前盘后蹄式双管路液压制动等，具有技术先进，造型美观，乘座舒适的特点，为国内同类车种先进水平；沈阳新光动力机械公司利用军工企业的优势，研制的486Q型汽油机，额定功率为60.5kW/4600r/min，最大扭矩157N·m/3000r/min，压缩比为8.8。具有高性能、低油耗、质量轻、低排放的特点，是1.5～2t级轻型载货汽车、小客车和轿车理想的配套动力。

目前该省共有汽车产品出口企业25家。1988～1990年3年间共出口汽车和零部件28个品种，出口产值27 599万元，占全省汽车工业产值的4.76%。涌现出出口创汇超千万美元的生产企业1个—沈阳金杯汽车股份有限公司，出口创汇100万元以上的生产企业3个—丹东汽车制造厂、营口挂车厂、丹东汽车工具厂。

几年来，辽宁汽车工业共引进整车制造技术8项，发动机及零部件制造技术38项。经过对引进技术的消化吸收，结合企业的技术改造，使辽宁的汽车制造水平有了较大的提高，改善和加速了汽车产品的升级换代，提高了汽车产品的技术水平。本溪重型汽车厂引进美国75B型矿用自卸车样机和日本小松制造所的重型矿用自卸车技术，生产的108吨矿用电动轮自卸车；丹东汽车制造厂、沈阳飞机制造公司分别引进日本三菱和日野公司的高级旅游车部分制造技术，生产的DD683型和SL650型高级旅游客车；沈阳金杯汽车股份有限公司引进日本丰田公司的旅行车车身制造技术和日本三菱公司的轻型载货汽车制造技术，研制生产的SY623型旅行车和SY132型轻型载货车，都达到国内先进水平。朝阳柴油机厂引进日本五十铃公司的$6BB_1$型和$4BC_2$型柴油机的样机和制造技术，生产出具有国内先进水平的6102、4102系列柴油机，并全部实现了国产化。从丹麦引进的铸造生产线已建成投产。

营口汽车轴瓦厂引进美国轴瓦钢带烧结技术及生产线，解决了轴瓦钢带进口，产品达到了国际先进水平。

辽宁汽车工业，经过近30年的建设与发展，特别是经过“六五”、“七五”期间的改造，已取得重大进展，拥有较强的物质、技术基础，已具备批量生产汽车及零部件能力，是我国汽车工业重要基地之一。

吉林省

1988～1990年，吉林省的汽车工业在资金紧缺、市场疲软等艰难的环境下，坚持深化改革、抓质量、上品种、抓改造、创效益，取得了显著成果。三年里，共投入生产5大类，46个品种，92个规格的汽车产品和9大类，98个品种、180个规格的改装车产品，累计产出汽车 255 682 辆、改装汽车共 11 212 辆、摩托车 32 394 辆；完成工业总产值 108.19 亿元（1980 年不变价），出口产品产值 1.43 亿元；销售收入 110.96 亿元，实现利润 9.99 亿元。

1　深化企业内部改革

1988 年，在第一轮经营承包的基础上，各企业内部继续进行管理体制的改革。一是适当调整机构，精减管理人员。第一汽车制造厂在内部改革中，撤消了两个处、室，实行了干部聘用制，打破了干部的“铁饭碗”，破除了干部能上不能下的陋习，减少了 2000 名在编人员；二是引入了风险机制。大多数企业，在承包中缴纳风险抵押金。从厂长到工人，按岗位责任分别上交不同数额的抵押金。完成承包指标，抵押金退回，完不成指标，扣罚抵押金。从而，使经营承包由厂长个人承包转变为全体职工的集体承包；再是引入了竞争机制，很多企业围绕定岗定编，进而优化组合。运用“兵点将，将点兵”的方式，聘用副厂长、科长和车间主任；工人推选班组长。再由班组长挑选本班组的工人。没被组合的人员，交厂劳资部门安排。这项改革的难点是对优化下来的人员如何安排。公主岭市气门芯厂探索出了一条可行途径。即：集中培训提高后，根据各车间，分厂的需要安排；成立劳动服务公司，面向社会服务；允许停薪留职，自谋出路；愿意调出者，给予 1～3 个月的联系接收单位的时间。四是试行结构工资浮动制。一些企业打破了“大锅饭”的八级工资制，试行了包括基础工资、工龄工资、劳绩工资和效益工资四个部分组成的结构工资制度。随着企业效益的好坏，对工资进行上下浮动；五是完成了第二轮承包的接续工作。1991 年是第一轮承包的最后一年。绝大多数企业完成了承包期的规定指标，各企业主管部门从年初开始，就着手第二轮承包的接续工作。首先全面考核了各企业的班子状况，需要调整的，改变第一轮招聘厂长的作法，重新采用考核任命制。其次，对企业的财务进行审计，核定资产和经营效果。接着，组织各方面有关人员，预测了所属企业未来的形势，确定了新一轮的承包基数。之后，总结了第一轮承包的经验和问题，予以下一步借鉴。四季度，第二轮承包的各企业领导成员相继到任，着手承包头一年的准备工作。第二轮的经营承包，为了避免出现“短期行为”，增加了固定资产增值、全员劳动生产率提高、新产品开发、设备完好、企业管理升级等多项指标。

2　统筹规划，重点发展

中共吉林省委、吉林省政府十分重视汽车工业的发展，已将其纳入了总体发展规划。要在已有的中型汽车生产基地的基础上，努力建设吉林市的轻型汽车生产基地；长春市的轻型汽车、轿车、特种汽车和摩托车的综合型生产基地；四平市的专用改装汽车生产基地。并建设以长春市为中心，幅射全省、布局合理的汽车零部件生产基地。依据这个规划目标，省机械工业厅对全省 500 多家专业和兼业的汽车制造、配件、改装车和汽车修理企业进行了统筹安排。

3　加速技术引进和技术改造

三年中，汽车工业共完成了投资 10.97 亿元，新增生产建筑面积 40 多万 m^2，新增固定资产 8.27 亿元。

主要引进项目：完成了奥迪轿车的关键生产设备和生产技术；高尔夫轿车的引进已于 1990 年 11 月 23 日正式签约；完成了 AX100 摩托车软硬件技术的引进，通过了年产 5 万辆生产能力的验收；引进英国约克公司拖车技术，生产的汽车座板已批量出口；引进德国爱尔菱气缸垫生产设备和制造技术，形成了大批量生产能力；可满足全国各汽车制造企业的配套需求；引进美国辛辛那蒂公司轴承生产技术，投入了正式生产，为一汽、二汽配套轴承。

主要改造项目：一汽第二次创业——解放汽车换型改造的续建工程，一汽第三次创业——上奥迪轿车的先导工程和上高尔夫轿车的建设工程；长春市汽车改装厂扩大生产能力、长春消防器材厂的更新改造、四平客车厂上铰接车、延边公路客车厂上能力和上水平，各重点为中、轻型汽车配套产品厂家与一汽同步改造，同步实现了生产能力；各重点为轿车配套产品厂家，正在进行技术改造，以便达到预定的生产规模。

4 不断提高产品质量和水平

近三年里，吉林省汽车工业在一汽的带动下，不断提高产品质量和水平。一汽的中型汽车创省优质产品之后，于1989年CA141型、CA141K型解放载货汽车又创部优，并力争1991年创国家金牌产品。除厂内的周密部署外，对协作配套产品重点作了三项工作：一是组织技术、管理人员，到各协作配套厂家进行技术咨询和工作指导；二是给予优质配套件加价鼓励；三是要求联营企业和协作配套企业必须按图纸要求和工艺规定进行生产，按标准严格检查各道工序和产成品。这对各配套企业提高产品质量和水平，起到了巨大推动作用。在三年中，全省汽车配件生产企业创部优产品5种，省优产品45种。

5 大力开发新产品

汽车制造业和改装业企业，重点围绕整车和发动机开发新产品。一汽新车试制完成了CA142型装日野变速箱和AP离合器的5t载货汽车，$CA150K_2$型6t柴油车等十几种新产品。完成了CA155型、CA750型、CA120型等二十多项整车设计。完成了CA141E型、$CA151D_8$型、$CA151D_4$型等车的鉴定定型。一汽吉林市微型汽车制造厂研制开发的新型微型客车，已成了市场上的抢手货。吉林省通用机械厂试制的公铁两用接触网抢修车，增加了填补国内专用汽车的新品种。汽车配件业生产企业，重点围绕一汽的中型汽车、轻型汽车、轿车开发新产品，无内胎气门芯、无内胎气门嘴、轮胎压力表、油箱左右箍带等新产品，已成为第一批为奥迪轿车配套的替代进口产品。新试制的气缸垫、高压点火线、微电机、电线束、空调操纵机构、飞轮齿环、空滤器等10项产品，已通过了为奥迪轿车配套的鉴定。1990年尽管省里在政策上为企业创造了条件，但仍然没有扭转生产滑坡、效益显著下降的趋势。到年底，全省汽车工业有独立核算企业427家，职工总数156432人，固定资产原值27.93亿元，固定资产净值14.94亿元，全年完成工业总产值35.15亿元（1980年不变价）。出口产品产值8220万元，实现销售收入36.08亿元，实现利润9866万元，分别比1989年下降3.64%和75.6%。不过，在特殊困难的形势下，能够取得这样的成果，已经是很不容易的。

黑 龙 江 省

在“七五”期间，黑龙江省汽车工业经过改革、开发和调整，取得了很大的发展，黑龙江省生产汽车、改装车及汽车配件厂被列入国家企业和产品目录的共有124个生产厂。其中汽车厂3个、改装厂20个、配件厂100个、摩托车厂1个。汽车工业总产值1988～1990年分别为8.7亿元、7.9亿元和5.4亿元。

全省汽车行业1990年有职工5.9万人，固定资产原值9.8亿元，固定资产净值为5.9亿元，主要设备拥有量1.3万台。

该省汽车工业的特点是军工企业为全省汽车工业的基础力量。如星光机器厂、哈尔滨飞机制造公司、东安发动机制造公司等军工企业。形成了黑龙江省汽车工业的一股中坚力量和龙头企业。

星光机器厂利用军工剩余力量，改造组建了年产3万辆轻型双排座载货汽车的生产线。由于产量高、质量好，省内与其联营配套的企业有114家；哈尔滨飞机制造公司1989年被国家正式命名为国家二级企业。该公司生产的WJ110型双排座载货汽车已形成两万辆的生产能力，以其高技术、高质量，赢得了信誉。为其配套的省内企业有49家，初步形成了微型车的生产阵地。东安发动机制造公司生产的DA462型汽油发动机，1989年和1990年经行业检查，均被中国汽车工业总公司评为一等品，1988年被国家列为替代进口产品，是我国微型汽车发动机的主要生产基地之一。现已形成年产5万台的生产能力，该发动机在全国的覆盖率为41%。目前该公司生产的微型发动机与全国20多个改装车厂保持配套关系。在全国各地设有90个售后服务网点。省重型车的主要生产企业黑龙江汽车制造厂，主要产品以“龙江”为商标的LJ150型8t载货汽车、LJ150A型加长轴距载货汽车、LJ150C型8t高栏载货汽车以及获省优的LJ681型长途客车专用三类底盘，现已形成年产1500辆汽车的综合生产能力。目前该厂正与有关协作厂共同生产以斯泰尔前后桥为主体的各型改装车来满足各种客户的需求。

黑龙江省的汽车行业管理机构，原设在省汽车工业公司，根据黑龙江省政府(90)第1号令精神，为加强该省汽车工业行业管理，促进该省汽车工业的发展，于1990年6月26日成立了黑龙江省机械委汽车工业办公室，它是全省汽车行业的主管部门，是进行宏观调控和微观管理的主体。汽车工业办公室的主要任务是贯彻国家汽车行业的产业政策，制订地方的有关行业规定；对全省汽车工业行业实行集中管理，统一编报，下达中长期发展规划和年度计划；调整产业布局，协调地区性的产业关系；审查汽车行业的技术改造、技术引进、科技开发和新产品认定；加强科技和质量管理以及行使政府赋予的各项管理职能，并以汽车工程学会为依托，组织了大量的学术交流。

黑龙江省改装汽车发展较快，共生产96个品种。近两年来哈尔滨客车厂和黑龙江客车厂生产的HK6885A型和LJ6110C型大客车投放市场受到用户欢迎，现已开发了23个型号。哈尔滨工程机械厂生产的NK160—Ⅳ至NK450E—Ⅲ等系列汽车吊车，已销往全国各地。黑龙江省改装汽车生产经营的特点是针对性较强。根据该省有森林、大庆石油等特点，生产一些专用车，如哈尔滨国营建成机械厂开发的液化罐车；牡丹江特种车辆改装厂生产的燃油加油车、水罐消防车；牡丹江联合改装厂针对油田各种作业的需要，开发的油井的测量、测压、电路测试、测温等项专用车，适应了该省油田和粮食、化工等产品运输的需要；牡丹江林业机械厂生产的林业专用改装车；齐齐哈尔汽车制造厂开发的森林集材运输车、集装箱自装自卸和油田修井车。该厂是中国重型汽车集团公司联营厂，是国家双向行驶自卸汽车定点生产厂，年生产能力200台。以其代号为QQ562B型10t双向行驶净化自卸汽车为主导产品，它是涵洞工程、路桥施工、矿山开采、铁路隧道作业等理想的运输车辆，该车在1989、1990年连续两年在汽车质量行检中获国家一等品奖。1990年该厂研制的QQ9290型自装自卸集装箱半挂车，它是该厂引进国外80年代先进技术，结合我国实际情况设计制造的又一新产品。

黑龙江省汽车配件年产值在两亿元以上，生产的汽车配件产品有1600种。主要产品有变速箱、手制动器等。全省逐步形成了一批产品专业化、系列化、生产能力较强的配件生产专业厂。如：齐齐哈尔制动器厂、佳木斯钢板弹簧厂、佳木斯内燃机配件总厂、哈尔滨汽车齿轮厂、哈尔滨汽车电器厂和哈尔滨交通器材厂等。

为发展黑龙江省的汽车工业，黑龙江省人民政府，要在“八五”期间进一步对本省的汽车工业加强宏观调控、微观导向。

江　苏　省

自1988年以来，江苏省汽车工业(含摩托车)在产品结构、技术水平、生产规模、经济效益上都有了较大的发展和提高。据1990年不完全统计，全省汽车工业生产企业近240

家，分别隶属于机电、交通、轻工、城建、司法、化工、军工、乡镇及其它等9个系统。拥有职工156 185人，固定资产(原值)22.6亿元，1990年生产汽车和各类改装车58 357辆，摩托车63 230辆，连同零部件生产在内总产值为37.8亿元，比1987年增长了1.2倍；实现利税4亿元，比1987年增长了4.77%；出口创汇1471万美元。

1988年以来，全省共开发汽车工业新产品225个，其中改装车170个；创部优、省优的汽车工业产品共54个；获国家银奖4个；全省用于汽车产品工业企业的技术改造费用达1.6亿元；创国家二级企业7个，省先进企业12个。

南京汽车制造厂在“七五”期间，经国务院批准，利用意大利提供的混合贷款，引进意大利依维柯“S”系列轻型汽车设计制造技术，建设新增年产7.5万台发动机，6万辆轻型车生产能力。总投资为10亿元(其中南汽为8亿元)，并列为“七五”汽车工业技术改造的重点项目。自1986年年底开始建设以来，重点建设的第二发动机厂、铸造厂到1990年已基本建成投产；车身厂已开工建设厂房6.4万m^2(占设计的85.3%)，其中车架厂房7400m^2已竣工，从国外进口的4000t、3000t压机已投产，铆焊线已安装，油漆厂房已完工，车身下料、冲压和焊装厂房29400m^2已基本完工。两条大冲生产线，一条进口开卷落料线，车身焊装生产线、车身面漆生产线已基本安装调试，空压站、配电房等公用动力设施已交付使用。动力厂、总装厂均已开始建设，预计1991年可出整车，其国产化率可达40%。

南京汽车制造厂在重点建设依维柯轻型车的同时，加快了老产品的结构调整步伐，先后开发了NJ131、NJ136、NJ221三个系列15个车型29个品种，其中1988年以来开发的NJ136型长、短轴距的双排座汽车和NJ136型轻型客车专用底盘最受用户欢迎，产品供不应求。南京汽车制造厂1990年被评为国家二级企业，产品已作为江苏省的战略产品优先发展。

仪征汽车厂在仪征市人民政府实行“低息承包”、“放水养鱼”优惠政策的扶持下，1988年以来先后投入5000万元进行技术改造，已初步形成年产YQ621(222)型和YQ6450型两种车型的系列专用汽车10000辆的生产能力。1990年汽车产量已超过5000辆。

扬州客车厂、常州客车厂、无锡汽车厂是国家在江苏省定点生产长途客车、城市公共汽车和团体用车的主要企业。生产的JT663型、JT663LK型长途公共汽车，CJ660型城市公共汽车、CJ640型四类客车专用底盘和引进南斯拉夫桑诺斯大客车散件组装的大型游览客车，行销全国各地，深受用户欢迎。

江苏汽车改装企业多为中小型企业，在治理整顿中，坚决贯彻优胜劣汰的原则，全省改装车企业从1988年的88个调整为1990年的78个。

江都汽车总厂，扬州扬子旅游车厂、南通市特种车辆厂、张家港特种汽车改装厂、张家港牡丹客车厂等轻型客车改装企业，1988年以来，先后开发了9座、16座、19座客车。

镇江冷藏汽车厂，“七五”期间先后投资1400余万元，引进了美国的厢板生产线和国外先进的测试设备。现在年生产能力已达1000辆，是我国主要的冷藏保温汽车生产、科研、测试基地。连云港车辆厂、南京特种汽车制配厂、常熟专用汽车厂、徐州特种汽车总厂、晨光机器厂等企业是省特种改装车的主要企业。主要生产的6m(20呎)、12m(40呎)集装箱汽车列车、自卸车、养蜂车、牲畜运输车、铝制空罐运输车、油罐车等产品。

南京玉河机器厂、南京金城机械厂、无锡雅西摩托车厂是摩托车生产企业，生产的玉河YH50型、金城CJ70A型、雅西YX100型摩托车畅销全国。

江苏省汽车零部件的品种和质量有了较大的发展。火花塞、摩擦片、离合器、减震器、活塞、缸套、汽车收放机等，在全国均有一定的地位。不仅为国内主要汽车配套，不少产品还出口远销欧美各国。1988年以来，有21个零部件厂的产品已被中汽总公司定为与轿车配套的厂点。扬州汽车塑料件制造公司和江阴江南模具塑化有限公司引进德国的设备和模具，生产的塑料油箱和前后保险杠均已批量供应。无锡减震器厂引进国外先进设备和检测仪器自行研制了桑塔纳、奥迪、标致、依维柯等车的橡胶减震器，被厂方认可并批量供货。无锡橡胶厂引进了全国最为完整的同步齿形带生产线，已开始为轿车配套；苏州汽车电器厂引进的德国奥迪轿车组合开关装配线，1990 年已安装调试完毕，进行试生产，为一汽奥迪轿车生产配套；丹阳市灯具厂，引进意大利先进的注塑设备和模具，生产塑料反射镜的前方形小灯，已开始为引进车型和轿车配套；南京宏光空降装备厂已和瑞典丽都——奥立夫公司合资成立了南京宏光——奥立夫汽车安全装备有限公司，生产汽车安全带，为国内所有轿车配套。

江苏汽车工业坚定地走集团化道路，把加速引进产品国产化，提高产品水平，加快发展系列化、多品种、加速零部件生产的专业化，提高企业素质，增加经济效益，增强宏观调控能力和增强企业活力作为推进省汽车工业调整改革的重点和主攻方向。

浙　江　省

生产汽车零部件和改装汽车是浙江工业的一大优势。1988～1990 年，浙江汽车工业通过技术引进和技术改造，不断发展品种，在提高汽车产品质量和技术水平方面，提高与整车(主机)厂的配套率和市场的复盖率方面，都获得了较大的发展。

三年来，浙江省机械系统归口企业生产各种汽车 16 097 辆，汽车发动机 19 726 台，汽车配件产值达到 113 868.67 万元。并已能生产中、轻、微客车和多种特殊专用改装车。1989 年，全省汽车企业上《全国汽车和民用改装车产品目录》的有 28 个企业 119 种品种。1989 年列入省计划的有 98 家汽车零部件企业，并形成了一批在全国有一定地位的优势产品，如变速器、万向节、摩擦材料、转向机、刮水器、洗涤器、钢圈、活塞、轴瓦、制动器、链条、膨胀石墨材料、气缸垫、门锁、水泵、空压机、灯具等。有 138 个品种被评为国家和部、省优质产品。有 40 多家企业加入了为全国各大汽车集团配套的行列，成为专业化零部件生产厂，结束了浙江省单一生产维修配件的历史。三年来，已被选定为主要引进车型桑塔纳、标致、奥迪、斯泰尔、依维柯等国产化配套的企业有杭州齿轮箱厂、宁波汽车拖拉机总厂、杭州安全玻璃有限公司、杭州万向节厂、杭州轴瓦厂、杭州制动材料厂、温岭汽车配件厂、杭州特种金属材料厂等。

在开拓国际市场，扩大出口方面，浙江的汽车零部件产品也取得了较大的进展，已经出口的有万向节、链条、摩擦材料、轴瓦、水泵、横直拉杆、散热器、轻胎螺栓、点火线圈、随车工具、防滑链等 30 多种产品。年创汇 2000 多万美元。

浙江省政府对发展汽车工业十分重视，提出发展浙江汽车工业先从配件入手，生产出高水平、高质量的配件，增强对整车生产基地的吸引力，为整车配套创造条件。

近年来，浙江省在产业结构调整中，明确了要发挥浙江汽车工业的优势，把汽车工业作为重要产业从各方面扶持其发展，根据我国汽车工业的发展规划，结合浙江的实际情况，浙江省人民政府有关部门提出了浙江省汽车工业的发展思路是：充分利用地处沿海对外开放的有利条件，立足现有基础，通过外引内联，进一步扩大与各大汽车集团的联合和合作，加快以出口为导向引进国外技术及资金的步伐，走“高起点、专业化、大批量、联合发展”的道路，同时进一步将浙江的汽车零部件打入国际市场，扩大出口创汇。“八五”期间要突出抓好三个重点：一是依维柯零部件和组装整车项目；二是与二汽、重型汽车集团联合开发大型客车；三是抓好现有汽车零部件生产，继续扩大与整车(主机)厂配套和为轿车国产化服务，带动全省各类改装车的生产。

1990 年 1 月经浙江省机械工业厅批准，由浙江省汽车工业公司牵头，省内 27 家主要汽车零部件生产企业参加，成立了浙江省汽车零部件产销联合会，这个在融产供销为一体的联合体，在发挥整体优势，扩大市场占有率，调整产品结构，开发新产品，提高产品技术和质量以及发展汽车零部件出口等方面，进行了许多富有实效的工作。

近几年来，杭州市的汽车配件生产平均每年以20%～30%的速度递增。为适应杭州市工业结构调整需要，使汽车工业成为该市工业经济中的支柱产业，杭州市人民政府于1990年7月成立了杭州汽车工业领导小组，负责对全市汽车工业进行统一规划、协调和领导工作，在开展行业调查，促进产业结构，产品结构调整等方面做了不少实质性的探索。

宁波汽车拖拉机工业公司承担的年产前桥6万套、组装整车1万辆的依维柯轻型汽车项目，于1988年3月通过初步设计方案，该设计方案规定总投资5994.56万元，建筑面积34253m²，合计用地201亩，建设进度与南京汽车厂同步，从1988年开工，1992年建成，1994年达到生产纲领，截止1990年9月底已完成投资额1461万元。依维柯轻型车前桥厂和周宿渡油漆铆焊厂的主体厂房和生产附属用房共计18604m²，已分别在1990年7月底和8月初竣工验收，设备的安装调试工作已全面展开。

三年来，浙江汽车工业开发了HZ150系列6t平头柴油车、JH5140GSHE型罐式散装水泥车、HQX1040系列柴油车、EHK型1030轻型货车等27种整车及底盘新产品。X6130E型柴油发动机及3514J—010型直踏式双腔制动阀等28个总成及汽车零部件产品。

安　徽　省

三年来(1988～1990年)，通过理顺管理体制，安徽省一个初具规模的汽车工业体系正在逐步形成。

1989年经省政府批准，组建了“安徽省汽车工贸联营(集团)公司”。融生产、经营、科研为一体。到1990年底，全行业已扩展企业101家，职工总数5.03万人，固定资产5.45亿元，主要设备11235台。其中集团公司内企业有职工3.05万人，固定资产3.27亿元，主要设备7529台。已形成年产货车1万辆，改装车3000辆，汽车配件两亿元的生产能力。

产品换型：集团公司内企业经换型改造，已形成3t轻型货车及底盘，8t货车及底盘，0.6t货车及底盘3大系列33个品种；各类改装车3大类50个品种；汽车配件663种。合肥江淮汽车厂3t轻型车，按引进日本五十铃技术进行换型改造，已推出1060系列货车，共10个车型，并鉴定批量生产；底盘开发已推出采用五十铃技术的6700客车底盘，即将通过国家级鉴定。

合肥淝河汽车厂按斯泰尔技术，已推出KL6120HF。型大客车底盘，受到全国客车行业的青睐。

技术改造：“七五”期间安徽省列入中汽总公司和省技术改造的计划1.19亿元，到1990年底累计完成7600万元。在完成的重点工程中，合肥江淮汽车厂联合厂房已竣工，总装生产线已投产，为3t车配套的变速器壳盖专机生产线和后桥三壳专用机床也相继投产，将形成年单班万辆轻型货车的装配能力。合肥淝河汽车厂以生产斯泰尔大客车底盘为主的一期工程全部完成，具有现代水平的机加工联合厂房，油漆车间已竣工，先进工艺的18条斯泰尔前后桥生产线进入最后攻坚。

产品质量：“七五”期间，全行业有43个品种(集团公司占41个)分别获省优和部优称号。尤其几种主导产品质量明显提高。江淮8t重型车在连续获国家行检一等品奖的基础上，1990年被国家列为免检产品，“华夏”、“飞鹤”改装车也在获合格品的基础上，1990年获国家行检一等品奖。

科技开发：全行业有20多种产品分别获

国家和省科技开发成果奖。

企业通过调整产品结构，适销对路产品增加，出口前景看好，已有部分产品出口。同时新开发的豪华大客车底盘，已送全国八大客车厂改装高级豪华客车，实现“以产顶进”为国家节约外汇。

在完成“七五”收尾工程和“八五”改造后，安徽汽车工业列入规划的主导产品，都将形成批量生产能力。让更多更好的安徽汽车飞驰九洲，奔向海内外。

福　建　省

福建省生产汽车产品的专业和兼业企业有150家(不包括乡镇企业)，分别属于12个工业部门，其中福建省汽车工业公司系统的有12家。

这些企业中，整车制造厂两家(福建汽车厂、福州汽车厂)、摩托车制造厂1家(福州摩托车制造厂)、民用改装车生产厂9家(福建客车厂、福州客车厂、建阳汽车修配厂、邵武林业保修厂、三明汽车车身厂、福建长城制冷总厂、八闽汽车厂、福建汽车厂、福州汽车厂)，其余均为汽车零部件生产厂。并有科研、试验站所、院校6所。汽车行业拥有职工35 000余人，其中工程技术人员2000人，固定资产原值2.78亿元，汽车工业(全行业)总产值4.57亿元，税利3200万元，汽车零部件出口约1200万美元。列入中汽总公司，公安部目录的基本车型有16种，民用改装车、专用车(有重型、中型、轻型各类)34种。汽车零部件生产有600多个品种2711个规格型号，发动机配件约占40%。从能力上看，汽车整车制造的装配能力达1万辆以上，民用改装车生产能力达到3000辆以上，零部件制造能力1.5亿元，汽车工业已具备一定的发展条件。1989年省政府已批准组建汽车工业集团公司，目前正在筹建中。

“七五”期间，全省汽车行业列入省技术改造、技术引进项目共17个(除1个整车厂项目投资2 550万元外，其余均是零部件项目)，总投资16 125万元(含外汇1685万美元)。实际完成投资11332万元(含582.5万美元)，占计划的70.3%和34%。这些项目绝大部分是1988至1990年间完成的。福建耀华玻璃工业有限公司(合资企业)，技改投资人民币5000万元(含540万美元)，分三期引进芬兰泰姆塔拉斯公司的弯夹层安全玻璃生产线、瑞士的区域钢化玻璃生产线以及意大利、美国、日本国等设备的汽车热线后档玻璃生产线，投产后开发出的汽车弯夹层安全玻璃新产品，通过省级鉴定，质量和各项技术性能在行检、行评中，弯夹层玻璃(A类)、区域钢化玻璃、边窗弯钢化玻璃三项产品硬件、软件全部满分，名列全国同行业第一。1989年第一、二期投产后，生产的弯夹层安全玻璃、区域钢化玻璃、边窗钢化玻璃达22万m^2，产值7741万元，利润总额763万元。

1988、1990年列入省重点技术开发项目，并经省公司组织鉴定的新产品完成27项39种，其中整车产品有17种，计有轻型载货汽车5种，轻型越野货车3种，自卸车两种，客车、乘用车3种，保温、冷藏车两种，其它专用车两种。三明汽车车身厂开发的SMC5100D型带卧铺驾驶室林业运输车属国内新产品。

零部件新产品中，福建耀华玻璃工业有限公司开发的弯夹层安全玻璃、区域钢化玻璃、单曲面全钢化玻璃和福州汽车修配厂开发的德国16系列汽车制动鼓都达到先进水平，仙游电机厂研制成功的WHF14X型无刷发电机，体积小、比功率大，属国内首创，已获国家第87213181号专利，已成批与主机厂配套。武平汽车配件厂开发的进口车型气缸套V22H、6D5—7、2D等三种新产品为国内新产品。

整车产品在国家监督抽查和省中心检验所检测中，得分逐年上升，所检测产品均为合格品和一等品，其中福州汽车厂FZ131型轻型货车，1988、1989年连续两年被评为一等品，1990年度为免检企业。

省内定点生产的汽车配件，经福建省汽车产品质量监督检测站检测，产品项次平均合格率，逐年有所提高。1988、1989、1990年分别为90.5%、91.6%、92%。基本上保证了省内定点生产汽配产品的质量。

1990年全省汽车行业首次开展产品创优活动。参加评选的有17个企业、18项产品，经预评上线的有5个企业的6个产品：闽东无线电厂的DQ—130点火线圈、光泽轴瓦厂的BJ212连杆轴瓦、武平汽车配件厂的进口车缸套、建阳汽车配件厂的BJ130后半轴、三明汽车车身厂的EQ140曲面驾驶室和QY—5D油压千斤顶。

三年来，省汽车行业企业开展了“抓管理、上等级、全面提高企业素质”的活动，三年里有26个企业分别加入国家二级企业、省级先进企业、省级基础级企业，占行业内企业的20%以上。其中进入国家二级企业的有南平汽配厂、建瓯活塞厂、将乐轴瓦厂、晋江粉末冶金制品厂等厂家。系统内12个企业，已有4个进入国家二级企业、省级先进企业（两个）、省级基础级企业（1个），占系统内企业的33%。

1990年全省各外贸总公司出口的汽车配件达到1200万美元，汽车配件出口创汇已成为福建省机电产品的重点产品。

福建省乡镇企业发展汽车配件生产的势头迅猛异常。据泉州市鲤城区调查，1989年全区乡镇兴办的汽配企业共285家，其中工业产值在百万元以上的有26家，从业人员8354人，总产值达14323万元，上缴税收1007万元，实现利润759万元，占区财政收入的1/4以上，已成为区财政收入的主要来源，对发展生产，增加收入，安排就业，稳定社会都作出了很大贡献。

鲤城区乡镇汽配企业有集中生产和分散生产两种类型，主要生产汽车用紧固件和销轴类零件。实行集中管理、集中生产的乡镇企业初具正规工厂的条件。这些工厂，因地制宜，形式多样，解决了技术、材料及产品销路问题，特别在销售方面，队伍庞大，经验丰富，信息灵通，手段灵活，把产品销往除西藏外的全国各地。

存在的问题，一是没有一定的管理办法；二是普遍缺乏产品检测手段，质量不能保证。

在改革开放中，乡镇企业汽车配件的生产、发展和存在的问题，已引起各级领导的重视，今后要进一步完善、加强对全省汽车配件生产、销售、质量、价格、市场的统一管理，统筹规划，促其健康发展。

山 东 省

山东汽车工业起步较早，有较好的物质技术基础。中国重型汽车集团公司总部和全国最大的重型汽车生产企业——济南汽车制造总厂设在济南。

山东汽车工业基本形成了汽车、摩托车、发动机、改装车和零部件等较为完整的生产体系，发展起一批骨干企业。全省现有汽车产品主要生产企业160家，其中汽车制造厂6个，汽车改装厂43个，摩托车厂4个，还有一批零配件生产厂。截止1990年底，全省汽车工业拥有固定资产近17亿元，已具备年产汽车两万辆、改装车6000辆、汽车发动机1.5万台的生产能力。

“七五”期间，山东汽车工业产品开发成效显著，开发整车（包括专用车、改装车）新产品30余种，产品品种总数发展到350余种，全省获部优、省优的汽车及零部件产品40余种，其中有7种产品获部优奖。

为加速汽车产品的更新换代，烟台汽车制造厂在YT130系列车型的基础上，采用日本五十铃N系列汽车的先进技术、研制成功了燕台牌YTQ1041系列轻型载货汽车。它具有油耗低、可靠性高、舒适性好等良好性能。批量生产投放市场后深受用户欢迎，产品供不应求。

山东省的汽车改装企业也形成了一定的

规模。如山东汽车改装厂、淄博汽车制造厂、济南汽车改装厂、济南专用汽车厂、济南客车厂、青岛客车厂、聊城客车厂,形成了山东省的汽车改装和客车生产的群体。为本省和全国各地提供了大量各种特殊性能的专用改装车和客车。如半挂车、集装箱车、水泥运输车、运油车及大中型客车和城市公共汽车。

山东省的汽车配件生产,经过几年的努力,逐步向专业化、系列化方向稳步发展,主要产品有进排气门、节温器、制动软管、空压机、板簧、万向节、液压举升缸阀、减震器、散热器、滤清器、曲轴、气缸垫、密封件、齿轮等,许多产品已进入国际市场。

1990年,山东汽车工业坚持以市场为导向,大力调整优化产品结构。组织专业化生产,抓技术进步,强化生产调度和销售工作,保证了适度发展。全年汽车产量达到9917辆,改装车5510辆,摩托车94520辆,汽车配件[illegible].5亿元;完成工业总产值26.2亿元,比1985年增长74.1%,平均年递增11.7%;实现销售收入21.9亿元,比1985年提高56%。平均年递增9.3%;实现利税1.67亿元;出口创汇720万美元。

山东汽车工业"八五"发展重点,一是坚持"一体两翼"(即以支持发展重型汽车为"主体",以重型汽车的配套和改装为"两翼")的发展方针,促进地方汽车工业发展,开发斯泰尔91系列重型汽车驱动桥、变速器和液压动力转向器三大总成,扩大为重型汽车的配套;二是开发具有本省特色的车型;三是面向全行业,组织开发汽车零部件换代产品。

为根本扭转宏观失控、投资分散、管理多头等制约山东汽车工业发展的被动局面,1990年8月6日山东省委、省政府决定成立了山东省汽车总公司。

山东省汽车总公司具有生产、经营、科研、开发、人才培训、资金融通、对外贸易、信息服务等综合功能。其宗旨是在国家和省计划指导下,以重型汽车为依托,积极支持重型汽车的发展,使其保持在全国的领先地位;发挥山东柴油机的生产优势,促进山东汽车工业向"联合、高起点、大批量、专业化、优质量"的方向发展;依照为企业服务、为用户服务的宗旨,开展经营活动,提高经济效益。

山东省汽车总公司现有直属企业12个,即烟台汽车制造厂、淄博汽车齿轮厂、曲阜汽车配件厂、荷泽汽车配件厂、荷泽齿轮厂、沂水汽车配件厂和山东汽车工业贸易公司;系统内企业45个,产品归口企业103个。这些企业目前已发展成为山东的骨干企业。

广 东 省

"七五"期间广东省汽车工业结合本省实际,坚持以"科技为先导,以质量为主体",以"精密、小型、特色、新颖、出口"为原则的产品结构调整,全力推行、采用精良的技术和装备,生产质量精良的产品,实现高技术、高效益和高效率的行业结构调整,出现了一个稳定发展的可喜局面。产值、产量分别比"六五"增长2.3倍和1.6倍;生产能力、工艺水平和产品质量都获得了较大提高,"七五"期间共引进了8条汽车零部件生产线,有36家企业的64种产品获得省优称号,两种产品获得了部优称号,有6家企业的6种产品被省批准为"替代进口"产品,五年来共生产汽车47996辆,其中机械系统生产31789辆。

据1989年统计,广东省汽车工业行业企业共有115家,其中整车生产企业3家,改装车企业13家,摩托车企业两家,零部件生产企业90多家,拥有职工50300多人,其中工程技术人员3400人,固定资产原值82200万元,净值64550万元,主要设备共有13240台,其中重、大设备476台,据1990年统计,归口机械系统的汽车工业企业共48家,职工人数17312人,其中工程技术人员1380人,年末固定资产原值42547万元,净值33064万元,主要设备5649台,进口设备310台。

1988～1990年,广东省汽车工业总产值分别是7.44、9.85和10.48亿元;完成汽车12519、11747和11152辆;完成配件产值1.87、2.01和2.34亿元;出口产值完成1814、2515和3135万元。"八五"期间广东省汽车工业以零部件为重点,积极利用外资,加快引进产品国产化和零部件的专业化,努力扩大汽车工业产品出口,使广东省汽车零部件工业技术水平和生产规模跃上一个新的台阶。整车重点抓好广州的"标致"、湛江的"三星"轻型车和佛山佛斯第摩托车。零部件主要围绕"标致"汽车国产化、"三星"轻型车配套、以及扩大出口为中心,重点抓好动力、变速器、车桥、铝钢圈、刮水器、座椅调节机构等零部件的建设。

广东省轻型车的主要生产企业有两家,一家是中外合资的广州"标致"汽车公司,另一家是广东三星企业集团公司。轻型车是广东省规划发展的龙头产品,已列入广东省十年规划和"八五"计划纲要。广东三星企业集团公司已具备生产农用车、汽车各1万辆的能力。目前生产的产品主要有农用车、轻型车两大系列21个品种。

广西壮族自治区

广西汽车(包括摩托车)工业,现有各类整车和配套件厂共59家,拥有职工27650人(其中工程技术人员3370人),固定资产原值7.26亿元(净值为4.94亿元)。1990年生产和改装45个车型,计1.8万辆,年产值达9.77亿元(1980年不变价,下同),其中整车厂13家(包括:中吨位柴油载货车和微型车厂各1家,40座和60座客车厂各1家、微型复合材料微型轿车厂1家、改装车厂4家、农用运输车厂4家)年产值4.18亿元,占总产值42.78%;发动机厂3家(微型汽车汽油发动机厂1家、中吨位载货柴油发动机厂两家),1990年生产6个机型,计2.23万台,年产值2.28亿元,占总产值23.34%;摩托车厂3家,1990年生产3个车型,计1923辆,年产值615.98万元,占总产值63%;配套配件厂40家,年产值3.25亿元,占总产值33.25%。整车厂分属机械、交通和有色金属三个行业,但主导厂、发动机厂和摩托车厂则集中于机械系统,40个配套、配件厂分属于机械、交通、一轻、二轻、政法、民政、石化、乡镇等八个行业。纵观广西汽车工业,可以概括为:有了初具规模的汽车工业基地,已形成有较强配套能力的汽车工业体系,为少数民族地区发展汽车工业打下了较为坚实的基础。

广西汽车工业,历经十年初创,特别是近三年,自治区和各级主管部门,对汽车工业主导企业的技术改造,实行倾斜政策,加大了投入,使这个少数民族地区汽车工业得以迅速发展,并已形成以柳州为中心的广西汽车工业基地。

柳州汽车厂是该区最早加入东风汽车联营公司成员厂之一,近三年,先后建成了1.5万辆中型汽车车桥加工、装配车间;使车桥生产能力提高了2.75倍;加工生产组织也由以零件工艺为主,跨入以部件总成为对象的基本封闭的大批量生产行列。1988、1989两年被国家评定为全国500家最大工业企业之一,名次分别排列第431和309位,主导产品LZ141型5t载货汽车经国家检测,1988、1989连续两年达到国家一等水平。1990年晋升为国家二级企业。

柳州微型汽车厂是我国研制开发微型汽车最早、产品通过国家鉴定最先、国产化率最高(98%以上)的厂家。也是我国首批定点生产的厂家。十年来特别是"七五"后三年,采取发展国产化微型汽车的道路,分三期进行技术改造,建成了12000m²的模具制造中心、2800m²的大梁车间,从日本引进了焊装生产线、大型宽台面压力机、齿轮加工机床,购置了模具加工设备,如从美国引进带电子扫瞄功能的数控仿型铣床(四台)、从法国引进关键模具、测试设备等,实现了月产突破千辆大关。

桂林客车厂和南宁客车厂分别是国家公路客车重点企业和定点生产厂。桂林客车厂生产长途公路客车已有30多年历史，主要产品：GL662系列公路客车和GL6650系列轻型客车。目前产销量均居交通部系统客车厂家首茅。南宁客车厂生产的JT680型、GX6910—Q型和GX6910—C型公路客车都是列入国家计划的定型产品，历次全国质量行检中，得分均在90分以上，现已形成年产200辆的生产能力，并逐步向多品种、多档次方向发展。南宁汽车改装厂生产的皇后牌NN6580型小客车（16～19座），1989、1990年产量分别为180和171辆，是当前城市和近郊较为理想的交通工具，销售中西南十多个省区，获得好评。

为适应中小城市对普及型乘载车的需求，柳州机械厂生产的微型汽车发动机，已通过区（省）级鉴定后投入了小批量生产。柳州微型汽车厂，于1990年4月开发出具有国际80年代同类产品水平的LZ110MC微型乘载车，适合国情，是现阶段乘用较为理想的车型（注：该产品已于1991年4月通过自治区（省）级技术鉴定）。玉柴汽车改装厂生产的TDL5020X型厢式车和TDL5020XGA型警车，分别于1989年11月和1990年8月通过区（省）级鉴定，具有军用吉普车良好的越野性能，填补了广西空白。

该区农用运输车，是1984年曾由柳州农用运输车总厂（原名柳州农机配件厂）开发并通过区（省）级鉴定，1985年经机电部、交通部、公安部联合核发行驶牌证，列为全国农用运输车厂八大生产厂之一。1987年实施了技术改造，到1989年产量由400辆/年提高到1420辆/年，目前已形成年产2000辆的生产能力。

该区现有四个汽车改装厂，虽然起步较晚，但他们改装一些社会需要而汽车厂又不生产的汽车，受到用户青睐。如柳州特种汽车厂除改装生产解放、东风、黄河、红岩各种不同吨位的自卸车和东风8t、黄河12t液压起重车外，近年还开发各种规格的铝厂专用车、井下自卸车以及井下辅助专用车。

广西摩托车企业主要有南宁机械厂、峻岭机器厂和北海市摩托车工业联合公司三家，南宁主导产品是金田牌NJ100型，峻岭和北海主要生产大雁牌BH100型，合计年产近2000辆。

车用动力是广西汽车行业一大优势，广西汽车工业的形成和得以迅速发展，是由技术力量雄厚、经验丰富、内燃机厂牵头带动起来的，也是广西汽车国产化率高的重要前提。

总之，广西汽车工业近年发展较快，近三年研制并通过区（省）、部级鉴定新车型22种，车用发动机6种，并有24种产品荣获新产品开发优秀成果奖和优质产品奖，质量、品种、效益都有较大的增长和提高。

自治区已决定“八五”期间将继续倾斜投入，确保柳汽、柳微和柳机等重点、骨干企业尽早形成经济批量。前不久柳州和自治区先后成立了汽车工业协会，将在技术服务和管理服务方面发挥其积极作用。目前主要问题是配套零部件生产厂除轮胎、钢圈、蓄电池、灯具、散热器等具有一定生产规模外，其它大都是在市场调节的情况下自发地发展起来的，规模小、设备陈旧、技术力量薄弱，缺乏统一规划，难以形成专业化、大批量条件，生产效率低，质量亦不够稳定，这与广西汽车工业迅速发展很不协调。据现有资料表明，东风系列柴油载货车的外购外协零部件占80%左右，五菱微型车也占70%以上，如长此下去，势必严重制约广西汽车工业的发展和质量的提高。因此，如何使广西的汽车工业稳定发展，组织措施，将是广西汽车工业重要议题之一。

陕 西 省

“七五”期间陕西省汽车工业发展较快，1990年从事汽车产品生产的厂家有86个。其中：汽车制造厂4个，可生产基本型及变型车，重、中、微型三大类，26种；民用改装车由

8个厂发展到24个厂(点);摩托车由1980年的1个厂发展到4个厂,摩托车由1种发展到3种类型(50、70、125ml)10种型号;汽车及摩托车零部件厂56个,具有年产配件两亿元的能力。从事汽车产品生产的职工人数约5万人,拥有固定资产5亿元。1990年全省汽车行业完成汽车工业总产值5亿元,较1980年增长240%。“七五”期间新发展的车型有引进技术的斯泰尔重型汽车、陕西汽车制造总厂新开发的选用斯泰尔部分总成配用本省发动机及变速器的SX1160型重型汽车、陕西第二汽车厂开发的5t柴油机中型载货汽车3种。

“七五”期间汽车工业全行业安排技术改造项目17个工厂,19个项目,总投资为4.62亿元。1990年末已完成投资3.69亿元、完成建设并验收已交付生产的有4个工厂,即陕西飞机制造公司的微型汽车技术改造一期工程、华兴航空机轮公司微型汽车轮总成项目、燎原机械厂汽车液压装置及配件项目、南峰机械厂电涡流测功机项目。

国家重点项目斯泰尔重型汽车技术引进项目,分别由陕西汽车制造厂、陕西汽车齿轮厂承担。总投资18297万元。其中:中央投资12797万元,此项目1990年末累计完成投资16380万元。陕西汽车制造厂完成投资9713万元,完成投资89.93%,陕西汽车齿轮厂完成投资6667万元,完成投资88.9%。陕西汽车制造总厂西安车身分厂冲压车间、模具车间土建主体完成待安装设备,其他工程项目已建完。陕西汽车齿轮厂西安变速箱分厂生产性建筑工程全部完成,尚有部份设备待安装。引进斯泰尔重型汽车形成年产2100辆和富勒变速器8000台及大客车变速器6000台的生产能力进入收尾阶段。

微型载货汽车的建设是由陕西省政府与航空航天部共同批准,由陕西飞机制造公司引进日本铃木ST90K微型载货汽车散件起步发展的微型载货汽车。“七五”期间投资3767万元进行技术改造,已建成车身覆盖件冲压生产线、汽车总装配线,形成年生产能力1.2万辆。该产品投产以来国产化率水平不断提高,陕西省政府与航空航天部于1989年11月22日在陕西飞机制造公司现场共同召开了微型载货汽车国产化技术审查会,国产化率已达95%,产品已列入中国汽车工业总公司、公安部联合颁布的产品目录,几年来发展较快,并有少量产品出口,受国内外客户赞赏。此项目第一期工程已于1990年12月8日经陕西省政府、航空航天工业部联合组成的微型汽车竣工验收委员会审查,通过了验收移交生产。

改装汽车发展,以油田、煤田、地质勘探、油田工程、运油及加油、消防、医用车辆为主的专用汽车及客车产品,“七五”期间又有新的发展,品种已发展到164种,其中“七五”期间开发的即达99种,占品种总数的60%。仅1990年当年就开发出改装车28种。

汽车及零部件的发展主要是在行业调整中,取得了较快的发展。部份军工企业遵循“保军转民”方针,转向汽车配件生产,“七五”末期在全省汽车配件生产中比重已达50%左右。

“七五”期间在发展生产的同时各企业都非常重视提高产品质量。目前有18个工厂的36种产品分别评为省、部优质产品,部分产品已出口。“七五”期间有军用越野汽车、大型公共汽车、微型载货汽车、摩托车、少数品种的汽车配件(活塞环、火花塞、汽车齿轮等)开始出口,自1988年至1990年三年累计出口创汇达1031万美元。

汽车工业通过“七五”技术改造,产业结构的调整,产品结构的调整得到了较快的发展。在全省机械电子工业中的比重已达到5.2%。全省汽车工业于1985年分别提前两年、五年实现了汽车工业第一个翻一番的目标。

汽车工业基本情况

汽车工业主要指标一览表

表 1　1990(1988、1989)年汽车工业主要指标及分类构成

主要经济指标		1988年	1989年	1990年	按主导产品分					按企业规模分		
					汽车	改装汽车	摩托车	车用发动机	汽车、摩托车配件	大型	中型	小型
企业数	(个)	2509	2596	2596	117	459	62	64	1894	90	213	2293
汽车工业总产值(1980年不变价)	(万元)	3246178	3471275	3423909	1621280	515315	232806	203808	850700	1183535	922118	1318256
汽车工业总产值(1990年不变价)	(万元)			4680796	2313415	659733	328035	288670	1090943	1568929	1422818	1689049
汽车工业总产值(现行价)	(万元)	4072857	4810176	4924941	2387851	804878	336330	292370	1103512	1644174	1548372	1732396
汽车工业净产值(现行价)	(万元)	1081783	1217701	1205069	531111	160398	80469	77800	355291	425918	316410	462742
年末职工人数	(人)	1505837	1570724	1565332	487546	269752	96644	106058	605332	412740	335681	816911
钢材消耗量	(t)	2598213	2370457	2078747	996779	264471	55038	44473	717986	952034	383213	743500
生铁消耗量	(t)	482257	530011	477574	187767	21706	2771	48538	216792	213597	73236	190741
焦炭消耗量	(t)		230350	207247	47036	23360	1082	20745	115024	54212	39112	113923
煤消耗量	(t)	3151280	3129294	2950664	1803007	290492	115578	136794	604793	1728638	436676	785350
电消耗量	(万kWh)	327842	331607	329299	149218	29823	16048	22995	111215	158398	62945	107956
能源消耗总量(标准煤)	(t)	4003828	4217647	3958485	1936118	405547	168184	247577	1201059	1946329	688528	1323628
年末主要设备拥有量	(台)	375270	395762	394812	110430	59948	22891	31733	169810	98465	85640	210707
企业占地面积	(百m²)	2036826	2313764	2306936	899243	442161	131310	227176	607046	683074	514503	1109356
房屋建筑展开面积	(百m²)	635689	709775	712698	237759	150741	43999	50118	230081	190537	154211	367950
生产建筑面积	(百m²)	348167	372269	378636	123959	78331	20482	26232	129632	93134	80629	204873
完成投资总额	(万元)	412895	378810	412962	209305	45471	14515	37487	106184	165180	116217	131565
年末固定资产原值	(万元)	2192709	2555772	2803413	1271792	377404	164588	206411	783218	1044200	695820	1063394
年末固定资产净值	(万元)	1411709	1657452	1799477	807684	250692	109371	131045	500685	617561	487375	694541
定额流动资金全年平均余额	(万元)	1300851	1768492	2095438	931065	386454	153967	132581	491371	597527	552238	945672
全年产品销售收入	(万元)	4129999	4336359	4419223	2258815	639635	323963	252744	944066	1425156	1421054	1573014
全年产品销售税金	(万元)	181057	194099	187244	84727	28954	10844	11533	51186	58843	59193	69209
全年利润总额	(万元)	428353	364552	240536	129458	15355	18193	13369	64161	98328	96040	46168
全年已交利税	(万元)	136662	100392	115115	70483	10676	5209	4988	23759	34691	43599	36825
全年全部商品产品总成本	(万元)	3326147	4039223	4105951	2041805	617218	287324	259117	900487	1375458	1192819	1537674

注:1.由于计算时的四舍五入原因,同一数据在不同表中,尾数上略有差异。2.本栏中,除表3外,不含配套相关行业数。

续

主要经济指标		按所属系统分									按专兼业分	
		机械	交通	轻工	城建	司法	乡镇	军工	化工	其它	专业	兼业
企业数	(个)	1427	204	241	58	64	202	232	8	160	1442	1154
汽车工业总产值(1980年不变价)	(万元)	2533554	149079	100794	61256	47575	80830	373968	4275	72578	2943099	480810
汽车工业总产值(1990年不变价)	(万元)	3491318	205153	109971	86610	61849	95784	533136	4904	92071	4066804	613992
汽车工业总产值(现行价)	(万元)	3562334	215021	106744	208026	62610	98267	569190	4782	97967	4328072	596869
汽车工业净产值(现行价)	(万元)	880098	51431	33499	22742	15576	29224	142107	1536	28856	1035312	169757
年末职工人数	(人)	1009030	90618	50033	36525	31869	38174	261051	2433	45599	1219919	345413
钢材消耗量	(t)	1599934	102922	48387	39468	29842	53803	136629	4697	63065	1805271	273476
生铁消耗量	(t)	388082	10826	15165	1123	15200	29085	11611	171	6311	395949	81625
焦炭消耗量	(t)	153447	8169	9421	519	13125	12414	5969	164	4019	150846	56401
煤消耗量	(t)	2247480	79124	35273	29141	92115	24701	383787	10712	48331	2494378	456286
电消耗量	(万kWh)	243465	10368	6228	3761	6063	5657	46179	876	6702	264197	65102
能源消耗量(标准煤)	(t)	2867761	124716	62376	42116	108725	58775	524025	12847	157144	3237721	720764
年末主要设备拥有量	(台)	250809	22497	13163	8577	12134	9462	66027	491	11652	298676	96136
企业占地面积	(百 m^2)	1182090	102300	26732	30425	161359	28347	702744	2971	69968	1633012	673924
房屋建筑展开面积	(百 m^2)	419065	44679	13713	13876	42521	11640	140158	1546	25500	541341	171357
生产建筑面积	(百 m^2)	239106	25536	9520	9390	12955	8240	60784	843	12262	290202	88434
完成投资总额	(万元)	334269	11955	6551	1895	4438	5935	39580	473	7866	351832	61130
年末固定资产原值	(万元)	1960067	109020	43807	38596	58958	34617	486117	5910	66321	2244888	558525
年末固定资产净值	(万元)	1256266	69625	29131	24324	39483	22703	312539	4276	41130	1445060	354417
定额流动资金全年平均余额	(万元)	1398499	99438	63600	48657	44044	39057	346204	4822	51117	1709302	386136
全年产品销售收入	(万元)	3267023	210608	87645	88566	57774	85815	525979	4325	91488	3843627	575596
全年产品销售税金	(万元)	141033	9775	3935	2997	1962	4932	17835	165	4610	101042	25002
全年利润总额	(万元)	199580	6672	2444	2498	3601	8021	20654	165	4433	236294	4242
全年已交利税	(万元)	89637	4248	1085	1369	1667	3389	11268	43	2409	105545	9570
全年全部商品产品总成本	(万元)	3034321	195286	93446	82413	58894	77463	475479	4669	83980	3573756	532195

表 2 1990年各计划单列市汽车工业主要指标一览表

计划单列市	企业数(个)	汽车工业总产值(1980年不变价)(万元)	汽车工业总产值(1990年不变价) (万元)						汽车工业总产值(现行价)(万元)	汽车工业净产值(现行价)(万元)
			合计	按主导产品分						
				汽车	改装汽车	摩托车	车用发动机	汽车、摩托车配件		
沈阳	34	112838	164829	141581	5265	4115	250	13618	155689	26805
大连	24	25537	41592		10421		19984	11187	38972	10160
长春	49	289882	340385	305989	6080	9070	4712	14534	399798	115618
哈尔滨	43	40184	49151	13653	18766	441	3912	12379	49407	12742
南京	35	126637	161977	111181	11405	16864	1430	21097	163066	31132
宁波	21	11947	12857	2671	1475		423	8288	12897	3958
厦门	3	1000	1000		1000				1000	293
青岛	25	27565	33950	10329	12438		1524	9659	36171	7689
武汉	49	49727	65274	4830	38177	17	523	21727	63651	19324
广州	28	64383	91603	38739	22462	22402		8000	125288	21551
深圳	1	3000	3609		3609				3443	568
重庆	84	228338	329246	125201	23465	115844	19056	45680	367002	94143
成都	51	57700	79304	22475	36197		3734	16898	76510	18993
西安	34	10525	15641	122	8391	1115		6013	14738	4643

续

计划单列市	汽车产量(辆)														
	合计	1.载货汽车					2.越野汽车		3.自卸汽车小计	4.专用汽车小计	5.客车			6.轿车小计	7.牵引汽车小计
		小计	其中1:底盘	其中2:(整车)重型	中型	轻型	小计	其中:轻型整车			小计	其中:客车底盘	其中:轻型客车整车		
沈阳	22163	9565	242			9257	1501	1501		4461	6636		6578		
大连															
长春	70053	63396	6164	391	56515	326			26	5	2415	2399	16	4201	10
哈尔滨	5272	5056	793			513				200	16	12	4		
南京	38452	36508	6048		423	30037	1852	525	9	39					44
宁波	761	747	645			102					14		14		
厦门															
青岛	2557	2011	29		1982				394						152
武汉	1194	195	67			128	922	655	4	57					16
广州	6803	3142				3142					645	2	2	3016	
深圳															
重庆	22438	13032	571	1035		6237	202		207	8246	649		649		102
成都	6307	3386	457			2929	929	929	1218		774		774		
西安	61													61	

续

计划单列市	改装汽车产量（辆） 合计	1.改装自卸车 小计	1.改装自卸车 其中：重型	2.改装专用汽车 小计	其中：商业服务车	环卫环保车	工程基建车	农牧渔业车	石油地质车	医药卫生车	公安消防车	3.改装客车 小计	其中：大型	小型	4.改装牵引汽车
沈阳	1211			291	21	185	54		5		26	388		3	116
大连	923			221	158			53	4			702	23		
长春	839			743	210	29	83	107		25	273	41			
哈尔滨	2180			944	127	23	124		120			1236	501		
南京	2536	142		1408	1229	74		75				410			285
宁波	342											342		342	
厦门	14											14			
青岛	950	566	438	4	4							156	45		23
武汉	4625	1014		2061	495	186	543		54			1063		242	479
广州	4799	55		180		154				17		2495		1204	
深圳	439	281													
重庆	2370	421		140		91	19					1784		1448	
成都	4979			1313	1091						222	1683	14	810	5
西安	1178	66		463	208		5			193	5	584		153	

续

计划单列市	摩托车产量（辆） 合计	二轮 轻便	二轮 普通	三轮	车用发动机产量（台/万kW） 合计	汽车用发动机 小计	其中：汽油机	其中：柴油机	摩托车用发动机
沈阳	11500	11500			46457/124.56	19957/120.07	19957/120.07		26500/4.00
大连					15022/156.00	15022/156.00		15022/156.00	
长春	18122		18122		53088/509.63	53088/509.63	51852/499.23	1236/10.40	
哈尔滨	4405	4405			4404/11.34	4404/11.34	4404/11.34		
南京	51642	26957	23056	1629	8821/54.66	8821/54.66	7076/43.37	1745/11.29	
宁波	887		887		214/1.33	214/1.33	214/1.33		
厦门									
青岛					1898/16.83	1898/16.83	1898/16.83		
武汉	10			10	1490/8.10	1122/7.77	1122/7.77		368/0.00
广州	20546		20406	140					
深圳									
重庆	379175	192013	183150	4012	47424/96.65	18776/89.49	18060/72.24	716/17.25	28648/7.00
成都					8193/30.88	8193/30.88	963/5.81	7230/25.07	
西安	3650		3650		350/3.33	350/3.33	350/3.33		

注：本表中汽车、改装汽车、车用发动机产量数来源于《汽车工业基本情况调查表》。

续

计划单列市	年末职工人数(人)								全年职工平均人数(人)	钢材消耗量(t)	生铁消耗量(t)
	合计	其中:		按主导产品分							
		工人	工程技术人员	汽车	改装汽车	摩托车	车用发动机	汽车、摩托车配件			
沈阳	72111	43776	5132	61180	2380	2743	197	5611	71724	60740	5858
大连	14192	9387	1012		5240		2355	6597	14136	10254	7901
长春	96301	56838	8239	75766	3389	1046	2140	13960	93667	250575	41137
哈尔滨	31769	20585	3117	8564	7888	637	5263	9417	31584	21047	1024
南京	43632	26776	4825	22380	4802	7649	805	7996	43035	60005	10137
宁波	6557	4605	373	1528	450		243	4336	6430	6630	1598
厦门	174	131	26		174				170	52	
青岛	11852	7440	948	2215	3705		1329	4603	11791	15369	1865
武汉	40359	25048	3197	3767	20132	422	863	15175	39961	33823	4674
广州	15933	10588	1008	3707	7023	1472		3731	15871	20058	77
深圳	308	147	24		308				313	159	
重庆	108259	70418	8501	31030	8932	27075	8146	33076	106414	100947	8464
成都	26901	17340	2626	5740	9936		2225	9000	26687	34742	4550
西安	12111	7554	903	201	5071	2613		4226	11956	6478	2339

续

计划单列市	煤消耗量(t)	焦炭消耗量(t)	电消耗量(万kWh)	全年能源消耗总量(标准煤)(t)	年末主要设备拥有量(台)			年末企业全部占地面积(百m²)	年末房屋建筑展开面积(百m²)	其中:生产建筑面积(百m²)	全年完成投资总额(万元)		
					合计	其中:					合计	其中:	
						金切	锻压					完成基建投资	完成更新改造措施及其它投资
沈阳	101650	3724	7114	118560	11827	6003	1522	56870	19932	11693	12362	3141	9221
大连	15994	1666	2064	26257	3465	1823	261	14085	5725	3548	1798	74	1624
长春	823060	26905	27766	610239	19100	9793	1692	177193	46518	20840	37940	17074	20866
哈尔滨	90749	991	5156	93182	5962	2917	741	78635	13541	6122	4340	1507	2833
南京	34884	3878	8418	30062	12295	6412	1035	45032	21329	11750	19575	9836	9739
宁波	1544	731	769	5779	1705	1014	221	4173	2796	2139	618	257	361
厦门			9	44	33	6	4	386	127	90	380	380	
青岛	12449	2049	1417	18674	2837	1506	267	10661	4757	3213	2159	830	1329
武汉	13314	1050	5865	39042	10012	5117	1252	29707	17844	9999	4787	370	4418
广州	994	34	2144	14578	4146	1959	612	14575	6438	4673	11205	5480	5725
深圳			34	253	155	43	12	487	318	167			
重庆	104816	4381	22332	213831	25237	14599	2069	216954	50240	22840	23757	10178	13579
成都	4679	2171	2571	21723	6850	3420	837	25819	12934	7162	6968	1935	5033
西安	9887	1176	2147	18049	3754	1685	319	9363	5961	3327	2152	456	1696

续

计划单列市	全年固定资产原值平均余额（万元）	年末固定资产原值（万元）							全年固定资产净值平均余额（万元）	年末固定资产净值（万元）	定额流动资金全年平均余额（万元）
		合计	按主导产品分					工业生产用固定资产原值（万元）			
			汽车	改装汽车	摩托车	车用发动机	汽车、摩托车配件				
沈阳	94063	102167	89309	3093	1937	400	7428	76717	63900	70590	90033
大连	22720	23972		7934		6533	9505	19011	14009	14853	15090
长春	225123	229549	204599	4010	3639	3273	14028	169841	109968	109080	162610
哈尔滨	54878	58159	18038	14165	897	15128	9931	42989	32054	33618	47038
南京	74565	88275	50140	12883	14073	1146	10033	55635	43320	55483	54160
宁波	6786	7130	2161	540		380	4049	5855	4668	4775	6293
厦门	590	596		596				521	536	540	891
青岛	16602	16956	3760	6153		1801	5242	13236	10527	10692	18858
武汉	42269	45256	5322	21353	156	836	17589	32529	22655	24305	42008
广州	32305	36725	22416	8706	1075		4528	32375	25164	28420	40598
深圳	1652	1482		1482				1087	1121	933	1829
重庆	171383	191782	67844	13426	44248	14198	52066	139920	103794	1021519	145672
成都	31027	34830	8981	12509		2860	10480	26194	19164	22152	38996
西安	15679	16123	284	7484	4924		3431	9374	9391	9545	11324

续

计划单列市	全年产品销售收入（万元）	全年产品销售税金（万元）	全年产品销售利润（万元）	全年利润总额（万元）						全年已交利税（万元）	全年企业留利（万元）	全年全部商品产品总成本（万元）
				合计	按主导产品分							
					汽车	改装汽车	摩托车	车用发动机	汽车、摩托车配件			
沈阳	162737	6438	−10321	−4151	−4488	−5	21	−43	364	2033	731	157543
大连	33672	977	1882	888		−61		648	301	240	439	33642
长春	296762	10485	15849	12316	11799	−1344	907	128	826	2210	550	346603
哈尔滨	48385	1862	−1375	−2460	−1293	−73	−338	−725	−31	708	600	48849
南京	167308	5953	7463	5727	2742	731	981	−107	1380	2450	2093	146575
宁波	11831	677	55	−217	−816	61		−55	593	294	173	10866
厦门	141	6										956
青岛	27735	828	1154	646	5	282			359	441	165	33234
武汉	55186	3058	2054	103	−781	48	−61	−9	906	783	1120	55406
广州	111942	5001	9518	9962	8566	694	85		617	14638	657	100698
深圳	3645	113	170	156		156				26	24	3841
重庆	353285	13519	30648	35119	17825	388	11767	1389	3750	12475	15273	303657
成都	73058	5555	4043	3657	899	1892		−141	1007	1720	1242	66251
西安	13154	989	380	−170	−64	27	−661		281	157	305	12412

表 3　1990(1988、1989)年汽车配套相关行业主要指标及分类构成

主要经济指标		1988 年	1989 年	1990 年	通用汽车轴承	轮胎	橡胶杂件	挡风玻璃	汽车摩擦材料	通用标准件	汽车仪表	蓄电池	其它
企业数	(个)	499	510	523	26	28	71	15	20	50	42	23	248
汽车工业总产值(1980 年不变价)	(万元)	483339	854299	586202	19961	396886	24247	9662	12211	4375	40453	5512	72895
汽车工业总产值(1990 年不变价)	万元)			838916	33393	555427	29812	10192	18667	5284	84411	6681	95048
汽车工业总产值(现行价)	(万元)	545753	755244	747330	32111	476922	28156	10528	17108	5394	78753	6298	92059
汽车工业净产值(现行价)	(万元)	184509	317404	252431	12798	158097	10609	3045	4971	1836	27690	2279	31105
年末职工人数	(人)	175789	179833	184469	16513	65410	14793	3214	8214	3967	17798	6731	47829
钢材消耗量	(t)	89809	83816	80372	34546	8369	5303	143	1492	7435	2198	673	20213
生铁消耗量	(t)	6655	5206	4753	8	686	189	5	10	178	550	17	3110
焦炭消耗量	(t)			7600	217	144	563	421	13	135	163	45	5899
煤消耗量	(t)	733639	937156	919536	32255	691512	47994	2613	28914	2322	48603	3972	61351
电消耗量	(万 kWh)	66238	77904	74417	5827	42995	3140	1787	2266	608	9498	458	7839
能源消耗总量(标准煤)	(t)	881780	1029697	1079125	48066	733173	48752	10253	31722	4951	85497	5256	111455
年末主要设备拥有量	(台)	28187	28077	30925	4517	4402	2720	235	1806	1196	3105	2474	10470
企业占地面积	(百 m²)	183810	169569	164615	1547128	67102	13817	2128	6696	2123	14573	4799	37907
房屋建筑展开面积	(百 m²)	64148	66365	68896	623953	27592	4405	1059	3606	1266	7218	2030	15480
生产建筑面积	(百 m²)	38011	40771	41976	306386	16977	2822	795	2146	756	4863	1292	9262
完成投资总额	(万元)	21280	29367	27486	3115	10976	2711	149	832	191	3445	259	5806
年末固定资产原值	(万元)	255236	312778	329989	26259	171953	18103	10286	10838	3066	32043	6821	50620
年末固定资产净值	(万元)	166574	211167	208346	15205	104485	12085	8272	6625	1747	21499	4205	34224
定额流动资金全年平均余额	(万元)	151208	190573	228770	13045	128280	9797	3246	6732	2024	22482	5502	37661
全年产品销售收入	(万元)	564506	745652	1103836	26526	871698	24688	7310	16291	4765	66489	5895	80174
全年产品销售税金	(万元)	79964	108242	94217	2137	76386	2920	405	1003	255	4588	398	6125
全年利润总额	(万元)	45241	58173	42723	3103	21549	1632	1258	699	321	8596	180	5385
全年已交利税	(万元)	15826	28255	20192	1012	11945	1231	54	314	111	3103	192	2231
全年全部商品产品总成本	(万元)	423688	610118	606027	25538	393932	20028	9913	14412	4062	57732	5543	74766

注：1989 年配套相关工业产值(1980 年不变价)高于 1988、1990 年，主要原因是由于 1988、1990 年轮胎生产企业统计不全，1988、1989、1990 年轮胎工业产值(1980 年不变价)分别为 327385、658604、396886 万元。

表4 1990(1988、1989)年摩托车行业主要指标及分类构成

主要经济指标		1988年	1989年	1990年	按主导产品分			按企业规模分			按专兼业分	
					摩托车	摩托车发动机	摩托车配件	大型	中型	小型	专业	兼业
企业数	(个)	172	154	164	62	10	92	11	10	143	87	77
摩托车工业总产值(1980年不变价)	(万元)	266796	286235	292084	232807	26865	32412	148605	6794	136685	236696	55388
摩托车工业总产值(1990年不变价)	(万元)			395614	328033	30196	37385	215871	7982	171761	332442	63172
摩托车工业总产值(现行价)	(万元)	351608	410980	403320	336331	28905	38084	216933	8197	178190	344945	58375
摩托车工业净产值(现行价)	(万元)	86953	100198	103674	80469	10529	12676	52011	3369	48294	84787	18887
年末职工人数	(人)	150187	150805	143460	96644	14881	31935	56618	6775	80067	104067	39393
钢材消耗量	(t)	114245	93592	74576	55038	5504	14034	36609	1443	36524	58751	15825
生铁消耗量	(t)	10592	7011	6023	2771	760	2492	1334	80	4609	3503	2520
焦炭消耗量	(t)		3134	3271	1082	775	1414	1019	117	2135	1647	1624
煤消耗量	(t)	164927	181872	153379	115578	13783	24018	64899	6223	82257	106286	47093
电消耗量	(万kWh)	28096	26107	24098	16047	2890	5161	12689	999	10410	16968	7130
能源消耗总量(标准煤)	(t)	272532	266937	310782	168184	24413	118185	112754	9376	188652	241950	68832
年末主要设备拥有量	(台)	40154	38849	38394	22891	5827	9676	15323	2056	21015	25981	12413
企业占地面积	(百m²)	256636	249167	214685	131308	37726	45651	86630	18792	109263	134028	80657
房屋建筑展开面积	(百m²)	64616	66039	64724	43999	7324	13401	24701	3440	36583	44836	19888
生产建筑面积	(百m²)	31250	31179	30238	20479	3305	6454	9965	1332	18941	21004	9234
完成投资总额	(万元)	24763	21688	22608	14514	4952	3142	10641	1081	10886	13728	8880
年末固定资产原值	(万元)	206320	225591	236615	164586	26693	45336	104559	12120	119936	166910	69705
年末固定资产净值	(万元)	137783	149039	154326	109372	15834	29120	69190	8259	76877	111553	42773
定额流动资金全年平均余额	(万元)	136252	171329	197251	153967	19053	24231	92313	5491	99447	150748	46503
全年产品销售收入	(万元)	350759	348158	386287	323962	26982	35343	226980	7674	151633	330832	55455
全年产品销售税金	(万元)	12744	13413	13749	10845	993	1911	8098	339	5312	11822	1927
全年利润总额	(万元)	28283	27290	21569	18194	2053	1322	16283	711	4575	21103	466
全年已交利税	(万元)	5746	6687	6480	5212	512	756	3458	112	2910	5352	1128
全年全部商品产品总成本	(万元)	300773	349452	345691	287326	25875	32490	185202	6738	153751	290563	55128

续

主要经济指标		按所属系统分								
		机械	交通	轻工	城建	司法	乡镇	军工	化工	其它
企业数	(个)	69	6	12		2	12	44		193
汽车工业总产值(1980年不变价)	(万元)	76048	677	51754		5659	6000	137019		14927
汽车工业总产值(1990年不变价)	(万元)	96941	1017	51189		9157	6655	215717		15484
汽车工业总产值(现行价)	(万元)	96301	1043	47696		9439	6830	225917		16094
汽车工业净产值(现行价)	(万元)	24800	291	13957		2151	1972	56052		4496
年末职工人数	(人)	25344	551	11628		1427	2696	93334		8480
钢材消耗量	(t)	17990	103	5270		2881	3739	39383		5210
生铁消耗量	(t)	1482	5	462		20	1520	2263		271
焦炭消耗量	(t)	567	1	251		320	630	1411		91
煤消耗量	(t)	18890	446	6850		5767	1313	116388		3725
电消耗量	(万 kWh)	3551	73	1107		557	275	17759		776
能源消耗总量(标准煤)	(t)	31211	646	11183		7526	3172	175368		81676
年末主要设备拥有量	(台)	8179	77	2161		510	617	24441		2409
企业占地面积	(百 m^2)	23616	186	5609		6186	1439	170199		7450
房屋建筑展开面积	(百 m^2)	9410	209	3422		1837	675	45361		3810
生产建筑面积	(百 m^2)	5914	130	1963		759	567	18708		2197
完成投资总额	(万元)	4182	14	2790		541	272	13545		1264
年末固定资产原值	(万元)	46690	549	15527		4211	2027	158157		9454
年末固定资产净值	(万元)	34862	392	12270		2939	1222	96729		5912
定额流动资金全年平均余额	(万元)	28129	471	32618		2665	2458	123291		7619
全年产品销售收入	(万元)	94165	1060	34942		8886	6092	225898		15244
全年产品销售税金	(万元)	4334	38	849		329	287	7383		529
全年利润总额	(万元)	5460	18	—72		603	513	15184		-137
全年已交利税	(万元)	768	14	63		83	263	5013		276
全年全部商品产品总成本	(万元)	76927	934	45615		8361	5367	193507		14980

表 5 1990年摩托车行业按地区分主要指标一览表

地区	企业数（个）	摩托车工业总产值（1980年不变价）（万元）	摩托车工业总产值（1990年不变价）（万元）	摩托车工业总产值（现行价）（万元）	摩托车工业净产值（现行价）（万元）	年末职工人数（人）	钢材消耗量（t）	生铁消耗量（t）	煤炭消耗量（t）
全国	164	292087	395617	403322	103676	143460	74576	6023	153379
北京	2	890	1246	1318	481	855	1484		932
天津	4	4350	4735	4492	1102	2094	673	220	6337
河北	8	4037	5367	4874	1136	4421	1478	36	4442
山西	2	28	32	23	11	65	27	5	39
内蒙古	1	1122	1159	1261	490	1317	521		3660
辽宁	2	2338	4165	4144	1618	2812	53		773
吉林	4	7085	9379	10018	2237	1315	975		2739
黑龙江	2	311	454	436	－24	674	297		4075
上海	9	43903	61106	58936	14017	5970	7492	14	2907
江苏	14	19108	25476	26767	7669	11636	5580	680	7208
浙江	18	7036	7097	7877	2097	3389	3351	1060	612
安徽	7	1876	1877	1931	789	1055	143	621	100
福建	4	1300	1458	1619	578	1626	279	24	28
江西	8	16708	21539	27836	5066	15889	2384	425	15635
山东	12	34307	35175	35776	6911	9426	6913	289	12235
河南	6	10518	17822	18487	4524	6166	3376	34	10278
湖北	5	2062	3320	2902	1087	2735	1258	30	355
湖南	8	29334	31768	30570	11089	14060	6988	675	10603
广东	6	24223	24439	21273	9326	2428	1316		
广西	4	933	1313	1314	319	1241	398	253	564
海南	1	230	51	240	108	286	257		96
四川	20	73755	127514	131637	31331	42793	26036	1422	50439
贵州	10	1924	2259	2338	622	3277	958	41	1386
云南	1	212	248	294	91	392	104		60
西藏									
陕西	5	3997	5718	6039	707	7273	2094	170	16550
甘肃									
青海									
宁夏									
新疆	1	500	900	920	294	265	141	24	1326

续

地区	焦炭消耗量(t)	电力消耗量(万 kWh)	能源消耗总量(标准煤)(t)	年末主要设备拥有量(台)	年末企业占地面积(百 m²)	年末房屋建筑展开面积(百 m²)	生产建筑面积(百 m²)	全年完成投资总额(万元)
全国	3271	24099	310782	38394	214685	64724	30239	22610
北京		144	1307	172	665	254	217	10
天津	67	231	5897	880	1400	932	906	137
河北	5	486	5653	1396	8195	2081	1113	314
山西		2	37	11	15	9	7	
内蒙古		251	3733	353	6628	680	145	30
辽宁		215	1497	363	419	393	241	58
吉林		226	3088	292	1332	486	360	64
黑龙江		184	3712	179	1405	338	144	25
上海	24	1142	7280	2172	1985	1487	1146	2697
江苏	240	1228	11906	2941	10241	4966	2576	2154
浙江	416	326	77591	1005	1662	1072	806	216
安徽	260	64	665	203	424	330	220	162
福建	37	186	973	354	744	404	306	30
江西	114	1846	21397	3269	30347	8917	3553	840
山东	465	1302	16216	1575	9988	4116	2068	1456
河南	60	1123	12639	1418	16467	3585	1796	943
湖北	5	166	1336	706	1960	891	548	128
湖南	513	2675	20727	5444	38805	6968	2998	4875
广东	66	306	1761	748	3476	971	393	1745
广西	99	205	1436	392	7577	668	370	18
海南		56	332	246	1188	158	111	
四川	859	9897	89338	10973	57865	19542	7572	5259
贵州		413	3050	1165	4157	1629	752	369
云南		20	124	135	631	264	163	
西藏								
陕西	28	1371	17938	1896	6790	3408	1638	1032
甘肃								
青海								
宁夏								
新疆	13	34	1149	106	319	175	90	48

续

地区	年末固定资产原值（万元）	年末固定资产净值（万元）	定额流动资金全年平均余额（万元）	全年产品销售收入（万元）	全年产品销售税金（万元）	全年利润总额（万元）	全年已交利税（万元）	全年全部商品产品总成本（万元）
全国	236615	154325	197252	386286	13748	21570	6481	345692
北京	775	398	633	1326	89	196	95	1020
天津	7305	6016	3285	3402	131	－212	16	3259
河北	6498	4441	4032	4805	214	－490	78	4741
山西	18	9	35	22	1			26
内蒙古	1485	956	1056	1491	5	69	11	1109
辽宁	2061	218	2906	3656	187	12	21	4865
吉林	3715	2996	1929	10510	465	937	8	8135
黑龙江	912	442	787	435	2	－340		685
上海	18050	14498	10849	60215	2709	3622	334	46562
江苏	18429	11691	13401	25241	930	1308	649	21359
浙江	2501	1627	4281	6973	292	209	112	6930
安徽	649	444	861	1871	172	234	93	1690
福建	1273	815	559	1342	62	65	70	1224
江西	22844	12149	27130	22916	608	954	798	20411
山东	16362	12790	28878	34380	1047	860	131	33875
河南	10412	7469	7390	18275	629	1254	386	16351
湖北	2311	1798	2701	1785	36	－136	36	1898
湖南	24019	14189	14909	28330	1003	2457	550	27459
广东	3996	3493	4994	10211	237	562	78	20081
广西	1187	523	1265	1441	50	43	8	1399
海南	710	566	309	210	11	5		212
四川	68369	42369	52495	139992	4579	11260	2888	111506
贵州	5334	3319	3259	1539	89	－287	45	2372
云南	726	373	382	342	13	1		460
西藏								
陕西	16136	10326	8582	4544	99	－1096	46	7319
甘肃								
青海								
宁夏								
新疆	538	410	344	1032	88	83	28	744

表 6　1990(1988、1989)年生产车用发动机的企业主要指标及分类构成

主要经济指标		1988 年	1989 年	1990 年	按主导产品分			按企业规模分		
					汽车发动机		摩托车发动机	大型	中型	小型
					汽油机	柴油机				
企业数	(个)	49	63	65	27	28	10	9	17	39
汽车工业总产值(1980 年不变价)	(万元)	159236	222969	204005	83761	93379	26865	118409	56317	29279
汽车工业总产量(1990 年不变价)	(万元)			288811	130704	127911	30196	169415	83797	35599
汽车工业总产值(现行价)	(万元)	215697	315970	292721	133278	130538	28905	175675	81787	35259
汽车工业净产值(现行值)	(万元)	56977	82150	77878	30375	36974	10529	44358	23631	9889
年末职工人数	(人)	84618	105603	106208	48620	42707	14881	45160	36530	24518
钢材消耗量	(t)	44955	49767	44513	26539	12470	5504	28270	9864	6379
生铁消耗量	(t)	46821	59297	48538	8438	39340	760	28939	11341	8258
焦炭消耗量	(t)		25578	20745	3996	15974	775	10319	5844	4582
煤消耗量	(t)	141106	133417	136814	64683	58348	13783	54778	45855	36181
电消耗量	(kWh)	22286	26734	23006	11564	8552	2890	11298	7339	4369
能源消耗总量(标准煤)	(t)	290000	302992	247670	113629	109628	24413	117081	75864	54725
年末主要设备拥有量	(台)	24391	34364	31753	13255	12671	5827	13564	10324	7865
企业占地面积	(百 m²)	134993	209330	227203	138770	50707	37726	64770	132448	29985
房屋建筑展开面积	(百 m²)	38416	48298	50134	23412	19398	7324	19977	18257	11900
生产建筑面积	(百 m²)	18154	24715	26242	12160	10777	3305	11014	8951	6277
完成投资总额	(万元)	29909	28128	37536	15583	17001	4952	22491	11746	3299
年末固定资产原值	(万元)	147560	186896	206570	98784	81093	26693	91021	74273	41276
年末固定资产净值	(万元)	92357	118123	131125	60886	54405	15834	56798	47709	26618
定额流动资金全年平均余额	(万元)	76307	112170	132665	68012	45600	19053	65248	38467	28950
全年产品销售收入	(万元)	222824	280876	252943	123198	102763	26982	152084	72104	28755
全年产品销售税金	(万元)	9652	10779	11541	4402	6146	993	6925	3690	926
全年利润总额	(万元)	21750	23845	13388	3667	7668	2053	9261	4504	−377
全年已交利税	(万元)		7497	4998	2484	2002	512	2939	1696	363
全年全部商品产品总成本	(万元)	182226	265598	259384	122959	110550	25875	154088	71851	33445

注：表中 1988 年各项指标只含生产汽车发动机企业。

续

主要经济指标	单位	按所属系统分 机械	交通	轻工	城建	司法	乡镇	军工	化工	其它	按专兼业分 专业	兼业
企业数	(个)	44	1	2		4	1	13			35	30
汽车工业总产值(1980年不变价)	(万元)	161620	547	402		2218	72	39146			147480	56525
汽车工业总产值(1990年不变价)	(万元)	237138	649	489		3289	64	47182			219538	69273
汽车工业总产值(现行价)	(万元)	243126	626	710		2715	60	45484			226143	66578
汽车工业净产值(现行价)	(万元)	62301	237	298		705	14	14323			56471	21407
年末职工人数	(人)	75152	648	857		1799	23	27729			73198	33010
钢材消耗量	(t)	34495	118	109		936	32	8823			32701	11812
生铁消耗量	(t)	46447	560			351	43	1137			39696	8842
焦炭消耗量	(t)	19292	400			327	21	705			16415	4330
煤消耗量	(t)	77618	704	224		10152	3	48113			87712	49102
电消耗量	(kWh)	17069	96	51		324	6	5460			15884	7122
能源消耗总量(标准煤)	(t)	175582	1359	444		9331	48	60906			170554	77116
年末主要设备拥有量	(台)	22319	300	312		778	8	8036			22097	9656
企业占地面积	(百 m^2)	77349	976	162		3737	18	144961			91018	136185
房屋建筑展开面积	(百 m^2)	33041	504	149		1580	8	14852			31929	18205
生产建筑面积	(百 m^2)	19075	358	127		762	6	5914			17907	8335
完成投资总额	(万元)	31108	33	50		275		6070			29028	8508
年末固定资产原值	(万元)	144672	1088	744		3898	31	56137			140896	65674
年末固定资产净值	(万元)	94642	638	316		2246	15	33268			90233	40892
定额流动资金全年平均余额	(万元)	93916	558	962		3121	28	34080			96448	36217
全年产品销售收入	(万元)	206299	462	597		2419	58	43108			103712	59231
全年产品销售税金	(万元)	9973	14	27		81	3	1443			9046	2495
全年利润总额	(万元)	12993		—39		—1227	1	1660			8952	4436
全年已交利税	(万元)	3824		8		6		1160			3464	1534
全年全部商品产品总成本	(万元)	211960	582	618		3147	59	43018			200460	58924

表 7 1990(1988、1989)年汽车、摩托车配件工业主要指标及分类构成

主要经济指标		1988年	1989年	1990年	按主导产品分		按企业规模分			按专兼业分	
					汽车配件	摩托车配件	大型	中型	小型	专业	兼业
企业数	(个)	1864	1885	1894	1815	79	73	153	1668	1023	871
汽车工业总产值(1980年不变价)	(万元)	771927	859473	850700	821683	29017	218156	186222	446322	645130	205570
汽车工业总产值(1990年不变价)	(万元)			1090947	1057189	33758	296410	236679	557858	825830	265117
汽车工业总产值(现行价)	(万元)	860799	1085925	1103522	1069411	34111	322250	231496	549776	849903	253619
汽车工业净产值(现行价)	(万元)	285716	355365	355295	343759	11536	94912	74365	186018	273523	81772
年末职工人数	(人)	573282	593302	605331	578236	27095	140064	118437	346830	433262	172069
钢材消耗量	(t)	817203	791602	717985	704463	13522	186098	159403	372484	556224	161761
生铁消耗量	(t)	197871	213466	216791	214344	2447	26807	50566	139418	160254	56537
焦炭消耗量	(t)		126105	115023	113667	1356	10864	26675	77484	83386	31637
煤消耗量	(t)	635463	659375	604793	584593	20200	206593	141200	257000	408730	196063
电消耗量	(kWh)	100647	108564	111215	106583	4632	35168	26820	49227	77148	34067
能源消耗总量(标准煤)	(t)	1134604	1187150	1201059	1088432	112627	366185	255887	578987	858242	342817
年末主要设备拥有量	(台)	152570	161613	169837	162140	7697	36747	37362	95728	119562	50275
企业占地面积	(百 m^2)	551167	608381	607047	568938	38109	177502	146110	283435	377248	229799
房屋建筑展开面积	(百 m^2)	195807	225511	230083	218519	11564	57647	62003	110433	156796	73287
生产建筑面积	(百 m^2)	116145	125331	129636	124204	5432	29608	29503	70525	90537	39099
完成投资总额	(万元)	79084	84643	106185	103360	2817	49878	21168	35139	77617	28568
年末固定资产原值	(万元)	578169	671487	779129	741260	37869	282126	184373	312630	540545	238584
年末固定资产净值	(万元)	372089	430036	500682	476424	24258	181738	120825	198119	349286	151396
定额流动资金全年平均余额	(万元)	324435	409553	491366	471226	20140	137362	101354	252650	351174	140192
全年产品销售收入	(万元)	847296	957529	944065	912543	31522	266269	199701	478095	724208	219857
全年产品销售税金	(万元)	44244	52442	51184	49513	1671	13320	10300	27564	40862	10322
全年利润总额	(万元)	83873	89804	64152	62589	1563	17995	14938	31219	57024	7128
全年已交利税	(万元)	29210	28593	23756	23055	701	5256	4699	13801	19741	4015
全年全部商品产品总成本	(万元)	698434	878793	900496	872188	28308	248468	192800	459228	685450	215046

续

主要经济指标		按所属系统分								
		机械	交通	轻工	城建	司法	乡镇	军工	化工	其它
企业数	（个）	1124	99	224	3	35	178	127	2	102
汽车工业总产值(1980年不变价)	（万元）	619223	27995	42949	669	12181	55663	67978	275	23767
汽车工业总产值(1990年不变价)	（万元）	812165	37800	52312	719	15089	65615	76617	276	30354
汽车工业总产值(现行价)	（万元）	793596	38598	51916	934	15592	66901	104197	226	31562
汽车工业净产值(现行价)	（万元）	260965	13238	17858	277	4954	21989	24500	80	11434
年末职工人数	（人）	408314	25907	35972	340	12593	30910	73346	181	16768
钢材消耗量	(t)	511475	35487	41264	1192	11753	47111	33863	85	35755
生铁消耗量	(t)	145391	6921	14703	30	11577	28528	5460		4181
焦炭消耗量	(t)	71552	5209	9168		10870	12216	2725	12	3269
煤消耗量	(t)	382487	22429	27117	73	32679	22723	96539	99	20647
电消耗量	(kWh)	78657	4505	4897	19	2492	4840	12725	12	3068
能源消耗总量(标准煤)	(t)	754402	45172	49028	142	46221	52071	139329	143	114551
年末主要设备拥有量	（台）	114860	7148	10526	98	4675	8479	19834	47	4170
企业占地面积	（百 m²）	317384	22338	19401	51	44589	19904	160857	63	22460
房屋建筑展开面积	（百 m²）	144297	10500	9415	71	11868	8487	35785	61	9599
生产建筑面积	（百 m²）	86674	5855	6840	68	4494	6531	15395	56	3723
完成投资总额	（万元）	84912	2281	3145		1248	4175	9253	4	1167
年末固定资产原值	（万元）	532496	27192	25843	185	19019	28768	123305	119	22202
年末固定资产净值	（万元）	342056	15890	15479	126	12985	18503	80197	65	15381
定额流动资金全年平均余额	（万元）	330106	18942	26209	221	10697	30623	59146	87	15335
全年产品销售收入	（万元）	693031	34012	45024	959	13742	56933	72839	222	27303
全年产品销售税金	（万元）	37567	1791	2821	33	541	3605	3093	18	1715
全年利润总额	（万元）	52353	1626	2352	63	−877	5781	−8	1	2861
全年已交利税	（万元）	16712	868	980	63	254	2396	1293	1	1189
全年全部商品产品总成本	（万元）	662934	32770	41806	826	14949	52194	70801	193	24023

二 汽车工业企业数

表 8 历年按汽车产品分的生产企业数

单位:个

年份	全国企业数	其中:汽车	改装汽车	摩托车	车用发动机	汽车、摩托车配件
1949	12		3			9
1950	22		7			15
1951	31		9			22
1952	39		12			27
1953	44		12			32
1954	58		13			45
1955	69		14			55
1956	104	1	16		1	86
1957	115	1	17		2	95
1958	217	8	20	2	6	181
1959	238	14	25	2	6	191
1960	269	16	28	2	7	216
1961	290	16	30	2	7	235
1962	327	17	34	2	7	267
1963	366	18	45	2	7	294
1964	417	19	54	3	7	334
1965	522	21	61	3	10	427
1966	622	22	67	3	10	520
1967	678	22	68	3	10	575
1968	764	25	69	3	10	658
1969	905	33	75	3	12	785
1970	1228	45	103	9	21	1053
1971	1361	47	115	10	23	1168
1972	1489	49	124	11	23	1285
1973	1594	49	128	12	24	1385
1974	1687	49	136	15	25	1465
1975	1852	52	158	19	26	1599
1976	1950	53	163	20	27	1684
1977	2033	54	169	22	28	1769
1978	2146	55	178	23	30	1870
1979	2301	55	185	24	32	2008
1980	2379	56	192	24	33	2076
1981	2427	57	196	26	34	2114
1982	2456	58	202	26	34	2136
1983	2727	65	207	34	50	2371
1984	2811	82	248	38	58	2385
1985	2904	114	314	47	63	2366
1986	2422	99	338	50	58	1877
1987	2358	116	347	55	63	1777
1988	2509	115	386	81	63	1864
1989	2596	119	464	65	63	1885
1990	2596	117	459	62	64	1894

注:1985 年前(含 1985 年)含汽车配套相关行业数。

表 9 1990(1988、1989)年汽车工业企业数

地区	合计	按年末职工总数分		按汽车工业总产值分(1990年不变价)		按全员劳动生产率
		100人以下	1000人以上	50万元以下	1000万元以上	5000元/人·年以下
1988年全国	2509	638	297	409	504	263
1989年全国	2596	642	311	379	558	193
1990年全国	2596	661	312	389	627	207
北京	103	19	12	10	40	5
天津	96	16	9	12	24	12
河北	108	18	16	13	25	10
山西	66	27	3	20	2	8
内蒙古	41	16	2	11	6	3
辽宁	133	30	24	19	35	15
吉林	106	20	18	15	27	13
黑龙江	101	40	11	36	11	33
上海	114	22	16	11	38	1
江苏	185	40	16	15	56	2
浙江	117	21	5	9	26	3
安徽	81	26	9	17	13	11
福建	72	33	2	23	8	7
江西	72	13	9	5	15	7
山东	151	30	11	20	40	3
河南	82	15	8	8	18	6
湖北	176	30	25	17	70	17
湖南	145	37	18	14	31	6
广东	82	22	9	10	23	4
广西	47	17	7	5	8	
海南	2	1		1		1
四川	187	39	45	18	60	12
贵州	70	26	7	21	9	10
云南	72	28	6	15	12	5
西藏						
陕西	78	28	14	16	15	9
甘肃	41	20	4	10	5	
青海	33	12	1	11	4	3
宁夏	10	5		3		
新疆	25	10	5	4	6	1

注:表中1988年、1989年按汽车工业总产值分及按全员劳动生产率分的企业数,是按1980年不变价进行统计的。

按职工总数　固定资产等划分的构成

单位:个

(1990年不变价)分	按工业生产用固定资产原值分		按产品销售收入分		按利润总额分	
20000元/人·年以上	50万元以下	1000万元以上	50万元以下	1000万元以上	50万元以下	1000万元以上
502	556	375	387	559	1782	49
594	521	438	370	606	1820	48
873	519	468	440	575	2044	30
53	10	24	9	38	58	6
28	21	12	12	24	66	2
32	18	23	15	23	85	
8	20	5	23	2	66	
10	16	6	12	6	36	
35	24	33	21	31	116	
18	17	18	18	26	89	1
11	35	13	40	12	95	
57	18	27	10	38	66	4
93	25	26	15	51	140	2
61	16	9	10	23	80	
21	23	12	21	12	72	
20	29	7	24	8	64	
22	10	14	9	14	55	1
72	24	27	24	33	116	
19	15	10	11	15	66	1
70	19	46	21	61	118	1
44	22	24	19	30	126	2
41	16	14	10	18	63	1
23	11	7	6	8	38	2
			1		2	
63	32	55	20	51	127	7
14	22	12	23	9	64	
19	16	7	14	11	63	
18	23	19	22	16	70	
10	14	6	11	4	40	
4	11	4	12	3	33	
1	5		3		10	
6	7	8	4	8	20	

表10 1990年按汽车产量划分的

地区	企业数合计	100辆以下		101～500辆		501～1000辆		1001～2000辆	
		企业数	占总数%	企业数	占总数%	企业数	占总数%	企业数	占数数%
全国	134	21	15.67	29	21.64	20	14.93	33	24.63
北京	9	1	11.11	1	11.11			1	11.11
天津	5	1	20.00	1	20.00				
河北	6			1	16.67			4	66.67
山西	3	2	66.67	1	33.33				
内蒙古	1	1	100.00						
辽宁	8	1	12.50	1	12.50	1	12.5	3	37.50
吉林	5	2	40.00			1	20.00		
黑龙江	5	2	40.00	1	20.00	1	20.00		
上海	5					2	40.00	1	20.00
江苏	10	1	10.00	4	40.00	2	20.00	1	10.00
浙江	4			2	50.00	1	25.00		
安徽	3					1	33.33	2	66.67
福建	3			3	100.00				
江西	4							3	75.00
山东	6			3	50.00	1	16.67		
河南	4	2	50.00					2	50.00
湖北	6	1	16.67					4	66.67
湖南	9	2	22.22	4	44.44	1	11.11	2	22.22
广东	4			1	25.00	1	25.00	1	25.00
广西	3							1	33.33
海南									
四川	16	3	18.75	4	25.00	3	18.75	3	18.75
贵州	3	1	33.33	1	33.33			1	33.33
云南	6					3	50.00	2	33.33
西藏									
陕西	3	1	33.33			1	33.33	1	33.33
甘肃	1			1	100.00				
青海	1					1	100.00		
宁夏									
新疆	1							1	100.00

注:此表企业数为厂点数,因此与其它表按主导产品划分的企业数不同。

整车生产企业数

单位:个

2001～5000辆		5001～10000辆		10001～20000辆		20001～50000辆		50000辆以上	
企业数	占总数%	企业数	占总数%	企业数	占总数%	企业数	占总数%	企业数	占总数%
13	9.70	8	5.97	5	3.73	3	2.24	2	1.49
3	33.33			1	11.11	2	22.22		
1	20.00	1	20.00	1	20.00				
1	16.67								
1	12.50			1	12.50				
1	20.00							1	20
1	20.00								
		1	20.00	1	20.00				
		1	10.00			1	10.00		
1	25.00								
		1	25.00						
1	16.67	1	16.67						
								1	16.67
		1	25.00						
		2	66.67						
2	12.50			1	6.25				
1	16.67								

表 11　1990(1988、1989)年末汽车工业企业数地区分类构成

单位:个

地　区	合计	按主导产品分					按企业规模分			按专兼业分	
		汽　车	改装汽车	摩托车	车用发动机	汽车、摩托车配件	大　型	中　型	小　型	专　业	兼　业
1988 年全国	2509	115	386	81	63	1864	51	188	2270	1448	1061
1989 年全国	2596	119	464	65	63	1885	68	207	2321	1484	1112
1990 年全国	2596	117	459	62	64	1894	90	213	2293	1442	1154
北　京	103	7	29		1	66	6	13	84	76	27
天　津	96	4	5	1	3	83	3	7	86	71	25
河　北	108	6	28	5	2	67	5	7	96	63	45
山　西	66	2	5		2	57	1	1	64	25	41
内蒙古	41	1	4			36	1	3	37	20	21
辽　宁	133	8	35	1	4	85	8	13	112	60	73
吉　林	106	4	16	1	2	83	5	7	94	63	43
黑龙江	101	5	13	1	1	81	1	4	96	42	59
上　海	114	5	13	2	5	89	10	9	95	61	53
江　苏	185	9	54	7	4	111	3	10	172	112	73
浙　江	117	4	12	4	4	93	3	3	111	81	36
安　徽	81	3	15	1	2	60		4	77	48	33
福　建	72	3	5	1		63	1		71	39	33
江　西	72	4	9	4	2	53		5	67	42	30
山　东	151	4	29	5	5	108	3	16	132	77	74
河　南	82	4	19	2	2	55		7	75	40	42
湖　北	176	5	37	4	2	128	9	31	136	118	58
湖　南	145	6	24	2	7	106	8	15	122	88	57
广　东	82	3	13	3		63	1	8	73	42	40
广　西	47	3	5	3	4	32	1	4	42	24	23
海　南	2					2			2		2
四　川	187	12	22	5	7	141	13	28	146	112	75
贵　州	70	3	15	4	1	47	2	6	62	20	50
云　南	72	6	6	1	1	58		3	69	32	40
西　藏											
陕　西	78	3	23	4		48	5	4	69	28	50
甘　肃	41	1	7		1	32	1	2	38	19	22
青　海	33	1	6		2	24			33	18	15
宁　夏	10					10		1	9	6	4
新　疆	25	1	10	1		13		2	23	15	10

三 汽车工业产值

表 12 1982～1990 年汽车工业总产值(现行价) 单位:万元

地区 \ 年份	1982	1983	1984	1985	1986	1987	1988	1989	1990
全国	820664	1177758	1682858	2739932	2128923	2731850	4072857	4810176	4924941
北京	91624	111313	143393	213682	234599	284190	354950	442226	587836
天津	28999	39082	51856	100290	86421	112607	203694	211822	170390
河北	11797	18545	36216	52677	38899	50142	99435	108136	118997
山西	4432	7346	12953	18824	12269	13089	22309	22275	18095
内蒙古	2339	3514	5044	8124	5324	4816	8784	13017	18632
辽宁	44584	88868	139275	269538	181535	226475	357806	397239	287198
吉林	115662	141190	198336	278747	196613	270519	395804	441250	459014
黑龙江	12501	35708	48097	68604	45617	65213	102010	99674	58321
上海	63677	99515	113756	184126	156750	203240	295771	345602	419857
江苏	17907	71053	103646	172840	134445	200635	279311	304255	326787
浙江	18286	27072	39962	74155	56344	72598	103011	125733	115907
安徽	11181	17947	29634	45140	23660	30096	45052	51906	43660
福建	5836	6697	14267	22678	14901	18091	33384	36617	29669
江西	9802	19120	26427	63445	53500	62548	105459	124723	126967
山东	54178	68926	89892	150473	114416	107775	183155	241110	232454
河南	10167	15995	34661	39846	23526	36472	66422	65315	78679
湖北	175136	227004	284885	433158	363661	467426	591097	703371	659830
湖南	23808	34863	51935	85226	74834	86240	129712	174208	178869
广东	11614	20444	28350	56497	29300	47043	69166	103682	166143
广西	6987	9477	19128	40766	30535	48459	70304	96954	98950
海南								525	275
四川	34113	56642	110249	164896	144630	185431	347138	450763	507836
贵州	5264	8573	10320	43621	14043	18197	28681	41695	41231
云南	7965	10875	25119	42049	24927	36785	56802	66559	51627
西藏									
陕西	9394	15667	21910	36618	32434	40954	67350	71487	65870
甘肃	5345	7540	10451	23329	12407	11913	14300	19360	17761
青海	3657	5941	10773	19206	12397	13353	17305	18969	12691
宁夏	729	1110	1543	13852	1200	861	1293	2572	1870
新疆	3680	7731	11780	17525	9736	16682	23350	29131	29525

表 13　1990(1988、1989)年汽车工业总产值(现行价)地区分类构成

单位:万元

地　区	合计	按主导产品分					按企业规模分			按专兼业分	
		汽　车	改装汽车	摩托车	车用发动机	汽车、摩托车配件	大　型	中　型	小　型	专　业	兼　业
1988年全国	4072857	1998270	671711	288145	253934	860797	1083136	1391579	1598142	3624651	448206
1989年全国	4810176	2364166	721874	322241	315970	1085925	1409653	1572803	1827720	4220316	589860
1990年全国	4924941	2387851	894878	336330	292370	1103513	1644174	1548362	1732396	4328072	596870
北　京	587836	271156	159981		72443	84256	101944	396695	89197	534790	53046
天　津	170390	98229	2222	3348	12858	53734	12303	110353	47735	161748	8643
河　北	118997	35198	37014	4185	2632	39968	22672	18163	78162	96380	22617
山　西	18095	1621	6351		176	9947	794	81	17220	10012	8083
内蒙古	18632	945	2683			15004	98	3761	10273	15583	3049
辽　宁	287198	153604	32744	4104	35048	61698	62363	142317	82518	248064	39134
吉　林	459014	377623	23994	9695	4478	43224	370514	29059	59441	446146	12868
黑龙江	58321	13027	24022	422	3954	16896	2409	19635	36277	35424	22897
上　海	419857	243425	27601	50916	15104	82811	88897	248392	82568	373069	46788
江　苏	326787	149738	78856	21939	13565	62689	116563	32808	177416	289353	37434
浙　江	115907	17965	14681	4169	16705	62387	27229	8208	80470	97083	18824
安　徽	43660	10772	12103	66	1282	19437		4939	38721	36376	7284
福　建	29669	4038	7208	67		18356	3751		25918	23294	6375
江　西	126967	63554	12201	26003	5088	20121		56758	70209	110784	16183
山　东	232454	75594	47101	33397	12158	64204	87423	87079	116952	186667	45787
河　南	78679	17861	19363	17807	1098	22550		8307	70372	61930	16749
湖　北	659830	455538	62645	2794	441	138412	469889	68161	121780	635803	24027
湖　南	178869	16891	27883	9238	30037	94820	85411	23310	70148	138236	40633
广　东	166143	86931	33125	19183		26904	1681	77696	86766	131554	34589
广　西	98950	50959	9767	997	28435	8792	20395	55644	22911	89836	9114
海　南	275					275			275		275
四　川	507836	180244	87451	119417	29767	90957	146199	187173	174464	445630	62206
贵　州	41231	9175	11887	1592	4258	14319	5003	9373	26855	26712	14519
云　南	51627	29045	8966	294	1579	11743		3495	48132	38372	13255
西　藏											
陕　西	65870	13686	26045	5777		20362	11500	8994	45376	40539	25331
甘　肃	17761	2191	6517		179	8874	2636	1981	13144	14621	3140
青　海	12691	2893	4410		1085	4303			12691	9826	2865
宁　夏	1870					1870		394	1476	1564	306
新　疆	29525	5948	18057	920		4600		4596	24929	28676	849

表 14 1982～1990 年汽车工业总产值(1980 年不变价)

单位:万元

地区 \ 年份	1982	1983	1984	1985	1986	1987	1988	1989	1990
全国	869887	1203562	1645310	2353426	1845430	2336784	3246178	3471275	3423909
北京	93895	112708	139939	180569	186560	214637	260926	276460	321225
天津	29507	38785	50488	90657	76797	98219	153482	146935	134667
河北	12343	18205	34499	44240	32975	37605	70786	79561	90862
山西	4219	6830	11702	16047	10556	11404	17718	15251	13857
内蒙古	2478	3381	4487	6628	4335	4009	6799	8941	12528
辽宁	45778	84327	127951	220933	150141	187858	257751	276351	206883
吉林	116437	141890	182331	219910	165369	255028	352712	330313	339304
黑龙江	12834	35401	47162	62335	40396	62145	87485	79684	47123
上海	68598	100349	115281	164733	127560	144811	186401	201070	213386
江苏	49508	70177	98867	145022	117821	171742	233110	245383	267768
浙江	20643	27910	39473	67816	50346	65191	86910	97589	90584
安徽	11482	17219	26520	36850	20221	25511	37650	40187	34748
福建	6237	6515	13174	20092	13448	16352	28532	28375	22851
江西	10427	19470	24541	50340	43461	48075	78132	82786	79812
山东	54065	66876	81568	129426	96318	95171	155683	197991	190473
河南	10404	15267	34104	33912	20708	33467	56066	48782	60792
湖北	205590	260276	323648	410608	361457	434524	526363	553865	515966
湖南	24991	35274	49557	71856	64782	75252	106253	127391	113712
广东	11358	19033	25316	46326	22518	35019	51591	79471	98548
广西	7157	9397	17053	32116	25705	41356	50932	65149	69416
海南								446	265
四川	35339	56735	103683	139353	120984	159787	270380	308593	336079
贵州	5402	8777	18207	37538	12579	16649	24753	32709	32234
云南	8360	11056	22962	34555	21010	30312	46442	43738	34609
西藏									
陕西	9492	15589	20552	32221	28835	35380	53832	58951	51437
甘肃	5288	7463	10107	18575	10499	10019	11059	13125	13536
青海	3682	5900	10040	14688	10264	11869	14091	12749	8259
宁夏	749	1135	1517	12805	1135	822	1228	1852	1586
新疆	3624	7619	10671	13275	8653	14570	19111	19793	21399

表 15　1990(1988、1989)年汽车工业总产值(1980 年不变价)地区分类构成

单位:万元

地区	合计	按主导产品分					按企业规模分			按专兼业分	
		汽车	改装汽车	摩托车	车用发动机	汽车、摩托车配件	大型	中型	小型	专业	兼业
1988 年全国	3246178	1531306	540087	209703	193153	771929	917734	1006025	1322419	2865960	380218
1989 年全国	3471275	1608617	566019	214201	222969	859469	1052547	1040106	1378622	3020747	450528
1990 年全国	3423909	1621280	515315	232806	203808	850700	1183535	922118	1318256	2943099	480810
北京	321225	183666	31326		40579	65654	64707	192577	63941	282910	38315
天津	134667	76686	1955	2882	8702	44442	9489	83772	41406	126299	8368
河北	90862	29467	28835	3303	1538	27719	14048	17144	59670	74973	15889
山西	13857	1343	4340		163	8012	750	76	13031	7412	6445
内蒙古	12528	910	2155			9463	1828	3071	7629	9907	2621
辽宁	206883	109005	23850	2288	24905	46835	44574	104113	58196	178437	28446
吉林	339304	273743	19183	6781	3841	35756	267006	24575	47723	326647	12657
黑龙江	47123	10193	20381	297	3314	12938	1948	15121	30054	27192	19931
上海	213386	90106	16492	37752	9874	59162	65205	93186	54995	183213	30173
江苏	267768	127727	61393	14772	9512	54364	91857	26195	149716	238552	29216
浙江	90584	11291	11380	3497	12124	52292	20963	6120	63501	75428	15156
安徽	34748	7560	9653	59	585	16891		4848	29900	27868	6880
福建	22851	3473	5786	48		13544	2022		20829	17582	5269
江西	79812	36690	8904	14732	3797	15689		31921	47891	68115	11697
山东	190473	60198	37906	32059	9942	50368	78542	20971	90960	150903	39570
河南	60792	15620	16091	9884	876	18321		6946	53846	46760	14032
湖北	515966	350436	45637	1968	389	117536	360889	57239	97839	496226	19740
湖南	113712	14018	21653	9220	25123	43698	39870	16676	57166	77818	35894
广东	98548	32617	20832	22381		22718	1513	26211	70824	66585	31963
广西	69416	34032	5858	616	22403	6507	15572	38251	15593	62419	6997
海南	265					265			265		265
四川	336079	110435	64138	64494	21614	75398	86400	130601	119078	285284	50795
贵州	32234	5280	10256	1284	2678	12736	4050	7808	20376	18489	13745
云南	34609	17533	6951	212	836	9077		2576	32033	23949	10660
西藏											
陕西	51437	11453	19136	3777		17071	10348	6716	34373	30833	20604
甘肃	13536	2030	4421		211	6874	1954	1626	9956	11074	2462
青海	8259	1742	2834		802	2881			8259	6230	2029
宁夏	1586					1586		249	1337	1284	302
新疆	21399	4026	13969	500		2904		3529	17870	20710	689

表 16 1990 年汽车工业总产值（1990 年不变价）地区分类构成

单位：万元

地　区	合　计	按主导产品分					按企业规模分			按专兼业分	
		汽　车	改装汽车	摩托车	车用发动机	汽车、摩托车配件	大　型	中　型	小　型	专　业	兼　业
全　国	4680796	2313415	659733	328035	288670	1090943	1568539	1422818	1689049	4066804	613992
北　京	499428	303486	41238		64742	89962	97208	306377	95843	445392	54036
天　津	176723	104102	2178	3610	12817	54016	12395	115802	48526	167862	8861
河　北	114717	36440	33753	4626	2542	37356	20406	18606	75705	91707	23010
山　西	18290	1729	6320		166	10075	781	82	17427	10353	7937
内蒙古	17601	900	2415			14286	3907	3561	10133	14486	3115
辽　宁	295768	158846	31827	4115	40288	60692	66700	146408	82660	257265	38503
吉　林	397907	319679	22549	9070	4712	41897	312276	29521	56110	384941	12966
黑龙江	57596	14729	21441	441	3912	17073	2419	21648	33529	32830	24766
上　海	420236	241812	25313	52440	16775	83896	91156	247538	81542	372647	47589
江　苏	328229	152832	75446	20692	13128	66131	118997	32771	176461	292965	35264
浙　江	115263	16760	13618	3452	16553	64880	28812	7974	78477	93365	21898
安　徽	44269	10593	12279	68	1141	20188		5438	38831	36583	7686
福　建	29540	3817	7180	62		18481	4086		25454	22654	6886
江　西	104949	48155	12252	19489	5003	20050		41224	63725	88343	16606
山　东	224183	70555	45925	32860	12012	62831	83686	27399	113098	177209	46974
河　南	78645	17351	19828	17150	1383	22933	490270	8663	69982	60905	17740
湖　北	689631	477384	60934	3217	523	147573	485602	75134	124227	665444	24187
湖　南	148040	16880	27250	8682	31263	63965	57153	21366	69521	104658	43382
广　东	134100	54447	28701	22402		28550	1706	44421	87973	96783	37317
广　西	91741	51382	7380	962	23607	8410	15519	56706	19516	82455	9286
海　南	86					86			86		86
四　川	472919	147806	88833	116575	29907	89798	142235	181461	149223	409469	63450
贵　州	42719	9249	11453	1527	5435	15055	4924	11152	26643	27719	15000
云　南	51097	27936	9982	248	1268	11663		3330	47767	37042	14055
西　藏											
陕　西	66434	14814	24810	5447		21363	11571	9241	45622	40391	26043
甘　肃	17830	2082	6301		214	9233	2722	2170	12938	14662	3168
青　海	12827	3147	4116		1279	4285			12827	9833	2994
宁　夏	1889					1889		334	1555	1568	321
新　疆	28139	6502	16411	900		4326		4491	23648	27273	866

表17 1982～1990年汽车工业净产值(现行价)

单位:万元

地区＼年份	1982	1983	1984	1985	1986	1987	1988	1989	1990
全国	251460	358895	540760	922661	622365	751291	1081783	1217701	1205069
北京	31939	37337	49138	75523	75104	82675	92115	108151	107704
天津	8359	11882	16681	31783	25367	26803	42973	41434	38598
河北	3540	5349	10333	15496	11168	11842	25106	27833	29672
山西	1439	2218	3832	5307	3516	3144	4852	5080	4676
内蒙古	748	1119	1613	2652	1837	1536	2652	4614	7136
辽宁	11971	25571	41867	84997	58202	59939	88530	83502	59635
吉林	35401	41471	67078	96706	42724	70143	107569	111789	129941
黑龙江	3612	13098	16343	23636	13488	18199	29734	25181	14699
上海	22148	36365	43779	71673	48865	55541	85456	89478	103216
江苏	14025	20219	31537	51661	32741	50349	69527	63740	73113
浙江	6258	9449	13830	25107	18083	19898	29298	33482	31671
安徽	3576	4953	9109	13777	6483	9443	10113	14611	11784
福建	2084	2564	4442	6652	4835	5466	8980	10928	10079
江西	2911	5429	8067	20454	14308	16289	30125	34702	38013
山东	14165	15461	23833	48917	30115	22230	42078	56549	51569
河南	2718	4632	11905	13127	7574	9387	17392	17874	20178
湖北	51342	67133	91600	157337	115998	156205	179754	190055	178588
湖南	7945	11343	17371	28954	25305	25181	36251	53064	46620
广东	3584	6595	9733	23795	9095	14318	18810	32549	33457
广西	2964	2407	5355	12125	8345	11413	16677	25893	26509
海南								211	120
四川	10476	17489	33161	51474	38878	46486	90053	123891	134856
贵州	1607	2745	4948	13522	4549	5635	8723	11140	11427
云南	2322	3068	7728	12252	7013	8422	14032	14945	11570
西藏									
陕西	2315	4463	6468	11543	8631	10204	18342	17787	14637
甘肃	1472	2205	3494	7153	3494	3791	3353	4904	4507
青海	1093	1437	2990	5759	3393	2709	3636	4777	2599
宁夏	229	336	403	5412	392	236	481	918	609
新疆	1217	2560	4122	5867	2867	3807	5171	8619	7886

表 18　1990(1988、1989)年汽车工业净产值(现行价)地区分类构成

单位:万元

地　区	合　计	按主导产品分					按企业规模分			按专兼业分	
		汽　车	改装汽车	摩托车	车用发动机	汽车、摩托车配件	大　型	中　型	小　型	专　业	兼　业
1988 年全国	1081783	503507	157702	66711	68147	285716	318309	338522	424952	954189	127594
1989 年全国	1217701	532911	177874	69399	82151	355366	367801	360447	489453	1044809	172892
1990 年全国	1205069	531111	160398	80469	77800	355292	425918	316410	462742	1035312	169757
北　京	107704	56167	11665		14148	25724	24283	57314	26107	98031	9673
天　津	38598	17260	708	593	3188	16850	3403	20175	15021	36755	1843
河　北	29672	8698	6782	895	326	12971	7319	5407	16946	23706	5966
山　西	4676	294	1019		46	3317	148	41	4487	2421	2255
内蒙古	7136	205	1493			5438	1820	1256	4060	6216	920
辽　宁	59635	23798	7547	1600	7520	19170	15717	24839	19079	51638	7997
吉　林	129941	108004	4745	2148	987	14057	109622	4896	15423	125718	4223
黑龙江	14699	3423	4737	−30	1204	5365	557	5904	8238	7100	7599
上　海	103216	50763	7769	12117	4876	27691	24742	55270	23204	87750	15466
江　苏	73113	26908	17434	5861	3527	19383	17626	8431	47056	62942	10171
浙　江	31671	2724	2699	791	4692	20765	8454	2251	20966	26343	5328
安　徽	11784	1966	2306	33	194	7285		1985	9799	9454	2330
福　建	10079	1421	1966			6692	1657		8422	7920	2159
江　西	38013	22178	3355	4362	1086	7032		18201	19812	31087	6926
山　东	51569	10781	9793	6137	4219	20639	14455	9377	27737	38443	13126
河　南	20178	3297	4243	4388	292	7958		2810	17368	15635	4543
湖　北	178588	119549	15247	1039	126	42627	125175	20341	33072	170080	8508
湖　南	46620	3408	7063	3004	10123	23022	19230	5763	21627	32996	13624
广　东	33457	6115	8726	8283		10333	397	7276	25784	23427	10030
广　西	26509	9698	2573	-207	11196	2835	8465	11316	6728	23001	3508
海　南	120					120			120		120
四　川	134856	45435	20370	27845	8021	33185	36407	45172	53277	118029	16827
贵　州	11427	1701	3095	232	1334	5065	1594	2810	7023	6837	4590
云　南	11570	4621	2200	91	489	4169		1359	10211	7984	3586
西　藏											
陕　西	14637	371	6548	579		7139	3936	2327	8374	8467	6170
甘　肃	4507	223	1431		46	2807	911	483	3113	3419	1088
青　海	2599	216	754		160	1469			2599	1842	757
宁　夏	609					609		27	582	499	110
新　疆	7886	1887	4130	294		1575		1379	6507	7572	314

四 汽车 改装车 摩托车 发动机产量

表19 历年汽车产量

单位:辆

年份	汽车产量合计	其中:载货汽车	越野汽车	其中:轻型越野汽车	轿车	汽车底盘
1955	61	61				
1956	1654	1654				
1957	7904	6228				1676
1958	16000	12865	108	75	57	2970
1959	19601	13613	562	281	101	5325
1960	22574	17148	1182	569	98	4146
1961	3589	2746	411	290	5	423
1962	9740	7797	569	311	11	1363
1963	20579	16738	68	67	11	3762
1964	28062	20755	419	102	100	6787
1965	40542	26538	2308	378	133	11516
1966	55861	34199	7074	770	302	14279
1967	20381	10696	3075	599	144	6300
1968	25100	11976	5125	1599	279	7100
1969	53100	30416	11989	4845	163	10200
1970	87166	47101	19621	8853	196	18585
1971	111022	58068	26082	12750	562	25548
1972	108227	60493	24742	13258	661	21609
1973	116193	64383	25946	15086	1130	23687
1974	104771	56948	26166	17315	1508	19111
1975	139800	77606	30791	19491	1819	27497
1976	135200	74539	27352	19180	2611	28310
1977	125400	75920	21842	14983	2330	23540
1978	149062	96103	19382	12943	2640	28970
1979	185700	119501	24355	17181	4152	34585
1980	222288	135532	28034	20382	5418	48321
1981	175645	108261	19536	15452	3428	39986
1982	196304	121789	18883	15326	4030	42541
1983	239886	137100	22510	18247	6046	62263
1984	316367	179846	21588	16553	6010	85348
1985	443377	236934	25173	20747	5207	114069
1986	372753	218863	23739	21891	12297	81262
1987	472538	299356	27781	27351	20865	92260
1988	646951	364000	36384	35978	36798	136234
1989	586936	342835	48934	48291	28820	103896
1990	509242	269098	44719	44348	42409	90574

注:1. 1983年汽车产量合计里尚有小、微型公共客车3636辆,大、中型公共客车及长途客车2575辆,其它车辆5756辆;载货汽车里有8t以上重型车6699辆。

2. 1984年汽车产量合计里尚有各种客车6990辆,微型汽车12676辆,用进口零部件装配汽车2044辆,其它车辆1865辆;载货汽车里有8t以上重型车7711辆。

3. 1985年汽车产量合计里尚有各种客车11897辆,微型车19961辆,用进口零部件组装车24931辆,其它车辆5205辆;载货汽车里,有8t以上重型车11250辆。

4. 历年汽车产量合计中含CKD产品产量,1986~1988年载货汽车、越野车、轻型越野汽车、轿车、汽车底盘等分项数中含CKD产品产量,而1986年以前分项数中不含CKD产品产量。1986~1990年轿车年产量中含BJ/XJ213车产量,五年分别为1532、3002、4500、6630、7500辆。1986~1990年CKD车产量分别为25113、30858、58010、42636、45288辆。

表 20　1988、1989 年按车型分汽车产量构成　　单位:辆

年份 项目 车型	1988				1989			
	总　计	各型车所占比重(%)	国内汽车制造合计	进口零部件(CKD)组装车合计	总　计	各型车所占比重(%)	国内汽车制造合计	进口零部件(CKD)组装车合计
	(1)=(3)+(4)	(2)	(3)	(4)	(1)=(3)+(4)	(2)	(3)	(4)
行业总计	646951	100.00	593941	53010	586936	100.00	544300	42636
1　载货汽车	364000	56.26	358196	5804	342835	58.41	332647	10188
其中:重型	8634	2.34	7287	1347	10038	1.71	9441	597
中型	147401	22.78	147395	6	161381	27.50	161381	
轻型	175008	27.05	173308	1700	137444	23.42	128195	9249
微型	32957	5.10	30206	2751	33972	5.79	33630	342
2　越野汽车	36384	5.62	36384		42304	7.21	42304	
其中:重型	383	0.06	383		523	0.09	523	
中型	23	0.06	23		120	0.02	120	
轻型	35978	5.56	35978		41661	7.10	41661	
3　自卸汽车	9139	1.41	8485	654	9382	1.60	8329	1053
其中:重型	1343	0.21	689	654	1909	0.33	856	1053
中型	4847	0.75	4847		5662	0.96	5662	
轻型	2949	0.45	2949		1811	0.31	1811	
其它								
4　底盘	136234	21.06	134974	1260	103896	17.70	103193	703
其中:								
重型载货汽车底盘	5125	0.79	5125		5930	1.01	5237	693
中型载货汽车底盘	54474	8.42	54474		41351	7.05	41351	
轻型载货汽车底盘	47059	7.27	47059		33341	5.68	33331	10
微型载货汽车底盘	2886	0.45	2886		1515	0.26	1515	
重型越野汽车底盘	291	0.04	291		161	0.03	161	
中型越野汽车底盘	90	0.01	90		371	0.06	371	
轻型越野汽车底盘	4378	0.68	4378		7003	1.19	7003	
客车底盘	20588	3.18	20588		14065	2.40	14065	
其它底盘	1343	0.22	83	1260	159	0.03	159	
5　客　车:	50922	7.87	41420	9502	47639	8.12	46985	654
其中:大型	1518	0.23	1510	8	1372	0.23	1242	130
中型	3935	0.61	3932	3	2489	0.42	2465	24
轻型	24444	3.78	24442	2	20824	3.55	20324	500
微型	21025	3.25	11536	9489	20175	3.44	20175	
其它					2779	0.47	2779	
6　轿　车:	36798	5.69	7623	29175	35450	6.04	5537	29913
7　其它车型:	13474	2.08	6859	6615	5430	0.93	5305	125

注:1. 资料来源:中汽总公司生产司,下表同。

2. 1989 年铰接客车等客车列入其它客车中。

表21　1990年按车型分汽车产量构成

单位：辆

车型＼项目	总计	各车型所占比重 %	总计中：国内制造	总计中：进口组装
全国总计	509242	100.00	463954	45288
1　载货汽车	269098	52.84	261709	7389
重型	9595	1.88	9435	160
中型	139119	27.32	139119	
轻型	95110	18.68	87881	7229
微型	25274	4.96	25274	
2　越野汽车	44719	8.78	44719	
重型	192	0.04	192	
中型	179	0.04	179	
轻型	44348	8.71	44348	
其中：轻型越野客车	44282	8.70	44282	
3　自卸汽车	8644	1.70	7839	805
重型	2096	0.41	1293	803
中型	5115	1.00	5115	
轻型	1239	0.24	1239	
矿用	194	0.04	192	2
其它				
4　牵引汽车列车	434	0.09	411	23
半挂	431	0.09	408	23
全挂	3	0.00	3	
其它				
5　客车	23148	4.55	23042	106
大型	2566	0.50	2522	44
中型	1107	0.22	1106	1
轻型	18721	3.68	18660	61
微型	550	0.11	550	
铰接	204	0.04	204	
其它				
6　轿车	42409	8.33	6235	36174
高级	1	0.00		1
中级	39325	7.72	6072	32253
微型	3083	0.61	163	2920
7　厢式专用汽车	30098	5.91	30095	3
7.1 客厢式专用汽车	17474	3.43	17472	2

车型＼项目	总计	各型车所占比重 %	总计中：国内制造	总计中：进口组装
大型	2	0.00		2
中型				
轻型	9012	1.77	9012	
微型	8460	1.66	8460	
7.2 货厢式专用汽车	12624	2.48	12623	1
重型	1	0.00	1	
中型	18	0.00	18	
轻型	4200	0.82	4200	
微型	8405	1.66	8404	1
8　罐式专用汽车	95	0.02	87	8
重型	14	0.00	6	8
中型	81	0.02	81	
9 起重举升式专用汽车	1	0.00		1
重型	1	0.00		1
10　仓栏式专用汽车	5	0.00	5	
重型	5	0.00	5	
11　特种结构专用汽车	17	0.00	17	
轻型	17	0.00	17	
12　汽车底盘	90574	17.79	89795	779
12.1 载货汽车底盘	55186	10.84	54407	779
重型	5478	1.08	4699	779
中型	26998	5.30	26998	
轻型	21919	4.30	21919	
微型	791	0.16	791	
12.2 越野汽车底盘	13906	2.73	13906	
重型	216	0.04	216	
中型	460	0.09	460	
轻型	13230	2.60	13230	
12.3 客车底盘	20978	4.12	20978	
大型	1497	0.29	1497	
中型	12615	2.48	12615	
轻型	6866	1.35	6866	
微型				
12.4 其它汽车底盘	504	0.10	504	

注：生产的汽车总计中，含国产柴油汽车75829辆，占汽车总产量的15%。

表 22 1988～1990 年全国汽车产量地区构成

单位:辆

地区＼年份	1988	1989	1990
全 国	646951	586936	509242
北 京	90377	85362	88215
天 津	45262	39326	26963
河 北	6608	5098	8483
山 西	620	461	372
内蒙古		40	25
辽 宁	57167	49308	24104
吉 林	98685	84178	73272
黑龙江	25682	13332	5402
上 海	26080	24801	28315
江 苏	41502	40120	46291
浙 江	10109	9136	4565
安 徽	6385	4739	2837
福 建	3550	1401	842
江 西	11289	9994	9711
山 东	14528	13525	9917
河 南	3938	3304	3037
湖 北	126665	126701	113252
湖 南	8643	4980	3464
广 东	9734	9110	8303
广 西	14550	13774	14303
海 南			
四 川	27893	27924	27423
贵 州	330	1759	1477
云 南	11579	11703	6294
西 藏			
陕 西	3535	5317	1826
甘 肃		2	
青 海	2240	1631	549
宁 夏			
新 疆			

注:1. 资料来源:中汽总公司生产司。

2. 新疆汽车制造厂与二汽联营组装汽车,产量计入二汽产量中。

表 23 1980～1990 年摩托车产量

单位:辆

年份＼项目	合 计	其中:二轮 轻 便	二轮 普 通	三轮 正三轮	三轮 边三轮
1980	49234	15639	11822	15763	6010
1981	134859	90393	22338	14015	8113
1982	213746	159570	36395	11263	6518
1983	287152	212848	48440	15043	10821
1984	528301	365850	124969	22512	14970
1985	1045062	491287	498020	32455	23300
1986	635127	377004	215041	43082	
1987	734457	381403	291603	61424	
1988	1171368	629930	379919	63335	
1989	1031721	441449	518151	72121	
1990	965768	401329	497412	67027	

注:资料来源:中汽总公司摩托车行业办公室。

表 24 1990 年摩托车产量地区分类构成

单位：辆

地 区	合 计	国内生产摩托车					进口件装配摩托车		
		小 计	二 轮		三 轮		小 计	其中：二 轮	
			轻 便	普 通	边三轮	正三轮		轻 便	普 通
全 国	977385	976881	363815	491327	38738	83001	504		504
北 京	14000	14000				14000			
天 津	7800	7800		7800					
河 北	17042	17042	14650	684		1708			
山 西	1224	720		655	65		504		504
内蒙古									
辽 宁	11500	11500	11500						
吉 林	18122	18122		18122					
黑龙江	4405	4405	4405						
上 海	140674	140674		140032		642			
江 苏	63135	63135	32166	28056		2913			
浙 江	9078	9078	117	8770	191				
安 徽	70	70		70					
福 建	186	186		186					
江 西	25104	25104	357	6535	18212				
山 东	74216	74216	45978	14017	8833	5388			
河 南	106060	106060	26416	26629	15	53000			
湖 北	16771	16771	14847	1681	233	10			
湖 南	36594	36594		27066	9112	416			
广 东	20546	20546		20406		140			
广 西	1923	1923		1923					
海 南									
四 川	380666	380666	192013	183260	1351	4042			
贵 州	2459	2459	1136	300	561	462			
云 南	280	280				280			
西 藏									
陕 西	23880	23880	20230	3650					
甘 肃									
青 海									
宁 夏									
新 疆	1650	1650		1485	165				

注：此表是按各企业报表汇总的，包含一部分农用三轮车及部分非定点企业生产的摩托车，因此比中汽总公司提供的 965768 辆略大。河南省 53000 辆正三轮为农用三轮车。

表 25　1990(1988、1989)年改装汽车产量地区分类构成

单位:辆

地区	总计	自卸汽车 合计	自卸汽车 其中:重型	自卸汽车 其中:中型	自卸汽车 其中:轻型	牵引汽车 合计	牵引汽车 其中:半挂牵引车	客车 合计	客车 其中:特大型	客车 其中:大型	客车 其中:中型	客车 其中:小型	客车 其中:微型
1988年全国	134073	23521	2084	17366	4071	7807	7797	47536		2364	7223	23190	716
1989年全国	117357	16031	1663	11898	2440	6049	6049	34157	1404	4337	12943	15269	204
1990年全国	104232	11781	962	10185	332	5263	5262	39197	1761	1593	15040	20714	89
北京	7831	62	3	59		124	124	3480	195		465	2820	
天津	308					16	16	208	70		138		
河北	5669	338		257	81	339	339	1924			348	1576	
山西	1260	642		642		2	2	255			205	50	
内蒙古	400					25	25	107		19	88		
辽宁	3852	344		344		200	200	1587	168	24	1392	3	
吉林	3211	636		636		88	88	724	76	11	637		
黑龙江	2703	16		16		18	18	1402		582	779	41	
上海	3501	90		90		120	120	1977	612	6	643	716	
江苏	11610	571	46	415	110	1639	1638	4873	44	7	769	3972	81
浙江	2809	25		25		106	106	886	35		397	146	8
安徽	1680	38		38		129	129	724	32	20	451	221	
福建	1368					20	20	269			183	86	
江西	2013	77		77		20	20	1417	24		817	576	
山东	7282	1291	865	295	131	894	894	1727		330	818	579	
河南	2863	319		319				1553	27	341	162	1023	
湖北	9409	3388		3388		487	487	1772	256	4	909	603	
湖南	5562	863		863		409	409	2387	39	14	836	1498	
广东	5473	336		336		128	128	2495	88		1203	1204	
广西	1342	224	48	176		10	10	959		19	589	351	
海南													
四川	11378	1067		765		5	5	3843	56	51	1248	2488	
贵州	2316	200		200				1183			194	989	
云南	1959	167		167				1145	20		251	874	
西藏													
陕西	3595	79		79				1108	19	147	496	446	
甘肃	1192							737			605	132	
青海	754	409		399	10	32	32	164			149	15	
宁夏													
新疆	2892	599		599		452	452	291		18	268	5	

注:本表中的其它改装车,含改装越野汽车及载货汽车等。

续

地区	专用汽车												
	商业服务车							环卫环保车					
	合计	其中：						合计	其中：				
		保温车	冷藏车	邮政运输车	液化气罐车	燃油石油运输车	加油车		洒水车	垃圾车	清扫车	粪罐车	环境监测
1988年全国	10740	491	558	312	302	1887	1925	2550	653	1089	[illegible]	415	244
1989年全国	10814	875	434	414	583	1944	2146	3312	544	1444	[illegible]	573	453
1990年全国	10464	778	170	451	604	1229	1535	2738	419	1146	21	576	386
北京	555	38	48		64		149	615	202	199		214	
天津	7							77		8	17	34	
河北	325				11	21	2	175		25			150
山西	1												
内蒙古	16					2	2	10				10	
辽宁	181	3	12		32	95		407	36	210		121	
吉林	349	139	1					31	2				29
黑龙江	201				127		56	23				23	
上海	158				18			487	35	438	4		
江苏	2161	142	75	8		284	769	216		28		46	138
浙江	675					28		26		22		4	
安徽	328	116				8							
福建	4												
江西	144		2		120								
山东	1352	76	13	366	37	444	154	82					
河南	46	6	8					44		44			
湖北	1697	220			161	129	182	186	67			83	
湖南	139				13		62						
广东	14				14			154	46	75		25	8
广西	49												
海南													
四川	1159							93	31	49		13	
贵州	80	38	11	31				48		48			
云南	236			26		14		21					21
西藏													
陕西	346					165	159	43				3	40
甘肃	20			20									
青海	55												
宁夏													
新疆	166					39							

续

地区	专用汽车									其它改装车
	工程基建车				农牧渔业车	石油地质车	医药卫生车	公安消防车	其它专用车	
	合计	其中：起重汽车	散装水泥车	沥青洒布车						
1988年全国	5641	3053	778	17	1125	844	2996	2718	1425	27203
1989年全国	4941	2795	868	47	3259	1043	2649	4433	4433	27170
1990年全国	3775	1608	528	157	977	1097	1723	2130	2953	22139
北京	219					26	6	217	3	2524
天津										
河北	110	17				191	235	89	124	1819
山西	60	60							14	286
内蒙古					67					175
辽宁	517	423		20	53	26		26	9	502
吉林	169	83	46		607	88	25	273	16	205
黑龙江	124	96			64	166		29	578	82
上海	83						11	508	67	
江苏	687	360	4		103	67	54	43	286	910
浙江	79		18				2	98	36	876
安徽	232	107	73				1			228
福建										1075
江西	71						69		162	53
山东	177	97	40					32	49	1678
河南	62		40	18	79	147		126	305	182
湖北	571	54	281			60		213	835	200
湖南	229			119	1		7	20	241	1266
广东	86	86					17		16	2227
广西	32	3								73
海南										
四川	206	206				35		222	30	4718
贵州							28	15		762
云南	26		26		3		15			346
西藏										
陕西	19					291	1253	215	176	65
甘肃								4	6	425
青海	16	16								78
宁夏										
新疆										1384

表26 1990(1988、1989)年 发动机

地区	合计	国内生产发动机			
		汽车用发动机			
		汽油机		柴油机	
		小计	其中:商品量	小计	其中:商品量
1988年全国	1219117/4954.5	549971/3943.3	312969/1803.4	123257/639.4	123206/668.9
1989年全国	983753/4725.0	509036/3583.2	285092/1542.5	132078/955.5	131463/942.7
1990年全国	747319/4287	425636/3092	254653/1469	135818/1057	132331/1007
北京	155982/939	155726/937	155726/937	257/2	257/2
天津	22266/87	20314/86	20314/86		
河北	708/8	436/3	436/3	272/5	272/5
山西	239/1	239/1	239/1		
内蒙古					
辽宁	77004/432	21260/131	5941/40	29244/296	29244/296
吉林	53088/510	51852/499	10656/79	1236/10	1236/10
黑龙江	4404/11	4404/11	4404/11		
上海	29074/129	10853/71	10853/71	3509/46	3509/46
江苏	36645/135	7076/43	1558/10	14193/76	14193/76
浙江	7786/95	244/2	244/2	6629/92	6629/92
安徽	579/6			579/6	579/6
福建					
江西	11100/69			11100/69	11100/69
山东	10969/95	1898/17	1898/17	5367/71	3194/38
河南	2686/19	1250/10	1250/10	1436/9	1429/9
湖北	112515/1105	111433/1098	2848/22	514/5	20/0
湖南	129269/189	7104/46	7104/46	30547/56	30547/56
广东					
广西	22350/206	7700/16	7700/16	14650/190	14650/190
海南					
四川	61303/181	19023/78	19023/78	13632/95	13632/95
贵州	4411/25	2512/25	2512/25	25/0	25/0
云南	1893/12	365/2		1528/10	1528/10
西藏					
陕西	1450/20	350/3	350/3	1100/16	287/4
甘肃	18/0	18/0	18/0		
青海	1460/12	1460/12	1460/12		
宁夏					
新疆	120/1	120/1	120/1		

注:由于有些企业未填报,因此本表中数比实际数要小些。

产量地区分类构成

单位:台/万kW

摩托车用发动机		进口件装配发动机 汽车用发动机 柴油机	
小计	其中:商品量	小计	其中:商品量
532053/298.9	282708/205.7	1836/42.8	1836/42.8
342639/186.4	300730/162.2	202/2.3	2/0.3
185665/136	145083/109	200/2	
1952/1	1952/1		
26500/4	15000/3		
14712/13	14712/13		
15376/15	15376/15		
913/1	913/1		
3704/7	3200/6		
368/0	368/0		
91618/87	64302/62	200/2	
28648/7	28648/7		
1874/0	612/0		

1988～1990年进口件汽车用汽油机、摩托车用发动机产量为零。

五 职 工 人 数

表 27　1982～1990 年末汽车工业职工人数

单位:人

地区 \ 年份	1982	1983	1984	1985	1986	1987	1988	1989	1990
全　国	942821	10466606	1212424	1407236	1290844	1348267	1505837	1570724	1565332
北　京	71542	72966	74840	78397	82602	82293	79060	83268	84589
天　津	36526	40095	42096	47216	43255	44338	53078	53957	48501
河　北	27095	25190	35395	36388	41639	37216	46044	52353	57414
山　西	12676	11818	16882	20728	15208	14341	16712	15612	15800
内蒙古	9452	8308	9706	12024	8904	7311	8869	10244	11336
辽　宁	83988	97120	117341	138815	12124	118705	130339	131904	130524
吉　林	89631	88723	102092	121065	115070	108893	124771	131467	136909
黑龙江	17516	24915	31674	40977	36326	39143	48201	59036	42663
上　海	47235	63147	64605	72392	59362	59776	60101	60386	58483
江　苏	57019	65010	68786	89922	79221	88029	95051	96433	100613
浙　江	23746	26277	31327	36955	34158	35956	38157	38951	39117
安　徽	25090	27496	29062	31790	27160	28321	30525	32456	32095
福　建	12783	13664	16127	17648	13540	14768	17304	16653	15795
江　西	26276	29421	30033	39094	42153	43901	55083	51874	47407
山　东	52536	54074	62486	71563	67274	70996	80148	83466	84036
河　南	19168	23433	27590	29570	26435	38232	38783	34110	36587
湖　北	120944	135396	148133	169166	161936	162969	179226	182669	185885
湖　南	40458	44510	50811	54449	62972	60400	61645	77975	76791
广　东	23255	28157	29553	27110	22165	25323	25971	29985	29841
广　西	7999	10753	15188	21813	17664	20279	23770	25195	26818
海　南								556	325
四　川	56895	71091	102116	109882	106317	122950	158258	160349	169735
贵　州	12247	15597	19130	25766	15437	29205	23251	27335	24990
云　南	17372	16533	23901	27151	21681	22022	25690	23294	22690
西　藏									
陕　西	19804	22025	24925	33263	34405	40608	51539	52389	49417
甘　肃	12470	10595	12243	20795	12263	10922	11032	13201	12116
青　海	8482	7551	11541	14294	11757	10880	10252	11141	9638
宁　夏	2031	2224	2277	4216	1522	1210	1530	1713	1549
新　疆	8585	10548	12564	14787	9204	9360	11387	12691	13605

注:因天津市、黑龙江省等部分地区的一些兼业企业 1990 年的汽车产品产值下降,故折算统计时,使一些指标,如:职工人数、固定资产、能源消耗总量等也相应有所下降。

表 28 1990(1988、1989)年末汽车工业职工人数地区分类构成

单位:人

地区	合计	按主导产品分					按企业规模分			按专兼业分	
		汽车	改装汽车	摩托车	车用发动机	汽车、摩托车配件	大型	中型	小型	专业	兼业
1988 年全国	1505837	458431	260310	112253	101561	573282	316547	357896	831394	1213451	292386
1989 年全国	1570724	482509	283296	106014	105603	593302	345229	382779	842716	1237393	333331
1990 年全国	1565332	487546	269752	96644	106058	605332	412740	335681	816911	1219919	345413
北京	84589	23748	13539		12914	34388	25625	27311	31653	70204	14385
天津	48501	8939	2311	1320	4586	31345	5089	13115	30297	43435	5066
河北	57414	16135	10412	3900	1888	25079	10194	11478	35742	41894	15520
山西	15800	2585	3846		230	9139	620	403	14777	7965	7835
内蒙古	11386	485	1002			9899	1690	2749	6947	8609	2777
辽宁	130524	67797	15821	2743	10305	33858	19766	65193	45565	103350	27174
吉林	136909	86016	12448	1046	2140	35259	81964	18545	36400	125061	11848
黑龙江	42663	10741	10306	637	5263	15717	2405	14857	25401	26987	15676
上海	58488	9430	9250	3418	5067	31323	13585	11650	33253	40839	17649
江苏	100618	30350	24224	8586	5530	31928	23847	9850	66921	84797	15821
浙江	39117	4454	3520	1133	4174	25836	8037	2202	28878	29475	9642
安徽	32095	7750	8711	85	1548	14001		4143	27952	26305	5790
福建	15798	1941	3600	716		9541	1517		14281	12516	3282
江西	47407	12290	4610	14699	2103	13705		9163	38244	37989	9418
山东	84036	22864	15954	8238	5403	31577	28141	10816	45079	64329	19707
河南	36587	6102	7180	4963	916	17426		5716	30871	24718	11869
湖北	185885	89710	32426	2461	863	60425	93356	25809	66720	168014	17871
湖南	76791	7369	13231	2963	16059	37169	26315	13256	37220	53000	23791
广东	29841	5523	8329	1472		14517	1060	7108	21673	21278	8563
广西	26818	8270	3866	839	9153	4690	5606	10728	10484	21193	5625
海南	325					325			325		325
四川	169735	36934	27615	27528	12477	65181	49174	54265	66296	123441	46294
贵州	24990	2031	6920	2303	2843	10893	2966	5830	16194	13136	11854
云南	22690	8778	3670	392	1650	8200		1766	20924	15548	7142
西藏											
陕西	49417	11347	12678	6937		18455	9978	4706	34733	24003	25414
甘肃	12116	1526	3046		166	7378	1805	2415	7896	9929	2187
青海	9638	2937	2338		780	3583			9638	7675	1963
宁夏	1549					1549		288	1261	1361	188
新疆	13605	1494	8899	265		2947		2319	11286	12868	737

六 物 资 消 耗

表 29　　历年汽车工业生产用钢材、生铁、煤、焦炭、电消耗量

年　份	钢　材 (t)	生　铁 (t)	煤 (t)	焦　炭 (t)	电 (万 kWh)
1952	1971	785	2870	487	143
1957	43414	10733	51637	7381	4804
1962	72173	18430	109266	17780	8974
1965	222077	46539	235115	30238	21675
1970	466177	102141	422906	71984	43378
1971	562612	141905	498539	95207	58347
1972	494496	113801	566050	84431	64214
1973	554290	134567	648214	88905	67960
1974	533696	130577	657940	80835	70350
1975	620631	155141	626108	88051	85313
1976	596130	160369	685450	88490	89450
1977	565911	152111	656238	86739	84671
1978	856278	254306	795332	87821	128375
1979	1025230	261824	1365674	147560	144814
1980	1119144	284559	1490779	154695	100013
1981	910982	238949	1472275	128681	150348
1982	1122246	278195	1561224	143111	166802
1983	1407578	344556	1834475	166263	202587
1984	1813206	429089	2327436	203533	248686
1985	2214361	506843	3167457	235412	316565
	(2189347)	(506641)	(2786760)	(234789)	(287148)
1986	1860891	406630	2550630	178478	270241
1987	2091985	413712	2666542	186535	287195
1988	2598213	482257	3151280	218739	327842
1989	2370437	530011	3129294	230350	344079
1990	2078747	477574	2950664	207247	329299

注：1. 括号内数为扣除生产轮胎、玻璃、轴承企业后的数值。

2. 1986～1990 年不包括汽车配套相关行业企业的数值。

表 30　1990(1988、1989)年汽车工业全年能源消耗总量(标准煤)地区分类构成

单位:t

地　区	合　计	按主导产品分					按企业规模分			按专兼业分	
		汽　车	改装汽车	摩托车	车用发动机	汽车、摩托车配件	大　型	中　型	小　型	专　业	兼　业
1988 年全国	4003828	1923106	409481	207902	328735	1134604	1709043	936548	1358237	3349763	654065
1989 年全国	4217647	2099243	430357	197905	302992	1187150	1970014	904268	1343365	3422308	795339
1990 年全国	3958485	1936118	405547	168184	247577	1201059	1946329	688528	1323628	3237721	720764
北　京	169251	52712	22660		35563	58316	61326	62825	45100	146860	22391
天　津	94450	27587	4076	4179	12378	46230	11764	38178	44508	85883	8567
河　北	117181	27162	16737	5377	3510	64395	37801	24830	54550	75382	41799
山　西	50518	6038	11068		655	32757	10124	964	39430	21551	28967
内蒙古	36664	3336	2076			31252	8001	10397	18266	28093	8571
辽　宁	292640	123181	30425	1400	43621	94013	81673	108191	102776	216609	76031
吉　林	713504	591101	33482	2851	8795	77275	582920	44575	86009	682468	31036
黑龙江	122131	46038	31365	3695	12521	28512	8284	48358	65489	70471	51660
上　海	78811	23023	6624	5284	7487	36393	18825	32598	27388	52985	25826
江　苏	139320	58008	19942	9587	9387	42396	58630	17725	62965	119920	19400
浙　江	122157	4635	1935	633	8679	106275	15833	3659	102665	109690	12467
安　徽	31484	7488	6543	36	2025	15392		4198	27286	25614	5870
福　建	22256	2273	4433	41		15509	7043		15213	16779	5477
江　西	54065	11539	4001	20404	2569	15552		11802	42263	42868	11197
山　东	188148	62036	30545	13346	19554	62667	72169	23728	92251	127320	60828
河　南	65004	9780	12576	10140	1434	31074		11096	53908	39110	25894
湖　北	890652	732771	39736	1315	561	116269	750333	52601	87718	851121	39531
湖　南	114876	8020	11752	1374	26590	67140	50346	22248	42282	77827	37049
广　东	31173	6650	4617	913		18993	1756	9763	19654	21109	10064
广　西	35505	12764	2906	1289	13542	5044	8041	16728	10736	27867	7638
海　南	350					350			350		350
四　川	294853	65719	22103	65296	28926	112809	115531	102553	76769	217801	77052
贵　州	41157	3185	11641	2182	4612	19537	6786	9447	24924	19221	21936
云　南	27391	12097	1380	124	2706	11084		2791	24600	15707	11684
西　藏											
陕　西	117860	25346	28344	17569		46601	31390	12012	74458	53785	64075
甘　肃	35386	3588	6679		379	24740	7753	9727	17906	29917	5469
青　海	23371	5985	7932		2083	7371			23371	15489	7882
宁　夏	3926					3926		838	3088	3476	450
新　疆	44401	4056	29969	1149		9227		6696	37705	42798	1603

七 设 备

表 31 历年汽车工业主要设备拥有量

单位:台

年 份	主要设备合计	其中:金切	其中:锻压
1971	88610	50772	8271
1978	146665	118290	22228
1979	190063	112734	22602
1980	201103	119730	23447
1981	202430	119727	22991
1982	211286	123040	23844
1983	230841	134474	25944
1984	269669	155566	30200
1985	318697	176347	31263
1986	302593	164530	3[illegible]856
1987	325660	178085	3[illegible]016
1988	375270	197523	36635
1989	395762	206306	39024
1990	394812	206138	39727

表 32　1990(1988、1989)年末汽车工业主要设备拥有量地区分类构成

单位:台

地区	合计	按主导产品分					按企业规模分			按专兼业分	
		汽车	改装汽车	摩托车	车用发动机	汽车、摩托车配件	大型	中型	小型	专业	兼业
1988年全国	375270	107994	54610	28913	31183	152570	73651	89058	212531	296518	78752
1989年全国	395762	111380	63311	25094	34364	161613	81274	95959	218520	306200	89562
1990年全国	394812	110430	59948	22891	31733	169810	98465	85640	210707	298676	96136
北京	21206	6026	3413		2987	8780	6593	6935	7678	17590	3610
天津	11373	1787	437	607	1486	7056	1458	3116	6799	10013	1360
河北	14127	3108	2147	1286	535	7051	2720	2711	8696	9789	4338
山西	4022	720	420		65	2817	54	182	3786	1691	2331
内蒙古	2860	57	196			2607	380	889	1591	2292	568
辽宁	24679	11053	2567	353	2599	8107	4354	11087	9238	19302	5377
吉林	27917	17548	1976	245	540	7608	15719	5104	7094	25542	2375
黑龙江	8698	2004	1847	173	1324	3350	454	2753	5491	5822	2876
上海	18236	3287	1910	1299	2107	9633	4641	4210	9385	12647	5589
江苏	24171	8041	4333	2338	1340	8119	6661	2935	14575	20056	4115
浙江	11290	1351	736	329	1456	7418	2104	734	8452	8571	2719
安徽	7116	1556	1616	33	352	3559		914	6202	5755	1361
福建	4909	610	1109	101		3089	463		4446	3685	1224
江西	11711	3172	1200	2910	453	3976		2106	9605	9165	2546
山东	20197	4783	3710	1213	1936	8555	5466	3419	11312	14748	5449
河南	9360	1373	1423	1137	226	5201		1934	7426	5928	3432
湖北	48050	20133	7974	628	259	19056	20541	8023	19486	42345	5705
湖南	23073	2157	3418	632	6379	10487	7313	3920	11840	15528	7545
广东	9141	1407	2228	433		5073	398	1867	6876	6157	2984
广西	9869	3077	1120	274	3579	1819	2269	4016	3584	7828	2041
海南	258					258			258		258
四川	42013	8648	6032	6111	2571	18651	12160	13051	16802	29396	12617
贵州	8502	1044	1709	738	749	4262	1249	2178	5075	3838	4664
云南	7816	3337	781	135	503	3060		685	7131	4802	3014
西藏											
陕西	13485	2739	3733	1810		5203	2910	1182	9393	6911	6574
甘肃	3376	280	911		29	2156	558	680	2138	2743	633
青海	2527	529	636		258	1104			2527	1936	591
宁夏	471					471		114	357	430	41
新疆	4359	603	2366	106		1284		895	3464	4166	193

八 企 业 面 积

表33 1982～1990年末汽车工业企业占地面积

单位:百 m²

地区＼年份	1982	1983	1984	1985	1986	1987	1988	1989	1990
全 国	1037890	1145377	1469827	1817425	1754085	1843879	2036826	2313764	2306936
北 京	38580	41082	51756	54065	54157	51807	57373	[illegible]	73418
天 津	25750	24950	26462	34491	51937	30474	37166	38114	32808
河 北	37840	33243	50266	62094	76750	65279	77467	[illegible]	100305
山 西	13940	13307	24324	26825	22332	21076	31332	23736	28516
内蒙古	8500	8892	9096	14134	10225	9262	17667	19102	22613
辽 宁	69560	76804	94865	122334	91630	97302	108276	125113	138332
吉 林	126950	140280	147607	185783	176313	179666	189751	211068	227425
黑龙江	17830	33313	47641	75516	66325	97571	121566	177855	110133
上 海	18960	21919	23338	26993	27537	25362	27467	29176	26395
江 苏	43860	49830	51643	75057	68485	71180	86194	88413	92957
浙 江	11470	12543	16235	28099	20345	21313	23865	25707	25304
安 徽	33190	34667	36039	45871	39312	39364	40481	43978	43410
福 建	9120	11028	18944	19308	13831	18042	21687	21825	18753
江 西	37480	45600	43470	70845	82429	80896	90434	93879	78553
山 东	65360	67675	78424	87022	87158	84131	90731	96017	93920
河 南	20490	24278	27035	29132	27227	47098	47042	[illegible]	55625
湖 北	192990	215149	230281	285077	305382	306619	296383	321677	366293
湖 南	56600	70890	88757	99752	151483	109592	115320	[illegible]	187180
广 东	23690	22729	26190	23214	18622	25184	25899	32455	31808
广 西	13080	16723	34865	49763	41290	48596	57931	63559	58526
海 南								2608	1235
四 川	46450	62103	156861	171574	147690	213137	231852	264080	279290
贵 州	15820	16513	25486	32588	21835	27734	32669	46237	38591
云 南	38120	29221	70886	66589	49685	65697	69611	62724	51748
西 藏									
陕 西	24010	27024	31072	39386	46379	61481	81413	75814	63926
甘 肃	15490	11445	14352	25115	16697	14414	13920	16107	15722
青 海	7550	6984	13565	20046	13060	11013	10856	11880	9717
宁 夏	3360	2863	2857	8635	2576	2473	3338	3320	3121
新 疆	21850	24312	27510	38127	23393	18116	29135	31723	31311

表 34　1990(1988、1989)年末汽车工业企业占地面积地区分类构成

单位：百 m^2

地　区	合　计	按主导产品分					按企业规模分			按专兼业分	
		汽　车	改装汽车	摩托车	车用发动机	汽车、摩托车配件	大　型	中　型	小　型	专　业	兼　业
1988 年全国	2036826	748730	368937	192881	175112	551166	486894	483233	1066699	1506820	530006
1989 年全国	2313764	854009	467172	174868	209329	608386	549743	606925	1157096	1673824	639940
1990 年全国	2306936	899243	442161	131310	227176	607046	683074	514503	1109359	1633012	673924
北　京	73418	24375	16488		9767	22788	18862	25475	29081	58946	14472
天　津	32808	7644	1397	965	3249	19553	4000	9952	18856	25398	7410
河　北	100305	33589	19664	7891	4305	34856	17241	20495	62569	68513	31792
山　西	28516	11986	5037		334	11159	1944	689	25874	7982	20534
内蒙古	22613	3774	1560			17279	1574	8736	12303	15874	6739
辽　宁	138332	66438	20583	381	10762	40168	27017	63731	47584	97569	40763
吉　林	227425	168220	11847	1273	2997	43088	181878	14423	31124	213215	14210
黑龙江	110133	28524	38639	1396	20689	20885	1882	40659	67592	47688	62445
上　海	26396	7625	6026	1218	2369	9158	4133	8105	14158	18342	8054
江　苏	92957	36261	24988	8634	4660	18414	22559	11174	59224	77837	15120
浙　江	25304	4765	3602	492	3824	12621	4723	1601	18980	18439	6865
安　徽	43410	10257	16714	115	1482	14842		5197	38213	33604	9806
福　建	18753	5522	5184	150		7897	941		17812	11374	7379
江　西	78553	24424	7619	29710	4496	12304		11517	67036	58576	19977
山　东	93920	29978	20835	8963	6135	28009	29391	14640	49889	65279	28641
河　南	55625	6693	18538	10451	795	19148		6792	48833	30725	24900
湖　北	366293	245595	56813	1912	452	61521	211985	24552	129756	315717	50576
湖　南	187180	16469	65551	2105	41246	61809	58889	26012	102279	123951	63229
广　东	31808	7939	9048	827		13994	1769	10302	19737	23784	8024
广　西	58526	20365	5165	7268	17815	7913	8154	29202	21170	41002	17524
海　南	1235					1235			1235		1235
四　川	279290	69032	24818	38164	85373	61903	65736	154676	58878	152340	126950
贵　州	38591	3889	12911	1868	3623	16300	5312	8705	24574	18854	19737
云　南	51748	34855	3337	631	1630	11295		1885	49863	27298	24450
西　藏											
陕　西	63926	22268	15633	6577		19448	12912	4779	46235	28812	35114
甘　肃	15722	2000	4341		537	8844	2172	3268	10282	12644	3078
青　海	9717	2770	3340		636	2971			9717	6663	3054
宁　夏	3121					3121		927	2194	2677	444
新　疆	31311	3986	22483	319		4523		7000	24311	29909	1402

表 35 1982～1990 年末汽车工业企业房屋建筑展开面积

单位：百 m^2

地区 \ 年份	1982	1983	1984	1985	1986	1987	1988	1989	1990
全国	308270	349267	429108	530093	508712	553408	635689	709775	712698
北京	17550	17952	22266	23026	25420	26418	28747	29215	32231
天津	7980	8300	8838	11662	9651	10277	13005	13515	11531
河北	9170	8430	13118	14114	18240	15881	21145	22774	26025
山西	3970	3928	6368	8438	6282	6128	7316	6953	7555
内蒙古	2080	1908	2450	3245	2715	2289	3185	3590	4368
辽宁	18800	22842	27922	37849	30242	34525	41290	40135	44221
吉林	28630	30243	33080	39256	39069	42285	47703	55804	57886
黑龙江	3880	7653	11137	15014	17060	14857	20125	25256	17531
上海	10620	13181	13936	16598	13972	14333	15225	16960	16059
江苏	18050	20672	22798	30396	29065	32715	39424	40245	43091
浙江	5950	7336	8862	11895	11639	12508	13206	14337	15973
安徽	8770	9953	10831	13303	13195	12865	13185	15175	16324
福建	4470	4751	6396	6923	5743	7151	7789	7795	7619
江西	9420	11815	11765	18231	21245	21886	25026	26125	24348
山东	20260	21104	24519	29592	28388	30903	34396	36778	37386
河南	6360	8661	10573	11614	10721	17110	17422	15587	17286
湖北	54110	59829	65818	71981	72796	78219	83854	97732	91341
湖南	15370	18783	23489	28687	34731	32475	34856	55739	52753
广东	6080	8124	9770	9415	7773	9315	11736	12911	13191
广西	3600	3721	7846	11065	10749	13850	14875	15614	16250
海南								327	197
四川	20540	26364	41402	46584	47091	57733	71008	75727	82043
贵州	4470	5613	7989	17542	7398	9438	11691	15393	14140
云南	6680	5945	9424	12042	10487	11480	14232	16633	17374
西藏									
陕西	9330	10197	11734	15919	17704	22494	27588	28635	25407
甘肃	5020	4113	5092	9059	6301	5632	5483	6852	6640
青海	2820	2440	5211	7056	5706	4671	4591	5009	4186
宁夏	870	1029	1138	2495	659	640	1138	1216	1092
新疆	3420	4300	5336	7092	4670	5330	6439	7678	8851

表 36 1982～1990 年末汽车工业企业生产建筑面积

单位：百 m^2

地区 \ 年份	1982	1983	1984	1985	1986	1987	1988	1989	1990
全国	183420	198287	238921	280854	265374	299900	348167	379269	378636
北京	10370	10808	13132	13656	14968	15554	17626	18869	20148
天津	5800	5995	6321	9520	6960	7417	9798	10388	9287
河北	6230	5694	7707	8228	10322	8882	12029	13043	15007
山西	2930	2602	3912	4390	3383	3064	4006	3881	4116
内蒙古	1320	1239	1482	1918	1370	1258	1663	1899	2119
辽宁	12280	13932	16925	20880	16390	18908	24945	25760	24940
吉林	14370	14163	15397	14937	18981	22260	24605	27513	27874
黑龙江	2520	3917	5458	5923	7538	7129	8322	14014	8473
上海	8640	10304	10870	12646	11069	11399	11795	12568	12837
江苏	11710	13388	14101	17421	16572	19994	23664	25176	26554
浙江	4310	4905	6201	7912	7538	8742	9306	10147	10355
安徽	4780	4898	5525	6461	5669	6439	6589	7694	7677
福建	3110	2699	3528	3890	3851	4116	4542	4850	4216
江西	5560	6433	6284	8991	9550	10073	12416	12924	11528
山东	11780	12252	13979	15871	15169	16284	19416	21300	22159
河南	4160	5031	6273	6640	5704	8205	9704	8796	9478
湖北	29260	29645	33321	38094	35396	36557	44729	44516	46528
湖南	9000	10515	12523	15462	17151	16332	18478	22457	20764
广东	4570	5662	6821	6338	4866	5880	6674	8796	8762
广西	2140	2104	4335	5247	5158	6673	7576	8241	8984
海南								215	130
四川	10550	13906	20053	23533	21803	35326	34448	36439	39223
贵州	2440	2956	4220	6050	3536	4543	5807	8573	6887
云南	3800	3494	5339	6168	5120	6036	7615	7033	7293
西藏									
陕西	5360	5716	6671	8454	9219	10966	13910	13910	13017
甘肃	2860	2221	2816	4653	2935	2600	2773	3472	3392
青海	1390	1225	2624	3143	2789	2402	2258	2575	2312
宁夏	530	598	645	1382	430	440	604	654	612
新疆	1650	1985	2458	3046	1937	2421	2878	3539	3964

表 37　1990(1988、1989)年末汽车工业生产建筑面积地区分类构成

单位：百 m^2

地区	合计	按主导产品分					按企业规模分			按专兼业分	
		汽车	改装汽车	摩托车	车用发动机	汽车、摩托车配件	大型	中型	小型	专业	兼业
1988年全国	348167	115212	70726	24336	21748	116145	70363	80749	197055	278286	69881
1989年全国	379269	124742	82254	22224	24714	125335	76282	93899	209088	296669	82600
1990年全国	378636	123959	78331	20482	26232	129632	93134	80629	204873	290202	88434
北京	20148	6216	3754		3269	6909	6254	6732	7162	15907	4241
天津	9287	2177	477	550	1242	4841	1027	3129	5131	8242	1045
河北	15007	4359	3116	1033	493	6006	2465	2875	9667	10362	4645
山西	4116	758	834		54	2470	161	145	3810	1883	2233
内蒙古	2119	106	208			1805	335	447	1337	1574	545
辽宁	24940	12071	3639	229	2466	6535	4253	11521	9166	19358	5582
吉林	27874	19075	2682	339	382	5396	18531	3177	6166	25837	2037
黑龙江	8473	2743	2343	140	1009	2238	320	2947	5206	5164	3309
上海	12837	2963	2061	686	1274	5853	2810	3648	6379	9107	3730
江苏	26554	9459	7635	2097	1276	6087	6787	2973	16794	22818	3736
浙江	10355	1754	1332	223	1117	5929	1727	861	7767	7733	2622
安徽	7677	1835	2352	25	290	3175		1181	6496	6164	1513
福建	4216	682	1213	120		2201	278		3938	3145	1071
江西	11528	3275	1383	3353	428	3089		2239	9289	9210	2318
山东	22159	6199	5227	1750	1700	7283	6803	2808	12548	16359	5800
河南	9478	1562	2206	1477	156	4077		1320	8158	6577	2901
湖北	46528	22531	8808	510	190	14489	22021	6750	17757	41769	4759
湖南	20764	2933	4264	527	3895	9145	5511	4225	11028	14288	6476
广东	8762	2008	3017	186		3551	255	1730	6777	6257	2505
广西	8984	2981	1438	298	2761	1506	1382	4101	3501	6894	2090
海南	130					130			130		130
四川	39223	9000	8133	4537	2834	14719	9433	13391	16399	28349	10874
贵州	6887	587	2574	583	603	2540	661	1330	4896	3245	3642
云南	7293	3383	1005	163	445	2297		501	6792	4837	2456
西藏											
陕西	13017	3562	4379	1566		3510	1733	1074	10210	6299	6718
甘肃	3392	369	1164		74	1785	387	567	2438	2724	668
青海	2312	623	713		274	702			2312	1738	574
宁夏	612					612		166	446	572	40
新疆	3964	748	2374	90		752		791	3173	3790	174

九 企 业 投 资

表 38　1982～1990 年汽车工业完成投资总额

单位:万元

地区＼年份	1982	1983	1984	1985	1986	1987	1988	1989	1990
全　国	41315	55565	94970	214350	209486	309917	412895	378810	412962
北　京	3641	2486	4352	13296	15439	21389	27164	29275	40066
天　津	563	530	1943	6865	5202	21103	8400	7822	4322
河　北	986	828	2548	4642	5468	4837	6467	8919	9015
山　西	266	517	842	2023	887	866	1080	1248	1891
内蒙古	117	218	390	950	783	456	919	1101	1085
辽　宁	2282	3601	7168	23379	18192	23861	35083	27149	21269
吉　林	5982	7206	10109	21156	28593	61988	53302	43295	45211
黑龙江	466	1275	2724	7252	4297	6379	14046	8382	4558
上　海	827	2224	1336	6983	12453	16780	48271	52436	57061
江　苏	2233	3333	6934	15217	9529	16156	31339	26521	32797
浙　江	1017	1590	2795	5828	5213	7938	6745	6623	6441
安　徽	599	1331	1594	3247	2240	2835	3389	3826	3726
福　建	481	659	1577	4615	1636	1628	2473	2649	2246
江　西	427	1181	1827	4741	5920	7247	8421	6395	5664
山　东	3014	2501	5374	11348	10216	15999	13368	15479	25292
河　南	473	722	1368	2123	1213	2274	6922	9277	7144
湖　北	11103	14773	20283	32227	32400	39023	50076	43816	46329
湖　南	1317	2854	4618	9065	10390	9435	13984	13852	16005
广　东	586	674	2078	3596	2121	6882	19365	11402	13979
广　西	169	469	1674	2309	3278	5384	6255	8760	8614
海　南								10	27
四　川	2152	3150	6709	18555	21161	19716	31609	26067	36323
贵　州	585	525	1377	2012	1236	2854	3985	3020	3275
云　南	750	609	1728	2258	2107	3274	4617	4197	6936
西　藏									
陕　西	607	908	1354	3258	5900	8304	12603	13587	9852
甘　肃	259	440	701	2213	1247	897	1121	1067	1622
青　海	199	343	533	1601	1367	1502	603	860	613
宁　夏	10	51	161	1185	30	12	99	90	82
新　疆	203	549	873	2396	968	898	1189	1739	1512

表 39　1990(1988、1989)年汽车工业完成投资总额地区分类构成

单位:万元

地区	合计	按主导产品分					按企业规模分			按专兼业分	
		汽车	改装汽车	摩托车	车用发动机	汽车、摩托车配件	大型	中型	小型	专业	兼业
1988年全国	412895	218866	61688	18076	35178	79087	112555	163204	137136	365401	47494
1989年全国	378810	201915	47869	16256	28128	84642	115214	143676	119920	335985	42825
1990年全国	412962	209305	45471	14515	37487	106184	165180	116217	131565	351832	61130
北京	40066	19739	4178		10811	5338	12700	18489	8877	34798	5268
天津	4322	3363	14	6	148	791	80	3494	748	3981	341
河北	9015	4067	1068	248	130	3502	2195	2212	4608	7456	1559
山西	1891	132	1086		14	659	30	71	1790	1302	589
内蒙古	1085	156	79			850	183	94	808	817	268
辽宁	21269	13401	1080	58	2825	3905	4221	13378	3670	19234	2035
吉林	45211	36267	2116	53	585	6190	37969	2076	5166	44133	1078
黑龙江	4558	1522	857	25	699	1455	803	2590	1165	3422	1136
上海	57061	25614	1249	2003	1241	26954	20973	24929	11159	44172	12889
江苏	32797	20056	7197	1896	918	2730	15914	2833	14050	30920	1877
浙江	6441	1334	437	96	1260	3314	2011	533	3897	5108	1333
安徽	3726	1911	586	11	121	1097		487	3239	3437	289
福建	2246	695	727			824	165		2081	1851	395
江西	5664	2269	918	694	465	1318		2242	3422	4357	1307
山东	25292	10815	3523	1237	4053	5664	12899	5401	6992	21416	3876
河南	7149	4496	807	706	7	1133		200	6949	6093	1056
湖北	46329	27529	6184	128		12488	29181	5802	11346	41410	4919
湖南	16005	911	2054	620	5097	7323	8568	1881	5556	10482	5523
广东	13979	9281	731	1690		2277	236	9308	4435	10929	3050
广西	8614	2310	491	18	5235	560	3890	3550	1174	7252	1362
海南	27					27			27		27
四川	36323	12959	5229	3593	3136	11406	9785	14503	12035	31044	5279
贵州	3275	209	875	354	626	1211	279	804	2192	1705	1570
云南	6936	5281	664		22	969		276	6660	5682	1254
西藏											
陕西	9852	3695	2049	1031		3077	2530	431	6891	7287	2565
甘肃	1622	621	215		6	780	568	115	939	1502	120
青海	613	306	69		88	150			613	492	121
宁夏	82					82		18	64	77	5
新疆	1512	366	988	48		110		500	1012	1473	39

十 固定资产

表 40 1982～1990 年末汽车工业固定资产原值

单位:万元

地区 \ 年份	1982	1983	1984	1985	1986	1987	1988	1989	1990
全国	877209	977101	1174596	1492617	1525378	1788765	2192709	2555772	2803413
北京	62183	64112	66549	79330	97978	106317	117108	143766	167424
天津	24642	26314	27831	37338	35402	46395	73751	80863	81666
河北	18468	18085	28319	29145	42116	40491	59792	71240	86551
山西	8670	8696	13114	24586	13651	14386	19824	19190	23883
内蒙古	5421	4251	5894	8244	6435	5857	8699	10061	14783
辽宁	48069	61380	77547	118057	100085	120003	159005	184135	198528
吉林	108043	112007	120659	137019	163800	209039	231013	269047	289159
黑龙江	12214	24553	37197	53556	53072	53991	81467	98137	71306
上海	37702	46651	48789	60431	53229	60385	72829	117928	165377
江苏	36587	45839	51515	71113	77720	95862	113072	128654	157667
浙江	11775	14756	18516	26439	27330	32888	36229	46206	51124
安徽	13866	16255	17307	21481	21489	26342	26988	33275	34517
福建	7288	8676	11087	14424	9438	12406	15797	17879	18996
江西	17934	21789	21685	35491	44702	50276	60522	67365	64332
山东	46437	44483	55416	68982	71205	88324	103558	125748	139566
河南	14215	17601	20959	23515	21116	36158	41798	37616	43844
湖北	227539	242108	271738	316234	321064	346615	413627	448942	463807
湖南	25198	30494	37774	47599	69928	64796	71200	102168	113070
广东	12124	16181	19505	23952	18308	25847	34309	50563	61390
广西	5479	7964	14610	20595	18869	27977	32979	40211	46053
海南								1037	796
四川	49800	55904	86878	104894	115964	148659	202743	226421	274581
贵州	10089	13793	21137	29938	17600	24738	31826	41551	40227
云南	15226	12986	22395	29383	25142	27435	35766	36185	37334
西藏									
陕西	29197	32050	36675	45779	58747	77894	103264	102793	101171
甘肃	12630	10288	12383	22323	14372	13600	14825	17109	16460
青海	8237	8821	15783	20754	15498	17911	12818	15837	13470
宁夏	2062	2932	3145	6376	1698	1518	1944	2318	2073
新疆	6114	8131	10189	14939	9420	12655	15956	19527	24258

表 41　1982～1990 年末汽车工业生产用固定资产原值

单位：万元

地区 \ 年份	1982	1983	1984	1985	1986	1987	1988	1989	1990
全　国	695357	777937	921018	1159018	1178136	1367375	1687417	1954312	2154210
北　京	52633	54272	56201	66546	77090	82716	95427	119395	137037
天　津	20233	22816	23361	30567	28244	39808	64791	69336	71076
河　北	13948	13750	21154	22281	30612	30021	43817	53218	64592
山　西	5900	5672	9173	14156	10153	10526	14517	13956	17354
内蒙古	4367	3449	4943	6444	4944	4596	6629	7386	11403
辽　宁	38126	48313	60163	91693	76090	89120	118877	125213	146852
吉　林	83500	86312	92643	105558	123751	160824	176702	201083	214937
黑龙江	9562	19059	27900	38433	37812	39093	59718	70165	52273
上　海	32736	40665	42660	51464	46314	51865	64534	108090	151738
江　苏	29458	36115	40884	56753	61101	74132	86333	96966	108783
浙　江	9966	12625	15864	22157	23176	27340	30476	39329	43259
安　徽	10197	12192	12856	15852	15175	18039	19189	23389	25127
福　建	6039	6915	8286	11765	7460	9516	12106	13485	14947
江　西	13974	16758	16531	26978	33105	35794	44692	49003	47795
山　东	34717	33571	41056	50777	54286	63150	75353	93528	107157
河　南	11070	13118	16611	18498	16123	27025	31308	27238	31302
湖　北	188412	200964	224102	258956	264602	284448	336280	364415	373312
湖　南	19295	22966	27050	35348	50083	46479	49606	74843	84155
广　东	9944	13152	15327	20145	14894	21457	29198	41331	50177
广　西	4198	6142	10432	14594	12992	21611	24021	30619	35161
海　南								792	600
四　川	36411	42081	64407	76336	85971	109572	150790	169930	201416
贵　州	7405	10264	15555	22928	13680	18334	23917	30434	29398
云　南	9213	9201	16597	20930	17413	18967	25141	24205	25461
西　藏									
陕　西	23929	26286	28772	34926	45484	55204	73654	69437	70657
甘　肃	8634	6841	8744	15569	9961	9634	9547	11553	11479
青　海	5279	6179	9771	13894	10112	8559	8112	10664	8950
宁　夏	1460	2204	2381	4709	1129	1101	1409	1705	1289
新　疆	4751	6063	7594	10761	6379	8444	11273	13604	16480

表 42　1990(1988、1989)年末汽车工业生产用固定资产原值地区分类构成

单位:万元

地　区	合　计	按主导产品分					按企业规模分			按专兼业分	
		汽　车	改　装汽　车	摩托车	车　用发动机	汽车、摩托车配　件	大　型	中　型	小　型	专　业	兼　业
1988年全国	1687417	755041	225564	127098	126[illegible]88	452926	572311	445821	669285	1401203	286214
1989年全国	1954312	888541	266747	125642	146365	526517	680112	527309	746891	1598779	355533
1990年全国	2154210	988773	271387	121355	159729	612965	808882	559595	785732	1748346	405863
北　京	137037	59749	13322		22167	41799	43329	60064	33644	116615	20422
天　津	71076	25684	1646	4578	13439	25728	8230	38823	24022	66851	4224
河　北	64592	18798	10537	3585	2730	28942	17521	11089	35982	48171	16421
山　西	17364	3983	4047		337	8997	2113	843	14408	6672	10692
内蒙古	11403	862	1202			9339	1581	2973	6849	9319	2084
辽　宁	146852	76746	18817	1760	14200	35329	28661	74745	43446	120654	26198
吉　林	214937	170340	11681	3190	2455	27271	157761	27307	29869	204496	10441
黑龙江	52273	15709	12612	551	11358	12043	3740	24620	23913	33495	18778
上　海	151768	79523	8232	12248	6888	44877	37840	83735	30193	123723	28045
江　苏	108783	34362	29431	12074	6009	26907	30106	16604	62073	94297	14486
浙　江	43259	7817	3111	688	10373	21270	14058	3334	25867	33643	9616
安　徽	25127	8111	6514	61	1164	9277		3573	21554	20481	4646
福　建	14947	3022	3840	600		7485	1757		13190	11890	3057
江　西	47795	15910	4433	15750	1724	9978		12532	35263	38309	9486
山　东	107157	31955	21163	11532	11361	31146	40300	16158	50699	808672	6290
河　南	31302	5811	6551	5115	601	13224		5614	25688	19617	11685
湖　北	373312	281760	25661	1641	676	63574	284350	30210	58752	354360	18952
湖　南	84155	8679	13202	1611	21556	39107	35174	14139	34842	57721	26434
广　东	50177	23826	9771	773		15807	1927	25552	22698	40302	9875
广　西	35164	15310	3184	762	11902	4006	5496	20793	8875	27317	7847
海　南	600					600			600		600
四　川	201416	58324	26011	31308	14830	70943	65710	67259	68447	142937	58479
贵　州	29398	2285	6837	2155	3226	14895	5394	8271	15733	13017	16381
云　南	25461	13100	2227	448	1675	8011		1923	23538	17305	8156
西　藏											
陕　西	70657	18713	13422	10660		27862	21296	4928	44433	33339	37318
甘　肃	11479	1949	2661		158	6711	2538	1656	7285	9691	1788
青　海	8950	2117	2582		900	3351			8950	6215	2735
宁　夏	1289					1289		536	753	1179	110
新　疆	16480	4328	8690	265		3197		2314	14166	15863	617

表 43　1982～1990 年末汽车工业固定资产净值

单位:万元

地区＼年份	1982	1983	1984	1985	1986	1987	1988	1989	1990
全　国	576621	631253	749822	961827	972625	1140996	1411709	1657452	1799477
北　京	38136	38258	40900	49344	62151	64917	71591	99380	102291
天　津	15613	16364	16961	23067	21911	32305	53688	56074	58144
河　北	13007	12258	19908	20086	29608	28003	42111	50279	60766
山　西	6249	6157	9170	19910	9408	9911	13326	12858	16824
内蒙古	3618	2875	3780	5389	4279	3833	5762	6566	9949
辽　宁	29547	44263	48054	75394	66173	80294	108415	126613	135985
吉　林	39915	39656	42884	53827	70424	103532	114485	147575	152683
黑龙江	8866	15362	22445	31173	33167	35358	52849	59243	42532
上　海	23185	27863	28517	38191	31176	36661	46120	86026	125603
江　苏	23352	28180	32938	47198	51014	63106	73690	83606	10510
浙　江	8185	10248	12870	18600	19064	22770	24961	32495	35397
安　徽	8096	9254	9807	12810	13023	16321	16384	20499	21078
福　建	4665	5129	6569	9620	5452	6935	9253	11239	11771
江　西	11904	14291	13973	22083	28002	32014	38572	42221	40188
山　东	30396	27757	34998	43555	44987	58182	67692	82772	90878
河　南	8875	10549	12559	13933	12536	22483	25900	23186	27042
湖　北	186784	191858	210786	238487	234661	241199	288861	299462	290891
湖　南	16930	19373	24164	31209	43781	41351	44277	63605	71174
广　东	7952	10321	12602	15982	11909	16788	25956	38502	47063
广　西	3420	5023	9719	13446	12561	19592	23123	28709	32918
海　南								743	635
四　川	28983	34984	51873	64733	71609	92286	124012	142294	173101
贵　州	6588	9057	14176	19933	11302	16187	20314	25686	24763
云　南	10084	8692	14912	19944	117305	18156	23377	23636	24337
西　藏									
陕　西	23105	24209	26636	31718	40038	52808	69340	67293	65937
甘　肃	8522	6637	8131	13983	8824	8096	8424	9242	8614
青　海	5569	5871	11593	15171	11207	8731	8299	10413	8458
宁　夏	1443	2058	2167	3711	1102	945	1090	1256	1044
新　疆	3632	4706	6190	9330	5951	8232	9837	11979	14401

表 44　1990(1988、1989)年末汽车工业固定资产净值地区分类构成

单位:万元

地区	合计	按主导产品分					按企业规模分			按专兼业分	
		汽车	改装汽车	摩托车	车用发动机	汽车、摩托车配件	大型	中型	小型	专业	兼业
1988年全国	1411709	615467	205591	114330	104280	372091	440993	383742	586974	1163624	248085
1989年全国	1657452	747048	246902	115352	118124	430026	528387	467242	661823	1349176	308276
1990年全国	1799477	807684	250692	109371	131045	500685	617561	487375	694541	1445060	354417
北京	102291	45534	11155		16510	29092	30081	45821	26389	86409	15882
天津	58144	22046	1159	5383	11629	17927	5355	33994	18795	55611	2533
河北	60766	19237	9499	4064	3510	24456	14429	11106	35231	44831	15935
山西	16824	4985	3857		251	7731	2288	741	13795	5736	11088
内蒙古	9949	499	1220			8230	1390	2458	6101	8454	1495
辽宁	135985	75113	18893	127	11880	29972	24167	70232	41586	109659	26326
吉林	152683	113528	10041	2941	1824	24349	101623	26843	24217	143684	8999
黑龙江	42532	13133	11623	433	8164	9179	2589	18751	21192	28282	14250
上海	125603	68841	6376	10871	3938	35577	33457	71755	20391	105895	19708
江苏	105010	39525	28626	9273	5248	22338	33787	14214	57009	92015	12995
浙江	35397	6000	2747	544	8628	17478	11243	2854	21300	27277	8120
安徽	21078	7376	5244	83	686	7689		3319	17759	17424	3654
福建	11771	2771	2570	420		6010	1423		10348	9338	2433
江西	40188	15543	3979	11565	1760	7341		12108	28080	31733	8455
山东	90878	25211	18404	11856	9956	25451	32687	13929	44262	67777	23101
河南	27042	4140	6584	5734	439	10145		4140	22902	16567	10475
湖北	290891	207719	24942	1745	586	55899	204994	27916	57981	272246	18645
湖南	71174	8026	12151	1231	17420	32346	28955	11432	30787	48486	22688
广东	47063	23132	9852	806		13273	1235	22875	22953	36501	10562
广西	32918	14599	2957	374	11840	3148	6014	19521	7383	26161	6757
海南	635					635			635		635
四川	173101	50185	26663	28521	12402	55330	54824	57177	61100	126944	46157
贵州	24763	1947	5479	2375	2262	12700	4477	6663	13623	10559	14204
云南	24337	13610	2406	373	981	6967		1712	22625	16620	7717
西藏											
陕西	65937	17898	12115	10242		25682	20679	3757	41501	28859	37078
甘肃	8614	1196	2368		217	4833	1864	1027	5723	7055	1559
青海	8458	1935	2594		914	3015			8458	6035	2423
宁夏	1044					1044		518	526	962	82
新疆	14401	3955	7188	410		2848		2512	11889	13940	461

十一 定 额 流 动 资 金

表 45　1982～1990 年汽车工业定额流动资金全年平均余额

单位：万元

地区 \ 年份	1982	1983	1984	1985	1986	1987	1988	1989	1990
全　国	4108961	462138	567369	821919	994436	1097775	130085	1768492	2095438
北　京	36012	36222	41401	53613	72148	83085	97914	149479	169122
天　津	15344	15461	16374	22622	23759	27755	40229	53779	63337
河　北	11868	11115	15893	19344	27368	27970	35107	50655	65032
山　西	4598	4368	6583	8648	8704	9457	11229	12072	14013
内蒙古	2944	2292	3022	3709	3245	2806	4128	5241	8163
辽　宁	35276	42590	51048	81759	80949	92110	105296	131622	156557
吉　林	43139	39377	47381	65747	102558	91092	104394	139227	216515
黑龙江	8821	14613	22633	32025	39343	42923	52420	70211	58056
上　海	23280	30299	32937	45722	54188	59765	65140	95802	105447
江　苏	22316	27777	33200	54380	56151	68772	86434	106952	120671
浙　江	7690	9950	12698	20947	21935	25111	30305	41363	48026
安　徽	9769	10405	11290	14745	17657	19345	20336	25775	28847
福　建	4167	4048	6119	8492	8037	8949	12641	14965	15395
江　西	10031	10366	10583	22877	35798	34539	46896	64729	64911
山　东	31856	30920	35185	49182	60476	67285	67924	98717	136266
河　南	8634	10100	13626	13788	14357	26235	33985	31606	35015
湖　北	56861	68862	80009	193801	124552	129791	133177	205747	217348
湖　南	12028	14338	17723	24297	41963	41080	47152	65237	75043
广　东	7788	10058	10518	13909	15388	17972	27453	44869	60129
广　西	3497	4944	7505	14618	16480	18211	23597	29269	44749
海　南								316	331
四　川	20039	25861	41692	65585	88521	105863	133652	178194	219888
贵　州	4027	5748	7556	12952	9377	12820	15753	25245	26710
云　南	5984	5007	10339	14918	16350	16600	20086	24614	28232
西　藏									
陕　西	11025	12207	13122	19663	29743	40001	55872	61323	69068
甘　肃	5506	5113	5513	11498	8650	8542	9319	11858	12783
青　海	4312	4203	6287	8836	9343	10056	9951	11854	12563
宁　夏	760	1080	1164	5593	845	848	1214	1295	1291
新　疆	3324	4214	5995	8649	6541	8792	9247	16476	21920

表 46　1990(1988、1989)年汽车工业定额流动资金全年平均余额地区分类构成

单位:万元

地区	合计	按主导产品分					按企业规模分			按专兼业分	
		汽车	改装汽车	摩托车	车用发动机	汽车、摩托车配件	大型	中型	小型	专业	兼业
1988年全国	1300851	506856	265513	109346	94699	324437	267949	868715	664187	1071433	229418
1989年全国	1768492	747936	360453	138385	112170	409548	409297	534706	824489	1444419	324073
1990年全国	2095438	931065	386454	153967	132581	491371	597527	552238	945672	1709302	386136
北京	169122	72815	27920		27241	41146	43748	79427	45947	144792	24330
天津	63337	28740	2091	2464	6038	24004	6704	33060	23572	57883	5454
河北	65032	20499	17788	3678	3018	20049	9343	12253	43436	47310	17722
山西	14013	2591	5041		134	6247	329	50	13634	7556	6457
内蒙古	8163	647	1337			6179	1086	1919	5158	6367	1796
辽宁	156567	94810	21549	2866	10419	26923	16681	79384	60502	123824	32743
吉林	216515	169732	19219	1884	2337	23343	147429	34870	34216	208098	8417
黑龙江	58056	18677	18293	759	8633	11694	1919	24961	31176	32007	26049
上海	105447	47988	10562	7862	5712	33323	22802	45439	37206	87645	17802
江苏	120671	41170	41488	8836	6951	22226	29735	14229	76707	102453	18218
浙江	48026	8851	4786	2425	5432	26532	10578	2754	34694	37622	10404
安徽	28847	11385	8404	100	1271	7687		1923	26924	25322	3525
福建	15395	5169	3725	50		6451	1092		14303	11303	4092
江西	64911	22260	4979	26422	2001	9249		14044	50867	52147	12764
山东	136266	51179	23057	27518	6842	27670	71443	11766	53057	114500	21766
河南	35015	7786	8049	6521	729	11930		5268	29747	24224	10791
湖北	217348	131827	38826	2481	1106	43108	123026	27049	67273	202057	15291
湖南	75043	10678	14358	2170	17912	29925	27082	13502	34459	52192	22851
广东	60129	26874	16087	3525		13643	933	23716	35480	42573	17556
广西	44749	23083	5105	1044	12216	3301	7958	25908	10883	39275	5474
海南	331					331			331		331
四川	219888	73053	43840	41448	9298	52249	60654	82756	76478	180572	39316
贵州	26710	3777	8061	2774	2693	9405	3355	5620	17735	14769	11941
云南	28232	16478	3567	382	1743	6062		1189	27043	20796	7436
西藏											
陕西	69068	27970	17573	8414		15111	9973	4302	54793	30323	38745
甘肃	12783	2158	4608		123	5894	1657	1748	9378	11162	1621
青海	12563	5524	3722		732	2585			12563	10159	2404
宁夏	1291				—	1291		295	996	1157	134
新疆	21920	5344	12419	344		3813		4806	17114	21214	706

十二 产品销售收入

表 47 1982～1990 年汽车工业产品销售收入

单位：万元

地区 \ 年份	1982	1983	1984	1985	1986	1987	1988	1989	1990
全国	873832	1225673	1711798	2592134	1969999	2740878	4129999	4336359	4419223
北京	100837	110779	165168	237000	258054	317773	401630	469176	495371
天津	31143	61217	65326	98884	84460	113688	202581	180309	169279
河北	13228	18777	36068	47878	35177	43287	85206	87547	107008
山西	4776	7351	12637	16373	9824	12313	22022	19761	14872
内蒙古	2557	3378	5165	7482	4442	4611	8643	11568	16362
辽宁	56540	90733	140923	257973	165762	227060	369538	368805	269521
吉林	115450	152578	194589	243378	145798	285293	402159	353096	354264
黑龙江	12573	34928	47272	58199	37043	61932	104714	80821	56894
上海	68523	98882	114477	180276	158789	205026	296044	340654	415110
江苏	47948	71296	99510	158752	128556	196112	273501	276961	319814
浙江	18781	26931	38438	71163	51224	71402	101965	111202	104387
安徽	12341	19270	29504	42897	20810	28228	45610	45134	38032
福建	6655	6615	14618	21240	14442	17602	33700	32606	24513
江西	10834	19226	26219	58229	47268	63510	106825	107801	118697
山东	56335	71004	97439	150567	97873	111530	188281	216391	192060
河南	10298	16257	34984	36187	17886	34161	65664	52288	72380
湖北	187715	233381	281125	391556	342199	436598	593476	615693	582454
湖南	24374	34196	49882	77372	63312	84800	128765	148122	134357
广东	12692	21011	28575	52711	28708	44655	67988	114661	152400
广西	6677	8671	17950	34374	28086	50646	71639	88382	92653
海南								418	240
四川	34380	60437	110116	167905	138814	193783	347709	391942	481377
贵州	4971	8691	18458	38013	12008	17346	27382	36198	37321
云南	8872	10530	25153	38484	21989	37728	63217	59199	48610
西藏									
陕西	9927	15163	21242	33854	26211	41648	62292	59407	60189
甘肃	6307	7542	10769	22058	10097	11127	14539	17249	13734
青海	3568	6216	10732	16325	10262	11053	18938	17416	9282
宁夏	829	1046	1502	13497	1013	785	1385	2277	1897
新疆	4691	9567	13957	19467	9292	17175	24583	31285	36145

表 48　1990(1988、1989)年汽车工业产品销售收入地区分类构成

单位:万元

地区	合计	按主导产品分					按企业规模分			按专兼业分	
		汽车	改装汽车	摩托车	车用发动机	汽车、摩托车配件	大型	中型	小型	专业	兼业
1988年全国	4129999	2075669	661444	284086	261506	847294	1089957	1456736	1583306	3693734	436265
1989年全国	4336359	2182724	644638	270594	280875	957528	1209207	1521709	1605443	3822831	513528
1990年全国	4419223	2258815	639635	323963	252744	944066	1425156	1421054	1573014	3843627	575596
北京	495371	307736	40473		65355	81807	93682	314893	86796	405458	89913
天津	169279	101838	2223	2351	12632	50235	12270	113580	43430	162761	6518
河北	107008	32607	35203	4243	1858	33097	18944	17159	70905	87543	19465
山西	14872	1660	4862		121	8229	657	100	14115	7665	7207
内蒙古	16362	15	2796			13551	3767	3762	8833	14060	2302
辽宁	269521	160553	30502	3623	24166	50677	46979	148031	74511	234679	34842
吉林	354264	282384	21201	10189	3320	37170	270258	29195	54811	343199	11065
黑龙江	56894	13953	21929	423	6030	14559	1955	21304	33635	36280	20614
上海	415110	239906	26470	52337	15337	81060	90043	244271	80796	373847	41263
江苏	319814	155348	74419	21666	12053	56328	121585	31787	166442	285698	34116
浙江	104387	17697	14754	3835	13982	54119	23472	6714	74201	86804	17583
安徽	38032	8372	12104	46	1115	16395		4055	33977	31998	6034
福建	24513	3778	6268	90		14377	2927		21586	19273	5240
江西	118697	64921	11083	21215	4073	17405		60318	58379	106464	12233
山东	192060	58447	43073	32627	7843	50070	73531	20269	98260	155175	36885
河南	72380	17025	18505	17558	1051	18241		7299	65081	56227	16153
湖北	582454	409393	56027	1667	345	115022	421840	55868	104746	562178	20276
湖南	134357	15384	26700	7806	27760	56707	52286	19613	62458	95682	38675
广东	152400	83858	34678	8252		25612	1533	73693	77174	117174	35226
广西	92653	49584	8960	1107	25308	7694	18826	53297	20530	83776	8877
海南	240					240			240		240
四川	481377	168582	76414	128213	25222	82946	153780	169286	158311	423812	57565
贵州	37321	8297	11148	1005	3364	13507	4723	8614	23984	23059	14262
云南	48610	26875	9569	342	1155	10669		2883	45727	36013	12597
西藏											
陕西	60189	15570	23003	4336		17280	9658	8025	42506	39932	20257
甘肃	13734	85	5642		156	7851	2440	1873	9421	10989	2745
青海	9282	1909	3732		498	3143			9282	7012	2270
宁夏	1897					1897		432	1465	1596	301
新疆	36145	13038	17897	1032		4178		4733	31412	35273	872

十三 产品销售税金

表 49 1982～1990 年汽车工业产品销售税金

单位:万元

地区 \ 年份	1982	1983	1984	1985	1986	1987	1988	1989	1990
全 国	43942	53129	76312	159634	93937	123155	181057	194099	187244
北 京	4781	4415	6255	12793	11520	14489	17241	18463	19634
天 津	1623	1668	2229	6476	3847	4743	6695	6023	4797
河 北	650	600	1544	1805	1357	1652	3465	2848	3338
山 西	192	244	417	691	341	355	709	735	362
内蒙古	138	150	215	417	249	222	371	601	853
辽 宁	2575	3367	5607	17870	8002	10338	17315	17253	14011
吉 林	60120	7340	8095	17455	8066	13734	18961	18153	13195
黑龙江	739	3205	3729	4481	1793	3012	4523	3384	2057
上 海	3384	4785	5742	14833	8267	10513	14600	16721	19256
江 苏	2194	2805	3919	7417	5315	7289	10413	10122	10536
浙 江	895	1060	1958	3475	2398	3294	4355	4338	4682
安 徽	599	719	1189	1909	817	1156	1771	2118	2006
福 建	429	337	642	1176	618	717	1171	1375	1117
江 西	509	744	981	2863	1733	2895	4198	4375	4354
山 东	2068	1954	3061	8375	3892	3503	6354	8265	6757
河 南	520	761	2706	2564	869	1314	2631	2178	2862
湖 北	10547	11683	15859	27171	20756	24449	33602	35809	27873
湖 南	1260	1559	2231	3982	2744	3665	5562	6249	5017
广 东	694	1088	1456	4370	1302	2004	2899	5086	8782
广 西	283	273	495	1352	1129	1849	2689	3176	5435
海 南								11	12
四 川	1508	2210	3635	7044	5613	7384	14081	18691	22547
贵 州	278	423	670	3497	624	871	1163	1190	1360
云 南	400	373	1522	1695	808	1440	2370	2341	1771
西 藏									
陕 西	906	482	890	1482	774	1194	1838	1849	2327
甘 肃	328	318	417	1079	488	422	595	616	231
青 海	183	195	356	514	280	175	616	763	455
宁 夏	49	30	45	2283	41	37	53	110	88
新 疆	190	341	447	565	294	439	821	1256	1448

表 50　1990(1988、1989)年汽车工业产品销售税金地区分类构成

单位:万元

地区	合计	按主导产品分					按企业规模分			按专兼业分	
		汽车	改装汽车	摩托车	车用发动机	汽车、摩托车配件	大型	中型	小型	专业	兼业
1988 年全国	181057	91305	24307	9938	11262	44245	56733	60643	63681	163890	17167
1989 年全国	194099	94571	25671	10636	10780	52441	62808	62468	68823	172739	21360
1990 年全国	187244	84727	28954	10844	11533	51187	58843	59193	69209	161342	25902
北京	19634	11691	1707		1823	4404	3373	12507	3754	17671	1963
天津	4797	1595	108	100	649	2346	360	2411	2027	4534	263
河北	3388	747	1011	182	66	1382	768	624	1996	2694	694
山西	362	66	55		1	240	7		355	206	156
内蒙古	853		85			768	219	115	519	753	100
辽宁	14011	6196	4673	187	523	2432	1447	6161	6403	10018	3993
吉林	13195	9698	941	447	84	2025	9315	1259	2621	12708	487
黑龙江	2087	370	643	1	256	817	89	793	1205	1351	736
上海	19256	10472	1132	2366	850	4436	4387	10926	3943	17112	2144
江苏	10536	4043	2119	794	281	3299	3612	1065	5859	9373	1163
浙江	4682	573	516	112	785	2696	1196	213	3273	3965	717
安徽	2006	319	479	−1	17	1192		277	1729	1729	277
福建	1117	83	304	5		725	169		948	883	234
江西	4354	2181	536	523	161	953		2167	2187	3771	583
山东	6757	1393	1382	949	349	2684	2354	906	3497	5433	1324
河南	2862	690	475	615	35	1047		506	2356	2284	578
湖北	27873	19225	2043	36	10	6559	20579	2742	4552	26983	890
湖南	5017	386	1019	206	1036	2370	1959	633	2425	3433	1584
广东	8782	5623	1395	140		1624	217	3752	4813	5659	3123
广西	5436	1428	356	30	3217	405	2870	1663	903	4979	457
海南	12					12			12		12
四川	22547	6778	5079	3920	1094	5676	5183	8784	8580	20362	2185
贵州	1360	43	459	61	256	541	256	364	740	937	423
云南	1771	728	396	13	26	608		179	1592	1224	547
西藏											
陕西	2327	279	836	70		1142	327	521	1479	1422	905
甘肃	231	−283	154		1	359	156	24	51	113	118
青海	455	79	220		4	152			455	269	186
宁夏	88					88		14	74	71	17
新疆	1448	324	831	88		205		587	861	1405	43

十四 利润总额

表51 1982～1990年汽车工业利润总额

单位:万元

地区 \ 年份	1982	1983	1984	1985	1986	1987	1988	1989	1990
全国	112393	185395	285703	474282	239909	279653	428353	364552	240536
北京	22929	25769	32716	46759	42295	44729	50962	38861	36333
天津	3572	6761	9290	18498	12748	13269	17960	12143	9774
河北	191	1783	4732	7904	2318	2319	6624	7724	4903
山西	—3	526	961	1414	741	222	763	147	—1085
内蒙古	—60	129	382	664	213	125	442	792	395
辽宁	2410	8929	19716	39794	18166	17533	28943	15461	—6984
吉林	16915	22510	40681	57153	10749	23943	45087	37802	6865
黑龙江	872	6596	7793	8176	1879	2080	9516	2905	—3518
上海	13621	23967	28906	41702	24506	25465	39630	36507	38825
江苏	4992	9251	15174	25281	12538	20254	27536	16181	13332
浙江	2880	5172	7146	12108	7235	7095	10726	10175	6053
安徽	862	1803	4147	6962	1454	1393	2087	2349	626
福建	439	397	1432	2722	1491	1595	2625	2758	1807
江西	—368	1597	3212	7968	4814	5288	11216	12375	14472
山东	5419	6772	10511	26967	8241	1816	11418	12482	5965
河南	133	1387	5160	5322	1499	1190	4779	3409	3835
湖北	30547	42907	54478	90048	57412	81144	99222	76028	49007
湖南	2835	4971	9152	14773	7172	7176	11043	13260	6039
广东	591	1772	3378	7571	3409	4319	4841	9150	11880
广西	388	774	2314	4376	2339	3544	5510	8364	4597
海南								41	4
四川	3066	7021	13816	23799	11765	9787	26242	35744	43038
贵州	44	648	1415	5009	1050	506	1609	1247	475
云南	261	1032	3218	5364	2232	2578	5196	4476	1457
西藏									
陕西	82	1333	2265	4550	1679	935	2870	362	—8328
甘肃	151	736	1445	3072	1007	586	213	584	241
青海	—162	177	588	1480	270	127	290	414	—771
宁夏	—1	—57	41	2303	89	3	—48	191	—37
新疆	—19	762	1634	2543	598	632	1051	2155	826

表 52　1990(1988、1989)年汽车工业利润总额地区分类构成

单位:万元

地区	合计	按主导产品分					按企业规模分			按专兼业分	
		汽车	改装汽车	摩托车	车用发动机	汽车、摩托车配件	大型	中型	小型	专业	兼业
1988年全国	428353	248180	49093	21433	25774	83873	161770	143536	122997	397759	30594
1989年全国	364552	192812	38946	19146	23844	89804	140008	112330	112214	333030	31522
1990年全国	240536	129458	15355	18193	13369	64161	98328	96040	46168	236294	4242
北京	36333	21909	2447		4303	7674	6857	22428	7048	32738	3595
天津	9774	7060	−78	−329	229	2892	111	7694	1969	9780	−6
河北	4903	2342	1408	−545	20	1678	1161	1360	2382	5318	−415
山西	−1085	−759	−452		−44	170	2	−116	−971	−292	−793
内蒙古	895	10	25			860	353	306	236	776	119
辽宁	−6984	−5807	−987	21	−112	−99	1739	−1892	−6831	−887	−6097
吉林	6865	5284	−1878	907	123	2424	12443	−5527	−51	6908	−43
黑龙江	−3518	−2103	−108	−338	−725	−244	−477	−1608	−1433	−3424	−94
上海	38825	24060	2043	3418	1543	7761	7382	26668	4775	34870	3955
江苏	13332	5274	3026	1100	542	3390	4035	1674	7623	11453	1879
浙江	6063	−248	631	19	691	4970	2013	470	3580	5825	238
安徽	626	−619	−333	1	349	1228		482	144	545	81
福建	1807	417	96	−17		1311	450		1357	1227	580
江西	14472	11358	809	786	155	1364		11611	2861	13631	841
山东	5965	48	1648	807	403	3059	877	1417	3671	4514	1451
河南	3835	627	588	1428	2	1190		515	3320	3546	289
湖北	49007	39458	98	−139	−9	9599	42275	4601	2127	48164	843
湖南	6039	−681	166	551	2017	4318	4617	−344	1766	3909	2130
广东	11880	8730	1043	85		2022	31	9571	2278	11167	713
广西	4597	2054	353	36	1711	443	1162	2335	1100	4119	478
海南	4					4			4		4
四川	43038	18716	4339	11773	2092	6118	13024	13259	16755	43035	3
贵州	475	−12	123	−344	118	590	216	437	−178	349	126
云南	1457	186	313	1	19	938		428	1029	892	565
西藏											
陕西	−8328	−8058	737	−1111		104	−77	335	−8586	−1849	−6479
甘肃	241		−61		12	290	130	4	107	41	200
青海	−771	−652	−207		−75	163			−771	−796	25
宁夏	−37					−37		−93	56	−60	23
新疆	826	864	−102	83		−19		25	801	795	31

十五　各联营公司主要指标

表 53　1990 年末各汽车工业联营公司紧密联营企业一览表

解放汽车工业企业联营公司紧密联营企业(11 个)

第一汽车制造厂	第一汽车制造厂青岛汽车厂	第一汽车制造厂辽阳弹簧厂
第一汽车制造厂长春轻型车厂	第一汽车制造厂无锡汽车厂	第一汽车制造厂哈尔滨汽车齿轮厂
第一汽车制造厂吉林轻型车厂	第一汽车制造厂长春轻型发动机厂	第一汽车制造厂长春齿轮厂
第一汽车制造厂青海汽车厂	解放汽车工业企业联营公司大连柴油机厂	

东风汽车工业企业联营公司紧密联营企业(5 个)

第二汽车制造厂	云南汽车厂	南充内燃机厂
柳州汽车制造厂	新疆汽车厂	

重型汽车工业企业联营公司紧密联营企业(17 个)

济南汽车制造总厂	南阳汽车制造厂	潍坊柴油机厂
陕西汽车制造总厂	长征汽车制造厂	杭州汽车发动机厂
四川汽车制造厂	青岛专用汽车制造厂	重庆汽车发动机厂
綦江齿轮厂	陕西汽车齿轮厂	株洲汽车齿轮厂
重庆汽车配件制造厂	重庆红岩汽车弹簧厂	重庆油泵油嘴厂
临清专用汽车制造厂	扬州汽车电机厂	

中国汽车零部件工业联营公司紧密联营企业(6 个)

长沙汽车电器厂	济南汽车配件厂	四平仪表厂
南平汽车配件厂	哈尔滨汽车电器厂	哈尔滨汽车零件二厂

南京汽车工业联营公司紧密联营企业(14 个)

南京汽车制造厂	镇江汽车股份有限公司	镇江冷藏汽车厂
镇江汽车钢圈厂	镇江汽车配件厂	镇江汽车铸件厂
南京东山发动机厂	兴化齿轮厂	南京汽车制造厂车辆改装厂
南京汽车变速箱厂	南京汽车零件厂	南京汽车制造厂吴江跃进客车厂
*启东玛铁件厂	江苏省仪征市车辆厂	

北京汽车工业联合公司所属企业:30 个
天津市汽车工业公司所属企业:75 个
上海汽车工业总公司紧密联营企业:46 个,5 个企业缺报(不生产汽车产品)
中国嘉陵工业股份有限公司所属企业:13 个,5 个企业缺报

注:*号表示本年缺报

表 54　1990 年各汽车工业联营公司紧密联营企业及部分地方公司所属企业主要指标一览表

公　司	企业数(个)					
	合　计	其中:				
		汽　车	改装汽车	摩托车	车用发动机	汽车、摩托车配件
解放汽车工业企业联营公司	11	5	1		2	3
东风汽车工业企业联营公司	5	4			1	
中国重型汽车工业企业联营公司	17	5	2		3	7
中国汽车零部件工业联营公司	6					6
南京汽车工业联营公司	13	2	3		1	7
北京汽车工业联合公司	30	4			1	25
天津市汽车工业公司	75	4	3	1	2	65
上海汽车工业总公司	41	4		1	3	33
中国嘉陵工业股份有限公司	8			2	1	5

续

公司	汽车工业总产值（万元）								汽车工业净产值（现行价）（万元）
	1980年不变价	1990年不变价	现行价	按主导产品分					
				汽车	改装汽车	摩托车	车用发动机	汽车、摩托车配件	
解放汽车工业企业联营公司	307983	369446	424952	392289	3334		19494	9836	116496
东风汽车工业企业联营公司	377417	524595	510648	500052			7174	3422	128187
中国重型汽车工业企业联营公司	151916	177684	18054	11334	10110		25641	31420	36440
中国汽车零部件工业联营公司	22121	36652	38270					38270	11537
南京汽车工业联营公司	96363	119224	122699	104682	7852		1473	8691	18223
北京汽车工业联合公司	255782	409710	382263	253503			72443	56317	81655
天津市汽车工业公司	127498	168191	136580	72706	1980	3348	11869	46676	32100
*上海汽车工业总公司	176638	366773	363611	241024		50498	10131	61959	85874
中国嘉陵工业股份有限公司	40549	76065	73972			66215	795	6962	15447

续

公司	汽车产量含（CKD）（辆）							
	合计	载货汽车	越野汽车	自卸汽车	客车	轿车	汽车底盘	其它
解放汽车工业企业联营公司	75984	62518		26	485	4201	8592	162
东风汽车工业企业联营公司	121153	81675	179	5078	38		32977	1206
中国重型汽车工业企业联营公司	10895	3976	185	2019			4510	205
中国汽车零部件工业联营公司								
南京汽车工业联营公司	37843	30214	236				7322	71
北京汽车工业联合公司	85498	15956	35016		3029	7500	22795	202
天津市汽车工业公司	26963	19615			2723	2920	1705	
上海汽车工业总公司	27738	2230		209		24609	486	204
中国嘉陵工业股份有限公司								

注：1990年北京吉普汽车有限公司生产的7500辆BJ213/XJ汽车计入轿车中。

续

公司	改装汽车产量（辆）						摩托车产量（含CKD）（辆）	发动机产量（含CKD）（台/万kW）
	合计	自卸汽车	牵引汽车列车	专用汽车	客车	其它		
解放汽车工业企业联营公司	488			164	324			66874/655.23
东风汽车工业企业联营公司	488	167	321					116080/1150.04
中国重型汽车工业企业联营公司	470	438		32				11301/174.22
中国汽车零部件工业联营公司								
南京汽车工业联营公司	619	99		297		223		8821/54.66
北京汽车工业联合公司							14000	155982/939.00
天津市汽车工业公司	270			62	208		7800	20314/85.52
上海汽车工业总公司							140032	25234/82.69
中国嘉陵工业股份有限公司							223663	28648/7.16

续

公司	年末职工人数（人）							
	其中1：						其中2：	
	合计	汽车	改装汽车	摩托车	车用发动机	汽车、摩托车配件	工人	工程技术人员
解放汽车工业企业联营公司	100908	91036	1039		3510	5323	60333	3855
东风汽车工业企业联营公司	92370	88489			2106	1775	52938	9398
中国重型汽车工业企业联营公司	64382	38553	2645		6100	17804	38201	5744
中国汽车零部件工业联营公司	12571					12571	8463	966
南京汽车工业联营公司	26906	21570	1484		805	3047	16609	3054
北京汽车工业联合公司	53244	19698			12914	20632	33501	4869
天津市汽车工业公司	40348	5572	1903	1320	3945	27608	24557	2583
上海汽车工业总公司	34041	8341		3047	3139	19514	21284	3129
中国嘉陵工业股份有限公司	17227			8870	237	8120	10913	1370

续

公司	全部职工全年平均人数	全员劳动生产率（1990年不变价）（元/人·年）					
		平均数	按主导产品分				
			汽车	改装汽车	摩托车	车用发动机	汽车、摩托车配件
解放汽车工业企业联营公司	97959	37850	37916	25859		66926	19902
东风汽车工业企业联营公司	91211	58556	59897			34056	21329
中国重型汽车工业企业联营公司	63207	34021	31740	42964		85595	19272
中国汽车零部件工业联营公司	12271	32431					32431
南京汽车工业联营公司	26761	45949	49989	32262		18167	31008
北京汽车工业联合公司	52873	84425	156415			59078	31875
天津市汽车工业公司	39884	42170	118888	34396	28133	31659	21123
上海汽车工业总公司	33220	128438	312522		172995	39762	59374
中国嘉陵工业股份有限公司	16833	50874			86536	208509	7543

续

公司	原材料及能源消耗						企业面积（百 m^2）		
	耗钢材（t）	耗生铁（t）	耗煤量（t）	耗焦量（t）	耗电量（万 kWh）	能耗总量（标准煤）（t）	占地面积	房屋建筑展开面积	生产建筑面积
解放汽车工业企业联营公司	265345	46250	838079	26466	61030	639013	180141	49342	22535
东风汽车工业企业联营公司	423333	106526	593340	3463	16566	741046	219483	47820	23520
中国重型汽车工业企业联营公司	85147	21066	109523	6087	9652	181431	87221	30847	16538
中国汽车零部件工业联营公司	12944	3878	17784	922	8163	29174	7297	5072	2688
南京汽车工业联营公司	59202	11018	17120	4782	9033	54011	25609	13135	7738
北京汽车工业联合公司	89913	5435	4231	3201	8970	116503	40421	19457	12289
天津市汽车工业公司	30473	2857	68872	1680	2554	77399	22029	9201	7418
上海汽车工业总公司	44946	2163	20939	912	4056	58718	15553	10197	8228
中国嘉陵工业股份有限公司	10890	1207	12133	670	1330	33529	27773	8720	3532

续

公司	全年完成投资总额（万元）							
	合计	其中1：汽车	改装汽车	摩托车	车用发动机	汽车、摩托车配件	其中2：基建投资	技改措施及其它投资
解放汽车工业企业联营公司	39707.13	37107.00	113.23		1039.80	1447.10	18331.10	21376.03
东风汽车工业企业联营公司	31370.64	30164.80			1059.20	146.64	15026.40	16344.24
中国重型汽车工业企业联营公司	32107.40	19005.88	808.25		2887.85	9405.42	23136.12	8971.28
中国汽车零部件工业联营公司	5001.71					5001.71	1411.00	3590.71
南京汽车工业联营公司	16052.94	15606.00	179.30		38.20	229.44	8553.84	7499.05
北京汽车工业联合公司	33449.31	18755.20			10811.00	3883.10	1447.19	32002.12
天津市汽车工业公司	1877.69	1406.45	2.40	6.00	35.00	427.84	42.91	1834.78
上海汽车工业总公司	54308.12	25583.00		2002.70	690.46	26031.96	27955.80	26352.31
中国嘉陵工业股份有限公司	3366.14			2209.50	25.05	1131.59	1844.56	1521.58

续

公司	年末固定资产（万元）							
	原值	其中1：汽车	改装汽车	摩托车	车用发动机	汽车、摩托车配件	其中2：工业生产用	净值
解放汽车工业企业联营公司	256846.98	238023.40	2176.28		7517.10	9130.20	191352.15	130018.49
东风汽车工业企业联营公司	347285.68	340861.23			2933.00	3491.45	293163.80	212858.06
中国重型汽车工业企业联营公司	150572.39	78135.31	4845.91		21338.30	46252.87	113410.44	92690.98
中国汽车零部件工业联营公司	19419.67					19419.67	13824.79	12240.04
南京汽车工业联营公司	57849.76	48294.60	3562.20		1146.00	4846.96	31368.77	36610.97
北京汽车工业联合公司	117839.32	60176.29			29008.80	28654.22	101543.11	74275.79
天津市汽车工业公司	69884.75	21715.22	1515.98	6000.00	14086.60	26566.95	61235.17	51159.12
上海汽车工业总公司	141339.00	80734.60		12711.60	4652.47	43240.33	131332.80	111717.44
中国嘉陵工业股份有限公司	33461.15			21314.47	434.30	11712.38	22822.13	22275.72

续

公司	定额流动资金全年平均余额（万元）						销售收入（万元）	销售税金（万元）	利润总额（万元）
	合计	按主导产品：汽车	改装汽车	摩托车	车用发动机	汽车、摩托车配件			
解放汽车工业企业联营公司	130514.81	119243.40	1377.41		4708.80	5185.20	319286.74	10436.49	6053.83
东风汽车工业企业联营公司	217282.32	213308.25			1656.70	2317.37	467182.76	20819.19	43650.76
中国重型汽车工业企业联营公司	78819.80	39371.72	2811.77		13119.72	23516.59	149306.06	5213.93	4136.31
中国汽车零部件工业联营公司	10862.70	32078.06	1370.10	3160.34					
南京汽车工业联营公司	25988.15	19206.80	2616.57		722.20	3442.58	129498.29	3489.82	3231.23
北京汽车工业联合公司	68524.60	37700.60			27241.30	15271.11	412141.95	15748.99	29339.64
天津市汽车工业公司	44034.89	10781.16	1086.69	5583.00	10776.10	15807.93	135188.05	4604.81	8967.58
上海汽车工业总公司	93168.46	60547.30		8523.50	2324.62	21773.03	360504.46	16754.55	34504.03
中国嘉陵工业股份有限公司	20259.37			13620.48	212.96	6425.93	76604.01	2755.72	7659.37

十六　生产整车企业主要指标一览表

表 55　1990 年生产载货汽车企业主要指标

经济指标	单位	合计	其中1：载货汽车底盘	其中2：重型载货汽车	中型载货汽车	轻型载货汽车 小计	轻型载货汽车 其中：底盘	微型载货汽车
企业数	(个)	56	2	5	12	31	2	8
汽车工业总产值(1980 年不变价)	(万元)	1154487	2246	83820	643814	346862	2246	79991
汽车工业总产值(1990 年不变价)	(万元)	1514952	2781	97244	834378	471696	2781	111634
汽车工业总产值(现行价)	(万元)	1557076	2552	101419	879279	473948	2552	102430
汽车工业净产值(现行价)	(万元)	370347	131	14597	234265	99425	131	22060
年末职工人数	(人)	359971	1664	30051	170678	125484	1664	33758
钢材消耗量	(t)	846525	614	44262	655533	128839	614	17891
生铁消耗量	(t)	174095	403	10936	143863	17482	403	1814
煤炭消耗量	(t)	1649656	452	52802	1388048	132353	452	76453
焦炭消耗量	(t)	41171	143	3229	28447	8618	143	877
电力消耗量	(万 kWh)	124701	147	6790	96335	15864	147	5712
能源消耗总量(标准煤)	(t)	1681519	1189	79844	1314468	206196	1189	81011
年末主要设备拥有量	(台)	79404	534	7010	35736	28162	534	8496
年末企业占地面积	(百 m²)	629647	2558	46378	385077	131868	2558	66324
年末房屋建筑展开面积	(百 m²)	170594	1315	15206	90750	48542	1315	16096
生产建筑面积	(百 m²)	86220	976	8568	41331	28350	976	7971
全年完成投资总额	(万元)	138109	156	15003	68311	49817	156	4978
年末固定资产原值	(万元)	938213	2229	64712	553886	228599	2229	91016
年末固定资产净值	(万元)	570685	1298	37213	305178	160959	1298	67335
定额流动资金全年平均余额	(万元)	649018	1960	73298	300486	184866	1960	90368
全年产品销售收入	(万元)	1436078	2587	76908	725398	528493	2587	105279
全年产品销售税金	(万元)	53258	103	2017	29298	18895	103	3048
全年利润总额	(万元)	70223	−816	426	51303	24291	−816	−5797
全年已交利税	(万元)	44363		683	22258	16923		4499
全年全部商品产品总成本	(万元)	1345046	2725	101669	737927	407312	2725	98138

表56　1990年生产改装自卸车　改装半挂牵引车企业主要指标

经济指标		改装自卸车 合计	其中：重型自卸车	其中：中型自卸车	其中：轻型自卸车	半挂牵引汽车列车
企业数	(个)	35	4	29	2	27
汽车工业总产值(1980年不变价)	(万元)	47268	12947	34286	537	29603
汽车工业总产值(1990年不变价)	(万元)	59579	15228	44316	627	40123
汽车工业总产值(现行价)	(万元)	62574	15269	47272	589	40580
汽车工业净产值(现行价)	(万元)	11131	2404	8722	180	8565
年末职工人数	(人)	25899	3952	21923	249	17022
钢材消耗量	(t)	25209	5145	20053	203	22420
生铁消耗量	(t)	1736	352	1384		4374
煤炭消耗量	(t)	29707	5491	24216		12829
焦炭消耗量	(t)	1350	224	1126		1380
电力消耗量	(万 kWh)	3152	750	2400	10	2157
能源消耗总量(标准煤)	(t)	39825	8949	30865	343	20524
年末主要设备拥有量	(台)	6068	899	5162	13	5280
年末企业占地面积	(百 m^2)	35512	4119	31372	441	22429
年末房屋建筑展开面积	(百 m^2)	12494	1963	10521	265	9131
生产建筑面积	(百 m^2)	7128	1090	6032	205	5071
全年完成投资总额	(万元)	7429	1165	6264		2868
年末固定资产原值	(万元)	38047	8067	29964	310	25385
年末固定资产净值	(万元)	26131	5378	20744	193	16382
定额流动资金全年平均余额	(万元)	35926	9614	26310	393	25959
全年产品销售收入	(万元)	52103	13743	38343	493	36263
全年产品销售税金	(万元)	4218	437	3780	15	1197
全年利润总额	(万元)	13	355	−338	16	−607
全年已交利税	(万元)	702	272	430		351
全年全部商品产品总成本	(万元)	59363	14291	45030	565	36229

表 57　1990 年生产改装专用汽车企业主要指标

经济指标	单位	合计	其中：商业服务车	环卫环保车	工程基建车	农牧渔业车	石油地质车	医药卫生车	公安消防车	其它
企业数	(个)	179	56	26	42	7	13	5	11	19
汽车工业总产值(1980 年不变价)	(万元)	155067	50970	11530	46633	1608	14164	5362	9848	14952
汽车工业总产值(1990 年不变价)	(万元)	191641	67854	13850	56425	1703	15216	6171	14030	16392
汽车工业总产值(现行价)	(万元)	197463	68854	14941	55811	1902	16421	6645	16414	16475
汽车工业净产值(现行价)	(万元)	52571	17399	3561	16956	225	4045	1299	4062	5024
年末职工人数	(人)	84899	28481	6665	25932	1796	7645	1969	5940	6471
钢材消耗量	(t)	81388	29358	4824	25456	1351	11101	1645	3638	4015
生铁消耗量	(t)	6098	1480	397	1540	99	2013		398	171
煤炭消耗量	(t)	119865	40134	4741	26674	5563	28873	1962	7818	4100
焦炭消耗量	(t)	3034	657	131	1028	36	843		253	86
电力消耗量	(万 kWh)	10055	3150	392	2316	304	2314	473	481	625
能源消耗总量(标准煤)	(t)	148588	44786	6359	38629	5593	34473	3619	8609	6520
年末主要设备拥有量	(台)	18189	5935	1637	5270	243	1949	507	1291	1357
年末企业占地面积	(百 m²)	160562	80964	5472	32932	6355	14286	2132	11493	6928
年末房屋建筑展开面积	(百 m²)	44004	15834	2345	13564	760	4109	852	3238	3302
生产建筑面积	(百 m²)	24255	8692	1502	7370	313	2107	486	1820	1965
全年完成投资总额	(万元)	16179	7337	293	5700	565	1301	62	435	486
年末固定资产原值	(万元)	134850	48665	7531	42756	2417	15845	2482	7623	7531
年末固定资产净值	(万元)	89032	31995	5333	28558	1585	10665	1540	4963	4393
定额流动资金全年平均余额	(万元)	134418	44611	7830	45757	1996	12353	3556	9670	8645
全年产品销售收入	(万元)	181431	64718	14387	48331	1590	15798	5977	15557	15073
全年产品销售税金	(万元)	7275	2408	425	2635	69	559	187	643	349
全年利润总额	(万元)	5768	1804	824	741	−93	−32	175	909	1440
全年已交利税	(万元)	3539	957	261	1413	19	140	58	535	156
全年全部商品产品总成本	(万元)	179356	67938	12910	47147	1808	15118	5939	15002	13494

表 58　　1990 年生产改装客车企业主要指标

经济指标		合计	其中：特大型客车	大型客车	中型客车	小型客车	微型客车
企业数	(个)	154	8	5	62	77	2
汽车工业总产值(1980 年不变价)	(万元)	199205	8049	11154	86169	93638	195
汽车工业总产值(1990 年不变价)	(万元)	264150	13077	13902	116365	120560	246
汽车工业总产值(现行价)	(万元)	391168	13521	15251	123039	239125	232
汽车工业净产值(现行价)	(万元)	63166	3231	2517	27892	29477	49
年末职工人数	(人)	106251	6085	4526	53454	42024	162
钢材消耗量	(t)	102988	6324	5095	54459	36960	150
生铁消耗量	(t)	5718	9	116	922	4671	
煤炭消耗量	(t)	90668	5054	11921	50509	23184	
焦炭消耗量	(t)	14934	34	24	709	14167	
电力消耗量	(万 kWh)	10424	473	1007	4410	4516	18
能源消耗总量(标准煤)	(t)	141738	6392	13880	63538	57813	115
年末主要设备拥有量	(台)	22147	1082	1129	12085	7837	14
年末企业占地面积	(百 m²)	173763	4686	6575	72933	89305	264
年末房屋建筑展开面积	(百 m²)	65644	2236	2606	28674	32086	42
生产建筑面积	(百 m²)	31530	1565	1214	16718	11995	38
全年完成投资总额	(万元)	13806	207	747	7053	5799	
年末固定资产原值	(万元)	132344	6345	8679	69743	47427	150
年末固定资产净值	(万元)	89732	3964	5491	46234	33927	116
定额流动资金全年平均余额	(万元)	139840	5382	8027	73503	52648	280
全年产品销售收入	(万元)	268201	12781	14028	124545	116662	185
全年产品销售税金	(万元)	10194	499	195	5165	4329	6
全年利润总额	(万元)	5613	470	101	302	4733	7
全年已交利税	(万元)	3923	425	116	1446	1933	3
全年全部商品产品总成本	(万元)	247564	12130	14269	113135	107817	213

《国外汽车》征稿暨征订启事

为适应对外开放、深化改革的大好形势，根据我国汽车工业发展战略和“八五”规划的既定目标，本刊遵照“洋为中用”的方针，有针对性地报道国外汽车产品设计、试验研究、测试技术、材料工艺、电子技术应用及使用维修等方面的编译、摘译、译文等文章。还刊登专题技术综述、出国考察报告、来华专家技术讲座等文章。此外，特辟“引进技术”栏目，以反映当前国内汽车行业的技术水平，增进信息交流，望广大著译者踊跃投搞。

对来稿的要求：

1. 综述文章应以最近期国外有关文献资料为主并结合国内现状加以综合述评。来稿请注明参考文献，字数一般不超过7 000字。

2. 各种形式的译文应以最近期（约一年内）的文献资料为主，来稿必须附原文（编译请注明参考文献）。经编辑部改写后的译文，译者改为供稿者（稿酬照付）。

3. 来稿必须用纸誊写清楚，插图最好用黑墨水和硫酸纸绘制，图中文字一律用铅笔标注。

4. 本刊坚决贯彻执行《中华人民共和国法定计量单位》的有关规定，来稿中所用单位请一律换算并标注法定计量单位。

5. 请勿一稿两投。编辑部在收到稿件后一个月内答复刊用与否，未刊用稿件一律不退稿。

6. 来稿一经刊用，即照章付酬。

本刊为双月刊（80版面），每期定价：2.40元，全年价：14.40元，彩印封皮（除彩印广告外，还有国外新车彩色照片），公开发行，全国各地邮局均可订阅，邮发代号：6－105，也可直接与编辑部、发行科联系零订。

本刊兼营广告业务，登载各类汽车、汽车零部件及其维修工具、试验仪器、材料和生产设备等的销售广告、书刊广告、商业性报道、通知和启事以及新产品开发信息等。

本刊广告经营许可证号：津工商广字第0129号

有关刊登广告的具体事宜请来函与《国外汽车》编辑部直接联系。

《国外汽车》编辑部的通讯地址：天津市第59号信箱

邮政编码：300162

地　　址：天津市万新村程林庄道天山路口

汽车工业新产品

一 1988～1990年汽车工业新产品开发情况

1 汽车新产品开发情况

第七个五年计划期间汽车行业共引进整车设计制造技术19项，主要总威技术18项，零部件技术56项，咨询改进老产品12种，引进产品涉及重型载货汽车、轻型载货汽车、微型载货汽车和轿车，以及相应车型配套的总成、零部件，促进了我国汽车工业水平的提高，丰富了产品品种，推动了汽车系列化和汽车零部件产品水平的提高。

经过“七五”计划引进、建设、技改项目的实施，企业的技术装备、产品试验研究水平显著提高，在产品开发上显露出好势头，基本车型系列由52种发展到103种，专用汽车由300多种发展到640多种。

1.1 国产化进展艰难，而有成绩。1990年几种主要引进车型的国产化率：上海桑塔纳60.09%，北京切诺基43.51%，广州标致(504型)19.60%，一汽奥迪13.66%。大都比预定国产化率进度推迟2～3年。已经国产化的产品批量生产后质量不稳定。未完成国产化的部分大都是技术难度较大的“硬骨头”。

1.2 经过几年努力，对引进产品的技术资料进行消化吸收，采用国外企业的产品设计思路，努力实现新开发产品的系列化，多品种。第二汽车制造厂在1990年完成设计定型的EQ1118系列(原EQ145型)32种车型，采取系列设计、系列试验的方法是一种有益的尝试。该系列有两种驾驶室(宽型宽2365mm，窄型宽2130mm)，两种轴距(3950mm，4700mm)，采用动力或非动力转向及5种发动机及相应的传动系(6100型汽油发动机，6100、6102型柴油发动机，引进的康明斯6B型自然吸气式及两种6BT增压型柴油发动机)。经过总布置的设计、匹配，形成多种档次，具有广阔的使用范围，且适应我国公路发展条件的系列产品。通过这32种车型还可以发展众多的变型车和改装专用汽车，满足用户的不同需要。

1.3 采用引进的汽车总成、零部件开发更新老产品。经过几年的努力，引进产品均不同程度地投入了生产，某些总成、部件更趋完整，这些总成部件被逐步用来更新老产品的相应部件，或者采用先进的总成设计新的汽车产品。这样做既解决了老产品存在的问题，提高车辆的某些性能，又解决了引进产品的过渡问题，使一部分已经形成生产能力的先进总成有了用武之地。第一汽车制造厂近期投产的新CA141型载货汽车采用引进的日野变速器，使动力性、经济性、可靠性得到提高。四川汽车制造厂生产的CQ30290、CQ19210型汽车也采用通过引进技术开发生产的先进总成，在用户中获得良好声誉。联合开发的6600型客车底盘，主要采用已形成生产能力的五十铃变速器、膜片离合器、五十铃制动器和前后桥主要结构；设计了客车需要的车架；为改善悬挂性能，提高舒适性，采用了变截面弹簧；为了克服国内发动机品种、质量方面的不足，设计考虑了装用几种动力，有汽油机，有柴油机。同样的设计思想还开发了6120型、6450型、6400型客车底盘。6120型大型客车底盘主要采用斯泰尔WD615型发动机、ZF变速器及新型转向器、前后桥及制动系等部件，设计了适合高档旅游、一般客运和城市公共汽车需要的三种结构车架，可选择空气悬挂或变截面弹簧，为适应一般客运的需要可选择杭州汽车发动机厂采用斯泰尔发动机技术改进的 X6130 型柴油机、陕西齿轮厂生产的 6J80 型或 5J80 型变速器，形成高、中、低档完整的产品系列。

1.4 重型汽车生产企业开发多品种变型、专用车。我国重型汽车产品习惯于生产单一的普通货车和军用卡车。在军品订货大量减少，重型汽车市场趋向多种需求的情况下，重型汽车生产企业，如四川汽车制造厂、济南汽车制造总厂，都开发了多种变型车，如各吨级的半挂牵引车、自卸车、沙漠越野车、集装厢运输车、油罐运输车等，大大地提高了这类产品的水平，丰富了重型车系列产品，并获得良好的经济效益。

1.5 一批零部件引进项目在国内开发的新产品中得到推广应用。近几年零部件行业与国外开展合资或引进技术生产的某些产品已能达到国外同类产品水平，替代了进口，实现了国产化。南京汽车制造厂离合器厂引进了美国 BW（博格瓦纳）公司的膜片离合器系列产品设计与制造技术，并注重自身研究开发，在充分开展消化吸收的基础上，立足创新和改进，既保持引进技术的优点，又克服某一产品在安装尺寸和某些结构尺寸上的局限性，扩大引进技术的应用范围，解决了从不同国家引进的“五车一机”产品的离合器国产化问题。

近几年来主要汽车生产企业集中力量开展消化吸收工作，自行开发的产品主要集中在各种变形车、客车和专用车等方面。

我国汽车工业虽然在产品开发方面不断取得新成绩，使我国汽车产品水平有了明显的进步，但是我国汽车工业与国际汽车工业的水平差距很大。这个差距还有扩大的趋势。主要表现在以下几个方面：

其一，产品结构不合理。高水平的汽车产品和部件、零件产量很少，大部分生产企业正在进行技术改造，技术和资金上都遇到不少困难，尚未形成大批量生产的能力。

载货汽车与乘用车产量比例不协调，载货汽车比例大，载货汽车与客车的比例大致为 8:2，以致轿车和部分客车供不应求。造成我国 11 亿人乘车难，行路难。国外由于轿车工业发达，因而乘用车产量大大高于载货汽车产量。

重、中、轻、微载货汽车比例不合理，比例大致为 0.5:4.5:3.5:1.5。经过“七五”计划的调整，虽然中型载货汽车的比例下降但仍然是比例偏高。

中型载货汽车中汽、柴油车的比例极不合理。每年生产的约 22～24 万辆中型载货汽车中仅有 2～4 万辆装用柴油发动机。而在国际上相同吨位的载货汽车几乎全部采用柴油发动机。

重型汽车厂生产的标准型重型载货汽车比例偏高，而重型专用汽车及变型底盘比例偏低。

其二，产品水平与国际水平差距较大。

首先是可靠性，目前国产汽车平均故障间隔里程为 1500～2000km，而国际上一般为 1～1.5 万 km。实际上由于故障分类和统计方法的差别，可靠性水平的差距还更大些。

第二是自重大，油耗高，公害较为严重，排放、噪声限值与欧、日、美差距甚远。

第三是对车辆高速行驶性能，特别是操纵稳定性及各项安全性能等尚无成熟的设计经验。除引进的车型外，自行开发的产品不同程度地存在高速行驶的振动，操纵和动力系统的不匹配，随着我国高速公路的建成和使用，汽车高速行驶所带来的种种问题会日益严重。

第四是汽车电子化水平较低，尚处在单

组件的水平上，尚未采用电子控制系统。

其三，整车、主要总成和零部件发展不平衡。目前已引进的汽车产品来自多个国家，系列复杂，执行的标准各异，国内引进短期内生产批量不大，造成零部件配套品种纷繁，批量又达不到经济规模，给零部件的系列化大批量生产带来很大困难。

“八五”期间汽车产品发展的任务是繁重的，既要引进轿车产品，建设轿车生产基地，又要完成“七五”引进产品的国产化工作，这些产品都将在市场上受到用户的检验，而做出客观的公正的评价。因此科技战线，生产战线的汽车行业同仁任重而道远。

中国汽车工业总公司　刘匀

2　摩托车新产品开发情况

第七个五年计划期间，我国摩托车行业通过引进技术、合作、合资等方式先后从 6 个国家和地区的 10 家厂商引进了 7 种排量 21 个车型的摩托车先进技术和关键设备。经过消化吸收，开发创新，引进产品的平均国产化率达 75%以上，上海—易初摩托车公司引进的 CG125 型摩托车技术和关键设备、济南轻骑摩托车厂引进的铃木 K 系列摩托车制造技术和生产线、天津迅达摩托车公司从德国引进的全套摩托车生产线等均已投入批量生产。

在引进国外先进技术设备的基础上，摩托车行业注重自身的技术更新改造，并积极采用新技术。航空航天工业部南方动力机械公司的 125 型发动机及整车生产线，国营嘉陵机器厂的 70 型、125 型发动机及整车生产线，国营建设机床厂的 80 型发动机及整车生产线，长春汽油机厂的 AX100 型发动机及整车生产线，南昌飞机制造公司的 125 型整车生产线等均已投产发挥投资效益。摩托车行业的部分技术改造项目在考虑到专业生产的同时，也注意到生产线的可调性，有利于新产品的开发。

与此同时，摩托车行业积极加强行业管理工作。近年来，组织制订、审定了一批摩托车技术标准，颁布试行了《摩托车质量检查评定办法（试行）》（即蓝皮书），根据需要建立了一批全国摩托车及发动机质量监督检验机构并连续三年组织了摩托车及发动机行业质量抽检，制定颁布了摩托车新产品开发暂行管理办法，与公安部共同制定实行了摩托车生产企业目录和产品目录管理办法。继摩托车整车定点 19 个生产企业后，通过对关键零部件企业的摸底调查，于 1990 年对发动机、化油器、磁电机、减震器、仪表等五个小行业提出了 32 个定点企业，使定点企业在全行业的主导地位得到进一步巩固和加强。

通过上述工作，使摩托车产品质量稳步提高，为摩托车工业在“八五”期间上水平、上等级打下了坚实的基础，同时使摩托车行业新产品开发能力进一步加强。

1988～1990 年三年间，每年都有一批摩托车整车及发动机新产品通过鉴定。这些新产品的整体设计向着结构合理、性能先进、外型美观的方向发展。

2.1　产品向多品种、系列化方向发展，排量品种进一步丰富，二冲程、四冲程发动机并举，侧置气门结构的发动机已趋淘汰，采用四冲程顶置凸轮气门式汽油机以及分离式润滑装置、水冷却系统、晶体管无触点点火系统、活塞簧片阀进气机构、盘式液压制动器、新型减震器等新结构，提高了整车动力性、经济性、安全性、可靠性和耐久性。

国营嘉陵机器厂开发的 JH125 型摩托车，采用顶置凸轮四冲程发动机，升功率高，最大功率为 8.80kW/9500r/min，最大扭转矩为 9.81N·m/8000r/min，最高车速 100km/h，最大爬坡度 22°，最低等速油耗 1.6L/100km；

上海一易初摩托车公司开发的 XF125 型摩托车，最大功率为 8kW/9000r/min，最大扭转矩为 9.3NM/7500r/min，最高车速为 95km/h，最大爬坡度为 20°，经济油耗为 2L/100km；

国营建设机床厂开发的 JS50Q—4 型摩托车在外观造型、车体和发动机结构方面都做了较大的改进设计，采用了适合我国特点的两档齿轮变速、链条传动，发动机为单缸二冲程风冷斜置式汽油机， 最大功率为 2.57kW/6000r/min，最高车速为 50km/h，油耗为 1.6L/100km，最大爬坡为 12°；

南方动力机械公司开发的 NY125 (NY1E56FM)型发动机为单缸二冲程风冷式，最大功率为 10.4kW/8000r/min，最大扭矩为 12.7N·m/7200r/min。该公司开发的 650mL 排量发动机，油耗已达到国外先进水平，排放的 CO、CH 值优于国家标准。

在摩托车零部件方面，国营 3028 厂开发生产的摩托车油气减震器，已与国外同类产品水平相当，开始为引进的三种车型配套；南方动力机械公司、沈阳黎明公司生产的 125mL、50mL 发动机阀片已实现国产化。但总的看来，摩托车零部件新产品的开发仍属薄弱环节，尚需进一步努力。

2.2 大部分产品在外观造型、表面质量上都有明显的改进。在外观质量上，注意整体造型的协调性、新颖性；色彩明快、醒目；车头采用方型防眩大灯及导流罩；采用集成化方型仪表显示和指示；改进油箱造型和装饰；注意座垫的曲线美和排气管的流线型；压铸件、电镀件、焊接件的表面质量也大有改善。

"八五"期间，摩托车行业将继续把新产品开发作为一项重要工作来抓，并将工作重点放在零部件产品质量的提高和新产品开发上，为整车上质量、上水平提供可靠的零部件，同时将采取限制和过渡的办法，逐步替代并淘汰性能落后的老产品，努力为社会各界提供更多优质新型的摩托车产品。

中国汽车技术研究中心 李毓青

(中国汽车工业总公司摩托车行业办公室 张文灿 吴燕明 审核)

二 1988～1990年汽车工业部分新产品简介

1 载货汽车

新产品名称及型号	主要研制生产单位	鉴定部门、时间	主要技术性能
[illegible]B1010型载货汽车	国营燕北机械厂	河北省机电厅 1989.11	采用SC110型底盘,外形尺寸(长×宽×高)3420×1400×1600mm,轴距1840mm,前/后轮距1215/1200mm,乘员2人,整备质量690kg,装载质量690kg,总质量1380kg,最高车速95km/h,油耗5.8L/100km,最小转弯半径4.3m,最大爬坡度13°,最小离地间隙170mm,接近角/离去角30°/28°,发动机型号JL462Q型汽油机
HWC1010型双排座载货汽车	邗江县微型汽车厂	江苏省交通厅 1989.12	采用WJ110型微型汽车底盘,双排座驾驶室
HH1012型载货汽车	安徽省淮海机械厂	安徽省汽车工贸联营(集团)公司 1989.12	装载质量600kg,最高车速95km/h,油耗5.9L/100km,发动机型号JL462Q、DA462型汽油机
HH1012B型双排座载货汽车	安徽省淮海机械厂	安徽省汽车工贸联营(集团)公司 1989.12	装载质量420kg,乘员4人,最高车速95km/h, 油耗5.9L/100km,发动机型号JL462Q、DA462型汽油机
LZW1010PA型载货汽车	柳州微型汽车厂	广西壮族自治区机械厅 1990.12	外形尺寸(长×宽×高)3195×1395×1690mm,轴距1780mm,前/后轮距1214/1190mm,装载质量650kg,总质量1450kg,最小转弯半径4.5m,最小离地间隙160mm,最大爬坡度18°,最高车速95km/h,油耗4.6L/100km,发动机型号376Q型汽油机
LZW1010PB型载货汽车	柳州微型汽车厂	广西壮族自治区机械厅 1990.12	外形尺寸(长×宽×高)3195×1395×1690mm,轴距1780mm,前/后轮距1214/1190mm,装载质量650kg,总质量1450kg,最小转弯半径4.5m,最小离地间隙160mm,最大爬坡度13°,最高车速90km/h,油耗4.6L/100km,发动机型号462Q型汽油机
LZW1010PC型载货汽车	柳州微型汽车厂	广西壮族自治区机械厅 1990.12	外形尺寸(长×宽×高)3195×1395×1690mm,轴距1780mm,前/后轮距1214/1190mm,装载质量650kg,总质量1450kg,最小转弯半径4.5m,最小离地间隙160mm,最大爬坡度15°,最高车速90km/h,油耗4.6L/100km,发动机型号370Q型汽油机
SFJ1010E型双排座载货汽车	陕西飞机制造公司	陕西省机械厅 1989.4	外形尺寸(长×宽×高)3645×1395×1645mm,轴距1840mm,最小离地间隙170mm,最小转弯直径8.2m,装载质量350kg,乘员4人,最高车速90km/h,最大爬坡度21.3%

续

新产品名称及型号	主要研制生产单位	鉴定部门、时间	主要技术性能
SFJ1010E$_1$型玻璃钢双排座载货汽车	陕西飞机制造公司	陕西省机械厅 1990.6	外形尺寸(长×宽×高)3475×1395×1645mm,轴距1990mm,最小离地间隙170mm,最小转弯直径8.9m,装载质量350kg,乘员4人,最高车速90km/h,最大爬坡度21%
SFJ1010E$_2$型双排座载货汽车	陕西飞机制造公司	陕西机械厅 1990.6	外形尺寸(长×宽×高)3495×1395×1645mm,最小离地间隙170mm,最小转弯直径8.9m,装载质量350kg,乘员4人,最高车速90km/h,最大爬坡度21%
BJ136型载货汽车	北京轻型汽车有限公司	中国汽车工业联合会 1988.12	外形尺寸(长×宽×高)4790×1950×2020mm,轴距2500mm,整备质量1900kg,装载质量2000kg,总质量4095kg,最大爬坡度32%,最高车速95m/h,油耗13.8L/100km,发动机型号492Q型汽油机
BJ136CL型长轴距载货汽车	北京轻型汽车有限公司	中国汽车工业总公司、北京汽车工业联合公司 1990.6	外形尺寸(长×宽×高)5940×1950×2030mm,轴距3200mm,整备质量2365kg,装载质量2500kg,总质量5060kg,最大爬坡度33%,最高车速90km/h,油耗10L/100km
BJ136CLS型双排座长轴距柴油载货汽车	北京轻型汽车有限公司	中国汽车工业总公司、北京汽车工业联合公司 1990.6	外形尺寸(长×宽×高)5910×1950×2040mm,轴距3200mm,整备质量2385kg,装载质量2250kg,总质量5025kg,最大爬坡度33%,最高车速90km/h,油耗10L/100km
BJ136LS型双排座长轴距载货汽车	北京轻型汽车有限公司	中国汽车工业总公司、北京汽车工业联合公司 1990.9	外形尺寸(长×宽×高)5910×1950×2030mm,轴距3200mm,整备质量2105kg,装载质量1750kg,总质量4495kg、最大爬坡度27%,最高车速85km/h,油耗14.5L/100km
BJ136CS型双排座柴油载货汽车	北京轻型汽车有限公司	中国汽车工业总公司、北京汽车工业联合公司 1990.9	外形尺寸(长×宽×高)4750×1950×2030mm,轴距2500mm,整备质量2165kg,装载质量1750kg,总质量4305kg,最大爬坡度34%,最高车速90km/h,油耗9.0L/100km
BJ1021C型载货汽车	北京汽车摩托车联合制造公司	北京汽车工业联合公司 1990.6	外形尺寸(长×宽×高)4433×1750×1878mm,轴距2750mm,装载质量1030kg,总质量2500kg,最大爬坡度24%,最小转弯直径13.8m,最小离地间隙224mm,最高车速98km/h,油耗12.5L/100km,发动机型号BJ492QA型或BN492QA$_2$A型、SY492Q－2型汽油机
BJ1021AQ型双排座载货汽车	北京汽车摩托车联合制造公司	北京汽车工业联合公司 1990.9	外形尺寸(长×宽×高)4460×1680×1840mm,轴距2850mm,装载质量750kg,乘员4人,总质量2490kg,最大爬坡度25%,最小转弯直径13m,最小离地间隙210mm,最高车速100km/h,油耗12.5L/100km,发动机型号BN492QA$_2$A型汽油机

续

新产品名称及型号	主要研制生产单位	鉴定部门、时间	主要技术性能
BS1020 型双排座载货汽车	北京商用汽车制造厂	北京市汽车改装工业协会、北京市供销合作总社 1990.2	采用 BJ1021(BJ121)型底盘,驾驶室为双排座全金属结构,外形尺寸(长×宽×高)4583×1750×1840mm,整备质量 1550kg,总质量 2500kg,最高车速 98km/h,最大爬坡度 13.5°,油耗 13L/100km
BS1020A 型双排座载货汽车	北京商用汽车制造厂	北京市汽车改装工业协会、北京市供销合作总社 1990.8	采用 BJ1021(CD121)型底盘,外形尺寸(长×宽×高)4660×1720×1820mm,整备质量 1580kg,总质量 2500kg,最高车速 90km/h,最大爬坡度 13.5°,油耗 12.5L/100km,发动机型号 SY492Q－2 型汽油机
JX1020D 型载货汽车	警兴汽车改装总厂	河北省机电厅 1988.7	外形尺寸(长×宽×高)4770×1760×1670mm,前/后轮距 1460/1480mm,整备质量 1480kg,总质量 2380kg,最高车速 98km/h,油耗 13L/100km
JX1020S 型双排座载货汽车	警兴汽车改装总厂	河北省机电厅 1988.7	外形尺寸(长×宽×高)4770×1740×1765mm,前/后轮距 1460/1480mm,整备质量 1550kg,总质量 2200kg,最高车速 98km/h,油耗 13L/100km,乘员 5 人
SY1041SJF 型双排座载货汽车	沈阳汽车制造厂	沈阳市计经委 1988.1	外形尺寸(长×宽×高)4800×1860×2040mm,轴距 2500mm,整备质量 2095kg,装载质量 1500kg,总质量 3920kg,最小转弯半径 5.2m,最大爬坡度 36%,最高车速 110km/h,油耗 13.5L/100km,发动机型号 4G54 型汽油机
SY1041SBF 型双排座载货汽车	沈阳汽车制造厂	沈阳市计经委 1988.12	外形尺寸(长×宽×高)4820×1860×2050mm,轴距 2500mm,整备质量 2085kg,装载质量 1500kg,总质量 3910kg,最小转弯半径 5.2m,最大爬坡度 36%,最高车速 95km/h,油耗 13.5L/100km,发动机型号 SY492Q－2 型汽油机
SY1041DBF 型载货汽车	沈阳汽车制造厂	沈阳市计经委 1988.12	外形尺寸(长×宽×高)4820×1860×2050mm,轴距 2500mm,整备质量 2015kg,装载质量 2000kg,总质量 4145kg,最小转弯半径 5.2m,最大爬度 36%,最高车速 95km/h,油耗 13.5L/100km,发动机型号 SY492Q－2 型汽油机
SY1041SKF 型双排座柴油载货汽车	沈阳汽车制造厂	沈阳市计经委 1988.12	外形尺寸(长×宽×高)4820×1860×2050mm,轴距 2500mm,整备质量 2210kg,装载质量 1500kg,总质量 4035kg,最小转弯半径 5.2m,最大爬坡度 36%,最高车速 95km/h,油耗 8.7L/100km,发动机型号 493Q 型柴油机
SY1040SBL 型双排座载货汽车	沈阳汽车制造厂	沈阳市计经委 1989.5	外形尺寸(长×宽×高)4891×1930×2085mm,轴距 2800mm,整备质量 1985kg,装载质量 1500kg,总质量 3875kg,最小转弯半径 5.7m,最大爬坡度 36%,最高车速 95km/h,油耗 13.5L/100km,发动机型号 SY492Q－2 型汽油机

续

新产品名称及型号	主要研制生产单位	鉴定部门、时间	主要技术性能
SY1041SBF1型双排座载货汽车	沈阳汽车制造厂	沈阳市计经委 1989.9	外形尺寸(长×宽×高)4800×1860×2040mm,轴距2500mm,整备质量2160kg,装载质量1500kg,总质量3985kg,最小转弯半径5.2m,最大爬坡度36%,最高车速95km/h,油耗13.5L/100km,发动机型号SY492Q－2型汽油机
SY1041DBF1型载货汽车	沈阳汽车制造厂	沈阳市计经委 1989.9	外形尺寸(长×宽×高)4800×1860×2040mm,轴距2500mm,整备质量2070kg,装载质量2000kg,总质量4200kg,最小转弯半径5.2m,最大爬坡度36%,最高车速95km/h,油耗13.5L/100km,发动机型号SY492Q－2型汽油机
SY1040SLL型双排座柴油载货汽车	沈阳汽车制造厂	沈阳市计经委 1990.6	外形尺寸(长×宽×高)4894×1939×2100mm,轴距2800mm,整备质量2134kg,装载质量1500kg,总质量3959kg,最小转弯半径5.7m,最大爬坡度36%,最高车速80km/h,油耗8.7L/100km,发动机型号490QA型柴油机
SY1040SBT型双排座长轴距载货汽车	沈阳汽车制造厂	沈阳市计经委 1990.6	外形尺寸(长×宽×高)5894×1939×2100mm,轴距3400mm,整备质量2190kg,装载质量1500kg,总质量4015kg,最小转弯半径6.9m,最大爬坡度36%,最高车速95km/h,油耗13.5L/100km,发动机型号SY492Q－2型汽油机
SY1040SBL₁型双排座载货汽车	沈阳汽车制造厂	沈阳市计经委 1990.9	外形尺寸(长×宽×高)4894×1939×2100mm,轴距2800mm,整备质量2094kg,装载质量1500kg,总质量3854kg,最小转弯半径5.7m,最大爬坡度36%,最高车速95km/h,油耗13.5L/100km,发动机型号SY492Q－2型汽油机
SY1040SLT型双排座长轴距柴油载货汽车	沈阳汽车制造厂	沈阳市计经委 1990.9	外形尺寸(长×宽×高)5840×1939×2100mm,轴距3400mm,整备质量2190kg,装载质量1500kg,总质量4015kg,最小转弯半径6.9m,最大爬坡度36%,最高车速80km/h,油耗8.7L/100km,发动机型号490QA型柴油机
SY1032SAH型双排座载货汽车	沈阳轿车制造厂	金杯汽车股份有限公司 1989.7	
DD1021QS型双排座载货汽车	丹东汽车制造厂	辽宁省机械委 1990.3	外形尺寸(长×宽×高)4730×1620×1670mm,整备质量1510kg,总质量2585kg,最小转弯直径13.8m,最高车速105km/h,油耗12.5L/100km,乘员5人
SM121A型载货汽车	沈阳双马汽车制造厂	辽宁省机械委 1989.9	外形尺寸(长×宽×高)4615×1940×1759mm,轴距1440mm,整备质量1600kg,装载质量925kg,总质量2525kg,最小转弯直径13.8m,最小离地间隙224mm,最高车速92km/h,最大爬坡度13°,油耗13L/100km

续

新产品名称及型号	主要研制生产单位	鉴定部门、时间	主要技术性能
SM1041C型双排座载货汽车	沈阳双马汽车制造厂	辽宁省机械委 1989.10	外形尺寸(长×宽×高)5840×1930×2085mm,轴距3400mm,整备质量2160kg,装载质量1500kg,总质量4050kg,最小转弯直径13.8m,最小离地间隙186mm,最高车速88km/h,最大爬坡度36%,油耗15L/100km
SM1031型双排座载货汽车	沈阳双马汽车制造厂	辽宁省机械委 1989.10	外形尺寸(长×宽×高)4840×1930×2085mm,轴距2800mm,整备质量2000kg,装载质量1500kg,总质量3890kg,最小转弯直径11.4m,最小离地间隙186mm,最高车速88km/h,最大爬坡度36%,油耗14.5L/100km
SM1021型载货汽车	沈阳双马汽车制造厂	辽宁省机械委 1990.3	外形尺寸(长×宽×高)4730×1620×1610mm,轴距2850mm,整备质量1405kg,装载质量1075kg,总质量2480kg,最小转弯直径12.8m,最小离地间隙210mm,最高车速102km/h,最大爬坡度15.7°,油耗9.3L/100km
HSB1030型载货汽车	沈阳三山汽车工业联营公司	航空航天部、沈阳市计经委 1989.3	整备质量1750kg,总质量2750kg,最高车速94km/h,油耗12.5L/100km,最小转弯直径13.8m
HSB1021GD型载货汽车	沈阳三山汽车工业联营公司	航空航天部 1990.10	整备质量1080kg,总质量2230kg,最高车速115km/h,油耗8L/100km,最小转弯直径11.65m
CA1020F型载货汽车	第一汽车制造厂	中国汽车工业总公司 1990.12	外形尺寸(长×宽×高)4540×1690×1950mm,轴距2335mm,整备质量1840kg,装载质量1000kg,最高车速105km/h,油耗10.5L/100km,发动机型号CA488—1型汽油机
CA1040型载货汽车	第一汽车制造厂、长春汽车研究所、第一汽车制造厂长春轻型车厂	中国汽车工业总公司 1990.12	外形尺寸(长×宽×高)4823×1687×1997mm,轴距2500mm,前/后轮距1414/1370mm,整备质量1840kg,装载质量2000kg,总质量4040kg,接近角/离去角25°/19°,最小转弯半径5.2m,最大爬坡度30%,最高车速100km/h,油耗12.5L/100km,乘员3人,发动机型号CA488型汽油机
CA1046L型双排座载货汽车	第一汽车制造厂、长春汽车研究所、第一汽车制造厂长春轻型车厂	中国汽车工业总公司 1990.12	外形尺寸(长×宽×高)5303×1807×1997mm,轴距2850mm,前/后轮距1414/1370mm,整备质量1980kg,装载质量1500kg,总质量3815kg,接近角/离去角25°/19°,最小转弯半径5.9m,最大爬坡度30%,最高车速100km/h,油耗12.5L/100km,乘员5人,发动机型号CA488型汽油机
CG1030S型双排座载货汽车	长春市汽车改装厂	吉林省机械厅 1989.9	外形尺寸(长×宽×高)4615×1710×1750mm,轴距2750mm,前/后轮距1440/1440mm,装载质量1100kg,最高车速92km/h,油耗13L/100km,最小转弯直径14m,最大爬坡度15°

续

新产品名称及型号	主要研制生产单位	鉴定部门、时间	主要技术性能
MH1020C 型双排座载货汽车	国营北方工具厂	黑龙江省汽车工业公司 1988.8	采用 BJ121 型底盘,装载质量 790kg
SD1041 型双排座载货汽车	上海第二汽车底盘厂	上海汽车拖拉机工业联营公司 1989.12	外形尺寸(长×宽×高)5280×1900×2100mm,轴距 2800mm,前/后轮距 1575/1470mm,整备质量 2200kg,总质量 3800kg,最高车速 90km/h,最大爬坡度 30%,最小转弯直径 12m,最小离地间隙 190mm,油耗 15L/100km,发动机型号 $492QA_2$ 型汽油机
NJ1041S 型双排座载货汽车	南京汽车制造厂	南京汽车工业联营公司 1988.6	外形尺寸(长×宽×高)4940(5990)×2076×2130mm,轴距 2600(3308)mm,前/后轮距 1592/1485mm,整备质量 2400kg,装载质量 1500kg,总质量 4500kg,发动机型号 NJG427A 型汽油机或 NJD433A 型柴油机或 BN492QG1 型汽油机
NJ1061S 型双排座载货汽车	南京汽车制造厂	南京汽车工业联营公司 1988.6	外形尺寸(长×宽×高)6050×2076×2169mm,轴距 3308mm,前/后轮距 1584/1485mm,整备质量 2780kg,装载质量 2500kg,总质量 6000kg,发动机型号 NJG427A 型汽油机或 NJD433A 型柴油机
NJ1061R 型载货汽车	南京汽车制造厂	南京汽车工业联营公司 1990.2	外形尺寸(长×宽×高)6050×2076×2090mm,轴距 3308mm,前/后轮距 1584/1485mm,整备质量 2750kg,装载质量 3000kg,总质量 6000kg,发动机型号 NJG427A 型汽油机或 NJD433A 型柴油机
CG1030 型双排座载货汽车	南京晨光机器厂	江苏省机械厅 1989.5	装载质量 500kg
HXQ1030 型双排座载货汽车	仪征华兴公司专用汽车厂	江苏省机械厅 1990.4	外形尺寸(长×宽×高)4730×1740×17[illegible]0mm,轴距 2750mm,整备质量 1600kg,总质量 2500kg,装载质量 500kg,乘员 5 人,最小离地间隙 224mm,最小转弯直径 13.8m,最大爬坡度 13.5°,最高车速 98km/h,油耗 13L/100km,发动机型号 492QA 型汽油机
YQC1021 系列载货汽车	中国汽车技术研究中心、仪征汽车制造厂	中国汽车工业联合会 1989.12	最小转弯半径 12~13m,最大爬坡度 33~35%,最高车速 100~110km/h,油耗 13L/100km
NPS1040S1 型双排座载货汽车	宁波汽车拖拉机工业公司	浙江省机械厅、宁波市经委 1988.3	外形尺寸(长×宽×高)4710×1900×2125mm,乘员 6 人,轴距 2800mm,前/后轮距 1480/1470mm,最小离地间隙 195mm,装载质量 1250kg,最高车速 85km/h,油耗 15L/100km,可装非独立空调
ZHK1030 型载货汽车	浙江省海宁客车厂	浙江省科委、机械委 1988.11	最高车速 98km/h,油耗 13L/100km
FZ1041C($FZ131B_2$)型长轴距载货汽车	福州汽车厂	福建省汽车工业公司 1988.2	最高车速 90km/h,最大爬坡度 29%,最小转弯直径 14.2m,油耗 15.5L/100km,装载质量 2000kg,总质量 4255kg

续

新产品名称及型号	主要研制生产单位	鉴定部门、时间	主要技术性能
FZ1040CS (FZ131B1)型双排座长轴距载汽车	福州汽车厂	福建省汽车工业公司 1988.2	最高车速90km/h,最大爬坡度29%,最小转弯直径14.2m,油耗15.5L/100km,装载质量1750kg,总质量4070kg
FZ1042DS型双排座柴油载货汽车	福州汽车厂	福建省汽车工业公司 1989.5	最高车速90km/h,最大爬坡度24%,最小转弯直径11m,油耗10L/100km,装载质量1500kg,总质量3790kg
BM1020KH型载货汽车	中国人民解放军第7427工厂	福建省汽车工业公司 1989.11	
YTQ1040CSC型双排座柴油载货汽车	烟台汽车制造厂	山东省机械厅 1989.5	整备质量2430kg,装载质量1500kg,轴距3200mm,最高车速90km/h,最大爬坡度29%,油耗10.5L/100km,乘员6人,发动机型号D495QA型柴油机
YTQ1041QS型双排座载货汽车	烟台汽车制造厂	山东省机械厅 1989.8	整备质量2000kg,装载质量1500kg,轴距2500mm,最高车速95km/h,最大爬坡度36%,油耗14L/100km,乘员6人,发动机型号492QC2型汽油机
YTQ1041QSC型双排座载货汽车	烟台汽车制造厂	山东省机械厅 1989.8	整备质量2140kg,装载质量1500kg,轴距2500mm,最高车速95km/h,最大爬坡度29%,油耗14L/100km,乘员6人,发动机型号492QC$_2$型汽油机
YTQ1041CS型双排座柴油载货汽车	烟台汽车制造厂	山东省机械厅 1989.12	整备质量2200kg,装载质量1500kg,轴距2500mm,最高车速90km/h,最大爬坡度36%,油耗10.5L/100km,乘员6人,发动机型号495QA型柴油机
YTQ1041CSC型双排座柴油载货汽车	烟台汽车制造厂	山东省机械厅 1989.12	整备质量2340kg,装载质量1500kg,轴距3200mm,最高车速90km/h,最大爬坡度29%,油耗10.5L/100km,乘员6人,发动机型号495QA型柴油机
JQC1030C型双排座载货汽车	济南第二汽车改装厂	山东省机械厅	采用BJ121型底盘,外形尺寸(长×宽×高)4895×1760×1860mm,总质量2500kg,装载质量5人+6000kg,最高车速98km/h,油耗13L/100km,最大爬坡度24%,最小离地间隙224mm,最小转弯直径13.8m
JBC1040LS型双排座载货汽车	国营江北机械厂	湖北省国防工办 1988.6	外形尺寸(长×宽×高)5980×1905×2250mm,轴距2800mm,前/后轮距1480/1470mm,整备质量2300kg,装载质量1500kg,总质量4190kg,乘员6人,最高车速85km/h,最大爬坡度29°,最小转弯直径14.2m,最小离地间隙185mm,接近角/离去角37°/16°,油耗15L/100km
JBC1040BS型双排座载货汽车	国营江北机械厂	湖北省国防工办 1988.6	外形尺寸(长×宽×高)5000×1905×2250mm,轴距2800mm,前/后轮距1480/1470mm,整备质量1950kg,装载质量1500kg,总质量3840kg,乘员6人,最高车速85km/h,最大爬坡度36°,最小转弯直径12m,最小离地间隙185mm,接近角/离去角37°/31°,油耗14.5L/100km

续

新产品名称及型号	主要研制生产单位	鉴定部门、时间	主要技术性能
JBC1040 型载货汽车	国营江北机械厂	*航空航天部 1989.10	外形尺寸(长×宽×高)4830×1905×2260mm,轴距 2800mm,前/后轮距 1480/1470mm,整备质量 1880kg,装载质量 2000kg,总质量 4075kg,乘员 3 人,最高车速 85km/h,最大爬坡度 36%,最小转弯直径 12m,最小离地间隙 185mm,接近角/离去角 37°/31°,油耗 14.5L/100km
JBC1040L 型长轴距载货汽车	国营江北机械厂	航空航天部 1989.10	外形尺寸(长×宽×高)5985×1905×2260mm,轴距 3500mm,前/后轮距 1480/1470mm,整备质量 2150kg,装载质量 2000kg,总质量 4345kg,乘员 3 人,最高车速 85km/h,最大爬坡度 29°,最小转弯直径 14.2m,最小离地间隙 185mm,接近角/离去角 37°/16°,油耗 15L/100km
JBC1040C 系列柴油载货汽车	国营江北机械厂	航空航天部 1990.8	为 JBC1040 系列载货汽车改装柴油发动机的产品,包括 JBC1040C、JBC1040LC、JBC1040BSC、JBC1040LSC 等型号,油耗分别为 10.5L/100km、11L/100km、10.5L/100km、11L/100km
HQC1020S 型双排座载货汽车	湖南省汽车制造厂	中国汽车工业联合会 1989.12	最小转弯直径 12m,最大爬坡度 30%,最高车速 112km/h,油耗 12L/100km
GZ1020 型载货汽车	广州汽车制造厂	广州市机电局 1990.9	外形尺寸(长×宽×高)4754×1710×1520mm,前/后轮距 1411/1420mm,装载质量 1360kg,最高车速 130km/h,最小转弯半径 6m,最大爬坡度 25%
SXZ1030 型双排座载货汽车	湛江三星汽车制造公司	广东省机械厅 1988.10	外形尺寸(长×宽×高)4685×1695×2000mm,装载质量 1500kg,最小转弯直径 12m,最大爬坡度 30%,最高车速 105km/h,最小离地间隙 185mm,油耗 10L/100km,乘员 5 人
SXZ1031 型双排座载货汽车	湛江三星汽车制造公司	广东省机械厅 1989.6	外形尺寸(长×宽×高)4685×1695×2000mm,装载质量 1250kg,最小转弯直径 12m,最大爬坡度 30%,最高车速 105km/h,最小离地间隙 185mm,油耗 10L/100km,乘员 5 人
SXZ1032 型双排座载货汽车	湛江三星汽车制造公司	广东省机械厅 1990.4	外形尺寸(长×宽×高)4710×1695×2010mm,装载质量 1250kg,最小转弯直径 10.4m,最大爬坡度 30%,最高车速 100km/h,最小离地间隙 190mm,油耗 9.5L/100km,乘员 5 人
TDL1030 型双排座载货汽车	玉林柴油机总厂	广西壮族自治区机械厅、科委 1989.11	外形尺寸(长×宽×高)4900×1760×1860mm,最大爬坡度 24%,最高车速 98km/h,油耗 13L/100km,发动机型号 BN492QA 型汽油机

续

新产品名称及型号	主要研制生产单位	鉴定部门、时间	主要技术性能
五十铃 NKR55ELA 型柴油载货汽车	重庆汽车制造厂	重庆市机械局 1990.9	外形尺寸(长×宽×高)4685×1690×1990mm,轴距2490mm,前/后轮距1385/1395mm,装载质量2000kg,最高车速95km/h,油耗10L/100km,最大爬坡度28%
五十铃 NKR55ELS 型柴油载货汽车	重庆汽车制造厂	重庆市机械局 1990.9	外形尺寸(长×宽×高)4780×1690×1990mm,轴距2490mm,前/后轮距1385/1395mm,装载质量2000kg,最高车速95km/h,油耗10L/100km,最大爬坡度28%
GHT1030、GHT1030B 型载货汽车	贵州航天工业总公司乌江机械厂	航空航天部 1988.11	外形尺寸(长×宽×高)4690×1690×1985mm,整备质量1500kg,装载质量1250kg,总质量3210kg,轴距2515mm,前/后轮距1410/1360mm,发动机型号12R型(GHT1030型)、BJ475Q型(GHJ1030B型)汽油机,最高车速100km/h(GHT1030型)、95km/h(GHT1030B型),最大爬坡度30%(GHT1030型)、28%(GHT1030B型)、油耗10L/100km(GHT1030型)、12L/100km(GHT1030B型)
GHT1030D 型载货汽车	贵州航天工业总公司乌江机械厂	航空航天部 1989.9	外形尺寸(长×宽×高)4690×1690×1985mm,整备质量1520kg,装载质量1250kg,总质量3160kg,轴距2515mm,前/后轮距1410/1360mm,发动机型号2Y型汽油机,最高车速100km/h,最大爬坡度30%,油耗12L/100km
LTC10[illegible]0ABD 型双排座长轴距柴油载货汽车	云南兰箭汽车制造厂	云南省机械厅 1989.8	装载质量1500kg,乘员6人,最高车速85km/h,油耗9.5L/100km,最大爬坡度16°,接近角/离去角35°/25°
TD1030S 型双排座载货汽车	西安探矿机械厂	陕西省机械厅 1989.8	外形尺寸(长×宽×高)4850×1764×1880mm,轴距2750mm,乘员5人,装载质量500kg,最大爬坡度18°,最高车速98km/h,油耗12.3L/100km,发动机型号BN492QA型
XAK1020S 型双排座载货汽车	西安市客车厂	西安市冶金机电局、交通局 1989.9	外形尺寸(长×宽×高)4670×1840×1900mm,整备质量1685kg,装载质量300kg,总质量2310kg,乘员5人,最小转弯半径6.9m,接近角/离去角36°/18°,最高车速98km/h,油耗14L/100km
CA1090L 型长轴距载货汽车	第一汽车制造厂	解放汽车工业企业联营公司 1988.1	整备质量4210kg,装载质量5000kg,轴距4450mm,最高车速90km/h,油耗26L/100km,货厢内部尺寸(长×宽×高)4700×2300×550mm,发动机型号CA6102型汽油机
CA1091L2 型超长轴距载货汽车	第一汽车制造厂	解放汽车工业企业联营公司 1988.1	整备质量4650kg,装载质量5000kg,轴距5060mm,最高车速90km/h,油耗26L/100km,货厢内部尺寸(长×宽×高)5740×2300×550mm,发动机型号CA6102型汽油机
CA1091K2L2 型超长轴距柴油载货汽车	第一汽车制造厂	解放汽车工业企业联营公司 1988.1	整备质量4950kg,装载质量5000kg,轴距5060mm,最高车速85km/h,油耗18L/100km,货厢内部尺寸(长×宽×高)5740×2300×550mm,发动机型号CA6110A型柴油机

续

新产品名称及型号	主要研制生产单位	鉴定部门、时间	主要技术性能
CA141E2 型军用高栏板载货汽车	第一汽车制造厂	总后车船部 1988.4	整备质量 4700kg，装载质量 5000kg，轴距 4050mm，最高车速 90km/h，油耗 26L/100km，货厢内部尺寸(长×宽×高)4200×2300×925mm，发动机型号 CA6102 型汽油机
CA1141T2 型载货汽车	第一汽车制造厂	解放汽车工业企业联营公司 1988.10	整备质量 5260kg，装载质量 8000kg，轴距 4400＋1270mm，驱动型式 6×2，最高车速 85km/h，油耗 35L/100km，货厢内部尺寸(长×宽×高)5740×2300×550mm，发动机型号 CA6102 型汽油机
CA1140K2T2 型柴油载货汽车	第一汽车制造厂	解放汽车工业企业联营公司 1988.10	整备质量 5480kg，装载质量 8000kg，轴距 4400＋1270mm，驱动型式 6×2，最高车速 85km/h，油耗 22L/100km，货厢内部尺寸(长×宽×高)5740×2300×550mm，发动机型号 CA6110A 型柴油机
CA1140 型柴油载货汽车	第一汽车制造厂	中国汽车工业联合会 1989.5	外形尺寸(长×宽×高)8005×2476×2445mm，轴距 4750mm，整备质量 5900kg，装载质量 8000kg，最高车速 90km/h，油耗 20L/100km，发动机型号 6110Z 型柴油机
CA1140P 型柴油载货汽车	第一汽车制造厂、丹东汽车制造厂	中国汽车工业联合会 1988.5	采用平头驾驶室，外形尺寸(长×宽×高)7630×2476×2690mm，轴距 4200mm，整备质量 6000kg，装载质量 8000kg，最高车速 90km/h，油耗 20L/100km，发动机型号 CA6110Z 型柴油机
CA1111KZP 型柴油载货汽车	第一汽车制造厂	解放汽车工业企业联营公司 1989.6	采用平头驾驶室，整备质量 4480kg，装载质量 6000kg，轴距 3810mm，最高车速 85km/h，油耗 18L/100km，货厢内部尺寸(长×宽×高)4700×2300×475mm，发动机型号 CA6110 型柴油机
CA1150K2T1 型柴油载货汽车	第一汽车制造厂	解放汽车工业企业联营公司 1990.10	整备质量 6090ktg，装载质量 9000kg，轴距 3865＋1270mm，驱动型式 6×4，最高车速 85(73)km/h，油耗 23L/100km，货厢内部尺寸(长×宽×高)5000×2300×550mm，发动型号 CA6110 型柴油机
EQ1116G 型载货汽车	南京东风专用汽车制造总厂、第二汽车制造厂	东风汽车工业企业联营公司 1988.4	采用可翻转平头驾驶室，全景曲面玻璃，长轴距
EQ1116H 型双排座载货汽车	南京东风专用汽车制造总厂、第二汽车制造厂	东风汽车工业企业联营公司 1988.4	采用可翻转平头双排座驾驶室，全景曲面玻璃，长轴距
EQ1116H18D 型双排座柴油载货汽车及底盘	南京东风专用汽车制造总厂	东风汽车工业企业联营公司 1990.2	装载质量 5500kg，发动机型号 6105Q 型柴油机

续

新产品名称及型号	主要研制生产单位	鉴定部门、时间	主要技术性能
EQ1116G18D型柴油载货汽车及底盘	南京东风专用汽车制造总厂	东风汽车工业企业联营公司 1990.2	装载质量5500kg,发动机型号6105Q型柴油机,驾驶室为单排带卧铺,全景曲面玻璃
EQ140—1K134型载货汽车	第二汽车制造厂	东风汽车工业企业联营公司 1988	外形尺寸(长×宽×高)5470×2365×2325mm,整备质量2610kg,总质量6500kg,最大爬坡度20%,最高车速75km/h
EQ140—1G型、EQ140F—1型载货汽车	第二汽车制造厂	东风汽车工业企业联营公司 1989	外形尺寸(长×宽×高)6910×2470×2455mm,轴距3950mm,整备质量4235kg,总质量9445kg,最大爬坡度28%,最小转弯半径8m,最高车速90km/h
EQ4D140型柴油载货汽车	第二汽车制造厂	东风汽车工业企业联营公司 1989	外形尺寸(长×宽×高)6910×2470×2460mm,整备质量4260kg,总质量9470kg,装载质量5000kg,最大爬坡度28%,最高车速85km/h
EQF140/47型长轴距载货汽车	第二汽车制造厂	东风汽车工业企业联营公司 1989	外形尺寸(长×宽×高)8145×2470×2450mm,轴距4700mm,整备质量4400kg,总质量9610kg,最大爬坡度28%,最高车速90km/h
EQ1092F型载货汽车	第二汽车制造厂	中国汽车工业总公司 1990	最大爬坡度28%,最高车速90km/h
EQ1118系列载货汽车	第二汽车制造厂	中国汽车工业总公司 1990.12	采用平头驾驶室,驱动型式4×2,共32种车型,轴距3950mm、4700mm二种,总质量为10600kg或11000kg
EQ141G$_2$D型载货汽车	第二汽车制造厂、山西汽车制造厂	东风汽车工业联营公司 1990.9	外形尺寸(长×宽×高)7730×2470×2710mm,轴距4500mm,整备质量6000kg,总质量14200kg,最小转弯半径8m,最大爬坡度24%,最高车速85km/h
SGZ1100C型轻泡货物运输车	随州市汽车改装总厂	湖北省机械厅 1989.12	外形尺寸(长×宽×高)9950×2480×2410mm,轴距5150mm,装载质量5000kg,最小转弯直径20.4m
LZ1090EJ型长轴距双排座柴油载货汽车	东风汽车工业联营公司柳州汽车厂	广西壮族自治区机械厅 1990.4	装载质量5000kg,总质量10150kg,外形尺寸(长×宽×高)7710×2470×2484mm,轴距4700mm,前/后轮距1810/1800mm,最高车速83km/h,油耗17.5L/100km,最大爬坡度28%,最小转弯半径9.4m
LZ1090EK型长轴距双排座柴油载货汽车	东风汽车工业联营公司柳州汽车厂	广西壮族自治区机械厅 1990.4	装载质量5000kg,总质量10350kg,外形尺 … 高)8958×2470×2467mm,轴距537… 1810/1800mm,最高车速83km/h,油耗 … 坡度25%,最小转弯半径11m

续

新产品名称及型号	主要研制生产单位	鉴定部门、时间	主要技术性能
LZ1090FJ 型长轴距带卧铺柴油载货汽车	东风汽车工业联营公司柳州汽车厂	广西壮族自治区机械厅 1990.4	装载质量 5000kg，总质量 9975kg，外形尺寸(长×宽×高) 8031×2470×2485mm，轴距 4700mm，前/后轮距 1810/1800mm，最高车速 83km/h，油耗 17.5L/100km，最大爬坡度 28%，最小转弯半径 9.4m
LZ1090FK 型长轴距带卧铺柴油载货汽车	东风汽车工业联营公司柳州汽车厂	广西壮族自治区机械厅	装载质量 5000kg，总质量 10160kg，外形尺寸(长×宽×高) 9181×2470×2470mm，轴距 5370mm，前/后轮距 1810/1800mm，最高车速 83km/h，油耗 18L/100km，最大爬坡度 25%，最小转弯半径 11m
LZT/CA1091K8 型柴油载货汽车	柳州特种汽车厂	中国有色金属工业总公司	采用 CA1091 型汽车底盘换装 6105QA 型柴油机，外形尺寸(长×宽×高) 7205×2476×2395mm，轴距 4050mm，前/后轮距 1800/1700mm，整备质量 3459kg，装载质量 5000kg，最小离地间隙 247mm，最小转弯半径 8m，最大爬坡度 28%，最高车速 90km/h，油耗 26.5L/100km，发动机最大功率 103kW/3000r/min，最大扭矩 392N·m/1800～2000r/min
LZT/CA1091K8LZ 型柴油载货汽车	柳州特种汽车厂	中国有色金属工业总公司 1990.5	采用 CA1091LZ 型汽车底盘换装 6105QA 型柴油机，外形尺寸(长×宽×高) 8745×2476×2325mm，轴距 4050mm，前/后轮距 1800/1700mm，整备质量 4930kg，装载质量 5000kg，最小离地间隙 247mm，最小转弯半径 10.2m，最大爬坡度 28%，最高车速 90km/h，油耗 18L/100km，发动机最大功率 103kW/3000r/min，最大扭矩 392N·m/1800～2000r/min
CA1092K 型柴油载货汽车	青海汽车改装厂	青海省机械厅 1989.8	将 CA141 型汽车汽油发动机换装柴油发动机，装载质量 5000kg，最小转弯半径 8.2m，最高车速 85km/h，油耗 18L/100km，最大爬坡度 28%
QH1092C 型长轴距柴油载货汽车	青海汽车制造厂	青海省财经委 1990.8	外形尺寸(长×宽×高) 7864×2460×2280mm，轴距 4700mm，装载质量 5000kg，总质量 9655kg，最高车速 85km/h，油耗 19L/100km，最小离地间隙 265mm，最小转弯半径 9.8m，接近角/离去角 38°/19°，发动机型号 6102AQ 型柴油机
CZ1260 型柴油载货汽车	长征汽车制造厂	中国汽车工业总公司 1990.9	外形尺寸(长×宽×高) 8807×2428×3121mm，驱动型式 6×6，整备质量 10500kg，总质量 25500kg，最大爬坡度 44%，最高车速 96km/h，油耗 34L/100km，发动机型号 WD615.77 型柴油机
“奔驰”系列重型载货汽车	国营内蒙古第一机械制造厂	(引进德国奔驰公司制造许可证生产)	包括 2628/6×4、2628K/6×4、1928K/4×2、1926K/4×2、2629/6×4、1926/4×2 等型号，装载质量 19～27t，发动机为 F8L413F 型或 BenzOM422 型，最高车速 100km/h，油耗 25L/100km，大修里程达 60 万 km

续

新产品名称及型号	主要研制生产单位	鉴定部门、时间	主要技术性能
HFF1151C04 型长轴距柴油载货汽车	合肥淝河汽车制造厂	安徽省机械厅 1989.3	外形尺寸(长×宽×高)9776×2488×2977mm,整备质量 7600kg,装载质量 8000kg,总质量 15600kg,最高车速 80km/h,最小转弯直径 23.5m,油耗 24L/100km,发动机型号 $6120QK_2$ 型柴油机
H[illegible]150 系列柴油载货汽车	第二汽车制造厂 杭州汽车厂	中国汽车工业联合会 1989.1	
JN[illegible]50/16 型柴油载货汽车	济南汽车制造总厂、泰安汽车厂	中国汽车工业联合会 1988	
JN1[illegible]2D 型柴油载货汽车	济南汽车制造总厂	中国汽车工业联合会 1988	
JN1[illegible]D101 型柴油载货汽车	济南汽车制造总厂	中国汽车工业联合会 1988	
JN16[illegible]Q 型柴油载货汽车	济南汽车制造总厂	中国汽车工业联合会 1988	
JN162[illegible]01 型柴油载货汽车	济南汽车制造总厂	中国汽车工业总公司 1990	
JN122[illegible] 型柴油载货汽车	济南汽车制造总厂	中国汽车工业总公司 1990	
EQ15[illegible] 型柴油载货汽车	第二汽车制造厂	中国汽车工业联合会	外形尺寸(长×宽×高)6885×2440×2585mm,驱动型式 4×2,整备质量 4700kg,装载质量 6000kg,总质量 10900kg,最大爬坡度 28%,发动机型号 EQD68T59 型柴油机
CQ1260.[illegible]2 型柴油载货汽车	四川汽车制造厂	重庆市经委 1990.12	外形尺寸(长×宽×高)9096×2500×2963mm,装载质量 1500kg,驱动型式 6×4,最大爬坡度 18%,最高车速 87km/h,油耗 34L/100km
CQ24260/[illegible]50/6×2 型柴油载[illegible]汽车	四川汽车制造厂	重庆市经委 1989.3	外形尺寸(长×宽×高)10447×2500×2964mm,轴距 5000+1400mm,最大爬坡度 50%,最高车速 7[illegible]
CQ1260.0[illegible] 型柴油载货汽车	四川汽车制造厂	重庆市经委 1990.12	外形尺寸(长×宽×高)9096×2500×3[illegible],[illegible]量 15000kg,驱动型式 6×4,最大爬坡度 [illegible],最高车速 77km/h,油耗 30L/100km

续

新产品名称及型号	主要研制生产单位	鉴定部门、时间	主要技术性能
SCZ630 型柴油载货汽车	国营西南车辆制造厂	北方工业(集团)总公司 1989.9	装载质量 15000kg
SX1160 型柴油载货汽车	陕西汽车制造总厂	重型汽车工业企业联营公司、陕西省汽车办 1989.10	最高车速 85km/h,最大爬坡度 30%,油耗 27L/100km

2 越野汽车

新产品名称及型号	主要研制生产单位	鉴定部门、时间	主要技术性能
BJ2023C 型越野汽车	北京汽车摩托车联合制造公司	北京汽车工业联合公司 1988.6	外形尺寸(长×宽×高)3860×1750×1870mm,轴距 2300mm,驱动型式 4×4,装载质量 425kg,总质量 1945kg,拖挂质量 800kg,最大爬坡度 49.8%,最小转弯直径 12m,最小离地间隙 224mm,涉水深度 0.5m,最高车速 98km/h,油耗 13L/100km,发动机型号 BN492QA 型汽油机
BJ2023CA 型越野汽车	北京汽车摩托车联合制造公司	北京汽车工业联合公司 1988.6	外形尺寸(长×宽×高)3860×1750×2015mm,轴距 2300mm,驱动型式 4×4,装载质量 [illegible]00kg,总质量 2[illegible]20kg,拖挂质量 800kg,最大爬坡度 49.85%,最小转弯直径 12m,最小离地间隙 224mm,涉水深度 0.5m,最高车速 98km/h,油耗 13L/100km,发动机型号 BN492QA 型汽油机
BJ2023K 型越野汽车	北京汽车摩托车联合制造公司	北京汽车工业联合公司 1988.6	外形尺寸(长×宽×高)3860×1750×1870mm,轴距 2300mm,驱动型式 4×4,装载重量 425kg,最大质量 1955kg,拖挂质量 800kg,最大爬坡度 49.85%,最小转弯直径 12m,最小离地间隙 224mm,涉水深度 0.5m,最高车速 98km/h,油耗 13L/100km,发动机型号 BN492QA 型汽油机
BJ2032 型越野载货汽车	北京汽车摩托车联合制造公司	北京汽车工业联合公司 1988.6	外形尺寸(长×宽×高)4583×1750×1878mm,轴距 2750mm,驱动型式 4×4,装载质量 1030kg,总质量 2570kg,最大爬坡度 49.85%,最小转弯直径 13.8m,最小离地间隙 224mm,最高车速 95km/h,油耗 13L/100km,发动机型号 BN492QA 型汽油机

续

新产品名称及型号	主要研制生产单位	鉴定部门、时间	主要技术性能
BJ2032K 型越野客货两用车	北京汽车摩托车联合制造公司	北京汽车工业联合公司 1988.12	外形尺寸(长×宽×高)4583×1750×2080mm,轴距2750mm,驱动型式 4×4,装载质量 10 人或 2 人+770kg,总质量 2570kg, 最大爬坡度 49.85%, 最小转弯直径 13.8m,最小离地间隙 224mm,最高车速 95km/h,油耗 13L/100km,发动机型号 BN492QA 型汽油机
BJ2032C 型越野载货汽车	北京汽车摩托联合制造公司	北京汽车工业联合公司 1990.6	外形尺寸(长×宽×高)4583×1750×1878mm,轴距2750mm,驱动型式 4×4,装载质量 1030kg,总质量 2570mmkg,最大爬坡度 44.5%,最小转弯直径 13.8m,油耗 13L/100km,发动机型号 BJ492QA 型或 $BN492QA_2A$ 型、SY492Q－2 型汽油机
BJ2032Q 型越野汽车	北京汽车摩托车联合制造公司	北京汽车工业联合公司 1990.9	外形尺寸(长×宽×高)4040×1720×1920mm,轴距2345mm,驱动型式 4×4,装载质量 585kg,总质量 1945kg,最大爬坡度 44.5%,最小转弯直径 13.8m,最小离地间隙 224mm,涉水深度 0.5m,最高车速 105km/h,油耗 13L/100km,发动机型号 $BN492QA_2A$ 型或 SY492Q－2 型汽油机,全金属车身
BJ2032R 型越野汽车	北京汽车摩托车联合制造公司	北京汽车工业联合总公司 1990.9	外形尺寸(长×宽×高)4367×1720×1920mm,轴距2750mm,驱动型式 4×4,装载质量 425kg,总质量 2135kg,最大爬坡度 44.5%,最小转弯直径 13.8m,最小离地间隙 224mm,涉水深度 0.5m,最高车速 105km/h,油耗 13L/100km,发动机型号 $BN492QA_2A$ 型或 SY492Q－2 型汽油机,全金属车身
BS6390(BS212M)型越野汽车	北京商用汽车制造厂、北京吉普汽车有限公司	北京汽车工业联合公司、北京市供销合作总社 1988.3	采用 BJ2020N 型底盘,全金属结构车身,外形尺寸(长×宽×高)3860×2080×1730mm,整备质量 1625kg,总质量 2050kg,乘员 5 人,最高车速 90km/h,最大爬坡度 26.5°,油耗 15L/100km
YJ2020 型越野汽车	燕京汽车厂	总后车船部 1989.10	
SL2030 型越野汽车	松辽汽车厂	辽宁省机械厅 1990	
CG2030S 型双排座越野载货汽车	长春市汽车改装厂	吉林省机械厅 1989.9	外形尺寸(长×宽×高)4615×1710×1750mm,轴距2750mm,前/后轮距 1440/1440mm,装载质量 1100kg,最高车速 92km/h,油耗 13L/100km,最小转弯直径 14m,最大爬坡度 15°
MH2020C 型双排座越野载货汽车	国营北方工具厂	黑龙江省汽车工业公司 1988.8	采用 BJ222 型底盘,装载质量 790kg

续

新产品名称及型号	主要研制生产单位	鉴定部门、时间	主要技术性能
CGJ2030型双排座越野载货汽车	南京晨光机器厂	江苏省机械厅1989.9	装载质量500kg
DQ2023型越野汽车	南京大桥汽车制造厂	江苏省公安厅	
HXQ2030型越野载货汽车	仪征华兴公司专用车厂	江苏省机械厅1990.4	外形尺寸(长×宽×高)4730×1740×1780mm,轴距2750mm,整备质量1600kg,装载质量500kg,总质量2500kg,乘员5人,最小离地间隙224mm,最小转弯直径13.8m,最大爬坡度26.5°,最高车速95km/h,油耗13L/100km,发动机型号492QA型汽油机
ZHK2020型越野汽车	浙江省海宁客车厂	浙江省科委、机械厅1988.1	最高车速98km/h,油耗13L/100km
BM2021A、BM2022A型越野汽车	中国人民解放军第7427工厂	福建省计委、经委、汽车工业公司1988.3	最高车速110km/h,油耗14L/100km
CJY6420A型越野汽车	中国人民解放军第7427工厂、中国人民解放军第7319工厂	总后车船部1988.6	最高车速110km/h,油耗14L/100km
BM1020T型长轴距越野载货汽车	中国人民解放军第7427工厂	中国金燕汽车船舶工业公司1989.12	
XFC2030系列越野汽车	江西消防车辆制造厂	江西省机械厅1989.3	最高车速100km/h
FQ214型越野汽车	江西富奇汽车厂	江西省机械厅	外形尺寸(长×宽×高)4700×1750×1872(1800)mm,最大爬坡度24.5°,最高车速98km/h
JQG2030A、JQG2030B、JQG2030C型双排座越野载货汽车,JQG2030X型厢式货车	济南第二汽车改装厂	山东省机械厅1989.4	采用BJ222型底盘,外形尺寸(长×宽×高)依次为4515×1750×1895mm、4895×1760×1860mm、4895×1760×1860mm、4620×1760×1890mm,总质量2600kg,装载质量5人+600kg,最高车速95km/h,油耗13L/100km,最大爬坡度49.8%,最小离地间隙224mm,最小转弯直径13.8m,驱动型式4×4
EQD230型沙漠越野车	第二汽车制造厂、新疆汽车制造厂	中国汽车工业联合会1988	外形尺寸(长×宽×高)5650×2400×2425mm,最大爬坡度57.7%,最高车速88km/h

新产品名称及型号	主要研制生产单位	鉴定部门、时间	主要技术性能
CQQ2023A型越野车	四川省成都轻型汽车改装总厂	四川省交通厅 1988.4～6	外形尺寸(长×宽×高)4573×1785×1910mm，乘员8人，驱动型式4×4
CJY6420B型越野汽车	成都山鹿汽车厂、松辽汽车厂	总后车船部 1988.8	
SLC2020型越野汽车	成都山鹿汽车厂	四川省机械厅 1989.9	
TD2030S型越野载货汽车	西安探矿机械厂	陕西省机械厅 1989.9	外形尺寸(长×宽×高)4850×1764×1880mm，轴距2750m，乘员5人，装载质量500kg，驱动型式4×4，最大爬坡度26.5°，最大涉水深度500mm，最高车速95km/h，油耗13.26L/100km，发动机型号BN492QA型汽油机

3 自卸汽车

新产品名称及型号	主要研制生产单位	鉴定部门、时间	主要技术性能
QQ361A、QQ361B型自卸汽车	齐齐哈尔汽车制造厂	机电部 1990.12	外形尺寸(长×宽×高)6350×2547×2800mm，轴距3750mm，轮距1927mm，装载质量10000kg，最高车速68km/h，最大爬坡度28%，油耗30L/100km，货厢最大后倾角57°，货厢举升时间20s，QQ361A型为平底货厢，QQ361B型为平底燕尾开口货厢
QQ562B型双向行驶净化自卸汽车	齐齐哈尔汽车制造厂	机电部 1990.12	与QQ361型、QQ361B型自卸汽车相同，装有两个方向盘，由联动机构操纵，可实现双向行驶，并有动力转向及发动机尾气净化装置
NJT3120型自卸汽车	南京特种汽车制配厂	江苏省机械厅 1988.9	
CGJ3100CA型自卸汽车	南京晨光机器厂	江苏省机械厅 1989.7	装载质量4700kg，举升时间20s，降落时间20s
CSZ3091LC型自卸汽车	常熟专用汽车制造厂	江苏省机械厅 1988	采用CA141B型底盘，外形尺寸(长×宽×高)6585×2470×2545mm，装载质量4700kg，总质量9530kg，最高车速90km/h，油耗26.5L/100km
CSZ3091SC型自卸汽车	常熟专用汽车制造厂	江苏省机械厅 1988	采用CA141B型底盘，外形尺寸(长×宽×高)6585×2470×2520mm，装载质量4700kg，总质量9430kg，最高车速90km/h，油耗26.5L/100km
CSZ3092LC型自卸汽车	常熟专用汽车制造厂	江苏省机械厅 1989	采用CA141B型底盘，外形尺寸(长×宽×高)6695×2470×2490mm，装载质量4710kg，总质量9460kg，最高车速90km/h，油耗26.5L/100km

续

新产品名称及型号	主要研制生产单位	鉴定部门、时间	主要技术性能
CSZ3092LE型自卸汽车	常熟专用汽车制造厂	江苏省机械厅1989	采用EQ140-1L型底盘，外形尺寸(长×宽×高)65[illegible]5×2470×2515mm，装载质量9290kg，总质量6505kg，最高车速90km/h，油耗26.5L/100km
CSZ3140型自卸汽车	常熟专用汽车制造厂	江苏省机械厅1990	采用EQ144型盘，外形尺寸(长×宽×高)7080×2470×2555mm，装载质量7200kg，总质量13300kg，最高车速80km/h，油耗34L/100km
XZ3090型自卸汽车	徐州特种汽车总厂	江苏省机械厅1988.9	外形尺寸(长×宽×高)6460×2405×2520mm，装载质量4500kg，货厢举升角50°，最高车速85km/h，油耗26.5L/100km
XZ3180型自卸汽车	徐州特种汽车总厂	江苏省机械厅1989.4	外形尺寸(长×宽×高)7095×2494×3210mm，装载质量8500kg，货厢举升角58°，最高车速75km/h，油耗18L/100km
XZ3090D型自卸汽车	徐州特种汽车总厂	江苏省机械厅1990.9	外形尺寸(长×宽×高)6460×2405×2520mm，装载质量4500kg，货厢举升角50°，最高车速70km/h，油耗18L/100km
XZ3130型自卸汽车	徐州特种汽车总厂	江苏省机械厅1990.9	外形尺寸(长×宽×高)7617×2450×2536mm，装载质量7000kg，货厢举升角56°，最高车速70km/h，油耗34L/100km
KS30290/Z32/6×4 Ⅰ、Ⅱ型自卸汽车	昆山专用汽车制造厂	江苏省机械厅1988.10	外形尺寸(长×宽×高)Ⅰ型7630×2500×3144mm，Ⅱ型7880×2500×3220mm，货厢容积10m³，接近角/离去角27.3°/48°，货厢举升角Ⅰ型[illegible]0°、Ⅱ型60°，举升时间23s、装载质量Ⅰ型17000kg，Ⅱ型16000kg，总质量30000kg，最高车速74km/h，最大爬坡度[illegible]2.8%
KS19210/Z35/4×2型自卸汽车	昆山专用汽车制造厂	江苏省机械厅1988.10	外形尺寸(长×宽×高)6[illegible]95×2500×3050mm，货厢容积7m³，接近角/离去角27°/39°，货厢举升角55°，举升时间20s，装载质量10000kg，总质量19000kg，最高车速75km/h，最大爬坡度24%
GZQ3090型自卸汽车	赣州汽车改装厂	江西省机械厅1988.12	采用CA141型底盘，装载质量4500kg，货厢容积4.2m³，举升角52°，举升时间18s
GZQ3091型自卸汽车	赣州汽车改装厂	江西省机械厅1988.12	采用EQ140型底盘，装载质量4500kg，货厢容积4.2m³，举升角52°，举升时间18s
JXG3090型自卸车	江西省车辆改装厂	江西省汽车办1990.3	采用EQ140L型底盘，总质量9240kg，装载质量4500kg，货厢容积4.47m³

续

新产品名称及型号	主要研制生产单位	鉴定部门、时间	主要技术性能
Q[illegible]DZ3320S型自卸汽车	青岛重型专用汽车研究所、青岛专用汽车制造厂	重型汽车工业企业联营公司 1990.6	采用斯泰尔汽车底盘，装载质量 20000kg
L[illegible]Z3190 型自卸汽车	临清专用汽车制造厂	重型汽车工业企业联营公司 1989.5	装载质量 9500kg，货厢举升角 55°，举升时间 20s
L[illegible]Z3300 型自卸汽车	临清专用汽车制造厂	重型汽车工业企业联营公司 1989.5	装载质量 16000kg，货厢举升角 60°，举升时间 30s
Z[illegible]3090 型自卸汽车	东风汽车工业企业联营公司郑州轻型汽车制造厂	河南省计经委 1988.6	外形尺寸(长×宽×高)6360×2405×2510km，轴距 3950mm，装载质量 4500kg，总质量 9450kg，最高车速 90km/h，油耗 26.5L/100km，接近角/离去角 38°/40°，最小转弯直径 16m，最大爬坡度 28°，货厢举升角 50°，举升时间 15s，降落时间 15s，发动机型号 EQ6100－Ⅰ型汽油机
EQ[illegible]141G 型自卸汽车	第二汽车制造厂、山西汽车制造厂	东风汽车工业企业联营公司 1990	外形尺寸(长×宽×高)6520×2470×2890mm，轴距 3800mm，整备质量 6400kg，装载质量 7500kg，总质量 14100kg，量大爬坡度 30%，最小转弯半径 6.5m，最高车速 85km/h
EQ 141GJ 型自卸汽车	第二汽车制造厂、山西汽车制造厂	东风汽车工业企业联营公司 1990	外形尺寸(长×宽×高)6173×2462×4800mm，轴距 3800mm，总质量 14100kg，最大爬坡度 30%，最小转弯半径 6.5m，最高车速 85km/h
EQ[illegible]40－1 型自卸汽车	湖北省郧阳地区汽车改装厂	湖北省机械厅 1988.1	最高车速 90km/h，装载质量 4500kg，最大爬坡度 28%，油耗 26.5L/100km，货厢举升时间 15s，降落时间 20s
EQ[illegible]41－1 型自卸汽车	湖北省郧阳地区汽车改装厂	湖北省机械厅 1988.1	最高车速 90km/h，装载质量 4500kg，最大爬坡度 28%，油耗 26.5L/100km，货厢举升时间 15s，降落时间 20s
YG[illegible]340 型自卸汽车	湖北省郧阳地区汽车改装厂	湖北省机械厅 1988.1	最高车速 85km/h，装载质量 4500kg，最大爬坡度 28%，油耗 20L/100km，货厢举升时间 15s，降落时间 20s
YG[illegible]341 型自卸汽车	湖北省郧阳地区汽车改装厂	湖北省机械厅 1988.1	最高车速 85km/h，装载质量 4500kg，最大爬坡度 28%，油耗 20L/100km，货厢举升时间 15s，降落时间 20s
XY[illegible]0 型自卸汽车	襄樊车桥厂	湖北省机械厅 1988.8	采用 EQ140－1L 型底盘，外形尺寸(长×宽×高)6460×2430×2325mm，轴距 3950mm，前/后轮距 1810/1800mm，装载质量 4500kg，发动机型号 EQ6100－1 型汽油机
LZT[illegible]091 型自卸汽车	柳州特种汽车厂	中国有色金属工业总公司 1990.3	采用 EQ140 型底盘，外形尺寸(长×宽×高)6500×2400×2[illegible]50mm，轴[illegible] [illegible]950mm，前/后轮距 1810/1800mm，整备质量 3400kg，装载质量 5000kg，最小离地间隙 272mm，最小转弯半径 8m，最大爬坡度 28%，最高车速 90km/h，油耗 26.5L/100km，发动机型号 EQ6100－1 型汽油机

续

新产品名称及型号	主要研制生产单位	鉴定部门、时间	主要技术性能
SC2630Z 型自卸汽车	国营西南车辆制造厂	北方工业(集团)总公司 1989.9	装载质量 15000kg
YA3091Z 型自卸汽车	陕西延安汽车工业联营公司	陕西省机械厅 1989.8	装载质量 4750kg
QZ3092K(QZ348K)型自卸汽车	青海汽车改装厂	青海省机械厅 1989.8	采用 CA141 型底盘，换装柴油发动机，整备质量 4000kg，装载质量 4500kg，最小转弯半径 8.2m，最大爬坡度 28%，最高车速 85km/h，油耗 18L/100km
QZ3190K 型自卸汽车	青海汽车改装厂	青海省财经委 1990.11	采用红岩牌汽车底盘，外形尺寸(长×宽×高)6595×2490×3051mm，装载质量 9500kg，总质量 18590kg，最高车速 75km/h，最大爬坡度 24%，最小转弯半径 8m，油耗 30L/100km，货厢最大倾斜角 50°，货厢最大举时间 20s

4　牵引汽车及牵引汽车列车

新产品名称及型号	主要研制生产单位	鉴定部门、时间	主要技术性能
CZ9480EB 型半挂汽车列车	长征汽车制造厂	重型汽车工业企业联营公司 1989.12	装载质量 40000kg
CZ9370JPB 型半挂汽车列车	长征汽车制造厂	重型汽车工业企业联营公司 1990.7	装载质量 30000kg
QQ451A 型半挂牵引汽车、QQ970 型半挂车	齐齐哈尔汽车制造厂	机电部 1990.12	发动机型号 X6130Q 型柴油机，最高车速 [illegible]8km/h，最大爬坡度 17%，最小转弯半径 11m，最小离地间隙 289mm(牵引车)，2[illegible]0mm(半挂车)，半挂车外形尺寸(长×宽×高)105[illegible]0×2700×1210mm，货台尺寸(长×宽×高)7000×2700×1210mm，最大装载质量 20000kg，半挂车整备质量 6500kg，牵引车整备质量 6260kg
HG9130CLE 型长栏板半挂汽车列车	上海沪光客车厂	上海市农机局 1989.11	外形尺寸(长×宽×高)12654×2470×2420mm，整备质量 6800kg，装载质量 10000kg，最高车速 70km/h，油耗 35L/100km
HG9131CLC 型长栏板半挂汽车列车	上海沪光客车厂	上海市农机局 1989.11	外形尺寸(长×宽×高)1281×2470×2480mm，整备质量 6900kg，装载质量 10000kg，最高车速 70km/h，油耗 36L/100km
HG9131ZC 型自卸半挂汽车列车	上海沪光客车厂	上海市农机局 1989.11	外形尺寸(长×宽×高)9355×2470×2420mm，整备质量 7000kg，装载质量 10000kg，最高车速 70km/h，油耗 36L/100km

续

新产品名称及型号	主要研制生产单位	鉴定部门、时间	主要技术性能
N[illegible]D4100型半挂牵引汽车	南京东风专用汽车制造厂	江苏省机械厅1989.9	
CSZ9170QC型自卸半挂汽车列车	常熟专用汽车制造厂	江苏省机械厅1988	采用CA141C型底盘,外形尺寸(长×宽×高)9215×2484×2520mm,装载质量9200kg,总质量16880kg,最高车速65km/h,油耗33L/100km
CSZ9170QE型自卸半挂汽车列车	常熟专用汽车制造厂	江苏省机械厅1988	采用EQ140－1K型底盘,外形尺寸(长×宽×高)10236×2468×2526mm,装载质量9200kg,总质量16700kg最高车速65km/h,油耗33L/100km
CSZ9170HC型半挂汽车列车	常熟专用汽车制造厂	江苏省机械厅1989	采用CA141型底盘,外形尺寸(长×宽×高)10700×2468×2520mm,装载质量10180kg,总质量16920kg,最高车速65km/h,油耗33L/100km
CSZ9172HE型半挂汽车列车	常熟专用汽车制造厂	江苏省机械厅1989	采用EQ140－1KP－1型底盘,外形尺寸(长×宽×高)12940×2468×2470mm,装载质量9420kg,总质量16970kg,最高车速65km/h,油耗34L/100km
CSZ9173HE型半挂汽车列车	常熟专用汽车制造厂	江苏省机械厅1990	采用EQ140－1KP－1型底盘,外形尺寸(长×宽×高)11440×2468×2470mm,装载质量9390kg,总质量1624kg,最高车速65km/h,油耗34L/100km
XZ913 型半挂汽车列车	徐州特种汽车总厂	江苏省机械厅1988.9	外形尺寸(长×宽×高)11996×2474×2594mm,装载质量10000kg,最小转弯半径8.5m,最高车速65km/h,油耗34L/100km
XZ9140型半挂汽车列车	徐州特种汽车总厂	江苏省机械厅1988.9	外形尺寸(长×宽×高)13445×2474×2594mm,装载质量10000kg,最小转弯半径8.5m,最高车速65km/h,油耗34L/100km
XZ9260[illegible]DP型低货台平板半挂汽车列车	徐州特种汽车总厂	江苏省机械厅1989.4	外形尺寸(长×宽×高)14335×2500×2964mm,货台高度1060mm,装载质量20000kg,最小转弯半径11m,最高车速60km/h,油耗44L/100km
XZ9130D型半挂汽车列车	徐州特种汽车总厂	江苏省机械厅1990.9	外形尺寸(长×宽×高)10695×2474×2594mm,装载质量10000kg,最小转弯半径8.5m,最高车速65km/h,油耗26L/100km,最大爬坡度16%
XZ9131D型半挂汽车列车	徐州特种汽车总厂	江苏省机械厅1990.9	外形尺寸(长×宽×高)11996×2474×2594mm,装载质量10000kg,最小转弯半径8.5m,最高车速65km/h,油耗26L/100km,最大爬坡度16%
XZ9140D型半挂汽车列车	徐州特种汽车总厂	江苏省机械厅1990.9	外形尺寸(长×宽×高)13445×2474×2594mm,装载质量10000kg,最小转弯半径8.5m,最高车速65km/h,油耗26L/100km,最大爬坡度16%
JT9200851型半挂汽车列车	金华汽车修造厂	浙江省交通厅1990.5	外形尺寸(长×宽×高)12400×2500×2964mm,装载质量15000kg,最大爬坡度16%,最高车速70km/h

续

新产品名称及型号	主要研制生产单位	鉴定部门、时间	主要技术性能
JH9130851HD 型半挂汽车列车	金华汽车修造厂	浙江省交通厅 1990.12	外形尺寸(长×宽×高)11905×2500×2495mm,装载质量 10000kg,最大爬坡度 15%,最高车速 70km/h
JH9130851E 型半挂汽车列车	金华汽车修造厂	浙江省交通厅 1990.12	外形尺寸(长×宽×高)11914×2500×2475mm,装载质量 10000kg,最大爬坡度 17%,最高车速 70km/h
LT4150 型半挂牵引汽车	第一拖拉机制造厂	河南省计经委 1989.12	驱动型式 4×2,牵引车整备质量 5340kg,拖挂质量 19500kg,列车装载质量 15000kg,外形尺寸(长×宽×高)5900×2500×2470mm,轴距 3650mm,列车最小转弯半径 10m,最高车速 74km/h,最大爬坡度 15%,列车油耗 40L/100km
LT4151 型半挂牵引汽车	第一拖拉机制造厂	河南省计经委 1989.12	驱动型式 4×2,牵引车整备质量 5775kg,拖挂质量 19500kg,列车装载质量 15000kg,外形尺寸(长×宽×高)6000×2500×2585mm,轴距 3650mm,列车最小转弯半径 10m,最高车速 74km/h,最大爬坡度 15%,列车油耗 30L/100km
SZG5160TJZ 型集装箱半挂运输车	随州市挂车总厂	湖北省机械厅 1988.3	装载质量 10000kg,总质量 16800kg,最高车速 70km/h,油耗 38L/100km,最小转弯直径 16m,可运载 5t 或 10t 集装箱或 10t 普通货物
SZG5160TJZS 型双排座集装箱运输车	随州市挂车总厂	湖北省机械厅 1988.3	装载质量 10000kg,总质量 16900kg,最高车速 70km/h,油耗 38L/100km,最小转弯直径 16m,乘员 6 人,可运载 5t 或 10t 集装箱或 10t 普通货物
SZ50160JZ 型、SZ50160JZS 型集装箱半挂运输车	铁道部铁路科学研究院、随州市挂车总厂	湖北省机械厅 1988.4	用于装载 10t 铁路标准集装箱,最小转弯半径 8m,最高车速 75km/h
CQ4150A — CQ925J 型集装箱半挂运输车	四川汽车制造厂	重庆市经委 1989.3	外形尺寸(长×宽×高)6231×2500×3030mm,最大爬坡度 13%,最高车速 60km/h,油耗 55L/100km,用于运输 6.1m(20 呎)集装箱
CQ4260 — CQ9370J 型集装箱半挂运输车	四川汽车制造厂	重庆市经委 1989.11	外形尺寸(长×宽×高)15986×2500×3990mm,最大爬坡度 23%,最高车速 70km/h,油耗 65L/100km,用于运输 12.2m(40 呎)集装箱
QZ9171(QZ931)型半挂汽车列车	青海汽车改装厂	青海省机械厅 1989.8	采用 CA141 型底盘,装载质量 10000kg,最大爬坡度 16%,最高车速 70km/h,最小转弯半径 9m,油耗 35L/100km
QZ9171K(QZ931K)型半挂汽车列车	青海汽车改装厂	青海省机械厅 1989.8	采用 CA141 型底盘,换装柴油发动机,整备质量 6725kg,装载质量 10000kg,最大爬坡度 16%,最高车速 70km/h,油耗 26L/100km,最小转弯半径 9.1m
QZ9171TBJ 型半挂汽车列车	青海汽车改装厂	青海省机械厅 1989.8	装载质量 10000kg,外形尺寸(长×宽×高)11615×2470×2650mm,最小转弯半径 9m

5 专用汽车

新产品名称及型号	主要研制生产单位	鉴定部门、时间	主要技术性能
T[illegible]5040XLC132 型[illegible]藏车	北京天云汽车改装厂	航空航天部 1988.9	装载质量 1100kg，货厢容积 7.3m³，货厢内可调温度－17.8℃
T[illegible]5040XLC136 型冷[illegible]车	北京天云汽车改装厂	航空航天部 1988.9	装载质量 1300kg，货厢容积 7.3m³，货厢内可调温度－17.8℃
TY[illegible]090XLC140 (1-1)型冷藏车	北京天云汽车改装厂	航空航天部 1989.2	采用 EQF140 型或 CA141 型底盘，装载质量 3800kg，货厢容积 15.3m³，货厢内可调温度－20℃
XY[illegible]140XLC 型冷藏车	沈阳新阳机器制造公司	航空航天部 1989.11	采用 CA141 型底盘，装载质量 6390kg，货厢容积 22.7m³，装备有美国 THERMOKING 公司生产的制冷机组，环境温度为 36℃时，车厢的调温范围－20℃～12℃
XY5[illegible]41XLC 型冷藏车	沈阳新阳机器制造公司	航空航天部 1990.9	采用 SY130 型汽车底盘，装载质量 1560kg，货厢容积 9.82m³、装备有美国 THERMDKING 公司生产的制冷机组，环境温度 36℃时，车厢内调温范围－20℃～12℃
XY50[illegible]0XLC 型冷藏车	沈阳新阳机器制造公司	航空航天部 1990.9	采用 CA141 型底盘，装载质量 3592kg，货厢容积 16.15m³，装备有美国 THERMDKING 公司生产的制冷机组，环境温度为 36℃时，车厢内调温范围－20℃～17℃
XY50[illegible]XLC 型冷藏车	沈阳新阳机器制造公司	航空航天部 1990.9	采用 EQ141 型底盘，装载质量 3468kg，货厢容积 16.15m³，装备有美国 THERDKING 公司生产的制冷机组，环境温度 36℃时，车厢内调温范围－20℃～12℃
ML509[illegible]XLC 型冷藏车	马鞍山市冷藏机械厂	安徽省汽车工贸联营(集团)公司 1990.12	外形尺寸(长×宽×高)7035×2440×3187mm，货厢容积 15.2m³，总质量 9290kg，整备质量 5210kg，装载质量 4000kg，货厢传热系数＜0.5w/m²·K，货厢内调温范围－18℃～12℃
HYJ509[illegible]XLC 型冷板式冷[illegible]车	国营红宇机械厂	河南省计经委 1989.1	外形尺寸(长×宽×高)7080×2500×3170mm，装载质量 3234kg，货厢容积 15.68m³，最小转弯直径 16m，最高车速 90km/h，油耗 25L/100km，货厢传热系数＜0.4W/m²·K，货厢内工作温度低于－8℃
WSL5040[illegible]LCN 型冷藏车	武汉商业冷藏机械厂	武汉市经委 1989	装载质量 1300kg，调温范[illegible]
EXQ5100X[illegible]C 型冷藏车	国营江华机械厂	湖北省机械厅 1990.3	采用 EQ140－1 型底盘，外[illegible] 2400×3350mm，装载质量[illegible] 速 80km/h，油耗 27L/100km[illegible] 16m³，货厢传热系数＜0.6V[illegible]

续

新产品名称及型号	主要研制生产单位	鉴定部门、时间	主要技术性能
GG5020XLC 型冷藏车	贵州专用汽车制造厂	贵州省机械厅 1988.12	采用 BJ122 型底盘，外形尺寸(长×宽×高)4425×1700×2210mm，装载质量 500kg，总质量 2440kg，货厢容积 5.03m³，货厢传热系数≤0.56W/m²·K 调温范围－18℃～10℃
TY5040XBW132 型保温车	北京天云汽车改装厂	航空航天部 1988.9	装载质量 1200kg，货厢容积 7.5m³
TY5090XBW140(141)型保温车	北京天云汽车改装厂	航空航天部 1989.2	采用 EQ140－1 型或 CA141 型底盘 装载质量 4000kg，货厢容积 15.5m³
TY5040XBW136 型保温车	北京天云汽车改装厂	航空航天部 1989.2	装载质量 1400kg，货厢容积 7.5m³
TY5060XBW 型保温车	北京天云汽车改装厂	航空航天部 1989.9	采用 $NJ131RY_2$ 型底盘，装载质量 2300kg，货厢容积 12.5m³
XY5041XBW 型保温车	沈阳新阳机器制造公司	航空航天部 1989.11	采用 CA141 型底盘，装载质量 1580kg，货厢容积 9.82m²，采用铝合金蒙皮，聚胺脂泡沫塑料保温层，铝合金复合板内衬，漏气倍数≤0.3/h，货厢传热系数≤0.4W/m²·K
HY5040XBW、HY5090XBW、$HY5090XBW_1$、HY5160XBY 型保温车	国营红宇机械厂	河南省计经委、国防科工办 1989	装载质量分别为 1800kg、4500kg、1500kg、7000kg
WSL5130XBWC 型保温车	武汉商业冷藏机械厂	武汉市经委 1989	装载质量 7000kg，货厢传热系数＜0.6W/m²·K
WSL5130XBWE 型保温车	武汉市商业冷藏机械厂	武汉市经委 1990	装载质量 6500kg，货厢传热系数＜0.6W/m²·K
YG5090XBW 型保温车	湖北省郧阳地区汽车改装厂	湖北省机械厅 1989.10	外形尺寸(长×宽×高)6950×2406×3105mm，装载质量 4500kg，最小转弯直径 16m，最高车速 85km/h，最大爬坡度 25%，货厢传热系数≤0.55W/m²·K
GG5170XBW 型保温车	贵州专用汽车制造厂	贵州省机械厅 1988.12	采用 JN162 型底盘，外形尺寸(长×宽×高)7835×2500×3320mm，装载质量 9000kg，总质量 17300kg，货厢容积 21.9m³，货厢传热系数≤0.52W/m²·K
CZ5270GYY 型运油车	长征汽车制造厂	重型汽车工业企业联营公司 1990.11	罐体容积 17000L

续

新产品名称及型号	主要研制生产单位	鉴定部门、时间	主要技术性能
[illegible]D403Y 型加油车	丹东汽车制造厂	辽宁省机械厅 1988.4	外形尺寸(长×宽×高)7020×2280×2535mm,整备质量 4940kg,总质量 10000kg,最小转弯直径 16.4m,最高车速 90km/h,油泵吸油深度 4m,油罐额定容积 6300L,自吸时间 4min
H[illegible]B5100GY 型轻质燃[illegible]油运(加)油车	沈阳三山汽车工业联营公司	沈阳市计经委 1988.9	采用 EQF140J、EQ140J、CA141 型底盘,装载质量 5000kg
M[illegible]5090JY 型加油车	牡丹江特种车辆改装厂	黑龙江省机械委 989.11	罐体容积 6700L
M[illegible]5092JY 型加油车	牡丹江特种车辆改装厂	黑龙江省机械委 989.11	
MG[illegible]093JY 型加油车	牡丹江特种车辆改装厂	黑龙江省机械委 989.11	
MG[illegible]130GJY 型加油车	牡丹江特种车辆改装厂	黑龙江省机械委 1989.11	罐体容积 9600L
CGJ[illegible]105JYEQ 型加油车 CGJ5105YYEQ 型运[illegible]车	南京晨光机器厂	江苏省机械厅 1990.12	罐体容积 8300L,加油车油泵流量 500L/min,计量精度 0.5%
CSZ5[illegible]00GYY 型运油车	常熟专用汽车制造厂	江苏省机械厅 1990	采用 EQF140/47 型底盘,外形尺寸(长×宽×高)7920×2410×2790mm,装载质量 5105kg,总质量 9980kg,最高车速 85km/h,油耗 27L/100km
CSZ51[illegible]0GJY 型加油车	常熟专用汽车制造厂	江苏省机械厅 1990	采用 EQF140/47 型底盘,外形尺寸(长×宽×高)7920×2410×2790mm,装载质量 4595kg,总质量 9955kg,最高车速 85km/h,油耗 27L/100km
XZ510[illegible]YY 型运油车	徐州特种汽车总厂	江苏省机械厅 1990.9	外形尺寸(长×宽×高)8080×2430×2660mm,罐体容积 6000L,装载质量 4250kg,最高车速 75km/h,油耗 28L/100km
XZ5130[illegible]YY 型运油车	徐州特种汽车总厂	江苏省机械厅 1990.9	外形尺寸(长×宽×高)8370×2450×2700mm,罐体容积 8500L,装载质量 6300kg,最高车速 70km/h,油耗 34L/100km
XZ5100G[illegible]Y 型加油车	徐州特种汽车总厂	江苏省机械厅 1990.9	外形尺寸(长×宽×高)8080×2430×2660mm,罐体容积 6000L,装载质量 4000kg,最高车速 75km/h,油耗 28L/100km
XZ5130G[illegible] 型加油车	徐州特种汽车总厂	江苏省机械厅 1990.9	外形尺寸(长×宽×高)8370×2450×2700mm,罐体容积 8000L,装载质量 6500kg,最高车速 70km/h,油耗 34L/100km

续

新产品名称及型号	主要研制生产单位	鉴定部门、时间	主要技术性能
HZZ5095GYY 型运油车	杭州专用汽车修造厂	浙江省交通厅 1989.11	
JQG5130GYY 型轻质燃油运油车、JQG5130GJY 型轻质燃油加油车	济南第二汽车改装厂	山东省机械厅 1990.6	采用 EQ144 型底盘,外形尺寸(长×宽×高)8160×24[illegible]5×2880mm,总质量 13350kg,装载质量 [illegible]000kg,最高车速 80km/h,油耗 34L/100km,最小离地间隙 265mm,驱动型式 6×2,罐体额定容量 9200L
JQG5090GYY 型轻质燃油运油车	济南第二汽车改装厂	山东省机械厅 1990.9	采用 EQ140—1 型底盘,外形尺寸(长×宽×高)619[illegible]×2410×2735mm,总质量 9290kg,装载质量 4100kg,最高车速 90km/h,油耗 26.5L/100km,最小离地间隙 265mm,最小转弯直径 16m,驱动型式 4×2,罐体额定容量 6900L
QDZ5170GJY 型加油车	青岛重型专用汽车研究所、青岛专用汽车制造厂	重型汽车工业企业联营公司 1990.6	采用黄河汽车底盘,罐体容积 1000[illegible]L,流量 $50m^3/h$
QDZ5130GJYE 型加油车	青岛重型专用汽车研究所、青岛专用汽车制造厂	重型汽车工业企业联营公司 1990.9	采用东风汽车底盘,罐体容积 10800L
QDZ5260GYYR 型运油车	青岛重型专用汽车研究所、青岛专用汽车制造厂	重型汽车工业企业联营公司 1990.9	采用罗曼汽车底盘,罐体容积 23000L
LQZ5180GJY 型轻质燃油加油车	临清专用汽车制造厂	重型汽车工业企业联营公司 1990.5	罐体容积 12500L
HQG9170GYY 型轻质燃油半挂运油车	湖北汽车改装厂	湖北省机械厅 1989.12	
HQG9170GJY 型轻质燃油半挂加油车	湖北汽车改装厂	湖北省机械厅 1989.12	
SG5090GYY 型数字显示运油车	随州市汽车改装总厂	湖北省机械厅 1988.12	采用 CA141S 型底盘,外形尺寸(长×宽×高)6850×2400×2540mm,罐体容积 6400L
SG5130GYY 型数字显示运油车	随州市汽车改装总厂	湖北省机械厅 1988.12	采用 EQ144 型底盘,外形尺寸(长×宽×高)8[illegible]45×2420×2630mm,罐体容积 9600L
SG150JY 型数字显示加油车	随州市汽车改装总厂	湖北省机械厅 1988.12	采用 CA150 型盘,外形尺寸(长×宽×高)815[illegible]×2450×2670mm,油罐容积 9600L,油泵型号 3QYZ—25A 型
SG144JY 型数字显示加油车	随州市汽车改装总厂	湖北省机械厅 1988.12	采用 EQ140 型底盘,外型尺寸(长×宽×高)[illegible]150×2450×2670mm 油罐容积 6400L,油泵型号 3QYZ—[illegible]5A 型

续

新产品名称及型号	主要研制生产单位	鉴定部门、时间	主要技术性能
GG5100GYYR 型轻质燃油运油车	贵州专用汽车制造厂	贵州省机械厅 1988.10	采用 EQ140-1J_2 型底盘,装载质量 4800kg,总质量 9700kg,罐体容积 6800L
GG5100GJYR 型轻质燃油加油车	贵州专用汽车制造厂	贵州省机械厅 1988.10	采用 EQ140－1J_2 型底盘,装载质量 4600kg,总质量 9700kg,罐体容积 6800L,油泵流量 300L/min,吸油高度 6m,扬程 15m
YA5091G 型油罐车	陕西延安汽车工业联营公司	陕西省机械厅 1989.8	装载质量 4600kg
YA5100G 型油罐车	陕西延安汽车工业联营公司	陕西省机械厅 1989.8	装载质量 4500kg
YA5240G 型油罐车	陕西延安汽车工业联营公司	陕西省机械厅 1989.8	装载质量 12190kg
YD51[illegible]0GYQ 型液化石油气槽车	国营五二三厂	大连市经委 1990.10	采用 CA141 型底盘,外形尺寸(长×宽×高)7240×2260×2654mm,轴距 4050mm,整备质量 6262kg,装载质量 2800kg,总质量 9062kg,罐体容积 6.7m^3,设计压力 1.8MPa,设计温度 50℃,主要技术指标相当日本 JLPA203 槽车制造标准
YD5150GYQ 型液化石油气槽车	国营五二三厂	大连市经委 1990.10	采用 JELCS415 型底盘,外形尺寸(长×宽×高)8600×2500×3084mm,轴距 4900mm,整备质量 10500kg,装载质量 5000kg,总质量 15700kg,罐体容积 12.5m^2,设计压力 1.8MPa,设计温度 50℃,主要技术指标相当日本 JLPA203 槽车制造标准
JCJ51[illegible]1GYQ 型液化石油气槽车	国营建成机械厂	黑龙江省机械委 1989.6	采用 EQ144 型底盘,外形尺寸(长×宽×高)8000×2500×2940mm,装载质量 4792kg,罐体容积 11.94m^3,设计压力 1.765MPa,设计温度 50℃
JCJ5181GYQ 型液化石油气槽车	国营建成机械厂	黑龙江省机械委 1989.10	采用 JN163 型底盘改装,装载质量 6197kg,外形尺寸(长×宽×高)10004×2490×2950mm,设计压力 1.765MPa,设计温度 50℃,设计容积 14.35m^3
JCJ5262GYQ 型液化石油气槽车	国营建成机械厂	黑龙江省机械委 1989.6	采用匈牙利 L26.188—6.4 型底盘,外形尺寸(长×宽×高)10030×2500×2940mm,装载质量 9534kg,罐体容积 22.7m^3,设计压力 1.765MPa,设计温度 50℃
JCJ5170GYQ 型液化石油气槽车	国营建成机械厂	黑龙江省机械委 1989.10	采用 JN162 型底盘改装,装载质量 6090kg,外形尺寸(长×宽×高)8220×2490×3090mm,罐体容积 14.5m^3,设计压力 1.765MPa,设计温度 50℃
TY5040XFMS 型运钞车	北京天云汽车改装厂	航空航天部 1990.9	采用 BJ1041Q_2S 型底盘,装载质量 1000kg,配有电子遥控防盗装置、双层门

续

新产品名称及型号	主要研制生产单位	鉴定部门、时间	主要技术性能
SL5400XYC 型运钞车	河北胜利客车厂	中国汽车工业联合会 1989.4	外形尺寸(长×宽×高)3965×1625×1790mm，整备质量 1260kg，总质量 1860kg，最大爬坡度 26%，最高车速 100km/h，油耗 9L/100km
SY5021XYCC 型运钞车	沈阳轿车制造厂	金杯汽车股份有限公司 1990.9	外形尺寸(长×宽×高)4763×1770×2005mm，整备质量 1730kg，总质量 2780kg，最高车速 1[illegible]3km/h，油耗 1[illegible]L/100km
CG5024XCP 型运钞车	长春市汽车改装厂	吉林省机械厅 1989.3	外形尺寸(长×宽×高)4530×1730×2330mm，轴距 2480mm，前/后轮距 1480/1440mm，最高车速 95km/h，油耗 14.5L/100km，乘员 9 人
XQ5100XYC (XQ141YD)型运钞车	第一汽车制造厂 无锡汽车厂	江苏省机械厅 1988.1	采用 CA141 型底盘，外形尺寸(长×宽×高) 7130×2410×3030mm，货厢外形尺寸(长×宽×高)4300×2410×2010mm，总质量 10000kg，最小转弯直径 16m，最高车速 82km/h，最大爬坡度 25%
BM5020XYC 型越野运钞车	中国人民解放军第 7427 工厂	中国金燕汽车船舶工业公司 1989.11	
YTQ5040XYCC 型运钞车	烟台汽车制造厂	山东省机械厅 1990.10	整备质量 2700kg，装载质量 1000kg，轴距 2500mm，最高车速 85km/h，最大爬坡度 36%，油耗 10.5L/100km，乘员 6 人，发动机型号 495QA 型柴油机
YTQ5040XYCQ 型运钞车	烟台汽车制造厂	山东省机械厅 1990.10	整备质量 2500kg，装载质量 1000kg，轴距 2500mm，最高车速 90km/h，最大爬坡度 36%，油耗 14L/100km，乘员 6 人，发动机型号 492QC$_2$ 型汽油机
WSL5040XY 型运钞车	武汉市商业冷藏机械厂	武汉市经委 1990	装载质量 1260kg，乘员 6 人，设有防盗报警装置
GZ5020X 型厢式金融车	广州汽车制造厂	广州市机电局 1990.9	外形尺寸(长×宽×高)4800×1710×1750mm，装载质量 1540kg，最高车速 130km/h，前/后轮距 1411/1420mm，最小转弯半径 6m，最大爬坡度 25%
BY5050XYC 型运钞车	中国人民解放军第 7431 工厂	总后勤部金燕汽车船舶工业公司 1990.10	为 BY6661 系列客车的变型车，采用 NJ131AY 型底盘
SXZ5040XYCWI 型双排座厢式运钞车	湛江三星汽车制造公司	广东省机械厅 1989.5	外形尺寸(长×宽×高)49[illegible]0×17130×2380mm，车厢内部尺寸(长×宽×高)2330×1630×1600mm，装载质量 1000kg，发动机最大功率 [illegible]4kW/3600r/min，最大扭矩 170N·m/2200r/min，最小转弯直径 12m，最大爬坡度 30%，最高车速 100km/h，最小离地间隙 185mm，油耗 10L/100km，乘员 5 人

续

新产品名称及型号	主要研制生产单位	鉴定部门、时间	主要技术性能
S[illegible]Z5040XYCW Ⅰ型双排座厢式运钞车	湛江三星汽车制造公司	广东省机械厅 1989.9	外形尺寸(长×宽×高)4750×1710×2380mm,车厢内部尺寸(长×宽×高)2130×1600×1530mm,发动机最大功率54kW/3600r/min,最大扭矩170N·m/2200r/min,最小转弯直径12m,最大爬坡度30%,最高车速100km/h,最小离地间隙185mm,油耗10L/100km,乘员5人
L[illegible]K5050XYC型运钞车	四川省乐山客车厂	四川省交通厅 1989.9	采用$NJ136A_2$型底盘
D[illegible]Q5020XXCA型运钞车	航空航天工业部四川达宇特种车辆制造厂	航空航天部、四川省交通厅 1989.5	外形尺寸(长×宽×高)4680×1850×1800mm,总质量2525kg,整备质量1850kg,最高车速110km/h,油耗13L/100km,最小转弯半径6.2m
BJ[illegible]020X型厢式货车	北京汽车摩托车联合造制公司	北京汽车工业联合公司 1989.11	外形尺寸(长×宽×高)4460×1695×1990mm,轴距2400mm,乘员2人,装载质量750kg,总质量2380kg,最小离地间隙145mm,最小转弯直径10m,最大爬坡度30.6%,最高车速95km/h,油耗10L/100km,发动机型号475Q型汽油机
BJ[illegible]030HX型厢式货车	北京汽车摩托车联合制造公司	北京汽车工业联合公司 1990.9	外形尺寸(长×宽×高)4600×1780×2020mm,轴距2750mm,驱动型式4×4,装载质量5人+500kg,总质量2565kg,最小离地间隙224mm,最小转弯直径13.8m,最大爬坡度40%,最高车速95km/h,发动机型号BN492QA型汽油机
BS5[illegible]20型厢式货车	北京商用汽车制造厂	北京市汽车改装工业协会、北京市供销合作总社 1990.2	采用BJ1021(BJ121)型底盘,外形尺寸(长×宽×高)4583×1750×1840mm,整备质量1600kg,总质量2500kg,最高车速98km/h,最大爬坡度13.5°,油耗13L/100km,车厢内设中隔板,后围设大后门
BS5[illegible]1AX型厢式货车	北京商用汽车制造厂	北京汽车工业联合公司、北京市供销合作总社 1990.9	采用BJ6580DB型客车底盘,外形尺寸(长×宽×高)5996×1940×2460mm,整备质量2820kg,总质量4100kg,最高车速90km/h,最大爬坡度16.7°,油耗15L/100km,发动机型号BN492Q型,货厢内部尺寸(长×宽×高)3500×1800×1740mm驾驶室可乘5人,车厢内设中隔板及隔板门,后围设上掀式大后门,驾驶室可装配空调系统
HB[illegible]10[illegible]0型厢式货车	河北客车厂	河北省机电厅 1988.6	外形尺寸(长×宽×高)4600×1700×1810mm,轴距2750mm,最高车速98km/h,油耗13.5L/100km,乘员5~8人
JX[illegible]02[illegible]X型厢式货车	警兴汽车改装总厂	河北省机电厅 1988.7	外形尺寸(长×宽×高)4650×1759×1900mm,前/后轮距1440/1440mm,轴距2750mm,整备质量1810kg,总质量2460kg,最高车速96km/h,油耗13L/100km,乘员9人

续

新产品名称及型号	主要研制生产单位	鉴定部门、时间	主要技术性能
YB1011A 型微型厢式货车	国营燕北机械厂	河北省机电厅 1989.11	采用 SC110 型底盘,FRP 复合材料车身,外形尺寸(长×宽×高)3260×1400×1690mm,车厢内高 1175mm,轴距 1840mm,前/后轮距 1215/1200mm,最高车速 95km/h,油耗 5.8L/100km,最小转弯半径 4.3m,最大爬坡度 13°,发动机型号 JL462Q 型汽油机
XY5090XH 型厢式货车	沈阳新阳机器制造公司	辽宁省机械委 1988.12	采用 CA141 型底盘,装载质量 4265kg,货厢容积 19.58m³
XY5100XH 型厢式货车	沈阳新阳机器制造公司	辽宁省机械委 1988.12	采用 CA141 型底盘,装载质量 4540kg,货厢容积 27.28m³
XY5041XH 型厢式货车	沈阳新阳机器制造公司	航空航天部 1990.9	采用 CA141 型底盘,装载质量 1920kg 货厢容积 11.7m³
CG5025XGJ 型工具车	长春市汽车改装厂	吉林省机械厅 1989.3	外形尺寸(长×宽×高)4530×178[illegible]×2330mm,轴距 2480mm,前/后轮距 1480/1440mm,最高车速 95km/h,油耗 14.5L/100km,乘员 5 人
CG5020XGJC 型工具车	长春市汽车改装厂	吉林省机械厅 1990.5	外形尺寸(长×宽×高)4615×171[illegible]×1730mm,轴距 2750mm,最小转弯直径 14m,最大爬坡度 20°,油耗 1[illegible]L/100km,乘员 5 人
MH1020X 型厢式货车	国营北方工具厂	黑龙江省汽车工业公司 1988.8	采用 BJ121 型底盘,装载质量 450kg
MH2020X 型越野厢式货车	国营北方工具厂	黑龙江省汽车工业公司 1988.8	采用 BJ222 型底盘,装载质量 450kg
XZ1100X 厢式货车	徐州特种汽车总厂	江苏省机械厅 1989.4	外形尺寸(长×宽×高)8205×246[illegible]×3270mm,货厢容积 23m³,装载质量 4500kg,最高车速 75km/h,油耗 [illegible]8L/100km
XZ1011 型厢式货车	徐州特种汽车总厂	江苏省机械厅 1990.9	外形尺寸(长×宽×高)6975×242[illegible]×3210mm,装载质量 4600kg,最高车速 75km/h,油耗 28L/100km
NPS5020XL 型厢式货车	宁波汽车拖拉机工业公司	浙江省机械厅、宁波市经委、宁波市机械局 1990.8	轴距 2080mm,前/后轮距 1350/1345mm,乘员 5 人,装载质量 400kg,最高车速 102km/h,油耗 [illegible]L/100km
ZHK5031 型厢式货车	浙江省海宁客车厂	浙江省科委、机械厅 1988.11	最高车速 98km/h,油耗 13L/100km

续

新产品名称及型号	主要研制生产单位	鉴定部门、时间	主要技术性能
FZ1031（FZ121B1）型厢式货车	福州汽车厂	福建省汽车工业公司 1988.2	最高车速 98km/h，最大爬坡度 23%，最小转弯直径 13.8m，油耗 13L/100km，装载质量 925kg（含乘员 5 人），总质量 2525kg（含乘员 5 人）
JN1171X 型厢式货车	济南汽车制造总厂	中国汽车工业联合会 1989	
ZK5020 型厢式货车	郑州客车厂	河南省计经委 1989.5	采用 BJ121 型或 BJ222 型底盘，最高车速 98km/h，发动机型号 BN492QA 型汽油机
XY5030X 型公务车、XY5030SP 型载货汽车	新野汽车改装厂	河南省计经委 1988.10	
SLG5020X 型厢式货车	郑州市少林汽车改装厂	河南省计经委 1990.4	
EQ5090X 型厢式货车	第二汽车制造厂	东风汽车工业企业联营公司 1989	外形尺寸（长×宽×高）8245×2400×3380mm，轴距 4700mm，整备质量 4935kg，总质量 9640kg，最大爬坡度 28%，最小转弯半径 8.9m，最高车速 85km/h
BHJ1040XXH 型厢式货车	武汉市滨湖机械厂	武汉市经委 1988.3	整备质量 2680kg，总质量 4280kg，装载质量 1600kg，外形尺寸（长×宽×高）6100×1980×2600mm，（或 5960×1980×2560mm），轴距 3500mm，接近角/离去角 24°/15°，最小转弯半径 7m，最高车速 80km/h，油耗 15L/100km
YG5040XHP 型活动顶篷厢式货车	湖北省郧阳地区汽车改装厂	湖北省机械厅 1989.10	装载质量 1500kg，最小转弯直径 14.2m，最高车速 85km/h，最大爬坡度 29%
YG5041XHP 型活动顶篷厢式货车	湖北省郧阳地区汽车改装厂	湖北省机械厅 1989.10	装载质量 1500kg，最小转弯直径 13.6m，最高车速 90km/h，最大爬坡度 25%
YG5100XHY 型厢式货车	湖北省郧阳地区汽车改装厂	湖北省机械厅 1989.10	装载质量 4500kg，最小转弯直径 18m，最高车速 85km/h，最大爬坡度 25%，油耗 29L/100km
HGC1020X 型厢式货车	湖南省汽车制造厂	中国汽车工业联合会 1989.12	最小转弯直径 12m，最大爬坡度 30%，最高车速 112km/h，油耗 12L/100km
SXZ5040XW 型双排座厢式货车	湛江三星汽车制造公司	广东省机械厅 1989.9	外形尺寸（长×宽×高）4750×1710×2380mm，车厢内部尺寸（长×宽×高）2130×1600×1530mm，装载质量 1000kg，最小转弯直径 12m，最大爬坡度 30%，最高车速 100km/h，最小离地间隙 185mm，油耗 10L/100KM，乘员 5 人

续

新产品名称及型号	主要研制生产单位	鉴定部门、时间	主要技术性能
LZ142LD 型柴油厢式货车	东风汽车工业企业联营公司柳州汽车厂	广西壮族自治区机械厅 1988.12	装载质量 4500kg,最高车速 83km/h,油耗 18L/100km
LZ5090XLDDJ 型柴油厢式货车	东风汽车工业企业联营公司柳州汽车厂	广西壮族自治区机械厅 1988.12	外形尺寸(长×宽×高)8065×2470×3180mm,轴距 4700mm,前/后轮距 1810/1800mm,装载质量 4500kg,总质量 9845kg,最高车速 83km/h,油耗 19.5L/100km,最大爬坡度 28%,最小转弯半径 9.4m,货厢内部尺寸(长×宽×高)5300×2278×1800mm
TDL5020X 型厢式货车	玉林柴油机总厂	广西壮族自治区机械厅、科委 1989.11	外形尺寸(长×宽×高)4700×1760×1890mm,乘员 8 人,最大爬坡度 24%,最高车速 98km/h,油耗 13L/100km,发动机型号 BN492QA 型汽油机
5010XKH 型厢式货车	广西壮族自治区柳州机械厂	广西壮族自治区科委 1990.9	采用 LZ110 型底盘,外形尺寸(长×宽×高)3800×1580×1470(1420)mm,轴距 2320mm,前/后轮距 1360/1340mm,最小转弯半径 5m,最高车速 95km/h,最大爬坡度 30%,油耗 5.5L/100km,发动机型号 276C 型汽油机
CQQ5021X 型厢式汽车	四川成都轻型汽车总厂	四川省交通厅 1988.6	驱动型式 4×4,乘员 8 人
YH5040XLD 型厢式货车	昆明旅行车制造厂	云南省经委 1988.9	外形尺寸(长×宽×高)5634×1932×2200mm,总质量 3650kg,最小转弯直径 12m,最高车速 90km/h,乘员 4 人
SFJ1010X$_1$ 型平顶玻璃钢厢式货车	陕西飞机制造公司	陕西省机械厅 1989.4	外形尺寸(长×宽×高)3195×1395×1645mm,轴距 1840mm,最小离地间隙 170mm,最小转弯直径 8.2m,装载质量 2 人+430kg 或 4 人+300kg,最高车速 90km/h,最大爬坡度 21.3%
SFJ1010X$_2$ 型高顶玻璃钢厢式货车	陕西飞机制造公司	陕西省机械厅 1989.4	外形尺寸(长×宽×高)3195×1395×1855mm,轴距 1840mm,最小离地间隙 170mm,最小转弯直径 8.2m,最高车速 85km/h,最大爬坡度 21.3%
BS5040AX(BS431A)型厢式商用汽车	北京商用汽车制造厂	商业部 1988.9	采用 BJ1040Q$_3$DG 型底盘,外形尺寸(长×宽×高)5535×2000×2395mm,整备质量 2490kg,总质量 3900kg,最高车速 90km/h,最大爬坡度 16.7°,油耗 15L/100km,发动机型号 BN492QA 型汽油机,货厢外部尺寸(长×宽×高)2900×1870×1635mm,乘员 5 人,车厢内设中隔板及隔板门,后围设上掀式大后门
TY5040XSP130A 型食品运输车	北京天云汽车改装厂	航空航天部 1988.9	采用 BJ1040Q5DQ 型底盘,装载质量 1300kg,货厢容积 13.7m^3
TY5040XFML 型防尘密封运输车	北京天云汽车改装厂	航空航天部 1990.9	采用 BJ1041Q$_4$DG 型底盘,装载质量 1500kg,货厢容积 15.1m^3,进尘比 3.8%

续

新产品名称及型号	主要研制生产单位	鉴定部门、时间	主要技术性能
TY5040XFMS 型防尘密封车	北京天云汽车改装厂	航空航天部 1990.9	采用 BJ1041Q$_2$SG 型底盘，装载质量 1000kg，装有电子遥控防盗装置、双层门
TY5090XFML 型防尘密封运输车	北京天云汽车改装厂	航空航天部 1990.9	采用 EQF140/47 型底盘，装载质量 4000kg，货厢容积 22.1m^3，进尘比 2.0%
[illegible]H5040XLD 型商品[illegible]运输车	昆明旅行车制造厂	云南省经委 1988.9	外形尺寸(长×宽×高)5634×1932×2200mm，最高车速 90km/h，总质量 3650kg
[illegible]G5090XLD 型防尘[illegible]封运输车	贵州专用汽车制造厂	贵州省机械厅 1988.2	采用 EQ140/47 型底盘，外形尺寸(长×宽×高)8100×2400×3200mm，装载质量 4000kg，总质量 9490kg，货厢容积 22.9m^3
[illegible]G5040XLD 型防尘[illegible]封运输车	贵州专用汽车制造厂	贵州省机械厅 1988.2	采用 BJ130A 型底盘，外形尺寸(长×宽×高)5970×1900×2600mm，装载质量 1400kg，总质量 4350kg，货厢容积 11.8m^3
J[illegible]G5100XLD 型厢式零担货物运输车	江西省车辆改装厂	江西省汽车办 1990.3	采用 EQ140/47 型底盘，具有防雨、防尘、防晒、防风、防火等特点，车厢侧后开门，总质量 9720kg，装载质量 4500kg，货厢容积 22、1m^3
X[illegible]5060XLD 型厢式零担货物运输车	新乡市汽车改装修配厂	河南省交通厅 1988.12	货厢容积 15.7m^3
XX[illegible]110XLD 型厢式零担货物运输车	新乡市汽车改装修配厂	河南省交通厅 1988.12	货厢容积 28m^3
SZ[illegible]5160XLD 型厢式零担货物运输车	随州市挂车总厂	湖北省机械厅 1990.8	装载质量 9000kg，总质量 16900kg，外形尺寸(长×宽×高)11555×2486×3300mm，货厢内部尺寸(长×宽×高)7100×2300×1960mm，最高车速 70km/h，最小转弯直径 16m，油耗 38L/100km，乘员 6 人，具有防雨、防尘、防晒、防风、防火等性能，货厢后部设一对开门，右侧设一单开门
CGJ[illegible]06GJYEQ 型食用[illegible]保温加油车	南京晨光机器厂	江苏省机械厅 1990.1	罐体容积 5400L，保温性能：温差 40℃，车速 30～50km/h 时，行驶 4h，油温下降≯3℃
JKC5[illegible]22XJES 型粮油食品监测车	金州客车厂	陕西省机械厅 1990.8	外形尺寸(长×宽×高)4762×1835×2000mm，最高车速 100km/h，油耗 14L/100km，最大爬坡度 26%，接近角/离去角 24°/18°，最小转弯半径 6.5m，发动机型号 492QA$_1$ 型汽油机，配有专用设备
XZ510[illegible]XYE 型邮政汽车	徐州特种汽车总厂	江苏省机械厅 1990.9	外形尺寸(长×宽×高)6975×2420×3210mm，货厢容积 18.5m^3，装载质量 4650kg，最高车速 75km/h，油耗 28L/100km

续

新产品名称及型号	主要研制生产单位	鉴定部门、时间	主要技术性能
XK5020XYC 型邮政储蓄车	郑州客车厂	河南省计经委 1989.5	采用 BJ121 型底盘,发动机型号 BN492CA 型汽油机
SY420G 型殡仪车	沈阳轿车制造厂	金杯汽车股份有限公司 1990.9	采用 SY622C 型底盘
CG5021XGZ 型广播电视录音车	长春市汽车改装厂	吉林省机械厅 1989.3	外形尺寸(长×宽×高)4530×1780×2330mm,轴距 2480mm,前/后轮距 1480/1440mm,最高车速 95km/h,油耗 14.5L/100km,乘员 9 人,配有专用设备
QHJ5100JJHH 型计量检衡车	航空航天工业部长治清华机械厂	山西省国防科工办、山西省机电厅 1989.9	外形尺寸(长×宽×高)7500×2500×3200mm,总质量 10000kg,起重装置大起升高度 6200mm,最大工作幅度 4500mm,最大回转角度 360°,每个专用砝码质量 500kg,专用砝码总质量 8×500kg,液压系统工作压力≤22MPa
QR19JH 型大型衡器检定车	青岛重型专用汽车研究所、青岛专用汽车制造厂	国家计量局 1988.6	采用罗曼汽车底盘,用于检定最大称量或使用称量小于或等于 20t 的地磅
TH3090ZLJ 型垃圾自卸车	天津市环境卫生管理局环卫设备厂	建设部 1989.10	外形尺寸(长×宽×高)6560×2300×2520mm,整备质量 4580kg,装载质量 5000kg,总质量 9290kg,车厢容积 3.93m³,举升角 52°
SHG5092XLT (WLT1.5A)型垃圾自卸车	沈阳市环卫汽车改装厂	辽宁省城乡建设厅 1988.5	额定装载质量 1500kg,车厢举升角 50°,车厢举升、下降时间<20s
SHG5092XLT (WLT5.B)型垃圾自卸车	沈阳市环卫汽车改装厂	辽宁省城乡建设厅 1988.5	装载质量 5000kg,车厢举升角 50°,车厢举升、下降时间<20s
SHW5040ZLJ 型后装挤压式垃圾车	上海环卫汽车修理改装厂	建设部 1988.1	外形尺寸(长×宽×高)5295×1920×2555mm,提升器满载上升时间 10s,空载下降时间 10s
SHW5041ZLJ 型垃圾自卸车	上海环卫汽车修理改装厂	上海市建委 1988.8	外形尺寸(长×宽×高)4710×1900×2100mm,车厢举升角 46°±2°,举升时间 15s,下降时间 15s
SHW5100ZLJ 型加盖垃圾自卸车、SHW5101ZLJ 型垃圾自卸车	上海环卫汽车修理改装厂	建设部 1988.12	外形尺寸(长×宽×高)6950×2400(2470)×2500(2470)mm,车厢举升角 46°±2°,举升时间 20s,下降时间 20s
SHW5170ZLJ 型垃圾自卸车	上海环卫汽车修理改装厂	上海市建委 1989.8	外形尺寸(长×宽×高)7628×2500×3165mm,车厢举升角 53°±2°,举升时间 28s,下降时间 20s
SHW5042ZLJ 型垃圾自卸车	上海环卫汽车修理改装厂	上海市建委 1990.3	外形尺寸(长×宽×高)4795×2000×2057mm,车厢举升角 46°±2°,举升时间 15s,下降时间 15s

续

新产品名称及型号	主要研制生产单位	鉴定部门、时间	主要技术性能
[illegible]GJ5100ZLJCA型后装挤压式垃圾车	南京晨光机器厂	江苏省机械厅 1988.4	
[illegible]GJ3101CA型垃圾自卸车	南京晨光机器厂	江苏省机械厅 1989.7	装载质量4500kg,车厢举升时间20s,下降时间20s
[illegible]FK5090ZLJC型侧吊双箱自装卸垃圾车	湖北省襄樊市公用客车厂	湖北省城乡建设厅 1990.9	采用CA141型底盘,外形尺寸(长×宽×高)6580×2400×3000mm,整备质量5910kg,总质量9500kg,最高车速80km/h,最小转弯直径16m,最小离地间隙247mm,垃圾箱有效容积2.5×2m²,倾斜角45°,起重臂回转半径2750mm,最大摆角64°,吊装时间60s,卸料时间40s
[illegible]FK5090ZLJE型侧吊双箱自装卸垃圾车	湖北省襄樊市公用客车厂	湖北省城乡建设厅 1990.9	采用EQ140型底盘,外形尺寸(长×宽×高)6410×2400×2910mm,整备质量5500kg,总质量9500kg,最高车速80km/h,最小转弯直径16m,最小离地间隙265mm,垃圾箱有效容积2.5×2m²,倾斜角45°,起重臂回转半径2750mm,最大摆角64°,吊装时间60s,卸料时间40s
GH5090ZLJ型垃圾自卸车	广州市环卫机械设备厂	广东省建委 1989.1	采用EQ140－1J型或CA141S型底盘,密封式车厢,装载质量5000kg,车厢举升角50°,举升时间≤15s,下降时间可控
G[illegible]5200ZLJY型后装挤压式垃圾车	广州市环境卫生研究所、广州市环卫机械设备厂	建设部 1990.9	采用CQ19.210Z35型底盘,配有车厢装填机构,推卸机构、可控硅电液控制系统,最大装载质量9000kg,车厢容积13m³,提升架最大提升质量400kg,垃圾桶提升、复位循环时间15s,压填工作循环时间30s,推卸垃圾工作时间40s
T[illegible]5041GXE型真空吸粪车	天津市环境卫生管理局环卫设备厂	建设部 1989.10	外形尺寸(长×宽×高)4710×1850×2100mm,整备质量2390kg,装载质量1500kg,罐体最大真空度87kPa满罐抽吸<2min,排放时间<2min
SH[illegible]5011GXW (W[illegible]XB0.5A)型真空吸污车	沈阳市环卫汽车改装厂	辽宁省城乡建设厅 1988.5	罐体有效容积500L,系统最大真空度63kPa,有效抽吸深度4m,满罐抽吸时间<3min
SH[illegible]5032GXW (W[illegible]B1.0B)型真空吸污车	沈阳市环卫汽车改装厂	辽宁省城乡建设厅 1988.5	罐体有效容积1000L,系统最大真空度85kPa,有效抽吸深度4m,满罐抽吸时间<4min
SHC5041GXW (W[illegible]B1.5A)型真空吸污车	沈阳市环卫汽车改装厂	辽宁省城乡建设厅 1988.5	罐体有效容积1500L,系统最大真空度85kPa,有效抽吸深度4m,满罐抽吸时间<4min
SHC5093GXW (W[illegible]B5.0L)型真空吸污车	沈阳市环卫汽车改装厂	辽宁省城乡建设厅 1988.5	罐体有效容积5000L,系统最大真空度90kPa,有效抽吸深度4m,满罐抽吸时间<5min

续

新产品名称及型号	主要研制生产单位	鉴定部门、时间	主要技术性能
SHW5040GXE 型真空吸粪车	上海环卫汽车修理改装厂	上海市建委 1988.8	外形尺寸(长×宽×高)4960×1900×2100mm,有效抽吸深度 3.5m
SHW5041GXE 型真空吸粪车	上海环卫汽车修理改装厂	上海市建委 1988.8	外形尺寸(长×宽×高)4970×2000×2057mm,有效抽吸深度 3.5m
SHW5100GXE 型真空吸粪车	上海环卫汽车修理改装厂	上海市建委 1989.4	外形尺寸(长×宽×高)7205×2400×2395mm,有效抽吸深度 4m
CGJ5100GXEEQ 型真空吸粪车	南京晨光机器厂	江苏省机械厅 1988.10	真空吸粪,压力或自流排放,满罐体容积 5400L,罐及未时间≤4min
SHG5092GSS(WSD5.0B)型洒水车	沈阳市环卫汽车改装厂	辽宁省城乡建设厅 1988.5	罐体有效容积 5000L,洒水行驶车速 5～15km/h,洒水宽度 6～13m,喷水枪射程＞20m
SHG9182GSS(WSG10B)型洒水车	沈阳市环卫汽车改装厂	辽宁省城乡建设厅 1988.5	罐体有效容积 10000L,洒水行驶车速 5～15km/h,洒水宽度 6～13m,喷枪射程＞20m
SHW5100GSS 型洒水车	上海市环卫汽车修理改装厂	上海市建委 1989.4	外形尺寸(长×宽×高)7200×2476×2395mm,前喷最大宽度 18m,后喷最大宽度 9m
CGJ5100GSSEQ 型洒水车	南京晨光机器厂	江苏省机械厅 1988.10	罐体容积 5250L,洒水宽度 6～13m,洒水压力 0.25～0.45MPa,流量 15L/min
CGJ5130GSSEQ 型洒水车	南京晨光机器厂	江苏省机械厅 1988.10	罐体容积 8000L,洒水宽度 6～13m,洒水压力 0.25～0.45MPa,流量 15L/min
KF5140SS8 型洒水车	开封市政工程机械厂	建设部 1990.2	
TH5060GXC 型吸尘车	天津市环境卫生管理局环卫设备厂	建设部 1989.10	装载质量 1250kg,清扫宽度 3.1m,清扫速度 25km/h,收尘粒度∅40mm,收尘效率≥96%
XS25 型清扫车	上海市飞机设计研究所、芜湖拖拉机厂	安徽省经委 1989.4	外形尺寸(长×宽×高)5090×207▪×2219mm,清扫宽度 1.8～2.2mm,清扫速度 5～15km/h,最大清扫能力 33000m²/h,清扫效率＞95%,水箱容积 1m³,垃圾箱有效容积 1.6m³,垃圾箱倾倒时间 6～30s,整备质量 4050kg,最高车速 45km/h
HYT5041TSC(SS25)型扫路机	北京市环卫科学研究所、湖南省衡阳特种车制造厂	湖南省交通厅 1990.7	外形尺寸(长×宽×高)5390×2040×2125mm,总质量 2780kg,最高车速 40km/h,最小离地间隙 100mm,最小转弯半径 7m,清扫宽度 2500mm,清扫速度 5～15km/h,喷雾水箱容积 0.4m³,液压油容积 103L

续

新产品名称及型号	主要研制生产单位	鉴定部门、时间	主要技术性能
TJT5091GQX 型下水道高压清洗车	天津市通用机械厂	天津市机械局 1989.8	·采用 CA141—L 型底盘，水罐容积 3.8m³，三柱塞泵型号 3NS 型，额定压力 10MPa，额定流量 200L/min，卷管器收管速度 0～40m/min，最大卷管力 2000N，喷头孔夹角 15°、25°，推进力 120～190N
HWC5010XTC 型市政下水道疏通工程车	邗江县微型汽车厂	江苏省交通厅、公安厅 1989.12	采用 WJ110 型底盘适用于城市小巷的下水道疏通机械化作业
CG5027XJE 型环境污染监测车	长春市汽车改装厂	吉林省机械厅 1989.3	外形尺寸(长×宽×高)4530×1780×2330mm，轴距 2480mm，前/后轮距 1480/1440mm，最高车速 95km/h，油耗 14.5L/100km，乘员 7 人，配有仪器架，样品架，工作台及电缆盘等专用设备
CG5026XJE 型越野环境染监测污车	长春市汽车改装厂	吉林省机械厅 1990.9	外形尺寸(长×宽×高)5000×1880×2220mm，轴距 2750mm，前/后轮距 1440/1440mm，驱动型式 4×4，最高车速 90km/h，油耗 15L/100km，乘员 7 人，配有仪器架、样品架、工作台、电缆盘等专用设备
SQL5020XJE 型环保监测车	上海大团汽车改装厂	上海汽车工业总公司 1988.4	外形尺寸(长×宽×高)4812×1772×1902mm，乘员 5 人，最小转弯直径 11.2m，最高车速 120km/h，油耗 13L/100km
XK620 型环保监测车	无锡县汽车改装总厂客车厂	江苏省机械厅 1988.6	采用 TJ620 型客车底盘，发动机型号 492QA 或 $492QA_2$ 型汽油机
BM5020XJE 型越野环保监测车	中国人民解放军第 7427 工厂	金燕汽车船舶工业公司 1989.1	
SG35[illegible]30JQZ（E）型汽车起重机	上海化工工程设备厂	上海市化工局、上海汽车拖拉机公司 1989.9	外形尺寸(长×宽×高)10315×2480×3150mm，整备质量 13000kg，起重量 12000kg，最高车速 65km/h
LZT5150JQZ 型液压汽车起重机	长沙建筑机械研究所、柳州特种汽车厂	中国有色金属工业总公司 1988.10	外形尺寸(长×宽×高)10310×2470×3206mm，整备质量 14700kg 起重量 12000kg，最大起升高度 20.3m，最高车速 70km/h，最大爬坡度 27%
JH1[illegible]0SN 型散装水泥罐车	金华汽车修造厂	浙江省交通厅 1988.7	外形尺寸(长×宽×高)6610×2400×2885mm，装载质量 4500kg，最高车速 80km/h
JH5100GSNHD 型散装水泥罐车	金华汽车修造厂	浙江省交通厅 1989.7	外形尺寸(长×宽×高)6610×2400×2750mm，装载质量 4500kg，最高车速 80km/h
JH51[illegible]0GSNE 型散装水泥罐车	金华汽车修造厂	浙江省交通厅 1989.7	外形尺寸(长×宽×高)8010×2390×2700mm，装载质量 4500kg，最高车速 80km/h

续

新产品名称及型号	主要研制生产单位	鉴定部门、时间	主要技术性能
AH5092GSN 型气卸散装水泥罐车	安徽省马鞍山市建筑材料机械厂	安徽省汽车工贸(集团)公司 1988.4	装载质量 4310kg,卸灰能力 1.2t/min,剩灰率<0.2%
AH5272GSN 型气卸散装水泥罐车	安徽省马鞍山市建筑材料机械厂	安徽省汽车工贸(集团)公司 1988.4	装载质量 14300kg,卸灰能力 1.2t/min 剩灰率<0.2%
AH5172GSN 型气卸散装水泥罐车	安徽省马鞍山市建筑材料机械厂	安徽省汽车工业公司 1989.3	装载质量 9000kg,卸灰能力 1.2t/min,剩灰率<0.2%
NY5190GSN 型气卸散装水泥罐车	南阳汽车制造厂	河南省经委 1989.1	卸灰速度 1100kg/min,剩灰率≤0.4%
XX5180GSN 型气卸散装水泥罐车	新乡市汽车改装修配厂	河南省交通厅 1988.12	卸灰速度 1100kg/min,剩灰率≤0.4%
KS5190GSN 型、KS5191GSN 型举升式散装水泥运输车	昆山专用汽车制造厂	江苏省机械厅 1990.4	采用 CQ19210/Z35/4×2 型底盘 装载质量 98[illegible]0kg (9500kg),总质量 19000kg,外形尺寸(长×宽×高)83[illegible]0×2480×3250mm,有效容积 9m³,最高车速 75km/h,举升角 20°,卸料速度 1.2t/min,剩灰率 0.4%。
KS5300GSN 型、KS5301GSN 型举升式散装水泥运输车	昆山专用汽车制造厂	江苏省机械厅 1990.4	采用 CQ30290/B38/6X4 型底盘 装载质量 16[illegible]00kg (16000kg),总质量 30000kg,外形尺寸(长×宽×高)8600×2500×3300mm,有效容积 15.6m³,最高车速 74km/h,举升角 20°,卸料速度 1.4t/min,剩灰率 0.5%
LQZ5180GSN 型气卸散装水泥罐车	临清专用汽车制造厂	山东省机械厅 1988.7	装载质量 9000kg,总质量 17500kg 卸灰速度 1.14[illegible]/min,剩灰率<0.03%
LQZ5150GSN 型气卸散装水泥罐车	临清专用汽车制造厂	重型汽车工业企业联营公司 1990.11	装载质量 7000kg,总质量 15000kg,卸灰速度 1.14[illegible]/min,剩灰率<0.03%
WHZ5090GSNC (WH140HG)型货、罐两用车	武汉专用汽车厂	武汉市机械委 1989.4	采用 EQ140 型底盘,外形尺寸(长×宽×高)691[illegible]×2470×2845mm,整备质量 5190kg,装载质量 4000kg,总质量 9190kg,罐体容积 4.6m³,卸灰速度 1.1m³/min,剩灰率<0.4%,可运送散装物料,也可作普通载货车使用

续

新产品名称及型号	主要研制生产单位	鉴定部门、时间	主要技术性能
HBB85 型混凝土泵车	湖北建筑机械厂	建设部 1988.4	采用 CQ19210 型底盘，外形尺寸（长×宽×高）9150×2460×3300mm，总质量 17070kg，排出量 10～85m³/h，采用 125A 管时水平输送距离≥520m，垂直输送距离 110m，最大骨料尺寸 40mm，臂架全长尺寸 17.4m，垂直高度 20.7m
KF5040GLS 型沥清洒布车	开封市政工程机械厂	建设部 1989.12	
QHJ5090JSQ3 型随车起重运输车	航空航天工业部长治清华机械厂	航空航天工业部 1988.8	外形尺寸（长×宽×高）6970×2470×3100mm，装载质量 3800kg，最大起重量 3800kg，最大起升高度 6500mm，最大起重力矩 58.8kN·m 最大工作幅度 5000mm，最大回转角度 360°，液压系统工作压力≤22MPa
GZQ5090 型摆臂式自装卸汽车	赣州汽车改装厂	江西省机械厅 1988.1	装载质量 4500kg，起重臂回转半径 2390mm，最大摆角 125°，运输状态水平夹角 49°，货厢容积 2.7m³
NZ5091Z 型摆臂式自装卸汽车	广西壮族自治区南宁专用汽车改装厂	广西壮族自治区交通厅、机械厅 1988.10	外形尺寸（长×宽×高）7560×2410×2980mm，整备质量 5260kg，装载质量 4500kg，最小转弯直径 16m，起重臂回转半径 2590mm，最大摆角 125°
JDY10 型 10t 集装箱吊运机	青海汽车改装厂	青海省科委 1989.10	发动机最大功率 118kW/2000r/min，吊运机空载质量 18100kg，起升质量 10000kg，最大起升高度 8200mm
JCJ5150TYL 型多功能养路车	中国人民解放军第 6411 工厂	河北省机电厅 1988.9	沥青拌合料容量 5000kg，压路辊尺寸∅550×1600mm，压路辊线压力 250～450N/cm，压实作业时行驶速度 1～3km/h，沥青箱容量 200L
XQ5[illegible]50XUL 型厢式修理车	第一汽车制造厂无锡汽车厂	江苏省机械厅 1989.9	采用 $NJ136A_2$ 型底盘，外形尺寸（长×宽×高）6280×1970×2675mm，乘员 15 人，总质量 4500kg，最高车速 90km/h，油耗 15L/100km，发动机型号 BN492QG1 型或 CA492Q 型汽油机
BEY5[illegible]30CY 型压缩机车	蚌埠压缩机总厂	安徽省汽车工贸联营（集团）公司 1990.8	排气量 3～25m³/min，可作为空气动力源
BEY5[illegible]90XQX 型工程抢险车	蚌埠压缩机总厂	安徽省汽车工贸联营（集团）公司 1990.8	

续

新产品名称及型号	主要研制生产单位	鉴定部门、时间	主要技术性能
SR5061TDG 型电力、电讯油田工程车	江西上饶客车厂	江西省机械厅 1990.12	采用 NJ131A 型底盘,外形尺寸(长×宽×高)6490×2190×2950mm,轴距 3308mm,前/后轮距 1584/1485mm,乘员 15 人,装载质量 700kg,总质量 5880kg,最小离地间隙 240mm,最小转弯直径 15.2m,最大爬坡度 30%,最高车速 80km/h,油耗 18.5L/100km
QYJ5060JGK14 型高空作业车	国营庆岩机械厂	北方工业(集团)总公司 1988.12	采用 NJ131A 型底盘,最大作业高度 14m,工作斗载荷 250kg
JKC5040JC 型电力计量车	金州客车厂	陕西省机械厅 1988.8	外形尺寸(长×宽×高)4762×1835×2000mm,最高车速 100km/h,油耗 14L/100km,最大爬坡度 26%,接近角/离去角 24°/18°,最小转弯半径 6.5m,发动机型号 $492QA_1$ 型汽油机
JKC5040JE 型水利监测车	金州客车厂	陕西省机械厅 1988.8	外形尺寸(长×宽×高)4762×1835×2000mm,最高车速 100km/h,油耗 14L/100km,最大爬坡度 26%,接近角/离去角 24°/18°,最小转弯半径 6.5m,发动机型号 $492QA_1$、型汽油机
JKC5022XJEW 型无线电监测车	金州客车厂	陕西省机械厅 1990.8	外形尺寸(长×宽×高)4762×1835×2000mm,最高车速 100km/h,油耗 14L/100km,最大爬坡度 26%,接近角/离去角 24°/18°,最小转弯半径 6.5m,发动机型号 $492QA_1$ 型汽油机
HB5020 型救护车	河北客车厂	河北省机电厅 1988.6	外形尺寸(长×宽×高)4120×1550×1750mm,轴距 2750mm,最高车速 98km/h,油耗 13.5L/100km
CG5020XJH 型救护车	长春市汽车改装厂	吉林省机械厅 1989.3	外形尺寸(长×宽×高)4530×1780×1330mm,轴距 2480mm,前/后轮距 1480/1440mm,最高车速 95km/h,油耗 14.5L/100km,乘员 5 人
SQL5022XJ 型救护车	上海大团汽车改装厂	上海市医药局、上海汽车工业总公司 1990.1	外形尺寸(长×宽×高)4862×1772×1950mm,乘员 6 人,最高车速 120km/h,油耗 13L/100km
ZHK5031XJH 型救护车	浙江省海宁客车厂	浙江省科委、机械厅 1988.11	最高车速 98km/h,油耗 13L/100km
BM5020XJH 型救护车	中国人民解放军第 7427 工厂	中国金燕汽车船舶工业公司 1990.2	

续

新产品名称及型号	主要研制生产单位	鉴定部门、时间	主要技术性能
BY5050XJH 型救护车	中国人民解放军第 7431 工厂	金燕汽车船舶工业公司 1990.10	为 BY6660 系列客车的变型车，采用 $NJ134AY_2$ 型底盘
BY5051XJH 型救护车	中国人民解放军第 7431 工厂	金燕汽车船舶工业公司 1990.10	为 BY6660 系列客车的变型车，采用 NJ131AY 型底盘
DY5020XJHA 型救护车	航空航天工业部四川达宇特种车辆制造厂	航空航天部、四川省交通厅 1989.5	外形尺寸(长×宽×高)4680×1850×1800mm，总质量 2525kg，整备质量 1850kg，最高车速 110km/h，油耗 13L/100km，最小转弯半径 6.2m
DYQ5034XJHA 型救护车	航空航天工业部四川达宇特种车辆制造厂	航空航天部、四川省交通厅 1989.5	外形尺寸(长×宽×高)5780×1990×2500mm，最高车速 85km/h，油耗 14.5L/100km
YZ5021XJH 型救护车	重庆市渝州汽车总厂	重庆市经委 1989.10	外形尺寸(长×宽×高)4700×1800×2060mm，轴距 2700mm，轮距 1440mm，整备质量 1900kg，总质量 2300kg，最高车速 98km/h，最大爬坡度 26.5°，最小转弯直径 13.5m，油耗 13L/100km，乘员 2 座+1 卧，驱动型式 4×4
GHJ5030XJHW 型救护车	贵州航天工业总公司	贵州省机械厅 1990.7	外形尺寸(长×宽×高)4690×1690×2200mm，为 GHT1030 型汽车的变型车
YH5040XJH 型救护车	昆明旅行汽车制造厂	云南省经委 1988.9	外形尺寸(长×宽×高)5634×1932×2460mm，总质量 2910kg，最小转弯直径 12m，最高车速 90km/h，乘员 8 人
JKC5022XJH 型救护车	金州客车厂	陕西省机械厅 1990.8	外形尺寸(长×宽×高)4762×1835×2000mm，最高车速 100km/h，油耗 14L/100km，最大爬坡度 26%，接近角/离去角 24°/18°，最小转弯半径 6.5m，发动机型号 $492QA_1$ 型汽油机
XK620EY 型计划生育车	无锡县汽车改装总厂客车厂	江苏省机械厅 1988.6	采用 TJ620 型底盘及 492QA 或 $492QA_2$ 型发动机
BM5020XEY 型计划生育车	中国人民解放军第 7427 工厂	中国金燕汽车船舶工业公司 1990.12	
YZ5021XEY 型计划生育专用车	重庆市渝州汽车总厂	重庆市经委 1990.9	外形尺寸(长×宽×高)4700×1800×2060mm，轴距 2700mm，轮距 1440mm，整备质量 1900kg，总质量 2300kg，最高车速 98km/h，最大爬坡度 26.5°，最小转弯直径 13.5m，油耗 13L/100km，乘员 8 人，驱动型式 4×4
LSK5050XEY 型计划生育指导车	四川省乐山客车厂	四川省交通厅 1989.12	采用 $NJ136A_2$ 型底盘

续

新产品名称及型号	主要研制生产单位	鉴定部门、时间	主要技术性能
HB5020型公安专用车	河北客车厂	河北省机械厅 1988.6	外形尺寸(长×宽×高)4120×1650×1750mm,轴距2750mm,最高车速98km/h,油耗13.5L/100km
HBJ5021XKC型越野刑事勘察车、HBJ5022XJA型越野矿山安全监察车	中国人民解放军第7420工厂	河北省机电厅 1989.4	外形尺寸(长×宽×高)4400×1840×1950mm,轴距2300mm,前后轮距1940/1400mm,最小转弯半径6m,乘员5人,最高车速98km/h,最大爬坡度26°,油耗13L/100km
HBJ5031XKC型刑事勘察车、HB5032XJA型矿山安全监察车、HBJ5033XEH型消防指挥车	中国人民解放军第7420工厂	河北省机电厅 1989.4	外形尺寸(长×宽×高)4815×1840×1950mm,轴距2750mm,前后轮距1440mm,最小转弯半径6.9m,装载质量245kg,乘员7人,最高车速98km/h,最大爬坡度13.5°,油耗13L/100km
DQ5022XKC型刑事现场勘察车	南京大桥汽车制造厂	江苏省机械厅.公安厅 1990.4	为DQ212型轻型越野车的变型车,外形尺寸(长×宽×高)3860×1750×1970mm,总质量1955kg,油耗13L/100km
DQ5023XKC型刑事现场勘察车	南京大桥汽车制造厂	江苏省机械厅、公安厅 1990.4	为DQ213型轻型越野车的变型车,外形尺寸(长×宽×高)4310×1780×1860mm,总质量2057kg
DQ5022XQC型囚车	南京大桥汽车制造厂	江苏省机械厅.公安厅 1990.4	为DQ212型轻型越野车的变型车,外形尺寸(长×宽×高)3860×1750×1970mm,总质量1955kg,油耗13L/100km
BM5020XGA型越野公安专用车	中国人民解放军第7427工厂	金燕汽车船舶工业公司 1989.12	
BM5020XQC型越野囚车	中国人民解放军第7427工厂	金燕汽车船舶工业公司 1989.12	
FQ214G型越野公安专用车	江西富奇汽车厂	江西省机械厅 1988.12	最大爬坡度24.5°,最高车速98km/h,发动机型号492Q型汽油机
BY5050XQC型囚车	中国人民解放军第7431工厂	金燕汽车船舶工业公司 1990.10	为BY6660型客车的变型车,采用NJ134AY$_2$型底盘

续

新产品名称及型号	主要研制生产单位	鉴定部门、时间	主要技术性能
TLL5020XGA 型警车	广西玉林柴油机总厂	广西壮族自治区机械厅 1990.8	最高车速 98km/h，最大爬坡度 24%，油耗 13L/100km，发动机型号 BN492QA 型汽油机
CDK5050XQC 型囚车	成都客车厂	四川省汽车办公安厅 1990.5	采用 NJ131AY 型底盘，外形尺寸(长×宽×高)5990×2040×2890mm，轴距 3308mm，总质量 5140kg，最高车速 85km/h，最大爬坡度 30%，接近角/离去角 25°/23.5°，最小离地间隙 240mm，发动机型号 $NJ70L_1$ 型汽油机
YZ502[illegible]XGA 型越野公安专用车	重庆市渝州汽车总厂	重庆市经委 1990.6	外形尺寸(长×宽×高)4700×1800×2060mm，轴距 2700mm，轮距 1440mm，整备质量 1890kg，总质量 2410kg，最高车速 98km/h，最大爬坡度 26.5°，最小转弯直径 13.5m，油耗 13L/100km，乘员 8 人，驱动型式 4×4
DYQ503[illegible]XGAA 型警车	航空航天工业部四川达宇特种车辆制造厂	航空航天部、四川省交通厅 1989.5	外形尺寸(长×宽×高)5780×1990×2500mm，最高车速 85km/h，油耗 14.5L/100km
JKC5022XGA 型公安专用车、KJC5022XQC 型囚车	金州客车厂	陕西省机械厅 1990.8	外形尺寸(长×宽×高)4762×1835×2000mm，最高车速 100km/h，油耗 14L/100km，最大爬坡度 26%，接近角/离去角 24°/18°，最小转弯半径 6.5m，发动机型号 $492QA_1$ 型汽油机
ZQ5060 型特种警车	东风汽车工业企业联营公司郑州轻型汽车制造厂	武警总部 1990.3	外形尺寸(长×宽×高)5905×2200×2370mm，轴距 3100mm，整备质量 5060kg，总质量 6200kg，车厢内高 1500mm，乘员 14 人，最高车速 98km/h，最大爬坡度 25%，接近角/离去角 25°/11°，最小离地间隙 190mm，最小转弯直径 13m，油耗 11.5L/100km，配有防护钢板、防弹玻璃、防弹轮胎、GX3000V 车载电台、便携式录象设备等
MG5130GXFGS[illegible]6 型供水消防车	牡丹江特种车辆改装厂	黑龙江省公安厅 1988.8	罐体容积 6600L
MG5130GXFS68 型供水消防车	牡丹江特种车辆改装厂	黑龙江省公安厅 1988.8	罐体容积 6800L
MG5130GXFSG36 型水罐消防车	牡丹江特种车辆改装厂	黑龙江省机械委 1989.11	罐体容积 3600L
MG5130GXFSG66 型水罐消防车	牡丹江特种车辆改装厂	黑龙江省机械委 1989.11	罐体容积 6600L
MG5130GXFS60 型供水消防车	牡丹江特车辆改装厂	中国消防器材总公司 1990.10	罐体容积 6000L

续

新产品名称及型号	主要研制生产单位	鉴定部门、时间	主要技术性能
ZDX5172GXFPM65型泡沫消防车	震旦消防设备总厂	公安部 1990.5	外形尺寸(长×宽×高)8025×2500×3200mm,整备质量9700kg,总质量16600kg,水罐容积5000L,液罐容积1320L,发动机功率161kW/2200r/min BD60型单级离心泵额运流量3600L/min,额运扬程100m,滑片引水泵最大吸水高度和吸上时间7m/≤45s,PP48F型泡沫一水组合炮工作压力1.0MPa,泡沫射程55m,水射程60m
DQ5022XZH型消防指挥车	南京大桥汽车制造厂	江苏省机械厅、公安厅 1990.4	为DQ212型轻型越野车的变型车 外形尺寸(长×宽×高)3860×1750×1970mm,总质量1955kg,油耗13L/100km
CG40/40型消防车	南京特种汽车制配厂	江苏省公安厅、机械厅 1989.4	
XFC5030TBC20型泵铺消防车	江西消防车辆制造厂	公安部 1988.4	
BM5020XXF型越野森林消防车	中国人民解放军第7427工厂	中国金燕汽车船舶工业公司 1989.11	
GXQ6420CY(GZ212EB)型森林防火指挥车	江西赣南小汽车厂	江西省机械厅 1989.11	采用BJ212型底盘
QDZ5190JXFJG30型"青岛一西蒙"曲臂登高消防车	青岛重型专用汽车研究所,青岛专用汽车制造厂	公安部、重型汽车工业企业联营公司 1989.10	最大工作高度31.5m
CPP20型泡沫消防车	宝鸡消防器材总厂	公安部、中国消防器材公司 1988.12	水罐容积9000L,泡沫容积2000L,水泵型号BS60型,最大吸深7m,引水时间≤45s,泡沫射程≥55m,空气泡沫容量300L/s
SY5040TSJL型专用收缴车	沈阳汽车制造厂	沈阳市计经委 1989.11	外形尺寸(长×宽×高)4891×1930×2085mm,轴距2800mm,整备质量1985kg,装载质量1500kg,总质量3875kg,最小转弯半径5.7m,最大爬坡度36%,最高车速85km/h,油耗14L/100km,发动机型号SY492Q-1型汽油机
SY5040TSJT型专用收缴车	沈阳汽车制造厂	沈阳市计经委 1989.11	外形尺寸(长×宽×高)5840×1930×2085mm,轴距3400mm,整备质量2180kg,装载质量1500kg,总质量4070kg,最小转弯半径6.9m,最大爬坡度36%,最高车速85km/h,油耗14L/100km,发动机型号SY492Q-1型汽油机

续

新产品名称及型号	主要研制生产单位	鉴定部门、时间	主要技术性能
BM5020XFZ 型越野防汛指挥车	中国人民解放军第 7427 工厂	金燕汽车船舶工业公司 1989.12	
JT5021XYG 型公路运管监查车、JT5021XLZ 型公路路政巡查车	重庆市渝州汽车总厂	交通部(委托重庆市交通局)1989.11	外形尺寸(长×宽×高)4700×1860×2060mm，轴距 2700mm，轮距 1440mm，整备质量 1890kg，总质量 2410kg，最高车速 98km/h，最大爬坡度 26.5°、最小转弯直 13.5m，油耗 13L/100km，乘员 6 人，驱动型式 4×4
SY50[illegible]0TBHL 型植物保护车	沈阳汽车制造厂	沈阳市计经委 1989.11	外形尺寸(长×宽×高)4891×1930×2085mm，轴距 2800mm，整备质量 1985kg，装载质量 1500kg，总质量 3875kg，最小转弯半径 5.7m，最大爬坡度 36%，最高车速 85km/h，油耗 13.5L/100km，发动机型号 SY492Q-1 型汽油机
CSZ9170CAF 型养蜂半挂汽车列车	常熟专用汽车制造厂	江苏省机械厅 1989	采用 EQ140-1KP 型底盘，外形尺寸(长×宽×高)12935×2490×2975mm，装载质量 8420kg，总质量 16490kg，最高车速 60km/h，油耗 36L/100km
XZ5100CSC 型牲畜运输车	徐州特种汽车总厂	江苏省机械厅 1990.9	外形尺寸(长×宽×高)8120×2480×3200mm，装载质量 4300kg，最高车速 75km/h，油耗 28L/100km
XZ5101CSC 型牲畜运输车	徐州特种汽车总厂	江苏省机械厅 1990.9	外形尺寸(长×宽×高)8145×2480×2600mm，装载质量 4300kg，最高车速 75km/h，油耗 28L/100km
CXJ5130ZSL 型液压散装饲料运输车	四川畜牧机械厂	成都市机械局 1990.12	采用 EQ144 型底盘，设有料罐卸料系统、回转系统、提升机构及液压传动系统，外形尺寸(长×宽×高)8850×2400×3350mm，额定装载质量 7500kg，料厢容积 15m³，卸料能力 20t/h，卸料提升最大高度 7.8m，卸料水平输送最大距离＞5.4m，卸料口抑角 0～60°，活动搅回转角±180°，料室数 3
MLJ5071XYB 型仪表车	牡丹江林业机械厂、大庆石油管理局井下压裂分公司	黑龙江省机械委 1990.6	采用 EQF140 型式 EQF141 型底盘，越野性能强，维修方便，车内设有休息室与仪表室，配有沙发、冷风空调和自动控温电热器，装有控制台、仪表台、100W 扩大器及汽油发电机和外接电源系统，为油田专用井下测试车辆，可在－35°～35℃条件下满足油井下作业需要
MH5020XYQDJ 型油田低压试井仪器车	国营北方工具厂	黑龙江省机械委、汽车办 1990	

续

新产品名称及型号	主要研制生产单位	鉴定部门、时间	主要技术性能
油田试井车、通井车、立放井架运输车	中国石油天然气总公司第二石油机械厂	中国石油天然气总公司 1988	
15t 修井机	中国石油天然气总公司第二石油机械厂	中国石油天然气总公司 1989	
电缆试井车	中国石油天然气总公司第二石油机械厂	中国石油天然气总公司 1990.8	
30t 修井机、80t 修井机	中国石油天然气总公司第二石油机械厂	中国石油天然气总公司 1990.12	
SYZ5040XYQ$_1$ 型仪器车	西安石油勘探仪器总厂	中国石油天然气总公司 1989.10	采用 ZJ220C 型底盘,外形尺寸(长×宽×高)5300×1950×2120mm,最高车速 85km/h,最小转弯半径 7m,最大爬坡度 53%,接近角/离去角 32°/23°,油耗 19L/100km
SYZ5060XZY 型工程作业车	西安石油勘探仪器总厂	中国石油天然气总公司 1989.10	采用 NJ131 型底盘,外形尺寸(长×宽×高)6518×2100×2715mm,接近角/离去角 27°/15°,最小转弯半径 7m,是石油勘探去用车
SYZ5090XZX$_1$ 型特种装线车	西安石油勘探仪器总厂	中国石油天然气总公司 1989.10	采用 EQ140 型底盘外形尺寸(长×宽×高)7796×2428×2860mm,最小转弯半径 8m,最大爬坡度 28%,接近角/离去角 23°/18°,最高车速 8[illegible]km/h,油耗 32L/100km,是用来装载各种地震仪用的传感线束和供放线,查线人员乘坐的专用车辆
MH5040XJC 型油田井下测试车	国营北方工具厂	黑龙江省机械委汽车办 1990.9	采用 NJ221BY$_2$ 型底盘,测井深度 4500m
3700 型数控测井车	宝鸡石油机械厂	中国石油天然气总公司 1990.11	采用 INTERNAT10NAL. COF967016X4 型底盘,外形尺寸(长×宽×高)8900×2400×3200mm,整备质量 20000kg,设有 EATON—76 型绞车独液压驱动系统,15km 液压发电机,绞车电缆容量 7924m,电缆提升速度 0.6~305m/min,绞车传动为气动控制设备配套齐全,操作方便,准确度高适用范围广
BM5020XD$_2$ 型越野地质勘探车	中国人民解放军第 7427 工厂	金燕汽车船舶工业公司 1989.12	

续

新产品名称及型号	主要研制生产单位	鉴定部门、时间	主要技术性能
CZ3270GLG 型不锈钢罐车	长征汽车制造厂	河北省机械厅 1989.11	装载质量 15000kg
YD5260GYQ 型液氨罐车	国营五二三厂	大连市经委 1990.10	采用 CQ30.290/C45/6×4 型底盘，外形尺寸(长×宽×高)10230×2500×3270mm，轴距 4500mm，整备质量 17572kg，装载质量 10000kg，总质量 27572kg，罐体容积 14.9m³，设计压力 2.2MPa，设计温度 50℃，主要技术指标相当日本 SLDA203 槽车制造标准
JCJ5260GHYA 型丙稀罐车	国营建成机械厂	黑龙江省机械委 1989.6	采用匈牙利 L26.188－6.4 型底盘，外形尺寸(长×宽×高)10030×3435×2490mm，装载质量 9000kg，设计压力 1.765MPa，设计温度 50℃，罐体容积 22.7m³
JQG523GHF 型催化剂罐车	济南第二汽车改装厂	山东省机械厅 1989.12	采用太脱拉 T815 型底盘，外形尺寸(长×宽×高)8330×2500×3400mm，总质量 23200kg，装载质量 11000kg，最高车速 88km/h，油耗 32.5L/100km，最小离地间隙 290mm，最小转弯直径 38m，驱动型式 6×6，罐体容积 17m³
JQG5260GHY 型浓硫酸罐车	济南第二汽车改装厂	山东省机械厅 1990.9	采用罗曼 R19.215DF 型底盘，外形尺寸(长×宽×高)9350×2500×2920mm，总质量 26000kg，装载质量 15000kg，最高车速 75.3km/h，油耗 39L/100km，最小离地间隙 305mm，最小转弯直径 21m，驱动型式 6×4，罐体容积 10.5m³
CZ3270XSG 型砂罐车	长征汽车制造厂	河北省机械厅 1988.7	装载质量 15000kg
CZ3270XFG 型粉煤灰保温车	长征汽车制造厂	重型汽车工业企业联营公司 1988.8	装载质量 15000kg
WHZ5090GHF (WH140TH)型气卸散装炭黑粉罐车	武汉专用汽车厂	武汉市机械委 1989.4	采用 EQ140 型底盘，外形尺寸(长×宽×高)6830×2483×2825mm，整备质量 4650kg，装载质量 2450kg，总质量 7100kg，罐体容积 7.3m³，卸灰速度 1.1m³/min，剩灰率＜0.4%
WHZ5160GHF (WH162A)型气卸散装电石粉罐车	武汉专用汽车厂	武汉市机械委 1989.4	采用 JN162 型底盘，外形尺寸(长×宽×高)8100×2500×3200mm，整备质量 9400kg，装载质量 8000kg，总质量 17680kg，罐体容积 9.5m³，最大举升角 45°，卸料速度 850kg/min，剩灰率＜0.4%

续

新产品名称及型号	主要研制生产单位	鉴定部门、时间	主要技术性能
XBD5131GHYS(J)B型泵卸酸(碱)液罐车	西北电力建设器材总厂	陕西省汽车办 1990.10	装载质量7000k，排放时间≯23min，除具有XBD5090GHYS(J)型气卸或酸(碱)液罐车的性能外，自身可完成自装、自卸、中转和运输功能，设有耐酸转子泵，装料时可用泵将介质打入罐内，卸料时用泵对介质加压排放到贮存槽，也可把酸(碱)液由一高位贮槽转至另一位置贮槽中
XZ5070XLG型铝制空罐运输车	徐州特种汽车总厂	江苏省机械厅 1989.4	外形尺寸(长×宽×高)8650×2495×3720mm，货厢容积32m³，装载质量1000kg，最高车速75km/h，油耗28L/100km
YJ—5型阳极运输车	柳州特种汽车厂	中国有色金属工业总公司 1990.11	外形尺寸(长×宽×高)9200×2900×2950mm，整备9360kg，装载质量5500kg，最小转弯半径7.9m，最大爬坡度20%
LZ463型铅水抬包运输车	柳州特种汽车厂	中国有色金属工业总公司 1990.11	外形尺寸(长×宽×高)6530×2450×2920mm，整备质量7750kg，装载质量12000kg，最小转弯半径7.3m，最大爬坡度22%
FC1型氟化盐运输车	柳州特种汽车厂	中国有色金属工业总公司 1990.11	外形尺寸(长×宽×高)8460×2300×2850mm，整备质量6875kg，装载质量4500kg，最小转弯半径7m，最大爬坡度14%
LTQ940型氧化铝运输车	柳州特种汽车厂	中国有色金属工业总公司 1990.11	外形尺寸(长×宽×高)14350×2500×3350mm，整备质量14750kg，装载质量12000kg，最小转弯半径11m，最大爬坡度16%
CZ5270GZY型混装炸药车	长征汽车制造厂、长沙矿山研究院	中国有色金属总公司、重型汽车工业企业联营公司 1990.12	装载质量15000kg
QYJ5100JQX12型扣除冰车	国营庆岩机械厂	机电部民航总局 1989.12	
40/36GQS5型交直流低噪声汽车电站	兰州电源车辆研究所、湖州客车厂	机电部 1990.5	采用NJ131A型底盘，外形尺寸(长×宽×高)6220×2180×2600mm，总质量6000kg，最小转弯半径7.6m，油耗17.5L/100km，最高车速75km/h，电站噪声指标65dB，额定电压交流400/230V、直流115V，额定电流交流72.1A、直流313A、额定功率交流40kW、直流36kW
X8100型雷达综合修理车	兰州电源车辆研究所 湖州客车厂	机电部、空军后勤部 1990.10	采用EQ245型底盘改装，发动机型号EQ6105—I型，外形尺寸(长×宽×高)8495×2565×3090mm，最高车速82km/h，最大爬坡度26°，最小续驶里程500km，油耗45L/100km，总质量11500kg
X8100EME₃型电磁屏蔽车	兰州电源车辆研究所、湖州客车厂	机电部、空军后勤部 1990.10	采用LQ84DB型挂车底盘，外形尺寸(长×宽×高)3270×2110×2770mm，总质量2900kg，为X8100型汽车配套拖车

续

新产品名称及型号	主要研制生产单位	鉴定部门、时间	主要技术性能
SQL5020X 系列专用汽车	上海大团汽车改装厂	上海汽车工业总公司 1990.9	外形尺寸(长×宽×高)4800×1772×1600mm,乘员 5 人,最小转弯直径 11.2m,最高车速 120km/h,油耗 13L/100km,包括 SQL5020XFY 型卫生防疫车、SQL5020XEY 型计划生育车、SQL5020XQC 型囚车、SQL5020XGA 型公安专用车、SQL5020XJE 型水电监测车等型号
SQL5024X 系列专用汽车	上海第三汽车底盘厂	上海市汽车工业总公司 1990	外形尺寸(长×宽×高)4809×1775×1570mm,最高车速 120km/h,油耗 12L/100km,包括 SQL5024XGA 型公安专用车、SQL5024XSR 型市容监理车、SQl5024XSR 型市容监理车、SQL5024XBY 型与宾仪车等型号
CGJ5020XB12 系列专用汽车	南京晨光机器厂	江苏省机械厅 1988.6	采用 CGJ6480B12 型底盘,包括 CGJ5020XDLB12 型工具车、CGJ5020XGAB12 型公安专用车、CGJ5020XJLB12 型监理车等型号
CGJ5030XB22 系列专用汽车	南京晨光机器厂	江苏省机械厅 1988.6	采用 CGJ6480B12 型底盘,包括 CGJ5030XVLB22 型工具车、CGJ5030XZHB22 型公安指挥车、CGJ5030XYCB22 型运钞车、CGJ5030XGAB22 型公安专用车、CGJ5030XJLB22 型监理车等型号
CGJ5020XB21 系列专用汽车	南京晨光机器厂	江苏省机械厅 1988.10	采用 CGJ6420B21 型底盘,包括 CGJ5020XVLB21 型工具车、CGJ5020XVLB21 型公安指挥车、CGJ5020XYCB21 型运钞车,CGJ5020XGAB21 型公安专用车、CGJ5020XJEB21 型土地监定车等型号
HXQ5030/5031 系列专用汽车	仪征华兴公司专用汽车厂	江苏省机械厅 1989.11	外形尺寸(长×宽×高)4730×1740×1780mm,轴距 2750mm,最小离地间隙 224mm,接近角/离去角 34°/22°,最小转弯直径 13.8m,最小爬坡度 13.5°/26.5°,最高车速 98km/h～95km/h,油耗 13L/100km,共有放射性监测车等 14 个品种
SQL5027X 系列专用汽车	昆山新东汽车改装厂	江苏省机械厅、上海汽车工业总公司 1990.9	外形尺寸(长×宽×高)4960×1835×1630mm,乘员 5 人,最高车速 120km/h,油耗 12.5L/100km,最小转弯直径 11.2m,包括 SQL5027XYC-XD 型运钞车、SQL5027XGA-XD 型公安专用车、SQL5027XYZ-XD 型邮政运输车等型号
SX521 型专用车	西安市客车厂	陕西省交通厅、标准局 1988.11	外形尺寸(长×宽×高)4600×1840×1900mm,整备质量 1830kg,接近角/离去角 36°/18°,最大爬坡度 24%,最高车速 98km/h
KK2020 型、KK2021 型客货车、KK5020XHJ 型环境监测车、KK212YZ 邮政车、KK212LY 型林业专用车	昆明市客车改装厂	云南省机械厅 1988.9	最高车速 95km/h, 油耗 13L/100km, 发动机功率 62.5kW/3800r/min

6 客车

新产品名称及型号	主要研制生产单位	鉴定部门、时间	主要技术性能
BJ6460型客车	北京汽车摩托车联合制造公司	北京汽车工业联合公司 1989.4	外形尺寸(长×宽×高)4600×1780×2020mm,轴距2750mm,前/后轮距1440/1440mm,长头,10座,整备质量1680kg,最小离地间隙224mm,最小转弯直径13.8m,最高车速98km/h,油耗13L/100km,发动机型号BN492QA型汽油机
BJ6450型客车	北京汽车摩托车联合制造公司	北京汽车工业联合公司 1989.11	外形尺寸(长×宽×高)4464×1695×1990mm,轴距2400mm,前/后轮距1440/1260mm,11座,整备质量1650kg,最小离地间隙145mm,最小转弯直径10m,最高车速95km/h,油耗10L/100km,发动机型号BN475Q型汽油机
BJ6460H型客车	北京汽车摩托车联合制造公司	北京汽车工业联合公司 1990.9	外形尺寸(长×宽×高)4600×1780×2020mm,轴距2750mm,前/后轮距1440/1440mm,长头,9座,整备质量1750kg,最小离地间隙224mm,最小转弯直径13.8mm,最高车速95km/h,油耗13L/100km,发动机型号BN492QA型汽油机
BJ6460H1型客车	北京汽车摩托车联合制造公司	北京汽车工业联合公司 1990.9	外形尺寸(长×宽×高)4600×1780×2020mm,轴距2750mm,前/后轮距1440/1440mm,长头,9座,整备质量1720kg,最小离地间隙224mm,最小转弯直径13.8m,最高车速95km/h,油耗13L/100km,发动机型号BN492QA型汽油机
BJ6461型客车	北京汽车摩托车联合制造公司	北京汽车工业联合公司 1990.9	外形尺寸(长×宽×高)4640×1720×1920mm,轴距2750mm,前/后轮距1440/1440mm,长头9座,整备质量1660kg,最小离地间隙224mm,最小转弯直径13.8m,最高车速105km/h,油耗12.5L/100km,发动机型号BN492QA$_2$A型或SY492Q-2型汽油机
BJ6461R型客车	北京汽车摩托车联合制造公司	北京汽车工业联合公司 1990.9	外形尺寸(长×宽×高)4367×1720×1920mm,轴距2750mm,前/后轮距1440/1440mm,长头,整备质量1610kg,最小离地间隙224mm,最小转弯直径13.8m,最高车速110km/h,油耗12.5L/100km,发动机型号BJ492QA$_2$A型或SY492Q-2型汽油机
BL6440型客车	北京市旅行车股份有限公司兴京工厂	北京汽车工业联合公司 1989.1	外形尺寸(长×宽×高)4400×1980×2100mm,轴距2295mm,最小转弯直径12.5m,8+1座,最高车速100km/h,油耗12.5L/100km,玻璃钢车身
BL6480型客车	北京市旅行车股份有限公司兴京工厂	北京汽车工业联合公司 1989.1	外形尺寸(长×宽×高)4840×1870×1960mm,轴距2750mm,最小转弯直径13.8m,7+1座,最高车速100km/h,油耗13L/100km
BJ6590、BJ6590K型客车	北京市旅行车股份有限公司	北京汽车工业联合公司 1990.1	外形尺寸(长×宽×高)5960×1932×2340mm,轴距3100mm,前/后轮距1540/1470mm,接近角/离去角26°/18°,16座,最小离地间隙185mm,最小转弯直径15.5mm,最高车速90km/h,最大爬坡度17°,油耗15L/100km(BJ6590K型开空调时为17.5L/100km)
BJ6700D、BJ6700DK型后置式柴油客车	北京市旅行车股份有限公司红星工厂	北京汽车工业联合公司 1990.9	外形尺寸(长×宽×高)6995×2000×2460mm,20座,最高车速90km/h,油耗12L/100km(BJ6700DK型开空调时为15L/100km),最大爬坡度11°,发动机后置,BJ6700DK型客车装有CL80S型空调冷风机组,并可根据用户需要选装彩色电视机、放像机、冷藏箱等

续

新产品名称及型号	主要研制生产单位	鉴定部门、时间	主要技术性能
BS6550(BS630)型客车	北京商用汽车制造厂	商业部 1988.9	采用BJ1040Q$_3$DG型底盘，外形尺寸(长×宽×高)5535×2000×2395mm，整备质量2500kg，总质量3700kg，16座，最高车速90km/h，最大爬坡度16.7°，油耗15L/100km，发动机型号BN492QA型
BS6601A型客车	北京商用汽车制造厂	北京市汽车工业联合公司、北京市供销合作总社 1990.9	采用BJ6580DB型客车底盘，外形尺寸(长×宽×高)5996×1940×2460mm，整备质量2800kg，总质量3840kg，最高车速90km/h，最大爬坡度16.7°，油耗15L/100km，发动机型号BN492/100Q型汽油机
TJ6481A型客车	天津市客车厂	中国汽车工业总公司、天津市科委、经委、计委 1990.4	14座，最小转弯直径13m，最大爬坡度13.3°，最高车速100km/h，油耗12L/100km
HB6930型长途客车	河北客车厂	河北省机电厅 1988.3	外形尺寸(长×宽×高)9800×2480×3200mm
HB6410型客车	河北客车厂	河北省机电厅 1988.6	外形尺寸(长×宽×高)4120×1650×1750mm，轴距2750mm，5～8座，最高车速98km/h，油耗13.5L/100km
HB6460型客车	河北客车厂	河北省机电厅 1988.6	外形尺寸(长×宽×高)4600×1700×1760mm，轴距2750mm，5～8座，最高车速98km/h，油耗13.5L/100km
SL6400型客车	河北胜利客车厂	中国汽车工业联合会 1989.4	外形尺寸(长×宽×高)3965×1625×1790mm，整备质量1260kg，总质量1860kg，8座，最大爬坡度26%，油耗9L/100km，发动机型号475Q型或丰田4K型汽油机
HX6400型客车	河北红星旅行车制造厂	中国汽车工业联合会 1989.4	外形尺寸(长×宽×高)3965×1625×1790mm，整备质量1268kg，总质量1788kg，最高车速100km/h，油耗9.5L/100km，发动机型号480Q型或475Q型汽油机
YYC6400型客车	国营原野车辆制造厂	山西省国防科工办 1990.9	9座
NM681型柴油客车	内蒙古包头客车厂	内蒙古自治区经委公安厅、交通厅 1988.8	采用LJ681型客车底盘，外形尺寸(长×宽×高)10990×2500×3200mm，轴距5700mm，前/后轮距1927/1754mm，最大爬坡度24%，整备质量10000kg，总质量14700kg，61座，接近角/离去角16°/11°，最小转弯半径11.2m，最小离地间隙250mm，发动机型号6120QK型或6130Q型柴油机，最高车速80km/h，油耗25L/100km
NM6111型柴油客车	内蒙古包头客车厂	内蒙古自治区经委、公安厅、交通厅 1990.6	采用SX680B型客车底盘，外形尺寸(长×宽×高)11410×2500×3074mm，轴距5700mm，前/后轮距1927/1744mm，整备质量11000kg，总质量15400kg，48座，接近角/离去角11°/9.3°，最大爬坡度26%，最小转弯半径11m，最小离地间隙202mm，发动机型号SX6130型柴油机，最高车速90km/h，油耗26L/100km

续

新产品名称及型号	主要研制生产单位	鉴定部门、时间	主要技术性能
NM6120 型后置式柴油客车	内蒙古包头客车厂	内蒙古自治区经委、公安厅、交通厅 1990.6	采用SX681B型客车底盘,外形尺寸(长×宽×高)116[illegible]0×2500×3125mm,轴距 5700mm,前/后轮距 192[illegible]/1744mm,整备质量 11300kg,总质量 15[illegible]00kg,47 座,接近角/离去角 11°/9.5°,最大爬坡度 26%,最小转弯半径 11m,最小离地间隙 202mm,发动机型号 SX6130—H 型柴油机,发动机后置,最高车速 93km/h,油耗 26L/100km
SF660 型客车	沈阳飞机制造公司	中国汽车工业联合会、航空航天部 1988.4	外形尺寸(长×宽×高)9660×2450×3010mm,43 座,整备质量 8450kg,总质量 11460kg,最大爬坡度 25%,最高车速 90km/h,油耗 22L/100km
SFQ6980 型客车	沈阳飞机制造公司	中国汽车工业联合会航空、航天部 1988.4	外形尺寸(长×宽×高)9775×2460×3050mm,50 座,总质量 11440kg,最小转弯直径 18m,最大爬坡度 25%,最高车速 90km/h,油耗 22L/100km
DD683 型客车	丹东汽车制造厂	中国汽车工业联合会 1988.4	外形尺寸(长×宽×高)11240×2[illegible]95×3146,整备质量 10760kg,总质量 15045kg,55 座,油耗 23L/100km,最小转弯直径 19.6m,最高车速 93km/h,加速行驶车外最大噪声≤89dB,冷风 87923kJ/h,热风 58615.2kJ/h
DD640 型客车	丹东汽车制造厂	中国汽车工业联合会 1988.10	外形尺寸(长×宽×高)9080×2[illegible]68×2979mm,整备质量 6850kg,总质量 10200kg,39 座,最小转弯直径 [illegible]9m,油耗 28L/100km,加速行驶车外最大噪声≤86dB,最高车速 85km/h
AK6970 型客车	鞍山客车制造总厂、二汽杭州分厂	辽宁省机械委 1990.1	外形尺寸(长×宽×高)9700×2490×3100mm,轴距 4700mm,前/后轮距 1900/1800mm,最小离地间隙 260mm,最小转弯直径 19m,接近角/离去角 12.5°/10°,最大爬坡度 25%,最大总质量 11000kg,油耗 21L/100km,最高车速 87km/h
AK6980H 型后置式柴油客车	鞍山客车制造总厂、二汽杭州分厂	辽宁省机械委 1990.1	外形尺寸(长×宽×高)9750×2445×3100mm,轴距 4700mm,46 座,前/后轮距 1900/1800mm,车内高 1900mm,接近角/离去角 12°/9° 最高车速 85km/h,油耗 22L/100km
FGQ6151 型城市公共客车	抚顺市公共汽车公司修配厂	辽宁省建委 1989.4	采用 $CA151D_7$ 型底盘
FGQ6971 型城市公共客车	抚顺市公共汽车公司修配厂	辽宁省建委 1989.10	采用 $CA151D_4$ 型底盘

续

新产品名称及型号	主要研制生产单位	鉴定部门、时间	主要技术性能
CA6440 型客车	第一汽车制造厂	中国汽车工业总公司 1990.12	外形尺寸（长×宽×高）4394×1690×1950mm，轴距2350mm，整备质量1535kg，11座，最高车速105km/h，油耗10.5L/100km，发动机型号CA488-1型汽油机
ZY6830C 型长途客车	吉林省延边公路客车厂	吉林省交通厅、机电厅 1988.8	采用$CA151D_8$型底盘，外形尺寸（长×宽×高）9089×2468×3026mm，总质量11400kg，37座，最高车速90km/h，油耗27L/100km，发动机型号CA6102型汽油机
ZY6830E 型长途客车	吉林省延边公路客车厂	吉林省交通厅、机电厅 1988.8	采用$EQ140S_5B$型底盘，外形尺寸（长×宽×高）9089×2468×3026mm，总质量11400kg，37座，最高车速90km/h，油耗27L/100km，发动机型号EQ6100-1型汽油机
ZY6950H 型柴油长途客车	吉林省延边公路客车厂	吉林省交通厅、机电厅 1989.7	采用HZ140T型底盘，外形尺寸（长×宽×高）9589×2468×3026mm，总质量10500kg，42座，最高车速90km/h，油耗22L/100km
ZY69[illegible]0H 型长途客车	吉林省延边公路客车厂	吉林省交通厅、机电厅 1989.7	采用$HZ140T_1$型底盘，外形尺寸（长×宽×高）9682×2480×3015mm，总质量10500kg，42座，最高车速85km/h，油耗28L/100km，发动机型号EQ6100-1型汽油机
ZY69[illegible]0C 型后置式柴油长途客车	吉林省延边公路客车厂	吉林省交通厅、机电厅 1990.12	采用$CA151D_{16}$型底盘，后置柴油发动机，外形尺寸（长×宽×高）9830×2490×3170mm，总质量12000kg，41+1座，最高车速90km/h，油耗23L/100km，发动机型号CA6110型柴油机
ZY69[illegible]0H 型后置式柴油公路客车	吉林省延边公路客车厂	吉林省交通厅、机电厅 1990.12	采用$HZ140TR_2$型底盘，后置柴油发动机，外形尺寸（长×宽×高）9830×2490×3170mm，总质量11440kg，41+1座，最高车速90km/h，油耗22L/100km，发动机型号6110B型柴油机
SK61[illegible]0H 型客车	上海客车厂	上海汽车拖拉机工业联营公司 1989.12	采用SK6110D型客车底盘及$D6114ZQ_3$型柴油机和客车专用渐变刚度钢板弹簧。外形尺寸（长×宽×高）11300×2500×3200mm，轴距6000mm，59座，最高车速90km/h，最小转弯直径22m
SK69[illegible]2LE_2 型客车	上海客车厂	上海市公用局 1990.6	外形尺寸（长×宽×高）9640×2500×3015mm，轴距4700mm，41+10+1座，最小离地间隙340mm，整备质量6900kg，总质量10280kg，最高车速75km/h
SXC6[illegible]00KT 型客车	上海万象汽车厂	上海申江企业总公司、上海市汽车工业总公司 1989.6	外形尺寸（长×宽×高）5995×1992×2465mm，轴距3080mm，整备质量2800kg，16座，最高车速90km/h，油耗18L/100km，最小转弯直径13m，发动机型号682Q型汽油机

续

新产品名称及型号	主要研制生产单位	鉴定部门、时间	主要技术性能
SXC6601、SXC6601N型客车	上海万象汽车厂	中国汽车工业联合会 1989.12	外形尺寸(长×宽×高)5995×1990×2530mm,轴距3200mm,整备质量3000kg,17座,最高车速95km/h,油耗14L/100km,最小转弯直径13m,发动机型号492/100Q型汽油机。SXC6601型为非独立悬挂,前后均为少片变截面钢板弹簧;SXC6601N型前悬挂为独立悬挂扭杆,后悬挂为少片变截面钢板弹簧
SXC6560型客车	上海万象汽车厂	上海汽车工业总公司 1990.1	
SXC6560A型客车	上海万象汽车厂	上海申江企业总公司、上海汽车工业总公司 1990.1	采用NTQ1040B型底盘,外形尺寸(长×宽×高)5590×1940×2450mm,轴距2800mm,整备质量3250kg,14座,最高车速85km/h,油耗15L/100km,最小转弯直径12m,发动机型号$492QA_2$型汽油机
SXC6560B型客车	上海万象汽车厂	上海申江企业总公司、上海汽车工业总公司 1990.1	采用ZQ130KD型底盘,外形尺寸(长×宽×高)5590×1940×2450mm,轴距2800mm,整备质量3530kg,14座,最高车速85km/h,油耗15L/100km,最小转弯直径12m,发动机型号$492QA_2$型或$492QC_2$型汽油机
沪陵6600型客车	上海沪陵汽车厂	中国汽车工业总公司 1990.1	
XQ6960(XQ643)型客车	第一汽车制造厂 无锡汽车厂	江苏省机械厅 1988.3	采用$CA151D_4$型底盘,外形尺寸(长×宽×高)9675×2500×3070mm,44或52座,总质量10750kg,最高车速80km/h,最大爬坡度20%,最小转弯直经21m,油耗29L/100km,发动机型号CA6102型汽油机
XQ6941TH(XQ642T)型柴油客车	第一汽车制造厂 无锡汽车厂	江苏省机械厅 1988.12	采用$EQ140S_5$型底盘,外形尺寸(长×宽×高)9620×2450×3020mm,43座,总质量10500km,最高车速80km/h,最大爬坡度20%,最小转弯直径19m,油耗19L/100km,发动机型号6102BQ-H1型或6BD1型柴油机
XQ6961T(XQ641TA)型客车	第一汽车制造厂 无锡汽车厂	江苏省机械厅 1988.12	采用$EQ140S_5$型底盘,外形尺寸(长×宽×高)9675×2500×3000mm,44或55座,总质量10500kg,最高车速80km/h,油耗29L/100km,最大爬坡度20%,发动机型号Q6100-I型汽油机

续

新产品名称及型号	主要研制生产单位	鉴定部门、时间	主要技术性能
XQ6940Y 型柴油客车	第一汽车制造厂无锡汽车厂	中国汽车工业总公司 1990.7	采用 $CA151D_{16}$ 型底盘,外形尺寸(长×宽×高)9430×2492×3320mm,37+1+1座,总质量12000kg,最高车速85km/h,最大爬坡度20%,油耗21L/100km,发动机型号6110型或6BD1型柴油机,顶置、内置二种空调装置
XQ6940Y1 型柴油客车	第一汽车制造厂无锡汽车厂	中国汽车工业总公司 1990.7	采用 $CA151D_4$ 型底盘,外形尺寸(长×宽×高)9820×2500×3320mm,41+1+1座,总质量12000kg,最高车速85km/h,最大爬坡度20%,油耗21L/100km,发动机型号6110B-1型柴油机,空调装置制冷量63000kJ/h,制热量50000kJ/h
XQ6940Y2 型柴油客车	第一汽车制造厂无锡汽车厂	中国汽车工业总公司 1990.7	采用 $CA151D_4$ 型底盘,外形尺寸(长×宽×高)9820×2500×3320mm,41+1+1座,总质量12000kg,最高车速80km/h,最大爬坡度20%,油耗20L/100km,发动机型号6BD1T型柴油机,空调装置制冷量63000kJ/h,制热量50000kJ/h
XQ6940TH1、6940TH2 型柴油客车	第一汽车制造厂无锡汽车厂	中国汽车工业总公司 1990.7	采用 $CA151D_4$ 型底盘,外形尺寸(长×宽×高)9820×2500×3150mm,43+1+1座,总质量12000kg,最高车速85km/h,最大爬坡度20%,油耗21L/100km,发动机型号6110B-1型(XQ6940TH1型)或6BD1T型(XQ6940TH2型)柴油机
XQ6940SH1、XQ6940SH2 型柴油城市公共客车	第一汽车制造厂无锡汽车厂	中国汽车工业总公司 1990.7	采用 $CA151D_4$ 型底盘,外形尺寸(长×宽×高)9820×2500×3150mm,41+1+1座,总质量12000kg,最高车速85km/h,最大爬坡度20%,油耗21L/100km,发动机型号6110B-1型(XQ6940SH1型)或6BD1T型(XQ6940SH2型)柴油机
XQ6940CH1、XQ6940CH2 型柴油长途客车	第一汽车制造厂无锡汽车厂	中国汽车工业总公司 1990.7	采用 $CA151D_4$ 型底盘,外型尺寸(长×宽×高)9820×2500×3320mm,43+1+1座,总质量12000kg,最高车速85km/h,最大爬坡度20%,油耗21L/100km,发动机型号6110B-1型(XQ6940CH1型)或6BD1T型(XQ6940CH2型)柴油机
JS6700 型客车	江苏省扬州客车制造总厂	交通部 1990.12	采用 $NJ6701L_2R1/2$ 型底盘,发动机型号BN492/100Q型汽油机或YZ4102柴油机,最高车速90km/h, 油耗16.5L/100km,制动距离8m(车速30km/h时),最小转弯半径7.8m
JS6920 型后置式柴油客车	江苏省扬州客车制造总厂	交通部 1990.12	采用Cummins柴油发动机,三段式车架,总长9165mm,总质量10340kg,最高车速90km/h,最大爬坡度20°,最小轴弯半径9m,制动距离8m(车速30km/h时)

续

新产品名称及型号	主要研制生产单位	鉴定部门、时间	主要技术性能
JT6970 型客车	江苏省扬州客车制造总厂	交通部 1990.12	采用 TJKD－1 型客车底盘，外形尺寸(长×宽×高)9600×2490×3090mm，总质量 10365kg，轴距 5000mm，最小转弯半径 9.9m，最高车速 85km/h，油耗 29L/100km，最大爬坡度 15°
CGJ6480B12 型客车	南京晨光机器厂	江苏省机械厅 1988.6	9 座
CGJ6480B22 型客车	南京晨光机器厂	江苏省机械厅 1988.6	5 座，驱动型式 4×4
CGJ6420B21 型客车	南京晨光机器厂	江苏省机械厅 1988.10	5 座，驱动型式 4×4
XK620 型客车	无锡县汽车改装总厂客车厂	江苏省机械厅 1988.6	采用 TJ620 型客车底盘及 492QA 或 $492QA_2$ 型汽油机，参考日本 L300 型客车进行外型设计，整备质量 1695kg，总质量 2280kg，外形尺寸(长×宽×高)4640×1700×1960mm，轴距 2600mm，最高车速 100km/h，油耗 14L/100km
XK623 型客车	无锡县汽车改装总厂客车厂	江苏省机械厅 1988.6	采用 BJ130 型底盘，整备质量 2570kg，总质量 3545kg，外形尺寸(长×宽×高)5620×1995×2375mm，轴距 2800mm，前/后轮距 1480/1470mm，最高车速 85km/h，最大爬坡度 20°，油耗 15L/100km，发动机型号 492/100Q 或 492QA 汽油机
XK630 型客车	无锡县汽车改装总厂客车厂	江苏省机械厅 1988.6	采用 BJ130A 型底盘，18 座，整备质量 2800kg，总质量 3970kg，外形尺寸(长×宽×高)6140×1995×2530mm，轴距 3500mm，最小离地间隙 185mm，最高车速 85km/h
MD623 型客车及变型车	江苏省张家港市牡丹客车厂	江苏省机械厅 1988.1	采用 TJ620B 型客车底盘，外形尺寸(长×宽×高)4720×1760×1980mm，10 座，接近角/离去角 25°/24°，最高车速 104km/h，油耗 14L/100km，发动机型号 492QA 型汽油机
MD6481 型客车及变型车	江苏省张家港市牡丹客车厂	江苏省机械厅 1989.11	采用 TJ620B 型客车底盘，外形尺寸(长×宽×高)4720×1760×1995mm，10 座，接近角/离去角 19°/22°，最高车速 104km/h，油耗 14L/100km，发动机型号 492QA 型汽油机
HXQ6451 型客车	仪征华兴公司专用汽车厂	江苏省机械厅 1989.1	外形尺寸(长×宽×高)4540×1750×1790mm，轴距 2750mm，整备质量 1720kg，总质量 2500kg，最小离地间隙 224mm，接近角/离去角 34°/22°，最小转弯直径 13.8m，最大爬坡度 13.5°，最高车速 98km/h，油耗 13L/100km，发动机型号 492QA 型汽油机

续

新产品名称及型号	主要研制生产单位	鉴定部门、时间	主要技术性能
YQC6460、YQC6460Y 型客车	中国汽车技术研究中心、仪征汽车制造厂	中国汽车工业联合会 1989.12	最小转弯半径 12～13m，最大爬坡度 33～35%，最高车速 100～110km/h，油耗 13L/100km
HZG6921 型城市公共客车	杭州市公共交通公司客车厂	浙江省城建厅 1988.4	采用 $CA151D_4$ 型底盘，外形尺寸(长×宽×高)9165×2460×3035mm，整备质量 6538kg，总质量 10198kg，车厢内高 1965mm，21 座，最小转弯直径 18.7m，接近角/离去角 20°/8°，最小离地间隙 200mm，最高车速 85km/h，最大爬坡度 25%，油耗 26L/100km
HZG6151 型铰接式城市公共客车	杭州市公共交通公司客车厂	浙江省城建厅 1988.4	采用 $CA151D_7$ 型底盘，外形尺寸(长×宽×高)15165×2460×3035mm，整备质量 9970kg，总质量 16270kg，车厢内高 1965mm，37 座，最小转弯直径 20m，接近角/离去角 20°/8°，最小离地间隙 200mm，最高车速 85km/h，最大爬坡度 18%，油耗 32L/100km
HZG－D70C 型无轨电车	杭州市公共交通公司客车厂	浙江省城建厅 1990.7	采用浦江 IA 型底盘，外形尺寸(长×宽×高)15330×2480×3060mm，整备质量 10500kg，37 座，最小离地间隙 265mm，最小转弯直径 22m，最大爬坡度 7.5°，最高车速 45km/h，耗电量 120kW・h/100km
NPS6400 型客车	宁波汽车拖拉机工业公司	浙江省机械厅、宁波市经委、机械局 1990.9	外形尺寸(长×宽×高)3968×1625×1765mm，轴距 2080mm，前/后轮距 1350/1345mm，整备质量 1200kg，总质量 1720kg，8 座，发动机型号 475Q、482 型或 4K、5K 型汽油机，接近角/离去角 25°/21°，最小转弯直径 8.5m，油耗 9L/100km
NP6600、NP6600KT 型客车	宁波旅行车厂	浙江省机械厅、交通厅 1989.4	外形尺寸(长×宽×高)5960×1950×2490mm，轴距 3080mm，前/后轮距 1565/1420mm，19 座，最高车速 90km/h，油耗 15L/100km，发动机型号 680Q 型或 492 型汽油机，车型为仿日本 Coster 客车，NP6600KT 型为安装空调车型，制冷量 10500kcal/h
NP6660S、NP6660SK 型客车	宁波旅行车厂	浙江省机械厅、交通厅 1990.4	外形尺寸(长×宽×高)6570×2150×2606mm，轴距 3300mm，前/后轮距 1650/1580mm，23～24 座，最高车速 90km/h，油耗 16L/100km，发动机型号 4100 型汽油机，NP6660SK 型为安装空调车型，制冷量 10500kcal/h
ZJK6970 型后置式客车	浙江客车厂	浙江省交通厅 1988.9	采用 $HZ140TR_2$ 型后置式客车底盘

续

新产品名称及型号	主要研制生产单位	鉴定部门、时间	主要技术性能
ZJK6971 系列长途客车	浙江客车厂	浙江省交通厅 1989.8～1990.6	采用 DHZ140T 型底盘，有 ZJK6971、ZJK6971FQ、ZJK6971FC 型等车型
JH692 型铰接式客车	金华汽车修造厂	浙江省交通厅 1988.12	外形尺寸(长×宽×高)13470×2445×3100mm，整备质量 9169kg，最高车速 70km/h
AK645 型客车	安徽省客车总厂	安徽省汽车工贸联营(集团)公司 1988.6	外形尺寸(长×宽×高)6305×2074×2644mm，轴距 3308mm，总质量 5710kg，最小离地间隙 240mm，最高车速 80km/h，油耗 13.5L/100km
AK645A 型客车	安徽省客车总厂	安徽省汽车工贸联营(集团)公司 1988.6	外形尺寸(长×宽×高)7600×2100×2800mm，轴距 3800mm，25 座，总质量 5710kg，最小离地间隙 196mm，最高车速 90km/h，油耗 13L/100km
AL6700、AL6700K 型客车	安徽省客车总厂	中国汽车工业联合会 1989.12	分别采用 HF6700Y 型及 HFC6700KY 型客车底盘，外形尺寸(长×宽×高)6910×2060×2570mm，26 座，整备质量 3950kg，总质量 5980kg，轴距 3800mm，最小离地间隙 210mm，接近角/离去角 12°/15°，最高车速分别是 100km/h 和 95km/h，油耗分别为 13L/100km 和 15L/100km
HK6670 型客车	合肥客车厂	安徽省交通厅 1988	采用 NJ131A、NJD131 型底盘，外形尺寸(长×宽×高)6700×2105×2670mm，最高车速 80km/h，总质量 5800kg，采用张拉蒙皮，半承载全金属封闭式整体结构
JT6151 型城市客车	合肥客车厂	安徽省交通厅 1988	采用 $CA151D_8$ 型底盘，外形尺寸(长×宽×高)15320×2465×3200mm，最高车速 60km/h，总质量 16250kg，采用铝薄板外蒙皮，非承载全金属封闭式整体结构
HK6962 型客车	合肥客车厂	安徽省交通厅 1988	采用 $CA151D_8$ 型底盘，外形尺寸(长×宽×高)9615×2465×3200mm，最高车速 85km/h，总质量 10670kg，采用铝薄板外蒙皮，半承载全金属封闭式整体结构
HK6960 型后置式客车	合肥客车厂	交通部 1990	采用 EQ6DR10 型底盘，后置式发动机，外形尺寸(长×宽×高)9565×2450×3125mm，最高车速 100km/h，总质量 10500kg
LZK6530 型客车	安徽庐州客车厂	安徽省交通厅 1990.7	外形尺寸(长×宽×高)5340×1950×2250mm，最高车速 90km/h，油耗 13.5L/100km，最小转弯半径 8m

续

新产品名称及型号	主要研制生产单位	鉴定部门、时间	主要技术性能
LZK6900 型客车	安徽庐州客车厂	安徽省交通厅 1990.7	外形尺寸(长×宽×高)9050×2450×3100mm,最高车速 85km/h,油耗 27L/100km,最小转弯半径 11m
LZK6670 型客车	安徽庐州客车厂	安徽省交通厅 1990.11	外形尺寸(长×宽×高)6700×2105×1700mm,轴距 3308mm,最高车速 80km/h,油耗 17.5L/100km,最小转弯半径 8m
XMQ6700 型柴油客车	厦门金龙联合汽车工业有限公司	厦门汽车工业公司 1990.9	为选用德国奔驰公司 PADANE 车型并全面引进其制造技术,采用国产 EQR6 型客车底盘并配置康明斯柴油机开发的新产品。外形尺寸(长×宽×高)6990×2100×2840mm,轴距 3650mm,前/后轮距 1650/1586mm,最小离地间隙 190mm,最小转弯直径 14m,最高车速 95km/h,最大爬坡度 25%,发动机型号 4BT3.9 型柴油机,整备质量 4400kg,总质量 6000kg,乘员 22＋1,空调制冷量 11000kcal/h,续驶里程 600km
JK6110 型柴油客车	济南客车厂	山东省建委 1990.12	采用 JN6111 型底盘,发动机型号 X6130QK$_3$ 型柴油机,总质量 17500kg
ZQ6560 型客车	东风汽车工业企业联营公司郑州轻型汽车制造厂	河南省计经委 1989.1	外形尺寸(长×宽×高)5615×1975×2490mm,轴距 2800mm,整备质量 2620kg,总质量 3970kg,16＋3 座,车厢内高 1750mm,最高车速 95km/h,油耗 15L/100km,接近角/离去角 25°/16°,最小离地间隙 185mm,最小转弯直径 12m,最大爬坡度 30%,发动机型号 492QA$_2$ 型汽油机
ZQ6600 型客车	东风汽车工业企业联营公司郑州轻型汽车制造厂	中国汽车工业联合会 1989.12	外形尺寸(长×宽×高)6000×1990×2540mm,轴距 3200mm,整备质量 3080kg,总质量 4300kg,17＋4 座,车厢内高 1750mm,最高车速 100km/h,油耗 14L/100km,接近角/离去角 25°/14°,最小离地间隙 185mm,最小转弯直径 13m,最大爬坡度 35%,发动机型号 492Q 型汽油机
ZQ6600C 型柴油客车	东风汽车工业企业联营公司郑州轻型汽车制造厂	河南省计经委 1990.11	外形尺寸(长×宽×高)6000×1990×2540mm,轴距 3200mm,整备质量 3400kg,总质量 4500kg,17＋4 座,车厢内高 1750mm,最高车速 90km/h,油耗 11L/100km,接近角/离去角 25°/14°,最小离地间隙 185mm,最小转弯直径 13m,最大爬坡度 30%,发动机型号 YZ4102Q1 型柴油机
ZK55L6 型客车	郑州客车厂	河南省计经委 1988.5	采用 FD130D 或 ZQ13QKD 型底盘,发动机型号 BN492Q-1A 汽油机,最高车速 90km/h,外形尺寸(长×宽×高)5600×1940×2440mm,轴距 2800mm,14 座

续

新产品名称及型号	主要研制生产单位	鉴定部门、时间	主要技术性能
ZK90C10 型长途客车	郑州客车厂	河南省计经委 1988.5	采用 $EQ140S_5A$ 型底盘，外形尺寸(长×宽×高)9150×2460×3500mm，轴距 4700mm，45 座，最高车速 85km/h，发动机型号 EQ6100-I 型汽油机
ZK90D10 型客车	郑州客车厂	河南省计经委 1988.5	采用 $EQ140S_5A$ 型底盘，发动机型号 EQ6100－I 型汽油机，最高车速 85km/h，外形尺寸(长×宽×高)9000×2460×3030mm，36 座
XK66L6 型客车	郑州客车厂	河南省计经委 1988.5	采用 NJ131 型底盘
SLG6550D 型客车	郑州市少林汽车改装厂	河南省计经委 1989.11	
SLG6601、SLG6601D 型客车	郑州市少林汽车改装厂	河南省计经委 1990.4	
LY55L6 型客车	洛阳市客车厂	河南省交通厅 1988.8	采用 KJ130(D)型或 $ZQ130KD(S_4)$型客车底盘，车厢内高 1720mm，为非承载式金属结构车身
XCQ6530 型客车	许昌汽车制配厂	河南省机械厅 1990.12	13 座，最高车速 90km/h
XCQ6600 型客车	许昌汽车制配厂	河南省机械厅 1990.12	19 座，最高车速 90km/h
WG340AR 型后置式客车	武汉市公用客车厂	武汉市经委 1988.3	采用 $CA151D_4$ 型底盘，发动机后置，外形尺寸(长×宽×高)9950×2450×3060mm，轴距 5000mm，前悬 1850mm，后悬 3100mm，整备质量 7620kg，总质量 10620kg，最小转弯直径 22m，最大爬坡度 26%，油耗 25L/100km，最高车速 80km/h
WG6550 型客车	武汉市公用客车厂	武汉市经委 1988.10	采用 BJ130 型底盘，外形尺寸(长×宽×高)5530×1960×2165mm，轴距 2800mm，前悬 1030mm，后悬 1700mm，整备质量 2650kg，总质量 3650kg，最小转弯直径 11.4m，最大爬坡度 36%，油耗 14.5L/100km，最高车速 90km/h
WG6660 型客车	武汉市公用客车厂	武汉市经委 1988.10	采用 BJ130 型底盘，外形尺寸(长×宽×高)6600×2080×2800mm，轴距 3308mm，前悬 1147mm，后悬 2145mm，整备质量 3900kg，总质量 5500kg，最小转弯直径 14m，最大爬坡度 30%，油耗 17.5L/100km，最高车速 80km/h

续

新产品名称及型号	主要研制生产单位	鉴定部门、时间	主要技术性能
WG6980CH型后置式柴油客车	武汉市公用客车厂	武汉市经委 1990.1	采用后置式柴油发动机,外形尺寸(长×宽×高)9950×2500×3060mm,轴距5000mm,前悬1850mm,后悬3100mm,整备质量7950kg,总质量11550kg,最小转弯直径22m,最大爬坡度26%,油耗22L/100km,最高车速78km/h
EK6960型客车	湖北客车厂	武汉市经委 1989.3	外形尺寸(长×宽×高)6930×2480×3200mm,最小转弯半径9.4m,最大爬坡度24%,最高车速85km,接近角/离去角23°/12°,总质量10600kg,油耗28L/100km,49座
WS6610型客车	国营万山特种车辆制造厂	湖北省机械厅 1989.11	外形尺寸(长×宽×高)6130×1980×2200mm,整备质量2440kg,总质量3700kg,19座,最高车速90km/h,油耗15L/100km,最大爬坡度30%,发动机型号492QA$_2$型汽油机
WS6600型客车	国营万山特种车辆制造厂	中国汽车工业联合会 1989.12	外形尺寸(长×宽×高)5990×1990×2522mm,整备质量3000kg,总质量4200kg,17+4座,最高车速100km/h,油耗13.5L/100km,最大爬坡度35%,发动机型号492Q型汽油机
EXQ6550型客车	国营江华机械厂	湖北省机械厅 1990.3	外形尺寸(长×宽×高)5540×1950×2580mm,轴距2800mm,整备质量2640kg,总质量4050kg,15座,最高车速90km/h,最大爬坡度30%,最小转弯直径12m,油耗15L/100km,发动机型号492QA$_2$型汽油机
EXQ6551型客车	国营江华机械厂	湖北省机械厅 1990.3	外形尺寸(长×宽×高)5540×1950×2580mm,轴距2800mm,整备质量2670kg,总质量4050kg,15座,最高车速90km/h,最大爬坡度30%,最小转弯直径12m,油耗15L/100km,发动机型号492QA$_2$型汽油机
HQC6450系列客车	湖南省汽车制造厂	中国汽车工业联合会 1989.12	外形尺寸(长×宽×高)4620×1780×1856mm,轴距2750mm,前/后轮距1470(1440)/1450mm,最小离地间隙175mm,最小转弯直径12m,最大爬坡度33%,最高车速112km/h,油耗13L/100km,发动机型号492QA$_2$型汽油机
HQC6460系列客车	湖南省汽车制造厂	中国汽车工业联合会 1989.12	最小转弯直径12m,最大爬坡度30%,最高车速112km/h,油耗12L/100km
CS6600型客车	长沙汽车制造厂	中国汽车工业联合会 1989.12	外形尺寸(长×宽×高)5995×1990×2540mm,轴距3200mm,前/后轮距1655/1485mm,最高车速100km/h,油耗14L/100km,最小转弯直径13m,最大爬坡度35%,17+4座,发动机型号472Q型汽油机

续

新产品名称及型号	主要研制生产单位	鉴定部门、时间	主要技术性能
HYK6120（HY683）型后置式柴油客车	湖南衡阳客车厂	中国汽车工业联合会 1988.11	采用SX681型底盘，外形尺寸（长×宽×高）12000×2500×3100mm，车厢内高1900mm，轴距5700mm，整备质量10500kg，总质量15400kg，最小离地间隙200mm，接近角/离去角9.1°/9.5°，最高车速90km/h. 发动机型号SX6130Q—H型柴油机
HYK6640（HY630）型客车	湖南衡阳客车厂	湖南省机械厅 1989.11	采用NJ6651DY_2型底盘，外形尺寸（长×宽×高）6450×2100×2550mm，车厢内高1725mm，轴距3308mm，整备质量3200kg，总质量5000kg，最小离地间隙240mm，接近角/离去角20°/30°，最高车速85km/h
GZ6921型柴油客车	广州汽车制造厂	广州市机电局 1989.6	外形尺寸（长×宽×高）9240×2460×3010mm，最高车速85km/h，油耗21L/100km，轴距4600mm. 前/后轮距1950/1800mm，最小转弯半径9m，最大爬坡度25%，发动机型号6110B柴油机
GZK6700N型客车	广州客车厂	建设部、广东省建委、第二汽车制造厂 1988.6	采用NJ131A型底盘，外形尺寸（长×宽×高）6990×2130×2700mm，车厢内高1800mm，轴距3650mm，最小转弯直径15m，接近角/离去角21.5°/8.5°，油耗17.5L/100km，最高车速80km/h，发动机型号NJ70L_1型汽油机
GZK6100E型后置式客车	广州客车厂	建设部、广东省建委、第二汽车制造厂 1988.8	采用EQ140型底盘，发动机后置，外形尺寸（长×宽×高）10000×2450×3010mm，车厢内高1940mm，43+9座，轴距5000mm，最小转弯直径19m，接近角/离去角9.5°/8.8°，油耗25L/100km，最高车速90km/h，发动机型号CY6102BQ-H-C型或EQ6100-I型发动机
GZK6700型后置式柴油客车	广州客车厂	建设部、广东省建委、第二汽车制造厂 1990.9	采用EQR6型底盘，发动机后置，外形尺寸（长×宽×高）6990×2130×2860mm，车厢内高1800mm，18+1座，轴距3650mm，最小转弯直径14m，接近角/离去角21°/8.5°，油耗11.5L/100km，最高车速90km/h，发动机型号康明斯4873.9型柴油机
NH6600型客车	广州南华客车厂	中国汽车工业联合会 1989.12	外形尺寸（长×宽×高）5995×1990×2500mm，轴距3200mm，前后轮距1655/1485mm，最高车速95km/h，最大爬坡度35%，最小转弯直径13m，油耗14L/100km
NH6561型客车	广州南华客车厂	建设部 1990.8	外形尺寸（长×宽×高）5550×1950×2330mm，轴距2800mm，前/后轮距1480/1470mm，最高车速85km/h，最大爬坡度32%，最小转弯直径13m，油耗15L/100km

续

新产品名称及型号	主要研制生产单位	鉴定部门、时间	主要技术性能
NH6561C 型客车	广州南华客车厂	建设部 1990.8	外形尺寸(长×宽×高)5550×1950×1330mm,轴距2800mm,前/后轮距1480/1470mm,最高车速90km/h,最大爬坡度32%,最小转弯直径13m,油耗12L/100km
NH6600 型柴油客车	广州南华客车厂	建设部 1990.8	外形尺寸(长×宽×高)5995×1990×2500(带空调2800)mm,轴距3200mm,前/后轮距1655/1485mm,最高车速90km/h,最大爬坡度35%,最小转弯直径13m,油耗12L/100km,空调装置制冷量37670kJ/h
BY6661 型客车	中国人民解放军第7431工厂	广州市机电局、广州军区后勤部工厂局 1989.9	采用NJ131型底盘
BY6661DY 型右置方向盘柴油客车	中国人民解放军第7431工厂	总后勤部金燕汽车船舶工业公司 1990.10	采用HFC6652KYR型右置方向盘客车底盘,发动机型号YZ4105QB型柴油机
BY6661S 型客车	中国人民解放军第7431工厂	总后勤部金燕汽车船舶工业公司 1990.10	采用$NJ131RY_2$型底盘
HQK6630 系列客车	广州市番禺县红桥客车厂	广东省机械厅 1988.7.6	HQK6630系列包括HQK6630.HQK6630A、HQK6630AD三种车型,采用NJ1061系列底盘,外形尺寸(长×宽×高)6310×2074×2680mm,发动机型号$NJ70L_1$、NJD433A型汽油机,最高车速80km/h($NJ70L_1$)或85km/h(NJD433A),最大爬坡度30%
HQK6631 系列客车	广州市番禺县红桥客车厂	广东省机械厅 1990.8.15	HQK6631系列包括HQK6631、HQK6631D、HQK6631L、HQK6631DL等车型,采用EQS6系列客车底盘,最高车速85km/h,最大爬坡度25%
GX6910C 型柴油长途客车	广西南宁客车厂	广西壮族自治区经委、交通厅 1989.12	采用$LZ141S_5B$型底盘及6105Q型柴油机,整备质量6900kg,总质量10400kg,最高车速80km/h,最大爬坡度25%,最大制动距离8m(车速30km/h时),油耗20L/100km,45座
GL6650 型长途客车	桂林客车厂、西安公路学院	广西壮族自治区交通厅 1989.9	外形尺寸(长×宽×高)6525×2060×2810mm,19+4座,总质量5950kg, 最大爬坡度30%, 最小转弯直径15.2m,油耗16.5L/100km,最高车速85km/h

续

新产品名称及型号	主要研制生产单位	鉴定部门、时间	主要技术性能
GL6650C 型柴油长途客车	桂林客车厂、西安公路学院	广西壮族自治区交通厅 1989.9	外形尺寸(长×宽×高)6525×2060×2750mm，19＋4座，总质量 5950kg，最大爬坡度 30%，最小转弯直径15.2m，油耗 12L/100km，最高车速 85km/h
JT6650K 型长途客车	中国公路车辆机械公司、西安公路学院、桂林客车厂、湖北随州客车厂	交通部 1989.9	外形尺寸(长×宽×高)6525×2060×2810(2750)mm，19＋4座，总质量 5950kg，油耗 17.5L/100km (汽油机)或14L/100km(柴油机)，最大爬坡度 30%，最小转弯直径15.2m，最高车速 85km/h(汽油机)或 80km/h(柴油机)，制冷量 41868kJ/h，制热量 26376.8kJ/h
EM6601、EM6621 型长途客车	四川省客车厂	四川省交通厅 1988.7	最高车速 85km/h，油耗 16L/100km，最大爬坡度 27%，最小转弯直径 13.6m，19 座
EM6400 型长途客车	四川省客车厂	四川交通厅、汽车办 1990.9	最高车速 95km/h，油耗 9L/100km，最大爬坡度 14%，最小转弯直径 11.2m，8 座
EM6480 型长途客车	四川省客车厂	四川省交通厅汽车办 1990.9	最高车速 95km/h，油耗 13L/100km，最大爬坡度 42%，最小转弯直径 13.8m，8 座
EM6921A 型长途客车	四川省客车厂	四川省交通厅汽车办 1990.9	最高车速 80km/h，油耗 28L/100km，最大爬坡度 18%，最小转弯直径 18.6m，45～60 座
EM6111B 型长途客车	四川省客车厂	四川省交通厅汽车办 1990.9	最高车速 90km/h，油耗 24L/100km，最大爬坡度 20%，最小转弯直径 24m，67 座
CD320N 型客车	成都客车厂	四川省建委 1989.7	采用 NJ131AY 型底盘，外形尺寸(长×宽×高)6975×2040×2680mm，轴距 3700mm，22＋6 座，总质量 5880kg，最高车速 82km/h，最大爬坡度 25%，接近角/离去角 21°/16°，最小离地间隙 240mm，车厢内高 1830mm，发动机型号 $NJ70L_1$ 型汽油机
$CD320N_1$ 型客车	成都客车厂	四川省建委 1989.7	采用 NJ131AY 型底盘，外形尺寸(长×宽×高)5990×2040×2620mm，轴距 3308mm，19 座，总质量 5020kg，最高车速 85km/h，最大爬坡度 30%，接近角/离去角 25°/23.5°，最小离地间隙 240mm，车厢内高 1790mm，发动机型号 $NJ70L_1$ 型汽油机
$CD320ND_1$ 型柴油客车	成都客车厂	四川省建委 1989.7	采 NJD131Y 型底盘，外形尺寸(长×宽×高)5990×2040×2620mm，轴距 3308mm，19 座，总质量 5147kg，最高车速 90km/h，最大爬坡度 30°，接近角/离去角 30°/23.5°，最小离地间隙 2400mm，车厢内高 1790mm 发动机型号 NJD433A 型柴油机

续

新产品名称及型号	主要研制生产单位	鉴定部门、时间	主要技术性能
CD320ND型柴油客车	成都客车厂	四川省建委 1989.7	采用NJD131Y型底盘，外形尺寸（长×宽×高）6975×2040×2680mm，转距3700mm，22+6座，总质量6000kg，最高车速85km/h，最大爬坡度25%，接近角/离去角21°/16°，最小离地间隙240mm，车厢内高1830mm，发动机型号NJD433A型柴油机
CDK6925型城市公共客车	成都客车厂	四川省汽车办 1990.9	采用$CA151D_4$型底盘，外形尺寸（长×宽×高）9215×2480×2960mm，轴距4700mm，21座，总质量11520kg，最高车速72km/h，最大爬坡度20%，接近角/离去角19°/9°，最小离地间隙247mm，车厢内高1925mm，发动机型号CA6102型汽油机
CDK6925J型客车	成都客车厂	四川省汽车办 1990.9	采用$CA151D_4$型底盘，外形尺寸（长×宽×高）9215×2480×3100mm，轴距4700mm，60座，总质量9800kg，最高车速79km/h，最大爬坡度20%，接近角/离去角19°/9°，最小离地间隙247mm，车厢内高1925mm，发动机型号CA6102型汽油机
CDK6965型客车	成都客车厂	四川省汽车办 1990.9	采用$CA151D_4$型底盘，外形尺寸（长×宽×高）9600×2480×2960mm，轴距4700mm，42+9座，总质量10300kg，最高车速75km/h，最大爬坡度20%，接近角/离去角14°/9°，最小离地间隙247mm，车厢内高1925mm，发动机型号CA6102型汽油机
CDL6603系列客车	中国汽车技术研究中心、四川旅行车制造厂	中国汽车工业联合会 1989.12	采用由中国汽车工业联合会组织联合设计的6600系列客车底盘，包括CDL6603、CDL6603N、CDL6603C、CDL6603NC等型号
CQQ6480型客车	四川省成都轻型汽车改装厂	成都市计经委 1990.7	外形尺寸（长×宽×高）4850×1760×1740mm，8座，驱动型式4×4
LSK6630型客车	四川省乐山客车厂	四川省交通厅 1988.1	采用$NJ136A_2$型底盘
LSK6120型客车	四川省乐山客车厂	四川省交通厅、汽车办 1990.12	采用SK6121型底盘
$DY6583L_8$型客车	航空航天工业部四川达宇特种车辆制造厂	航空航天部四川省交通厅 1988.3	外形尺寸（长×宽×高）5780×1990×2500mm，整备质量2964kg，总质量4000kg，最高车速85km/h，油耗14L/100km，最小转弯半径6.8m，16座
GHT6470型客车	贵州省航天工业总公司乌江机械厂	航空航天部 1989.10	外形尺寸（长×宽×高）4690×1690×1950mm，整备质量1700kg，12座，轴距2515mm，前/后轮距1410/1360mm，最高车速98km/h，最大爬坡度30%，油耗12L/100km，发动机型号3Y型汽油机
GK6470型客车	贵州客车制造厂	贵州省机电厅 1989.4	最小转弯半径6.9m，最大爬坡度24%，最高车速95km/h，油耗13L/100km

续

新产品名称及型号	主要研制生产单位	鉴定部门、时间	主要技术性能
GT6600型客车	贵州省立新工业总厂	贵州省建设厅　1988.6	采用LJ130A型底盘，19座
GT6930型客车	贵州省立新工业总厂	贵州省建设厅　1988.9	60座
KK6600A、KK6600K型客车	昆明市客车改装厂	云南省经委 1988.10	外形尺寸(长×宽×高)5990×2000×2530mm，整备质量2980kg，总质量4410kg，19～22座，最小离地间隙185mm，最小转弯直径13m，最大爬坡度28%，最高车速90km/h，油耗14L/100km，KK6600K型客车带空调设备
YH6560C型柴油客车	昆明旅行车制造厂	云南省经委 1988.9	外形尺寸(长×宽×高)5634×1932×2200mm，16座，总质量3632kg，最小转弯直径12m，最高车速75km/h
YH6600型客车	昆明旅行车制造厂	中国汽车工业联合会 1989.12	外形尺寸(长×宽×高)5995×2000×2530mm，轴距3200mm，前/后轮距1650/1485mm，17座，总质量4100kg，接近角/离去角20°/12°，最小离地间隙185mm，最小转弯半径6.5m，最大爬坡度30%，最高车速100km/h，油耗14L/100km，发动机型号492/100Q型汽油机
YH6700型柴油客车	昆明旅行车制造厂	东风汽车工业企业联营公司 1990.9	外形尺寸(长×宽×高)6995×2100×2695mm，轴距3650mm，前/后轮距1650/1586mm，19座，总质量6000kg，接近角/离去角25°/8.5°，最小离地间隙190mm，最小转弯半径7m，最大爬坡度25%，最高车速98km/h，油耗11.5L/100km，发动机型号4BT3.9型柴油机
XAK6620型客车	西安市客车厂	西安市冶金机械局、交通局 1989.8	外形尺寸(长×宽×高)6200×2000×2620mm，整备质量3100kg，总质量4400kg，19/2＋1座，接近角/离去角21°/16°，最小转弯半径7.6m，最高车速85km/h，油耗15.5L/100km
SFJ6900型客车	陕西飞机制造公司	陕西省机械厅 1989.4	外形尺寸(长×宽×高)8915×2460×3160mm，轴距4700mm，最小离地间隙265mm，最小转弯直径18m，最高车速85km/h，最大爬坡度25%
SDJ6550、SDJ6590型客车	中国人民解放军第5702工厂	陕西省汽车办 1989.4	最高车速90km/h，油耗15L/100km，最大爬坡度30%
SDJ6120型客车	中国人民解放军第5702工厂、西安公路研究所	陕西省科委、汽车办 1989.11	最高车速90km/h，油耗25L/100km，最大爬坡度30%
LQ6700Q型客车	兰州专用汽车制造厂	甘肃省机械工业总公司 1990.12	采用LQ6700Y型客车底盘，外形尺寸(长×宽×高)6910×2000×2680mm，总质量5850kg，最高车速100km/h，油耗18L/100km，最大爬坡度35%，普通型22～27座，豪华型19～23座
QC6600型客车	青海省第一汽车修理厂	青海省财经委 1989.5	外形尺寸(长×宽×高)6200×2002×2325mm，接近角/离去角20°/11°
QH90C10型客车	青海客车厂	青海省财经委、交通厅 1988.10	采用EQ140S$_3$B型底盘，外形尺寸(长×宽×高)9120×2480×3150mm，最小转弯半径9.4m，最大爬坡度25%，最高车速85km/h，油耗28L/100km

7 轿车

新产品名称及型号	主要研制生产单位	鉴定部门、时间	主要技术性能
上海桑塔纳330K8B/LOL型轿车	上海大众汽车有限公司		发动机排量1.8L,最大功率62.7kW/5200r/min,最大扭矩138N·m/3300r/min,最高车速161km/h,油耗6.4L/100km,怠速排放CO<1.5%,HC<1000PPM,车外噪声<79dB
JJ7060型超微型轿车	国营江北机械厂	机电部 1988.9	最高车速105km/h
HN710型超微型轿车	国营江南机器厂	机电部 1988.3	外形尺寸(长×宽×高)2650×1380×1400mm,发动机后置,整备质量450kg,总质量700kg,最大爬坡度12°,最高车速65km/h,油耗5.5L/100km
QCJ7050型微型轿车	国营秦川机械厂	机电部 1988.10	外形尺寸(长×宽×高)3200×1400×1450mm,轴距2000mm,前/后轮距1215/1180mm,整备质量650kg,总质量1000kg,最高车速90km/h,最大爬坡度20%,最小转弯直径7m,油耗4.8L/100km,采用日本大发AB20型发动机,非承载式全玻璃钢舱背式车身

8 汽车底盘

新产品名称及型号	主要研制生产单位	鉴定部门、时间	主要技术性能
EQ1116HJ型载货汽车底盘	南京东风专用汽车制造总厂、第二汽车制造厂	东风汽车工业企业联营公司1988.4	采用可翻转平头驾驶室,全景曲面玻璃,短轴距
EQ3116GJ型载货汽车底盘	南京东风专用汽车制造总厂、第二汽车制造厂	东风汽车工业企业联营公司1988.4	采用可翻转平头驾驶室,全景曲面玻璃、短轴距
BJ2032D型越野载货汽车底盘	北京汽车摩托车联合制造公司	北京汽车工业联合总公司1988.6	整备质量920kg,轴距2750mm,驱动型式4×4,发动机型号BN492QA型汽油机
BJ2023CD型越野汽车底盘	北京汽车摩托车联合制造公司	北京汽车工业联合总公司1988.6	整备质量870kg,轴距2300mm,驱动型式4×4,发动机型号BN492QA型汽油机
CA3160K2BT1型柴油自卸汽车底盘	第一汽车制造厂	解放汽车工业企业联营公司1990.10	整备质量5210kg,总质量15500kg,装载质量8000kg,轴距3865+1270mm,驱动型式6×4,最高车速73km/h,油耗23L/100km,发动机型号CA6110型柴油机
CA4160K2CT1型柴油半挂牵引汽车底盘	第一汽车制造厂	解放汽车工业企业联营公司 1990.10	整备质量5210kg,牵引车总质量14405kg,半挂列车装载质量20000kg,驱动型式6×4,轴距3365+1270mm,最高车速65km/h,油耗49L/100km,发动机型号CA6110ZAZ型柴油机

续

新产品名称及型号	主要研制生产单位	鉴定部门、时间	主要技术性能
CA4101C型半挂牵引汽车底盘	第一汽车制造厂	解放汽车工业企业联营公司 1988.1	整备质量3670kg,牵引车总质量10000kg,半挂列车装载质量10000kg,轴距3500mm,最高车速70km/h,油耗40L/100km,发动机型号CA6102型汽油机
EQ1100HJ、EQ1100HJ型消防车专用底盘	公安部上海消防科学研究所、上海消防器材总厂、南京专用汽车制造总厂、第二汽车制造厂	公安部、中国汽车工业联合会 1988.1	
HY20QD型起重机底盘	汉阳特种汽车制造厂	中国汽车工业联合会 1988.12	外形尺寸(长×宽×高)9250×2500×2400mm,最高车速60km/h,最大爬坡度25%,发动机型号X6130型柴油机
HY25QD型起重机底盘	汉阳特种汽车制造厂	中国汽车工业联合会 1988.12	外形尺寸(长×宽×高)9302×2500×2400mm,最高车速72km/h,最大爬坡度23%,发动机型号X6130型柴油机
HY32QD型起重机底盘	汉阳特种汽车制造厂	中国汽车工业联合会 1988.12	外形尺寸(长×宽×高)9995×2500×2400mm,最高车速65km/h,最大爬坡度30%,发动机型号F9L413F型柴油机
SX250DF型专用汽车底盘	陕西汽车制造总厂	中国汽车工业联合会、总后勤部 1989.7	最高车速75km/h,最大爬坡度60%,油耗32L/100km,驱动型式6×6,总质量12037kg
TS6600、TS6600C型客车底盘	唐山汽车制造厂	中国汽车工业联合会 1989.12	外形尺寸(长×宽)5800×1940mm,轴距3200mm,最小离地间隙185mm,底盘总质量1500kg(TS6600型)、1600kg(TS6600C型),油箱容量80L,最高车速100km/h(TS6600型)、95km/h(TS6600C型),最小转弯半径6.5m,最大爬坡度35%,油耗14L/100km(TS6600型)、12L/100km(TS6600C型),发动机型号492型汽油机(TS6600C型),4102Q型柴油机(TS6600C型)
LH6980EH型后置式客车底盘	辽宁省凌河汽车燃油泵厂	辽宁省 1989.12	
CA6800D2型客车底盘	第一汽车制造厂	解放汽车工业企业联营公司 1988.4	整备质量3000kg,总质量9800kg,轴距4000mm,最高车速90km/h,油耗26.5L/100km,发动机型号CA6102型汽油机
CA6890D8型客车底盘	第一汽车制造厂	解放汽车工业企业联营公司 1988.4	整备质量3240kg,总质量10500kg,轴距4700mm,最高车速90km/H,油耗27.5L/100,发动机型号CA6102型汽油机
CA6980D14型后置式柴油客车底盘	第一汽车制造厂、沈阳飞机制造公司汽车厂	辽宁省 1990.4	整备质量3450kg,总质量11500kg,轴距4700mm,最高车速90km/h,油耗22L/100km,发动机型号CA6110型柴油机,发动机后置
CA6980D16型后置式柴油客车底盘	第一汽车制造厂、沈阳飞机制造公司汽车厂	辽宁省 1990.4	整备质量3500kg,总质量12100kg,轴距4700kg,最高车速90km/h,油耗23L/100km,发动机型号CA6110型柴油机,发动机后置

续

新产品名称及型号	主要研制生产单位	鉴定部门、时间	主要技术性能
SD6581型客车底盘	上海第二汽车底盘厂	上海汽车拖拉机工业联营公司 1989.12	外形尺寸(长×宽)5800×1820mm,轴距3080mm,前/后轮距1575/1420mm,整备质量1350kg,总质量3840kg,最高车速90km/h,最大爬坡度30%,最小转弯直径13m,油耗15L/100km,发动机型号492QA$_2$型汽油机
SD6600、SD6600N型客车底盘	上海第二汽车底盘厂	中国汽车工业联合会 1989.12	外形尺寸(长×宽×高)5800×1885×1200mm,轴距3200mm,前/后轮距1665/1485mm,整备质量1450kg,总质量4100kg,最高车速95km/h,最大爬坡度35%,最小转弯直径13m,油耗14L/100km,发动机型号492/100Q型汽油机
SD6600C、SD6600CN型柴油客车底盘	上海第二汽车底盘厂	中国汽车工业联合会 1989.12	外形尺寸(长×宽×高)5800×1885×1200mm,轴距3200mm,前/后轮距1665/1485mm,整备质量1550kg,总质量4200kg,最高车速95km/h,最大爬坡度35%,最小转弯直径13m,油耗10L/100km,发动机型号4102Q1型柴油机
NJ6530系列客车底盘	南京汽车制造厂	南京汽车工业联营公司 1990.9	外形尺寸(长×宽×高)4699×1092×986mm,轴距2600mm,前/后轮距1592/1485mm,整备质量1400kg,总质量4500kg,发动机型号NJG427A型汽油机或NJD433A型柴油机或BN492QG1型汽油机
NJ6650系列客车底盘	南京汽车制造厂	南京汽车工业联营公司 1990.9	外形尺寸(长×宽×高)5784×1902×981mm,轴距3308mm,前/后轮距1592/1485mm,整备质量1550kg,总质量4500kg,发动机型号NJG427A型汽油机或NJD433A型柴油机或BN492QG1型汽油机
NJ6651系列客车底盘	南京汽车制造厂	南京汽车工业联营公司 1990.9	外形尺寸(长×宽×高)5772×1939×1070(1006)mm,轴距3308mm,前/后轮距1584/1485mm,整备质量1950kg,总质量6000kg,发动机型号NJG427A型汽油机或NJD433A型柴油机或YZ4102Q型柴油机
YQC6450、YQC6450Y型客车底盘	中国汽车技术研究中心、仪征汽车制造厂	中国汽车工业联合会 1989.12	最小转弯半径12～13m,最大爬坡度33～35%,最高车速100～110km/h,油耗13L/100km
HZ140TR$_2$型后置式客车底盘	第二汽车制造厂杭州分厂	中国汽车工业联合会、航空航天部 1988.4	整备质量8450kg,总质量11460kg,最大爬坡度25%,最高车速90km/h,油耗22L/100km
NPS6600B型客车底盘	宁波汽车拖拉机工业公司	浙江省机械厅、宁波市经委、宁波市机械局 1990.11	轴距3200mm,前/后轮距1625/1470mm,最高车速90km/h,最小转弯直径12m,总质量4200kg
NPS6550B$_1$型客车底盘	宁波汽车拖拉机工业公司	浙江省机械厅、宁波市经委、市机械局 1990.12	轴距2800mm,前/后轮距1625/1470mm,最高车速90km/h,总质量3800kg,发动机型号BN492/100Q型汽油机
NJ6701BL$_2$RY$_2$型、NJ6701DBY$_2$型客车底盘	浙江客车厂	浙江省交通厅 1990.12	

续

新产品名称及型号	主要研制生产单位	鉴定部门、时间	主要技术性能
HFF6120DD3 型柴油客车底盘	合肥淝河汽车制造厂	上海航空工业公司、安徽省汽车工业公司 1989.3	总长 12000mm，轴距 6000mm，前悬/后悬 2400/3410mm，总质量 6500kg，整备质量 11358kg，最高车速 105km/h，最小转弯直径 22.5m，油耗 23L/100km，发动机型号 WD615.61 型柴油机，离合器型号 JL420IA 型，变速器型号 S6－90 型，转向器型号 ZF8043 型
HFC6700 型客车底盘	合肥江淮汽车制造厂	中国汽车工业联合会 1989.12	最小转弯直径 15m，最大爬坡度 30%，最高车速 90km/h
HFC6700C 型柴油客车底盘	合肥江淮汽车制造厂	中国汽车工业联合会 1989.12	最小转弯直径 15m，最大爬坡度 35%，最高车速 95km/h，发动机型号 YZ4105Q8 型汽油机
JN6111 型柴油客车底盘	济南汽车制造总厂	中国汽车工业总公司 1990	
ZQ6560D 型客车底盘	东风汽车工业企业联营公司郑州轻型汽车制造厂	河南省计经委 1988.6	外形尺寸(长×高)5380×1850mm，轴距 2800mm，整备质量 1287kg，总质量 4000kg，发动机型号 492QA$_2$ 型汽油机，最高车速 95km/h，最大爬坡度 30%，最小转弯直径 12m，油耗 15L/100km
ZQ6600D 型客车底盘	中国汽车技术研究中心、东风汽车工业企业联营公司郑州轻型汽车制造厂	中国汽车工业联合会 1989.12	外形尺寸(长×高)5800×1905mm，轴距 3200mm，整备质量 1450kg，总质量 4300kg，发动机型号 492Q 型汽油机，最高车速 100km/h，最大爬坡度 35%，最小转弯直径 13m，油耗 14L/100km
EQ1060KR（EQR6）型柴油客车底盘	第二汽车制造厂、东风汽车工业企业联营公司郑州轻型汽车制造厂	中国汽车工业总公司 1990.7	外形尺寸(长×高)6840×2060mm，轴距 3650mm，整备质量 1935kg，总质量 6000kg，发动机型号康明斯 4BT3.9 型柴油机，最高车速 98km/h，最大爬坡度 25%，最小转弯直径 15m，油耗 11.5L/100km
ZQ6600CD 型柴油客车底盘	东风汽车工业企业联营公司郑州轻型汽车制造厂	河南省计经委 1990.11	外形尺寸(长×高)5800×1905mm，整备质量 1550kg，总质量 4500kg，发动机型号 YZ4102Q1 型柴油机，最高车速 90km/h，最大爬坡度 30%，最小转弯直径 13m，油耗 11L/100km
EQ1080KS$_4$D 型客车底盘	第二汽车制造厂	东风汽车工业企业联营公司 1989	外形尺寸(长×宽)7800×2345mm，轴距 4700mm，整备质量 2933kg，最小转弯半径 9m，最大爬坡度 26%，最高车速 95km/h
EQ1110KR$_6$D 型客车底盘	第二汽车制造厂	东风汽车工业企业联营公司 1989	最大爬坡度 20%，最高车速 95km/h
EQS$_{12}$型客车底盘	第二汽车制造厂	东风汽车工业企业联营公司 1989	轴距 5000mm，最大爬坡度 24%，最小转弯半径 9.3m，最高车速 85km/h
EQ1060KR 型客车底盘	第二汽车制造厂	东风汽车工业企业联营公司 1990	外形尺寸(长×宽)6840×2045mm，轴距 3650mm，最小转弯半径 7m，最大爬坡度 26%，最高车速 95km/h

续

新产品名称及型号	主要研制生产单位	鉴定部门、时间	主要技术性能
EQ1110KR 型后置式客车底盘	第二汽车制造厂	东风汽车工业企业联营公司 1990	轴距 4400～5200mm，最大爬坡度 20%，最高车速 85km/h
HQC6450 系列客车底盘	湖南省汽车制造厂	中国汽车工业联合会 1989.12	最高车速 112km/h，最小转弯直径 12m，最大爬坡度 30%，油耗 12L/100km，发动机型号 $492QA_2$ 型，包括 HQC6450(4×2)型客车底盘及 YQC6450Y(4×4)型客车底盘
CS6540 型客车底盘	长沙汽车制造厂	湖南省机械厅 1988.12	外形尺寸(长×宽×高)5280×1880×1500mm，轴距 2800mm，前/后轮距 1480/1470mm，最高车速 93km/h，油耗 13.5L/100km，最小转弯直径 14m，发动机型号 492Q1A 型汽油机
CS6600 型客车底盘	长沙汽车制造厂	中国汽车工业联合会 1989.12	外形尺寸(长×宽×高)5800×1905×1050mm，轴距 3200mm，前/后轮距 1655/1485mm，最高车速 100km/h，油耗 14L/100km，最小转弯直径 13m，发动机型号 492Q 型汽油机
CS6600C 型柴油客车底盘	长沙汽车制造厂	中国汽车工业联合会 1989.12	外形尺寸(长×宽×高)5800×1905×1050mm，轴距 3200mm，前/后轮距 1655/1485mm，最高车速 90km/h，最小转弯直径 13m，最大爬坡度 35%，发动机型号 4102Q 型柴油机
EQS6 型客车底盘	第二汽车制造厂 湖南汽车车桥厂	第二汽车制造厂科委 1989.9	最高车速 90km/h，油耗 18L/100km，最大爬坡度 25%，最小转弯半径 7m
EQS6/33 型客车底盘	第二汽车制造厂 湖南汽车车桥厂	第二汽车制造厂科委 1989.9	最高车速 90km/h，油耗 17L/100km，最大爬坡度 25%，最小转弯半径 6.4m
LZ6920T01JZ 型客车底盘	东风汽车工业企业联营公司柳州汽车厂	广西壮族自治区机械厅 1988.5	底盘总质量 3350kg，轴距 4700mm，前/后轮距 1950/1800mm，最小转弯半径 9m，最大爬坡度 25%，油耗 28L/100km，最高车速 85km/h，最大续驶里程 500km
LZ6920TTZ 型柴油客车底盘	东风汽车工业企业联营公司柳州汽车厂	广西壮族自治区机械厅 1988.5	底盘总质量 3550kg，轴距 4700mm，前/后轮距 1950/1800mm。最小转弯半径 9m，最大爬坡度 30%，油耗 20L/100km，最高车速 80km/h，最大续驶里程 700km
CDL6600 型客车底盘	四川旅行车制造厂	中国汽车工业联合会 1989.12	轴距 3200mm，前/后轮距 1655/1485mm，发动机型号 BN492/100Q 型汽油机
GHT6470 型客车底盘	贵州省航天工业总公司乌江机械厂	航空航天部 1989.9	轴距 2515mm，前/后轮距 1410/1360mm，发动机型号 3Y 型汽油机，最高车速 98km/h，最大爬坡度 30%，油耗 12L/100km
SX6121 型后置式柴油客车底盘	陕西汽车制造总厂	中国汽车工业联合会 1988.11	最高车速 98km/h，最大爬坡度 30%，油耗 25L/100km，驱动型式 4×2，总质量 15400kg，发动机后置

9 挂车

新产品名称及型号	主要研制生产单位	鉴定部门、时间	主要技术性能
SS9360 型半挂车	上海水工机械厂	上海市电力局 1988.5	外形尺寸(长×宽×高)12195×2500×1424mm,整备质量 5700kg,装载质量 30000kg,最高车速 80km/h
SS9380 型半挂车	上海水工机械厂	上海市电力局 1988.5	外形尺寸(长×宽×高)12289×2496×1424mm,整备质量 7800kg,装载质量 30000kg,最高车速 70km/h
SS9400 型半挂车	上海水工机械厂	上海市电力局 1988.5	外形尺寸(长×宽×高)12000×2500×1600mm,整备质量 10400kg,装载质量 30000kg,最高车速 30km/h
SS9510 型半挂车	上海水工机械厂	上海市电力局 1988.5	外形尺寸(长×宽×高)7500×3200×1240mm,整备质量 10900kg,装载质量 40000kg,最高车速 40km/h
SS9511 型半挂车	上海水工机械厂	水电部 1988.5	外形尺寸(长×宽×高)7500×3200×1250mm,整备质量 10500kg,装载质量 40000kg,最高车速 40km/h
NJT9133 型半挂车	南京特种汽车制配厂	江苏省机械厅 1988.9	装载质量 10000kg
JHQG07、JHQG07A 型全挂车	金华汽车修造厂	浙江省交通厅 1988.9	外形尺寸(长×宽×高)5942×2394×2210(2125)mm,轴距 2600mm 装载质量 5000kg,总质量 7230kg
JT9200 系列厢货两用半挂车	湖北汽车挂车厂	交通部 1990.1	采用工字钢纵梁和置通式横梁组合车架结构及双管路制动系统
SZG9130XLD 型厢式零担半挂车	随州市挂车总厂	湖北省机械厅 1990.8	装载质量 9000kg,总质量 13200kg,外形尺寸(长×宽×高)7286×2486×3300mm,货厢内部尺寸(长×宽×高)7100×2300×1960mm,轴距 5350mm,轮距 1800mm,具有防雨、防尘、防晒、防风、防火等性能,货厢后部设一对开门,右侧设一单开门,可同 EQ140 型、CA141 型等牵引车配套
8t 货运全挂车、厢式零担运输车、厢式零担半挂车	随州市挂车总厂	湖北省机械厅 1990	

10 摩托车

新产品名称及型号	主要研制生产单位	鉴定部门、时间	主要技术性能
HK50Q-2A 型轻便摩托车	沈阳黎明发动机制造公司摩托车厂	辽宁省机械委 1990.12	外形尺寸(长×宽×高)1560×600×980mm,轴距1050mm,整备质量 48kg,最高车速 45km/h,经济车速30km/h,油耗 1.6L/100km,最大噪声≤75dB
CJ50F 型轻便摩托车	国营嘉陵机器厂	中国兵器总公司西南地区部 1990.3	外形尺寸(长×宽×高)1660×700×1010mm,整备质量50kg,装载质量 82kg,最高车速 45km/n,油耗 1.4/100km,最大爬坡度 10°
JS50Q—4 型轻便摩托车	国营建设机床厂	重庆市经委,北方工业(集团)总公司西南地区部 1989.11	采用二档变速、链传动、手动多片湿式离合器
WY50QC 型轻便摩托车	国营渭阳柴油机厂	陕西省兵工局 1990.3	
WY50QC 型轻便摩托车	国营渭阳柴油机厂	陕西省兵工局 1990.6	
K80.540—01A 型摩托车	天津迅达摩托车公司	天津市经委 1989	
K80.540—011 型摩托车	天津迅达摩托车公司	天津市一轻局 1989.12	整备质量 95kg,最高车速 85km/h,经济车速 30~50km/h,油耗 1.7L/100km,最大噪声≤80dB,最大爬坡度 22°
K80GA 型摩托车	天津迅达摩托车公司	天津市经委 1990.8	整备质量 95kg,最高车速 85km/h,经济车速 30~50km/h,油耗 1.7L/100km,最大噪声≤80dB,最大爬坡度 22°
雅西 80—A 型摩托车	无锡雅西摩托车厂	江苏省轻工厅 1988.7	最高车速 80km/h,最大爬坡度 18°,油耗 2.1L/100km,起动时间 14s,制动距离 7m(车速 30km/h 时)
LY80—2A 型摩托车	国营河南柴油机厂	省部级联合鉴定 1988.12	装用 1E47F—M 型发动机,最高车速 75km/h, 油耗 2.1L/100km,最大爬坡度 18°,制动距离 7m(车速 30km/h),滑行距离 200m(车速 40km/h)
K100.540-011A 摩托车	天津迅达摩托车公司	天津市经委 1990.8	整备质量 92kg,最高车速 90km/h,经济车速 30~50km/h,油耗 2L/100km,最大噪声≤80dB,最大爬坡度 22°
雅西 100—A 型摩托车	无锡雅西摩托车厂	江苏省轻工厅 1988.7	最高车速 85km/h,最大爬坡度 18°,油耗 2.1L/100km,起动时间 14s,制动距离 7m(车速 30km/h)
雅西 100—B 型摩托车	无锡雅西摩托车厂	江苏省轻工厅 1990.12	最大爬坡度 20°,最高车速 85km/h,油耗 2.1L/100km,起动时间 14s,制动距离 7m(车速 30km/h)

续

新产品名称及型号	主要研制生产单位	鉴定部门、时间	主要技术性能
K125.5:0-311型摩托车	天津迅达摩托车公司	天津市经委 1990.8	整备质量106kg，最高车速95km/h，经济车速35～55km/h，油耗2.3L/100km，最大噪声≤84dB，最大爬坡度22°
雅西125型摩托车	无锡雅西摩托车厂	江苏省轻工厅1988.7	最高车速90km/h，最大爬坡度20°，油耗2.3L/100km，起动时间14s，制动距离7m(车速30km/h)
YH125型摩托车	国营玉河机器厂	中国汽车工业总公司 1990.9	外形尺寸(长×宽×高)1960×670×1060mm，整备质量103kg，最高车速90km/h，油耗2.5L/100km，最大爬坡度20°，起动时间≤12s，制动距离≤7m，(车速30km/h)最大噪声≤84dB，怠速污染物CO≤3.5%，HC≤8000ppm
HY125型摩托车	南昌飞机制造公司	航空航天部 1989.12	外形尺寸(长×宽×高)1960×730×1050mm，轴距1240mm，整备质量97kg，最高车速105km/h，最大爬坡度22°，油耗2L/100km，怠速污染物CO≤3.5%，HC≤8000ppm，最大噪声≤84dB，装用日本YAMAHA公司原装IKL型汽油机
YZJ125型摩托车	湖北摩托车厂	湖北省机械厅 1988.11	
NF125型摩托车	航空航天工业部南方动力机械公司	中国汽车工业总公司、航空航天部 1990.4	发动机排量123mL，最高车速105km/h，油耗2L/100km，最大爬坡度25°，最大噪声≤84dB，制动距离6m(车速30km/h)
NF125-2型摩托车	航空航天工业部南方动力机械公司	中国汽车工业总公司、航空航天部 1990.4	最高车速95km/h，油耗2.3L/100km，最大爬坡度22°，最大噪声≤84dB，制动距离6m(车速30km/h)，采用CDI电子点火装置，整车呈新潮流线型结构
NF125型警用摩托车	航空航天工业部南方动力机械公司	中国汽车工业总公司、航空航天部 1990.4	最高车速95km/h，最大爬坡度22°，最大噪声≤84dB，制动距离6m(车速30km/h)，装有警灯及其它专用装置
JH125型摩托车	国营嘉陵机器厂	中国汽车工业总公司摩托车行业办公室1989.4	外形尺寸(长×宽×高)2000×750×1070mm，整备质量105kg，装载质量180kg，油耗1.66L/100km，最大爬坡度20°，最高车速100km/h

续

新产品名称及型号	主要研制生产单位	鉴定部门、时间	主要技术性能
JH145型摩托车	国营嘉陵机器厂	中国汽车工业总公司 1990.12	外形尺寸(长×宽×高)2000×700×1080mm,整备质量125kg,装载质量180kg,油耗2.5L/100km,最大爬坡度20°,最高车速105km/h
XS250E型摩托车	邮电部南昌鸿雁摩托车厂	邮电部 1989.9	最高车速93.1km/h,油耗2.5L/100km,起动时间≤1.23s,怠速污染物CO<2.6%,HC<7700ppm
金鹰250C型摩托车	应城摩托车厂	湖北省机械厅 1988.10	
QM90B型边三轮摩托车	海南琼港轻骑摩托车开发有限公司	海南省工业厅 1990.11	装载质量边车120kg,主车75kg,最高车速50km/h,最大爬坡度6°,油耗2.6L/100km,最大噪声≤84dB
WJ020A型正三轮摩托车	国营望江机器制造厂	重庆市经委 1988.1	
WJ020ZK型正三轮摩托车	国营望江机器制造厂	重庆市经委 1988.2	
LY750SK型四轮摩托车	贵州航空工业总公司伟宏机械厂	贵州省经委 1990.10	整备质量820kg,乘员6～8人,乘员2人时,装载质量400kg,最高车速75km/h,最大爬坡度10°,油耗7.5L/100km,方向把式转向

11 发动机

新产品名称及型号	主要研制生产单位	鉴定部门、时间	主要技术性能
376Q型汽油机	广西壮族自治区柳州机械厂	广西壮族自治区科委 1990.8	缸数—缸径×行程3～76×73mm,四冲程直列水冷式,顶置凸轮,总排量0.993L,额定功率38kW/5600r/min,最大扭矩75.5Nk·hm/3000～3400r/min
376QB型汽油机	广西壮族自治区柳州机械厂	广西壮族自治区科委 1990.8	缸数—缸径×行程3～76×73mm,四冲程直列水冷式斜置,顶置凸轮,总排量0.993L,额定功率34.6kw/5500r/min,最大扭矩72N·m/3200r/min
LS685Q型汽油机	中国人民解放军第3402工厂	陕西省机械厅、汽车办 1989.10	六缸,四冲程,水冷,直列式,顶置气门,缸数—缸径×行程6—85.7×114.3mm,总排量3.956L,额定功率100kW/3600～3800r/min,最大扭矩284N·m/2200～2400/min,比油耗305g/kW·h,净质量300kg,外形尺寸(长×宽×高)975×727×828mm

续

新产品名称及型号	主要研制生产单位	鉴定部门、时间	主要技术性能
486Q 型汽油机	沈阳新光动力机械公司	航空航天部 1988.1	额定功率 60kW/4600r/min,最大扭矩 157N·m,比油耗 290g/kW·h，总排量 2L，净质量 141kg，外形尺寸(长×宽×高)750×552×625mm
491Q 型汽油机	沈阳新光动力机械公司	航空航天部 1990.11	额定功率 68kW/4600r/min,最大扭矩 175N·m/3000r/min,比油耗 290g/kW·h,总排量 2.23L,净重量 148kg,外形尺寸(长×宽×高)750×552×625mm
SY492Q-4 型汽油机	沈阳汽车发动机厂	中国汽车工业公司 1990.11	缸数—缸径×行程 4—92×92mm,总排量 2.445L,额定率 73.5kW/4300～4500r/min,最大扭矩 181.3N·m/3000r/min,比油耗 285.69/kw·h
CA492QA 型汽油机	长春汽车研究所、第一汽车制造厂、长春轻型发动机厂	解放汽车工业企业联营公司 1990.8	外形尺寸(长×宽×高)855×610×736mm,最大扭矩 186N·m/2400～2600r/min,比油耗 292g/kW·h
492QA₄ 型汽油机	成都空气压缩机厂	成都汽车拖拉机工业公司 1990.10	额定功率 66.2kW/3600～3800r/min，最大扭矩 182.3N·m/2200～2800r/min,比油耗 283g/kW·h
4100QA 型汽油机	江西发动机总厂	江西省机械厅 1990.4	额定功率 77.2kW/3300r/min，最大扭矩 245N·m/2000～400r/min,比油耗 306g/kW·h
QF6102G 型高原型汽油机	青海汽车发动机厂	青海省财经委、解放汽车工业企业联营公司 1988.3	具有 7.0、7.4、7.6 三种压缩比
JZ211C 型转子发动机	金华汽车修造厂	交通部 1990.6	水冷，双缸，压缩比 8.5，总排量 2×1.094L，额定功率 131.76kW/4000r/min，最大扭矩 313.6N·m/3000r/min，外形尺寸(长×宽×高)920×880×690mm
390Q 型柴油机	成都内燃机总厂	四川省机械厅 1990	额定功率 27.94kW
490QB 型柴油机	成都内燃机总厂	四川省机械厅 1989	额定功率 44.12kW
490QN 型柴油机	成都内燃机总厂	成都市经委 1990	额定功率 28kW
WD615.61、WD615.67 型柴油机	潍坊柴油机厂	通过奥地利斯泰尔公司验收 1990.12	额定功率分别为 190kW/2600r/min 和 206kW/2400r/min

续

新产品名称及型号	主要研制生产单位	鉴定部门、时间	主要技术性能
EQ6100系列柴油机	第二汽车制造厂	中国汽车工业联合会 1989	有自然吸气、增压、增压中冷三种机型
YZ4105Q型柴油机	扬州柴油机厂	中国汽车工业总公司、江苏省机械厅 1990.10	外形尺寸(长×宽×高)811×600×731mm,缸数一缸径×行程 4—105×118,额定功率 70.5kW/3000r/min,最大扭距 26.5N·m/2300r/min,比油耗 231g/kW·h,净质量 320kg
YZ4105B型柴油机	扬州柴油机厂	中国汽车工业总公司、江苏省机械厅 1990.10	外形尺寸(长×宽×高)811×600×708mm,缸数一缸径×行程 4—105×105,额定功率 69kW/3300r/min,最大扭矩 265N·m/2300r/min,比油耗 238g/kW·h
YC6105QC型柴油机	玉林柴油机总厂	广西壮族自治区机械委、科委 1990.12	额定功率 105.1kW, 最大扭距 402N·m, 比油耗 22.44g/kW·h,外形尺寸(长×宽×高)1234×701×1000mm
D6110Q型柴油机	第二汽车制造厂 南昌柴油机厂	中国汽车工业联合会(委托二汽科委) 1989.6	直列、水冷、四冲程、直喷式,缸数一缸径×冲程 6—110×130mm,排量 7.41L,压缩比 16:1,额定功率 118kW/2600r/min,最大扭矩 490N·m/1400～1500r/min,比油耗 22.4g/kW·h,净质量 650kg
YC6110Q型柴油机	玉林柴油机总厂	机电部 1990.1	额定功率 117.6kW, 最大扭矩 431N·m, 比油耗 224.4g/kW·h,净质量 500kg,外形尺寸(长×宽×高) 1230×700×1000mm
X6130Z型柴油机	杭州汽车发动机厂	中国汽车工业联合会 1988.3	缸数一缸径×行程 6—130×150mm,额定功率 191kW/2000r/min,最大扭矩 980N·m,比油耗 217.6g/kW·h
1E55FM型汽油机	国营玉河机器厂	中国汽车工业总公司 1990.9	缸数一缸径×行程 1—55×51.8mm,总排量 123mL,压缩比 7:3:1,额定功率 8.8kW/8000r/min,最大扭矩 10.5N·m/7500r/min,比油耗 476g/kW·h,净质量 22kg,外形尺寸(长×宽×高)435×355×365mm
雅西 1E52FMYX 型汽油机	无锡雅西摩托车厂	江苏省轻工厅 1990.1	缸数一缸径×行程 1—52×45.6mm,排量 96.8mL,额定功率 6.2kW/7400r/min,最大扭矩 7.5N·m/7000r/min,比油耗 476g/kW·h

续

新产品名称及型号	主要研制生产单位	鉴定部门、时间	主要技术性能
1E56IFM型汽油机	南昌飞机制造公司	江西省国防科工办 1989.9	为洪都125型摩托车配套,缸数—缸径×冲程1—56×50mm,总排量123mL,压缩比6.8:1,额定功率8.82kW/8000r/min,最大扭矩10.78N·m/7500r/min,比油耗460g/kW·h,外形尺寸(长×宽×高)455×385×370mm,净质量25kg
NY1E56FM型汽油机	航空航天工业部南方动力机械公司	中国汽车工业总公司、航空航天部 1990.4	单缸二冲程,斜置式,风冷,缸数—缸径×行程1—56×50mm,总排量123mL,压缩比6.8:1,额定功率8.3kW/6800r/min,最大功率10.4kW/8000r/min,最大扭矩12.7N·m/7200r/min,比油耗428g/kW·h,采用CDI点子点火装置
LZP78FM型汽油机	航空航天工业部南方动力机械公司	中国汽车工业总公司、航空航天部 1990.4	双缸,四冲程,水平对置,水冷,顶置气门,缸数—缸径×行程2—78×68mm,总排量650mL,压缩比7:1,额定功率25kW/5600r/min,最大扭矩44N·m/4500r/min,比油耗333g/kW.h

12 零部件

新产品名称及型号	主要研制生产单位	鉴定部门、时间	主要技术性能
伏尔加TM24-10型汽车发动机气缸盖	湖北汽车缸盖厂	湖北省机械厅 1988.12	
3M3402.10型汽车发动机气缸盖	湖北汽车缸盖厂	湖北省机械厅 1989.5	
6102型汽车发动机气缸体气缸盖、曲轴、凸轮轴	青海汽车发动机厂	青海省财经委 1988	
系列汽车发动机气缸套	如东缸套厂	江苏省机械厅 1990.7	
各型进口汽车发动机气缸套	焦作市汽车配件制造厂	河南省计经委 1988.7	为星牌200型、依发W50型、菲亚特126P型、三菱扶桑T653、8DC40A型、克拉斯2565型、卡玛斯5320型、伏尔加24型等进口车型配套
CA141型、6102型汽车发动机气缸套	焦作市汽车配件制造厂	河南省机电厅 1990.10	

续

新产品名称及型号	主要研制生产单位	鉴定部门、时间	主要技术性能
6105QA 型、6102Q 型、6115 型、6102 型汽车发动机曲轴	青海汽车桥厂	青海省财经委 1988.12	
G180 型汽车发动机连杆总成	鄂州市汽车配件厂	湖北省机械厅 1990	
CK6160 型汽车发动机活塞、活塞环	武汉汽车配件厂	湖北省机械厅 1990	
变节距油环螺旋撑簧	仪征弹力弹簧厂	江苏省机械厅 1990.7	有∅95、∅100、∅102、∅105 等品种
波罗乃兹轿车发动机活塞、轴瓦	武汉汽车配件厂	湖北省机械厅 1988.6	
CN6140 型汽车发动机曲轴瓦、连杆瓦	武汉汽车配件厂	湖北省机械厅 1990	
6105 型、6110 型汽车发动机气门挺杆	鄂州市气门挺杆厂	湖北省机械厅 1990	
WJ110 型汽车摇臂及轴	东北油泵油嘴厂	黑龙江省机械委 1988.7	
TV01-3 型上海桑塔纳轿车发动机主轴承螺栓	武汉汽车标准件厂	上海大众汽车有限公司 1989.4	
T01-187 型、T14-411 型上海桑塔纳轿车发动机连杆螺栓	武汉汽车标准件厂	上海大众汽车有限公司 1989.7	
T42-12 型广州标致轿车带波垫组合螺栓	武汉汽车标准件厂	广州标致汽车公司 1989.7	
T14-363 型上海桑塔纳轿车发动机缸盖螺栓	武汉汽车标准件厂	上海大众汽车有限公司 1989.10	
康明斯发动机紧固件、美制 5 级高强度螺栓	武汉汽车标准件厂	湖北省机械厅 1988.9	
BJH104 型化油器	北京汽车摩托车联合制造公司	北京吉普汽车有限公司 1990.2	为单腔下吸式，设双重喉管、自动阻风门、快息速机构和节气门定位器，主要为 BJ/XJ213 型越野汽车配套

续

新产品名称及型号	主要研制生产单位	鉴定部门、时间	主要技术性能
BJB602型汽油泵	北京汽车摩托车联合制造公司	北京吉普汽车有限公司 1990.12	最大封闭压力 34.47～44.82KPa， 最大输出压力16.93KPa,最大流量 98.24L/h,主要为BJ/XJ213型越野汽车配套
491Q型汽车发动机汽油泵	沈阳汽车汽油泵厂	金杯汽车股份有限公司 1990.11	凸轮额定转速 2300r/min,吸油压力 39.9kPa,出油压力20～30.6kPa,输油量 90L/h,可为491Q型、486Q型、2Y型、3Y型、4Y型发动机配套
BH6A95ZZR型喷油泵总成	衡阳汽车配件厂	湖南省交通厅 1988.3	6缸,缸心距32mm,柱塞直径9.5mm,出油阀直径6mm,出油阀减压容积 43mm³,凸轮升程 8mm,许用泵端压力60MPa,油泵最高转速1800r/min,为6110Q型柴油机配套
BH10A90YS型喷油泵总成	衡阳汽车配件厂	湖南省交通厅 1989.10	10缸,缸心距32mm,柱塞直径9mm,出油阀直径6mm,出油阀减压容积 48mm³,凸轮升程 8mm,许用泵端压力58MPa,油泵最高转速 1600r/min,为T－929型柴油机配套
BH6P115YS型喷油泵总成	衡阳汽车配件厂	湖南省交通厅 1989.10	6缸,缸心距35mm,柱塞直径 11.5mm,出油阀直径7mm,出油阀减压容积 91mm³,凸轮升程 10mm,许用泵端压力85MPa,油泵最高转速1500r/min,为X6130型柴油机配套
NH系列发动机PT泵及喷油器总成	重庆油泵油嘴厂	重庆市经委 1989.12	
475Q型汽车发动机油泵	北京市汽车油泵厂	北京市汽车工业联合公司 1988.12	500r/min时,压力78.4kPa;700r/min时,压力294kPa;450r/min,400kPa时,容积效率0.89,总效率0.37;250r/min时,起动至出油时间＜3.5s
CY80型摩托车润滑油泵	重庆油泵油嘴厂	重庆市经委 1988.12	
492Q型汽车发动机机油泵齿轮	龙岩粉末冶金厂	福建省机械厅 1990.12	
汽车用塑料油箱	扬州塑料三厂	中国汽车工业总公司 1990.6	采用超高分子量聚乙烯为主要原料,可为桑塔纳轿车、标致轿车配套
TDZB-2型油箱	郧阳地区汽车容器厂	湖北省机械厅 1988.1	
CA141型汽车水泵	西峡汽车水泵厂	河南省机电厅 1988	
WD615型汽车水泵	西峡汽车水泵厂	河南省机电厅 1989	

续

新产品名称及型号	主要研制生产单位	鉴定部门、时间	主要技术性能
6200型汽车水泵	西峡汽车水泵厂	中国汽车工业总公司 1990	
SY134型汽车空气滤清器总成	沈阳汽车滤清器厂	沈阳市科委、金杯汽车股份有限公司 1989.10	
492Q-C型汽车发动机机油滤清器	沈阳汽车配件厂	金杯汽车股份有限公司 1990.12	
SY132型、SY622B型汽车管带式散热器	沈阳汽车水箱厂	沈阳市计经委 1988.6	
SY134型汽车管带式散热器	沈阳汽车水箱厂	沈阳市计经委 1990.10	
五十铃NKR系列汽车散热器	成都水箱厂	四川省机械厅 1989.5	散热量 $QV_1=220000kJ/h$，密封压力132.39kPa，散热面积8.66m²，达到日本同类产品水平
斯泰尔汽车机油滤清器，柴油滤清器、空气滤清器	国营第一一六厂	重型汽车工业企业联营公司 1990.10	
微型汽车及康明斯发动机用机油滤清器、空气滤清器、柴油滤清器	国营第一一六厂	航空航天部 1988.10	
BGL180、BGL180A型风扇硅油离合器	北京市汽车机油泵厂	北京汽车工业联合公司 1989.9	引进美国技术生产
GL101型风扇硅油离合器	中国人民解放军第9778工厂	总后车船部 1989.12	
JH－Ⅰ型、JH－Ⅱ型净化消声器	沈阳汽车消音器厂	沈阳市计经委 1990.6	插入损失22dB(A)，功率损失比5%，净化率CO>90%，HC>80%
GJ－Ⅰ型消声器	仪征古井汽车配件厂	江苏省机械厅 1990.12	

续

新产品名称及型号	主要研制生产单位	鉴定部门、时间	主要技术性能
6102型、492Q—1A型汽车发动机飞轮总成	湖北汽车齿圈厂	湖北省机械厅 1990	
W50型汽车飞轮齿圈	湖北汽车齿圈厂	湖北省机械厅 1988.7	
492Q-1601015型汽车发动机飞轮壳	镇江有色金属铸造厂	江苏省机械厅 1990.8	
等应力系列钢板旋压皮带轮	临海市内燃机配件厂	浙江省科委 1989.12	
NJ131型、NJ136型汽车离合器分离主缸分泵	诸暨市汽车制动器厂	浙江省机械厅 1989.12	
4T17B型变速器总成	唐山齿轮厂	河北省计经委 1988.12	手动机械式，具有4个前进档，均有同步器，外形尺寸(长×宽×高)567×204×761mm，净质量29.5kg，输入扭矩171.7N·m，中心距78mm，各档速比为：Ⅰ，3.835；Ⅱ，2.327；Ⅲ，1.397；Ⅳ，1.000；R，4.251，为BJ121系列汽车配套
TJ1010(TJ110)型汽车变速器总成	唐山齿轮厂	河北省计经委 1989.8	外形尺寸(长×宽×高)421×353×379mm，净质量14.12kg，输入扭矩61.8N·m，中心距55mm，各档速比为：Ⅰ，3.966；Ⅱ，2.296；Ⅲ，1.508；Ⅳ，1.000；R，4.363
ST20C型变速器总成	唐山齿轮厂	河北省计经委 1990.12	采用日本五十铃MSB—5M型变速器生产技术生产，具有5个前进档，均有同步器，外形尺寸(长×宽×高)679×355×259mm，净质量56kg，输入扭矩201N·m，中心距88mm，各档速比为：Ⅰ，5.594；Ⅱ，2.814；Ⅲ，1.660；Ⅳ，1.000；Ⅴ，0.794；R，5.334，为装载质量1250～1750kg的轻型汽车配套
桑塔纳轿车变速器总成	上海汽车齿轮厂	上海汽车工业总公司、上海大众汽车有限公司 1989..12	

续

新产品名称及型号	主要研制生产单位	鉴定部门、时间	主要技术性能
LM143E型汽车变速器总成	株洲汽车齿轮厂	湖南省汽车工程学会 1988.12	
ZQ4-12型变速器总成	株洲汽车齿轮厂	湖南省汽车工程学会 1988.12	
ZFS5-80型变速器总成	綦江齿轮厂	重庆市经委 1990.12	
RT—11509C型变速器总成	陕西汽车齿轮厂	国家科委 1990.10	采用美国伊顿公司产品制造技术生产，最大输出功率265kW，最大输入扭矩1490N·m，最大输出扭矩16936N·m，最大输入转速2400r/min，具有9个前进档2个倒档
6J90T型、6J90TA型变速器总成	陕西汽车齿轮厂	陕西省科委 1990.12	全部前进档采用锁环式惯性同步器换档（也可改为啮合套式），换档拔叉机构为单独的四轨式拔叉架，可实现远距离操纵
SY622C1703010—01A型汽车变速器操纵机构总成	沈阳汽车操纵器厂	沈阳市计经委 1989	可换5个档位，换档手柄力矩<3.92N·m，总成轴向运动总行程>20mm，径向摆动力矩<0.196N·m，为SY620、SY630系列客车及变型车配套
EQ140型汽车同步器	泰兴汽车配件厂	江苏省机械厅 1989.9	换档力65.739N，同步扭矩4.9～7.84N·m，同步时间0.45～0.55s，轴转差250～600r/min，换档次数≥10万次
EQ140型汽车全功率取力器总成，CA141型汽车取力器总成	湖北汽车齿轮厂	湖北省机械厅 1990	
N50—073型取力器总成	株洲汽车齿轮厂	重型汽车工业企业联营公司 1990.11	
VG1200型分动器总成	株洲汽车齿轮厂	重型汽车工业企业联营公司 1988.9	
BJ121A、BJ212、BJ222型汽车传动轴总成	许昌汽车传动轴总厂	河南省计经委 1988.8	
斯泰尔91系列汽车传动轴总成	许昌汽车传动轴总厂	重型汽车工业企业联营公司 1989.3	

续

新产品名称及型号	主要研制生产单位	鉴定部门、时间	主要技术性能
SG5130GJY 型、SG5090GJY 型汽车轻质万向节总成	随州汽车改装总厂	湖北省机械厅 1988.12	
EQ140 型汽车差速器、减速器总成及差速器壳	邓州市汽车配件厂	河南省计经委、机电厅 1990.10	
SY1041 型汽车前轴、后桥总成	沈阳汽车桥厂	金杯汽车股份有限公司 1989.12	采用日本五十铃 N 系列汽车前、后桥结构
BJ130 型汽车前轴	荆州轻型车桥厂	湖北省机械厅 1988.7	额定负载量 1357kg，轮距 1470mm，车轮外倾角 1°，主销内倾角 7°31′
五十铃 NKR552 型汽车前轴	重庆汽车配件厂	重庆市经委 1988.6	
SY623 型汽车后桥总成	沈阳弹簧厂	金杯汽车股份有限公司 1989.5	采用半浮式半轴、整体式桥壳，并在制动器内增加了手刹车装置
SYQ2030 型汽车前后桥总成	松辽汽车车桥厂	辽宁省机械厅、汽车办 1989.10	
BJ130 型汽车后桥总成	荆州轻型车桥厂	湖北省机械厅 1988.7	额定负载量 2718kg，轮距 1470mm
SY3015 型汽车前、后桥总成	四川都江机械厂	四川省机械厅 1988	
FY3015 型汽车前、后桥总成	四川都江机械厂	四川省机械厅 1990	
五十铃 NKR、NHR 系列汽车后桥总成	红光机械厂	西南轻型汽车联合公司 1990.12	NKR 型轴荷 3000kg，主减速比 5.571；NHR 型轴荷 2500kg，主减速比 4.875
集装箱半挂车车桥总成	宿县汽车配件厂	交通部广州港口机械集团公司 1989	用于 12.2m(40 呎)、30t 集装箱半挂车
CA141 型汽车半轴套管	南京汽车电器厂丹阳联营厂	解放汽车工业企业联营公司 1990.12	

续

新产品名称及型号	主要研制生产单位	鉴定部门、时间	主要技术性能
TXD40、TXD50、尼桑、三菱、BF汽车螺旋伞齿轮	綦江齿轮厂	重庆市经委 1989.1	
五十铃汽车螺旋伞齿轮	綦江齿轮厂	重庆市经委 1990.12	
LN392型汽车滑阀半整体式动力转向器	沈阳汽车转向器厂	辽宁省机械委 1988.9	转向盘回转圈数＞4.5圈，摇臂轴转角＞78°，最大工作压力12.5MPa，最大工作流量102L/min，最大转向力矩10.4N·m，转向器内泄漏＜10％
SY110型汽车齿轮齿条式转向器	沈阳汽车转向器厂	沈阳市科委 1989.11	线角传动比0.0987mm/度，传动效率＞75％，疲劳寿命＞2×10^{5}次，总成起动力矩0.3～1.3N·m
XB50型轻型汽车循环球变速转向器	沈阳汽车转向器厂	沈阳市计经委 1989.12	角传动比20.5～23.5，传动效率＞725％，疲劳寿命4×10^{5}次，总成起动力矩0.5～0.1N·m
WJ110型汽车转向器	东北油泵油嘴厂	黑龙江省机械委 1989.7	角传动比16.36，传动效率＞72％，总成起动力矩0.25～0.55N·m
BJ130型汽车转向器	南通方向机厂	江苏省机械厅 1990.1	
五十铃N系列汽车转向器	四川绵阳方向机厂	总后车船部 1989.7	
聚氨脂整皮膜塑低发泡汽车方向盘	宁波汽车方向盘厂	宁波市科委 1990.12	
汽车用方向盘护套	湖北汽车工程塑料厂	湖北省机械厅 1990	
CA141、NJ131、JT663型汽车转向节主销、钢板弹簧销	常州汽车运输公司修理厂	江苏省交通厅 1990.7	
DUZY293型空气压缩机	河北省廊坊市制动空压机厂	河北省计经委 1988.1	气缸直径90mm，活塞行程46mm，行程容积293cm^3，额定转速3000r/min，额定排气压力0.8MPa，工作排气压力0.8MPa，额定排气量400L/min，额定轴功率5.0kW，为道依茨FL412/413系列风次冷发动机配套

续

新产品名称及型号	主要研制生产单位	鉴定部门、时间	主要技术性能
DUZ168 型空气压缩机	河北省廊坊市制动空压机厂	河北省计经委 1988.1	气缸直径 75mm，活塞行程 38mm，行程容积 168cm³，额定转速 2000r/min，额定排气压力 0.8MPa，工作排气压力 0.8MPa，额定排气量 210L/min，额定轴功率 3.4kW，为道依茨 FL912/913 系列风冷发动机配套
STR293 型空气压缩机	河北省廊坊市制动空压机厂	河北省计经委 1990.10	气缸直径 90mm，活塞行程 46mm，行程容积 293cm³，额定转速 3250r/min，额远排气压力 0.8MPa，工作排气压力 0.8MPa，额定排气量 457L/min，额定轴功率 5.3kW，为斯泰尔重型汽车发动机配套
WD615 型斯泰尔汽车空气压缩机	成都空气压缩机厂	重型汽车工业企业联营公司 1989.1	排气压力 0.8MPa，流量 450L/min
ZQ6450 型汽车制动器	沈阳汽车制动器厂	沈阳市计经委 1990.11	
BJ136 型汽车制动器	萧山汽车制动器厂	浙江省机械厅 1988.11	
EQ6600 型、WJ110 型、BJ122 型汽车制动器	萧山汽车制动器厂	浙江省机械厅 1990.11	
WJ110 型汽车制动器	河南省汽车制动器厂	河南省计经委 1989.8	
五十铃 NKR552 型汽车后制动器	重庆汽车配件厂	重庆市经委 1989.12	
WJ110－3501A 型、WJ110－3502A 型汽车液压制动器	华兴航空机轮公司	航空航天部 1990.12	
CA141 型 EQ140 型汽车双腔气制动阀	沈阳汽车配件厂	金杯汽车股份有限公司 1988.5	
CA141 型汽车双腔串联活塞式制动阀	黄海汽车配件厂	江苏省机械厅 1989	
CA141 型汽车双腔串联制动阀	诸暨市汽车制动器厂	浙江省科委 1988.3	

续

新产品名称及型号	主要研制生产单位	鉴定部门、时间	主要技术性能
中、轻型汽车真空助力器带双管路制动总泵	诸暨市汽车制动器厂	浙江省科委 1990.12	
623型汽车双腔串联制动总泵	余姚制动器厂	宁波市二轻局 1990.12	
3514J-010型直踏式双腔制动阀	义乌汽车制动配件厂	浙江省机械厅 1990.12	
CA141型汽车制动阀	湖北刹车装置厂	湖北省机械厂 1988	
CZ160型汽车储能弹簧气制动室	黄海汽车配件厂	江苏省机械厅 1989	
CA141型汽车气制动室	萧山汽车制动器厂	浙江省机械厅 1990.11	
3519CF1－010型弹簧制动室	重庆汽车配件厂	重型汽车工业企业联营公司 1989.1	
SY133型、SY623型汽车双回路制动主缸	沈阳汽车制动泵厂	沈阳市计经委 1988.5	
SY134型汽车双回路制动主缸	沈阳汽车制动泵厂	沈阳市计经委 1990.10	
CA130型汽车制动轮缸	萧山汽车制动器厂	浙江省机械厅 1990.11	
WJ110-3505A型汽车双管路液压制动主缸	华兴航空机轮公司	航空航天部 1990.12	
CA151型汽车继动阀、快放阀	诸暨市汽车制动器厂	浙江省科委 1990.12	
3522CF1－010型挂车控制阀	重庆汽车配件厂	重型汽车工业企业联营公司 1989.1	

续

新产品名称及型号	主要研制生产单位	鉴定部门、时间	主要技术性能
35120F1-010型调压阀	重庆汽车配件厂	重型汽车工业企业联营公司 1988.12	
3514CF1-010 型双腔串联脚制动阀	重庆汽车配件厂	重型汽车工业企业联营公司 1989.1	
35150F1-010型四回路保护阀	重庆汽车配件厂	重庆汽车工业企业联营公司 1990.12	
3517CF2－010C 型手制动阀	重庆汽车配件厂	重型汽车工业企业联营公司 1990.12	
3531CF4-010 型感载线	重庆汽车配件厂	重型汽车工业企业联营公司 1990.12	
SY1041型汽车系列制动软管	沈阳交通软管厂	沈阳市计经委 1990.9	
汽车液压制动器活塞	启东汽车配件厂	江苏省机械厅 1990.6	
解放、东风系列汽车制动间隙自动调整臂	十堰市汽车制动蹄厂	湖北省科委 1989.9	
SY1041型汽车手制动器	沈阳汽车制动器厂	沈阳市计经委 1990.7	
SY1041型汽车驻车制动软线总成、阻风门操纵器总成、脚油门拉线总成、里程表软轴	沈阳汽车软轴厂	沈阳市计经委 1990.12	
TE30型汽车变截面钢板弹簧	沈阳弹簧厂	沈阳市计经委 1988.12	静载弧高 57.15±6.4mm，刚度平均 700N/mm，载荷 1348N，疲劳寿命 10×10^4 次
SY134 型汽车变截面钢板弹簧	沈阳弹簧厂	金杯汽车股份有限公司 1989.12	
TJ622 型汽车渐变刚度后钢板弹簧	第一汽车制造厂 辽阳汽车弹簧厂	辽宁省机械委 1990.8	作用长度 1350mm，主簧刚度 35N/mm，复合刚度 78N/mm，静载弧高 74mm

续

新产品名称及型号	主要研制生产单位	鉴定部门、时间	主要技术性能
SL650 型汽车钢板弹簧	第一汽车制造厂 辽阳汽车弹簧厂	辽宁省机械委 1990.8	前簧作用长度 1300mm，刚度 162.5N/mm，静载弧高 36mm，后簧作用长度 1450mm，刚度 241.5N/mm，静载弧高−1mm
UNA-115 型汽车钢板弹簧	大足县汽车配件厂	美国 UCF 公司 1990.9	
斯泰尔汽车硅油减震器	东台内燃机配件厂	江苏省机械厅 1989.10	
XH021 型摩托车减震器	绍兴避震器厂	浙江省交通厅 1989.6	
JL110 型汽车滑柱式减震器	淅川汽车配件厂	河南省机电厅 1988.5	
S30 系列进口汽车减震器	广东省地方国营丰顺汽车减震器厂	广东省机械厅 1988.5	
4JX12 型、5.50−12 型钢圈	镇江钢圈厂	江苏省机械厅 1990	
WJ110−3101A 型汽车钢圈	华兴航空机轮公司	航空航天部 1990.12	
T01-190 型广州标致 505 型轿车轮胎螺栓	武汉汽车标准件厂	广州标致汽车公司 1989.7	
JF1522A 型交流发电机	南京汽车电机厂	江苏省机械厅 1988.4	
JFZ2518 型交流发电机	长沙汽车电器厂	湖南省机械厅 1989.12	为斯泰尔汽车配套
JFZ2814 型交流发电机	长沙汽车电器厂	湖南省机械厅 1989.12	为康明斯发动机配套
QD2635 型、QD2634 型起动机	湖北汽车电机厂	湖北省机械厅 1990	
4C 系列、4E 系列镍铜电极火花塞	南京火花塞研究所、南京电瓷总厂火花塞分厂	中国汽车工业联合会 1988.7	与普通镍锰合金电极火花塞，热值范围拓宽 20%左右，导热性好，抗油污、抗积炭能力强，点火可靠
4114C 型镍铜电极火花塞	南京火花塞研究所、南京电瓷总厂火花塞分厂	南京市机械局 1989.12	与普通镍锰合金电极火花塞相比，热值范围拓宽 20%左右，用镍量降低 60%左右，导热性好，抗油污，抗积炭能力强，点火可靠

续

新产品名称及型号	主要研制生产单位	鉴定部门、时间	主要技术性能
4114、T4195J 型火花塞	宜兴火花塞厂	江苏省机械厅 1990.5	
氮化硅陶瓷电热塞	南京火花塞研究所、南京化工研究院	机电部(委托江苏省机械厅)1988.12	发热速度快,10s 内达 850℃,冷起动性能好,发热寿命长
霍尔效应无触点汽车高能点火器	航空航天工业部十七所、泰县航天仪器厂	江苏省轻工厅 1988.11	采用霍尔效应原理,工作温度-40℃~85℃,工作电压 6~16V,点火次数 2000~12000 次/min,火花长度 10±0.5mm
JDQ171 型点火线圈	长沙汽车电器厂	湖南省机械厅 1989.12	
JFT158 型内装式电压调节器	韶光电工厂	湖南省电子局 1989.11	
SG205 型摩托车整流调节器	韶光电工厂	湖南省电子局 1989.11	充电电压 $7.8^{+0.2}_{-0.3}$V
JK305 型组合开关	沈阳汽车刮水器厂	金杯汽车股份有限公司 1990.9	具有点火、灯光控制、转向、紧急信号、刮水器、洗涤器,变光等 7 个分开关及转向灯自动复位、喇叭触头,防盗方向机自锁等控制机构
DK 系列电磁式电源总开关	杭州汽车电器厂	民政部 1990.10	
DD683 型汽车矩型前照灯、组合后灯	沈阳汽车灯厂	沈阳市计经委 1988.12	
SY134 型汽车组合后灯	沈阳汽车灯厂	沈阳市计经委 1989.10	
SY132 型汽车组合后灯	沈阳汽车灯厂	沈阳计经委 1990.12	
SY134 型汽车前照灯、前转后灯	沈阳市汽车灯厂	沈阳市计经委 1990.12	
SD100×165 型 BMC 塑料反射镜汽车前照灯	江苏省丹阳市灯具厂	江苏省机械厅 1990.5	
H_3 型汽车灯泡	国营宇光电工厂	贵州省科委 1988.4	电压 12V,功率 55W,光通量 1550±15%

续

新产品名称及型号	主要研制生产单位	鉴定部门、时间	主要技术性能
S-6D型仪表板总成	四平仪表厂	中国汽车工业联合会、中国汽车零部件工业联营公司 1988.3	为CA141型汽车配套
BZ103型仪表板总成	绍兴仪表总厂	浙江省机械厅 1988.1	
BZ106型仪表板总成	绍兴仪表总厂	浙江省机械厅 1990.11	
8-5型仪表	芜湖仪表厂	中国汽车零部件工业联营公司 1989.7	
WY2303系列仪表	芜湖仪表厂	安徽省机械厅 1990.10	吸收德国VDO公司技术设计，为五十铃系列轻型车配套，采用透过式表牌和导光技术
ZDM-1型摩托车电子转速表	韶光电工厂	湖南省电子局 1990.9	
BJ212、SY132、LN140、SY622B型汽车里程表软轴软管	沈阳汽车软轴厂	沈阳市计经委 1989.10	
QDJ－ⅡA型气压报警器	中国科学院力学研究所、北京丰盛汽车警报器厂	机械委、机械科学研究院 1988.2	报警气压值0.4MPa（或根据用户要求调定），报警误差＜0.02MPa，温度范围－40℃～55℃，最大负何5W，适用电压12V或24V
FSG15、FSG25、WSG15、WSG25复合报警器系列	北京丰盛汽车警报器厂	机械委、机械科学研究院 1988.7	工作电压DC12V或DC24V，起动时间＜1S，闪光频率60～100c/min，通电率40～70%，内部压降≤0.5V（40W时），最大负荷120W
JYJ型机油压力报警器	北京丰盛汽车警报器厂	机电部、机械科学研究院 1989.9	报警范围0.03～0.15MPa，报警误差≤0.01MPa适用电压12V或24V，温度范围－40℃～120℃，负荷5W
GQ-1型多功能声光报警器	高邮县武定汽车附件厂	江苏省科委 1990.9	超报压力0.38±0.01MPa，仃报压力0.45 $^{+0.2}_{-0.05}$ MPa，报警电流≤200mA，音量≥60dB(A)
PD760B型中央接线盒	鹤壁汽车电器厂	河南省计经委 1988.11	
BX514型保险丝盒	鹤壁汽车电器厂	河南省计经委 1988.11	
HG760A型轿车车身	华东工学院	江苏省机械厅 1989.7	

续

新产品名称及型号	主要研制生产单位	鉴定部门、时间	主要技术性能
SY134系列汽车货厢	沈阳汽车制造厂、沈阳汽车驾驶室厂	沈阳市计经委 1988.12	
斯泰尔汽车驾驶室减震器	淅川汽车配件厂	河南省机电厅 1990.12	
CA141型汽车挡泥板、油箱托架，脚踏板及托架	信阳市汽车配件厂	解放汽车工业企业联营公司 1988.9	
SH760B型轿车前后塑料保险杠	无锡塑料一厂	中国汽车工业总公司 1990.6	
SC11系列微型汽车用塑料保险杠及专用料	泰兴灯具厂	江苏省机械厅 1990	
NJ131型汽车前围护面用塑料面罩、灯圈	泰兴灯具厂	江苏省机械厅 1990	
QG425型刮水器	井冈山仪表厂	贵州航天管理局 1988.9	刮刷频率高速时51～72次/min，低速时33～55次/min，刮刷角度左104°，右82°，为GHT1030型汽车配套
ZDZ537型刮水器电机	湖北汽车电机厂	湖北省机械厅 1990	
ZK系列汽车空调压缩机	萧山汽车空调压缩机厂	浙江省科委 1989.12	达到日本同类样机水平
10FS系列汽车空调压缩机	湘峰机械厂	中国汽车工业总公司 1990.12	有10FS120型、10FS140型、10FS170型等型号，缸径30.6mm，活塞行程16.4～23mm，额定转速6000r/min，最高转速7000r/min
CKD25型客车空调动力机组	国营汉丹电器厂	航空航天部 1989	制冷量24000kcal/h
SSN25E－623型汽车暖风装置	沈阳汽车暖风机厂	沈阳市计经委 1988.5	放热量10465kJ/h，电动机额定功率/电压30W/12V，整机噪声60dB(A)
SN17W-162型冷车暖风装置	沈阳汽车暖风机厂	沈阳市计经委 1989.6	放热量16956kJ/h，电动机额定功率/电压60W/24V，整机噪声65.5dB(A)
SNBW-STEYR型汽车暖风装置	沈阳汽车暖风机厂	沈阳市计经委 1989.10	放热量1339kJ/H，电动机额定功率/电压60W/24V，整机噪声68dB(A)
SN10Z-LZ111型汽车暖风装置	沈阳汽车暖风机厂	沈阳市计经委 1989.12	放热量10465kJ/h，电动机额定功率/电压30W/12V，整机噪声60dB(A)

续

新产品名称及型号	主要研制生产单位	鉴定部门、时间	主要技术性能
ZHF291型蒸发风机	长沙汽车电器厂	湖南省机械厅 990.12	
SY622C-C型客车座椅	沈阳汽车座椅厂	沈阳市计经委 1988.1	
SY623型客车座椅	沈阳汽车座椅厂	沈阳市计经委 1989.1	
天津大发汽车制动片	杭城摩擦材料有限公司	中国汽车零部件工业联营公司 1988.4	
磷膏—硅失石摩擦材料	湖北石棉制品厂	湖北省建材总公司 1989.12	达到GB5763—86和GBn257—87及日本JLSD4411标准要求,高温摩擦性能稳定
SH73型上海桑塔纳轿车半金属基短纤维复合摩擦材料	上海711所、黄石市摩擦材料工业公司	机电部 1988.8	
上海桑塔纳轿车各型密封条	航空航天工业部红阳机械厂	上海大众汽车有限公司 1989～1990	达到大众公司PL—VW52015、TL—VW642、VL—2.8.1标准要求
广州标致505型轿车各型密封条	航空航天工业部红阳机械厂	广州标致汽车公司1990	达到标致公司3206201、FC09标准要求
汽车用高抗冲击夹层安全挡风玻璃	常州市工业技术玻璃厂	江苏省轻工厅 1989.8	
汽车用区域钢化玻璃	海安钢化玻璃厂	南京市经委 1989.9	
汽车用B类夹层玻璃	蚌埠汽车玻璃厂	安徽省科委 1989.6	
3.5mm.薄型平、弯钢化玻璃	桂林钢化玻璃厂	广西壮族自治区科委 1988.12	
汽车用前挡风区域钢化玻璃	桂林钢化玻璃厂	广西壮族自治区科委 1989.3	
ZH4.5B型多功能增力扳手	四川省泸州交通机械厂	四川省交通厅 1989.4	

注： 本资料根据各有关省、市、自治区、部门及有关企业上报资料整理。

天津汽车制造厂生产的双排座轻型载货汽车

内蒙古第一机械厂生产的 1926K 型自卸汽车

汽 车 标 准 化

一 1988～1990年汽车行业标准化工作简况

1988～1990年汽车行业的标准化工作，以贯彻执行“中华人民共和国标准化法”及其“标准化法实施条例”为目标，以清理整顿现有汽车标准为重点，从制订汽车标准体系入手，以确定标准的性质和级别为突破口的方针开展工作。

近两年，随着国家技术监督局抓《标准化法》的贯彻实施，汽车行业转向清理整顿现行标准，使我国标准化工作纳入法制轨道，创建我国科学合理的汽车标准体系。提出依法清理整顿现行标准；依法编制构成合理、科学、配套的标准体系；制订急需的安全、能源消耗和环保标准；加强企业标准化工作和引进产品国产化标准化工作；积极采用国际标准和国外先进标准，提高汽车产品质量水平。

三年来，行业标准化工作主要有以下几方面。

1 中汽总公司为贯彻实施“标准化法”，首先转发了有关文件和宣传材料。于1989年4月在保定市召开了行业会议，组织了部分汽标委委员和行业标准化工作归口单位及标准化工作有关人员学习领会标准化法，讨论标准化法实施条例草案和行业标准化工作管理办法草案和行业标准体系表修订的设想。接着，5月份在第二汽车制造厂召开汽车标准体系制订工作会议，确定了汽车标准体系的编制原则、编写方法、内容、进度和要求，组成编制工作组及分工。到1989年12月在沈阳市召开了第二次编制标准体系工作组会议，初审体系表初稿，协调各分体系之间的矛盾。直到1990年12月在北京召开了第三次工作组会议，全面审定送审稿，并且单列出近期要抓紧制、修订的安全(强制性)标准体系表，同时，对标准体系表中所列项目按21个分标委的专业进行具体分工，列出分工表。审定后的体系表严格按标准化法的规定确定每项标准的级别(国家标准或行业标准)和性质(强制性或推荐性)，甚至还明确公开发行还是内部发行，这样使标准体系表更好地指导今后的行业标准化工作。

汽车行业为更好地实行宏观管理，在体系表中专列出技术管理体系分支，将产品开发、生产及售后服务中的技术管理标准列出，有利于行业管理走上法制的轨道。

汽车行业为更好地全面贯彻实施“标准化法”，于1990年8月在济南召开了全国汽车行业标准化工作会议暨全国汽车标准化技术委员会第二次工作会议。提出“八五”期间要加速汽车行业为实施“标准化法”尽快制定配套的行业规章，要求与会代表审议“中国汽车工业总公司标准化工作管理办法”、“中国汽车工业总公司汽车行业标准制、修订工作细则”、“全国汽车标准化技术委员会经费的筹集及管理办法”、“关于国际标准化组织国内技术归口工作的若干规定”、“汽车标准函审办法”和“汽车标准更改办法”等6项草案，以便修改后正式发布，强调了“清理整顿现行标准是实施标准化法的首要任务”，标准化法中所规定的强制性标准与推荐性标准并存的体制是与当前建立社会主义有计划商品经济为主要任务的经济体制改革同步的，是对标准体制进行的一项重大改革。这样既有利于促进技术进步、提高产品质量、维护国家和消费者利益，又有利于企业根据市场需求，灵活地改进技术和调整产品，大力发展商品经济。只有分清标准的强制性与推荐性，才能有效的贯彻实施标准化法；还指出要加强企业标准化工作，而引进产品国产化的标准化工作是目前阶段企业标准化工作的重点。并提出行业要对各生产企业进行标准化水平考核，重点考核各生产环节中标准的健全状况；要加强标准的实施监督，这是标准化法赋予行政管理部门的职责；还强调指出：要抓紧制、修订汽车行业急需的安全标准、能耗标准和环保标准。这些标准是汽车行业中最重要的标准，也是汽车行业宏观管理的主要内容，它将直接用于汽车产品的设计、认证、汽车运行工况的检查及汽车进口贸易中，对我国汽车工业的水平有决定性的影响。

2 标准化工作是国家一项重要的综合性基础工作，更是行业管理工作的重要内容之一。汽车标准化工作涉及面广，工作量大，在部门之间、地区之间、企业之间以及汽车行业与其他行业之间需要统一、协调的事很多，因此国家技术监督局委托中汽总公司负责筹建全国汽车标准化技术委员会。经长期的酝酿和筹备，全国汽车标准化委员会在1988年4月18日于北京召开了成立大会及第一次全体会议。

全国汽车标准化技术委员会是在国家技术监督局授权下，由中国汽车工业总公司领导，负责汽车及摩托车全国性标准化工作的技术工作组织，设主任委员1人，副主任委员3人，委员37人，秘书长1人，付秘书长2人，下设秘书处是全国汽车标准化技术委员会的常设办事机构，在正、副主任委员和所在单位的领导下开展工作。秘书处设在中国汽车技术研究中心。

全国汽车标准化技术委员会第一次全体会议审议通过了"全国汽车标准化技术委员会工作细则"、"全国汽车标准化技术委员会秘书处工作细则"、"全国汽车标准化技术委员会专业分技术委员会工作细则"和"全国汽车标准化技术委员会委员工作条例"。

在1988年7月22日召开的全国汽车标准化技术委员会正、副主任委员及正副秘书长联席会议上，商定了21个专业分技术委员会的设置方案，并委托挂靠单位尽快筹建。经挂靠单位的努力筹建，已于1989年年底前21个专业分技术委员会已全部建成，简况见表1。

表1 CSBS/TC114 各分委会简况

代号	名称	成立日期及地点	秘书处所在单位
SC1	摩托车分技术委员会	1989年5月15日于宁波	上海摩托车研究所
SC2	车轮分技术委员会	1989年5月12日于蚌埠	第二汽车制造厂车轮厂
SC3	基础标准分技术委员会	1989年2月26日于天津	汽车标准化研究所
SC4	法规对策分技术委员会	1989年3月26日于济南	汽车标准化研究所
SC5	可靠性分技术委员会	1989年3月15日于长春	长春汽车研究所
SC6	非金属制品分技术委员会	1988年11月14日于重庆	长春汽车材料研究所
SC7	专用汽车分技术委员会	1989年5月17日于武汉	汉阳专用汽车研究所
SC8	仪表分技术委员会	1989年5月30日于芜湖	芜湖汽车仪表研究所
SC9	安全玻璃分技术委员会	1989年7月13日于杭州	中国建材研究院玻璃所
SC10	车辆动力学分技术委员会	1989年9月17日于天津	长春汽车研究所
SC11	制动分技术委员会	1989年9月24日于济南	长春汽车研究所
SC12	传动分技术委员会	1989年9月19日于济南	重型汽车联营公司技术中心
SC13	挂车分技术委员会	1989年12月23日于南京	江苏省交通科学研究所
SC14	矿用汽车分技术委员会	1989年12月21日于重庆	重庆汽车研究所
SC15	电器分技术委员会	1989年12月12日于温岭	长沙汽车电器研究所
SC16	发动机及其附件分技术委员会	1989年12月17日于十堰	二汽技术中心
SC17	悬架与转向分技术委员会	1989年12月19日于十堰	二汽技术中心

代号	名　　称	成立日期及地点	秘书处所在单位
SC18	车身及其附件分技术委员会	1989年12月15日于十堰	二汽技术中心
SC19	整车分技术委员会	1989年12月12日于天津	汽车标准化研究所
SC20	军用汽车分技术委员会	1989年12月16日于天津	总后勤部车船研究所
SC21	灯具与灯光分技术委员会	1989年12月21日于上海	上海汽车灯具研究所

3　开拓行业标准化工作新领域，组织制订汽车产品质量分等标准

随着国家对产品质量要求的日益提高，采取产品评优，实行优质优价政策，同时为促进企业素质的全面提高，实行企业升级考核。这就需要衡量产品水平的基准尺度，即产品质量分等标准。由于行业中对分等标准的认识不一致，这项工作较其他行业晚了一些，但中汽总公司质监部为适应行业质量管理的需要，主持制订了40项汽车零部件质量分等规定。直至1989年8月，为把分等规定纳入法制轨道，转入正式标准，中汽总公司在廊坊召开了“汽车产品质量分等标准编号会议”。统一思想认识，明确标准编制原则，确定了54个分等标准制定进度，在两年内已基本完成这批标准的制定。今后，将根据企业的需要及时组织制、修订，并根据中国汽车工业总公司标准化管理办法将这类标准列入行业内部标准。

全国汽车零部件厂家数以千计，所生产的产品也不相同，几十个产品质量分等标准是远远不能满足各企业的要求的，为适应企业的需要，行业标准化工作归口单位——中国汽车技术研究中心开展了企业产品标准水平认可工作。对尚无质量分等标准可循的产品，企业需创优和上等级时，企业可以制订企业标准，向归口单位申请进行水平认可，归口单位严格按国家政策审查并帮助企业修改标准，经认可的企业标准同样可作评优和企业升级的依据。三年来，经过认证的企业已有86家共128个企业标准。

4　三年来，与国际标准化组织道路车辆标准化技术委员会ISO/TC22、旅居挂车标准化技术委员会ISO/TC177和电动车辆标准化技术委员会IEC/TC69及其各分技术委员会保持着密切联系，三年共收到他们的文件628份。

三年来，我国派出9个代表团参加国际标准化活动，并在我国举办了一次汽车标准化国际会议。

5　三年来，行业中出版发行了65个新标准，发布的标准单行本及“1987年汽车标准汇编”、“1988～1989年汽车标准汇编”、“汽车名词术语标准汇编”、“1987年国际标准汇编”、“1988年国际标准汇编”、“1989年国际标准汇编”等标准资料。

6　三年来，我国汽车标准化网活动较活跃，组织专题研讨，企业标准化工作经验交流，标准化学术年会，标准宣贯、标准化基础知识培训、为网员提供标准资料、为网员单位咨询服务、每年提供12期汽车标准化工作通讯等，深受广大企业的欢迎，至今已发展到592个网员单位。

中国汽车技术研究中心　　朱锡全

二　安全(强制性)标准

随着我国经济体制改革的不断深入，对标准化工作提出了许多新情况和新问题，需要通过标准化法来调整有关方面的关系，将单一的强制性标准改为强制性标准与推荐性标准并存的体制；将国家标准、部(专业)标准、企业标准三级改为国家标准、行业标准、

地方标准、企业标准四级；将企业标准的审批权下放给企业；肯定了标准化技术委员会在制、修订标准中的作用；把采用国际标准放在突出位置；要推行国际上通用的产品认证制度，以便使标准化工作适应我国社会主义商品经济发展和国际贸易的需要。

在《标准化法》中规定：国家标准、行业标准分为强制性标准和推荐性标准。保障人体健康、人身、财产安全的标准和法律、行政法规规定强制执行的标准是强制性标准，其他标准是推荐性标准。这样的强制标准与国外的法规、指令是相当的，推荐性标准与国外工业先进国家的国家标准是相当的。强制性标准必须执行，不符合强制性标准的产品，禁止生产、销售和进口。因此，强制性标准必然成为标准化工作的核心，宏观管理的基础，企业重点保证的目标。汽车行业经过多次研讨认为，为确保法的权威性和严肃性，在目前的生产实际情况下，不宜将国外的法规、指令等全盘照搬过来，而是采取少而精、重点选择，条件成熟的先制定，创造条件，逐渐完善。在"八五"期间首先抓 39 项强制性标准的制、修订工作。

中国汽车技术研究中心　　朱锡全

三　1988～1990 年发布的新标准

GB3730.3—88　汽车和半挂车的术语和定义　车辆类型
GB9417—88　汽车产品型号编制规则
GB9328—88　公路车辆用低压电缆
BB9656—88　汽车用安全玻璃
GB9421—88　汽车散热器技术条件
GB9420—88　起动机电路的电压降
GB9463.1—88　绿化喷雾车　分类
GB9463.2—88　绿化喷雾车　术语
GB9463.3—88　绿化喷雾车　技术条件
GB9463.4—88　绿化喷雾车　试验方法
GB9465.1—88　高空作业车　分类
GB9465.2—88　高空作业车　技术条件
GB9465.3—88　高空作业车　试验方法
GB9419—88　轻质燃油油罐汽车通用技术条件
GB9418—88　翼开启式栏板起重运输汽车技术条件
GB9743—88　轿车子午线轮胎
GB9744—88　载重汽车子午线轮胎
GB9768—88　轮胎使用与保养规程
ZBT04001—88　汽车渗碳齿轮金相检验
ZBT04002—88　60°牙型角吋制锥螺纹
ZBT04003—88　60°牙型角吋制外锥螺纹零件的结构尺寸
ZBT04004—88　金属覆盖层镍＋铬和铜＋镍＋铬电渡层
ZBT06001—88　汽车钢板弹簧喷丸处理规程
ZBT12005—88　汽车发动机由轴轴承盖和气缸盖螺栓与螺母技术条件
ZBT13006—88　汽车燃油滤清器纸质滤芯尺寸规格
ZBT21001—88　汽车机械式分动器性能要求
ZBT21002—88　汽车机械式分动器台架试验方法
ZBT26005—88　燃油空气加热器技术条件
ZBT26006—88　燃油空气加热器试验方法
ZBT31032.1—88　端封式嵌装塑料螺母
ZBT31032.2—88　通孔式嵌装塑料螺母
ZBT31032.3—88　嵌装塑料螺母技术条件
ZBT31033—88　六角头头部带十字槽螺栓
ZBT31034—88　六角中薄螺母
ZBT31035—88　开尾铆钉
ZBT31036—88　盆形圆锥垫圈
ZBT31037—88　滚花圆柱销
ZBT31038—88　密封垫圈
ZBT31039.1—88　开口型扁圆头抽芯铆钉型式和尺寸
ZBT31039.2—88　开口型沉头抽芯铆钉型

式和尺寸

ZBT31039.3—88 开口型抽芯铆钉技术条件

ZBT31039.4—88 封闭型扁圆头抽芯铆钉

ZBT31039.5—88 封闭型沉头抽芯铆钉

ZBT31039.6—88 封闭型抽芯铆钉技术条件

ZBT31040.1—88 2型六角开槽螺母 细牙 A和B级

ZBT31040.2—88 1型六角开槽螺母 细牙 A和B级

ZBT31040.3—88 六角开槽薄螺母 细牙 A和B级

ZBT31041.1—88 弹性夹片

ZBT31041.2—88 多管夹片

ZBT31041.3—88 单管夹片

ZBT31041.4—88 对称双管夹片

ZBT31041.5—88 焊接式单头夹片

ZBT31041.6—88 一端固定式双管夹片

ZBT31041.7—88 中间固定式双管夹片

ZBT31041.8—88 一端固定式单管夹片

ZBT32002—88 塞片

ZBT32003—88 碗形塞片

ZBT32004—88 钢丝型弹性环箍

ZBT32005.1—88 双钢丝式环箍

ZBT32005.2—88 环箍

ZBT32005.3—88 环箍垫圈

ZBT32005.4—88 耳板

ZBT32005.5—88 环箍螺栓

ZBT32006.1—88 钢带式环箍

ZBT32006.2—88 箍扣

ZBT32006.3—88 箍带

ZBT32006.4—88 开口销

ZBT32007.1—88 卡套式锥螺纹直通接头体

ZBT32007.2—88 卡套式锥螺纹直角三通接头体

ZBT32007.3—88 卡套式锥螺纹直角接头体

ZBT32007.4—88 卡套式锥螺纹三通接头体

ZBT32008.1—88 扩口式锥螺纹直通管接头体

ZBT32008.2—88 扩口式锥螺纹直角管接头体

ZBT32008.3—88 扩口式锥螺纹三通管接头体

ZBT32009—88 小型钢带式弹性环箍

ZBT33001.1—88 直通式滑脂嘴

ZBT33001.2—88 弯颈式滑脂嘴

ZBT34003—88 汽车用钢球式通气塞

ZBT36006—88 汽车用熔断器井技术条件

ZBT36007—88 汽车交流发电机轴伸尺寸

ZBT52006—88 厢式货车通用技术条件

ZBT59002—88 自装卸垃圾汽车通用技术条件

ZBT59003—88 自装卸垃圾汽车垃圾桶

ZBT59004—88 自卸汽车 液压缸技术条件

ZBT59005—88 自卸汽车 换向阀技术条件

GB9181—89 道路车辆分类与代码 机动车

GB1044—89 汽车同步带传动 带轮

GB11545—89 汽车V带疲劳试验方法

GB11340—89 汽车曲轴箱排放物测量方法及限值

GB11608—89 重型汽车柴油机技术条件

GB10483—89 汽车发动机气门技术条件

GB11561—89 汽车加速器控制系统技术条件

GB11560—89 汽车自动变速器操纵装置的要求

GB/T11557—89 防止汽车转向机构对驾驶员伤害的规定

GB10484—89 汽车真空制动软管总成

GB10830—89 汽车制动液使用技术条件

GB11609—89 汽车制动器衬片耐水、盐水、油和制动液性能试验方法

GB11610—89 汽车制动衬片材料抗剪强度试验方法

GB11611—89 汽车液压制动系金属内外螺纹接头及软管端部接头

GB11380—89 客车车身涂层技术条件

GB11381—89 客车顶部静载试验方法

GB11549—89 汽车安全带总成性能要求和

试验方法
GB/T11550—89　汽车座椅头枕
GB/T11551—89　汽车乘员碰撞保护
GB11552—89　汽车内部凸出物
GB11555—89　轿车风窗玻璃除霜装置性能要求
GB11556—89　轿车风窗玻璃防雾装置性能要求
GB11558—89　汽车安全带用卷收器性能要求和试验方法
GB/T11559—89　汽车室内尺寸测量用三维H点装置
GB/T11563—89　汽车H点测量程序
GB/T11564—89　汽车及挂车用回复反射器技术条件
GB/T11565—89　轿车风窗玻璃刮水器刮刷面积
GB11566—89　汽车外部凸出物
GB11567—89　汽车下部防护装置
GB11568—89　汽车罩锁装置
GB10485—89　汽车及挂车外部照明和信号装置基本环境试验
GB/T11554—89　汽车及挂车后雾灯配光性能
GB11589—89　汽车外廓尺寸界限
GB11562—89　轿车驾驶员前方视野
GB11612—89　客车空气悬架高度控制阀
GB11613—89　客车用硅酮密封胶
GB11709—89　客车产品质量定期检验规程
GB11382—89　客车前保险杠效能试验方法正面固定式障壁碰撞试验
GB11553—89　汽车正确碰撞时对燃油泄漏的规定
GB11641—89　轻型汽车排气污染物排放标准
GB11642—89　轻型汽车排放污染物排放测试方法
GB10744—89　轻便摩托车汽油机　通用技术条件
ZB/TT04005—89　汽车零部件编号规则
ZBT04006.1—89　汽车零件未注公差尺寸的极限偏差一般规定
ZBT04006.2—89　汽车切削加工零件未注公差尺寸的极限偏差
ZBT04006.3—89　汽车冷冲压加工零件未注公差尺寸的极限偏差
ZBT04006.4—89　汽车铸造零件未注公差尺寸的极限偏差
ZBT04006.5—89　汽车钢模铸造零件未注公差尺寸的极限偏差
ZBT04007—89　微型货车防雨密封性试验方法
ZBT05001—89　汽车用铝合金铸件技术条件
ZBT05002—89　汽车用锌合金、铝合金、铜合金压铸件技术条件
ZB/TT06002—89　汽车发动机镶耐磨圈活塞金相标准
ZB/TT06003—89　汽车零件热处理硬度规范
ZBT09001—89　汽车内饰材料燃烧特性技术条件
ZBT11002—89　重型汽车柴油机质量分等
ZBT12006—89　汽车发动机镶耐磨圈活塞技术条件
ZB/TT12007—89　汽车摩托车发动机球墨铸铁活塞环金相标准
ZBT14001—89　汽车水泵总成质量分等
ZBT14002—89　汽车机油泵总成质量分等
ZBT14003—89　汽车散热器质量分等
ZBT21003—89　汽车半轴台架试验方法
ZBT21004—89　汽车半轴技术条件
ZBT22001—89　汽车钢板弹簧销铁基粉末冶金衬套技术条件
ZBT22002—89　用球带尺检查汽车轮辋标定直径的检验方法
ZBT22003—89　汽车轮辋检验球带尺
ZBT23007—89　汽车动力转向控制阀总成技术条件
ZBT23008—89　汽车动力转向控制阀总成台架试验方法
ZBT24005—89　制动鼓工作直径及制动蹄片宽度尺寸系列
ZB/TT24006—89　汽车制动器衬片显气孔率试验方法
ZBT24007—89　汽车制动系结构性能及试

验方法

ZB/TT25001—89 自卸汽车取力器技术条件

ZBT25002—89 自卸汽车液缸产品质量分等

ZBT26007—89 汽车座椅强度试验方法

ZBT26008—89 汽车座椅强度要求

ZBT26009—89 客车装饰用铝塑料断面尺寸和技术要求

ZB/TT33002—89 汽车轴套技术条件

ZBT35002—89 汽车用低压电线颜色

ZBT36008—89 ZQ型硅整流元件

ZBT36009—89 汽车电器接线柱标记

ZBT36010—89 汽车用交流发电机电气特性 试验方法

ZBT36011—89 汽车直流发电机 安装尺寸

ZBT36012—89 汽车直流发电机调节器安装尺寸

ZBT36013—89 汽车用电源总开关技术条件

ZBT37001—89 电热塞产品型号编制方法

ZBT37002—89 高能点火装置产品型号编制方法

ZBT37003—89 火花塞产品型号编制方法

ZBT37004—89 火花塞瓷绝缘体 技术条件

ZBT37005.1—89 火花塞瓷绝缘体试验方法 外观与尺寸试验方法

ZBT37005.2—89 火花塞瓷绝缘体试验方法 耐压试验方法

ZBT37005.3—89 火花塞瓷绝缘体试验方法 体积密度试验方法

ZBT37005.4—89 火花塞瓷绝缘体试验方法 高温绝缘电阻试验方法

ZBT37005.5—89 火花塞瓷绝缘体试验方法 耐冷热急变性能试验方法

ZBT37005.6—89 火花塞瓷绝缘体试验方法 冲击强度试验方法

ZBT50004—89 专用汽车的术语及定义车辆类型

ZB/TT50005—89 专用汽车用途代号

ZB/TT51002—89 建筑大板运输车技术条件

ZBT43003—89 载货汽车车架宽度

GB/T12550—90 汽车发动机化油器出口凸缘尺寸

GB/T12551—90 汽车发动机机械膜片式汽油泵凸缘尺寸

GB/T12421—90 客车门窗用橡胶密封条

GB/T12422—90 客车门窗用植绒密封条

GB/T12423—90 客车门窗用塑料密封条

GB/T12424—90 车辆用植绒密封条的磨损试验方法

GB/T12425—90 车辆用密封条的人工气候暴露试验方法

GB/T12426—90 车辆用密封条的污染性试验方法

GB/T12427—90 载货汽车驾驶员操作位置尺寸

GB/T12534—90 汽车道路试验方法通则

GB/T12535—90 汽车起动性能试验方法

GB/T12536—90 汽车滑行试验方法

GB/T12537—90 汽车牵引性能试验方法

GB/T12538—90 汽车重心高度测定方法

GB/T12539—90 汽车爬陡坡试验方法

GB/T12540—90 汽车最小转弯直径测定方法

GB/T12541—90 汽车地形通过性试验方法

GB/T12542—90 汽车发动机冷却能力试验方法

GB/T12543—90 汽车加速性能试验方法

GB/T12544—90 汽车最高车速试验方法

GB/T12545—90 汽车燃料消耗量试验方法

GB/T12546—90 汽车隔热通风试验方法

GB/T12547—90 汽车最小稳定车速试验方法

GB/T12548—90 汽车速度表、里程表检验校正方法

GB/T12549—90 汽车操纵稳定性名词术语

GB/T12673—90 汽车主要尺寸测量方法

GB/T12674—90 汽车质量(重量)参数测定方法

GB/T12675—90 微型货车出厂检验方法
GB/T12676—90 汽车制动性能道路试验方法
GB/T12677—90 汽车技术状况行驶试验方法
GB/T12678—90 汽车可靠性行驶试验方法
GB/T12679—90 汽车耐久性行驶试验方法
GB/T12427—90 客车产品系列型谱
GB/T12428—90 客车装载质量计算方法
GB/T12429—90 客车车身 CO_2 气体保护焊接质量要求及检验方法
GB/T12430—90 客车乘客扶手的固定件基本型式与规格尺寸
GB/T12431—90 客车乘客扶手断面规格
GB/T12432—90 客车乘客门门泵
GB/T12433—90 客车乘客门门泵试验方法
GB/T12477—90 客车平顺性评价指标及限值
GB/T12478—90 客车防尘密封性试验方法
GB/T12479—90 客车防尘密封性限值
GB/T12480—90 客车防雨密封性试验方法
GB/T12481—90 客车防雨密封性限值
GB/T12482—90 客车侧窗平面玻璃规格系列
GB/T12483—90 客车风窗、后窗玻璃尺寸系列
GB/T12484—90 客车车身术语
ZBT08001—90 汽车零部件商品检验规范
ZB/TT10002—90 微型货车发动机负荷冲击耐久试验方法
ZB/TT21005—90 微型货车变速试验方法
ZB/TT21006—90 微型货车离合器摩擦片强度试验方法
ZBT23004—90 微型货车整车悬架静负荷特性测定方法
ZB/TT24008—90 汽车液压制动缸技术条件
ZBT24009—90 微型货车整车应急制动试验方法
ZBT24010—90 微型货车整车制动踏板力及踏板行程测试方法
ZBT24011—90 微型汽车整车制动稳定性试验方法
ZB/TT24012—90 微型货车整车强化制动试验方法
ZB/TT24013—90 微型货车制动器总成疲劳强度台架试验方法
ZB/TT24014—90 微型货车行车制动效能整车台架试验方法
ZB/TT24015—90 微型货车驻车制动效能整车台架试验方法
ZB/TT26009—90 客车装饰用铝型材断面尺寸和技术要求
ZBT36014—90 汽车转向柱上组合开关技术条件
ZBT37006—90 汽车点火系 高压塑料件技术条件
ZB/TT43004—90 微型货车加速试验方法
ZB/TT43005—90 微型货车急起步试验方法
ZB/TT43006—90 微型货车整车原地转向试验方法
ZB/TT43007—90 微型货车整车越台阶试验方法
ZB/TT43008—90 微型货车整车越凸块试验方法
QC_n29001—90 东风 EQ1090E 载货汽车驱动桥总成技术条件
QC_n29002—90 东风 EQ1090E 载货汽车驱动桥总成质量分等
QC_n29003—90 东风 EQ1090E 载货汽车前轴总成技术条件
QC_n29004—90 东风 EQ1090E 载货汽车前轴总成质量分等

汽 车 产 品 质 量

一 汽车产品质量与质量工作

1 取得的成绩

“七五”计划期间，汽车工业依靠科技进步，推行全面质量管理和坚持标本兼治、综合治理、产品质量主攻可靠性的方针，在质量工作方面取得了较大成绩。

1.1 产品质量水平明显提高

“六五”与“七五”期间，汽车工业贯彻引进与自行开发并举的产品发展方针，引进了一批具有80年代水平的产品，同时自行开发了一批换代产品，从而改变了汽车产品的落后局面。由于引进产品相继投产并逐步国产化，及换代产品的大批生产，产品质量水平明显提高，高质量与较高质量档次的产品比重今后将逐年增大。

过去的五年，也是我国汽车零部件工业引进技术最多的五年，一大批具有80年代水平的零部件产品，也已形成了生产能力并为主机配套，有一批零部件产品还进入国际市场。在汽车制造工艺和测试手段方面，通过技术引进和技术改造，水平也明显提高，企业的产品质量保证能力普遍增强。

1.2 产品质量稳定提高

通过组织技术攻关等综合措施，国产汽车长期以来存在的质量问题都已基本解决，出厂产品存在的松、漏、响、脏、伤的情况也有很大改进。汽车使用可靠性和综合质量水平稳定提高。1990年对256种成品汽车进行抽查，平均得分为82.68分(满分为100分)，对17种发动机的抽查平均得分为92.5分。汽车成品的一等品率已达到47.55%，发动机的一等品率已达到92.31%，汽车平均故障间隔里程为1705km，重点考核的产品平均故障间隔里程达到2576km，分别为1985年733km的2.33倍和3.50倍(见下表)。

“七五”计划期间的产品质量情况

项目 \ 产品 / 年份	汽车					发动机				
	1986	1987	1988	1989	1990	1986	1987	1988	1989	1990
抽查品种数	84	100	117	195	256	—	18	28	26	17
综合得分值	75.32	80.09	81.67	81.43	82.68	—	82.24	86.35	85.15	92.50
平均故障间隔里程时间(km.h)	932	1983	2058	1572	1705	—	55	79	65	72
一等品率(%)	16.67	28.00	39.80	45.28	47.55	—	55.56	70.00	75.00	92.31
抽查合格率(%)	90.48	99.00	98.30	97.50	98.00	—	89.00	96.00	96.20	100.00

1.3 优质产品增多

“七五”计划期内有135种汽车产品获得部优产品称号，较1979至1985年间的94种增加了43%，有康明斯发动机等5种产品获得国家优质产品称号。

1.4 全面质量管理水平普遍提高

许多企业在开展全面质量管理方面做了

大量工作,表现在都结合企业自身的实际情况,调整了质量管理机构;围绕提高实物质量和服务质量进一步明确规定各部门的质量职能和各工作岗位的质量责任;在加强标准、计量工作,改进工艺,强化现场管理方面取得了显著成效。多数企业都开展了售前售后服务工作。大企业都设立了服务网点,一汽、二汽还对用户提供磨合期的无偿保养服务。

全行业还通过产品创优、企业创质量管理奖、发放生产许可证和企业升级等活动,促进企业提高全面管理水平。"七五"期间,北京内燃机总厂和二汽传动轴厂获得了国家质量管理奖,有 11 个企业获得部质量管理奖,全行业有 16 个班组获国家质量管理小组荣誉称号。

2 得到的经验

总结"七五"质量工作,得到以下几条基本经验。

2.1 建立厂长(经理)质量责任制

产品质量是企业内部工作和外部环境的综合反映,在企业内部,推行全面质量管理,全员质量意识的提高,质量问题的解决和产品质量改进等,都涉及到各部门的工作,如果没有各级行政正职领导干部的直接参与、领导和决策,都是难以解决的。在 1986 年质量工作会议上,行业明确提出了建立厂长(经理)质量责任制的问题。"七五"期间,大量事实证明,凡厂长亲自抓质量的企业,产品质量都有明显改进和提高,全面质量管理深入发展,企业的经济效益也较好,企业对市场的应变能力较强。

2.2 把好产品设计的质量关,做好质量基础工作

保证产品质量,首先要抓好产品开发与设计的质量,汽车行业几十年的实践证明,能否在产品投产前解决好设计、试验存在的问题,提高固有质量水平,是保证大批量制造质量的前提,是解决汽车行业普遍存在的产品投产后不断攻关的关键。在这方面,一些换代产品的教训是很深刻的。由于没有做好设计阶段的质量管理工作,产品设计没有经过严格地、充分地使用性考验,当产品投产后,出现了一些较为严重的质量问题,在用户中造成了不好的影响,甚至有的产品一度出现销售困难的情况。

对于制造工艺、工艺装备,要按照工艺流程严格地进行验证,调试合格后投产。重要与关键工序的工程能力指数要达到规定的指标,以保证产品质量的一致性。要加强标准计量、检测、技术供应等方面的工作,全面增强企业的质量保证能力。

2.3 根据使用信息,不断地改进产品质量

用户需要是产品改进的出发点和落脚点。要使企业立于不败之地,就要使产品质量不断满足用户的需要。为此,要加强使用信息系统的建设,不断地根据市场和用户反馈的信息改进产品质量。北京吉普汽车有限公司根据用户需要,应用年度车型的作法,使国产吉普车从 212 型改进为 212L 型,又改进为 2020N 型,实现了三次年度型的转变,他们还计划将 2020N 型改进为 2020S 型。这种不断地改进产品质量的经验和作法,可供全行业借鉴。

2.4 建立厂内、厂外两个质量保证体系

"七五"计划期间,许多企业都建立了厂内和厂际间的质量保证体系,并建立了计算机微机管理系统,特别是厂际质量保证系统,在建立组织、开展活动、交流信息、互相帮助等方面做了大量工作,一些大型骨干汽车制造企业在质保体系活动中,以自己较强的技术、管理和物资条件,为零部件生产企业提供的支持和帮助,对提高汽车产品质量取得了显著成效。

2.5 预防与把关并举的质量管理体制

在推行全面质量管理中强调预防的同时,许多企业都根据实践经验加强了产品质量的检验工作,一度被削弱的检验把关工作得到恢复和加强,以预防和把关并举的质量管理体系建立了起来。

2.6 确保引进产品国产化的质量

引进产品国产化是国家技术引进的一项重要政策,国产化工作的核心是保证国产化的质量。总结"七五"期间国产化工作的经验,可归纳为以下几点:

2.6.1 现阶段，要扎扎实实地做好消化吸收工作，一定要吃透引进技术；

2.6.2 坚持达到原公司技术质量标准，不制订过渡标准；

2.6.3 为确保引进产品质量，不求100%国产化，对暂时达不到原公司标准的零部件可继续采购国外符合要求的零部件；

2.6.4 坚持好字当头，好中求快的方针，国产化工作要在确保质量的前提下加快进度。

3 存在的问题

3.1 产品方面

虽然引进了一批具有80年代水平的产品，许多国产汽车已实现了更新换代，但我国汽车产品与汽车工业发达国家的差距仍十分明显，主要表现为以下几个方面：

3.1.1 零部件系列化程度低，有相当多的零部件产品的性能质量水平低、可靠性差，因而制约了整车可靠性水平的提高；

3.1.2 整车可靠性差仍是我国汽车产品质量差的主要症结。国产汽车可靠性与国外先进产品的差距仍然高达几倍甚至十几倍(载货汽车)；

3.1.3 我国汽车在符合安全、环保等法规方面与国际水平的差距很大，这方面的研究工作基本还没有开展起来；

3.1.4 随着我国高速公路的发展，国产汽车的高速行驶性能和高速行驶的安全性急待研究提高；

3.1.5 我国汽车的油耗比国外同类产品高10%～30%，不仅浪费能源，也加剧了对大气的污染；

3.1.6 我国汽车产品应用电子技术水平很低，不少国外已经成为标准部件的产品，我国还不能生产，使汽车在性能和可靠性方面与国外产品的差距有进一步拉大的趋向；

3.1.7 引进产品随着国产化率的提高，可靠性问题不断发生，大批生产的质量还不能保持稳定。

3.2 质量管理方面

全面质量管理在我国已推行十年，汽车行业在推行全面质量管理中，重点要放在剔除形式，力求实效上。厂际间的质量保证体系也需改进，使之更有成效。

随着企业领导班子的换届与调整，对各级领导干部的质量培训工作要尽快抓起来。

中国汽车工业总公司质量监督司

二 1988年国家监督检验汽车产品质量抽查结果

1 1988年国家监督检验载货汽车质量抽查结果

受检对象			检验项目及得分数							检验结果		平均首次故障里程(km)	平均故障间隔里程(km)	备注
车型	生产企业名称	产品型号	基本性能	噪声	排放	可靠性	装配质量	油漆	密封性	总分数	综合评定	MTTFF	MTBF	
			满分数											
			20	5	5	30	30	5	5	100				
			实得分数											
重型车	四川汽车制造厂	CQ19210/C56	20	5	5	26.78	30	3	3	92.78	一等	1137.5	2500	
	汉阳特种汽车厂	HY396K	20	5	5	25.45	25	3	3	86.45	一等	735.25	2500	
	南阳汽车制造厂	NY151JC	20	5	5	24.72	25	3	3	85.72	一等	990.7	1666.67	
	北京重型汽车制造厂	BJ374	20	5	5	27.18	25	3	0	85.18	一等	2701	5000	
	淝河汽车制造厂	HF150	20	5	5	23.73	25	3	0	81.73	合格	987.5	1666.67	
	湖南重型汽车制造厂	HN150	20	5	0	25.34	20	3	3	76.34	合格	1752	1666.67	
	黑龙江汽车制造厂	LJ150	20	5	5	20.55	20	0	3	73.55	合格	1449.5	714.29	
	长征汽车制造厂	T815S1	20	2.5	5	27.47	30	3	3	70(90.97)	合格	5000	5000	加倍抽查
中型车	新疆汽车制造厂	EQ140—1	20	5	5	21.43	30	5	3	89.43	一等	408.5	1250	
	柳州汽车厂	LZ141	20	5	5	27.03	25	3	3	88.03	一等	2500	2500	
	青岛汽车制造厂	QD145A	20	0	5	25.20	30	3	3	86.20	合格	2729.5	1666.67	加倍抽查
	四川德阳汽车制造厂	DY141	20	5	2.5	23.99	30	3	0	84.49	合格	791	1666.67	
	上海重型汽车制造厂	SH142	20	5	5	28.08	20	3	0	81.08	合格	1978.5	2500	
	凌河汽车制造厂	LH142	20	5	5	22.76	20	3	5	80.76	合格	698	1666.67	
	湖南汽车制造厂	HQ342	20	5	5	22.96	20	3	3	78.96	合格	382.85	1666.67	
	陕西第二汽车制造厂	SX140K	20	5	5	12.20	30	3	3	78.20	合格	239.85	1000	
	杭州汽车制造厂	DHZ140D/47	20	0	5	27.03	20	3	3	78.03	合格	4832	5000	
	石家庄汽车制造厂	SQ145	20	0	5	27.47	20	0	5	77.47	合格	5000	5000	
	新疆专用汽车厂	WG340	20	5	5	24.09	20	3	0	77.09	合格	1695.85	1666.67	
	重庆汽车制造厂	CQ341X	20	5	5	20.96	20	3	3	76.96	合格	598.85	8333.33	
	青海汽车制造厂	QH142—1	20	0	5	25.49	20	3	3	76.49	合格	2351.5	1666.67	
	济南汽车改装厂	JG140RYA	20	2.5	5	22.83	25	0	0	75.33	合格	799.5	1250	
	山西汽车制造厂	SX341C	20	5	5	22.68	10	3	5	70.68	合格	2251.5	1250	

续

车型	受检对象 生产企业名称	产品型号	基本性能	噪声	排放	可靠性	装配质量	油漆	密封性	总分数	综合评定	平均首次故障里程(km) MTTFF	平均故障间隔里程(km) MTBF	备注
		满分数	20	5	5	30	30	5	5	100				
			实得分数											
轻型车	蓝箭汽车制造厂	LJ130B	20	5	5	27.92	30	3	5	95.92	一等	3531	5000	
	茶花汽车制造厂	KQ130A	20	5	5	27.62	30	3	5	95.62	一等	4121.1	2500	
	广州汽车制配厂	GZ130A	20	5	5	25.48	30	5	5	95.48	一等	1529.4	1666.67	
	空军五四〇八厂	KJ5021	20	5	5	27.77	30	3	3	93.77	一等	2341.51	2500	
	一汽长春轻型车厂	CD132SC	20	5	5	25.10	30	5	3	93.10	一等	1242	1666.67	
	烟台汽车制造厂	YT131B	20	5	5	22.81	30	3	3	88.81	一等	1740.49	1250	
	双马汽车制造厂	ST130A	20	5	5	27.47	25	3	3	88.47	一等	3328.1	5000	
	郑州汽车制造厂	ZZ130SP	20	5	5	21.05	30	3	3	87.05	一等	224.32	1000	
	昆明拖拉机厂	JM122	20	5	5	25.00	25	3	3	86.00	一等	338	2500	
	福州汽车制造厂	FZ131	20	5	5	24.27	25	3	3	85.27	一等	1166.5	1666.67	
	国营江北机械厂	JB130	20	2.5	5	25.34	25	3	3	83.84	合格	1572.2	1666.67	
	宁波汽车厂	ZJ132	20	5	5	27.62	20	3	3	83.62	合格	4151.4	5000	
	宁波拖拉机厂	BY130A	20	5	5	27.03	20	3	3	83.03	合格	2510	5000	
	杭州轻型汽车总厂	ZJ132B	20	2.5	5	26.90	25	3	0	82.40	合格	2653	2500	
	渝州汽车制造厂	YZ132	20	5	5	27.62	20	3	0	80.62	合格	1712.3	2500	
	重庆市专用汽车厂	CN130B	20	0	5	24.05	25	3	3	80.05	合格	1146.5	1250	
	长沙汽车制造厂	CS130B	20	5	5	27.03	20	0	3	80.03	合格	1618.15	2500	
	唐山汽车制造厂	TS130	20	0	2.5	28.39	25	0	3	78.89	合格	4675	5000	
	浙江公路机械厂	FD330	20	5	5	22.59	20	3	3	78.59	合格	915	1250	
	金马机械厂	YY120B	20	5	5	18.10	25	0	5	78.10	合格	132.5	714.3	

续

车型	生产企业名称	产品型号	基本性能	噪声	排放	可靠性	装配质量	油漆	密封性	总分数	综合评定	平均首次故障里程(km) MTTFF	平均故障间隔里程(km) MTBF	备注
		满分数	20	5	5	30	30	5	5	100				
			实得分数											
轻型车	沈阳第二农用汽车厂	GN131A	20	5	5	21.78	20	3	3	77.78	合格	189.5	1250	
	上海第二汽车底盘厂	SD120A	20	5	2.5	26.88	20	3	0	77.38	合格	1695.5	2500	
	保定汽车制造厂	BQ123	20	5	5	26.28	15	3	3	77.28	合格	804.5	2500	
	柳州农用运输车厂	LZ120	20	5	5	22.91	20	3	0	75.91	合格	442	1666.67	
	淄博汽车制造厂	ZB121	20	5	5	14.63	25	3	3	75.63	合格	322.58	454.55	
	江西汽车制造厂	JXD134A	20	5	5	24.06	20	0	0	74.06	合格	1021	1666.67	
	国营望江机械厂	WJ120	20	2.5	5	19.07	25	0	0	71.57	合格	870.5	625	
	国营晋南机械厂	HF130C	20	5	5	18.47	20	0	3	71.47	合格	918.09	555.56	
	成都汽车制造厂	CD122A	20	0	5	23.80	20	3	3	70(74.80)	合格	1262.5	1250	加倍抽查
微型车	天津市微型汽车厂	TJ110	20	5	5	27.30	30	5	5	97.30	一等	877	2500	
	昌河飞机制造公司	CH110X	20	5	5	25.14	30	5	5	95.14	一等	1073.5	1666.67	
	淮海机械厂	HH111A	20	5	5	26.87	25	3	3	87.87	一等	1001.4	2500	
	一汽吉林轻型车厂	110F 厢式车	20	5	5	19.69	30	3	3	85.69	一等	297.9	714.3	
	国营长安机器厂	SC112A	20	5	5	18.04	30	3	3	84.04	合格	737.8	1250	
	沈阳微型汽车厂	SY110	20	5	5	23.24	20	3	0	76.24	合格	95.38	1666.67	
	柳州微型汽车厂	LZ110	20	5	5	19.59	0	3	3	55.59	不合格	200	1000	
	柳州微型汽车厂	LZ110	20	5	5	15.67	30	3	3	81.67	合格	1388.3	1666.67	复查

2　1988年国家监督检验轿车　客车　旅行车质量抽查结果

车型	生产企业名称	产品型号	基本性能	噪声	排放	可靠性	装配质量	油漆	密封性	平顺性	车身本体	总分数	综合评定	平均首次故障里程(km) MTTFF	平均故障间隔里程(km) MTBF	备注
满分数			15	5	5	20	20	10	10	5	10	100				
实得分数																
轿车	上海汽车制造厂	SH760A	15	5	5	14.63	14	8	9	5	8	83.63	合格	386.5	1250	
客车	上海飞机制造厂	SF650	15	5	5	17.40	17	10	9	5	9	92.40	一等	1322	5000	
	广州客车厂	GZ644	15	5	5	14.37	17	10	9	5	10	90.37	一等	867.5	1250	
	广州汽车厂	GZ660	15	5	5	12.75	18.5	10	9	5	10	90.25	一等	1469.5	1250	
	上饶客车厂	SR665H	15	5	5	16.16	17	10	7	5	10	90.16	一等	1085	2500	
	衡山专用汽车厂	HS642	15	5	5	16.07	17	9	9	5	9	90.07	一等	1218.65	1666.67	
	丹东汽车制造厂	DD680G	15	5	5	14.40	17	9	10	5	9	89.40	一等	550.5	1000	
	上海客车厂	SK640A3	15	5	5	14.91	17	8	10	5	9	88.91	一等	2622	5000	
	7431工厂	BY640	15	5	5	12.45	18.5	8	9	5	10	87.95	一等	788.5	2500	
	鞍山客车厂	AK642	15	5	5	13.15	17	9	8	5	10	87.15	一等	325.7	625	
	松陵汽车厂	SF662	15	5	2.5	13.53	17	9	10	5	9	86.03	合格	676	833	排放不合格
	武汉客车厂	WH643C	15	5	5	14.34	14	9	6	5	8	81.34	合格	90.8	1250	
	衡阳客车厂	HY680	15	0	5	14.52	14	8	8	5	10	79.52	合格	1161.07	714.29	
	贵州客车制造厂	GA90C10	15	5	2.5	15.93	15.5	8	3	5	9	78.93	合格	1395	2500	
	兰州客车厂	LZ662	15	5	2.5	16.21	14	8	9	0	9	78.71	合格	1541.5	1250	
	云南汽车制造厂	KM660P	15	5	5	12.83	18.5	8	0	5	9	78.33	合格	2437.5	5000	
	成都客车厂	CD644	15	5	5	15.15	15.5	8	4.5	0	10	78.5	合格	1933.5	1250	
	青岛客车厂	QD652B	15	5	5	11.43	14	8	5	5	8	76.43	合格	13.5	1250	
	萍乡客车厂	AY650DX1G	15	5	5	7.69	15.5	9	5	5	9	76.19	合格	47.67	357.14	
	江西省交通厅客车厂	JT662A	15	5	5	12.23	14	8	3	5	8	75.23	合格	807.48	625	
	骊山汽车制造厂	LS650A	7.5	5	5	9.49	18.5	8	8	2.5	10	73.99	合格	935.39	555.56	
	佛子岭客车厂	LA641A	15	5	5	12.12	14	8	0	5	8	72.12	合格	61.65	833.33	
	驼铃客车厂	JT662	15	5	2.5	11.32	14	8	7	0	9	71.82	合格	778	833.33	
	重庆客车总厂	CQ644	15	2.5	5	0	18.5	9	6	5	8	69.00	不合格	17.36	312.5	
旅行车	沈阳轿车厂	SY622C	15	5	5	17.52	18.5	8	10	5	9	93.02	一等	1272	2500	
	松辽汽车厂	SL620	15	5	5	14.54	20	9	9	5	9	91.54	一等	670.15	1250	
	天津客车制造厂	TJ620B	15	5	5	17.68	17	8	10	5	8	90.68	一等	5000	5000	
	第一汽车厂轿车厂	CA630	15	5	5	14.13	18.5	10	9	5	9	90.63	一等	628	1000	
	胜利客车厂	SL630	15	5	5	18.58	17	8	7	5	8	88.58	一等	4604	5000	
	北京燕京汽车厂	YJ620A	15	5	5	15.84	17	8	8	5	9	87.84	一等	3002.5	1666.67	
	万山特种汽车制造厂	WS621A	15	5	5	16.21	17	8	8	5	8	87.21	一等	2243.17	2500	
	北京旅行车股份有限公司	BJ632A1	15	5	5	15.80	17	9	7	5	8	86.80	一等	1204.6	1000	

续

车型	生产企业名称	产品型号	基本性能	噪声	排放	可靠性	装配质量	油漆	密封性	平顺性	车身本体	总分数	综合评定	平均首次故障里程(km) MTTFF	平均故障间隔里程(km) MTBF	备注
		满分数	15	5	5	20	20	10	10	5	10	100				
旅行车	红星汽车制造厂	HX621	15	5	5	15.10	20	8	5	5	8	86.10	一等	2051	2500	
	四川旅行车制造厂	CD631C	15	5	5	16.22	15.5	8	8	5	8	85.72	一等	1892	5000	
	重庆 3403 工厂	JH631A	15	2.5	5	14.45	15.5	8	9	5	8	82.45	合格	1250.9	1666.67	
	北方车辆制造厂	BN316	15	0	5	11.75	8.5	8	10	5	8	71.25	合格	0	500	

(表中得分为实得分数)

3 1988 年国家监督检验越野汽车质量抽查结果

车型	生产企业名称	产品型号	基本性能	噪声	排放	可靠性	装配质量	油漆	密封性	总成质量	零部件质量	总分数	综合评定	平均首次故障里程(km) MTTFF	平均故障间隔里程(km) MTBF	备注
		满分数	15	5	5	20	20	10	10	5	10	100				
越野车	北京吉普汽车有限公司	BJ212L	15	5	5	25.61	15	3	—	7	10	90.11	一等	197.7	2500	无密封按0.95折算
	陕西汽车制造总厂	SX250	15	5	5	24.21	12.5	3	4	10	10	88.71	一等	3573	1666.67	
	南京大桥汽车制造厂	DQ212	15	5	5	26.82	10	3	0	10	10	84.82	合格	2873	2500	
	镇江汽车制造总厂	ZJ220C	15	2.5	5	20.97	10	5	4	10	10	82.47	合格	2659	5000	
	富奇汽车制造厂	JX212	15	5	5	24.53	12.5	3	0	7	—	80.03	合格	1216.5	1666.67	无主要零件按0.9折算
	江西消防车辆制造厂	LS212	15	2.5	5	20.59	10	3	3	10	10	79.09	合格	1009	1000	
	西南车辆制造厂	SC2030	15	0	5	10.76	15	5	5	10	10	75.76	合格	76	454.55	
	武汉轻型汽车总厂	WH213B	15	2.5	5	20.35	10	3	3	7	7	72.85	合格	906	1250	

(表中得分为实得分数)

4　1988年国家监督检验汽车发动机质量抽查结果

车型	受检对象：生产企业名称	受检对象：产品型号	检验项目及得分数：主要性能	装配质量	清洁度	可靠性	零件质量	检验结果：总分数	综合评定	平均首次故障时间(h) MTTFF	平均故障间隔时间(h) MTBF	备注
	满分数		25	15	15	30	15	100				
	实得分数											
柴油机	南充内燃机厂	6102Q	25	15	15	29.70	15	99.70	一等	150	150	
	大连柴油机厂	6110Q	25	15	15	28.39	15	98.39	一等	37.5	62.5	
	南京东山汽车发动机厂	NJD433A	25	15	15	27.20	15	97.20	一等	150	150	
	牟平发动机厂	6102QA	25	15	15	26.13	15	96.13	一等	5	150	
	朝阳柴油机厂	CY6102Q	25	15	15	24.47	15	94.47	一等	141	50	
	扬州柴油机厂	495Q	25	10	15	27.50	15	92.50	一等	112	150	
	无锡柴油机厂	6110A—1	25	15	15	26.60	10	91.60	一等	150	75	
	玉林柴油机厂	6105QA	25	10	15	26.32	15	91.32	一等	150	75	
	湖南动力机厂	6105Q2	25	15	15	18.00	15	88.00	一等	150	150	
	柳州市汽车发动机厂	LZ6105Q	25	15	15	17.04	15	87.04	一等	92	75	
	云南内燃机厂	495QA	25	15	10	20.60	15	85.60	一等	16	37.5	
	上海柴油机厂	6135QC	25	10	0	26.30	15	76.30	合格	58	50	
	济南汽车厂发动机厂	6135Q	25	15	15	23.95	15	70(93.95)	合格	58	50	可靠性复查
	杭州汽车发动机厂	X6130Q3A	25	15	10	26.90	15	70(91.90)	合格	113	150	可靠性复查
汽油机	一汽长春轻型发动机厂	CA492Q	25	15	15	26.86	15	96.86	一等	41.0	50.0	
	贵州汽车制造厂	DGQ6100—IH	25	15	15	26.30	15	96.30	一等	94.0	50.0	
	沈阳汽车发动机厂	492QA	25	15	15	25.07	15	95.07	一等	7.0	50.0	
	第二汽车制造厂	EQ6100	25	15	15	23.80	15	93.80	一等	17.0	33.0	
	第一汽车制造厂	CA6102	25	15	15	23.20	15	93.20	一等	9.0	33.30	
	国营星光机器厂	H492QA	25	10	15	27.76	15	92.76	一等	100.0	100.0	
	长沙汽车发动机厂	CS492Q—1A	25	10	15	28.06	10	88.06	一等	100.0	100.0	
	天津汽车发动机厂	492QA	25	10	15	15.89	15	80.89	合格	21.0	33.33	
	武汉轻型汽车制造厂	WH492Q	25	15	15	7.82	15	77.82	合格	0	25.0	
	萍乡汽油机厂	429Q	25	0	15	20.82	10	70.82	合格	0	25.0	
	成都汽车发动机厂	CD492QA2	25	0	0	0	10	35.00	不合格	1.0	——	

三 1989年国家监督检验汽车产品质量抽查结果

1 1989年国家监督检验载货汽车质量抽查结果

车型	受检对象：生产企业名称	受检对象：产品型号	检验项目及得分数：基本性能	噪声	排放	可靠性	装配质量	油漆	密封性	总分数	检验结果：综合评定	平均首次故障里程(km) MTTFF	平均故障间隔里程(km) MTBF	备注
		满分数	20	5	5	30	30	5	5	100				
		实得分数												
重型车	长征汽车厂	T815S	20	5	5	26.88	30	3	3	92.88	一等	1908.5	2500.0	
	漷河汽车厂	HF150	20	5	5	23.20	30	3	3	89.20	一等	1994.0	1250.0	
	济南汽车制造总厂	JN162	20	5	5	20.68	30	3	5	88.68	一等	249.6	1000.0	
	南阳汽车厂	NY1511C	20	5	5	25.11	25	3	3	86.11	一等	1438.1	1666.7	
	黑龙江汽车制造厂	HQ1151A03	20	5	5	22.05	30	0	3	85.05	一等	100.0	1250.0	
	湖南重型汽车制造厂	HN150	20	5	5	23.58	20	0	3	76.58	合格	928.2	1250.0	
重型车	杭州汽车制造厂	HZ140D/47	20	5	5	27.47	30	0	3	90.47	一等	3389.0	2500.0	
	云南汽车厂	KMD(F)140C	20	5	5	24.92	25	3	5	87.92	一等	1773.2	1666.7	
	公主岭汽车改装厂	GQ141K8	20	5	5	21.35	25	5	5	86.35	一等	1514.9	833.3	
	湖南省汽车制造厂	DHQ140/47	20	5	5	24.92	25	3	3	85.92	一等	1215.0	1666.7	
	凌河汽车工业公司汽车厂	LH143EB	20	5	5	24.91	25	3	3	85.91	一等	1016.8	1666.7	
	陕西第二汽车制造厂	SX140K	20	5	5	26.19	20	3	3	82.19	合格	1231.0	2500.0	
	青岛汽车制造厂	QD141LK	20	0	5	20.43	30	3	3	81.43	合格	42.6	1250.0	
	青海汽车制造厂	QH142—1	20	0	5	25.11	25	3	3	81.11	合格	224.8	2500.0	
	石家庄汽车制造厂	SQ145	20	2.5	5	27.77	20	0	3	78.27	合格	5000.0	5000.0	
	德阳汽车厂	DY141	20	5	5	26.60	20	0	0	76.60	合格	1933.0	2500.0	
轻型车	重庆汽车制造厂	NKR55ELW	20	5	5	29.67	30	5	5	99.67	一等	5000.0	5000.0	
	南京汽车制造厂	NJD131A	20	5	5	25.40	30	5	5	95.40	一等	1828.8	1666.7	
	双马汽车制造厂	SM130A	20	5	5	27.08	30	3	3	93.08	一等	1038.4	2500.0	
	茶花汽车厂	KQ130B	20	5	5	26.45	30	3	3	92.45	一等	1919.0	2500.0	

续

车型	生产企业名称	产品型号	基本性能	噪声	排放	可靠性	装配质量	油漆	密封性	总分数	综合评定	平均首次故障里程 MTTFF (km)	平均故障间隔里程 MTBF (km)	备注
		满分数	20	5	5	30	30	5	5	100				
		实得分数												
轻型车	天津汽车制造厂	TJ133C	20	5	5	25.63	30	3	3	91.63	一等	3092.0	1666.7	
	羊城汽车厂	CZ130A	20	5	5	22.95	30	3	5	90.95	一等	1933.0	1000.0	
	新疆汽车改装厂	SY132C	20	5	5	27.90	25	5	3	90.90	一等	4038.7	5000.0	
	烟台汽车制造厂	YT131B	20	5	5	24.74	30	3	3	90.74	一等	75.2	2500.0	
	江西汽车制造厂	JXD120	20	5	5	27.03	25	3	5	90.03	一等	4019.0	2500.0	
	淄博汽车制造厂	ZB121	20	5	5	26.50	30	3	0	89.50	一等	735.4	2500.0	
	渝州汽车厂	YZ122	20	5	5	27.77	25	3	3	88.77	一等	2945.9	5000.0	
	福州汽车制造厂	FZ130A	20	5	5	20.57	30	5	3	88.57	一等	0.0	1000.0	
	北轻公司新疆总装厂	XQ134AS	20	5	5	20.46	30	3	5	88.46	一等	612.2	1000.0	
	北汽摩联合制造公司	BJ121A	20	5	5	20.42	30	3	—	87.81	一等	328.0	833.3	按0.95折算
	重庆专用汽车制造厂	CN130B	20	5	5	26.04	25	3	3	87.04	一等	650.5	2500.0	
	成都汽车制造厂	CD122	20	5	5	23.85	25	5	3	86.83	一等	774.6	1666.7	
	江淮汽车制造厂	HFD131A	20	5	5	23.17	25	3	5	86.17	一等	1031.9	1250.0	
	长沙汽车制造厂	CS130B	20	5	5	22.74	30	0	3	85.74	一等	740.5	1250.0	
	昆明拖拉机厂	JM122	20	5	5	24.12	25	3	3	85.12	一等	1007.5	1250.0	
	青海省轻型车辆厂	QH130A	20	5	5	20.77	26.67	3	3	83.44	合格	53.0	1250.0	
	杭州轻型汽车总厂	ZJ132B	20	5	5	27.17	20	3	3	83.17	合格	3701.0	2500.0	
	雅安交通机械厂	YA120	20	5	5	21.91	25	3	3	82.91	合格	282.3	1250.0	
	唐山汽车制造厂	TS130B	20	5	5	22.58	25	0	5	82.58	合格	545.2	1250.0	
	国营江北机械厂	JB130C	20	2.5	5	23.79	25	3	3	82.29	合格	974.0	1250.0	
	郑州汽车制造厂	ZZ130SP	20	5	5	24.01	20	3	5	82.01	合格	3413.8	1250.0	
	宁波拖拉机汽车制造总厂	ZJ132	20	5	5	19.16	25	3	3	80.16	合格	1341.0	1666.7	
	成都拖拉机总厂	CT132	20	2.5	5	26.41	20	3	3	79.91	合格	1276.0	2500.0	
	成都轻型汽车改装总厂	CQ121B	20	5	5	25.72	20	3	0	78.72	合格	129.4	2500.0	
	许昌汽车制配厂	130SP	20	5	5	22.03	20	3	3	78.03	合格	358.2	1250.0	
	国营望江机器制造厂	WJ120	20	2.5	5	22.07	25	3	0	77.57	合格	388.0	1250.0	
	少林汽车改装厂	SL130KH	20	5	5	21.20	20	3	3	77.20	合格	150.9	1000.0	
	柳州农用运输车厂	LZ120	20	5	5	23.32	20	3	0	76.32	合格	1165.0	1666.7	
	国营晋南机械厂	HF130C	20	5	5	23.20	15	5	3	76.20	合格	393.0	1250.0	
	警兴汽车改装厂	JXQ1020S	20	0	5	23.30	20	5	0	73.30	合格	932.8	1250.0	

续

车型	生产企业名称	产品型号	基本性能	噪声	排放	可靠性	装配质量	油漆	密封性	总分数	综合评定	平均首次故障里程(km) MTTFF	平均故障间隔里程(km) MTBF	备注
		满分数	20	5	5	30	30	5	5	100				
		实得分数												
轻型车	上海市申宝汽车厂	SH131A	20	5	5	20.00	20	0	3	73.00	合格	805.5	833.3	
	萍乡车辆厂	PX130	20	5	5	19.58	20	3	0	72.58	合格	473.0	833.3	
	上海第二汽车底盘厂	SD120A	20	5	5	18.98	20	3	0	71.98	合格	874.5	714.3	
	海门县客车二厂	HKE131	20	0	5	21.91	25	0	0	71.91	合格	187.5	1250.0	
	沈阳第二农用汽车制造厂	GN131C	20	5	5	10.51	25	3	3	71.51	合格	259.1	625.0	
	华北车身总厂	HC1030S	20	5	2.5	27.47	13.33	3	0	71.30	合格	3729.8	2500.0	
	海安县客车厂	HA1040C	20	0	5	20.16	20	3	3	71.16	合格	150.0	833.3	
	盐城市专用汽车厂	YC330	0	0	5	25.64	30	3	0	63.64	不合格	79.4	2500.0	
微型车	沭阳客车厂	SYC610	20	5	5	26.12	30	3	0	89.12	一等	398.8	2500.0	
	国营长安机器制造厂	SC110	20	5	5	27.47	25	3	3	88.47	一等	2688.0	2500.0	
	沈阳微型汽车制造厂	SY110	20	5	5	25.10	25	3	3	86.10	一等	1045.5	1666.7	
	淮海机械厂	HH111A	20	5	5	27.62	25	3	0	85.62	一等	2653.0	2500.0	
	新疆微型汽车厂	XW110S	20	5	5	27.32	20	3	3	83.32	合格	3898.8	2500.0	
	萧山汽车改装厂	XQ110	20	5	5	27.59	20	3	0	80.59	合格	1376.8	2500.0	
	陕西飞机制造公司	SFJ1010	20	5	5	16.92	25	3	3	77.92	合格	435.3	454.5	
	河北燕北机械厂	SC111A	20	5	5	24.48	20	3	0	77.48	合格	635.5	1666.7	
	开封汽车修配厂	KF110S	20	5	2.5	22.55	20	3	0	73.05	合格	1137.5	1000.0	
	华阳汽车厂	BHQ111	20	5	5	19.10	20	3	0	72.10	合格	560.5	714.3	
	国营蒙城机械总厂	MC110S	20	5	5	18.24	20	3	0	71.24	合格	184.0	833.3	

2 1989年国家监督检验轿车 客车 旅行车质量抽查结果

车型	生产企业名称	产品型号	基本性能	噪声	排放	可靠性	装配质量	油漆	密封性	平顺性	车身本体	总分数	综合评定	平均首次故障里程(km) MTTFF	平均故障间隔里程(km) MTBF	备注
		满分数	15	5	5	20	20	10	10	5	10	100				
		实得分数														
客车	一汽无锡汽车厂	XQ641TA	15	5	5	15.95	17	9	9	5	9	89.95	一等	1530.0	1666.7	
客车	解放军7431工厂	BY640	15	5	5	15.43	17	8	10	5	8	88.43	一等	356.0	1250.0	
客车	鞍山客车制造总厂	AK642	15	5	5	17.62	17	8	5	5	10	876.5	一等	87.05	2500.0	
客车	南京客车制造厂	YH640	15	5	5	12.30	20	10	7	5	8	87.30	一等	1305.0	1666.7	
客车	沈阳飞机制造公司	SFQ6982	15	5	5	15.14	14	9	10	5	9	87.14	一等	889.1	833.3	
客车	武汉客车厂	WH644C	15	5	5	14.92	17	9	8	5	8	86.92	一等	597.0	1250.0	
客车	衡山专用汽车制造厂	HSZ6902	15	5	5	14.05	17	8	8	5	9	86.05	一等	868.0	1000.0	
客车	重庆市客车总厂	CQ644T	15	5	5	12.37	20	9	9	2.5	9	86.87	合格	48.3	714.3	复查
客车	解放军5702工厂	SX680A	15	5	5	16.19	17	8	5	0	8	79.19	合格	2195.0	1250.0	
客车	衡阳客车厂	HYB663	15	5	5	10.97	17	8	5	5	8	78.97	合格	294.0	357.1	
客车	兰州客车厂	LZ662	15	5	5	14.23	14	8	6	0	8	75.23	合格	422.0	1000.0	
客车	骊山汽车制造厂	LS650A	15	5	5	11.44	17	8	5	0	8	74.44	合格	287.1	625.0	
旅型车	长春市汽车改装厂	CG121P	15	5	5	16.31	20	8	9	5	9	92.31	一等	2191.1	2500.0	
旅型车	燕京汽车厂	YJ5020XXF	15	5	5	13.99	18.5	9	9	5	10	90.49	一等	1150.0	714.0	
旅型车	天津客车厂	TJ620B	15	5	5	18.12	17	8	9	5	8	90.12	一等	5000.0	5000.0	
旅型车	上海飞机制造厂	SF650	15	5	5	14.99	17	9	9	5	9	88.99	一等	979.5	1250.0	
旅型车	张家港市特种汽车改装厂	SQ621	15	5	5	15.42	18.5	9	7	5	9	88.92	一等	1961.0	1250.9	
旅型车	上海万象汽车厂	SXC6600	15	5	5	12.58	17	10	10	5	9	88.58	一等	792.0	714.3	
旅型车	昆明旅行车制造厂	BJ632	15	5	5	14.88	17	8	10	5	8	87.88	一等	656.0	1250.0	

续

车型	生产企业名称	产品型号	基本性能	噪声	排放	可靠性	装配质量	油漆	密封性	平顺性	车身本体	总分数	综合评定	平均首次故障里程(km) MTTFF	平均故障间隔里程(km) MTBF	备注
			满分数													
			15	5	5	20	20	10	10	5	10	100				
			实得分数													
旅行车	张家港市杜丹客车厂	SK622	15	5	5	13.31	18.5	9	8	5	9	87.81	一等	363.0	1250.0	
	胜利客车厂	SL630	15	5	5	18.05	14	8	9	5	8	87.05	一等	5000.0	5000.0	
	上海沪陵客车厂	HL631	15	5	5	13.04	20	8	8	5	8	87.04	一等	1432.0	714.0	
	北京司达旅行车有限公司	BJ632A1	15	5	5	16.27	15.5	8	7	5	10	86.77	一等	3483.7	2500.0	
	国营万山特种车辆制造厂	WS—621A	15	5	5	15.99	15.5	9	7	5	9	86.49	一等	1168.0	1250.0	
	泗阳军地两用人才客车厂	SY620	15	5	5	14.40	20	9	5	5	8	86.40	一等	453.4	833.3	
	宁波第二车辆厂	NE6551	15	5	5	15.10	17	8	8	5	8	86.10	一等	987.0	833.3	
	解放军3403工厂	JH631A	15	5	5	14.51	15.5	8	10	5	8	86.01	一等	1608.5	1250.0	
	郑州市少林汽车改装厂	SL620	15	5	5	15.49	17	9	6	5	8	85.49	一等	610.5	1250.0	
	合肥汽车制造厂	HF5030X	15	2.5	5	12.15	18.5	8	10	5	8	84.15	合格	286.0	500.0	
	红星旅行车制造厂	HX621A	15	5	5	16.01	17	9	4	5	8	84.01	合格	2944.8	1666.7	
	宁波客车厂	KL626	15	5	5	12.78	17	8	8	5	8	83.78	合格	63.0	625.0	
	南通市特种车辆厂	TT620	15	5	5	14.65	14	8	9	5	8	83.65	合格	1716.0	1250.0	
	仪征汽车制造厂	YQ621	15	5	5	16.07	14	9	5	5	9	83.07	合格	2599.0	1666.7	
	江阴轻型车联营厂	JY620QC	15	5	5	12.69	15.5	8	8	5	8	82.19	合格	164.1	833.3	
	宁波旅行车厂	ZJ622	15	5	5	14.10	17	8	5	5	8	82.10	合格	854.0	833.3	
	解放军第7420工厂	HBJ5030	15	5	5	15.45	15.5	8	5	5	8	81.95	合格	114.2	1666.7	
	张家港市杜鹃汽车改装厂	DJ620	15	5	5	13.77	17	9	9	0	8	81.77	合格	1764.0	2500.0	
	安徽省客车总厂	AK645	15	5	5	12.37	17	8	10	0	9	81.37	合格	264.5	714.3	

续

车型	受检对象：生产企业名称	产品型号	基本性能	噪声	排放	可靠性	装配质量	油漆	密封性	平顺性	车身本体	总分数	检验结果：综合评定	平均首次故障里程 (km) MTTFF	平均故障间隔里程 (km) MTBF	备注
		满分数	15	5	5	20	20	10	10	5	10	100				
		实得分数														
旅行车	铁二局一处机械厂	GY60L6N	15	5	5	15.31	17	8	8	0	8	81.31	合格	1148.4	833.3	
	昆明客车改装厂	KK411B	15	5	5	14.20	17	9	8	0	8	81.20	合格	377.5	833.3	
	保定长城汽车工业公司	CC6550	15	5	5	13.92	14	8	6	5	8	79.92	合格	2050.5	1250.0	
	任丘客车厂	RK5490XK	15	0	5	13.27	17	8	7	5	9	79.27	合格	1367.8	1250.0	
	开封联合收割机厂	KF635	15	5	5	13.10	15.5	8	3	5	9	78.60	合格	0.0	625.0	
	番禺县红桥客车厂	HQK6630B	15	5	5	8.80	15.5	9	6	5	9	78.30	合格	0.0	833.3	
	新乡消防机械厂	CK12	15	5	5	14.74	14	8	3	5	8	77.74	合格	93.0	833.3	
	重庆市客车装修厂	CQ632	15	5	5	13.55	15.5	8	5	2.5	8	77.55	合格	841.4	1000.0	
	张家港市微型汽车改装厂	ZW6320	15	5	5	10.42	14	10	4	5	9	77.42	合格	241.0	416.7	
	杨客总厂扬子旅游车厂	YZ6602	15	5	5	13.97	14	8	8	0	8	76.97	合格	2.0	1250.0	
	无锡县特种汽车厂	XT621	15	0	5	13.85	14	8	8	5	8	76.85	合格	1225.0	833.3	
	贵州客车厂	GZ631	15	5	5	14.76	14	8	6	0	8	75.76	合格	999.0	1250.0	
	如皋县客车厂	RQ621	15	5	5	9.10	14	8	5	5	9	75.10	合格	1171.0	625.0	
	丹阳客车制造厂	CY621	15	5	5	14.89	14	8	5	0	8	74.89	合格	3.0	1250.0	
	张家港市旅行车厂	SL621	15	0	5	11.27	15.5	8	7	5	8	74.77	合格	362.0	833.3	
	南京药械厂	MY130UF	15	5	5	14.14	14	0	8	5	8	74.14	合格	133.0	1250.0	
	河北客车厂	HB6508	15	2.5	5	15.86	14	8	8	5	0	73.36	合格	2326.7	1250	
	广州南华客车厂	NH310	7.5	5	5	12.75	14	8	8	5	8	73.25	合格	79.0	714.0	
	海门县客车厂	HM6603	15	0	5	13.11	15.5	8	8	0	8	72.61	合格	1310.0	833.3	
	江都汽车总厂	JB622	15	5	5	14.16	7	9	4	5	8	72.16	合格	421.0	1250.0	
	无锡县客车厂	XK623	15	5	5	15.95	14	0	4	5	8	71.95	合格	1697.0	2500.0	
	保定地区汽车改装公司	BD6552	15	0	5	14.44	14	8	7	0	8	71.44	合格	828.1	1250.0	
	张家港市汽车改装厂	ZG621A	15	0	5	11.89	14	8	9	0	8	70.89	合格	2037.0	500.0	
	上海安亭客车厂	SA620	15	5	2.5	10.10	14	8	3	5	8	70.60	合格	232.5	714.3	
	邢台汽车厂	XT634	15	5	5	15.40	14	8	8	0	0	70.40	合格	1182.2	1666.7	
	张家港市客车制配厂	SZ621	15	0	5	7.40	14	8	7	5	9	70.40	合格	4.0	625.0	
	张家港市客车厂	ZKC6560A	15	0	5	10.61	14	8	4	5	8	69.61	不合格	209.0	500.0	
	无锡县专用汽车厂	WZ130HL	15	0	5	14.52	14	8	4	0	9	69.52	不合格	411.0	2500.0	按0.9折算
	江阴市要塞客车厂	YS621	0	0	5	15.52	0	0	3	0		26.13	不合格	269.3	1250.0	

3 1989年国家监督检验越野汽车质量抽查结果

车型	生产企业名称	产品型号	基本性能	噪声	排放	可靠性	装配质量	油漆	密封性	总成质量	零部件质量	总分数	综合评定	平均首次故障里程(km) MTTFF	平均故障间隔里程(km) MTBF	备注
	满分数		15	5	5	30	15	5	5	10	10	100				
越野车	江西消防车辆制造厂	LS212	15	5	5	25.21	12.5	3	3	10	10	88.71	一等	1335.5	1666.7	
	成都轻型汽车改装总厂	CQ213	15	5	5	26.91	10	3	3	10	10	88.71	一等	2903.1	5000.0	按0.95
	北京吉普汽车有限公司	BJ212L	15	5	5	25.76	12.5	3	—	10	7	87.64	一等	1689.1	2500.0	折算
	解放军7429工厂	CZ212	15	5	5	24.78	12.5	5	0	10	10	87.28	一等	2061.5	1666.7	
	江西富奇汽车厂	JX212	15	5	5	27.88	15	3	0	7	—	86.53	一等	3747.0	5000.0	按0.90折算
	陕西汽车制造厂	SX250	15	5	5	20.93	15	3	2.5	10	10	86.43	一等	1040.7	1000.0	
	成都山鹿汽车厂	JY6420B	15	5	5	22.30	10	3	3	10	10	83.30	合格	1030.0	1250.0	
	国营西南车辆制造厂	SC2630	15	5	5	18.13	10	5	5	10	10	83.13	合格	903.8	833.3	
	金马机械厂	KM212	15	5	5	25.66	12.5	0	5	7	7	82.16	合格	2871.3	5000.0	
	武汉轻型汽车制造总厂	WH213B	15	5	5	19.26	10	3	3	10	10	80.26	合格	1132.0	714.3	
	解放军9506工厂	KZ513	15	5	5	22.84	10	3	2.5	—	—	79.18	合格	706.1	1666.7	按0.8折算
	京联汽车改装总厂	JLG5020X	15	2.5	2.5	22.31	10	5	4	—	—	76.64	合格	1234.6	1666.7	同上
	长春汽车改装二厂	CGE213A	15	5	5	18.67	10	3	4	—	—	75.84	合格	556.3	833.3	同上
	光达汽车车辆厂	YJ2030	15	5	5	20.87	10	3	1.5	—	—	75.46	合格	5.0	1250.0	同上
	解放军7319工厂	CFA2021	15	5	5	20.90	0	3	4	10	10	72.90	合格	1037.0	1000.0	
	华北汽车改装厂	HB512C	15	0	5	23.15	10	3	1.5	7	7	71.65	合格	1373.6	2500.0	
	镇江汽车制造总厂	ZJ220C	15	2.5	5	16.19	5	5	2.5	10	10	71.19	合格	669.0	1000.0	
	解放军7437工厂	212A	15	5	5	15.41	10	3	3	—	—	70.51	合格	107.0	1000.0	按0.8折算
	解放军7325工厂	XSY512	15	5	5	2.43	10	0	3	—	—	50.54	不合格	669.5	312.5	同上

4 1989年国家监督检验改装汽车质量抽查结果

车型	受检对象 生产企业名称	产品型号	基本性能	噪声	排放	可靠性	装配质量	油漆	密封性	总分数	综合评定	平均首次故障里程(km) MTTFF	平均故障间隔里程(km) MTBF	备注
		满分数	20	5	5	30	30	5	5	100				
		实得分数												
改装车	青岛客车厂	CA/QD343	20	5	5	25.71	30	3	3	91.71	一等	720.0	2500.0	
	柳州特种汽车厂	LYQ341	20	5	5	26.39	25	5	5	91.39	一等	1364.0	2500.0	
	新疆专用汽车厂	XZ342J	20	5	5	22.06	30	5	3	90.06	一等	247.2	1250.0	
	石家庄汽车改装厂	SCG1030	20	5	5	25.63	25	3	5	88.63	一等	1441.1	2500.0	
	青岛专用汽车厂	QR10	20	5	5	27.50	25	3	3	88.50	一等	3993.5	2500.0	
	齐齐哈尔汽车制造厂	QQ562B	20	5	5	25.96	25	3	3	86.96	一等	883.59	2500.0	
	济南汽车改装厂	JG140RY	20	5	5	23.57	30	3	0	86.57	一等	600.0	1666.7	
	昆明汽车厂	KQ121A	20	5	5	18.41	30	3	5	86.41	一等	22.0	714.3	
	江西车辆改装厂	JT9170	20	5	5	25.14	25	3	3	86.14	一等	976.0	1666.7	
	青海汽车改装厂	QZ346	20	5	5	19.73	30	3	3	85.73	一等	157.1	714.3	
	海宁客车厂	HK520	20	5	5	19.69	30	3	3	85.69	一等	178.2	833.3	
	汉阳特种汽车制造厂	HY936K	20	5	5	24.22	25	3	3	85.22	一等	1125.5	1666.7	
	解放军5408厂	KJ1021S	20	5	5	22.17	25	3	5	85.17	一等	796.2	1000.0	
	青海工程机械厂	XN443	20	5	5	24.15	25	3	3	85.15	一等	2096.1	1250.0	
	南宁专用汽车改装厂	NZ3091	20	5	5	23.72	25	3	3	84.72	合格	1406.5	1250.0	
	四平市汽车改装厂	SP349	20	5	5	20.04	25	3	5	83.04	合格	72.8	833.3	
	四川华川轻型专用汽车厂	DZ330	20	2.5	5	24.30	25	3	3	82.80	合格	905.5	1666.7	
	四平市汽车改装二厂	SP347C	20	5	5	26.52	20	3	3	82.52	合格	3254.2	2500.0	
	南汽车辆改装厂	NJD330F	20	5	5	19.19	30	3	0	82.19	合格	779.0	714.0	
	邢台114汽车厂	JX121	20	5	5	25.14	20	3	3	81.14	合格	1458.5	1666.7	
	四川公路机械厂	CL330	20	5	5	28.08	20	0	3	81.08	合格	3455.0	5000.0	

续

受检对象			检验项目及得分数							检验结果		平均首次故障里程(km)	平均故障间隔里程(km)	备注
车型	生产企业名称	产品型号	基本性能	噪声	排放	可靠性	装配质量	油漆	密封性	总分数	综合评定	MTTFF	MTBF	
			满分数											
			20	5	5	30	30	5	5	100				
			实得分数											
改装车	解放军保定前进汽车改装厂	BDG1030BH	20	0	5	27.77	20	3	5	80.77	合格	1742.4	2500.0	
	红光机械厂沈阳东陵联营厂	HSB121A	20	5	5	20.68	25	5	0	80.68	合格	839.3	833.3	
	北京商用汽车制造厂	BS431A	20	5	5	24.42	20	3	3	80.42	合格	918.2	1666.7	
	解放军7312工厂	XSY521	20	5	5	26.59	15	5	3	79.59	合格	1573.8	2500.0	
	保定汽车厂	BQ123	20	5	5	20.46	20	5	3	78.46	合格	900.4	714.3	
	浙江省公路机械厂	FD330	20	5	5	21.69	20	3	3	77.69	合格	229.0	1250.0	
	国营东华机械厂	DH631	20	5	5	21.70	22.5	3	0	77.20	合格	250.0	1250.0	
	国营铜江机械厂	TJ330	20	5	5	24.15	20	0	3	77.15	合格	1651.0	1250.0	
	山西汽车制造厂	SX341C	20	5	5	18.90	20	3	5	76.90	合格	15.0	714.3	
	京岛汽车改装厂	JD1030S	20	5	5	23.88	20	3	0	76.88	合格	621.3	1666.7	
	郑州市汽车改装厂	CC—121	20	5	5	19.10	20	3	3	75.10	合格	2.5	833.3	
	解放军3608工厂	XSY1030S	20	5	5	18.47	20	3	3	74.47	合格	233.1	625.0	
	太原东风汽车修配厂	JT121B	20	5	5	18.02	20	3	3	74.02	合格	523.0	500.0	
	鹰潭市汽车改装厂	YT—120	20	5	5	19.80	20	0	3	72.80	合格	860.5	714.3	
	四川专用汽车制造厂	SC3450	20	5	5	18.40	20	3	0	71.40	合格	49.5	625.0	
	新疆第二汽车厂	TS3090	20	5	5	12.84	20	3	5	70.84	合格	0	357.1	

注:1.无密封,按0.95折算; 2.无本体或无自制零件,按0.9折算; 3.无自制总成、零件,按0.8折算。

5 1989年国家监督检验汽车发动机质量抽查结果

受检对象：机型	受检对象：生产企业名称	受检对象：产品型号	检验项目及得分数：主要性能	装配质量	清洁度	可靠性	零件质量	检验结果：总分数	检验结果：综合评定	平均首次故障时间(h) MTTFF	平均故障间隔时间(h) MTBF	备注
		满分数	25	15	15	30	15	100				
		实得分数										
柴油机	大连柴油机厂	6110A—1	25	15	15	28.39	15	98.39	一等	150.0	150.0	
	湖南省动力机厂	6105Q—1	25	15	15	27.80	15	97.80	一等	72.0	150.0	
	玉林柴油机厂	6105QA	25	15	15	27.50	15	97.50	一等	150.0	150.0	
	蚌埠柴油机厂	495Q	25	15	15	26.32	15	96.32	一等	125.0	62.50	
	南充内燃机厂	6102Q	25	15	15	25.22	15	95.22	一等	127.0	75.0	
	济汽总厂发动机厂	6130Q	25	15	15	20.55	15	90.55	一等	52.5	30.0	
	无锡柴油机厂	6110A—1	25	15	10	29.34	10	89.34	一等	150.0	150.0	
	云南内燃机厂	495QA	25	10	15	22.18	15	87.18	一等	46.0	99.0	
	柳州汽车发动机厂	6105Q	25	10	15	20.78	15	85.78	一等	50.0	30.0	
	上海柴油机厂	6135QC	25	10	0	26.6	15	76.6	合格	71.0	75.0	
	杭州汽车发动机厂	X6130Q	25	0	0	8.97	15	48.97	不合格	25.0	37.5	

续

受检对象			检验项目及得分数						检验结果	平均首次故障时间(h)	平均故障间隔时间(h)	备注
机型	生产企业名称	产品型号	主要性能	装配质量	清洁度	可靠性	零件质量	总分数	综合评定	MTTFF	MTBF	
			满分数									
			25	15	15	30	15	100				
			实得分数									
汽油机	武汉轻型汽车制造厂	492Q	25	15	15	24.04	15	94.04	一等	0	50.0	
	宁波汽车发动机厂	492QA	25	15	15	22.32	15	92.32	一等	21.0	25.0	
	天津汽车发动机厂	TJ492QA	25	15	15	21.49	15	91.49	一等	0	33.3	
	沈阳汽车发动机厂	492Q1	25	15	15	20.91	15	90.91	一等	19.5	20.0	
	东安发动机公司	DA462	25	15	15	17.92	15	87.92	一等	98.3	100.0	
	萍乡汽油机厂	492Q—C2	25	15	15	17.59	15	87.59	一等	96.5	100.0	
	青岛动力机厂	QD6102	25	15	10	26.00	10	86.00	一等	25.0	50.0	
	成都汽车发动机总厂	492QA2	25	10	15	25.58	15	90.58	合格	17.0	50.0	复查
	上海诚浮动力机厂	B692Q	25	15	0	26.29	15	81.29	合格	25.0	50.0	
	国营西南仪器厂	492Q—1A	25	10	15	12.55	15	77.55	合格	14.2	20.0	
	唐山内燃机厂	492QA	25	15	15	6.87	15	76.87	合格	0	20.0	
	上海浦江发动机厂	SH475Q	25	10	0	26.20	15	76.20	合格	17.5	50.0	
	解放军7429工厂	CZ492Q	25	10	15	22.30	15	70 (87.30)	合格	29.7	25.0	加倍
	长沙汽车发动机总厂	CS492Q—1A	25	15	15	15.39	15	70 (85.39)	合格	15.0	33.3	加倍

四 1990年国家监督检验汽车产品质量抽查结果

1 1990年国家监督检验载货汽车质量抽查结果

受检对象			检验项目及得分数							检验结果		平均首次故障里程(km)	平均故障间隔里程(km)	备注
车型	生产企业名称	产品型号	基本性能	噪声	排放	可靠性	装配质量	油漆	密封性	总分数	综合评定	MTTFF	MTBF	
			满分数											
			20	5	5	30	30	5	5	100				
			实得分数											
重型车	四川汽车制造厂	CQ30290	20	5	5	28.78	25	3	3	89.78	一等	3498.5	5000.0	
	江西省车辆改装厂	JT9170B	20	5	5	20.50	30	3	3	86.5	一等	83.0	833.3	
	湖南重型汽车制造厂	HN1150	20	5	5	24.14	25	3	3	85.14	一等	701.0	1666.7	
中型车	新疆汽车厂	EQF140—1	20	5	5	25.34	30	3	3	91.34	一等	1303.0	1666.7	
	十堰市汽车改装厂	SG140GH	20	5	5	27.17	30	0	3	90.17	一等	1777.0	2500.0	
	第二汽车制造厂	EQ140—1	20	5	5	26.30	26.67	3	3	88.97	一等	785.9	2500.0	
	新疆第一汽车制造厂	CA1091	20	5	5	20.49	30	3	5	88.49	一等	543.0	833.3	
	福建汽车厂	FJD134B	20	5	5	20.84	25	3	0	78.84	合格	688.4	833.3	
	兰州专用汽车制造厂	LQ141R	20	5	5	18.70	20	3	3	74.70	合格	799.4	833.3	
	江苏省江阳汽车厂	JQ1101	20	5	5	19.48	20	3	0	72.48	合格	375.2	833.3	
	吉林省公主岭汽车改装厂	$GD141K_2$	20	0	5	15.82	0	0	0	40.82	不合格	21.9	416.7	
轻型车	广东湛江三星汽车企业(集团)公司	SXZ1032	20	5	5	27.77	30	3	3	93.77	一等	3751.0	5000.0	
	新疆汽车改装厂	SY132C	20	5	5	27.07	25	5	5	92.07	一等	1233.5	2500.0	
	重庆市渝州汽车总厂	YZ122	20	5	5	28.54	25	3	3	89.54	一等	2576.0	5000.0	
	合肥江淮汽车制造厂	HFC1060D1	20	5	5	22.82	30	3	3	88.82	一等	1539.5	1000.0	
	重庆专用汽车厂	CN130B	20	5	5	27.14	25	3	3	88.14	一等	1076.0	2500.0	
	云南蓝箭汽车制造厂	LJC1040B	20	5	5	26.88	25	3	3	87.88	一等	2854.2	2500.0	
	湖北荆州汽车改装厂	JZC130B	20	5	5	26.75	25	3	3	87.75	一等	818.0	2500.0	

续

车型	受检对象 生产企业名称	产品型号	基本性能	噪声	排放	可靠性	装配质量	油漆	密封性	总分数	综合评定	平均首次故障里程(km) MTTFF	平均故障间隔里程(km) MTBF	备注
		满分数	20	5	5	30	30	5	5	100				
		实得分数												
轻型车	新疆轻型汽车总装厂	XQC1040CS	20	5	5	20.66	30	3	3	86.66	一等	1091.5	2500.0	
	天津市专用汽车厂	TJ1048	20	5	5	25.20	25	3	3	86.20	一等	1531.0	1666.7	
	沈阳汽车制造厂	SY132C	20	5	5	25.78	20	5	5	85.78	一等	1679.0	1666.7	
	国营星光机械厂	XG1040AF	20	5	5	22.12	25	5	3	85.12	一等	580.0	1000.0	
	北京轻型汽车有限公司	BJ130A	20	5	5	27.10	20	5	3	85.10	一等	1151.0	2500.0	
	北京市汽车联营改装厂	BJL1040S	20	5	5	23.19	25	3	3	85.03	一等	1232.0	1250.0	
	青海省轻型车辆厂	QH130	20	5	5	23.12	25	3	3	84.12	合格	996.0	1250.0	
	盐城汽车总厂	JS130	20	5	5	23.39	25	0	0	78.39	合格	992.9	1250.0	
	江苏省海门县客车二厂	HKE131	20	5	5	22.20	20	3	3	78.20	合格	1511.6	833.3	
	许昌汽车制配厂	XCQ1040SP1	20	0	5	27.17	20	3	3	78.17	合格	3128.3	2500.0	
	沈阳救护车厂	SY1040NAT	20	5	5	25.10	20	3	0	78.10	合格	504.9	2500.0	
	萍乡市车辆厂	PX130	20	5	5	21.50	20	3	3	77.50	合格	513.0	833.0	

续

车型	受检对象 生产企业名称	产品型号	基本性能	噪声	排放	可靠性	装配质量	油漆	密封性	总分数	检验结果 综合评定	平均首次故障里程(km) MTTFF	平均故障间隔里程(km) MTBF	备注
		满分数	20	5	5	30	30	5	5	100				
		实得分数												
微装车	天津市微型汽车厂	TJ1010	20	5	5	27.03	30	5	3	95.03	一等	2032.0	2500.0	
	昌河飞机制造厂	CH110X	20	5	5	25.33	30	5	3	93.33	一等	1105.5	1666.7	
	山东德州汽车改装厂	DZG1010S	20	5	5	24.57	30	3	5	92.57	一等	1457.0	1666.7	
	福州八闽汽车厂	BM1020KH	20	5	5	28.86	25	3	5	91.86	一等	5000.0	5000.0	
	石家庄汽车改装厂	SCG1030	20	5	5	28.08	25	3	3	89.08	一等	4210.1	5000.0	
	昆明汽车厂	KQ1030	20	5	5	26.88	25	3	3	87.88	一等	2978.2	2500.0	
	保定汽车制造厂	BQ1031	20	5	5	25.29	25	3	3	86.29	一等	1273.4	1666.7	
	第一汽车制造厂吉林轻型车厂	JL1010H	20	5	5	24.80	25	3	3	85.80	一等	12.5	2500.0	
	浙江公安车辆厂	ZGA1020BJ	20	5	5	20.79	30	0	5	85.79	一等	1118.0	714.0	
	北京市新海汽车改装总厂	XHQ1021S	20	5	5	22.22	25	3	5	85.22	一等	1350.0	833.3	
	新疆微型汽车制造厂	XW110S	20	5	5	23.19	25	3	3	84.18	合格	568.5	1250.0	
	保定前进汽车改装厂	BDG1030SH	20	5	5	25.75	20	3	5	83.75	合格	2303.0	2500.0	
	江苏省沭阳客车厂	SYC1035X	20	5	5	22.75	25	3	3	83.75	合格	378.8	1250.0	
	北京通联汽车改装联合总厂	JTL1020S	20	5	5	25.49	20	3	5	83.49	合格	576.0	2500.0	
	河北省邢台114汽车厂	XTQ1031	20	5	5	27.32	20	3	3	83.32	合格	2212.5	2500.0	
	中国人民解放军九五零六工厂	KZ1030KH	20	5	5	27.25	20	3	3	83.25	合格	1252.0	2500.0	
	哈尔滨飞机制造公司	HFJ1010E	20	5	5	26.12	20	3	3	82.12	合格	799.5	2500.0	
	京岛汽车改装厂	JD1030S	20	5	5	26.07	20	3	3	82.07	合格	364.4	2500.0	
	太原东风汽车修理厂	DFQ1020X	20	5	5	25.20	20	3	3	81.20	合格	1932.8	1666.7	
	国营燕北机械厂	YB1010	20	5	5	27.68	20	0	3	80.68	合格	1330.0	2500.0	
	济南第二汽车改装厂	JQG1000A	20	5	5	22.18	25	3	0	80.18	合格	47.0	1666.7	

续

车型	生产企业名称	产品型号	基本性能	噪声	排放	可靠性	装配质量	油漆	密封性	总分数	综合评定	平均首次故障里程(km) MTTFF	平均故障间隔里程(km) MTBF	备注
受检对象			检验项目及得分数								检验结果			
		满分数	20	5	5	30	30	5	5	100				
		实得分数												
微型车	开封专用汽车厂	KFX1010S	20	5	5	22.18	20	5	3	80.18	合格	980.6	1000.0	
	保定市长城汽车工业公司	1030	20	5	5	23.42	20	3	3	79.42	合格	1010.0	1250.0	
	伊敏河汽车改装厂	YMQ1030	20	5	5	23.33	20	3	3	79.33	合格	1138.8	1250.0	
	保定地区汽车改装公司	BD1030	20	5	5	23.19	20	3	3	79.19	合格	672.0	1250.0	
	长空汽车改装总厂	CKQ1032S	20	0	5	25.74	20	3	5	78.74	合格	145.4	2500.0	
	航空航天部陕西飞机制造公司	SFJ1010	20	5	5	22.62	20	3	3	78.82	合格	461.0	1250.0	
	警兴汽车改装厂	JXQ1020S	20	5	5	22.14	20	3	3	28.14	合格	1044.5	1000.0	
	北京昌平县沙河汽车改装厂	BCS1021S	20	5	5	22.13	20	3	3	78.13	合格	520.0	1250.0	
	中国人民解放军第三六〇八工厂	XSY1030S	20	5	5	21.82	20	3	3	77.82	合格	133.0	1250.0	
	沈阳市风驰汽车改装厂	SQZ1021	20	5	5	21.30	20	3	3	77.30	合格	494.9	1250.0	
	山东颜陵汽车改装厂	SYL1020	20	5	5	21.75	20	3	0	74.75	合格	960.0	1000.0	
	郑州市汽车改装厂	CC121GW	20	5	5	21.34	20	3	0	74.34	合格	333.2	1000.0	
	华北车身总厂	HC1030S	20	5	5	23.86	20	0	0	73.86	合格	704.2	1666.7	
	鹰潭市汽车改装厂	YT120	20	5	5	20.70	20	3	0	73.70	合格	1040.5	833.3	
	国营蒙城机械制造总厂	MC110S	20	5	5	19.19	20	3	0	72.19	合格	710.5	625.0	
	长春市汽车改装二厂	CGE1030A	20	5	5	18.34	20	0	3	71.34	合格	407.5	833.3	
	河北省任丘客车厂	RK1030	20	5	5	22.97	20	3	0	70.97	合格	109.5	1666.7	
	江苏省邗江微型汽车厂	HWC1010S	20	5	5	17.77	20	3	0	70.77	合格	77.7	625.0	
	沈阳三山汽车工业联营公司	HSB1031	20	5	5	15.01	0	0	0	45.01	不合格	294.0	416.7	

2 1990年国家监督检验越野汽车质量抽查结果

车型	生产企业名称	产品型号	基本性能	噪声	排放	可靠性	装配质量	油漆	密封性	总成质量	零部件质量	总分数	综合评定	平均首次故障里程 MTTFF (km)	平均故障间隔里程 MTBF (km)	备注
	满分数		15	5	5	30	15	5	5	10	10	100				
	实得分数															
越野车	成都轻型汽车改装总厂	CQQ2023A	15	5	5	27.96	10	5	4	10	—	91.07	一等	2262.8	2500.0	折算值
	成都山鹿汽车厂	JY6420B	15	5	5	25.84	10	3	4	10	10	87.84	一等	376.6	2500.0	
	中国人民解放军第七三一九工厂	JY6420A	15	5	5	22.23	10	5	2.5	10	10	86.90	一等	804.6	1250.0	折算值
	江西赣南小汽车厂	GXQ6420Y	15	5	5	28.73	5	5	5	—	—	85.91	一等	2500.0	2500.0	折算值
	中国人民解放军第七四二九工厂	CZC2020	15	5	5	20.66	10	5	5	10	10	85.66	一等	1172.0	1000.0	
	中国人民解放军第七四二〇工厂	HBJ5022XJA	15	5	5	24.15	10	3	1.5	—	—	82.13	合格	685.4	1666.7	折算值
	西京汽车厂	821QX	15	0	5	24.42	12.5	5	4	7	—	81.02	合格	552.5	2500.0	
	昆明客车改装厂	KK2020	15	5	5	23.81	10	3	4	7	—	80.90	合格	842.7	1250.0	
	光达汽车车辆厂	YJ2030	15	5	5	21.67	10	3	1.5	—	—	78.93	合格	1042.0	1250.0	
	中国人民解放军第七四三七工厂	212A	15	5	5	22.59	7.5	3	2.5	—	—	78.18	合格	274.0	1250.0	
	京联汽车改装厂	JLC2020	15	5	5	20.80	10	3	1.5	—	—	77.81	合格	1735.0	333.3	
	湖南株洲市轻型汽车改装厂	ZQG5030XYC	15	5	5	19.26	10	3	0	10	7	76.16	合格	1197.0	714.3	
	华北汽车改装厂	HBQ6400	15	0	5	24.51	10	3	0	—		74.21	合格	1151.0	2500.0	
	乌鲁木齐轻型汽车改装厂	WQ2033	15	5	5	18.22	10	3	3	7	0	73.58	合格	249.9	833.3	
	中国人民解放军第七三二五工厂	SD512	15	5	5	14.65	10	3	4	7		70 (70.72)	合格	357.5	500.0	复查

3 1990年国家监督检验改装汽车质量抽查结果

受检对象：车型	受检对象：生产企业名称	受检对象：产品型号	检验项目及得分数：基本性能	噪声	排放	可靠性	装配质量	油漆	密封性	总分数	检验结果：综合评定	平均首次故障里程(km) MTTFF	平均故障间隔里程(km) MTBF	备注
		满分数	20	5	5	30	30	5	5	100				
		实得分数												
改装车	湖南省汽车制造厂	HQ342	20	5	5	27.92	30	3	3	93.92	一等	3513.0	2500.0	
	济南汽车改装厂	JG5090GYY	20	5	5	23.07	30	3	3	89.07	一等	872.0	1250.0	
	北京重型汽车制造厂	BJZ3364	20	5	5	26.88	25	3	3	87.88	一等	2162.0	2500.0	
	扎兰屯汽车改装厂	NMG3100	20	5	5	26.59	25	3	3	87.59	一等	2066.0	2500.0	
	山东汽车改装厂	SDG9130J08	20	5	5	19.46	30	5	3	87.46	一等	315.0	714.0	
	湖南专用汽车制造厂	HZC3090	20	5	5	26.39	25	3	3	87.39	一等	1362.8	2500.0	
	南京市汽车运输公司修理改装厂	QYC5090X	20	5	5	23.84	30	0	3	86.84	一等	1103.6	1250.0	
	常熟专用汽车制造厂	CSZ3090E	20	5	5	25.78	25	3	3	86.78	一等	2290.8	1666.7	
	浙江海宁客车厂	HK520	20	5	5	20.75	30	3	3	86.75	一等	886.5	833.3	
	南宁专用汽车改装厂	NZ3091	20	5	5	23.60	25	3	5	86.60	一等	2199.5	1250.0	
	武汉滨湖机械厂	GH130XH	20	5	5	23.07	25	3	5	86.07	一等	2317.0	1250.0	
	新乡市汽车改装修配厂	XX144SN	20	5	5	27.92	20	3	5	85.92	一等	3061.2	2500.0	
	湖北省郧阳地区改装厂	EQ340—1	20	5	5	27.47	20	3	5	85.47	一等	2465.0	2500.0	
	潍坊东岳汽车联营公司	WFD136B	20	5	5	24.42	25	3	3	85.42	一等	1356.0	1666.7	
	武汉汽车车身附件总厂	WH341	20	5	5	27.17	25	0	3	85.17	一等	1713.0	2500.0	
	青海汽车改装厂	QZ346	20	5	5	24.00	25	3	3	85.00	一等	506.5	1666.7	
	武汉汽车改装厂	WHG5100GXEE	20	5	5	18.12	30	3	3	84.12	合格	0.0	625.0	
	长治市清华机械厂	QHJ5090JSQ2	20	5	5	28.08	20	3	3	84.08	合格	2500.0	2500.0	
	武汉江夏轻型特种车厂	WX121XH	20	5	5	25.05	20	5	3	83.05	合格	281.0	2500.0	
	沈阳新阳机械制造公司	XY5100XH	20	5	5	21.90	25	3	3	82.90	合格	0.0	1250.0	
	青岛客车厂	QDK3093	20	5	5	19.88	25	3	5	82.88	合格	425.0	714.0	
	中国人民解放军第七三一二工厂	XM5030	20	5	5	24.85	20	3	5	82.85	合格	147.0	2500.0	
	柳州挂车厂	LG5100XLD	20	5	5	26.80	20	3	3	82.80	合格	1043.1	2500.0	

续

车型	受检对象 生产企业名称	产品型号	基本性能	噪声	排放	可靠性	装配质量	油漆	密封性	总分数	检验结果 综合评定	平均首次故障里程(km) MTTFF	平均故障间隔里程(km) MTBF	备注
		满分数	20	5	5	30	30	5	5	100				
		实得分数												
改装车	山西汽车制造厂	SX341C	20	5	5	26.74	20	3	3	82.74	合格	1529.5	2500.0	
	中国人民解放军第三三〇三工厂	SSL5040XXL	20	5	5	19.59	25	5	3	82.59	合格	821.0	625.0	
	湖北汽车改装厂	HQG3100	20	5	5	26.15	20	3	3	82.15	合格	1109.3	2500.0	
	长征汽车改装总厂	XCG5150YYA	20	5	5	26.14	20	3	3	82.14	合格	614.0	2500.0	
	四川公路机械厂	CGC3040	20	2.5	5	28.23	20	3	3	81.73	合格	2617.5	5000.0	
	邮电部明水通信机械厂	MS5020XYZ	20	5	5	20.38	25	3	3	81.38	合格	559.5	1000.0	
	琴台汽车改装厂	QT5090XBWCA	20	5	5	23.15	20	3	5	81.15	合格	265.0	1250.0	
	北京商用汽车制造厂	BS431A	20	5	5	24.42	20	3	3	80.43	合格	2390.0	1250.0	
	湖北汽车配件厂	HP140/47EX	20	5	5	29.02	15	3	3	80.02	合格	2500.0	2500.0	
	重庆市汽车改装厂	EQ/CG341	20	5	5	23.33	20	3	3	79.33	合格	2015.7	1250.0	
	南京晨光机器厂	CGJ5100GJYEQ	20	5	5	18.20	25	3	3	79.20	合格	588.4	555.6	
	邮电部贵阳通信机械厂	GY140	20	5	5	22.40	20	3	3	78.40	合格	169.2	1250.0	
	四川专用汽车制造厂	SC3450	20	5	5	23.65	20	3	0	76.65	合格	274.8	1666.7	
	新疆专用汽车厂	XZC3092	20	5	5	18.40	20	3	5	76.40	合格	104.0	625.0	
	四川建南机械厂	JNC3090	20	5	5	18.38	25	3	0	76.38	合格	8.0	625.0	
	安徽省埠新汽车厂	AP3090	20	5	5	18.25	25	3	0	76.25	合格	243.0	625.0	
	贵州专用汽车制造厂	GG3091A	20	5	5	20.20	20	3	3	76.20	合格	4.1	833.3	
	牡丹江汽车联合改装厂	MH2020C	20	5	5	20.00	20	3	3	76.00	合格	43.4	833.3	
	西宁车辆厂	QH340	20	5	5	19.32	20	3	3	75.32	合格	103.5	833.3	
	四川华川轻型专用汽车厂	DZ3040	20	5	5	20.93	20	3	0	73.93	合格	238.0	1000.0	
	中国人民解放军六九〇七工厂	HT221TX	20	5	5	20.63	20	3	0	73.63	合格	220.0	1250.0	
	新野汽车改装厂	XY5030SP/X	20	5	5	19.60	20	0	3	72.60	合格	405.2	714.3	
	柳州特种汽车厂	LYQ341	20	0	5	19.01	20	5	3	72.01	合格	1335.6	500.0	
	北京市风光客车厂	FG6301C	20	0	5	23.60	20	0	3	71.60	合格	1520.0	1250.0	
	齐齐哈尔汽车制造厂	QQ562B	20	5	5	18.24	20	3	0	71.24	合格	699.0	625.0	
	国营东华机械厂	DH631	20	5	5	21.01	20	0	0	71.01	合格	721.5	833.3	
	无锡县汽车改装总厂专用汽车厂	WXZ5030XJE	20	0	5	22.89	25	3	5	70 (80.89)	合格	845.0	1250.0	复查
	盐城市专用汽车厂	YCQ3040	20	5	5	20.13	20	3	0	70 (73.13)	合格	477.0	[illegible]	复查
	泰安汽车起重机总厂	TS362	20	5	5	19.71	0	3	3	55.71	不合格	317.2	714.0	
	四平汽车改装厂	SP349	20	5	5	14.91	0	3	3	50.99	不合格	147.3	416.7	

4 1990年国家监督检验轿车 客车质量抽查结果

受检对象			检验项目及得分数										检验结果	平均首次故障里程(km)	平均故障间隔里程(km)	备注
车型	生产企业名称	产品型号	基本性能	噪声	排放	可靠性	装配质量	油漆	密封性	平顺性	车身本体	总分数	综合评定	MTTFF	MTBF	
		满分数	15	5	5	20	20	10	10	5	10	100				
		实得分数														
客车	张家港市旅行车厂	SL621	15	5	5	16.69	18.5	10	10	5	10	95.19	一等	2158.0	2500.0	
	烟台汽车运输公司改装厂	YTK6920	15	5	5	15.00	20	8	9	5	10	92.00	一等	1248.0	1000.0	
	中国人民解放军第三四〇二厂	LS6911	15	5	5	15.28	18.5	9	10	5	9	91.78	一等	324.6	1000.0	
	第一汽车制造厂无锡汽车厂	XQ641TA	15	5	5	15.53	17	10	9	5	10	91.53	一等	127.0	1666.7	
	煤炭工业部萍乡客车厂	PK6970G	15	5	5	16.59	17	9	8	5	10	90.59	一等	1959	2500.0	
	山东省临沂汽车运输公司修理总厂	SD662	15	5	5	14.47	17	9	10	5	9	89.47	一等	271.3	833.3	
	无锡县客车厂	XK623	15	5	5	15.46	17	9	10	5	8	89.46	一等	573.0	1250.0	
	南宁汽车改装厂	NN6580	15	5	5	15.08	18.5	8	9	5	8	88.58	一等	2053.2	833.3	
	兰州客车厂	LZ662A	15	5	5	13.38	17	9	9	5	10	88.38	一等	827.0	1666.7	
	云马飞机制造厂	YM6970	15	5	5	15.24	17	8	9	5	9	88.24	一等	52.6	1250.0	
	丹东汽车制造厂	DD680G	15	5	5	16.61	17	9	3	5	8	88.01	一等	1567.7	2500.0	
	贵州通用机械厂	GT6930	15	5	5	17.66	17	8	6	5	9	87.66	一等	1413.5	1250.0	
	重庆市客车总厂	CQ644T	15	5	5	14.15	18.5	8	8	5	8	86.65	一等	325.0	833.3	
	中国人民解放军第四四〇六厂	QD6970	15	5	5	13.64	17	9	9	5	8	86.64	一等	256.0	833.3	
	成都客车厂	CD644A	15	5	5	17.97	15.5	8	6	5	9	86.47	一等	4517.4	5000.0	
	中国人民解放军第五七〇二厂	SDJ6110	15	5	5	12.88	15.5	9	10	5	9	86.38	一等	476.0	556.0	
	无锡市客车制配厂	XKP6560	15	5	5	12.90	17	8	8	5	10	85.90	一等	418.0	833.0	
	沈阳飞机制造公司	SFQ6982	15	5	5	15.83	14	8	8	5	10	85.83	一等	104.0	2500.0	
	南京客车制造厂	YH640	15	5	5	14.57	17	8	8	5	8	85.57	一等	533.3	833.3	
	西安市客车厂	JT662	15	5	5	15.50	17	8	6	5	9	85.50	一等	1592.8	1250.0	
	汉中客车厂	SHZ662A	15	5	5	12.25	17	8	8	5	10	85.25	一等	450.0	500.0	
	广州汽车制造厂	GZ660MG	15	5	5	16.69	18.5	10	5	0	10	85.19	一等	2500.0	2500.0	
	无锡县特种汽车厂	XT621	15	5	5	14.15	17	8	8	5	8	85.15	一等	0	833.0	

续

受检对象			检验项目及得分数										检验结果	平均首次故障里程 (km)	平均故障间隔里程 (km)	备注
车型	生产企业名称	产品型号	基本性能	噪声	排放	可靠性	装配质量	油漆	密封性	平顺性	车身本体	总分数	综合评定	MTTFF	MTBF	
			满分数													
			15	5	5	20	20	10	10	5	10	100				
			实得分数													
客车	贵州客车厂	ZC93C10	15	5	5	15.53	15.5	8	7	5	9	85.03	一等	290.4	1250.0	
	广西南宁客车厂	JY680	15	5	5	15.83	15.5	8	8	5		85.94	合格	1006.8	2500.0	折算值
	湖南衡阳客车厂	HYK6910	15	5	5	16.64	14	8	3	5	9	84.88	合格	1945.8	2500.0	折算值
	济南客车厂	JK650	15	5	5	12.48	17	8	8	5	8	83.48	合格	406.0	714.0	
	湖南长沙公用客车厂	CSY6291	15	5	5	14.62	15.5	8	3	5	8	83.28	合格	433.3	833.3	折算值
	西安采矿机械厂	TD643	15	5	5	12.01	17	8	8	5	8	83.05	合格	382.0	625.0	
	桂林客车厂	GL662A	15	5	5	16.87	14	8	6	5	8	82.87	合格	610.8	1666.7	
	湖州客车厂	ZJ660—3	15	5	5	13.50	17	8	8	2.5	8	82.00	合格	222.9	833.3	
	青海客车厂	JY662A	15	5	5	13.79	14	8	7	5	8	80.79	合格	296.0	833.3	
	兰州海狮客车厂	LHK662	15	5	5	13.18	15.5	8	4	5	9	79.68	合格	485.0	625.0	
	湖南湘潭客车厂	XT642E	15	5	5	11.20	14	8	3	5	9	79.16	合格	0	500.0	折算值
	萧山汽车改装厂	XQ740A	15	5	5	13.80	14	8	5	5	8	78.80	合格	1082.0	714.0	
	新东汽车改装厂	XD651	15	5	5	14.60	15.5	9	6	0	8	78.10	合格	1279.8	833.3	
	山东淄博客车厂	SD650	15	5	0	11.79	14.0	8	8	5	8	74.79	合格	42.0	625.0	
	杭州公交客车厂	HZG6921A	15	5	5	9.38	8.5	9	4	5	9	73.56	合格	1031.0	625.0	
	南昌客车厂	NK6950E	15	5	5	13.11	15.5	8	3	0	8	72.61	合格	0	633.0	
	国营贵阳医疗器械厂	YC.XI	15	5	5	9.31	14.0	8	3	5	8	72.31	合格	845.1	833.3	
	上海长风客车厂	CF6550	15	5	5	12.94	7	8	6	5	8	71.94	合格	0	[illegible]	

5 1990年国家监督检验旅行车质量抽查结果

车型	受检对象 生产企业名称	产品型号	基本性能	噪声	排放	可靠性	装配质量	油漆	密封性	平顺性	车身本体	总分数	检验结果 综合评定	平均首次故障里程(km) MTTFF	平均故障间隔里程(km) MTBF	备注
		满分数	15	5	5	20	20	10	10	5	10	100				
		实得分数														
旅行车	张家港市特种汽车改装厂	ZGT6050A	15	5	5	17.21	20	10	9	5	9	95.21	一等	2216.0	2500.0	
	四川旅行车制造厂	CDL6602	15	5	5	18.51	18.5	10	9	5	8	94.01	一等	5000.0	5000.0	
	张家港市牡丹客车厂	MD622	15	5	5	15.01	18.5	10	10	5	10	93.51	一等	918.0	2500.0	
	四川省乐山客车厂	LSK5050XYC	15	5	5	18.56	18.5	8	8	5	10	93.06	一等	2500.0	2500.0	
	江苏仪征汽车制造厂	YQ621	15	5	5	17.71	18.5	9	8	5	9	92.21	一等	2387.7	5000.0	
	上海沪陵汽车厂	HL6601	15	5	5	18.16	17	8	10	5	9	92.16	一等	4501.0	5000.0	
	江苏省扬州扬子旅游车厂	YZL6602	15	5	5	18.13	17	9	8	5	10	92.13	一等	2500.0	2500.0	
	张家港市杜鹃汽车改装厂	DJ620	15	5	5	15.49	18.5	9	10	5	9	91.99	一等	975.0	2500.0	
	国营张家港市汽车改装厂	ZG6541A	15	5	5	14.37	18.5	10	10	5	9	91.87	一等	1807.0	1250.0	
	上海万象汽车厂	SXC6602	15	5	5	15.75	17	10	10	5	9	91.75	一等	999.0	1000.0	
	铁道部第二工程局一处机械厂	TE6590	15	5	5	16.03	18.5	8	10	5	8	90.54	一等	1823.8	2500.0	
	安徽客车总厂	AK645A	15	5	5	13.33	20	8	10	5	9	90.33	一等	242.0	1250.0	
	沈阳轿车制造厂	SY622C	15	5	5	18.18	17	8	8	5	9	90.18	一等	5000.0	5000.0	
	江苏省如皋县客车厂	RQ6480	15	5	5	14.45	18.5	8		5	10	89.95	一等	665.4	625.0	
	云南航天公司昆明旅行车制造厂	YH6560Q	15	5	5	16.30	20	8	7	5	8	89.30	一等	3043.5	5000.0	
	国营江苏省江都汽车总厂	JB622	15	5	5	15.16	20	8	8	5	8	89.16	一等	2358.0	2500.0	
	中国人民解放军第三四〇三厂	JH613A	15	5	5	15.37	17	8	8	5	9	87.37	一等	3017.0	1666.7	
	合肥汽车制造厂	FH5020X	15	5	5	12.32	17	8	10	5	10	87.32	一等	27.5	416.7	
	南通市特种车辆厂	NTT6461	15	5	5	16.20	17	9	6	5	9	87.20	一等	1269.5	2500.0	
	江苏省丹阳市客车厂	DYK6571	15	5	5	16.72	20	10	7	0	8	86.72	一等	599.0	1250.0	
	郑州少林汽车改装厂	SLG6550	15	5	5	14.68	17	8	9	5	8	86.68	一等	867.8	1000.0	
	四川省雅安交通机械厂	JT410B	15	5	5	16.05	15.5	8	9	5	8	86.55	一等	1442.1	1666.7	
	张家港市微型汽车改装厂	ZW610A	15	5	5	14.51	17	8	8	5	9	86.55	一等	2415.0	2500.0	

续

受检对象			检验项目及得分数										检验结果	平均首次故障里程(km)	平均故障间隔里程(km)	备注
车型	生产企业名称	产品型号	基本性能	噪声	排放	可靠性	装配质量	油漆	密封性	平顺性	车身本体	总分数	综合评定	MTTFF	MTBF	
		满分数	15	5	5	20	20	10	10	5	10	100				
		实得分数														
旅行车	成都医疗设备厂	CD521—C	15	5	5	17.01	15.5	8	7	5	9	86.51	一等	402.4	1666.7	
	张家港市客车制配厂	SZ621	15	5	5	14.03	17	9	8	5	8	86.03	一等	1512.0	1250.0	
	四川达宇特种车辆制造厂	DYQ5034XJHA	15	2.5	5	15.61	18.5	8	8	5	8	85.61	一等	310.2	1666.7	
	广州红桥客车厂	HQ6630B	15	5	5	14.96	17	9	8	2.5	9	85.46	一等	171.0	1666.7	
	湖北黄石汽车改装厂	SHC6650	15	5	5	13.43	17	9	8	5	8	85.43	一等	3.3	1010.0	
	湖北沙洋汽车改装厂	SQP5031XQCY	15	5	5	13.32	20	8	6	5	8	85.32	一等	177.0	625.0	
	四川省金顶客车厂	JDK6541	15	5	5	18.19	14	8	7	5	8	85.19	一等	4746.7	5000.0	
	峨眉机器制造厂	EJ6561	15	5	5	17.11	17	8	8	0	10	85.11	一等	3404.4	5000.0	
	国营松辽汽车厂	SL6500	15	5	5	16.59	15.5	8	7	5	8	85.09	一等	529.0	1666.7	
	重庆市客车装修厂	CQ632	15	5	5	16.07	17	8	5	5	8	84.07	合格	1646.4	2500.0	
	湖南省商业机械厂	HS6561	15	5	5	16.60	14	8	3	5	8	83.79	合格	14.0	2500.0	折算值
	石家庄地区矿山救护车改装厂	SMG5040XKJ	15	5	5	16.16	14	8	9	2.5	9	83.66	合格	1635.5	1666.7	
	湖南省社会福利专用车辆厂	XL630	15	5	5	14.96	15.5	8	3	5	8	83.64	合格	52.2	1250.0	折算值
	宁波第二车辆厂	ZL6551	15	5	5	13.08	17	8	9	2.5	9	83.58	合格	221.5	625.0	
	海门县客车厂	HM6603	15	5	5	11.63	17	8	8	5	8	82.62	合格	355.6	625.0	
	湖南长沙果园交通机械厂	GY6600	15	5	5	14.42	14	8	4	5	8	82.55	合格	829.0	1000.0	折算值
	河北省邢台汽车厂	XT5470X	15	5	5	16.50	14	.9	5	5	8	82.50	合格	1112.5	1666.7	
	西北医疗设备厂	XB5025XFYBD	15	5	5	12.60	15.5	8	8	5	8	82.10	合格	370.0	625.0	
	山东省武城旅行车厂	BWC6440	15	5	5	12.08	17	8	5	5	10	82.08	合格	850.0	833.3	
	河北客车厂	HB6580	15	2.5	5	18.03	15.5	8	5	5	8	82.03	合格	5000.0	5000.0	
	宁波客车厂	KL626	15	5	5	13.75	17	8	5	5	8	81.75	合格	658.0	625.0	
	宁波旅行车厂	NP6600	15	5	5	13.86	15.5	8	6	5	8	81.36	合格	411.0	1000.0	
	渭南地区澄城汽车改装厂	WC6460	15	5	5	13.13	14	8	8	5	8	81.13	合格	241.0	833.3	
	国营秦川机械厂	QCJ7050	15	5	5	15.08	14	8	6	5	8	81.08	合格	434.0	1250.0	
	常州交通车辆厂	CL532B	15	5	5	14.00	17	8	3	5	9	81.00	合格	183.0	1250.0	
	金州客车厂	JKC6480X	15	5	5	12.91	14	8	8	5	8	80.91	合格	214.0	625.0	
	贵阳金钟医疗仪器厂	GJ130YZ	15	5	5	14.53	14	8	6	5	8	80.53	合格	142.0	1250.0	
	重庆市八桥汽车装修厂	BQC6540	15	5	5	15.94	15.5	8	3	5	8	80.44	合格	3250.0	2500.0	
	重庆交通机械厂	CJT6660	15	5	5	15.92	15.5	8	3	5	8	80.42	合格	1826.8	1666.7	

续

受检对象			检验项目及得分数									检验结果		平均首次故障里程(km)	平均故障间隔里程(km)	备注
车型	生产企业名称	产品型号	基本性能	噪声	排放	可靠性	装配质量	油漆	密封性	平顺性	车身本体	总分数	综合评定	MTTFF	MTBF	
			满分数													
			15	5	5	20	20	10	10	5	10	100				
			实得分数													
旅行车	江苏省泗阳军地两用人才客车厂	SJ621	15	5	5	16.34	17	8	0	5	9	80.34	合格	1800.5	900.2	
	海安县客车厂	HA6550AC	15	5	5	13.72	15.5	8	5	5	8	80.22	合格	759.0	625.0	
	江阴市旅行车二厂	JY622	15	5	5	12.12	17	8	4	5	9	80.12	合格	785.0	1250.0	
	开封联合收割机厂	KF635	15	0	5	17.50	14	8	6	5	9	79.50	合格	2500.0	2500.0	
	贵州客车制造厂	GZ631－A	15	5	5	15.36	14	8	4	5	8	79.36	合格	128.6	1250.0	
	新生特种车辆改装厂	STG5030XQC	15	5	5	14.95	14	8	4	5	8	78.95	合格	1000.0	1250.0	
	福州客车厂	FK6640ND	15	5	5	12.41	14	8	6	5	8	78.41	合格	513.3	500.0	
	长春汽车改装厂	CG5021XGDC	15	5	5	14.01	14	8	0	5	8	77.91	合格	902.0	833.3	折算值
	湖南衡阳第四机械厂	HE6440	15	5	5	12.60	14	9	0	5	8	77.47	合格	167.0	625.0	折算值
	湖北武汉旅行车厂	WLC6630	15	5	5	12.22	14	8	6	—	8	77.07	合格	312.0	833.3	折算值
	湖南常德汽车改装厂	WL6600	15	5	5	9.52	14	8	3	5	8	76.34	合格	150.6	312.5	折算值
	湖南长沙芙蓉汽车制造厂	FR6600	15	5	5	9.48	14	8	3	5	8	76.29	合格	701.2	714.3	折算值
	南京药械厂	MY130UF	15	5	5	9.28	17	8	4	5	8	76.28	合格	511.0	833.3	
	陕西岐山旅行车厂	QS6640XL	15	5	5	13.25	14	8	3	5	8	76.25	合格	0	1250.0	
	北京市北方汽车改装厂	BF5030XBY	15	5	5	12.70	15.5	8	7	0	8	76.20	合格	156.0	625.0	
	南华客车厂	NH6561	7.5	5	5	14.07	14	8	8	5	9	75.57	合格	302.0	833.3	
	河南郑州旅行车厂	ZK55L6	15	5	5	12.10	14	8	3	5	8	75.10	合格	280.9	625.0	
	焦作市客车厂	HH6550	7.5	5	5	16.37	14	8	6	5	8	74.87	合格	865.1	2500.0	
	新乡消防机械厂	XFJKC06	15	5	5	15.18	14	8	4	0	8	74.18	合格	656.2	1250.0	
	河南省信阳车辆厂	XYL6570	15	5	5	14.33	14	0	7	5	8	73.33	合格	740.8	833.3	
	洛阳市客车厂	LY6560	15	0	5	13.02	14	8	5	5	8	73.02	合格	1402.0	625.0	
	武汉小型客车制配厂	WHK6560	15	5	5	16.10	17	0	3	—	8	72.74	合格	2500.0	2500.0	折算值
	江阴市特种车辆修造厂	TY625	15	5	5	14.50	14	0	5	5	8	71.50	合格	2036.0	833.3	
	上海安亭客车厂	SA620	15	5	5	7.06	14	8	3	5	8	70.06	合格	28.0	312.5	
	张家港市客车厂	ZKC6560	15	5	5	13.19	14	8	7	5	9	70 (81.19)	合格	1412.0	625.0	复查
	江阴市要塞客车厂	YS621	15	0	5	15.52	15.5	8	6	0	8	70 (73.02)	合格	45.0	1250.0	复查
	江苏省连云港市医疗器械厂	LY121JH	15	5	5	7.87	0	0	8	5	9	54.87	不合格	384.5	500.0	

6 1990年国家监督检验自卸汽车质量抽查结果

车型	生产企业名称	产品型号	基本性能	噪声	排放	可靠性	装配质量	油漆	密封性	举升性能	评定分数	综合评定	平均首次故障里程(km) MTTFF	平均故障间隔里程(km) MTBF	备注
	受检对象		检验项目及得分数（满分数）									检验结果			
			20	5	5	30	30	5	5	100	100				
			实得分数												
自卸汽车	湖北郧阳地区改装厂	EQ340—1	20	5	5	27.47	20	3	5	100	94.19	一等	2465.0	2500.0	
	湖南专用汽车制造厂	HZC3090	20	5	5	26.39	25	3	3	98.00	93.76	一等	1362.8	2500.0	
	常熟专用汽车制造厂	CSZ3090E	20	5	5	25.78	25	3	3	98.40	93.75	一等	2290.8	1666.7	
	湖北汽车改装厂	HQG3100	20	5	5	26.15	20	3	3	99.60	92.62	一等	1109.3	2500.0	
	南宁专用汽车改装厂	NZ3091	20	5	5	23.60	25	3	5	96.00	92.24	一等	2199.5	1250.0	
	山西汽车制造厂	SX341C	20	5	5	26.74	20	3	3	98.00	91.90	一等	1529.5	2500.0	
	四川公路机械厂	CGC3040	20	2.5	5	28.23	20	3	3	97.60	91.25	一等	2617.5	5000.0	
	青岛客车厂	QDK3093	20	5	5	19.88	25	3	5	95.60	90.51	一等	425.0	714.0	
	安徽培新汽车厂	AP3090	20	5	5	18.25	25	3	0	100	90.50	一等	243.0	625.0	
	武汉汽车车身附件总厂	WH341	20	5	5	27.17	25	0	3	93.60	90.23	一等	1713.0	2500.0	
	湖南省汽车制造厂	HQ342	20	5	5	27.92	30	3	3	86.80	89.65	一等	3513.0	2500.0	
	四川建南机械厂	JNC3090	20	5	5	18.38	25	3	0	97.60	89.11	一等	8.0	625.0	
	新疆专用汽车厂	XZC3092	20	5	5	18.40	20	3	5	95.60	87.92	一等	104.0	625.0	
	扎兰屯汽车改装厂	NMG3100	20	5	5	26.59	25	3	3	87.50	87.54	一等	2066.0	2500.0	
	四川专用汽车制造厂	SC3450	20	5	5	23.65	20	3	0	94.40	87.30	一等	274.8	1666.7	
	西宁车辆厂	QH340	20	5	5	19.32	20	3	3	95.20	87.25	一等	103.5	833.3	
	齐齐哈尔汽车制造厂	QQ562B	20	5	5	18.24	20	3	0	97.00	86.70	一等	699.0	625.0	
	青海汽车改装厂	QZ346	20	5	5	24.00	25	3	3	87.60	86.56	一等	506.5	1666.7	
	柳州特种汽车厂	LYQ341	20	0	5	19.01	20	5	3	93.60	84.96	合格	1335.6	500.0	
	贵州专用汽车制造厂	GG3091A	20	5	5	20.20	20	3	3	89.20	84.00	合格	4.1	833.3	
	重庆市汽车改装厂	EQ/CG341	20	5	5	23.33	20	3	3	86.40	83.57	合格	2015.7	1250.0	
	四川华川轻型专用汽车厂	DZ3040	20	5	5	20.93	20	3	0	90.00	83.57	合格	238.0	1000.0	
	泰安汽车起重机总厂	TS362	20	5	5	19.71	0	3	3	100	82.28	合格	317.2	714.0	
	四平汽车改装厂	SP349	20	5	5	14.99	0	3	3	94.00	76.80	合格	147.3	416.7	

7 1990年国家监督检验汽车发动机质量抽查结果

机型	生产企业名称	产品型号	主要性能	装配质量	清洁度	可靠性	零件质量	总分数	综合评定	平均首次故障时间(h) MTTFF*	平均故障间隔时间(h) MTBF	备注
满分数			25	15	15	30	15	100				
汽油机	一汽长春轻型发动机厂	CA492Q	25	15	15	28.06	15	98.06	一等	100.0	100.0	
汽油机	天津市内燃机厂	TJ370Q	25	15	15	28.06	15	98.06	一等	71.0	100.0	
汽油机	国营星光机器厂	H492QA	25	15	15	25.45	15	95.45	一等	45.5	50.0	
汽油机	北京内燃机总厂	BJ492QA	25	15	15	25.00	15	95.00	一等	100.0	33.3	
汽油机	第二汽车制造厂	EQ6100—1	25	15	15	24.73	15	94.73	一等	50.0	33.3	
汽油机	国营江陵机器厂	JL462Q	25	15	10	29.33	15	94.33	一等	100.0	100.0	
汽油机	宁波汽车发动机厂	NB492QA	25	15	15	23.06	15	93.06	一等	100.0	25.0	
汽油机	哈尔滨东安发动机制造公司	DA462	25	15	10	20.32	15	85.32	一等	0	25.0	
汽油机	柳州机械厂	276Q	25	15	0	28.07	15	83.07	合格	100.0	100.0	
柴油机	朝阳柴油机厂	6102BQ	25	15	15	28.39	15	98.39	一等	44.0	150.0	
柴油机	济南汽车总厂发动机厂	6130Q	25	15	15	27.18	15	97.18	一等	150.0	150.0	
柴油机	山东牟平发动机厂	6102QA	25	15	15	24.74	15	94.74	一等	150.0	50.0	
柴油机	扬州柴油机厂	495Q	25	15	15	24.52	15	94.52	一等	7.5	75.0	
柴油机	湖南邵阳汽车发动机厂	480Q	25	10	15	21.71	15	89.71	一等	20.0	75.0	
柴油机	南京东山汽车发动机厂	NJD433A	25	15	15	17.90	15	87.90	一等	150.0	21.4	
柴油机	上海柴油机厂	6135Q	25	15	0	22.49	15	77.49	合格	0	50.0	
柴油机	杭州汽车发动机厂	X6130Q	25	15	15	25.49	15	70 (95.49)	合格	150.0	75.0	复查

五 1988～1990年汽车工业部分优质产品项目

授奖部门	授奖年份	授奖级别	产品名称及型号	制造单位
国家技术监督局	1988	国优（银质奖）	NH系列柴油发动机	重庆汽车发动机厂
			长江牌 750BJ—3(M8D)型三轮摩托车	南昌飞机制造公司
	1989	国优（银质奖）	解放牌 CA141型车轮总成	第一汽车制造厂车轮厂
			解放牌 CA141型管带式散热器	第一汽车制造厂散热器厂
			沈三牌 S30、S40系列汽车减震器	沈阳汽车减震器厂
			湘江牌 XJ750B—2型全摇架摩托车	南方动力机械公司 株洲摩托车厂
	1990	国优（银质奖）	火车头牌 492QC—2型汽油发动机	江西发动机总厂
			洪都牌 HD125型两轮摩托车	南昌飞机制造公司
机械电子工业部	1988	部优	延安牌 SX250型越野车	陕西汽车制造总厂
			金杯牌 SY132系列轻型载货车	沈阳汽车制造厂
			金杯牌 SY622C型旅行车	沈阳轿车制造厂
			衡山牌 HS642型团体客车	湖南衡山专用汽车制造厂
			灵山牌 BC131型汽车变速器	北京齿轮总厂
			解放牌 CA141、IR360系列管带式散热器	第一汽车制造厂散热器厂
			汽齿牌 EQ140型汽车变速器齿轮	株洲汽车齿轮厂
			解放牌 CA141型汽车钢圈总成	第一汽车制造厂车轮厂
			东风牌 EQ140型汽车钢圈总成	第二汽车制造厂车轮厂
			东风牌 EQ140型汽车循环球转向器	第二汽车制造厂传动轴厂
			东风牌 EQ140型汽车蜡式调温器	第二汽车制造厂水箱厂
			东风牌 EQ140型汽车空压机总成	第二汽车制造厂底盘零件厂
			通微牌 50系列永磁直流电机	北京京伟电器有限公司
			越野牌 BJ212型汽车仪表	北京汽车仪表厂
			合肥牌 QC18/10型汽车动力转向油泵	合肥汽车油泵厂
			安簧牌 NJ131型汽车钢板弹簧总成	安庆汽车钢板弹簧厂
			环山牌 CA15、EQ140型汽车活塞环	安庆活塞环厂
			芜字牌 8—1R型汽车仪表	芜湖仪表厂
			飞蝶牌 EQ140型汽车离合器总成	湖北汽车离合器厂
			中生牌 DL135GB型电喇叭	湖北汽车电器厂
			武汉牌 WH110C、WH213型汽车传动轴总成	武汉汽车传动轴厂
			许昌牌 BJ121、EQ140型汽车传动轴总成	许昌汽车传动轴总厂
			手 牌 EQ140型发动机进、排气门	武汉气门厂
			山河牌 6102、康明斯发动机进、排气门	济南汽车配件厂
			明水牌 JN161系列气制动阀总成	济南明水汽车配件厂
			双月牌 492Q型发动机曲轴	山东临清汽车零件厂
			辽宁牌 SD136型防眩目前照灯	沈阳汽车灯厂
			金杯牌 SY132系列汽车后桥半轴	沈阳汽车半轴厂
			双鹅牌 EQ140型汽车气门挺杆	湖北鄂州气门挺杆厂
			EQ601型气动刮水器	湖北石首汽车配件二厂
			Y0601型越野加油车	西安锅炉总厂
			叶轮牌 5.50F—16型挂车钢圈	嘉兴第二钢圈厂
			跃 牌 CA10B、492Q型凸轮轴正时齿轮	哈尔滨汽车零件二厂
			万向牌 BJ212、BJ130型汽车万向节	广州轴承厂
			京轴牌 BJ130型汽车传动轴总成	北京汽车传动轴厂
			EQ140、CA10型汽车传动轴总成	株洲汽车传动轴厂
			东风牌 EQ140型汽车传动轴总成	第二汽车制造厂传动轴厂
			东风牌 EQ140型汽车钢板弹簧总成	第二汽车制造厂钢板弹簧厂
			东风牌 EQ140型汽车仪表板总成	第二汽车制造厂仪表厂
			环宇牌 NC170—3/3C型防眩目前照灯	湖北汽车灯厂
	1989	部优	解放牌 CA141型载货车	第一汽车制造厂
			东风牌 EQ140—1型载货车	第二汽车制造厂
			北京牌 BJ130系列载货车	北京轻型汽车有限公司
			雁 牌 TJ130系列载货车	天津汽车制造厂
			星光牌 HRB133型载货车	国营星光机器厂
			上饶牌 SR665H型客车	江西上饶客车厂
			辽宁牌 LN3101型电动轮矿用自卸车	本溪重型汽车制造厂

续

授奖部门	授奖年份	授奖级别	产品名称及型号	制造单位
			北内牌 492QA$_2$型汽油发动机	第一汽车制造厂长春轻型发动机厂
			DCQ6100—1H 型汽油发动机	贵州汽车制造厂
			东风牌 EQ340 型汽车液压举升缸	第二汽车制造厂设备制造厂
			东风牌 EQ140 型汽车气阀弹簧	第二汽车制造厂标准件厂
			汽电牌 DQ42 型点火线圈	长沙汽车电器厂
			飞奔牌 DQ143 型点火线圈	哈尔滨汽车电器厂
			解放牌 CAS5—20 型汽车变速器	第一汽车制造厂长春齿轮厂
			汤齿牌 EQ140 型汽车变速器	浙江汤溪齿轮机床厂
			跃进牌 NJ131 系列循环球转向器	南京汽车制造厂转向器厂
			飞宁牌 EQ140、BJ130 型汽车转向器	湖北汽车方向机厂
			武汉牌 CN6140、X6130 型发动机活塞	武汉汽车配件厂
			ZD324 系列暖风电机	湖北汽车电机厂
			中生牌 JK320 型综合开关	湖北汽车电器厂
			斐公牌 BJ212D、BJ130D 型管带式散热器	湖南水箱厂
			莲花牌 QD2725/T815 型汽车起动机	广东五华汽车电器厂
			飞字牌 S30 系列筒式减振器	天津汽车减振器厂
			天风牌 6120 系列汽车空气压缩机	浙江奉化汽车空压机厂
			GJ115(T—46)型涡轮增压器	辽宁凤城汽车增压器厂
			金杯牌 ZD133G 系列电动刮水器	沈阳汽车刮水器厂
			金杯牌 SY622B、SY132 型汽车钢板弹簧	沈阳弹簧厂
			金杯牌 SY622B、SY132 型汽车螺旋锥齿轮	沈阳汽车齿轮厂
			三角牌 SH760A 型汽车螺旋锥齿轮	上海汽车齿轮厂
			天海牌 DJ7—6.3 系列插接器	河南鹤壁汽车电器厂
			解放牌 CA141 型汽车驾驶室总成	第一汽车制造厂车身厂
			跃进牌 NJ131 型汽车驾驶室总成	南京汽车制造厂车身(总装)厂
			蓬翔牌 SDG9130J/E08 型半挂车	山东汽车改装厂
	1990	部优	黄河牌 JN162 系列载货车	济南汽车制造总厂
			红岩牌 CQ19210/30290 型载货车	四川汽车制造厂
			跃进牌 NJ131D 型载货车	南京汽车制造厂
			双马牌 SM130 系列载货车	沈阳双马汽车厂
			汉阳牌 HY936 型 10t 半挂车	汉阳特种汽车制造厂
			飞涛牌 HZC3090 型自卸车	湖南专用汽车厂
			华东牌 CSZ3090SE 型自卸车	江苏常熟专用汽车厂
			长汽牌 AX100 型摩托车	长春汽油机总厂
			株齿牌 EQ140 型汽车螺旋锥齿轮	株洲汽车齿轮厂
			金刚石牌 NJ131、EQ140 型汽车螺旋锥齿轮	南昌汽车齿轮厂
			击进牌 EQ140M 型汽车空压机	山西晋城汽车配件厂
			东风牌 QD1211 型起动机	湖北汽车电机厂
			多力牌 EQ140—1 型汽车传动轴总成	湖北汽车传动轴厂
			汾汽牌 EQ140 型汽车传动轴总成	山西传动轴厂
			珠峰牌 BJ212 型汽车转向器总成	山西昔阳汽车拖拉机配件厂
			东风牌 EQ140—1 型汽车双销式转向器	第二汽车制造厂传动轴厂
			东风牌 EQH102 型化油器	第二汽车制造厂化油器厂
			北汽牌 BJH201A 型化油器	北京汽车摩托车联合制造公司
			通微牌 BJ130 系列电动刮水器	北京京伟电器有限公司
			春鹰牌 BJ130 型汽车钢板弹簧总成	昆明钢板弹簧厂
			川 牌 3514CF 系列制动阀	重庆汽车配件厂
			芜字牌 8—1A、8—1M、8—5 型汽车仪表	芜湖仪表厂
			SK 牌 T134、T170 系列防眩目前照灯	上海小 车灯有限公司
			飞奔牌 DL2、DL5 系列电喇叭	哈尔滨汽车电器厂
			东风牌 EQ140 型发动机轴瓦	第二汽车制造厂轴瓦厂
			武汉牌 X6130、6120 型发动机轴瓦	武汉汽车配件厂
			关山牌 T14—273、287 系列高强度螺栓	武汉汽车标准件厂
			金杯牌 SY132、SY622BA 型汽车散热器	沈阳汽车水箱厂
			湖光牌 BJ212、BJ130、290 型散热器	湖北洪湖汽车水箱厂
交通部	1988	部优	广州牌 12.2m 集装箱半挂车	交通部广州港口机械制造厂
			三五牌 FD25 型汽车分电器用断电器	上海吉普车修配厂
			长沱牌 CA15 型活塞环	四川省泸州交通机械厂
			飞桥牌 CA10B、EQ140 型汽车后钢板弹簧总成	湖南常德汽车制造厂
	1989	部优	龙江牌 LJ97Y10 型客车	黑龙江客车厂
			三湘牌 XJ662A 型公路客车	长沙客车厂
			SJBGZC13(SJQ9130ZC)型双面侧倾自卸半挂车	上海交通汽车修配厂

续

授奖部门	授奖年份	授奖级别	产品名称及型号	制造单位
	1990	部优	东岳牌 LCK6931S5A 型客车	山东省聊城客车厂
			南岳牌 BH6A95ZZR 型喷油泵总成	湖南省衡阳汽车配件厂
			飞桥牌 EQ140 型汽车前钢板弹簧总成	湖南常德汽车修造厂
			飞鹰牌 EQ140 型汽车驱动桥主、被动圆锥齿轮	内蒙古汽车齿轮厂
			野马牌 CQQ2023A 轻型越野汽车	四川成都轻型汽车总厂
航空航天工业部	1988	部优	强华牌 QHJ5090JSQ2 型随车起重运输车	航空航天部长治清华机械厂
			洪都牌 HD125 型两轮摩托车	南昌飞机制造公司
			GHJ1030 型排气消声器	贵州航天工业总公司
			DG 系列 汽车电动刮水器	西安航空电气公司
			康明斯、道依茨发动机用机油、柴油、汽油、空气滤清器	航空航天工业部平原机器厂
	1989	部优	汉江牌 SFJ1010 型微型汽车	陕西飞机制造公司
			GHJ1030 型轻型载货汽车车厢	贵州航天工业总公司
轻工业部	1989	部优	工字牌 50mm 管接件	上海华丰钢铁厂
化工部	1990	部优	7425 牌 "O"形橡胶密封圈、骨架油封	中国人民解放军第 7425 工厂
民政部	1988	部优	汽光牌 JF13 型汽车硅整流发电机	太原汽车电机厂
	1990	部优	人人牌 DK 系列电磁式电源总开关	杭州汽车电器厂
农业部	1988	部优	三山牌 HSB9130 型半挂运输车	沈阳三山汽车工业联营公司
			沁河牌 汽车连杆铜套	山西安泽铜套厂
中国人民解放军总后勤部	1988	军优	EQ140 型凸轮轴	4406 工厂
			飞舟牌 BJ212 型越野车前、后桥总成	7407 工厂(沈阳松辽车桥厂)
			北汽牌 BJ212A 型载货车前、后桥总成	7407 工厂(沈阳松辽车桥厂)
			BJ130 型汽车前、后桥总成	7432 工厂
			BJ212 型汽车传动轴总成、9.00—20 型汽车内胎	7319 工厂
	1989	军优	TJ1010 型汽车前保险杠分总成	3615 工厂
			BJ212—3401—B 型汽车循环球式转向器	四川绵阳汽车方向机厂
			CA10C、BJ130、BJ212 型汽车传动轴总成	7437 工厂(兰州金兰汽车厂)
	1990	军优	6.50—16、7.50—20 型汽车内胎	7319 工厂
			NH220—C1 型气缸盖	7432 工厂
			起动用铅酸蓄电池、BY6660 型客车	7431 工厂(广东云山汽车厂)
			492Q—1 型气缸盖、CZ2020 轻型越野车	7429 工厂
			QHQ—15(PZ28)型化油器	7430 工厂(湛江南方化油器厂)
			山鹿牌 BJ130 型汽车后桥主、从动锥齿轮	7436 工厂(成都山鹿汽车厂)
			长江牌 750 型摩托车轮毂、制动鼓	7427 工厂(福州市八闽汽车厂)
			7425 牌 气制动软管	7425 工厂
			S30、S40 型系列减震器	7435 工厂
			321 型起动机	7422 工厂
			EQ140 型汽车右半轴套管	7449 工厂
			SL620 型旅行车前轴、后桥总成	7407 工厂(沈阳松辽车桥厂)
			CA10、BJ212 型汽车万向节总成	7437 工厂(兰州金兰汽车厂)
			BJ212 型进、排气门	7417 工厂
			YJ6500GD 型高顶旅行车、高顶救护车	3401 工厂(北京燕京汽车厂)
			SL6500 型旅行车	7416 工厂(国营松辽汽车厂)
			HL6601 型客车	7424 工厂(上海沪陵汽车厂)
			KQ1040A 型载货车	7433 工厂(昆明茶花汽车厂)
			6QA—105S、6JG—1195 型铅酸蓄电池	6915 工厂

续

授奖部门	授奖年份	授奖级别	产品名称及型号	制造单位
北京市人民政府	1988	市 优	北京牌 BJ121 轻型载货车	北京汽车摩托车联合制造公司
			灵山牌 BC17C 型变速器	北京齿轮总厂
			越野牌 BZ101 型组合仪表总成	北京汽车仪表厂
			京字牌 S 系列长型多孔式喷油嘴偶件	北京油泵油嘴厂
			光明牌 CA141 型汽车前照灯	北京市汽车灯厂
			百灵牌 DL122/12V 型双音盆形电喇叭	北京市汽车喇叭厂
			金虎牌 JF132E 型交流发电机	北京市汽车电机厂
			JH 牌 BJ212 型汽车后桥半轴	北京市汽车半轴厂
			风飞牌 BX500 系列熔断丝盒	北京市朝阳区荣光汽车电器厂
			南京牌 321—500 系列汽车起动机单向器	北京市第二汽车齿轮厂
	1989	市 优	北京牌 BJ130 型载货车	北京轻型汽车有限公司
			北京牌 BJ632A 型客车	北京市旅行车股份有限公司
			京字牌 ZSZ85A24 型柱塞偶件、PB65S、PB68S02 型喷油器总成	北京油泵油嘴厂
			保丰牌 425 型双辐条系列转向盘	北京市汽车方向盘厂
			双鹰牌 492Q 摇臂与摇臂轴、气门摇臂拉杆总成	北京市内燃机附件一厂
	1990	市 优	北内牌 F6L912G2 风冷柴油发动机	北京内燃机总厂
			雄师牌 2、4、6t 立式液压千斤顶	北京市汽车配件总厂
			北京牌 H201A 型化油器	北京汽车摩托车联合制造公司
			长征牌 BJ212、BJ130 型汽车钢板弹簧	北京第二汽车制造厂
天津市人民政府	1988	市 优	雁 牌 TJ133C 轻型载货汽车	天津市汽车制造厂
			工农牌 492Q 型汽油机气门弹簧、TJ110 型前悬挂弹簧	天津市弹簧厂
			天磁牌 C210、C210B 型磁电机	天津市磁电机厂
			渤龙牌 BJ212 型汽车水泵	天津市汽车水泵厂
	1989	市 优	华丽牌 TJ1010 微型汽车	天津市微型汽车厂
			天圈牌 TJ133C 型汽车钢圈	天津市汽车钢圈厂
			飞宇牌 S25—160、S30—190 型汽车减震器	天津市汽车减震器厂
			工农牌 212 型汽车离合器减振弹簧	天津市弹簧厂
			飞驰牌 492Q 型活塞销	天津市内燃机配件厂
			塔松牌 492Q 型铝活塞	天津市活塞厂
			北斗牌 TJ130 型汽车转向拉杆总成	天津市转向机厂
			天环牌 154、370 型蜡质调温器	天津市活塞环厂
			飞环牌 492Q—B 型汽车机油滤清器总成	天津市汽车滤清器厂
			三环牌 DY101 型汽车点烟器	天津市点火线圈分厂
			天轴牌 492Q 型汽油机连杆瓦	天津市轴瓦厂
	1990	市 优	天内牌 TJ370Q 型汽油发动机	天津市内燃机厂
			马力牌 TJ110 型汽车后桥主、从动齿轮	天津市汽车齿轮厂
			渤龙牌 370Q 型水泵	天津市汽车水泵厂
			礼花牌 ND170—10 型 TJ110 汽车前大灯	天津市汽车灯厂

续

授奖部门	授奖年份	授奖级别	产品名称及型号	制造单位
			太阳牌 JK317 型汽车组合开关、PL127 型盆形电喇叭	天津市交通器材厂
			四方牌 TJ110 型汽车门锁	天津市汽车锁厂
			富华牌 TJ130 型管带式散热器	天津市散热器厂
			天空牌 TJ130 型汽车空气滤清器	天津市汽车空气滤清器厂
			天发牌 492Q 型汽油发动机	天津市汽车发动机制造厂
河北省人民政府	1988	省 优	飞鸟牌 4T17 系列轻型汽车变速箱	唐山齿轮厂
			南轴牌 492Q 型汽油机连杆	南宫市曲轴连杆厂
			翼天威牌 BJ130 型汽车油箱	定州市机械厂
			华北牌 BJ212 型越野汽车车身总厂	华北车身总厂
			东字牌 492QA 型发动机曲轴	辛集市曲轴厂
			SNP 牌 492 型发动机活塞销	石家庄内燃机配件总厂
	1989	省 优	秦汽牌 BJ212 型汽车后半轴	秦皇岛市汽车配件厂
			远洋牌 WD136 型防眩前大灯	沧州市车灯厂
	1990	省 优	中北牌 492QB 汽油机铸缸体总成	保定地区内燃机厂
			万花牌 制动系统阀类产品	尚义县刹车元件厂
			飞鸟牌 TJ1010 微型汽车变速器	唐山齿轮厂
			TANG LONG 牌 492QS 型射流燃烧室汽油机	唐山市内燃机厂
			运风牌 扳材旋压系列 V 型皮带轮	航空部工艺所景县 V 型轮制造厂
			SNP 牌 492 型汽油机铝活塞	石家庄内燃机配件总厂
			C Z 牌 223A 型化油器	沧州市化油器厂
			太极牌 CDG9370J、30t 集装箱挂车	承德市汽车挂车厂
山西省人民政府	1988	省 优	团结牌 7C－7QG－5型汽车挂车	山西榆次挂车总厂
			尧都牌 3QA、6QA 系列铅酸蓄电池	临汾蓄电池厂
			汾汽牌 BJ130型汽车传动轴总成	山西传动轴厂
			击进牌 CA141－06型汽车压气机总成及EQ140型汽车曲轴	晋城汽车配件厂
			五龙牌 CA10型汽车散热器总成	山西水箱厂
			五台山牌 EQ140型汽车后半轴	山西省繁峙汽车配件厂
	1989	省 优	五龙牌 EQ140、BJ212型汽车散热器总成	山西水箱厂
			BJ130型汽车变速器总成	大同齿轮厂
			原野牌 250－2型两轮摩托车	国营原野摩托车制造厂
			BJ212型汽车减震器	山西省新绛县地方国营汽车配件厂
			汽光牌 JF13、JF15、JF25系列硅整流发电机	太原汽车电机厂
			五台山牌 BJ130型汽车后半轴	山西省繁峙汽车配件厂
	1990	省 优	MSB－5M 型变速器壳体	山西省临猗县汽车配件厂
			BJ212型汽车分动器总成	大同齿轮厂
			山西牌 SX341C 型自卸车	山西汽车制造厂

续

授奖部门	授奖年份	授奖级别	产品名称及型号	制造单位
内蒙古自治区人民政府	1988	区(省)优	包空牌 EQ140型汽车空气压缩机	包头市汽车空压机厂
			大鹏牌 6—QA—180型铅酸蓄电池	包头市蓄电池厂
	1989	区(省)优	东风牌 EQ140型汽车后桥主、从动锥齿轮	内蒙古汽车齿轮厂
			嘉陵牌 JH70型摩托车前减震器	内蒙古第一通用机械厂
			包底容牌 EQ140型汽车钢板弹簧	包头市汽车底盘压力容器厂
			BNP牌 492Q型汽油机铸铁气缸套	包头市内燃机配件厂
	1990	区(省)优	包底容牌 CA15型汽车钢板弹簧	包头市汽车底盘压力容器厂
			赤飞牌 CA141、EQ140、BJ130型汽车前轮毂	赤峰市汽车配件厂
			大鹏牌6-QA-60S型铅酸蓄电池	包头市蓄电池厂
辽宁省人民政府	1988	省优	金杯牌 SSN25C型汽车暖风机	沈阳汽车暖风机厂
			航空牌 J70系列涡轮增压器	黎明增压器厂
			金杯牌 SY662C型旅行车	沈阳轿车制造厂
			金杯牌 SY662B开幕旅行车前、后桥总成	沈阳弹簧厂
			乘风牌 AK340H型客车	鞍山客车制造厂
			鞍汽配牌 CA10B、CA151D4型前轴	鞍山市汽车配件厂
			ZD3型直流牵引电动机	抚顺汽车电机厂
			本溪牌 LN392型汽车发动机总成	本溪重型汽车制造厂
			丹字牌 6102型气缸套	丹车518内燃机配件总厂
			朝阳牌 4102Q型柴油发动机	朝阳柴油机厂
			沈配牌 SY132、SY622B型圆锥齿轮、变速器	沈阳汽车齿轮厂
			浑河牌 SY132、SY622B型汽车手制动器总成	沈阳汽车制动器厂
			双天牌 SY132D、SY622C型汽车转向器	沈阳汽车转向器厂
			沈传牌 CA10C型汽车传动轴	沈阳汽车传动轴厂
			金杯牌 SY130型汽车传动轴总成	沈阳汽车传动轴厂
			乘风牌 AK642型客车	鞍山客车制造厂
			凤宁牌 HJH201A、231SCI型化油器	凤城化油器总厂
			朝汽牌 SY132D型汽车转向器	朝阳汽车转向器厂
	1989	省优	金杯牌 SQC6020A型变速器	沈阳汽车齿轮厂
			金杯牌 SY132型汽车前轴、后桥总成	沈阳汽车车桥厂
			金杯牌 BJ130型汽车横直拉杆总成	沈阳汽车离合器厂
			金杯牌 BJ212、SY622C型汽车传动轴总成	沈阳汽车传动轴厂
			辽宁牌 LN3101型电动自卸汽车	本溪重型汽车制造厂
			金杯牌 SY132型载货车	沈阳汽车制造厂
			沈汽离牌 CA10型汽车离合器从动盘总成	沈阳汽车离合器
			黄海牌 DD680G、DD650G型客车、DD347型自卸车	丹东汽车制造厂
			丹字牌 6102型柴油机锻钢曲轴	丹东518内燃机配件总厂
			锦凌牌 CA15型汽车水泵	锦州市汽车配件一厂
			喀凌牌 CA30A型汽车离合器总成	朝阳市喀佐汽车部件厂

续

授奖部门	授奖年份	授奖级别	产品名称及型号	制造单位
			金杯牌 BJ130、CA10B型离合器压盘及盖总成	沈阳汽车离合器厂
			弓字牌 SY132型汽车钢板弹簧	沈阳弹簧厂
			朝阳牌 6102Q型柴油发动机	朝阳柴油机厂
	1990	省 优	金杯牌 SY622C型汽车整体式后桥总成	沈阳弹簧厂
			金杯牌 SY132系列载货车车厢总成	沈阳汽车驾驶室厂
			金杯牌 SY132型汽车空气滤清器总成	沈阳汽车滤清器厂
			金杯牌 SY492Q型汽油机机油泵	沈阳胶木齿轮厂
			金杯牌 SY424系列囚车	沈阳轿车制造厂
			沈滤牌 L195K1112QNX型空气滤清器	沈阳滤清器厂
			飞车牌 BJ212型汽车曲轴瓦、连杆瓦	营口汽车轴瓦厂
			丹字牌 6102型连杆	丹东518内燃机配件总厂
			C T牌 GJ70、GJ80、GJ115型涡轮增压器	凤城汽车增压器厂
			黎明牌 J100系列涡轮增压器	黎明发动机制造公司
			ZQ6450(4×2)、(4×4)型汽车驱动前、后桥总成	丹东曙光车桥总厂
			沈飞牌 SFQ6880型客车	沈阳飞机制造公司
			金杯牌 SY492Q型汽油发动机	沈阳汽车发动机厂
			弓字牌 SY622B型汽车前、后钢板弹簧总成	沈阳弹簧厂
			辽宁牌 SD136－1型防眩目前照灯	沈阳汽车灯厂
吉林省人民政府	1988	省 优	边疆牌 4t、5t汽车挂车	延边农机厂
			解放牌 CA141型汽车驾驶室总成	第一汽车制造厂车身厂
			解放牌 CA141型汽车6.50－20钢圈总成	第一汽车制造厂车轮厂
			解放牌 CA141型汽车管带式散热器	第一汽车制造厂散热器厂
			CA141型汽车前后刹车室总成	白城市汽车配件厂
			CA141型汽车车门铰链总成	白城市汽车修配厂
			横贯牌 CA141型汽车燃油箱	长春市汽车油箱厂
			黄花牌 CA141型汽车电线束总成	白城市汽车电线厂
			红钻牌 CA141型汽车JK582、JK106A、JK103B型开关	白城市汽车电器厂
			长传牌 BJ130型汽车传动轴带方向节总成	长春市汽车传动轴厂
			龙岗牌 50型弹簧刹车缸	柳河国营龙岗机械厂
			正阳牌 SP136－2型汽车前照灯	长春市车灯厂
			东北牌 JB132E型发电机、QD132型起动机	辽源市汽车电器厂
			长宝牌 BX－1型汽车爆震限制器	长春市无线电二厂
			兰星牌 4C5T型火花塞	辽源市电瓷厂
			企鹅牌 EQ140型汽车散热器	长春市水箱厂
			三C牌 CJH101型化油器	长春机载设备公司
	1989	省 优	解放牌 CA141、CA141K型载货车	第一汽车制造厂
			四平牌 SP170A型铰接客车、SP320N型团体客车	四平市客车厂
			SP347C型自卸车	四平市汽车改装二厂

续

授奖部门	授奖年份	授奖级别	产品名称及型号	制造单位
			环菱牌 CC121CP 型运钞车	长春市汽车改装厂
			飞雁牌 CP10C 型泡沫消防车	长春消防器材总厂
			长汽牌 AX100型两轮摩托车	长春汽油机总厂
			CA492Q 型汽油发动机	第一汽车制造厂 长春轻型发动机厂
			CASS－20型汽车变速器	第一汽车制造厂长春齿轮厂
			CA141型汽车贮气筒总成	白城市汽车配件厂
			群英牌 CA141型汽车气缸垫	长春市汽车配件一厂
			春阳牌 QT12－2型汽车仪表灯	德惠县车灯厂
			东北牌 QD122型、QD133型汽车起动机	辽源市汽车电器厂
			黄花牌 电抗性高压阻尼点火线、EQ140型电线束总成	白城市汽车电线厂
			红钻牌 JD171型组合继电器	白城市汽车电器厂
			陀螺牌 倒车及警报蜂鸣器	长春市仪表总厂
			英城牌 EQ140型汽车气门挺杆	四平市气门挺杆厂
			松红牌 JLS37C 型汽车门锁 U 型螺栓系列	第一汽车制造厂吉林轻型车部件厂吉林市汽车轴瓦厂
黑龙江省人民政府	1988	省 优	松花江牌 HFJ1010E 型双排座微型汽车	哈尔滨飞机制造公司
			DA462型汽油发动机	东安发动机制造公司
	1989	省 优	JCJ5130、JCJ5263GYQ 型液化石油气罐车	国营建成机械厂
	1990	省 优	龙江牌 HQ1151型载货车、HQ6111型客车底盘	黑龙江汽车制造厂
			黑龙江牌 HLJ6100型客车	黑龙江汽车改装厂
			农牧牌 QG07型汽车挂车	齐齐哈尔农牧车辆制造厂
			红光牌 BJ212型汽车 FD25型继电器	哈尔滨市汽车白金厂
			古城牌 BJ212型汽车进、排气门	黑龙江古城内燃机配件厂
			浪帆牌 JF132型硅整流发电机	林甸发电机厂
			齐配牌 汽车高压阻尼线系列产品	齐齐哈尔第一汽车配件厂
上海市人民政府	1988	市 优	三环牌 DZ 单体液压支架复位拉簧	中国弹簧厂
			上附牌 6135、495A 型发动机活塞销	上海第一汽车附件厂
	1989	市 优	声佳牌 DL129型汽车喇叭	上海实业交通电器有限公司
			华运牌 QD1225型起动机	上海汽车电器总厂
	1990	市 优	精工牌 I 号喷油泵	上海拖拉机内燃机公司
			SDS 牌 汽车传动轴带万向节总成	上海纳铁福传动轴有限公司
江苏省人民政府	1988	省 优	华东牌 CS340型自卸车	常熟专用汽车制造厂
			云光牌 DF134C、DF234B 型电动换气扇	丹阳市第四灯具厂
			江州牌 JH70型摩托车锁	扬中县汽车配件二厂
			石城牌 NJ131型汽车刮水器	南京汽车电机厂
			雷电牌 T4195J 型火花塞	南京电瓷总厂
			金湖牌 SA/H2207型输油泵	金湖输油泵厂
			五亭桥牌 IFA－W50型气缸套	扬州缸套厂
	1989	省 优	灵野牌 KS21型汽车门锁	南京汽车附件厂
			宇光牌 SD134、NJ131型汽车前照灯	泰州市汽车配件厂
			飞明牌 3Q6/IFA－W50型起动机	扬州汽车电机厂
			YXN120型扭振减震器	无锡减震器厂
	1990	省 优	寒山牌 JK320、JK301型汽车组合开关	苏州汽车电器厂
			吉安牌 JPIE65PM 型摩托车发电机	靖江县发动机厂
			威灵牌 QD124型起动机	徐州汽车电器厂
			06ca"PIAT"126P 型时规链条	南京邮电器材厂
			清浦牌 EQ140型汽车后桥主、从动锥齿轮	清江齿轮厂
			红菱牌 钢质汽车传动轴叉类模锻件	常州锻造厂
			长江牌 CA10B/C、EQ140型汽车进、排气门	南通气门厂
			陇海牌 TC503型5t 全挂车	江苏省连云港车辆厂
			石城牌 DL87型低声级盆形电喇叭	南京汽车电机厂
			雨花牌 YH640型客车	南京客车制造厂
			园菱牌 EQ140型汽车离合器	苏州汽车配件厂
			恒力牌 EQ140型汽车前、后制动器总成	靖江县汽车制动器厂
			生达牌 NJ130、NJ136型汽车轮胎螺栓总成	高邮县汽车配件厂
			大鹏牌 CA10型汽车里程表	徐州仪表厂
			钟灵牌 CA10型汽车手制动器总成	连云港汽车修配厂
			天宝牌 TB860、TB870型汽车收放机	徐州徐港电子企业有限公司
			7425牌 汽车液压、气压制动软管总成	中国人民解放军第7425工厂

续

受奖部门	授奖年份	授奖级别	产品名称及型号	制造单位
			兰陵牌 汽车液压制动软管总成	常州市兰陵橡胶厂
			甲字牌 7.50－20型汽车轮胎	徐州橡胶厂
			长江牌 A类夹层安全玻璃	常州市制镜厂
			光芒牌 QT12－45/409型防眩前照灯泡	靖江县特种灯泡厂
			环球牌 防眩目汽车真空灯	启东特种灯泡厂
			镇滤牌 整体旋装式机油滤清器	镇江滤清器厂
			黄海牌 汽车打气筒	如东黄油枪厂
			苏鹰牌 T20－C203型汽车钢板弹簧	苏州冶金机械厂
			二泉牌 S30、S40、S50型筒式减震器	无锡市汽车配件厂
			玉河牌 YH50Q－Z型轻便摩托车	国营玉河机器厂
浙江省人民政府	1988	省 优	湘湖牌 BJ130型汽车前、后制动器	浙江萧山汽车制动器厂
			电动刮水器、洗涤器	浙江温岭汽车配件厂
			金三角牌 BJ130型汽车转向节	兰溪市汽车底盘配件厂
			金环牌 CA10、EQ140汽车风扇胶带	嘉兴塑料橡胶总厂
	1989	省 优	大鸫牌 DQ106、DQ130U型点火线圈	东阳汽车电器厂
			卡普牌 汽车油箱	湖州汽车配件厂
			经纬牌 BZ103、EQ140型汽车仪表板总成	绍兴仪表总厂
			湘湖牌 BJ130型双腔制动主缸	浙江萧山汽车制动器厂
			正恒牌 3514E型双腔制动阀	义乌汽车制动配件厂
	1990	省 优	婺州牌 JH－BG13系列10t载货半挂车	浙江省金华汽车修造厂
			湘湖牌 BJ136、BJ212型汽车前后制动器	浙江萧山汽车制动器厂
			正恒牌 3522E型挂车制动阀	义乌汽车制动配件厂
			卡普牌 汽车玻璃升降器	湖州汽车配件厂
			峰 牌 7.00－20型汽车钢圈	嘉兴汽车钢圈厂
			鹏球牌 汽车油封	上虞县油封厂
			银峰牌 08B－1型摩托车滚子链条	萧山市摩托车配件厂
			宁缸牌 长江750型摩托车气缸体	宁波缸套厂
安徽省人民政府	1988	省 优	芜字牌 8-1R型成套汽车仪表	芜湖仪表厂
			飞亚牌 5.50F－16型汽车钢圈	蚌埠汽车钢圈厂
			昱光牌 汽车转向横、直拉杆总成	安徽省屯溪汽车配件厂
	1989	省 优	吉美牌 系列气卸散装水泥罐式汽车	安徽省马鞍山市建筑材料机械厂
			芜字牌 8－5型成套汽车仪表	芜湖仪表厂
			飞亚牌 5.00S－20型汽车钢圈	蚌埠汽车钢圈厂
			珠城牌 TY2015型农用汽车油箱	蚌埠汽车油箱厂
			金鱼牌 汽车系列铅酸蓄电池	安徽省淮南市蓄电池厂
	1990	省 优	江淮牌 HFF1150型载货车	淝河汽车制造厂
			芜字牌 8321型油压、8361型气压报警器	芜湖仪表厂
			珠城牌 EQ140型汽油箱、HFF1150型柴油箱	蚌埠汽车油箱厂
			安湖牌 JN161、JN162型汽车制动阀	芜湖市汽车制动阀厂
			B B牌 J20710、J20805旋装式机油滤清器	蚌埠拖拉机附件厂
福建省人民政府	1988	省 优	NJ70型连杆瓦	福建将乐轴瓦厂
			PVC型蓄电池隔板	福建蓄电池厂
			9.00－20型汽车外胎	福建邵武轮胎厂
			6.50－16型汽车外胎	福州橡胶厂
	1989	省 优	FJH201型化油器	福建省福鼎县化油器厂
			BJ212型汽车发动机活塞环	南平汽车配件厂
			WJF14X型无刷发电机	福建省仙游电机厂
			汽车用夹层安全玻璃（A类）	福建耀华玻璃工业有限公司
	1990	省 优	汽车起动用铅酸蓄电池	福建建阳蓄电池厂
			6102型发动机主轴瓦、95系列连杆瓦	福建将乐轴瓦厂
			250型摩托车活塞	建瓯活塞厂
			摩托车用制动蹄块	福建莆田内燃机配件厂
			CA10B型汽车气门导管	福建省龙岩粉末冶金厂
			BJ212型汽车铝活塞	南平汽车配件厂
			汽车用前风挡区域钢化及边窗全钢化安全玻璃	福建耀华玻璃工业有限公司

续

授奖部门	授奖年份	授奖级别	产品名称及型号	制造单位
江西省人民政府	1988	省 优	洪都牌 HD125型两轮摩托车	南昌飞机制造公司
			南昌牌 X6105B 型柴油发动机	南昌柴油机厂
			五峰牌 JY144SQ 型液化石油气槽车	江西制氧机厂
			鹭洲牌 EQ140型汽车曲轴	江西汽车曲轴连杆厂
	1989	省 优	鹭洲牌 EQ140型汽车气缸体	江西省吉安地区柴油机厂
			江南牌 6QA 系列6MA－28型蓄电池	江南蓄电池厂
			江铃牌 JX1030DS 型双排座载货车	江西汽车制造厂
	1990	省优	流畅牌 EQ140型汽车机油泵	江西机油泵厂
			旺 牌 250型摩托车齿轮	于都齿轮箱厂
			江铃牌 JX1030DS 型汽车货厢	江西汽车附件三厂
			洪都牌 F50型摩托车汽油机	南昌飞机制造公司
山东省人民政府	1989	省 优	黄河牌 JN162型载货车	济南汽车制造总厂
河南省人民政府	1988	省 优	嘉陵牌 LJ50Q 型两轮摩托车	国营中国洛阳嘉陵摩托车厂
			吉星牌 EQ140型汽车制动器总成	河南省汽车制动器厂
			龙凤牌 T815型太脱拉、492Q 型汽油机缸套	河南省焦作市汽车配件制造厂
			飞龙牌 6105Q 型汽车水泵	河南省西峡汽车水泵厂
	1989	省 优	丹江牌 S30型系列减震器	浙川汽车配件厂
			宇凌牌 CA10B、EQ140型汽车前、后轮毂	安阳市汽车配件总厂
	1990	省 优	少林牌 SLG6550型客车	郑州市少林汽车改装厂
			达利牌 轻型汽车变速比转向器	郑州汽车转向器厂
			宛来牌 EQ140型汽车轮毂	河南省社旗汽车配件厂
			QD614B 型起动机、JF13、JF25系列发动机	开封拖拉机电机器厂
			少林牌 66、67型铜管双音气喇叭	郑州乐器厂
湖北省人民政府	1988	省 优	东风牌 EQ140－1型载货车	第二汽车制造厂
			江北牌 JB130型双排座载货车	国营江北机械厂
			万山牌 WS631A 型客车	国营万山特种车辆制造厂
			神鹰牌 EQ340－1、EQ341－1型自卸车	湖北省郧阳地区汽车改装厂
			随州牌 SZ－4型汽车挂车	随州市挂车总厂
			东风牌 EQ6100型发动机	第二汽车制造厂发动机厂
			关山牌 EQ140、CA10B、NJ130型汽车轮胎螺栓总成、Q150型六角螺栓	武汉汽车标准件厂
			中生牌 JK320、JK861型综合开关	湖北汽车电器厂
			大华牌 CA141型汽车双腔制动阀总成	湖北刹车装置厂
			ZD1324(A、B、C)型汽车暖风电机、FT61型电压调节器	湖北汽车电机厂
			四联牌 3514E 型双腔制动阀、52FA 型电动刮水器	石首市汽车配件二厂
			飞宁牌 BJ130型汽车转向机	湖北汽车方向机厂
			联东牌 EQ140型汽车车架	湖北汽车车架厂
			春安牌 EQ140型汽车制动器总成	湖北汽车制动器厂
			大众牌 EQ140型汽车座垫靠背	湖北汽车工程塑料厂
			玉沙牌 EQ140型汽车变速器壳	监利县汽车配件厂
			挹江牌 EQ140、CA10B 型汽车十字轴系列	湖北万向节厂
			方园牌 EQ140型汽车变速叉	罗田县汽车配件厂
			黄梅牌 EQ140型汽车冷却水泵	湖北机油泵水泵厂
			多力牌 EQ140型汽车传动轴总成	湖北汽车传动轴厂
			金帅牌 EQ240、EQ140型汽车变速箱叉轴、倒档齿轮轴	湖北省郧阳地区汽车拨叉厂
			黄摩牌 汽车摩擦材料	黄石市摩擦材料工业公司
			圆角牌 BJ130型汽车制动泵	罗田汽车制动泵厂
			QY5G 型液压千斤顶	湖北汽车工具厂
			飞翔牌 FD632F 型分电器	湖北第二汽车电器厂
			华通牌 EQ140型汽车后桥总成	湖北车桥厂
			北驰牌 W50型汽车发动机飞轮齿圈	湖北汽车齿圈厂
			中字牌 汽车制动室橡胶隔膜	中南橡胶厂
			隆中牌 EQ140型汽车进、排气管垫	湖北石棉制品厂
			功力牌 汽车玻璃升降器	英山县升降器厂
			东风牌 EQ140型汽车减震器	第二汽车制造厂传动轴厂
			东风牌 EQ140型汽车水箱、机油、汽油滤清器	第二汽车制造厂水箱厂
			东风牌 EQ140型汽车气阀弹簧、离合器压板弹簧	第二汽车制造厂标准件厂
			东风牌 EQ140型汽车车架	第二汽车制造厂车架厂

续

受奖部门	授奖年份	授奖级别	产品名称及型号	制造单位
			东风牌 EQ340型汽车油缸	第二汽车制造厂设备制造厂
			东风牌 EQH102型化油器	第二汽车制造厂化油器厂
			东风牌 EQ140型汽车轴瓦	第二汽车制造厂轴瓦厂
			东风牌 EQ140型汽车空气压缩机	第二汽车制造厂底盘零件厂
	1989	省 优	WHZ5100GSN 型散装水泥车	武汉专用汽车制造厂
			扬子江牌 YZJ125、YZJ250G 型两轮摩托车	湖北摩托车厂
			梅园牌 EQ140、BJ212型汽车发动机活塞	湖北活塞厂
			EQ140型汽车前、后支架、支承座总成	十堰市车桥轮毂厂
			WF341、342型自卸汽车	武汉汽轮发电机厂
			EQ140型汽车传动轴突缘叉	丹江口市汽车零部件厂
			东山牌 BJH201A 型化油器	湖北化油器厂
			义水牌 BJ121型汽车双管路液压制动泵	湖北罗田汽车制动泵厂
			金帅牌 EQ140、EQ240型汽车变速箱盖总成	湖北省郧阳地区汽车拨叉厂
			金鹰牌 EQ140型汽车气缸套	湖北省麻城气缸套厂
			谷汽牌 EQ140型汽车前轴总成	谷城县汽车配件厂
			施南牌 EQ140型汽车气缸体	鄂西汽车配件厂
			二元牌 EQ140型汽车发动机镶钢片活塞	钟祥活塞厂
			大悟山牌 EQ140型汽车轮毂	湖北汽车底盘配件厂
			武齿牌 汽车同步器齿环	武汉汽车齿轮厂
			飞翔牌 DQ125C 型点火线圈	湖北第二汽车电器厂
			东风牌 8.25—20型汽车轮胎	东风轮胎厂
			神州牌 70型两轮摩托车	湖北轻型摩托车厂
			峰 牌 EQ140型汽车灯泡	湖北汽车灯泡厂
			湖北牌 HB90C10型公路客车	湖北客车厂
			华中牌 6Q 系列起动用铅酸蓄电池	湖北汽车蓄电池厂
			通达牌 EQ140型汽车油箱	湖北省郧阳地区汽车容器厂
			三环牌 内燃机进、排气门	湖北气门厂
			S40系列汽车减震器	中国人民解放军第7435工厂
			JF1321型汽车发电机	湖北汽车电机厂
			关山牌 康明斯、NJ130型高强度螺栓	武汉汽车标准件厂
			双鹅牌 EQ140、BJ212型汽车气门挺杆	鄂州市气门挺杆厂
			环宇牌 ND170—1B 型汽车前侧灯	湖北汽车灯具厂
			武汉牌 系列活塞环	武汉汽车配件厂
			楚风牌 HQ3100型自卸车	湖北汽车改装厂
			荆州牌 EQ140、492Q 型发动机气缸盖	湖北汽车缸盖厂
			随州牌 SZQG—05型汽车挂车	随州市挂车总厂
			飞鹅山牌 EQ140型汽车离合器总成	黄石市离合器厂
			安风牌 EQ140型汽车前、后制动蹄总成	十堰市汽车制动蹄厂
			四联牌 EQ601型气动刮水器	石首市汽车配件二厂
			一内牌 295、EQ140型发动机凸轮轴	湖北内燃机配件厂
			东风牌 EQ140型汽车钢圈	第二汽车制造厂车轮厂
			东风牌 EQ140型汽车水泵	第二汽车制造厂底盘零件厂
			东风牌 EQ140型汽车双针气压表	第二汽车制造厂仪表厂
			东风牌 EQ140型汽车双腔制动阀	第二汽车制造厂化油器厂
			东风牌 EQ140型汽车循环球转向机	第二汽车制造厂传动轴厂
			东风牌 EQ140型汽车系列钢壁塑料轴承	第二汽车制造厂复合轴承厂
			东风牌 EQ140系列汽车橡胶油封软垫	第二汽车制造厂密封件厂
			东风牌 EQ140型汽车主、从动锥齿轮	第二汽车制造厂车桥厂
	1990	省 优	武汉牌 系列汽车活塞	武汉汽车配件厂
			中生牌 JK423A 型点火开关	湖北汽车电器厂
			环宇牌 ND170型前照灯	湖北汽车灯具厂
			EQ140型汽车前制动鼓	十堰市汽车配件铸造厂
			烈山牌 LSG1422型挂车	随州市汽车改装总厂
			大众牌 EQ140、EQF140型汽车地垫挡板	湖北汽车工程塑料厂
			银盾牌 EQ140型汽车双腔、复合制动阀总成	湖北汽车制动阀厂
			汽车离合器压盘系列铸件	郧县汽车配件一厂
			华通牌 EQ140型汽车主、从动锥齿轮	湖北车桥厂
			红拖牌 HA851型4t 全挂车	红安县汽车改装厂
			轻菱牌 HQ140—1700C 型变速器、EQ140、EQ240型汽车取力器	湖北汽车齿轮厂
			通达牌 EQ140型汽车消声器	湖北省郧阳地区汽车容器厂
			驰乐牌 SGZ341型自卸车	随州市汽车改装总厂
			华世牌 321型汽车起动机	南漳县汽车起动机厂
			金雁牌 EQ140型汽车进、排气阀门座	十堰市汽车缸套厂
			大华牌 CA10B 型汽车制动阀	湖北刹车装置厂

续

授奖部门	授奖年份	授奖级别	产品名称及型号	制造单位
			汉阳牌 HY936、HY461、HY951D型半挂运输车	汉阳特种汽车制造厂
			楚风牌 HQ5100GJX型加油车	湖北汽车改装厂
			黄摩牌 ZLM430、ZL450型摩擦片	黄石市摩擦材料工业公司
			EQ140型汽车气门挺杆体	湖北省房县汽车配件厂
			EQ140型汽车前轮毂总成	十堰车桥轮毂厂
			东风牌 丁基胶汽车内胎、9.00—20、12.00—20型汽车轮胎	东风轮胎厂
			骆驼牌 6Q系列汽车起动用铅酸蓄电池	湖北省谷城蓄电池厂
			鄂沙配牌 EQ140型自卸机构液压缸	国营大沙机械厂
			金弓牌 EQ140、NJ130型汽车后钢板弹簧	黄冈地区汽车修造厂
			汉华牌 6105QA型发动机气缸垫	武汉气缸垫厂
			鄂交牌 BT11A型汽车备胎升降器	湖北交通汽车配件厂
			东风牌 EQ140－1型汽车驱动后桥、前轴	第二汽车制造厂车桥厂
			东风牌 EQ140－1型汽车腊式节温器	第二汽车制造厂水箱厂
			东风牌 EQ140型汽车连杆螺栓组合件	第二汽车制造厂标准件厂
			东风牌 EQ140型汽车旋转轴橡胶骨架唇形密封圈	第二汽车制造厂密封件厂
			东风牌 EQ140－1型汽车仪表板	第二汽车制造厂仪表厂
			东风牌 EQ140型汽车前后转向信号灯	第二汽车制造厂刃量具厂
			东风牌 EQ140型汽车驾驶室	第二汽车制造厂车身厂
			东风牌 JFD132型无刷交流发电机	第二汽车制造厂电气厂
			东风牌 EQ140－1型汽车活塞、活塞环	第二汽车制造厂轴瓦厂
湖南省人民政府	1988	省 优	SIVS 型材料汽车气门座	湖南芙蓉气门厂
			BJ130、BJ212型汽车水箱	湖南水箱厂
			友谊牌 H201A型化油器	长沙化油器厂
			久环牌 801－1型汽车用组合仪表	长沙汽车附件厂
			邵零牌 ZQ20、ZQ25系列支撑气弹簧	邵阳汽车零件厂
			长沙牌 D511型点火线圈	长沙汽车电器厂
			EQ140型汽车水温表	长沙东风汽车附件厂
			鸽 牌 SL041型车速里程表	长沙汽车仪表厂
			EQ140、CA10B型汽车副钢板弹簧总成	常德汽车修造厂
			衡阳牌 BG13型货运半挂车	衡阳特种车制造厂
			南岳牌 6110AQ型喷油泵	衡阳汽车配件厂
			泰坦牌 LS4500J型沥青洒布车	郴州筑路机械厂
			兰星牌 EQ140型汽车货厢墙板	临湘县汽车配件厂
			BJ130型汽车前、后桥总成	中国人民解放军第7432工厂
			南方牌 125型摩托车及发动机	航空航天部南方动力机械公司
			湘江牌 XJ750B－2型全摇架边三轮摩托车	株洲摩托车厂
			劳利牌 BJ130型汽车离合器总成	湖南劳动汽车配件厂
			CA10B型汽车后半轴	邵阳市汽车零件二厂
			岳洲牌 EQ140型汽车万向节总成	岳阳轴承厂
			正华牌 CA15、BJ130型汽车横、直拉杆总成	长沙新华汽车配件厂
			西流牌 EQ140型汽车加强气缸垫	益阳市汽车配件厂
			安 牌 BJ130型汽车转向节	黔阳县汽车配件厂
			长沙牌 FT161、424型发电机调节器、DQ42型点火线圈、ZD322A型暖风电机	长沙汽车电器厂
			腾飞牌 CA10C、EQ140型汽车油箱	株洲市汽车油箱厂
			华湘牌 231SC、EQH102型化油器	湖南省化油器厂
			雨花牌 492Q型汽油机曲轴	长沙内燃机配件总厂
			EQ140型汽车制动压力表	长沙汽车仪表厂
			争光牌 CS130型汽车转向器	长沙汽车配件厂
			飞涛牌 HZ340型自卸车	湖南专用汽车制造厂
			东风牌 HQ342型自卸车、HM940型半挂车	湖南汽车制造厂
			邵零牌 S30型筒式减震器	邵阳市汽车零件厂
			湘园牌 EQ140、BJ212、CA10B型汽车飞轮齿圈	怀化汽车零部件总厂
			南岳牌 6105Q型喷油泵	衡阳汽车配件厂
			稳达牌 JT851型U型螺栓	株洲汽车配件厂

续

授奖部门	授奖年份	授奖级别	产品名称及型号	制造单位
			CA10B 型汽车手制动器	邵阳县手制动器厂
			改 牌 JN150型汽车空气压缩机	湖南吉首汽车配件厂
	1989	省优	飞迢牌 492Q 型汽油机摇臂、轴、推杆总成	长沙内燃机附件厂
			长沙牌 FD 系列分电器用断电器总成	长沙汽车电器厂白金分厂
			株齿牌 EQ140型汽车变速器总成、螺旋伞齿轮	株洲汽车齿轮厂
			长沙牌 CA141、EQ140、130型汽车用骨架式橡胶油封	长沙市汽车油封厂
			湖南牌 HN3152型自卸车	湖南重型汽车制造厂
			BJ130型汽车变速器	湖南湘中机械厂
			6135型硼铸铁气缸套	湖南缸套厂
			飞桥牌 CA10B、EQ140型汽车后钢板弹簧	常德汽车修造厂
			CZ212型越野车	中国人民解放军第7429工厂
			湘字牌 QT12－5型汽车、拖拉机灯泡	益阳灯泡总厂
			火炬牌 T4115、T4135、T4197型火花塞	株洲火花塞厂
			H Q牌 HQC140/47、HQC141/4型加长轴距载货车	湖南汽车制造厂
			邵零牌 S40型筒式减震器	邵阳汽车零件厂
			湘园牌 康明斯 WH 系列飞轮齿圈	怀化汽车零部件总厂
			争光牌 HRB131G 型转向器	长沙汽车配件厂
			正华牌 EQ140型汽车横、直拉杆总成	长沙新华汽车配件厂
	1990	省 优	衡阳牌 QG06型双轴4t 挂车	衡阳特种车制造厂
			飞桥牌 EQ140、 NJ130型汽车后钢板弹簧	常德汽车修造厂
			DZP78FM1型摩托车汽油机	国营长江动力机械厂
			长沙牌 JFT149型汽车晶体管调节器	湖南澧县无线电厂
			武陵牌 QY25型汽车起动机	浦沅工程机械总厂
			长沙牌 CS130型载货车	长沙汽车制造厂
			春飞牌 EQ140型汽车水泵	益阳市汽车水泵厂
			湘武牌 EQ140型汽车双腔制动阀	武岗县汽车配件厂
			长沙牌 FD25型分电器、JDQ171、DQ125C型点火线圈、315QD124、QD1212、QD1215型起动机	长沙汽车电器厂
			韶光牌 SGZ05型摩托车整流调节器	国营韶光微电子总公司
			芙蓉牌 6135G 型柴油发动机	湖南柴油机厂
广东省人民政府	1988	省 优	风神牌 EQ8DF140/47型加长轴距载货车	第二汽车制造厂深圳联合公司
			鼎湖牌 BJ492Q 型汽油机气缸套	广东省肇庆配件厂
			梅汽牌 BJ212型汽车前、后桥总成	梅州汽车配件厂
			普桥牌 BJ130型汽车前、后桥总成	普宁机械厂
	1989	省 优	梅工牌 EQ140型汽车驱动桥主、从动锥齿轮	广东梅州齿轮厂

续

授奖部门	授奖年份	授奖级别	产品名称及型号	制造单位
			莲花牌 JF27A—T815型汽车交流发电机、QD2722—T148型汽车起动机	广东省五华汽车电器厂
			永飞牌 QD113系列微型汽车、BJ212型汽车起动机单向器	广东省五华汽车配件厂
			劲力牌 轻微型汽车粘接式制动蹄总成	广东省地方国营丰顺汽车配件厂
			奥工牌 QY8型液压汽车起重机	韶关工程机械厂
			箭 牌 QD113型汽车起动机	广州汽车电器厂
	1990	省 优	JP 牌 EQ140型汽车变速箱体及上盖	广东省焦岭县地方国营汽车配件厂
			HL 牌 EQ140型汽车后轮胎螺栓螺母	广东省五华县汽车螺丝厂
			珠江牌 GZ660型客车	广州汽车制造厂
广西壮族自治区人民政府	1988	区(省)优	东风牌 LZ142型载货车	柳州汽车厂
			GX6110型公路客车	广西南宁客车厂
	1989		276Q 型汽油发动机	柳州机械厂
			6105QA 型直喷式柴油发动机	广西玉林柴油机总厂
	1990	区(省)优	东风牌 LE3090D 型自卸车	柳州汽车厂
			桂林牌 GL6650型客车	桂林客车厂
			象力牌 NE3091型自卸车	南宁专用汽车改装厂
四川省人民政府	1988	省 优	新宝牌 5.0—16(SDC)系列钢圈	四川新都钢圈厂
			飞力牌 BJ130型汽车钢板弹簧	郫县汽车钢板弹簧厂
			钒钛重型汽车制动鼓	攀枝花冶金矿山公司汽车大修厂
			环都牌 CD122型双排座载货车	成都汽车制造厂
			华西牌 CD631C 型旅行车	四川旅行车制造厂
			远达牌 SC3450型自卸车	四川专用汽车制造厂
			都机牌 CD130型汽车前轴、后桥总成	四川都江机械厂
			川益牌 492型汽油机曲轴	四川省内燃机配件总厂
			南塞牌 EQ6100B2、6102Q 型发动机铝活塞	四川省南充市活塞厂
			BC 牌 EQ140型汽车变速器圆柱齿轮及花键轴	四川省巴中齿轮厂
			蒙山牌 BJ130型汽车差速器行星及半轴齿轮	四川省名山县国营蒙山机械厂
			天府牌 EQ140型汽车水泵	四川省安岳汽车水泵厂
			如意牌 FC125型磁电机	四川化油器磁电机厂
			乐宇牌 LY203型汽车收放机	航天部国营高原无线电厂
			庆岩牌 GK20型高空作业车	国营庆岩机械厂
			野马牌 CQ213型越野车	成都轻型汽车改装总厂
			川路牌 CZ330型柴油自卸车	四川省公路机械厂
			LK65C10型公路客车	四川省乐山客车厂
			竹湖牌 SC110Ⅱ型汽车后桥壳总成	四川大竹劳动工厂
			91牌 EQ140型汽车后桥壳带半轴套管总成	四川蓬安九一厂
			劳动牌 Q6100—1型发动机曲轴	南充劳动工厂
	1989	省 优	九星牌 SD134型防眩目前照灯	成都市灯具厂
			海陵牌 DA462型进、排气门	海陵内燃机配件总厂
			川益牌 JL462Q 型汽油机曲轴	四川省内燃机配件总厂
			内齿牌 JL462Q 型汽油机曲轴	内江齿轮厂
			远达牌 SC4461YY 型运油车	四川专用汽车厂
			金顶牌 5.5F—16型钢圈总成	成都汽车配件厂车轮分厂
			大陆牌 290型散热器总成	成都水箱厂
			剑平牌 JH70型摩托车前、后制动器组件	建平工具厂
			天一牌 摩托车车速里程表	天兴仪表厂
			天乐牌 CM20、CM20A 型微型汽车仪表总成	国营川江仪器厂
			成都牌 CD320型客车	成都客车厂
			华川牌 DZ330型柴油自卸车	四川省达县地区筑路机械厂
			长沱牌 EQ140型汽车活塞环、CA15型汽车后半轴	四川省泸州交通机械厂

续

授奖部门	授奖年份	授奖级别	产品名称及型号	制造单位
			川南牌 JH70型摩托车后减震器	犍为川南减震器厂
			金顶牌 EQ140型汽车发动机凸轮轴	成都汽车配件厂
			大陆牌 BJ130型汽车散热器总成	成都市水箱厂
			红石牌 $EQ140B_2$型活塞	成都汽车配件厂
			川江牌 EQ140型汽车万向节、传动轴总成	四川省雅安汽车配件总厂
			峨山牌 CA15型汽车硼铬合金铸铁气缸套、排气门	四川省内江汽车配件厂
	1990	省 优	凯力牌 汽车、拖拉机离合器摩擦片	四川省简阳县制动材料厂
			海山牌 CJ50型活塞环	海陵内燃机配件总厂
			飞环牌 汽车变速箱同步器齿环	泸州长江机械厂
			红石牌 180N型气缸套、6105Q－2H型铝活塞	成都汽车配件厂
			BC 牌 EQ140型汽车后桥主、从动锥齿轮	四川省巴中齿轮厂
			都江牌 SY3015、FY3015型农用车前轴、后桥总成	都江机械厂
			佳特牌 BJ130型汽车变速器第二轴突缘	广元市汽车配件厂
			川南牌 BJ130型汽车前钢板弹簧总成	四川省资阳县弹簧厂
			长庆牌 ML127×64型摩托车链条	国营长庆机器厂
			华字牌 JH70型摩托车缓冲体组件	国营江华机器厂
			通工牌 JT410型越野专用车、TG1030S型客货两用车、精锻半轴齿轮、行星齿轮	四川省雅安交通机械厂
			长沱牌 五十铃6BB1型活塞环	四川泸州交通机械厂
			万达牌 JL462Q型发动机曲轴	四川省内江市交通机械厂
			山鹿牌 BJ130型汽车后桥主、从动锥齿轮	中国人民解放军第7436工厂
			奔马牌 汽车轮胎螺栓	南充汽车标准件厂
			川驰牌 EQ140型汽车散热器	南充汽车配件厂
			岳光牌 EQ140型汽车钢板弹簧	四川省岳池汽车弹簧厂
			飞虹牌 EQ140、492Q型轴承	四川遂宁轴瓦厂
			红石牌 90型活塞、气缸套	成都汽车配件厂
贵州省人民政府	1988	省 优	山鹰牌 SY50B型两轮摩托车	贵州摩托车工业公司
			华力牌 162F型、1E38F－28S型汽油发动机	贵州摩托车工业公司
			前进牌 DGQ6100－1H型汽油发动机、EQ140型汽车活塞	贵州汽车制造厂
			前进牌 旋转轴唇形密封圈	贵州橡胶配件厂
			前进牌 9.00－20型轮胎系列	贵州轮胎厂
			长征牌 起动用干荷式蓄电池	贵州蓄电池厂
			贵电牌 QD1226型起动机	国营贵阳电机厂
			探星牌 JK302、JK303型多功能驾驶杆开关装置	国营华阳电工厂
			高山牌 EQ140型汽车轮胎螺栓总成	贵州高强度螺栓厂
	1989	省 优	贵州牌 CA141型汽车凸轮轴	贵州省汽车配件厂
			菊花牌 进气消声器	国营永红机械厂
			金翅牌 纯橡胶、橡胶一金属条带复合汽车门窗密封型材	国营永红机械厂
	1990	省 优	菊花牌 JSR－1型板翅式散热器系列	国营第一五四厂
			贵电牌 QD115系列起动机	国营贵阳电机厂
			虎翼牌 农用挂车	贵定县红机修造厂
			前进牌 EQ140型汽车发动机轴瓦	贵州汽车制造厂
			贵州牌 EQ140型汽车离合器摩擦片、总成主、从动锥齿轮	贵州汽车配件厂
			前进牌 PK型汽车多楔带	贵州橡胶配件厂
			前进牌 7.00－15－8PR型轮胎、20.5－25－16PR型宽基轮胎	贵州轮胎厂
			前进牌 CA10、CA15、EQ140型汽车制动室橡胶隔膜、汽车V带	贵州橡胶配件厂
			长征牌 3Q、6Q系列起动用铅酸蓄电池	贵州蓄电池厂

续

授奖部门	授奖年份	授奖级别	产品名称及型号	制造单位
云南省人民政府	1988	省优	东风牌 EQ140型高原载货车	东风汽车工业联营公司 云南汽车厂
			蓝箭牌 LJ130型双排座载货车	云南蓝箭汽车制造厂
			茶花牌 KQ130A 型载货车	昆明茶花汽车厂
			金马牌 JM122型农用运输车	昆明拖拉机厂
			YN130型汽车后桥总成	国营云南机器四厂
			130型汽车前桥总成	国营云南机器二厂
			春鹰牌 EQ140型汽车钢板弹簧	昆明钢板弹簧厂
			昆华牌 EQH102型化油器	昆明化油器厂
	1989	省优	东风牌 KM340、KMD340型自卸车	东风汽车工业联营公司 云南汽车厂
			蓝箭牌 LJ130AB 型长轴距双排座载货车	云南蓝箭汽车制造厂
			云内牌 495QA 型柴油发动机	云南内燃机厂
			B3系列 EQ140型汽车散热器	昆明市散热器厂
			云翔牌 QD124F 型汽车起动机	个旧市汽车电机厂
	1990	省优	茶花牌 KQC1040B 型双排座载货车	昆明茶花汽车厂
			YH6560型旅行车	昆明旅行车厂
			KQ130系列 依发 W50汽车车架	金马汽车车架厂
			载货车后桥主、从动锥齿轮	云南齿轮厂
			EQ140(柴、汽)、492Q 型凸轮轴	昆明市凸轮轴厂
			95、解放、东风内燃机铝活塞	大理活塞厂
			CA10、BJ212、EQ140型汽车气缸套	云南禄丰缸套厂
			BJ130型汽车半轴	个旧市汽车配件厂
陕西省人民政府	1988	省优	汉江牌 SFJ1010型微型汽车	陕西飞机制造公司
			三环牌 YQ140YY 型原油运输车	陕西延安汽车工业联营公司
			四达牌 SX680型客车	中国人民解放军第5702工厂
			骊山牌 LS650A 型团体客车	中国人民解放军第3402工厂
			DG 系列汽车电动刮水器	西安航空电气公司
			WJ110－3505型制动总泵	华兴航空机轮公司
	1989	省优	汉江牌 SFJ1010E 型双排座、SFJ1010XZ 型高顶微型汽车	陕西飞机制造公司
			三环牌 YA5140G 型原油运输车	陕西延安汽车工业联营公司
			5J80T(A)型变速器	陕西汽车制造总厂
	1990	省优	西秦牌 XBD5090GHYS(J)型酸(碱)液罐式汽车	西北电力建设器材总厂
			西马牌 250－Ⅱ型两轮摩托车	陕西省摩托车厂
			WJ110型汽车钢圈、制动主缸、液压制动器	华兴航空机轮公司
			5J80T(A)型变速箱输入轴	陕西汽车制造总厂
甘肃省人民政府	1988	省优	BJ130、BJ212、CA10型汽车传动轴总成、CA10、CA141、EQ140、EQ240型汽车万向节十字轴总成	兰州金兰汽车厂
青海省人民政府	1988	省优	QZ3091型自卸车	青海汽车改装厂
			海汽牌 CA10B 型汽车转向节	青海汽车制造厂
			青拖配牌 BJ212型汽车曲轴	青海汽车车桥厂
	1989	省优	海汽牌 BJ212型汽车前半轴	青海汽车制造厂
新疆维吾尔自治区人民政府	1988	区(省)优	东风牌 EQ1090型载货车、汽车曲轴	新疆汽车厂
	1989	区(省)优	SY132型载货车	新疆汽车改装厂
			XQD9130型10t 半挂车	新疆汽车厂
			XZC3092J 型自卸车	新疆专用汽车厂
	1990	区(省优)	IS0－QG11型8t 全挂车	新疆天山汽车厂
			QG07型5t 全挂车	新疆第一汽车厂

注：1. 本资料根据各有关部门、省、市、自治区及企业所报资料整理。

2. 本资料收录范围为1988～1990年被授予省(市、自治区)、部及国优产品称号的产品；1988～1990年复评通过的优质产品。

3. 因部分省、市缺报或漏报，故本资料所收不完整。

汽车制造工艺与装备

一 汽车制造工艺与生产装备综述

"七五"期间，我国汽车工业进行了以产品换型、技术进步为中心的全面技术改造。随着汽车产品和生产体系进行的合理分工和布局，汽车制造技术也获得了进一步的发展。汽车行业有针对性的、有重点的引进了一批国外先进制造技术和装备。在不断消化、吸收国外先进技术的基础上，自行开发、研制了一批新工艺、新技术、新设备、新材料，使我国汽车工业在生产工艺、机床设备、工艺装备、检测装置、自动化运输、自动控制、计算机技术应用以及新材料的开发等方面取得了明显的进步，在提高产品质量、生产效率、改善劳动条件、保证生产安全、节约能源与材料等方面获得了明显的经济效益和社会效益。现就1988～1990年三年来汽车工艺与装备发展变化的主要特征，综合归纳如下：

1 引进关键工艺技术和装备

1.1 为满足高强度、复杂薄壁铸件的生产需要，各生产厂家根据毛坯质量的不同要求，引进了具有国际先进水平的气冲、静压、挤压、高压自动造型生产线。其中以第一汽车制造厂第二铸造厂、第二汽车制造厂第三铸造厂、天津内燃机厂等引进的气冲、静压、高压造型线；重庆汽车发动机厂引进的美国阿什兰化学公司的树脂自硬砂造型、制芯工艺装备以及第一汽车制造厂、第二汽车制造厂、潍坊柴油机厂等引进的冷芯盒工艺及设备最具有代表性。

1.2 多工位热镦机的引进使高质量、高生产率锻打短轴类零件达到国际先进水平。

1.3 第一汽车制造厂、第二汽车制造厂等引进的具有国际先进水平的热处理技术和生产线，为我国自行研制先进的热处理设备奠定了基础。

1.4 高速恒功率磨削、刹车凸轮曲面的拉削、曲轴轴颈的铣削和拉削、小平顶珩磨技术和设备等的引进，使汽车行业机械加工技术水平上了新台阶，为确保机械加工产品质量奠定了基础。在引进项目中，以第一汽车制造厂第二发动机厂、上海大众汽车有限公司发动机厂、南京汽车制造厂第二发动厂的技术水平为最佳。

1.5 第一汽车制造厂吉林轻型车厂、上海大众汽车有限公司、南京汽车制造厂车身厂等从日本、德国、意大利等国引进的车身涂装技术和生产线，将我国汽车车身涂装技术提高到一个新水平。

1.6 第一汽车制造厂、第二汽车制造厂、南京汽车制造厂等厂引进的工业机器人用于车身装焊生产，不仅提高了装焊生产的工艺水平，而且大大提高了产品质量和生产率。

2 自行开发、研制的新工艺、新设备

2.1 带多路碳势控制仪的渗碳淬火连续热处理炉以及密封箱式炉的研制成功，基本达到国外同类设备的先进水平。

2.2 激光焊接、激光表面处理、激光切割及激光打孔等先进技术的开发、试制，加速了新技术在汽车工业中的应用。第一汽车制造厂将激光热处理用于气缸孔、气缸套表面处理，获得了很好的效果。

2.3 由于机床工业引进了美国威尔森和日本小松的压力机制造技术，我国已能制造40000kN的纵梁压力机、20000kN、13000kN双动压力机、10000kN、8000kN四点单动压力机等汽车车身冲压所必需的大型机械压力机和开卷落料自动线。

2.4 高生产率的楔形横轧技术及设备的开发应用，连杆自动锻造生产线的建立，行星齿轮的温挤工艺及设备的采用，改变了我

国汽车行业锻造毛坯生产主要依靠蒸(空)气模锻锤生产的落后状态。

2.5 第一汽车制造厂开发的“透气塞气体搅拌脱硫工艺”,使我国在铁水连续脱硫方面,达到国内先进水平。

2.6 我国研制的各种类型的数控设备以及引进国外先进的组合机床设计技术和柔性生产线,使机械加工技术得到发展和进步。

2.7 上海汽车齿轮厂、第二汽车制造厂变速箱厂、南京汽车制造厂第二发动机厂总装线,采用机动滚道带托盘的柔性装配线,为国内当今汽车部件装配新水平。

3 检测、试验新技术、新装备

3.1 生产线中间质量检测、产品的最终检测和试验广泛采用专用的装备和检测手段。主动测量、自动补偿技术、自动测量机等已开始在关键件的生产线中得以应用,如缸体、连杆、轴瓦、活塞环、活塞销等零件的自动测量机的应用等。

冲压覆盖件、焊接总成的检测设备已开始用于生产。据初步统计,汽车行业已拥有近400台各种规格型号的三座标测量机,大大增强了产品质量的控制手段。

整车试验场已由原全国唯一的海南汽车试验场发展到第二汽车制造厂建设的襄樊汽车试验场、总后在安徽定远建设的汽车试验场。1990年后,第一汽车制造厂也建设了适用于中、高级轿车试验的综合试车跑道,加强了汽车产品的整车试验能力。

3.2 铸造砂处理的测温、测湿、型砂成型控制、检测系统的应用,有效地保证了型砂质量。

3.3 汽车涂装生产的检测试验技术引进了色差仪,背突试验机,多点烘道温度测定仪、数字显示的PH计、泳透力测定仪、鲜映性测定仪等。

3.4 无损检测技术的研制、应用有了发展。上海大众汽车有限公司对传动轴的100%无损探伤;第二汽车制造厂从德国引进了X射线工业电视探伤装置,用音频法检查球铁曲轴;南京汽车制造厂用超声声速法测试球铁球化率;第一汽车制造厂研制的用微机控制的CDG－2000(A)型荧光磁粉探伤机等表明无损检测在汽车行业已有进展,但水平还不高。

4 机械化、自动化运输设备和自动化控制水平有了新的发展

4.1 汽车车身涂装生产线的机械化、自动化运输设备已向高效率、高可靠性方向发展。国外汽车行业广泛应用的滑橇(skid)运输系统已引入我国,以积放式悬链、地面链和积放链与滑橇系统联合使用的运输系统已成为涂装生产线的主要形式,生产线和整个生产过程的自动控制正在发展和应用。上海大众汽车有限公司的“桑塔纳”、第一汽车制造厂“奥迪”、南京汽车制造厂“依维柯”涂装车间的工艺水平,是目前我国汽车行业不同生产纲领下的代表水平。

4.2 车身装焊生产线的机械化运输水平的提高已被重视,第一汽车制造厂、第二汽车制造厂、南京汽车制造厂等已采用了机械化运输装置,特别是南京汽车制造厂“依维柯”车身装焊采用了可自动更换焊钳的机器人,以期实现柔性、多品种焊装生产线要求。

4.3 第一汽车制造厂第二铸造厂气冲生产线实现了从加料、配料到熔化温度、铁水成份、生产全过程的计算机控制管理。

4.4 汽车总成和总装配生产中采用自动认址自行葫芦、滑橇运输机,使汽车装配工艺水平有了较大提高。南京汽车制造厂第二发动机厂的发动机装试还采用了电磁导向小车,实现了发动机装试的半自动化生产。

5 节能工艺与设备得到积级推广、应用

5.1 汽车锻件生产的余热热处理技术的开发、研制;铸造用水冷热风冲天炉的推广应用已有所发展。

5.2 汽车涂装生产中的中温或低温除油、低温磷化、清洗水的循环使用、空调喷漆室的余热、废气的利用、A型节能烘干炉的推广应用、烘干废气的综合利用和低温烘烤型涂料的研制、开发等,使节能工艺取得了初步成效。

5.3 电镀工艺中推广采用低温或中温除油和节能型的整流器以节约能源。

5.4 车身焊接用冷却水的循环使用、装焊线上点焊机的微机群控等节能措施都已开始推广应用。

6 新型材料的研制获得一些进展

6.1 粉末冶金件已在变速箱同步器齿毂、锥齿环、减震器活塞以及轴套件、油泵齿轮等方面得以应用。

6.2 汽车用镀铝钢板，轿车用电镀锌钢板、热浸涂锌钢板、非调质钢、易切削钢、铝基轴瓦、铝散热器等已在开发之中。

6.3 汽车螺旋和扭杆弹簧材料、滚形车轮生产技术的开发有了实际进展。

6.4 第一汽车制造厂完成了CA141聚氨脂仪表板成形工艺及设备的引进、调试、安装，1988年投入生产，并建立了生产大型塑料件的注塑车间，完成了汽车塑料风扇科研攻关。CA141用汽车格栅，风扇护圈等塑料件也试制成功，在以塑代钢方面取得了进展。

6.5 重庆璧山汽车装饰件厂开发的FH新型复合材料，已被国内部分汽车厂采用作为车身内饰材料。

7 电子计算机技术的应用正在不断深化

7.1 随着科学技术的发展，计算机在汽车工业的应用项目不断扩大，从单台设备的控制到整条生产线或全车间的计算机控制。物料管理、生产管理的计算机控制亦在不断深化，特别是模具的CAD/CAM方面的应用已取得了明显的效益。CAD、GT、CAPP及PPM一体化系统正在建立与完善之中。

7.2 很多企业在PC机上进行AUTO-CAD软件的二次开发，在机械设计、工厂设计方面做了大量工作。中汽总公司长春设计研究院计算机绘图率已达10%以上。

8 制造技术的环境及安全效益正在不断提高

8.1 铸、锻、冲专业积极采用通风、除尘和消音设施，对热、脏、累的工序积极采用机械化设施。近年来新增热模锻压力机取代蒸气锤，以降低噪音；对冷锻用料采用喷丸代酸洗的工艺以减少环境污染，消除酸公害。

8.2 电镀生产实现一槽一台循环过滤机净化镀液和预处理液，并对含铬、含氰废水进行处理，以保证环境治理效果。

8.3 积极开发、推广水性涂料，对电泳废水进行超滤和反渗透处理，消除涂装污水对环境的污染。

8.4 新型的水基防锈液的开发应用，减少亚硝酸钠对环境的污染。

8.5 焊接烟气、发动机与汽车整车试验排气的处理已被普遍采用；环境、安全技术措施正在不断提高、完善之中。

张心逊

二 机械加工工艺与装备

1 机械加工水平进一步提高

1.1 建立了一批效率高、节奏快、自动化程度高、结构先进的自动线。

1.2 在新投产的项目中，广泛采用了各种类型的数控机床及生产线，数控化的比例迅速提高，齿坯加工基本实现数控车床化。

1.3 在原有基础上又采用了一批新工艺、新技术、新设备，其中一些新工艺、新技术代表了现代先进水平。

1.4 具有现代机床及生产线的防范技术已在部分设备和生产线上采用。

1.5 具有现代特点的生产线布置及生产辅助系统得到采用，生产环境洁净、色彩协调、各种器具规格整齐的具有现代化水平的车间已开始出现。

1.6 先进刀具及刀具材料在生产中得到进一步采用。

1.7 生产中采用了具有当代水平的检测技术和设备。

由于以上的变化，使机械加工生产的效率、制造精度、工艺稳定性都大为提高，适应了新一代汽车产品的要求，使一批高性能的新一代产品开始相继投放市场。

2 新工艺、新技术的采用

2.1 拉镗工艺：新投产的发动机厂广泛采用了拉镗工艺，即完成半精镗后，半精镗刀自动退回，精镗刀自动伸出，在退刀过程中进行精镗，在一次往复行程中完成半精镗、精镗，工序集中，提高了效率，而且在拉镗时刀杆始终处于受拉的应力状态，从而提高了刀杆的刚性，并且也提高了加工后的精度和表面粗糙度。

2.2 珩铰工艺：在缸体主轴承孔的精加工中采用珩铰工艺代替珩磨。珩铰刀表面因喷涂金刚砂，从而在加工时既有铰削作用，同时表面的涂层又对加工表面进行珩磨，与珩磨相比又有更强的修正孔的几何精度及同轴度的作用，提高孔的质量。

2.3 在缸盖导管孔和阀座的精加工中，采用 MAPAL 镗刀代替枪铰加工导管孔，枪铰为定尺寸刀具，磨损后刀具就报废，而 MAPAL 镗刀磨损后可以调整尺寸，可用多次。

2.4 曲轴轴颈车——拉工艺：

这是世界 80 年代开发的一种新工艺，用于加工曲轴轴颈，具有精度高、投资省、效率高、柔性好、刀具寿命长等优点。车——拉工艺所达精度如下：

轴颈尺寸精度	±0.05mm
轴颈圆度	0.008～0.015mm
轴向尺寸精度	±0.05mm
光洁度	R_a0.8～1.0
工件	0.05

以上加工精度皆高于内铣所达到的精度。

由于加工后精度高，故经车——拉加工后，可以省去粗磨轴颈工序，同时对带有沉割槽轴颈的曲轴，车——拉可以将沉割槽切出，不必另加工沉割槽工序。

由于车——拉采用高速切削，所以生产效率高，如加工 V6 发动机球铁曲轴的四个主轴，采用车——拉工艺，加工循环时间 0.8min。

车——拉机床采用数字控制系统，当更换品种时，只需重新编排程序，对刀具、夹具做一些调整就可以生产另一种尺寸的曲轴。

2.5 凸轮数控加工系统根据预先输入的凸轮曲线数据，控制机床运动磨削凸轮，避免了靠模凸轮误差对加工凸轮曲线精度的影响，使凸轮曲线误差控制在 0.015mm 以内，并且更换凸轮曲线方便，有利于多品种生产和产品换型。

2.6 在靠模磨削凸轮中，采用双靠模磨削，避免了由于砂轮磨损直径变小而对凸轮曲线精度影响，延长了砂轮使用寿命。

2.7 采用专用机床，对止推面先进行精车，然后用特殊挤头，对止推面进行挤压，使止推面的平面度与轴颈的垂直度和表面粗糙度都大为提高。

2.8 在深孔加工中广泛采用枪钻，枪铰工艺。

2.9 在对曲轴、凸轮轴的轴颈精加工中，采用以胶片带为基体的胶片砂带对轴颈进行抛光，与布基、纸基砂带相比，修正几何精度的能力强，抛光效率高。

2.10 在曲轴、凸轮轴等多轴颈的精磨中，采用高速组合砂轮进行高速多砂轮磨削，磨削速度为 60m/min。

2.11 在缸孔珩磨中采用复合式珩磨头，先用粗珩形成加工面的基础粗糙度，然后用精珩条将峰顶珩成小平面，改善了缸孔与活塞环间的润滑。

2.12 对灰铸铁凸轮，采用氩气保护下通过电弧，使表面金属熔化后在空气中冷却，使表面形成一层硬度极高的莱氏体，提高凸轮表面的耐磨性，代替冷激铸铁凸轮轴，使凸轮铸件的生产效率提高。

3 新刀具

近年来一批新型刀具和刀具材料在第一

汽车制造厂第二发动机厂、第二汽车制造厂柴油机厂、上海大众汽车有限公司、北京吉普汽车有限公司等新建的项目中采用，提高了加工精度和切削效率。

3.1 硬质合金不重磨刀具进一步推广，尤其是车刀、镗刀和端铣刀，采用了机夹不重磨刀具，第一汽车制造厂第二发动机厂在平面端铣刀中，90%为机夹不重磨密齿铣刀。

3.2 镀覆 TiC、TiN 或复合涂层的刀具，应用范围愈来愈广，不仅广泛用于车刀、镗刀、铣刀，而且滚刀、丝锥等刀具也采用涂层技术，上海大众汽车有限公司涂层刀具已占刀具总数的 13%。

3.3 立方氮化硼、陶瓷、金属陶瓷、聚晶金刚石等新型刀具材料在缸体、缸盖等主要零件生产线上使用，使切削效率和加工精度都大为提高。如第一汽车制造厂第二发动机厂采用陶瓷刀片的机夹镗刀精镗缸孔，切削速度达 350m/min；第二汽车制造厂、重庆发动机厂，缸体线精铣底平面及精镗缸孔，采用立方氮化硼刀片；上海大众汽车有限公司，精镗缸孔用立方氮化硼刀片切削速度达 500m/min；第一汽车制造厂在铝合金缸盖精镗凸轮轴孔时，采用聚晶金刚石刀具，切削速度 256m/min。这些刀具不但切削效率高，而且刀具寿命长，一般在 20 万件左右，可以半年不调刀，加工后，工件表面不起毛刺，表面质量提高。

3.4 采用螺旋槽丝锥、挤压丝锥、抛物线型截面钻头等新型刀具。

3.5 在组合机攻丝中采用了比尔兹(Bilz)高频信号传送攻丝夹头，通过高频信号和显示灯及时发现丝锥变钝、破损或底孔深度不够等情况，以便及时进行调整，防止丝锥折断。

3.6 采用带有屏幕显示的数控对刀仪进行线外调刀，调好尺寸的刀具直接装在机床上不再调刀，对刀仪对刀尺寸精度为微米级。

4 采用大量先进的检测设施

4.1 在生产线的工序间，大量采用电控式量仪，提高检测精度。

4.2 发动机 5 大件及复杂壳体容件，采用先进的自动综合检测机和三座标测量机，对下线后零件进行自动综合测量。

4.3 生产线的精加工工序广泛采用主动测量、在线测量和刀具自动与手动补偿系统。

5 这些自动线上普遍采用 PLC 控制或计算机控制

设有工件定位自动检测、故障自动诊断、刀具寿命控制、事故报警和加工尺寸自动测量与刀具自动补偿等系统，自动线节奏已达 0.5～0.7min。在生产线上采用各种新型刀具，高速大走刀切削，先进的抬起步伐式输送结构加强整个过程动作的检测控制，为降低机动时间和辅助时间创造了条件。一些非加工工序如密封性测验，缸盖液氮过冷压气阀座，及压气阀导管等都已纳入自动线，使自动线的自动化程度大为提高。

6 加强辅助工序和生产环境的改善

6.1 复杂壳体广泛采用多工位定位清洗机清洗，零件经过定位和翻转精冲洗、漂洗、吹干等工序，使壳体(如缸体等)清洁度在 50mg，不少厂已采用常温清洗。

6.2 气密试验、液氮过冷压阀座及压导管，以及其它加工过程的装配，实现了自动化。

6.3 采用电化学法去毛刺工艺和各种机械去毛刺。

6.4 以组合机自动线为主的生产线设备，采用钢板或铁丝网整体大防护，并与机床实现电气连锁，以防止冷却液飞溅和确保生产安全。

6.5 为采用大流量冷却和冲屑，建立了冷却液集中供应和过滤循环系统。

6.6 在以先进设备组成的流水生产线上，采用了多种形式的滑道、辊道，进行工序间连接，使零件在整个加工过程中不落地，一些厂还采用生产线设备 U 形布置以便于实现多机床管理。

康来明

三 铸 造 工 艺 与 装 备

1 铸件质量

汽车铸件的材质近几年在等级上有明显提高，灰铸铁件如缸体、缸盖等主要件采用HT220牌号，少数厂家缸体已应用HT250牌号，并逐步稳定生产，使缸体铸件基本得到强化，机械性能显著提高。

球墨铸铁的生产逐步扩大，第一汽车制造厂已成功的将所有可锻铸铁件改为球墨铸件，并经过几年的努力，成功的进行了冲天炉多孔塞气动铁水连续脱硫技术的开发和应用，使球墨铸铁的生产质量稳定可靠。在铁素体球墨铸铁生产中更注重"铸态珠铁"的生产，但有些厂由于受铁水温度和铸铁在砂中冷却时间的限制，使铸铁还需热处理，但热处理时间已大大缩短。

珠光体球铁已大量用于生产曲轴、凸轮轴等汽车铸件，大部分已达到铸态QT700－2水平。

蠕墨铸铁的研究和应用又有所发展，第二汽车制造厂已能稳定地生产排气管，无锡柴油机厂用于生产缸盖等，使汽车铸件的机械性能和使用寿命明显提高。

轻型、微型汽车冷激铸铁凸轮轴的生产、合金铸铁缸套、球墨铸铁活塞环的生产，使其工作寿命有了较大的提高，凸轮轴——挺杆寿命达 1.5×10^5km，缸套 1.5×10^5km，活塞环达 1.0×10^5km。

随着先进工艺装备的使用，主要铸件壁厚可做到4.5～5mm，尺寸精度目前已达到：中型车$^{+0.5}_{-0.8}$mm，轻型轿车＜±1.0mm，砂芯的尺寸偏差，由于冷、热芯盒工艺设备的采用，已能达到±0.5～0.8mm，铸件表面粗糙度和铸件重量都有所减小。铸件废品率也有所下降，主要件废品率达5%左右。

2 工艺装备水平

"七五"后期，相继建成或改造完成的轻、中、重型汽车基地厂铸造厂（车间），如：第一汽车制造厂第二铸造厂、第二汽车制造厂第三铸造厂、潍坊柴油机厂大件铸造车间、天津内燃机厂灰铸铁车间、哈尔滨东安机械厂灰铸车间等生产汽车铸件的较为现代化的铸造厂（车间），基本代表了我国汽车行业铸件生产的先进水平。同时，也体现我国铸造行业的先进水平。以这些厂为代表的各主要工艺装备水平大致如下：

2.1 金属熔炼

普通采用双重熔炼工艺，为生产高质量铁水创造了条件。第一汽车制造厂第二铸造厂采用20t热风水冷无炉衬冲天炉熔化，15t有芯工频炉精炼保温；第二汽车制造厂第三铸造厂采用20t无芯工频炉熔化，45t有芯工频炉精炼保温；潍坊柴油机厂和天津内燃机厂采用冲天炉熔化，有芯和无芯工频炉精炼保温；哈尔滨东安机械厂用冲天炉熔化，中频炉精炼保温。

第一汽车制造厂第二铸造厂的20t冲天炉还采用了从加配料到熔化温度、铁水化学成分等的计算机系统控制和显示。多数厂都强化了炉前检测手段，引进了直读光谱仪等检测设备，完成了炉前快速光谱分析直读、电传、打印。

工频炉的炉衬寿命有较大提高，快速筑炉技术得到推广应用，炉衬材料国产化有一定进展。

球墨铸铁铁水脱硫、孕育、球化材料和方法的研究应用发展较快。第一汽车制造厂第一铸造厂开发并应用的冲天炉多孔塞气动铁水连续脱硫技术，为大量流水生产中冲天炉铁水脱硫开拓了较为先进实用的好办法，为冲天炉与电保温炉双联工艺生产球铁铺平了道路。

2.2 造型和制芯

主要铸件的造型普遍采用引进的气冲、静压、挤压、高压自动造型线，在购置造型线的同时，一般还包括型板更换装置和自动下芯机。个别还引进了浇注机和落砂取件机械手等设备。近几年安装、投产的引进造型自动线概括如表：

引进的造型自动线概况

序号	造型线名称	铸件名称或金属种类	砂箱内部尺寸(mm)	生产率(整型/h)	使用厂家	备注
1	GF气冲造型线	汽车铸钢件	800×700×300/300	60	第一汽车制造厂	已投产
2	GF气冲造型线	缸体、排气管等	1200×800×400/350	150	第一汽车制造厂	试生产
3	DISA挤压造型线	缸体、曲轴等	700×950×250/635	180	第一汽车制造厂	调试
4	GF气冲造型线	后桥壳等球铁件	1850×800×300/300	75	第二汽车制造厂	已投产
5	BMD气冲造型线	缸体等铸铁件	800×600×300/300	120	重庆交通机械厂	已投产
6	BMD气冲造型线	缸体等铸铁件	1400×1000×400/400	60	朝阳柴油机厂	已安装
7	APS—04静压造型线	缸体、曲轴等	850×600×280/280	80	哈尔滨东安机械厂	已投产
8	APS—4H静压造型线	缸体等铸铁件	800×600×250/250	72	天津内燃机厂	试生产
9	GF气冲造型线	缸体等铸铁件	900×700×350/350	60	沈阳柴油机厂	安装完
10	GF气冲造型线	缸体等铸铁件	1000×800×300/300	110	常州柴油机厂	
11	KW高压造型线	缸体等铸铁件	1500×1200×400/400	60	潍坊柴油机厂	已投产
12	GF高压造型线	汽车铸铁件	1200×800×400/350	120	第二汽车制造厂三铸厂	已投产

由于现代气冲造型法等的采用，大大地提高了砂型尺寸的精确度和质量，为生产高强度复杂的薄壁铸件创造了条件，同时也改善了劳动条件，提高了铸件质量。

重庆汽车发动机厂引进了美国阿什兰化学公司的PEPSET树脂自硬砂造型、制芯工艺及其设备，并已投产。四川柴油机厂也引进了相同工艺和相近的设备，并正在设计、施工中。它为生产重型车发动机缸体等铸件开辟了又一新途径。这两个厂在引进树脂混砂机、砂温调节器等关键设备的同时，还引进了树脂砂的再生设备，为造型材料重复利用，降低成本创造了条件。

第一汽车制造厂、第二汽车制造厂、潍坊柴油机厂、四川柴油机厂还引进了冷芯盒制芯工艺和设备，使近几年在发展热芯盒、壳芯工艺的基础上又增添了更先进的冷芯盒制芯方法，为减少砂芯的尺寸偏差，提高砂芯质量和生产复杂砂芯展现了良好的前景。

2.3　型砂处理

为造型线配置砂处理，多为专线配置，能力略大于造型线需砂能力。混砂机为弹簧加压辗轮式，有间歇和连续供砂两种型式。砂处理系统包括磁选、破碎、筛分、增湿、冷却、预混、终混等。在大量连续生产中都比较注意了旧砂的冷却，旧砂、型砂的水份检测及控制。哈尔滨东安机械厂引进的砂处理系统包括测温、增湿和测量加水系统及型砂成型控制仪。严格控制型砂的水份是保证型砂质量的关键。

在砂运输系统中，该厂还引进了旋转储砂斗，使砂斗粘砂造成不均匀的问题得以解决。

砂处理系统中的材料定量、加入、运输、储存都采用微机控制，从而提高了工艺设备及机械化运输设备的管理控制自动化水平。

2.4 铸件清理

使用了缸体内腔鼠笼式抛丸清理机或夹卡式专用抛丸清理机。普遍采用了铸钢丸清理。由于采用先进制芯工艺和使用涂料及采用防锈剂，大大提高了缸体、缸盖、排气管等的内腔清洁度，提高了涂底漆质量。

由于广泛采用铁素体球墨铸铁，使原有的造型线的冷却段显得太短，而不能使铸件在砂中有足够的时间冷却，这样仍需铸后热处理，但处理时间已大大缩短，且各厂都在扩大铸态球铁的生产，以提高经济效益，降低铸件成本。

3 压铸

随着"七五"期间微型车及摩托车产品的引进和生产，较大型铝合金压铸件的生产在国内开始起步，因而推动了压铸技术的发展和水平的提高。前几年，第一汽车制造厂和洛阳拖拉机厂等厂引进的较大压铸机随着汽车变速箱及摩托车发动机缸体等的生产已开始应用。有些厂又引进了一些压铸设备，有的单机机械化、自动化也达到较先进水平，模具制造及其涂料也有一定进展，压铸件质量有所提高。

张廷昌

四 锻造工艺与装备

随着我国汽车工业的技术进步，汽车行业中的一些锻造厂和车间都在逐步增加热模锻机械压力机和中频电加热机床的使用。这些厂家热模锻机械压力机和中频电加热机床所占比例如下表：

表 1 热模锻机械压力机和中频电加热机床所占比例

序号	厂名	在模锻设备中，热模段机械压力机占比例（%）	在模锻件加热中，中频电加热机床占比例（%）
1	第一汽车制造厂锻造厂	32	26
2	济南汽车制造总厂锻造厂	15	16
3	南京汽车制造厂锻造厂	6	6

由于采用了先进的管理方法和先进的工艺装备，使锻件的精度不断提高。目前，第一汽车制造厂锻造厂和第二汽车制造厂锻造厂均按国家锻件精度标准进行生产，并逐步争取达到德国DIN7526精度标准。现在，已有少部分锻件已达到该标准，还有一部分锻件在某些项目上已达到该标准。

1 下料工艺和装备

目前，国内汽车制造厂锻件毛坯采用棒料剪断机下料时，棒料的预热已逐步从燃气或燃油向电加热过渡。第二汽车制造厂锻造厂对大于∅80mm的棒料全部采用工频感应电加热机床预热，哈尔滨汽车齿轮厂锻造车间采用了中频感应电加热机床预热。采用的下料设备主要是棒料剪断机。为提高下料精度和节省投资也少量采用了金属带锯机，该设备更适合于中小锻造厂使用。第一汽车制造厂专用车厂锻件毛坯下料就是以金属带锯机为主，以圆锯机和弓锯机为辅。

2 锻件切边设备

锻件切边过去一直采用单点切边压力机，现在国外多采用双点宽台面切边压力机。在该设备上可进行切边、冲孔、热校正等工序，在我国刚刚开始采用。例如：第一汽车制造厂锻造厂在“七五”技术改造中采用了3台，济南汽车制造总厂锻造厂采用了1台。

3 特种锻造工艺和设备

3.1 粉末锻造

目前，我国各种汽车都在积极采用粉末锻件，第一汽车制造厂散热器厂设有粉末锻造车间，主要为“红旗”高级轿车和CA141型汽车提供粉末锻件，现生产能力可达年产400t。CA141型汽车现采用14种粉末锻件，总重量为2.92kg，主要是一些小的齿轮和轴套等。制件可达性能指标，例如：解放牌汽车机油泵齿轮密度可达6.2～6.5g/cm³，精度等级为ITT级；CA141型汽车变速箱推块密度可达6.8～7.09g/cm³，碳氮共渗处理层深度为0.2～0.6mm，硬度HRA65以上，拉伸强度150N/mm²。车间主要设备均为国内制造，与国外设备相比，自动化程度低、精度低。

3.2 楔形横轧工艺和设备

目前，汽车行业主要采用圆弧形楔形模横轧工艺，平直形楔形模横轧工艺还未采用。辊式楔形横轧机产量可达600件/h，径向公差±0.2～0.3mm、长度公差±0.3～1mm、材料利用率95～98%、生产率比模锻工艺提高3～6倍。楔形横轧生产线如表2：

表2 楔形横轧生产线

序号	生产线名称	主机型号	主要技术参数	生产主要锻件名称	设计生产率（件/时）	生产线性质	备注
1	楔形横轧机	D46-100×750	⌀780	中间轴直拉杆 转向蜗杆轴	300	手工上料	
2	连续楔形横轧机	H300	⌀300	同步器锁销	875	半自动	
3	连续楔形横轧机	H630	⌀630	球头销	937	半自动	
4	楔形横轧机	H1000	⌀800	中间轴	300	手工上料	未投产
5	楔形横轧机	D46－63×600	⌀575	锻件制坯	160	手工上料	未投产

第二汽车厂楔形横轧锻件精度：中间轴总长度公差±0.85mm、直径公差±0.35mm；蜗杆轴总长度公差0.6mm、直径公差±0.35mm；直拉杆中间长度公差±0.75mm、直径公差±0.15mm；同步器锁销长度公差±0.10mm、直径公差±0.075mm。

3.3 摆动辗压工艺和设备

摆动辗压工艺使锻件变形均匀，楞角清淅，表面质量好。在使用抛光模具的情况下，表面光洁度可达▽8～▽9，尺寸精度可达0.01～0.05mm，节省原材料。锻件所需变形力只相当于一般锻造方法的1/5～1/15。摆动辗压机噪声低、振动小。武汉汽车齿轮厂现有一条摆动辗压生产线，主要生产EQ140型汽车半轴，班产可达600件，该生产线由卧式电热镦机、摆动辗压机、卧式油压机组成。

3.4 齿轮精锻工艺

齿轮精锻工艺可以减少原材料消耗和机械加工余量。在“七五”期间，南京汽车制造厂、北京汽车齿轮厂、上海汽车齿轮厂等都建立了齿轮精锻车间，形成了批量生产能力。主要生产轻型汽车行星齿轮和半轴齿轮，精度一般可达到8～9级，个别的能达到7级。金属材料利用率可达76%。

韩中平

五　冲压工艺与装备

近几年来，随着轿车生产的发展，以车身制造为主体的冲压技术有了较快的发展。车身所需的宽面钢板、深冲钢板和镀锌钢板，国内已能部分供应；压力机制造业以汽车产品为目标开发新产品，品种增加，质量提高，供货期缩短；冲模制造已建成几个初具规模的基地，制造技术已步入 CAD/CAM 的新阶段，换型周期进一步缩短；新技术、新装备的引进使冲压技术达到一个新的水平，大型覆盖件已基本实现国产化。

这一时期冲压技术与装备的主要发展大致有以下几个方面：

1　成套设备技术水平

汽车冲压生产技术水平在很大程度上取决于压力机成套技术水平，主要表现在压力机系列化、完善化程度以及新设备的开发。

系列化：压力机制造业近年来在补充大、重、精、尖压力机产品上有了长足的进步。现已形成 1600～20000kN 单点单动压力机，1600～25000kN 双点单动压力机，6300～10000kN 四点单动压力机，1600～4000kN 单点双动压力机，4000～8000kN 双点双动压力机，10000～20000kN 四点双动压力机等系列产品，从而使用户有了广泛的选择余地。此外，压力机制造业还能供应全套宽卷料处理设备，公称力达 40000kN 的纵梁压力机以及中小型多工位自动压力机等。

完善化：新近汽车工业安装的我国自行设计和制造的压力机，其技术水平有了很大提高，性能比较完善，主要表现为精度高、装置齐全、性能完善、带有可移式工作台和冲模夹紧装置、空运转噪声低、造型美观。

新设备：由济南第二机床厂自行设计制造已安装于第一汽车制造厂并用于压制车身覆盖件的 20000kN 四点双动压力机，其特性为行程 14 次/min、工作台面 2500mm × 4600mm（前后×左右）、带有 T 型可移式工作台、采用 PC 机集中控制。由太原重型机器厂制造的开卷落料自动线，系我国首次制造的宽卷料处理设备，这条带有 4000kN 落料压力机，生产率为 15～40 件/min 的卷料线，可处理厚度为 0.5～2.6mm，卷宽 500～1830mm 的卷料，送料长度 100～3500mm，送进精度可达±0.5mm。

2　冲压线（设备）状况和机械化自动化程度

2.1　大、重、精、尖设备的代表

目前，汽车工业安装和使用的有代表性的国产和进口大、重型冲压设备之“最”如表 1：

表 1　我国目前有代表性的国产与进口大　重型设备

设备型号和名称	主要技术参数	主要用途	有代表性的使用厂家	制造厂家
QY11-7×700 剪板机	剪切钢板厚度 7mm，宽 7000mm	剪切车厢底梁	第一汽车制造厂 第二汽车制造厂 车厢厂	上海冲剪机厂
开卷落料线	处理卷料宽度 500～1830mm，线速 90m/min，送进精度±0.5mm，生产率 15～40 件/min，落料压力机 4000kN	卷料开卷、清洗校平、落料和堆垛	沈阳轿车厂	太原重机厂

<table>
<tr><th>设备型号和名称</th><th colspan="2">主要技术参数</th><th>主要用途</th><th>有代表性的使用厂家</th><th>制造厂家</th></tr>
<tr><td>S1/2000/1单点单动压力机</td><td colspan="2">公称力20000kN,工作台面1800mm×1920mm</td><td>冲压车轮轮辐</td><td>第一汽车制造厂车轮厂</td><td>济南第二机床厂</td></tr>
<tr><td>S2—1600双点单动压力机</td><td colspan="2">公称力16000kN,工作台面1600mm×6500mm</td><td rowspan="2">压制车厢底梁</td><td>第一汽车制造厂车厢厂</td><td>济南第二机床厂</td></tr>
<tr><td>S2—2200—260—66双点单动压力机</td><td colspan="2">公称力20000kN,工作台面1676mm×6600mm</td><td>第二汽车制造厂车厢厂</td><td>美国克利林公司</td></tr>
<tr><td>J39—1000四点单动压力机</td><td colspan="2">公称力10000kN,工作台面2300mm×4100mm</td><td rowspan="2">压制车身大件</td><td>第一汽车制造厂
南京汽车制造厂
车身厂</td><td>济南第二机床厂</td></tr>
<tr><td>E4S—100D—MB单动压力机</td><td colspan="2">公称力10000kN,工作台面2200mm×4260mm</td><td>北京吉普汽车有限公司</td><td>日本小松公司</td></tr>
<tr><td>1250双动拉伸液压机</td><td colspan="2">总公称力12500kN（内6300kN,外6300kN),工作台面2500mm×2800mm</td><td>压制车身大件,两台组合冲制纵梁</td><td>南京汽车制造厂</td><td>太原重机厂</td></tr>
<tr><td>DPC800/500双动拉伸液压机</td><td colspan="2">总公称力13000kN（内8000kN,外5000kN),工作台面2200mm×3660mm</td><td>拉延车身大型薄板件</td><td>天津市汽车制造厂
合肥汽车制造厂</td><td>日本川崎油工公司</td></tr>
<tr><td>J47—1250/2000双动压力机</td><td colspan="2">总公称力20000KN（内12500kN,外7500kN),工作台面2500mm×4600mm</td><td rowspan="2">拉延轿车、旅行车顶及底板等大型件</td><td>第一汽车制造厂轿车厂</td><td>济南第二机床厂</td></tr>
<tr><td>双动压力机</td><td colspan="2">总公称力32000KN（内24000KN,外8000KN),工作台面2500mm×5000mm</td><td>沈阳轿车厂</td><td>意大利麦克方德公司</td></tr>
<tr><td rowspan="4">纵梁压力机</td><td colspan="2" rowspan="2">机械式40000kN</td><td rowspan="4">冲制载货车纵梁</td><td>重庆汽车制造厂</td><td>上海锻压机床厂</td></tr>
<tr><td>第一汽车制造厂车架厂</td><td>日本小松公司</td></tr>
<tr><td rowspan="2">液压式</td><td>40000kN</td><td>丹东汽车制造厂</td><td>太原重机厂</td></tr>
<tr><td>50000kN</td><td>青岛汽车制造厂</td><td>德国施勒曼公司</td></tr>
<tr><td>FT3—200多工位压力机</td><td colspan="2">公称力20000N,八工位,工作台面(2540mm×1400mm)×2</td><td>冲制盘形零件</td><td>第二汽车制造厂车架厂</td><td>日本会田公司</td></tr>
<tr><td>车厢边板滚压线</td><td colspan="2">线速60m/min,切断精度±1mm</td><td>滚压车厢边板</td><td>第一汽车制造厂车厢厂</td><td>上海重机厂</td></tr>
</table>

2.2 冲压线装备模式

新近安装的薄板冲压线，一般都比较完整、协调，并形成一种固定的组成模式，即以1台10000～14000kN双动压力机为主，其后为4～6台6000～10000kN型号比较一致的单动压力机，表2是第一汽车制造厂3万辆轿车工程车身冲压线压力机的匹配情况，在新建车身冲压线中颇具典型性。

表2 第一汽车制造厂3万辆轿车冲压线压力机匹配情况

线号	双动压力机		单动压力机		生产冲压件类型
	型号	数量	型号	数量	
1	J47—1250/2000	1	J39—1000	5	顶盖、底板、翼子板等
2	J47—600/1000	1	J36—400	5	立柱、加强梁、发动机前罩等
3	J47—800/1400	1	J36—630	5	车门、行李箱内外板等

为适应生产线压力机间距的重调、冲压线的重组和运送废料的需要，一般都采用带式基础安装压力机。

2.3 冲压机械化、自动化程度

近年来，车身冲压线机械化水平有所提高，一般情况是：双动压力机采用带有分层机构的送料装置，带有翻转机构的取件装置；单动压力机采用手工送料，自动出件；工序间采用皮带输送机传递。

在中板冲压方面，机械化自动化水平已有显著提高，青岛汽车制造厂50000kN纵梁压力机已实现单机自动，南京汽车制造厂和第二汽车制造厂已实现纵梁双机连线作业，第一汽车制造厂也将实现纵梁双机连线，并采用机械化送料装置和滚子滑道卸件装置，取代繁重的手工作业。第一汽车制造厂车轮厂冲压轮辐已实现高度省力化，单机冲压基本实现自动化。在中板剪切方面，一些厂采用了简单易行的浮式滚珠、送料辊子和皮带机等传送装置进行上、下料，大大减轻劳动强度并提高生产效率。

中小冲压件的冲制，除采用普通压力机进行自动冲压外，还采用包括多工位在内的自动压力机，其数量约占压力机拥有量的2%。

3 新工艺、新技术

近年来，萌发和引进了不少新工艺、新技术，主要是电热膨胀拉伸、变薄旋压和铝型材双维曲弯等。

3.1 电热膨胀拉伸

电热膨胀拉伸工艺适用于长途客车车身蒙皮，是在过去采用的机械拉伸和电磁感应加热工艺基础上发展起来的一种预应力拉伸蒙皮新工艺。此工艺已由国家专利局授予专利权，延边公路客车厂等应用了这种工艺。

3.2 变薄旋压

变薄旋压又称强力旋压，是在较高的接触压力下工件壁厚逐点地有规律地减薄而直径无显著变化一种特殊的旋压方法。载货汽车轮辋和轮幅的成形，采用这种工艺可实现多品种小批量生产，并能满足由于车速越来越高需要提高车轮质量的要求。第一汽车制造厂车轮厂分别率先引进了轮辋和轮幅旋压技术和设备，生产率可达60～120件/h。

3.3 铝型材双维曲弯

型材的曲弯成形通常是单方向的，工艺比较简单，并容易达到精度要求。第一汽车制造厂生产的“奥迪”轿车风窗框，采用表面光洁的铝型材，需要在两个方面曲弯成形，且尺寸精度和表面质量要求很高。为此，采用了特制的专机，将定尺切断的断面复杂的铝型材进行双维曲弯，左右件同时加工，从而保证了质量要求并提高了生产率。

3.4 精密冲压技术已经起步，如广州汽

车厂已引进精密冲压件生产技术和装备，这将使汽车零、部件生产和发展以精冲代替某些加工件奠定基础。

4 技术标准、规范

1984年以来，以汽车工业为先导，国家和有关部门先后制订和发布了一系列冲压技术标准和规范，这对统一概念、提高冲压技术和制件质量、改善车间作业环境、实现安全生产起了重要作用。

5 生产管理和质量管理

在技术水平和装备能力大幅度提高的同时，生产管理和质量管理有了明显的改观，并向安全、文明生产迈出了可喜的一步。

5.1 强化生产管理

5.1.1 优化产品组合，按产品类型和品种组织厂点定向生产，小件一般都扩散到专门的冲压厂生产，车身冲压厂只生产表面质量要求高的大型薄板件。

5.1.2 提高调度和通讯能力，推行“看板”管理制度，生产计划能做到上、下衔接，大型冲压件在制品和制成品很少积压。

5.1.3 厂房内区域界线标志明显，冲压线、通道和存放区都采用标线区分清楚，各区间一目了然，有条不紊稳定运行。

5.1.4 厂房内地面洁净，作业面积宽松，通道无阻，采光、照明适度，通风良好，色彩调和，为操作者提供了比较符合人机工程要求的、明快而祥和的工作环境，一改过去冲压厂房“灰、土、暗”的景观。

5.1.5 推行设备“点检”制度，例如第一汽车制造厂车厢厂对大型压力机每日进行固定项目的检查，从而消灭了潜在的设备故障和危险因素。对动力管线加强维修，减少了动能漏损和噪声。

5.1.6 安装了与安全和文明生产有关的醒目警告和显示装置，强制推广使用安全保护装置，加强安全生产教育和检查，从而使冲压伤害事故明显减少。

5.2 提高质量意识

由于近年来用户对提高载货车驾驶室乘坐舒适性和车身表面质量乃至整车寿命要求越来越高，因而要求对冲压件表面质量和尺寸精度有更严格的控制。为适应严峻的市场要求，各冲压厂通过强化生产管理，明确了质量目标，对员工进行质量教育，增强了全员质量意识，并采取相应的措施，强化质量管理，使制件尺寸精度和表面质量有了很大的提高。

祁立彬

六　焊接工艺与装备

1　汽车车身装焊技术改造概况

自1988年以来，依靠技术引进已建成(或正在进行)的车身装焊生产线有：

1.1　济南汽车制造总厂建成年产10000辆的斯泰尔——91系列驾驶室装焊线，为单、双排座平头驾驶室的生产，全套工装从奥地利斯泰尔公司引进。

1.2　上海大众汽车有限公司，建成年产30000辆的上海桑塔纳轿车车身装焊线，该线是在原CKD线的基础上加以完善。

1.3　天津微型汽车厂建成年产50000辆大发微型汽车系列车身的装焊生产线及年产15000辆夏利轿车车身装焊线，其中特别是夏利轿车车身装焊线，在国内3万辆批量的生产线中，水平较高，自动化程度也较高。

1.4　广州标致汽车有限公司，建成年产15000辆标致504型车身装焊线。

1.5　北京吉普汽车有限公司，建成年产30000辆的切诺基吉普车身装焊线，其部分生产线是国内配套。

1.6　南京汽车制造厂正在兴建生产60000辆依维柯S系列单、双排座驾驶室总成及车厢总成的装焊生产线。主要生产线9条，其中厢式车及双排座总成装焊线、地板线、补焊线从意大利引进，特别是补焊线为全自动机器人补焊线，有自动识别工位，可自动更换焊钳。引进部分投资为850万美元，采用了14台机器人。

1.7　沈阳轿车厂正在兴建年产20000辆"海狮"牌面包车车身装焊线，有生产线5条，其中夹具和主要生产线及车门包边机等全部从日本丰田公司引进。为目前国内面包车车身装焊水平最高的生产线。

1.8　第一汽车制造厂正在兴建年产30000辆奥迪轿车车身装焊线，该线是在原CKD装焊线基础上完成的，大部分夹具、工装为国内制造。

1.9　第一汽车制造厂，大众汽车有限公司正在兴建年产150000辆高尔夫A_2轿车车身装焊线，该线是由美国WML厂购进的二手设备，全线生产能力为83件/h。其主要技术水平描述如下：

1.9.1　全线由十个部分组成，即左/右侧围线、前地板线、前结构线、后地板线、后结构线、车身下部线、车身主焊线、补焊线及调整线及门盖生产线。

1.9.2　全线采用了60台机器人，同时配有四柱多点焊机、双柱多点焊机、冠式焊机及开式自动焊机，焊点自动焊率达70%以上。

1.9.3　主要线采用PLC——3型可编程序控制器控制。

1.9.4　线上配有自动多点检测系统，采用微机控制，包括数据采集、键盘编程、显示屏显示、硬盘存储检测数据。可以监控装配尺寸动向、识别工具磨损和断裂情况、记录产品质量打印出检测结果。

1.9.5　生产线的传送方式大致分为三种：第一种，主要是做成贯通式，采用往复杆传送；其次是采用滑撬传送，如主焊线为矩形线，滑撬传送；第三种为地面链传送，如补焊线及调整线，线与线之间的总成传递则采用推杆悬链输送，推杆悬链长度合计约3000m。

1.9.6　门盖生产线，为引进上海大众汽车有限公司新开发的柔性自动生产线，线上采用两台G8型机器人涂胶、1台G100型机器人点焊外板总成、两台搬运机器人装内、外门板、3台折边压力机、两台可换焊模多点焊机进行总成焊接、1台固化炉固化密封胶，该线只要调换工装，则可以生产任何型号的车门。换模时间约20min，生产率为130件/h。

1.10　已建成(改建中)的还有第二汽车制造厂平头汽车驾驶室的装焊线、北京第二汽车制造厂轻型汽车驾驶室装焊线、吉林轻型汽车驾驶室装焊线、"兰箭"轻型汽车驾驶室装焊线等。

2 车身装焊技术改造特点

纵观已完成的车身装焊生产线有如下主要特点：

2.1 由于全部为引进技术，装焊线的工装水平普遍提高，产品质量也相应提高，但工装费用急剧增加，通常全套车身装焊夹具从国外引进约耗资在200万美元到1000万美元左右，相当于国内自行设计制造费用的5～10倍左右。

2.2 质量保证系统较为完整，一般除夹具外，还备有各分总成的检验夹具、样板等，部分生产线还备有自动检测装置。

2.3 几乎均属刚性焊接生产线。自动化水平也不高。采用机器人焊接的工作量约占全线焊接工作量的10%左右，大部分焊仍以悬挂点焊接(手工)为主，部分线仍采用多点焊机。

2.4 目前已经引进自动更换焊钳机器人的工厂有南京汽车制造厂的补焊线及第一汽车制造厂奥迪轿车总装线的补焊工位。

2.5 螺柱自动焊工艺与设备，已开始使用。在此以前我国尚未使用。

2.6 在一汽——大众汽车有限公司引进美国WML的焊接生产线中包括焊接电流均衡系统，这对于大批量的焊接车间为减少电安装容量是非常重要的。

3 存在的问题与发展方向

从目前引进的装焊线情况看，存在如下问题：

3.1 所引进的装焊线都不是80年代最新水平的，而是70年代、甚至是60年代水平，大部分可以由中国自行设计与制造。

3.2 目前技术引进软件，包括硬件。但全盘引进常把硬件放在第一位，这样除增加投资外，很难做到消化吸收，使得我国汽车车身装焊技术水平很难提高，也很难赶上世界先进水平。

3.3 所引进的厂家五花八门。大多数为外国各公司的标准，这对将来标准化工作及零配件供应将带来很大的困难。

3.4 目前，国外已向柔性装焊线方向发展，也就是装焊也象冲压一样，当产品换型时，只更换夹具(工装部分)，而设备部分尽可能做到通用化，这样当换型时，只要把工装准备好，在很短时间内转产，这是装焊技术的发展方向。因此，应当引起重视。

3.5 对此，为了适应我国装焊技术改造，提高我国自己的装备能力，应该有组织地、有系统地消化所引进的生产线，制订出我国的车身装焊技术标准，并武装自己的技术队伍，使得我国能承担全线的设计与制造任务。

伍恂谋

七 热处理工艺与装备

为保证新产品的技术、质量要求，提高热处理过程的控制精度和机械化、自动化水平成为热处理技术改造的迫切需要。引进的热处理装备见表1，这些引进设备先后安装投入使用，使我国汽车行业的热处理水平达到新的高度。

近三年来，热处理工艺工作的主攻方向在于熟练掌握引进设备的使用技术、维护技术、稳定使用引进设备、消化吸收引进技术、改进薄弱环节、实现引进设备的国产化，并以此为借鉴，改进原有设备，使老设备焕发青春。

表 1 汽车行业各厂家引进热处理设备一览表

企 业 名 称	引 进 设 备 类 型	引进厂家	数量
第一汽车制造厂	双排无罐气体渗碳炉自动线	豪尔柯劳弗特(美)	3
第一汽车制造厂	单排无罐气体渗碳,科炉淬火线	豪尔柯劳弗特(美)	1
第二汽车制造厂	双排无罐气体渗碳炉自动线	豪尔柯劳弗特(美)	2
北京吉普汽车有限公司	多用箱式炉	依卜生(美)	2
唐山汽车齿轮厂	多用箱式炉	爱协林(奥)	3
韶关齿轮厂	多用箱式炉	索菲斯(美)	1
沈阳汽车齿轮厂	多用箱式炉	林博格	4
北京齿轮总厂	多用箱式炉	东方(日)	3
株洲齿轮厂	多用箱式炉	豪尔柯劳弗特	3
綦江齿轮厂	多用箱式炉	豪尔柯劳弗特	1
陕西齿轮厂	多用箱式炉	爱协林	3
上海汽车齿轮厂	多用箱式炉	爱协林	2
上海油泵油咀厂	多用箱式炉	索劳(瑞士)	1
杭州汽车发动机厂	盐浴软氮化线	德固沙(德)	1
潍坊柴油机厂	盐浴软氮化线	德固沙(德)	1
上海汽车发动机厂	盐浴软氮化线	德固沙(德)	1
南京汽车离合器厂		鲍格瓦纳(美)	1
长春 228 厂	锥形膜片弹簧热处理成型设备	AP 公司(美)	1
上海离合器厂		FgS(法)	1
第二汽车制造厂	叉形拨杆淬火机床	岛田理化	1
第一汽车制造厂	曲轴淬火机床	托克(美)	1
上海大众汽车发动机厂	曲轴淬火机床	AEG(法)	1

比如渗碳处理前的脱脂工序,经反复试验研究,找出了脱指处理对渗碳过程的影响规律,对脱脂设备进行了有效地改进,确保渗碳层的均匀性和硬度的一致性;又如淬火压床用机械手,引进后一直未能正常投入使用,缓冷室密封及开启方式严重影响淬火零件质量,经对淬火机械手和开启方式进行了同步改进后,现已正常投入使用,使连续式渗碳炉渗碳后压淬工艺水平有了突破性进展。

引进技术与装备均结合了行业内各企业产品技术和生产的需要,保证了产品的产量和质量。经使用证明这些技术与装备具有如下综合特点和水平:

1 所有引进设备均属 80 年代发展起来的新炉型、新设备、新技术,如采用多种布置形式的多排连续式无罐渗碳自动线,不同形式的多用途炉、转底式炉、网带式炉以及为特殊零件热处理所需的特种热处理设备等。

2 气源的多样化,可灵活选择气源,引进炉子中所使用气源有吸热气氛、放热气氛、氮基气氛以及由不同有机液体配合组成的滴注气氛等,扩大了适用范围。

3 采用高效节能加热元件,如煤气辐射管、电热辐射管、二硅化钼等各类先进加热原件。

4 炉用耐火材料轻质化、标准化、通用化,有利于节能和维修。

5 所用耐热合金夹具设计合理,具有良好的工艺性和较高的使用寿命。

6 通过改造设计结构,如碳化硅导轨、网带式传送装置、机械传动、气动、采用新型密封材料以及新型炉门结构、使用红外仪、氧探头双控制系统、监控报警系统、联锁装置等,提高了设备运行的可靠性与控制精度。

7 提高炉气氛的均匀性,如采用双导向侧风扇系统、导流及隔墙等。

8 完善工艺过程，如采用特殊布置和在多用炉中采用强制冷却，实现工艺需要，使过程更加合理，既提高生产效率又改善了热处理质量。

9 完善配套设备功能，如双工位清洗可以实现浸、喷、撇油、烘干等功能，淬火槽加热控温，可调循环搅拌装置，水分检测装置等，提高了生产过程的质量和安全性。

10 碳势控制精度普遍达到±0.05%C，设备大都配备微处理机，有的设备还配备自编工艺软件包。

通过对引进技术的消化与吸收，行业内已能自行设计制造各类炉型，经改进的单排无罐连续渗碳生产线已在行业内5个企业中使用，在生产中发挥了重要作用，使所生产的产品达到了较高水平。引进的马拉松碳控仪，经使用、消化和改造，现已试制出新一代碳控仪样机并通过了行业鉴定，这将更为有效地装备渗碳设备，使之达到更高水平。随着生产技术的发展，一些重点企业对装备提出了更高的要求，要求设计更高水平的连续式渗碳自动线，在新一轮设计中将采用引进技术中一些好的结构器件。在多用炉上自行设计和制造的由5台炉子组成的生产线已在第一汽车制造厂建成投产，此线由前脱脂处理炉、5台主处理炉和清洗机以及机械化装置组成。经一年多使用证明，某些指标已接近引进设备的水平。

感应热处理有了新的进展。发动机曲轴颈圆角淬火已接近世界先进水平；横向磁场感应热处理改善了变截面轴类零件的淬火质量，从而大大提高了零件的疲劳寿命；高强度感应热处理在转向齿轮、汽缸盖阀座等零件上开始应用并取得了很好效果；感应器的结构设计有较大改进，多种多样的半圈感应器，不但提高其加热效率，而且为实现淬火机床机械化、自动化程度提供了良好条件；在静止变频电源的发展上，半导体变频装置制造技术有了很大进步，特别是在可靠性与品种方面有了很大提高，已能有效地替代机式变频机组，价格、重量大大降低，并可有效地节约电能，降低热处理成本；半导体高频装置正在开发之中；淬火机床制造业开始从生产通用型转向生产专用淬火机床，为满足汽车零件热处理提供了方便；微机，特别是PC机在加热及淬火机床控制上的应用已得到较大发展。

汽车发动机曲轴的热处理，打破了以往以感应加热淬火为主导的传统方式，开始对曲轴施行盐浴软氮化处理。经盐浴软氮化处理的曲轴经试验和使用证明，疲劳强度、耐磨性、抗咬合性均表现出良好的效果。盐浴软氮化在其它方面的应用亦展现了很好的前景。

除盐浴软氮化取得较大成功外，气体软氮化亦取得了可喜成果。国产的气体软氮化设备已广泛用于曲轴、凸轮轴、正时齿轮以及重型车轮边减速器齿圈等汽车零件上。出现了一些新的软氮化工艺。大量试验、使用证明，以气体软氮化处理的汽车零件其综合机械性能不亚于盐浴软氮化的水平，且在节能、安全、环保方面更优于前者。

在整体热处理车间的建设上，已建成由引进设备与技术和自制设备武装起来的、接近世界先进水平的第一汽车制造厂同步器变速箱热处理车间。车间由型式各异的两条双排无罐连续渗碳自动线，一条单排无罐连续渗碳自动线和由5台多用炉组成的生产线以及转底炉淬火、清洗，4大线组成。生产过程由微处理机测控，机械化、自动化水平较高，厂房采用了大跨度、钢屋架，采光与布置均达到了较高水平，成为我国最先进的热处理车间。

近年来，在热处理生产中普遍认识到“管理是质量的基础”。对于造就内在质量的热处理生产来说，产品质量是至关重要的，它可以成几倍、几十倍、上百倍的提高使用寿命。因此有人说“热处理是一本万利的行业”。随着人们认识水平的提高，管理工作得到加强，行业内普遍建立全面质量管理体系；健全规章制度；建立质量保证体系；完善工序管理；开展“工序绿化”活动；强化工艺纪律；整顿与完善工艺文件；建立完善的考核制度等一系列的管理措施，使热处理质量更上一个新台阶。仅就第一汽车制造厂为例，通过不断加强管理，变速箱齿轮磕碰率由80年代中期的15～25%下降到现在的4%，工艺参数准确率稳定在98%以上，产品路试里程已稳定超过 2.0×10^5km，有的试品已达 3.0×10^5km，其热处理质量已达日本“日野”变速箱的同等水平。

热处理工艺标准化工作有了新的进展，近几年来先后制订新通用技术标准43项，已有36项正式颁布实施。行业内的标准和厂标准得到进一步修订和补充。无疑，随着热处理标准在全行业的贯彻与执行，必将成为推动热处理生产，提高产品质量和使全面质量管理向深度和广度发展的动力。

周去非

八 汽车车身涂装工艺与装备

近几年一大批工厂新建的涂装生产线相继投产，使产品涂装质量有了大幅度的提高，尤其是上海大众汽车有限公司的6万辆“桑塔纳”轿车车身涂装线和第一汽车制造厂“奥迪”轿车CKD车身涂装线的建成投产，将为我国“八五”期间大批生产轿车提供新的经验。

近几年，汽车涂装方面取得的技术进步主要表现在以下几个方面：

1 涂装工艺装备

1.1 工艺装备前处理

许多汽车厂家加强了漆前预处理，采用较先进的前处理设备，主要工序采用全浸方式，溶液温度、液面自动控制、药品自动补加、主要工艺参数仪表自动显示。

脱脂多采用近几年研制成功的脱脂效果较好的脱脂液。磷化处理多采用薄膜致密型低温或中温磷化液。有的厂家采用了钝化处理。

水平较高的前处理以上海大众汽车有限公司的“桑塔纳”轿车前处理线为代表，该线全长188m，采用连续通过式，共10道工序，处理质量较高，与阴极电泳的配套性较好。

1.2 底漆涂装工艺装备

通过能力在万辆左右的车身涂装线，大多数底漆都采用了阴极电泳涂装工艺。据初步统计，目前已投产的车身阴极电泳涂装线已有11条（见下表）。这些阴极电泳涂装线的投产，使车身的防腐性能大大提高

已投产的车身阴极电泳涂装线

序号	厂家	产品	生产方式	备注
1	第一汽车制造厂	CA141车身	连续	引进英国Dryses技术
2	第二汽车制造厂	CA140汽车车身	连续	引进英国Dryses技术
3	济南汽车制造总厂	斯泰尔JN162	间歇	引进英国Dryses技术
4	北京汽车摩托车联合制造公司	BJ121A	间歇	引进意大利技术
5	吉林轻型汽车制造厂	JL110	连续	引进日本大气社技术
6	天津微型汽车厂	TJ110夏利汽车	连续	国内设计
7	沈阳轿车厂	海狮面包车	间歇	引进日本巴克立丁公司技术
8	上海大众汽车有限公司	上海桑塔纳轿车	连续	引进西德Durr技术
9	重庆汽车制造厂	庆铃	间歇	国内设计
10	广州标致汽车有限公司	广州标致轿车	间歇	引进法国技术
11	第一汽车制造厂	一汽奥迪轿车	间歇	国内设计

1.3 面漆工艺设备

涂装技术进步的另一个重要标志是配套齐全的新型喷漆室的普遍采用。“六五”、“七五”期间引进的喷漆室主要有英国 DRYSES、德国 DURR 和日本大气社的技术。在国内推广较多的是英国的 DRYSES 技术。“七五”期间进行技术改造的涂装线(包括大客车、中小型面包车、载货车、轿车车身涂装线)几乎全部采用了水旋喷漆室,这些喷漆室都是在消化英国 DRYSES 的 HYDRYSPIN 喷漆室基础上自行设计的,这种喷漆室不仅为操作者提供良好的作业环境,而且室内气流组织合理,温、湿度变化小,尘埃受到 控制,因而,喷漆质量稳定,对环境污染小。这种设备的推广使用,使全行业的涂装技术水平向前迈进了一大步。

目前,除个别汽车厂(天津微型汽车厂、第一汽车制造厂车身厂)采用引进的自动喷涂机喷涂外,绝大部分厂家仍采用手工喷漆。国内试制的 6×10^5r/min 的高速静电喷涂设备在开发试用中。自动换色装置在国内尚属空白。

与喷漆室配套的调漆系统,引进线基本采用自动调漆、供漆。例如:第一汽车制造厂 CA141 车身涂装线、吉林微型车厂涂装线、沈阳轿车厂涂装线、济南汽车制造总厂车身涂装线、上海大众汽车有限公司的“桑塔纳”轿车涂装线等都是配套引进的,其中以上海大众汽车有限公司的“桑塔纳”轿车的供漆系统为代表,有 9 台调漆设备可供 9 种颜色的涂料。

喷漆室的另一个重要配套系统——自动消防系统已在某些厂家采用。例如“桑塔纳”轿车涂装线上设有 CO_2 钢瓶 175 只。各种敏感元件置于调漆间、喷漆室、烘干室等危险区域,各区域配置 25～30 个 CO_2 释放喷头。当控制中心得到敏感元件的火警讯号后,便自动在各相应区域发出声光报警讯号,30 秒后会自动开动 CO_2 消防系统,喷射 CO_2 气体灭火。该系统具有自动化程度高、安全可靠、污染少等优点。

1.4 烘干工艺装备

油漆烘干设备的技术主要体现在以下几个方面:

1.4.1 烘干室温度比较均匀,热损失小、涂膜烘干质量稳定。

1.4.2 烘干室采用微机控制、温度自动控制、自动记录、自动显示、便于管理。

1.4.3 有完善的环境保护措施,烘干过程产生使用有害气体得到妥善处理。

1.4.4 废气余热回用,以节省能源。

国内自行设计的烘干室废气处理效果不够理想。面漆烘干室多采用催化燃烧法处理废气,底漆烘干室的废气处理,因受能源限制,有条件的厂家有的采用直接燃烧法处理,没有条件的厂家往往不进行处理。

1.5 机械化运输工艺装备

近几年,较先进的运输设备在我国汽车涂装线上已相继出现,象推杆悬挂输送机、推杆地面输送机、拖式地面输送机等已在许多条车身涂装线上成功地应用。近期投产的上海“桑塔纳”轿车涂装线采用了滑撬输送机。

程控电轨车式输送机(又叫程控电动葫芦),已在中、小批量的涂装线上应用。这些涂装线一般生产节拍较长、采用间歇式生产方式。第一汽车制造厂“AUDI(奥迪)”轿车 CKD 涂装线、江西“富奇”汽车厂车身涂装线等均采用这种输送机,并用微机控制。

2 涂装材料

2.1 前处理材料

80 年代中期国内研制的高效低温、中温清洗剂和薄膜致密型磷化液生产技术,现已基本转让到许多清洗、磷化材料厂生产。这些生产厂(除沈阳 PARKER 公司外)大多属集体企业,规模很小,技术力量薄弱,生产设备也比较简陋。但这些小厂承担了全国许多大、中汽车厂家前处理材料的生产,并能为新建厂提供工艺调试等技术服务。

这类专业化很强的小厂的出现,代表了我国涂装行业前处理材料走向专业化发展道路的开端,是国外那种专业化大公司(象英国 PYRENE 公司)的雏型。

2.2 涂料

近年来,汽车用涂料品种基本上与引进的汽车涂装技术实现了配套,并得到同步发展,实现了汽车用漆的第三次更新换代。北京油漆厂、沈阳油漆厂、上海油漆厂与汽车车身涂装技术同步引进的成套汽车用涂料(阴极电泳底漆、中涂和不同档次的面漆),以使用国内开发的PVC涂料在汽车工业中已得到普遍应用。厚膜型阴极电泳漆的生产专利已引进,将为南京汽车制造厂的IVECO车身涂装线配套生产。

3 测试技术

随着涂装技术的进步和对涂装质量要求的提高,促进了汽车涂装中测试技术的发展。由于国外已用新的指标(鲜映性——DOI值)来评价轿车漆膜的装饰性。我国已起步生产中、高级轿车,这就对测试技术提出了新要求。

近年来,先后引进了色差仪、泳透力测定仪、杯突试验机、库仑计、多点温度测定仪、鲜映性测定仪等。国内开发了数字显示的PH计,自己制造的鲜映性测定仪已通过技术鉴定。这些先进的测试仪器已在几个大的汽车厂家应用。在涂装工艺参数的控制和涂料、涂层性能的评定及涂装质量的管理和提高等方面都起到一定作用。

韩太行

九 装配及出厂试验技术与装备

1 整车装配

1.1 汽车总装配输送带(简称装配线)

国内载货汽车总装配线主要有以下几种型式:双链桥架式+地面板式;带随行支架的地面板式;双链桥架式;单链牵引的地面轨道小车式;带随行小车的地面板式+地面板式等。

1.2 国内部分微型汽车及小客车(轿车),由于采用了非承载式车身,故其装配线的型式有其自已的特点,主要有以下几种型式:悬挂式,有的采用普通悬链,有的采用推杆悬链;带随行支架板式+悬挂式(采用自行认址岔道葫芦系统)+地面板式;滑撬式+悬挂式(普通悬链)+地面板式。

这里值得提出的是装配线的结构形式,越来越向同一条线上、同时能进行多个汽车品种装配的方向发展。例如:采用多组固定支架(二组或三组)、间距可调支架、间距可调的随行小车等方法来实现一条线可同时进行多个品种汽车的生产。

1.3 汽车各种加注液的加注

汽车用的燃油、润滑油、冷却液(或防冻液)、清洁剂、制动液、氟里昂等加注,普遍地发展成为机械定量加注和定量真空加注。尤其是制动液、氟里昂等的真空式定量加注设备的采用,既保证了加注量的要求,又可节省加注液的耗量,也减少了由于加注液的滴漏而造成对装配环境的污染。

1.4 新的物料输送系统的采用

在汽车产品的装配过程中,物料的输送及主要总成的自动上装配线,越来越多地采用了具有积放式推杆悬链功能的而结构又比推杆悬链简单、灵活得多的自行认址岔道葫芦系统。例如:吉林微型车厂总装线上车身的输送装配;第二汽车制造厂总装厂前、后桥总成输送及自动上总装配线;变速箱各主要总成上变速箱装配线;上海大众汽车有限公司发动机厂,发动机总成输送到试验站和之后的再输送,都采用了自行认址岔道葫芦系统。

1.5 比较单调、较繁重的装配工序,如车轮的装配,采用了或开始采用了专用的车轮螺母拧紧机(或称多头板手),既保证了装配质量,降低了工人的劳动强度,大大地提高了劳动生产率。

1.6 计算机系统开始在装试过程中的装配过程、构件输送、生产管理、方案优选及自动化试验等方面应用。

2 整车出厂试验

2.1 国内各主要汽车生产厂家,基本上实现了以室内试验台调试取代室外公路上的路试。

2.2 汽车出厂试验的内容,在逐年增加和完善,试验水平在逐年提高。

普遍地进行前轮定位(角)、侧滑、速度、制动、灯光、排气分析、电器检测、车身(或驾驶室)密封性试验等。

试验水平由单台试验设备发展为多台设备由计算机控制、数据可打印及贮存的调试线。

2.3 整车调试设备及多台设备组成的调试线,由过去引进逐渐发展为国内可制造。如成都交通设备厂,近年来引进日本制造技术,试验出的由计算机控制的调试线,开始投放市场,为一些中小型汽车厂,由室外试验向室内试验过渡创造了条件。

2.4 随着质量意识的提高,为确保汽车产品质量,增强市场竞争力,近几年来,国内部分汽车厂家,尤其是轿车生产厂,各自建造了专用的室外汽车跑道(或称试车场),抽查一定比例的经室内试验合格的汽车再进行路试,对确保出厂汽车的质量起到了很大作用。如一汽轿车厂,广州标致汽车有限公司都建有这样的试车场。

3 发动机的装配及试验

3.1 装配线

在大批量生产中,国内所采用的发动机装配线其型式虽然是多种多样的,但都是强制流水的,即装配线与装配对象一起强制地连续运动或强制间歇运动,称其为刚性装配线。

近年来,发展并采用了适应于多品种生产,装配节奏可适当调节的由微机控制的柔性(即非同步)发动机装配线。

南汽 IVECO 发动机(B140.01)装配线,一汽 CA488 发动机装配线,皆为环形鳞板式柔性装配线。载着装配对象的托盘(或称小车),置于连续运动的鳞板式输送带上,鳞板式输送带靠鳞板与托盘间的摩擦力带动托盘一起运动,当载有装配对象的托盘,受到一个大于该摩擦力的阻力时,托盘就停止运行,此时进行装配作业。由于装配人员与装配对象是在相对静止的情况下进行装配作业的,故易保证装配质量和易于使用专门的装配机(或机械手等),进行自动化装配。当该工位装配内容完成时,解除阻力,载着装配对象的托盘又随着鳞板式输送带向前运动,由一个工位到另一个工位,直到完成发动机的装配作业。

上海大众汽车有限公司 E827 发动机装配线也是柔性线,其型式为纵置单滚杠式。载着装配对象的托盘放置在两条纵置的光杆上,其中一根是旋转的,另一根只起到支承作用,故称为纵置单滚杠式。滚杠旋转与载着装配对象的托盘间产生摩擦力,其纵向分力推动托盘向前运动。当托盘受到一个大于纵向分力的阻力时,托盘就停止运行,此时进行装配作业,解除阻力,托盘又被旋转的滚杠推动向前运动,直到完成装配工作为止。

3.2 装配工具

在发动机装配过程中,拧紧螺栓和螺母,由过去的单头冲击式扳手拧紧,到较多的采用多头定值静扭扳手(或称装配机),是装配工具方面的一大进步。如在一汽 CA488 发动机装配中就采用 16 台多头拧紧机。

近年来,在发动机装配中,其关键部位的螺栓或螺母的拧紧方法由传统的、精度低的直接控制扭矩的方法,发展到更能保证装配质量的扭矩——转角控制法,是装配技术的又一大进步。扭距——转角法是目前国内外拧紧螺纹件最先进的方法之一。

随着新的扭矩控制方法的出现,适应于该拧紧方法的设备在国内一些发动机厂得到了应用。如杭州汽车发动机厂、潍坊柴油机厂在拧紧缸盖螺栓中,就采用了瑞典 AT—LAS 生产的多头螺栓拧紧机。一汽 CA488 发动机装配线上采用了 4 台这样的拧紧机。

3.3 强化工序检查

为确保发动机的出厂质量,以往各生产厂家普遍采用发动机总成的最终试验的方法,来最后发现问题加以解决。有时为了更换一个零件、排除一个故障,几乎要大拆发动机,从而大大地增加了返修的劳动量。如果在装配工序间加强检查,尤其是在关键的装配工序,强化工序检查,那么,无论是零部件的加工质量还是装配质量问题,都能及时发现并及时得以解决。既减少了拆装发动机的劳动量,又减少了人力及物力的浪费。如一汽 CA488 发动机装配线上,在关键的装配工序,就设有专门的检查设备在进行工序检查,发现问题立即处理,全线共设置了 7 台工序间检查设备。

3.4 在装配过程中采用了涂密封胶的新工艺。

众所周知,"松"和"漏"一向是发动机装配中的主要质量问题。在发动机装配中,在连接螺纹处和密封面上涂以兼有防松、防漏功能的密封胶,使"松"、"漏"这两个主要问题得到了较好地解决,大大地提高了装配质量和发动机的使用寿命。如在一汽 CA488、上海大众 E827 发动机的装配过程中,采用了多处涂密封胶的工艺。

3.5 发动机的出厂试验

发动机的出厂试验都是在室内专用试验台架上进行的,所采用的试验台架型式,多由大质量刚性基础的试验台架发展到采用弹性基础的试验台架。特别值得提出的是,近年来快速连接的半自动试验台和自动试验机的应用,大大地提高了产品的出厂质量和劳动生产率。

南汽 IVECO 发动机的出厂试验采用快速连接装置的半自动化试验台。一汽 CA488 发动机出厂试验采用了 ATST 公司生产的发动机检试机,依其灵敏的传感技术和自动化的程控技术,在不到 3 分钟的时间内,从运转的发动机中,测得 17 项、52 个参数,用以判断和显示发动机各方面的质量问题。

4 变速箱装配及试验

4.1 变速箱装配线

变速箱装配线的型式较多,过去是刚性装配线,近年来发展到采用柔性装配线。例如上海齿轮厂 014 变速箱装配线,二汽变速箱厂变速箱装配线皆为机动滚道带托盘的柔性装配线。

4.2 变速箱装配传统概念在更新

传统的变速箱装配分为分装和总装两大部分。柔性装配线更新了传统的变速箱装配概念。

例如上海齿轮厂 014 变速箱柔性装配线,把变速箱的分装、总装及装配设备、检验设备等集为一个整体,沿着总装线的运动方向,按着工艺流程布置在装配线上,把多台压装设备、多台多头螺母(或螺栓)拧紧机、装配机械手、齿轮加热设备、自动测量及选择调整垫片设备、涂密封胶机、密封性试验机等设备及工序,通过装配线连在一起,在确保装配质量的前题下,大大地提高了自动化装配水平。

4.3 变速箱的出厂试验

近年来,在变速箱的出厂试验中,采用润滑油外部循环并过滤(一汽变速箱厂的带同步器的五档变速箱的出厂试验)的方法,大大地提高了该总成的清洁度。有的还进行负荷试验,则更接近变速箱的实际使用工况,用来检查"松"、"漏"、换档灵活性及脱档现象,更易发现问题,大大地提高了变速箱的装配质量,如上海齿轮厂 014 变速箱的出厂试验就采用了 3 台加载试验设备。

邢尚甲

十 电子计算机技术在汽车行业的应用

汽车行业的计算机应用近年来有了较大的发展。各单位的应用一般都从单项数据处理开始,进而发展到生产过程中的某个子系统,如生产计划、销售、财务、质量管理、人事等子系统。有的企业正在逐步形成面向全厂的管理信息系统。计算机辅助管理项目的开发和应用,提高了企业现代化管理手段,对生产经营起一定的推动作用。这几年来,汽车行业积极开展计算机辅助设计、辅助制造的研究开发工作,取得了显著的成效。

1 汽车车身的 CAD/CAM 的开发与应用

长春汽车研究所和第一汽车制造厂经过四年多的努力,已实现了汽车车身 CAD/CAM 一体化的基本环节,实现了从模型(或实车)经三维测量,建立车身内外表面数字模型,进行车身线图设计、零件图设计、NC 刀位设计、制作模型、主模型等车身设计 CAD/CAM 的全过程。

该系统以美国 CDC 公司的 CYBER180/

810 计算机为主机，配置 DEA LAMBDA 5609 三座标测量机和 GERBER3278/VDS2500 大型平板绘图机，同时开发了相应的设备通讯接口。

该系统在红旗 770D 轿车、奥迪 100 轿车、CA120 轻型车、CA620 面包车、FK 平头车、石家庄客货两用车、沈阳松辽汽车厂 SL1－72 等 8 种汽车的车身设计、主模型制造，车身模具国产化等方面得到了应用。尤其在 FK 平头车驾驶室 633 件主模型和厢式车及其加长轴的 34 件主模型的数控加工中，主模型经组装后，吻合情况良好，测试结果误差为 0.05～0.15mm，效率提高 5 倍，节省外汇 90 万美元。

第二汽车制造厂建立的汽车车身 CAD/CAM 系统(以 V_{AX}750 型计算机为主机)，完成了 EQ153 柴油车车身外表面的造型设计及主模型的数控加工，EQ153 顶盖左右车门外板，前围上板、左右前后支柱、后围、侧后围等许多检具、夹具以及 1:4 整车模型和五吨车水箱面罩拉延模的数控编程和加工等。

南京汽车制造厂以 APOLLO 图形工作站及 AUTOTROY 公司 87000 软件为基础，研制开发了面向汽车产品设计和制造的 CAD/CAM 系统。系统由大型三座标测量机、APOLLO 工作站以及 HF4 大型数控铣床组成，从而实现了汽车产品设计、分析、测量、绘图和模具制造的一体化。该系统的功能可包括：

三座标测量机测量实物模型、计算机自动记录测量数据；

测量数据经处理建立起产品的三维数字模型(Coons 曲面、Bezier 曲面和 NURBS 曲面)；

利用产品三维数字模型进行细化设计，有限元分析、绘制产品图纸；

在产品型面上添加工艺补充面，形成模具型面的数字模型；

输入工艺参数，自动进行数控编程，并在屏幕上显示刀具运动轨迹和数控加工过程；

对数控程序进行后置处理，生成机床代码指令；

将加工程序输入数控柜，对主模型和模具型面进行数控加工、实现直接数控(DNC)。

该系统已经重建了 IVECO 驾驶室全部外表面数学模型，完成了 IVECO 单排座驾驶室及厢式车部分主模型的加工。

2 通用交互式绘图系统的开发与应用

第一汽车制造厂在美国 IBM4381 计算机上安装了 CADDAM 交互式绘图系统和其它三维绘图软件，这些软件既能用于产品的几何造型设计，又能用于驱动数控机床加工零件，还可用于许多分析研究工作，为产品设计提供依据。软件还提供了接口及实用处理程序。

在此基础上，第一汽车制造厂进行了二次开发，主要包括：

建立标准件图库；建立了标准符号库；建立紧固件和各专业设计标准件的参数设计菜单；编制了 CADAM 和图形系统间的图形传输接口程序；编制了数控后处理程序和刀具轨迹检验程序；编制了 CALCOMP、ERBER 等绘图机接口程序；建立了 CA141 轮辋及轮辐模具产品库。

近年来，第二汽车制造厂认真消化吸收引进的 CADAM 图形软件，积极开展辅助设计工程图应用，开发了绘图用矢量型国标汉字库以及二级通用交互绘图系统。第二汽车制造厂注重对成果的宣传推广和对产品设计人员进行培训。在发动机和底盘设计室，目前约有 80%的产品设计图，是在 IBM 图形终编及工作站上完成的。

此外，很多企业在 PC 机上进行 AUTOCAD 软件的二次开发，在机械设计、工厂设计方面做了大量工作，制作出各种专业绘图菜单，建立了专业的标准图库，从而减轻了繁琐重复的绘图工作量，提高了设计质量。机械电子工业部第九设计研究院在微机 CAD 上开发了 17 个专业的绘图软件，建立了各专业的图形库和绘图菜单，并建立了相应的数据库，1990 年该院计算机出图率已达到 10%。

3 结构分析程序的开发与应用

目前，汽车行业已拥有一些大型通用结构分析程序和多种汽车结构计算机辅助计算程序。

第一汽车制造厂开发了大型通用有限元结构分析程序 AP-1。它可方便地对工程结构进行线性或非线性分析。分析功能包括静态分析、结构稳定性分析、动态分析、热传导分析、气体弹性分析、音响分析、通用矩阵分析，此外还有多层超单元分析、循环对称分析、夹层复合材料分析、流体结构耦合振动分析等多种特殊分析功能。程序含有杆、梁、膜、板、管、块等 50 余种单元和线性、非线性、层迭复合材料、蠕变及粘弹性材料模式，可随意调用和组合。程序提供了众多的前后处理手段，有与世界著名的 CAD/CAM 软件和模块的接口，并为用户设定了用户界面，以便用户建立自己的程序。AP-1 程序已形成 IBM/MVS、VAX/VMS 及 SGI/UNIX 三种装机版本，目前已在汽车行业以及在航空、航天、建筑、水电等行业得到广泛应用。

长春汽车研究所将 AP－1 程序用于汽车零部件及整体车模态分析。其模态分析方法在 CA141、CA130、CA150 汽车的平顺性分析和发动机悬置的改进设计中应用，还对 CC442 大客车车身骨架进行模态分析，从而改进了该车整车振动特征。另外，利用模态综合技术，将非线性摩擦元引入汽车钢板弹簧的有限元分析中，较精确地模拟板簧的非线性恢复力特性。

该所还开发了客车车身结构计算机辅助计算软件包 QYCS89。它适用于微机，是以大客车车身骨架结构强度计算分析为主的专用软件。其主要功能如下：

为通用有限元程序 QJF－1 提供前处理功能；

有限元结构分析或通讯计算；

后处理模块，包括计算结果显示、绘制，通过人机对话提供各种图表和专业工程信息；

评价、诊断和咨询专家系统，可以对计算结果进行评价，并可根据评价结果和车辆数据提出咨询建议。

此外，长春汽车研究所和第二汽车制造厂分别调用 QJF－1 结构分析程序，对汽车前轴、转向节、后桥壳及连杆等零部件进行有限元分析，并开发了相应的前后处理程序。

同时，各厂家逐步建立了汽车设计常用算法库，开发了一批汽车性能模拟，设计计算与优化设计软件，包括汽车整车动力性、燃油经济性、操纵稳定性、行驶平顺性、发动机工作过程模拟和性能预测以及变速器、离合器、制动器、传动轴和驱动桥等典型零件的设计计算程序和汽车各总成与典型零件的优化设计软件。

4 汽车零件的铸锻模 CAD/CAM

汽车行业中目前已有部分铸模和锻模的设计与制造采用了 CAD/CAM 技术，从而提高了设计效率，缩短产品开发周期，节约资金，提高模具加工精度。

第一汽车制造厂第二铸造厂有三条自动线，即 DISA2013 造型线、DISA2070 造型线和 GF 造型线，这三条线生产产品的模具完全采用 CAD/CAM 技术，不仅缩短了产品投产时间，也提高了铸件质量。

第一汽车制造厂铸模厂应用 FAPTDIE－I 语言，在 DXNC－128 型仿型数控铣床上进行压铸模和金属模制造，既省工时减少动力消耗，而且加工出来的模具更符合设计要求，同时还能加工出以前用传统方式不能加工的模具。

第一汽车制造厂车轮厂的型钢轮辋、轮辐、档圈产品及模具设计，采用了 CAD 技术，7.0－20 产品的模具设计仅用了一个半月，提高效率三倍。

第二汽车制造厂用三维 CAD/CAM 系统进行 EQ140 连杆、EQ153 连杆、EQ153 曲轴的造型设计，以及连杆终锻锻模的塑料模试加工；EQ153 连杆终锻锻模模具的数控加工；EQ153 曲轴锻模的数控试加工。

此外，第二汽车制造厂应用铸模 CAD 系统对排气道进行造型和模具的数控加工。

胡金芳

科　　研

一　汽车工业科技工作现状

三十多年来，特别是在十一届三中全会确定改革开放政策以来的十年中，我国的汽车工业（包括摩托车）得到了迅速发展，汽车工业的科技工作也有了较大的发展。

1　取得的成绩

1.1　产品水平提高较多，品种发展迅速

十年来，通过自行开发和引进国外先进技术，国产汽车、摩托车性能提高较多，排放、噪声污染有所改善，品种发展取得了显著成绩。现生产的汽车基本型车有载货汽车、越野汽车、自卸汽车、牵引汽车、客车、轿车六大类103种；专用汽车有厢式、罐式、专用自卸式、起重举升式、仓栅式和特种作业等六种结构形式640多种。摩托车产品品种也发展到300多种。现在，载货汽车缺重少轻的局面正逐步扭转，轿车生产也迅速起步，“解放”、“跃进”和“黄河”等老产品陆续换型，其主要技术经济指标明显提高；桑塔纳、斯泰尔、大发、依维柯、切诺基等引进车型的国产化率不断提高，产量不断增长，已成为国产汽车的重要组成部分。

1.2　引进技术的消化吸收工作取得一定进展

十年来，汽车行业从国外引进技术、进口设备及工装模具等共用汇8亿美元，引进国外先进技术近200项（含摩托车）。这些技术的引进，为调整产品结构、提高技术水平打下了基础。其中不少项目国产化进度较快，消化吸收较好，如重庆汽车发动机厂，引进美国康明斯柴油机技术，国产化率已达90%以上，产品性能和质量达到国外同类产品水平，并已开始出口；第一汽车制造厂引进英国车身油漆涂装技术，在消化吸收引进技术后，已为国内汽车厂家设计、制造、安装了具有相同技术水平的油漆涂装线20余条。

1.3 汽车产品质量有较显著的提高

“七五”期间，由于重视了质量管理和提高汽车产品可靠性的工作，已初步形成全行业重视质量工作的风气，汽车产品的质量有了较大的提高。1990年抽查的256种汽车产品的平均故障里程达到1705km，其中年产量1万辆以上的主要汽车产品的平均故障里程已达到2576km。

1.4　科研试验能力有一定提高

“七五”期间，全行业累计完成科研、教育基建投资10 670万元，现在已初步形成较为配套的科研体系：有行业直属的研究所（中心）4个，一个汽车试验场以及厂属专业性（如客车、专用汽车、关键总成和汽车工装、材料等）研究所28个；为地方汽车工业服务的研究所10余个；许多重点企业（集团）还建立了为本企业（集团）进行科研开发、生产服务的研究所或技术中心；在清华大学、吉林工大、武汉工学院等高校也建立了汽车科研机构。

十年来，汽车行业引进了一批具有国际先进水平的科研测试设备和试验分析软件，一些大型企业（集团）、行业直属研究所和院校的科研试验能力显著提高，试验工作开始从单因素、机械、手动等幅加载试验，向多因素、机电液综合、自动随机加载、综合试验分析过渡。特别是近两年来，单片、单板计算机技术的应用，促进了自动控制试验技术的发展。海南汽车试验场、二汽襄樊汽车试验场和总后定远汽车试验场建成并投入使用，大大提高了我国汽车道路试验的水平，缩短了汽车产品的试验开发周期。所有这些，在新产品开发、质量攻关和引进技术消化吸收中都发挥了积极的作用。

1.5　制造工艺和技术装备水平提高较明显

“七五”期间，全行业共安排基建、技改项目356项，投资规模165亿元，到1990年底，、

130个年项目已竣工投产，完成投资120亿元。随着引进技术的消化吸收和自行开发，企业基建和技术改造项目的完成，汽车工业的制造工艺和技术装备有较明显的提高。在大型企业和部分中型企业，车身CAD/CAM开始应用，油漆涂装工艺获得重大突破，铸件、锻件精度普遍提高，热处理、焊接技术也有了新的发展，精加、专用、组合机床增加较快，自动检测、在线检测技术开始研究应用，焊接、油漆机器人也开始得到应用。这些新工艺、新装备的应用，在提高产品性能、稳定产品质量、提高劳动生产效率、节约能源和材料、改善劳动条件等方面，都取得了良好的效果。

1.6 标准化工作理顺了关系，科技情报工作正逐步走向正规

1987年，汽车行业的标准化工作在国家标准局独立立户。1988年，成立了由中汽总公司牵头，交通、公安、城建等部门专家参加的全国汽车标准化技术委员会，结束了汽车标准化工作管理混乱的局面。现在全行业共有专业技术标准700多项(其中国家标准250项)，基本上能适应当前汽车生产、使用和进出口贸易等方面的需要。

科技情报工作，着重抓了理顺关系和国内外期刊与文献的计算机管理与检索、技术资料的翻译出版、国外厂家跟踪等各项工作。目前汽车行业的科技情报工作也已在国家科委独立立户。

1.7 软科学研究取得重大进展

十年来，我国汽车工业的软科学研究也取得了重大进展。1981年，开展了交通运输技术政策的研究；其后又进行了汽车工业地位的研究；1985～1987年开展了发展轿车工业的讨论。在否定“封车节油”，国家在“七五”期间把汽车制造业作为重要的支柱产业，我国汽车工业实现向生产轿车为主的结构性转变，明确汽车制造工业在整个国民经济发展中的重要地位等方面，做了大量的研究论证工作。软科学研究工作，为领导决策提供了依据，起到了重要的作用。

1.8 科技奖励工作成绩显著

自“六五”以来，汽车行业共评出公司(部级)科技进步(科技成果)奖219项(含原机械工业部奖励)，其中9项获得国家级科技进步奖。1988年，在各企业的支持下，汽车行业建立了科技进步奖励基金，现已筹集基金共140多万元，成立了奖励基金委员会，组织了奖励评审委员会，使汽车行业的科技奖励工作有更好的组织保证，进入了一个新阶段。

2 存在的问题

我国汽车工业的科技工作取得了可喜的进展，但是与世界汽车工业发达国家相比，与国民经济发展对汽车工业的要求相比，还存在着差距。十年来，由于国产汽车技术水平低，车型构成不合理，不能满足国民经济发展的需要，不得不花费大量外汇，进口大量汽车。到目前为止，这种状况并未根本扭转，重型矿用车、沙漠车等专用汽车仍需部分进口，轿车从品种到数量都不能满足需要。

因此，必须充分重视存在的问题。当前汽车工业科技工作的主要问题如下：

2.1 促进企业技术进步的运行机制尚未建立

由于供不应求，管理制度存在弊病及大部分企业未达到经济规模等原因，相当多的企业把精力和财力集中于眼前的生产经营活动，追求增长速度，单纯依靠扩大外延发展经济，依靠国家投资引进技术发展产品，而不注重科技投入，不注重产品改进和开发新产品，未形成自己的产品、工艺研究力量。究其根本，问题的关键在于促进企业技术进步的运行机制没有形成，各级领导依靠科技进步促进经济发展的意识不够。

2.2 产品结构不合理，性能和质量差

尽管汽车产品缺重少轻已有所改变，但现有产品的结构仍不尽合理，大部分产品仍处于60年代水平；缺乏适用于高速公路运输的载货汽车 和客车；轿车生产刚刚起步；还缺少特殊用途的专用汽车(如沙漠越野汽车、水泥泵车、油田及机场专用车等)；零部件工业十分薄弱，还不能适应整车发展的需要。就性能和质量而言，也存在很大问题，可靠性问题尤为突出。

2.3 引进技术消化吸收发展不平衡

目前很多引进技术项目只停留在翻译图

纸、工厂改造、生产准备和产品国产化阶段，对于引进技术中的设计计算，试验方法、试验数据、标准规范等技术资料，还没有力量去消化吸收，既使是合资企业，也只引进了生产许可证，并未包括设计技术。

2.4　制造技术落后，新材料应用差距很大

汽车行业虽然引进了不少国外先进的制造技术和装备，在制造技术的某些方面已达到或接近国际较先进的水平，但是整个汽车行业大量、普遍使用的仍然是落后的工艺和技术装备，设备精度低，且保持期短，役令长，人均装备率低。另外在新材料应用研究方面，也一直比较落后。由于过去以生产载货汽车为主，如轿车生产所必需的镀层钢板、工程塑料、各种胶料等新材料的应用研究，大都处于待开发状态。

2.5　科研经费不足，研究试验能力薄弱

目前汽车行业的法规研究、基础技术共性技术研究、产品认证与质量检测等各方面都已具备，但普遍水平较低，资金不足，试验项目不全。据了解，国外大型汽车生产企业的科技费用一般为其销售额的 3～5%，而我国则不到 1%。

2.6　人员素质急需提高

现有科技人员的知识结构存在老化现象，已不能适应现代汽车工业不断采用新技术的要求，急需进行继续教育；生产工人的文化水平普遍较低，大多数没有经过严格、系统的技术培训；管理人员的水平也急需提高。这些都越来越严重地妨碍了我国汽车工业科学技术水平的提高。

2.7　管理落实

管理范围很广，就科学技术而言，可分为管理的科学技术和科技管理两部分。“六五”以来，曾提出过“看板管理”“一个流”等管理方法，并在全行业普遍推广全面质量管理，但行业内管理程度参差不齐，相当多数的企业至今管理不善。如何吸收合资企业的管理经验，如何搞好消化吸收工作的系统管理等工作均未深入展开。就科技管理而言，也存在科技与规划及生产的严重脱节、各项科技工作之间缺乏协调等问题。

2.8　软科学研究尚未得到足够的重视和支持

各级领导对软科学工作仍不够重视，在各项重要决策中，软科学研究尚未成为必要程序，发挥其应有的作用，同时机构多变，队伍不稳，工作经费无保障。

追根寻源，造成这些问题的关键是：长期以来，汽车行业普遍存在重生产轻开发、重引进轻研究、重数量轻质量的倾向，没有把科学技术当作重要的生产力。

“八五”将是汽车工业发展最好的一个时期，同时又是最艰难的一个时期。党中央在关于制订国民经济和社会发展十年规划和“八五”计划的建议中指出：“汽车制造工业在整个经济发展中占有重要地位，应当在全国范围内统筹规划，合理布局，促使其健康发展。”今后十年我国汽车行业科技工作的战略目标是：消化吸收引进国外先进技术，建成具有独立开发国际水平产品能力的科技体系，加强人员培训，提高素质，逐步形成一支具有自主开发和创新能力的队伍。

（节选自 1991 年 3 月中国汽车工业总公司召开的“汽车工业科技工作会议”上“依靠科技进步、加速汽车工业发展”报告的第一部分）

中国汽车工业总公司　徐仁根

二　汽车工业部分科研机构简介

中国汽车技术研究中心

中国汽车技术研究中心建于 1985 年，是直属中国汽车工业总公司的综合性科研设计

单位。设有中国汽车质量监督检验所、中国汽车工业总公司天津设计研究院、产品研究部、汽车工业发展研究部、汽车标准化研究所、技术情报研究所、经济管理法规研究室等业务机构。

经过六年的建设与发展，以汽车技术研究与服务为中心，开展了汽车技术发展方向的研究与预测、汽车性能参数评价、测试方法的研究；承担汽车节能、安全、环保等社会公益课题的研究；对国内汽车产品及零部件质量检测评定；搜集和研究国内外汽车工业科技情报，在开展文献资料检索、借阅等服务工作，并负责行业期刊管理；建立了中国汽车工业基本情况数据库和汽车产品技术数据库；负责汽车行业标准化工作归口管理及组织制订国内汽车标准，对各汽车及零部件厂制订产品企业标准进行咨询与认证；承担ISO/TC22(国际标准化组织/道路车辆技术委员会)在我国的归口业务工作，及国际和国外标准的技术咨询工作；承担工程项目的论证、可行性研究、老厂技术改造及新建厂的工厂设计等任务。

近年来为行业所做的工作，主要有进行汽车产品质量监督检验与新产品定型试验40余厂次，承担产品评优、质量抽查等行检工作，并自行设计、试制汽车安全带、底盘等试验台，可按国际标准检测安全带等汽车零部件，组织中小企业联合开发6400、6450、6600、6700四大系列车型，开发了CAC—1汽车操纵稳定性测试仪等检测仪器，进行了“汽车安全带性能测试方法”、“国产汽油车用工况法测定排放状况”等科研课题，受中汽公司委托编制汽车工业“八五”期间科技发展规划，并承担了汽车工业与相关工业协调发展的研究，编辑出版了《中国汽车工业年鉴》、《汽车工业基本情况》、《China Auto》、《国外汽车》、《汽车情报》、《摩托车技术》等书刊，为行业技术引进、技术改造项目做了一定数量的评估、可行性研究和工厂设计工作。其中“农村交通运输的发展方向问题”，获汽车工业科学技术进步奖一等奖，在荣获国家科学技术进步奖一等奖的“国家十二个重要领域技术政策的研究”中做出突出贡献，CAC—1汽车操纵稳定性测试仪、汽车清洁度及《汽车工业小百科》等多项成果获汽车工业科学技术进步二、三等奖。

目前联合国工发组织援建的汽车安全试验室、与美国底特律试验公司合资的TOTL试验公司及国家轿车质量监督检验测试中心、国家环保局汽车排放控制设备质量监督检验中心、汽车进出口商检试验室等项目正在筹建中，这些机构的建成，将会为汽车工业的发展做出更大贡献。

长春汽车研究所

长春汽车研究所是中国汽车工业总公司所属的研究所，也是第一汽车制造厂和解放汽车工业联营公司的产品开发研究部门。

该所1990年底有职工2249人(不包括海南汽车试验研究所人员)，专业技术干部1328人，其中高、中级专业技术人员608人，技术工人566人。该所设所、部(室、场)、科(室)三级编制，主要业务部门有货车部、轿车部、基础技术研究部、试制部、试验部、情报研究部、发展规划室、综合计划调度室、农安汽车试验场和海南汽车湿热试验场10个部门；有技术、行政科室79个，试制车间4个，招待所1个。另外，该所还设有中国汽车质量监督检验中心，负责汽车行业汽车产品的检验、评价和鉴定工作。

该所1990年底有占地面积259 000m²，建筑面积71 626m²(不含宿舍面积)；拥有各种设备769台，其中试验设备410台、试制设备239台、其它设备120台；有仪器、仪表1967台(件)；收藏中外图书、期刊、资料等近7万册(份)。

该所有整车、车身、底盘、发动机、发动机附件、汽车零部件、强度振动、电气、电子应用、非金属材料等专业试验研究设施。主要试验设备有：MTS整车道路模拟试验系统、MTS零部件电子液压疲劳试验机、转鼓试验台、传动系统电封闭试验台、发动机自动控制试验系统、排气综合分析装置、噪声分析仪、多点激振系统、三坐标测量仪、大型自动绘图机、计算机、数据统计处理分析仪等。

该所技术力量雄厚，可对汽车、总成、零部件，进行较广泛的设计及试验研究工作，初步掌握了现代化的设计、试验和数据处理等科学方法，可承担较复杂的汽车构件结构强度计算与振动分析、汽车主要性能的预测等。

该所可招收汽车、发动机、技术经济3个专业的研究生；编辑出版《汽车技术》、《汽车文摘》、《汽车工业研究》等期刊。

1990年，该所在提高CA1090(CA141)汽车质量、改进CA6102发动机、降低生产成本等方面，做了大量工作；完成新产品开发26项，新车型鉴定9种；开展了57项科研课题的研究工作，当年完成20项；完成44种车型、8个厂家的发动机及创优质量检测等工作；在1990年度学术交流会上，交流论文150篇，评出获奖论文71篇，其中1等奖10篇；1990年获国家级成果奖励7项，其中汽车工业科技进步1等奖1项。

1990年该所成立已40周年，相信在今后我国汽车工业的发展中，必将做出更大的贡献。

机械电子工业部第九设计研究院

(中国汽车工业总公司长春设计研究院)

机械电子工业部第九设计研究院又称中国汽车工业总公司长春设计研究院。1987年根据中共中央和国务院有关文件精神，加入解放汽车联营公司，成为解放集团的成员，实行以一汽集团领导为主的中国汽车工业总公司和一汽集团的双重领导体制，对内称第一汽车制造厂设计院。该院为国家甲级工程设计单位。

近三年来，该院为完成汽车行业第七个五年计划，承担各类工程项目设计工作，同时承担工厂企业的节能监测工作和环境影响评价任务，成立了“汽车行业节能监测中心”和环境保护设计室，以指导行业节能工作的开展和进行环境评价。成立的技术经济研究室为汽车行业的建设、发展和上级部门的决策提供可靠依据方面发挥了作用。

该院近三年来，在工程设计方面，共完成前期工作39项、初步设计80项、工程施工图面积90万m²，机械化及非标专用设备设计共完成14条线、159台套，完成总投资额28亿元，总出图量折合甲1 18220张，在科研业务建设方面完成课题105项。几年来还获技术专利权24项。

该院在工程设计中积极采用新技术，在建筑结构设计上采用梯形悬挂屋架、钢托架大跨度小锯齿屋架、屋盖系统；在基础工程中采用30m沉管灌注桩；在建筑造型设计上注重功能设计；在为农牧渔业部设计的牟平培训中心，风格独特、功能齐全；在一汽材料所综合试验楼设计中，采用组合式造型，取得既美观又满足使用功能的效果；在工艺设计中，引进和采用国内外新技术，在为一汽冲模中心设计中引进三座标测量机、五轴仿型铣、扫描机及CAD/CAM制造系统；在一汽空调机设计中引进精冲机、齿条拉齿机以及超声清洗等设备；在一汽变速箱厂设计中采用可控气氛多排渗碳自动线；一汽轿车先导工程设计中采用滑撬输送系统；在轻型发动机厂设计中引进了金属多工位浇注机生产线；在405厂铸造车间设计中采用了树脂砂新工艺；在大客车厂设计中首次采用张拉预应力蒙皮技术等。

为保证新技术付诸实施、开发工作取得重大进展，如程控电磁导向车和滑撬输送系统的研制已取得突破性进展；一汽二厂区的“热力控制三遥工程”作为创优项目进行攻关；潍柴立体库控制系统正在实施；中空纤维膜纯水超滤设备、阴极漆超滤设备均已开发成功，前者已通过省级鉴定；砂处理用增湿仪的关键传感元件已被攻克，即将完成样机，解决目前国内难题。

目前该院正在与德国大众汽车公司联合进行15万辆高尔夫轿车工程项目的设计工作，该项目将采用目前国际最新技术和装备。

该院近几年来还参与国家各类设计规范、标准、定额的编制工作，约一半的项目为主编单位，其中"冲压安全标准"鉴定评价达到国际80年代先进水平。

该院注重自身的技术开发与建设，在计算机辅助计算和辅助设计软件开发方面有了长足进步并取得多项成果。计算机应用已扩展到全院15个专业，覆盖率达50%，到1990年底统计全年计算机辅助绘图率已达全部出图量的10%。现已购进"SGI4D—20—25"多功能电子计算机图形工作站一套，即将投入使用。

三年来，取得了较多的优秀科技成果，其中潍坊柴油机厂斯泰尔发动机引进技术改造项目取得部优秀工程勘察设计一等奖；重庆油泵油嘴厂引进康明斯柴油机技术改造项目取得部三等奖；计算机软件开发方面，如外侧挂皮带输送机设计绘图软件包、铸造车间初步设计绘图软件包和涂装车间工艺初步设计绘图软件包三个软件分别获得机电部工程设计软件三项三等奖和吉林省一项一等奖、两项二等奖；"第三轮国外机械工业基本情况汽车分册"获机电部科技情报一等奖等。

重庆汽车研究所

重庆汽车研究所是中汽总公司直属一类所，也是中国汽车质量重庆监督检验中心和西南轻型汽车工业联营公司技术中心，1988年8月迁至重庆石桥铺新址。

该所从事各类汽车整车、发动机、底盘及零部件的试验、研究、产品开发、产品规划、技术服务和有关产品技术的归口工作；从事新材料、新工艺的研究、试验、应用工作以及其它新技术在汽车上的应用工作。按中汽总公司要求和分工承担有关的经济技术政策、信息、情报资料的研究工作；组织管理西南地区信息情报网；承担组织制订行业技术标准和法规；承担部分ISO标准的归口工作和其它属于上述范围的技术咨询和技术服务工作。

建所25年来，先后开发设计了45种车型、近20种车用汽、柴油发动机。1978年以来荣获国家、部、省、市级科研成果奖43项。拥有先进的汽车整车及各类总成试验、检测设备，能承担并进行各类汽车的试验研究。

1988～1990年开展重点科研课题情况：1988年承担部或中汽总公司课题项目43项，实际完成计划的96%；1989年承担部或中汽总公司课题项目40项，实际完成计划的97%；1990年承担部或中汽总公司课题项目52项，实际完成计划的96%。1988～1990年承担国家、行业的"七五"攻关项目共10项，已鉴定4项，已完成待鉴定的1项，未完成的4项将在1991年三季度完成鉴定。其中板簧冲模材料的研究课题于1990年3月通过国家鉴定，重型矿用汽车车架选材及焊接工艺研究课题1991年1月通过国家鉴定，并受到鉴定委员会的高度评价。

1988～1990年该所主要获奖科研成果(包括与其它科研部门合作研究)有：红岩CQ30290/B38/6×4公路载货汽车、GL80型涡轮增压器及其与斯泰尔WD615·67发动机的匹配、发动机台架试验数据处理系统、HOB激振式半轴扭转疲劳试验、双相钢中的Bauschingor效应和矫顽力的研究、CD632型旅行车、CQ15210JQ——CQ925 20英尺集装箱运输车、CQ30296/Z32/6×4轻型货厢自卸汽车开发、重型越野汽车用高淬透性调质结构钢、活塞裙面准均压横向型线设计制造方法和汽车用液力变扭器台架试验方法(部标准)、重型载货汽车燃料消耗试验方法(部标准)等多项。

"八五"期间，该所将在引进技术的吸收消化、产品开发、试验研究、新技术应用、法规标准制订、行业技术归口等方面，加强科研实力，逐步形成自已的研究特长和产品开发基地。重点形成质量检测、产品论证、噪声和安全法规、金属材料研究，增压技术和现代化设计研究方面的特色。

海南汽车试验研究所

中国汽车工业总公司海南汽车试验研究所，是面向国内外汽车行业的、中国汽车工业总公司直属的科研试验机构，是我国建设最早的综合性汽车试验研究基地。其试验跑道荣获1989年汽车工业科技进步一等奖，1990年国家级科技进步二等奖。该所坐落在风景如画的万泉河畔。

该所一方面受国家委托，承担国家级的国内外汽车产品的定型试验，全行业产品的质量检查，进出口汽车商品的质量检测等任务；另一方面接受各省市、部门、企业委托，对其各类汽车产品提供各种试验服务。同时，也是我国汽车行业开展对内对外技术交流与专业合作的一个重要窗口。

该所由国家投资兴办，始建于50年代，如今已经发展成为一个多功能的综合试验基地。该所由试验场和所本部两大部分组成，总占地面积为72万m^2，其中试验场占地面积为68万m^2，所本部占地面积为4万m^2。试验场分三个区：拥有我国第一条进行汽车高速行驶试验及整车性能测试的高速环形跑道的高速试验区和供汽车进行可靠性、耐久性试验的各种可靠性试验路面的可靠性试验区以及建有监测楼、值班人员宿舍等辅助设施的指挥控制区。如同一座热带花园的所本部也分为两个区：工作区和生活区。工作区中有办公楼、各种试验室、停车库、备件库、保养间、机加车间、仓库、医务室、图书馆等；生活区有高中级招待所、食堂、俱乐部和职工宿舍等。所本部与试验场距离仅有2km。该所现有职工91人，科技人员33人，其中工程师、高级工程师11人，各类工种的技术工人53人，其中技师、助理技师4人，行政干部5人。建筑面积16600m^2，其中各种试验室面积为1342m^2。重要的仪器设备有35台套，能为来试验的厂家提供优质服务。

从1988年以来，高速环形跑道全面交付使用。我国第一个试验场规范《海南汽车试验场汽车产品定型可靠性行驶试验规范（试行）》全面开始实施，为国产汽车试验开创了新的局面。同时，该所在充实各种试验管理制度、完善试验条件、扩大试验项目、提高试验水平、完成试验任务等方面取得可喜的成绩。五种标准坡度已建成；一个半径为100m的半圆形汽车操纵稳定性试验广场准备开工；一个可容纳160个曝晒架、植有地毯草的标准天然曝晒场，已接纳了包括日本汽车研究所在内的39个单位送来近千件样品进行试验。近三年来有125个厂次来所进行245辆各种汽车的各项试验，总行驶里程达395万km。此外，该所还开展对汽车可靠性研究、汽车平顺性研究、汽车振动、噪声研究、计算机应用研究、汽车零部件和车用非金属材料耐候性试验和研究等。

济南重型汽车研究所

济南重型汽车研究所于1989年成立，隶属于中国重型汽车集团公司。

该所现有职工500人，工程技术人员300人，其中高级技术人员32人、中级技术人员67人、硕士研究生12人。该所设有产品处、科研处、计算站、情报资料室、技术协作室5个主要业务处室。产品处有整车、底盘、发动机设计、车身设计及造型、应用工程、电子电器及标准化7个专业科室；科研处有整车试验、部件试验、发动机试验、材料试验一及材料试验二5个主要研究科室；计算站设有计算机系统科、辅助管理科、科学计算科和辅助设计科4个专业科室；情报资料室有情报科、技术经济科、技术档案科、复制科、底图科、资料科、图书馆7个科室；技术协作室有斯泰尔汽车维修部和实验工厂。该所还设有中国重型汽车集团公司汽车质量监督检验所，承担汽车新产品鉴定试验。

该所承担由集团负责一体化生产的汽车产品引进技术的消化吸收、改进、开发、规划选型以及产品技术服务、产品技术标准的制、修订和审查归口等工作，对外可承接各类专用汽车及特种车辆的改装设计、技术咨询及各种技术服务工作；还可开展引进产品国产化过程中的课题攻关及国产斯泰尔产品的试验鉴定工作，同时承担中汽总公司及重型公司下达的重型汽车产品质量监督检验。

该所拥有从国外引进的汽车道路模拟疲劳试验测试系统、扫描电子显微镜等具有当代先进水平的高精尖仪器设备。目前承担的项目有：汽车整车及发动机的动力性、经济性、可靠性试验；汽车整车平顺性及操纵稳定性试验；汽车整车质量参数和几何参数的测定分析；汽车零部件的有限元应力分析及静态电测应力分析；汽车桥壳、前轴等总成的静刚度、静强度和等幅脉动疲劳强度试验；汽车零部件道路模拟振动试验；汽车用材料新工艺的试验研究；汽车零件的材料力学性能试验研究等。

该所还编辑出版《重型汽车》、《重型汽车信息》期刊。

交通部重庆公路科学研究所

该所是交通部直属的公路交通综合性研究所，建所25年，已发展成为我国公路交通运输事业的科学技术开发中心之一。

该所是交通部客车技术归口单位，主要从事公路客车、汽车运用、客车CAD轮胎翻新、客车高分子材料附件等领域的研究开发；承担国家、部、(行业)、技术标准的制订与修订，客车质量检验测试以及有关客车科研成果的中试生产。

“七五”期间，基本建设的主要任务是客车试验中心的建设，该项目投资近2000万元，土建工程已全部完成。完成了主要试验仪器设备的购置、安装、调试。从美国引进的MTS汽车道路模拟振动试验台，已正常运转。国家技术监督局批准建立国家客车质量技术监督检验测试中心，并于1990年上半年正式通过验收及认证，还建成汽车专用试验路、客车性能试验室等。

“七五”期间完成了国家科技攻关项目有：新型客车总体设计的研究；新型客车底盘关键总成部件技术开发；格栅底架承载式车身结构及制造技术；新型车身附件与装饰关键技术开发4项。完成的交通部重点科研课题有：长途客车橡胶密封件的研究、汽车轮胎翻新技术的研究、客车CAD系统的开发研究、汽(客)车抗侧滑装置的研究、在用汽车节油产品试验评定方法及客车台架可靠性试验的研究6项。

该所与大连客车厂、大连汽车配件厂共同主持，吉林工业大学、湖南大学、清华大学、西安公路学院等几十个单位合作，研制成功了JT6120型豪华高级大客车。该车的专用底盘上装有后置柴油发动机、空气悬架、动力转向、轮边减速、车轮防抱死制动系统，采用格栅底架全承载式车身，该车的总成及零配件全部实现了国产化。车总长12m，最高车速100km/h。该课题的5个专题已通过了国家级验收鉴定。交通部已对JT6120客车做出了推广生产的安排。

该所与有关厂家联合研制成功了大型客车用的全套空气悬架系统，主要由D5—260×260型空气弹簧总成、S5D(K)型减震器及GDF—F型高度调节阀等组成。其台架试验寿命达660万次以上，使用寿命在10万km以上。D5—260×260型橡胶气囊技术转让给生产厂生产，GDF—F型高度调节阀已在该所投入中试生产。

该所还与四川乐山客车厂共同研制出了LSK6120型大型旅游客车，在1990年四川省举办第四届发明展览会上获得银奖。为贵州省兴黔汽车厂研究开发了XQ60H10K空气悬挂后置发动机中型客车底盘，并在此基础上为贵州万达旅行车厂研究开发了WD6100中型旅游车。

北京市汽车研究所

北京市汽车研究所是经北京市计划委员会批准于1976年8月1日正式成立的，隶属北京汽车工业联合公司领导，是北京市科委系统的市属独立科研事业单位。1984年4月26日经北京市经济委员会和北京市科学技术委员会批准改名为北京市汽车工业技术开发中心，1988年10月11日经市计委、市经委、市科委批准恢复原名。

北京市汽车研究所实行所长负责制和科技承包经营责任制。全所共设14个部门、5个行政科室、5个科研部门，即汽车一室、汽车二室、排气净化研究室、综合产品开发室、代用燃料课题组，另有4个其它部门，即检测站（内设汽车检测室、发动机检测室、零部件检测室、仪表室）、发动机试验室、净化装置制造厂、技术开发服务部。

现有固定资产原值616万元、净值542万元。有各种设备457台，其中科研试验用仪器设备383台，较大型设备3台（电力测功机1台、电涡流测功机1台、汽车专用底盘测功机1台）。

该所建立以来共获奖22项，其中市、部级一等奖1项，二等奖4项，三等奖12项；北京汽车工业联合公司级二等奖2项，三等奖3项；已获专利9项，申请待审专利5项。

1988～1990年获省（市）、部级奖情况：

双排座轻型载货汽车的开发与研制获北京市技术开发优秀项目三等奖；五十铃N系列轻型载货汽车技术的整体消化、吸收、发展及资料汇编成果获北京市科技情报成果三等奖；BJ—Ⅰ系列闭式曲轴箱强制通风装置（PCV阀）获北京市科技进步三等奖。

目前为行业主要服务范围：参予北京市汽车行业产品规划的技术论证；五十铃汽车引进技术的资料转化，并应用五十铃技术为公司有关企业开发二代产品；参加公司汽车排放达标的攻关工作；负责汽车产品质量监测和新产品鉴定试验。当前科技开发主要内容是：汽车排放的研究与治理；492Q汽油机改造；代用燃料和节能技术研究；专用车、改装车产品开发；汽车测试仪器、设备的研制；在消化吸收五十铃汽车技术的基础上，开展利用系统工程原理、成组技术和横块结构方法，进行系列车型设计的软科学研究。

该所承担国家重点科研项目和对外合作方面的情况：从1987年以来，开展了汽车排放的研究工作，为国家环保局编写的六个汽车排放标准被采纳并得到贯彻；1983年5月与交通部公路科研所等单位共同承担了国家科委组织的“六五”科技攻关项目《M15甲醇掺烧技术的研究》及中国与德国的联合试验项目《M100甲醇汽车试验》；该所主要承担492Q汽油机燃用M15甲醇汽油的全部试验研究，取得了满意的效果；1986年5月参加了国家科委下达的“七五”攻关项目《M100甲醇燃料在点燃式发动机上的应用》试验研究。到目前已完成规定的全部任务，在492Q基础上改制的M100甲醇发动机已通过性能和可靠性试验。1986年参加了国家科委组织的《中国—联邦德国科技合作项目—M100甲醇汽车试验项目》。对德国提供的桑塔纳M100甲醇汽车的使用性能和可靠性进行了长达4年之久的试验，积累了大量试验数据，对今后在我国推广使用甲醇燃料做了技术准备。

1990年5月该所和清华大学一起，与美国两家小型企业签订了合作开发电动汽车的协议，现正在研制过程中。

天津市汽车研究所

全所设有总布置、发动机、底盘、车身、附件5个产品设计室，还有汽车试验、计算机应用、工艺材料、工程设计、技术经济、技术情报、标准及管理等部门，总计有27个科室。

该所是中国汽车工业总公司的中国汽车质量天津监督检验所、天津市技术监督局的质量监督检验第46站与天津市汽车工业公司的情报、标准、计量中心站、专利代理事务所。天津市汽车工程学会汽车设计与制造专业委员会、全国微型汽车情报网网长单位及天津市公安局机动车辆检验咨询处也设在该所。

该所树立以微型系列汽车国产化为中心的指导思想，并以研究、设计、开发微型、轻型系列汽车产品为目标的科研方向，逐步建成天津市汽车工业的技术开发中心。

该所努力消化吸收日本大发微型系列汽车引进技术，解决了大量生产技术难题，使天津“华利”厢式车国产化率超过95%，370发动机超过80%，“夏利”微型轿车超过40%。同时，还完成了现有国产化的整车、整机及零部件的装车装机可靠性试验。

在开发新车型方面，与天津市专用汽车厂合作开发了TJ1048型双驱动汽车，已批量投产；与天津市理工学院合作完成了TJ1010PB型复合材料厢式微型汽车的研制，通过市级鉴定并投入小批量生产；完成了TJ1010型双排座微型货车的设计和工艺审查、TJ7100U型“夏利”三厢微型轿车设计与样车性能试验，以及“华利”厢式微型汽车试装1L发动机、试装空调机及保鲜变型车的改进设计与试验。

在发动机试验研究方面，完成天津市科委立项的“天津市轻型发动机造型课题报告”和“370发动机燃用低标号汽油的研究”，并通过科委鉴定，后者已投产300台份装车试车，为扩大该机适应我国燃油供应情况，做出了有益贡献。

在零部件开发方面，完成了TJ1043型汽车变刚复后簧的研制；完成了微型汽车前后制动器的改进设计与样品试制；为配合微型汽车国产化，该所研制的闪光继电器科研产品，已批量配套，“夏利”前车标独家供货；以及“三峰”旅行车内外后视镜与双档开关，保证了生产需要。

在计算机应用研究方面，在管理软件开发、引进计算机程序软件消化、CAD及工程信号处理等均取得一定成果。如完成的“前独立悬架CAD软件包”通过市级鉴定，又比如开发了“汽车平顺性试验数据系统软件”，以及对“前驱动轴等速万向节CAD软件包”的研究。

在软科学研究方面，完成了国家、中汽总公司与市科委下达的多项技术经济研究课题，主要有“普及型轿车需求预测”、“微型汽车研究”、“天津市汽车工业发展系统分析”、“天津市产品结构研究”(汽车部分)、“2000年汽车工业产品振兴目标研究”、“引进技术国产化与降低成本途径研究”、“企业集团化组织模式研究”及世界银行贷款项目评估等。

在技术情报工作方面，出版《天津汽车》专业刊物，还定期编辑出版行业交流的《微型汽车信息》、《天津汽车科技信息》，并完成了多项情报调研课题。该所是机械工业科技成果信息系统天津汽车分系统的负责单位，由于开展成果信息工作成绩突出，被机电部机械情报所评为1989年度、1990年度系统先进单位。

在标准工作方面，除完成 国产化中日标准对照分析外，还完成了25项《微型汽车系列标准》的制订，其中17项经中汽总公司批准公布执行；修订的转向器3项国家标准，已通过审议。

在土建设计与工艺方面，完成了194项设计任务，建筑面积13万m^2。

该所为行业做了大量产品质量监督检测等技术服务工作，如经国家验收认证合格的中国汽车质量天津监督检验所，近几年来完成20个省市、88家汽车厂产品的质量监督检验，以及12个厂家、19种新车型的鉴定试验。

上海汽车研究所

上海汽车研究所是上海汽车工业总公司下属的科研单位。现有职工363人，其中高级工程师21人，工程师74人，初级职称110人；全所占地面积9645m^2，建筑面积13019m^2；固定资产1033万元，仪器设备(万元以上)505台，现有技术书刊10 000余册。

该所设有整车室、计算机室、情报标准室、发动机室、摩托车室、汽车灯具室、工艺设计室。中国汽车工业总公司在本所设有摩托车研究所、汽车灯具研究所，分别成为汽车行业技术及检测归口单位。

该所主要承担汽车的整车、整机开发；汽车、摩托车、发动机、汽车灯具以及零部件的试验研究；汽车测试和产品质量的评定检测；汽车测试设备仪器和摩托车专用检测仪器的研制；消化吸收引进国外先进技术；计算机辅助设计及计算机辅助管理的应用研究和技术服务工作。负责上海汽车工业总公司的产品标准归口工作，为行业提供国内外经济技术情报网信息和资料翻译。

近三年来，该所科技获奖项目总数为 24 项，其中获部级成果一等奖 1 项、二等奖 6 项、三等奖 8 项，其它科技进步奖 9 项。SD 封闭式汽车前照灯获 1988 年国家星火科技奖；减震器、转向器试验台功能扩展获 1989 年上海市重点会战项目振兴三等奖；1990 年研制的 NCS—1 非接触式车速测试仪，通过中汽总公司鉴定，其主要部分性能超过了日本同类仪器，达到国际水平。1990 年开发研制的桑塔纳 7 座变型车样车，获得公司和同行专家的一致好评，样车各方面性能都达到了设计方案要求。

为了顺应汽车工业发展的需要，目前通过上海汽车工业“八五”规划的实施，将建成一个以整车开发、质量检测、情报标准、工艺设计等为主的多功能的上海汽车技术中心。

长沙汽车电器研究所

该所是长沙汽车电器厂的科研机构，也是中国汽车工业总公司所属的厂设行业所。它的职责既为厂开发新产品，又为行业服务，是全国汽车电器行业的技术归口单位。同时，也是我国汽车电器行业产品的检测机构。

设有电源设计室、电动机设计室、点火系设计室、电子室、产品试验室、标准化室、技术情报室等业务科室和产品试制工段。该所承担了汽车发电机、电压调节器、继电器、起动机、小型直流电机、分电器、点火线圈和汽车电器电子装置及硅整流元件等产品的开发研究、试制、试验、检测等任务，同时还承担了行业标准、技术情报、信息网工作及科研管理等任务。

“七五”期间引进德国波许公司的技术，目前，已基本达到按国际标准进行测试的技术水平。该所相继于 1989 年、1990 年建成环境、耐久性两个试验室，扩大了耐久性试验的能力。在试验设备方面，完成了计算机控制的交流发电机、微电机、起动机、分电器等产品特性试验台和单板机控制的闪光器试验台，暖风电机等风量风压测试台以及交流发电机整流二极管按国际标准规定项目的全套测试设备的制造任务。同时，还完善了能测试点火线圈、点火电子组件及霍尔元件的各项电气参数的点火系统测试技术，以及电机噪声及声响装置声级测试设备的制造任务。三年内，为 24 个主机厂开发了 19 类 87 个新产品，其中引进消化及覆盖的产品 11 个，自行开发新产品 76 个。1988 年以来，该所有 4 项科研成果获部级、省级科技成果奖。

与此同时，开展了电子计算机技术在汽车电器中的应用研究。目前，已在电子计算机作图、电机设计中的电磁计算、分析及优化设计三方面均获得成功，正待鉴定。该所近两年开始研制的干式点火线圈已处于试制阶段。磁脉冲分电器行车试验已达 5 万 km，为二汽小批供货。为上海桑塔纳轿车配套的 JFZ1913Z 交流发电机、QD1229 起动机、霍尔分电器等产品的主要性能参数均达到德国波许公司对同类产品的要求，被上海大众认可，现已为上海大众供货。该所已完成的微机控制分电器性能试验台进入调试阶段，不久将正式投入使用。

为配合行业技术工作的开展，近几年，该所制订汽车电器国家标准及行业标准 21 项；组织“全国汽车电器经济技术信息专业网”，并开展了活动；编辑出版了《汽车电器》杂志、《汽车电器译丛》和《“七五”期间国产新车、汽车发动机及其电器设备主要技术数据调查汇编》等资料，为行业网内信息交流起到积极的推动作用。

汉阳专用汽车研究所

汉阳专用汽车研究所受中国汽车工业总公司委托，承担全国专用汽车行业技术归口工作，该所既是中国汽车工程学会专用车分会的挂靠单位，又是全国汽车标准化技术委员会专用汽车标准化分技术委员会的主任委员单位及其秘书处挂靠单位。

该所自1982年经湖北省机械厅批准创建以来，有了较大的发展，设有所办公室、重型特种车设计室、改装车设计室、技术情报标准室、计算机室、产品开发室、产品试验室和1个印刷厂。

研究所具有较强的产品开发能力，采用先进的积木式设计方法，在重型特种汽车和改装车研究设计方面具有一定的特色和优势。受有关单位委托设计的专用汽车产品在市场上有较强的竞争力。

该所开发的CAD软件包已运用于汽车设计的有关领域，在我国专用汽车行业中处于领先地位。

该所具有较强的专用汽车检测能力，拥有一个含9°、12°、15°、24°专用坡道的环形道路试验场，能进行整车道路试验和各种总成台架试验，是中汽总公司确定的首批新产品鉴定试验单位之一。主要承担牵引车、专用汽车及有关总成的鉴定试验工作。

研究所承担制订专用汽车行业标准法规，目前已制订完成了专用汽车各类标准40余项，为促进专用汽车产品的“三化”工作奠定了良好的基础。

在软科学研究方面，在中汽总公司的指导和专用汽车厂家的支持下，1987年完成了《专用汽车2000年发展战略的研究》和《专用汽车2000年产品品种发展规划》两项技术经济课题，还有些研究成果获得省、市科技成果奖。该所还编辑出版了我国首次公开发行的专用汽车工具书《专用汽车技术性能手册》，还编辑出版《专用汽车》杂志。搜集和交流行业的情报信息，负责组建了全国专用汽车信息网，有网员单位300余家，编辑出版网刊《专用汽车信息》，同时开展技术经济情报的咨询服务工作。

该所馆藏图书2.3万余册，各类标准资料1.4万余册，其中行业标准等资料齐全，订有国内外科技报刊370余种，搜集陈列的国内外汽车样本达数千册，同时还广泛搜集国内外专用汽车的声像资料，仅国外的录像资料就达210多种，其中有120种已整理复制，在汽车行业内部发行。

此外，还有一支工艺美术以及声像服务队伍，承担汽车行业的有关服务。

丹东客车研究所

该所是在1985年成立的厂所结合型客车改装车科研所。

该所承担丹东汽车制造厂所有产品的开发、工艺试验、新产品试制、试验等工作；中汽总公司下达的科研计划；并负责客车行业的部分技术开发、情报信息交流、标准制订、宣传和贯彻等行业任务。

在新产品开发方面，1988年该所在DD652型客车基础上研制开发了装有空调设备的DD652K型旅游客车，提高了产品档次，并已部分出口。

1988年由中国汽车工业总公司牵头，该所负责组织，淝河汽车厂科研所、陕汽科研所、中国汽车技术研究中心等单位参加，联合设计了11种大型客车底盘。用丹东汽车制造厂6120HC$_1$、6120HJ$_2$两种底盘试制成DD6120H$_1$、6120H$_2$长途客车和6120H$_1$S城市客车。该车前桥承载量加大到6t，后桥承载量加到10t，方向机布置在前桥中部，最高车速达95km/h，整车底盘性能好于DD652。1989年1月完成了产品设计和工艺设计任务，1990年4月完成了试制工作。现已完成3辆样车，计划1991年二季度去海南试验场进行基本性能和30 000km可靠性试验。

在标准情报方面，已逐步完善了技术经济情报信息和标准资料的搜集、制订和贯彻使用等工作。目前已和全国30多个行业，计300多个单位，建立了信息情报交流，并参与10多个情报网活动。为全行业编辑出版《客车技术》，为本厂编辑出刊《客车信息》、《科技新书目》、《中外文期刊题录》。结合长远目标，该所发表了“2000年汽车工业振兴产品目标研究”等论文，并获得中汽联科技进步奖。同时积极参与全行业的标准制订，宣传和贯彻执行工作。

1988年3月经中汽总公司批准，确定该所试验室为全国汽车鉴定检测试验单位，为客车行业检测服务。

辽阳汽车钢板弹簧研究所

该所是1983年4月由中国汽车工业公司批准成立的，设在第一汽车制造厂辽阳汽车弹簧厂内，行政上由厂领导，业务上由厂和中汽总公司双重领导。承担机电部和中汽总公司下达的各项任务及本厂任务，另外还承担全国钢板弹簧行业的产品质量检验工作。近年来，先后研究出CA141、SY132少片变截面钢板弹簧，TJ621后渐变截面钢板弹簧等17个新产品。在开展重点科研课题方面，研制和批量生产58SiMn钢，1988年以来，在鞍钢钢研所和鞍钢有关单位配合下，对58SiMn钢进行了全面的试验，并对钢板弹簧做了道路试验。1990年此项工作已全部结束，通过了冶金部的部级鉴定。还研制少片簧55Si2MnCrVB用钢，1986年与本钢钢研所合作研制了适合我国资源的少片簧用钢。几年来通过几百吨钢的试生产，一致认为此钢种基本可以满足少片簧生产和实际使用要求，目前已通过本钢公司级的鉴定。

在承担厂内产品开发、非标设备的设计、产品检测和国外信息资料搜集外，还承担钢板弹簧行业的产品标准、试验方法、检测标准的制订，同时还承担钢板弹簧行业的创优检测及复查，国内产品以及出口产品的鉴定，并可按国内及国际标准进行检测，得到美国和日本有关公司的承认，钢板弹簧行业同行业评比等项工作。

长春汽车材料研究所

1987年中国汽车工业总公司决定，将长春汽车研究所的金属材料、非金属材料、油料的有关专业与第一汽车制造厂工艺研究所合并，成立了长春汽车材料研究所，是汽车行业从事汽车材料与工艺研究的综合性科研所。

研究所下设6个专业、20个试验研究室。

金属材料专业有金属材料、金属物理及无损检测、金属强度及摩擦磨损、金相热处理及失效分析、铸造熔炼、造型材料试验室及材料技术科；非金属材料专业有非金属材料、高分子试验室；油料专业有油料试验室；材料保护专业有油漆、电镀试验室；表面强化处理专业有高频、激光应用试验室；材料应用专业有切削加工、齿轮加工、压力加工及焊接试验室。

除此之外，还设有自动化试验室、情报标准科及其它辅助部门和管理科室。

研究所承担以下行业任务：

根据汽车生产的要求和产品发展的需要，研究开发金属材料、非金属材料及油料，并代表汽车行业对横向相关工业提出要求；

组织开展有关工艺和材料的学术交流和技术协作，编制汽车材料的技术标准，开展技术咨询和人员培训；

承担中国汽车工业总公司下达的重点科研项目。

该所拥有的主要测试设备有S550扫描电镜、D/Max—Ⅲ BX射线衍射仪、MSF—2MX射线应力测定仪、Q920图像分析仪、

AG—25TA 电子拉力试验机、采用工业电视监控的高频疲劳试验机及从美国引进的汽油机油试验台等。

几年来，该所获得国家级、部级、省级奖的科研成果多项。例如，引进阴极电泳油漆线各种辅助配套材料的开发；冷激合金铸铁三棱型汽车挺杆材料及生产工艺的研究；奥贝球铁材料研制成功并用于生产；ML15MnVB低碳马氏体高强度螺栓的研制；发动机缸体激光热处理工艺及设备的研究；重深冲冷轧钢板的研究。

在开展重点科研情况方面，三年来该所完成重点科研项目 58 项，如"轮胎杯形螺母一次冷挤成形工艺研究"、"非零变位锥齿轮的试验研究"、"内饰软化件表面材料研制"、"LF06—S 变速箱用油的研究"、"高强度含磷深冲汽车钢板的开发与应用"、"同步器铜齿环模具设计制造"等。

1990 年该所完成国家课题 3 项、中汽总公司课题 8 项、厂级课题 21 项，工艺试验 41 项。其中发动机缸体激光热处理中间试验课题通过国家验收，CA141 少片变截面弹簧材料的研究与含磷深冲钢板的应用等课题的完成带来了显著的社会经济效益。

长春汽车车轮研究所

该所是 1987 年经中汽联批准成立的厂所合一的二级所。

设有车轮试验室及性能、金相、化学、光谱分析、油漆等实验室。主要试验设备有车轮转鼓试验机、中重型车轮弯曲疲劳试验机、轻型车轮弯曲疲劳试验机、车轮动平衡机及轮胎拆装机等，另外，还有油漆试验用的盐雾箱，金相显微镜、金相照像机等。

该所具有先进的车轮检测仪器、检测机和检测方法，可以测试车轮的所有静态及动态的各项参数。

该所有一支经验丰富的具有高、中级技术职称的工程技术人员及试验人员的技术队伍，这个队伍还在不断的壮大。

目前，该所已承担全国各车轮厂家的不同种类、型号的车轮性能试验、油漆试验以及金属材料的化学分析等任务。

长春汽车散热器研究所

该所于 1986 年由中国汽车工业公司批准成立，所址设在第一汽车制造厂散热器厂。其业务上属中国汽车工业总公司、中国汽车零部件工业联营公司及第一汽车制造厂领导，行政上隶属于第一汽车制造厂散热器厂领导。

该所对一汽外承担行业技术服务的作用，对一汽内承担产品开发设计任务。主要任务是：搜集国内外有关技术资料及情报，研究制订散热器产品的发展方向，制订国内散热器的技术标准；研究开发新产品，发展多品种系列化散热器；研究制订产品性能的测试方法及标准，为行业的质量检测服务；研究开发新技术、新工艺、新材料、新设备，降低生产成本，提高产品质量，增加经济效益，为行业提供技术咨询和服务。

该所设置产品开发设计、专用工艺装备开发设计、产品性能试验、行业活动管理等 4 个专业组及 1 个新产品试制与专用工艺装备制造工段。主要设备有 MTS 振动试验台、风洞试验台、耐高温压力脉冲试验台、耐扭振试验台、负压密封试验台、进出水口钎接强度试验台等。能按国际标准及国家标准进行性能测试工作，完全满足了新产品开发、产品质量监督检查及质量水平认证的需要。几年来利用这些设备共完成了国内同行业委托的产品性能检测近 200 余项次，完成了散热器产品创部优技术鉴定工作，完成了主要引进车型国产化散热器性能检测及鉴定工作。

取得的主要成果是：率先开发管带式散热器并形成多品种、系列化产品，适应中、轻、轿车产品开发的需要。开发研制了半装配式管带散热器，改变了我国汽车散热器产品结构，同时掌握了管带式散热器专用工艺装备滚带机成型滚刀及装配机的设计、制造技术，形成系列化设计制造能力，除适应一汽产品开发设计需要外，共为行业提供了十余台设备。在标准化工作中，制修订了“汽车散热器技术条件”(GB9421—68)及“汽车散热器质量分等”(ZBT14003—89)两个技术标准，现已发布实施。在产品设计中引进了IBM微机系统，开展了微机辅助设计。

上海汽车减振器研究所

该所是我国汽车减振器行业研究所，是科研、生产一体化的科研实体。下设产品研究一、二室；工艺装备研究一、二、三、四室；情报标准专利一、二室；试验室及试制工段。拥有减振器电液伺服振动试验台、转向机试验台等国外先进的测试设备及自行研制、开发的减振器、转向器新产品所需的其它试验设备，全所共有试验设备33台，试制设备11台。

该所负责全国汽车减振器行业的发展规划和技术归口工作；汽车减振器的研究开发、质量评定和监督检验；技术标准的修订、制订和技术情报交流；编辑出版有关技术资料。

该所着力开展汽车、摩托车减振器的结构研究；产品设计、试制、试验和小批量生产；生产工艺的研究和制订；生产专机与生产线的研究与设计；情报、标准、专利的咨询；来样、来图加工。

该所还开展汽车转向器、举升系统、动力转向系统的技术咨询、转让、开发、承包和协作等服务。

近几年，已先后试制成功上海桑塔纳轿车前、后转向减振器；斯泰尔重型车系列减振器；驾驶室减振器以及上海易初XF125型摩托车后减振器等一系列引进车型的减振器。

“八五”期间，将重耐开发充气式单筒、双筒减振器和不可拆式减振器，以提高产品的档次，争取出口创汇。同时，还将开发齿轮齿条转向器系列，包括齿轮齿条动力转向器，满足不同车型的需要。

南京火花塞研究所

1988～1990年的三年中，该所开展科研、新产品课题39项，完成并已通过鉴定的科研、新产品项目16项，其中，获部级或省级科研奖励的有3项。编制及修订国家或专业标准11项，有7项标准已通过报批并开始执行。为国家重点建设项目研制成功三种专用火花塞，获用户好评。通过新产品研制，完成了多项行业技术服务工作，为推动行业技术进步作出了贡献。

三年来，重大科研及新产品研制课题有镍铜复合电极的研制，是火花塞采用新设计、新材料，从而更新换代；与南京电瓷总厂火花塞分厂合作研制成功的铜芯电极，使热值拓宽20%，用镍量减少45%。紧接着，又发展了下一代产品，使用镍量进一步减少。这个项目是原中汽联下达的汽车工业重点科研课题，1988年7月及1989年12月分别通过了市级及部级鉴定，并已投入生产。

该所还完成了上海桑塔纳、CA141及EQ140型汽车发动机配套用的三种带铜芯电极的新型火花塞，这三种新型火花塞已成为相关的主机厂认可为配套产品。

该所研制的氮化硅陶瓷电热塞，可以在10秒钟内，使温度达到850℃。这个项目已于1988年12月由机电部委托江苏省机械厅鉴定。

该所研制的火花塞瓷绝缘体低烧成温度配方，由原烧成温度1650℃降到1550℃，材料性能符合国家二级材料标准，制成产品符合国家标准。

另外，该所还会同机电部西安第七设计研究院编制《火花塞行业2000年规划》设想，并组织专家论证会。参与国家计委经济研究所对火花塞行业经济规模及规模经济的调研，并完成内部报告。编写中国电器工业发展史《火花塞》篇及《国内外火花塞技术水平与发展》等。并为有关厂进行了技术培训，提供了有关火花塞专用测试设备。

杭州汽车柴油机研究所

该所成立于1975年10月，为行业二类所。研究所设有科研室、产品室、供油室、试验室，现有职工98人，其中高级工程师19人，工程师17人。

该所主要从事柴油机的研究、开发、设计、试验及改制工作。已完成设计并投产的产品有6120、X6130、X6130Z及引进斯泰尔系列柴油机。目前，正在开发研制的产品有X6130ZL增压中冷柴油机、120kW发电机组及PI型喷油泵。

该所为提高设计质量，配备了较先进的测试手段，并且正在逐步推广计算机技术在柴油机设计中的应用。

受中国汽车技术研究中心委托，该所承担了国际标准化组织(ISO)道路车辆技术委员会(TC22)发动机分技术委员会(SC5)和燃油系统分技术委员会(SC7)的国内归口工作。

临清汽车举升装置研究所

该所于1985年经中国汽车工业公司批准建立。设有产品研究室、工艺研究室、情报资料室、标准化室及试验室。

该所主要任务是有关汽车举升装置，包括液压举升缸、泵、阀、管路等的三化设计及研制开发工作，研究发展规划及负责协调，研究制订产品标准及技术条件、技术情报的行业归口工作。

该所具有对各种吨位、进口及国产自卸汽车举升机构、液压系统成套装置的设计、试制及试验能力。在完成中汽总公司、重型汽车工业公司等上级部门下达的新产品科研任务的同时，努力承担其它部门、企业的委托项目。

近几年研制开发的主要产品有：

HG系列单、双作用活塞式液压举升缸，缸径∅40～∅230mm、行程200～1400mm、压力10～20MPa。该系列液压缸技术性能指标达国际先进水平，获国家经委优秀新产品奖。

TG系列单、双作用伸缩式套筒液压缸，缸径∅60～∅300mm、单级行程160～1500mm、总行程可达750mm、压力10～25MPa。单级行程800mm以上的多级缸，产品结构较先进，增添了我国重型汽车用长行程液压缸。

测绘研制的重型自卸汽车用三种液压阀，1988年实现国产化，满足了进口及国产自卸汽车的需要。新研制开发的气控举升阀(型号JFI)已获1988年国家专利，1989年投入批量生产。

开发的液压泵，压力10～25MPa、排量31.5～250mL/r。研制出的中、高压大排量齿轮油泵，解决了国内急需。从1989年开始研制开发国产化斯泰尔自卸汽车用阀配流斜盘式轴向柱塞泵系列，国内还属首创。

研制开发的中型自卸汽车整套举升装置已成系列，1990年出口东南亚三个国家。

近几年来在行业活动及标准化工作方面，加入了液压行业活动网，参与某些国家标准的制订。归口制订了有关自卸车用专业标准7项，企业标准20余项。

武汉汽车车身附件研究所

该所成立于1976年，是中汽总公司所属的二类专业所，承担全国汽车车身附件行业的技术归口工作，主要开展产品设计、标准制订、修订、行业活动、产品测试及咨询服务工作，具有独立法人资格。该所设有产品开发室、工艺室、情报标准、资料室及试验室等专业研究室。

1988～1990年，该所进行了汽车用气弹簧撑杆，燃油式空气加热器及暖风装置的研制工作；重点进行了汽车门锁等产品的国产化工作，开发了为多种引进车型配套的汽车门锁，并已进入试用阶段；完成上级下达的制修订汽车车身附件专业标准、国家标准、质量分等标准等共13项。

该所藏有国外有关专业期刊40种，国内外汽车车身附件方面的标准、专利和文献000种，专业藏书10300册，并与全国300多个院校、研究所及生产厂家建立了情报交流关系。

该所是“全国汽车车身情报网”网长单位，国内67家主要汽车车身附件生产厂均是情报网的成员，情报网定期开展年会活动和专业组互访，行业集中测试及专业技术学习班活动。该所承办的内部专业性刊物“车身附件”，以及每年编辑的“国内汽车车身附件概况”，在交流产品开发、标准、试验研究经验，介绍国外先进技术及提供行业信息方面，受到汽车行业的关注。该所还是“中国汽车空调协会”的理事单位，参加该组织的各项专业活动。

该所现有用于汽车车身附件试验的各种专用台架和测试仪器设备69台套，可承担汽车玻璃升降器、汽车用锁、刮水器、空气加热器、暖风装置、后视镜等10多种汽车车身附件的测试工作，并已按国家有关规定通过了试验室认证，可以向社会提供样品测试、产品定型、创优及工艺试验方面的公证性试验报告。三年来，承接了国内行业厂家委托的各种检测工作，并于1990年完成了中汽总公司下达的“进口汽车国产化维修配件质量监督抽查”任务。同时该所试验室又是“湖北省汽车车身附件产品质量监督检验站”，对省内行业厂的产品进行质量监督检查。

沈阳轻型汽车研究所

沈阳轻型汽车研究所是金杯汽车股份有限公司的核心成员之一。

全所固定资产1990年末为465万元，设有整车、底盘、车身、工艺、电子计算机、情报资料等6个研究室，承担产品的开发和研究工作。挂靠在该所的沈阳汽车产品质量检验所，下设整车测试室、零部件检验室、综合技术室，在沈阳市技术监督局、中国汽车工业总公司、辽宁商品检验局的授权下，对汽车整车和零部件行使国家级检验和测试。

近年来，开发了SY623型旅行客车和SY6480型旅行客车；为公司所属的中、小企业的技术改造进行了研究与设计，先后建成了发动机试验室，空气滤清器试验室，质心高度、驻坡度、侧翻(CZZ)综合试验室，汽车车架铆接生产线，水箱试漏生产线，暖风机波带滚刀设备，以及水箱装配机等一批新产品、新工艺和新设备，从而促进了企业发展和产品换型。

在“八五”规划期间，该所将建成为金杯汽车股份有限公司的技术中心。

沈阳轻型汽车研究所是沈阳市科技改革试点单位，是沈阳市31个火炬型科研院所之一。

三 1990年汽车工业科研机构基本情况一览表

单位名称	职工人数(人)				面积(m²)				固定资产(万元)		设备状况(台)		
	职工总数	其中：科技人员	其中：工程师、高级工程师以上	工人	占地面积	建筑面积	其中：试制工厂面积	其中：试验室面积	原值	净值	设备总数①	其中：试验设备	其中：试制设备
1 中国汽车工业总公司直属科研所													
中国汽车技术研究中心	467	380	189	76	69751	25086	15652		2491		13	13	
机械电子工业部第九设计研究院	693	532	375	96	42166	17938	404	290	2133		47	2	1
中国汽车工业总公司长春汽车研究所	2249	1328	608	566	259000	71626	8000	17319	7284	4981	159	60	60
中国汽车工业总公司重庆汽车研究所	548	386	168	148	99900	43455	1034	8355	3953		97	65	8
中国汽车工业总公司海南汽车试验研究所	91	33	11	53	720000	16600		1342	2500		35	16	
2 中国汽车工业总公司批的厂属行业所													
北京齿轮厂齿轮研究所	51	39	22	12	523	2280		1600	100		12	12	
丹东客车研究所	320	206	82	59	6395	9162	1032	500	629	430	23	12	1
辽阳汽车钢板弹簧研究所	69	38	38	31		948		948	52	31	15	15	
长春汽车材料研究所	590	375	201	199	70000	20000	4800	14000	1878	650	166	40	126
长春汽车工艺装备设计研究所	198	130	65	39	1500	5800			46	18	20		20
长春汽车散热器研究所	70	26	10	44	3000	2090	1260	600	280	204		12	14
长春汽车车轮研究所	39	31	19	8				1080			14	9	
上海汽车减振器研究所	77	44	17	26	712	1534	550	93	80	76	18	6	2
南京火花塞研究所	137	59	27	62	10333	4311	891	540	385	241	196	167	29
南京汽车离合器研究所	43	32	14	10			1945	1215	170	109	31	18	13
杭州汽车柴油机研究所	98	62	36	32	9700	4300		1400	99	69	12	12	
杭州汽车摩擦材料研究所	53	21	9	32	1516	3328	1000	1000	405	343	17	15	2
芜湖汽车仪表研究所	60	42	28	18	1000		200	520	40		11		
青岛重型专用汽车研究所	127	43	13	84	23678	6408	3569	1014		386	10	10	
临清汽车举升装置研究所	28	25	10	3	1350	1350		900	27	23	9	9	
武汉汽车标准件研究所	40	29	9	11	444	968		800	110	65	98		

续

单位名称	职工人数(人)				面积(m²)				固定资产(万元)		设备状况(台)		
	职工总数	其中：科技人员	其中：工程师、高级工程师以上	工人	占地面积	建筑面积	其中：试制工厂面积	试验室面积	原值	净值	设备总数①	其中：试验设备	试制设备
武汉汽车活塞、活塞环、轴瓦研究所	157	60	41	90	2040	2440	940	700	258		36	5	31
武汉汽车车身附件研究所	89	80	34	9		1473		737	125		4	4	
汉阳专用汽车研究所	168	99	43	64	2344	2444		1594	123	90	67	44	
十堰汽车轮胎轮辋研究所	450	123	97	327	20000	12696	8403	4293	2000	1864	250	177	73
长沙汽车电器研究所	122	61	46	55	5343	6195	990	2000	344	296	82	56	26
3 省、市、部所属的部分研究所													
北京市汽车研究所	156	87	60	48	1200	900			457	388	52	39	
天津市汽车研究所	330	259	125	38	1383	2472		480	1304	344	28	23	
上海汽车研究所	363	205	95	118	9645	13019		7559	978	930	504	17	
武汉市汽车研究所	605	200	93	200	23413	26339	23739	2600	559	394	310	101	209
交通部重庆公路科学研究所	376	252	213	98	140070	43257	927	19415	3374		432	375	57
4 部分企业所属的产品开发机构													
沈阳轻型汽车研究所	146	101		18	6500	5385			465				
南京汽车研究所	426	277	118	120	36800	15300	540	7760	1785	904	110	97	13
第二汽车制造厂技术中心	1827	1259	525	568	91000	84000	1208	59008	21000	14500	493	439	54
南昌飞机制造公司民品设计所	159	81	53	25	4534	3189	360	1108	320		18	15	3
柳州汽车研究所	49	39	9	8	3500	3000	400	2000	200	150	40	40	
东风汽车工程研究院新疆沙漠汽车研究所	60	48	23	12		500		500			55	55	
新疆汽车改装厂汽车研究所	31	31	9		3234	3234	2634	600	58	39	8		8
北京轻型汽车有限公司新疆总装厂技术开发部	34	21	11	13	1020	850	800	50	20	15	12	4	8

注：①设备状况是以2万元以上重大设备作为统计数。

②上海汽车研究所已含上海摩托车研究所和上海灯具研究所的数据。

③以下科研机构未上报：中国汽车工业总公司批的厂属行业所：东风汽车工程研究院、十堰电子技术应用研究所。

四 1988～1990年汽车工业主要科研成果一览表

成果名称	研制单位及主要参加单位	授奖部门及获奖等级	获奖时间
二汽配套处自动化高位立体仓库	第二汽车制造厂 机电部北京自动化研究所	国家科技进步二等奖 机械委科技进步一等奖	1988 1988
工业技术水平评价系统及上海工业技术水平的调查和测算	上海汽车拖拉机工业联营公司	国家科技进步三等奖 上海市科技进步二等奖	1988.7 1988.3
108t电动轮自卸车防塞型驾驶室研制	湖南大学 湘潭电机厂	国家科技进步 特等奖	1989
中国标准文献分类法	长春汽车研究所	国家技术监督司 科技进步二等奖	1989
《汽车文摘》	长春汽车研究所	国家科技情报刊物二等奖	1990
双迹真实路形计的研制	长春汽车研究所	国家科委国家发明三等奖 (北京国际发明展览会金奖)	1988.2 (1988.9)
重型越野汽车用高淬透性调质结构钢	重庆汽车研究所 钢铁研究总院 四川汽车制造厂等		1990
QM—I型汽车驾驶模拟器	吉林工业大学	中国发明协会金牌奖 (第二届国际专利及新技术新产品展览会金奖)	1989.11 (1990.11)
QDJ型汽油车强制怠速电子节油装置	长春汽车研究所	中国发明协会 铜牌奖	1989.11
活塞裙面准均压横向型线设计制造方法	重庆汽车研究所		
车用机械式自动变速器	吉林工业大学	中国发明协会 金牌奖	1990.10
车用自动换档加载试验装置	吉林工业大学	第二届国际专利及新技术新产品展览会 银奖	1990.11
神州牌YH6700型轻型客车 神州牌YH6600型轻型客车	昆明旅行车厂设计研究所	国家三委一部 银奖	1990
卧姿人体承受振动的评价	西安公路学院	国家教委科技进步三等奖	1990.12
齿轮传动动态性能的研究 重心高度及转动惯量试验台	清华大学	国家教委科技进步二等奖	1989

续

成　果　名　称	研制单位及主要参加单位	授奖部门及获奖等级	获奖时间
RH-5型半导体火花塞	南京火花塞研究所 中科院空间科技中心	机械委 科技进步二等奖	1988.1
汽车拖拉机用起动电机、发电机电气试验台(五车)	洛阳拖拉机研究所		
H_2A涡轮增压器引进消化吸收后掠式压气机叶轮设计及工艺设计	无锡动力机厂 上海内燃机研究所		
工业厂房排架计算程序	机械委设计研究院		
汽车平顺性随机输入行驶试验方法 GB4970-85	长春汽车研究所		
汽车平顺性名词术语和定义 GB4971-85	长春汽车研究所		
汽车平顺性脉冲输入行驶试验方法 GB5902-86	长春汽车研究所 清华大学		
汽车承载系统动力学模型结构参数优化	吉林工业大学 丹东汽车制造厂		
内燃机瞬时转速的测量及动力分析 CAD	江苏工学院		
凸轮挺柱磨损试验机	武汉工学院		
HL—028型2000t汽车纵梁专用液压机	合肥锻压机床厂 长沙汽车制造厂车身分厂	机械委 科技进步三等奖	1988.1
液力变速器换档最佳特性	吉林工业大学		
柴油机涡流燃烧室及其热效率	江苏工学院		
中吨位车用柴油机与整车性能匹配	吉林工业大学 朝阳柴油机厂		
南京汽车制造厂底盘测功机及道路模拟机试验室	机械委设计研究院		
汽车前轴疲劳寿命台架试验方法和限值 JB3605-84　JB4285-86	长春汽车研究所		
汽车驱动桥台架试验方法及评价指标 JB3803—3804—84	第二汽车制造厂技术中心		
汽车筒式减震器尺寸系列技术条件和台架试验方法 JB1459—85　JB3901—85	上海汽车底盘厂 北京工业学院 长春汽车研究所		
气卸散装水泥罐式汽车技术条件和性能试验方法 JB3971.1～2—85	四平汽车改装厂 武汉专用汽车制配厂		

续

成　果　名　称	研制单位及主要参加单位	授奖部门及获奖等级	获奖时间
汽车及挂车牌照灯倒车灯配光性能 JB4150～4151—85	湖北汽车灯具厂	机械委 科技进步三等奖	1988.1
轿车制动器台架试验方法和性能要求 JB3980—85　JB4200—85	第一汽车制造厂轿车分厂		
YQJ—28A 油洗式漆雾净化室	机电部第九设计研究院 长春涂装设备研究所		
节流式出油阀油量校正器	江苏工学院		
汽车动力传动系振动的研究	吉林工业大学	机械电子工业部 科技进步二等奖	1989
中小功率柴油机噪声限值(国家标准)	重庆汽车研究所		
重庆油泵油嘴厂引进康明斯柴油机项目技术改造	机械电子工业部第九设计研究院　重庆油泵油嘴厂	机械电子工业部 科技进步三等奖	1989
柴油机喷油和调节系统动态特性的研究(I)	江苏工学院 镇江发动机厂		
氮化硅陶瓷电热塞	南京火花塞研究所 南京化工学院		
GB7825—87《火花塞》国家标准	南京火花塞研究所		
BGL 型防燃爆高效冷却器研制	第二汽车制造厂 西安交通大学 湖北空压机厂	机械电子工业部 科技进步二等奖	1990
汽车工业数据库	长春汽车研究所 吉林工业大学	机械电子工业部 优秀科技情报成果二等奖	1989
轿车纵横	长春汽车研究所		
美国汽车工业 1995 年发展预测分析	第二汽车制造厂		1990
计算机　图书编目检索系统	武汉工学院	机械电子工业部 优秀科技情报成果三等奖	
《汽车电器》	长沙汽车电器研究所	机械电子工业部 优秀科技期刊二等奖 (湖南省优秀期刊一等奖)	1990.12 (1990)
潍坊柴油机厂斯泰尔发动机引进技术改造	机械电子工业部第九设计研究院	机械电子工业部 优秀工程勘察设计一等奖	1990
铸造车间初步设计绘图软件包	机械电子工业部第九设计研究院	机械电子工业部 工程设计优秀软件三等奖	1990
涂装工艺设计绘图软件包			
外侧挂胶带输送机施工设计绘图软件包			

续

成　果　名　称	研制单位及主要参加单位	授奖部门及获奖等级	获奖时间
QH 5260、JSQ3.5随车起重运输车(H-665型鱼水雷吊运车吊机)	航天部长治清华机器厂	航天工业部 科技进步一等奖	1988.4
GHT1030(SG120)、GHT1030B(SG120B)型轻型载货汽车	贵州航天工业总公司	航空航天工业部 科技进步二等奖	1989.12
汽车外覆盖件模具制造技术	风华机器厂		
汽车空调软管组合件	中国人民解放军第7425工厂	总后勤部 科技成果三等奖	1989
汽车制动系用GM型感载比例阀	西安公路学院	交通部　科技进步二等奖	1988.9
汽车节能技术应用研究	西安公路学院 吉林工业大学	交通部 科技进步三等奖	1989.9
HZ141—BGY13型半挂运油车	杭州专用汽车修造厂		
HK5961(HK97Y10HK)空调旅游大客车	西安公路学院 合肥客车厂		1990.8
阳离子乳化沥青试验应用与生产工艺	第二汽车制造厂	劳动部 科技进步三等奖	1989
大截面热锻模具钢应用研究	南京汽车研究所 抚顺钢厂 北京钢铁研究总院	高教部 科技进步二等奖	1988
解放CA141汽车的开发与换型改造	第一汽车制造厂	中国汽车工业联合会 科技进步特等奖	1988.8
EQ140—1改进型5t载货汽车及其变型车的研制生产	第二汽车制造厂	(国家科技进步二等奖) 中国汽车工业联合会 科技进步一等奖	(1989) 1988.8
交通运输技术政策研究	上海汽车拖拉机工业联营公司	中国汽车工业联合会 科技进步一等奖	1988
CAD绘制单层厂房结构施工图	第二汽车制造厂	中国汽车工业联合会 科技进步二等奖	1988.8
货车可靠性考核及试验方法的联系	长春汽车研究所 天津市汽车研究所等		
镶圈铝活塞铸造、热处理及检测技术的应用	第二汽车制造厂		
汽车产品质量综合考核评定办法	中国汽车工业联合会质量部　长春汽车研究所等		
双相钢中的Bauschinger效应和矫应力的研究	重庆汽车研究所 北京钢铁研究总院		

续

成果名称	研制单位及主要参加单位	授奖部门及获奖等级	获奖时间
2000年汽车工业产品振兴目标研究	中国汽车技术研究中心 南京汽车制造厂 长春汽车研究所等	中国汽车工业联合会科技进步二等奖 (机械电子工业部科技进步一等奖) (国家科技进步二等奖)	1988.8 (1988.12) (198[illegible].7
汽车车身涂装技术研究及推广应用	第一汽车制造厂	中国汽车工业联合会科技进步二等奖	1988
组合机床多轴箱(MSBH/CAD)计算机辅助设计系统	第二汽车制造厂	中国汽车工业联合会科技进步三等奖	1988
JD—P84型磷化剂	南京汽车制造厂		
SQ—1水质切削液的研制与应用	第二汽车制造厂		
美国格里森机组技术改造	北京齿轮总厂		
楔横轧汽车轴类零件毛坯	第二汽车制造厂		
全厂应用推广新型炉用耐热钢	第二汽车制造厂		
可编程序控制器S5—115U在CS—VX02型左右转向节加工自动线上的应用	第二汽车制造厂		
引进驾驶室磷化底漆线预处理化学材料国产化研究	第二汽车制造厂		
RZ—1型轮胎道路实验拖车	清华大学		
在用汽车节油技术相容性研究	交通部公路科学研究所		
HOB激振式半轴扭转疲劳实验机改进和Z—80计算机控制	重庆汽车研究所		
大型客车车身结构实用优化设计方法研究	长春汽车研究所		
锰磷化新工艺及其细化剂的研制与应用	第二汽车制造厂		
X62WT716机床两座单板机改造系统	北京内燃机总厂		
氨—甲醇吸热式气氛加氨气体软氮化新工艺试验研究及生产应用	北京内燃机总厂		
曲轴斜油孔加工线	北京内燃机总厂		
双工位旋转式测量镗刀自动补偿系统	北京内燃机总厂		
T型客车底盘	杭州汽车制造厂		
CJ502C摩托车	国营嘉陵机器厂		
EQ6105—Z型汽油发动机	第二汽车制造厂		
CJ80型涡轮增压器及其与斯泰尔WD615·67发动机的匹配	重庆汽车研究所		
A4106火花塞	株洲火花塞厂		
HW30XD修井机底盘	汉阳特种汽车制造厂		

续

成果名称	研制单位及主要参加单位	授奖部门及获奖等级	获奖时间
GB 031—86 车辆振动输入—路面平度表示法	长春汽车研究所	中国汽车工业联合会 标准科技进步二等奖	1988.8
JB 239—86 汽车发动机气缸盖技术条件	第二汽车制造厂		
JB 186—86 载货汽车驾驶室及车前板制件技术条件	长春汽车研究所	中国汽车工业联合会 标准科技进步三等奖	1988.8
JB 2040—86 汽车发动机曲轴技术条件	第二汽车制造厂		
ZB 36003—86 汽车用片式插接件 ZB 36004—86 汽车用片式插接器技术条件	河南鹤壁市汽车电器厂		
GB 5763—86 汽车用制动器衬片	杭州汽车摩擦材料研究所		
ZB 52002—86 保温汽车、冷藏汽车试验方法	贵州专用汽车厂 镇江冷藏汽车厂		
JB 185—86 半挂车通用技术条件	汉阳特种汽车制造厂		
JB 232—86 汽车用液力变扭器台架试验方法 GB 5923—86 汽车柴油机燃油滤清器的试验方法 GB 5924—86 汽车柴油机燃油滤清器的试验值及分级	重庆汽车研究所		
GB 7062—86 汽车气制动软管总成	长春汽车研究所		
JB 4187—86 汽车发动机飞轮齿圈技术条件	上海汽车齿轮厂		
JB 14—86 汽车变速器、分动器齿轮与花键轴技术条件	綦江齿轮厂		
ZB 52001—86 炊事汽车通用技术条件	兰州专用汽车厂 衡山汽车制配厂		
JB 019—85 汽车驻车制动性能要求 JB 020—85 汽车驻车制动试验方法	武汉汽车研究所		
JB 900—85 汽车发动机凸轮轴技术条件	成都汽车配件厂		
JB 602—84 汽车化油器性能试验方法	第二汽车制造厂化油器厂		
JB 793—84 汽车用后视镜技术条件	武汉汽车车身附件厂		
JB 805—84 重型载货汽车燃料消耗量试验方法 JB 806—84 重型载货汽车燃料消耗量限值	重庆汽车研究所		
海南汽车试验场试验跑道	海南汽车试验场 长春汽车研究所	中国汽车工业联合会 科技进步一等奖 (国家科技进步二等奖)	1989.9 (1990.12)

续

成果名称	研制单位及主要参加单位	授奖部门及获奖等级	获奖时间
汽车车身 CAD/CAM 的开发及应用	第二汽车制造厂 长春汽车研究所	中国汽车工业联合会 科技进步二等奖	1989.9
含磷深冲高强度钢板(06ALP)的开发与应用	第一汽车制造厂		
EQD230　4×4 沙漠越野车	第二汽车制造厂 新疆汽车厂		
汽车车身外表面交互式设计系统	第二汽车制造厂		
SY130 汽车后桥半轴套管横轧工艺及横轧机研究	沈阳汽车制造厂		
康明斯 NH 系列柴油机引进技术的消化吸收	重庆汽车发动机厂		
依维柯(IVECO)汽车外主模型 CAD/CAM	成都飞机制造公司 南京汽车制造厂		
高强度螺栓(头杆结合部过渡圆弧)滚压机	武汉汽车标准件厂	中国汽车工业联合会 科技进步三等奖	1989.9
EAPT、DIE—Ⅰ语言的应用研究	第一汽车制造厂		
汽车质量管理信息系统			
鼠笼式抛丸清理机			
光谱分析用铸铁实物标准			
EQ140 汽车怠速排放限值技术的研究与应用	第二汽车制造厂		
高强度锌铝合金的应用研究			
显微图象彩色合成仪的研制			
无锡高强度耐磨同步器锥环材料的应用和研究			
刹车管内外镀锌工艺研究及生产应用			
可编程控制器用于设备故障诊断及在线监测			
汉阳牌 HY472(6×6)重型半挂牵引车	汉阳特种汽车制造厂		
解放牌 CA151K6t 柴油载货汽车开发	长春汽车研究所		
镍铜复合电极火花塞及其制造工艺	南京火花塞研究所		
CJX_6A 型汽车安全自动检测线	武汉汽车测试设备研究所		
JS50Q—Z 型系列轻便摩托车	国营建设机床厂		
S—6D 型汽车仪表板总成及其配套产品研制	四平仪表厂		
XF157 型汽油机	上海易初摩托车有限公司		
QT871 数据采集与处理系统	上海汽车拖拉机研究所		
销售管理信息系统	南汽销售服务公司		
492QC—Z 型汽油机	北京轻型汽车有限公司 江西发动机总厂		
汽车门窗密封型材(密封条)引进技术的消化吸收	航空航天部红阳机械厂		
CAC—1 汽车操纵稳定性测试仪	中国汽车技术研究中心		

续

成　果　名　称	研制单位及主要参加单位	授奖部门及获奖等级	获奖时间
轮胎力学特性的试验研究	长春汽车研究所	中国汽车工业总公司 科技进步二等奖	1990
汽车转弯制动稳定性动态模拟	长春汽车研究所		
改建DF—09风洞为汽车模型风洞	长春汽车研究所 北京空气动力研究所		
交互式有限元前后处理程序的研制	长春汽车研究所		
微机炉前快速碳硅热分析样杯和分析仪的研制与应用	第二汽车制造厂		
锻压机滑动轴承故障诊断方法研究及应用	第二汽车制造厂		
汽车动力转向油泵技术条件 汽车动力转向油泵试验方法	重庆汽车研究所		
1t级积放式悬挂输送机的开发与应用	第二汽车制造厂	中国汽车工业总公司 科技进步三等奖	1990
铝合金压铸模型腔涂料系列的研制和应用	第二汽车制造厂		
移携式电控液压切断机研制	第二汽车制造厂		
高回弹聚氨脂泡沫塑料(汽车用座垫)	南京汽车制造厂 常熟市聚氨脂垫材厂		
汽车燃油经济性和动力性计算机辅助试验系统	南京汽车研究所		
双排座驾驶室本体焊接总成装焊线的研制	南京汽车制造厂		
依维柯汽车塑料风扇产品及其用料研制	南京汽车制造厂 中科院化学所 苏州塑料一厂		
降低国产250型摩托车最大噪声的研究	上海摩托车研究所		
汽车膜片弹簧式离合器计算机辅助设计系统	武汉工学院		
TH5060GXC吸尘车	天津市环境卫生设备厂		
GGG40铸态球墨铸铁性能试验研究及生产性试验	陕西汽车制造厂 西安交通大学		
五种汽车专用仪器计量检定系统技术的开发与应用	长春汽车研究所		
发动机点火提前角和转速测量仪	长春汽车研究所		
汽车销售业务处理计算机网络系统	第二汽车制造厂		
汽车清洁度基本原理和方法研究、应用及推广;《清洁度》专著撰写,系列标准制订	中国汽车技术研究中心 天津市汽车研究所		
汽车工业小百科	中国汽车技术研究中心		
国外汽车期刊题录	重庆汽车研究所 长春汽车研究所 上海汽车研究所等		
朱兰论质量改进	第一汽车制造厂		
双组份改性尿醛快干胶	第一汽车制造厂		

续

成果名称	研制单位及主要参加单位	授奖部门及获奖等级	获奖时间
BJ—Ⅰ型系列闭式曲轴箱强制通风阀(PCV)阀	北京市汽车研究所	北京市 科技进步三等奖	1990
五十铃N系列轻型载货汽车技术的整体消化吸收、发展及资料汇编成果	北京市汽车研究所	北京市 科技情报成果三等奖	1989
双排座轻型载货汽车的开发与研制	北京市汽车研究所 新海汽车改装厂	北京市 技术开发优秀项目三等奖	1989
汽车变速器同步器综合性能静扭强度试验台	天津市汽车齿轮厂 工业化自动仪表研究所	天津市 科技成果三等奖	1988
微机控制转向器综合试验台	天津市汽车转向机厂 科学器材公司		
会计核算管理系统	天津市汽车制造厂 电子计算机研究所		
汽车差速器行星齿轮精密锻造	天津市汽车齿轮厂 静海精锻齿轮厂		1989
系列化产品零件及综合工艺文件计算机系统	天津拖拉机厂		
DD349 自卸车	丹东客车研究所	辽宁省 科技进步三等奖	1988
DD690 铰接客车			
客车车身骨架焊接生产线			
客车内饰装配生产线			
DD151B 载重汽车			
DD347 东风自卸车			
国外大客车近况和发展趋势的研究			
DD652/DD682 客车	丹东客车研究所	科技进步二等奖	1989
汽车消声器用镀铝钢板管及其工艺研究	南京汽车研究所	科技进步三等奖	1989
DD680G/DD650G 标准	丹东客车研究所标准化室	辽宁省 产品标准成果三等奖	1988
DD690 铰接客车产品标准			
DD403Y 加油车产品标准			1989
松花江牌双排座微型汽车 HFJ1010E	哈尔滨飞机制造公司	黑龙江省 科技进步三等奖	1988
竹材胶合板货车车厢底板	南京汽车研究所	江苏省 科技进步三等奖	1988
295Q 柴油机	江苏工学院 镇江发动机厂		1989
柴油机喷油和调节系统动态特性的研究(Ⅰ)			
ZHK1030、ZHK2020、ZHK5231 型轻型汽车	浙江省海宁客车厂	浙江省 科技成果三等奖	1988
BZ103 汽车仪表板总成	绍兴仪表总厂		1989
EQ140 汽车发动机活塞环的设计制造	安庆活塞环厂	安徽省 科技进步二等奖	1988

续

成果名称	研制单位及主要参加单位	授奖部门及获奖等级	获奖时间
汽车用系列产品开发研究	福耀公司	福建省 科技进步一等奖	1990
洪都 125 摩托车研制开发	南昌飞机制造公司	江西省 科技进步二等奖	1990
CQ30290 型汽车用多级液压举升缸	临清汽车举升装置研究所　临清汽车配件厂	山东省 科技进步三等奖	1988
CQ30290 型自卸汽车用阀			
制动摩擦片双层热压拉杆模	湖北石棉制品厂	湖北省 科技进步二等奖	1988
神州—70 型摩托车	湖北轻型摩托车厂		1989
耐油尼龙胶布(汽油泵膜片)	中南橡胶厂		
GB9418—88 翼开启式栏板起重运输汽车技术条件	郧阳地区汽车改装厂		
奥贝球铁齿轮	武汉工学院		1990
8.25—20 载重汽车轮胎	东风轮胎厂		
铸态球铁曲轴珠光体快速测定仪	武汉工学院	湖北省 科技进步三等奖	1988
世界轿车产品和生产技术	第二汽车制造厂	湖北省 优秀科技情报成果一等奖	1989
长沙牌 JF1518 型交流发电机	长沙汽车电器研究所	湖南省 科技进步三等奖	1989
长沙牌 QD1215 起动机			
JFT 汽车晶体管调节器	长沙牌汽车电器研究所 澧县无线电厂		
NZ 液压自卸车系列新产品研制	南宁专用汽车改装厂	广西区 科技进步三等奖	1988
NZ9262 型半挂车			
NZ5091Z 型摆臂式自装卸汽车			1989
6105QA 直喷式柴油机	广西玉林柴油机总厂	广西区 科技进步二等奖	1989
CD632 型旅行车	重庆汽车研究所	四川省 科技进步二等奖	1989
GHT1030(BG120)型轻型载货汽车标准体系表	贵州航天工业总公司	贵州省 科技进步三等奖	1988
GHT1030(SG120)车轮罩注射模	群建机械厂		1990
反力式汽车制动试验台	西安公路学院	陕西省科技进步二等奖	1988
热锻模具氮钢化和渗硼复合处理	陕西汽车齿轮厂	陕西省科技进步三等奖	1989
提高 J80 系列变速器一档齿轮弯曲疲劳强度	陕西汽车齿轮厂 清华大学		

续

成果名称	研制单位及主要参加单位	授奖部门及获奖等级	获奖时间
《汽车运输》	《汽车运输》编辑部	陕西省 优秀科技期刊一等奖	1990
《汽车驾驶员》	《汽车驾驶员》编辑部		
《汽车运输研究》	《汽车运输研究》编辑部	优秀科技期刊二等奖	1990
XJ121 双排座汽车	新疆汽车改装厂	新疆区 科技进步三等奖	1988

五 1988～1990 年汽车工业获专利项目

1 发明专利

序号	专利名称	专利号	申请日	授权日	专利权人	发明人
1	行波储能消振器	85102290	1985.4.1	1988.4.13	西安交通大学	陈守五等
2	复合式自锁差速系统	85101984	1985.4.1	1988.5.4	第二汽车制造厂	伍德荣
3	变速车辆的通用底盘	85109312	1985.11.22	1988.6.14	古　飞	古　飞
4	自装卸粮食饲料散装运输汽车	85104681	1985.6.10	1988.12.1	辽宁省农牧业机械研究所	王凤生等
5	大客车应力蒙皮工艺及设备	87104456	1987.6.25	1989.2.23	吉林工业大学	姜喜成等
6	车辆轮胎气压的指示装置	86106694	1986.9.19	1989.6.28	周庆福	周庆福
7	滩涂—浅海船式两用车	87103918	1987.5.29	1989.8.2	武汉工学院	蒋崇贤等
8	全承载全塑汽车车身及其制造方法	87102543	1987.4.2	1989.8.16	唐锦生	唐锦生
9	微孔涂塑玻璃纤维吸声片	85108259	1985.11.11	1989.8.30	机电部第九设计研究院	
10	水热暖风自然对流客车采暖除霜装置	86100905	1986.2.6	1989.8.30	黑龙江省交通科学研究所	曹德润
11	汽车大灯全自动调光系统	88101842	1988.3.31	1990.2.14	李升阳	李升阳
12	车用综合液力机械变速器	88105496	1988.3.25	1990.10.17	董　勋	董　勋
13	汽车前轴成型辊锻工艺	87106374	1987.9.14	1990.11.21	湖北省谷城汽车配件厂	黄致远等

2 实用新型专利

序号	专利名称	专利号	申请日	授权日	专利权人	发明人
1	汽车轮胎防滑装置	86203945	1986.5.8	1988.1.6	刘广忠	刘广忠
2	偏振光会车照明灯	86210753	1986.12.15	1988.1.6	王庆友	王庆友
3	节流消声器	86204649	1986.9.16	1988.1.6	上海柴油机厂	柳孝平
4	家用微型电动汽车	86206640	1986.9.2	1988.1.24	刘未安	刘未安
5	防滑自救器	86210353	1986.12.13	1988.1.28	冉连杰	冉连杰

续

序号	专 利 名 称	专利号	申请日	授权日	专 利 权 人	发明人
6	机动车抢险止动装置	86210173	1986.12.8	1988.1.28	张文华	张文华
7	汽车后桥主传动单级齿轮减速器	87201006	1987.2.4	1988.2.5	上海汽车齿轮厂	周勤智
8	汽车滑行节油装置	87200860	1987.1.24	1988.2.12	宁夏交通科学研究所	张厉生
9	内燃机排气消声系统	87200072	1987.1.5	1988.2.12	武汉工学院	乔秀娟等
10	汽车启动保险器	87200541	1987.1.16	1988.2.12	李福林	李福林
11	一种非充气轮胎	86209438	1986.11.22	1988.2.19	沈福根	沈福根
12	车辆照明灯与转向轮同步转向装置	86202889	1986.5.9	1988.2.19	陈金元	陈金元
13	汽车用可控硅制导开关	86203720	1986.6.10	1988.2.19	云南汽车厂	蒋光先
14	旅游万用车	86206714	1986.9.5	1988.2.19	王　瑄	王　瑄
15	汽车燃烧液化石油气的系统装置	86210785	1986.12.26	1988.2.21	王金龙	王金龙
16	汽车双回路液压制动安全缸	86206044	1986.8.13	1988.2.28	沈阳市机械电器厂	徐　杰
17	纺锤形汽车	86208232	1986.10.24	1988.3.3	牛师孟	牛师孟
18	汽车轮胎防滑装置	86206472	1986.8.31	1988.3.10	中国人民解放军总后勤部车船研究所	刁增祥
19	小轿车拔胎器	86205587	1986.7.31	1988.3.26	李天超	李天超
20	使轻载轮胎在转动中自行充气保压的装置	86207077	1986.9.12	1988.3.26	徐永和	徐永和
21	汽车陷坑自拔器	86209539	1986.11.22	1988.3.26	李宁生	李宁生
22	车辆夜间会车照明防眩目装置	86209868	1986.12.3	1988.3.26	刘武等	刘武等
23	汽车、拖拉机直弯道两用照明装置	86207739	1986.10.6	1988.3.26	蔡博等	蔡博等
24	转动式组合汽车前照灯	86209080	1986.11.17	1988.3.26	董　勇	董　勇
25	通用车辆转弯灯自动关灯装置	86209509	1986.11.23	1988.3.30	周顺祥	周顺祥
26	车辆后视监测装置	86206603	1986.12.19	1988.3.30	上海工程技术大学科技开发公司	刘　元
27	汽车空压机停机卸荷装置	86207951	1986.10.20	1988.4.3	郭宝山	郭宝山
28	机动车辆误操作保安设备	86210603	1986.12.24	1988.4.3	左长庚	左长庚
29	一种球墨铸铁牵引座	86210718	1986.12.20	1988.4.3	湖南省汽车车桥厂	梁奎新
30	防酒后行车装置	86200157	1986.1.18	1988.4.14	辛国瑞	辛国瑞
31	一种车辆用液压节油装置	86210778	1986.11.24	1988.4.14	方振乾	方振乾
32	软梯式汽车排误装置	87203247	1987.5.6	1988.4.17	程世玉	程世玉
33	便携式手摇充气装置	87204870	1987.3.26	1988.4.17	丁光景	丁光景等
34	一种液压拆装备胎的装置	87204168	1987.4.27	1988.4.20	长沙市汽车修理厂	郑迎建
35	便携式车用睡眠装置	87201324	1987.1.23	1988.4.21	张　昀	张　昀

续

序号	专利名称	专利号	申请日	授权日	专利权人	发明人
36	新型车轮制动器	87204911	1987.3.19	1988.4.21	戴光凯	戴光凯
37	汽车撞人缓冲安全装置	87204965	1987.3.20	1988.4.21	汪有方等	汪有方等
38	车辆防滑轮胎	87201835	1987.1.27	1988.4.27	许振兴	许振兴
39	汽车修理用方便床	87203056	1987.3.17	1988.4.27	张兴武	张兴武
40	多功能汽车修理床	87203376	1987.6.22	1988.5.4	白文煊	白文煊
41	机动车加速踏板误作制动踏板时的自制动安全装置	87200676	1987.1.23	1988.5.11	邬承基	邬承基
42	手摇变速箱提升器	87205845	1987.3.30	1988.5.11	宋克臣	宋克臣
43	外置式磁化节油器	87206061	1987.3.30	1988.5.11	东方电机厂	刘云海等
44	便携式多功能汽车保洁器	87203187	1987.4.20	1988.5.18	沈阳市汽车冲压件厂	白世印
45	双音三音级排气喇叭	87204995	1987.3.26	1988.5.18	孔繁衍	孔繁衍
46	汽车气动刮水器控制机构	87208220	1987.5.18	1988.5.18	吉林工业大学	任先玉等
47	新型解放牌汽车前后凸轮左右支架支承座	87200375	1987.1.11	1988.5.24	尹元明	尹元明
48	汽车脚踏起动器	87203512	1987.3.13	1988.5.24	宋　毅	宋　毅
49	凸轮式汽车脱贻器	87208278	1987.5.19	1988.5.24	长春市朝阳区福利机械厂	李维佳等
50	汽车用负压控制装置	87208801	1987.6.2	1988.5.24	武汉市环卫机械厂	严晓晨等
51	拖挂式保温餐车	86202925	1986.5.7	1988.5.31	王嘉山	王嘉山
52	公路车辆夜间会车自动变光装置	86204559	1986.6.26	1988.5.31	王太福	王太福
53	双隙串联火花塞	86207690	1986.9.25	1988.5.31	刘志华	刘志华
54	可仰卧的修理汽车工具箱	87201898	1987.2.9	1988.6.7	古新民	古新民
55	侧向前视观察装置	87206912	1987.4.30	1988.6.7	北京工业学院	张京云
56	高压水清洗作业车	87203949	1987.3.24	1988.6.14	青岛北海船厂	陈　勇
57	汽车性能试验台	87206586	1987.4.19	1988.6.14	国家机械工业委员会工程机械军用改装车试验场	柏茂祥
58	酒敏断路器	87207515	1987.4.30	1988.6.14	西安市金秋汽车修配厂	董祥明
59	密码式汽车电子防盗器	87208923	1987.6.6	1988.6.14	胡超凡	胡超凡等
60	发光管显示的汽车电压指示装置	86210519	1986.12.22	1988.6.14	北京汽车仪表厂	刘森磊等
61	轻型车用汽油发动机	87202168	1987.2.18	1988.6.23	江西汽车发动机厂	阚士元等
62	汽车夜间行驶照明应急装置	87204238	1987.5.20	1988.6.23	谢放明	谢放明
63	多用途汽车底盘检修工具车	87207743	1987.5.13	1988.6.23	尚　英	尚　英
64	可调式磁化空气尾气前处理装置	86210738	1986.12.29	1988.6.30	姜世荣	姜世荣

续

序号	专利名称	专利号	申请日	授权日	专利权人	发明人
65	侧置气门汽油机旋流横坑形燃烧室	87204073	1987.3.26	1988.6.30	南方动力机械公司	叶梁等
66	"T"型组合式轮胎拆装设备	87200211	1987.1.9	1988.6.30	上海市公用事业研究所	王师熙
67	汽油汽化节油器	87207568	1987.4.29	1988.6.30	鞍山钢铁公司	李维德
68	压缩比可调式转子内燃机	87203213	1987.4.29	1988.7.7	吴　淳	吴　淳
69	多功能汽车示警器	87205622	1987.3.31	1988.7.7	中国科学院电子管研究所	王邦友等
70	气针式车胎自动充气器	87212305	1987.9.5	1988.7.7	徐志祥	徐志祥
71	液压式供油提前角控制器	87209758	1987.6.30	1988.7.14	大连工学院	张育华等
72	红外超车讯响器	87206345	1987.4.14	1988.7.21	江苏省东海光学仪器厂	倪建国等
73	便携式两用汽车修理垫	87208359	1987.5.18	1988.7.21	华磊明	华磊明
74	柴油机供油提前角测量仪	87209315	1987.6.22	1988.7.21	北京内燃机总厂	崔梦林等
75	双叶片自洗式滤油器	87202034	1987.2.12	1988.8.3	吴　宪	吴　宪
76	气动加油器	87211083	1987.7.30	1988.8.3	于鸿津	于鸿津等
77	汽车排气净化消声器	87208195	1987.5.21	1988.8.3	地矿部探矿工程研究所	胡逸民
78	牵引车气压保护阀及其控制装置	87208864	1987.6.3	1988.8.17	李正潮	李正潮
79	自动离合车用空压机	87209914	1987.7.6	1988.8.17	吴志文	吴志文等
80	汽车轮胎地面防滑装置	87210529	1987.9.5	1988.8.17	王先斗	王先斗
81	汽车转向灯电子自动关断器	87211770	1987.8.17	1988.8.17	王凤安	王凤安
82	放射性源运载车	87211889	1987.8.15	1988.8.17	西安石油勘探仪器总厂	孟学民等
83	汽车安全自动制动装置	87213331	1987.9.9	1988.8.17	华东石油地质局六普科技咨询服务部	沈少锋
84	拖车轮胎缺气自动报警装置	87201569	1987.6.1	1988.8.25	付士禄	付士禄
85	汽车前灯转向装置	87210503	1987.8.31	1988.8.25	刘学春	刘学春
86	汽车行驶安全防滑新装置	86204849	1986.7.3	1988 9.1	刘洪圳	刘洪圳
87	吸收—置换式汽车废热制冷装置	87207161	1987.6.4	1988.9.1	李国伦	李国伦等
88	汽车加水清洗器	87201543	1987.5.21	1988.9.8	泰山科学技术研究院	张传彪
89	多功能汽车制动系统	87208185	1987.5.16	1988.9.15	焦　震	焦　震

续

序号	专利名称	专利号	申请日	授权日	专利权人	发明人
90	气体减振器	87213348	1987.9.9	1988.9.22	张方	张方
91	汽车顺序显示转向灯装置	87208347	1987.5.20	1988.9.29	广州客车厂	林树云等
92	多磨头齿轮倒棱机	87213001	1987.8.31	1988.9.29	机电部第九设计研究院	
93	汽车防盗油箱	87203456	1987.7.13	1988.10.13	张景东	张景东
94	汽车倒车、转向闪光蜂鸣器	87209956	1987.7.11	1988.10.20	天津市大邱庄飞利达电器器材厂	刘玉武
95	汽车安全滑行节油装置	87212102	1987.8.20	1988.10.27	国营燎原机械厂	刘双印
96	汽车安全油箱带	87214123	1987.10.12	1988.10.12	张家口交通用品厂	田富年
97	汽车刹车自动喷水器	87214136	1987.10.8	1988.11.3	中国人民解放军贵州省都匀军分区	杨玉虎
98	汽车制动能回收装置	87205365	1987.11.21	1988.11.10	西北建筑工程学院	李庚寅等
99	便携折叠式汽车维修垫	87207724	1987.5.5	1988.11.10	孙延旻	孙延旻
100	一种新型的风送式绿化喷雾车	87211063	1987.7.25	1988.11.10	南京林业大学	焦恩璋
101	车辆轮胎防滑甲	87216837	1987.12.24	1988.11.10	李秉烈	李秉烈
102	汽车驱动轮自动滑行装置	87208151	1987.5.16	1988.11.17	郭宝山	郭宝山
103	挂车三回路制动控制系统	87206320	1987.4.16	1988.11.24	尉生	尉生
104	汽车电器故障自动监控报警装置	87205482	1987.11.23	1988.12.1	陕西省礼泉县看守所	杨金国
105	汽车组合报警指示器	87212665	1987.9.15	1988.12.1	山东招远县霓虹灯电器厂	赵洪杰
106	可变轴距式汽车	87213743	1987.9.21	1988.12.1	饶维群	饶维群
107	汽车保险制动装置	87216161	1987.12.4	1988.12.1	周卫平	周卫平
108	汽车自动排污油水分离器	87203454	1987.7.13	1988.12.8	舒文奎	舒文奎
109	轻型汽车后桥半轴管套及其横轧机	87203484	1987.7.22	1988.12.8	沈阳汽车制造厂	胡成斌等
110	汽车离合器操纵机构的助力装置	87208674	1987.5.30	1988.12.8	王作仁	王作仁
111	用于会车变光的自控装置	87216416	1987.12.22	1988.12.8	郑传圣	郑传圣
112	超短波超车音响发射器	86210858	1986.12.29	1988.12.15	刘小松	王文志
113	多用折叠式汽车维修平板车	87214433	1987.10.17	1988.12.15	中国人民解放军第二炮兵工程学院	李绍山等
114	车灯防眩装置	87215987	1987.12.7	1988.12.15	于志宽	于志宽
115	汽车液压维修升降装置	87214511	1987.10.17	1988.12.21	刘正忠	刘世荣
116	全电子无触点转向倒车闪光报警器	87212458	1987.12.3	1989.1.4	刘振珠	刘振珠
117	汽车载重自动显示装置	87205344	1987.11.19	1989.1.18	刘文起	刘文起等

续

序号	专利名称	专利号	申请日	授权日	专利权人	发明人
118	电子自控电热补胎机	87204170	1987.4.23	1989.1.26	萧德武	萧德武
119	电子编码汽车防盗报警器	87208579	1987.6.1	1989.2.16	张家口市公安局	姚　建
120	汽车安全油箱底垫	88200318	1988.1.21	1989.2.23	张家口市交通用品厂	田富年
121	汽车底部修理多用车	88200461	1988.1.12	1989.3.2	王　靖	王　靖
122	集成电路数字式电子汽车仪表	88202949	1988.4.14	1989.3.16	凌河汽车工业公司仪表厂	袁锦云
123	拖车用推拉软轴式机械制动装置	88204146	1988.4.12	1989.3.21	邬承基	邬承基
124	汽车夜间会车灯光自动控制器	88200141	1988.1.5	1989.3.28	浙江师范大学	佘水宝
125	汽车维修车	88210274	1988.3.12	1989.3.28	阎　伟	阎伟等
126	可降低汽车发动机安装高度的装置	88212165	1988.2.11	1989.4.4	长沙汽车发动机总厂	范崇武
127	拖车自动联接器	88201008	1988.1.26	1989.4.11	吉林省安图县白河林业局汽车处	唐　勇
128	汽车半轴套复扣器	88210556	1988.5.14	1989.4.11	沈阳无线电一厂	王桂林等
129	储能助力式汽车备轮架	88205516	1988.4.27	1989.5.1	兰州电源车辆研究所	商卫平
130	水陆两用汽车的排气通用冷却系统	88202898	1988.4.2	1989.5.3	中国人民解放军89001部队	郑宝礼
131	一种偏振光会车灯	87215342	1987.11.12	1989.5.10	杨　增	杨　增
132	刚性垂吊照度可调式灯具	87217042	1987.12.24	1989.5.10	机械电子工业部第九设计研究院	
133	自动计量翻斗车	88205565	1988.4.29	1989.5.24	林春伟	林春伟
134	公路卧铺大客车	88205642				陈荫三 魏　朗 李　强
135	红外线汽车保距监视器	88210472	1988.4.29	1989.5.24	李玉荣	李玉荣等
136	低噪声清理滚筒	88206564	1988.5.31	1989.6.7	机械电子工业部第九设计研究院	
137	汽车制动滞后时间测定仪	88210759	1988.1.28	1989.6.7	交通部济南交通学校	张玉衡
138	汽车紧急制动附加装置	87214814	1987.10.28	1989.6.7	刘辉等	刘辉等
139	诱导式真空吸、注油机	88211531	1988.3.18	1989.6.14	上海市沪东汽车运输公司	王文忠等
140	轮胎扒装机	88211635	1988.4.12	1989.6.21	中国矿业学院	曲喜庆等
141	带自卸助力器的半挂车锁紧装置	88210995	1988.4.14	1989.6.21	荣成县刹车装置总厂	宋义盛等

续

序号	专利名称	专利号	申请日	授权日	专利权人	发明人
142	数字式发动机点火正时测量仪	88201828	1988.3.26	1989.6.28	第二汽车制造厂	沈国强
143	停车制动安全报警自控装置	88205069	1988.5.2	1989.6.28	交通部重庆公路科学研究所	马贤护等
144	司机人身保护装置	88207075	1988.6.12	1989.6.28	交通部重庆公路科学研究所	马贤护等
145	汽车防滑装置	88209639	1988.8.12	1989.6.28	大连轻工业学院	曲喜庆等
146	弹性气垫器	88211134	1988.3.8	1989.7.19	段传忠	段传忠
147	一种汽车驱动轮轮胎螺栓拆装器具	88206569	1988.6.1	1989.7.26	太原计算机技术服务公司	刘温等
148	汽车管路加热器	88210539	1988.5.13	1989.7.26	徐文斌	徐文斌
149	司机酗酒超速监控仪	88219549	1988.4.28	1989.7.26	王玉先	王玉先等
150	汽车节油器	88219091	1988.5.27	1989.7.26	工程兵工程学院	胡东朝等
151	汽车电气故障自动显示系统	88219643	1988.5.28	1989.7.26	徐新忠	徐新忠
152	一种车用汽油机	88219820	1988.7.29	1989.8.2	陈书声	陈书声
153	汽车汽油流量控制器	88213686	1988.8.26	1989.8.9	杨文友	杨文友
154	屏蔽式汽车点火系统	88207824	1988.7.5	1989.8.23	李灿欣	李灿欣
155	一种汽油机综合冷却系统	88208699	1988.7.28	1989.8.23	北京工业大学	马重芳等
156	旋转料仓	88208725	1988.9.22	1989.8.30	机电部第九设计研究院	
157	汽车发动机电子点火器	88209958	1988.8.20	1989.8.30	重庆无线电九厂	凌佩云
158	汽车排气净化器	87216188	1987.12.14	1989.9.6	北京工业大学	丁振如等
159	汽车变速操纵机构	88203815	1988.2.25	1989.9.13	贵州省交通学校	唐　好
160	双发动机汽车用双动力装置	88218059	1988.6.21	1989.9.13	周大觉	周大觉
161	汽车蓄能制动节油节电装置	88214287	1988.9.29	1989.9.13	江绍成	秦　玢
162	四担轻型越野救护车	88208260	1988.7.7	1989.9.20	中国人民解放军第3403工厂	景宗明等
163	平行四连杆汽车起升机	88214928	1988.10.21	1989.10.4	张积洪等	张积洪等
164	后翻式自卸汽车车厢稳定机构	88202183	1988.3.21	1989.10.11	第一汽车制造厂运输处	付　强
165	汽车事故记录装置	88203761	1988.3.5	1989.10.11	重庆地质仪器厂	杨生华
166	一种汽车用电子点火装置	88207282	1988.6.14	1989.10.11	苏西安	苏西安
167	汽车陷车打滑自救装置	88208826	1988.7.19	1989.10.11	大庆石油管理局地球物理勘探公司	王国庚
168	汽车汽油发动机内冷式抗气阻系统	88208285	1988.7.7	1989.10.18	太原工业大学	王克明
169	前轮驱动自动离合器	88216339	1988.11.24	1989.10.18	山东夏津县公路站	扈光熙

续

序号	专利名称	专利号	申请日	授权日	专利权人	发明人
70	一种用于真空助力汽车高原制动的装置	88210541	1988.5.13	1989.10.25	沈阳飞机制造公司	王维忠
71	自卸汽车后门密封及锁紧结构	88215883	1988.11.3	1989.10.25	云南工学院	飞保国
72	整体式不等粗杆双球块结构推杆	88214010	1988.9.16	1989.10.25	第一汽车制造厂标准件厂	郭希圣
73	智能限酒密码仪	88217193	1988.12.6	1989.10.25	沈阳工业学院	李　新
74	三排座客货两用车	88217239	1988.12.15	1989.10.25	沈阳救护车厂	徐铭等
75	汽车负氧离子发生器	88208088	1988.7.3	1989.11.1	李绍清	王　凯
76	内燃机发动机摆动活塞工作机构	88213458	1988.9.13	1989.11.1	黄希明	黄希明
77	机动车辆防撞安全装置	88221027	1988.12.13	1989.11.1	王日升	王日升
78	涡流式排气消音器	87206023	1987.3.31	1989.11.22	姜书礼	姜书礼
79	汽车散热风扇温控卸荷装置	87213313	1987.9.10	1989.11.22	上海实用电子研究所　王之诚	王之诚
80	机械密匙式汽车防盗报警器	88206215	1988.5.25	1989.11.22	广东省公安科学技术研究所	胡劳辉等
81	柴油净化器	88200857	1988.1.21	1989.12.6	吉林省辽源市超滤设备厂	谢维昌等
82	一捉折叠式修理车	88218628	1988.11.25	1989.12.6	张大文	张大文
83	汽车点火电子开关节油装置	87213644	1987.9.25	1989.12.13	空军第一研究所	张玉坤
84	无刷式电磁汽车离合器	88213207	1988.9.9	1989.12.13	徐世勣	徐世勣
85	轴承室的接油引向器	88221407	1988.12.17	1989.12.13	郭镇关	郭镇关
86	车厢翻倾自卸装置	88212369	1988.3.30	1989.12.13	湖南芷江侗族自治县机械厂	郑煤乡
87	背包式汽油机空气滤清器	89212087	1989.1.26	1989.12.13	柴　茜	柴　茜
88	车用气—气式热管采暖装置	88208079	1988.7.2	1989.12.27	吉林工业大学	邵铭康
89	汽车快速调头装置	88214879	1988.10.15	1989.12.27	李选民	李选民
90	二次雾化节油器	89200658	1989.1.14	1989.12.27	王金波	王金波
91	往复直接油压动力输出发动机	88214197	1988.9.28	1990.1.3	陈　杰	陈　杰
92	一种汽车会车灯自控装置	89200346	1989.1.7	1990.1.3	西安飞龙实用技术研究所	高金山等
93	汽车离合器省力分离叉	89200589	1989.1.11	1990.1.3	王　平	王　平
94	发动机低温起动装置	88205365	1988.5.7	1990.1.10	朱冰峰	朱冰峰
95	汽油机点火时间校正仪	88209693	1988.8.12	1990.1.10	仇传启	仇传启
96	电子密码车辆劫、盗报警器	88217618	1988.10.20	1990.1.10	姚汉梁等	姚汉梁等
97	汽车夜间会车双向自动变光器	89200168	1988.12.30	1990.1.10	西安电子科技大学	王璟等
98	汽油机进气管壁温自调式预热装置	89201492				张慎良 阳　红

续

序号	专利名称	专利号	申请日	授权日	专利权人	发明人
199	集成电路汽车闪光器	89202650	1989.3.16	1990.1.10	北京轻型汽车有限公司	钟金元等
200	机动车防盗报警密码闭锁装置	88218383	1988.9.14	1990.1.17	贾如祥	贾如祥
201	浮动式刹车装置	88221510	1988.12.31	1990.1.17	魏志国	魏志国
202	一种高稳定性的司机饮酒检测控制装置	89202820	1989.3.18	1990.1.17	温逸仙	温逸仙
203	汽车加气装置	89202182	1989.2.22	1990.1.17	煤炭工业部煤炭科学研究院重庆研究所	梁龙恒
204	安全刹车垫片	88217722	1988.11.25	1990.1.24	向台生	向台生
205	超车信号装置	88215283	1988.11.8	1990.2.14	杨 彬	杨 彬
206	汽车发动机二次点火节能装置	88218971	1988.10.15	1990.2.14	辛云鹏	辛云鹏
207	汽车自动前照转向灯	88221184	1988.12.22	1990.2.21	锦州市工贸实业总公司	顾文达等
208	汽车自动变光开关	89201679	1989.2.11	1990.2.21	浙江省余姚市无线电元件厂	陆志洪
209	偏振光型机动车灯防眩装置	89211319	1988.12.29	1990.2.21	林在禧	林在禧
210	汽车节能半轴	89211763	1989.1.27	1990.2.21	姜奎中	姜奎中
211	汽油发动机高效汽化节油装置	89219295	1988.9.19	1990.2.21	吴家友	吴家友
212	汽车油箱底部防盗装置	89212336	1989.4.6	1990.3.7	赵水石	赵水石
213	机动车防盗报警反劫器	89206560	1989.5.5	1990.3.21	机电部石家庄第五十四研究所	任朝才
214	汽车电子安全显示器	88220688	1988.12.5	1990.3.28	武汉复印机附件厂	潘伟正等
215	汽车前风挡玻璃红外除霜器	89210201	1989.3.6	1990.3.28	武 力	武 力
216	一种柴油发动机进气增压器	89212533	1989.5.23	1990.3.28	罗桂生	罗桂生
217	汽油机补气净化装置	89202536	1989.6.24	1990.4.4	北京科华环境科学技术公司	姜鹏明等
218	一种汽车紧急制动装置	89208446	1989.6.3	1990.4.4	戴军庭	戴军庭
219	汽车乘座减震器	89212144	1989.2.13	1990.4.11	陈恺平等	陈恺平等
220	一种具有多种校正功能的调速器	88213381	1988.9.11	1990.4.25	大连油泵油嘴厂	宋国宁
221	摩托车发动机空气滤清器	89206578	1989.4.29	1990.4.25	上海汽车研究所	史重九 溥学彛
222	倾斜式防眩目汽车前照灯	89210247	1989.3.23	1990.5.2	沈阳汽车灯厂	王 鑫
223	汽车自动伸缩保险杆吸震系统	89208815	1989.6.20	1990.5.9	杨承鸿	杨承鸿
224	汽车霍尔点火器的触发控制装置	89211205	1989.3.16	1990.5.16	孙立生	孙立生
225	内燃机掺水雾化节油装置	89212750	1989.1.25	1990.5.23	李永贵	李永贵
226	车用道路除尘装置	89208566	1989.6.16	1990.5.30	王春来	王春来
227	汽车转向声光显示器自动关闭装置	89200286	1989.1.6	1990.6.6	张开等	张开等
228	汽车节油消声净化器	89204679	1989.4.15	1990.6.6	柳州市汽车净化器厂	江智强等

续

序号	专利名称	专利号	申请日	授权日	专利权人	发明人
229	公共汽车新型液力传动装置	89215032	1989.8.11	1990.6.6	吉林工业大学	罗邦杰等
230	汽油机急速真空提前切断装置	89215932	1989.9.2	1990.6.12	北京市汽车研究所	刘永平等
231	汽车前大灯同步转向器	89213154	1989.8.24	1990.6.13	庞达	庞达
232	实心轮胎	89214327	1989.7.26	1990.6.13	天津市耀华实心轮胎厂	陈功虽等
233	摩托车发动机排气消声器	89216693	1989.9.6	1990.6.13	上海汽车研究所	史重九等
234	汽车超车询答器	89217522	1989.10.7	1990.6.13	特丹江市科学技术开发交流中心	赵玉珍等
235	汽车紧急防火系统装置	89205376	1989.9.15	1990.6.20	高锋	高锋等
236	汽车用安全防滑器	89217280	1989.9.29	1990.6.20	高延军	高延军
237	微型电动轿车	88218047	1988.6.16	1990.6.27	彭飞	彭飞
238	汽油发动机无铅汽油催化裂化器	89204766	1989.4.15	1990.6.27	张宇	张宇
239	汽油发动机引气式电子节油器	89204669	1989.4.15	1990.7.4	广州铁路局科研所	吴景仁等
240	汽车电控辅助气制动装置	88216585	1988.12.30	1990.7.18	童本亮	童本亮
241	一种发动机防冻报警器	87216133	1987.12.10	1990.8.1	唐建魁	唐建魁等
242	多列柴油机断气式超速保护装置	88211868	1988.6.7	1990.8.1	中国人民解放军海军后勤技术装备研究所上海研究所	冯龙南
243	车胎自动充气装置	89215385	1989.8.15	1990.8.1	浙江省瓯海县双潮汽车配件厂	陈景武
244	汽车离合器分离轴承润滑脂加注器	89211555	1989.10.14	1990.8.15	颜克安	颜克安
245	双向伸缩推拉转运车	89214633	1989.7.25	1990.11.7	机电部第九设计研究院	

六 汽车工业部分论文索引

1 国际太平洋地区汽车工程学会第五届年会(IPC—5)宣读论文

序号	论文题目	作者单位	作者姓名
1	汽车车身含磷深冲高强度冷轧薄板应用的研究	长春汽车材料研究所	谭善锟
2	中国汽车材料的发展		文德瑜
3	硼钢在中国第二汽车制造厂汽车生产中的开发与应用	第二汽车制造厂	李朝霞 刘尚超 朱民刚 支德瑜
4	竹材胶合板在汽车车厢上的应用研究	南京汽车研究所	郁飞虎
5	易切削铝硅过共晶材料科学研究与实践	江苏工学院	谢志超
6	磷化工艺、膜层结构形貌与抗腐蚀性的关系	第二汽车制造厂技术中心	马小利 章利球
7	论在大量生产中热处理与机加工的工艺协调	第二汽车制造厂技术中心	胡炳明 沈锦如
8	不对称轴楔横轧成形	第二汽车制造厂锻造厂	黄德政
9	应用"同时工程"研制与开发CA141车铸铁气门挺杆	第一汽车制造厂工艺处	苏立英 张国铸 宋启明
10	汽车零件感应淬火裂纹问题及其防治	第一汽车制造厂工艺处	林信智
11	正挤小模数花键的研究	第一汽车制造厂工艺处	朱伟成 林之俊 李文成
12	流速式水柱气动量仪在汽车生产中的应用	第一汽车制造厂装备处	李学绶
13	鼓式制动器低频振颤研究	清华大学汽车工程系	陈小锐 管迪华 王晓东
14	应用"协方差等效"模型分析车辆对非平稳随机激励的响应	华南理工大学	魏绍乾 罗明廉
15	用于汽车驱动与转向运动模拟的轮胎力学统一模型	长春汽车研究所	郭孔辉
16	载重汽车钢板弹簧统计线性化新方法	长春汽车研究所	高建军 孙方宁 李成德
17	路面激励工况的定义分级与应用	长春汽车研究所	赵济海 林茂成 应国增
18	多功能复合式差速系统——一种轴间差速传动的新途径	湖北汽车工业学院	伍德荣
19	汽车空气动力特性与高速行驶稳定性的关系	长春汽车研究所	付立敏
20	提高东风EQ140C型载重汽车在高原地区的动力性经济性	第二汽车制造厂	许永章 王为人
21	加热淬火汽车变截面轴的矩形感应器	第二汽车制造厂	刘子斌
22	车用涡流式柴油机起动点火和燃烧过程研究	江苏工学院	李德桃
23	改善节气阀体汽油喷射发动机的低速燃油经济性	北京吉普汽车有限公司	姜正平
24	重型汽车柴油机X6130系列	杭州汽车发动机厂	陈滏和

续

序号	论　文　题　目	作　者　单　位	作者姓名
25	EQD6102汽车柴油机的研究与发展	第二汽车制造厂	陈振峰等
26	柴油机用泡沫陶瓷排气微粒后滤器再生性能的研究	吉林工业大学	季雨等
27	中国车用汽油的特性	石油化工科学研究院	王锡础
28	高性能汽油机机油的研究	石油化工科学研究院	许汉立
29	EQ140载重汽车怠速排放的控制	第二汽车制造厂	方达淳
30	中国汽车运输的发展前景	交通部公路研究所	王明仪
31	根据汽车的技术故障规律用数理统计方法确定合理保养周期	交通部公路研究所	陈静怡
32	刷镀技术在中国汽车制造、维修中的应用与研究	交通部公路研究所	梁肇伟
33	中国汽车工业发展同国际合作的几个问题探讨	吉林工业大学	孙济美　蒋向佩　牟永泉
34	柴油机起动液的研制和机理探索	总后油料所	艾国钧
35	动态磨损模拟试验机	武汉工学院	刘竞生
36	以老养新，以新促老是用合资方式改造老企业的好方法	上海一易初摩托车有限公司	刘愈恕

2　中国汽车工程学会《汽车工程》刊登论文（1988～1990）

序号	论　文　题　目	作　者　单　位	作者姓名
1	日本发展轿车的道路	国家经委技术经济研究所	高汉初
2	在技术引进中产品选型问题的探讨		胡亚庄
3	人体工程学在汽车设计中的应用	吉林工业大学	温吾凡
4	日产柴CPB12八吨柴油车SKD装配新工艺、新设备的应用及其效果	第二汽车制造厂工厂设计院	沈治国
5	汽油机高原增压微型计算机控制系统	机械委西宁高原工程机械研究所	慕小青　张连明 康振喜　商　征等
6	汽车离合器膜片弹簧的优化设计	吉林工业大学 北京第二汽车制造厂	林明芳　葛安林 吴晓荣
7	随机制动力矩对重型半挂车汽车列车制动稳定性影响的研究	湖南大学	郭正康
8	制动器制动效能因数的进一步分析与计算	第二汽车制造厂技术中心	张耀举
9	产品开发工作中的若干问题	第一汽车制造厂	史汝楫
10	从汽车发动机发展看院校与企业的结合	清华大学	程　宏
11	汽车材料开发工作的某些主要问题	中国汽车工程学会材料分会	支德瑜

续

序号	论文题目	作者单位	作者姓名
12	浅谈当前汽车制造厂上水平的途径——更新观念、改革机构、加强开发、完善管理	第一汽车制造厂	沈尧中
13	汽车半挂列车稳态转向特性的研究	江苏工学院	王德杉　谢进荣
14	用状态空间方法进行齿轮传动系的动态分析	清华大学汽车系	方宗德　蒋孝煜　宋镜瀛
15	车辆离合器仿真、优化设计与应用	北京工业学院	万耀青　赵季华
16	离合器最佳接合规律的研讨	吉林工业大学	葛安林　吴锦秋　郭万富
17	关于车用汽油无铅化问题的探讨	石油化工科学研究院	王锡础　卞爱华
18	汽车噪声研究的国内外现状与前景		邬惠乐　徐　滇
19	我国汽车平顺性试验研究工作概况及展望	中国汽车技术研究中心	王秉刚
20	直喷柴油机喷雾初期瞬态贯穿模型	清华大学	胡宗强　陈永锴　金森木　房金生等
21	轮式车辆在高滑转时跳跃现象的研究	吉林工业大学汽车工程学院	方传流　庄继德　王庆年
22	美国汽车工业生产管理系统的改革	清华大学	伦景光
23	汽车总装配厂建厂规范评述	第二汽车制造厂总装厂	战权理
24	我国汽车锻造技术的现状与发展探索	第二汽车制造厂锻造厂	黄德政
25	论发展我国汽车塑料制品的途径	长春汽车研究所	骆秀云
26	两点激励传递函数法在汽车结构模态分析中的应用		夏群生　李克强　吴旭亭
27	一种新型车辆悬挂系统的探讨——阻尼最优控制的半主动悬挂系统	北京理工大学	章一鸣　林　野
28	汽车动力传动系弯曲振动的模态综合	吉林工业大学 长春汽车研究所	孙方宁　邬惠乐　冯振东　李承德
29	汽车钢板弹簧滞后环的功耗计算	湖南大学	李　青
30	汽车发动机悬置系统结构动态参数的选择与子系统之间的匹配	清华大学	钱振为　徐石安　陈立明
31	汽车零部件疲劳设计综述	西安交通大学	吴敬梓　顾海澄　周惠久
32	诊断、建模、灵敏度分析和优化设计——发动机支承改进设计四步法		潘旭峰　胡子正　邬惠乐
33	我国城市客运大客车车身结构强度研究	长春汽车研究所	谷安涛
34	超重型汽车车架静动态应力的有限元分析	东北工学院	李玉娟

续

序号	论　文　题　目	作　者　单　位	作者姓名
5	汽车变速器噪音控制初步研究	吉林工业大学 中科院长春光机所	常文祥 郭永廉
6	汽车悬挂系统阻尼参数优化设计	吉林大学	梁艳春　王在申
7	牵引车——半挂车乘坐舒适性的优化与分析	洛阳工学院	范永法
8	试论汽车工业中如何组织应用CAD/CAM技术	第一汽车制造厂	唐德缜
9	国内外汽车生产检测技术述评	第一汽车制造厂	李学绶
0	EQ140汽车变速器(上)	第二汽车制造厂	祝世和
1	汽车制动摩擦付金属对偶件表面层的研究	广东省汽车工业公司 华南理工大学	赖源生 戴雄杰
2	汽车钢板弹簧使用寿命关系式建立及其分析	长春汽车研究所	魏德永　王学义
3	载货汽车行驶平顺性评价方法分析	长春汽车研究所	周　颖　董尔珠 梁代魁
4	东风牌EQ2D140柴油车变速器急速噪声的研究	吉林工业大学汽车学院 北京装甲兵学院 第二汽车制造厂技术中心	冯振东　史广奎 邬惠乐 杨正江
5	汽车防腐技术的发展	兰州电源车辆研究所	杨成林
6	专家系统及其在汽车工业中的应用	第二汽车制造厂 湖北汽车工程学院	顾永生 罗育长
7	EQ140汽车变速器(下)	第二汽车制造厂	祝世和
8	汽车最大加速噪音和车速电子计算机识别技术	长春汽车研究所	何若天
9	缩短数值优化寻优过程计算机时的一种有效方法	重庆汽车研究所	张本德
0	车用汽油机涡轮增压高原恢复功率试验研究		慕小青　商　征 张连明　李昌定
1	汽车试验场高速环形道几何设计和计算		孙连举
2	路面激励工况的定义、分级与应用	长春汽车研究所	赵济海　林茂成 应国增　黄小平
3	浅谈同时工程——一项技术管理上的重要改革	第一汽车制造厂	沈尧中
4	液力变矩器设计计算方法的现状及其发展的预测	吉林工业大学	罗邦杰　马文星
5	应用隔声罩降低汽车噪声的研究	吉林工业大学	单德福　李　泽 顾品锜
6	汽车双横臂独立悬架的运动分析	北京理工大学 北方车辆研究所	毛　明　张相麟 程瑞延
7	具有独立悬挂汽车的双桥转向机构的优化设计	清华大学	张宁一　刘惟信
8	车用汽油机点火运行时活塞组摩擦损失微小变化的评定方法	华中理工大学 第二汽车制造厂	盛凯夫　周良弼 黄四保

续

序号	论　　文　　题　　目	作　者　单　位	作者姓名
59	轿车车轮动态应力的测试与分析	湖南大学	秦德申
60	轮胎试验技术的开发研究及其在汽车性能研究中的应用前景		郭孔辉　刘蕴博 杨　阳
61	引进产品国产化的体会	重庆发动机厂	侯纲明
62	多刚体系统动力学在汽车独立悬架运动分析中的应用	吉林工业大学	林　逸　张洪欣 温吾凡
63	汽车变速器的噪声源识别及缺陷诊断	西安交通大学	沈玉娣　万年红 屈梁生
64	半挂车车架的有限元分析及其静弯曲强度储备问题	汉阳特种汽车制造厂	汪三清　三运周
65	KYL－1型汽车重心位置及转动惯量测量装置	重庆大学汽车教研室	古永棋
66	汽车有关参数对动力性、燃油经济性敏感性的研究	清华大学 北京第二汽车制造厂	陆建辉　黄晓丹　李以盛 冯本义
67	汽车非平稳随机振动的研究	华南理工大学 广州市万宝电器工业公司	罗明廉 魏绍乾
68	汽车总装配工艺设备选型方法与实践	第二汽车制造厂总装厂	徐德生
69	板簧变形运动学分析及其应用	长春汽车研究所	郭孔辉
70	汽车转向运动数学模型的参数辨识	北京理工大学	陈　炎
71	定远试验区汽车试验路面谱的研究	装甲兵工程学院 南京汽车试验场	虞　明　赵济海　邬惠乐 朱洁清
72	柴油机冷起动液	总后油料研究所	艾国钧
73	发动机悬置系统固有特性修改	吉林工业大学	侯建付　冯振东 方传流
74	客车的承载式车身结构分析	吉林工业大学	黄金陵
75	制动噪声试验研究	第一汽车制造厂 长春汽车研究所	谢卫国 李明丽
76	车辆悬挂阻尼的微机控制	北京理工大学	章一鸣　曾志华 金达锋
77	轮胎侧偏特性的一般理论模型	长春汽车研究所	郭孔辉
78	汽油机燃用纯甲醇的研究	天津大学 北京市汽车研究所	史绍熙　傅茂林 贺师德　何国平　等
79	人体特征点在车身坐标系中的分布	吉林工业大学	温吾凡
80	降低AX－100型摩托车噪声的试验研究	吉林工业大学 长春汽油机总厂	季　雨　兰德杰 王志杰　赵凤珍　等
81	机械式自动变速器及其动态模拟试验研究	吉林工业大学	葛安林　姜家吉 武文治
82	同步器优化设计的研究	清华大学	刘惟信　吴明常
83	轮胎侧偏动力特性的实验研究	北京理工大学	孙逢春　郑慕桥
84	矿用重型汽车转向架球销的疲劳寿命计算及延寿措施	东北理工学院	王德俊　宣小燕

续

序号	论　文　题　目	作　者　单　位	作者姓名
[illegible]5	机械系统运动学/动力学分析软件	北京农业工程大学	袁清珂
[illegible]6	轿车发动机的发展趋势	(法国)大众汽车公司	K. －D. Emmenthal 博士
[illegible]7	汽车总装配线上工艺设备的布置计算	第二汽车制造厂	徐德生　陈义刚
[illegible]8	前轮定位参数与轮胎特性对前轮摆振影响的研究	清华大学	宋　健　管迪华
[illegible]9	客车电加热预应力蒙皮残余应力的测试与有限元分析	吉林工业大学	胡　平　刘　满 高以智
[illegible]0	变速比齿轮条式转向器齿条齿面数学模型	运输工程学院	唐天元　张增建
[illegible]1	自卸汽车F式举升机构优化设计	吉林工业大学 石家庄铁道学院	杨成康 杨桂林
[illegible]2	车用发动机串并联分支结构进排气系统消声特性的研究	长春汽车研究所	周昌林
[illegible]3	废气排放试验的微机控制与数据处理	南京汽车制造厂	胡宁安

3　国际性学术活动宣读及刊登在国际性学术刊物上的部分论文(1988～1990)

序号	论　文　题　目	作者姓名及单位	发表刊物及时间
1	刚性驱动轮在松散沙土上滑转下陷的计算方法	吉林工业大学 方传流　庄继德　王庆年	第九届国际地面车辆系统协会年会论文集 1988.9
2	粘性阻尼振动系动复特征值问题的一种新的矩阵摄动法	吉林工业大学 吕振华　冯振东　方传流	机械动力学及其工程应用国际会议论文集 1988.8
3	实现最大移频量的最优结构修改原理	吉林工业大学 吕振华　冯振东	第六届国际模态分析会议论文集　1988.2
4	模态与灵敏度分析在汽车工程上应用	清华大学 黄世霖	第六届国际模态分析会议论文集　1988
5	汽车动力传动系统性能参数的优化	吉林工业大学 葛安林　吴锦秋　林明芳 郭万富	第22届国际汽车工程学会会议论文集 1988.9
6	部分承载双轴液罐汽车制动稳定性的研究	吉林工业大学 王望予　张洪欣 王占岐　张淑敏	国际制动88年学术年会
7	不同甲醇汽油比例对发动机综合性能影响的研究	吉林工业大学 姜立永　刘忠长　刘金山	第八届国际醇类燃料会议　1988.11
8	步行车辆使用波动步法通过不平地面的最佳方法	吉林工业大学 裘熙定	美国机械工程师学会20届年会论文集 1988.10
9	发动机进气道内气体流速的模拟研究	吉林工业大学 孙济美　徐勇　董恩	国际计算机模拟学会(SCSI)　1988.7
10	步行车辆使用三维动步法通过不平面的方法研究	吉林工业大学 裘熙定	机械传动和自动设计杂志　1989.10
11	提高宽频带模态分辨精度的初步探讨	吉林工业大学 胡子正　沙伟平　王有	国际信号处理会议论文集　1990.10

续

序号	论　　文　　题　　目	作　者　单　位	作者姓名
12	汽车动力学解析与试验综合建模模式的探讨	吉林工业大学 胡子正　沙伟平　邵成	第八届国际模态会议论文集 1990.1
13	轮式车辆在沙地上的动力特性的研究	吉林工业大学 庄继德　王志新　刘聚德	ASME 1990.11
14	多体系统车辆动力学模拟	吉林工业大学 林逸　温吾凡　张洪欣 方传流	ICDVC 1990.7
15	改善油罐车制动性能和优化两个隔板位置的方法	吉林工业大学 王望予　王占歧　姚祖兴 彭彦宏	AMSE 1990.10
16	制动力在轻型载货汽车桥间分配的优化	吉林工业大学 陈家瑞　王占歧　孙贵斌 彭彦宏	AMSE 1990.10
17	疲劳试验数据的处理方法和 CA141 载货汽车半轴疲劳寿命的预测	吉林工业大学 王占歧　董世兴　王有 孙存真	AMSE 1990.10
18	汽车传动系动力性能的模拟计算	吉林工业大学 王占歧　冯振东 王　冬　孙存真	AMSE 1990.10
19	在斜坡上的汽车阻力分析	吉林工业大学 李幼德	10th ISTVS 论文集 1990.8
20	汽车列车在松软地面上的通过性	吉林工业大学 李礽　李幼德　庄继德	10th ISTVS 论文集 1990.8
21	六轮汽车运动学和动力学模拟分析	吉林工业大学 庄继德　裘熙定　高义民	ASME 1990.11
22	滚动轮胎在粗糙地面上垂直响应特性的研究	吉林工业大学 裘熙定　刘聚德　庄继德	10th ISTVS 论文集 1990.8
23	利用气幕减少车辆滑板滑行阻力的研究	武汉工学院 诸葛镇　姚鉴泉　诸葛茜	ASME 1990
24	高速柴油机乳化燃料的燃烧	清华大学 张　珑	日本船用机关学会志 1988.4
25	The 3—D Flow Measurement With Single Hot—Wire Probe in I. C. Engine Cylinder (在内燃机气缸中使用单个热线探针的三维流测量)	清华大学 张勇　沈祖京　孙锡九	ICFDMA(国际动态流体测量与应用会议) 1989.10
26	氮气循环的柴油机喷雾混合旋流室试验装置	清华大学 沈祖京　刘　峥　张　华 张聿忠	SAE International Off—High Way and Powerplant Congress (国际非公路用车和动力装置会议) 1990.9
27	(控制空燃比节约燃油减少排污的研究) The Research on Fuel—Saving and Decreasing Emissions by Controlling the Air Fuel Ratio	西安公路学院 边耀璋　杨润生　黄益群	国际公路运输学术会议论文集 1989.5
28	(汽车传递参数与发动机之间的最佳配合的研究) Study of Optimal Matching between Automobile Trans—mission parameter and Engine	清华大学 刘惟信	ASME 1990.2

4 刊登在《内燃机工程》、《内燃机学报》上的部分论文(1988～1990)

序号	论文题目	作者单位	作者姓名
1	车用汽油机动态性能的研究	西安公路学院	张慎良　王学志 李学龙　余　强
2	柴油机部分负荷经济性的研究	江苏工学院	朱埏章　高宗英 刘胜吉
3	新6140系列柴油机连杆疲劳强度可靠性设计的试验研究	重庆汽车发动机厂	曾柏林
4	发动机表面辐射效率及辐射噪声	长春汽车研究所	刘树功
5	内燃机性能指标世界水平的评估方法	上海汽车发动机厂	王景祜　董慧亮
6	6110A柴油机绝热性能的预测	吉林工业大学 长春汽车研究所	李　骏　钱耀义 陆孝宽
7	汽油机气缸盖瞬态温度及热流率的测试研究	西安公路学院	张慎良　庄晓青
8	冷却水与润滑油温度对柴油机燃油经济性的影响	杭州汽车发动机厂	俞嘉敏
9	配气凸轮设计的进展	吉林工业大学 哈尔滨船舶工程学院	李素珍　袁兆成 乐俊秉 刘佳才
10	车用汽油机配气机构噪声的研究	第二汽车制造厂	张效工
11	硅油风扇离合器结构参数对其性能的影响	吉林工业大学 安徽工学院	李惠珍　袁兆成 乐俊秉 孙　军
12	气门外弹簧动态应力与振动频率的测量与分析	武汉工学院	石聿俊
13	汽油机最高燃烧压力所在曲轴角位与点火定时的关系	湖南大学 长沙交通学院	曾利权 吴义虎
14	应用模拟程序进行492Q汽油机进排气岐管改型设计	北京轻型汽车有限公司 北京工业学院	张浚源　李　未 程昌圻
15	甲醇在解放牌汽油机上应用的研究	吉林工业大学	宫焕久　姜立永 刘忠长　朱世林
16	电磁式燃油喷嘴开启特性分析	吉林工业大学	林宝军　郭作扬 孙　玮
17	利用谐振进气改善化油器发动机的性能	长春汽车研究所	孙绍重　李金成
18	汽油机磁化节油净化器实用效果的研究	吉林工业大学	姜立永　郭英男 刘忠长　等
19	螺旋进气道气门口处流速分布的研究	吉林工业大学 长春汽车研究所	李　骏　钱耀义 陆孝宽
20	车用汽油机旁通空气调整特性的试验研究	武汉工学院	方友龄　吴　森 段功清
21	CA6102汽油机早期高速异响试验分析	长春汽车研究所	何若天
22	直喷式柴油机喷油系统低速性能研究—不规则喷射机理	清华大学	曾　频　刘　峥 张　华
23	进气系统的简化数学模型与参数的优化程序	吉林工业大学	钱耀义　李云靖
24	一个柴油喷雾场滴径分布的瞬态计算模型	吉林工业大学	黎　苏　冯恩科 龙祖高
25	柴油机排气微粒泡沫陶瓷过滤器的热再生的实验研究	吉林工业大学	王光辉　郭英男 季　雨　等
26	柴油机排气微粒过滤器性能的研究	吉林工业大学	刘忠长　季　雨
27	柴油机充气效率的预测模型	吉林工业大学	李云清　钱耀义
28	柴油机进气过程气缸内流场的模拟研究	吉林工业大学	李　强　钱耀义 陆孝宽
29	柴油机全气缸取样系统开发及缸内微粒形成过程研究	吉林工业大学	刘　仪　季　雨 郭英男　刘巽俊
30	柴油机排气微粒中可溶有机成分及苯并(a)芘的实验测定	吉林工业大学	季　雨　彭美春 张　华　刘巽俊
31	内燃机缸内传热的问题理论分析	西安公路学院	张慎良　陈　宁

七　1990年汽车工业公开出版刊物　报纸简介

序号	刊物名称	报道内容	编辑单位	出版单位	刊期	开本	发行量	定价（元）	发行方式
1	汽车之友	汽车普及知识	《汽车之友》杂志社	中国汽车工程学会	双月	16	65600	1.50	邮局
2	汽车工程	汽车学术论文	《汽车工程》编辑部	中国汽车工程学会	季刊	16	4000	2.80	邮局
3	国外汽车	国外汽车产品的设计、试验研究、材料工艺、维修保养及科学管理，还开辟引进技术及外向型零部件技术等栏目	《国外汽车》编辑部	中国汽车技术研究中心	双月	16	12000	1.80	邮局
4	摩托车技术	摩托车行业技术性文章	《摩托车技术》编辑部	中国汽车技术研究中心	双月	16	21000	1.25	邮局
5	汽车工艺	汽车制造工艺、汽车材料、理化检验装备、维修、国外见闻等	《汽车工艺》编辑部	中国汽车工程学会汽车制造分会，汽车材料分会，长春汽车材料研究所，一汽工艺研究所	双月	16	6000	1.50	邮局
6	汽车技术	汽车产品的研究、设计、试制、试验、材料、结构强度、使用维修等	长春汽车研究所情报研究部编辑出版室	长春汽车研究所	月	16	26000	1.50	邮局
7	汽车文摘	国外汽车刊物文章摘要，属检索类工具刊物	长春汽车研究所情报研究部编辑出版室	长春汽车研究所	月	16	5500	2.00	
8	汽车与配件	汽车产品及国产化动态	《汽车与配件》编辑部	中国汽车贸易总公司 中国汽车零部件工业联营公司 上海市汽车配件供应公司	月	16		1.00	
9	二汽科技	东风汽车设计、制造、使用维修等	第二汽车制造厂科委编辑室	第二汽车制造厂科委	双月	16	2000	1.20	自办发行
10	汽车电器	国内外汽车电器科研动态、成果，介绍产品的基础理论、结构、测试等技术	《长沙电器》编辑部	长沙汽车电器研究所	双月	16	30000	0.90	邮局
11	北京汽车	轻型车（包括发动机）技术经济、科研设计、新材料、新工艺、新产品、新技术等	《北京汽车》编辑部	北京汽车工业信息中心	双月	16	5000	2.00	自办发行
12	天津汽车	微、轻型汽车科技成果	《天津汽车》编辑部	天津市汽车工程学会 天津市汽车研究所	季刊	16	2000	1.50	

续

序号	刊物名称	报道内容	编辑单位	出版单位	刊期	开本	发行量	定价（元）	发行方式
13	辽宁汽车	汽车设计、制造、维修、经销等信息	《辽宁汽车》编辑部	辽宁省汽车工程学会 辽宁省汽车工业总公司	季刊	16	1000	0.75	
14	汽车·拖拉机	汽车设计、理论、工艺技术、质量管理、国内外汽车工业动态	上海汽车研究所	上海汽车研究所 上海市汽车工程学会	季刊	16	2000	2.00	自办发行
15	汽车杂志	汽车使用与维修	《汽车杂志》编辑部		月	16		0.80	邮局
16	湖北汽车	技术经济政策研究、设计研究、工艺材料等	《湖北汽车》编辑部	湖北省汽车工业公司 湖北省汽车工程学会	季刊	16	5000	1.50	自办发行
17	陕西汽车	各类中、重型汽车技术进展情况	《陕西汽车》编辑部	陕西省汽车工程学会	季刊	16		1.00	
18	摩托车	摩托车实用知识	人民邮电出版社	人民邮电出版社	月	16	130000	0.80	
19	汽车运输	汽车运输行业节能、安全、使用、维修、管理和科研成果	《汽车运输》编辑部	西安公路学院交通科技杂志社	月	16	240000	1.00	邮局
20	汽车运输研究	汽车运输经营管理、汽车使用、维修、客挂车设计、特种车辆、测试技术等方面的科研成果，学术论文、试验报告及综合评述	《汽车运输研究》编辑部	西安公路学院交通科技杂志社	季刊	16	4800	5.00	
21	汽车驾驶员	宣传国家有关运输管理的政策法令、规定、制度及汽车维修方面的知识	《汽车驾驶员》编辑部	西安公路学院交通科技杂志社	月	32	40000	0.90	邮局
22	中国汽车报	发布汽车行业的法令、规章、通知，宣传汽车工业的发展战略和方针政策，报道汽车、摩托车生产管理、技术进步、产销形势，国际汽车产品及发展等信息	《中国汽车报》社	中国汽车工业总公司	周三 周六	4开 4版	50000	0.20	邮局
23	上海汽车报	宣传发展汽车工业的方针政策，经济体制改革的经验，传播经济、科技信息，推广科技成果	《上海汽车报》社	《上海汽车报》社	周刊	4开	35000	0.04	邮局

八　1988～1990年出版的部分汽车工业科技图书一览表

图书名称	编(著、译)者	出版时间	开本	页数	价格(元)	内容提要	出版单位
新型摩托车的结构与使用维修	胡继绳	1988.5	32	272	3.8	本书介绍了常见的几种新型摩托车的工作原理、结构、驾驶操作、保养与调整、故障判断与排除，以及拆装与检修等方面的基本知识	机械工业出版社
汽车排气净化	秦文新编著	1988.5	32	275	2.80	本书系统地论述了汽车排气污染物的生成及净化措施	
汽车燃油系、润滑系和冷却系	[美]W.H克劳斯 D.L安格林著 蔡阳生等译	1988.5	16	394	6.40	本书讲述了汽车燃油系、润滑系和冷却系的基本原理，以及结构特点和维修操作方法	
国产汽车技术性能手册	长春汽车研究所编	1988.10				本手册是介绍国产汽车技术性能的一本工具书，全书介绍了170余种车型的技术性能参数，以及汽车的结构特点和用途，并配有汽车外形照片	
内燃机　活塞式及复合式发动机的结构设计与强度计算	[苏]A.C奥林等主编 罗远荣等译	1989.2	大32	520	6.20	本书是一本高起点的内燃机设计教材，介绍了许多现代设计方法，如基于大容量计算机的自动化设计方法，宏观单元法、有限差分法、泛函分析和有限元强度计算法	
1988中国汽车工业年鉴	中国汽车工业联合会编	1989.5	16	898	30.00	本年鉴记录了1986～1987两年间我国汽车工业各方面的历史情况，是一本大型资料性工具书，另外还介绍了汽车行业部分企事业单位的发展情况，以及汇集了与汽车行业密切相关的国内外资料	
汽车燃料与润滑剂	王毓民 吴龙泗 译	1989.11	32	365	10.50	本书介绍汽车燃料与润滑剂的能源问题；炼制技术与组成的关系；燃料油成分和使用性能的关系；汽车用润滑剂的性能及使用方法等	

续

图书名称	编(著、译)者	出版时间	开本	页数	价格(元)	内容提要	出版单位
解放系列汽车技术性能手册	解放汽车工业企业联营公司中国解放汽车贸易公司编	1990.2	16	700	35.00	本手册搜集了全国106家工厂采用解放CA141、CA151汽车底盘改装的306种客车、专用车产品，是国内第一部解放系列汽车产品的集成。同时还介绍了工厂概况、产品结构特点、技术规格，并附有产品外貌图	机械工业出版社
四十年见闻之车祸——成因及预防	张成义 编	1990.3	32	380	6.00	本书作者从事汽车驾驶工作40年，积累了较丰富的实践经验，对各种类型车祸的成因给予简略分析，并提出了预防措施	
汽车的制造管理	[日]村松林太郎 主编 韩德恩 等译	1990.4	16	170	6.70	本书以丰田汽车公司实际采用的制造管理方法为中心，各章节是由日本汽车工业的专家、教授、工程技术人员、管理人员集体研究，分别执笔而编写的。全书分绪论、生产准备、维修管理及工夹模具管理、产量管理及质量管理五章	
内燃机燃烧学	何学良 李疏松 编著	1990.5	16	530	26.60	本书全面地论述了内燃机的燃烧过程、着火过程、放热规律、示功图分析以及有害物的生成机理和影响因素，对影响燃烧过程的主要因素作了深入介绍	
消防车的结构与使用	李炳泉 主编	1990.6	16	252	8.50	本书对各种消防车的消防装备的结构和使用作了系统介绍，并配以图表。书中剖析了某些举高消防车及其它特种消防车的实例，并列出了近年来进口的几种主要消防车的技术规格	
汽车设计	[日]小田柿浩三 著 徐逢原 译	1990.8	16	222	9.40	本书以乘用汽车和轻型汽车为主，介绍了汽车设计的基本方法和程序，与汽车设计有关的技术标准以及各种汽车的技术数据等	
提高汽车零件的耐磨性	[苏]M.Ф拉符里诺维奇等著 谭玉芳 等译	1990.10	32	120	2.60	本书分析了载重汽车行驶系的工作条件和过早损坏的原因，确定了一些零件的使用寿命，并探讨了用各种工艺方法强化零件的原理和可能性	

续

图书名称	编(著、译)者	出版时间	开本	页数	价格(元)	内容提要	出版单位
国内外流行汽车电路原理及维修图集	本书编写组编	1988.4	8	122	8.50	本书分四集,介绍了国产、苏联产及西德产汽车电器设备的构造、原理与维修,并附有日本汽车、东风红岩、伏尔加牌86型等21种汽车电路图	电子工业出版社
汽车事故工程	[日]江守一朗 刘晞柏 译	1988.1	32	159	3.00	本书内容有:交通安全与汽车事故的基本思考方法;与汽车事故有关的人体特性与车辆特征;汽车事故的力学分析、现场调查与记录等	人民交通出版社
汽车实用计算手册	奚鼎吉 奚履吉 编译	1988.9	32	299	3.65	本手册共分22章,内容包括与汽车基础理论及使用直接有关的数学、力学、热学、燃烧学、电学等学科有关的计算公式,以及公式推导、证明和例题	
汽车有害排放物的控制	梁恩忠 王丽梅 黄伟 周忠 校译	1989.3	大32	748	4.65	原书系由美国汽车界著名学者W.H.克劳斯编著,是汽车排放控制方面的一本全面时新的书籍。 本书在第二版的基础上简化了原理的解释,增加燃油供给系的内容。另外还包括车载故障诊断设备、电子点火系统、无分电器点火系统,以及故障诊断与保修设备等内容	
汽车计算机与控制系统	T·韦瑟斯 C.C.亨特著 沈惠麟 刘日正 译	1989.3	32	419	2.35	本书介绍了电子计算机和电子计算机化控制系统的基础知识及其它有关知识,阐述了电子计算机在对发动机功率、油耗、排气污染、点火正时及汽车自动变速变扭、自动制动、自动驾驶、导向和计程、自动检测、诊断和校正控制等方面的应用	
解放CA141型载货汽车零件目录	第一汽车制造厂编	1989.11	16	253	7.10	本书收录了解放CA141型载货汽车全部备件的零件号、零件名称、数量,并绘有相应零件装配关系图	

续

图书名称	编(著、译)者	出版时间	开本	页数	价格(元)	内容提要	出版单位
发动机转速自动控制	邵家骧　编著	1990.1	16	272	6.00	本书系统地介绍了发动机转速自动控制的基本原理与基本试验方法，建立发动机转速控制系统的数学模型及仿真技术，还介绍了机械调速器、液压调速器、电子调速器的结构原理与性能，并阐述调速器时间常数对动态性能的影响，以及动态性能的分析方法	人民交通出版社
汽车电话	鲍春喜　编著	1990.2	32	96	2.50	本书共分八章：包括汽车电话的概述；无线区域的构成；与有线电话的交换方式；频率的配置与有效利用；设计举例；计算机的应用；使用和维修	
汽车节能理论基础及其应用	边耀璋　主编	1990.1	16	90	4.35	本书主要内容：与汽车节能有关的基本概念和主要指标；汽车运行中的能量守恒与传递；汽油机和柴油机的燃烧过程及改善；汽车和发动机特性；车用柴油机的发展动向和节能措施；典型汽车节能措施的试验要点和评价方法；主要汽车节油技术措施评述；以及汽车燃料消耗标准和汽车运输企业油耗定额的制定方法等	
汽车配件常识	袁志荣　编	1990.4	32	498	4.80	本书以国产汽车总成和零部件为例，介绍了汽车配件常识，文图表并重	
汽车振动学	何渝生　等编著	1990.5	16	146	8.30	本书阐述了汽车的有关振动知识，汽车的操纵稳定性，有限元法在振动分析中的应用，汽车结构系统的动力分析，随机过程及相关分析，功率谱密度函数，线性系统在随机激励下的响应。全书既有基础理论知识，又充实了应用实例	
社会车辆管理概论	高启铭　编著	1990.5	32	128	2.50	本书内容分为五章：社会车辆的发展；汽车发展带来的社会问题；社会车辆管理；社会车辆管理的法规与标准及社会车辆管理制度	
摩托车构造与使用	摩托车构造与使用编写组编	1988.6	16	292	8.00	本书系统地介绍了摩托车的基础知识，调整维修知识，驾驶技术及检测，同时介绍了运动竞赛的有关知识	国防工业出版社

续

图书名称	编(著、译)者	出版时间	开本	页数	价格(元)	内容提要	出版单位
活塞式内燃机高温冷却	[苏]Ф.л.利文采夫著 宁克明 计育滨 等译	1988.7	32	202	1.95	本书阐述了活塞式内燃机高温冷却系统和效能计算及测定的理论基础知识	国防工业出版社
传感器技术手册	袁希光 主编	1990.4	16	1108	27.50	本书全面地介绍了非电量电测技术中各类传感器的基本原理与特性,设计与分析方法,生产工艺特点,测量电路及仪表,传感器选用的基本原则,以及必要的结构、数据与图表。此外还阐述了传感器的输入——输出特性,传感器的标定原理、方法与手段,传感器测试误差与可靠性的评定方法和校正措施,以及测试结果的判读与数据处理等	
车用柴油机燃烧系统	王福民 著	1990.2	32	268	4.20	本书叙述了车用柴油机的组成、工作原理及军用车辆的特殊要求,阐述了柴油机混合气形成与燃烧理论,燃烧系统的设计与研究手段,并介绍了国外车用柴油机燃烧系统的发展情况	兵器工业部
摩托车零部件图解集	姚彦兵 蒋伟 编 蒋伟 译	1988.10	16	200	7.00	本书以立体图形式,介绍了11种国产、进口摩托车零部件的名称、种类、结构及装配关系,并指导正确拆装方法	人民邮电出版社
中外摩托车电路图集	於小川 杜敏 编	1988.10	8	40	7.00	本图集介绍了国内外常见摩托车的电路原理,便于用户维修车辆及排除电路故障。全图集选编了国产及进口摩托车电路68种	
伏尔加牌嘎斯24、24—10、3102型轿车配件目录及互换资料	汽车丛书编委会 编	1989.1	16	130	3.00	本书汇编了苏联伏尔加牌嘎斯24、24—10、3102型轿车的各总成和零部件的件号、名称、数量及互换资料,并附有各总成机构的零部件装配图	中国物资出版社
进口汽车配件国产化目录	本目录丛书编辑部编	1989.3	16	240	4.50	本目录作为《汽车车型及汽车配件目录》丛书之一,内容含目前国内生产的进口汽车配件的名称、统一编号、配套车型和发动机、参考价格及生产厂等	

续

图书名称	编(著、译)者	出版时间	开本	页数	价格(元)	内容提要	出版单位
国产汽车概览	《汽车车型及汽车配件目录》丛书编辑部编	1989.12	16	200	30.00	本书系《汽车车型及汽车配件目录》丛书的序书，汇集了我国汽车生产厂、公司、集团生产的各种车型照片和技术参数。编入主要汽车生产单位60余家，汽车车型包括基本型及变型车共计270余种，以及7000多个技术参数	中国物资出版社
国产中型载货汽车车型及配件目录	《汽车车型及汽车配件目录》丛书编辑部编	1989.12	16	1000	30.00	本书是《汽车车型及汽车配件目录》丛书的主要分册，编入了解放、东风、大通(原交通)牌等汽车60种，以及10余种各地生产的中型汽车，并有800多种常用维修配件的技术参数、通用互换资料等	
三菱重型载货汽车结构性能、维修数据及配件互换目录	汽配丛书编委会编	1990.7	16	1000	27.00	本书介绍了从日本三菱公司进口的FV、FP两大系列重型载货汽车及8DC、6DZ两大系列柴油机的技术性能、维修数据及配件互换目录	
汽车拖拉机轴承手册	李玉明 哈 琪 编著	1990.10	横32	446	3.70	本书重点介绍了67种汽车、11种拖拉机轴承的使用定额，并对汽车、拖拉机轴承定额是按车型定额和按部位安装定额，分别作了具体说明	
摩托车实用知识问答	于晓川 张永立 蒋 伟 编著	1989.11	32	384	4.20	本书介绍了摩托车基本常识，摩托车各组成部分及主要部件常见故障的判断、排障、维修方法，摩托车电路、油路、机械部分的原理、结构及调整规范，以及驾驶技术要领和驾驶过程中应注意的问题	中国商业出版社
摩托车实用知识手册	于晓川 张永立 等编著	1990.9	大32	780	8.45	本书介绍了买车用车常识，摩托车性能、特点及生产企业介绍，摩托车驾驶、保养、调整、维修及典型故障排除实例，83种车型电路图、163幅车型结构图及主要车型调整数据等维修参考资料	
日野汽车技术性能及检修综合手册	韩郁珊 编著	1990.12	16		5.50	本书包括KB、KF、ZM、FC、FG、HH、HE及RC8个系列、近20种类型日野汽车的技术性能，发动机、底盘、电气部分的主要结构特点，使用保养、检修方法、技术规范和故障排除	煤炭工业出版社

续

图书名称	编(著、译)者	出版时间	开本	页数	价格(元)	内　容　提　要	出版单位
内燃机润滑油性能试验	王季恳 张启先　编译	1989.3	32	479	2.40	本书详细介绍了内燃机润滑油的使用性能和评定方法,以及润滑油对发动机性能的影响。另外还介绍了欧洲联合会(CEC)在内燃机润滑油试验方法开发和标准化方面的工作	烃加工出版社
汽车工程手册	吴桥林　译	1989.12	大32	428	6.80	本书精选汽车工程词汇,并参考中外有关资料,包括汽车各主要机件所用材料、燃料、润滑油及交通法规、度量衡之换算等基本知识	世界图书出版社
汽车电子仪表	王　洪　编译	1990.5	32	112	1.40	本书对汽车上的电源、起动装置、点火系统、照明系统、信号灯及其它电气设备的构造及工作原理作了简明介绍,并分析了汽车电子仪表出现故障的原因及检查和修理方法	北京科学技术出版社
汽车化油器的构造与维修	董寿恒 吴振声　编著	1989.12	32	249	3.80	本书介绍了汽油机供给系统的组成和汽油的使用性能;可燃混合气浓度与汽油机性能的关系;国内外各种典型化油器工作系统的结构原理、作用及技术参数;化油器故障检查、维修及调整试验方法	天津科学技术出版社
中国汽车工业企业大全(上)	中国汽车技术研究中心　编	1989.12	16	730	36.00	本书分为上、中、下三册,介绍了汽车行业生产企业的汽车产品、基本情况及通讯录三部分内容。上册介绍了整车、整机企业700多个,并对企业按产品分类编制索引	吉林科学技术出版社
中国汽车工业企业大全(中)	中国汽车技术研究中心　编	1990.1	16	892	42.00	本书介绍了底盘零部件、车身及附件企业800多个	
中国汽车工业企业大全(下)	中国汽车技术研究中心　编	1990.2	16	1012	42.00	本书介绍了发动机零部件、电气设备及相关配套产品企业900多个,并对全书所介绍的2500多个企业,按地区、按产品作了全面索引	
中国的汽车工业(1989)	中国汽车技术研究中心　编	1990.1	16	50	8.00	本书彩色胶印,中英文对照,介绍了汽车工业基本情况,进出口情况,世界汽车产量及保有量等,并以数据、图表及文字分析,概括了近年来我国汽车工业的发展情况	

续

图书名称	编(著、译)者	出版时间	开本	页数	价格(元)	内容提要	出版单位
汽车零部件失效分析及改进(东风牌汽车)	第二汽车制造厂 中国汽车技术研究中心 编	1990.3	16	118	5.00	本书汇集了东风牌汽车产品主要零部件失效分析及改进所取得的部分成果,共汇编20篇文章,是第二汽车制造厂多年实践积累的技术工作结晶,可供读者参考	吉林科学技术出版社
摩托车工业小百科	中国汽车技术研究中心情报所	1990.10	32	870	15.20	本书主要内容有:世界各国摩托车工业及厂家概况;主要车型技术参数;生产、销售、保有量及进出口等统计数字;摩托车厂家通讯录;各国摩托车相关制度、法规、标准、概况;SAE及国外摩托车期刊题录等	
中国汽车产品注册商标图集	中国汽车工业总公司中国汽车技术研究中心 编	1990.12	16	150	25.00	本图集是建国以来第一部较全面介绍汽车行业产品商标注册资料的工具书,汇集了汽车行业629家主要生产企业、690种注册商标图案	
日本柴油汽车燃料供给系	吉广阡 徐嘉陵 编著	1990.10	大32	226	3.80	本书是1982年出版的《日本柴油汽车燃料系的构造与保修》一书的修订再版本。 书中全面介绍了日本柴油汽车燃料供给系的构造,工作原理,保养,调试,故障分析、排除及有关使用、保修的资料	黑龙江科学技术出版社
NJD131型载重汽车挂图	中国工程图学会制图技术专业委员会上海工程图学会编著	1989.12			27.00	本挂图以NJD131型载货汽车编绘,彩色对开,共27幅。内容有底盘总成,发动机构造,发动机配气机构、燃油系统、润滑系统及冷却系统,离合器、变速器、前轴、后桥、传动轴、制动系统、车架及其悬挂装置,汽车电路、汽车调整等	上海科学技术出版社
汽车应用经验集锦	甘前友 编	1990.6	32	138	1.70	本书针对汽车驾驶、维修、保养中常见的问题,采用问答形式予以解疑;同时对各种不同类型汽车驾驶中所出现的故障,作了技能与技巧的介绍	
汽车空调原理、结构与维修	郑明华 编著	1990.2	32	186	2.15	本书介绍了汽车空调的原理、结构、故障分析判断与维修技术	科学技术文献出版社

续

图书名称	编(著、译)者	出版时间	开本	页数	价格(元)	内容提要	出版单位
汽车发动机原理	程宏	1988.3	16	160	2.80	本书叙述了汽车发动机的工作循环、汽车使用油耗、车用直喷式柴油机燃烧系统、大气污染及燃料、润滑油等专题。并附有大量文摘及文选	科学技术文献出版社
汽车工程手册	中国汽车工程学会编辑部译	1989.12	大32	1000	20.00	本书是汽车专业的综合性工具书,介绍了汽车理论、设计、制造、驾驶、交通法规以及与汽车工程有关的数学、力学、热学、声学、光学、电子技术、材料科学、电子计算机等方面的知识	学术期刊出版社
艺用汽车资料	彭维国 何建恩 编绘	1988.4	24	265	4.00	本资料按汽车性能分为九大类,共编绘千余图,并附有汽车彩色效果图	辽宁美术出版社
汽车构造	上海汽车驾驶专业技校联合部编著	1989.2	32	299	3.50	本书以东风和解放牌汽车为例,通过对发动机和底盘的解剖,阐述了汽车构造的基本原理、汽车保养及维修要点	百家出版社
汽车电气设备	上海汽车驾驶专业技校联合部编著	1989.2	32	320	2.60	本书以东风型汽车的电气设备为例,剖析、介绍汽车电源、点火起动、照明信号系统的构造和特点,并对其它型号汽车的常用电气设备也进行了对比介绍	
汽车技术使用	上海汽车驾驶专业技校联合部编著	1990.6	32	300	2.60	本书系统地介绍汽车安全驾驶、保养、急救、调整、节油、省胎等知识,以及工具计量常识,燃料、润滑油、金属和非金属材料知识	
日本铃木ST90系列微型汽车配件目录及维修手册	《汽车与配件》编辑部编著	1989.6	16	362	6.60	本书是参照日本铃木公司出版的ST90系列微型汽车目录和维修手册编译而成的。本书适用于ST90系列各种微型汽车,同时国产的松花江牌、长安牌、汉江牌、昌河牌、吉林牌等微型汽车也可参照使用	

续

图书名称	编(著、译)者	出版时间	开本	页数	价格(元)	内容提要	出版单位
机动车事故鉴定方法	[日]林洋上山胜著　梁恩忠　梁明译	1988.8	32	217	2.15	本书内容有汽车事故鉴定原则;汽车碰撞前的运动;汽车与汽车的碰撞;摩托车及行人的事故,以及事故鉴定实例等	群众出版社
汽车发动机设计(第一册)	陆际清	1990.10	16	312	4.35	本书是发动机设计系列教材的第一册,含往复式发动机动力学和零部件强度计算与安全评估两篇,为发动机总体设计和零部件设计提供动力学和强度设计两方面的基础知识。并有大量思考题和习题,便于自学	清华大学出版社
内燃机可靠性设计	吴兆汉　主编	1989.4	32	432	2.65	本书介绍了有关内燃机可靠性基本概念,可靠性设计的基础知识、基本原理和方法。并全面介绍了近代内燃机的可靠性指标、故障模式与机理,以及提高内燃机可靠性的技术途径	北京理工学院
柴油机增压及其性能优化	顾宏中　邬静川　编著	1990.3	16	196	2.60	本书介绍了当代柴油机增压技术的几个主要方面:各种柴油机增压系统的特性;热力过程的计算;工作过程的优化设计与控制;涡轮增压柴油机低工况性能的改善、瞬态特性及总能利用	上海交通大学出版社
汽车可靠性设计概论	周玉明　编	1988.12	32	107	1.30	本书阐述了汽车可靠性理论基础,并对汽车可靠性尺度、预测、分配、分析、设计及汽车寿命试验作了详细的叙述	重庆大学
汽车液力传动	韩家钢　编	1989.1	32	113	1.30	本书叙述了液力传动的基本知识,液力偶合器、变矩器和汽车用液力机械变速器的工作原理,液力传动与动力机的共同工作、特性分析以及设计计算	
有限单元法及其在汽车工程中的应用	龚培康　编	1989.1	16	54	1.19	本书结合汽车工程上的需要,介绍了薄壁杆件约束扭转问题,板壳问题的基本理论及其有限单元解法	

天津汽车制造厂生产的 TJ6600 型小型客车

教　　育

一　汽车工业企业教育在改革中前进

1988～1990年，由于市场疲软，企业教育经费紧张，开展职工教育有难度，但是汽车工业企业教育仍然具有发展、向上的趋势，尤其是在职工培训方面，达到了历史最高水平。

在企业学校教育方面，三年内职工大学毕业人数共计2685人，职工中专毕业1285人，技工学校毕业6573人，向汽车工业企业输送了一批专门人才。在企业职工教育方面，已逐步转到岗位培训的轨道上来。近几年，由于坚持以岗位培训为重点，以业余教育为主的方向，在企业中已形成了一个多层次、多规格、多形式的培训体系。据不完全统计，每年组织入学及培训的人次，平均占职工总数的50%以上。有的企业结合换型改造、引进技术的需要，掀起了全厂学习热潮，组织参加培训的人次，达100%，从而使职工教育直接、有效地为企业生产及发展服务。另一方面职工教育的办学条件也有所充实，大中型企业基本上达到了国家规定的建筑面积、师资力量、经费等指标要求。在企业中对职工教育的地位、作用有了进一步认识，职工教育已走上了规范化、制度化的道路。

在深化改革中，国家教委组织全国100个大中型企业进行综合改革试验，其中汽车行业有一汽、二汽、南汽、潍坊柴油机厂及长沙汽车电器厂5个企业。从1989年开始，他们制订了试验方案，其中二汽制订的方案思路明确，实施意见具体，得到了有关单位的好评。为了推进企业教育改革，中汽总公司于1990年底确定了北京吉普、天津大发、上海大众、沈汽、济汽5个企业为汽车行业教育改革试验单位，以争取在汽车行业内办好一批示范性企业。

为了加强职工技术教育的技能培训，以提高教学质量，培养出适合汽车工业发展需要的合格的技术工人。1985年二汽与联邦德国汉斯·赛德尔基金会建立合作项目，引进“双元制”教学模式，教学质量效果显著，得到了二汽领导和国家教委等有关方面的赞赏。为此德方延长了合作项目的合作期，并决定增设两个新专业。1989年11月8日中汽总公司与汉斯·赛德尔基金会签订了协议，德方无偿援助总额300万马克。在一汽、潍坊柴油机厂、南汽、长沙汽车电器厂4个企业的技工学校建立“卫星”项目，分别引进机、电两个工种的“双元制”模式。此外1989年8月22日中汽总公司又与日本丰田汽车公司签订协议，由丰田汽车公司援助12亿日元，在沈阳金杯汽车股份有限公司新建了具有300人规模、5个工种的培训中心——中国汽车工业丰田金杯技工培训中心，于1990年9月5日正式开学。

职工大学和职工中专，在教学中着重对学生加强思想政治教育和提高实际动手能力，以培养应用型专门人才，同时发挥多功能作用，开展各种短期培训、岗位培训和继续教育。

三年来开展职工教育有以下几个特点：

1　重视和加强对职工的政治思想教育。企业教育部门直接组织对青工的政治教育培训，在抓技术业务教育的同时，增设政治教育课程，加强及渗透了政治思想教育内容、职业道德及纪律教育。不少企业在组织机构、人员配备上作了调整，使政治思想教育工作落到实处。

2　在深化改革中，抓紧企业教育的思想观念上的变化。根据“社会主义经济要依靠教育，教育要为社会主义经济服务”这一“依靠”与“服务”的关系，在企业领导和教育工作者的观念上落实，并使他们明确企业教育是企业自己的事，不等、不靠、不奉命办学，而应积极、主动，根据企业生产和发展需要办学。落实企业办教育的自主权，企业自己规划人才来源，自己注重培养人才的质量和效益。

3 贯彻企业教育紧密结合生产实践，努力为企业需要服务的方针，也就是企业教育工作的目标必须是紧密配合企业发展纲要的贯彻和实施，为企业换型改造、引进技术、合资生产服务。因此企业教育必须作出“适当超前”的安排，如重汽集团围绕斯泰尔项目，提出“设备到位，人员到岗”的培训要求；一汽为小轿车上马，组织全厂干部培训，掀起为第三次创业而学习的热潮；重庆汽车发动机厂、南汽围绕引进技术、设备，做了大量的派出培训工作和继续教育工作；上海大众、北京吉普等合资企业学习外方培训模式进行培训，基本上适应了合资企业生产运行的需要。不少企业为操作、调试新设备培训机、电、液综合技术的专业人员。一汽、二汽等大型企业集团为联营企业成套培训干部，并取得了成效。

4 注重能力培训。职工教育开始转向岗位培训以后，培训工作侧重干部实际能力和生产技术工人操作技能的提高，一些单位在实践中创造了不少新经验，如二汽总结出“车间主任工作法”，重庆汽车发动机厂组织“工种协会”，一汽确立“培训点”、“培训角”等。各企业还通过操作表演赛、模块式教学法、案例教学等提高操作能力。另外用检查工作引导注重实效，例如公布经过培训直接创造的经济效益，举办培训成果展览，组织培训成果汇报等。对于领导干部（书记、厂长、三总师）、机电一体化的高级技术工人和高层次的专业技术人员，采取短期培训、技能培训及业余培训。

5 培训工作的规范化、制度化。在职工教育转向岗位培训后，抓制订岗位规范、培训计划、大纲和教材、考核等。多数企业做到了“先培训后就业”、“先培训后上岗”，有的企业还制订了培训、使用、考核、晋升四位一体的制度及其它规定。

6 加强自身建设和理论研究。在深化改革中，教育者更需要先受教育。一些企业对职教干部和教师组织有计划地培训，加强实践中锻炼能力。如二汽对职教干部提出“七二一”工作法；重汽公司要求职教干部对102条生产线的设备、安装进度、配人情况做到心中有数；大多数企业要求职教干部及时了解、掌握生产发展信息，使培训工作更好地为生产服务。另外结合中国汽车工程学会职工教育专业委员会的研讨活动，进行理论上的探讨、撰写论文。大中型企业还编辑职教简报及刊物，互通信息、交流经验。

7 领导重视、广大职工支持。教育对企业发展的作用，已逐步为领导和职工所共识。厂长重视，将职教工作列入厂领导层的议事日程，有计划、有安排、有检查。有的企业已将教育工作列入厂长任职的目标，有的企业把培训工作列入职代会讨论，形成决议。学习是职工的权利和义务正在逐步实现。多数企业的有关部门对职教工作在人、财、物方面不卡不压，尽力支持。

但是在企业教育中，还存在着一些问题，如经费紧张，不能满足企业教育事业发展的需要；职教干部和教师的工作、业务水平亟需提高；教材供应时有脱节现象。在管理体制方面，上下左右的关系还需要理顺，企业办教育的自主权还没有完全落实。现在汽车工业企业正在通过编制“八五”规划，落实企业教育的任务，并逐步解决上述存在的问题。可以相信，随着我国改革、开放政策的进一步贯彻，汽车工业的企业教育工作将会提高到一个新水平，为我国汽车工业的发展作出更大、更多的贡献。

中国汽车工业总公司　教育培训司

二 1988～1990年汽车工业主要企业职工教育情况表

企业名称	教工人数				职工大学			电视大学			职工中专			技工学校		
	教工总数	其中：师资人员	其中：讲师、副教授以上	工人	招生	毕业	在校	招生	毕业	在校	招生	毕业	在校	招生	毕业	在校
第一汽车制造厂	813	387	106	175	788	837	977		297		100	549	143	2606	1884	2195
第二汽车制造厂	778	479	118	100	394	693	498				569	865	503	2731	1417	2653
中国重型汽车集团公司	841	448	128	202	518	482	515				311	295	333	3137	3532	3082
南京汽车制造厂	206	131	59	20	127	88	116	35	60	35	79	90	79	1086	592	959

三 1988～1990年汽车工业专业教育情况

人员财富是企业成功的要素，人的潜力是企业竞争的王牌，这是我国汽车工业在艰苦创业中得出的共识。近几年来，汽车行业专门人才的加速培养和通过各种途径的补入，1985～1990年专门人才增长率平均为6.08%，远高于职工总数的增长率3.8%。下表是我国汽车行业1983年与1990年专门人才学历结构的变化及与全国、日本、南朝鲜学历层次对比。

表1 汽车行业人才结构比较

学历层次		研究生	大学本科	专科	中专	无学历
我国汽车行业	1983年	0.16	27.97	15.94	35.24	20.7
	1990年	0.534	26.89	26.21	46.35	
全国平均		0.48	15.45	17.84	53.64	12.59
日本汽车行业		6.27	64.51		29.22*	
南朝鲜现代汽车公司		4.81	57.71		31.33*	

*日本和南朝鲜没有中等专业学校，只有职业技术培训，相当于我国职业技术教育。

表列数据1990年与1983年相比，汽车工业专门人才学历结构的演变，研究生比例略有提高，本科生略有下降，专科生和中专生增加了11个百分点，这说明前几年工厂企业在国家提供人才有限情况下，千方百计利用社会力量或自立更生培养大量低层次人才，以缓解人才数量的不足，但这样的人才结构并不理想。表列数据也说明汽车工业比全国平均学历层次结构要高，这证明了汽车工业是高科技产业，但与国外同行相比，我国汽车工业人才结构层次偏低很多，这是我国汽车工业落后于世界先进水平的原因之一。作为高科技产业和人才密集型行业，高层次比例应适当增大。

近两年在教育投资不足情况下，汽车行业各级各类学校经过自身努力挖潜和坚持改革，在加强教学管理、探索教育改革、改善师资队伍素质、加强学科建设和提高教育质量等方面都有不同程度的提高和改善，办学特色主要体现在以下方面：

1 大力加强外语教学。普通高校外语国家统考通过率逐年提高，一般高校已接近或达到50%以上，重点大学有的已达85%以上。吉林工业大学汽车专业试行英语教学不断线，挑选部分技术基础课和专业课用英语讲授，全面发展学生读、听、说综合能力。

表 2　近几年建设的重点学科

学　　校	清华大学	吉林工业大学	湖南大学	西安公路学院
博士学位专业点	汽　　车	汽车　内燃机 汽运工程	汽　　车 (1990 年批准)	汽运工程 (1990 年批准)
国家重点学科		汽车(含内燃机)		
博士后留动站		是		
国家重点实验室	汽车安全与节能	汽车动态模拟		

2　重点学科建设加快

汽车行业现有汽车类博士学位点 6 个，分布在清华大学、吉林工业大学、湖南大学和西安公路学院，详见表 2。经国家教委和国家计委评审和批准，分别在清华大学和吉林工业大学建立“汽车安全与节能”、“汽车动态模拟”两个国家级重点实验室，现正在加紧筹建中。近来各校都在采取各种措施加强学科梯队建设，如有计划、有针对性派出进修，成组引进国外专家，吸收国内培养的博士生，加强科学研究，长春高等专科学校和湖北汽车工业学院十分重视对中青年教师下厂业务锻炼，专业对口下厂开展科研和工程师基本训练，并作为职称晋升的基本条件。教师队伍能力素质直接影响培养合格的应用型专门人才的重要因素之一，对此各校已很重视。

3　加强了国际交流与合作。清华大学、吉林工业大学与国外开展合作研究；湖北汽车工业学院和上海工程技术大学分别与德国乌尔姆工学院和勃伦瑞委克技术学院建立长期合作，互派留学生和教师，引进教学计划和教材，赠送教学仪器设备，为引进国外培养应用型专门人才新模式创造了条件。

4　坚持教学改革。一汽汽车工业学校和职工中专，力求各科学时优化、设计课题应用化、微机教学实用化、第二课堂配套化。毕业设计项目 85%已用于生产，微机 CAD 夹具设计提高设计效率 20 倍，深受企业欢迎。汽车行业职工大学重视对学生企业精神的培养，在教学中对理论和公式不是一律寻根溯源和繁琐推导，而注重理解和综合运用能力的培养，强化实验环节和助理工程师的基本训练。华南理工大学汽车系在测试设备国产化的开发中，节累资金更新教学设备；武汉工学院汽车系发动教师自制教学实验设备，改善办学条件；上海工程技术大学与上海汽车工业总公司开展合作办学，解决了学生实习基地；湖北汽车工业学院实行学生予分配制度，学校与用人单位共同培养学生，以改善专业知识结构体系和实践性教学环节，造就企业欢迎的应用型人才；吉林工业大学汽车工程学院开展“强化动态管理职能，建立院本科生教学质量保证体系”，对加强教风与学风建设，强化教学管理，促进教学质量提高起到保证作用。

目前汽车工业教育事业存在的主要问题是：人才培养的数量与质量还不能满足适应汽车工业迅猛发展的需要；各级各类学校在深化教育改革中，程度不同地受到财力、物力的制约；职工教育主动适应企业建设需要的机制(如继续工程教育制度化、规范化)还未完善；教育事业与汽车工业建设约脱节十年，总之面临的任务任重而道远。

中国汽车工业总公司　教育培训司

四 1988～1990年汽车工业

院校专业名称	研						究						生					
	1988年						1989年						1990年					
	硕士(一般)			博士(出国生)			硕士(一般)			博士(出国生)			硕士(一般)			博士(出国生)		
	招生	毕业	在校	招生	毕业	在校	招生	毕业	在校	招生	毕业	在校	招生	毕业	在校	招生	毕业	在校
清华大学汽车工程系	18	13	51	4	5	11	15	19	47	6	3	14	16	17	46	3	4	13
吉林工业大学汽车工程学院	34	50	130	8	4	16	34	55	109	3	4	15	32	44	97	4	5	14
武汉工学院汽车专业	6	3	15				7	5	17				7	4	20			
汽车运用工程专业																		
内燃机专业	3	2	9				3	2	10				2	4	8			
湖北汽车工业学院汽车工程系																		
河北工学院汽车专业	2		3				2	1	3									
内燃机专业			2						2						2			
汽车运用修理专业																		
上海工程技术大学汽车工程系																		
江苏工学院汽车专业	4	5	9				3	3	9				2	2	9			
内燃机专业	9	12	23	1		4	6	9	20			4	7	4	22	2		5
安徽工学院汽车专业							1	1	1									
汽运工程专业																		
湖南大学汽车专业	2	4	4				3	2	5				3	2	6			
华南理工大学汽车专业	3	3	6			2	3	3	6			2	4	3	7			2
重庆大学汽车工程系																		
四川工业学院汽车与拖拉机专业																		
内燃机专业																		
汽车运用工程专业																		
西安公路学院汽车工程专业																		
交通监理专业																		
汽运工程专业	7	2	15				9	4	20				10	4	26			
长春汽车工业高等专科学校																		

专业教育情况表

本			科				生		专			科			生		
1988 年			1989 年			1990 年			1988 年			1989 年			1990 年		
招生	毕业	在校	招生	毕业	在校	招生	毕业	在校	招生	毕业	在校	招生	毕业	在校	招生	毕业	在校
24	90	480	83	85	478	94	95	477									
238	228	963	263	240	986	269	245	1010									
99	97	365	224	68	518	223	98	634		51							
35		35			36			36									
63	62	252		63	187		64	122				9		9			9
35	33		64	86	144	37	37	143				40		84			82
30	30	120	30	30	120	30	30	120	30	30	78		48	30		30	
		90		30	60		30	30									
18		18			18	20		38				36		36	30		66
75	28	246	90	34	265	66	48	229	72		32	35		67	18		
55	61	150	30	33	147	30	28	149							22		22
60	54	238	60	60	242	60	58	240									
30	32	150	28	60	118	28	30	112							15		15
			24		24	24		48									
60	30	180	60	30	210	60	60	210	26		26	100		126		55	71
46	41	172	41	40	171	56	42	185							15	9	39
56	35		70	60	236	70	55	257							33		33
27	59		38	34	157	32	31	158		31		83		83	75		158
33	28	130	30	35	125	32	30	127									
29		121	35	31	126	31	29	127									
60	27	180	30	60	150	30	60	120									
89	120	477	97	120	454	90	120	424									
									30	30	89		30	59		29	30
															20	34	105

五 1990年部分院校汽车专业基本情况一览表

院校名称	教工人数（人）				面积（m^2）				固定资产（万元）		设备状况（台）		
	教工总数	其中：师资人员	其中：讲师、副教授以上	工人	占地面积	建筑面积	其中：试制工厂面积	试验室面积	原值	净值	设备总数①	其中：试验设备	试制设备
清华大学汽车工程系	83	67	52	7	5700	3000		3000	536		46	46	
吉林工业大学汽车工程学院	221	175	123	21	24000	21000		10500	570	450	47	47	
武汉工学院汽车工程系	141	118	88			4000		4000		400	14		
湖北汽车工业学院汽车工程系	50	47	27	3	4825	2227		1534	188				
河北工学院汽车系	36	31	21	5		1700			60		10	8	2
上海工程技术大学汽车工程学院	34	30	22	4	10000	4000		1000	91		15	14	1
江苏工学院汽车工程系	70	64	49	6	4700	3425		3425	245		15	13	1
安徽工学院汽车工程系	47	44	37	2		3500		3100	100	80	12	12	
湖南大学汽车内燃机专业	56	46	43	3	5000	1900		1600	130		13	13	
华南理工大学汽车专业	31	24	18	7	7000	1600			150		25	15	10
重庆大学汽车工程系	35	22	16	13				570	60				
四川工业学院汽车工程系	71		44	3		4438	4438		121		7	7	
西安公路学院汽车工程系	123		67	4	10000	7200		7200	1000	1000	35	35	

注：①设备状况是以2万元以上重大设备作为统计数。

六　设置汽车专业部分院校简介

清　华　大　学

清华大学是一所以理工科为主，包括管理学科和文科的综合大学。创建于1911年，坐落在北京的西北郊。

学校现设28个系、41个本科专业，98个学科专业有权授予硕士学位，63个学科专业有权授予博士学位。设有研究生院、经济管理学院、理学院、建筑学院和继续教育学院。现有本科生10600多人，研究生2600余人，各类进修生和外国留学生近400人。现有教授、副教授2100余人。

清华大学是中国汽车专业高等教育历史较长的学校。汽车工程系设有"汽车工程"和"内燃机"两个专业，汽车工程专业又分为"汽车"与"车身"两个专业组，分别培养从事汽车、车身、内燃机的设计、试验、科研和教学工作的高级专门人才。主要研究方向有：汽车动力学与设计、内燃机工作过程及其设计、汽车节能、汽车电子与控制技术、汽车振动与噪声控制及汽车人机工程等。全系现有教授、副教授及其他高级职称的人员30余人，每年招收20多名硕士和博士研究生。

汽车实验室和内燃机实验室，设备齐全精良，建筑面积达3000余m^2，能够满足本专业领域的教学试验、科学研究和技术开发的需要。除设有计算中心外，两个实验室都配有计算机房，装备了内存达16兆的MICRO VAX—Ⅱ型计算机系统以及IBM、HP5451C、7T08等20台通用计算机、专用计算机及信号处理机。经国家批准，还建立了"汽车安全与节能"国家重点实验室。

近年来两个专业的科学研究密切结合国民经济建设，承担国家及部委下达的重点科研任务、自然科学基金项目以及工厂提出的关键课题。如"汽车结构优化设计实用程序库的研制"，"高温结构陶瓷材料在内燃机中的应用"，"汽车结构振动及模态分析"，"汽车操纵稳定性及平顺性的研究"，"新型客车总体设计研究的底盘关键总成、部件的技术开发"等。获国家科学进步奖3项、部委级及省市级科研成果奖11项、国家专利两项。

吉　林　工　业　大　学

吉林工业大学是机械电子工业部直属的一所国家重点工科大学，也是我国第一所专门培养汽车、拖拉机人才的高等学校。学校创办于1955年，由我国最早培养汽车人才的上海交大、武汉大学、山东工学院有关专业调整合并而成。

建校三十多年来，不断发展壮大，已由单科型的工业学院发展成为以车辆工程、农机工程和管理工程为特色的多科性大学。目前学校设有三个学院、两个学部、5个系（不包括院设系），共有33个专业，是国家首批批准有权授予博士和硕士学位的学校。学校现有本科生5600余人，博士、硕士研究生和外国留学生近800人，现有教师1200余人，其中正、副教授400人，讲师500人。建校以来已为国家培养了两万多名毕业生和数百名研究生。

学校汽车工程学院成立于1986年，主要培养汽车、内燃机、汽车运用、热能工程等方面从事设计、试验、研究的高级工程技术人才。汽车学院设有5个系，即汽车系、车身系、汽车运用工程系、内燃机系、热能系；两所研究所，即内燃机研究所和液力传动研究所；以及1个国家重点实验室（汽车动态模拟实验室）。汽车专业评为全国唯一的重点学科和博士后流动站，拥有师资人员（不包括工人）175人，其中教授11人、副教授39人、讲师45人、高级工程师4人、副研究员4

人、工程师20人。

1988～1990年，共招收博士研究生15人、硕士研究生100人。除车身系外，均具有硕士、学士授予权，其中汽车系、汽车运用工程系、内燃机系具有博士学位授予权。建校以来，各系（专业）已累计向国家输送了6000多名本科毕业生、100多名博士和硕士研究生。

学院实验室建筑面积10500m²，主要教学设备有：非金属测速仪、五轮仪、流量仪、噪声仪、转鼓试验台、计算机（HP986、Z80、PC）、汽车分析仪、底盘测功机、废气分析仪、燃烧分析仪、电涡流测功机、电力测功机、气溶胶分析仪等。

在学科建设方面已形成了汽车地面力学、汽车综合节能、内燃机污染与控制等有特色的研究方向。三年来，共承担国家、部、省级各类纵向科研课题18项，累计开展各项科研工作213项，取得科研成果并通过各级鉴定会38项，获得专利12项，受各级奖励16项，发表国际论文43篇，国内一级刊物上发表论文48篇，出版著作11部。

为提高培养人才的质量，汽车学院正在深化教学改革，努力形成教学和科研的两个中心。

武汉工学院

武汉工学院是隶属中国汽车工业总公司领导的一所以汽车、机械、材料、化工、电气、电子、管理和经贸等学科为主的工科大学。主要承担为中国汽车工业培养高级工程技术人才与经济管理人才的任务，是中国汽车工业的人才培养、科学研究和技术开发的重要基地。学院创建于1958年，地处长江中游的历史名城——武汉市风景秀丽的南湖之滨，占地40万m²，建筑面积18万m²。

学校设有两个学院，即管理学院、成人教育学院，五个系，五个部，21个本科专业和专业方向，一个第二学士学位专业和五个专科专业。目前在校学生近4000人，全校现有教职工1900多人，其中正副教授和高级工程师等264人、讲师和工程师等600多人。建校以来已为国家培养了1万多名本科毕业生和300多名研究生。

近年来，学校共承担国家及横向课题200多项，有一批科研成果分别获国际、国家及省市发明奖和科学技术进步奖。其中“电液集成块”和“振动摩擦磨损试验机”分别获得第37届布鲁塞尔尤里卡世界发明博览会金、银奖。

最近，经中汽总公司批准，成立了校一级的汽车研究所，其宗旨：协调全院产品和工艺的科研力量，开展汽车零部件的科研工作，全方位地为汽车工业服务。

学校汽车工程系现设有汽车、汽车运用工程、内燃机等3个专业，7个教研室、两个实验室（汽车综合实验室和水工热工实验室）、两个研究室（汽车零部件研究室和船式车辆研究室）。

全系现有教职工141人，其中正、副教授等具有高级职称的人员33人，1988～1990年，共招收本科生644人、毕业452人；招收研究生28人、毕业20人。

近年来，汽车工程系根据社会对汽车人才的需求，不断拓宽专业领域，以培养从事汽车设计、制造、试验、研究、经营销售和汽车运用等方面的各类高级技术人才。在教学和科研方面，汽车专业拓展出以汽车设计为主导的轿车零部件设计、以汽车理论为主导的汽车试验和汽车车身3个选修方向，并增设相应的课程，从而扩大了学生们的知识结构。现已形成完整的教学体系和汽车动力学、噪声与控制、汽车可靠性、汽车地面力学等学科方向。

汽车系实验室建筑面积4000m²，其中汽车综合实验室是由五个专业实验室合并而成，设有汽车性能、内燃机、车辆地面力学实验室和结构拆装室、电测室、计算机及数据处理室。主要设备有：SD375Ⅱ型动态分析仪、3360声强分析系统、PC9801FC模态分析系统、传动效率试验台、多通道内燃机分析器等。

1988～1990年，全系承担国家、行业、地方科研课题 48 项，已取得科研成果并通过各级鉴定 15 项，其中“七五”国家攻关项目“建立汽车计算机辅助设计及辅助制造系统”中的有关承担项目已通过验收。

三年来，武汉工学院在汽车行业 33 个企事业单位组成的武汉工学院董事会的指导下，坚持为汽车工业服务，坚持“团结、奋进、求实、创新”，为振兴中国汽车工业而努力奋斗。

湖北汽车工业学院

湖北汽车工业学院创办于 1983 年 6 月，坐落在风景秀丽的武当山北麓的“汽车城”——湖北省十堰市，是由湖北汽车工业学院、汽车工业管理干部学院、二汽职工大学、二汽中等专业学校、二汽职工中等专业学校五所院校合并而成的为二汽服务的一所年轻的高等工科学院。占地总面积 16 万 m^2，建筑面积 $79938m^2$，固定资产总值 1349 万元，设备 3977 台。学院隶属于中国汽车工业总公司，受中汽总公司和湖北省人民政府双重领导，由第二汽车制造厂直接管理，实行联合办学的教育体制，是以工科、管理为主的多层次、多规格、多种形式培养人才的具有鲜明特色的厂办大学。

1988 年以来，学院按照为二汽服务的办学方针，依靠二汽，服务于二汽，为二汽集团培养大、中专人才 2166 人。还举办了各种培训班、专业证书班、外语培训班及继续工程教育班等 157 个，培训人员 4610 人。1990 年 9 月开始举办首届厂长岗位培训班，历时三个月，培训厂长 25 人。

为适应二汽的生产和发展需要，学院对本科教育进行了一系列的探索和改革，取得了明显的效果。主要表现在：一是调整和改造专业方向，实行拓宽专业，同专业厂实行联合按需定向培养，增开与二汽生产技术、经营开发有密切联系的必修课和选修课。现学院汽车专业的专业覆盖面扩大到发动机、底盘、车身和测试四个方向；机制专业分流出模具专业；热工工艺及设备专业分流出热处理、铸造、锻造、焊接四个专业方向；电气工程系增设计算机专业，从而建成培养应用技术型人才的各专业知识结构体系。二是加强对学生的实践性教育环节，采用学生预分配、厂校合作教育的四年学制五年毕业的教改方案，以培养学生的动手能力。三是学生的毕业设计和论文围绕着二汽生产实际选题。

学院教师和科研人员结合二汽的生产实际选择科研课题，取得多项科研成果：主要有“复合式自锁差速系统”、“火花点火多缸内燃机点火提前角测控仪”、“显微图象彩色合成仪”、“中频电源功率因数的快速测量装置”、“闭缸节油执行机构”、“闭缸节油电子控制器”等均已分别荣获省部级奖和国家专利。此外，在国外发表论文 13 篇，在省级以上刊物发表论文 306 篇，出版专著 4 部。

形势在发展，二汽在前进。二汽的未来就是学院的未来，随着二汽的发展，湖北汽车工业学院必将在未来的历史长河中，办得更具特色，一定能够培养出满足二汽需要和适应二汽发展的应用型人才。

江　苏　工　学　院

江苏工学院是机械电子工业部直属的高等工科院校，位于江苏省镇江市。学院建校三十年来，已从原来的以农机学科为主的单科性学院，拓宽和扩展了一批专业、学科门类，形成了以机械为主，机械、电气、管理和应用文科结合的多学科综合发展的学院。学院从以培养本科生为主转变为培养博士、硕士、学士及专科生，并且开展成人教育，形成多层次、多形式、多途径的办学格局。学院由原来的教学型转变为教学科研型，正在向着既是教学中心又是科研中心的方向发展。

学院的汽车和内燃机专业分别创建于 1958 年和 1960 年。1988～1990 年汽车专业及内燃机专业共招收本科生 300 名、毕业

292 名；招收硕士研究生 31 名、毕业 23 名；招收博士研究生 3 名。并举办专业培训班与专业证书班，为企业培养专门人才。

江苏工学院内燃机专业在柴油机供油系统基础理论的研究和内燃机燃烧过程、燃烧室以及代用燃料的研究方面处于国内领先地位。另外在内燃机噪声、振动控制、内燃机测试技术及微机控制等方面的研究也取得了进步，于 1988 年被机械电子工业部批准列为重点学科。汽车专业在零部件结构强度的研究方面，取得了膜片弹簧在危险工况下最大应力是凹槽边缘中点，而不是传统上认为在分离指根部中点的结论。在汽车及汽车列车动力学方面，对大量使用的半挂汽车列车的性能进行了系统而全面的研究，并且进行了半挂车系列和专用车的研制工作。

1988～1990 年学院内燃机专业和汽车专业共承担国家、部、省级科研任务 8 项，协作课题 12 项，取得科研成果 14 项。

江苏工学院在“八五”规划纲要及十年规划设想中，提出大力加强汽车工程学科，进一步调整学科内涵，尽快形成结构合理的学术梯队，搞好实验室建设，开展汽车发动机、底盘、汽车电子和防腐技术、特种车辆等方面的研究，积极与汽车行业挂钩，建立紧密型的教学、科研和生产实习基地，为汽车工业的发展培养高质量人才和提供先进的技术服务。

湖南大学

湖南大学是机械电子工业部直属的重点院校，坐落在秀如琢玉的岳麓山之下。学校创建于 1926 年，目前已发展成为一所以工科为主，兼有文、理、管多学科的综合性大学。

湖南大学占地面积 62 万 m²，建筑面积 33 万 m²。现设有 14 个系、29 个专业、11 个研究所(院)和一个继续教育学院。此外，学校还拥有一个建筑面积 15000 多 m²、藏书 120 多万册的图书馆，一个装备有现代化仪器设备的实验研究中心，一个从事教学、科研和生产的机电工厂和一个现代化的电教新闻中心。全校现有教师 1100 余人，其中正、副教授 500 余人，培养多层次、多形式的从学士、硕士到博士学位的学生，各类在校学生 9000 多人。

学校汽车专业建立于 1960 年，1985 年获硕士学位授予权，1990 年获博士学位授予权。现有教职员工 28 人，其中教授、副教授 8 人，讲师、工程师 11 人。1988～1990 年共招收本科生 180 人，硕士研究生 8 人。内燃机专业建立于 1972 年，1982 年获硕士学位授予权。现有教职员工 28 人，其中教授、副教授、高级工程师共 11 人，讲师、工程师 13 人。1988～1990 年招收本科生 90 人、硕士研究生 11 人。

汽车实验室占地面积 5000m²，其中建筑面积约 1000m²，仪器设备 130 余台件，固定资产 130 余万元。主要设备有：IBM286、386 计算机系统，PS—85 微机数据采集处理系统，由 LS－660S 非接触式速度计、五轮仪、油耗仪等组成的整车成套性能测试仪，CTM 综合测试仪，MR30C 磁带记录仪和汽车性能试验台等。内燃机专业拥有 600m² 的实验室和 300m² 的专用讲练室，仪器设备 280 多台件，总设备投资约 200 万元。主要设备有 W130 发动机自动化测试系统、各类发动机试验台架 9 个、盖格尔万能测试仪、电气试验台、油泵试验台、废气分析仪、高低档指示仪及电涡流测功机等。

1988～1990 年汽车专业和内燃机专业承担的主要科研项目有 14 项，取得 8 项科研成果。其中“新型客车空气动力特性研究”等三项属于国家“七五”重点攻关项目的科研课题均于 1990 年 11 月前通过国家级鉴定验收。发表各类主要论文 32 篇，编写教材 5 本，出版专著 1 本。

华南理工大学

华南理工大学原名华南工学院，位于广州五山科技开发区。该校创建于 1952 年，由中南五省九所大学的有关系、科调整合并而成。现已发展成为一所学科门类齐全，以工为主、理工结合，兼有文管的综合性大学。全校设有22个系、49个专业，经教委批准的独立研究所4个、国家甲级建筑设计研究院1个。目前各类在校生14500多人，其中本科生8000人，硕士、博士研究生近800人。

汽车专业建于1970年，1986年获得硕士授予权，并且该专业招收研究生。现有教职工24人，其中教授两人、副教授6人、讲师、工程师10人，1988～1990年共招收本科生143人、硕士研究生10人。

三年来汽车专业共完成横向课题5项，在各种学术刊物及学术会议上发表论文近30篇，其中国际性学术论文10余篇。在机动车辆检测设备的国产化及进一步开发发展方向，取得了突出成果，直接经济效益达200多万元，为教学和科研创造了条件。

重　庆　大　学

重庆大学坐落在西南地区工商业中心，长江上游经济中心成市——著名的山城重庆市。该校创建于1929年10月，成立之初设文、理两科，学制三年。1952年，在全国高校进行的院系调整中，重庆大学由综合性大学调整为多科性工科大学。发展至今，重庆大学已形成为拥有19个系、3个学院共38个专业的以工科为主，理、工、文、管理等学科相结合的国家教委直属重点大学。到1989年底，全校教职工总数为4200多人，其中教师1800多人。

重庆大学占地面积72万m^2，校舍建筑面积41万m^2，各类在校学生11000多人，其中博士、硕士研究生900多名。

重庆大学汽车工程系成立于1989年。其前身是解放前国立重庆大学机械系所设的自动车组，1952年的院系调整中，由重庆大学、贵州大学、西康技专的有关汽车方面的科系合并为重庆大学汽车专业。1955年汽车专业调整到哈尔滨军事工程学院。1958年重庆大学恢复内燃机专业，1977年又恢复了汽车专业。现汽车工程系所具专业、学制如下：汽车底盘设计与试验专业；车身设计与制造专业；汽车发动机专业，以上各专业均学制四年。汽车运用工程专科，学制两年半；汽车维修及车辆安全检测技术专业证书班，学制一年。培养从事汽车设计、科研及汽车教学的高级专门人才。

汽车工程系现有教职工总数为35人，其中教授两人，副教授6人，高级工程师两人，工程师1人、讲师5人，其他人员19人。实验室面积570多m^2，试验设备资产60余万元。

重庆大学肩负着培养人才和发展科技文化的双重任务，同时重视加强科学研究工作，并将其列为学校的中心任务之一。近年来在科学研究和科技开发工作中取得了显著的成果。仅汽车工程系三年来完成的科研课题有："微机模态分析系统的开发研究"获四川省科技进步三等奖；"改进的复模态分析方向及动画显示软件包"获四川省优秀软件三等奖；"汽车车身有限元分析软件包"获重庆市科技进步三等奖等。

四　川　工　业　学　院

四川工业学院创建于1960年，坐落在成都市西郊，是四川省属重点高校。目前已发展成为一所以机械工程为主，兼有汽车工程、电气工程、建筑工程、金属材料、食品与包装工程、管理工程等多学科、多层次的综合性高等院校。学院现有8个系、26个专业、36个教研室、20个实验室以及6个研究、设计室。

学院占地20万m^2，建筑面积11万m^2。现有教职工1200余人，其中专任教师500余人，具有高级专业技术职务的教授、副教授(副研究员)165人，中级专业技术职务的讲师、工程师和实验师360余人。

学院汽车工程系设有汽车与拖拉机、内燃机、汽车运用工程三个专业。从1985个起，三个专业每年各招本科生30人，汽车运用工程专科生30～40人。现全系在校学生519余人,其中本科生316人、专科生158人。全系现有教职工75人,其中教授、副教授11人,讲师、工程师、实验师33人。

全系机械振动测试中心、电子计算机室以及汽车、内燃机实验室和汽车产品陈列室等,建筑面积5000m²。汽车学科主要开展汽车整车及零部件测试技术的研究;内燃机学科主要进行内燃机综合节能技术及代用燃料的研究;汽车运用工程学科主要进行汽车零部件及各类机械零件的修复工艺与强化技术的研究。近年来,获科研成果奖7项,自编教材7种,出版专著6部,发表论文117篇,在国际学术会议上宣读论文4篇。

西安公路学院

西安公路学院位于西安市南郊文化区的中心。学院创建于1951年,是直属交通部的部属重点院校。目前,学院的专业设置已涵盖了当今公路交通事业的全部,设立8个系和4个部,现有22个本专科专业、9个硕士专业和两个博士专业。学院面向全国招生,其中公路和汽车等系还招收外国留学生、进修生和硕士研究生。1990年在册学生6500人,其中全日制本专科学生4000名、研究生135名。其办学宗旨是培养交通运输事业的高级工程技术人才和管理人才。

学院自创建之日就设有汽车运用专业,1958年学院扩建后即设汽车系。现汽车系下设汽车运用工程、汽车工程、交通监理3个专业、9个教研室。全系教学实验人员123人,其中具有副教授以上高级职称的25人,讲师、工程师、实验师42人。全系共有本专科学生594人。1980年汽运工程专业开始招收硕士研究生,现每年招收硕士研究生10人,经国务院学位委员会批准,该专业将从1991年起招收博士研究生。

学院汽车系各专业在教学上除按教学计划选用全国统编教材开设专业必修课外,还针对各专业的培养方向开设必选课和加修课,以拓宽学生的知识面和知识结构,打下牢固的专业基础知识。另一方面,汽车系在努力搞好本专科和研究生教学的同时,还为汽车制造、科研和使用部门开展了人才培训和业务提高教育,自1988年以来,已为行业培训了近千名在职技术人员。

汽车系属汽车工程实验中心是在汽车系原实验室基础上利用世界银行贷款新建而成的,实验楼建筑面积7200m²,具有价值近500万元的进口和国产仪器设备,其水平先进,功能齐全配套。主要承担汽车系各专业的教学科研、汽车性能的检测和试验等方面的研究工作。

近年来,汽车系师生除承担国家、部、省市科研课题外,还同国内有关汽车企业合作进行科学研究和新产品开发,已经完成和正在进行的科研课题有24多项,并主持或作为主要起草单位制订了“客车通用技术条件”等8项国家客车标准。在已完成的课题中,有1项获部级科技进步二等奖,3项获部级科技进步三等奖,1项获省科技进步二等奖,5项获全国展评会和市、局级奖励,3项获国家专利。1988～1990年共出版教材、专著、译著18本,发表论文260余篇,其中在国外发表或国际学术会议上宣读论文11篇。另外,学院交通科技杂志社还编辑出版了7种交通科技刊物,其中汽车方面的汽车运输、汽车运输研究、汽车驾驶员、西安公路学院学报在国内公开发行。

1988～1990年中,汽车系继续扩大与国际间的学术交流,先后邀请了6位外国专家来院讲学和进行学术交流。

安全　环境保护

一　1988～1990年汽车安全工作综述

汽车安全问题日益引起行业各方面人士的重视。1988～1990年期间，在中国汽车工业总公司（1990年2月前为中国汽车工业联合会）的领导组织下，在汽车行业及各相关行业的努力下，不少企业、科研机构、检测所、高等院校在制订安全标准、开发安全装置产品、检测试验、教学等方面，都进行了很多工作。

1　安全标准方面

1988年中国汽车工业联合会科技部、质管部，组织长春汽车研究所、中国汽车技术研究中心等单位，共同编制成套汽车安全标准。这套标准共85项（含控制汽车排放标准12项），其中大部分选用原有的（即1988年以前制订的）汽车标准，新制、修订的29项，已于1989年得到国家技术监督局或国家环境保护局的批准，这29项新标准中，有关汽车制动及操纵、灯光、视野、主动安全方面的有12项；有关车身部件、乘员保护被动安全方面的有14项。这套汽车安全标准，已用于进口汽车质量许可的检验中，也是我国汽车强制性安全标准体系的基础。

我国汽车强制性标准体系是由全国汽车标准化技术委员会法规对策分委会的专家们起草、并经对有关部门和单位的征求专家意见而成，体系中所包括的39项标准，将全部是我国的新型国产和进口的汽车产品必须要执行的标准（见表1）。这些标准将在1991～1995年期间制（修）订出来，以满足汽车发展、交通安全和环境保护的需要。

表1　我国汽车强制性标准体系

序号	标准名称	现有标准代号和编号	宜订级别	采用国际、国外标准程度（符号）	采用的或相应的国际、国外标准号	备注
1	汽车风窗玻璃除霜系统的性能要求	GB11555—89 JB3985—85	GB	≈	78/317/EEC	
2	汽车风窗玻璃除雾系统的性能要求	GB11556—89 JB3986—85	GB	≈	78/317/EEC	
3	汽车风窗玻璃刮水与洗涤系统的安全性能要求	GB11565—89 JB3921.1—85	GB	≈	78/318/EEC	
4	汽车后视镜的安全性能要求	JB3793—84 JB3792—84	GB	≈	71/127/EEC 79/795/EEC 85/205/EEC ECE46	
5	汽车驾驶员视野要求	GB11562—89 JB4186—85	GB	≈	77/649/EEC 81/643/EEC 88/366/EEC ECE71	

续

序号	标准名称	现有标准代号和编号	宜订级别	采用国际、国外标准程度（符号）	采用的或相应的国际、国外标准号	备注
6	汽车外部照明及光信号装置的安全性能要求	GB7454—87 GB4599—84 JB4131—85 JB4150—85 GB5920—86 GB4660—84 GB/T11554—84 、GB4785—84 JB4151—85 GB/T11564—89	GB	≈	76/756/EEC 80/233/EEC 82/244/EEC 83/276/EEC 76/758/EEC 76/761/EEC 76/762/EEC 77/538/EEC 84/8/EEC 77/539/EEC 77/540/EEC 76/760/EEC 76/757/EEC	
7	汽车喇叭、声响报警装置的安全性能要求	JB2552—84 JB3920—85	GB	≈	70/388/EEC ECE28	
8	汽车制动系统的结构及安全性能要求	ZBT24007—89 JB3939—85 JB4019—89	GB	≈	ECE13 71/320/EEC 74/132/EEC 75/524/EEC 79/489/EEC	
9	汽车制动软管的安全性能要求	GB4784—84 GB7062—86 GB10484—89	GB	≈	FMVSS106	
10	汽车操纵件、指示器及信号装置的图形标志	GB 4094—83 JB 3981—85	GB	≈	78/316/EEC FMVSS100 FMVSS101	
11	汽车变速器操纵装置的安全性能要求	GB11560—89	GB	≈	FMVSS102	
12	汽车加速控制系统的安全性能要求	GB11561—89	GB	≈	FMVSS124	
13	汽车车速表的安全性能要求	JB 3015—81	GB	≈	75/443/EEC ECE39	
14	汽车防盗装置的安全性能要求		GB	≈	76/61/EEC. ECE18	
15	汽车发动机罩锁止装置的安全性能要求	GB/T11569—89	GB	≈	FMVSS113	

续

序号	标准名称	现有标准代号和编号	宜订级别	采用国际、国外标准程度（符号）	采用的或相应的国际、国外标准号	备注
16	汽车车身强度要求		GB	≈	FMVSS216 70/387/EEC ECE32. ECE33	
17	汽车门锁及其固定组件的安全性能要求	ZBT26003—87 JB4048. 1—85	GB	≈	ECE11	
18	汽车结构的安全性能要求	ZBT26008—89	GB	≈	74/408/EEC 81/577/EEC ECE17. ECE80	
19	客车结构的安全		GB	≈	ECE36、ECE66	
20	汽车内部凸出物的安全性能要求	GB11552—89	GB	≈	78/632/EEC	
21	汽车外部凸出物的安全性能要求	GB1156—89	GB	≈	74/483/EEC	
22	防止转向装置对驾驶员伤害的规定	GB/T11557—89	GB	≈	70/311/EEC 74/297/EEC ECE	
23	头枕的安全性能要求	GB/T11550—89	GB	≈	ECE25	
24	汽车侧面及后下部防护装置的安全性能要求	JB3982—85 GB11567—89	GB	≈	70/221/EEC 79/490/EEC 81/333/EEC 89/297/EEC	
25	对乘员碰撞保护的要求	GB/T11551—89	GB	≈	ECE29 FMVSS208	
26	汽车安全带总成的性能要求	GB11549—89 GB11558—89	GB	≈	ECE16 77/541/EEC 81/576/EEC 82/319/EEC	
27	汽车安全带固定点的性能要求	JB4074—85	GB	≈	ECE14 76/115/EEC 81/575/EEC 82/318/EEC	
28	汽车安全玻璃	GB9656—88	GB	≈	ECE43	
29	汽车碰撞时燃油泄漏的规定	GB11553—88 ZBT13005—87	GB		CFR49 FMVSS301 393.65～69	

续

序号	标准名称	现有标准代号和编号	宜订级别	采用国际、国外标准程度（符号）	采用的或相应的国际、国外标准号	备注
30	汽车内饰材料的阻燃性能要求	ZBT09001—89	GB	≈	FMVSS302	
31	汽车噪声限值	GB1495—79	GB	≈	ECE9 70/157/EEC 73/350/EEC 77/212/EEC 81/334/EEC 84/312/EEC 84/424/EEC	
32	汽油车怠速污染物排放限值	GB3842—83	GB			
33	柴油车自由加速烟度排放	GB3843—83	GB	≈	ECE24 72/306/EEC 89/491/EEC	
34	轻型汽车排气污染物排放限值	GB11641—89	GB	≈		
35	汽车汽油机排气污染物排放限值		GB			超过3.5t汽车用汽油机
36	汽车曲轴箱排放物测量方法及限值	GB11340—89	GB			
37	汽车柴油机全负荷烟度排放限值	GB3844—83	GB			
38	汽油车燃料蒸发气体排放限值		GB			
39	汽车外廓尺寸限界	GB1589—89	GB			

2 安全装置产品开发方面

2.1 汽车安全带

GB7258—87《机动车运行安全技术条件》第9.1条规定“轿车前排座椅必须装置座椅安全带”。这项标准的颁布以及轿车合资企业的发展，推动了我国汽车安全带产品开发工作。从1988年开始，国内先后已有7个单位开发研制了数种汽车用安全带总成或其织带。

最早开发汽车安全带的是航空航天工业部直升飞机研究所，他们采取在消化国外资料及样件原理的基础上，自主开发研制的方法，经过两年的反复试制、试验，于1989年11月经中国汽车技术研究中心测试，认为该所研制的A_1型三点式双敏感紧急锁止汽车安全带，符合GB11549—89和GB11558—89的要求。1989年12月由国防科工委、国家计委、国家科委军转民联络组办公室主持召开了A_1型汽车安全带技术鉴定会，通过了该产品鉴定。这是我国首家正式通过国家鉴定的汽车安全带。1990年7月，中国专利局受理该产品的专利申请，申请号为90216745.6，这是我国首项有关汽车安全带的专利。1990年初，该所为适应批量生产的需要，抽调设计、生产、试验、销售等专门人员组建了万里汽车安全带制造厂，目前该厂已拥有包括厂房和各种加工试验设备在内的630万元固定资产和近200名职工，有两条年产能力30万套安全带的装配线和一条检测线。满足了目前生产质量稳定的安全带产品的需要。1990年该厂又开发了 A_2 型肩带安全带和 A_6 型腰带安全带，为产品系列化打下了基础。他们已先后为全国近20个汽车制造厂的20余种车型（包括货车、客车、微型车、轿车等）配套或试装。A_1 型汽车安全带已作为汽车必配的装备，随同一些汽车出口到斯里兰卡、泰国、苏联、布隆迪、沙特阿拉伯、阿曼和加拿大。

1990年12月21日，国家计委等6个单位在“计科技(1990)1949号”文件中，将 A_1 型汽车安全带正式列入“国家级重点新产品试生产计划”。

航空航天工业部宏光空降装备厂于1987年在部里立项生产汽车安全带后，经过两年多准备，于1990年获计委批准与德国奥托立夫公司合资成立“宏－奥汽车安全装备有限公司”，并经中国汽车工业总公司同意定点生产汽车安全带。第一期引进技术生产KUI－BK_3 型三点式双敏感紧急锁止式安全带。

上海第三织带厂、深圳银河织造有限公司、无锡明芳织带有限公司等企业正在开发汽车安全带用织带。

2.2 吸能性转向传动轴

浙江萧山方向机厂和四川绵阳转向机厂，1989年开发了为BJ2020N型越野汽车配套用的XHO20吸能性循环球转向器，该转向器总成的中间传动轴两端带有十字万向节，传动套筒与扁轴的连接采用压注塑料销，当发生撞车事故时，传动轴受到过大轴向力，塑料销剪断，扁轴最大可压缩86mm，从而减轻了驾驶员与转向盘的撞击。被压缩后的传动轴仍能正常工作。现该转向器总成已投入正常生产。

3 检测试验方面

汽车安全方面的试验内容很多，过去在整车的制动性能、灯光等主动安全方面的检测试验开展较多，1988～1990年间，行业逐渐重视被动安全标准的检测试验。

中国汽车技术研究中心在1988～1989两年内，根据GB11549—89《汽车安全带总成性能要求和试验方法》与GB11558—89《汽车安全带用卷收器性能要求和试验方法》标准的内容，自行研制和购买了14台安全带测试设备，已为国内正在开发试制的安全带与织带进行了多次测试试验，为厂家改进产品提供了依据。

中国建筑材料科学研究院玻璃科学研究所，先后通过了国家进出口商品检验局、国家技术监督局和美国机动车管理者协会的试验室认证，1989年11月成立了中国汽车用安全玻璃认证委员会。现在该试验室承担汽车用安全玻璃进出口国家商检试验工作、国内安全玻璃产品认证工作及质检工作。

北京橡胶设计研究院也已通过了国家技术监督局和国家进出口商品检验局的验收，批准为国内外汽车轮胎产品的安全和质量认证工作。

第二汽车制造厂技术中心根据GB/T11559—89《汽车室内尺寸测量用三维H点装置》标准要求，自制了确定座椅实际H点位置的装置。

天津汽车研究所改进设计并制造了汽车制动器扭转疲劳试验台，经对大发、夏利等汽车制动器总成的试验，表明试验台性能良好。

4 教学方面

高等学校汽车专业近年来从教材及试验方面，增加了汽车安全的内容，特别是碰撞安全问题，更是注意的焦点。

清华大学汽车工程系，结合教学开展了汽车模拟碰撞的试验研究工作，包括碰撞试验设备建设、人体动态响应测试技术研究等。

吉林工业大学车身工程系开设了“汽车碰撞”、“汽车人体工程学”等专业课题，为培养从事汽车安全研究的人材打下了一定基础。

5 国外考察与访问

1988～1990年间，汽车行业先后派出多名学者，去国外考察学习。1989年9～10月，中国汽车技术研究中心组团赴美、英、法、德，考察国外汽车安全研究试验工作情况。这些活动为我国今后开展汽车安全工作开阔了眼界。

二 1988～1990年汽车环境保护工作综述

1 汽车排放控制工作

汽车是一种流动的污染源，汽车在使用过程中，从排气管、曲轴箱和燃油系统，排放出一氧化碳（CO）、碳氢化合物（HC）、氮氧化物（NO_x）和微粒物（碳烟、铝等）等主要污染物。因此，随着汽车数量的不断增加，汽车排放的有害物质将成为社会的重大公害。

自70年代以来，我国汽车保有量增加迅速。尽管我国汽车保有量比世界上其他工业先进国家少得多，但由于没有严格控制汽车排放污染物，目前城市中行驶的国产汽车所排放的污染物与工业先进国家同类车相比，要严重的多。以北京为例，虽然汽车保有量仅为东京的1/4，且其中有一部分是进口车，但据估算汽车排放的CO和HC年总量已达东京的1/2左右。汽车排放污染物已对我国城市的大气环境造成影响。为了对人民身体健康负责，近几年汽车行业和环保部门对汽车排放污染物控制技术进行了深入的研究。

1.1 制订“七五”、“八五”期间控制汽车、摩托车排放污染物技术政策和技术路线

为使汽车、摩托车产品能满足《中华人民共和国大气污染防治法》及有关法规要求，要制订出科学的切合实际的控制排放污染的技术政策和技术路线。中国汽车技术研究中心开展了《“七五”、“八五”期间我国控制汽车排放物政策的研究》课题工作，提出了“七五”、“八五”期间我国控制汽车排放物政策的初步意见。中国汽车工业总公司（原中国汽车工业联合会）组织汽车、摩托车行业的部分骨干企业、环保系统、公安车辆管理系统和科研院所、高等院校从事排放污染物控制技术研究工作的专家，于1988年5月，在无锡召开了“七五”、“八五”期间控制汽车、摩托车排放污染物技术政策和技术路线论证会。与会专家在交流了我国汽车、摩托车排放污染物控制技术现状及存在问题的基础上，结合我国经济发展的实际，提出了我国“七五”、“八五”期间控制汽车、摩托车排放污染物应采取的技术政策和技术路线论证意见，并建议“八五”期间控制汽车排放污染物的目标为：汽油车CO、HC要求降低50%，NO_x则提出降低率较少的限值；柴油车以控制排烟为主。会议认为控制汽车排放污染物是一项耗资大、政策性很强的工作，因此既不能放任自流，也不应操之过急。应该将大气环境保护和控制技术的技术经济可行性统盘考虑。按轻重缓急，分阶段分地区进行控制。

为认真执行《中华人民共和国大气污染防治法》，积极贯彻国务院环委会《关于城市环境综合整治定量考核的决定》，全国部分省、市已将汽车排气污染监督管理工作提上工作日程，并且初见成效。为此，国家环境保护局于1989年11月，在长春市召开了“汽车排放污染监督管理经验交流会”。汽车行业介绍了在汽车生产过程中，积极开展防治排气污染的科研工作和加强汽车生产技术管理的工作情况。有关省、市环保局和公安局介绍了通过调查研究，制订法规，通力合作对在用汽车实施监督管理的经验。

在上述工作基础上，国家环境保护局、公安部、国家进出口商品检验局、中国人民解放军总后勤部、中国汽车工业总公司、交通部于1990年联合发布了《汽车排气污染监督管理办法》。同时国家环境保护局、中国汽车工业总公司、交通部又于1990年联合发布了《防治汽车、摩托车排气污染的技术政策》。控制目标为：

——根据我国大气环境质量状况和汽车、摩托车、车用发动机生产技术水平，对汽油车、摩托车、车用汽油机排气污染物首先控制一氧化碳及碳氢化合物；对柴油车、车用柴油机排放污染物首先控制碳烟黑度。随环境要求，逐步控制汽车、摩托车、车用汽油机排放污染物中的氮氧化物；柴油车、车用柴油机排放污染物中的一氧化碳、碳氢化合物、氮氧化物及物粒等；

——控制汽车、摩托车和发动机排放污染物应与节能紧密结合；

——为逐步实现大气污染物排放总量控制，新生产的汽车、摩托车排放污染物排放标准应由控制怠速工况排放浓度，尽早强化为控制多工况的排放总量，其相应方法为怠速法和工况法；同时要控制曲轴箱泄漏和燃料蒸发的污染，其相应方法为强制装置法；

——汽车生产企业"八五"期间控制目标：引进技术、合资企业和开发的轿车和轻型汽油车排放污染物应达到GB11641—89《轻型汽车排气污染物排放标准》的要求，现生产的国产汽油车排放污染物应逐步达到《轻型汽车排气污染物排放标准》的要求。制订并实施中型汽油车排气污染物排放标准；柴油车烟度应进一步降低。

1.2　国内汽车、发动机制造厂贯彻实施汽车污染物排放标准的情况

根据国家环境保护局和中国汽车工业总公司（原中国汽车工业联合会）要求，中国汽车技术研究中心对国内汽车、发动机制造厂，贯彻实施已颁布的GB3842—83《汽油车怠速污染物排放标准》等6项标准进行了调查。调查结果表明，我国虽然从1984年已开始对整车和发动机产品的排放物进行控制，但目前除了几个大汽车厂和发动机厂外，大部分中、小厂家还没有对所生产的车、机，在出厂前进行每台车、机的排放污染物进行全检，有的甚至至今还未配备排放检测仪器。

为了改变这种状况，目前已将汽油车或汽油机的怠速排放量，以及柴油车或柴油机的烟度，作为汽车产品鉴定和汽车产品质量监督检验合格的否定项目。

为了控制汽油车的怠速排放污染物，虽然有的汽车厂已实行了出厂前的怠速排放污染物全检，但目前汽车出厂后的怠速排放污染物，并不能在运行中保持稳定，许多汽油车在运行中不能满足要求。为此，第二汽车制造厂进行了大量工作，并取得了良好的效果。第一汽车制造厂也组织了攻关，准备在生产中实现。

1.3　国内摩托车生产厂贯彻实施摩托车排放污染物标准的情况：

根据国家环境保护局、中国汽车工业总公司摩托车行业办公室要求，由7个单位组成调查小组，于1989年7月，对国内生产二冲程摩托车厂家的产品排放污染物现状进行了实地调查。按照GB5466—85《摩托车怠速污染物测定方法》标准的规定，测定了38辆摩托车的怠速污染物，结论是GB5366—85《摩托车主要性能指标》的有关规定不太切合实际。根据此情况，目前已由有关部门在组织修订摩托车排气污染物方面的标准。

1.4　汽车曲轴箱强制通风装置的产品认定

为贯彻执行《中华人民共和国环境保护法》和《中华人民共和国大气污染防治法》，加强环境管理，降低汽车排放污染物HC的排放量，国家环境保护局颁布了GB11340—89《汽车曲轴箱排放物测量方法及限值》标准。受国家环境保护局委托，中国汽车技术研究中心负责汽车曲轴箱强制通风装置的产品认定工作。

为使认定工作规范化，并体现公正性和科学性，国家环境保护局颁布了"汽车曲轴箱强制通风装置认定规则和程序"。为了做好这项工作，中国汽车技术研究中心已装备了必要的设备。到1990年底为止，共对9家"装置"生产企业和汽车厂的产品进行了认定。经国家环境保护局批准，现已给这些厂家颁发了环境保护产品认定证书，可以使用认定标志，认定标志为"C"，并同意组织批量生产，详细情况见表2：

表2　经认证的生产厂家及产品名称

序号	生产厂名称	产品认定号	产品名称
1	第一汽车制造厂	F201－0001－01	CA141汽车曲轴箱通风装置
2	第二汽车制造厂	F201－0002－01	EQ6100－1,EQ6105发动机曲轴箱强制通风装置

序号	生产厂名称	产品认定号	产品名称
3	北京市汽车研究所	F201—0003—01	BJ—Ⅱ型闭式曲轴箱强制通风装置(适用于492发动机)
4	河北省定州市机械厂	F201—0004—01	BJ—Ⅲ型汽车曲轴箱强制通风装置(适用于492发动机)
5	天津市塘沽区八堡农工商联合公司锻造厂	F201—0005—01	BT—1型492Q发动机曲轴箱强制通风阀
6	北京市红星区四海汽车电器厂	F201—0006—01	QJ—3型汽油发动机曲轴箱通风节油阀(适用于在用车的492Q发动机)
7	长春光明仪器厂	F201—0007—01	CA15—1型曲轴箱强制通风装置(适用于CA10B,CA10C,CA15在用车)
8	长沙汽车附件一厂	F201—0008—01	CS—1型曲轴箱强制通风装置(适用于492Q系列发动机)
9	第一汽车制造厂建材处附属玻璃钢制品厂	F201—0009—01	解放牌汽油曲轴箱通风阀

所定的曲轴箱强制通风装置的相应机型及车型有：492型发动机，EQ6100—1、EQ6105型发动机，CA141型解放牌现生产车，CA15、CA10B、CA10C型解放牌在用车，占我国汽油车产量80%以上，从而为减少汽车对环境的污染提供了技术上的支持。

1.5 国产汽油车用工况法，测定排放状况

为了正确评价汽车污染物的总排放量，国家环境保护局于1989年8月颁布GB11641—89《轻型汽车排气污染物排放标准》和GB11642—89《轻型汽车排气污染物测试方法》。并安排了制订3.5t以上中型汽油车发动机排气污染物试验方法和限值标准，计划在“八五”期间颁布实施，作为降低中型汽油车CO和HC排放量30%～50%的依据。因为这两种工况试验方法在制订过程中尚未在我国充分验证，鉴于这种情况，迫切需要了解我国当前生产的轻型汽车和中型汽油车发动机的排气污染物的排放水平，以便为合理确定中型汽油车的排放限值，为不同排放水平的轻型汽油车提出切实可行的实施期限提供依据。同时也为中、远期控制目标提供依据，对两种车型排气污染物的试验方法进行验证。

为此，中国汽车工业总公司(原中国汽车工业联合会)，于1989年9月，确定由中国汽车技术研究中心作为总负责单位，长春汽车研究所、第二汽车制造厂技术中心、北京汽车附件研究所和南京汽车研究所作为主要参加单位，开展“国产汽油车用工况法测定排放状况”的科研工作项目。

本工作项目的全部试验内容分别由长春汽车研究所、第二汽车制造厂、北京汽车附件研究所、南京汽车研究所承担。共测定12种国内生产的主要汽油车及发动机，即BJ/XJ213、SH—Santana、SY622、TJ622、TJ730、TJ110、BJ212、BJ121八种整车，以及CA6102、EQ6100、NJG427、BN492QG1四种发动机，并规定每种车型(机型)均用三台进行试验。按照有关标准规定，轻型车是用整车在底盘测功机上进行试验，中型车用发动机在发动机台架上进行试验。试验中采用了统一供应的同一批燃油和同一厂家配制的标准气。

通过本工作项目，认为引进技术生产的轻型汽油车的实测排放量离散度较小，而国产轻型汽油车(均装用492型发动机)的实测排放量离散度普遍较大，因此需要下一番功夫来解决排放量的问题，同时也一致反映了有关附件的制造质量较差。国产中型汽油车发动机的排放量离散度也普遍较大。目前，降

低汽油车的排放量已引起汽车行业的重视，将在“八五”期间组织发动机厂、附件厂、科研单位和高等院校进行联合攻关。

1.6　汽车排放标准的制订、修订情况

自1989年以来，颁布了及制、修订了如下一些标准：

1.6.1　1989年国家环境保护局颁布了三项标准：GB11340—89《汽车曲轴箱排放物测量方法及限值》，对于国产新车由1990年4月1日起实施；GB11641—89《轻型汽车排气污染物标准》，于1990年7月1日起实施；GB11642—89《轻型汽车排气污染物测试方法》，于1990年7月1日起实施。

1.6.2　按国家环境保护局下达的任务，分别由中国汽车技术研究中心负责制订《汽油机排气污染物标准》、《汽油机排气污染物测试方法》及《汽车怠速排放物测定用一氧化碳及碳氢化合物分析仪技术条件》三项标准。由北京汽车研究所负责制订《汽油车燃料蒸发试验方法》标准。由中国计量科学研究院负责制订《柴油机滤纸式烟度计技术条件》标准。同时还由北京汽车研究所负责修订已颁布的GB3842—83《汽油车怠速污染物排放标准》、GB3843—83《柴油车自由加速烟度排放标准》、GB3845—83《汽油车怠速污染物测量方法》、GB3846—83《柴油车自由加速烟度测量方法》、GB5466—85《摩托车怠速污染物测量方法》及GB5366—85《摩托车主要性能指标》6项标准。

近几年，我国汽车、摩托车行业相继制订了一些有关排放试验方法和限值标准，为控制汽车、摩托车的排放物起到了一定作用，但与其他国家颁布的排放标准相比还有差距，远远满足不了要求，因此，我国应考虑制订一套完整的汽车、摩托车排放标准，以适应当前和长远的汽车排放污染物监督管理工作，并进一步提高汽车、摩托车的产品质量。

1.7　成立汽车排放与节能专业委员会

目前，汽车排放已成为汽车学科中的一个主要分支。为了更好地促进开展汽车排放控制工作，经中国汽车工程学会批准，于1990年成立了汽车排放与节能专业委员会。

综上所述，近几年为控制汽车排放污染物的排放量，除汽车制造业作了大量工作外，环保、公安、石油、建材、仪器制造等部门和行业均将此项工作提上工作日程。因此，相信在大家通力合作下，可以把我国汽车排气污染控制在一定的限度。

中国汽车技术研究中心　陈　偲

2　汽车噪声控制工作

2.1　我国汽车噪声控制工作综述

我国的汽车噪声工作始于70年代末期，经过艰苦努力，近年来我国汽车噪声控制工作有较大进展，汽车噪声控制研究队伍日臻成熟，已初步具备了产品定型后的噪声攻关及产品设计阶段介入了进行先期开发的能力。

2.1.1　从人员、仪器、设备等基本条件来看，第一汽车制造厂、第二汽车制造厂等单位都专门组成了汽车噪声控制研究队伍，仪器设备也由声级计等单件测定仪器，发展到有一定配套性的测定分析仪器，尤其是第二汽车制造厂，不仅有B&K声学仪器60多台套，还有日本理音公司的振动噪声仪器20多台套及声强分析系统、FFT分析仪等多种分析处理设备。在试验设施方面，有的单位也颇具规模，如第二汽车制造厂，早就建成了发动机消声室，在最近建成的整车试验场中，又建成了专供汽车噪声试验用镜面路和噪声发生路，此外还完成了全消声室及混响室的改造设计，整车半消声室也在规划之中。第一汽车制造厂，也将原来的简易发动机消声室，改建成多功能半消声室，可供发动机、变速器、排气系统作噪声试验。

2.1.2　从工作内容来看，各单位也都由简单的测定分析发展到新的测试技术的开发，并应用这些技术进行了产品定型后的噪声攻关，有的单位已开始在产品设计阶段就介入低噪声设计。

第一汽车制造厂近年来在完成了“发动机噪声计算机分析”等主要课题后，承接了国家“七五”期间38项重点科技攻关项目之一的“机器噪声源识别技术的研究”课题。在完成上述重大课题过程中，锻炼了队伍，增长了才干，仪器设备也获得了一定的补充更新，形成了一支初步规模的汽车噪声控制研究队伍。近年来，该厂将主要精力放在对第一汽车制造厂现生产的CA141、CA141K2、CA150P、CA120、CA130等不同型号汽车的噪声治理上，取得了经验，开发了噪声控制技术，并使上述各类型汽车的噪声水平均优于国家标准。

第二汽车制造厂的汽车噪声控制工作开展的较为深入全面。该厂制订了更为严格的汽车噪声试验方法及轿车噪声试验的工厂标准。为了提高试验精度，该厂开发出车外加速噪声试验用各种专用仪器。另外还开展了发动机声功率测定中声压法、声强法对比试验研究及声强法噪声源识别的研究，并分别对冷却系、驾驶室内、轿车车内声场进行了分析。该厂在EQ140型载货汽车上进行两轮噪声攻关取得了较好成绩。EQ150型柴油载货汽车由于在产品开发阶段及早介入并辅以隔声技术的应用，该车车外噪声达到85.3dB(A)的较好水平。

重庆汽车研究所为中国汽车工业总公司指定的噪声归口所，该所筹建了发动机全消声室，还对国内外汽车及各总成噪声标准进行了分析研究，对国内汽车噪声水平进行调查摸底，并在普及汽车噪声控制基础知识等方面作了大量行业服务工作。

南京汽车制造厂围绕NJD131型柴油载货汽车降噪开展了较多实际工作，如对消声器进行了模拟计算和试验分析，对发动机进行了振动分析和声强测试，用加速噪声摸拟计算法、声强法和振动模态分析法对整车和发动机进行了噪声源识别，并与武汉工学院共同攻关，使NJD131型柴油载货汽车的噪声从87.5dB(A)降至83.6dB(A)。

杭州汽车发动机厂对客车的怠速振动进行了较深入的研究，并设计出发动机的V型斜支承，得到了推广应用，有效地降低了车辆噪声。

济南汽车制造总厂也对黄河牌汽车消声器进行改进设计，并应用声屏蔽技术解决了黄河牌汽车噪声超标问题。

武汉工学院从事车辆噪声控制工作已取得两项科研成果及一项实用新型专利。该院与南京汽车制造厂对NJD131型柴油载货汽车降噪进行了研究，应用偏相干分析等技术对整车进行噪声源识别，对油底壳、气门罩、排气管等薄壁零件采用阻尼降噪措施，应用排气消声系统优化设计对消声器进行了改进设计，使该车噪声达到较好水平。

总之，我国的汽车噪声控制工作，虽起步较晚，但经过十几年的努力，已建立起一支汽车噪声控制研究队伍，仪器设备、试验设施也初具规模，已具备攻克汽车噪声重大课题的能力。

2.2 我国汽车噪声污染现状及汽车噪声控制工作水平

在噪声、水、空气三大污染中，噪声是扰民最严重、普遍性、多发性污染。

GB3096－82《城市区域环境噪声标准》规定，城市交通干线道路两侧的等效声级白天不超过70dB(A)、夜间不超过55dB(A)，据近年来我国18城市环保部门实测，大约70%城市超标。城市环境噪声中，交通噪声占75%左右，而其中大部分噪声来自汽车噪声。

近年来我国道路状态虽有改善，但仍是路窄人多，非机动车辆多，因此混合交通现象严重，车辆往往需鸣笛开道，再加之国产汽车本身噪声较大，因此尽管我国汽车保有辆还赶不上国外，但汽车噪声污染却很大，而且据调查L_{50}大都接近70dB(A)，即城市交通干线约有50%的时间超过噪声标准。L_{10} L_{90}的差值大多在90dB(A)以上，起伏变化的噪声更加重了汽车噪声的污染。

造成汽车噪声污染较大的重要原因是噪声源——汽车产品本身噪声较大。从重庆汽车研究所1988年至目前抽查或定型试验过的各种汽车中的噪声实测数据来看，约1/3车型达不到现行国家标准，约1/3左右车型勉强达标，约1/3左右车型优于国标。

从中国汽车工业总公司历年国家监督检验汽车产品质量抽查结果来看，优于重庆汽车研究所检验结果，但仍有较大比例不达标车型(见表3)

表3 历年国产汽车达标情况

年代	1988			1989			1990		
车型	抽检台数	不达标数	所占比例 %	抽检台数	不达标数	所占比例 %	抽检台数	不达标数	所占比例 %
重型车	8	1	12.5	6	0		3	0	
中型车	15	5	33	10	3	30	8	1	12.5
轻型车	29	6	21	42	7	16.6	19	1	5.3
微型车	8	0		11	1	9.1	40	1	2.5
轿车	1	0							
客车	23	2	8.7	12	0		41	0	
旅行车	12	2	16.7	55	12	21.8	79	5	6.3
越野车	8	4	50	19	3	15.8	15	2	13
改装车		[illegible]		37	2	5.4	53	4	7.5
总计	104	20	19.23	192	27	14.06	258	14	5.4

国产汽车的噪声水平与国外汽车比较差距是明显的。我国汽车噪声水平落后的原因，在于我国汽车噪声控制工作与国外比较差距较大。主要表现在：

汽车噪声标准不配套、不科学，修改不力，执行不严；

仪器设备、试验设施与国外的差距明显；

汽车噪声试验还不够深入，主要是起步性的工作，纵深型课题水平还不高。

2.3 今后我国汽车噪声控制工作的任务

2.3.1 领导重视是开展汽车噪声控制工作的决定因素。

随着人民生活水平的提高，治理汽车噪声污染已成为一项十分重要的工作，各级领导应予以高度重视，给予汽车噪声控制工作以必要的人力、物力、财力支持，并完善汽车行业汽车噪声控制工作的组织落实，以推动全行业汽车噪声控制工作的发展。

2.3.2 建立我国汽车噪声标准系列是汽车噪声控制工作的前题和基础。

我国已于 1989 年 40 号国务院令中发布了“中华人民共和国环境噪声污染防治条例”，其中 26 条规定：“不符合标准的汽车不发牌照”。中国汽车工业总公司也从 1991 年开始规定：汽车产品的噪声指标作为合格品的否定项。这已表明汽车在生产和使用上已有明确的法令、法规，但执行这些法令的技术依据——汽车噪声标准还极不完善。比如汽车行业经常用到的 GB1495－79 及 GB1496－79 标准是由劳保部门及学校于 10 多年前制定的，在科学性、先进性上暴露出许多急待解决的问题，已需修改和完善。又如常用的“消声器技术条件”也只有针对小型汽油机、中小功率柴油机及工程机械，因此建立我国独立的汽车噪声标准系列是目前的当务之急。它包括三个内容：汽车噪声的基础标准；整车噪声标准系列；总成噪声标准系列。

2.3.3 开展被动降低噪声技术的开发是目前的当务之急。由于没有在产品开发时重视噪声控制问题，目前我国汽车行业的现生产车中有很多尚不能达标，尤其柴油车、重型车及轻型车，有的已形成生产能力，为避免更大经济损失，使开发被动降低噪声技术成为当前迫切的任务。因此应选准一种车型，就被动降低噪声技术进行系统的研究开发，包括发动机、冷却系、排气系、传动系、进气系的噪声对策及声屏蔽技术等方面的研究开发。

2.3.4 开展主动降低噪声技术的开发是汽车降低噪声工作的必由之路。

据国内113位专家对22项机电产品进行两轮投票调查的结论，相当一致认为内燃机是应当首先开展噪声控制的产品。在重要性、迫切性、可能性调查中，内燃机在前两项均居首位，在第三项却排在第4～5位，这就说明了内燃机噪声控制的难度。因此选一种国产车用柴油机进行低噪声设计方法的研究开发是很必要的，这项工作必然带动相关测试技术的进步，更可推动某些先进技术，如有限元边界元方法及计算机优化设计理论等在低噪声发动机设计中的应用。

长春汽车研究所　刘仕民

三　1988～1990年汽车行业企业环境保护工作综述

1　汽车行业企业环境保护工作简述

近20年来，我国汽车行业企业的环境保护工作，经历了从无到有，由单项治理发展到综合治理；由单纯处理发展到防、管、治结合；由局部控制发展到系统控制，防治效果日益显著。特别是近10年来，第一汽车制造厂、第二汽车制造厂、南京汽车制造厂、北京汽车制造厂、济南汽车制造总厂、北京齿轮总厂等汽车行业主要企业，都成立了环境保护机构，配备了环境治理和管理的专门人员。同时，还相继建立了环境监测机构，其中，有些大型企业，如第一汽车制造厂、第二汽车制造厂等，企业的环境监测站的监测和科研能力较强，经常承担国家和省级科研项目，充分发挥了企业监测站的作用。

经过几年的综合治理，汽车行业的污染已经基本得到控制。汽车行业在工业总产值以较大幅度稳步增长的情况下，工业“三废”排放量均有明显下降。

汽车行业在控制污染的同时，环境管理方面开展了许多行之有效的活动，如第一汽车制造厂开展争创“文明杯”活动，使环境保护工作纳入了企业管理的考核内容；第二汽车制造厂自1987年以来，开展创建湖北省“清洁无害工厂”活动，全厂已有21个专业厂建成湖北省“清洁无害工厂”，其中，有两家专业厂先后跨入了“全国环境保护先进企业”行列；南京汽车制造厂以层层签订环境目标责任书的形式，来落实各项环保工作指标，取得了较大的成效。目前，汽车行业的环境保护管理工作开始纳入企业升级的考核内容，不断完善和提高。

2　汽车行业企业环境管理和污染治理情况

2.1　汽车行业企业的环境管理情况

2.1.1　概述

企业的环境管理是一项专业管理，是企业管理的一个组成部分。内容主要有环境计划管理、环境质量管理和环境技术管理三部分。

2.1.1.1　企业环境计划管理

企业的环境计划管理包含两个方面的含义：一是在提出生产目标的同时，要提出相应的环境目标，制订出环境保护计划（规划）；二是环境保护要纳入企业的计划管理，即在制订、执行、检查和调整企业发展计划的整个过程中，要考虑到环境保护要求，把生产产品的计划与控制污染的计划结合起来。

企业环境保护计划的主要任务是控制污染物的排放，根据国家和地方政府规定的环境质量要求和企业的生产发展目标，制订污染物排放指标，并为实现指标而采取技术措施和长期或年度的计划，把其纳入企业的整个经营计划中。在“七五”计划中，汽车行业各企业都制订了“七五”环境保护规划，与企业的“七五”发展规划相适应，落实了执行计划所需的资金。如第二汽车制造厂在“七五”规划中，专门划出1500万元列入发展规划总投资内，进入国家审批的总资金中。该厂在执行“七五”环境发展规划中实际投入了1684万元作为环境保护措施经费。

2.1.1.2　企业环境质量管理

企业环境质量管理是根据国家和地方颁布的环境标准及当地环境部门提出的环境质量要求（环境指标），控制本企业污染物排放而进行的各项管理工作。其主要内容是：

制订本企业的污染物排放控制指标；

组织对污染源和环境质量状况的调查和评价；

建立环境监测制度，对污染源进行监督管理。鉴于各企业目前配备的监测人员有限，只能做到在排放口进行瞬时监测和分析，做不到对污染源排放情况进行连续监测或跟踪监测。废水废气的排放量目前都是按新鲜水或燃料使用量进行理论计算得出，数据不太准确。第二汽车制造厂为准确计量废水排放量，选择一个专业厂作为试点，在总排放口安装了一台 WML 型微电脑明渠式污水流量计，进行自动记录时间、流量和流量变化曲线。经过两年来的试运行，效果良好，为将来实行排污总量控制作了计量上的准备；

建立污染源档案及重点污染源控制制度。

2.1.1.3　企业的环境技术管理

企业的环境技术管理主要是根据国家和地方的技术标准和规程，结合企业的实际，依据不同的环保设备（设施）制订出不同的技术规范、操作规程和运行规程；对已经运行的环保设备进行环境经济评价、分析；对所采用的防治技术的分析，尽量采用新的科学技术成就，更新过时的、不适用的技术。经调查，汽车行业各企业在环境技术管理方面都做了不少卓有成效的工作。例如第一汽车制造厂和第二汽车制造厂的污水处理厂都曾做过综合的环境经济评价分析，积累了丰富的资料。

2.1.2　汽车行业企业目前环境管理的主要做法

企业的环境管理内容很多，涉及到计划安排、工艺设计、生产调度、加工过程、设备运行等各个方面，并贯穿到生产管理的全过程。近 3 年来，汽车行业企业的环境管理大致有 3 种做法：

2.1.2.1　建立和健全环境管理体系和制度

环境管理体系是从企业整体出发，把各部门，各环节严密地组织起来，规定他们在环境管理方面的职责、任务，权限和利益，并建立协调各方面环境管理活动的组织机构，在企业内形成一个完整的环境管理网。

目前，汽车行业各企业基本上都已建立起一个完整的环境管理网。它们都是以主管生产的副厂长为主要负责人，安技环保处（科）（第一汽车制造厂是设独立的环境保护处）为主管机构，它的管理职能可概括为规划、参谋、组织协调、监督、考核五方面。大型企业设立由各职能处（室）及总厂领导参加组成的环境保护委员会（或环境保护领导小组），它是企业环境保护工作行政领导机构，负责协调和解决企业环境保护方面的重大问题；贯彻并督促本企业执行国家关于环境保护的方针、政策、法规和规定；负责审定企业环境保护的长远发展规划及企业环境保护制度、条例、规定和经济技术政策。

2.1.2.2　防、管、治相结合的管理方法

所谓“防”，就是要贯彻以预防为主的环境保护方针，从控制污染入手，认真吸取过去国内外“先污染后治理”的沉痛教训，采用有效的预防手段，达到不向环境排放污染物或少排放污染物的目的。从汽车行业企业的实际情况出发，目前，“防”必须从两个方面考虑：

①新建企业和老企业改造、扩建时，必须执行编制环境影响报告书的规定；对新建、扩建工程进行环境影响预评价；在项目批准以后要严格执行“防止污染的设施必须与主体工程同时设计、同时施工、同时投产”的规定（简称“三同时”制度），使污染物排放得到有效的控制，达到国家规定的排放标准以及总量标准，防止新污染。“三同时”制度从汽车行业看，一些大型企业做得比较好，如第一汽车制造厂、第二汽车制造厂、南京汽车制造厂、济南汽车制造总厂等，他们在新建、改建、扩建企业时，基本上执行了国家的“三同时”制度。

②老企业要结合设备更新、技术改造，从工艺改革入手，将污染物的排放消除在工艺过程中。如汽车行业企业普遍采用无氰电镀工艺取代剧毒的氰化电镀工艺，消除了氰化物的污染。

所谓“管”，就是要搞好企业的环境管理。先进的科学技术和科学的管理方法，是环境保护工作的两个轮子。环境污染实质上是资源和能源的浪费。多年的经验证明，通过加强企业的环境管理，可以减少生产原料的消耗和浪费。加强环境保护宣传教育和严格的考

核，可以减少跑、冒、滴、漏现象，从而减轻对环境的污染，减轻治理的工作量，节约治理资金，并能收到降低产品成本的效果。如，第二汽车制造厂在设计一个专业厂的含油废水处理站时，按该厂原含油废水排放量需设计1000t/h规模的处理站，但经设计人员反复调查，并与专业厂和车间共同分析研究，提出了加强控制清洗设备的耗水量，修复和使用冷却水循环系统，加强工位日常管理等措施，使该专业厂的含油废水处理站的规模可降至36t/h，为该厂设计了40t/h规模的含油废水处理站，大大节约了投资和处理运行费用，收到了良好的经济效益。

所谓"治"，就是对污染物进行技术上必要的治理。在选择治理方案时，要讲求技术、经济和环境效果的统一；要尽量采用国内外成熟的治理技术，资源要循环使用、回收利用；要妥善处理治理后的污泥和废渣等废弃物质，避免产生二次污染和污染物搬家；在治理项目投产后，要加强管理，尽量降低处理成本，以求得实际的经济效果和环境效果。如：第二汽车制造厂在集中治理含油废水选择工艺时，先组织设计人员深入调查研究，摸清各专业厂含油废水的不同种类，采用有针对性的处理工艺，并坚持在设计前先做实际水样的试验，根据试验数据优选出设计方案，能够回收废油的尽量先回收，然后进行处理，不但可以减少处理量，而且可以增加回收废油的经济收入，减少了资源的浪费。在选择处理设备时，对国内外目前的设备技术水平进行详细的比较分类，尽量选择技术上有优势，而且便于维修的设备；在选择方案上，尽量考虑处理后的水进行回用，以增加资源的充分利用；设计上还考虑了处理后的油处置问题。第二汽车制造厂各专业厂的含油处理站相继建成后，为了使这些处理站发挥最大效益，制订了操作规程，加强了运行管理，并举办了处理站操作人员学习班，以提高处理站的运行操作水平。通过上述措施，使第二汽车制造厂各专业厂的含油废水处理站收到了实际的经济和环境效益。

2.1.2.3 加强环境综合管理的考核

我国的工业企业环境定量考核管理，尚处于起步阶段。由于国家颁布的《工业企业环境管理考核制度实施办法(试行)》尚未实施，作为定量考核的过渡阶段，大致有如下两种做法：

①企业与所在地的环境保护部门签订环境目标责任书(状)。近几年来，企业与所在地的环保部门作为甲乙两方以书面形式签署《企业环境保护目标责任书》，规定在一定期限内企业所承担的环境保护责任目标，双方代表签字盖章，到期后进行考核，依考核结果给予经济奖罚。这种形式在汽车行业中已普遍推行。如，第一汽车制造厂、第二汽车制造厂、南京汽车制造厂、北京汽车制造厂等都已实行，只是考核内容、考核期限有所不同而已。如南京汽车制造厂是一年考核期，第二汽车制造厂是三年考核期。

通过签订环境目标责任书形式，企业可以加强对环境保护进行综合管理、考核，有利于改进企业的环境质量，在目前条件下是符合实际的，是较好的一种环境综合管理办法。

②在企业开展争创省"清洁无害工厂"活动。近几年来，第二汽车制造厂在环境综合管理方面，开展争创湖北省"清洁无害工厂"活动，以此来提高各专业厂环境保护工作的综合管理水平。

按照湖北省制定的验收细则，实行评分制，经考核总评得分450分以上的企业，命名为湖北省"清洁无害工厂"，颁发湖北省人民政府签发的荣誉铭牌和证书，不是终身制，每年要进行复评，不合格者，限期整改，经整改的不合格者，将取消荣誉称号。

第二汽车制造厂几年的实践证明，开展创建活动是符合第二汽车制造厂实际的，是提高第二汽车制造厂环境综合管理水平，治理污染的有效途径。总厂还规定，凡是取得"清洁无害工厂"称号的单位，不但在经济上给予重奖，而且在专业厂企业升级考评中环境保护方面不再检查和考核。总厂责成安技环保处牵头，成立了有关职能部门参加的创建领导小组，对第二汽车制造厂各专业厂(处)的创建工作全面规划和部署，先易后难地抓治理项目，抓环保规章制度的建立和环保基础资料的整顿和完善；督促各专业厂(单位)强化环境意识，建立和健全环境管理机构，要求各专业厂成立以厂长为组长、生产副厂长为副组长的创建领导小组，坚持把环境经济责任制贯彻到创建活动中。每年初创建一与市环保局直接签订经济“责任状”，明确责任与奖惩条款。各创建厂与车间和科室层层签订“责任状”，把创建任务落实到基层单位和个人，充分调动各单位职工的创建积极性；各创建厂坚持全员参与创建活动，形成了党、政、工、团齐抓共管的创建局面。把创建活动与生产经营结合起来，保证了车间“无死角”；杜绝了各种设备的跑、冒、滴、漏现象；使车间设备、工位器具、产品摆放做到了定置管理，提高了车间的文明生产水平。

从 1987 年开展创建活动，至 1989 年底，第二汽车制造厂在湖北省的 33 个专业厂中已有 21 个专业厂经过省、市环保局联合验收，进入了“清洁无害工厂”行列；其中有 2 个专业厂分别在 1988 年和 1990 年被评为全国环境保护先进企业。1988 年获湖北省“清洁无害工厂”称号，1990 年获全国环境保护先进企业的第二汽车制造厂木材加工厂的锅炉房，通过创建活动，面貌有了根本改观，昔日一身黑的司炉工，如今已穿上了白大褂，使锅炉工成为本厂的好工种。

2.2 汽车行业企业的污染治理情况

2.2.1 概述

汽车行业企业的污染源情况，按国家颁布的《工业企业环境保护考核制度实施办法试行》⑴，列入考核的主要 10 种污染物中，汽车行业企业占 5 至 6 种，其中废气 2 种，二氧化硫和烟尘；废水主要是油，其次是化学耗氧量(COD)和六价铬 3 种；个别企业还有酚。以上被考核的 5 至 6 种污染物，其排放浓度相对别的行业来说，也较低。

2.2.2 汽车行业企业污染治理情况

2.2.2.1 废水治理情况

汽车行业企业对一类废水，主要是电镀废水六价铬的治理都比较重视，均在建厂的同时，建立了电镀废水处理设施，大部分是用化学法或电解法进行处理，只要日常管理好，排放的废水均能达到国家排放标准，而且这些企业绝大部分都是处理达标后单独排放，不和厂内其它二类废水混合排放，有利于监督。

近几年来汽车行业各企业投入到污染治理的资金，大部分是用于废水处理。

第一汽车制造厂 1987～1989 年三年污染治理总投资是 1185.71 万元，主要用于建设综合污染处理厂，该处理厂总投资为 1500 万元，设计能力为 25000t/日，除老厂区含酚废水外(酚有专门的处理站)，处理全部第二类工业废水(主要是含油废水及少量有机废水)及生活废水。该处理厂 1988 年正式投入运行，两年来运行情况正常，目前正常处理量为 13000t/日，回用水约占正常排放水的 1/4，随着管理的完善和增设回用管路，可以加大回用水的比例，以节约水资源。处理后废水排放均达到国家二级标准。

第二汽车制造厂 1987～1989 年三年污染治理总投资为 1215 万元，其中用于含油废水治理总计为 843.2 万元，占总投资的 69.4%，由于第二汽车制造厂各专业厂之间距离较远，不可能集中处理，只能采取分散治理的原则，对含油废水较多的专业厂建立独立的含油废水处理站。三年期间，先后建立了 24 个含油废水处理站，处理能力最大的 300t/h，最小的只有 1t/h，总处理量为 1244t/h。

2.2.2.2 废气治理情况

汽车行业企业的废气，主要有锅炉烟尘、油炉烟尘、工业粉尘、酸雾、漆雾和油漆燥干烟气等。汽车行业各厂对锅炉烟尘已普遍进行治理，但对烟气中的二氧化硫，仅是除尘时(尤其是湿式除尘器)附带去除部分，大部分企业都没有对锅炉烟气中的 SO_2 进行专门的脱硫处理。

锅炉除尘的形式较多，除尘效率较高的有静电除尘器(第一汽车制造厂电厂锅炉采用)、文丘里除尘器(第二汽车制造厂电厂锅炉采用)。目前，各企业的锅炉使用机械型除尘器(如惯性力或离心力除尘器、旋风加水膜除尘器)较多，近年来有使用麻石水膜除尘器取代机械除尘器的趋势。第二汽车制造厂对半沸腾锅炉多采用综合湿式二级除尘器。除尘效率对于一般的层燃式锅炉只要管理得好，能满足要求，但对煤粉锅炉和半沸腾锅炉就不容易达标，需进一步攻关改进。

汽车行业企业的油炉，尤其是重油炉的消烟除尘，有用静电式除烟器，也有的改变燃烧喷咀结构以达到除尘的目的。但目前的处理效果仍然不理想，对周围环境污染严重，仍是“八五”期间科技攻关的课题。

工业粉尘主要是铸造粉尘的治理，目前汽车行业企业大部分采用布袋式除尘器，除尘器效率较高,除尘效果较好。

汽车行业企业酸雾治理,近年来也开始重视逐渐进行治理。主要是采用酸雾净化装置,利用碱液与酸雾对流接触中和的原理,处理效果较好。

汽车行业的漆雾和油漆燥干烟气的治理也提到了议事日程,但目前对它们的治理还没有很有效的方法。通常采用的水膜方式及油漆烟气催化燃烧方式,目前还存在很多实际问题需进一步攻关解决。

2.2.2.3 废渣治理情况

汽车行业企业的废渣,尽管没有列入国家考核的内容,而且治理资金也比较少,但对煤粉锅炉的粉煤灰和对铸造废砂的回用,经济效益较显著,已经被人们日益重视。对它们在“八五”期间进行开发利用,以充分利用资源,已经是当务之急。

2.2.2.4 噪声的控制和治理情况

汽车行业的噪声控制和治理,也和废渣治理一样,由于资金缺乏,三废治理欠债较多,前几年把有限的资金大部分用在废水和废气的治理上,而用于噪声控制和治理的资金较少。如,第二汽车制造厂1987—1989年对噪声的治理投资总计为97.6万元,仅占污染治理总投资的8%。但随着汽车行业企业生产的发展,随着人们对环境保护的重视以及噪声对人体健康影响的认识逐步提高,将会把工业噪声的控制和治理提到议事日程上来。

3 汽车行业环境保护工作的发展方向

3.1 强化宣传教育,增强法制观念

有了环境保护的法制观念,才能在环境保护工作中严格执法,真正实现环境管理的法制化。

3.2 加强队伍建设,理顺工作关系

企业环境保护专职队伍的主要工作是进行监督管理和污染治理。因此,在企业生产规模不断扩大和发展过程中,要十分重视加强环境保护队伍的建设,培养一支训练有素、精通业务、善于管理、立志为环境保护事业贡献力量的环境保护生力军。

3.3 开展科研攻关,解决环保难题

要从根本上解决汽车行业企业的环境保护难题,必须依靠科研攻关。汽车行业企业有许多环保难题,如:含油废水处理过滤设备不过关,粉煤灰、炉渣,废型砂的综合利用,重油炉、半沸腾炉和粉煤锅炉烟尘的治理,二氧化硫、油漆工艺废气的处理等,都是由于技术不成熟,能源和资源得不到合理利用造成的,有的由于处理设备不过关又形成了二次污染。因此,开展科研攻关是推动汽车行业环境保护工作进一步发展的重要措施,必须摆到重要的位置上来。

3.4 重视制度建设,深化环境管理

一是环境保护目标责任制:以签订责任书的形式,具体规定领导任期内的环境目标和任务,并作为政绩考核内容之一。二是环境保护综合整治定量考核制:考核范围包括大气环境、水环境、噪声控制、固体废物综合利用和处理及绿化等五个方面,共20项具体的定量考核指标,这是环境保护目标责任制的主要内容。三是排放污染物许可证制:随着汽车工业的不断发展,汽车生产企业的数量和规模也将不断扩大,废水、废气等污染物的排放量将会日益增大,因此,只有在实行了排放浓度控制的同时,对一些污染源实施污染物排放总量控制,才能从总体上有效地控制污染。四是推进污染物集中控制制度:治理污染的根本目的,不是单纯地追求某个污染源的处理率或达标率,而是追求整个环境质量的不断改善,和以尽可能小的投入获得尽可能大的治理效果。我国的现实情况,决定了汽车行业企业污染治理应走集中与分散治理相结合的路子,并把集中治理和控制作为发展方向。五是继续推行限期治理制度:对污染源实行限期治理是一项行之有效的制度,在给企业产生一定压力的同时,也给企业一定的自由度和时间,促使企业在规定的期限内筹集治理资金,体现了环保工作的权威性。

通过以上管理活动,认真贯彻落实国家颁发的《关于进一步加强环境保护工作的决定》把环保工作纳入企业综合管理的轨道,作为企业升级考评和评先(评优)的必备条件之一,从而形成汽车行业企业环境保护工作良性循环的新秩序。

第二汽车制造厂环保处

陈 焱 雷印盒 殷吉有

汽车工业节能

一 1988～1990年我国汽车工业节能情况综述

中国汽车工业总公司

我国汽车工业的能源管理和节能工作起步于1980年，在中央“能源开发与节约并重，近期以节约为主”的方针指引下，逐步建立了节能管理体系，广泛开展群众性的节能活动。尤其是国务院颁发《节能管理暂行条例》以来，近三年发展很快。中汽总公司及原中汽联狠抓了能源管理和节能工作，认真贯彻《条例》和各项节能政策措施，以提高企业素质和经济效益为目的，综合运用行政、法制、经济、技术、宣传教育等手段促进企业节能降耗，近年来，全行业全面开展了节能升级定级活动，制订了各项产品能耗、产值能耗定额标准，颁发了节能升(定)级《审定办法》，加强对重点耗能企业和重点耗能设备的技术改造，推进节能工作步步深入。

1990年，根据我国汽车工业232个企业统计，万元工业总产值耗标准煤为1.148t，比1988年的1.326t下降13.42%，年平均节能率6.95%。1988年以来节约标准煤392327t，其中节电1.54×10^{8}kW·h，年平均节电率为3.33%；节煤286531t，年平均节煤率6.15%。

同时也应看到，近年来我国汽车工业节能降耗工作仍面临不少困难和问题。由于企业经济效益有所下降，能源使用的经济效益也有所下降。吨能创利税由1988年的1575.20元下降到1990年的1091.50元，下降30.7%。

近三年来，我国汽车工业在鼓励节能降耗、加强能源管理方面制订和提出了不少制度、规定和办法，有力地推动了全行业节能工作的开展。如每年提出了“工作要点”，制订了“节能奖励办法”，“节能升级定级审定办法”等。所属各集团公司、地方公司、直属企业和重点耗能企业基本上都设立了能源管理机构，配备了相应的专职节能人员。从而，在组织上保证了节能工作的正常开展。

为促进企业有效开展节能和提高全行业的节能意识，还正式成立了中国汽车工业能源利用监测中心，第二汽车制造厂还成立了能源利用监测站，先后投资100万元，对主要耗能设备500多台和工艺开展能源利用监测。

近年来，我国汽车行业在企业节能升(定)级方面取得了明显成效。现全行业已有一汽、潍柴两厂被批准为国家节能一级企业，二汽、重发两厂已通过国家节能一级企业预考评，还有南汽、北汽、济汽、川汽、丹汽等45个企业被批准为国家节能二级企业。这标志着我国汽车工业已有相当一批企业的节能管理水平和主要耗能产品的能耗水平已达到国家先进水平。

近年来，我国汽车工业在依靠技术进步促进节能方面也取得了显著成绩。如第二汽车制造厂，在“七五”期间用于节能技改资金达1862万元，实现节能技措项目229项，年节能量达2.9万t标准煤；重汽集团在“七五”期间对高耗能设备的改造共投资1631.8万元，完成631台(项)；第一汽车制造厂在1990年利用有限的资金38万元即实现年节能量635t、动能费21万元的成绩。

近年来，我国汽车工业在提高能源干部队伍素质方面也做出了重大努力，中汽总公司先后举办了能源统计训练班三期、节能升(定)级研讨班三期，培训人数达350人次以上。于1987年成立了“能源管理工程委员会”，大力贯彻学术交流活动，搜集和宣讲能源技术和管理论文100余篇，汇编成册两集。各企业还自办和派出人员参加国家计委及各省市的节能培训班，使广大能源管理人员素质普遍提高。

近年来，我国汽车工业不少企业在完成企业能量平衡的基础上，又大力开展了企业“电平衡”、“水平衡”、“天然气平衡”工作，掌握企业用能情况，进行节能潜力分析，对提出节能整改措施起到了很好的作用。

从总体上看,近年来我国汽车工业节能工作有了长足的进步,积累了不少经验,收到了实效。但能源利用率仅30%左右,仍属低水平。在行业内部,发展也不平衡,还需要各级、各企业认真总结、积极配合、协调一致、共同努力,为开创节能工作新局面而奋斗!

附表1　汽车工业企业1988、1990年能源消耗

序号	项　目	年份	总　计	其中:汽车厂	改装车厂	汽车发动机厂	汽车配件厂
1	全年原煤消耗量(t)	1988	2311543	1828098	73013	60474	113644
		1990	2105523	1601576	65604	59265	121928
2	全年焦炭消耗量(t)	1988	123114	67769	3540	14281	5085
		1990	82449	42975	2168	11115	4625
3	全年原油消耗量(t)	1988	16	16			
		1990	645	645			
4	全年重油消耗量(t)	1988	77118	57439	549	2672	9478
		1990	74023	57218	783	1607	10112
5	全年柴油消耗量(t)	1988	38415	16957	1647	5941	6341
		1990	31536	15042	1446	5292	4690
6	全年电力消耗量(1.0×10^4kWh)	1988	225946	136122	7204	13437	25786
		1990	219842	134500	6665	12511	26659
7	其中自发电量(1.0×10^4kWh)	1988	82280	80274	204	678	30277
		1990	68383	66850	60	181	575
8	全年能源消耗总量(标煤t)	1988	2806329	1802246	92969	170350	242916
		1990	2530440	1557426	88073	171545	249096
9	全年水消耗量(1.0×10^4t)	1988	16159	7647	1052	816	2523
		1990	28903	7972	2778	10822	3211

附表2　汽车工业企业1988、1990年主要能源经济指标

序号	项　目	年份	总　计	其中:汽车厂	改装车厂	汽车发动机厂	汽车配件厂
1	万元工业总产值综合能耗(t/万元)	1988	1.326	1.26	0.61	1.44	1.39
		1990	1.148	1.05	0.59	1.30	1.29
2	万元工业净产值综合能耗(t/万元)	1988	4.034	3.88	2.40	4.18	3.51
		1990	3.352	3.202	2.382	3.724	3.10
3	吨能实现工业总产值(元/t)	1988	7539	7987	16306	6925	7213
		1990	8710	9484	17004	7688	7769
4	吨能实现工业税利(元/t)	1988	1575	1820	1922	1583	1559
		1990	1091	1163	1169	1115	1385
5	每辆汽车能源消耗(t/辆)	1988	3.25	3.24	25.21		
		1990	3.23	3.289	2.96		
6	万元产值耗电量(kWh/万元)	1988	1067	945.7	475	1139	1471.6
		1990	997	911	445	949	1378
7	万元产值耗煤量(t/万元)	1988	1.09	1.27	0.48	0.51	0.677
		1990	0.96	1.08	0.44	0.45	0.625
8	人均能源消耗(t/人)	1988	4.087	4.963	1.604	3.752	2.444
		1990	3.440	3.991	1.349	3.578	2.410
9	节能量(标煤t)	1988～1990	392327	310173	2995	18464	19353
10	节电量(1.0×10^4kWh)	1988～1990	15428	5125	449	2506	1811

注:每辆车能源消耗只计算汽车厂和改装车厂

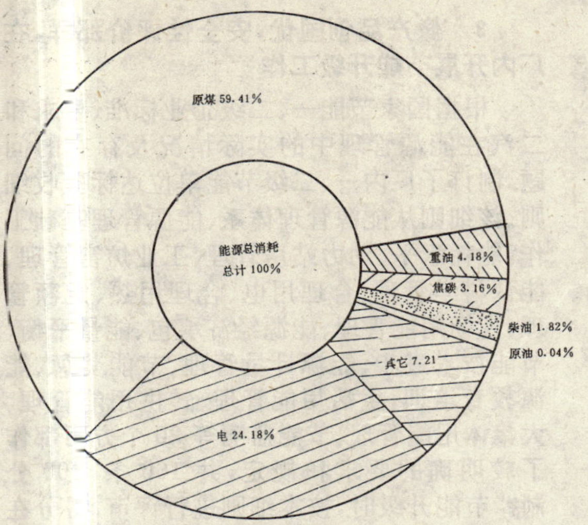

图 1　1990 年汽车工业消耗能源构成图

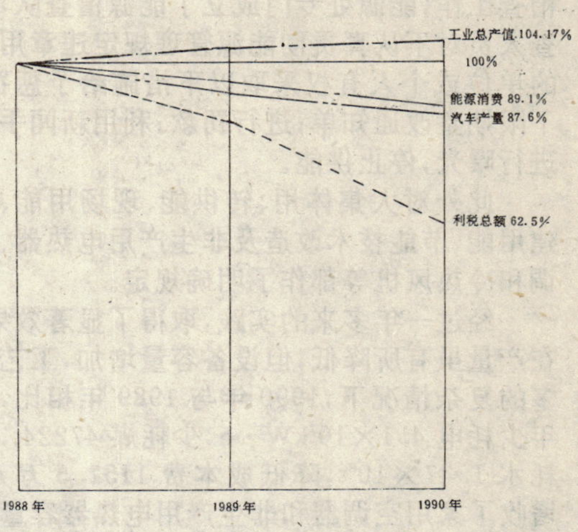

图 2　汽车工业能源消费与工业总产值、汽车产量、利税总额发展速度比较

二　进一步强化能源综合管理　积极推进节能技术改造

第二汽车制造厂

二汽是一个综合管理性大型专业联合汽车制造厂，年耗煤 60 万 t 左右。每年节能工作都有长足的进步，创造了明显的经济效益，进入了国家节能一级企业行列。

1　强化综合管理，实现节能降耗

1990 年初，厂能源处提出了由粗放供能"增长型"转变为集约节能"效益型"的工作方针和全年节能效益达 500 万元的工作目标。为了完成这一工作目标，相继制订了《关于进一步加强能源管理的暂行规定》(共 10 项，40 条)。

按照上述文件和规定，对全厂能源管理和节能工作，主要采取了以下带强制性的措施。

1.1　能耗总量实行计划定量供应，超耗加价收费，节约计奖。即厂属各单位年、月所耗各种能源总量，由能源处会同各供能部门按上年同期下降 2～3%左右进行核定，下达能耗总量限额指标，超耗部分，电力、自来水、煤炭、油料分别按厂内结算价 5 倍、3 倍、1.3 倍和 2 倍收费。节约部分按国家和总厂有关规定提取节能奖和成本奖。

1.2　生产用能实行双项定额指标进行考核。为了督促各单位强化能源管理，又能使能源管理搞得好的单位能得到一部分节能奖金，对各专业厂和生产性处室的生产用能实行了双项单耗定额指标进行考核。即单耗考核定额和节能奖算奖定额。考核定额高低，一般比上年实耗数下降 4%左右，算奖定额高低，一般以上年实耗数为准。完成考核定额者，按计奖定额提取节能奖金，完不成考核定额者，不仅取消节能奖资格，还要倒扣单位本季度综合奖 0.3～0.5 分。

1.3　职工家庭生活用能(电力、自来水)实行定量供应超耗加价的办法。职工家庭用能在定量以内按厂内规定价计量收费，超定量部分，电力按现行价 5 倍收费，自来水按 3 倍收费。有效地抑制了生活用能的超前消费与浪费。

1.4　强化能源稽查工作。为了强化能源

稽查工作，能源处专门成立了能源稽查队，稽查人员对不认真贯彻能源管理规定违章用能的单位或个人有权采取以下措施给予惩罚：下限期整改通知单；进行罚款；利用新闻手段进行曝光；停止供能。

此外对大集体用、转供能、现场用能、基建用能、节能技术改造及非生产用电热器、空调和冷热风机等都作了明确规定。

经过一年多来的实践，取得了显著效果，在产量虽有所降低，但设备容量增加，工艺增多的复杂情况下，1990 年与 1989 年相比，全年少耗电 4.1×10^{7}kW·h，少耗煤 47224t，少耗水 1.47×10^{6}t，降低成本费 1152.5 万元；增收了家用空调器和非生产用电热器容量费 20.2 万元；清理转供大集体用能增收 56.48 万元；并大大提高了全员的节能意识，基本上堵住了现场的“跑、冒、滴、漏”，为今后各种能源管理规定或制度的贯彻扫除了障碍。

2　开展热电联调，减少供热，增加发电

二汽热电厂装有 3 台 220t/h 锅炉和两台 5×10^{4}kW 的抽气式汽轮发电机组，负责供应全厂 65%左右的用电和厂区中片生产工艺用热。为了节热保电，合理使用能源，缓和煤、电、热供需矛盾，自 1988 年冬季以来，采取了热电联供，节热增电的措施，其主要内容是：

2.1　起动原基本闲置的中片 8 台(4～10t/h)锅炉代供热网尖峰负荷，减少电厂供热压力，使热电厂供热机组始终处于最佳运行状态，使两台 5.0×10^{4}kW 的机组最大出力达 1.155×10^{4}kW。

2.2　全厂职工家庭生活用热水一律实行三定：定时、定点、定温。

2.3　实行低标准采暖，即室内采暖温度不得超过 15℃，热交换站送水温度不得超过 60℃。

2.4　对非电厂供热的工业锅炉一律实行限额供煤。

自行热电联调以来，每年冬季中片至少少供蒸汽 6×10^{4}t，增发电 1.4×10^{7}kW·h，直接经济效益 240 多万元。而且在用汽设备、生产车间和民用建筑逐年增加，而电厂和中片专业厂锅炉容量尚未增加的情况下，较好地解决了蒸汽、电力的供需矛盾。

3　像产品创国优，安全性评价那样，在厂内开展节能升级工作

根据国家节能一、二级企业标准、要求和二汽在能源管理中的实际情况及存在的问题，制订了厂内一、二级节能单位达标验收细则。该细则从能源管理体系、能源管理基础工作、能耗水平、动力站房管理、工业炉窑管理、能源科学管理、合理用电、合理用热、定额管理，现场用能管理、能源经济承包、能量平衡、节能技术进步、能源计量管理、节能奖惩、能源教育培训，生活用能管理、转供用能管理、大集体用能管理、节能监测等 20 个方面都作了较明确的要求和规定，共 160 条，200 分制。节能升级时，按本细则进行评审，得分在 190 分以上为厂内一级节能单位，180 分以上为厂内二级节能单位，180 分以下为不合格单位。并且规定节能升级为厂内企业升级的否决条件，节能奖的提奖率也有所差别。实践证明效果较好，基本上达到了预期的目的，按照本细则对 35 个专业厂和两个主要生产性处室进行了预评审，27 个专业厂基本上达到了厂内节能一级单位标准，其余达到了二级单位标准，为二汽通过国家节能一级企业奠定了基础，创造了条件。

4　能源监测是强化能源管理和节能技术改造最重要的诊断手段

1988 年初，二汽建立了能源监测站，先后投资了近 100 万元，购置了能源监测车和成套监测仪器、仪表，形成了监测能力。1989 年初，经湖北省经委认证，获得了《节能监测资格证书》和《企业能量平衡资格证书》。1989 年以来，测试主要耗能设备 500 多台，并完成了全厂的电平衡和部分专业厂的压缩空气和水管网泄漏率、工业锅炉及设备更新、改造和“四新”技术的应用测试工作。

5　广开资金渠道，积极推行节能技术进步

按照效益高、见效快、上技术、上水平的原则，在“七五”期间，通过总厂拨款，结合设备更新和改造，各专业厂自筹资金等多种投资渠道，直接或间接用于节能技术改造的资金共 1862 万元，共实现节能技措项目 229 项，其中采用新产品 113 项，新技术 102 项，新材料 55 项，新工艺 29 项，因为这些项目的实现，年节标准煤约 2.9×10^4t。

新产品主要是根据机械电子工业部颁布的1～12期节能与淘汰机电产品目录进行的，近年来，共采用节能新产品，淘汰旧产品共三千多台；

新技术主要根据上技术、上水平和节约能源及保证设备安全运行的原则进行的，经过近几年的努力，二汽电力系统已实行微机监控制度，4台10t锅炉和500多台主要耗能设备实行微机监测或监测监控，全厂主要生产车间采用了低压功率因数微机补偿装置，能源管理系统建立了数据库实行了软盘传递；

新材料，特别是耐火、耐高温的轻质筑炉材料和硅酸铝、岩棉等保温材料与旧材料相比，一般节能都在20%左右。为节约能源，二汽规定：工业炉窑大修或更新、热力管网及用热设备保温层更换或新扩建的供热管网及供热设备保温，一律要采用新的耐火、耐高温的筑炉材料或保温材料；

新工艺是节约能源很重要的一种途径。特别是在铸造、热余处、烘干工艺中，节能效果更为显著。如化油器厂，将两次熔化铝改为一次熔化铝，减少两次熔化，投资3万元，年节电35kW.h；铸造二厂铸件低温退火工艺，投资1万元，年节电102kW.h；锻造厂前梁线采用余热淬火，投资1万元，年节电40万kW.h；车身厂油漆烘干线采用湿碰湿工艺，即由原来的两次浸漆、两次烘干改为两次浸漆、一次烘干，投资1万元，年节电300多万kW.h。

三　围绕企业节能升级　强化科学管理

第一汽车制造厂

第一汽车制造厂有自备热电厂一座，装置10台电站锅炉，总蒸发量为1025t/h，7台汽轮发电机组，总容量为 9.1×10^5kw，2台汽轮空气压缩机组。有两座煤气发生站，共有12台煤气发生炉，重油裂化制气设备两套，保护气体净化装置一套。有工业锅炉房6座，共有锅炉27台，总蒸发量为173t/h。有压缩空气站10座，共有压缩机48台，总容量为2263m³/min，另外还有氧气站、乙炔站、二氧化碳站等多种动力站房。

目前，一汽年耗各种动能折合标准煤约六十多万t，其中原煤占67.5%，洗中块煤占11.93%，重油占9.06%，焦炭占5.9%，汽油占1.37%，柴油占0.13%，煤油占0.10%，外购电、蒸气、水占4.01%。

几年来，一汽认真贯彻国务院颁发的《节约能源管理暂行条例》等各项节能法规，取得了明显的经济效果。1988年每辆车的可比综合能耗由1987年的4.782t标煤下降到4.098t，1989年又下降到3.467t。1988年一汽进入了国家节约能源二级企业。1989年通过了国家节约能源一级企业的预考评。1990年被正式评为国家节约能源一级企业。

1　深入开展节能宣传教育，增强职工节能的自觉性和紧迫感

结合第一汽车制造厂的用能特点，通过板报、广播、电视、报纸等多种形式广泛进行宣传。

2　建立健全能源管理体系，完善能源管理制度和考核标准

建立健全能源管理体系，实现全员和生产经营全过程的“全面能源管理网”。经过多年的不断充实和健全，现全厂已形成三级能源管理网，其中专业厂节能机构33个，专职节能员124人，兼职节能员3400余人。

为了加强能源管理的法制建设，1986年厂制订和施行了《第一汽车制造厂能源管理制度》。近年来，又充实了《节能技术改造项目管理细则》、《能源发展增容管理细则》、《无泄漏工厂、车间管理细则》、《动能消耗分

配办法》及《燃料管理办法》等，1990年为使能源管理制度更进一步适应企业升级和能源管理的需要，对原管理制度和各项管理细则又重新进行了修订，使能源管理有章可循，有法可依，加强了能源的法制管理。

1988年，又进一步推行了能源管理标准化工作。首先制订了《能源管理工作考核标准》来统一全厂的管理模式，并将考核结果作为专业厂节能升级和竞赛评比的依据。

为使能源管理资料档案化，一汽重新建立和修订了各种管理表格37种，做到上下统一口径。并对各专业厂的耗能设备、变压器、热力进口分类进行了普查和建台账工作，使能源管理基础工作有较大的提高。

3 加强能源计量管理，促进能源消耗定额的考核

为了加强能源计量考核工作，近几年厂又增设了一批能源计量器具，使厂能源计量综合配备率已达99.3%，其中一级为98.9%，二级为99.5%，三级为99.6%，能源综合检测率为99.7%，重点机台检测率为99.4%。1988年，一汽经国家检查验收达到计量管理一级企业标准，获国家颁发的合格证书。

为了推进能源计量管理现代化进程，一汽投资10万元，实现了厂能源办公室与计量处之间的微机联网，及锻造厂能源计量仪表微机化。从而加快了数据传输、计算的速度，提高了统计数据的准确性。

由于具备了较好的计量工作基础，能源消耗定额考核工作也就有了保障。一汽将各专业厂的能耗定额列入年度经营计划，同各类经济计划指标一并下达，各专业厂将各项定额按季度、分车间和重点机台进行考核，现对各专业厂的考核为102项，经测算能耗定额覆盖面积为93.64%。

4 严格进行炉窑、站房的能耗等级考核

工业炉窑、站房能耗高，节能潜力大，自《机械工业炉窑、站房能耗分等》标准颁发以来，逐年按季度对炉窑、站房进行了严格的考核。

首先，对全厂炉窑、站房设备进行普查，统计出763台炉窑、站房设备，其中应纳入等级考核的有279台，对这些设备每季度进行一次能耗等级考核，并逐台建立技术等级台帐。对未达到等级考核标准的设备，厂能源办与使用单位共同进行分析，找出原因，制订整改措施，争取下季度进入等级标准行列，同时对已进入等级标准的设备，专业厂与能源办公室制订上等级的规划。

5 在全厂坚持开展创无泄漏工厂、车间活动，现场管理出现了新局面

首先，制订了《无泄漏工厂、车间、班组管理细则》，普查了全厂的密封点，建立了密封点统计台帐，并绘制了密封点分布图。还推行了密封点管理承包责任制，即把密封点按分属情况分解到车间、班组和个人进行管理，实行“漏点报修、堵漏登记”的办法，督促职工发现跑、冒、滴、漏现象及时到维修部门报修，维修人员按要求进行修理，修后进行登记，能源管理部门根据报修及修理记录，给有关人员以适当的奖励。对应报不报、应修不修的情况，分清责任给予罚款处理。

各专业厂每季度将自检合格的车间报厂能源办公室申请验收，厂能源办公室专业人员到现场进行检查，达到泄漏率标准的车间给予命名。《细则》规定，专业厂无泄漏车间占耗能车间90%以上，泄漏率达2‰以下，且每年四个季度都达到这两项标准的专业厂，可命名为年度无泄漏工厂。1989年、1990年有15个专业厂被命名为无泄漏工厂。

目前，全厂能源泄漏率控制在0.8‰以内，受到了中国汽车工业总公司及国内外专家的好评。

6 围绕能源管理升级，提高管理现代化水平

1988年，第一汽车制造厂成立了能源监测中心，完成了全厂第二次企业能量平衡工作，并开展了对重点耗能设备的监测。三年来共对162台耗能设备进行测试，并针对利用率低的问题，制订出整改措施，落实到有关部门加以解决。

1989年，应用微机开发了能源管理信息系统，该系统的功能包括：数据检索、报表管理、重点耗能设备管理、能耗分配管理、能源需求预测、节能奖惩管理、能量平衡管理、能源计量管理、情报资料检索等九个方面，该系统已在能源管理中起到了作用。

7　推进技术进步，大力开展节能技术改造

1988年以来，厂投资290万元用于节能技术改造，共完成改造高耗能设备和完善能源计量等56项。

7.1　节能新技术、新工艺、新材料的推广和应用

车身厂采用新型节能电加热器改造面漆烘干室，每年可节电 4.82×10^5kW·h；

专用机床厂采用可控硅调速系统，取消直流发电机组，每年可节电 2.4×10^5kW·h；

热处理厂应用耐火纤维改造热处理炉每年可节电 1.42×10^5kW·h。

7.2　设备节能技术改造

车轮厂采用先进炉型，改造五行程烘干炉，每年可节电 3.8×10^5kW·h，节蒸汽3500GJ；

工具厂将硝盐炉由间接加热改为直接加热，每年可节电 1.8×10^4 万kW·h；

散热器厂采用新工艺改造两台4t锅炉，每年可节煤125t。

7.3　余热利用

铸造厂在锻工箱式炉上加装煤气预热器，年可节煤气 6.88×10^4m³；

变速箱厂利用蒸气凝结水加热热水，每年可节约蒸气1254GJ。

7.4　节约用水

热电厂将轴瓦冷却水回收利用，每年可节水 1.6×10^5t；

发动机厂在8台高频设备上加装玻璃钢冷却塔，每年可节水 6×10^5t；

热处理厂在双排热处理炉加装高温冷却塔，每年可节水 7.1×10^5t；

空调机厂将备战坑道水作为工业用水加以利用，每年可节水 6.0×10^5t。

四　依靠技术进步　实现能源系统整体优化

重庆汽车发动机厂

重发年生产用能5000t标煤，从1983年起连续获得省、市、行业、国家节能先进企业，1989年已通过国家节能一级企业预考评，该厂能源工作有以下几个特点：

1　领导重视，节能保证体系完善，组织健全，人员充实，素质高，业务强，从组织、人力上保证了能源工作不断深入发展的需要

该厂成立了以厂长为组长的能源领导小组，设有专职的节能机构和专兼职三级节能网，厂内纵横三级节能网共有135人，占全厂职工总数的4.8%。专职节能机构—厂能源办公室配有热工、电气、仪表、机械、炉窑等技术人员，设有仪表组、计算机组、生活水电组三个职能组。厂一、二级节能网具有中级以上职称的有36人。几年来该厂采用外送内培自学成才等手段，培养了一批精干、能干、肯干的热心能源工作的青年同志，他们文化素质高，敢于创新，敢于开拓，能力强，从能源的全面科学管理，到计算机开发、系统设计、安装、调校、维护，都有一支较过硬的队伍，这在省市行业都有一定的优势。

2　能源工作逐渐由定性要求到定量要求，使工作简化、统一、协调、优化，获得最优秩序和节能效益

该厂负责组织协调监督检查的专职机构，坚决贯彻执行国家能源政策方针、法规、标准，负责定额编制、考核、计量统计、节能技措项目编制、督促实施、节能评价、能量平衡，制订了各类能源管理制度13个共254条，使能源各项工作有章可循。在企业开展能源升定级中，为使工作标准明确，程序明确，职责分明，协调一致，制定了《企业节能保证体系》、《能源定额消耗标准》、《管网无泄漏标准》、《能源办公室工作标准》、《能源

统计规定》等若干标准，确保能源工作质量和效率。这些标准的贯彻实施，使该厂的各项基础工作上了新的台阶，使占总能耗约50%的工业炉窑站房有80%以上达到相应等级要求，能源定额考核覆盖面达总能耗的90%以上，动力管网泄漏率在2‰以下，企业的工业总产值每年以6.5%以上的速度增长，而能源基本上没有增加，实现了增产不增能。

3 采用现代化方法，计算机用于能源工程，实现能源全过程的监测、监控，是能源工作在新形势下的重要措施手段，也是企业整体优化的重要手段。

该厂几年来不断地采用现代化方法，将微机用于能源工程，经历了摸索——积累——提高——进取的过程。

早在“六五”初期，该厂就着手完善能源计量，提高计量精度，更新仪表。1984年在天然气计量上首先采用微机数据检测处理系统《即多通道流量计》，摸索出能源计量开发应用计算机的路子。紧接着在压缩空气、蒸汽上采用微机数据检测自动显示打印系统。在总结汽、气用微机的情况基础上，开发了计算机用于电力调度、监测、监控，使原来的静态管理过渡到动态管理，实现电力供用同步跟踪。该系统对用电单位负荷分段给定，48个用电单位和设备，电网系统负荷，八回路6kV电力线路，自发电机组等所有电力参数实现监控，在模拟屏上显示整个系统动态状况，定时打印各种数据。该系统投入运行后，使电能得以充分利用，拉闸限电次数大幅度下降，只需7.2个月就可以收回投资，其节能效果是无法估算的。

1989年该厂又开发了在自来水上用微机，企业的用水量大量减少，直接收到经济效益。该系统参加了全国第二次节水展览，工厂也被评为全国节水先进企业。

该厂在各能源系统采用微机的同时，也不断开发微机用于重点耗能设备。1985年在热处理炉采用了微机炉温检测控制系统，实现了空气燃气自动调节，在重点耗能设备上闯出了一条采用先进控制手段的路子。“八五”期间，该厂将把能源工作的重点放在重点耗能设备的集散控制上。

经过多年的努力，该厂的能源监测中心已具有一定的基础和规模，实现能源全面科学化管理为期不远。

4 依靠技术进步，进行节能技术改造，采用节能技术是企业不断前进的根本保证。

通过技术途径，改造耗能设备，采用节能新技术，新工艺，新材料，是需要花大量资金、人力、物力才能收到节能效果的硬途径。

多年来，重发厂投资200多万元，进行了全厂的节能技术改造。

集中供热，集中供压缩空气，集中循环水回收利用，克服分散效率低弊病，淘汰旧设备，提高设备利用率，不仅节约大量能源，而且实现集中控制，减轻环境污染。在站房考核中，锅炉房、空压站达到国家一等站房标准；

实现高压电容集中自动补偿，使高压供电线路，功率因数在0.95以上，自发电站、部分车间实现低压就地自动补偿，提高发电机组出力和低压线路功率因数；

更新变压器、空压机、汽车、工业电炉、电动机等费能设备，采用国家推荐的节能产品共百余台(座)，实现年综合节能300t标煤；

在工业炉窑上，采用低压燃烧器，远红外线加热技术，轻质耐火材料，燃气、空气自动配比调节等节能新产品、新技术和新材料，在引进新技术的同时，引进国外先进干燥炉，为工业炉窑的改造提供了样板；

采用国外的先进节能新工艺，该厂铸造分厂引进了国外的自硬砂新工艺，不仅取消了砂型烘烤工艺，实现节能，而且提高产品质量和降低铸件废品率，该技术在国内处于技术领先地位。

“八五”期间，该厂根据工厂的中心目标，制订了更高的目标，将在能源工作上有新的突破，实现能源系统的整体优化，实现全厂的整体优化。

汽车销售和技术服务

一　1988～1990年汽车市场综述

中国汽车贸易总公司

1989年国家采取紧缩财政、紧缩信贷的政策，用三年时间对国民经济进行治理整顿。“双紧”政策涉及到经济生活的各个方面，作为同投资和消费密切相关的汽车产品市场，首当其冲受到宏观环境的影响。

“双紧”政策的宏观经济环境和汽车需求内在规律的两个方面，形成了1989～1990年汽车市场的疲软。

根据全国主要汽车生产厂家统计，1989年生产汽车57.37万辆，较上年同期下降11%，其中载货汽车46万辆，占80%；乘用车11.37万辆，占20%。加上1988年末库存2万辆，国产汽车总资源59.37万辆。进口车计划资源6.98万辆，实际资源5.96万辆，较上年下降33.9%。全年国产和进口资源总量为66.35万辆，较上年减少10.25万辆，其中：国产汽车占89%，进口汽车占11%。

1989年销售国产汽车51.89万辆，较上年同期下降13%；销售进口汽车2.3万辆，较上年同期下降71%。1989年生产厂家汽车库存4.07万辆，较上年同期上升103%。形势最为严峻的是轻型汽车，微型汽车和小轿车，期末库存分别为124万辆、0.86万辆、0.21万辆，较上年同期分别上升180%、115%、105%。进口汽车库存3.65万辆，其中现货2.1万辆、期货1.53万辆；在进口汽车总库存量中，小轿车占57%(2.08万辆)。国产和进口汽车库存总量10万辆(含部分社会库存)，是历史最高水平。汽车市场价格水平呈下降趋势。

1990年国家启动经济的各项微调措施逐步出台，汽车市场走出低谷缓慢回升，但是回升势头较弱，因汽车产品结构性的矛盾突出，产销差率加大，企业经济效益下降，汽车市场在疲软的状况下艰难运行。根据全国73个主要汽车生产厂家统计，1990年生产汽车47.5万辆(含底盘，下同)，较上年下降11.8%；共销售汽车47.2万辆，较上年下降8.4%，产销总量下降。但从全年季度变化看，则呈缓慢上升趋势：一季度共生产汽车9.1万辆，销售8.5万辆，产销量为全年最低季度，尤其1、2月份，月销量只有1.5～2.5万辆；二季度回升，全季生产汽车13.7万辆，销售12.9万辆，分别比一季度上升50%和53%；三季度又有回落，全季生产汽车12.3万辆，销售11.5万辆，分别比二季度下降10.2%和10.8%；四季度再次回升，全季生产汽车12.4万辆，销售14.6万辆，分别比三季度上升0.8%和26.9%。总的来看，全年产销量是由低到高缓慢回升，除一季度外，其他三个季度月均产销量均达到4万辆以上。

1990年载货汽车市场持续疲软，下半年也未见好转，其根本原因还是经济回升乏力，有效需求不足、生产性投资减少等。据统计，1990年全国主要汽车生产企业累计生产载货汽车(不含底盘)27.6万辆，累计销售27.5万辆，分别比1989年下降20.1%和16%。其中，重型载货汽车生产0.5万辆，销售0.45万辆，分别比1989年下降44.5%和50.8%；中型载货汽车生产14.3万辆，销售13.7万辆，分别比1989年下降12.4%和13.2%；轻型载货汽车生产8.6万辆，销售8.9万辆，分别比1989年下降30%和22.9%；微型汽车生产4.2万辆，销售4.5万辆，分别比1989年下降16.2%和1.2%。各类车型的产销量均呈下降趋势，其中重型载货汽车和轻型载货汽车的降幅达20～50%。

1990年乘用汽车市场变化明显，下半年大幅度上升。由于国家各项启动市场和促进销售的政策陆续见效，社控放宽，信贷放松，使受抑制的乘用汽车需求量大幅度增加。各类乘用汽车产销旺盛，名优产品出现了供不应求的局面。据统计，1990年全国主要汽车生产企业累计生产乘用汽车(不含底盘)10.4万辆，销售10.1万辆，分别比1989年上升5.1%和6.3%；其中：轿车生产3.4万辆，销售3.5万辆，分别比1989年上升35.5%和45.1%；越野汽车生产4.5万辆，销售4.5万辆，分别比1989下降1.06%和上升3.3%。在乘用汽车中，名优产品更是畅销不衰，如BJ2020型轻型越野汽车，全年生产3.4万辆，销售3.4万辆，12月末库存仅4辆；上海桑塔纳轿车全年生产1.8万辆，销售1.8万辆，12月末库存只有170辆；一汽奥迪轿车全年生产0.42万辆，销售0.47万辆，12月末库存186辆。乘用汽车市场普遍好转，下半年更为明显，共销售各类乘用汽车5.8万辆，占全年销售量的60%。

1990年汽车市场价格总水平是平稳的。虽然进口汽车和各种小汽车价格水平下降后逐步回升，由于在汽车市场销量中所占比重低，因而并未使汽车市场价格总水平产生较大影响。据24个省、市机电公司、汽车配件公司各种车辆销售价格统计，1990年上半年汽车市场价格呈下降趋势，下半年呈回升趋势。下半年中型载货汽车价格回升1%～2.5%；轻型汽车回升3%～6%；微型汽车回升1%～2%；轻型越野汽车回升5%～10%；小轿车回升2%～6%；重型汽车价格呈下降趋势。

二　销售技术服务是二汽集团开拓市场前进的车轮

第二汽车制造厂销售处

1　近几年二汽集团销售技术服务工作的发展

1.1　开展全方位、多功能服务

在汽车市场不断发展成熟的情况下，用户对企业销售技术服务工作的要求不断提高，企业的销售技术服务功能越齐全、越能取得用户的信任。为了适应市场经济的发展，满足用户的需要，服务站也从单纯的维修东风车，逐步开展了技术咨询、代理三包、新车走保、销售配件、销售汽车等业务。服务功能的拓宽，进一步满足了开拓市场和用户的需要，二汽集团提出了销售技术服务向全方位、多功能发展的指导思想。

“全方位、多功能”从广义上讲，就是技术服务在售前、售时、售后，包括在已实现和潜在实现的市场，为用户所作的全部销售技术服务工作。

经过一段时期的努力，二汽集团已在济南等28个技术服务中心(站)初步实现了“全方位、多功能”的建设，使他们能执行部分公司的职能，即技术两级管理，汽车和配件中转、销售两级管理，资金回笼，市场信息等工作职能。

1.2　“全天候”优质服务是提高东风汽车信誉的有效措施

自1988年底开始，在二汽集团的服务网络推广长沙中心站的先进经验，开展“全天候”服务，昼夜对外维修服务。在每个正常休息日和节假日都由服务站各方面人员组成快修班子，在修理中实行挂牌服务，并设有用户意见箱和意见簿，便于用户监督工作，而且做到一切从方便用户出发，既要使用户对修理工作满意，又要使用户对技术服

务中心的全部工作满意,让用户慕名而来、满意而去。

很多服务中心(站)还创造了多种形式,如服务上门,与各机电物资部门、汽车贸易中心、保险公司、交通监理部门等,广交朋友,增进友谊和了解。通过这些单位了解用户的需要、用户的困难,把优质服务延伸、渗透到各个领域中去,开创服务工作的新水平。

1.3　不断发展海外服务

为贯彻二汽集团“90 年代外贸出口大发展打基础”的方针,随着二汽产品不断销往国际市场,海外销售服务也日益重要。多年来,进行了大量的海外服务工作,目前已在菲律宾、智利、泰国达成建站协议。

1.4　售前服务新办法

为了消除东风汽车在售前运输中出现的各种质量问题,把好最后一道质量关,使用户与新车见面时完好无损,称心如意,二汽集团实行了售前服务。即对直接从二汽或二汽分库、中转站发出,经由铁路、水路及公路运输到达各省、市、自治区的汽车经销单位(机电公司、汽贸中心等)的东风汽车,都要进行售前服务。二汽在各地的服务中心(站)将对这些车辆在销售之前进行外观和内在的质量检查。这样,有效地解决了各汽车经销单位在销售过程中的问题,同时也解决了用户在购车时的麻烦和负担,极大地方便了用户。

1.5　1988～1990 年技术服务工作成绩

1.5.1　东风汽车贸易公司技术服务部

序号	内　容	数　量		
		1988 年	1989 年	1990 年
1	直接举办技术讲座	8 次	7 次	7 次,1500 人次
2	向全国服务站提供原厂配件	8660 万元	18677 万元	22468 万元
3	提供技术资料	52600 份	60400 份	15 万份
4	新建服务站	52 个	14 个	27 个
5	提供技术培训录像片	300 盘	300 盘	1200 盘
6	“三包”鉴定员学习班	240 人次	200 人次	200 人次

1.5.2　全国各技术服务中心(站)

序号	内　容	数　量		
		1988 年	1989 年	1990 年
1	为用户外出服务	5295 人次	8001 人次	38566 人次
2	为用户大修东风车	5408 辆	6167 辆	6483 辆
3	为用户中小修东风车	169236 辆	222010 辆	256559 辆
4	大修发动机	4844 台	7194 台	8060 台
5	处理用户来信来访	27004 封	29139 封	35088 封
6	举办技术讲座	3408 次场	16518 次场	40525 次场
7	提供技术资料	84960 本	103190 本	151190 本
8	向二汽反馈信息	4267 条	5643 条	6123 条
9	向社会销售配件	16600 万元	28270 万元	36481 万元
10	维修东风车用料	7600 万元	12560 万元	15280 万元

2　销售技术服务是二汽集团开拓市场前进的车轮

销售技术服务是企业管理的重要内容,是密切产需关系、扩大产品销售、实现销售目标的重要手段,是开拓市场、提高竞争能力的主要因素,是社会主义商品经济发展的客观要求,是企业赖以生存的四大支柱之一(产品、生产、销售、服务)。没有服务,就没有企业销售的新局面。销售技术服务是二汽集团开拓市场前进的车轮,这是二汽集团长期以来所取得的最主要、最突出的经验。

我们有两点体会:

2.1　服务促销售,销售保服务

1975 年 EQ240 型 2.5t 越野汽车建成投产,1978 年 EQ140 型 5t 载货汽车建成投产,到现在已累计生产 95 万辆以上,并外销到非洲、南美洲、东南亚等 16 个国家。二汽的综合效益,在全国 50 家大型企业中名列第 7,是国内最大的汽车生产厂家之一。多年来,东风汽车市场销售一直保持旺盛不衰的局面,其原因除了东风汽车性能优越、质量不断改进外,一个以“质量第一、用户第一、信誉第一”为宗旨,以为用户提供“热情、方便、周到、及时”服务的销售技术服务网络,对开拓东风汽车市场、提高东风系列产品的市场竞争能力起到了重要的、不可低估的作用。

重视销售技术服务，以“服务促销售、销售保服务”，才使东风汽车有了更好的市场形势。

2.2　充足的配件供应，是搞好技术服务的有力保证

在技术服务的发展过程中，二汽一直把配件供应作为提高技术服务水平的有力措施。国内外的经验证明，要使企业商品具有良好的信誉，就必须有良好的售后服务。充足的备件供应，是搞好技术服务的有力保证。在技术服务体系的建设中，二汽要求服务站必须基本具备两大职能，一是技术服务，二是配件供应。在二汽厂内也把配件供应和技术服务紧密联系在一起，强调配件供应首先要满足技术服务的需要，为服务站提供质量好、价格合理的配件。

二汽服务站的建立，不仅在全国形成了东风车技术服务网络，同时也形成了东风车配件供应网络。1990 年二汽向社会提供了 2.5 亿万元的原厂配件，二汽配件联营厂也提供了大量配件。1991 年二汽将向社会提供更多的优质原厂配件。

3　二汽集团的销售技术服务将不断完善和提高

近几年的治理整顿，国民经济朝着持续、稳定的方向发展。汽车市场也将趋向平稳发展，买方市场将成为今后我国汽车市场的一个主要特征。为此，做好销售技术服务工作已成为企业经营工作的一项必不可少的重要工作，建立一个在买方市场基础上的销售技术服务体系，以适应汽车市场的需要是当前的迫切任务。二汽集团已把销售经营和产品开发作为企业集团的两翼发展。

今后，随着二汽集团产量的不断增长，车型品种的不断拓宽和增加，二汽集团将建立起和集团发展相匹配的销售技术服务体系；技术服务网络的建设发展不断完善和提高，除了对中型车的维修服务水平不断提高外，还将抓紧建立柴油车的技术服务和维修业务，进而拓宽到轿车市场用户中去，超前进行轿车技术服务和维修体系的建立，以适应产品和销售的发展。

由于汽车买方市场的形成，技术服务网络的发展将和二汽集团的发展联系起来，把售后服务和产品开发、市场信息、市场开拓紧密结合，整体规划，按“多功能一体化”的要求，来建设发展自己的销售技术服务网络。

同时，随着海外贸易的不断扩大，二汽集团将建立自己的海外销售技术服务体系，使二汽集团在全球汽车市场上占有一席之地，并不断扩展。

三　建立多层次　多形式　多品种　多渠道的营销网络和体系

上海汽车工业供销公司

上海汽车工业供销公司（以下简称公司）的前身是上海汽车拖拉机销售公司和上海汽车拖拉机物资公司，是负责上海汽车工业总公司所属企业物资供应、产品销售的专业供销公司，也是一个自主经营、独立核算、自负盈亏的经济实体。

1　经营服务范围

为适应体制改革和市场变化的需要，公司集中人力、物力、财力进一步做好总公司

系统的物资供应和产品销售工作，同时承担总公司委托的部分行政管理职能。

公司的宗旨：用户至上，信誉第一。公司机构精简，高效；仓储、发运俱全。公司所属其北路仓库，为了方便上海桑塔纳轿车用户来库提车，做到随时就地供应油料，并解决一定数量的附配件，形成配套成龙的服务。

公司的主要经营范围分为两大类：

其一，经销上海汽车工业总公司的小轿车、大中型客车、专用汽车、载货汽车、摩托车、拖拉机内燃机及零配件。经销产品中有国家金质奖1项，银质奖4项，部、市优质产品28项。公司系统已有27个专业配件厂开发及批量生产近40种大类产品、30余种机型的进口汽车国产化配件，供应市场及用户需要。公司又是上海桑塔纳轿车的国内总经销单位，也是国家核准的全国小轿车经营单位。

其二，经营各类钢材（含四种专营钢材）、有色金属、裸铜线、生铁等。多年来，公司与全国各有关汽车经营单位（其中：全国小轿车经营单位为421个）和各黑色、有色金属生产经营单位保持着长期、密切的业务往来，年度营业额近30亿元，年调拨、供应各类物资十多万吨。

公司还竭诚为用户提供满意的售后服务。上海桑塔纳轿车在全国设有48个维修站。上海牌轿车设有32个维修站，大通牌重型汽车设有10余个维修站，飞羚牌专用汽车设有15个维修站，以及其它车型的汽车（包括摩托车）、拖拉机等维修服务网点共达20■余个，遍及全国各地。除为用户提供优良售后服务外，还积极开展技术培训、市场信息反馈等诸方面业务，以适应汽车工业和地区商品经济发展的需要。

2　经营服务实绩

三年来，公司在销售效益指标方面完成情况如下：

2.1　公司实现销售总额逐年增长。1989年20.97亿元，比1988年增长5%；1990年28.34亿元，比1989年增长35%。

2.2　公司全员销售率也是逐年增长，1989年4110万元，比1988年增长3%；1990年4880万元，比1989年增长19%。

1988～1990年销售效益指标对比

项　目	1988年	1989年	1989年为1988年%	1990年	1990年为1989年%
(1)销售总额（亿元）	19.8	20.97	105%	28.34	135%
(2)销售主要品种 其中：					
上海·桑塔纳轿车（辆）	15324	13956	91%	17935	129%
幸福摩托车（辆）	26364	37055	141%	28959	78%
(3)实现利润（亿元）	0.69	0.58	84%	0.74	127%
(4)销售人员年平均人数（人）	50	51	102%	58	114%
(5)全员销售率（万元）（销售总额/销售人员年平均人数）	3990	4110	103%	4880	119%

近年来，公司在产品销售、售后服务、强化管理方面做了大量工作：

●对产品销售工作，采取请进来、走出去等办法，多次召开订货会，推销产品；

●及时向上级有关部门反映销售工作中存在的困难，提建议，提措施，争取上级有关领导部门的支持；

●在经营策略上，和全国有关小轿车定点销售单位，以及与我公司关系较为密切的经营单位，签订长期定点购销协议，本着“互惠互利、真诚合作”的原则，用经济手段批量经销产品，对外地经销摩托车产品批量较大的经营单位，采取短期银行承兑汇票、托收承付等灵活结算方式搞活销售。

●维护和提高公司产品信誉，进一步做好产品售后服务工作。据1990年不完全统计，公司组织各企业派出952批、1900余人次技术服务队伍，化了八千余个工作日，为用户修复了6115辆（台）车，返修零部件84683起，索赔零件13.9万件、折合金额171万元。及时处理来信来访6148次，为用户和维修站提供技术资料6480份，进行了内外技术培训14次、301人次。同时组织有关人员对35D型矿用车进行现场服务。

●强化公司内部各项管理工作，使公司管理水平得到进一步提高。尤其计算机管理方面，重软件的开发利用，销量、物资统计使用电脑处理报表。另外编制了“桑塔纳、上海牌轿车销售管理”，“上海桑塔纳轿车国产化配件的材料定额汇总”，“出口产品材料定额汇总”，“物资供应情况分析”等软件，并已投入使用。

3 经营服务网络

销售公司是上海汽车工业的窗口，贯彻总公司关于启动市场的要求，做好促销工作，研究本行业营销战略，开拓销售渠道，增强应变能力，完善销售网络，落实销售责任制，改善售后服务工作。营销策略重点是：以中心城市为依托，以南方市场为重点，建立多层次、多形式、多品种、多渠道的营销网络和体系。

●多层次：有计划、多层次地建立长期稳固的定点不定量购销关系，开拓桑塔纳轿车市场。

●多形式：强化销售体系的作用，继续与条件比较具备的国家定点销售单位建立整车销售、配件供应、维修服务“三合一”的多功能、综合性的经销实体，建立“长期稳定、互惠互利、风险共担、效益共享”的经济关系。

●多品种：总公司产品的多元化决定了销售工作的多品种，重点强化以热情带滞销，以整车促配件。

●多渠道：进一步开拓市场、稳定销售，除与销售主渠道建立固定关系外，再与有关省市机电公司、农机公司、汽配公司等渠道进行接触，探讨建立本公司产品固定销量的可能性，以期有效增加公司产品的覆盖面及市场占有率。

根据总公司“管理、质量、效益年”的要求，从严要求，一丝不苟，力争上游，弘扬精益求精的精神；坚持“用户至上，信誉第一”，热诚为用户和企业服务。

四　质量　品种　服务是开拓市场的金钥匙

陕西飞机制造公司

“七五”期间，为了贯彻军工企业军民结合的方针，陕西飞机制造公司进行了第二次创业，充分利用航空企业的技术优势，1985年从日本引进具有80年代先进水平的铃木汽车生产线，研制生产汉江牌SFJ1010型微型汽车，并根据市场需求进行改进、改型，已从单一的货车型逐步发展到多种系列车型，能适应各种用途、各个层次用户的需要。投产以来已累计生产9261辆，销售收入平均每年以137.6%速度增长。汉江微型汽车不仅在国内市场畅销，而且远销法国、马达加斯加、香港等国家和地区。公司一手抓产品创优，一手搞灵活销售，建立了一整套售前、售中、售后服务体系。

1 创优质产品。公司把产品质量视为企业的生命，以“赶铃木、创一流”为目标，健全质量保证体系，狠抓质量管理，狠抓全员质量意识教育，使全体员工牢固树立“质量第一”的思想和“凡是航空航天工业制造出的产品，其质量必须是第一流的，否则就不算合格产品”的观念，成立了不合格品审理委员会和故障评审委员会，要求质量、技术管理部门对生产、销售、使用中暴露的质量问题，尽快采取措施，限期解决。加之，使用先进的飞机生产工艺和采取质量控制办法，从而使整车技术性能和产品质量达到并保持了“铃木”车的水平。在1987年北京汽车展销会上获得优秀工艺奖，1988年获陕西省优质产品奖，1989年获航空航天工业部优质产品奖，并通过了中汽总公司和航空航天部联合质量检查，验收合格，获得出口质量许可证，1990年获军转民高技术出口产品银质奖，1991年在第一届上海人民最受欢迎的国产汽车评选活动中荣获铜牌奖。

2 灵活的销售方式。过去，军工企业处于封闭式的经营环境，军转民产品结构调整后，走向市场参与竞争，既要有优质的产品，还需要有社会的了解和接受。因此，公司利用各种宣传渠道介绍公司的产品，如"运八"气密型飞机的首飞上天及重大科研试飞科目等活动，均邀请各有关方面和新闻机构参加，并组织参观"运八"飞机、微型汽车及汽车生产线。

加强销售工作，采取的销售方式有：

●实施销售承包措施，对销售人员实行定产品、定目标、定区域、定销售收入、定费用、定奖励的"六定"政策。

●在中原、西北、华南、华北、中南、华东六大地区，建立了六个销售、维修、配件供应"三位一体"的服务站，并制定了严格的岗位责任制。

●发挥集团优势，成立了"汉江汽车销售服务总公司"，以陕飞公司为龙头，包括全国各大汽车经销单位，组成了一个半松散型的经济联合体。

●与全国各地的汽车贸易公司，各省、市机电公司密切合作，建立了200多个跨行业、跨地区的汉江汽车联合经销网点。

●采用经销、零销、代销、分期付款、租赁等多样化的经营方式。

●定期分析销售动态，研究、调整销售策略和措施。

●对原库存车，下决心逐台拆卸、检修，并重新喷漆、总装。

●通过采取以上措施，扭转了汉江微型汽车滞销的被动局面，打开了销路，赢得了国内外用户的欢迎。

3 完整、合理的售前、售中、售后服务体系。销售技术服务的质量直接影响产品声誉，为强化销售技术服务的管理工作，公司制定了《汉江微型汽车销售技术服务工作管理条例》，成立了汽车驾驶员培训中心，为用户传授驾驶、维修技术；组织素质好、技术硬的技术服务队伍，严格做到产品销到哪里，技术服务工作就要做到哪里；利用火车、轮船、汽车及"运八"飞机立体运输手段，及时地把产品送到用户手中；对各地的维修点，优惠优先供应零配件、专用维修工具及设备；坚持"用户至上、信誉第一"的原则，建立了一整套从驾驶、修理技术传授、送货上门、维修服务一条龙销售技术服务体系，让用户感到方便、放心。

建立了微型汽车技术档案，创办《销售与信息》、《质量信息反馈》简报，使质量问题及时反馈到设计、工艺、制造等各个环节。

"八五"期间，陕飞公司将更加竭尽全力，发扬艰苦创业、求实创新、团结拼搏、积极奉献的精神，努力开发系列产品，适应市场需要，同时以优质产品、一流服务使广大用户满意，为中国汽车工业做出更大的贡献。

五 面向用户 强化销售与售后服务

北京汽车摩托车联合制造公司

北京汽车摩托车联合制造公司，是在经济体制改革的新形势下，由原北京汽车制造厂与原北京摩托车制造厂，于1987年6月共同组建的汽车摩托车制造联合企业。1989年被评为国家二级企业。

在改革、开放和搞活经济的方针指引下，公司大力开展内部挖潜改造和外部横向经济联合，同大专院校、科研单位建立了密切的联系与协作。到目前为止，已联合全国各地40个汽车、摩托车零部件厂、改装厂及科研单位，初步形成了一个跨行业、跨部门的汽车、摩托车生产经营联合体，在科研、开发、生产、销售、信息服务等方面已经具备了较强实力。

随着企业的发展及生产能力的扩大，对销售与售后服务工作的要求提高了。1989年以来，面对汽车市场疲软的变化，要狠抓销售与售后服务工作，必须研究新情况，千方百计渡过这个困难。为了企业的生存与发展，厂领导指导销售部门在充分调研汽车市场的基础上，推出了一套新的促销措施，主要是：

1　转变思想，树立新的经营观念。真正把用户视为"上帝"，变坐商为行商，在销售策略上实现观念的转变，摆脱以前单纯计划模式造成的多层次、宝塔式销售，转向多渠道、少环节的渔网式销售。

2　调整销售机构，完善组织建设。组织专门的推销力量，开拓市场。

3　建立整车、配件、售后服务"三位一体"的销售联合体，建立、完善全国性的销售网络。1988年至1990年先后在全国各地建立起有投资、有驻员的紧密型联合经营部7处，松散型的联营单位有30家。另外，还在深圳市、海口市开辟窗口，设立了独资的常设销售机构，基本上形成了以北京本部为中心的国内销售网络。

4　以多品种满足不同用户的需求。BJ1021、BJ2032轻型载货汽车是该公司的主导产品，在销售中，发现经过改装成布棚或铁棚的车比基本型好销，为适应市场需要，安排各类改装车的生产，采取以改装车促进销售的办法。为适应日益激烈的市场竞争，加速了新产品的开发，先后推出了BJ2023C、BJ2032Q、BJ2032R、BJ6461、BJ6461R等新车型。为了满足各改装厂家的不同需要，还先后推出了BJ1021、BJ2032改进型底盘。

5　发扬"四千精神"，全面开拓市场吸引顾客。发扬"四千精神"（即：千山万水、千辛万苦、千言万语、千方百计），调动销售人员的积极性，主动、自觉勇于吃苦，充当"推销状元"。要研究分析市场，针对不同的市场采取不同的策略，根据产品在各地销售及占有率的情况，把汽车市场分成巩固的市场、争夺的市场和待开发的市场三个类型，对于重点市场采取了重点突破的办法。

6　加强专业知识培训，提高销售人员的业务素质。

7　提高服务质量，强化售后服务工作。在各个服务部门开展"服务也是销售"的活动，在售后服务工作上广泛深入，而且增添了新的内容。

8　充分利用报纸、电视扩大宣传，提高企业的知名度。

9　加强内部管理，全面落实经济责任制，向管理要效益。先后制订了《出差汇报制度》、《挂牌服务制度》、《经济值班制度》、《综合检查制度》，调动了全体干部和职工的积极性。

10　以销定产，加强协调，减少资金占用，加强资金周转。生产部门尊重销售部门提供的市场需求信息，妥善安排生产进度，增强了以销定产的计划性，减少了盲目性。

由于采取了上述措施，并认真贯彻执行，在困境中开展销售工作，获得了效果，1990年北汽摩公司在全国汽车行业中产销量名列第五位。

总之，售后服务工作和产品质量的好坏，是维护企业信誉、促进销售的两个重要环节，以"服务也是销售"的思想为指导，配备维修技术力量，全面加强销后服务工作。为了及时满足客户的需要，提高企业的信誉，重点做了以下工作：

其一、建立与健全维修网络。到1990年底，已在全国建立起维修站点76家，遍布全国的维修网络极大地方便了客户。

其二、服务上门，有求必应。遍布全国的维修网络必须为用户提供高质量的服务，接到客户的来电来函及时处理。尤其BM021A摩托车的广大客户是个体户，无论路远路近或者住处偏僻，都能得到满意的服务。

其三、及时提供周转配件，保证维修供

立。1990年北汽摩公司已为主要的维修服务站点提前供应了几百万元的周转配件，为方便维修，赢得了客户的好评。

其四、培训维修人员，开展技术咨询。对各维修站点的维修人员分批组织业务培训，传授北汽摩公司各类产品的维修技术，保证维修质量的提高。对用户进行技术咨询活动，让用户了解、掌握产品的使用特性。

其五、开展走访用户活动，广泛征询意见。北汽摩公司组织不同人员参加组成的队伍，对不同地区进行走访用户，针对用户提出的各类建议，结合实际制订新的服务措施。

有了这样一整套较为适宜的售后服务工作办法，售后服务工作质量逐年提高，北汽摩产品得到广大用户的青睐。北汽摩公司的不断发展，有助于促进我国汽车工业的发展。

六 浅探汽车销售管理

四川汽车制造厂

四川汽车制造厂是中国重型汽车集团公司的主机厂之一，主要生产“红岩”系列重型载货汽车。1983年开始研制民用重型载货汽车，利用生产军用汽车的技术，分别在1984年、1987年开发出红岩CQ30290型和红岩CQ19210型两个系列、50个品种民用重型汽车，建成了生产民用车的生产体系。

红岩车以技术先进，结构合理，受到用户好评，开拓了市场，在1990年全国汽车市场疲软的严峻形势下，取得了工厂不亏损的成果。一是“红岩”车有较高的质量和引进先进的技术，二是有一支能吃苦耐劳的销售队伍，受到重型集团公司的表彰。三年来，销售工作的体会是：

1 组织结构和销售策略

1986年成立销售处，建立了分管销售业务和全国片区的销售网，分管销售服务和配件中心，分管重庆经营部和广告宣传的管理体制，加强了责任性，提高了办事效率。针对市场疲软的不利形势，制订销售策略：一是对销售人员实行联销记酬，增强销售责任感；二是薄利销售，疏通渠道，选择目标市场，以山西、福建、甘肃为三个重点，开拓石油、冶金、有色、铁道四条销售线；三是保证配件及时供应，提高技术服务质量，为整车销售提供强有力的后盾，强化竞争力。

按照地区分派销售人员，在全国设有13个点。销售人员固定在一个地区，可以深入了解该地区市场情况，同老用户取得密切联系，结识新用户扩大销售市场；同时，可以进行市场调查和市场预测，及时反馈信息；还可以节约旅差费用，也有利于调动销售人员的责任心，发挥开拓、沟通、服务、调研的作用。

为提高销售人员的素质和知识结构，定期安排时间对销售人员讲课，领导亲自讲“红岩”车的构造和性能，提高了销售人员的产品知识。

2 市场划分和目标市场的选择

销售必须以市场为依托，销售工作取决于市场需求。销售的前提是对市场需求进行分析，掌握行情，开辟市场。对市场进行划分和选择目标市场，确定投入销售力量，制订销售策略。每年年终，处领导同销售人员共同分析市场的潜在量和不同特性，把市场划分为不同群体，确定重点、选择目标市场，确定投入销售力量和资金。如1989年以河南、北京、成都为中心，其它地区流动呼应展开工作；而1990年为“三片四点”即：山西片（华北地区）福建片（华东地区）兰州片（西北地区），以及北京、成都、河南、上海四个点，由于重点片区的划分和选择是有依据的，因而销售工作是有成效的。

3　重视信息、抓住信息

市场信息是一种特殊的经济资源，这个渠道的畅通是直接关系到销售战略决策的制订和企业的经济效益实现。没有准确、及时的市场信息，划分市场、选择目标市场和制订的策略就没有依据。

重视信息，来源是多渠道的。首先，每个销售人员都肩负着捕捉市场信息的使命；其次，建立用户来函来信卡；第三，通过电视、报纸传播供货信息。处理信息做到“快、准、稳”，让信息也能发挥经济效益的作用。1990 年，厂领导组织人员对各大油田、上海浦东开发区、茂名 30 万 t 乙烯工程、二滩子电站、昆明磷矿等重点单位深入考察，掌握了第一手信息资料，做到了市场行情心中有数。红岩车在石油部门“二进二出”后，经过认真的市场调查，找出原因，制定对策，几经波折，终于又挤进石油部门，1991 年石油系统在广州汽车订货会上，签订了 203 辆红岩车的订货合同。

4　广告宣传

广告宣传是传递信息、沟通产需、促进销售的一个手段，它能激发消费者的需求，强化产品销售。

1989 年底川汽厂在中央电视台“榜上有名”节目上播发“中国道路红岩车”的广告后，红岩车的知名度与日俱增，收到很多用户来信，询问红岩车的性能、品种、价格，广告的效应是不容置疑的。

广告宣传也会给川汽厂带来经济效益。川汽厂地处偏僻山区，需要充分地调动流通环节的积极性，采取“扩大销售、疏通渠道、让利流通环节、取得真诚信任”的做法，1990 年在成都参加国际贸易交流会，在山西太原召开红岩汽车联销座谈会，在北京召开冶金部、铁道部、商业部、水利部参加的联销座谈会，在福州举办红岩车春季订货会，在昆明召开红岩汽车流通领域销售工作会。快节奏、多方位的宣传，主动寻找用户，拓宽了市场。

5　强化售后服务

售后服务是宣传产品、传递信息的一个手段，售后服务还增强了竞争力。

做好售后服务，主要是技术服务和配件服务。目前，技术服务实行定点服务和流动服务相结合，这是针对目前红岩车的市场保有量不大，采取的互补做法。

配件服务，主要是在全国设立配件站 目前已建立二十多个配件站，缓解用户买配件难的实际问题。

做好售后服务工作，可以促进整车销售，开拓市场。玉门油田管理局、云南省粮油运输公司、广西火电安装公司和中原油田等单位，都对川汽厂的售后服务给予好评。

当前，川汽厂的销售管理有待于进一步完善，提高销售人员素质，面对市场变化难测、社会环境因素千变万化等众多问题需要认真思考、探索，不断开拓前进！

七　树立廉洁思想　搞好跟踪服务

天津市客车厂

做好产品售后服务工作，是提高产品声誉的关键。天津市客车厂在产品销售工作中，认真搞好售后服务工作，狠抓服务队伍建设，切实做好产品跟踪服务。在厂内建立三峰牌旅行车维修中心，组织各地维修人员的技术培训，提高维修服务质量，在用户中赢得了信誉，得到了好评。

为了做好产品售后服务工作，确保

TJ6481A旅行车在市场上的声誉，厂领导在本厂维修中心狠抓了两个文明建设，在销售服务人员中树立正确的职业道德观念和用户第一思想；在全体职工中开展“如果我是用户”的活动，还制订了为用户服务“热情、耐心、周到、满意”的方针，贯彻到整个服务工作的始终。

跟踪服务是为了方便用户，巩固汽车销售市场，提高产品声誉而采取的一项有力措施。厂里抽调了部分技术骨干充实到维修中心，组织服务小分队，重点到离市区较远和当地没有“三峰”车特约维修站的省市巡回服务。一是听取用户对“三峰”车质量的反映；二是为用户服务到现场，取得用户对“三峰”车的信赖；三是为用户传授新产品、新技术，方便用户了解“三峰”车的特征。

与此同时，对销售服务人员进行廉洁教育。在工作中，少数用户在维修车辆时为了求快、求好，给维修人员送礼或请吃饭。厂领导针对这个现象在维修中心认真开展宣传教育工作，树立维修服务人员的廉洁思想，从部门领导自身做起，以身作则，对用户请吃、送礼婉言谢绝，端正作风；销售服务人员对待用户一视同仁，凡在保修期返修的车辆，一定要热情接待、服务周到；凡在保修期以外的车辆来厂返修，也要做到热情接待、讲清道理，若工作条件允许，合理收费，给予维修；属于外协配套厂的产品质量问题，在对方无力解决的情况下，尽量给予解决，做到全力以赴，为用户排忧解难。

在树立廉洁思想和热情服务的同时，千方百计提高维修服务人员的技术素质，采取举办“一专多能培训班”的形式，结合专业知识，联系实际，自编教材，互教互学，现场交流，确保维修服务人员外出执行任务时在技术上独当一面，更好地为用户服务。同时做好对各地维修站的管理、指导、联系及交流工作。现生产的TJ6481A旅行车，是80年代的新产品，车身部分是英国IAD公司设计，车身整车覆盖件模具及装焊夹具从日本引进，为发挥各地特约维修站的作用，采取主动上门去各地特约维修站进行技术指导。对于一些普遍性和疑难的技术问题，采取“请到厂里来”的办法集中技术培训，并在厂内实习一段时间，再返回各地发挥作用。

近两年来，在提高产品质量的同时，认真抓好售后服务工作，使“三峰”旅行车在汽车市场疲软的情况下，赢得客户信赖，1990年被天津市列为利润大户的重点企业。

八　全国汽车工业(配件)公司历年基本情况

年　份	网点数（个）	职工人数（人）	自有流动资金（万元）	银行贷款（万元）	销售总额（万元）	仓库面积（m^2）
1964	157	6039	30378	25910	77217	156899
1965	152	6873	26676	28388	98428	173809
1966	156	7067	26730	25644	102828	189992
1967	156	7089	26126	24561	92609	207491
1968	156	7369	26137	33027	96395	215032
1969	161	7256	26091	38353	132618	233772
1970	185	7606	29293	48191	147192	269412
1971	211	9066	32227	56448	150728	272638
1972	220	9938	32083	57624	159350	336645
1973	232	11307	35915	62734	163855	383862
1974	234	11776	36056	66727	165786	448391
1975	244	12802	37825	76197	189402	497646
1976	256	14753	38592	83673	179957	570816
1977	272	16164	40091	89781	226465	561267
1978	280	17676	42256	90906	275476	630577
1979	294	18940	42406	110456	292641	743000
1980	312	19319	41076	112441	231865	738651
1981	317	19710	38087	77650	169561	812766
1982	319	20744	37374	72048	192826	790653
1983	322	20758	31352	68672	254138	760751
1984	679	22342	31479	74936	310980	835056
1985	729	23727	30597	81494	392921	817162
1986	873	25435	32545	92834	362771	927869
1987	1085	26658	34840	90593	440863	912559
1988	1182	28240	34486	100461	639013	1214349
1989	1246	29507	39165	105704	700857	1051253
1990	1409	30691	41064	111514	738942	1265728

注：本表由中国汽车贸易总公司信息部提供。

1988 年

九　全国汽车工业(配件)公司基本情况一览表

地区	隶属关系	网点数（个）	年末全部职工人数（人）	其中：临时工（人）	全年销售收入（万元）	自有流动资金（万元）	固定资产净值（万元）	银行贷款（万元）	利润总额（万元）	销售税金（万元）	商品流通费（万元）	费用率（%）	定额流动资金平均余额（万元）	资金周转天数（天）	企业留利（万元）	仓库面积（m²）
总计		1182	28240	984	639013	34486	26867	100461	25217	11987	33079	5.2	130658	74	9997	1214349
北京	交通总公司	5	755		18577	352	722	4100	407	359	821	4.4	4492	87	176	38994
天津	交通局	7	467		9325	613	162	1950	157	148	520	5.5	2297	88	64	11 775
河北	机械厅	21	961		15592	963	1223	2464	403	272	101	6.5	3746	87	175	30964
山西	机械厅	43	724	16	12552	716	837	2980	358	238	800	6.4	3433	101	114	31673
内蒙	交通厅	65	1277		9764	752	1050	2160	308	221	786	8.0	3488	129	116	34418
辽宁	机械厅	73	1757	16	72864	2907	1702	7325	2501	1003	3413	4.8	9159	45	1312	68783
吉林	交通厅	46	1327	92	19263	1211	1146	3328	482	285	1153	5.9	5178	97	220	45316
黑龙江	机械厅	33	1458	32	24716	1546	1309	5504	891	399	1721	7.0	5089	74	475	40911
上海	物资局	6	1060		37063	2553	629	5538	1789	761	1368	3.7	8483	93	261	29942
江苏	机械厅	41	1191	14	38329	1406	1241	4297	1236	616	1472	3.8	6079	58	514	42166
浙江	机械厅	22	729		22778	1113	691	2007	802	361	766	3.4	2559	40	372	18119
安徽	机械厅	38	1191	34	20447	1365	1344	1937	798	353	1228	6.0	3718	65	320	39663
福建	汽车工业公司	36	580	1	11904	853	702	1702	518	211	547	4.6	2162	69	162	21803
江西	机械厅	41	790		21396	621	664	3426	623	429	1134	5.3	3637	62	217	2821
山东	机械厅	46	1144	20	22763	1047	939	3231	1039	450	1197	5.3	5274	83	337	50728
河南	机械厅	54	1486	18	15077	672	1061	2606	519	291	1025	6.8	4428	106	253	42677
湖北	机械厅	37	1214	38	28148	825	1043	7590	929	959	1584	5.6	6172	79	232	49393
湖南	交通厅	98	1399	267	21564	1292	1395	3962	1425	391	1441	6.7	4449	74	398	42997
广东	机械厅	118	1856	129	101385	2969	2046	11187	4346	1572	4258	4.2	12913	46	1728	59889
广西	交通厅	37	576	44	13298	392	558	1007	727	299	711	5.3	2141	58	348	33 069
海南	机械厅	14	98		3525	74	85	514	170	73	207	5.9			127	3100
四川	机械厅	65	1396	67	23009	1217	1616	3842	1373	535	1528	6.6	5553	87	586	49354
贵州	机械厅	28	469	24	7517	511	433	1927	249	205	494	6.6	2002	96	115	17052
云南	交通厅	41	736	28	10557	688	696	2744	460	249	764	7.2	3396	116	252	28695
西藏	交通厅	11	285	30	4396	1798	285	750	255	60	318	7.2	1866	153	146	11038
陕西	交通厅	33	958	8	13989	1058	712	2694	917	283	765	5.5	3352	86	225	29885
甘肃	机械厅	46	766	34	10057	765	581	2596	185	244	908	9.0	3728	133	65	279671
青海	汽车工业公司	11	307		4655	723	416	711	198	110	360	7.7	1675	129	78	11747
宁夏	交通厅	6	186	27	1913	368	157	230	63	46	107	5.6	581	109	29	5042
新疆	机械厅	58	862	45	15886	1566	1183	3180	813	434	1061	6.9	4450	101	494	[illegible]
天津进口汽车配件公司	中汽销售公司		235		6704	1580	1229	2972	276	130	[illegible]	8.0	5156	276	[illegible]	7316

注：本表由中国汽车贸易总公司信息部提供

1989年

地区 \ 项目	隶属关系	网点数（个）	年末全部职工人数（人）	其中：临时工（人）	全年销售收入（万元）	自有流动资金（万元）	固定资产净值（万元）	银行贷款（万元）	利润总额（万元）	销售税金（万元）	商品流通费（万元）	费用率（%）	定额流动资金平均余额（万元）	资金周转天数（天）	企业留利（万元）	仓库面积（m²）
总计		1246	29507	880	700857	39165	34107	105704	27634	13651	42386	6.0	159456	82	11942	1051253
北京	交通总公司	4	759		18933	1469	664	4040	564	334	944	5.0	4609	88	259	44155
天津	交通局	7	477		10405	674	207	1848	166	157	652	6.2	2400	82	75	11775
河北	机械厅	16	1044		21547	1301	1399	2744	675	371	1295	6.0	5682	95	307	46371
山西	机械厅	43	709	2	15106	748	932	2510	365	312	1036	6.9	3627	86	134	32489
内蒙	交通厅	73	1294	48	11748	738	1110	1977	379	269	972	8.3	4150	127	152	34994
辽宁	机械厅	89	1819	7	80642	3675	3341	8116	2 597	1164	4142	5.1	11708	52	941	83912
吉林	交通厅	39	1338	100	23025	1254	1110	3880	629	332	1359	5.9	5751	90	381	38985
黑龙江	机械厅	25	1519		23807	1246	1526	7385	714	1506	2345	9.8	6771	102	552	40903
上海	物资局	7	1047		45873	2653	882	6698	1739	592	1662	3.8	9984	82	897	25618
江苏	机械厅	40	1215	50	40776	1745	1461	4 586	1256	641	1813	4.4	7556	67	522	47107
浙江	机械厅	23	804	42	25228	1237	951	2467	728	308	1009	4.0	3586	51	346	29690
安徽	机械厅	47	1156		18476	1352	1691	2090	772	376	1286	7.0	4551	89	255	58996
福建	汽车工业公司	34	616		13354	962	796	2290	492	241	824	6.3	2830	88	209	22553
江西	机械厅	72	891		19021	707	1007	3497	629	414	1268	6.7	4481	85	311	26473
山东	机械厅	35	13000	48	27360	1803	1178	3448	1204	558	1886	6.9	7442	98	514	49862
河南	机械厅	54	1569	13	19188	743	1162	2652	722	406	1574	8.2	5978	112	336	43768
湖北	机械厅	42	1318	2	36065	910	1477	5926	810	468	1994	5.5	6995	70	182	35439
湖南	交通厅	116	1490	180	26523	1323	2007	4523	1701	479	1744	6.6	5812	79	724	52367
广东	机械厅	123	2095	190	101913	3374	2717	10865	5537	1888	5082	5.0	17094	60	2189	50888
广西	交通厅	21	597	57	13437	491	687	1070	814	285	947	7.1	2938	79	350	33049
海南	机械厅	15	133	23	5042	104	79	965	239	81	373	7.4	1053	77	168	3250
四川	机械厅	73	1394		23245	1311	2335	3993	1295	509	1843	7.0	6963	101	598	48317
贵州	机械厅	38	496		8327	536	428	1945	253	227	618	7.4	2388	103	130	16881
云南	交通厅	45	722	14	11733	809	748	2682	547	319	878	7.5	3771	116	285	42870
西藏	交通厅	9	307		6972	1694	461	600	395	89	434	6.2	1964	101	243	11182
陕西	交通厅	34	978	22	12122	1111	834	2629	690	273	1000	8.3	3963	118	266	30315
甘肃	机械厅	48	764	31	10268	766	715	2517	165	255	969	9.4	3893	137	59	29571
青海	汽车工业公司	13	332		4815	691	402	985	176	116	387	8.0	1947	146	78	12142
宁夏	交通厅	5	195	16	1910	375	155	280	52	50	132	6.9	731	138	26	4922
新疆	机械厅	55	892	35	17737	1773	1475	3655	1015	480	1362	7.7	5694	116	340	35093
天津进口汽车配件公司	中汽贸总公司	1	237		6259	1590	230	2841	314	151	556	8.9	3144	265	113	7316

1990年

项目 / 地区	隶属关系	网点数（个）	年末全部职工人数（人）	其中：临时工（人）	全年销售收入（万元）	自有流动资金（万元）	固定资产净值（万元）	银行贷款（万元）	利润总额（万元）	销售税金（万元）	商品流通费（万元）	费用率（%）	定额流动资金平均余额（万元）	资金周转天数（天）	企业留利（万元）	仓库面积（m²）
总计		1409	30691	1245	738942	41064	40781	111514	23190	11659	42800	5.8	170537	83	10317	1265728
北京	交通总公司	4	759		25603	1482	818	4080	327	498	1072	4.6	3 819	59	147	39602
天津	交通局	6	471	3	8474	728	211	1765	37	99	521	6.0	2243	94	16	11720
河北	机械厅	22	1118	44	23572	1293	1482	3084	4794	320	1360	5.8	6218	95	125	51596
山西	机械厅	45	716	1	16179	817	1111	2317	263	250	980	6.1	4048	90	96	32489
内蒙	交通厅	88	1310	80	13666	815	1094	2331	423	256	1038	7.6	4537	120	289	39826
辽宁	机械厅	76	2 020	34	95633	4352	3596	8296	1473	1109	4262	4.4	12751	48	580	120887
吉林	交通厅	67	1444	219	27833	1421	1113	3410	794	376	1486	5.3	7082	92	266	140939
黑龙江	机械厅	45	1713	50	28396	1990	2211	7093	446	575	2739	9.6	7713	98	371	68259
上海	物资局	7	1043	45	44016	2653	862	6920	1197	670	1486	3.7	8361	75	339	27838
江苏	机械厅	47	1180	38	42643	1217	1706	4762	873	554	1858	4.4	7702	66	307	51197
浙江	机械厅	23	788	38	24494	1217	1140	2252	456	271	999	4.1	3664	54	216	30007
安徽	机械厅	137	1261	53	20868	1485	2252	2387	723	442	1351	6.5	5637	97	239	57620
福建	汽车工业公司	25	645		13081	971	780	2407	425	190	801	6.8	3160	97	142	20865
江西	机械厅	44	891		16463	730	1032	3432	189	303	1223	7.4	4749	168	229	26473
山东	机械厅	33	1396	72	30942	1948	1119	3773	060	529	1975	6.4	8148	95	421	56751
河南	机械厅	62	1666	1	19057	1042	1585	2808	581	380	1489	7.8	6566	124	292	50395
湖北	机械厅	54	1401		34268	918	1750	5598	674	459	1952	5.7	7641	80	151	39758
湖南	交通厅	125	1566	150	35389	1328	2671	4690	1556	572	1777	5.0	6376	89	3160	43331
广东	机械厅	122	1976	169	89071	4074	3614	13905	3216	1243	4565	5.1	16107	65	1280	81350
广西	交通厅	26	621	35	14578	522	882	1211	599	324	999	6.8	2994	74	350	37216
海南	机械厅	16	162		4289	137	205	1073	146	45	435	10.1	1125	94	90	3450
四川	机械厅	73	1468	74	24814	363	3062	4450	655	416	1789	7.2	8373	121	168	47816
贵州	机械厅	38	480		10317	513	613	1825	276	244	642	6.3	2769	97	98	11829
云南	交通厅	42	728	29	13408	845	1041	2846	419	284	892	6.7	3926	105	243	44159
西藏	交通厅	10	321	30	6514	1737	563	850	339	89	484	7.4	2392	132	201	10781
陕西	交通厅	33	1046	20	11372	1124	944	2931	314	220	980	8.6	4642	147	103	26514
甘肃	机械厅	59	796	34	11207	779	872	2736	59	256	1132	10.1	4380	140	4	32581
青海	汽车工业公司	17	366	26	4284	735	431	1098	59	102	395	9.2	2039	171	22	11621
宁夏	交通厅	7	200		2515	22	149	252	49	60	205	8.1	876	125	23	4922
新疆	机械厅	55	914		15212	1735	1594	4042	615	400	1350	8.9	6014	142	232	35165
天津进口汽车配件公司	中汽贸总公司	1	225		10784	1598	278	2890	253	123	563	6.4	4485	129	117	8771

十　中国汽车贸易总公司一览表

公　司　名　称	通　讯　地　址	电　话	电挂	邮政编码
中国汽车贸易总公司	北京市宣武区马连道北路1号	3265840	82064	100055
中国汽车贸易总公司东北公司	辽宁省沈阳市和平区十一纬路15号	226894	0417	110003
中国汽车贸易总公司华北公司	北京市西城区月坛南街甲3号	8012819	5249	100045
中国汽车贸易总公司西北公司	陕西省西安市莲湖路57号	710192	0192	710003
中国汽车贸易总公司西南公司	四川省成都市东风路二段7号	443077	5633	610061
中国汽车贸易总公司中南公司	湖北省武汉市解放大道1137号	326614	0234	430010
中国汽车贸易总公司华东公司	上海市黄浦区延安东路373号	3732288	3500	200021
中国汽车贸易总公司天津公司	天津市河西区解放南路481号	752915	7851	300221
中国汽车贸易总公司广州公司	广东省广州市惠福东路522号	331662	3903	510115
北京市汽车工业供销公司	北京市宣武门西大街107号	6015813	4046	100031
北京市汽车配件公司	北京市建国门外郎家园	5024861	2007	100022
天津市汽车贸易公司	天津市和平区建设路43号	311822	6161	300040
河北省汽车工业贸易公司	河北省石家庄市合作路9号	745163	6715	050051
河北省汽车贸易公司	河北省石家庄市胜利南街3号	632451	2210	050000
山西省汽车工业贸易公司	山西省太原市并州北路52号	441686	0115	030001
内蒙古自治区汽车贸易公司	内蒙古呼和浩特车站南马路31号	663118	6792	010050
辽宁省汽车工业物资公司	辽宁省沈阳市和平区胜利北街25号	373401	0050	110001
辽宁省汽车贸易公司	辽宁省沈阳市和平区胜利北街25号	3362047	0050	110001
吉林省汽车配件公司	吉林省长春市西长春大街101号	865181	1115	130041
黑龙江省汽车工业贸易公司	黑龙江省哈尔滨市通达街145号	404056	1006	150076
上海汽车工业供销公司	上海市威海路470号	2553879	6560	200041
江苏省汽车工业贸易公司	江苏省南京市太平北路104号	634022	1600	210018
浙江省汽车工业贸易公司	浙江省杭州市延安路213号	553047	2006	310006
安徽省汽车贸易公司	安徽省合肥市巢湖路143号	257259	6792	230001
福建省汽车工业贸易公司	福建省福州市华林路43号	571233	8823	350003
江西省汽车贸易总公司	江西省南昌市八一大道省政府大院内	6052008	0115	330046
山东省汽车工业贸易公司	山东省济南市天成路74号	26457	0115	250001
河南省汽车贸易公司	河南省郑州市金水路100号	24116	6792	450003
湖北省汽车贸易公司	湖北省武汉市汉口解放大道727号	325221	0528	430013
湖南省汽车贸易公司	湖南省长沙市天心路70号	29194	2005	410005
广东省汽车工业贸易总公司	广东省广州市大德路32号	889032	2129	510120
广西壮族自治区汽车工业贸易公司	广西南宁市望州南路6号	24654	6634	530001
海南省汽车工业贸易公司	海南省海口市海秀大道14号	773997	0722	570005
四川省汽车贸易公司	四川省成都市双桥路北口	444513	0115	610066
贵州省汽车贸易公司	贵州省贵阳市解放路95号	525073	0200	550002
云南省汽车贸易公司	云南省昆明市护国路8号	33543	8000	650022
西藏自治区汽车贸易公司	西藏拉萨市罗布林卡路16号	23044	0115	850001
陕西省汽车贸易公司	陕西省西安市莲湖路101号	22549	6792	710003
甘肃省汽车贸易公司	甘肃省兰州市中山路360号	462763	3086	730030
青海省汽车贸易公司	青海省西宁市西关大街67号	43555	0115	810000
宁夏回族自治区汽车贸易公司	宁夏银川市东环南路31号	32328	3086	750004
新疆维吾尔自治区汽车贸易公司	新疆乌鲁木齐市友好北路32号	416211	0115	830000

汽车工业技术引进及外事活动

一　1988～1990年汽车工业部分引进技术项目简介

1988年

序号	引进项目名称及合同号	国别(地区)　公司(厂) 输出技术、设备方	输入技术、设备方	合同签约日期(年、月、日)	引进方式	主要内容
1	轻型车驾驶室制造技术及模具 87AJDP/360001CN等	日本 德国 意大利等	金杯汽车股份有限公司	1986～1990	许可证、关键设备进口	引进日本三菱公司CANTERFC3型汽车标准型及双排座两种汽车驾驶室设计图纸和制造技术。并由多个国家引进了驾驶室制造设备及模具
2	轻型车驾驶室及URVAN型汽车车身制造技术及模具 86AORL/361001CN 87AORL/361052CN 88AORL/361503CN等	日本 丸红、获原、日产等公司	第一汽车制造厂	1986～1988	许可证、关键设备进口	引进CABSTER双排座汽车驾驶室制造技术，驾驶室、车身模具及驾驶室改进设计技术；引进URVANE23型汽车车身制造技术
3	变速器技术援助项目 8 QLJ/00102CN等	日本 五十铃汽车公司 德国 奥地利 艾协林、胡尔特公司	重庆机床厂	1988	专有技术、关键设备进口	引进MSB55型轻型车变速器制造技术，引进多用箱式炉、热处理生产线等设备3台(套)
4	合资生产摩托车	香港 易初蓬莱投资有限公司	蓬莱县机械公司 中国嘉陵工业股份有限公司	1988 (有效期30年)	合资生产	双方合资生产摩托车，总投资2300万美元，港方投资550万美元。合资年限30年，年产摩托车10万辆
5	T-130汽车换型改造项目 (88)[illegible]CQN363001CN	英国 MGA开发有限公司 日本 富津制作所	天津市汽车制造厂	1988.1.11	专有技术、关键设备进口	引进驾驶室设计技术软件，改动底盘。引进样车驾驶室主模型、冲压模具、验具、装焊夹具、合边机、装焊总成验具、底盘测功机，模具制造设备及工艺等
6	气缸垫制造工艺及设备 88AORL/36140CD	德国 爱尔铃公司	长春市汽车配件一厂	1988.3.22	专有技术、关键设备进口	引进气缸垫制造技术及石棉检测装置等15种设备
7	电动刮水器制造技术及设备 CAIEC/[illegible]11880ZD	美国 兰氏(RANSBURG)公司	石首市汽车配件二厂	1988.4.20	专有技术、关键设备进口	引进电动刮水器制造技术及设备

续

序号	引进项目名称及合同号	国别(地区) 公司(厂)		合同签约日期(年、月、日)	引进方式	主要内容
		输出技术、设备方	输入技术、设备方			
8	轴瓦三元电镀技术及设备	英国 依莱克劳依德公司	山东烟台轴瓦厂	1988.5.9	技术服务、关键设备进口	引进三元电镀工艺、电镀液配方及电镀设备1套
9	轴瓦精密电镀技术 88WMHN/CEC83002	英国 格里西亚公司	上海轴瓦厂	1988.5.26	专有技术、许可证	引进铝基轴瓦精密电镀技术
10	引进巨型轮胎生产技术及设备 85MBPY/40188MR等	美国 RJS、AKRON、T. E. I等公司	桂林轮胎厂	1988.5 (1988.5生效)	许可证、关键设备进口	引进巨型工程轮胎生产技术，并引进关键设备4台(套)
11	汽车灯泡生产技术及设备 88DQWA/M—7001	台湾省 钜丰精机股份有限公司	益阳灯泡厂	1988.5.10 (1988.5.10生效)	专有技术、关键设备进口	引进汽车灯泡生产技术，并引进设备46台(套)
12	H_4型硬质玻璃卤钨灯制造技术及生产线 88CNFM40B60/CECCCEYBT/S8901480	英国 史特利—贝特莱克斯公司	安阳灯泡厂	1988.5.13	专有技术、生产线进口	引进H_4型硬质玻璃卤钨灯制造技术及设备。包括制壳机等专用设备21台(套)及部分图纸、资料等
13	奥迪100型轿车产品铸造技术及关键设备 88AORL/26110ACD 88AORL/361101BCD	德国 大众汽车公司	第一汽车制造厂	1988.5.17	许可证、关键设备进口	引进技术：奥迪100型轿车及零部件专有技术。包括产品图纸、技术文件、维修使用标准及制造技术、工艺装备。设备：模具、焊接、试验设备等
14	车身制造技术及关键设备(二手) 880601等	法国 雪铁龙汽车公司	柳州微型汽车厂	1988.6.9	专有技术、关键设备进口	引进车身设计、制造技术(不含内饰)及车身制造设备(二手)
15	上海·桑塔纳轿车制动总泵真空助力器制造技术及设备 88NFS/30360CD	德国 梯维斯(TEVES)公司	上海汽车制动器厂	1988.6.11	许可证	引进带制动总泵真空助力器T52—3系列产品，直径从180～254mm。引进软件包括：产品图纸、检验标准、零部件标准、材料标准、检测标准等
16	金钢丝子午线充气轮胎 88VMXH/50403CE	英国 邓禄普国际工程公司	重庆轮胎总厂	1988.7.13	补偿贸易	引进金钢丝子午线轮胎生产技术及设备，设备共256台(套)

续

序号	引进项目名称及合同号	国别(地区)　公司(厂)		合同签约日期(年、月、日)	引进方式	主要内容
		输出技术、设备方	输入技术、设备方			
17	LD38/3型拖车制造技术及设备	英国拖车有限公司	四平汽车改装厂	1988.7.14	专有技术、合作生产	引进产品图纸、资料、样机等,并引进制造设备8台
18	本茨重型载货汽车制造技术 88FMTR1413ZK—1～4	德国本茨(BENZ)汽车公司	国营内蒙古第一机械制造厂	1988.7.27(1989.1.1生效,有效期10年)	许可证	引进1619～3636型共14种重型汽车制造技术。总质量为:16～36t,发动机功率:141～256kW,年产能力为6000辆
19	4J系列发动机制造技术 88QLJ—00101CN	日本五十铃汽车公司	四川省重庆交通机械厂	1988.8.23(1989.9.23日生效)	专有技术	引进4J系列发动机产品图纸及有关装配工艺、检验标准及夹具方面的资料
20	合作生产曲臂登高消防车上装部分 88NFNC361248CE	英国西蒙公司	青岛专用汽车制造厂	1988.10.3(1988.10.3生效)	合作生产	双方合作生产QDZ5190JXFG30型曲臂登高消防车上装部分。此车最大垂直高度30m,发动机最大功率206kW
21	发动机非同步装配线设计技术 88OKHO/RJ1202MR	美国威尔逊公司	第二汽车制造厂设备厂	1988.11.21	联合设计	美方提供装配线全套图纸及有关技术资料。关键件有专用辊轮和专用轴承
22	汽车无石棉摩擦材料制造技术 88NFNC/361249CD	德国PAGID公司	杭城摩擦材料有限公司	1988.11.23	许可证、技术转让	引进无石棉摩擦材料制造技术,并引进FKM2000型混合机及备件等设备4台(套)
23	丰田旅行车车身制造技术 88AJOP/36022CN～36032CN	日本丰田汽车公司	金杯汽车股份有限公司	1988.11.25	许可证	引进丰田旅行车制造技术及设备
24	客车空调器、冷冻、冷藏车制冷设备制造技术及设备 88HMSL/25260CD	德国KONBEKTA、BOCK公司	上海新江机器厂	1988.12.2	专有技术、补偿贸易、关键设备进口	引进有关产品设计、销售、外购、外协、生产工艺、工厂技术改造、生产设备、质量保证措施等方面的资料和文件,并引进一些生产设备
25	汽车挂车专有技术 88AMWR/200437EC	西班牙查堡莎(TRABOSA)公司	连云港车辆厂	1988.12.9(1989.6.30生效,有效期10年)	专有技术	引进SM、GM、GL三个系列、9个品种、11个车型,装载质量由17～99t的重型挂车制造技术。包括:设计图纸、设计、计算文件、工艺文件、产品及生产标准等

续

序号	引进项目名称及合同号	国别(地区) 公司(厂) 输出技术、设备方	输入技术、设备方	合同签约日期(年、月、日)	引进方式	主要内容
26	电子技术在汽车上的应用 88OKHO/363003MR	美国 摩托罗拉公司	第二汽车制造厂技术中心	1988. 12. 20（1990. 7. 24 生效，有效期2年）	联合设计	与美方联合开发一套计算机控制的汽车点火系统。包括计算机原程序及设计图纸等
27	上海·桑塔纳轿车空调装置关键技术及设备	日本 三电公司	上海汽车空调器厂	1988. 12. 26	技贸结合	引进轿车空调机管带式结构蒸发器芯和冷凝器芯制造技术及生产、试验设备
28	汽车空调压缩机制造技术 88NFS/363150CN	日本 三电公司	上海易初通用机器有限公司	1988. 12. 16	许可证、关键设备进口	引进空调压缩机制造技术。引进压缩机装配线、缸体压铸及加工设备
1989年						
29	铝缸盖造型技术及关键设备 89AMWR/121517CF 90AMWR/121523CF	法国 SIFAING—ENERIE公司	第一汽车制造厂	1989 ～ 1990. 3. 20	技术服务、成套设备进口	引进铝缸盖造型技术及设备。包括：铸造工艺文件、技术参数、工艺过程的调试资料、五工位造型机转盘图纸、芯盒图纸等。并引进了铸造用设备
30	轿车空调器制造技术及设备 88FOUR/7011CD	日本 三电公司	上海新新机器厂	1989. 1. 3	专有技术、关键设备进口	引进轿车空调器制造技术，包括产品图纸、资料及部分制造用设备
31	轿车点火器制造技术 88HMSU/363206CD	德国 德律风根公司	上海新跃仪器厂	1989. 1. 12	许可证	引进轿车点火器制造技术，包括图纸、有关资料等
32	铝锡基轴瓦钢带制造技术 89OKHO/RJ3630IUD	澳大利亚 ACL公司	第二汽车制造厂	1989. 2. 11	许可证	引进铝锡基轴瓦钢带制造技术及部分设备
33	合作生产混凝土输送泵车上装部分 89AHLH/19053CD	德国 施维英(SCHWING)公司	青岛专用汽车制造厂	1989. 2. 22（1989. 5. 12 生效，有效期2年）	合作生产	双方合作生产 QDZ5320TBC32型混凝土输送泵车。该车排量：90m³/h；布料杆最大垂直高度：32m；布料杆最大水平距离：28m；发动机功率：206kW

续

序号	引进项目名称及合同号	国别(地区) 公司(厂) 输出技术、设备方	输入技术、设备方	合同签约日期(年、月、日)	引进方式	主要内容
34	膜片弹簧离合器制造技术和设备,自动调心分离轴承生产技术 LI89FMZ/1710430CF(A、B、C、D、E)	法国瓦雷奥(VALEO)公司	黄石市离合器厂	1989.3.26(1990.3.31生效,有效期10年)	许可证	引进膜片弹簧离合器制造技术及自动调心分离轴承生产技术。包括图纸、资料等。并引进离合器生产设备5台、测试用设备7台
5	冷藏车车厢制造技术和设备 88FOUR/7011CD	德国格尔公司	山东济南汽车改装厂	1989.5.31	许可证、专有技术	引进冷藏车车厢制造技术,包括产品图纸资料等,并引进部分设备
3	高尔夫及捷塔轿车制造技术及二手设备 89AWMR/1215021MR	德国大众汽车公司(在美国的VWOA工厂)	第一汽车制造厂		技贸结合	引进高尔夫及捷塔轿车的焊装、总装、涂装车间及试验部分的专用设备和工装图纸、工艺文件、厂房、公用动力的图纸和文件,完整的电气维修原理及文件,以及标准等资料3万多张;工厂管理文件1000本;计算机磁盘等。并引进一批制造用二手设备
37	汽车空压机制造技术及设备 89BMJJ/138CN	日本三电公司三电国际公司	广州豪华汽车空调工业公司	1989.7.28	许可证、专有技术、生产线进口	引进5缸摇板式空压机,型号分别为SD507、SD508、SD510。日方提供空压机的全套图纸、检验标准、制造工艺;压缩机和离合器制造质量控制、保证标准、厂房基建资料等
38	重型消防汽车上部改装技术 89NFNC/20139COSATL	奥地利罗森宝亚国际公司	震旦消防设备总厂	1989.9.29(1989.12.20生效,有效期5年)	许可证、专有技术	引进TLY型重型水罐泡沫消防车、ULF型重型水罐泡沫干粉联用消防车的制造技术。包括:R600、R280型车用泵系统,RVMA500型、RVMA230型泡沫比例混合器;RM60M、RM601、RM24M、RM24MP型泡沫——水消防炮等8种合同产品的制造技术
39	汽车座垫生产许可证	德国格拉玛(GRAMMER)公司	北方车辆制造厂 辽宁庆阳化工厂	1989.11	许可证	引进高、中档汽车座椅(含驾驶员、乘客)及工程车座椅、办公座椅生产技术

续

序号	引进项目名称及合同号	国别(地区)公司(厂) 输出技术、设备方	国别(地区)公司(厂) 输入技术、设备方	合同签约日期(年、月、日)	引进方式	主要内容
40	发动机摩擦、摩损故障诊断技术 CCACB/8900520 CVSCB/891519	加拿大国际信息聚变系统公司 美国贝尔公司	第二汽车制造厂技术中心	1989.11.3 1990.4.14 (1990.8.7生效,有效期3年)	联合设计	联合设计开发一套发动机摩擦、摩损故障诊断专家系统,硬件为FAS－2C型光谱仪
41	奥迪100型轿车组合开关装配线及相应的技术、关键设备 89DIUY/40059CD	德国 KIRSTEN公司	苏州汽车电器厂	1989.11.10	专有技术、生产线进口	引进包括测试设备在内的装配线、专用模具、寿命试验台等二手设备,以及CKD关键件及技术资料等
42	粉末冶金结构件制造技术及关键设备 89AMWR/311604CK	德国 DORST公司	第一汽车制造厂	1989.11.15	技术服务、关键设备进口	引进粉末冶金高强度结构件的生产制造技术,包括产品开发、生产工艺、模具、模架设计制造技术、产品检验、人员培训等
43	汽车轴瓦生产线 89ML407－0058CD	奥地利米巴公司	广东韶关配件厂	1989.11.18	生产线进口	引进轴瓦内表面三元(CU、SN、PB)复合镀层技术及设备
44	高强度螺栓制造技术 89NFNC/12195CT	瑞士 HATERBER公司	武汉汽车标准件厂	1989.11.18	许可证	引进高强度螺栓模具设计、制造技术,并引进螺母、螺栓冷墩成型机
45	聚氨脂泡沫模制汽车地毯生产成套装置 89GIJ－126	意大利 NEW ROITEX公司	广州豪华汽车内饰地毯厂	1989.12	专有技术、成套设备进口	引进用于标致505SW_8型轿车的汽车地毯制造工艺及设备
46	橡胶减震器和消声阻尼材料制造技术及设备 89YWZC393/11005CD等	德国罗曼机器机电公司、申克公司、WP公司 美国孟山都公司	无锡减震器厂	1989.12.5	专有技术、生产线进口	引进生产轿车消声器用的自粘性热熔型、熔融型隔声材料制造技术及生产线。生产能力:4000t/年,可满足30万辆轿车的需要
47	引进计算机辅助设计系统 89AMWR/478079CK	美国 SGI公司	中国汽车工业总公司长春设计研究院	1989.、12.18	许可证	引进计算机辅助设计(CAD)软件系统及配套系统,图型工作站系统

续

序号	引进项目名称及合同号	国别(地区)公司(厂) 输出技术、设备方	输入技术、设备方	合同签约日期(年、月、日)	引进方式	主要内容
48	以咨询协作方式进行4102柴油机改进,并引进发动机测试设备 CAHY6009、CAY6036, 89FGZ/54022JP等	奥地利 AVL公司 日本 千曲产业公司 英国 希尔格分析仪器公司	扬州柴油机厂	1989. 12. 22, 1989. 12. 1	技术咨询、关键设备进口	以咨询方式进行4102柴油机性能改进,奥方提供改进设计及主要技术资料,并引进了H－TOP－860B型制芯机、芯盒模具、E983C/25型直读光谱仪等设备
1990年						
49	CA6102汽油机咨询 CATCB/S900516	奥地利 AVL公司	第一汽车制造厂	1990	技术咨询	对现有的6102型汽油机进行试验分析,改善工作过程,进一步提高其动力及经济指标,以满足6t载货汽车的需要
50	制动器制造专有技术 90NFNC/363001CD	德国 DEUTSCHE PERROT －BREMSE 公司	南京汽车工业联营公司	1990.1.16	许可证	引进45.10型盘式制动器、鼓式制动器的制造、装配和改进技术
51	计算机辅助设计软件及设备 89AMWR/47804MR	美国 智能公司	重庆汽车研究所	1990.1.20 (1991. 4. 16生效)	专有技术	引进SUN计算机工作台1套、CAD软件1套,用于计算机辅助设计
52	轻型车车身制造技术及装备	台湾省 国产汽车股份有限公司	厦门金龙汽车车身有限公司	1990.3.23	补偿贸易	引进宝马轻型载货汽车和客货两用车车身制造专有技术、生产技术及有关图纸资料等
53	刮水器电机传动杆、雨刷制造技术 90BMI/T200502CF	法国 VALEO 刮水器专业公司	温岭汽车配件厂	1990. 6. 5 (1990. 7. 29生效)	许可证	引进汽车刮水器电机传动杆、雨刷制造技术,包括产品图纸、工艺文件、有关资料等
54	汽车锁装置专有技术 CLECB/S900538	德国 KIEKERT/TAGA 公司	武汉汽车车身附件总厂	1990.6.15 (1990. 6. 15生效,有效期2.5年)	许可证	引进汽车锁制造技术,包括图纸、工艺文件及有关资料等

续

序号	引进项目名称及合同号	国别(地区)公司(厂) 输出技术、设备方	输入技术、设备方	合同签约日期(年、月、日)	引进方式	主要内容
55	轻型车整车检测线应用技术及关键设备 CJPCB/S901421	日本 安全汽车公司	第一汽车制造厂	1990.10	专有技术、关键设备进口	引进轻型车用检测线设备，包括侧滑、制动、速度、排放、灯光、噪声试验台，电子计算机控制系统；并引进检验标准、技术处理及计算机处理等技术资料
56	2E3 系列化油器生产技术及二手设备 CDECB/S901460，90AMWR/121554 CK	德国 皮尔堡公司	第一汽车制造厂化油器厂	1990. 10. 20	专有技术、生产线进口	引进 2E3 系列化油器生产技术、包括：产品图纸、技术资料，技术文件等，并引进一批二手设备，产品用于高尔夫和 CHRYSLER 发动机。
57	荧光探伤机设计制造技术	德国 卡尔德意志公司	第二汽车制造厂	1990. 11. 30	联合设计	引进发动机连杆、曲轴荧光探伤机的设计、制造技术。包括全套设计文件、产品图纸、资料等，并引进探伤仪等设备 11 种
58	汽车大型塑料件生产技术及设备 90GIT－115	法国 ECIA 公司 德国 意大利	广州豪华汽车塑料件厂	1990.12.6	许可证、租赁	标致 505 轿车仪表台、前后保险杠、导流板等大型塑料件生产许可证的转让；汽车大型塑料件生产技术与生产工艺的资料；部分汽车大型塑料件生产设备
59	轿车座椅骨架专有技术及设备 90BMJJ/H505FR	法国 贝腾富公司	广州车辆厂	1990. 12. 13	专有技术、关键设备进口	引进标致 505SW$_8$ 型轿车座椅骨架全套生产图纸、质量控制要点、试验标准等，并引进制造设备 8 台(套)
60	轿车座椅调节机构技术及液压自动精密冲床 90TI－0039，90TI-0038	瑞士 FINTOOL 公司 法国 EPEDA－BERTRAND FAURE 公司	广州汽车制造厂	1990. 12. 13	许可证、关键设备进口	引进轿车座椅调节机构(含调角器、滑轨)的生产技术，并引进模具、冲床等设备
61	铸造链板设计、制造技术 CITCB/P90040	意大利 CITI 公司	第二汽车制造厂动力机厂	1990. 12. 22	联合设计	引进意大利铸造链板设计、制造技术。包括：设计文件、图纸、资料等，并引进自动上料机等 9 种设备

二　1988～1990年汽车工业引进主要成套设备简介

1988年

序号	引进设备项目名称及合同号	国别(地区)　公司(厂) 输出设备方	引进设备方	合同签约日期(年、月、日)	引进设备
1	引进汽车电器项目补充设备 CUSCB-S882129 CDECB-S881218等	德国 AUERBACH公司、BOSCH公司	长沙汽车电器厂	1988～1990	引进汽车电机转子生产线1条(二手),设备共13台(套);起动机外壳卷圆机等设备14台(套)
2	"六五"引进项目补充硬件 C_6—1等	德国 FA·VMAG公司	上海大众汽车有限公司	1987～1990	引进发动机装配线,凸轮轴、中间轴、连杆、缸体、缸盖生产线
3	微型车、轿车轮辋制造设备 86DMAA/361225CN等	日本 小岛铁工所 德国 申克公司	华兴航空机轮公司	1987～1988	引进卷圆机、对焊机、刮渣机、切边机、倒圆机、成型机等轮辋制造设备17台(套)
4	上海·桑塔纳轿车变速器生产线(二手) 88NFS/363094CD	德国 大众汽车公司	上海汽车齿轮厂	1988.3.24	引进变速器生产线(二手)。包括:壳体、壳盖、后壳生产线、总装线,共64台加工用专机
5	热处理生产线	德国 DEGVSSA公司	国营西南车辆制造厂	1988.4.6 (1988.4.6生效)	引进热处理生产线1条,共16台设备
6	阴极电泳油漆线 88NFS/37073CL	意大利 GEI S.P.A公司	上海汽车厂	1988.7.21	引进阴极电泳油漆线。包括:阴极电泳槽全套装置、烘房全套装置、电泳漆成分及温度控制系统、超滤器等
7	汽车电机电枢生产设备 NOBMZ/20290CK	香港 SANTRONIC公司	温岭汽车配件厂	1988.8.27 (1988.9.17生效)	引进汽车电机电枢生产设备8台(套)
8	汽车用钢化玻璃生产线 HFIC—IM—88005	瑞士 卡汀(CAT-TIN)公司	福建耀华玻璃有限公司	1988.9.15	引进钢化玻璃生产线。主要设备:垂直钢化炉2台
9	汽车边窗钢化玻璃生产线 AFIC—IM—88009	芬兰 泰姆格拉斯公司 美国 皮尔可公司	福建耀华玻璃有限公司	1988.9.15	引进汽车边窗钢化玻璃生产线。主要设备:水平钢化炉2台、LEK—1223型钢化玻璃外形切割机2台、美国大型数控切割机2台

1989年

序号	引进设备项目名称及合同号	输出设备方	引进设备方	合同签约日期	引进设备
10	$4JB_1$发动机铸造用全套模具及设备 89MQK—400066CN	日本 五十铃汽车公司	四川省重庆交通机械厂	1989.4 (1989.4生效)	引进$4JB_1$型发动机缸体、缸盖铸造用全套模具,以及用于制造水套泥芯的H—TOD—860B型专用制芯机1台,铸造模具及工装设计图纸1套
11	依维柯汽车车身冲模及检验夹具 89NFNC/202924CN	日本 富士铁工所	南京汽车制造厂	1989.5.18	引进车身模具、检测设备等

续

序号	引进设备项目名称及合同号	国别(地区) 公司(厂)		合同签约日期(年、月、日)	引进设备
		输出设备方	引进设备方		
12	H_4型卤素灯泡生产设备 88YVZQ/0281016CE	英国 阿尔巴公司	上海特种灯泡厂	1989.6.3	引进H_4型卤素灯泡生产设备,共11台(套)
13	钢化玻璃加热线 89FY—004	意大利 SIAPRINT 公司	福建耀华玻璃有限公司	1989.6.27	引进钢化玻璃加热线。主要设备有:制版设备2台、绷网印刷机1台、网板烘干机1台
14	轿车遮阳板生产线 89NFS/40176CD	德国 HAPPICH 公司	上海延锋汽车内饰件厂	1989.6.31	引进汽车遮阳板生产线,包括各种设备及工具图纸、维修资料、技术要求等
15	汽车发电机定子铁芯卷绕设备及测试设备(二手) CDEB/S890345 CDEB/S891244	德国 BOSCH 公司	长沙汽车电器厂	1989.9.8	引进交流发电机定子绕线设备、工装等,并引进发电机分电器、试验台等二手测试设备
16	汽车消声器排气管系统生产线及备件、模具 89NFNC/20151CT	德国 沙士基打钢铁公司 瑞士 VONDER RIG 公司	广州市汽车消声器企业有限公司	1989.9.22	引进消声器壳体和排气管制造成套设备。包括:消声器壳体制造机等9种设备
17	汽车静电喷漆系统及汽车性能测试设备 89CFOQ/3631862CK	日本 弥荣公司	桂林客车厂	1989.10.7 (1989.10.7生效)	引进PRO—3500型静电喷漆系统1套,汽车性能测试线1条。包括:BT—1010D—A型制动试验台、SST—105CB型全自动灯光试验仪、GMS—2型柴油烟度计、ISM—100型音量计、CDM—1000型底盘测功机等
18	H_4卤素汽车灯生产线 90MMG/40704HU	匈牙利 布达佩斯·通斯拉姆有限公司	国营宇光电工厂	1989.10.30(1989.10.30生效)	引进H_4型卤素汽车灯生产线。包括零部件生产及总装线设备共28台(套),年单班生产车灯200万只
19	汽车排放测试系统 89NFNC/47171CG	美国 罗斯蒙特公司	重庆汽车研究所	1989.11.28(1991.1.4生效)	引进汽车排放测试系统1套,用于发动机气体排放的测试与研究
20	汽车频谱声强分析设备 89NFNC/47178CN	日本 小野公司	重庆汽车研究所	1989.12.5 (1990.9.13生效)	引进日本汽车频谱、声强等分析设备1套,主要设备6台(套),用于汽车频谱、声强分析
21	汽车空气滤清器滤芯生产线 89AORL/120404CK 等	台湾省 国际工业贸易公司 日本 科学工业公司	长春市仪表总厂	1989.12.11 1990.6.21	引进空气滤清器滤芯生产线。包括8种设备及有关技术资料,并引进空气滤清器实验台
22	发动机气门生产线 89NFNC/12175CUD 等	美国 设备公司、AJAX 公司	济南汽车配件厂	1989.12.15 1989.11.22	引进汽车发动机气门生产线1条(二手),共29台(套)设备。另外还引进挤压机1台

续

序号	引进设备项目名称及合同号	国别(地区)　公司(厂)		合同签约日期(年、月、日)	引进设备
		输出设备方	引进设备方		
23	发动机测试系统 89NFNC/70190CB	美国 桑珀洛公司	重庆汽车研究所	1989. 12. 20 (1991. 5. 15生效)	引进发动机测试系统1套,用于自动测试汽车发动机的性能
1990年					
24	发动机气缸盖加工成套设备	日本	国营江陵机器厂	1990	引进发动机气缸盖加工设备,共17台(套)
25	发动机液压挺杆生产线 90NFNC/20100VD等	美国 设备公司、米拉克龙公司	济南汽车配件厂	1990. 1. 7	引进轻型车、轿车发动机液压挺杆生产线(二手)1条,共20台设备。另外还引进磨床1台
26	汽车电线及线束生产设备 90AORL/120409CD等	美国 ARTOS、AMP公司 德国 TSK、ONDAL等公司	白城市汽车电线厂	1990. 3 1990. 10	引进汽车电线及线束生产设备,设备17台、模具24套,及备件、易损件等
27	电焊—冷拔精密焊管生产线 90FMT/202H2012MR	美国 阿贝·埃特纳(ABBEY ETNA)公司	国营山川机械厂	1990. 4. 19 (1990. 7. 31生效)	引进精密焊管生产线,产品主要用于汽车、摩托车减震器缸筒和机械液压油缸的生产。规格为∅12～∅16mm,壁厚0.7～3.2mm
28	汽车缸体和曲轴生产线 90NFNC/12160CE	英国 PFC公司	成都发动机制造公司	1990. 6. (1990. 8生效)	引进发动机缸体生产线1条(二手),共有设备65台(套);发动机曲轴生产线1条(二手),共有设备24台(套)
29	金属材料热处理生产线 90FMT/20ZJ5004—1MR	美国 依普森公司	国营江山机械厂	1990. 8. 10 (1990. 8. 10生效)	引进热处理生产线1条,包括:I/0—300—ESR型气氮热处理炉、DL3000E型回火炉等,用于8t载货汽车变速器的生产
30	汽车插接件专用弯曲加工中心 CDECCBJ/P90370A	德国 温氏(WÜNSCH)公司	鹤壁市汽车电器厂	1990. 11. 2 (1990. 11. 2生效)	引进冲压中心1台、模具1套及4副模具的图纸等
31	聚氨脂塑料端盖空气滤清器滤芯生产线 90WMHN/370829CE	英国 下厂滤清器公司	蚌埠拖拉机附件厂	1990. 11. 5 (1990. 12生效)	引进空气滤清器芯生产线,年生产能力100万只
32	滤清器装配线 90WMHN/370831CL等	意大利 UFI公司	蚌埠拖拉机附件厂	1990. 11. 8	引进汽车滤清器装配线
33	继电器制造成套设备 90MMG/180(JG)30DE	德国 斯垂比公司	哈尔滨汽车电器厂	1990. 11. 9	引进双触点继电器制造设备,共5台(套)
34	带钢纵剪线 90FMT/2021－12012MR－1	美国 洛普可(LOP-CO)公司	国营山川机械厂	1990. 12. 11(1990. 12. 11生效)	引进带钢纵剪线1条,用于电焊冷拔精密管生产

三　引进先进技术　认真消化吸收
加速汽车工业的技术进步

1　汽车工业技术引进的基本情况

自我国实行对外开放政策以来，在国家的大力支持下，我国汽车工业同日本、美国、德国、法国、意大利及英国等汽车工业发达国家的厂商开展了广泛的合作。在近十年的时间里，全国引进汽车方面的技术大约170余种，其中，汽车整车技术21种，发动机、变速器、车身等主要总成技术22种，咨询改进老产品10余种，计算机应用、科研开发、制造技术等50余种。与此同时，还积极开展利用外资工作，到目前为止，已建立的主要“三资”企业39个，已批准的利用外国贷款项目16个。

经过几年来的消化吸收，汽车工业的面貌发生了很大变化，主要表现在以下几个方面：

1.1　老产品实现了更新换代。请国外有经验的专家和公司对一些主要产品进行了咨询改进；引进部分先进技术，进口部分关键设备，对一些主要汽车制造厂进行技术改造。经过几年努力，第一汽车制造厂（以下简称一汽）用新型的CA141型5t载货汽车淘汰了4t老“解放”；南京汽车制造厂用新型的NJ131型轻型载货汽车淘汰了老“跃进”；济南汽车制造总厂用新型的JN162型重型载货汽车逐渐地淘汰了老“黄河”；第二汽车制造厂（以下简称二汽）对EQ140型汽车的发动机、驾驶室等主要总成也进行了重大改进。

1.2　调整了产品结构。为了改变“缺重少轻”的状况，重型汽车集团引进了奥地利斯泰尔重型载货汽车系列，内蒙古第一机械厂引进了德国本茨汽车公司本茨重型载货汽车系列，北京重型汽车制造厂引进了英国阿维林公司的27t矿用自卸汽车，上海重型汽车制造厂引进了美国伟步公司的32t矿用自卸汽车，内蒙古第二机械厂引进了英国太莱克斯32t系列矿用自卸汽车，从而为解决“缺重”问题打下了基础。南京汽车制造厂引进了意大利依维柯轻型汽车系列，北京汽车工业联合公司、江西汽车制造厂等单位采用技贸结合的方式，联合引进了日本五十铃汽车公司的N系列轻型汽车，天津市汽车工业公司、国营长安机器制造厂和哈尔滨飞机制造公司分别引进了日本大发公司850系列、铃木公司ST90系列微型汽车，为解决“少轻”问题打下了基础。目前，这些车型有的已批量投产，有的正在进行工厂的建设和改造，不久即可形成生产能力。

1.3　轿车工业开始起步。上海汽车工业总公司和德国大众汽车公司，合资建立了上海大众汽车有限公司，生产上海·桑塔纳轿车。北京汽车制造厂同美国AMC公司（后来归克莱斯勒公司），合资建立了北京吉普汽车有限公司生产切诺基轻型越野汽车。广州汽车厂同法国标致汽车公司合资建立了广州标致汽车公司（有限），生产标致504轻型货车及标致505轿车。一汽及天津市汽车工业公司还分别引进了德国大众汽车公司奥迪100型中高级轿车及日本大发公司夏利微型轿车。尽管这些轿车项目目前的生产规模都不大，但它标志着我国轿车工业正在兴起。

1.4　改善了汽车工业的配套体系。这几年除了引进了一批先进的发动机、变速器、车身技术外，还引进了一批先进的零部件技术。重庆汽车发动机厂引进的美国康明斯NH、K系列柴油机，功率为154～

1176kW，二汽引进的康明斯B系列柴油机功率为59～132kW。大大改善了重型汽车和矿用汽车无机选择的被动局面。已引进的零部件技术基本上可以满足载货汽车的配套要求。

1.5　制造技术和产品测试技术水平有了提高。已引进的20t热风除尘冲天炉、阴极电泳涂装线、可控气氛热处理、冷芯盒及自硬砂等技术，都是当代世界汽车工业先进技术，正在我国逐步推广。已引进的计算机辅助设计与辅助制造以及计算机在管理领域的应用技术，在汽车工业中被广为重视，正在向广度和深度发展。二汽在新产品开发和老产品改进中已有80%的产品图纸用计算机系统来完成。在汽车工业中还有一批具有先进水平的产品测试装置，为产品的自行开发创造了条件。

1.6　培养和锻炼了一批管理、技术专业人才。通过出国考察、培训及人才交流等各种方式、汽车工业的技术人员和管理人员的知识得到了更新，对现代化汽车工业有了新的认识，人员素质有了提高，对今后汽车工业的发展将会产生重大影响。

2　1988～1990年汽车工业技术引进工作

2.1　引进技术30余种，其中轿车两种，零部件20余种，其它技术10余种。

一汽在1988年从德国大众汽车公司引进的奥迪100型中高级轿车是目前我国引进轿车车型中档次最高的车型。其总装配线、焊装线、涂装线及铸造生产线已建成投产。

1990年一汽又同德国大众汽车公司合资建立一汽——大众汽车有限公司，生产高尔夫和捷塔轿车，第一期生产纲领为15万辆，正在实施中。

二汽同法国雪铁龙公司的合资项目也取得了很大进展。

在这三年中引进的零部件项目主要是围绕着轿车国产化引进的。有轿车空调及压缩机、等速万向节、安全带、真空助力器及制动总泵、组合开关、中央接线盒、双触点继电器、刮水器等共20余种，使汽车工业的配套体系更加完善。

2.2　合资企业有了较大的发展。1988年前汽车工业的中外合资企业主要是整车，零部件项目较少。在近几年中，除一汽——大众汽车有限公司外，还新建了上海纳铁福传动轴有限公司（等速万向节）、上海小糸车灯有限公司（车灯）、上海实业交通电器有限公司（继电器）、上海易初通用机械有限公司（空调压缩机等）、南京宏光——奥托立夫汽车安全装备有限公司（安全带）、佛山中泰汽车配件制造公司（滤清器）等，除已建立的合资企业外，还有一批正在商谈的零部件合资项目。

2.3　消化吸收国产化工作有了较大进展。在国家的大力支持下，从1988年开始，汽车工业的资金投向朝着国家批准的重点轿车项目及为引进车型配套的总成及零部件项目倾斜，使引进车型的国产化水平显著提高。上海·桑塔纳轿车1987年底的国产化率为12.60%，1990年底达到了60.09%；北京切诺基轻型越野汽车的国产化率1987年底为18.70%，1990年底达到了43.51%；天津夏利轿车1987年底的国产化率为9.67%，1990年底达到了40.74%；广州标致505轿车1987年底的国产化率为6.30%，1990年底达到了31.60%；1990年底奥迪100轿车国产化率为14.15%、斯泰尔重型载货汽车为65.00%、依维柯轻型汽车为15.60%。

2.4　一批引进项目建成投产。上海大众汽车有限公司年产3万辆上海·桑塔纳轿车项目及10万台发动机项目，一汽轿车先导工程3万辆奥迪轿车项目，潍坊柴油机厂的1万台斯泰尔发动机项目，二汽襄樊汽车试验场项目等，都相继建成投产。

2.5　引进技术的推广、应用、移植取得了初步成果。重庆汽车发动机厂的康明斯柴油机、不仅为北京产25t、上海产32t矿用自卸汽车、四川产18t重型汽车配套，使产品质量有了很大提高，同时还为上海D115型、陕西D85型、山东D80型的推土机、湘潭电机厂的108t自卸车提供配套，大大改善了这些产品的信誉，减少了进口，增加了出口。在"六五"期间，一汽、二汽联合引进的组合机床设计制造技术，不仅装备本企业，还为汽车行业兄弟单位设计制造组合机床近100台，自动加工生产线近20条。一汽铸造一厂引进的20t热风除尘冲天炉，不仅在铸造二厂推广应用，还为冶金行业、机械行业的大铸造厂所借鉴。一汽还为十几家工厂设计制造了阴极电泳涂装生产线，为十几家工厂设计制造了气体渗碳炉。

3　今后汽车工业技术引进值得注意的问题

3.1　汽车工业"八五"发展的重点是轿车，所以，关键是如何搞好轿车配套。前几年引进了一批零部件制造技术，但主要是为载货汽车配套引进的，起点不高，产品质量不稳定，需要补充进口一些生产、测试设备。对一些缺门品种需补充引进。要坚持"高起点、大批量、专业化、优质量"的原则，要考虑国内、国外两个市场。

3.2　对外工作存在着严重的多头对外、重复引进的混乱状态。为避免盲目引进、盲目建设和改造，1990年7月26日，国发〔1990〕45号文规定，汽车、摩托车整车及汽车总成关键零部件厂的建设和改造需报经行业归口部门核准，汽车工业要认真贯彻，对今后重复引进、多头对外的混乱现象可能有所限制。

中国汽车工业总公司规划司　刘庆贵

四　引进先进技术　重在消化吸收

——谈二汽技术引进消化吸收情况

二汽在引进方式上，经历了3个发展阶段。"六五"以前，为了尽快实现生产能力目标，引进的重点放在进口国内不能提供的大型、高精密加工、检测设备上，辅以引进少量的技术，这是引进工作的第一阶段；"六五"期间，引进工作围绕着提高产品设计、工艺制造水平、开发新产品、提高现代化管理水平、加强自我开发能力，引进重点逐步发展成为以引进专利、专有技术为主，进口关键设备为辅，这是引进工作的第二阶段；引进工作的重点，发展成为以联合设计、联合制造、点菜式引进关键技术为主的第三阶段。采用这种模式引进的技术，投资少，见效快，易于消化吸收。

1988年以后，二汽技术引进工作的重点是在引进技术的同时，着重抓好对引进技术的消化吸收和移植、创新工作。1988～1990年间，二汽对13个项目进行了鉴定验收，占技术引进项目总数的37%。

1　历年来二汽技术引进基本情况

1978～1990年间，二汽共引进技术35项，外汇投入4136万美元，内汇投入两亿多元。其中，已完成消化吸收，投入生产的有17项，占48.6%，正在消化吸收的有18项，占51.40%。

2　1988～1990年二汽技术引进消化吸收情况

2.1　通过对引进技术的消化吸收和移植创新、开发了新一代8t平头柴油车。特别是在增加企业和社会效益方面，效果十分显著，仅对已完成的项目做不完全统计，企业年新增效益1.18亿元，社会效益每年在10亿元以上。"七五"期间，二汽以点菜式引进方式，先后从美国、日本及德国引进了康明斯发动机，中吨位动力转向机，“日产柴”驾驶室、前后桥、变速器、活塞、活塞环、汽车仪表等8项先进的设计、制造技术。为加速这些引进技术的消化吸收，二汽以引进单位为主体，组织、调动厂内一切可以调动的力量，开展大规模的消化吸收，国产化工作。以“日产柴”三个项目为例，二汽以技术中心为主体以工艺处推进办公室为牵头，进行全方位动员，开展了全面的消化吸收工作。在一年多的时间内，除完成翻译、转化引进图纸、资料外，国产化工作也有很大的进展，驾驶室国产化率已达83.4%；前后桥达95%；变速器达86.5%；汽车仪表达96.2%，其它项目也大部分落实了国产化工作。

由于较好地消化吸收了引进技术，缩短了产品的开发周期和建设周期，节省了人力、物力及资金的投入。以建设柴油发动机厂为例，通过引进、消化吸收美国康明斯发动机设计、制造技术，整个开发、建设周期仅用了4年时间。实际占地60451m²，约减少7.5%；人员减至1500人，减少5.5%；配置设备减至893台，减少7.6%；工艺投资减至20601.58万元，减少9.9%；总投资减至28504.70万元，减少6.4%。

8t平头柴油车已于1990年7月1日按计划投产，其产品质量达到了国际80年代先进水平。

2.2　技术引进与人才引进相结合，加速消化吸收，建成具有80年代水平的试车场。“七五”期间，二汽为提高整车及零配部件的试验水平，从英国引进了先进的汽车综合性能试验场的设计、建造技术。为提高消化吸收质量，加速消化吸收进程，采取了人才引进与技术引进相结合的方式聘请美国试车场建设专家来厂帮助、指导，很快完成了引进技术的消化吸收工作，在短短的几年内就建成了具有80年代国际水平的汽车综合性能试验场。

2.3　深入消化吸收引进技术，刀具寿命成倍增长

“六五”末期，二汽从美国引进了先进的刀具涂层技术。美方曾先后7次派专家来厂安装、调试和修整，借此机会，二汽派专人参与一起工作，很快掌握了技术，大大加速了消化吸收。还对引进技术做了局部改进，提高了引进技术效益的发挥。经生产实践证明，刀具耐用度提高了3～5倍，刃磨后，仍可提高1倍以上；切削速度提高30%～100%，切齿速度可达84m/s；被加工件的表面粗糙度降低1～2级；企业年新增效益45万元，用于降低刀具消耗的资金每年可达150万元以上。

2.4　消化吸收、移植、创新，不断提高自我开发能力

引进技术旨在提高自身水平，提高自我开发的能力。如“六五”期间为5t车引进的汽车仪表技术，为适应8t柴油车生产和其它车型生产需要，将引进的车速里程表、燃油表、压力表、温度表、电子转速表、电压表、油量表传感器等10大总成的生产技术移植应用到8t柴油车的生产中去，在此基础上，还自行开发了仪表总成、水位报警器、气压表和照明指示4大总成。除此以外，还开发了EQ145、EQF140、EQ2D140、EQ6D145型汽车用仪表，标致505型轿车用仪表。目前，正在考虑开发二汽—雪铁龙轿车用仪表。

2.5　向社会扩大消化吸收成果

2.5.1　调温器技术的运用领域已发展到陆海空

“六五”期间引进的调温器技术，在实现为国内8家合资企业配套后，进一步开发新产品，拓展应用市场。目前，除用于汽车行业和陆用车外，已发展到航海、航空、内燃机车等领域。在此基础上，又自行开发了多种热功元件。该项目目前已实现产品出口创汇。生产能力提高两倍，企业年新增效益超过30万元。

2.5.2　新开发的技术在设备制造中得到运用

“组合机设计、制造技术”引进项目，在消化的基础上，又先后自行开发了电器故障诊断系统、定位误差检测系统、新型过滤装置、链板式排屑系统和抬起步伐式输送带在内的25项新技术，并且用于设备制造之中。到目前为止，二汽已为本企业和兄弟单位设计、制造了75台组合机、18条加工自动线，

这些高精密设备的制造，为国家节省了大量外汇开支，也促进了机械设备制造行业的发展。

“铸铁件质量咨询”项目，使铸件质量进一步提高，目前已出口到日本、美国等国。

3 技术引进消化吸收工作的几点经验和体会

3.1 制订技术引进消化吸收网络计划

当一个技术引进项目签订合同以后，首先应制订出引进技术消化吸收工作网络计划。网络计划中应规定每一阶段的具体工作内容，参与单位、人员，以后考核时间和考核指标，还应明确各单位间的相互关系，组织分工等。该网络计划作为执行单位开展消化吸收工作的依据和主管部门考核进展及完成情况的依据。

网络计划必须纳入总厂的建设、改造大网络计划中，统一布置、统一协调。

3.2 必须做好组织领导和组织分工

作为总厂一级，应设立一个专门归口管理部门，在总工程师或技术副厂长的直接领导下，负责全厂的技术引进项目的消化吸收、国产化推进的归口管理，起着组织、协调关系、监督检查、考核的作用。如二汽技术引进办公室就是具有上述职能的归口管理部门。若对大项目，涉及生产准备任务时，还可在有关的工艺部门临时设置推进办公室，专门负责这些大项目的消化吸收推进工作和布署生产准备工作，该办公室在业务上对总厂的归口管理部门负责。如二汽在建设8t平头柴油车生产基地时，则在生产准备处临时成立了推进办公室，专门负责康明斯发动机，驾驶室，前、后桥，变速器，中吨位转向机等几个大项目的消化吸收推进工作和协调生产准备工作。

作为分厂一级引进单位，应在分厂一级总工程师或技术副厂长的领导下，成立专门的消化吸收领导班子和工作班子，负贲引进技术消化吸收工作具体实施。

3.3 制订完善的管理制度

有严密的组织，还必须有完善的管理制度，才能有效地完成消化吸收工作。对消化吸收工作搞得好的单位施行奖励，对差的单位施行惩罚，以此来调动各方面的积极因素。

二汽先后制订颁发了《二汽技术引进消化吸收管理办法》和《二汽技术引进项目鉴定验收管理办法》。

3.4 引进技术必须与国内科研相结合

引进技术与国内科研相结合，是提高引进起点，促进消化吸收，发展引进技术的一项有效方法。因此，在引进的同时，要充分考虑国内科研，并与之有机地结合。如二汽在引进驾驶室漆化技术的同时，重点抓了4种化学处理剂和底漆液的国内科研工作，使之全部国产化，大大促进了引进技术的消化吸收。

3.5 人才引进与技术引进相结合

人才引进与技术引进相结合，是提高引进技术消化吸收质量，加速消化吸收的一种有效方法。可以少花钱，多办事。如二汽在引进“日产柴”驾驶室，变速器，前、后桥技术的同时，通过人才引进的渠道，聘请“日产柴”专家来厂进行技术指导，不仅加速了引进技术的消化吸收，提高了消化吸收质量，而且学到了技术引进合同中所没有的“一个流”管理方法，大大提高了工厂的生产管理水平。

二汽汽车综合性能试验场也是采取这种方式建成的。

4 有待改进的几个问题

4.1 缺乏必要的项目评估

技术引进、消化吸收是一项投资大，周期长，风险度高的工作，因此，必须做好项目投资前的评估，投资过程中的动态评估和投资后的效益评估。在这方面，二汽尚有不足，有待今后工作中改进。

4.2 项目负责人的变更问题

《二汽技术引进消化吸收管理办法》中明确规定：项目负责人及领导班子在项目完成以前，不得变动。但由于工作原因(或其它原因)，不免有个别项目也会出现在项目完成前更换项目负责人的现象，如《缸体清洗机技术》引进项目，在消化吸收过程中，先后一次更换项目总负责人，给消化吸收工作带来许多不利影响。在今后工作中，将严格考核，有关协调部门从严把关，力争杜绝这种现象。

第二汽车制造厂技术引进办公室 乔润德

五 坚持质量 坚持国产化是上海大众的立足之本

上海大众汽车有限公司(以下简称上海大众)是中国和德国合资经营企业。自1985年9月开业生产以来，陆续建成了一批生产车间及试验室，现已基本上形成了年产6万辆轿车和10万台发动机的生产能力。在工厂改造和基本建设的同时，到1990年底，上海大众累计生产了71626辆上海·桑塔纳轿车。1990年生产上海·桑塔纳轿车18537辆，生产发动机19516台，其中"短发动机"已获德国大众公司的技术认可并于1990年12月返销德国大众公司2550台。近几年国产化发展较快，车身、发动机、变速器等已实现国产化，至1990年年底，国产化率累计已达60.09%，工装样品认可率达72.?9%。上海大众生产的发动机和轿车在全国各地使用，质量可靠，经久耐用，获得用户的好评，经德国大众检查，在世界上生产桑塔纳轿车的厂家中，上海大众产品质量名列榜首。

1 厂房及设备已初具规模

五年来陆续建成了汽车厂的总装车间、油漆车间、冲压车间、白车身车间、发动机厂的机加工车间、装配车间、质量保证部试验室、产品工程部试验室。这些车间和试验室都采用了较为先进的设计和设备。例如，发动机厂大部分为进口的自动或半自动生产流水线。所有机床和工装都能确保加工尺寸的稳定性，在生产线中间及末尾配置有较先进的测量检验仪器。油漆车间采用封闭通风系统，以确保灰尘不进入车间内部从而保证油漆质量，质保实验室对原材料的材质及尺寸进行控制，产品工程部试验室对新零件投产进行工程鉴定，这样就使上海大众形成了一整套质量保证体系，基本具备了生产整车和发动机的物质条件。

2 上海·桑塔纳轿车零部件的国产化取得了可喜的成果

上海·桑塔纳轿车生产中，外购件约占整车价值的70%以上，通过五年来的努力，在上海已形成了为桑塔纳配套的零部件企业群体。

例如变速器，这是难度较大的部件，上海汽车齿轮厂为此从德国引进了制造变速器的全套关键设备，从壳体压铸、到齿轮热处理以及装配都具有较先进的设备，这样就为在较短的时间内实现向上海大众提供质量可靠的变速器创造了条件。其它难度较大的零部件如等速万向节、空调系统、车灯、转向盘、发泡软垫、离合器、玻璃、活塞等也都在不同程度上引进了国外先进技术。有些原来条件较好的工厂，也在市有关方面领导下，对工厂进行了不同程度的技术改造或引进部分关键设备，为加快实现上海·桑塔纳轿车国产化和保证国产化零部件的质量创造了有利条件。

上海·桑塔纳零部件国产化还得到中国汽车工业总公司系统的厂家以及航空航天部等有关厂家强有力的支持，例如发动机关键毛坯件——缸体就是来自第二汽车制造厂，目前正在试验认可中；车轮来自第一汽车制造厂。航空航天部为上海·桑塔纳轿车提供配套的有14个工厂，目前这些工厂提供的有排气管消声器、各种继电器、摇窗机、刮水器等都已配套使用。

上海大众在横向配套工业发展时，与各个厂家密切配合，对零部件的技术要求详细向配套厂交底，对样品严格按大众标准进行试验认可，这样就保证了在扩大使用国产件的同时，确保了整车的质量，同时这也是对引进技术的掌握、消化和吸收的过程。

3 逐步形成上海大众的质量保证体系

为保证上海大众的产品质量，参照德国大众公司的经验，公司制订了严格的产品认可程序。

3.1 工装样品的试验认可

无论是自制件或外购件，零件投产前都必须经历工装样品的严格试验考核。首先按照德国大众的标准对样品的材质和图纸尺寸进行严格考核，并对有防腐要求的零件进行严格的试验，然后进行工程鉴定试验，即性能、耐久和道路试验。如发动机主要件就需进行多种发动机台架试验。

工装样品主要由产品工程部试验批准，德国大众在技术上予以帮助，有些零件还需由德国大众试验认可。

3.2 批量产品样品的试验认可

在工装样品认可的基础上，要求配套厂提供可供两周生产所需的批量产品样品，由质量保证部负责进行批产零部件的试验认可，在批产样品的试验认可中，除复查尺寸、材质及必要的特殊试验(如防蚀、光照老化等)之外，还需装车，试运转，直至产品完全符合德国大众公司标准，方给予认可并批准采购。

3.3 上海大众自制件首先着重于加强班组管理，从1988年起，着手建立"QQM"班组管理，考虑到"质量是制造的结果"，把数量、质量和设备的维护保养统一作为班组管理的目标，在班组中现场工程师、质量工程师和班组长统一在"QQM"管理中分工负责不同的工作，以保证班组的文明生产，保持高质量和设备的正常运转。

对装配完毕的产品还进行Audit(奥迪特)检查制度，定期抽查产品的质量，找出加工和装配的不完善处，以供改进。

3.4 质保外勤制度

上海大众对外购件除经工装样品、批量产品样品的考核以及正常供货中的入库检验之外，还由质保外勤人员不定时对配套厂进行生产和质保体系的考核调查，提出改进意见，并根据配套厂情况按大众标准给予评分。这样就将质量隐患消灭在配套厂内部。配套厂一般都能根据上海大众意见加以整改，使各厂质量控制能力有所提高，从而进一步保证产品质量。

3.5 在全国建立了53个特约维修站。通过这些维修站一方面保证用户的上海·桑塔纳轿车能够正常运转，另一方面也是质量反馈的主要来源，通过各个维修点反馈回来的质量信息，为上海大众的产品改进以及某些零部件的质量提高均起着极为重要的作用。

1991年上海大众进入了新的时期，将有70%的国产零部件装上上海·桑塔纳轿车，工装样品认可率超过83%，五大总成(发动机、车身、变速器、前桥和后桥)也将全部国产化。1991年的计划年产量为30000辆轿车和67000台发动机。产量有较大的飞跃，质量面临更大的考验。因此，上海大众决心更加振奋精神，知难而上，坚持质量，努力促进国产化，努力强化各个管理环节，以使上海大众在进入新时期中取得更大的成绩。

上海大众汽车有限公司

六 北京内燃机总厂引进技术消化吸收效果好

北京内燃机总厂(简称北内)，近几年来，通过多种方式引进国外软硬件技术499

项。引进费用计75万元人民币,220万德国马克,4085万美元。通过这些项目的引进,使内燃机产品达到国际同类产品80年代初的水平、提高了工艺制造和检测水平,扩大了生产能力、产量。1990年比1980年提高34.3%,提高了产品质量,先后有两个产品获国家银牌奖,并获国家质量管理奖,在汽车行业中首批进入国家二级企业行列

1 采用多种方式引进技术和设备

1.1 用购买生产许可证方式,从德国道依茨公司(KHO)引进FL912/913系列风冷柴油机技术。"六五"期间,投资1807万元进行技术改造。很快将该机投入生产,并获国家经委优秀新产品奖。现在已形成8000台生产能力,1990年生产2200多台,国产化率已达95%以上。该机技术指标先进,通用性、适应性强。以F6L912/913为例:缸径×冲程100mm×120mm,转速范围1500~2800r/min,功率范围是47.8~88.2kW,燃油消耗率小于238~217·6g/kW·h。特别适合高原、严寒、干旱、酷热条件下工作。用途广泛,经过不断开发,现在已有近50种变型产品受到用户普遍欢迎。

1.2 技贸结合从日本五十铃汽车公司引进了$4JB_1$型系列(下称493Q)柴油机。1990年11月中汽总公司正式定点,生产纲领为20000台,现在正加紧进行技术改造,争取尽快形成生产能力。493Q型柴油机是日本五十铃汽车公司1984年7月投产的4J系列中$4JB_1$型柴油机,是80年代新产品,额定功率53±2.2kW/3600r/min。扭矩为:165±.N·m/1800~2000r/min,最低比油耗240./kW·h。1987年进行小批试制,现在国产化率已达到80%。

1.3 通过向英国里卡多公司进行技术咨询,改进了4115型柴油机、492型汽油机。这是花钱少,见效快,适合改进有潜力的老产品的重要方法。1980年开始就4115型柴油机的改进进行咨询。经过两轮6次咨询,改进后的X4115T型柴油机较原4115T型额定转速提高了18%,功率增加了30%,油耗下降了10%,最大扭矩增加了7%,低温起动性能大大改善。1986年获国家银质奖。为了进一步提高492Q型汽油机的功率,降低油耗,1984年向该公司提出咨询,经过30个月的努力,对气缸盖,进排气歧管等40种零件进行了改进。改进后的$492QA_2$型汽油机,与492QA型汽油机相比,功率提高5.1kW,扭矩提高7.8N·m,油耗下降27g/kW·h,排放有较大改善,1986年投入批量生产。现已具有10万台生产能力。该机1987年获国家优质银牌奖。

1.4 从美国通用公司引进2L汽油机(下称489型汽油机)技术和设备。北内在不断挖掘老产品潜力,改进老产品的同时,1989年引进了该公司的489型汽油机技术和设备494项。489型汽油机功率62.5kW/4800r/min,扭矩149N·m,油耗率小于286g/kW·h。适用于轻型载货汽车、轿车、旅行车等,具有广泛用途。489型汽油机自动加工生产线,具有80年代水平,班产800台,年产能力为15万台。现在,正加紧基建,安装、调试、生产准备同时进行,争取1991年投入试生产。这项技术和设备的引进,对北内汽油机产品的更新换代,制造工艺技术水平的提高,缩短与国际先进水平的差距,以及满足国内汽车工业发展的需要,将产生重大影响。

1.5 从国外引进生产和检测的关键设备,曲轴主轴颈CNC车床、3150t锻压机、AYL自动试验台等22台,在提高生产能力和质量,改善劳动条件等方面取得很大效益。

2 在消化吸收基础上加快国产化,根据用户需要积极进行改进变型

2.1 加强领导,成立专门机构分工负责做好技术引进工作。每引进一个新产品,都成立以厂长或副厂长为首的领导小组,制订试制投产规划和质量保证体系。下设若干专业组。设计组:负责产品图纸和技术文件的译制、技术消化工作。工艺和生产准备组:负责冷热加工工艺和生产准备工作。国产化组:负责产品零配件国产化工作。产品资料室:负责该内燃机引进技术图纸文件的管

理。

2.2　做好产品图纸和技术文件的翻译消化工作。每个引进产品的图纸、技术文件、设备图纸数量大，制式不一样，翻译消化工作量很大，但是，这是最基础的工作，必须做好。为了保证图纸、资料译制质量，制订了《图纸资料译制暂行管理条例》，规定每一份图纸资料都必须通过翻译、译校、技校、审核、标准化审查等10道工序才能归档。对每道工序都制订了工作细则，如《图纸资料翻译、译校工作细则》，《图纸资料技校、技审工作细则》等，从而确保了翻译质量。1989年1月美国通用汽车公司发到北内489型汽油机图纸资料9t，其中产品图纸3 000多张，工装、设备图纸4万多张，各种技术资料800多册。北内先后组织八、九十名技术人员，进行翻译消化工作。在翻译转化图纸技术资料时，北内重点抓了准确的图纸翻译及有关技术标准的译制，英制改为公制、公差编号转化等，做到正确理解和掌握图纸和技术文件。

2.3　充分利用现有工艺条件进行样机试制，逐步提高生产能力。北内在引进产品技术的同时，就进口几台样机，对样机进行仔细的测试，然后进口部分CKD件进行组装，做到对新产品充分熟悉，掌握各种机型性能及零部件技术要求，充分了解实际质量，并使用户熟悉这一新产品。北内在引进消化吸收时，注意从企业的实际情况出发，充分考虑到我国在材料、技术标准、使用条件（用户、油料、道路、环境等）等方面因素，充分考虑自己的工艺条件，制订出切实可行的试制、投产方案。对关键技术问题，采用了两个三结合（厂、材料供应厂、科研院、所三结合；厂内设备、工艺、制造三结合）攻关解决。如FL912/913风冷柴油机的上马，就是充分利用北内原有生产条件，确定了自己生产包括5大件在内的零部件230多种，以及总装、试车、其它零部件定点协作。对技术难关，组织攻关，近年来取得成果20多项，从而使生产能力迅速提高。

2.4　有计划、有步骤地提高国产化水平。国产化工作和样机试制鉴定紧密结合并同时进行，是北内的一条重要经验。一般是在图纸技术资料进厂以后，就成立国产化领导小组，由设计协作、检验、工艺、计划、财务等有关部门参加，有步骤地开展国产化工作。所谓国产化，首先是材料国产化。北内为了解决这个问题，建立了有关的信息网络，及时了解国内材料情况，对产品制造急需，而我国还没有过关的材料，就请有关研究院和冶炼厂共同研究、试验。如FL912型发动机缸盖需要的一种铝合金，前后冶炼了100炉才过关。其次，是零件的国产化，在上级的帮助下，在全国选点，做到充分利用我国现有潜力。

2.5　适应用户需要积极进行改进变型。北内在引进新产品的同时，就抓配套应用，并在消化吸收的基础上进行改进。老产品492Q型汽油机在英国里卡多公司咨询的基础上，北内又研制出492/100Q型汽油机，1989年12月通过了市级鉴定，1990年投入批量生产。该机填补了国内缺档，可为带空调的旅行车配套。FL912/913型风冷柴油机，现在已广泛应用于轻工机械、汽车、农机等动力机械上。近年，北内在消化吸收的基础上，又设计了4102型风冷柴油机，1988年通过了工厂鉴定。该机可为3t载货汽车、旅行车配套。在489型汽油机的基础上，自行设计了排量2.2L的发动机，可供2t载货汽车和空调旅行车选用。

北内经过几年的努力，现在内燃机和产品已发展到6个系列（492Q、4115T、FL912/913、475Q、482Q、489、GM2.2、FLL912、FLL913、4102FQ、4115TA1、X4115T型）93个品种，功率覆盖面大，汽油机、柴油机、水冷机、风冷机、增压机、非增压机都有，可以满足国民经济各行业对动力的需求。

北京内燃机总厂　任金生　詹翰之

七　消化吸收引进技术　生产一流产品

重庆汽车发动机厂(简称重发)创建于1951年。初期以生产汽车配件为主。1981年开始引进具有80年代初国际技术水平的美国康明斯公司NH和K两大系列柴油发动机技术,生产功率为170～1324kW的各种规格发动机。

十年引进,十年消化,十年发展,工厂已成为具有较雄厚技术实力和较高管理水平的大型企业。自从1983年以来,工厂先后实现"扭亏转盈"、"改造升位"、"创优升级"的战略目标,产值、利润连续六年以平均48%和55%的速度增长,提前三年达到年产2000台柴油发动机的设计能力。

1　引进十年,克服各种困难,搞好消化吸收

1.1　狠抓国产化工作

1.1.1　产品技术的吸收

工厂成立了技术档案科,负责接收外来资料及其管理工作,对图纸资料进行清点、登记、分类、建账、建卡、上架。对每批资料,都通过清点,缺项的及时反馈给康明斯公司,要求补齐。

为了逐步习惯使用康明斯图纸管理办法,采取了按流水号和结构小组两种不同的方法建卡,实行了两套并存的分类索引办法,大大方便了技术人员查找借阅资料。

为了搞好图纸资料管理工作,逐步为档案科配备了资料照相、缩微放大、复印复制、放大阅读等仪器,同时发展计算机辅助管理。至今,工厂共收到康明斯公司产品图纸5865个号,共一万余张。图纸的翻译,除在引进初期部分由外单位协助外,绝大部分由本厂技术人员完成。

设计人员还补画了零部件总成图、整机装配安装图共700余张,编制了装配明细表和工程明细表,为生产技术准备提供了必需的技术文件。

1.1.2　材料国产化工作

上自制件首先碰到的问题是材料如何国产化的问题。它关系到国产化零件的可靠性和寿命以及制造成本高低。

工厂结合多年生产柴油机的实践经验,制订重要零件选材原则,要求代用材料机械性能不低于原机要求。为此,编制了"中国材料与康明斯材料简明对照表"。后来,又编制了"重发厂金属材料标准"。

目前选定的代用材料均已通过鉴定,零件装机出厂,运转良好。

1.1.3　制造工艺国产化

1.1.3.1　认真确定关键零件的工艺方案

引进刚开始,在技术资料未拿到前,就对样机进行解体分析,初步了解其零部件结构要点和工艺特点,抓住主要件的工艺难点,有针对性地拟定了工艺方案初稿。随即选派有实践经验的骨干,携带方案赴康明斯公司各厂考察。返厂后立即结合厂内和国内情况,确定了切实可行的工艺。据此选订了关键工艺的设备和测试手段,设计了车间平面布置、工装及非标设备。

1.1.3.2　工艺试验和技术攻关

康明斯发动机零件加工精度高、工艺难度大,因此,工厂在工艺工装调试验证之前,组织了工艺试验和攻关,曾先后组织对36项难度较大的工艺攻关。

1.1.3.3　坚持正规化、科学化地进行样件的试制和鉴定

首先进行正规的生产技术准备工作,然后按此进行样件的试制。制造样件所采用的工艺、工装、设备、检测手段等与今后批量生产所采用的一致。样件试制过程也就是工艺

工装验证、设备调整的过程。试制出来的样件必须按规定进行检查和试验。所以样件一旦合格，该零部件即形成批量生产能力，国产化率就上升了。

1.1.3.4　主要专机设备留有精度储备

在专机制造前，向制造厂提出严格的要求，对不同设备和不同尺寸分别提高20%～50%精度。专机制造完出厂前和到厂后，必须进行批量试切并合格。

1.2　搞好工厂技术改造

N、K发动机是具有80年代初国际水平的产品。主要技术参数比老产品6140型发动机先进得多。几乎每种主要零部件的制造都有技术上的难点，而且是国内从未遇到过的高难度。仅仅依靠工厂原有的条件，既达不到新设计纲领（2000台份）的数量要求（原厂纲领为1050台份），也无法达到N、K发动机的技术和质量要求，因此必须对工厂进行技术改造。

技术改造前，重发进行了市场研究和经济评价，提出了比较切实可行的可行性研究报告。并明确了工艺设计的基本原则。同时要求技术改造务必不留尾巴，不要把难题留到以后生产中去。

由于技改与自制件上马和技术攻关国产化是同步进行的，为此，工厂制定了“生产与技改协调网络计划”，采用合理交叉和提前介入的办法。上半年技改让生产，以保证当年生产任务的完成；下半年生产让技改，使来年引进产品自制率能迅速提高。

由于设计方案是在初步消化了康明斯产品技术和充分利用了工厂原有能力基础上编制的，比较切实可行，保证了技改工作一次性完成，没有出现大的返工和方案性错误。

1.3　狠抓产品质量

重发始终把产品质量放在工厂方针目标的首位，并层层落实到人，切实执行“以质量求生存、求发展、求效益”。

参照康明斯公司QC的组织形式，结合工厂实际情况和产品特点，建立健全了三级QC管理网。厂部设立了总质量师，代表厂长具体负责全厂QC工作。各车间和主要职能科室明确由行政第一把手负责质量工作，并设立基层兼（专）职质量员。

厂内设质量管理办公室、检查科、中心计量室等职能单位，有效地控制着从原材料进厂到产品出厂各个环节的质量。

对质量问题，工厂赏罚分明，奖惩兑现。工厂建立了质量例会制度。由厂长主持每月的质量例会，各部门领导参加，在会上有关单位介绍质量情况，布置本月质量改进计划。工厂还通过多种形式宣传教育、增强职工意识，不断提高工作质量、产品质量和服务质量。

1.4　开拓市场，搞好售前、售后服务

工厂参照康明斯公司技术管理方法，结合国内具体情况，建立了应用工程部门。这种被称为“售前服务”的技术工作，在工厂发展和产品市场竞争中起到重要作用。

当用户选用重庆—康明斯柴油机为其配套时，应用工程师就根据用户要求选型，保证发动机不仅在性能上，而且在安装上满足用户要求。在用户将首台柴油机装上主机时，应用工程人员到现场指导安装调试。调试完成写出“安装评论”。

多年来，应用工程开发了不少新品种，使产品不仅畅销国内市场，而且开辟了泰国、马来西亚、新加坡、香港、美国和加拿大市场。

工厂成立了技术服务科，专管售后服务工作，并在全国各地设立了维修服务点23个，构成了比较完善的服务网络。

为了使用户正确使用和维护重庆—康明斯发动机，工厂建立了专门的培训中心，对用户进行技术培训。

通过以上各项工作，使国产化率迅速提高，1989年NH发动机达到90%；1990年K6发动机达到85%，KV12发动机达到80%。

1990年，工厂克服了资金、外汇、能源和市场疲软等各方面的困难，取得了较好的效益。1991年，发动机生产任务已经饱满，保持了畅销不衰的销售形势。

2 引进十年来的体会

2.1 搞好人员培训和智力开发是搞好国产化的前提

企业之间的竞争，归根到底是人材的竞争。因此，工厂积极招收专业技术人员，使工程技术人员由1981年的177人增加到目前的382人。

为了提高人员素质，工厂开展了全员培训工作。对技术工人主要抓岗位培训、技能培训，对工程技术人员主要抓知识更新和“继续教育”工作。

为了掌握康明斯技术，狠抓了英语培训工作。通过培训和自学，使大部分技术人员基本上能阅读本专业外文资料，其中部分人员还掌握了口语。

工厂把跟踪引进技术的发展作为继续教育的重要内容，同时还抓了引进外国专家和派人出国培训工作。1989年为止，通过不同渠道引进的外国专家和受培训人员，对解决国产化中技术难题，起到了良好作用，同时，使重发积聚了成套人材，保证今后产品、工艺、管理进一步发展，始终能跻身于国内、国际柴油机技术先进行列。

2.2 严格进行货源鉴定是保证质量的重要措施

货源鉴定是康明斯控制产品质量的重要手段之一。康明斯公司的货源鉴定标准，对每个关键零件的鉴定方法、要求和步骤，都有严密、详尽的规定。重发结合国内和厂内情况，对康明斯公司部分货源鉴定标准进行了重新制订，制订了自己的货源鉴定标准50个，经康明斯专家研究，取得认可后已发放使用。

重发先后进行了20余次较大的产品试验，通过试验，大部分国内自制件一次就能达到原机件水平。

2.3 搞好国内配套是提高国产化率的重要环节

为了加速国内自制，开展专业化协作配套是十分重要的。为此，重发在实现厂内自制件工艺国产化的同时，广泛进行了协作配套件的选点试制，做到货比三家，择优选用。并根据康明斯公司的规定和做法，要求协作厂做到严格按重发自制件的一套确保产品质量的程序和做法，即用正规工艺工装试制，对关键工艺和关键测试要有手段，并按专用标准进行货源鉴定试验。为了实现上述要求，重发从各方面对外协厂给予协助。

到目前为止，重发已与40多家协作厂建立了长期协作配套关系，从而完成了80%的外协件配套工作，加速了康明斯引进技术的国产化。

2.4 从CKD到PES，保证国产化中产品质量稳定

重发引进N、K两个系列柴油机，包含的机型多、零部件多。如果一下子全面铺开试制生产，由于生产能力及技术上的限制，会遇到很多困难，较短时间内，可能生产不出来。如果等生产能力形成之后才出产品，那么就不能通过实践逐步消化掌握引进技术。因此，重发走了一条由全部零部件进口到部分进口、部分自制，最后达到大部分零部件自制，少量进口的道路（即从CKD到SKD，再到PES）。

2.5 实行项目负责人办法，抓好零件国产化

曲轴、连杆、缸体是发动机最重要和价格最昂贵的零件，在实现国产化过程中，工厂设立了曲轴、缸体、连杆国产化专项项目负责人。这些项目负责人负责该零件从原材料进厂、毛坯制造到零件制造、试验完成的全部生产、技术、质量的协调，并给予经济责任制考核权，做到有职有权，保证了国产化目标的实现。

综上所述，重发在十年引进技术到消化吸收方面，虽然取得一些进展，但与兄弟厂相比，与国家的要求相比，仍有不少差距。今后，还要认真学习兄弟厂的先进经验，并着重在进一步提高劳动生产率、继续保持高质量水平方面狠下功夫，为与康明斯公司合资打下良好基础。

重庆汽车发动机厂

八　引进吸收先进技术　加速企业改革步伐

1989年10月26日，从奥地利引进的斯泰尔WD615型发动机制造技术的基建项目，提前一年在潍坊柴油机厂建成投产，并通过了由国家计委主持的验收。

斯泰尔“91”系列重型汽车制造技术引进工程是国家“七五”期间的重点项目，由潍坊柴油机厂承担的发动机制造技术，是代表斯泰尔整车水平的关键，也是投资超亿元的两个子项之一。WD615型发动机具有体积小、结构紧凑、油耗低、功率大、可靠性和通用性强等特点，是当今世界上先进机型之一。在项目建设中，该厂以强烈的进取意识和求实精神，成功地采用了大量国内外先进的工艺技术手段，认真掌握斯泰尔发动机的结构特点、工艺技术和工艺难点，缩短了建设周期。该厂的主要做法和基本经验是：

1　提出明确的战略目标，坚持把技术改造放在企业发展战略的首位

1984年2月，WD615型发动机项目定点该厂后，企业面临的主要矛盾是新老产品的统筹兼顾问题。经过充分论证，该厂于1984年5月提出了“围绕提高经济效益，紧紧依靠技术进步，实现中、高速柴油机并举生产，做到‘以老养新、以新促老’”的工厂发展方针，号召全厂职工从推动工厂技术进步这个大目标出发，苦战七年，在保持老产品发展速度的前提下，形成三大产品体系，为企业的发展和汽车工业的振兴，贡献自己的力量。

根据工厂发展方针，首先从思想上统一全厂职工的认识，提高心理承受能力。二是在充分调查研究和严格定性、定量分析的基础上，按系统工程的原理，制定了系统规划。有关部门则根据规划，编制了网络计划和绘制了网络图，制定了项目建设滚动计划和作业计划。制定系统规划的指导思想是：以五年时间全面形成万台生产能力为目标，以技术上水平为主攻方向，做到三个优先（组织、资金、人员配置等方面优先服务于斯泰尔项目），一个保证（保证老产品增产增收）。三是为保证斯泰尔项目一开始就有一个高速度和高起点，该厂提出了“两条线作战，单轨垂直转产”的战略决策。所谓两条线作战，即实行新老产品工艺分开的原则，将老产品工艺下发到车间，使之自成体系，集中主要技术力量搞新产品，以便从根本上保证技术改造的需要；所谓单轨垂直转产，即全厂上下施行“一条龙管理”，新老产品同时兼顾。老产品的工艺调整和新产品的投产间只有一个短暂的安装调整期，甚至同时进行。这是一项风险和难度很大的决策，要求工艺路线调整和设备安装调试一次成功，只能进不能退，否则损失不可估量，但这也是一项从实际出发的决策，在技术力量上便于集中使用，必要时可分可合。在时序和空间的安排上，可组织合理交叉、提前进行，在资金使用上，可收到投资省、见效快、周期短的效果。

实践证明，企业的战略目标和方针是正确的，在引进先进技术进行技术改造的5年间，上交国家利润6500万元，而且还通过生产自筹了1837万元新老产品技术改造资金，实现了以生产养改造，以改造促生产的良性循环。

2　坚持科学精神，走出老企业技术改造的新路子

在技术引进的吸收方面，重点是坚持自力更生，以我为主的原则。把引进技术的国产化、工厂化作为调整企业技术结构、增加经济效益和产品上水平的重要手段。企业以斯泰尔这个拳头产品为龙头，把技术引进、消化吸收、组织投产这几个环节紧密衔接起来，按照整机、零部件、原材料这几个层次进行系统安排，以保证在引进技术的消化吸收过程中提高零部件、工模具的国产化、工厂化程度。在积极消化国外先进技术同时，注意发挥本厂技术人员的作用和自己的制造能力，凡是能引进软件的就不买硬件，凡可只进口关键设备的就不成套进口。对一些国内代用设备、发动技术人员进行数显、数控等微电子技术改造。

在基本建设方面，该厂坚持实事求是的原则，不循老套套。经过统筹规划，根据每个阶段的具体任务和客观条件、确定行之有效的方式方法，保证了项目建设的高速度。在引进项目的一开始，就采取了提前介入的方法，及时进行了图纸资料接收、设备的外购、自制设备的承包等工作，前后仅 8 个月就实现了工厂设计和基建施工的交叉转移，创造了第一个高速度；在各个单项工程一齐上，各个环节争资金、争技术力量的情况下，该厂采用“牵牛鼻”、抓重点的方法，用重点单项工程的高速度带动一段工程速度，。如集中人力物力优先保证全行业瞩目的 KW339 高压造型线的安装工程，使这条从国外引进后躺了十年的全自动造型生产线，仅用两年多就安装调试成功，为其它单项工程树立了一个样板，从而促进了整个项目建设的进度；全厂 7 处工艺路线的大调整，直接关系到斯泰尔生产布局的明朗化，这是一项工作量浩大、多头交叉的工作，搞不好很可能引起全厂性秩序混乱，造成长时间的停工停产，为此，该厂又采取了全方位作战、立体交叉的方法，拟出了最佳调整路线。斯泰尔 6 跨厂房边改造边安装，350 余台设备在不足 40 天的时间里就全部就位。为了抢时间，中小件车间厂房一边加固维修一边安装调试设备，天上、地上一齐施工，机械动力处职工仅用两天就将 189 台老产品的生产设备全部搬迁到新工地，供应处职工 8 天就搬运 3000t 钢材。这次大调整速度之快、质量之好，使一切内行人都为之叹服，可以说，是科学程序与顽强拚博精神的结合。

在生产技术准备方面，该厂重点抓住 10 条生产线的设备调试、工艺、工装验证和人员的培训配置某重要环节，按系统分析的方法和全面质量管理的思想进行了综合平衡和协调。生产线的打通工作是对项目建设的检验和总结，包括到场设备的静、动态验收调试、各类工装和工艺文件的验证、生产人员素质的考察等。在组织和物质准备基本就序的情况下，该厂对 10 条生产线逐台机床、逐道工序进行了详细验证，既突出了一个“严”字，又突出了一个“细”字，使验收质量得到了可靠的保证。

人员的培训和配置，是项目建设中非常重要的环节，如果人员的培训跟不上，基本建设与批量生产就会脱节。为此，该厂打破原来的老框框，在项目建设过程中便按照岗位要求配齐操作人员，设备安装调试阶段，他们是调试人员，试生产阶段又是操作工。这样，他们一边调试设备、熟悉工艺、一边参加培训学习，加强技能训练，从土建、安装到调试操作，最后到正常生产，人员始终固定，工程项目投产后，组织机构稍加调整便能适应生产需要，大大缩短了建设周期。

3 坚持产品上水平和管理上水平同步进行

3.1 以技术改造为契机，充实了现代化管理手段。共投资 250 万元建成了电子计算机计算中心，加强了计算机管理系统的开发工作；新增了 200 门自动电话、60 门调度电话、30 门指挥电话和电传机、传真机。提高了通讯联络水平。另外，还自筹资金近 300 万元，完善了科研机构、公用系统和仓库管理等现代化手段。

3.2 加强和完善了各项基础管理工作。进一步修订了各项管理制度，建立了 500 余项工作标准和工作程序。

3.3 推行了以项目承包为主要内容的经济责任制，极大地调动和挖掘了本厂职工的聪明才智。

3.4 加强了经济科学和管理科学的应用。在项目建设中运用和推广了网络计划技术、价值工程分析、目标管理等现代科学管理方法，推行了以质量为中心的现场综合管理，在生产过程中开展了定量管理工作。

4 发扬企业精神，强化企业激励机制

在项目建设期间，该厂总结、倡导和发扬了具有强大感召力的“团结、实干、科学、文明、争创”10字“潍柴精神”，厂领导认为，要实现企业的二次创业，只靠经济利益的激励是不行的，越是在艰难的创业之际，越需要有一种精神力量，把7000多名职工的思想和意志凝聚、统一起来，要有企业的精神支柱，用以激励职工、鼓舞士气，振奋人们创业的精神，并把它转化为物质力量。

潍坊柴油机厂斯泰尔引进技术项目已由投入转向产出，全厂已形成了350万kW柴油机的年生产能力。目前该厂正集中力量进一步提高新老产品质量，在技术引进的基础上开发适应于国际国内市场需要的变型品种，并朝着“八五”更加宏伟的目标迈进。

潍坊柴油机厂　李祥　魏相圣

九　消化吸收先进技术　提高我国汽车工业水平

广州标致汽车公司是1985年创建的中法合资企业。5年多来，为满足汽车市场的需求先后推出了标致504PU型轻型载货汽车和标致505型轿车，两个系列的产品累计生产19769辆，其中505SW8/SW旅行轿车14856辆，505SX/GL五门轿车620辆，504PU 1t轻型货车4293辆，具有先进技术的高性能高质量产品受到广大用户的好评。

消化和吸收引进的外国先进技术是合资企业的主要目的之一，它贯穿了广州标致汽车公司成长和发展的全过程。

1 产品图纸和技术资料的翻译

根据与法国标致汽车公司签订的工业产权和专有技术许可证合同，广州标致汽车公司引进了大量的法国标致汽车公司的产品图纸和技术文件，翻译工作成了消化引进技术的首要难题。该公司采用翻译人员同技术员在同一地点办公，创造了相互之间经常交流的工作条件，使翻译人员的专业技术翻译水平迅速提高，而技术人员在校对过程中也扩展了已初步具备的法语知识，在工作中逐渐地可以直接阅读法文图纸和技术资料。

现在，广州标致汽车公司研究部已翻译了包括504PU、505SW、505SX型汽车的全部产品图纸，翻译了法国标致汽车公司提供的大部分技术标准，为引进先进技术的消化吸收打下了良好的基础。

2 充分运用引进的先进技术标准

技术标准是引进先进技术中的精华，也是关系到消化吸收成效的关键，对其运用的好坏直接影响国产化产品的性能高低和质量水平。法国标致汽车公司的标准水平相当高，特别是有关安全方面的标致集团标准，它不只是符合EEC指令(欧洲经济共同体成员国都必须强制执行的汽车法规)，而且有些性能指标在EEC之上。因此，广州标致汽车公司在生产、质检、国产化配套与验收等过程中都是首先考虑直接采用法国标致公司的标准。对于法国标致公司没有的标准项目则执行我国国家标准或专业标准，或者制订本公司的企业标准。在制订企业标准时，注意从浩瀚的技术文件是寻找相关的资料，把引进技术的精华融汇进自定标准中去。到目前为止，已经编制适应国产化进度要求的广州村致汽车公司各项技术标准，有力地促进了国产化工作的进一步发展。

对于国内配套的厂家，该公司直接提供法国标致汽车公司的有关图纸和技术标准，让这些厂家按标准制造和检验，使引进的先进技术得以更充分地利用，有助于我国轿车

零部件工业水平的提高。

3　重视引进产品的不断完善

一个车型在正式投产以后仍然需要不断的更改完善，引进的法国标致汽车公司的产品也不例外。对待引进产品在其本国的更改不外乎有三种处理方法：一是在引进产品正式投产后不予理睬外方的更改，二是照葫芦画瓢。这两种处理方法都各有弊端。该公司是有取舍地处理法国标致汽车公司产品的更改，明确要求法方对引进产品的任何修改设计都必须及时通知本公司。当收到更改通知单后，首先是研究更改对产品性能质量的改善有多大益处，确认其改进设计的价值，然后进一步分析已投入生产用的工装和设备的适应程度，经过慎重综合的技术经济分析，最后再决定是否实施。例如，504PU 型汽车前弓形纵梁增加一个加强梁，它能有效地防止纵梁前部的疲劳断裂，特别是我国路况差，引起的冲击载荷大，加强梁的作用显得尤为重要，便从速于 1989 年实施了这次更改。还有，电路线束的普通连接头更改为密封连接头后，就可大大改善线路系统的可靠性，但所需新增的工装设备多，工业化投资大，一时难以安排生产，就暂缓实施，把它作为技术储备，待条件成熟时再实现工业投产。

根据几年来的工作经验，对待引进产品的外方更改，既不能照搬硬套，也不能因生产上的一些困难置之不理。产品的更改往往集中体现了汽车设计水平的提高和制造技术的进步，是技术引进的一个重要组成部分，应予以足够的重视。

4　产品的研究开发

随着消化引进技术向纵深方向发展，最终将达到掌握和运用法国标致汽车公司先进汽车技术，形成自己的产品改进和发展能力，这就必须注重对引进产品的研究试验工作。504PU 型汽车装备 XN1 型发动机，而 505 型汽车装备 XN1A 型发动机，为了实现发动机通用，就对 XN1 和 XN1A 型发动机进行了全面的台架试验，获得了各种性能参数的第一手资料后，又将 XN1A 发动机装在 504PU 型汽车上进行道路试验，经过这些深入的试验和分析，证明采用 XN1A 发动机的 504PU 型汽车的各项性能更为优越，从而得出了两系列的产品可以采用同一型号发动机的结论，最终完成了通用化改进设计并顺利得以实施，使所有现生产车型的发动机零部件通用化率达 100%。具备充分的试验研究，对引进国产化进程提供更为合理的设计。

随着汽车市场需求的变化，广州标致汽车公司决定在 504PU 型轻型载货汽车的基础上开发 504 型双排座汽车，为了锻炼自己的设计人员，同时保证新车型的高水平设计，采取与法国标致汽车公司共同设计的方法，设计人员赴法国与法方设计师一起参与此车型设计工作，从中直接学习他们的产品设计、样车制作和样车试验。目前，504 型双排座汽车已进入生产准备阶段。另外，还注重对产品系列化的研究，开发适销对路的变型产品，以满足我国经济建设的需要，近期又试制了 504PU 4×4 型四轮驱动车，使广州标致汽车公司的产品形成多品种系列化的良好形势。

5　抓好人员技术培训

技术培训是广州标致汽车公司吸收法国标致汽车公司先进技术的重要手段，至今已先后从各部门选派数十人赴法国标致汽车公司属下的工厂、科研机构、供应中心等部门进行为期一个月至半年不等的实施培训，培训的项目有产品设计、生产工艺、工程计划、生产、人事、财务和配套管理等。聘请法国专家来我公司对员工进行短期培训。这种培训方法的针对性强且人员受到培训的面广，效果很好。

广州标致汽车公司(有限)　研究部

十 1988～1990年末我国引进的主要汽车的国产化率

序号	整车型号	引进企业	国外企业	国产化率（%）		
				1988年	1989年	1990年
1	BJ213/XJ型(切诺基)轻型越野汽车	北京吉普汽车有限公司	美国 AMC	30.02	35.51	43.51
2	上海·桑塔纳轿车	上海大众汽车有限公司	德国 大众汽车公司	12.83	31.04	60.09
3	标致505SW8型旅行轿车	广州标致汽车公司(有限)	法国 标致(别儒)汽车公司	11.80	23.10	31.00
4	标致504PU型载货汽车			6.98	12.70	19.60
5	TJ730型(夏利)轿车	天津市微型汽车厂	日本 大发汽车公司	11.24	40.74	40.74
6	天津大发微型厢式货车			77.28	87.12	89.32
7	江铃牌双排座轻型载货汽车(五十铃NHR)	江西汽车制造厂	日本 五十铃汽车公司	—	—	44.43
8	斯泰尔重型车(91系列)	重型汽车工业企业联营公司	奥地利 斯泰尔汽车公司	43.30	60.10	65.00
9	奥迪100型轿车	第一汽车制造厂	德国 大众汽车公司	—	6.68	13.66
10	依维柯40.10型汽车	南京汽车制造厂	意大利 依维柯汽车公司	11.60	11.60	11.60
11	依维柯40.8(14+1)型汽车			—	15.60	15.60

注：1.资料来源：中国汽车工业总公司生产司。

2.序号为1、2、3、5、9的已经过中国汽车工业总公司考核，并经过核定，其余的都经过了考核，但未核定。

3.本表不包括未经中国汽车工业总公司考核和核定的引进产品。

4."—"号表示未统计。

十一 1988～1990年汽车工业部分外事活动简介

1988年

来 访 部 分

时 间	代表团名称及负责人	活 动 内 容
1988	联邦德国布来梅考察团	来天津迅达摩托车公司，考察引进的迅达摩托车投产情况
1988.1	日本自动车工业会摩托车行业会访华团 团长：牧野升	参观中日合作生产摩托车的厂家，商讨进一步合作事宜
1988.1.14 ～1.15	美国卡尔森公司访华团 团长：加欧斯·卡尔森	来天津参观天津市汽车改装厂，洽谈双方合作生产汽车消声器事宜
1988.1.21	美国通用汽车公司代表团 团长：B·布朗 总裁	来北京出席北京内燃机总厂购买通用公司2L发动机生产线的签字仪式
1988.2.26	美国CHLYS公司访华团 团长：公司国际部 G·葛林沃德 总裁	商谈在轿车生产上合作问题
1988.2.29	捷克斯洛伐克MOTOKOV公司代表团 团长：瓦尔卡 副总经理	商谈捷克斯洛伐克TATRA厂与邢台汽车制造厂合作生产汽车的事宜
1988.3.2 ～3.[illegible]	联邦德国本茨汽车公司访华小组 组长：Rupp	到国营内蒙古第一机械制造厂，考察该厂引进的本茨汽车总装厂厂房的厂址
1988.3.23 ～3.[illegible]5	奥地利斯泰尔汽车公司访华小组 组长：沙菲尔	到潍坊柴油机厂，了解该厂引进的斯泰尔汽车发动机的进展情况
1988.3.25 ～3.[illegible]	美国通用汽车公司海外部专家访华小组	对北京旅行车股份有限公司进行考察，询问引进产品国产化情况及外汇平衡问题
1988.4.13 ～4.1	联邦德国康维他公司访华团 团长：迪伯肯 业务经理	与岳阳制冷设备厂洽谈中方引进汽车空调生产技术及设备事宜
1988.[illegible].21	英国伯明翰工业会代表团 团长：索乐曼 会长	双方就合作生产汽车零部件一事交换意见
1988.[illegible].8 ～5.13	日本电装公司访华团 团长：山口宽之 部长	参观大连油泵油嘴厂，探讨双方合作方式及合作的可能性
1988.6.[illegible]	世界银行访华代表团 团长：尤苏夫	了解中国汽车工业的现状
1988.6.[illegible]4 ～6.15	法国雪铁龙汽车公司访华代表团 团长：公司国际部 耐尔 经理	与柳州微型汽车厂洽谈，并签订了引进法国微型轿车二手生产设备合同
1988.7.[illegible]6 ～7.8	联邦德国财政部访华团 团长：财政部秘书长	到二汽参加中德技术学校首届合作班毕业典礼

续

时　间	代表团名称及负责人	活动内容
1988.7.10～7.13	英国MGA公司访华代表团 团长:Micheal Willian	与天津汽车制造厂洽谈TJ130型汽车改造项目
1988.7.13	美国印第安那州访华团 团长:罗伯特·奥尔 州长	参观綦江齿轮厂的6个分厂,代表团成员中的阿里森公司和康明斯公司代表与厂方进行了会谈
1988.9.25～9.30	美国DANA公司访华团 团长:林光明	来天津,考察了天津市汽车滤清器厂,双方洽谈合资项目
1988.9.28～11.15	法国雷诺汽车公司原高级职员斯特发	受聘担任长沙市客车厂顾问,进行技术咨询工作,40天提出了40条建议,并写出了5万多字论文
1988.10.7	联邦德国KUKA公司访华团 团长:W·博莱维茨　董事长	双方商谈在生产、使用机器人方面的合作问题
1988.10.17～10.21	联邦德国BMD公司访华团 团长:公司销售部　打罗兹·巴杰　经理	就柳州市机械厂引进BMD公司铸造生产线进行技术交流,双方确定了供货范围、技术附件及商务条款
1988.10.19～10.20	中汽联高级顾问代表团 团长:哈罗德·麦克唐纳	考察了国营红阳机械厂,并对该厂轿车密封条生产线的技术改造问题进行咨询
1988.10.21～10.24	意大利BORGO公司访华团 团长:曼佐乔治　总经理	到山东活塞厂就轻型车活塞生产技术及设备与该厂进行了技术交流,并与该厂达成了引进轿车活塞生产线的意向协议
1988.10.30～11.1	美国BOHA公司访华团 团长:Ja·Jani　副总裁	到山东活塞厂,双方交流了轿车活塞的生产技术及设备情况,并就该厂引进美方活塞生产线一事进行了可行性探讨
1988.10.30	香港伟丰有限公司访问团 团长:胡绍文	到綦江齿轮厂参观,并就綦江齿轮厂出口车桥齿轮质量问题及今后双方的合作问题进行了会谈
1988.11.10～11.13	苏联汽车工业经济管理总局访华代表团 团长:托列霍夫　副总局长	到二汽,双方交流了汽车工业现状及经济体制改革的情况
1988.11.28～11.30	联邦德国齐格勒(ZIEGLER)公司访华团 团长:公司出口部　阿克曼　经理	考察内蒙古第二机械制造厂,商谈合作生产消防汽车事宜
1988.12.15	南朝鲜大宇汽车公司访华团 团长:公司汽车零部件分部　裴吉勋　部长	与贵州省汽车工业公司洽谈合作生产汽车空调器事宜
1988.12.19～12.21	台湾省汽车零部件考察团 团长:周道扬	参观天津市一些汽车零部件生产厂及天津市经济开发区,双方探讨合资、合作生产汽车零部件的可能性
1988.12.23	法国里昂信贷银行访华团 团长:杜辛	商谈法国为中国的轿车生产项目贷款事宜

出 访 部 分

时 间	代表团名称及负责人	活 动 内 容
1988.3.2 ～3.20	湖南省湘峰机械厂赴日考察团	在精工、精机、柴油机器、佐竹化学机械等公司对汽车空调压缩机生产技术及设备进行考察
1988.3.13 ～4.13	柳州微型汽车制造厂赴法代表团 团长：金振华　厂长	赴法国和西班牙进行访问，在法国雪铁龙汽车公司清点向该公司购买的制造微型轿车车身二手设备
1988.3.29 ～4.25	天津市客车厂赴日本技术联络和培训团 团长：孙树培　厂长	赴日本获原铁工所执行TJ622旅行车技术引进合同，就TJ622旅行车车身设计图纸、样车制造、设计进度等问题与日方会谈
1988.3.30 ～4.28	赴美执行"重型车液力机械变速器合同"小组 组长：重型汽车工业企业联营公司　方广文　常务副经理	参观了美国康明斯、伊顿、富勒等公司及福特汽车公司的轻型车装配厂。与美国阿里逊变速器公司总经理克拉克进行了会谈
1988.4.29 ～[illegible]14	潍坊柴油机厂赴孟加拉国技术服务小组 组长：康永昌	赴孟加拉国进行有关柴油机的技术咨询及售后服务
1988.5.16 ～6.24	潍坊柴油机厂赴联邦德国设备验收小组 组长：贾德润	赴联邦德国，进行冷芯盒、射芯机技术培训，并对该厂由德方引进的射芯机等设备进行预验收
1988.6.13	国家机械委赴联邦德国代表团 团长：唐仲文　副部长	与联邦德国本茨汽车公司签定了引进本茨重型汽车许可证合同
1988.6.29 ～6.[illegible]0	赴英参加国际车身会议小组 组长：中国汽车技术研究中心　钱天蛟	在英国参加机械工程师协会组织的汽车车身年会，并考察了英国几家汽车生产厂和MIRA机构
1988.7.26 ～8.[illegible]	福建南平汽车配件厂赴日代表团 团长：陈銮聪	与日本NPR公司洽谈有关活塞环生产的技术合作事宜
1988.	第二汽车制造厂赴法代表团 团长：陈清泰　厂长	到法雪铁龙汽车公司，审查引进轿车项目的可行性研究方案
1988.9.18 ～10.1[illegible]	赴联邦德国执行"重型汽车机械变速器合同"小组 组长：綦江齿轮厂　廖正中　副总工程师	参观联邦德国ZF公司所属工厂，与该公司洽谈成立ZF变速器维修服务中心事宜。就"重型汽车机械变速器合同"中的有关技术问题向德方咨询
1988.10	赴联邦德国教育、管理考察团 团长：第二汽车制造厂　李树兴　副厂长	赴联邦德国，对职工教育、管理、企业工资、人事、职工培训等进行考察
1988.10.7 ～10.30	赴奥地利、联邦德国考察团 团长：上海柴油机厂　蒋珍珍　厂长	赴奥地利FM公司，就上海柴油机厂引进的FM公司的喷油泵项目中存在的11个问题与该公司进行会谈。对联邦德国的鲍许公司、格林公司、米巴公司进行了考察
1988.10. 20～11.1	潍坊柴油机厂赴联邦德国教育考察团 团长：吴玉林	赴联邦德国进行有关企业教育问题的考察
1988.10. 22～11.20	赴美汽车质量问题访问小组 组长：中汽联质量部　宁士奎　经理	与美方商谈"切诺基"汽车的质量问题

续

时　间	代表团名称及负责人	活　动　内　容
1988.11.5～11.22	中汽联赴罗马尼亚谈判小组(由中汽联组团)	与罗马尼亚商谈，在"罗曼"汽车生产方面进一步合作问题
1988. 11. 17～12.9	航空航天工业部赴东欧考察团 团长：云南航天工业总公司　陈忠平　总工程师	赴苏联、民主德国、匈亚利三国进行考察访问，对汽车覆盖件、模具加工技术及设备进行了详细了解，并对汽车钣焊生产线、总装线的结构形式、厂房布置及设备、工具等进行了详细考察
1988. 11. 25～12.23	赴罗马尼亚罗曼汽车订货小组 组长：济南汽车制造总厂　徐沈娣	赴罗马尼亚签订罗曼汽车订货合同
1988. 11. 26～12.9	中汽联赴英汽车塑料件考察小组(由中汽联组团)	赴英国参加汽车专用塑料件学术会议，并参观考察了英方汽车塑料件生产企业
1988. 12. 12～12.30	赴日本五十铃汽车公司技术小组 组长：西南汽车联营公司　张大伟　副总经理	到日本五十铃汽车公司，解决由该公司引进的轻型车制造技术，在消化吸收中存在的一些问题

1989年

来访部分

时　间	代表团名称及负责人	活　动　内　容
1989.2.14	美国 CHRYSLER 公司访华团 团长：Hamers　副总裁	商讨中美双方合作生产轿车事宜
1989.2.23～3.1	联合国工业发展组织专家考察小组 组长：联合国工业发展组织可行性研究处 V・Loesek　高级发展官员	为二汽轿车项目进行咨询
1989.1.26	联邦德国 MAHO 公司技术交流访华小组 组长：奥古斯特森	与中汽联进行数控机床和柔性生产设备方面的技术交流
1989. 3. 6～3.9	法国雪铁龙公司访华团 团长：Mr・Pioi	与二汽就引进轿车一事进行商务会谈
1989. 4. 4～4.18	联邦德国莱西(REICH)公司访华团 团长：Waitzinger　总工程师	考察内蒙古第二机械制造厂，商谈双方合作生产泵车事宜
1989.4.18	联邦德国道依茨公司访华小组 组长：沙尔克　总经理	与中方进行有关发动机制造技术交流，中方向德方进行技术咨询
1989.5.4	罗马尼亚汽车工业代表团 团长：萨普纳鲁　总经理	参观了与罗合作的地处济南、青岛、四川的三个汽车生产厂
1989.5.8	法国欧洲联合银行访华团 团长：德赛鼎　副总裁	与中方商讨"中法合作生产轿车项目"的投资事宜
1989.5.18～5.19	美国通用汽车公司 AC-Rochester 火花塞分部访华小组 组长：Paul　Mccollom	来南京火花塞研究所参观该所的科研设施及试验室，双方进行了技术交流

续

时　间	代表团名称及负责人	活动内容
1989.5.22	美国康明斯发动机公司访华团 团长:Socampbell　副总裁	双方探讨扩大在发动机生产方面的合作及合资生产问题
1989.5.22 ～5.25	美国 BUSLEASE 公司访华团 团长:Tred　Curny　董事长	与二汽就二汽的汽车出口美国一事进行洽谈
1989.6.11	联邦德国 ZF 公司访华团 团长:Bauer　董事长	双方商讨有关技术合作的事宜
1989.6.27	联邦德国鲍许公司访华团 团长:W·Hugo　总裁	双方商讨有关技术合作的事宜
1989.7.11 ～7.13	泰国正大集团访华团 团长:李绍祝　副总裁	签订"中国济南汽车制造厂与泰国正大集团合作生产重型汽车的意向书"
1989.8.21	日本丰田汽车公司教育代表团 团长:横井　董事	参加在沈阳市举行的"丰田金杯技工培训中心"成立签字仪式
1989.9.5 ～9.6	日本雅马哈公司访华团 团长:雅马哈公司中国室　崎山　主任	与南昌飞机制造公司洽谈有关双方在摩托车生产方面技术合作问题
1989.9	美国华联公司访华团 团长:马荣杰　第一副总裁	洽谈合作生产、销售汽车零部件的事宜
1989.10.7	苏联汽车农机工业部访华团 团长:诺维科夫　副部长	双方商讨在经济、科技、教育方面合作事宜,苏方参观了几个汽车生产厂及科研单位
1989.10.23～10.25	日本丰田汽车公司访华团 团长:松永	来天津考察部分汽车零部件生产厂生产情况及技术状况
1989.10.27	联邦德国 BMW 汽车公司访华团 团长:公司副总裁	在中国举办 BMW 汽车展示会
1989.10.31	英国 SMMT 公司访华团 团长:李耐特　董事	参加在桂林举行的"中汽——SMMT 工作年会"
1989.11.5	联邦德国大众汽车公司访华团 团长:哈恩　董事长	拜会中国汽车工业有关部门领导,商谈在轿车生产上进一步合作事宜
1989.11.17	英属维京群岛合兴企业股份有限公司访华团 团长:毛敬伟	与湖南动力机械厂洽谈建立轻型车发动机合资生产企业事宜
1989.12.5 ～12.6	法国 VALCO 公司访华团	来成都飞机发动机制造公司,向中方介绍了雪铁龙轿车的空调系统,商谈引进汽车空调生产技术、双方进行技术合作等事宜
1989.12.23	日本丰田汽车公司访华团 团长:竹山博行	与沈阳轿车厂商讨汽车焊装、冲压的有关技术问题

出访部分

时间	代表团名称及负责人	活动内容
1989. 1. 6 ～1.26	中汽联赴泰国汽车贸易考察团(由中汽联组团)	赴泰国了解汽车市场情况,探讨双方合作的可能性
1989. 1. 9 ～1.28	中国航空技术总公司赴意大利考察团 团长:国营红阳机械厂　郭希亮　副厂长	考察了意大利塞雅公司6个工厂和其它2个工厂,主要考察了轿车密封生产技术及设备。意方向中方提供了生产技术及资料情况,并提供了价格
1989. 3. 10 ～3. 30	东安发动机制造公司赴西班牙汽车设备考察团 团长:杜昌年　总工程师	赴西班牙考察汽车生产设备情况
1989. 3. 13 ～3. 25	中汽联赴日本教育考察组 组长:中汽联教育培训部　盛丽华　经理	考察日本丰田汽车公司技工教育情况
1989. 3. 13	赴日本发动机技术考察、模具谈判小组 组长:重庆交通机械厂　孙忠诚　厂长	赴日本五十铃汽车公司进行铸造技术及管理考察,并进行 $4JB_1$ 型发动机模具引进谈判。在日研修 $4JB_1$ 型发动机的机械加工工艺
1989. 3. 23 ～4. 13	赴日本化油器技术考察团 团长:中国汽车零部件工业联营公司　孙茂生　经理	赴日本三国工业公司进行化油器技术考察,双方进行商务谈判
1989. 3. 24 ～4. 13	燕京汽车厂赴联邦德国考察团 团长:邢昌兴　厂长	应联邦德国赖氏设计咨询公司邀请赴联邦德国进行技术合作谈判和引进二手设备考察
1989. 4～5	沈阳飞机制造公司访美代表团 团长:李知远　副总经理	赴美国洽谈双方合作生产汽车事宜,并进行汽车市场调研
1989. 4. 10 ～4. 23	赴日微型汽车技术考察组 组长:国营长安机器制造厂　江从寿　总工程师	赴日本进行微型车技术考察并与日方洽谈引进微型车技术事宜
1989. 4. 13 ～4. 28	总后勤部金燕公司赴德、意考察团 团长:陶嘉生　总经理	应香港达华汽车材商行邀请,赴联邦德国和意大利考察汽车零部件加工及检测设备的生产情况
1989. 5. 5 ～5. 20	赴墨西哥参加国际汽车合作计划年会代表团 团长:中汽联　李荫寰　副理事长	参加在墨西哥召开的第三届国际汽车合作计划年会
1989. 5. 19 ～6. 15	内蒙古第二机械厂赴联邦德国考察团 团长:蔚明皋　副总经济师	赴联邦德国与FUAN和ZIEGLEN公司签订了劳务意向书,与REICH公司初签了变型汽车订货协议书
1989. 6. 13 ～7. 14	第二汽车制造厂赴法工程设计团 团长:马跃	与法国进行联合设计
1989. 7. 3 ～7. 26	丹阳市灯具厂赴意、德BMC注射机设计联络及技术考察小组 组长:徐梦江　厂长	在意大利梅柯公司就25TM型BMC注射机进行了设计联络、实样考察及验收;参观了几家企业、BMC原料制备和注射工艺;与意大利卡里翁公司、联邦德国鲍许公司洽谈了合作事宜
1989. 7. 15 ～8. 11	安徽省汽车工业利用国外贷款、引进技术设备考察团 团长:省机械厅　何兆祥　副厅长	赴奥地利、联邦德国、瑞典三国考察汽车生产技术及关键设备情况并进行了技术洽谈

续

时　间	代表团名称及负责人	活　动　内　容
1989.8.10 ~8.29	大客车出口技术贸易代表团 团长:中国人民解放军第五七〇二工厂　汤茂芝厂长	赴菲律宾马尼拉市,与菲律宾签订向菲出口70辆大客车合同
1989.9.11 ~10.22	赴美、英、法、德汽车安全技术考察团 团长:中国汽车技术研究中心　朱德照　主任	赴美国、英国、法国、联邦德国考察汽车安全试验、安全法规及安全标准等
1989.9.20 ~10.6	赴秘鲁汽车贸易考察组 组长:杭州汽车发动机厂　王珂音	赴秘鲁进行汽车市场考察,双方洽谈中方向秘鲁出口公共汽车制造技术事宜
1989.10.9 ~10.1[illegible]	赴联邦德国、美国轿车考察组 组长:第一汽车制造厂　吕福沅　总经济师	赴联邦德国和美国考察轿车生产情况,探讨合作生产轿车的可能性
1989.10. 13~10.25	新疆汽车厂赴比利时沙漠汽车考察组 组长:夏昌午　厂长	赴比利时英尔汽车有限公司进行考察,双方就在新疆合资并进行技术合作生产沙漠汽车一事签订了意向书
1989.10. 21~11.5	赴意大利、瑞士摩托车技术考察团 团长:中汽联　王立三　副理事长	赴意大利、瑞士,对两国的摩托车生产厂家进行考察、访问
1989.10. 23~11.15	赴联邦德国教育考察团 团长:中汽联教育培训部　吴大新　副经理	赴联邦德国,考察大专院校及企业的职工高等教育情况
1989.11.7 ~12.14	赴泰国中泰合资建厂项目考察团 团长:济南汽车制造总厂　任仕炯　总工程师	赴泰国进行中泰合资建设汽车总装厂项目的考察
1989.11. 26~12.10	中国职工工作赴日考察团 团长:新疆汽车厂　蒋光皓　书记	考察了日本汽车工业现状,加强中、日双方在职工文化方面的交流

1990年　　来访部分

时　间	代表团名称及负责人	活　动　内　容
1990.1	台湾省昌江公司访问团 团长:毛敬伟　总经理	来湖南韶光电工厂,就双方合作生产车用电路一事进行洽谈
1990.1.7	法国UTAC公司访华团 团长:勒贡	中法双方商讨在质量、标准化和计量方面的合作事宜
1990.1.18 ~1.[illegible]	泰国正大集团访华小组 组长:陈经赴	与重型汽车工业企业联营公司洽谈合资事宜,并到潍坊柴油机厂考察
1990.2.8 ~3.3	日本NPR公司访华团 团长:出口茂	到南平汽车配件厂,对该厂的活塞环生产给予技术指导
1990.2.9	美国DTL公司访华小组 组长:P・Tslenti　总裁	与中方商谈建立汽车试验室的合作项目
1990.2.15	联邦德国鲍许(BOSCH)公司访华团 团长:艾泽尔　董事	参加鲍许(BOSCH)公司北京代表处成立仪式

续

时　间	代表团名称及负责人	活　动　内　容
1990.2.23	南朝鲜乐喜金星公司访华商务小组 组长:李秀雄	与金杯汽车股份有限公司洽谈中方出口汽车零部件事宜及中方由南朝鲜进口钢材事宜
1990.3.12 ~3.13	苏联全苏动力机械进出口公司访华团	参观天津市微型汽车厂,与该厂洽谈天津大发汽车出口业务
1990.3.14	意大利菲亚特集团访华团 团长:集团国际部　Gallo　总裁	就中意双方合作问题交换意见
1990.3.14 ~3.15	奥地利斯泰尔公司访华团 团长:M·弗特莱纳	到潍坊柴油机厂进行技术咨询
1990.3.21 ~4.2	联邦德国汉斯·塞德尔基金会访华团 团长:魏德曼	到潍坊柴油机厂进行有关职工教育的考察
1990.4.5	老挝万象市访华团	到云南,在云南省省长陪同下来到云南茶花汽车厂,计划选择8种型号的茶花汽车参加5月在万象举办的"中国汽车展览会",并洽谈在万象建立茶花汽车组装厂(年装500辆)及维修服务中心事宜
1990.4.5	日本三菱汽车公司访华团 团长:岩口、村山　部长	到沈阳汽车制造厂,参加沈阳汽车厂引进的拼装、焊接线剪彩仪式
1990.4.20 ~4.22 1990.10.5 ~10.7	联邦德国VDO公司访华小组 组长:普森　总工程师	二次到安徽芜湖仪表厂,洽谈合作开发奥迪轿车仪表事宜
1990.4.24 ~4.29	联邦德国汉斯·塞德尔基金会访华团 团长:布兰德	到潍坊柴油机厂,进行有关职工教育的考察
1990.5	香港新维有限公司考察团 团长:毛丞　副董事长	来国营红阳机械厂进行考察、洽谈合资项目。双方于1990年8月30日合资创办了"贵州红阳密封件有限公司"
1990.5.8	美国康明斯发动机公司代表团 团长:公司副总裁	与重庆汽车发动机厂洽谈双方进一步合作事宜
1990.5.13	美国AUTOLITE火花塞公司访华小组 组长:Rodert Ruffin	来南京火花塞研究所访问,参观了科研设施及各实验室
1990.5.14	香港基岩公司访问团 团长:彭朝义	洽谈为沈阳汽车制造厂引进汽车涂装线及超滤设备事宜
1990.5.14	台湾省陆芳企业集团访问团 团长:郭世芳	来金杯汽车股份有限公司,探讨向该公司的沈阳汽车发动机厂投资事宜

续

时　间	代表团名称及负责人	活　动　内　容
1990.5.24	日本五十铃汽车公司访华小组 组长：上坚吉　董事	与中方商谈轻型载货汽车合作事宜及该公司社长访华事宜
1990.5.23 ～5 24	英国海顿公司商务谈判组 组长：菲立普	来国营长安机器制造厂，与该厂洽谈引进海顿公司烤漆线事宜
1990.5.28	奥地利斯泰尔公司访华小组	到陕西汽车制造厂进行技术指导
1990.6.11	日本五十铃汽车公司访华团 团长：飞山一男　社长	拜会中汽总公司领导，双方交换了有关进一步合作方面的建议和意见
1990.7.9	台湾省乔台工业股份有限公司访问团 团长：庄金得	与国营平原机器厂洽谈双方合办汽车零部件生产厂事宜
1990.7.27	日本DKK公司访华小组 组长：公司海外部　Hirwa　部长	与中方洽淡合作生产汽车空调机事宜
1990.8	台湾省吉德汽车股份有限公司访问团 团长：汤朝启　董事长	来福建洽谈合资生产气缸套的可能性
1990.8.12	菲律宾光华电器公司访华团 团长：黄明荣　董事长	在青岛与济南汽车制造总厂洽谈汽车出口事宜
1990.9.5	日本丰田汽车公司访华团 团长：矶村严	到沈阳参加“中汽丰田金杯技术培训中心”开学典礼
1990.9.5	联邦德国萨克斯(SACHS)公司访华团 团长：公司国际部　马坤达　经理	考察内蒙古第二机械厂，双方洽谈在汽车减震器生产方面技术合作事宜
1990.9.6	美国通用汽车公司访华团 团长：麦克丹尼尔	与金杯汽车股份有限公司洽谈合资项目
1990.9.12	马来西亚汉美华有限公司访华团 团长：孙仁中　经理	到沈阳飞机制造公司参观、考察，双方洽谈汽车出口事宜

续

时　间	代表团名称及负责人	活动内容
1990.9.18	日本五十铃汽车公司、伊腾忠商(株)考察团 团长:渡边	与成都飞机发动机制造公司洽谈中方进口 $4JB_1$ 型汽车发动机 CKD 散件事宜
1990.10	美国吉普车有限公司访华团 团长:鲁曼切克	与东安发动机制造公司洽谈双方技术合作事宜
1990.10.22	马来西亚婆罗门机械进出口总公司访华团 团长:将天海　总经理	在广州,与济南汽车制造总厂洽谈该厂向马方出口汽车事宜
1990.11.5～11.7	日本铃木汽车公司庆祝长安—铃木技贸合作六周年代表团 团长:铃木修　社长	到国营长安机器制造厂,庆祝长安—铃木技贸合作六周年
1990.11.18～11.21	日本雅马哈公司访华团 团长:公司管理部　二宫昭二　副部长	到江西南昌飞机制造公司,讲授“5S”生产技术管理知识
1990.11.23	德国 IWKA、KUKA 公司访华团 团长:Prellwitz　董事长 Muller　副总裁	双方洽谈在机器人生产、使用上合作事宜
1990.11.21～11.23	日本大发汽车公司访华团 团长:大须贺二郎　社长	拜会中汽总公司领导、天津市市长,参观天津市微型汽车厂和天津市内燃机厂
1990.12.4	苏联化工石油机械进出口部访华团 团长:高列克夫	与金杯汽车股份有限公司洽谈业务及合作项目
1990.12.7～12.14	美国 DANA 公司访华团 团长:公司亚太地区分部　吴寅茂　总裁	来天津,参加天津市汽车滤清器厂与美国 DANA 公司 WIX 分公司合资项目的签约仪式
1990.12.9	罗马尼亚汽车工业访华团 团长:卢普　副经理	双方洽谈在罗曼载货汽车生产方面进一步合作事宜

出访部分

时　间	代表团名称及负责人	活动内容
1990.2	航空航天工业部、国营四二〇厂、中国汽车进出口公司联合访英代表团	赴英国进行汽车生产情况考察,商谈向英方购买汽车发动机缸体、曲轴二手生产设备事宜

续

时　间	代表团名称及负责人	活动内容
1990.2.27 ～3.10	山东机械厅赴英考察团 团长：赵启生　副厅长	考察英国 TLN 集团的活塞、活塞环、缸套生产厂，双方就引进轻型车、轿车活塞生产线一事达成协议（利用英国政府贷款）
1990.3.10 ～3.15	新疆五家渠机械厂赴苏访问团 团长：张世锝　厂长	与苏联奥伦保州汽车农机部散热器联合企业洽谈双方合资事宜
1990.3.7 ～4.6	北京吉普汽车有限公司扩大合作项目赴美、墨西哥可行性研究考察团 团长：中国汽车技术研究中心　刘荣远	赴美国、墨西哥，为北京吉普汽车有限公司扩大合作项目的可行性研究做技术、工艺考察
1990.3.12 ～4.12	国营豫新机械厂赴美、日考察团 团长：范嘉胤　厂长	在日本电装、柴油器公司，在美国 TRIDEN、福特电子、达拉斯三电等公司进行汽车空调器生产设备的考察
1990.3.25 ～4.28	赴乌干达出口客车试运行、样车展示及商务洽谈小组 组长：济南汽车制造总厂　王海涛　副处长	赴乌干达，进行出口客车试运行、样车展示及商务谈判
1990.4	赴日微型车考察及商务谈判 团长：中国兵器工业总公司西南地区部　郭棣华主任	赴日进行微型车考察及商务谈判
1990.3.31 ～4.12	赴联邦德国、捷克斯洛伐克矩型车灯生产技术、设备考察团 团长：益阳灯泡总厂　黄石林　厂长	考察了联邦德国瓦特公司车灯生产设备；参观了两个模具工厂；参观了捷克斯洛伐克 PODNIR 玻璃工厂
1990.5.18 ～[illegible].1	长沙市赴日考察团 团长：长沙市委统战部　唐士全	就长沙公用客车厂派研修生一事赴日考察。已与日方签订了协议，中方在10年内派20～30名研修生，每年一批
1990.7	赴日本五十铃汽车公司技术考察团 团长：中汽总公司科技部　陈敬明　经理	赴日本考察五十铃汽车公司的汽车排放实验室，研究双方合作事宜
1990.7.8 ～[illegible].21	湖南专用汽车厂赴日考察团	赴日本考察生产汽车起重机的厂家，并选择愿意协助湖南专用汽车厂进行企业诊断的日方伙伴
1990.8.6 ～[illegible].20	赴美参加汽车工业发展研讨会代表团 团长：中汽总公司　吴自强　副总经理	参加在美举行的汽车发展研究研讨会
1990.8.17 ～[illegible].1	赴南朝鲜访问团 团长：第二汽车制造厂　宋延光　总工程师	与南朝鲜商谈合作项目
1990.7.25 ～[illegible].5	赴捷太脱拉汽车厂考察团 （由经贸部商检局组团）	赴捷克斯洛伐克，考察太脱拉汽车厂生产技术水平、企业状况

续

时　间	代表团名称及负责人	活动内容
1990. 9. 1～9.13	赴泰国、新加坡摩托车贸易代表团 团长：中汽总公司　王立三　副总经理	赴泰国、新加坡商谈在摩托车贸易方面合作事宜
1990. 9. 4～9.25	红阳机械厂赴德国考察团 团长：张军　厂长	应德国大众汽车公司及 DRAFTEX 公司邀请，考察了17家公司(厂)。主要对"桑塔纳"轿车密封条生产技术及设备进行考察。解决了技术难点，签订了双方合作和设备转让(二手设备)意向书和备忘录
1990. 9. 13～9.27	赴德国访问团 团长：中汽总公司　丁志寰　副总经理	参观在德国举办的汽车零部件展览会，并参观访问了德国一些汽车生产企业
1990. 9. 19～10. 10	福建省赴美考察团 团长：王宝光　福建省外贸总公司	赴美考察汽车玻璃市场情况
1990. 9. 23～10. 10	齐齐哈尔汽车厂赴苏考察团 团长　吴新科	赴苏考察5557汽车的生产情况及技术状况
1990. 10. 2～11. 2	东安发动机制造公司赴英国设备考察团 团长：公司机动厂　王志法　厂长	赴英国考察汽车、汽车发动机生产设备
1990. 10. 20～11. 9	赴英、意、德汽车滤清器考察组 组长：蚌埠拖拉机附件厂　李生澄　总工程师	赴英国昌盛公司、T·J滤清器公司、意大利环球公司、德国EMB公司进行滤清器生产及设备考察，并进行了商务会谈
1990. 10. 25～11. 16	商谈汽车零部件试验室合资项目访美代表团 团长：中国汽车技术研究中心　朱德照　主任	赴美国，对美方提供的试验设备进行实地考察；完成合资项目可行性研究报告初稿；了解美国试验市场行情，探索今后进一步合作的途径
1990. 11. 1～11. 15	中国航空技术公司赴日考察团 团长：国营红阳机械厂　史复曾　总工程师	应日方邀请访问、考察了冈谷钢机、DKAYAQ、东海兴业、TOKAI等11家公司(厂)，就轿车密封条生产技术进行了交流。中、日双方就日方提供技术资料、扩大合作范围等事宜签订了意向书
1990. 11. 13～12. 2	赴日本引进微型车合同签定团 团长：中国兵器工业总公司　陈元兴	与日方签订引进微型车技术合同
1990. 11. 20～12. 21	国营宇光电工厂赴匈亚利 H_4 卤素汽车生产线技术培训组 组长：杨回民	赴匈亚利通斯拉姆公司学习卤素汽车灯生产设备的安装、调试、维修技术；产品生产工艺、生产技术；生产管理等
1990. 12. 13～12. 22	赴法国合资项目签约代表团 团长：第二汽车制造厂　陈清泰　厂长	赴法国，与雪铁龙汽车公司签订合资建设轿车厂合同，并与雪铁龙公司高层领导进行了会谈

汽车工业产品进出口

一 1988～1990年中国汽车工业进出口公司进出口情况

中国汽车工业进出口公司是全国汽车行业进出口管理部门——中国汽车工业总公司下属的全国性专业外贸公司，目前在国内有13个子公司、3个办事处，它们是：黑龙江、哈尔滨、辽宁、沈阳、南京、浙江、湖南、江西、贵州、武汉、厦门、重庆、深圳公司和天津、山西、扬州办事处，此外，在美国、澳大利亚、香港等地设立了分支机构。公司总部设在北京，管理子公司、办事处及境外机构，还设有自营进出口业务的部门。

1988～1990年，国家全面推行了对外贸易承包经营责任制。三年来，中国汽车工业进出口公司本着“积极扩大出口，保持稳定增长，严格限制进口、增加外汇储备”的精神，经过艰苦努力，进出口总额完成52557万美元，其中，公司本部进口到货总额为18381万美元，公司系统（不含一汽、二汽，下同）出口创汇为34178万美元。

1 进口方面

三年共进口各种汽车、摩托车2579辆，总值10332万美元。其中，旅行车进口量为2334辆，大客车202辆。

汽车零部件进口总额为4792万美元；

成套设备进口及技术引进总额为8049万美元。

进口的国家和地区主要是西欧和东南亚。

在此期间，中国汽车工业进出口公司引进了奥地利斯泰尔重型载货汽车，日本日产柴公司重型载货汽车，意大利依维柯公司轻型载货汽车和日本五十铃公司轻型载货汽车以及配套零部件（如变速器、转向机等）的制造技术；引进了一些汽车零部件（仪表、内饰塑料件等）的制造技术；并利用奥地利和意大利共3亿美元的政府贷款和出口信贷，进口关键设备及SKD、CKD散件等，以推进引进车型的国产化工作。此外，还部分购买了国外的二手生产线设备，在派出人员培训、专家来华指导、建立进口汽车维修和汽车零配件供应等方面做了大量工作，为促进汽车工业的产品升级换代，努力做好服务工作。

2 出口方面

1989年，全系统出口创汇突破1亿美元，1990年达到13783万美元，比1987年增长了两倍，创历史最好水平。

三年共出口整车17390辆，创汇13962万美元；出口摩托车5371辆，创汇345万美元；零部件出口创汇19118万美元。零部件出口占总创汇额的比例，由1987年的35.6%上升到1990年的65.4%。出口的国家和地区有60余个，已从东南亚和港、澳市场，逐步扩展到北美、欧洲和大洋洲市场。1990年，公司系统对北美市场出口总额为2730万美元，对东南亚市场为1995万美元。

3 1991年计划出口创汇达到3亿美元，将比1990年的创汇额翻一番

为实现预期的目标，中国汽车工业进出口公司拟采取以下措施：

3.1 要继续坚持开拓国际市场、形成出口主产品，建立生产主力军方针，要做好商情调研，组织分析市场，努力巩固传统的国际市场，开发新的国际市场；要根据不同国家和地区的习惯生产适销对路的产品，充分利用国际产业调整的机会大力开展“三来一补”，以增加出口；要建立长期、稳固、可靠的出口渠道，建立售前、售后服务体系；搞好工贸结合，搞好出口基地的开发和建设；要继续调整产品结构，提高出口产品档次，逐步改变出口产品中附加价值低的初级产品居多的现象，争取扩大整车出口。

3.2　要加强质量管理，努力提高产品的质量，要健全验收制度，规定明确的验收标准，实行全面质量管理，保证出口产品的质量，使出口产品在国外用户心目中树立良好的信誉。

3.3　要改善经营管理，提高经济效益，改变目前出口效益不高的现象；要制订更为严格的成本管理办法，努力降低成本；要强化和完善从货源收购、经营费用、资金周转、仓储、运输、合同履约、索赔理赔、出口售价、出口结汇等各个业务环节的成本核算。

3.4　要注意加强出口工作的统一协调作用。

总之，中国汽车工业进出口公司要进一步加强管理，提高经济效益，增加出口创汇，争取在"八五"期间跨入国家对外经贸机械进出口行业国家二级企业的行列。

中国汽车工业进出口公司 刘建华 周 红

二　强化出口产品　扩大出口市场

解放汽车工业进出口公司，是第一汽车制造厂和解放汽车工业企业联营公司的对外贸易窗口，主要出口 CA141 系列的载货汽车、自卸车及其零部件，同时开展"三来加工"出口业务。自 1984 年 12 月成立以来，整车出口量连年翻番，1988、1989、1990 年分别出口 572 辆、1073 辆、1996 辆；分别创汇 407、802、1495 万美元。初步实现了面向世界市场和批量出口两个转变。

1　树立雄心，走向世界市场

在发展中国家，由于经济、技术条件的限制，购买汽车还是以价格取向为主，因此，CA141 型汽车还是有竞争力的。实践证明，CA141 型载货汽车投产后，不少国家的客商相继前来订购样车，经过试验、试用和试销，有的已成为批量订户。有些客商也纷纷索取资料，陆续成了主顾。从 1988 年起，CA141 载货汽车成批销往国外，有了稳定的用户。同时，又招来不少新的客户。

2　扩大影响，拓宽出口途径

为了进一步扩大出口，该公司改坐商为行商，走出去调查市场，寻找客户，主动出击，扩大贸易。

充分利用各种条件和机会，开拓出口途径。通过国内各种交易会、展览会和其它方式，直接与外商洽谈业务。通过出国访问和展览等方式广交朋友，建立联系，近而发展贸易，经过宣传和接触，使一些国家的外商有了购车的意向。该公司还与多方连手合作，扩大出口贸易。

经过多年的开拓，出口地区已扩大到 17 个国家，在南美、东亚、东南亚、南亚、中东建立了核心市场，为开展世界性出口贸易提供了良好的条件。

3　健全制度，建立出口基地

为适应出口形势的发展，该公司调整了内部组织，充实了出口人员，加强培训，提高业务能力，为大批出口整车做了人力准备。先后在北京、深圳建立办事处，在美国、德国设立代表处，直接联络外商，开展进出口业务，为大批出口整车做了组织准备。

为适应出口形势的发展，1988 年制订了出口工作管理办法，规定了出口方针政策，出口工作路线，出口业务分工，出口奖励方法，完善了出口系统工程，加快了出口运转运度。

为适应出口形势的发展，在充分利用现有生产基地生产出口车之外，还专门建立改装车厂、专用汽车厂生产出口车。利用各种有利条件，扶植各分厂建立自己的出口创汇基地。目前已形成了锻件、铸件、车轮、散热器、专机、工具等多个出口基地，年创汇能力已达到500万美元。

4　加强储运，搞好为用户服务

出口汽车不仅仅是为了创汇，而是要千方百计降低成本，减少出口亏损，进而有所盈利。出口产品采取收购制后，降低出口成本主要取决于出口的各业务环节；成交价格确定之后，关键在储运和售后服务。出口车体积较大，该公司同志动脑筋想办法，提出合理化建议，缩小汽车装箱体积，每车可减少5～6m³，两年来仅此一项就节约10多万美元。该公司还千方百计节约远洋运费，三年来节约运费30多万美元。注意包装也是降低海运损失、减少赔偿的主要方面。个别用户要求供应新配件，该公司就及时空运发出，使用户感到满意。

汽车出口后要长期占领市场就要搞好售后服务，减少售后赔偿和招徕更多的用户。除了随车携带必要的易损件和及时供应新配件之外，在有条件地方设立服务站是非常必要的。通过在国外举办推销员和司机培训班，帮助他们掌握汽车性能和驾驶技术。同时保修人员做到24小时保修服务和零件供应，保证汽车正常运转，深得用户的好评。由于有了周到的售前、售后服务，用户用车放心，从而占领和扩大了销售市场。

解放汽车进出口公司　宋书贤

三　加强出口管理　努力开拓国际市场
为把二汽建设成为外向型企业而奋斗

第二汽车制造厂（简称二汽），在对外业务方面，本着“平等互利、积极开展外贸活动，稳步拓展海外市场”的基本方针，已与世界上40多个国家和地区的近300个厂家、公司建立了贸易关系和业务联系，并在纽约、汉堡、香港设有贸易机构。1985年与美国标准——汤姆森公司合资，建立了年产60万套节温器的东风——汤姆森有限公司；1988年，二汽、厦门汽车工业公司与台湾、香港有关公司合资建立了生产高档客车的金龙汽车公司；1990年，又与法国雪铁龙汽车公司签订合资建立年产30万辆轿车厂的合同。

二汽对外贸易的窗口，是1983年经国家批准成立的具有独立法人地位的东风汽车工业进出口公司，经营二汽及二汽集团的进出口业务。

几年来，二汽在国家制订的一系列有关扩大机电产品出口方针、政策的指导下，初步取得了一些成效，并被评为1989年度“机械电子工业百家出口先进企业”。

1　出口创汇概况

二汽的出口工作是从1980年开始的。在1983年一次国际招标中一举中标，向菲律宾出口101辆东风牌EQD342型自卸汽车。在1988～1990年的三年中，二汽出口创汇总额达到4536万美元（其中汽车出口666辆，创汇1038万美元；零部件出口创汇240.35万美元，以出顶进创汇3254.50万美元）。

1.1　整车出口比重逐步上升

1980年占年出口总额的12.46%，1989年上升到25.00%，1990年又递增到42.10%。1986～1988年合同批量只有几辆、几十辆，而1990年一次签约就达到百辆、几百辆的规模，如1990年下半年，二汽与马来西亚一次就签订了700辆东风自卸车出口合同。

1.2　零部件出口有了长足的进展

1988年零部件出口6个品种，创汇35.13万美元，而1990年就增加到近10个品种，创汇超过120万美元。同时，零部件出口从一般产品零件向汽车零部件发展，从毛坯件出口向加工件过渡；利用“以进带出”形式，在引进技术国产化的基础上推进了零部件返销，从备件市场逐步向OEM市场转化，形成了由一次性订购向长期合作方向迈进的势头。

1.3　扩大了东风系列汽车产品的国际市场

十年前，二汽向菲律宾以及与法国雷诺汽车公司合作向喀麦隆各出口一批汽车，目前已发展到向南美、中东、东南亚、非洲等16个国家出口整车，向西欧、美国、日本等西方国家出口零部件及来图、来样加工汽车零部件。

1.4　形成了出口产品系列

由原来出口单一的东风载货汽车，发展到现在出口自卸车、汽车起重机、客车等29种产品，初步形成了长轴距与短轴距并举，汽油机与柴油机并举，左置转向盘与右置转向盘并举，载货汽车与客车及专用汽车并举，整车与零部件并举的东风系列汽车产品的出口势头。

2　出口创汇的体会

2.1　强化出口意识、建立出口工作体系

二汽的前途在于逐步发展外向型经济。基于这种认识，全厂上下进一步强化出口意识，增强了扩大出口的紧迫感。

二汽建立了以东风汽车工业进出口公司为外贸窗口的出口经营机制，以主管外贸的厂长挂帅、各职能部门参加的“出口立项会议”，使出口工作从国际市场的信息研究、决策，到签约，从计划制订、产品开发、生产准备、质量管理，到包装储运、外贸结汇、售后服务等项工作，全部纳入厂内生产经营大系统。与此同时，还先后制订了《出口工作管理办法》、《出口产品技术标准》、《出口产品质量保证规范》等规章，进一步明确出口工作的分工责任制，从而有效地保证了出口工作各个环节的正常运转。

2.2　积极开发新产品，提高出口产品的应变能力

二汽从“七五”初期制订出口规划开始，利用本厂的技术力量，吸收引进国外技术特点，研制出适应不同国家需求的产品，如转向盘左、右置两种驾驶室，372N·m和412N·m两种变速器，动力和非动力循环球转向机等总成匹配组合的6t、8t载货汽车、自卸汽车、2.5t越野汽车和专用汽车等投放市场，深受客户的欢迎。在向美国巴士列斯公司出口东风载货汽车过程中，按照美国DOT法规的各项技术标准进行了设计、试制，最终获得了样车在美国进行实地试验，并初步得到认可。

2.3　采用多种出口方式，坚持灵活多样的出口策略

不少发展中国家为了保护本国市场采取了高关税的政策，限制整车进口。因而二汽采用了灵活的出口策略，变整车出口方式为SKD散件出口方式，先后签订了4批、96辆SKD散件出口合同。

2.4　建立出口产品生产基地，保证出口产品的生产

为了满足国外客户对东风汽车以及零部件、来图来样加工件在品种、批量、质量等方面的各种要求，建立出口产品生产阵地是非常必要的。几年来，二汽在这方面投资数百万元，先后建立起一条出口车混流装配线，建成了出口铸件、标准件的生产阵地，并购置了出口产品专用生产设备和设施，初步形成了二汽的出口阵地，从而保证了诸如出口300辆越野汽车、载货汽车和出口到日本2200t铸件生产任务的顺利完成。

2.5　加强售后服务，提高出口产品信誉

二汽建立了海外技术服务机构，并抽调一批思想好、技术过硬的专业人员组建了海外服务队伍，用适合国外的技术文件和技术

标准与客户传授东风汽车的使用、维修、保养知识，解决技术难题，建立东风汽车技术状况跟踪档案；同时，还在销售地建立了售后技术服务点。

为了在售后服务中保证出口车备件的供应，二汽还建立了出口备件专用仓库，并在深圳、上海口岸设立了分库。使售后服务所需备件能及时发运，满足市场的需要。

2.6　发挥集团优势，扩大出口产品的市场覆盖面

东风汽车工业进出口公司对集团所属成员厂的生产能力和技术水平进行了调查，确定了上饶客车厂、二汽深圳联合公司、南京东风专用汽车厂、长沙客车厂、山东聊城客车厂等十多家联营厂，利用东风汽车底盘改装了客车、自卸汽车、起重汽车、消防车、油水罐车、牵引汽车以及客车底盘等共18种车型、256辆推向了国际市场。零部件和来图来样加工件的出口，先后确定了集团内外共34个厂家为出口产品供货单位，共签订了44个合同协议，这些方面都为今后发挥集团优势，大规模出口创造了条件。

3　今后出口创汇工作的设想

3.1　继续开发出口产品品种

整车以东风EQ153型8t平头柴油车为基础开发系列车型作为出口主导产品；完善EQ140－2型5t车系列和EQ131型轻型载货汽车系列；开发普通型及豪华型东风客车系列及轿车系列；零部件以发展OEM市场的产品为主导，带动备件市场；最终形成具有竞争优势的出口拳头产品。

3.2　积极开拓重点市场

按照“八五”产品开发规划和各市场商品构成状况，整车继续以东南亚、中西非市场为主，努力开拓其它市场；零部件以北美、日本市场为主，同时开拓港澳和澳大利亚、新西兰市场。

3.3　加强外贸出口管理，提高出口工作质量

3.4　加快以二汽为骨干的出口企业建设

有计划地选择一批技术力量较强、管理水平较高的东风汽车工业企业联营公司的改装车厂、零部件协作生产厂，组织东风系列改装车和零部件的加工出口，进而与二汽同步向专业化出口产品阵地转化，逐步建成出口企业集团。

3.5　加强外贸出口队伍建设

要培养一批懂技术、能操作、有一定外语水平的能说会做的售后技术服务队伍，还要对外贸业务人员进行思想教育，强化为发展祖国外贸出口事业效力的观念，从根本上提高二汽外贸人员的思想、业务素质，保证汽车工业外贸出口事业得到更大地发展。

第二汽车制造厂外经办　　梅鹤岑

四　冲出国门　走向世界

——谈谈坚定产品出口战略的体会

杭州万向节总厂是由下属13个独立核算单位组成的集团型企业，以生产国内外各种汽车万向节产品和各种系列轴承产品为主。万向节产品不但遍及全国30个省市自治区，占有国内近50%的市场，还远销18个国家和地区，被国家批准为万向节出口基地，1986年获全国企业管理优秀奖，1987年万向节产品荣获国家银质奖，1990年被命

名为国家一级企业。

促进该厂变化和发展的主要因素之一，是从长远利益着眼，树立冲出国门，走向世界的战略目标。

1 产品出口的思想动机

该厂“钱潮”牌万向节是1984年开始批量出口美国的。搞出口产品风险大、技术水平要高。对于是否搞出口产品，该厂认为：办企业要从长计议，生产出口产品是为了拓宽企业发展路子，是事业的重要组成部分。

1.1 要为乡镇企业争光。乡镇企业搞出口，就是以实际行动为乡镇企业正名、争气。

1.2 通过产品出口，可以见世面、受锻炼。通过生产高要求的出口产品，才能使企业各方面的素质提高，才能进一步提高产品质量和降低生产成本，同时还可以学到国内学不到的东西，如观念、方法、经营、管理、服务、技术进步等等。

1.3 当时分析“七五”期间国内万向节产量可能会超过国内市场的需求量。而世界各国每年用于汽车维修的万向节需要2.2亿套，国外市场潜力很大，如果不趁此机会搞出口，到时就会没有回旋的余地。只有在目前情况下逐步扩大出口，才是今后的生存发展之路。

1.4 产品走向世界是战场，也是归宿。产品要走向世界，出口创汇困难很多，但只要产品能进入国际市场，多赚钱、少赚钱并不是主要的，主要的是通过出口如何使企业进入一个新的层次。出口创汇初期主要是建立信誉、开拓市场，要从战略高度、发展眼光来看待出口创汇工作。树立产品不进入国际市场不罢休的信念，挤进国际市场才大有希望。

2 出口创汇产品以优质廉价占领市场

产品要到国际市场上去闯荡，必须质优价廉，也是企业各项工作的综合反映。

2.1 加强基础工作，积极推行现代化管理

首先搞好标准化和计量工作。在抓好原始记录及定额工作的同时，着重抓了计量和标准化工作，对全厂计量器具进行了全面的整顿和修补，各部门都配备了专职或兼职的标准化人员，订了制度，落实了责任。通过几年的工作，1986年获得了机电产品采用国际标准验收合格证书，1987年达到了国家二级计量单位。

其次，推行全面质量管理，提高产品质量。该厂狠抓生产组织过程中的质量控制，运用正态分布法、因果图法等数理统计方法，进行质量因素分析、预测、使产品质量稳步上升。为了加强职工的质量意识，教育职工取信用户，在1980年企业自我整顿时，把已发到用户手中的3万套不符合标准的万向节全部退回来，开了个现场会，然后当作废铁卖掉，损失43万元。从而震动了职工，也取得了用户的信任。对产品质量实行系统管理，建立了一支专门的检验队伍，道道检验、道道把关，并把产品质量与经济效益挂钩，使质量有可靠的保证。现在，该厂生产的“钱潮”牌万向节荣获国家银质奖。

2.2 努力提高职工素质，以适应竞争

为了提高职工队伍素质，在1980年改革了招工制度，凡进厂的职工都要求达到高中或初中毕业文化程度。对在厂职工，采取办职工培训班的办法，提高他们的文化、技术水平。1984年以来，在人才培养上又采取了多渠道方法：一是有偿分配大学毕业生，二是输送代培大学生，三是商调引进工程技术人员，四是联办 职业班，五是自办职工业余技术学校和电大班。经过几年的努力，该厂的知识结构、人才结构、职工素质有了明显的改变和提高。现在全厂职工的文化水平平均在初中以上，其中达到中技以上的职工200多人，为产品面向国际市场打下了知识基础，增强了竞争的后劲。

2.3 加速设备的更新改造

从1980年起，每年把税后利润的80%用于更新设备，设备的年折旧率提高到14.3%，现在全厂90%的设备属于80年代国内较先进的。同时，不惜重金聘请吉林工大等单位专门设计了用电脑控制的万向节

磨损、静扭、疲劳试验台。设备的更新，有效地控制和保证了产品的内在质量。

由于重点抓了上述3项工作，企业素质明显提高，产品达到质优价廉，具备了良好的竞争能力，从而引起了国外客户对我厂万向节的兴趣。同时，也为我厂立足国内市场，跻身和扩大国际市场奠定了很好的基础。1984年，在广交会上，美国舍勒公司和多伊尔公司的两位总裁，看到展销的万向节，便专程赶到厂里，看到该厂整洁的环境、先进的设备、工人一丝不苟的劳动，非常满意，当场订购了1万套万向节。经过试用，对该厂的产品质量比较满意，不但提出了长期合作的意向，还将该厂的产品列入美国舍勒公司世界销售网。从此，该厂的产品犹如钱塘江潮水，开始源源不断地涌向世界。

3　扩大出口创汇靠观念更新

3.1　通过"缴学费"树立信誉观念

1984年产品首次批量出口美国时，碰到的问题是出口产品规格特殊、精度要求高、工艺复杂、交货期短；在价格上，每套的外销比内销价低7～8元，加上职工操作一时不能适应，产量上不去，结果出口1万套亏损10万余元。次年美商要求该厂增加生产10个样品，当时没有图纸，实际试制时间只有1个月，就组织力量如期如数按要求拿出了产品，付出的代价是开支5万多元试制费，影响当月产值32万元。尽管初期出口类似上述问题很多，企业经济效益也受到了影响，但该厂视"影响"为"缴学费"，学到的首先是获得了国外用户的信任，使双方的合作紧密了一层，为扩大合作打下了基础；其次是职工队伍经受了一次锻炼，生产规格特殊的出口产品是对职工的技术素质进行一次"考试"；工艺复杂要求高是对职工质量意识的"再检验"；交货时间短是进一步改变了农民职工队伍自由散慢不重时效的"老习惯"。通过"缴学费"换来的是为扩大出口创汇奠定了良好的信誉基础和为保证这一基础培养出了一支训练有素的职工队伍。

3.2　通过出国考察增强信心观念

到国外考察，发现他们的企业虽然技术先进、自动化程度高，但他们支付工人的工资也高；该厂在生产手段上落后于他们，但工资、费用和产品的综合成本比他们低，而且他们有些产品的质量并不比该厂的高，是完全可以竞争一番的。通过出国考察，心里有了底，为扩大生产规模、增加出口创汇树立了信心。

3.3　通过工贸结合、多渠道出口，形成主动观念。搞出口产品不能吊死在一棵树上，更不能让人家牵着鼻子走。1986年美国一家公司提出，要求独家经营该厂的出口万向节。这样做，虽然有产品外销稳定有利的一面，但也存在着视线偏狭不利博采众长的一面。该厂回绝了美商独揽经营的要求，采取了广交朋友、多渠道出口、工贸结合的灵活经营方针。这些年来，该厂从单一的万向节出口发展到轴承、链板、球销等新产品出口，出口的国家也从出口初期的1个增加到现在的18个，出口批量也逐年增加。以万向节为例，1984年出口1万套，1985年出口了4.2万套，1990年出口72.7万套，六年来，出口248万套，成为我国汽车零部件行业出口创汇大户，被机电部评为"百家机电产品出口先进企业"，被农业部、经贸部授予出口创汇企业"飞龙奖"。

4　产品出口增强了企业的两个效益

1984年至今，累计为国家创汇830万美元，年递增率为72.9%，上交国家税收1813.8万元，年递增率达到31.4%。随着企业发展，企业反哺农业的能力也越来越强，1984年至今，共上交当地政府用于贴补支农资金400多万元，管理费及社会性支出近百万元、有力地支援了本乡农业生产和农村社会的公益事业。随着企业规模的不断扩大，该厂安排农村剩余劳力也从1984年的692人增加到目前的2200人，去年人均收入达到3500元，远远超过本乡人均收入1500元的水平，在周围农村发展乡镇企业、带领群众共同致富起到了榜样的作用。

通过出口创汇，企业自身实力越来越强。1985年至今，累计创利3392.5万元，年均递增26.8%；新增固定资产6715.1万元，固定资产已达7832.6万元；年生产能力从1985年的103万套增加到1989年的325万套；出口产品的比重从1985年的25%上升到1990年的45%。企业的声望在国内外越来越高，工厂被中央领导同志誉为“浙江乡镇企业的典范”、“全国乡镇企业的榜样”；国外通讯社如美联社、法新社对该厂产品出口作专门报道，美国《时代周刊》、《华尔街日报》称这家乡镇企业是“中国农民的希望”；从该厂产品出口到现在，已有数百位外国友人、客商和数万名国内各界人士来厂参观。

杭州万向节总厂　鲁冠球

五　增强出口意识　适应市场需求

1990年，如东县黄油枪厂外贸出口产值达到800万元，“七五”期间完成出口创汇885万美元，超过计划的10.6%，得到了上级领导部门的表彰。

1　集中主要力量，不断开拓国际市场

为了适应外贸出口工作的需要，厂领导亲自抓外贸出口工作，外经营办公室充实了力量，从信息处理、来图、来样消化吸收、业务洽谈到合同签订；从样品宣传、翻译、商检到产品储运都有专人负责。从组织体制上形成了出口“一条龙”，扩大外销，积极开发大宗出口产品，力争在品种、质量上赢得用户。为了增强出口意识，中层以上的干部组织学习了价值工程、经济学等有关现代管理知识。做到了客户需要什么品种，就努力提供什么品种。一个品种哪怕几十个、几百个也要安排生产，保证及时供货，客户非常满意。提高产品在国际市场的覆盖面，仅螺母品种就从年初的30多种规格、120多种型号，发展到78种规格312种型号。这一项出口创汇就达200多万美元，保证了出口的好势头。另外，还加强了对其它产品的外销工作，多年来打气筒以保内销市场为主，将打气筒推向国际市场也作为1990年的出口项目。该厂已多次与台湾商人进行业务洽谈，有五种型号的打气筒开始批量投放西欧市场，为今后更好地发展外向型经济奠定了基础。

为了发挥外向型集团规模经济的作用，自1987年组建集团以来，通过对成员厂在人力、物力、财力上的帮助，各成员单位的生产很有成效，已成为外贸出口生产中的一支主力军。为了更好地调动成员厂的积极性，还对集团成员厂采取政策倾斜的办法，对出口配码任务完成好、产品质量高、交货及时的成员厂家在资金上优先给予照顾，提高了成员单位之间的竞争能力。出口十字扳手17万把全部是成员厂完成的，充分显示了集团规模的效应。

为了适应外向型经济发展的需要，使螺母生产上规模、提高螺母在外销市场的占有率，在“七五”期间进行了技术改造。油枪、外贸生产大楼1990年已通过了竣工验收。

加强经济核算，努力提高企业内部管理水平。厂方与车间科室签订全额承包责任制，对原、辅材料、外购配套件、工资及补贴、电费及各项费用实行承包，上不封顶，下不保底，自负盈亏，按利分成。做到一切凭数据说话，所有物资、半成品在厂内流转通过内部银行有价结算，每个工人的工资和奖金全部同经济效益挂钩，有力地调动了全厂干部和职工的生产积极性。通过内部挖潜，力求把国际价值和国别价格的差距压缩到最低限度。

2　外向型经济是机械行业发展的必由之路

通过开发外向型经济工作，企业从上到

下都适应了改革、开放的形势，品种档次也有了大幅度提高，生产的黄油枪、打气筒、出口轮箍螺母均采用的是国际标准，通过搞外向型经济工作，企业的管理水平和人员素质有了显著的提高，培养了一批外经人员。具体表现在：

2.1　在企业的管理能力上形成了一整套内部经济责任制，并被市选定为第一家流动资金承包责任制试点单位。

2.2　企业的发展能力得到了加强，投入与产出发生了较大的变化，固定资产1990年比1980年增加了9倍；1981～1990年产值是前20年的5倍。

2.3　提高了应变能力。1984年第一次遇到螺母突然停产，库存英制钢材1040t，厂领导采取了以内补外的措施，仍然完成了当年的生产任务。近年来，内销市场疲软，资金紧缺，造成了产品大量积压，但通过开发新产品，加强外销工作，1990年又较好地完成了各项任务，稳住了工厂和生产局面。

2.4　在要处理信息和开发新产品的能力上，厂领导亲自抓信息和开发新产品工作，通过出国考察，改善通讯设施，及时反馈信息、提供样品，使企业出口产品形成了五大系列产品，企业的素质通过搞外向型经济得到显著提高，出口产品产值已占总产值的60%以上。

1991年是“八五”计划的第一年，在1991年内，该厂争取开发5个新产品，研制出10项科技成果，力争创汇350万美元。

如东县黄油枪厂

六 1988～1990年我国进口汽车

进口产品 \ 数量 金额 \ 年份	1988 数量（辆）	1988 金额（万美元）	1989 数量（辆）	1989 金额（万美元）	1990 数量（辆）	1990 金额（万美元）
1. 进口汽车整车						
1.1 轿 车	33306	19273	24440	15033	15927	8623
1.2 轻型越野汽车	9886	6167	5032	4097	606	861
1.3 9座以下旅行车	3547	4948	3042	4039	1712	2380
1.4 工具车	2151	1950	1046	1563	1252	1394
1.5 其它机动小客车	1466	678	1157	546	346	175
1.6 装载质量8t以上载货汽车	1277	4531	575	2190	1792	5611
1.7 装载质量8t以下,3.5t以上载货汽车	3688	5069	1953	2765	2010	2688
1.8 装载质量3.5t以下，0.8t以上载货汽车	5470	5000	7063	5874	6598	4840
1.9 装载质量0.8t以下载货汽车	2072	1323	1398	1236	1989	1600
1.10 装载质量8t以上自卸车	2047	10620	1470	6921	1335	6088
1.11 装载质量8t以下，3.5t以上自卸车	667	1008	1180	1987	312	643
1.12 装载质量3.5t以下自卸车	10	12	5	5	3	3
1.13 罐式专用汽车	61	275	30	197	40	293
1.14 冷藏车、保温车	98	298	117	484	89	292
1.15 救护车	386	597	219	242	230	333
1.16 其它载货汽车	50	65	44	112	120	167
1.17 消防车	36	906	41	856	24	523
1.18 汽车起重机	131	1903	210	2526	131	1835
1.19 加油汽车	14	169	4	39	4	47
1.20 工程修理汽车	4	6	6	15	1	2
1.21 混凝土搅拌汽车	94	821	127	1426	44	655
1.22 钻探汽车			12	370		

注：1. 资料来源：海关总署统计处。 2. 机动小客车指9座及以下的机动客车（含客货两用车）。
3. 1.16项其它载货车指垃圾车、活鱼车等。 4. 汽车配件、摩托车配件中含部分其它机动配件。

摩托车数量及金额

年份 / 数量金额 / 进口产品	1988		1989		1990	
	数量（辆）	金额（万美元）	数量（辆）	金额（万美元）	数量（辆）	金额（万美元）
1.23　其它专用汽车	487	6286	244	2640	311	2570
1.24　30座以上客车	726	4059	376	1710	378	2097
1.25　20～29座客车	347	881	340	809	341	858
1.26　10～19座客车	2820	3847	2900	4070	1667	2081
1.27　拖带半挂车的牵引汽车	251	1037	141	590	252	1008
2.　进口汽车底盘						
2.1　小客车底盘			48	190	2	8
2.2　载货及特种车底盘	1234	5167	1196	4849	1073	3254
2.3　其它汽车底盘			95	426	922	622
3.　进口汽车散件						
3.1　轿车散件	24407	21398	20560	17411	18136	15584
3.2　其它小客车散件			7378	6350	2089	2098
3.3　载货汽车散件	1694	1243	1598	1535	3003	2433
3.4　自卸车散件	806	1345	1259	4595	879	4053
3.5　客车散件			248	329	69	477
4.　进口汽车车身及零部件						
4.1　小客车车身(台)	24237	5358	1807	414	723	274
4.2　其它汽车车身(台)			12268	1736	1516	591
4.3　汽车附件及零件	—	28555	—	32555	—	42875
5.　进口摩托车及零件						
5.1　摩托车整车	49218	3655	53548	5090	11571	925
5.2　机器脚踏两用车及装辅助发动机脚踏车	18	1	334	8	18	1
5.3　摩托车零部件(含车架)	—	4286	—	3325	—	1306

七　历年汽车进口量及金额

年份	汽车			汽车配件		进口金额合计	
	合　计（辆）	其中：载货汽车（辆）	其中：轿车（辆）	折合人民币（万元）	折合美元（万美元）	折合人民币（万元）	折合美元（万美元）
1950	2979	2014				6256	924
1951	6006	4347				12613	1862
1952	2072	1801				4351	642
1953	10884	9904		2966	438	19802	2923
1954	16918	14976	1059	3212	474	34048	5026
1955	15199	10617	1412	5193	767	27927	4123
1956	11240	4744	1556	5276	779	22272	3288
1957	2225	1093	40	4988	736	13111	1936
1958	30158	24628	237	146	22	43368	6402
1959	15619	11596	1259	6847	1007	28937	4255
1960	17744	14823	1401	4714	693	26642	3918
1961	1458	1021	102	3515	549	6191	967
1962	3178	2407	49	3447	538	8613	1345
1963	2484	1539	252	3654	571	7246	1132
1964	3914	1138	1382	4545	710	9453	1476
1965	12151	3521	2632	4919	768	28088	4387
1966	12925	2391	876	7705	1203	50260	7849
1967	8314	1897	72	4504	703	29262	4570
1968	5946	2028	1	9658	1508	30660	4788
1969	3039	2384		7913	1236	24196	3779
1970	10976	9901		16797	2632	50984	7963
1971	11637	10157	10	21074	3291	83178	12990
1972	14206	8889	10	14358	2464	64012	10985
1973	18863	11986	1141	16738	3416	73137	14929
1974	27871	19147	1156	18598	4133	109570	24349
1975	25286	18636		20916	5229	106064	26516
1976	18248	12923		21226	5401	76509	19468
1977	15993	10640	52	16788	4562	72609	19584
1978	25367	15232	3	11958	6951	69751	40546
1979	32226	16228	667	14605	9423	94873	51789
1980	51083	26101	19570	9500	6299	93352	61612
1981	41575	20770	1401	6003.5	3594.1	51007.7	30536.4
1982	16077	7730	1101	11272.8	6080.2	41736.5	22511.8
1983	25156	8445	5806	26773.6	13576.2	85311.0	43259.2
1984	88743	28047	21651	37446.2	16651.7	246724.9	104821.2
1985	353992	111492	105775	88473.6	28848.4	889064.5	293689.9
1986	150052	64570	48276	97089.9	27708.5	688757.1	195459.5
1987	67182	17554	30536	157244.0	41885.0	456465.0	121431.0
1988	99233(26907)	14201	57433	126582.4	33913.0	472045.3	161240.0
1989	85554(31043)	12587	45000	* 129102.6	34750.0	* 493763.0	132732.0
1990	65430(24176)	18395	34063	* * 228322.8	43740.0	* * 627931.0	120293.3

注：1. 1950～1980 年数字摘自外贸统计报表（由中汽进出口公司向原中汽公司提供）。1981～1990 年数来源于海关总署《统计年报》。

2. 本表将进口汽车散件归入进口整车中，车身归入零部件中；（　　）内数为进口散件数；1988 年数由于调整与以前数略有不同；以此表为准。

3. * 号是按 1 美元折合 3.72 元人民币计算的；* * 号是按 1 美元折合 5.22 元人民币计算的。

八　历年汽车出口量及金额

年份	汽车出口数量（辆）					出口总金额（万美元）		
	总　计	其中				总　计	其中1:汽车	其中2:零部件
		载货汽车	越野汽车	自卸汽车	大客车			
1958	22	—	—	—	—	2	2	
1959	287	287				78	51	27
1960	341	341				55	51	4
1961	220	220				52	34	18
1962	447	—	—	—	—	146	61	85
1963	20	20		—	—	3	3	—
1964	835	377		398	55	294	218	76
1965	1840	1401		372	—	791	626	165
1966	1609	1336		268	5	940	770	170
1967	1083	771		312		543	393	150
1968	1389	1213	51	115		730	552	178
1969	849	595	105	43	5	450	224	226
1970	2022	1763	144	110		1132	871	261
1971	6883	6850		33		3065	2950	115
1972	1764	1652		50	—	2698	2400	298
1973	11028	—	—	—	—	4061	3910	151
1974	7570	—	—	—	—	3748	3319	429
1975	3948	1848	223	—	25	2336	1766	570
1976	682	338	203	41	—	574	265	309
1977	2504	1309	969	148	—	1563	1351	212
1978	1004	—	—	—	—	1033	524	509
1979	160	—	—	—	—	144	144	—
1980	99	79	18	—	—	57	57	
1981	726	460	226	—	—	1441	487	954
1982	238	119	65	—	—	171	171	—
1983	1892	1484	123	—	—	2239	1188	1051
1984	2919	2401	374	—	—	3214	2624	590
1985	1659	1082	157	3	1	2194	1735	459
1986	4179	492	295	5	—	4029	2666	1363
1987	6129	4049	770	—	—	5065	3445	1620
1988	9159	6749	562	99	—	10582	7102	3480
1989	9220	7614	633	72	86	15701	6737	8964
1990	*8862	*7310	*634	*230	*105	17777	9342	8435

注：1.资料来源：1987～1990年数由中汽总公司外事部提供，其余摘自1958～1986年国家对外经济贸易部统计年报。

2."—"号表示欠缺，1963、1979、1980、1982年出口总金额中不含汽车零部件出口金额。

3.*为按各厂报表汇总的数，比实际数小，仅供参考。

4.此表数含国内创汇数，表十一同，比表九海关提供的真正出口到国外的数值大许多。

九 1988～1990年我国汽车

出口产品 \ 年份 \ 地区	1988						
	合 计	亚 洲	非 洲	欧 洲	拉丁美洲	北美洲	大洋洲
总 计	1466	1047	229	108	58	15	9
1 轿车	4	3				1	
2 轻型越野汽车	58	30	2	20		6	
3 9座以下旅行车	5		5				
4 工具车(厢式货车)	32	2	4	26			
5 其它机动小客车							
6 装载质量8t以上载货汽车							
7 装载质量8t以下,3.5t以上载货汽车	707	670	32		3	2	
8 装载质量3.5t以下,0.8t以上载货汽车	52	9	4	8	27	4	
9 装载质量0.8t以下载货汽车	9	4		4	1		
10 载货汽车散件	6			6			
11 装载质量8t以上自卸汽车	154	61	93				
12 装载质量8t以下,3.5t以上自卸汽车	158	125	32				1
13 装载质量3.5t以下,0.8t以上自卸汽车	43	6	10	23	4		
14 自卸汽车散件							
15 罐式专用汽车	4	2	2				
16 保温、冷藏汽车	4	3		1			
17 其它载货汽车	38	16	2		20		
18 消防汽车	2	2					
19 汽车起重机	26	4	22				
20 加油汽车	4		2		2		
21 工程修理汽车	1		1				
22 混凝土搅拌汽车	1		1				
23 钻探汽车							
24 其它专用汽车	67	30	15	20		2	
25 30座以上客车	9	7	1	1			
26 20～29座客车	2	2					
27 10～19座客车	3	1	2				
28 半挂汽车列车	14	6					8
29 小客车底盘 30 货车专用底盘	63	63					
31 其它汽车底盘							
32 摩托车	3726	1163	1562	444	210	346	1

注:资料来源:海关总署《统计年报》,为直接出口到国外的数量,不含国内创汇数。

摩托车出口量分洲统计表

单位:辆

1989							1990						
合 计	亚 洲	非 洲	欧 洲	拉丁美洲	北美洲	大洋洲	合 计	亚 洲	非 洲	欧 洲	拉丁美洲	北美洲	大洋洲
2676	1704	316	143	251	241	21	4378	2946	406	690	192	129	15
6	4		1		1		73	64		9			
302	106	15	13		168		180	42	3	12		123	
19		1	16	2			471			431	40		
39	5	1	33				65	2		63			
2	1		1				4	4					
171	127	42		2			42	38	2	1	1		
396	227	16		146		7	1076	1031	31		12	2	
193	63	44	36	50			283	88	132	19	37		7
14	12				2		72	65		7			
51	51						268	69	199				
78	39	29		10			38	29	8	1			
123	68	50		3		2	170	166	2		1		1
173	53	80	10	26		4	58	40	4	3	2	4	5
							2	2					
2	1	1					4	3	1				
3	0		3				7	2		5			
64	1		2		60	1	3		2	1			
608	608						976	976					
65	33	8	22			2	146	71	8	64	1		2
							4	4					
							2	2					
2		2					8	8					
1	1												
62	45	7			8	2	31	20	11				
123	106	10		5	2		306	203	3	24	76		
10		10					4	4					
10	2		8				74	2		50	22		
17	1		8	5		3							
102	102												
4	4						3	3					
36	34			2			8	8					
3434	1531	1443	298	128	31	3	7753	4013	1000	326	2316	88	15

十 1980～1990年我国摩托车进口量及金额

年份	1.进口摩托车		2.进口摩托车配件（万美元）
	数量（辆）	进口金额（万美元）	
1980	6303	163	
1981	15388	518	
1982	1306	44	42
1983	2110	84	132
1984	107339	3801	
1985	286095	12947	2066
1986	159410	8237	1110
1987	28778	6314	1618
1988	49218	3655	4286
1989	53548	5090	3325
1990	11571	925	1306

注：表中1980～1986年数字摘自对外经济贸易部《统计年报》；1987～1990年数字摘自海关总署《统计年报》。

十一 1980～1990年我国摩托车出口量及金额

年份	1.出口摩托车		2.出口摩托车配件（万美元）
	数量（辆）	出口金额（万美元）	
1980	36	3	
1981	312	32	
1982	753	48	
1983	4000	230	
1984	19708	1243	
1985	8481	450	
1986	8797	557	
1987	22731	1129	
1988	47000	2568	16
1989	49200	3006	
1990	43400	3100	

注：1.本表中1980～1987年数字摘自对外经济贸易部《统计年报》。

2.1988～1990年数来自中汽总公司摩托车行业办公室。

3.此表数含国内创汇数，因此比与表九数大许多。

中国汽车工业协会

中国汽车工业总公司蔡诗晴总经理在中汽协会第二届第二次理事会上的讲话

(根据记录整理,未经本人审阅)

1991年1月25日

各位理事、同志们:

今天,大家在这里举行理事会。信民同志要我讲一讲,我说是来感谢的,感谢大家对协会工作的支持,也是对中汽总公司工作的支持。我国的协会,类似西方国家的同行业公会性质,有共同的地方,譬如说,民间的特色,西方国家一些好的经验可以吸收,当然不是照搬西方的模式去仿效;也有不同的地方,那就是社会主义国家的特点,中国的特色,协会可以帮助行业、帮助政府部门做点行业管理工作,发挥桥梁和纽带作用。

把中汽协会办好,要按照协会章程规定的宗旨去办,希望今年能在以下几个方面协助中汽总公司开展工作:一是在开展"质量、品种、效益年"活动中,多做一些发现典型、总结典型、交流典型的工作,引导全行业学习典型经验,取长补短,把一个企业的经验推广成为更多企业的经验;二是对某些行业评比活动做些前期性的工作,使评比活动促进生产力发展、促进搞得更好、更扎实;三是参与研究、探讨汽车行业的一些重大问题,提出供行业、政府部门决策的参考建议。

中汽总公司面向全行业,它的助手有"三个会":一叫"咨询委员会",其成员都是德高望重、领导经验丰富的老同志,其主要任务是为中汽总公司、地区、部门和企业集团领导的重大决策提供咨询建议,从下而上、从上而下进行少而精的研讨,是一些高层次的、有深度的、又是十分重要的课题。二叫"汽车工程学会",它具有学术团体性质,其成员是高级专家、学者,组织开展学术研究,譬如发展汽车工业的重大科研技术、重大经营管理技术,受中汽总公司委托做些单项的前期或后期工作。三叫"汽车工业协会",就是我刚才讲到的性质、任务、作用。总之,"三个会"的性质、任务、成员是不相同的,但都是"双向"服务,既为企业服务,又为行业、政府部门服务,更主要的是为企业服务。

企业参加协会同不参加协会有没有区别?我认为是有区别的,应当有区别。区别在那些方面?区别在信息多得到一点,协会要经常不断地提供必要的、有应用价值的信息,不是一般的信息传递,而是经过协会去粗取精、加工整理后的。区别在通过协会本身具有特色的活动,反映企业的困难和要求,及时组织会员单位研讨,提出积极的解决办法和建议,传递给政府有关部门。有些政府部门不好出面的事情,协会出面去做,目前对台湾汽车界的联系,协会可以起到一些官方不容易起到的作用。协会本身,可以组织具有民间特点的交流活动。因此说,企业参加协会同不参加协会是有区别的,要让会员单位先得益;要摸索出一套工作规律、协会的路子,希望大家共同努力把协会办得更好,不是有没有协会一个样,而是更受到会员单位欢迎。

协会还是试点性质,它的发展要本着积极、稳妥的方针,步子不宜太大,有计划、有步骤地进行;它的专业组织,成熟一个,建立一个,不要给企业增加负担。

中国汽车工业协会胡信民理事长在中汽协会第二届第二次理事会上的讲话

（根据记录整理，未经本人审阅）

1991 年 1 月 26 日

各位理事、各位同志：

这次中汽协会二届二次理事会与全国汽车行业工作会议穿插起来召开，大家认为较好。会议期间，既学习了中央十三届七中全会精神，又了解了全国汽车行业面临形势和 1991 年的工作重点；既讨论研究了 1991 年的主要工作，又审议增补了常务理事单位和理事单位。会议的各项议程经过全体理事热烈讨论和认真审议，达到了预期目的，大家对协会的工作寄予重望：要求把协会办成企业之家，真正体现民间色彩，面向行业不分亲疏反映企业意见。今后协会工作应本着这个宗旨尽力去做，尤其要体现我国社会主义制度和汽车行业的特点，摸索前进，讲求实效。

在常务理事会和理事会的分组讨论会上，大家对协会 1991 年主要工作提出了很多好的意见，比较突出和共同的看法是：协会应加强信息交流工作，要充分利用《中国汽车报》作为信息报导的一种形式，同时要办好协会自己的刊物作为交流信息的重要工具；要深入基层调查研究，了解企业的实际困难，积极向有关方面反映、呼吁，或组织研究企业共性的带有政策、法规性的和重大问题，向政府提出看法、建议，并努力做到跟踪落实；协会要起桥梁、纽带作用，应在企业之间、企业与用户之间、企业与政府之间做好必要的协调服务工作；还应在行业内部有计划、有目的地组织开展有意义的经验交流活动。以上所提意见，还没有来得及归纳整理，我们打算这次会后，把大家讨论的意见尽量吸收到协会 1991 年的主要工作中去。

最后，我想说几点个人看法：一是做好协会工作要依靠全体会员单位的共同努力，特别是要更多地依靠全体理事、常务理事单位的关心、支持和日常的监督，才有可能把协会工作越做越好。就拿信息工作来说，信息的来源要靠大家提供，信息的搜集、整理也要靠组织调动方方面面的力量才能做好，决不是协会秘书处的少数同志所能做到的。二是为了有效地开展协会工作，要把汽车行业内部的小行业组织起来，开展不同特点、不同需要的小行业活动。例如汽车零部件、改装车、专用车、客车和摩托车等，都要本着企业自愿和需要，在条件酝酿成熟时逐步组织起来；有些带共性的工作，也可以按地区开展必要的活动。三是协会工作有些可与中国汽车工程学会紧密配合，特别是小行业协会开展的许多活动，由于历史的原因，有些是工程学会或中汽总公司归口布置和联系的仍可以延续下去，都是民间性质不要求严格划分。今后有些工作如需要由一套机构去做比较方便的，也可以考虑用两块牌子的办法解决。总之，正如这次会议大家讲到的，协会工作办实事，不图表面形式。

中国汽车工业协会1990年工作总结和1991年工作建议

（1991年1月26日二届二次理事会审议通过）

1　1990年工作

1990年2月14日，协会二届一次常务理事会讨论原则通过的1990年几项主要工作，主要是协会的组织建设、协会的基础业务、组织调研和逐步开展为企业服务的工作。在这一年时间里，这三个方面的主要情况是：

1.1　协会组织建设方面

1.1.1　根据中汽联一届五次常务理事会于1990年2月10日讨论产生的关于中国汽车工业联合会更名为中国汽车工业协会的决议，中汽协会于5月21日以中汽协[1990]001号文呈报民政部，申报中国汽车工业联合会更名和办理登记注册。民政部社团管理司受理后，经过调查、了解和核实，民政部于7月14日以民社批[1990]56号文作了《关于同意中国汽车工业联合会更名的批复》，同意"中国汽车工业联合会"更名为"中国汽车工业协会"；批复指出："协会已具备全国性社会团体法人资格"，"应遵守宪法和国家有关法律、法规，接受社团管理机关的管理和监督"。

1.1.2　7月19日，协会二届二次常务理事会在北京举行，按照章程规定和理事长提名，审议通过任命了秘书长。

1.1.3　组建协会秘书处，调配工作人员。协会的编制定员，民政部批文"社团编制另行核定"。目前，先按中汽总公司呈报暂定20人配备。按照协会开展工作需要，陆续调配了16人，其中：含理事长、副理事长、秘书长各1人，在托中汽总公司办理文秘、行政、财务、人劳和外事等相关业务工作划转5人的编制定员。协会秘书处8名工作人员按业务性质作了分工，有综合、文秘行政、汽车整车、汽车总成及零部件、摩托车及零部件、中央各部门（含军工）、改装车及专用车共六项专职工作，实际工作中有所交叉、相互配合。

1.1.4　沟通与会员单位联系，筹组专业工作委员会。据中汽联第一届理事会统计，已批准会员单位500多个。协会第二届理事会产生后，协会常设办事机构（秘书处）研究了沟通与会员单位的联系渠道问题，于10月8日以中汽协[1990]008号文通知，请会员单位各推荐一名热心协会工作的合适人选作为兼职联络员，同协会秘书处建立日常工作联系。目前，已有264个会员单位报来了联络员名单，待基本报齐和拟订联系工作制度后进行安排。

筹组专业工作委员会，协会秘书处进行了多次研讨，走访了部分会员单位，召开了12个零部件行业组织参加的专业座谈会，还征求了中汽总公司领导和有关业务部室（公司）的意见。从总体上看，组织专业工作委员会是个新事物，需要有一个逐步认识、摸索实践和完善巩固的过程，目前各方面的认识不尽一致，不宜匆忙组织起来，应持既积极、又慎重的态度，采取成熟一个、建立一个的方法，逐步开展工作。现在，条件比较成熟的是"物资协作委员会"，已草拟工作条例（讨论稿），对零部件专业委员会的筹组，从已建立零部件小行业协会（信息网）开展活动情况考虑，拟先采用"零部件行业联谊会"形式组织一些活动，从中摸索经验。对摩托车、专用车、客车等专业委员会的筹组问题，需在这次理事会上进行酝酿和协调，并根据协商一致的原则抓紧筹备。

1.1.5 审理申请入会、调整和增补理事单位及常务理事单位的工作。二届一次理事会以来，自愿申请入会的企事业单位有80个、申请和推荐参加理事单位的有15个、申请参加常务理事的单位有6个，协会秘书处在征求中汽总公司有关业务部门审核意见的基础上，提出了初审意见，准备提请协会二届三次常务理事会审批发展会员，提请协会二届三次常务理事会审议常务理事单位和理事单位的调整、增补。

关于企事业单位申请入会的条件和手续，结合汽车、摩托车行业的实际情况，协会秘书处拟定了几条，准备提请协会二届三次常务理事会在审批发展会员时一并审定。

1.2 协会基础业务工作方面

1.2.1 会员单位的整理工作。由于主管这项工作的业务部门和工作人员几次变动，协会秘书处接手后，对已入会的会员单位进行了整理，按照省市区、计划单列市、各部门、计划单列集团和直属企业划分五个大类，将会员单位按其隶属关系分别排列，并统一编列会员单位登记号码。

据初步整理和统计，协会会员单位532个(其中企业451个)，1989年度汽车工业产值(现行价)312亿元，年末职工总数102万人，固定资产原值189亿元，产品销售额307亿元，利润总额26亿元，上交利税15亿元。会员单位和基本概况的整理工作，只是做了初步的整理和汇总分析，这项工作还要花力量继续去做，并要着手进行建立会员单位档案的工作。

1.2.2 组织开展信息交流。这是协会的一项主要工作，也是非常重要而紧迫的工作。协会秘书处组建以来，同中汽总公司各业务部室(公司)和会员单位的信息往来，都处于建立、理顺阶段。目前信息渠道、信息范围和信息传递方法正在摸索、商讨之中。在此情况下，协会秘书处编印了两期"中汽协会通讯"，只能是试刊性质的，在内容、选编和期限上有待于听取各方面意见的改进提高。

1.3 接受委托开展行业活动，面向企业组织调研

1.3.1 这方面的工作，以中汽总公司授权或委托办理事项为主，协会据以安排组织开展各项活动。今年，中汽总公司领导交待协会三项工作：一项是以中国汽车工业协会名义，组织筹备和开好"汽车工业厦门展示研讨会"(原定名："海峡两岸汽车同业交流会")，二项是参与发展横向经济联合调研工作，三项是参与汽车行业治理整顿的体制改革调研工作。此外，西南轻型汽车工业联营公司提请协会帮助理顺西南三省一市组织起来搞好生产建设工作。

1.3.2 1990年10月下旬到11月中旬，协会秘书处工作人员走访会员单位和举行小型座谈会，有汽车、摩托车和零部件，以及中央部门共36个会员单位，了解情况，调查研究，听取会员单位对协会开展工作的意见。

总之，协会组建以来，工作刚刚起步。开展协会工作正处在学习、认识和摸索的阶段，协会工作人员的思想方法、工作方法都有一个转变过程，同原来担任的业务工作相比较，任务、职责有着显著区别，因而做好协会工作是一个新的课题。当前，协会工作比较紧迫的问题是：理顺协会同中汽总公司各部室(公司)之间的业务联系，沟通同会员单位之间的信息往来，有待于广泛、深入地开展调查研究，组织多种形式的经验交流活动，实实在在地做好为企业服务的工作。

2 1991年工作安排

根据中汽总公司对1991年主要工作的部署和对协会工作的要求，提出协会1991年主要工作建议如下：

1991年协会工作的主要目标是：努力搞好双向服务，面向行业，不分亲疏反映企业意见，本着体现我国社会主义制度和汽车工业的特点，力求民间色彩要浓一点，办事实在一点，工作方法灵活一点，形式多样活跃一点，把协会办成企业之家。协助中汽总公司在开展"质量、品种、效益年"活动中，总结典型经验。对某些行业的评比活动，做些前期性工作，参与研究、探讨汽车行业的一些

重大问题。

2.1 继续完善组建工作，理顺各方面关系

2.1.1 催报、补齐会员单位的基本概况，汇总、调整主要经济指标数据，整理、编印“中国汽车工业协会简介”(中英文彩印本)。

2.1.2 建立会员单位登记编号，换发“会员证书”，整理、编印“会员单位名录”。

2.1.3 积极、慎重地发展会员，调整、增补理事单位和常务理事单位，拟订申请入会、调整和增补理事单位、常务理事单位的基本条件，做到程序性工作规范化、制度化。

2.1.4 加强协会宣传、信息工作，争取各方面了解、关心、支持协会工作。在《中国汽车报》开辟专栏，撰写刊登有关文章和信息报道；在办好“中汽协会通讯”的基础上，增加信息量，提高深层次的内容，试办中汽协会刊物。

2.1.5 理顺关系，建立制度。

2.1.5.1 协会工作侧重要协助中汽总公司搞好行业管理、组织企业管理、经济工作研讨交流和发展企事业单位团体会员，与中国汽车工程学会组织学术研讨交流、技术经济研讨和发展个人会员有所区别；协会与学会之间相互协调、紧密配合进行工作和开展一些活动。

2.1.5.2 协会在中汽总公司的业务指导下，主要任务是：接受委托，协助搞好行业管理；调查研究，反映行业情况和会员单位的要求；咨询服务，开展信息传递和经验交流活动；与国外同行业协会建立民间往来，组织开展业务交流与经贸合作活动。

2.1.5.3 拟订协会理事会同常务理事、理事的联系制度，拟订会员单位联络员的基本任务，沟通协会秘书处同常务理事、理事和联络员的日常联系，接受会员单位、理事和常务理事的监督。

2.2 继续筹组专业协会(专业工作委员会)，抓好试点，推广经验

机电工业部体制改革司于1990年12月4日以机改〔1990〕112号文，对归口管理的工业行业协会设置问题向民政部社团管理司提出意见：为有利于行业协会工作的开展，有利于协会作用的发挥，需在全国性一级协会下设立若干专业协会，允许其具有相应的活动权限。据了解，民政部社团管理司已原则同意上述意见。对此，中汽协会将参照上述意见的精神，针对不同专业的实际情况，做好专业协会(专业工作委员会)的筹组、试点工作。

2.2.1 “物资协作委员会”在特定情况下组织“物资协作网”。

2.2.2 协调筹组“价格研究会”。

2.2.3 协调筹组“企业管理委员会”。

2.2.4 继续理顺汽车、摩托车零部件“小行业(专业)协会”。

2.2.5 协调“客车专业协会”、“改装车、专用车专业协会”的筹组工作。

2.2.6 “摩托车专业协会”的筹组工作。

2.3 协助中汽总公司搞好行业管理工作

2.3.1 在中汽总公司授权或委托事项范围内，积极配合做好推动行业管理的各项工作。

2.3.2 对会员单位提出的要求，组织咨询协调、技术诊断等不同形式的服务工作，积极向上级有关部门反映和提出建议。

2.4 围绕汽车行业的重点工作，有计划、有目的地开展调查研究，组织信息传递和经验交流

2.5 同国外同行业协会建立联系，推进两岸汽车同业交流合作，做好服务媒介工作

3 会同中汽总公司摩托车行业办公室，组织“摩托车史”的编写工作

滕伯乐

中国汽车工业协会章程

（1990年2月14日通过）

第一章　总　则

第一条　中国汽车工业协会是汽车(含摩托车)行业企事业单位和团体，在平等、自愿的基础上联合组成的全国性协会，是不以营利为目的，不受部门、地区和所有制限制的社会团体，是社会团体法人。英文全名CHINA ASSOCIATION OF AUTOMOBILE MANUFACTURERS，缩写是(CAAM)。

第二条　协会的宗旨是为企业服务，反映会员的愿望与要求，维护行业的总体利益，发挥行业的总体优势，把各方面的积极性协调起来。宣传政府的有关方针、政策和法令，协助中国汽车工业总公司搞好行业管理，在中国汽车工业总公司和企业之间起桥梁和纽带作用。为振兴与发展我国汽车工业做出积极贡献。

第三条　协会在业务上接受中国汽车工业总公司的指导。

第二章　任　务

第四条　协会的主要工作任务是：

(一)组织各方面力量，研究宣传汽车工业的方针、政策，根据中国汽车工业总公司的要求和委托，协助做好汽车工业行业管理工作；

(二)做好调查、收集、反映行业的有关情况，组织研究行业的有关问题和提出建议。承办会员单位要求办理的有关事项；

(三)开展咨询服务和组织开展对促进企业技术进步和经营管理水平有帮助的交流活动；

(四)与国外同行业协会组织建立联系、开展业务交流与合作的活动。

第三章　会　员

第五条　凡依法取得工商营业执照，从事行业制造、经营的企业以及有关的科研设计院所，大专院校和团体，承认和遵守本协会章程，履行会员义务，交纳会费的，可以申请入会。入会需提交书面申请，经本协会审查批准后成为团体会员。

第六条　会员退会应提出书面申请，经理事会认可后计算退会时间。

第七条　协会会员享有以下权利：

(一)参加协会举办的各类活动；

(二)优先享用本协会提供的各项服务，包括资料、信息情报和刊物；

(三)有表决权、选举权、被选举权；

(四)对协会工作有建议、批评和监督权；

(五)有退会的自由。

第八条　协会会员必须履行下列义务：

(一)遵守协会章程及行规行约，执行协会的决议，维护本协会的信誉和利益；

(二)积极参加协会组织的各项活动,完成协会委托的各项任务;

(三)及时向协会提供有关资料;

(四)根据协会规定及时交纳会费。

第九条 会员不履行义务时,理事会可劝其退会或予以除名。会员连续两年不交纳会费,视同自动退会。

第四章 会员代表大会和理事会

第十条 协会的最高权力机构是会员代表大会,由理事会召集,每三年举行一次(特殊情况下可提前或延期)。

第十一条 会员代表根据会员的数额按一定比例提出会员代表总数,将会员代表名额按比例分配到各部门、各地方,由各部门、各地方协商推荐产生。要体现广泛性和代表性,会员代表任期三年,可连选连任。

第十二条 会员代表大会的职权:

(一)听取和审查通过理事会的工作报告;

(二)审定和修改协会章程;

(三)选举理事会;

(四)讨论并决定协会其他重大问题。

会员代表大会决议由出席会员代表表决,并获得三分之二以上票数赞同通过有效。

第十三条 会员代表大会闭会期间,由理事会负责协会的全部工作,执行会员代表大会的决议,对外代表本协会。

第十四条 理事会成员由会员代表充分酝酿,民主选举产生。理事成员应是企事业单位的法人代表或受法人代表委托的企事业单位负责人之一。理事会每年召开一至两次,由理事长召集,必须有百分之七十以上的理事出席方能召开。理事会决议由出席会议的理事表决,并获得三分之二以上的票数赞同通过方为有效。

第十五条 理事会从理事中选举产生常务理事,组成常务理事会,常务理事会选举产生理事长一人,副理事长若干人,在理事会闭会期间负责理事会的日常工作。理事长、副理事长和常务理事任期三年,可连选连任两届。

第十六条 理事会的职责:

(一)组织召开会员代表大会,执行会员代表大会决议;

(二)审核通过协会年度工作计划、工作总结和财务预决算;

(三)选举常务理事、审议常务理事、理事的增补、变更;

(四)决定其他重要事宜。

第十七条 常务理事会的职责:

(一)执行并组织实施会员代表大会和理事会的决议;

(二)审核通过协会年度工作计划、工作总结和财务预决算;

(三)选举理事长、副理事长,根据理事长提名,任命秘书长;

(四)提出常务理事、理事的增补、变更,并提交理事会审议和会员代表大会追认;

(五)决定专业工作委员会的设置;

(六)审批发展会员;

(七)决定并处理其他重要事宜。

第五章 专业工作委员会

第十八条 根据协会的工作需要,可设立若干专业工作委员会,在理事会领导下,完成特定的专项任务。

第十九条 专业工作委员会由理事会委派有关理事单位或会员单位组成。专业工作委员会设立主任委员一人，副主任委员若干人。

第二十条 专业工作委员会根据本协会章程和承担的任务，制定《专业工作委员会工作条例》，报本协会批准。

第六章 常设办事机构

第二十一条 协会常设办事机构为秘书处，负责协会的日常工作，秘书处在理事长领导下，由秘书长主持日常工作。

第二十二条 秘书处应根据精简效能的原则设立必要的业务部门，除按照编制规定的人员外可根据工作需要聘用若干工作人员。工作人员的待遇，按国家有关规定由理事会决定。

第二十三条 常设办事机构的职责：

(一)执行理事会和常务理事会决议；

(二)向常务理事会报告工作；

(三)处理日常事务，组织指导，协调各专业工作委员会的关系；

(四)发展会员并提请理事会审议。

第七章 财务管理

第二十四条 协会根据国家规定管理占有的资产，建立财务制度。

第二十五条 协会经费来源如下：

(一)会员交纳的会费；

(二)有偿服务收入；

(三)国内外团体、单位和个人的资助捐赠；

(四)其他正当收入。

第二十六条 协会经费用于下列项目：

(一)为实现本协会开展各项活动的支出；

(二)秘书处工作人员的工资、旅差费和津贴；

(三)协会所需要的办公设施及用品支出；

(四)其他必需支出。

第二十七条 协会的财务预算，经理事会通过方可实施。决算于每年度会计终结后报请常务理事会、理事会审核，由理事会向会员代表大会报告，并报中国汽车工业总公司备案。

第八章 附 则

第二十八条 协会在30%以上会员提出解散时，理事会应立即召开会员代表大会，经表决有三分之二以上票数赞同并报审批机关批准后才能解散。

协会解散时的财产处理，按国家有关规定由会员代表大会确定报审批机关后由中国汽车工业总公司监督执行。

第二十九条 本协会设在北京。

第三十条 本章程经会员代表大会通过后生效，并报中汽总公司备案。本章程的解释权属中国汽车工业协会理事会。

中国汽车工业协会
第二届理事会理事长、副理事长

(1990年2月14日第一次常务理事会选举产生)

理事长:胡信民
副理事长:和泉山

中国汽车工业协会
第二届理事会秘书长

(1990年7月19日第二次常务理事会审议通过)

秘书长:滕伯乐

中国汽车工业协会
第二届常务理事单位和常务理事

(1990年2月14E选举产生)

序号	姓名	职务	单位
1	王雷	总经理	中国公路车辆机械公司
2	欧宇初	副总经理	中国燕兴总公司
3	纪学澄	总经理	天津市汽车工业公司
4	纪保祥	总经理	中国重型汽车集团公司
5	刘锡国	总经理	中国城市客车城建设备公司
6	刘福泰	厂长	丹东汽车制造厂
7	朱德照	主任	中国汽车技术研究屮心
8	陆吉安	总经理	上海汽车工业总公司
9	陈清泰	厂长	第二汽车制造厂

10	杨守文	总经理	哈尔滨飞机制造公司
11	和泉山		中汽联第一届常务理事会推荐
12	马守平	总经理	北京汽车工业联合公司
13	赵希友	总经理	沈阳金杯汽车股份有限公司
14	胡信民		中汽联第一届常务理事会推荐
15	郝振坤	厂　长	嘉陵机器厂
16	顾尧天	厂　长	南京汽车制造厂
17	郭伟帆	厂　长	长沙汽车电器厂
18	耿昭杰	厂　长	第一汽车制造厂
19	陶恭生	总经理	中国金燕汽车船舶工业公司

（共20个单位21人组成，保留两个单位两人名额）

增补常务理事单位（常务理事）

（中汽协会第二届第二次理事会审议通过）

1991年1月26日

20	杨正文	总经理	中国航天地面设备总公司
21	孙茂升	总经理	中国汽车零部件工业联营公司
22	徐昭宾	总经理	中国汽车工业物资总公司
23	张文灿	主　任	中国汽车工业总公司摩托车行业办公室
24	徐尔强	代院长	武汉工学院
25	王立三	书　记	中国汽车工业总公司

（增补后，第二届常务理事单位25个、常务理事27名“含保留两个单位、两个名额”）

中国汽车工业协会第二届理事单位及成员

（1990年2月14日中汽联一届二次会员代表大会通过）

1	马　跃	东风汽车工业企业联营公司	副董事长
2	顾景春	哈尔滨汽车工业总公司	总经理
3	马纯济	济南汽车配件厂	厂　长
4	马惜坤	重庆汽车研究所	所　长

5	王　雷	中国公路车辆机械公司	总经理
6	徐文卿	兰州汽车工业公司	经　理
7	王新胜	武汉客车厂	厂　长
8	王立声	安徽省汽车工贸联营(集团)公司	经　理
9	王作瑞	重庆汽车发动机厂	厂　长
10	王金权	北京旅行车股份有限公司	经　理
11	刘继忠	河北省汽车工业集团公司	经　理
12	王焚宫	国营哈尔滨星光机器厂	厂　长
13	王福清	上海易初摩托车有限公司	副经理
14	顾柏揆	上海摩托车研究所	所　长
15	方　宏	上海大众汽车有限公司	总经理
16	甘声联	四川省汽车工业公司	经　理
17	陆吉安	上海汽车工业总公司	总经理
18	吕秀泉	扬州客车制造厂	厂　长
19	顾尧天	南京汽车制造厂	厂　长
20	张存道	中国汽车工业进出口公司	总经理
21	朱德照	中国汽车技术研究中心	主　任
22	黄枝新	北京内燃机总厂	厂　长
23	刘锡国	中国城市客车城建设备公司	经　理
24	刘金城	福建省汽车工业公司	经　理
25	刘煜伟	广州标致汽车公司(有限)	副经理
26	江成瑞	云南汽车制造厂	厂　长
27	李渊珠	北京汽车摩托车联合制造公司	经　理
28	齐联郡	潍坊柴油机厂	厂　长
29	孙茂升	中国汽车零部件工业联营公司	总经理
30	孙树培	天津客车厂	厂　长
31	孙继康	湖南省汽车工业公司	经　理
32	纪学澄	天津市汽车工业公司	经　理
33	纪保祥	中国重型汽车集团公司	总经理
34	张玉浦	陕西汽车制造总厂	厂　长
35	李荣贵	河南省汽车工业公司	经　理
36	张毓芳	武汉汽车工业公司	经　理
37	李新连	浙江省汽车工业公司	经　理
38	杜林茂	黄河摩托车工业公司	经　理
39	刘笃贵	山东省汽车工业贸易公司	经　理
40	杨守文	哈尔滨飞机制造公司	经　理
41	施德祥	西南轻型汽车工业联营公司	总经理
42	刘福泰	丹东汽车制造厂	厂　长
43	马守平	北京汽车工业联合公司	经　理
44	田明旺	武汉汽车标准件厂	厂　长
45	吴铭望	洪都机械厂	厂　长
46	俞家骅	第一拖拉机厂	厂　长
47	李　文	汉阳特种汽车制造厂	厂　长

48	韩西箴	中国汽车工业投资开发公司	经　理
49	张　信	黑龙江省汽车工业公司	经　理
50	张铁瑛	济南汽车制造总厂	厂　长
51	张文波	重庆汽车工业公司	经　理
52	张印槐	机电部第九设计院	院　长
53	张宝祥	玉河机器厂	厂　长
54	邓图华	广东省汽车工业公司	经　理
55	曹德生	内蒙第一机械总厂	厂　长
56	张家岭	济南轻骑摩托车总厂	厂　长
57	张曾武	内蒙第二机械总厂	厂　长
58	陈子升	建设机床厂	厂　长
59	陈须林	北京吉普汽车有限公司	总经理
60	陈清泰	第二汽车制造厂	厂　长
61	吴家贤	湖北省汽车工业公司	总经理
62	邱家钦	中国邮电工业总公司	总经理
63	邢昌兴	北京燕京汽车厂	厂　长
64	邬礼铭	北京重型汽车制造厂	厂　长
65	邹家珍	凌河汽车工业公司	经　理
66	降连葆	山西省汽车工业贸易公司	经　理
67	项银福	常州客车厂	厂　长
68	赵希友	沈阳金杯汽车股份有限公司	总经理
69	赵法奎	北京轻型汽车有限公司	经　理
70	赵家良	天津市汽车制造厂	厂　长
71	郝振坤	嘉陵机器厂	厂　长
72	胡　亮	中国汽车工程学会	理事长
73	胡继绳	机电部摩托车检测站	站　长
74	钟永成	云南省汽车工业公司	经　理
75	徐尔强	武汉工学院	代院长
76	秦元文	北京齿轮总厂	厂　长
77	耿昭杰	第一汽车制造厂	厂　长
78	袁玉平	江苏省汽车工业公司	经　理
79	李阿夫	南京汽车工业联营公司	董事长
80	叶全传	宁波汽车拖拉机工业公司	总经理
81	兰洪华	四川汽车制造厂	厂　长
82	徐兴尧	长春汽车研究所	所　长
83	郭伟帆	长沙汽车电器厂	厂　长
84	徐昭宾	中国汽车工业物资总公司	总经理
85	唐乾三	沈阳飞机制造公司	经　理
86	张连友	中国汽车贸易总公司	总经理
87	崔增堂	生建摩托车厂	厂　长
88	韩玉麟	解放汽车工业企业联营公司	董事长
89	黄金河	第一汽车制造厂吉林轻型车厂	厂　长
90	王彦魁	青海汽车工业公司	经　理

91	雷志敏	辽宁省汽车工业公司	经　理
92	詹重清	武汉汽车配件厂	厂　长
93	廖幼吾	四川专用汽车制造厂	厂　长
94	谭细绵	长安机器制造厂	厂　长
95	黎振雄	广州汽车农机工业公司	经　理
96	方利民	北京油泵油嘴厂	厂　长
97	秦　晓	中信兴业公司	总经理
98	方永昌	万山特种车辆厂	厂　长
99	姜梦龙	哈尔滨东安发动机制造公司	副经理
100	田家惠	西南车辆制造厂(256厂)	厂　长
101	邵全本	上海客车厂	厂　长
102	张永智	黑龙江客车厂	厂　长
103	刘辉良	四川客车厂	厂　长
104	张锡年	长沙客车厂	厂　长
105	金振华	柳州五菱汽车企业集团公司	总经理
106	吴沈铎	南方动力机械公司	总经理
107	蒋志伟	上海汽车制造厂	厂　长
108	李国忠	贵州轻型汽车联合公司	总经理
109	杨长春	云南省轻型汽车集团公司	董事长
110	袁培元	沈阳双马汽车制造厂	厂　长
111	杨时平	中国汽车工业经济技术信息研究所	所　长
112	吴铮伟	杭州汽车发动机厂	厂　长
113	欧宇初	中国燕兴总公司	副总经理
114	陶恭生	中国金燕汽车船舶工业公司	总经理
115	胡信民	中汽联推荐	原中汽公司咨询委员会副主任
116	和泉山	中汽联推荐	原中汽公司干部劳资部经理

（总计115个理事单位、116名理事）

增补理事单位（理事）

（中汽协会第二届第二次理事会审议通过）
1991年1月26日

117	张安平	成都汽车拖拉机工业公司	总经理
118	刘传富	北京汽车改装工业协会	理事长
119	欧阳云	柳州汽车工业协会	理事长
120	庄继德	吉林工业大学	校　长
121	钱振为	清华大学汽车研究所	所　长
122	王树林	天津微型汽车厂	厂　长
123	刘铁平	中国北方工业(集团)总公司	发展规划部副主任

124	杨正文	中国航天地面设备总公司	总经理
125	王立三	中国汽车工业总公司	书　记
126	张文灿	中国汽车工业总公司摩托车行业办公室	主　任

（增补后，第二届理事单位 124 个、理事 126 名）

中国汽车工程学会

一 中国汽车工程学会简介

中国汽车工程学会是中国共产党领导下的汽车科学技术工作者的学术团体，是中国科学技术协会(简称中国科协)的组成部分。

1963 年，在长春召开首届汽车工程学会年会，宣告中国机械工程学会汽车工程分会正式成立。1985 年 3 月经国家体改委正式批准中国汽车工程学会为全国性一级学会，挂靠在中国汽车工业总公司。

学会的活动包括：各种形式的学术交流活动，例如年会、专题报告会、技术经济政策讨论会、论证会、座谈会等；杂志书刊的出版，主要有学报性季刊《汽车工程》、普及性双月刊《汽车之友》、内部发行月刊《汽车学会通讯》，学会和长春汽车研究所合办的《汽车技术》、《汽车参考》，以及其它国内外论文资料的提供等；科技咨询活动、新技术展览、科普活动，如青少年夏令营、各类专业短期学习班、进修班等。

中国汽车工程学会于 1983 年成为国际太平洋地区汽车工程会议(IPC)的发起国之一，并于 1984 年参加国际汽车工程联合会(FISITA)，成为正式成员。学会参与和组织了多次国际间科技学术交流活动。

学会现有团体会员 127 个，会员两万余名，有 28 个省、市和地区学会。按专业设置了 13 个专业分会，分会下共设有 53 个专业委员会。学会理事会下设组织、技术、编辑出版、科学普及以及咨询工作委员会。学会本部设有：学术及科学普及工作部、国际工作部、展览咨询工作部、编辑工作部和综合办公室。

二 1988～1990 年中国汽车工程学会活动情况综述

中国汽车工程学会三年来在学术活动、科学普及等方面开展了很多活动，三年来全国各地共开展了 300 多次各类学术活动，12000 人参加了活动，交流论文约 3000 多篇，其中全国性学术交流占 55%，地区性学术交流占 45%。

为了提高在职科技人员的水平，学会组织举办了 93 次各种专业短训班，3000 多人次参加，取得了成效。例如 1989 年委托大学举办了汽车运用与维修大专证书班，学期一年半，使长期工作在汽车维修行业的技术骨干学到了理论知识，提高了科技水平，又解决了职称评定的资历问题，深受大家欢迎。

国内学术交流工作也有了很大进展，三年来为促进科学技术向生产力转化，使学术活动面向经济建设，在学术交流会上除了宣读论文之外，有目的地邀请外国科技专家到会介绍国际新动态、科研方向、科技水平及发展趋势，同时举办小型展视会以促进实物交流，使学术活动与本专业的生产攻关、行业规划紧密结合，促进科技向生产力转化；另外还组织了专题经验交流活动，促进引进技术的消化吸收。

三年来学会共派出 28 个团组、105 人次，参加国际学术交流会及参观访问，对促进我国汽车工业技术水平的提高及追踪世界汽车技术的新动向起了重要作用。

同时学会还接待了 8 个外国团组、154

人次来华进行各类技术访问。

三年来重点开展了下列几项工作：

1 中国汽车工程学会受国际太平洋地区汽车工程会议委托，于1989年11月5日在北京组织举办了我国汽车行业首次国际学术交流大会——第五届太平洋地区国际汽车技术交流大会(THE FIFTH IN TERNATIONAL PACFIC CONFERENCE ON AUTOMOTIVE ENGINEERING)简称IPC－5。由于中国汽车工程学会与世界各国汽车工程学会及各企业和科技人员之间的交往，使IPC－5能如期召开，并得到各国朋友的支持。参加这次国际会议有10个国家的代表269人，其中外国代表57人。交流国际论文198篇，大会宣读166篇。中国汽车工程学会七届年会与这次IPC合并召开，会议进行了五天。

这次国际会议受到国家领导的重视，国务委员、国务院副总理邹家华亲临大会致开幕词，并向到会代表介绍了我国工业发展情况；国务委员、北京市市长陈希同代表东道主在人民大会堂设宴招待了与会全体代表及参展人员；中国科协副主席、书记处书记高振宁在大会开幕式前夕举行了招待会。这次会议是中国汽车工程学会经过两年的精心组织及安排召开的，整个大会的严密组织及热情服务，给各国代表留下了良好的印象，得到一致好评，提高了中国汽车工程学会在世界同行中的威望，为今后在我国召开更多的国际会议打下了坚实的基础。

2 中国汽车工程学会受摩托车行业办公室委托，于1990年11月17日在北京承办了国际摩托车标准会议(ISO TC22 SC22 TC22 SC23)，到会正式代表23人，7个国家，外国代表18人，与会旁听10人，会期五天。会议期间举办了小型国际摩托车新技术展览会，110个厂家参展，其中外国厂家占10%，近10万人次参观。

3 为了进一步推动汽车工业科技进步，节约能源。学会于1990年成立了专项课题，有提高汽车发动机压缩比使用高辛烷值汽油、电子控制汽油喷射、电子点火、排放净化、发动机燃烧机理、子午线轮胎推广、采用新型非金属材料及复合金属材料减轻汽车自重、生产中节能措施等科研项目。

4 1990年组织召开了发动机制造技术引进消化吸收经验交流会，由各引进厂家介绍经验，尤其是成功厂家的经验，同时组织现场参观和讨论。虽然当年市场疲软，各企业经费紧张，但都踊跃参加这次会议。与会人员一致反映像这样的会应当多办，可以交流经验与吸取教训，为国家节约大量人力、物力和时间。

综上所述，中国汽车工程学会承办的各种国际会议及展览会，已经取得了世界各国朋友们的信任，初步打开了在我国组织举办大型国际会议的局面，使我国科技人员有更多的机会参加各种学术交流活动，同时也推动了我国汽车工业在采用新技术等方面的发展。

三 中国汽车工程学会工作委员会及

名称	主任		
	姓名	单位	通讯地址
中国汽车工程学会	(理事长)胡亮	中国汽车工程学会	北京市复兴门外大街16号
组织工作委员会	何赐文	中国汽车工程学会	北京市复兴门外大街16号
技术工作委员会	郭孔辉	长春汽车研究所	长春市创业大街17号
科学技术普及工作委员会	朱临	北京市公共交通总公司	北京市宣武区长椿街3—8—3
科学技术咨询工作委员会	陈益昌	南京汽车制造厂	南京市中央路33号
编辑工作委员会	朱德照	中国汽车技术研究中心	天津市59号信箱
1 汽车技术分会	郭孔辉	长春汽车研究所	长春市创业大街17号
车身专业委员会	郭竹亭	长春汽车研究所	长春市创业大街17号
转向专业委员会	马福生	长春汽车研究所轿车所	长春市创业大街17号
制动专业委员会	华庆	长春汽车研究所	长春市创业大街17号
车轮专业委员会	钟延勋	北京橡胶设计研究院	北京市西郊半壁店
传动专业委员会	罗邦杰	吉林工业大学液力研究所	长春市南岭
悬架专业委员会	陈耀明	第二汽车制造厂技术中心	湖北省十堰市
越野车专业委员会	席贵宝	总后勤部车船研究所	天津市东局子1号
汽车标准件专业委员会	汪洪	武汉汽车标准件厂	武汉市关山
汽车测试技术专业委员会	黄世霖	清华大学汽车系	北京市海淀区清华园内
可靠性专业委员会	林水俊	长春汽车研究所	长春市创业大街17号
振动与噪声专业委员会	邬惠乐	装甲兵工程学院	北京市杜家坎21号
平顺性专业委员会	王秉刚	中国汽车技术研究中心	天津市59号信箱
汽车动力性经济性专业委员会	颜祥	中国汽车技术研究中心标准所	天津市59号信箱
汽车空调专业委员会	赵荣义	清华大学热能系	北京市海淀区清华园内
驱动桥专业委员会	周颖	长春汽车研究所	长春市创业大街17号
操纵稳定性专业委员会	郭孔辉	长春汽车研究所	长春市创业大街17号
2 汽车发动机分会	程宏	清华大学汽车系	北京市西城区翠花街5号
汽油发动机委员会	杜时可	第二汽车制造厂总师室	湖北省十堰市
柴油发动机委员会	言百庆	杭州汽车发动机厂	杭州市湖墅南路130号
汽油机供油系委员会	龚忠岐	北京汽车摩托车联合制造公司	北京市东环北路32号
柴油机供油系委员会	张永华	重庆油泵油嘴厂	重庆市沙坪坝区先锋街
汽车电器委员会	朱积年	长沙汽车电器研究所	长沙市劳动东路254号
3 汽车制造分会	沈尧中	第一汽车制造厂	长春市东风大街
机械加工专业委员会	陈家彬	第一汽车制造厂总师室	长春市东风大街
铸造专业委员会	杨大伟	第一汽车制造厂第二铸造厂	长春市东风大街
锻造专业委员会	黄德政	第二汽车制造厂锻造厂	湖北省十堰市
冲压专业委员会	崔明伟	第一汽车制造厂总师室	长春市东风大街
热处理专业委员会	沈锦如	第二汽车制造厂技术中心	湖北省十堰市

各专业委员会主任 秘书名单

邮政编码	秘		书	
	姓 名	单 位	通 讯 地 址	邮政编码
100860	(秘书长)金东瀛	中国汽车工程学会	北京市复兴门外大街16号	100860
100860				
130011				
100053				
210009				
300162				
130011	(秘书长)李全林	长春汽车研究所	长春市创业大街17号	130011
130011	郝新光	中国汽车零部件工业联营公司	北京市翠微路21号	100036
130011	刘旌扬	长春汽车研究所底盘试验室	长春市创业大街17号	130011
130011	王明庚	长春汽车研究所轿车所	长春市创业大街17号	130011
100039				
130022	张铁柱	吉林工业大学液力研究所	长春市南岭	130025
442001	步一鸣	第二汽车制造厂技术中心	湖北省十堰市	442001
300161	栾廷方	总后勤部车船研究所	天津市东局子1号	300161
430074				
100084	张金焕	清华大学汽车研究所	北京市海淀区清华园内	100084
130011	李俊山	长春汽车研究所	长春市创业大街17号	130011
100072	周绍宣	长春汽车研究所	长春市创业大街17号	130011
300162	马广发	长春汽车研究所	长春市创业大街17号	130011
300162				
100084	曹 水	第一汽车制造厂深联公司	深圳市	518046
130011	王福和	长春汽车研究所	长春市创业大街17号	130011
130011	王德宝	长春汽车研究所	长春市创业大街17号	130011
100084				
442001	李名石	湖北汽车工业学院	湖北省十堰市	442002
310005				
100020	蚁美灿	北京汽车摩托车联合制造公司	北京市东三环北路32号	100020
630033				
410007	董 辉	长沙汽车电器研究所	长沙市劳动东路254号	410007
130011	(秘书长)杨伟	第一汽车制造厂	长春市东风大街	130011
130011	张志强	第一汽车制造厂装备设计处	长春市东风大街	130011
130011	彭德奎	第一汽车制造厂第二铸造厂	长春市东风大街	130011
442001	原学宽	第二汽车制造厂锻造厂	湖北省十堰市	442001
130011	朱炳辉	第一汽车制造厂轿车厂	长春市东风大街	130011
442001				

名　　称	主		任
	姓　名	单　　位	通　讯　地　址
焊接专业委员会	黄金河	吉林轻型汽车制造厂	长春市一汽工艺所焊接室王朝诚转
	朱　亮	南京汽车制造厂	南京市中央路331号
涂装专业委员会	王锡春	第一汽车制造厂工艺处	长春市东风大街
电镀专业委员会	陈懿霞	第一汽车制造厂轿车厂	长春市一汽宿舍133幢4门30中
粉末冶金专业委员会	郭俊超	第一汽车制造厂散热器厂	长春市东风大街
检测专业委员会	李学绥	第一汽车制造厂装备处	长春市东风大街
装试专业委员会	蒋钜初	第一汽车制造厂总装配厂	长春市东风大街
齿轮专业委员会	陈超常	第一汽车制造厂变速箱厂	长春市东风大街
感应加热专业委员会	李敏宝	第一汽车制造厂工艺处	长春市东风大街
工具管理专业委员会	章国华	第二汽车制造厂技术装备部管理处	湖北省十堰市
4　汽车材料分会	(理事长)支德瑜	第二汽车制造厂	湖北省十堰市
金属材料专业委员会	朱民刚	第二汽车制造厂工艺处	湖北省十堰市
非金属材料专业委员会	骆秀云	长春汽车材料研究所	长春市东风大街42号
油料专业委员会	张滨友	长春汽车材料研究所	长春市东风大街42号
强度专业委员会	徐家炽	第二汽车制造厂技术中心材料工艺部	湖北省十堰市
5　汽车应用与服务分会	(理事长)黄福亨	中国汽车贸易总公司	北京市北新桥三条69号
6.计算机及电子技术应用分会	方铭松	第一汽车制造厂技术委员会	长春市东风大街
计算机辅助管理及通讯专业委员会	周芳武	第一汽车制造厂电算处	长春市东风大街
微机应用专业委员会	胡金芳	机械电子部第九设计院	长春市创业大街
计算机辅助设计及制造专业委员会	杨建华	中国汽车工业总公司信息司	北京市复兴门外大街16号
汽车电子技术应用专业委员会	刘家鹤	第二汽车制造厂技术中心	湖北省十堰市
生产过程控制专业委员会	胡方纲	第二汽车制造厂装备部	湖北省十堰市
7　汽车技术教育分会	(理事长)盛丽华	中国汽车工业总公司教育培训司	北京市复兴门外大街16号
职工教育委员会	曾义祥	第一汽车制造厂技术教育处	长春市东风大街
职工大学委员会	吴大新	中国汽车工业总公司教育培训司	北京市复兴门外大街16号
技工教育委员会	刘金章	济南汽车制造总厂技工学校	济南市西工商河路13号
电化教育委员会	徐瑞炎	第二汽车制造厂教委电教馆	湖北省十堰市
8　汽车现代化生产管理分会	蒋禄椿	中国汽车工业总公司生产司	北京市复兴门外大街16号
能源管理专业委员会	韩云岭	机械电子部第九设计院	长春市创业大街42号
9　机器人分会	戴　威	中国机械工业技术总公司转中国机器人协会	北京市万寿路甲15号
10　摩托车分会	王福清	上海易初摩托车有限公司	上海市同济路999号
摩托车发动机专业委员会	饶寿人		
摩托车整车专业委员会	刘水生		
摩托车检测专业委员会			
11　专用车分会	何春阳	中国汽车工业总公司科技司	北京市复兴门外大街16号
12　经济技术研究分会	何赐文	中国汽车工程学会	北京市复兴门外大街16号
13　矿用汽车分会	(理事长)周沛城	北京重型汽车制造厂	北京市广渠门外双井

续

邮政编码	秘		书	
	姓　名	单　位	通　讯　地　址	邮政编码
130011				
210009	王朝诚	第一汽车制造厂工艺研究所焊接室	长春市东风大街	130011
130011	林鸣玉	第一汽车制造厂工艺处油漆室	长春市东风大街	130011
130011	王雅芬	第一汽车制造厂热处理分厂发展组	长春市东风大街 42 号	130011
130011	南仁洙	第一汽车制造厂散热器厂	长春市东风大街	130011
130011	麦江彭	第一汽车制造厂计量处	长春市东风大街	130011
130011				
130011	夏德江	沈阳汽车齿轮厂	沈阳市铁西区北二路三段 10 号	110026
130011	孔祥一	第一汽车制造厂工艺处	长春市东风大街	130011
442001	陈文贵	第二汽车制造厂技术装备部管理处	湖北省十堰市	442001
442001	(秘书长)赵润鸣	第二汽车制造厂	湖北省十堰市	442001
442001	王维敬	第二汽车制造厂工艺处	湖北省十堰市	442001
130011	李尹煦	长春汽车材料研究所	长春市东风大街 42 号	130011
130011				
442001	张宪国	第二汽车制造厂技术中心 材料强度室	湖北省十堰市	442001
100007	(秘书长)李云芳	中国汽车贸易总公司信息司	北京市北新桥三条 69 号	100007
130011	(秘书长)邹承佳	第一汽车制造厂电算处	长春市东风大街	130011
130011				
130011				
100860				
442001				
442001	向希理	第二汽车制造厂装备部	湖北省十堰市	442001
100860	(秘书长)龚治中	长沙汽车电器厂职工中等专业学校	长沙市东风路 2 号	410006
130011				
100860	许应康	中国重型汽车工业企业联营公司 教育处	济南市无影山东路 36 号	250031
250081	罗原林	第二汽车制造厂技工学校办公室	湖北省十堰市	442001
442001	解利祥	中国重型汽车工业企业联营公司 培训中心	济南市无影山东路 36 号	250031
100860	(秘书长)肖森卿	中国汽车工业总公司生产司	北京市复兴门外大街 16 号	100860
130011	王光辉	机械电子部第九设计院	长春市创业大街 42 号	130011
100036	(秘书长)李永华	武汉工学院自动化室	武汉市武昌马房山	430070
201900	(秘书长)金斌	上海易初摩托车有限公司	上海市同济路 999 号	201900
100860	(秘书长)何明辉	汉阳专用汽车研究所办公室	武汉市汉阳区汉南路 9 号	430050
100860	(秘书长)周亿俭	中国汽车工业总公司经济技术 信息研究所	北京市复兴门外大街 16 号	100860
100021	(秘书长)张文生	北京重型汽车制造厂	北京市广渠门外双井	100021

四　中国汽车工程学会省市地方学会

名　　称	理事长		
	姓　名	单　　位	通　讯　地　址
省市地方学会			
北京市汽车工程学会	王明先	北京汽车工业联合公司	北京市宣武区南纬路31号
上海市汽车工程学会	仇　克	上海汽车工业总公司	上海市武康路390号
天津市汽车工程学会	纪学澄	天津市汽车工业公司	天津市和平区烟台道78号
山西省汽车工程学会	张兰田	山西省机械电子工业厅	太原市并州路31号
河北省汽车工程学会	林在机	河北省机电厅	石家庄市合作路9号
辽宁省汽车工程学会	刘德全	辽宁省机械工业委员会	沈阳市和平区南四马路28号
吉林省汽车工程学会	韩玉麟	解放汽车工业联营公司	长春市东风大街
黑龙江省汽车工程学会	王鸿智	黑龙江省机械工业委员会	哈尔滨市和平路60号
江苏省汽车工程学会	张羡曾	南京汽车工业联营公司	南京市中央路331号
安徽省汽车工程学会	何兆祥	安徽省机械工业厅	合肥市庐江路22号
山东省汽车工程学会	纪保祥	重型汽车工业企业联营公司	济南市无影山东路36号
浙江省汽车工程学会	张仲群	第二汽车制造厂杭州分厂	杭州市体育场路164号
江西省汽车工程学会	李绍禹	江西省汽车工业贸易公司	南昌市八一大道省政府院内
福建省汽车工程学会	沈　达	福建省机械厅	福州市省府路1号
湖南省汽车工程学会	董鸿中	湖南省汽车工业公司	长沙市天心路70号
湖北省汽车工程学会	卢风鸣	湖北省汽车工业公司	武汉市解放大道727号
广西壮族自治区汽车工程学会	党宝焕	柳州汽车工业公司	柳州市
贵州省汽车工程学会	杨斌严	贵州省机械工业厅	贵阳市
四川省汽车工程学会	沈和勇	四川省机械工业厅	成都市人民东路
云南省汽车工程学会	孙钟岳	云南汽车制造厂	昆明市黑林铺
陕西省汽车工程学会	周　允	西安公路学院汽车系	西安市翠华路
甘肃省汽车工程学会	邓代维	甘肃省化工机械厂	兰州市萃英门4号
青海省汽车工程学会	黄　康	青海省汽车工业公司	西宁市西关大街67号
广州市机电工程学会汽车工程学会	张英俊	广州市汽车农机工业公司	广州市大德路114号
沈阳市汽车工程学会	刘玉兰	金杯汽车股份有限公司	沈阳市铁西区兴工北街67号
重庆市汽车工程学会	胡季文	重庆市经委市政府汽车办公室	重庆市
直属分会			
第一汽车制造厂分会	韩玉麟	解放汽车工业联营公司	长春市东风大街
第二汽车制造厂分会	王汝湜	第二汽车制造厂厂部	湖北省十堰市
南京汽车制造厂分会	李龙天	南京汽车制造厂	南京市中央路331号

直属分会理事长　秘书长名单

	秘书长			
邮政编码	姓　名	单　位	通　讯　地　址	邮政编码
100050				
200031	沈美洁	上海大众汽车有限公司公关部	上海市安亭洛浦路	201805
300040	杨素贞	天津市汽车工业公司	天津市和平区烟台道 78 号	300040
030001				
050051	宫景章	长征汽车制造厂科协	河北省邢台市	054001
110001	聂锡山	辽宁省汽车工业公司	沈阳市铁西区路官街 16 号	110023
130011	华绍忠	第一汽车制造厂科协	长春市东风大街	130011
150040	赵洪波	黑龙江省汽车工业公司	哈尔滨市道里区通达街 145 号	150076
210009	周绳德	南京汽车工业联营公司	南京市中央路 331 号	210009
230000	郑纪球	安徽省汽车工业公司	合肥市巢湖路 143 号	230001
250031	于乐政	山东省汽车工程学会	济南市无影山东路 36 号	250031
310006	沈祖平	第二汽车制造厂杭州分厂	杭州市体育场路 164 号	310006
330046	熊卫中	江西省汽车工业贸易公司	南昌市八一大道省政府院内	330046
350001				
410005	李耀平	湖南省汽车工业公司	长沙市天心路 70 号	410005
430016	华东辉	湖北省汽车工业公司	武汉市解放大道 727 号	430016
545000	唐洪程	广西汽车拖拉机研究所	柳州市河西路 18 号	545007
550003	汪建修	贵州省汽车工业办公室	贵阳市省机械工业厅	550003
610013	霍义光	重庆汽车研究所	重庆市石桥铺朝田村 101 号	630039
650106	徐瑞炎	云南汽车制造厂	昆明市黑林铺	650106
710061	黄金鲁	陕西汽车制造总厂学会办公室	西安市幸福北路副 18 号	710043
730030	薛华林	甘肃省筑路机械厂	兰州市兰工坪 26 号	730050
810001	胡　锐	青海省汽车工业公司	西宁市西关大街 67 号	810001
510120	翁　康	广州市汽车农机工业公司工业办	广州市大德路 114 号	510120
110025	丁宗南	金杯汽车股份有限公司	沈阳市铁西区兴工北街 67 号	110025
630039	陈燮阳	重庆汽车研究所	重庆市石桥铺朝田村 101 号	630039

130011	华绍忠	第一汽车制造厂科协	长春市东风大街	130011
442001				
210009	王　勇	南京汽车制造厂科技处	南京市中央路 331 号	210009

五　中国汽车工程学会第三届理事会理事名单

理事长　胡亮

常务副理事长　吴正若

副理事长　陈祖涛　陈清泰　李志武　韩玉麟　刘以成

秘书长　金东瀛

常务理事　王玫　王汝湜　王锡础　支德瑜　卢风鸣　刘惟信　朱临　朱德照　吴锦秋　李龙天　何赐文　陆孝宽　沈尧中　金如霆　韩云岭　张世德　张克健　郭孔辉　程宏

理事　于顺贞　马惜坤　王明先　王雷　王先进　王璋　王家琦　王恩鹏　王焚宫　毛履平　史明伟　朱积年　朱崇基　朱玉孚　由素清　孙琪　孙进　邬惠乐　朴河鸿　任洪常　汤宝骏　吕惠庆　庄继德　华绍忠　李贵荣　李思久　李立德　李美霞　李仁秋　李荫寰　陈明慧　陈廷越　陈益昌　陈唐民　陈芝芳　沈其邵　沈光和　沈善余　吴为之　吴庆时　吴侠　吴业森　杨守立　杜时可　张应莹　张信　张仲群　张传仁　张遐岭　张铮　张英俊　张宝链　周允　郑纪球　郑望　林敢为　林水俊　林琦　姚代相　钟延勋　赵法奎　赵奎翰　徐一宁　党宝焕　俞琪　聂锡山　高尚戌　高尚奇　高启铭　夏振国　秦煜麟　钱永水　黄康　黄邦书　黄福亨　黄天泽　曹志超　闫书章　盛景方　殷云柏　崔心存　蒋维铭　韩西箴　蓝英　戴威　周有才　秦关湘　史汝楫　戚杨　郑正仁　张羡曾　卢成锹　金履忠　陈维祯　董鸿中　严忠琇

经　济　法　规

一 加强汽车行业法规建设 促进汽车工业健康发展

长期以来，汽车生产发展品种、引进技术、投资建设和组织生产，存在着分散、重复的状况，制约着汽车工业的健康发展。通过进一步深化改革和治理整顿来解决汽车工业面临的结构性问题，促进汽车工业的良性循环，靠单一的行政手段是理不顺的，还必须运用经济法律手段进行宏观调控。

历年来，汽车行业相继颁布了一系列法规性规定、办法，如：《汽车工业产品许可证管理办法》、《关于颁发汽车新产品的开发暂行管理办法》、《全国汽车、民用改装车和摩托车生产企业及产品目录管理暂行规定》、《中国汽车工业总公司汽车行业标准化管理办法》等。这些规范性文件的发布，对加强宏观管理起到了积极作用。

但是，从全局看来，在“七五”期间，汽车工业的产品结构不够合理，重复引进、重复建设、重复生产、经济效益低的状况仍然十分突出。因而，需要运用行政、法规、经济等手段采取综合治理的办法，使产业政策的实施具有法律、法规的约束力。根据国务院制定的《关于当前产业政策实施要点的决定》，中国汽车工业总公司制定了《汽车行业贯彻执行国家产业政策实施办法》，并要相应制定行业法规、规定和办法，使汽车行业的产业政策进一步明确鼓励或限制的项目，并提出保障实施措施。中国汽车工业总公司行使行业管理职能，但毕竟不是行政执法的综合部门，涉及工商、税务、物价等事项，要与有关部门共同研究综合治理的配套实施办法，确保产业政策的实施。

中国汽车工业总公司法规处 唐世奎

二 1988～1990年有关法规性文件目录

1 质量管理

1.1 (88)中汽质字752号“关于发布《汽车工业产品许可证管理办法》的通知”

1.2 (88)中汽质字753号《关于载货汽车产品实施生产许可证的通知》

1.3 (89)中汽摩字288号“关于批准执行《摩托车产品质量检查评定办法(试行)》的通知”

1.4 中汽质字〔1990〕488号“关于印发《汽车工业企业质量管理奖评审办法》和《优质产品暂行管理办法》的通知”

1.5 中汽质字〔1990〕778号“关于执行《载货汽车国产优质产品检测评定暂行办法》的通知”

2 生产技术

2.1 (88)中汽技字203号“关于颁布《汽车新产品开发暂行管理办法》的通知”

2.2 (89)中汽综联字第225号”印发《全国汽车、民用改装车和摩托车生产企业及产品目录管理暂行规定》的通知”

2.3 中汽技字〔1990〕078号“关于公布实施《汽车行业科研成果课题计划暂行管理办法》、《汽车行业科学技术成果鉴定暂行管理办法》的通知”

2.4 中汽技字〔1990〕468号《关于公布实施“汽车工业科学技术进步奖励基金委员会章程”和“汽车工业科学技术进步奖励办法》的通知”

2.5 中汽技字〔1990〕645号“关于发布《中国汽车工业总公司汽车行业标准化管理办

法》的通知”

3 国产化

3.1 (89)中汽综字 279 号颁发《关于加强引进技术产品国产化工作的生产管理办法(试行)》的通知

3.2 中汽技字〔1990〕071 号“关于颁布《汽车工业引进技术的汽车产品国产化鉴定管理办法》的函”

3.3 中汽生字〔1990〕627 号转发海关总署、国家计委、国家税务局“关于公布实施《关于运用税收优惠促进小轿车国产化的暂行规定》的通知”

4 汽车销售

4.1 国家计委工二〔1989〕279 号“印发《关于加强小轿车销售管理的实施办法》的通知”

4.2 (1989)中汽综字 492 号“转发《关于加强小轿车销售管理的补充实施办法》的通知”

5 企业升级

5.1 中汽综字第 125 号“关于印发《汽车工业国家级企业审定办法(试行)》等文件的通知”

5.2 (88)中汽综字第 293 号《关于审定汽车工业国家级企业经济效益问题》的通知

5.3 (88)中汽综字 413 号《关于企业升级中考评安全工作的暂行规定》

5.4 (88)中汽综字 392 号《关于印发摩托车行业国家级企业等级标准(试行)的通知》

5.5 (89)中汽综字 334 号《关于汽车行业国家级节约能源升级活动审定办法的通知》

5.6 (1989)中汽综字 773 号《关于汽车行业国家级节约能源升级(定级)活动审定办法的补充通知》

5.7 (1989)中汽综字 355 号《关于修订汽车行业国家级企业等级标准的通知》

5.8 (1989)中汽综字 114 号“关于修订《汽车工业国家级企业审定办法》的通知”

6 产业政策

中汽信字〔1990〕801 号“关于印发《汽车行业贯彻执行国家产业政策实施办法》的通知”

中国汽车技术研究中心经济法规研究室
刘 哲

三 加强经营管理 警惕假冒侵权

——对违法经营汽车配件的侵权行为剖析

1984 年以来,河北省清河县一些“企业”和所谓“推销员”,违法生产和经营汽车配件,进行经济诈骗活动,严重地扰乱了经营秩序,损坏了生产企业的声誉和利益,给广大消费者造成重大经济损失,在社会上造成了极坏的影响。

1 假冒侵权行为种种

1.1 两万多人的“推销员”

五年多来,清河县逐步形成了两万多人的“推销员”。他们在全国各地走街串巷,凡是有汽车的单位都是他们推销假冒汽车配件的对象。据调查分析,他们大部分经过“传、帮、带”训练,有的是父子同伙,有的是兄弟同伙,有的是兄弟亲朋结伴同行,签一份合同少则几百元,多则数千元、数万元。

1.2 200 多“企业”

“推销员”经营假冒汽车配件,不但有介绍信、工作证、订货合同、调拨单、调查表等,而且都盖有企业印章、合同章。在行骗时,每人带有几套、十几套上述伪造证件,您单位有什么车,他就有相应的伪造证件。这样的“企业”,五年中已发现 200 多家,其名称都与主要汽车生产厂家和名牌产品挂联,具有明显的侵权性质。

这些“企业”大多有名无实，“推销员”用买来的伪造证件，利用用户买配件难的心理，到处行骗。这些“企业”给用户发货时一般不写明详细地址，有的只写邮政信箱。当用户发现时，为时已晚，“查无此人”，无法追查。这种违法诈骗活动，虽经查封、清理，仍然此起彼伏。

1.3 设备简陋的生产作坊

这些“企业”生产的汽车配件，以橡胶件占多数，其生产设备一般是家庭做饭用的大锅。这些生产作坊以家为主，利用废料加工橡胶配件；为欺骗用户，其劣质产品上印上主要汽车生产企业的商标或制造厂名。

1.4 哄抬价格，扰乱市场

“推销员”牟取暴利的主要手段是哄抬价格，一般比国家定价高数倍、数十倍，扰乱市场。

2 违法经营汽车配件造成严重后果

2.1 两千多家用户受害

到1989年底，全国已有两千多家用户受骗后投诉，追查发货单位，要求严肃处理。由于不明真象，有的受害用户向被假冒的汽车生产厂抱怨，严重地损害了汽车生产厂的声誉和消费者的利益，在社会上造成极坏的影响。

2.2 侵权假冒、影响极坏

“推销员”违法经营汽车配件，使用的各种证件、介绍信、调拨单、调查表、合同章、单位印章以及产品商标、制造厂名称等，都是严重的侵权行为，侵犯了汽车生产厂家的合法权益。目前，已发现被侵权的企业有：第一汽车制造厂、第二汽车制造厂、南京汽车制造厂、沈阳金杯汽车股份有限公司、上海大众汽车有限公司、天津市汽车工业公司、天津市汽车厂、天津市微型汽车厂、天津市客车厂、广州标致汽车公司(有限)、北京吉普汽车有限公司、北京汽车摩托车联合制造公司、北京轻型汽车有限公司、北京第二汽车制造厂、国营星光机器厂、国营长安机器制造厂、昌河飞机制造厂、天津汽车配件公司、吉林轻型汽车厂等19个单位。上述违法经营的侵权行为，在社会上造成了极坏影响，不但使广大用户受到重大经济损失，而且严重地破坏了经济秩序，扰乱了市场，给国家和集体财产以及人民生命埋下了难以预料的事故隐患。

3 几点建议

3.1 整顿汽车配件市场，加强行业立法，保护汽车生产企业的合法权益。建议有关部门对汽车配件市场进行一次全面整顿和清理，加强市场管理，严格审发营业执照，禁止个体经营汽车配件；全行业统筹管理，要研究制定汽车配件流通领域的政策法规，防止假冒侵权，堵塞漏洞。

3.2 加强企业自身保护，强化售前售后服务。从受害用户地区和特点分析，省会、大城市的受害用户只占14.2%，中小城市的受害用户占33.85%，专区、县以下的受害用户占52.3%。就是说，一半以上的受害用户是专区、县属企事业单位；绝大多数受害用户属于农副、轻工、商业和文教卫生的企事业单位。汽车生产企业有必要强化对这些地区和企事业单位的售前售后服务工作，切实做好自始至终的跟踪服务工作。

3.3 加强企业内部管理，堵塞配件销售漏洞。据“推销员”交待，有些汽车配件是从生产企业直接买来的，有“内线”供应。这些表明必须加强企业内部管理，采取有效措施，堵塞漏洞，严禁走私外流、高价倒卖。

中国汽车技术研究中心经济法规研究室
吴秉哲

部分企业概况

一、省、自治区、直辖市部分企业概况

第二汽车制造厂

厂 长 陈清泰

厂徽与图形商标

第二汽车制造厂是我国自行设计、建设的国内规模最大的新兴汽车工业基地，现有职工8万人，工业建筑面积190万m^2，设备27500台，专业生产分厂36个、车间311个，生产线650条(其中自动线157条)，铁路专用线85km，厂区公路41km。

1969年，二汽开始大规模建设，按照专业化、大批量生产的原则，采用"聚宝"的方法，荟萃了国内外机械行业的新技术、新材料、新工艺、新装备，既保证了建设、生产的速度和质量，又使二汽综合技术水平一开始就有个较高的起点。

1975年，二汽建成EQ240型2.5t越野车生产阵地。1978年，EQ140型5t载货车投产，并于当年产销5000辆，开始扭亏为盈。1985年底，通过国家竣工验收，核定生产能力为8.5万辆；同年，基本收回国家对二汽的投资。1987年，二汽在中国汽车工业史上，首创一个厂年产10万辆汽车的纪录，跻身于世界三大载货汽车生产厂的行列。

商 标

1989年，二汽生产汽车13.5万辆，固定资产原值年平均余额29.4亿元，工业总产值36.5亿元，销售额41.9亿元，实现利税8.64亿元，全员劳动生产率4.65万元/人·年，为全国十大企业之一。

党的十届三中全会给二汽吹来改革的东风。在国民经济调整、压缩，国家结束对二汽投资(已达16.7亿元)的形势下，二汽奋发图强，于1980年提出："自筹资金，量入为出，续建二汽"的方针，并经国家批准。1983年，二汽实行利润递增包干(到1990年)，在每年以7%的递增幅度上交国家利润的基础上，用自留资金完善生产能力，完成经国家批准的技改和建设项目。1986年，国家批准二汽实行计划单列。企业自主权进一步扩大。在改革中二汽逐步形成了自我积累、自我发展、自我约束的机制。产量每年递增1万辆，利润年平均递增率为35.9%，品种由3种基本车型发展到40多种基本车型和变型车。

1981年，以二汽为核心的东风汽车工业联营公司(二汽集团)成立，按专业化生产的方向，发展横向经济联合，推动资源的合理配置和企业组织结构合理化，形成新的市场竞争优势。目前，已发展成为集结27个省、市、自治区、横跨14个部门的305个厂家，27万名职工，年产值逾80亿元的大型企业集团。

1983年，二汽所属东风汽车工业进出口公司成立，拥有独立的外贸自主权，与世界上40多个国家和地区的300多家工厂、公司建立了贸易关系，并在纽约、汉堡、香港等地设有贸易机构；在北京、上海、武汉、广州、厦门等国内沿海和中心城市亦设立了办事机构，作为对外经营、联系的窗口。

1987年，二汽所属东风汽车贸易公司成立，并在各地建立了10个贸易分公司和253个技术服务中心（站），实行售前、售时、售后全方位的服务，形成了东风系列产品的自销和服务网。

“七五”期间，二汽主要依靠自身的力量，自筹资金，实现新的攀登。共完成投资规模12.7亿元；经过改造，形成了14万辆中型载货汽车的生产能力，驾驶室、发动机、变速器、车桥、车架等主要总成的生产和整车装配实现了“双轨制”，提高了生产结构的应变能力；走自主开发和技术引进相结合的路子，开发了具有国际80年代水平的新产品—EQ153型8t平头柴油载货汽车，并形成了EQ153的生产阵地和批量生产能力；在湖北省襄樊市新建了一个包括国内最大的柴油发动机厂、第一流的铸造厂以及公用动力设备配套齐全的生产基地。

经过多年努力，二汽形成了技术中心、装备中心、教育中心“三足鼎立”的开发体制。技术中心现有职工1900名，其中工程技术人员1100名；拥有产品开发、工艺、材料研究、基础技术和计算机微电子技术等专业配套的综合技术开发阵地；配有整车道路模拟系统，电子液压疲劳试验机、整车转毂试验台、发动机试验台、环境试验室、扫描电镜、IBM4381和4331型计算机系统等大量的现代化设计、试验、检测设备和仪器；建有国内设计水平最高、规模最大、功能齐全的汽车综合试验场。

装备中心拥有6个汽车装备生产厂，1万名职工、5500台设备。每年有800万工时的专用机床、生产自动线、油漆、热处理等设备以及夹具、辅具、模具、刃具、量具的制造和维修能力，可为汽车生产、改造和发展设计并提供成套工艺设备。

教育中心拥有包括湖北汽车工业学院在内的8所大中专院校和1所中外合办的技工学校。每年进行职工继续教育5万人次，为二汽培养大学毕业生200多名、中专和技校生500多名。

二汽长期坚持抓管理，提高了企业素质和经济效益，增强了发展后劲。1988年被评定为国家二级企业，1990年通过国家一级企业预评。1986年以来，二汽开始引进和消化日本“一个流”管理方式，极大地改善了现场管理，提高了生产效率。

二汽在本世纪后十年的目标是：建设一个年产30万辆轿车的生产阵地，实现东风载货汽车汽油和柴油并存、长头和平头驾驶室并举，成为重、中、轻、轿全系列结构的现代化汽车工业基地。

承德市汽车挂车制造厂

厂　长　钱树礼

承德市汽车挂车制造厂，始建于1965年，是中国汽车工业总公司、公安部指定的民用汽车改装厂。现已达到年产300台生产能力，在国内重型改装汽车行业中，该厂产品品种、数量、销售市场均居国内领先地位。

1988年以来，该厂生产的20～100t级的重型改装车已形成半挂车、罐式车、厢式车及全挂运输车等4个系列10个基本车型90多种变型车，并多次荣获省市优秀新产品奖。

该厂现有职工1132人，其中工程技术人员189人，建筑面积41732m²，其中生产建筑面积24912m²，产值6000万元，年利税500万元。目前产品已销往全国18个大油田、5个大港口及城市大型运输公司，部分产品已打入国际市场。

CDBG37J 型 30t 集装箱半挂运输车

该厂以质量求生存、以品种求发展、以优惠的价格争市场、以周到的服务赢得用户。先后设计开发了 CZBG38P-1 型 30t 平板半挂运输车、CZBG38E 型 30t 鹅颈低平板半挂运输车、BGD50A 型 40t 低平板半挂运输车、CDG9360W 型 25t“凹”式平板半挂运输车等一系列重型半挂运输车及 CDG5250GJY 型加油车等罐式车、CDBG37J30t 集装箱半挂运输车、26t57m³ 冷藏半挂运输车等厢式车和 100t 以上的全挂运输车。

该厂设计制造的 CDGQGZH112 型 93t、CDGQGZH122 型 100t 组合式全挂汽车列车采用独立液压悬挂，整个载货台可升降±270mm，不仅对路面适应性强，而且可替代起重机械实现自身装卸，采用机械液压全轮转向，操作方便、转向灵活，该车单体自重 19～22t，载重 93～100t，还可根据不同需求纵向组合或横向组合，能满足运送重量在 1000t 的大型设备的需要。为我国的汽车行业添补了一项空白。

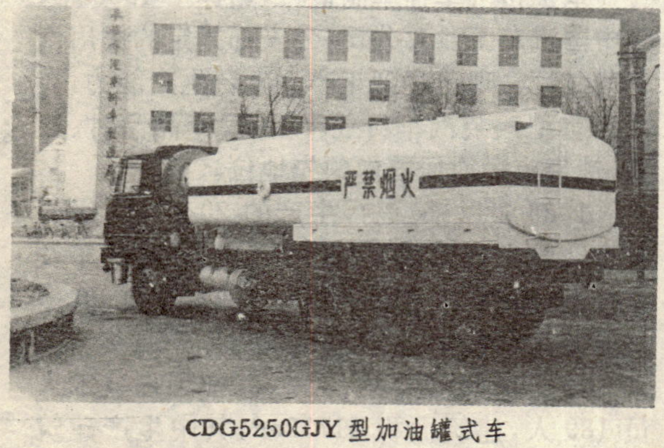

CDG5250GJY 型加油罐式车

“开拓、进取、勤奋、求实”是该厂的办厂方针，为节约能源和制造更加符合交通运输业多种多样需求的优质产品是该厂不断努力、奋斗的目标。

企业概况表

(1988～1990 年)

项目		单位	1988	1989	1990
汽车挂车产量		辆	186	210	300
全年工业总产值		万元	3597.6	4115.2	5775
汽车工业总产值		万元	3042	3546	5272
全年工业净产值		万元	675.21	1101.56	1124.9
年末职工人数		人	978	1056	1110
生产建筑面积		m²	13527	18454	24912
年末固定资产	原值	万元	1163.7	1694.8	1874.1
	净值	万元	989.3	1474.7	1536.0
定额流动资金年平均余额		万元	1458.3	1773.1	2635.2

沈阳新阳机器制造公司

总经理　曾庆光

沈阳新阳机器制造公司，系航空航天工业部直属重点企业，技术力量雄厚，设备齐全，质量管理严密，多次荣获部、省、市质量管理奖，并先后被评为“国家一级计量单位”和“国家质量管理奖企业”。厢式汽车（包括厢式货车、保温车和冷藏车），系公司1988年新开发的重要民品，至1990年底，已开发三个品种八个型号系列产品，并通过了部级技术鉴定，被认定为具有国内同类产品的先进水平，正式列入国家汽车产品目录。

厂　徽

“新阳”厢式汽车，采用国产各类定型汽车底盘或用户指定的底盘改装，采用钢骨架结构，全铝波纹板外蒙皮、内衬和地板为各类型材，具有防风、尘、雪、雨、菌和防盗等安全性能；保温车具有良好的隔热性能和密封性能；冷藏车装备美国塞英金（THERMOKING）公司生产的整套制冷机组，性能优良，维护方便，使用可靠，“新阳”保温车和冷藏车经过严密的试验，漏气倍数和总传热系数均达到国家B级以上指标。

商　标

“新阳”厢式汽车已陆续投入批量生产，并已进入国内和国际市场。公司在现有厂房和设备的基础上进行扩建和技术改造，到1995年要形成年产各类品种齐全的厢式汽车2000台的能力。公司的销售网络已经形成，已与全国主要机电和汽车销售贸易系统建立正常的业务联系，并逐步设立维修服务点，对产品实行“三包”。愿竭诚为用户服务。

沈阳三山汽车工业联营公司

总经理　马成泰

沈阳三山汽车工业联营公司是由航空航天部红光机械厂、航空航天部新光动力机械公司、鞍钢钢铁研究所、鞍钢中板厂和沈阳市东陵特区组成的横向联合实体。又是与吉林工业大学汽车工程学院和中国科学院长春应用化学研究所组成的科技联合企业。是三线军工企业与沿海经济、原材料工业与加工工业、生产与科研、全民和集体相结合的具有一定经济技术实力，灵活经营机制的联合企业。

该公司生产6个型号的半挂车、全挂车及轻型载货汽车系列产品和机油、柴油、汽油增效剂等化工产品。是部、省、市定点的汽车改装厂，国家定点的全国汽车及民用改装车生产企业之一；是中国航天地面设备总公司成员厂，中国汽车工业协会会员单位。

该公司的领导形式是在董事会领导下的总经理负责制。现有职工268人，生产工人200人，工程技术人员30人，高级工程师5人。占地面积5.2万m^2，建筑面积2.4万m^2，生产面积1.8万m^2，主要生产设备85台，固定资产原值512万元，净值440万元，全部流动资金1100万元，年产值1200～1600万元，年利税160万元。

该公司自1988年以来先后新建、扩建了焊接、机加、装配、调试、喷漆等5条生产线。还有化验室、变电所、锅炉房、泵房等配套设施。

该公司几年来连续开发生产的HSB9130型10t半挂运输车，于1988年荣获农业部优质产品奖，1990年JZ-A机油增效剂获辽宁省、沈阳市优质产品奖，并在1990年11月30

日与 QZ-A 汽油增效剂共同荣获泰国国际博览会金奖。全公司优质产品的产值率占 95%以上。

该公司先后获得全国星火计划新产品银奖、铜奖，是国家二级计量单位、国家三级标准化单位。

几年来，该公司的产品推广到国内二十多个省、市、自治区，占领国内市场，赢得了用户信赖，取得了明显的经济效益和社会效益。尤其是节能产品 JZ-A 机油增效剂，CZ-A 柴油增效剂、QZ-A 汽油增效剂、已列入国家级重大新产品试产计划、国家星火计划、国家顶替进口产品目录、辽宁省及沈阳市推广计划、沈阳市工业新产品和科研新产品计划，其产品的性能和技术措施已超过国外 80 年代同类产品先进水平，目前正与苏联、香港、泰国等国家和地区洽谈出口贸易事宜。该公司的经验：一是强化管理；二是横向联合技术开发；三是提高技术项目。

该公司在“八五”期间的设想是汽车产品在原来半挂车及轻型载货汽车的基础上，还要开发适销对路的新型车种，在“八五”期间形成年产值 2000～3000 万元，利税 150～200 万元。新开发的食品添加剂、化工产品也将在“八五”期间见实效，年产值达 500 万元，创利税 50 万元。

新开发的汽车用精细化学产品的生产达到系列化、专业化、规范化，形成中型企业规范。总投资在 300 万元之内，到“八五”期间可增加到 50 几个品种，100 多个型号的精细化学产品，年产值可达 2000 万元，年利税达到 650 万元，出口创汇 50 万美元。

国营齐齐哈尔汽车制造厂

该厂是中国重型汽车集团公司联营厂，有 20 年特种车辆生产历史，是国家 10t 双向行驶自卸汽车定点生产厂。现有职工 1163 人，占地面积 12.9 万 m^2，机械设备 245 台，设有重型汽车配件、总装、铆焊、钣金、锻造、热处理、工具、机械动力等车间，可进行孔类、轴类、盘类、板类和各种齿轮加工。现有生产能力年产 200 台重型专用车、自卸车和改装车。工厂设有汽车研究所，能够独立进行各种重型专用汽车的设计和制造，以 QQ562B 型 10t 双向行驶净化自卸汽车为主导产品，形成 10 多种“移山”牌系列产品，销售 20 多个省市，在铁路建设、矿山开采、国家重点建设工程中发挥了很大作用。

QQ562B 型 10t 双向行驶净化自卸汽车。装有两个转向盘，由其联动机构操纵，可实现双向驾驶，并有动力转向，操纵灵活，轻便可靠。该车具有起步加速快，爬坡能力强，车厢坚固、倾卸可靠等优点，还装有发动机尾气净化装置，除去排气中的一氧化碳(CO)、氮氧化物(NO)、碳氢化合物(HC)、二氧化硫(SO_2)、碳烟(C)等，减少空气污染。该车是适用于涵洞工程、路桥施工、矿山开采、铁路隧道等理想的作业运输车辆。该车在 1989 年、1990 年连续两年获全国汽车质量行检一等品。

QQ361A 型、QQ361B 型 10t 自卸汽车的结构特点及主要技术参数均与 QQ562B 型自卸汽车相同。所不同的是后两种车型不装两个转向盘、不装尾气净化装置。其中“QQ361A 型自卸汽车货厢为平底，后厢板可自动开闭后倾式，它适用于建筑工程及长途运输。QQ361B 型自卸汽车货厢为平底燕尾开口、后倾式。它适用于中小矿山施工、钢厂出渣及短途运输。

QQ451A 型半挂汽车牵引车，选用 X6130 型发动机，该车牵引力大，爬坡能力强。QQ970 型半挂汽车牵引车采用铰链式刚性平衡悬挂、双管路制动系统，具有自重轻、轮胎与牵引车通用、载货重心低、运输平稳、制动可靠、维修方便等特点。该车主要用于运输大型设备、工程机械，大型建筑材料、变压器及长管材等物资。

1990 年该厂研制了 QQ9290 型 6m 自卸集装箱半挂车。该车适用于港口、运输部门以及没有吊装能力的部门之间的公路集装箱运送，可实现“门到门”的运输。该车吊具采用电控液压操纵，最大吊装重量 20t。该挂车结构合理，坚固耐用，操纵灵便，采用双管路气制动，行驶安全可靠。自装自卸起重设备前后对称动力源由牵引车引出，用户不需另行配备吊装设备，任何场合均可自装自卸，使用方便。该挂车采用二排二轴铰接刚性平衡悬挂，具有行驶平稳性好，通过性强等优点。本半挂车采用本厂自制的 QQ4160 型牵引车，也可根据用户要求与太脱拉牵引车或斯泰尔牵引车配套使用。

该厂设有销售服务中心，设在销售处，负责售前、售后服务及维修保养培训。保证配件供应、送货上门、服务到家。

根据“八五”规划要点，该厂将以特种车、改装车为发展方向，将以国家重型汽车斯泰尔为基型运行多用途汽车改装，以满足国民经济建设需要。

牡丹江林业机械厂

厂长　王贵政

牡丹江林业机械厂，始建于 1946 年，原系林业部直属大型骨干企业，1986 年下放地方，被省定点为牡丹江专用汽车制造厂。

该厂占地面积 33.2 万 m^2，建筑面积 12.5 万 m^2，固定资产 3359 万元，职工 2115 人，工程师、技术员 127 人，高级工程师 28 人，工人平均技术等级 6.2 级。

该厂主要产品：林业专用汽车，油田专用汽车及各种民用垃圾车、粉尘车等。

该厂生产开发的油田仪表车，油田电缆车，油田炊事车，深受用户好评。油田仪表车 1990 年已通过省级鉴定。在“八五”期间将成为黑龙江省生产林业专用汽车、油田专用汽车、卫生车系列产品的专用汽车制造厂。

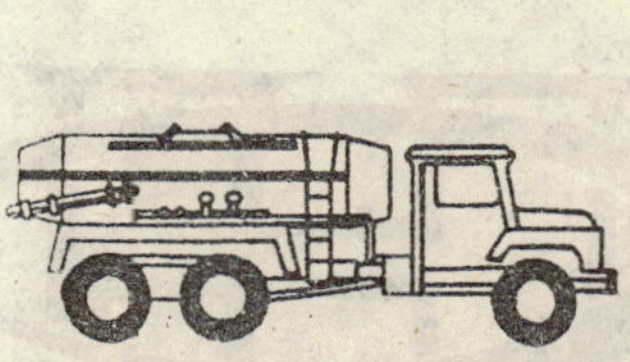

MQ 144SN7.5气卸散装水泥车

电缆车

MG5130SZX8吨拉箱装卸车

厂徽

商标

昌河飞机制造厂

厂长 李万新

厂 徽

昌河飞机制造厂，位于江西省景德镇市，系航空航天工业部直属企业。国家计委批准的微型汽车生产定点厂，一个军民结合型飞机和汽车制造厂。

该厂 1974 年试制生产大客车，1975 年开始试制生产轻型客车（旅行车），从 1980 年开始研制生产微型汽车。此外还生产汽车驾驶室、门锁、弹性气体撑杆等多种汽车部件。建厂二十余年，已具备较大生产规模，可大批量生产系列汽车产品。

CH1010 型微型汽车

主导汽车产品有 CH1010（原 CH110X）型微型厢式货车及其各种变型车、改装车；CH6590（原 CH630）型、CH6530（原 CH630G）型旅行车及其各种变型车、改装车。

该厂 1984 年与日本铃木公司签定技术合作协议，随即引进微型车生产软件技术。多年来，微型厢式货车在国家汽车产品质量检测中均列为一等品，为省、部优质产品，1990 年荣获国防科工委、国家科委、国家经委及对外贸易部联合举办的军转民高技术出口产品展览会银奖。该厂从 1990 年开始批量生产 CH6591 型高顶轻型客车和荣获过优秀造型奖的 CH6600 型豪华型客车。

CH6591 型轻型客车

经过"六五""七五"期间的技术改造，该厂年产 1.5～2 万台汽车的冲压，焊接、总装、浸喷漆 4 条生产流水线已建成投产。新增生产面积 60 万 m²，挖潜利用老厂房 4 万 m²，新增设备 200 台，其中引进设备 31 台（套），技改总投资达 7200 多万元

"八五"期间，该厂将注重产品结构调整，抓好新产品开发，继续完善和扩大汽车生产规模，使之成为汽车工业的科研和生产基地。

商 标

湖北航天汽车工业公司

总经理　范雨春

湖北航天汽车工业公司是按照“联合、高起点、大批量、专业化、优质量”的方针组建的军民结合、技工贸结合的大型全民企业，是实行自主经营、独立核算、自负盈亏，并具有法人资格的经济实体。公司在承担航天产品科研生产任务的同时，认真贯彻“军民结合”的方针，充分利用军工技术成果，开发并生产汽车等多种民品。

公司下设7个分支结构，包括汽车制造厂和设计研究所、销售公司等。公司所属万山特种车辆制造厂、江北机械厂开发生产轻型客车、轻型货车已有11年历史，两厂均为国家计划内汽车生产厂家，现具有年产两万辆的能力。目前主要产品有WS6610、WS6482、JBC1040三个基本型30多个品种。公司现有职工5500余人，工程技术人员700多人，其中中级以上职务的550余人。公司注册资金1.6亿元，建筑面积近40万m^2，其中科研生产面积20多万m^2，主要设备2000余台，设有铸造、机械加工、汽车座椅、热处理、表面处理和机电产品测试、装配等专业以及承担汽车生产的专用生产线。

公司特别重视产品质量，注意把军工产品的质量保证体系移植于民品的生产。“万山”、“江北”牌两车型均获湖北省、航天部“优质产品”和航天部“十佳”产品称号。

在1987年全国首次轻微型汽车质量测试赛中，“万山”、“江北”牌共获可靠性、经济性和技术进步三个金杯奖、两个银杯奖；在1988年第二届质量测试赛中两车型均获综合性金奖和可靠性金奖。产品行销29个省市。

公司坚持把新产品开发放在重要位置。新开发的WS6430和WS6600轻型客车在1990年12月由国防科工委、国家计委、国家科委和对外经济贸易部主办的高技术军转民出口产品展览交易会上双双荣获银奖。

展望未来，公司将继续按照汽车工业社会化大生产的要求，坚持走“联合、高起点、大批量、专业化、优质量”的道路，继续坚持发展轻型客车和轻型客货车，在“八五”期间形成6万辆的生产能力。通过吸收国外先进车型技术，生产出具有国际80年代，国内处于领先水平的、可以替代进口的新产品。为发展我国民族汽车工业做出新贡献。

湖北汽车改装厂

厂长　黄立华

厂　徽

湖北汽车改装厂，是国家定点生产专用汽车和专用汽车底盘的专业厂。隶属湖北省汽车工业公司，已有25年的建厂历史。该厂占地为32万m^2，现有职工2000余人，其中工程技术人员150余人，拥有固定资产3005万元（不含年内新增部分)，年创产值亿元。主要经济技术指标名列同行业榜首。主要产品有采用东风、解放底盘生产的5t、8t运油车、加油车；5t、8t后卸式、两面卸、三面卸自卸车；粮食散装车、牲畜运输车、高位自卸车；140柴油、汽油载货车和140—47、140—53载货车；140柴油、汽油专用汽车底盘。

该厂产品注册商标“楚风”。其中HQG3100型自卸车和HQG5100型加油车获省优产品荣誉称号，HQG3100型自卸车经国家级产品质量抽查，评为一等品。

经过“八五”技术改造，该厂将达到年产改装汽车和专用汽车5000辆，专用汽车底盘5000～10000辆的能力。产品由中型向重中轻相结合的方向发展，逐步形成比重适当、结构合理、品种多样、规格齐全的产品系列。

楚风

商　标

该厂产品由国家计划分配与自行销售。为方便用户，该厂在全国大中城市设有维修服务站，并有专业人员常年巡回为用户服务。

随州客车厂

1　企业概况

湖北省随州客车厂，原系湖北省环潭汽车修配厂。占地总面积21万m²；固定资产近2000万元，主要设备180多台套，职工800余人；包括5个分厂。

厂长　张友理

主要产品有大、中、小客车系列和零担厢式运输车4个系列，十几个品种，最近通过鉴定的JT6121型大功率后置柴油机大客车，被交通部作为“八五”期间我国公路客车换代产品，各种各类客车年生产能力500辆，产品销往全国21个省、市、自治区，在我国客车生产中占有重要位置。于1982年纳入交通部定点生产客车的专业厂家，是交通部客挂车联营公司成员厂，1987年被国家计委列入全国63家骨干、重点企业之列，1987年和1988年分别参加了东风汽车集团、南京汽车集团和中国客车出口联合体。1985年开始进行了“客车组装生产线”的易地技术改造，在随州市区内形成了一个新型的客车生产企业，“八五”期间技术改造工程全部配套完善后，预计年产可达800～1000辆客车规模，将为我国汽车工业发展做出更大贡献。

JT6121型大功率后置柴油机大客车

CY
古　岳

商　标

2　产品系列特点

JT6121系列后置柴油机客车，被交通部作为"八五"期间我国公路客车换代产品，采用陕汽底盘，工艺先进，载客量大(60座)，速度快，可以替代同类进口产品。

692系列全密封铰接式通道客车，曾获国家经委"金龙奖"、交通部"金杯奖"，该车载客量大(65～70座位)，密封连接性能好，操纵轻便可靠，是我国目前普遍适用的大型客运工具。

中型客车，该系列车采用一汽、二汽客车专用底盘制造，产品有JT6900型、JT6901型、JT6902型、JT6903型等，乘坐舒适，操纵轻便、机动快速、经济，是目前我国公路客运覆盖面最大的车型。

轻型客车，GY66C6型轻型客车在全国交通系统最先通过部级鉴定，23座，油耗少，机动灵活，特别适用于旅游及企事业单位公务用车。正在开发的R6后置柴油机豪华轻型客车，采用美国进口发动机，性能优良，内饰豪华齐全。

厢式零担运输车系列，是运送轻泡贵重物品的理想工具，对物品在温度、湿度等方面的特殊要求亦能满足。

3 产品经营服务方式、特点

该厂销售服务公司负责经营销售工作，建立"三包"服务组。并且制定一整套完善的为用户服务措施。如定期走访用户，征求用户意见，根据用户要求组织生产，使老用户关系更加密切，新用户不断扩大。

柳州农用运输车总厂

自左起箱式车、单排座，自卸式、双排座农用运输车

柳州农用运输车总厂，是机械部农用运输车定点生产厂家，广西机械厅重点企业之一。

该厂1958年转为国营企业，属全民所有制。现有职工1089人，固定资产原值1317.3万元，净值903.4万元，全厂占地面积82447m²，建筑面积30554m²，拥有主要生产设备373台。目前主要产品生产能力：农用运输车2000辆/年，气缸套25万只/年，造纸机8台套/年。产品开发情况：1958年以来，以大修汽车、拖拉机、内燃机为主。1969年开始批量生产气缸套，1971年起先后生产液压泵、从动盘、进排气管等拖拉机、内燃机配件。此外还根据市场需要，生产机引水田犁、推土铲等20余种农机具。1980年以来，为适应国家经济调整，陆续开发粮食机械、矿山机械和打谷机、风筛机等农业机械。

1983年开始研制农用运输车，1984年通过省级技术鉴定，1985年经机械部、交通部、公安部联合核发行驶牌照，列入了全国农用运输车八大生产厂家之一。1988年列入公安部、机电部颁发的《农用运输车生产厂及产品目录》。

1985年以来，该厂生产的农用运输车经中汽总公司、质量监督所、农用运输车行业质量检查组、广西农机检测中心站抽检为合格产品。1989年通过机电部工程农机司对该厂生产条件验收和产品整车质量检查验收。

获奖情况：1985年农用运输车LZ2010(原LZ120)型获广西重大科技成果三等奖；1988年农用车LZ2515(原LZ2010)型获广西产品百花奖；1988年农用车获国家科委主办的星火计划成果展览交易会单项荣誉奖，1989年农用车LZ2515D型获广西新产品百花奖。

目前生产车型有单排(双人座)、双排(5人座)、单排自卸式；发动机有两缸、4缸、共11种车型。农用运输车列入了广西"八五"技改项目，投资1500万元，"八五"末期生产能力将达5000辆/年。

农用车销售方向：面向全国农村、乡镇企业、个体户、专业户。主要销往广西、广东、海南、湖南、贵州、江西、福建等10余个省、市、自治区。1990年生产1171辆，销售1059辆。

自左起：485、195、2105、6135气缸套

昆明旅行车制造厂

厂长　彭树全

厂徽

昆明旅行车制造厂，系航空航天部所属企业。是云南省旅行车定点生产厂，也是东风汽车工业企业联营公司和西南三省一市轻型汽车集团成员厂家之一。

该厂设备齐全、工艺先进、技术力量雄厚、产品质量可靠、技术服务及时周到，产品行销全国二十多个省、市、自治区，深受广大用户欢迎。

YH6560型北京牌旅行车

YH6560型北京牌旅行车，采用四档同步器变速器，备有独立式暖风机、高靠背可调式座椅、立体声收放机，多功能组合开关和双管路制动系统。行驶平稳，操作简便，密封性、动力性和稳定性较好，是城乡理想的交通工具。该厂还生产救护车、公安警车、环境监测车、科普宣传车、邮政车、商品运输车、工程急救车等变型车辆。

YH6560型北京牌轻型客车，采用独立悬挂式专用客车底盘，总体布局合理，外形美观大方，视野开阔，舒适平稳，操作轻便，安全可靠，具有良好的平顺性和经济性，各项技术指标在国内处于领先地位，曾荣获《1990 年军转民高技术、出口产品展交会》银奖，适用于旅游业和企事业单位使用。

YH6700 型神州牌轻型客车

YH6700 型神州牌轻型客车，采用国产 EQR6 型客车专用底盘，并装有美国康明斯(cummins)公司 4BT3.9 柴油发动机(后置)。车内设有空调、电视指路系统、无线电话、电视放像机、冷藏箱等先进设施，是长途旅游的理想交通工具。该产品曾荣获《1988 年全国乘用车展览会》设计优秀奖和《1990 军转民高技术出口产品展交会》银奖。

YH6600 型神州牌轻型客车

桂林客车厂

GL6650 系列轻型客车

桂林客车厂，是国家生产长途公路客车重点企业之一。

桂林客车厂位于“山水甲天下”的桂林市南郊。生产长途公路客车，已有三十年历史，具有雄厚的技术力量，先进的技术装备，宽阔的生产场地。

主要产品GL662系列长途公路客车、GL6650系列轻型客车，畅销自治区内外广大地区。目前生产量及销售量均居交通部系统客车厂家前茅。

“七五”期间，桂林客车厂进行投资额为2939万元的技术改造，用新技术、新设备武装了从零部件生产车间到整车装配流水线。现已具备年生产优质长途公路客车2500辆能力。

建筑面积为9634m²的油漆装配车间一角

GL662A型客车

“八五”期间桂林客车厂将以崭新的面貌出现在交通工业战线上，为国民经济发展做出较大的贡献。

新疆汽车改装厂

新疆汽车改装厂，是国家定点汽车改装厂，亦是国家机械委确认的机械行业骨干企业。为自治区一级企业，曾获农业部、自治区质量管理奖和工艺突破口先进单位。

全厂占地面积51万m²，固定资产2100万元，现有职工1483人(其中工程技术人员139人)，分冲压、装焊、油漆、总装、机加工、工具设备、能源动力八个车间，三个分厂和中汽物资联营公司，具有一定的专业化生产水平和新产品开发能力。1990年在市场疲软、产品积压、资金紧张、效益滑坡的情况下，完成工业总产值3002.8万元。几年来与一汽、二汽、沈汽、北汽、天津市汽车工业公司等厂家进行了多层次、多种形式、多方位的横向联合，并结合国内外汽车发展趋势和市场情况，依靠技术进步开发新产品，先后开发出客车、轻型载货汽车、自卸车、旅行车等19种新产品。产品不仅销售新疆市场，而且还销售到甘肃、青海、陕西、山西、河南、四川、广州等17个省区。为了使外省区用户购车方便，在徐州建立了分厂。

商 标

现生产的主要产品有：XJG61100长途客车，XJG6902长途客车，XJG6950长途客车，XJG6950团体客车，1032C双排座轻型载货车，SY1032D双排座轻型载货车，XJG2020双排座轻型载货车，XJG1021双排座轻型载货车，XJG2012轻型越野车，XJG3093自卸车，TJ6481A轻型客车，XJ5020XZY厢式专用车。专用特种车有：邮政专用运输、银行运钞、森林防火指挥、公路稽查、公安事故勘察、野外电焊、矿产监查、低压测试、计划生育、土地监察、交通稽查等专用汽车。

在长期的发展过程中，企业重视产品技术改造，新产品开发、加强质量管理、提高产品质量。在经营上采用多品种、小批量的生产方针和灵活的营销策略，做到“人无我有，人有我优，人优我廉，人廉我变”，使企业在多变的市场面前，始终处于主动地位。坚持用户第一，信誉第一的方针，竭诚为广大用户服务。“七五”期间企业被国家经委、财政部列为国家重点支持技术改造的大中型骨干企业，为了增强企业发展后劲，为汽车市场提供具有国内先进水平的产品，1989年同天津市汽车工业公司、天津客车厂联合生产 TJ6481A 旅行车，从日本引进焊装夹具，建成了 TJ6481A 三峰旅行车生产线。1991 年可投入批量生产，1995 年产量可达到 2000 辆。“七五”末期开始的汽车涂装技术改造，1991 年完成以后，喷漆工艺水平可达到国内同行业先进水平，现企业生产能力可达到 3000 辆。“八五”改造计划完成以后，生产能力可达到年产 5000 辆。

哈尔滨东安发动机制造公司

总经理　宋金刚

哈尔滨东安发动机制造公司，始建于 1948 年，是国家在“一五”期间重点投资建设的大型航空发动机骨干企业。80 年代以来，公司贯彻“军转民”的方针，调整产品结构，发挥军工优势，大上民品，建立了从生产单一军品到军民结合的新型体制。

公司现有职工 12000 人，其中工程技术人员 1300 余人。公司全部占地面积 82 万 m²，建筑面积 22.7 万 m²。拥有固定资产 3.29 亿元，各种机械动力设备 5000 多台。

公司主要产品是为国产“运七”飞机配套的涡桨五甲—I 型发动机和 DA462 型微型汽车发动机两大系列。DA462 型微型汽车发动机是以日本铃木 F8A 型发动机为样机研制的，引进了全部软件。该发动机具有耗油少、污染轻、噪音小、重量轻、结构紧凑、性能可靠、维修方便等特点。1985 年通过了国家正式鉴定；1987 年荣获省、部优质产品称号；1988 年建成 5 万台生产线，并通过了国家正式验收，达到年产 5 万台的生产能力。特别是从日本引进的铸造生产线，使缸体铸造生产全部自动化，年产缸体毛坯 15 万台套。为了满足用户需求，先后开发出 9 种型号不同用途的发动机，形成产品系列化。不仅可作为面包车、轿车、载货汽车、叉车、客货两用车各种微型汽车的动力装置，还可用作发电，野外流动电焊机、勘探钻机、抽水、洒药等机械的动力，有着相当广泛的用途。国产化率达 99.6%，居国内领先水平。1988 年被国家列为替代进口产品，是我国微型汽车发动机的主要生产基地之一。

微型汽车发动机

目前，公司生产的微型汽车发动机与全国 20 多个装车厂家保持配套关系，在全国各地设有 90 多个售后服务网点。

公司计划“八五”期间，要研制发展 DA465 型发动机，继续扩大生产，为发展我国汽车工业做贡献。

商　标

华北车身总厂

华北车身总厂，系河北省汽车工业集团公司直属企业，省级先进企业，企业规模为大型二类企业。经过“七五”期间技术改造，现拥有职工 1500 名，工程技术人员 200 余名，占地 52 万 m² 固定资产 5000 余万元，形成了从模具制造、冲压装焊、油漆涂装到整车装配配套齐全的工艺技术装备体系，产品达 4 大系列，17 个品种，畅销全国 28 个省、市、自治区，并远销美国、香港等国家和地区。

厂长　穆喜恒

厂　徽

车身：BJ212 轻型越野汽车车身（A 型、L 型、N 型）；BJ121 轻型货车车身（单排座、双排座）；HC6440 型轻型越野汽车车身（可配装 6450 型 2580mm 轴距底盘）

商　标

车门；TJ720 型超微型轿车车门；6400 型旅行车四车门；日本丰田“海拉克斯”车门；美国通用 C10 汽车翼子板。

改装车：HC1030S 型轻型货车；HC5020B 型越野汽车；HC6440 型轻型越野汽车。

模具：加工制造汽车大中型覆盖件模具。

该厂一贯奉行质量第一、用户至上的宗旨，信守合同、价格合理，可满足用户的要求。

该厂在“八五”期间将进一步投资，扩大模具、冲压、装焊等生产能力，引进关键设备，提高产品水平，建成具有国内先进水平的冲压中心，为我国汽车制造厂提供覆盖件配套服务，为振兴祖国汽车工业做出贡献。

湖北汽车齿轮厂

湖北汽车齿轮厂，位于湖北省云梦县城关，是汽车零部件生产的专业化中型企业，隶属于湖北省汽车工业公司，也是东风汽车工业企业联营公司及中国汽车零部件联合经销部成员厂。该厂创建于 1966 年。全厂占地面积 7.2 万 m^2；企业现有职工 1300 人，其中各类专业技术人员 260 人；注册资金人民币 2700 多万元；主要生产设备 600 余台，并拥有美国格里森及瑞士 SP60 等先进加工及检测设备，从事齿轮及齿轮箱制造已有 20 多年历史，是湖北省为二汽配套汽车齿轮箱的企业，也是国内目前从事汽车取力器研究、设计、制造一体化的专业厂家。主要产品有：汽车系列分动器总成；汽车系列变速器总成；汽车系列取力器总成；汽车后桥螺旋伞齿轮；汽车发动机齿轮；其它汽车及工程机械变速器及其配件等。

厂　徽

CKCX 锥齿轮箱总成

该厂是国家机电部和湖北省重点企业，省

级先进企业。产品行销国内29个省、市，并已有多种总成及配件进入美国、欧洲、澳洲及东南亚等各国市场。多年来，连续荣获“特等信用企业”和“重合同、守信用单位”称号。

工厂在“八五”期间，通过利用外资、引进技术，扩大取力器的生产能力，产量将达到年产10万台，其中出口5万台；同时新建康明斯齿轮生产线，年产能力为40万件，将为二汽配套。

该厂注重技术改造，加工能力雄厚，工艺精良，实行质量第一、用户至上、信守合同、服务周到的宗旨，竭诚为国内外用户服务。

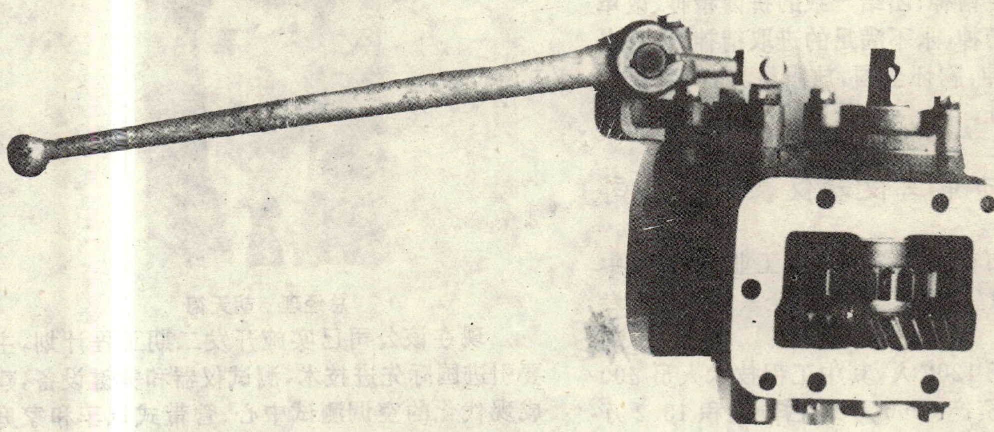

EQ240-4205DJ 取力器

湖北省郧阳地区汽车拨叉厂

湖北省郧阳地区汽车拨叉厂，位于武当山麓，距车城十堰25km。

该厂的前身是一机部投建的湖北省郧阳风动工具厂，建于1967年。1980年改为郧阳地区汽车拨叉厂与二汽配套协作。主要产品是东风系列变速器顶盖总成、上盖总成、手制动操纵机构。工厂生产手段齐全，是一个生产汽车零部件的专业化工厂。

厂长　陈守全

工厂现有职工1200人，其中工程技术人员175人。拥有固定资产2700万元，生产设备302台套；全厂占地面积9.1万m^2，生产厂房面积1.9万m^2。

十一届三中全会以来，特别是自1986年实行厂长承包经营责任制以后，生产规模逐步扩大，产品由拨叉等6种8件发展到现在的东风系列各车型140余种零部件。工业总产值以每年51.17%的幅度递增，实现利税以每年45.69%的幅度递增，1990年实现工业总产值4000万元，实现利税570万元。1986～1989年上交利税534.4万元，是前18年的4倍，为振兴郧阳经济做出了一定贡献。1987年被省政府授予先进企业称号。1988年创“省质量管理奖”并获得“省企业管理优秀单位”等荣誉称号。1989年工厂进入湖北省104家重点骨干企业之列，被省机械工业厅列为机械行业30家重点企业之一。

几年来，工厂致力于技术改造和产品开发，在走专业化生产道路上，形成了精铸、压铸两大优势，现精铸年生产能力达4500t，居全国第四位。1989年经省政府批准引进意大利特里乌齐公司两台8501压铸机，1990年开始小批量生产，1991年将形成年产1000t大中型压铸件生产能力。为二汽和中南地区填补了大吨位压铸空白，为30万辆小轿车压铸零件生产奠定了基础。

在中国汽车工业飞速发展的今天，湖北省郧阳地区汽车拨叉厂把“依托二汽、面向全国、走向世界”作为自己的发展方向，并始终把“艰苦奋斗的创业精神、团结一致的拼博精神、改革开拓的创新精神、永不满足的进取精神”作为自己的企业精神，胸怀全国，放眼世界，向着更宏伟的目标迈进。

湖北沙市市电工仪器仪表工业公司

湖北沙市市电工仪器仪表工业公司，是中汽总公司定点生产汽车空调机全系统装置的专业厂家。

现有职工1200人，其中工程技术人员400人，企业固定资产5000万元，占地面积13.2万m^2，建筑面积12万m^2，拥有各类加工设备1103台(套)。其中从美国、日本、意大利、德国等国引进的汽车空调，关键加工设备及检测仪器25台(套)，建成了年产5万台(套)汽车空调生产线。

目前公司主要生产汽车空调、家用空调、各类仪器、仪表、小型家电产品等28大类，近200个品种的产品，其中有些产品已开始批量出口。

总经理　胡天德

现在该公司已实施开发二期工程计划，主要引进国际先进技术，测试仪器和关键设备，建成现代化的空调测试中心、管带式汽车和家庭空调器生产线、全系统装配线，形成年产20万台(套)汽车空调系统的先进生产能力。产品直接为二汽雪铁龙轿车配套。

沙美牌
SHAMEI

商　标

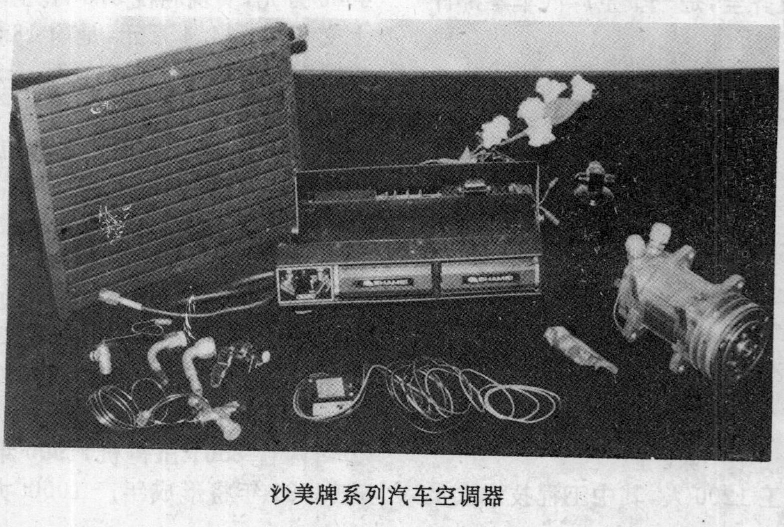

沙美牌系列汽车空调器

沙美牌系列汽车空调器，具有设计新颖、外型美观、结构紧凑、调节迅速、自动控制、重量轻、噪音低、安装、使用方便的特点，广泛适用于轿车、轻型车、载货汽车等各种车辆。

该公司技术服务周到，信守合同。交货迅速，价格适宜，实行三包，欢迎广大用户惠顾。

湖北郧阳汽车容器厂

厂长　王新刚

湖北郧阳汽车容器厂，始建于 1967 年，是首批加入东风汽车工业企业联营公司为东风汽车配套生产“通达牌”燃油箱、消声器、百叶窗三种装车件的成员厂。拥有职工 587 人，主要生产设备 134 台套。工厂建筑面积 63839m²，年生产能力 20 万套，是中国生产上述产品的最大厂家。

通　達

TONGDA

商　标

汽车容器厂荟萃国内外机械工业的精华，广泛使用了新工艺、新技术、新材料和新设备；拥有 7 条国内先进的燃油箱生产线和消声器柔性生产线，包括冷、热加工、特种工艺，设备先进、工艺可靠，产品均系“省优”和二汽优质产品。

汽车容器厂检测手段齐全、完备，计量管理达到国家二级标准，标准化管理达到国家三级，拥有 145 名工程技术人员和管理干部，形成了专业技术、开发能力、配套齐全的、以汽车消声器为中心的新工艺、新材料及相关技术开发体系。

以“质量第一、信誉第一、服务第一”为宗旨，生产的东风系列燃油箱、消声器和百叶窗是深受用户青睐的畅销产品，从而拥有东风各类产品 87%的市场。400 多个销售服务网点遍布全国，售后服务周到，解除用户的后顾之忧，产品随整车销往国外。

目前，汽车容器厂已有一批精通汽车消声器生产的工程技术人员和管理人员，初步形成宽系列、多品种生产各类轿车、轻型车消声器的能力，将从加拿大引进消声排气系统柔性制造设备和检测设备。

“建设一个具有国际 80 年代末期先进水平的年产 90 万辆份轿车消声器的生产厂；建立一个设备较完善、具有国内一流水平的汽车噪声（消声器）专业检测中心，并成立一个汽车消声器开发研究所；在沿海地区设立一两个产品加工出口销售基地；联合一个薄壁制管专业厂，形成一个以容器厂为龙头的专业‘小型巨人’集团公司”，是汽车容器厂的奋斗目标。

富有进取精神的容器厂人，正再接再励，奋发图强，为振兴中国汽车工业做出贡献。

燃油箱、消声器、百叶窗

湖北汽车工具厂

厂长　向天清

液压千斤顶

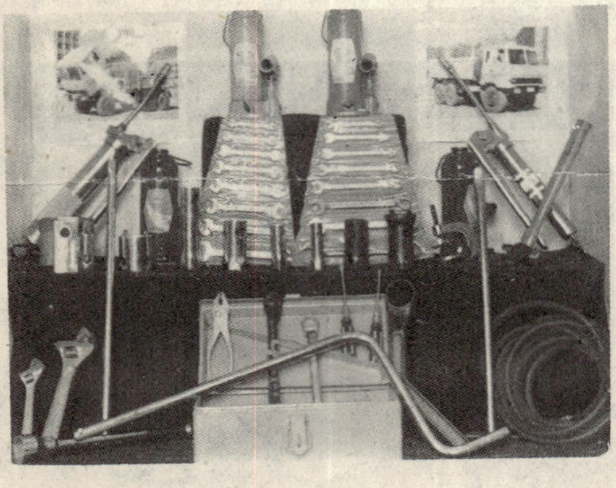

随车工具

湖北汽车工具厂，位于老河口市洪山嘴，是生产汽车随车工具的专业厂，归口汽车行业，是国家和湖北省重点企业，隶属湖北省汽车工业公司领导。

该厂始建于1969年，是由国家投资兴建，为二汽配套的专业厂。历经20年的建设，现已发展成为能生产重、中、轻、轿等各种车型的全套随车工具40多个品种、108个规格，有年产20万套的生产能力，并具有研究开发汽车工具和检测中心的实力，截止1989年底，全厂占地面积18.3万m^2，人员1100人，其中工程技术人员60人。拥有固定资产1400万元，主要生产设备400台套，在金切、锻压、表面热处理等方面有较强的能力。产品生产检测手段齐全，计量获国家二级计量合格证书。主导产品千斤顶两次获部优、两次获省优和“二汽信得过产品”的荣誉称号。黄油枪及车轮螺栓、螺母扳手等获行业检测一等品称号，有11种产品被二汽定为免检直送产品。1989年被评为省级先进企业。

“八五”期间国家重点扶持工厂的技术改造。该厂将努力建设成为以千斤顶系列产品为龙头，以生产全套随车工具为重点，满足国内市场的需要并大批量出口，成为汽车工具生产出口基地。

东风轮胎厂

东风轮胎厂，位于新兴汽车工业城市——湖北省十堰市。该厂是目前国内最大的轮胎生产企业之一。始建于1969年，是为第二汽车制造厂配套，由国家重点投资，采用当时国内最先进的设备，并引进部分具有国际先进水平的关键设备，建立起来的大型骨干企业，目前的生产能力为年产轮胎110万套。在1989年中国500家最大工业企业中，东风轮胎厂名列第246位。到目前为止，工厂累计生产轮胎692.6万套，实现产值30.7亿元，实现利税9.9亿元，上缴利税8.17亿元，相当于国家建厂投资的8倍多。

厂长　刘玉斗

东风轮胎厂目前在企业管理、产品质量、物资消耗和经济效益等方面均居于国内先进水平，1989年被评为国家二级企业。并荣获湖北省质量管理奖和化工部质量管理奖。

该厂现有职工5000名，有各类专业技术人员近千名，其中高级专业技术人员54名，中级专业技术人员286名。厂区占地面积107.3万m^2，拥有固定资产原值1.74亿元，拥有主要生产设备1100余台。工厂的检测手段完善，拥有检测设备110余台。厂内设有以开发子午线轮胎为主要方向的轮胎研究所，湖北省轮胎轮辋研究所也设在这里。雄厚的技术开发力量可根据市场需要开发生产各种规格的轮胎。工厂自办有培养国家承认学历的职工大学，办有党校、技工学校、职工学校、政治学校及中小学，并具有一套较为完善的生活福利设施

东风轮胎厂目前的产品主要有载货汽车轮胎、轻型轮胎、乘用车胎及工程机械、工业车辆、农用轮胎等一百多个品种，产品除为二汽配套外，销往全国30个省、市、区、并出口到近20个国家和地区。该厂经国家批准享有出口贸易自主权。

东风轮胎厂已被确定为二汽发展30万辆轿车配套生产子午线轿车轮胎的企业，并积极发展以东风轮胎厂为龙头，目前已跨越全国13个省市、36个成员单位参加的东风橡胶集团，为发展我国轮胎工业做出更大的贡献。

襄阳轴承厂

厂长　张德炳

襄阳轴承厂，位于湖北省襄樊市万山工业区，是国家“四五”计划期间为“二汽”配套的重点建设项目之一。国家投资1.2亿元，于1973年动工兴建，1981年经国家验收正式投产。经过近几年的扩建、改造，已成为一个以生产汽车轴承为主的大型轴承专业企业。

厂　徽

工厂占地面积85万m^2，建筑面积33.5万m^2现有职工8000多人，主要生产设备2000多台，轴承生产能力1600万套/年。设有15个分厂，40个处室。除生产经营管理机构，还设有汽车轴承研究所、中心试验室、新产品开发和技术经济信息中心。产品设计、财务、销售、仓库管理等领域已应用计算机管理，是国家最大的汽车轴承生产企业，该厂注册商标为“ZXY”。

近几年，该厂轴承产量，产值、销售收入、利税总额持续稳步增长。1990年轴承产量1426.7

万套，比 1985 年提高 75.3%；产值 10021 万元，比 1985 年提高 72.3%，销售收入 14269 万元，比 1985 年提高 137.2%；利税总额 2871 万元，比 1985 年提高 112.2%。工厂被批准为湖北省先进企业、省经济效益先进单位和省思想政治工作优秀企业。

该厂生产 0、1、2、4、6、7、8、9 等 8 类 417 个品种的轴承产品，适用于各类汽车、拖拉机及各种机械配套。除满足二汽东风系列汽车的配套及维修外，还生产一汽、北(京)汽、南(京)汽、柳(州)汽等汽车制造厂家所需轴承，并可设计制造特殊用途的轴承和各种规格的轴承零件。产品质量稳定可靠，在国内外用户中享有良好的声誉。

ZXY

商　标

该厂产品主要为二汽东风系列汽车配套，“二汽”所需轴承 65%～70%(最多时达 80%)由襄轴提供，按照二汽装车进度用汽车直接送达。此外，通过参加订货会、上门推销等渠道为全国各省、地、市机电部门提供货源，也为众多的汽车运输专营企业直接服务。在全国 30 个省、市、自治区拥有用户 2000 多个，部分产品进入欧美、东南亚等 40 多个国家和地区。产销基本平衡。

“八五”期间，根据国内迅速发展的轿车工业对轴承的需求，新增 450 万套轿车轴承生产能力，达到年产轴承 2050 万套，比 1990 年提高 43.6%，工业总产值达到 2.65 亿元(1980 年不变价)，比 1990 年提高 164.4%；利税总额 6700 万元，比 1990 年提高 133.3%；出口创汇 1000 万美元。

“八五”期间的技术改造，将采用国内的先进工艺和技术装备。正在引进的国外 80 年代水平的轿车轮毂轴承和离合器分离轴承的设计制造技术和成型生产线，将在设计制造技术上缩小与国外先进水平的差距。通过对引进技术的消化吸收，促进技术进步。项目实现后，轿车轴承的设计制造技术及产品质量将达到国际 80 年代中期水平。

贵阳轴承厂

1　企业概况

贵阳轴承厂，位于贵州省贵阳市南部，建于 1965 年。全厂占地面积为 23.2 万 m²，生产建筑面积 4.1 万 m²。全厂职工人数为 3073 人，其中工程技术人员为 158 人。全厂拥有主要设备 796 台，其中金属切削机床 648 台，全厂生产能力为 460 万套。另外“八五”规划增加年产量为 200 万套。

1990 年工业总产值，按 1980 年不变价为 3505.2 万元，全年产品销售收入为 4177 万元，全年利润总额为 401.5 万元。

1990 年出口轴承 214.74 万套，出口金额为 2160.7 万元，折合为 457.8 万美元。

1990 年完成投资总额为 355.7 万元。其中更新改造措施及其它投资额为 315.7 万元。

该厂专门生产各种尺寸、类型和精度等级的圆锥滚子轴承，符合 GB307-64 的规定，英制轴承符合 ISO 标准。

该厂产品广泛地用于汽车、拖拉机以及机床、矿山、冶金、石油化工、轻纺机械、农业机械等的传动部位上。畅销国内 19 个省、市、自治区，远销国外 40 多个国家和地区。

该厂技术力量雄厚，可以按照用户的要求，开发用户要求的各种非标准的轴承。

该厂的注册商标为 GY。

2　产品系列特点

该厂以专门生产各种尺寸、类型和精度等级的圆锥滚子轴承为主，同时还生产少量短圆柱滚子轴承。圆锥滚子轴承满足 BJ212 和 BJ130 两大车型需要外，还开发了航天牌 SG120、五十铃、北京切诺基等车型需要的英制轴承。

英制轴承生产除了满足国内市场需要外，很大部分是供外销，占生产量的 85%以上。为创汇创造了条件。

为了进一步开发圆锥滚子轴承市场，现已着手开发“3007100”“3007200”“3007700”系列产品。同时，将推广组合式的双列圆锥滚子轴承。

3 产品经营方式、特点

该厂以生产圆锥滚子轴承为主，占总产量的 98% 以上，经营轴承的类别少，不能满足用户的多类别轴承需要，为此该厂在销售处设立贵阳轴承销售公司，通过公司向各有关轴承厂采购各种类别的轴承以满足用户对各种类别的轴承的需要。

4 企业的发展前景、方向

企业在产品开发方面，还是坚持以圆锥滚子轴承为主。但要适当的发展短圆锥滚子轴承，保证柴油机用、轧辊用轴承，以利于配套供货。

企业的发展前景是很好的。由于该厂靠近钢厂，约 12km。钢厂将全力生产轴承钢，除套圈料外，还生产冷拔滚子用料。确保了企业轴承钢的需用量。另外，贵阳还有第三、第六、第七三个砂轮厂，可以提供各种砂轮，以满足磨工生产的要求。在贵阳地区还有生产磨床的工厂和专业刀具厂，对车加工、磨加工，都是一个支持。如果把这些企业联合起来，搞成一个大企业集团，可以极大的扩大轴承的产量和提高轴承的质量。以贵阳为基地，面向全国，面向世界，夺取国际市场。

国营汉光电工厂

厂长 斯志纯

国营汉光电工厂(4404 厂)，是机械电子工业部真空电子器件行业大型骨干企业。该厂 1969 年始建于湖北南漳，1986 年整体调迁湖北孝感市，1991 年 4 月在孝感市新址恢复生产。新厂占地近 20 万 m²，建筑面积 10 万 m²，拥有固定资产 7500 多万元，各类设备 1200 多台，为国家二级计量单位。现有职工 2000 人，其中各类专业技术人员 500 多人，工程师、经济师 237 名，高级工程师 49 名。

圆型、矩型汽车前照灯

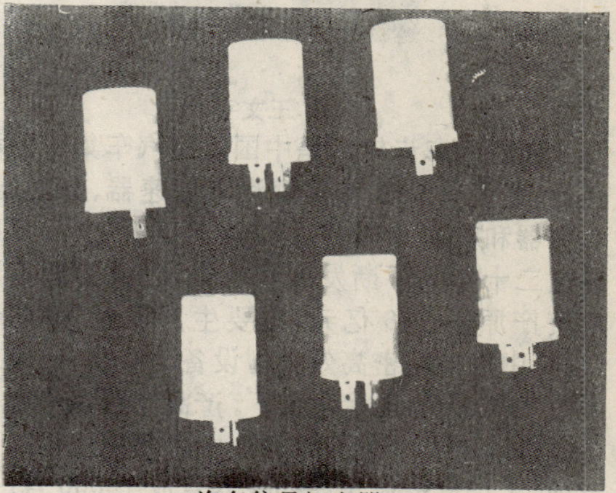

汽车信号闪光器

企业生产试制圆型、矩型汽车前照灯，H_3、H_4 系列卤钨灯，汽车电子闪光器，电力电子器件，压电陶瓷，超高频电子管等主要产品，广泛应用于交通、能源、通讯、广播电视等方面，畅销国内外市场。产品获国家、部、省科技成果奖 30 多项，有 27 项产品为国内首创，创省优产品 6 项。

商 标

“八五”期间，工厂将重点发展汽车前照灯系列产品、灯用玻璃产品和汽车电子产品，更好地为汽车工业配套服务。

工厂坚持质量第一，用户第一，信誉第一的方针，产品实行三包。愿以"信得过"的产品，竭诚为用户服务，为汽车工业的发展做出更大的贡献。

陕西汽车齿轮厂

厂长　王文宇

陕西汽车齿轮厂是中国重型汽车集团公司企业，是设计和制造重型汽车变速器、分动器、取力器和汽车齿轮的大型骨干企业之一，工厂经过二十年的不断发展和壮大，已成为拥有固定资产原值 1.6 亿元，主要生产设备 1000 余台，其中进口精密高效大型设备 130 余台，职工人数 3500 人的现代化工厂。产品制造水平和设备先进程度在汽车齿轮行业中占领先地位。至目前，工厂已形成年产变速器总成 16000 台、分动器 1000 台、取力器 4000 台，各种重型汽车齿轮 30 万只，汽车锻件 6000t 的生产能力。

陕齿厂的主导产品，有引进美国伊顿(ETAON)公司专有制造技术的双中间轴 FULLER 变速器 RT11509C、RT11609A、RT011609B；有参考美、德、英、日等世界先进国家重型汽车变速器设计技术自行研制生产的 5J80T、5J80TA-B 等 J80 系列 8 种型谱，6J90T、6J90TA 等 J90 系列 4 种型谱的变速器；有供多种驱动用的 F500 分动器；有根据用户整车布置及要求，根据操纵方式，并为自卸车或其它汽车配套的 QL40 系列、QC65 系列、QH70 系列等 15 种型号的取力器和其它重、中型国产、进口汽车变速器齿轮、发动机齿轮及后桥齿轮。上述主要产品已分别广泛配套于斯泰尔 91 系列重型汽车；载质量 10～15t 重型运输车、自卸车，16～25t、49～50t 汽车起重机；大型客车和各种重型专用车。产品行销全国各地及美国、巴基斯坦、菲律宾等国际市场。

双副轴富勒系列变速器之一 PT11609A 型

80 年代是陕齿发展的年代，企业依靠科技进步和科学管理两个轮子有了长足的发展，一方面该厂引进了美国伊顿公司 FULLER 汽车变速器制造技术，在西安建立了我国重型汽车变速器又一生产基地和汽车变速器齿轮、发动机齿轮、桥齿轮出口创汇基地。目前该改造项目已初具规模，FULLER 变速器国产化率已达 80%，并已获得美国伊顿公司的生产技术许可证，另一方面加紧老区生产能力的扩展，进行了 6000 台份大客车变速器的技术改造。经营观点的转变和更新使陕齿在有计划商品经济的竞争中显示了强大的生命力。面对国内、国际市场的变化，陕齿经营者们认真分析了国内外重型汽车需求变化趋势及其发展规律，制定了"向大客车市场进军，扩大市场占有率，同时不断开拓国际市场"的经营战略。到 1990 年工业总产值已达 5300 万元，出口创汇额 100 万美元，经济效益在同行业中处于领先地位。

目前陕齿厂正面临产品结构的调整、产品质量的提高、企业能力的发挥、产品市场的开拓等一系列问题，但该厂的宗旨是创造一流的服务、创造一流的企业。我们愿与汽车行业兄弟厂家共创汽车工业美好的明天。

天津市汽车制造厂

天津市汽车制造厂是中国轻型载货汽车制造业的骨干企业。全厂占地面积 38 万 m^2，职工 3700 多人，固定资产 7694 万元。

该厂主要产品为 TJ1043 系列雁牌双排座轻型载货汽车，包括：双排座基本型、三开货厢、加长车、柴油车及多种变型车。TJ1043 系列雁牌双排座汽车，1988 年荣获"天津市优质产品"

称号，同年在天津市有关单位团体主办的十佳产品评选中，荣获"用户最喜爱的产品"称号；1989年又荣获"机械电子工业部优质产品"称号。该系列产品整车指标先进、性能可靠、造型谐调、美观大方、乘坐舒适，是城乡客货两用最理想的运输交通工具。曾多次在国内重点工程的国际招标中中标，并出口苏联及东南亚地区，年产能力3万辆。

该厂的其它产品还有TJ-HY-531X型海燕牌救护车、TJ-HY-6501X型海燕牌旅行车及TJ5010X型和TJ5020X型医用改装车。医用系列改装车是进行病员救护、计划生育手术、医疗卫生宣传服务、运送医疗卫生仪器的专用汽车、广泛适用于城乡各级医药卫生、计划生育部门。

该厂在不断改善现有产品质量的同时，正在引进英国设计技术开发新一代雁牌系列轻型载货汽车和医用车。

该厂的宗旨是：以品种求发展，以质量求生存，以技术求进步，以服务求繁荣。

牡丹江特种车辆改装厂

牡丹江特种车辆改装厂，位于牡丹江市区，占地面积2万m^2，建筑面积9000m^2，现有职工367人（其中工程技术人员46人）。固定资产411万元，主要生产设备120台。

经过几年来的更新改造，现已具备年产消防车、啤酒罐车、奶罐车、燃油加油车、燃油运输车、食品饮料车、自卸车及其它专用车300台的生产能力。是公安部消防车和轻工部专用汽车的定点生产厂家。

80年代后期，工厂加快了新产品开发的步伐，在保留原有产品品种的基础上，利用东风和解放汽车底盘，先后研制开发了MG5130GXFGS68、MG5130GXFGS66、MG5130GXFGS60型供水消防车和MG5130GXFSG66、MG5130GXFSG36型水罐车、消防洒水两用车以及MG5130GJY、MG5092JY、MG5093JY型燃油加油车等新产品，使产品品种增加到了9个系列36个品种。其中MG5130GXFGS60型供水消防车和MG5130GXFGS66型水罐消防车是采用解放牌CA150型、CA155型汽车底盘改装的国内最先生产的符合公安部技术标准的消防车，具有容量大、成本低、泵阀管件防冻效果好等特点。广泛适用于高寒地区及林牧区使用。自1990年起，经省车管部门检测认可，批量改装了苏联产"伊日"27151型双排座小货车，由于产品质优价廉性能优良，深受用户青睐。目前该厂正积极与香港、台湾以及日本和苏联有关厂家磋商，合作研制开发重型消防车和重型专用车。

南阳汽车制造厂

南阳汽车制造厂，系中国重型汽车集团的直属厂。厂址位于河南省南阳市，创建于1958年，1970年经国务院批准定点生产黄河系列"351"7t矿用自卸汽车；1979年转产NY150型、NY151型8t黄河载货汽车；1983年研制成功NY151JC型长轴距载货车；1986年开发新产品NY151SN型散装气卸水泥车、NY151LD型厢式零担车；1988年开发出NY151JC－2型电冰箱运输专用车；1990年又开发出100t修井车。年生产能力达1000辆，产品行销新疆、河北、湖北、四川、内蒙古等20多个省市自治区。

南阳汽车制造厂现有职工1600余人，其中工程技术人员237人，固定资产原值1611万元，工厂占地面积26.7万m^2，主要设备260台，其中进口设备11台。

"八五"期间，南阳汽车制造厂将达到年产1000辆斯泰尔专用改装车和2000辆8t载货汽车的生产能力，成为生产长轴距载货车、半拖挂车、集装箱车和零担货车的专业厂。

新疆专用汽车厂

新疆专用汽车厂，位于乌鲁木齐市青年路中段，占地面积58万m^2，职工2200人，工程技术人员212人，高级技术职称20人。固定资产原值3200万元，设备共790台。有30多年生产汽车配件和十年生产改装汽车历史，现已具备年产1200辆各种改装汽车和1000万元汽车配件的能力。是中国汽车工业总公司定点汽车改装厂，中国汽车配件联合经销部常务成员厂，机电部1990年公布的汽车行业86个重点企业之一。

近三年来致力于新产品开发，不断向市场提供自卸车、客车、专用车三个改装车系列产品和EQ140、CA141的汽车配件。主要产品有XZC3091、XZC3092东风底盘5t自卸车，

XZC3091J、XZC3092J 解放底盘 5t 自卸车，XZC3092K 重型自卸车，XZC6550 轻型客车，XZC6151 铰接式通道客车，XZC6912 团体客车，XZC5090GSN10t 散装水泥车，XZC5090GYY 运油车，XZC941 半挂车等三十多个品种的改装车，其中的 12 个品种改装车已列入国家汽车产品目录。XZC3092、XZC3092J 两种 5t 自卸车为国家一等品。汽车配件以开发 EQ140 和 CA141 两种型号为主，已有近十个品种的配件分获一汽、二汽质量优等品认证。

厂长　乔世温

以“艰苦奋斗、以厂为家、高起点、创一流”的企业精神不断深化企业内部改革、开拓前进，努力完善专用车、自卸车、大小客车为主体的三大改装车的体系，发展 EQ140 和 CA141 的前桥、后桥、钢圈等部件，通过质量认证，以便尽快与主机厂配套。

沈阳新光动力机械公司

航空航天部沈阳新光动力机械公司，是研制和生产航天动力装置的大型企业。该公司始建于 1921 年。现有职工 6300 人，技术人员 1500 人，其中高级工程师 250 人，工程师 600 人，占地面积 35 万 m^2，厂房面积 13 万 m^2，具有完整的铸造、锻造、机加、冲压、自动控制、焊接特种工艺、装配等加工能力。多年来研制和生产了多种类型的动力装置。

该公司近几年来，在完成军工产品的同时，投入大量的人力、物力，开发研制和生产汽油机。成为航天部第一家汽油机专业生产厂家。近三年来已先后研制并已鉴定了 486Q 和 491Q 型汽油机。并已开始小批量生产。这两种机型体积小、功率大、比油耗低，是轻型客车、货车的理想动力装置。具有 80 年代初国际先进水平，可以代替进口。目前该公司又开始了 3L 排量汽油机的研制，并已制出样机。

该公司近 3 年来，已投资 4500 万元，改建和新建几万平方米的厂房，建设了以 22 台加工中心为主的缸体、缸盖柔性加工线。这是国内首家。年内将形成 2.5 万台的生产能力。

该公司欢迎各汽车厂家使用 486Q、491Q 型汽油机。

国营滨江电器厂

国营滨江电器厂，隶属航空航天工业部领导的航空电机电器专业厂。于 1962 年建厂，厂址位于哈尔滨平房区，工厂占地面积为 20 万 m^2，现有职工 1500 人。

该厂主要从事航空高压点火电器的研制生产，从 1980 年开始研制生产微型汽车发动机配套点火电器，即 FD436 型分电器和 DQ138 型高压点火线圈两种产品。

十年来，工厂累计生产 FD436 分电器、DQ138 点火线圈 10 万只以上，满足了松花江、昌河、长安等微型汽车配套要求。

该厂于 1989 年经国家同意批准投资 320 万元，建成了一条年生产能力 12 万套分电器专业生产线，为高质量、大批量生产创造了必要的条件。

该厂研制生产的 FD436 分电器，先后获得黑龙江省、航空航天工业部科技进步奖。从 1988 年开始该产品先后获得哈尔滨市、黑龙江省、航空航天工业部优质产品称号。

该厂从 1989 年开始在研制生产微型汽车分电器、点火线圈的基础上，又着眼于汽车点火系统更新换代，加速开发研制无触点电子点火分电器及高能点火线圈换代新产品。

该厂截至 1990 年底，先后为北京内燃机总厂，开发研制了为 GM2.0、GM2.2 发动机配套的 JFD4617 型磁电感应式无触点电子点火分电器及 JDQ185 高能点火线圈；为第一汽车制造厂 488、488-1 发动机配套的 FD446 有触点分电器、JFD4616 霍尔式无触点电子点火分电器，亦为奥迪 100 型、高尔夫型轿车配套。

汽车点火电器是工厂重点民品，也是航空航天工业部重点民品。“八五”期间还要继续投资进行技术改造，提高生产能力和加强检测手段，使生产能力提高到年产 30 万台套，测验检测手段达到国内先进水平。争取为中国的汽车工业做出更大的贡献。

东北油泵油嘴厂

东北油泵油嘴厂，座落在黑龙江省依兰县依兰镇内，位于松花江和牡丹江交汇处。

东北油泵油嘴厂，隶属黑龙江省机械工业厅农业机械工业公司。全厂占地面积为 19.89 万 m^2，建筑面积 42290m^2，固定资产 1352 万元，拥有设备 643 台。全厂职工人数 1505 人，工程技术人员 78 人，经济管理人员 30 人，财务统计人员 54 人，年产值 1200 万元。主要产品有内燃机高压油泵和三对精密偶件。

自 1968 年建厂迄今已正规从事生产 22 年之久。该厂设备精密，种类齐全，检测手段完善，并设有中央计量化验室。被评为省二级计量单位，省一级全面质量管理单位。1 种产品为部优，4 种产品为省优产品。

该厂为适应本省汽车行业发展的需要，从 1985 年开始生产汽车配套件。其中 492Q 型气门摇臂及气门摇臂轴总成为 HRB130 和 HRB131 两种车型配套。每月生产 500 套，质量达一等品。另一种产品为 WJ110 微型汽车转向机，每月可生产 600 套，质量达一等品，分别为星光机器厂和哈尔滨飞机制造公司配套。在“八五”规划期内，上述两种产品最高产量可达各两万台套。

扬州汽车电机厂

厂长　顾继林

扬州汽车电机厂，系中国重型汽车集团公司直属企业。该厂是生产各类汽车起动电机的专业厂家。始建于 1965 年，现有职工 600 人，占地面积 3.8 万 m^2，建筑面积 1.4 万 m^2，生产技术力量雄厚，各类专业技术人员 40 人，其中高中级技术人员 9 人，拥有主要生产设备 112 台，年生产起动电机能力达 10 万台。

商　标

产品种类有：跃进、黄河、依发、康明斯、太脱拉、佩利尼、波罗乃兹、拉达、尼桑、克拉斯、斯泰尔等，计 7 个系列 50 多个品种，替代进口产品比例在 90%以上。其中，依发起动电机和康明斯起动电机为“省优”产品。自 1985 年以来，该厂出口创汇总额达 500 万美元，1985 年被批准为扩权企业。

扬州水箱厂

厂长　朱明忠

扬州水箱厂系机电部、中汽总公司和江苏省定点生产各种水、油散热器和压油管的专业定点厂。是部重点企业、国家二级企业，曾荣获“江苏省机械工业厅质量管理奖”和“科技开发与管理先进单位”等荣誉称号。企业现有职工 635 人，其中专业技术人员占 16.4%，拥有固定资产原值 881 万元，占地 4.5 万 m^2，其中建筑面积 3.1 万 m²，拥有各种设备 154 台，从德国引进关键专机，具有单班年产 16 万台水、油散器的能力。建有国内同行业中测试手段最齐全的散热器综合性能测试中心。

扬州水箱厂系国内散热器行业的骨干企业，工艺成熟，设备精良，80 余种产品，严格按国际组织生产。主要配套单位有上海柴油机厂和南京汽车制造厂等。主导产品 12V135/120kW 水散热器、NJ131 系列水散热器和 642 水散热器等，从 1984 年起均荣获部、省优质产品称号。产品分农机散热器和汽车散热器两大类，农机类以 135 系列水、油散热器为主，汽车类以 NJ131 系列、BJ212、BJ130、EQ140、CA141 等水散热器为主。该厂产品商标为三叶牌。

三叶牌商标

第二代新产品管带式散热器和窗片式散热器已批量投放国内外市场。第三代具有 80 年代国际先进水平的 Cat 散热器正在抓紧研制。

该厂坚持“用户第一、质量第一”，坚持以“品种多、质量优、价格廉、服务好”取胜的经营指导思想；坚持为用户做好全过程的销售服务。荣获市“重合同守信用”三联冠铜牌。该厂具有较强的生产能力、工艺水平和经济技术实力。市场覆盖面不断扩大，具有良好的发展前景，正朝着建成国内一流的散热器企业的发展方向奋进。

北京天云汽车改装厂

北京天云汽车改装厂，是航空航天部第三研究院所属的军转民企业。位于北京市丰台区云岗，该厂是改装生产各种冷藏车、保温车、食品车、运钞车、防尘密封车等厢式专用汽车的专营企业。

该厂到目前为止，通过部级鉴定，上国家汽车产品目录的产品已达五类、17 种型号，平均每年都有 3～5 种新型号的改装汽车问世，并有多种新产品获得部级奖励。

目前年产量为 200 辆，年生产能力为 500 辆。

商　标

北京天云汽车改装厂以航空航天技术为基础，技术力量雄厚，专业齐全，对设计、生产试验都有一定的优势和保证，企业具有新产品开发周期短、变型快、不论订货批量大小都能讲信誉，保质量，最大限度地满足用户的需求。

TY5090XLC 冷藏车

该厂产品的特点是：性能先进、结构合理、用料讲究、外观美观大方、质量可靠。车厢蒙皮采用防锈铝合金材料（也可根据用户需要采用钢板、玻璃钢等材料）；隔热材料为聚氨酯泡沫，厢壁板采用现场浇铸整体发泡新工艺，保温性能好。厢体镶嵌式拼装结构，采用国内最先进的多层密封技术；进口制冷机组，质量稳定可靠。

该厂改装的 TY5040XLC 系列冷藏车和 TY5040XBW 系列保温车采用我国优质轻型汽车底盘，特别适合我国城乡中小企业的食品、医药、疫苗等中近距离运输。TY5090XLC 冷藏车和 TY5090XBW 保温车采用国产东风 140 和解放 141 型汽车底盘改装，适用于长途运输。1990 年制成的 TY5040XFML、TY5090XFML 防尘密封车，是专门为科研、外贸、工商企业等部门生产的，它具有良好的防尘、防水、防盗功能，特别适用于高、轻泡物品的运输。TY5040XFMS 是一种中型运钞车，乘员 6 人，并配有先进的防盗、空调设备，安全可靠、乘坐舒适、价格合理。

该厂除生产厢式改装汽车外，还兼营各种

厢式货车、汽车用制冷设备的维修服务。

北京天云汽车改装厂继承“军工产品质量第一”的传统，发扬“精心设计、精密施工、精良服务”的厂风，为我国的改装汽车工业做出了应有贡献。

中国人民解放军第 9506 工厂

厂 徽

中国人民解放军第 9506 工厂，是以生产“天马”牌汽车为主，兼营进口与国产汽车大修、配件并制做、销售珐琅工艺品的综合性军工企业。

该厂位于河北保定市，厂区占地面积为 16 万 m^2，建筑面积 13 万 m^2；固定资产 3810 万元；年产成车 3000 多辆。

该厂拥有一支专业全面的技术队伍，具有先进的生产工艺装备，并长期致力于新技术产品的开发，其生产的轻型越野车、客货两用车、设计合理、舒适豪华，深得广大用户的喜爱。

警 车

该厂在河北、山东、江西、甘肃等十多个省份设有经销、维修及信息网络，贸易伙伴遍及全国(除台湾以外)的所有省、市、自治区。连续两年被国家水利部、最高检察院等部门，认定为防汛指挥、检察运囚等专用车辆生产厂家。产品实行三包，可根据客户需求进行登门服务。

该厂指挥中心设在空军直属保定天马宾馆。这座具有现代化风格与设施的宾馆，备有高级、普通客房、中西餐厅、舞厅和商场，可为客户提供周到、优质的服务。

客货两用车

企业连续五年评为军队先进单位、多次受到地方政府的表彰。为振兴中国民族汽车工业，该厂将一如既往，坚持以“优质服务求生存，内外搞活求发展”为宗旨的发展方针，愿与国内外各实业、贸易单位竭诚合作、共同发展。

长治清华机械厂

厂长 魏方贵

长治清华机械厂，系航空航天工业部直属大型企业。现有职工 3400 多人(其中：工程技术人员 400 多人)，拥有固定资产 6400 余万元，是军民结合型企业。该厂一贯坚持质量是立厂之本这一宗旨，曾获得省质量管理奖，是国家一级计量单位，国家一级节能单位，国家二级企业。

该厂拥有钢板成形、下料、机加工、焊接、铸造、热处理、表面处理、液压试验、长度精测、物理、化学分析等配套齐全的生产手段。在民品生产方面，具有车辆改装，煤机支护产品中的液压支架、单体液压支柱加工，结构件焊接、电站锅炉辅属设备等方面的设计、生产及测试能力。

QHC

厂　徽

贯彻"军民结合，以军为本、以民为主、为国民经济服务"的方针，根据国家战略重点建设发展的需求，发挥自身优势，向民品方向经营，为能源、交通服务。目前开发的改装车产品有：居国内领先地位的液压随车起重运输车、计量检衡车等，其中：1t、2t 随车起重运输车分别获航空航天工业部科技成果一、二等奖，3t 随车起重运输车获国家银质奖；QHJ 系列随车起重运输车被国家列为替代进口产品。

自行设计制造的 QHJ 随车起重运输车有 1t、2t、3t、3.5t、4t 等，采用液压传动、折叠式起重臂。同时，还有 3.2t 支臂卷扬式随车起重机。装在不同的中型、重型货车上，使汽车能达到自装自卸，单机完成装卸运输作业，可减轻劳动强度，提高工作效率，节约装卸费用；已广泛用于油田、矿场、车站、码头、仓库、建筑工地、林业、地质等行业。

计量检衡车主要由载货汽车、起重装置和专用砝码三部分组成，选用解放或东风平头双排座汽车，加以适当改装而成，起重装置采用自行研制开发的 QHJ—2 型液压折臂随车起重机，该车主要用于计量检定机构，按 JJG15—85（固定式杠杆秤）检定规程对地中衡进行检测工作，完成计量检测工作砝码的机械装卸，达到减轻劳动强度，提高灵敏度、准确度及检测效率，以适应现代化计量工作需要。

该厂经营宗旨是质量第一、信誉第一、用户至上，信守合同、供货及时、优质服务，向用户提供优质产品，为我国专用车、特种车的发展做出新贡献。

黑龙江汽车制造厂

黑龙江汽车制造厂，位于黑龙江省泰来县泰来镇，前身是嫩江新生机械厂。创建于 1956 年，1969 年搬迁至泰来，1971 年开始生产龙江牌 8t 载货车。同年经省批准，更名为"黑龙江汽车制造厂"。1983 年 10 月加入了中国重型汽车工业企业联营公司，1985 年整顿验收合格；又于 1986 年企业全面质量管理验收合格。

全厂现有职工 4262 人，其中管理干部 678 人（包括各种科学技术人员 329 人）；全厂占地面积 73.1 万 m^2，建筑面积 10.2 万 m^2，主要生产设备拥有量 814 台。该厂的铸造设备，可以模锻汽车各种部件及为生产汽车所需的各种模具，冲压生产有 3000t 汽车纵梁专用液压机，可年产万辆车架纵梁。有 1000t 大台面双点液压机，800t 闭式双点液压机，可模压汽车驾驶室顶盖，其它各种型号的液压机可适应多种汽车冲压件的加工制造。。在技术工艺上，以奥地利斯泰尔 91 系列汽车产品为赶超目标。目前正努力将引进的技术应用于改造老产品，现已形成年产 1500 辆汽车的综合生产能力。

主要产品以"龙江"为商标的 LJ150 型 8t 载货汽车、LJ150A 型加长轴距载货汽车、LJ150C 型 8t 高栏载货汽车以及获省优的 LJ681 型长途客车专用三类底盘、LJ180 型城市铰接车式公共汽车三类底盘、LJ352 型自动倾卸车等各类底盘及专用改装车等 11 种变型产品。即将投入市场的产品是以斯泰尔前后桥为基础总成的专用改装车及底盘。

近几年来，工厂不断提高产品质量，强化质量意识，争创优质名牌产品，1986 年、1987 年全国汽车质量检验以及 1988 年、1989 年全国汽车行业联合检查评比中均被评为合格产品。1990 年被评为优质产品、LJ681 三类客车底盘被评为省优质产品。为适应市场需要，工厂加强了新产品的研制，每年都有一两种新产品问世，为企业发展增添了后劲。

该厂的发展重点是：

已引进的斯泰尔 91 系列汽车前后桥，要尽快实行大批量生产，做到多种型号供应市场及供应改装厂。

与有关协作厂共同生产以斯泰尔前后桥为主体的各型改装车以逐步建成一个自已生产底盘，自己出专用车，能满足各种客户的多需求、多功能的汽车生产厂。

以年生产能力和经济效益不低于百分之十的速度，在“八五”期间形成年产各种变型车及基本型载货汽车2000辆的能力投放市场。

济南汽车制造总厂

厂长　张铁瑛

济南汽车制造总厂，是我国重型汽车的发源地，也是目前国内最大的重型汽车生产基地，为国家大型一类企业。

该厂已有五十多年的建厂历史，现有1.9万名职工，工厂占地面积250万m²，拥有固定资产3.6亿元，总厂下设12个专业生产厂，1个试制厂，3个改装车厂，两个后方厂，还有配套的教育，科研等机构，形成了产品开发、研制、大批量生产的经营体系和年产万辆重型汽车的能力，产品有黄河JN150、JN162、JN252、罗曼、斯泰尔5大系列，共81个品种。

至1990年已生产出黄河重型汽车10万余辆，占我国重型汽车总产量的72%。产品除基本车型外，还有供改制大客车、自卸车、牵引车、起重车等多种专用重型汽车底盘。其中主导产品JN162汽车已连续三年评为一等品，1990年被机电部评为部优产品。

该厂在实现大批量生产的同时，紧紧围绕提高产品质量和经济效益进行企业内部治理整顿，企业由单纯的生产型向生产经营型转化。为适应有计划的商品经济，制定了“市场导向，扬长避短，全方位经营，多品种发展”的经营策略。并要根据用户的需求，组织生产经营，积极开拓国内外市场，在国内建立起营销网络。维修服务网络和配套供应网络售前售后实行一条龙服务，常年有销售技术服务小分队到全国各地走访用户，以高质量的服务赢得了用户的信任。在国外市场采取稳扎稳打、占领并巩固阵地，就地扩大的策略。

商　标

随着治理整顿的继续深入，“八五”期间将投资2.3亿元进行技术改造。将形成1.5万辆的生产能力。在黄河汽车完成产品结构调整后，通过19000职工的共同努力，将以完整的系列、全优的质量、全新的面貌进入市场。

目前，19000名黄河人正兢兢业业地工作，务实求精，开拓进取，不断地把黄河汽车推上新发展阶段。

江西省上饶客车厂

厂长　陈成之

江西省上饶客车厂，是国家定点的客车生

产骨干企业，是东风汽车工业集团联营厂。1988年被评为国家二级企业。

该厂现有职工1103人，其中工程技术人员80人，占地面积12.20万m²，年末设备拥有量(5个复杂系数以上)319台。主要产品有：SR6995H型后置式客车、SR6970H型旅游客车，SR5060TDG电力(电讯)工程车。其中SR6995H型客车，采用东风EQ140底盘，具有马力大、耗油少的优点，发动机安装在车厢后面，使整车前后重量平衡，驾驶员操作轻便灵活，车厢内噪音小，无废气味。整车采用异型钢管结构，可靠性好，内饰高靠背航空式座椅，乘坐舒适，前罩面采用大面积弧形玻璃，司机视野广阔。1989年被评为机械电子部优质产品。SR6970H型旅游客车，采用国内外先进技术：强拉蒙皮，全景挡风玻璃、豪华设施，可调座椅等新工艺。在1988年全国乘用车展评会上获得“设计优秀奖”和“造型优秀奖”的荣誉。

商　标

该厂经过“七五”技术改造，提高了生产工艺，完善了工装设备，扩大了生产能力，达到年产1000辆客车水平。“八五”期间中国汽车工业总公司已批准投资2000万元，进行“八五”技术改造，到“八五”末期年产达到2000辆客车能力，以满足城乡交通运输的需要。

湖北省沙洋汽车厂

湖北省沙洋汽车厂，位于湖北省荆门市沙洋区，系湖北省劳改局所属劳改工厂。为汽车改装厂。现有职工、生产人员1100余人，拥有一批工程技术骨干力量，一支技术熟练的工人队伍，具有较完善的加工、锻冲、焊接设备及分析检测手段。目前已形成两大系列25个品种的产品。具有年产改装汽车1000辆的生产能力，是司法部、公安部、国家科协定点生产专用车厂。在1990年中汽总公司组织的国家级质量行检中，产品曾被评为一等品。

厂长　夏传贤

该厂是中国汽车工业协会会员、中国汽车工程学会专用车分会团体会员、湖北省汽车工程学会团体会员。

登峰牌商标

该厂1979年开始为公安部生产小型囚车，在改革开放、发展社会主义商品经济的新形势下，进一步坚持抓产品质量，注重技术进步和新产品开发。该厂选用北京汽车制造厂制造的BJ2020N、BJ1021型三类底盘，生产平头和长头两个系列的囚车、公安司法业务用车、科普车、刑勘车、警犬车、交通勘察车、计划生育车、林业勘察车、土地监察车、农税稽查车、水改监察车、防汛指挥车、轻型客车、双排座载货汽车、轻型越野客车等。

该厂在“八五”期间，将紧紧抓住质量、品种、效益，加强管理，为产品上水平、上质量、上品种，提高经济效益而努力，发展自己优势，尽力满足用户需要，为用户提供更多的质优、价廉的汽车产品。

黄石市汽车改装厂

厂　长　方开明

客车座椅

HSG6650 系列客车

黄石市汽车改装厂，是一个集汽车改装、汽车技术服务等多种行业为一体的综合性企业。职工人数 1400 多人，其中技术人员近百名。有 21 年汽车改装历史，有一支以汽车研究所为基础的产品开发的骨干队伍。先后开发了半挂车、电测车、战备指挥车、客货两用车、流动售货车及公路客车等多种产品。现主要生产产品为 HSG90C10 型客车及 HSG6650 系列客车。HSG6650 系列客车在 1990 年度全国汽车质量监督检测中获国家一等品。

现正在开发 HSG6600 系列轻型客车，采用 NJ6650CYZ 和 NJ6650DAYZ 专用轻型客车底盘，汽油车将为带有空调的高档豪华型，1991 年底即可为各层次的需要提供服务。

华石牌　商　标

该厂恪守信誉，用户至上，质量第一，实行三包的经营方针，是用户最理想的供方厂家选择之一。

产品系列特征

型　号	HSG6900	HSG6650	HSG6600	HSG6600D
底盘型号	$EQ140S_5B$	NJ134AY	$NJ6650CY_2$	$NJ6650DAY_2$
发动机型　号	EQ6100—1	NJ70L	NJG427A	NJD433A
乘座数	45	22	19	19
总长 mm	8900	6570	5990	5990
总宽 mm	2480	2200	2040	2040
总高 mm	3120	2800	2500	2500
车厢内高 mm	1850	1740	1770	1770
轴距 mm	4700	3300	3308	3308
最高车速 km/h	90	80	100	90
最大爬坡度	25%	25%	30%	30%
最小转弯直径 m	18.4	15.2	13.6	13.6
百公里油耗 L/100km	28	18	16	12
允许最大总质量 kg	10200	6000	4510	4510

湖北省随州市汽车改装总厂

厂长　邹新国

驰乐牌

商　标

湖北省随州市汽车改装总厂，是中汽总公司生产改装车的专业工厂，是二汽集团、一汽集团成员厂家，1989 年被湖北省授予省级先进企业称号。有 39 年的建厂历史，现有职工 1000 余人，固定资产 1250 万元，拥有雄厚的技术力量、精良的设备和完善的检测手段，主要产品有自卸、半挂、油罐、厢式货车四大系列，23 个品种，年生产能力 2000 辆。

产品系列特点：

自卸系列：装载质量 4.5t～8t、SGZ341 型自卸车为湖北省优质产品，SGZ350 型 7.5t 自卸车为国内首创的替代进口产品，广泛适用于矿山，钢铁、运输公司及一般载货用。

半挂系列：装载质量 10t 以上。

油罐系统：容量 6400～9600L，有运油、加油车多种。

厢式货车系列：有带棚、不带棚、封闭厢式零担等。

产品经营服务方式、特点：

与全国各省、地、市 300 余家机电物资部门，汽车经销部门建有广泛的销售渠道和服务网点。

厂销售服务公司在全国 26 个省、市、自治区均设有销售网点和办事机构。

厂内建有二汽技术服务站、一汽技术服务站和配件公司，可周到地为用户服务和供应、修理，“三包”服务队实行跟踪服务，产销服务实行一条龙。

企业的发展前景及方向：

“八五”期间，经中汽总公司批准，技术改造资金 1350.6 万元，加深技术改造，形成年产 3000 辆的生产能力，年创利税 1500 万元以上，新增销售收入 1 亿元，在品种上向重型改装车方向发展，开发各种适应出口、替代进口的特种车型，同时，已拟与外商合资生产，开拓外向型经济，预计将年出口创汇 100 万美元。

广西南宁汽车修配厂（南宁客车厂）

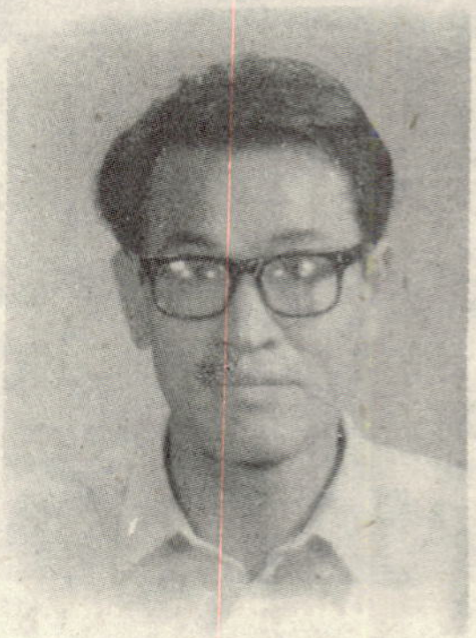

厂长　李绍广

1　企业概况

该厂生产伊岭牌客车，已经注册。是交通部公路客车生产定点厂，也是广西最大的汽车修理骨干企业，同时还是北京公路客车挂车联营公司成员厂家。厂区占地面积 10.62 万 m^2。现有职工 807 人，工人平均技术等级为 5 级，各类专业干部 269 人，其中工程技术人员 62 人，高级工程师 4 人，工程师 20 人。该厂开发生产的广西牌 JT680 型和 GX6910—Q 型及 GX6910—C 型公路客车是列入国家计划的定点产品，自 1982 年以来，在历次全国质量行检中，得分均在 90 分以上，并曾先后获广西工业新产品百花奖和广西优质产品奖，产品行销全国各地。汽车大修的返修率、返工率远低于行业的规定指标，修理质量位居区内同行业的前茅，业务遍及全区。

2　产品系列特点

该厂生产的 GX6910—Q 型和 GX6910—C 型客车分别是装备前置汽油发动机和柴油发动

机的东风系列公路客车。广西 JT680 型客车是装备前置柴油发动机黄河系列公路客车。两大系列三种车型的客车在设计及生产过程中贯彻执行了客车制造有关的国家和行业技术标准，而且采取了相应的结构、材料及工艺以适应南方地势复杂、多山、道路差、温度高、多雨、潮湿、近海、空气碱度大等地理环境和气候条件对车辆的特殊需求。这两大系列的公路客车适用于目前我国公路旅客运输的条件，其变型车是机关、团体、单位理想的交通工具。

3 经营服务方式、特点

该厂产品采取自销为主、联销为辅的经营销售方式。售后服务严格实行"三包"(包修、包换、包赔)，并做好售后各种零配件的供应服务，对某些用户一时处理不了的技术问题及时给予帮助解决，解除了用户的后顾之忧。由于实行灵活的经营方式，减少不必要流通环节，降低了费用，有利于产品参与市场竞争。同时"三包"工作由本厂直接受理，即减少了扯皮，又利于发现产品质量方面存在的问题，及时改进产品质量，以吸引更多的用户。

4 发展方向

以促进产品更新换代为目标，采用引进、改造、开发三管齐下，致力于增加品种，提高产量，形成大、中、小型客车的规模开发生产能力，在保持生产普通型客车的同时，增加中、高档次、豪华型客车的生产，以满足 90 年代客车市场的需要。

柳州特种汽车厂

黄河 LZT5150JQZ 型(QY12 型)汽车起重机

柳州特种汽车厂，又名柳州有色冶金机械厂，是中国有色金属工业总公司南宁公司的直属企业，是全国机械行业重点企业，是解放汽车和重型汽车两个集团的联营厂，也是自治区级先进企业之一。

该厂主导产品有：液压汽车起重机(8t、12t)；自卸汽车(解放、黄河、红岩系列 4.5t、7t、9t、9.5t)；解放系列柴油、汽油载货汽车；铝厂工艺专用车及各种规格的液压油缸。

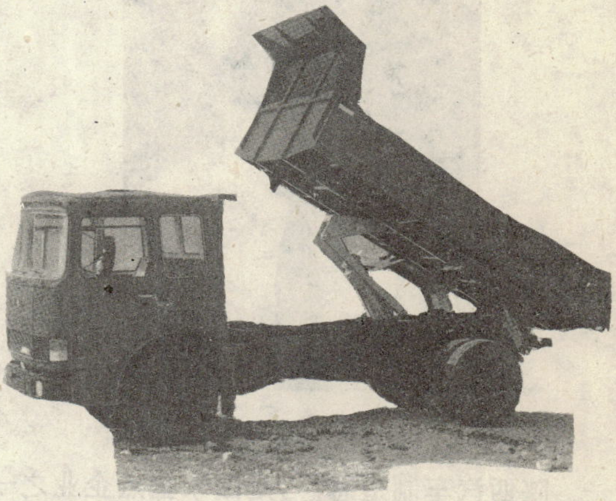

黄河 LZT3181 型(LYQ362 型)自卸车

该厂各类专业技术人员约占全厂职工总数的 18%，是知识密集型企业，具有科研设计和生产上述车辆的雄厚技术力量及设备优势，与全国十多所高等院校和科研院所有长期的紧密协作关系，互通科技信息。

该厂产品中有 4 种铝厂专用工艺车辆为国内首创，并获国家经委颁发的技术优秀成果奖，有 3 种自卸汽车产品荣获自治区新产品百花奖，有一种起重机产品荣获区新产品开发成果二等奖。

解放 CA1091k8 型(CA141K8)载货汽车

"八五"期间还将进一步开发大吨位的自卸汽车、有色矿山井下自卸汽车和井下辅助车辆，使该厂成为国内铝厂专用工艺车辆和井下辅助车辆的专业生产厂家。

陕西汽车制造总厂

厂长　张玉浦

陕西汽车制造总厂，是国家重点企业之一，是我国重型汽车的主要生产基地。现有职工6000余人，主要生产设备1718台，具有较先进的机械加工工艺水平和技术水平；较完整的制造工艺、技术及铸造、大型覆盖件的冲压装焊等工艺手段。在西安投资1.4亿元的第二汽车生产基地已初步竣工，即将大批量生产从奥地利引进的斯泰尔91系列重型汽车产品的国产化汽车及自产重型汽车。

该厂已形成的越野汽车、半挂牵引汽车、公路运输车、自卸汽车、大客车底盘、斯达-斯泰尔汽车为主导产品的五个系列数十个品种。企业以“质量求生存”，多次受到上级的表彰和奖励，得到用户的好评，目前产品销往全国各地，并已打入国际市场。

厂　徽

主要产品：SX2150型越野汽车，SX4230型半挂牵引车，SX1241D型载货汽车，SX3240D型自卸汽车，SX6120型大客车底盘，SX6121后置发动机大客车底盘，SX1160型公路运输车，斯达—斯泰尔产品系列的各种重型汽车、SX6130Q型柴油发动机。

1888～1990年新、扩、改建大型工厂(车间)一览表

新、扩、改建大型工厂(车间)名称	所属企业	生产内容	生产能力实物量/年	产品型号	投资总额		职工总数(人)	生产建筑面积(m²)	主要设备(台)	固定资产原值(万元)	建设日期	投产日期
					人民币(亿元)	外汇(亿美元)						
陕西汽车制造总厂	重汽公司	斯泰尔技术改造项目		斯泰尔91系列重型汽车	1.0657	0.026	944	35035	556	1551	1986.6	
陕西汽车制造总厂	重汽公司	发动机3000台技术改造项目		SX250变型车及SX1160等民用车	0.123			377	988	488		

注：栏中的职工总数即1988～1990年进行新、扩改建后新增加的职工人数。1990年底全部职工人数为6112人

警兴汽车改装总厂

该厂是由中国人民武装警察部队总部与华汉实业公司、定兴县政府于1985年联合创办的改装厂。经过6年艰苦奋斗，我厂已具备了一定的汽车改装规模，设备和技术已达到国家标准，现已有5种车型在中汽总公司注册，是中汽质检取得生产许可证的厂家之一。

该厂生产的车辆产品，有1020S系列轻型载货汽车与6400厢式越野汽车两种，分普通型、基本型、豪华型。

普通型均以北汽原车为基础，加以改装而成，内装俱全。其产品型号有：JXQ1020S(4×2)型，BJ121底盘、4门5座；JXQ1020S(4×4)型，BJ122底盘、4门5座；JXQ6400(4×4)型，BJ122底盘、5门7座。

基本型均采用日本丰田原装 RN55 覆盖件，英国 ICI 烤漆，内装俱全。其产品型号有：JXQ1020S(4×2)型，BJ121 底盘、4 门 5 座；JXQ1020S(4×4)型，BJ122 底盘、4 门 5 座。

豪华型均采用日本丰田原装 RN55 覆盖件，英国 ICI 烤漆、配以日本 3Y 发动机。分国内组装豹牌与日本原装两种件。还采用了前进四档变速器及制动助力器等十项较先进总成装配而成，其型号有 JXQ1020S(4×2)型、6450 底盘、4 门 5 座；JCQ1020S(4×4)型，6450 底盘、4 门 5 座；JXQ6400(4×2)型、6450 底盘、5 门 7 座。JXQ6400(4×4)型，6450 底盘、5 门 7 座。

竭诚为您服务，欢迎广大用户惠顾。

陕西飞机制造公司

“汉江牌”系列汽车

微型汽车商标

团体客车商标

陕西飞机制造公司是航空航天工业部所属重点企业，位于陕西汉中，建于 70 年代初期，技术力量雄厚，设备先进。

“七五”期间，公司将微型汽车列为第一支柱民品。在航空航天工业部和陕西省政府大力支持下，1985 年引进铃木微型汽车的成套技术，当年组装出汉江牌微型汽车，并通过鉴定，投入批量生产。1986 年起，公司将重点转向引进技术的消化吸收，零组件的国产化工作和微型汽车建线工作。公司依靠自己雄厚的技术力量和先进的设备，很快实现了微型汽车的国产化，于 1989 年 11 月通过了部、省联合主持的国产化鉴定。与此同时，公司按照“高起点、大批量”的原则，投资 3767.6 万元，进行微型汽车生产线建线工作，第一期工程于 1990 年 11 月竣工并通过国家验收，形成了年产两万辆微型汽车的生产能力。

汉江牌微型汽车外型美观，采用四缸四冲程发动机。功率大，油耗低，车速快，噪声低，机动灵活，加之采用飞机喷漆工艺，表面质量处于国内同类产品领先地位，1988～1989 年评为“省优”产品和“部优”产品，并多次在全国性展览会上获奖。为增强产品竞争力，公司对汉江系列微型汽车不断改进改型，先后研制开发了 SFJ1010 系列钢壳及玻璃钢壳的双排座微型货车、微型厢式货车及玻璃钢壳双排微型汽车等 8 种车型。公司还研制生产出汉江牌 SFJ6900 型团体客车及 SFJ6950 型豪华型大客车，它们内饰豪华、乘坐舒适，外蒙皮采用张拉新工艺，平整光滑，各种性能均达到国内同类车型先进水平。

公司走联合发展之路，1988 年 9 月成立了由 54 家企事业和科研、销售单位组成的以陕西飞机制造公司为主体、以汉江牌微型汽车为龙头产品的“汉江微型汽车企业集团”。公司狠抓产品质量，积极开展对职工多方位、多层次、多种形式的质量教育，并成立了由27家主要配套厂参加的汉江微型汽车厂际质量联保体系。公司还在全国各地建立了200多个汉江汽车联合经销网点，并对销售、技术服务队伍严格进行维修技术、经济法规、公共关系等方面的训练，做到了汉江牌汽车销到哪里，维修服务就到哪里。

公司在今后的汽车生产中，正组织力量，加快微型汽车的改型换代。目前，7座、9座豪华型厢式货车已开始研制，并在不断进行市场分析调查，构思下一代汉江汽车，采用“生产一代，储备一代，研制一代，构思一代”的发展战略，努力为广大用户提供更多更好的汽车产品。

新疆汽车厂

新疆汽车厂，是机械电子工业部的重点企业，是中国汽车工业总公司直属企业，为东风汽车工业联营公司直接领导，是二汽集团紧密联营厂，亦是生产改装车、专用车和组装东风系列汽车的重点厂。

全厂占地面积40万m²，现有固定资产4000多万元，拥有各种设备480余台和7条生产线。工艺手段齐全，并有压制汽车纵梁的3500t油压机。新疆汽车厂在1985年首批认证为新疆自治区二级计量单位，为自治区一级企业。5t载货汽车连续四年获全国中型车行检一等品，10t半挂汽车、东风载货汽车及曲轴为自治区优质产品。

厂长　夏昌午

EQ2060E(原EQD230)型是沙漠越野车，于1988年9月通过定型鉴定，该项产品为国内首创，并获1988年汽车工业科技进步二等奖，1990年国家级科技进步三等奖。EQ2060E沙漠越野车已批量生产，以满足沙漠开采石油的需要。

该厂生产以东风系列汽车底盘改装的各种半挂汽车列车、自卸车、8t汽车起重机、邮政汽车、油罐车、焊接工作车、自装式管材运输车、厢式保温车、半挂式营房车、沙漠加油车、沙漠采集车等20多个品种。

该厂经过“七五”技术改造，到1990年已形成能组装东风系列汽车3000辆，生产改装车、专用车1000辆以及汽油发动机3000台的能力。

EQ2060E型沙漠越野车

国营建设机床厂

厂长　陈子陛

国营建设机床厂，是中国兵器工业公司所属的大型骨干企业，已有一百多年历史。工厂占地面积183万m^2，现有职工1.8万多人，其中工程技术人员1100多人；各类管理人员近2000人；有各类设备6000多台(套)；固定资产原值两亿多元，净值为一亿多元。

工厂设有军品研究所、摩托车研究所和经济技术研究所，拥有计量、理化、翻译、标准化四个部属地区中心。工厂工艺技术先进，检测手段齐全，具有独立的冷热加工、表面处理、工具制造、专用设备制造能力和强大的产品开发能力，建立了严格的生产指挥系统，管理系统和质量保证系统。

该厂生产的重庆·雅马哈CY80型摩托车、50系列摩托车、“峨嵋牌”运动系列比赛枪等民用产品深受用户的喜爱，并远销亚、非、拉等地区的许多国家。特别是新近开发的建设牌JS80型高架摩托车、建设牌JS50Q—4A型摩托车更倍受消费者的青睐。

工厂在大力发展摩托车生产的同时，以技贸结合的形式，同日本雅马哈公司签订了技术协议。通过不断挖潜、革新和对引进技术的消化、吸收，以及不断调整产品结构，目前，已建成发动机、冲压、焊接、喷漆、总装等16条生产线，形成年产30万、总装50万辆摩托车的生产能力，已累计生产各种类型的摩托车110多万辆。

工厂积极发展横向经济联合，同国内200多个生产厂家建立了协作配套关系的(建设牌)摩托车经济联合体。联合体拥有20万职工、8亿多元固定资产、近万台设备和120多条生产线，为摩托车生产和更新换代发挥了明显的优势。

工厂利用多种销售形式开拓市场，同国内140多个商业单位组建了跨地区、跨行业、多层次的建设牌摩托车销售集团，在上海、北京、广东江门建立了摩托车联合销售处，建有工厂的自销体系，利用本系统燕兴公司销售网点，在全国各地建立了一百多个维修中心和四百多个维修网点。

工厂在产品质量和产品信誉方面狠下功夫，摩托车和各种民用枪近十年来先后多次荣获国家、部、省优质产品奖，其中：JS50Q—4型摩托车1990年获新产品开发“骏马杯”一等奖；重庆·雅马哈CY80型摩托车获外观质量一等奖；“峨嵋牌”EM751型5.6mm自选比赛枪和EM752型5.6mm标准比赛枪连续多次获国家金质奖。

工厂现为国家一级计量单位，国家优秀管理企业，国家定点生产摩托车重要厂家，国家机电产品出口基地企业，国家二级企业。

广西玉林柴油机总厂

厂长　王建明

广西玉林柴油机总厂(简称玉柴)，是国家机电行业大型骨干企业，国家二级企业，东风汽车工业联营公司成员厂。

玉柴始建于1951年，至1990年工厂拥有固定资产净值9500万元；占地面积90万m^2；各种设备2269台(套)；职工总数5720人，其中大中专各类技术人员1150人。总厂下设10个分厂，22个办、处。1985～1989年，工业总产值、销售收入以年平均63%、61%的速度增长。至1990年实现工业总产值1.9亿元，销售收入1.9亿元，利税2100万元，分别是1985年的7.8倍、8.3倍及5.2倍。

6105QA型车用直喷式柴油机

玉柴主要产品有两类，一类是中吨位客货车用柴油机，6105QA直喷式柴油机，年生产能力1.5万台，专供“东风”、“解放”柴油载货车作动力，兼作工程机械、船舶、发电动力。该机为国家级节能产品及部优产品。YC6105QC型柴油机是在6105QA型机的基础上增大行程、改造燃烧室的升级产品，其功率比6105QA大10%，油耗低、噪音小。YC6110Q型柴油机，结构紧凑、体积小、重量轻，各项主要经济技术指标达到80年代国际先进水平，是5t～8t客货车的理想配套动力。

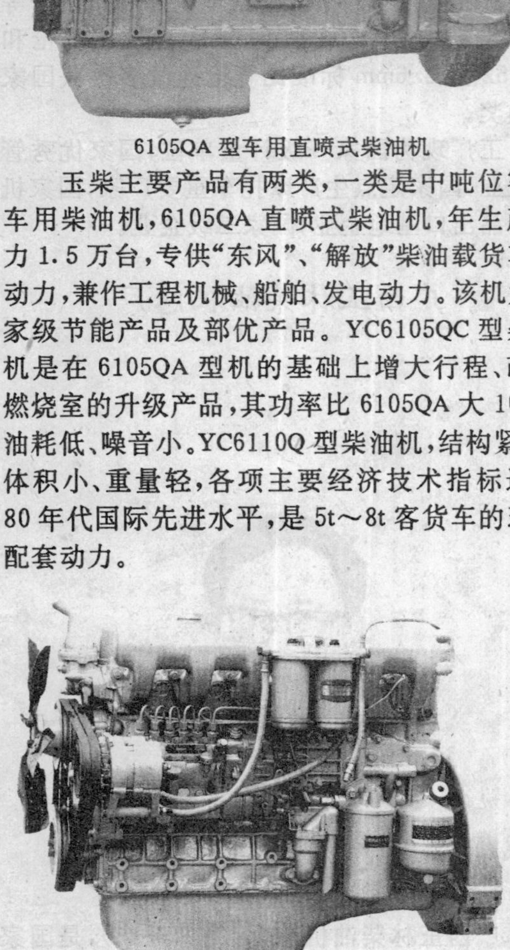

YC6110Q型车用直喷式柴油机

另一类是WY1.3小型液压挖掘机，是全部出口创汇产品，年生产能力2000台。

玉柴的生产经营以市场为导向，依靠质量品种，占领市场。以优质的售后服务巩固市场。产品行销西欧、东南亚等37个国家和地区。

玉柴将通过“八五”规划的实施，建设成为一个水平高、批量大、品种多、覆盖面广的动力机械与行走机械的生产基地。

河北张家口拖车总厂

河北省张家口拖车总厂，是直属机电部的大型挂车生产制造厂。是全国挂车、力车行业组长厂和行业情报中心所在，有着30余年生产挂车的历史。拥有近3000名职工，2478万元固定资产(原值)，主要生产设备497台，其中高精度设备24台；456名管理技术干部中，有高级工程师11名，工程师45名；有11个生产车间和1个汽车改装分厂及挂车研究所。

厂长靳英同志(右二)在征询客户意见

张家口拖车总厂，位于张家口市城区南侧，属于浅内陆中等城市。在地理位置上，面向沿海、背靠内陆、东依京津、西临大同、南接华北、北通坝上草原和内蒙古。具有对外吸引、对内辐射的双重作用，公路运输业十分发达。

30余年来，这个厂凭借着十分优越的地理位置和雄厚的技术以及经济实力，该厂的挂车产品遍布全国21个省、市、自治区，并且还远销世界八个国家和地区。特别是对两大能源基地的能源公路外运，做出了突出的贡献。

该厂的主要产品分为农用挂车、汽车全挂车和汽车半挂车(属汽车改装)三大系列，24个品种，即：农用挂车1.5～7t，12个品种；汽车全挂车4～12t，7个品种；汽车半挂车10～20t，5个品种。其中JT—851型4t全挂车，多年保持省优质产品称号；ZTBG13型10t半挂车和ZT-

BG 型 [illegible]0t 半挂车确定为省内新产品，列入中汽总公司生产企业目录。新推出产品 30t 半挂自卸车、沥青保温运输车属国内外先进水平。

厂徽商标

该厂以质量求生存，以品种求发展，大规模地使用新工艺、新设备，从根本上提高产品的生产质量。如：厢邦部分全部采用二氧化碳(CO_2)保护焊，有效地提高了厢邦焊接质量；校直机和滚槽机的使用，保证了整车框架的质量。因此，坚固耐用，经得起时间的考验。

根据国家"八五"规划制定的优先发展农业、能源、运输业的宏观决策，该厂企业内部"八五"规划拟定的 2500 万元新产品投资计划正在加紧实施。

福建省仙游电机厂

厂长　叶羽纺

该厂创办于 1979 年，是全国首家专业生产国内首创的无刷发电机的国营企业，是目前全国无刷发电机生产批量最大的厂家。目前产品有：JFW、JFWZ、JFWB、JFWBZ 四大系列的无刷发电机和 QD 系列的起动电机，计 80 多个品种。其中 W14X、ZW18、ZW19、内定子结构及 QD 系列起动马达 5 项为国家专利产品，ZW18 同时获得美国专利权，所有产品自 1988 年起均采用国际标准进行生产，产品质量稳定可靠。W—13、W—14X 均为"省优"产品，在福建省首届工业博览会上荣获银质奖。

商标

1　厂况简介

该厂现有 10 个职能科室，7 条主要生产流水线，拥有目前国内先进水平的测试手段，一个中心实验室和一个精密铸钢分厂。大中专以上的科技人员占全厂职工人数的七分之一，每年可产汽车电机 20 万台，1986 年起成为省机械系统的重点厂，1988 年升为省级先进企业，计量国家二级企业。又是 1988～1989 年度省政治思想工作优秀单位，1990 年省安全生产先进单位；1990 年省工业品扩大销售先进单位，连续八年保持"两位数、三同步"，是我省完善承包制的先进企业。

该厂坚持奉行"质量第一、用户至上、重于信誉、服务到家"的宗旨，以质优价廉的产品，供国产、进口多种汽车配套及维修。目前已为北京内燃机总厂、南京汽车制造厂、北京吉普汽车有限公司、大连柴油机厂、萍乡发动机总厂、扬州柴油机厂、洛阳第一拖拉机厂、长春轻型发动机厂、长沙发动机总厂、朝阳柴油机厂、江西汽车厂等二十多家大型主机厂配套，也是北京吉普汽车有限公司引进的美国切诺基汽车国产化共同体成员厂及南京汽车制造厂引进的意大利依维柯汽车国产化配套厂，产品供配套的数量占该厂总产量的 80%以上。QD 系列的起动电机也已批量出口新西兰。在销售工作方面，该厂自 1988～1990 年连续三年被市评为"重合同、守信用"先进单位。为了进一步开拓国际市场，该厂又与香港的龙伟公司合资开办了仙游电机有限公司，引进国外先进设备，生产专供国外不同类型汽车配套及维修使用的各种零配件，产品在保证出口的情况下，部分供应国内维修进口汽车。

湖北汽车电机厂

厂长　张行舫

湖北汽车电机厂，是国家机械电子工业部确定的中国汽车电机、电器行业重点企业，系东风汽车工业联营公司董事会成员厂，湖北省最大的200家工业企业之一。

该厂始建于1965年，工厂占地面积为14万m^2，固定资产2500多万元，拥有生产线15条，主要生产设备560台。拥有初具规模的技术开发中心和职工教育中心，现有职工1800多人，其中各类专业技术人员250名。1987年荣获"省质量管理奖"，1988年同行业中第一家晋升为国家二级企业。

电器产品

产品共有五大系列，74个品种，主要为二汽、北内、洛拖、南内、玉柴等多个主机厂配套，六个主导产品均为省优产品，其中QD1211起动机、ED1324暖风电机为部优产品。产品开发采用计算机辅助设计，其性能在国内居先进水平，并能全面地进行产品性能、耐久、环境和可靠性试验。生产中广泛采用冷挤压、冷滚轧、波峰焊、硬钎焊、滚浸、滴浸绝缘等先进技术工艺；自行设计制造的电工机械及装配流水线达到行业一流水平。

商　标

该厂被国家定点为二汽上30万辆轿车配套的零部件生产厂。"八五"期间和今后一个时期内的发展方向为：瞄准国内外同行业先进水平，发挥现有优势，重点开发轿车及轻型车配套的电机、电器。

湖北汽车附件厂

厂长　肖扬明

湖北汽车附件厂，是与第二汽车制造厂同步建设，并为其配套生产多种汽车附件的专业厂，是东风汽车工业联营公司的成员厂。该厂1970年开始建设，1975年达到设计要求，并开始盈利，同年纳入国家预算。现已形成年产15万辆份汽车附件的综合生产能力。该厂主要生产汽车电线束总成、汽车专用低压电线与接头等共259种产品。

该厂是国家机电部的重点企业，是全国生产同类产品的最大厂家。现有职工988人，专业工程技术人员66人，下设武汉、十堰、郧县三个分厂，拥有固定资产5000万元，工厂占地面积

17235m^2，拥有主要生产设备 179 台。

为了提高企业素质，该厂从 1979 年开始，推行了全面质量管理，健全经济责任制，全面推行计划管理、目标管理、ABC 管理等现代化管理办法。1987 年各项经济效益指标创企业历史最好水平。曾荣获省“质量管理奖”，1988 年被批准为省级先进企业，计量管理被定为国家二级单位。1989 年被国家技术监督局、国家质协评为“推行全面质量管理成效显著企业”。

注册　商标

山茶商标

该厂主导产品电线束系列产品连年保持“湖北省优质产品”和第二汽车制造厂“信得过配套产品”的称号。

该厂产品除为二汽配套外，还在全国 29 个省、市、自治区设有 200 个销售点，工厂始终遵循“质量第一，信誉至上，用户至上，服务至上”的宗旨。产值、销售同步增长，经济效益逐年提高，在汽车行业中享有一定的声誉。

为了使产品质量达到国际先进水平，分别于 1985 年、1988 年从德国引进了汽车链条生产线；从意大利引进了汽车门窗橡胶密封条生产线及成套检测设备。经过几年来的消化、吸收，经济效益明显提高，产品质量均达到国际标准，具有国际 80 年代水平。

目前该厂正着手进行电线束生产工艺的全面调整。“八五”期间，根据国内外汽车的发展动向，该厂的产品将朝着重、中、轻(微)、轿车配套系列化方向发展，特别是在产品结构、质量、工艺水平上将有较大的突破。除为二汽 EQ140—2、EQ145、EQ153 等车型配套外，还定点为二汽与法国雪铁龙公司组成的“神龙汽车有限公司”生产的轿车配套以及广州标致生产的轿车配套。同时又开发了五十铃、高尔夫等车型产品。到 1995 年该厂将全面完成汽车风油门和电线束产品的工艺改造，采用流水作业线和计算机检测等工艺，形成年产分别为 20 万辆套和 30 万辆套的生产能力。开发橡胶密封条和汽车橡塑密封装饰条系列产品，形成年产分别为 315 万 m 及 630 万 m 的生产能力。为重、中、轻、轿车型配套，并争取出口创汇，届时该厂将成为我国高起点、大批量、专业化的汽车附件大型企业。

中南橡胶厂

中南橡胶厂创建于 1968 年，是国内橡胶制品加工的大型企业。全厂占地面积 43 万 m^2，建筑面积 20 万 m^2，拥有从德国、美国、日本、英国引进，具有国际先进水平的新设备和国产先进设备及各种精密测试仪器共 862 台套，固定资产原值 8244 万元，形成了年产值 2.5 亿元的生产装备能力。本厂主要生产供冶金、煤炭、矿山、货场运输用的普通输送带，尼龙、聚酯高强力输送带，钢丝绳芯输送带，钢缆牵引输送带，尼龙阻燃带，PVC 整芯阻燃带及耐热、耐油、耐酸碱等特殊性能输送带；各种传动带、三角带；各类高、中、低压胶管，石油钻探管；各种汽车配件；印刷胶板；工业胶板等系列产品。产品质量稳定可靠；饮誉国内外。到 1990 年底，已创 14 种国、部、省优质产品，其中银质奖三枚，优质品产值率达 61.6%。1990 年还创化工部质量管理奖。

汽车配件的系列特点：

该厂共生产汽车配件 300 多种，年产量近 1000t，主要为二汽 EQ140、EQ240、EQ245、EQ153 配套。技术力量雄厚，产品质量优良，性能稳定可靠。其中汽酸胶管具有规格尺寸准确，质量稳定，轻便柔软，使用寿命长等特点；汽车 V 型带具有强度大，传递功率高，传动装置紧凑，使用寿命长等特点；主动锥齿轮复合油封及制动皮膜曾多次荣获湖北省“优质产品”和二汽“信得过产品”称号，制动皮膜曾荣获 1988 年化工部“优质产品”称号。尤其是从德国引进的复合密封条生产线生产的复合密封条，因具有优良的耐候性及耐臭氧老化性能，多次经压缩试验 20 万次无裂纹，已用于进口和国产车辆，深受用户欢迎。

中字牌

ZHONGZIPAI

商　标

产品经营服务方式、特点：

该厂产品质量可靠，价格合理，代办托运。并以热忱的态度、优良的技术随时满足用户需求，提供技术服务。经常与用户保持联系，重视信息反馈，对产品质量负责到底。

该厂宗旨是质量第一，用户至上，信守合同，欢迎来人来函洽谈订货。

该厂还在北京、武汉、长沙、郑州、太原等地设有服务站，方便用户。

企业发展前景、方向：

该厂规划：到1995年实现工业总产值25920万元，其中出口创汇500万美元。输送带类达590万m^2；V型带类720万Am；胶管类460万标m；汽车配件2000t，其中油封780万件，制动皮膜120万件，“O”型圈450万件，异型胶管270万条，密封胶条165万件。实现利税4215万元。

开发研制各种难燃带，汽车配件和气热橡皮布等15个新产品。难燃输送带、联组V型带及窄V型带可形成系列化；轿车油封，“O”型圈、制动皮膜、异型胶管、复合密封条等产品与二汽轿车发展同步配套；气热橡胶布的质量达到国际先进水平。

成都市水箱厂

成都市水箱厂，系成都汽拖公司的直属企业，同时也是西南轻型汽车工业联营公司定点为五十铃轻型车配套的成员企业，是西南地区最早生产汽车散热器总成的专业化工厂，迄今已有30年的生产历史。

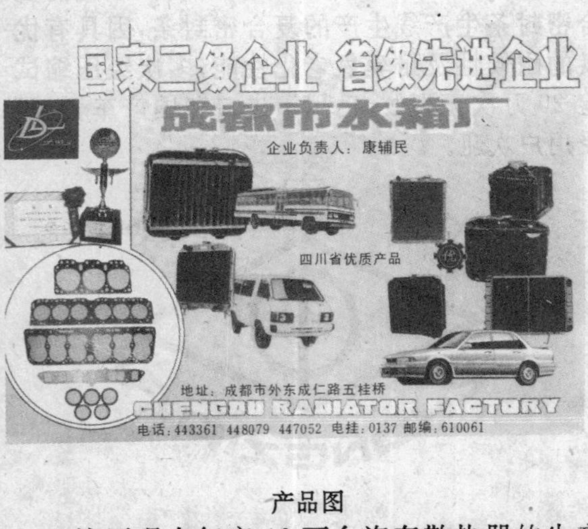

产品图

该厂现有年产10万台汽车散热器的生产能力，散热器的结构已由管片式发展到窗片式和管带式的新型结构。工厂现有职工360人，其中工程技术人员和管理人员65人，固定资产原值470万元（不包括“七五”技改实施部分），年产值1000多万元，产品注册商标为“大陆牌”。

该厂自1983年以来，着力于企业的技术进步和企业管理的优化工作，曾先后七次获省、市企业管理和经营管理先进企业称号，计量管理达国家二级计量标准，质量管理为四川省质量达标，1989年该厂被四川省人民政府授予“省级先进企业”称号，1990年荣获国务院生产委员会、中汽总公司授予的“国家二级企业”的称号，1984年至今共有6种产品获得省、市优质产品奖和质量信得过金奖，并被机械电子部列入第一批“出口产品质量保证生产企业名录”。

1990年经成都市人民政府批准，国家工商行政管理总局注册登记，该厂与法国欧加特尔公司合资创办了“成都欧加特尔散热器制造有限公司”，该公司总投资720万元人民币（其中外汇70万美元），主要技术装备均从国外引进，达产后，年产量为10万台管带式散热器，其中50%外销。合资公司的建成，将进一步促进该厂的发展，并将充分地发挥它在技术、管理和体制上的优势，使该厂增强了国产化配套的能力和出口创汇能力。

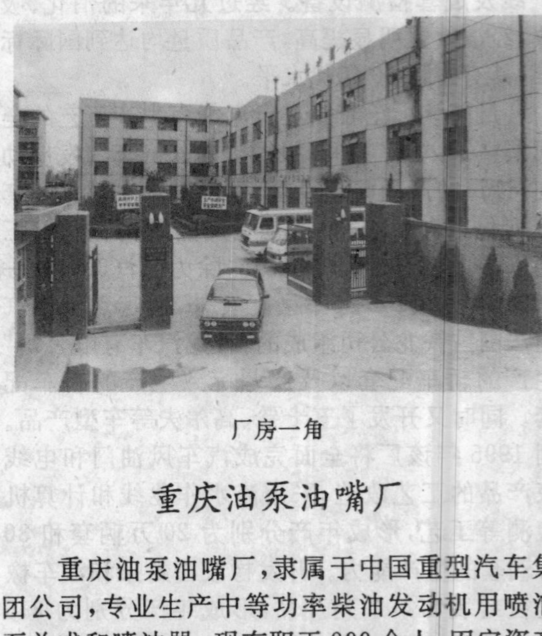

厂房一角

重庆油泵油嘴厂

重庆油泵油嘴厂，隶属于中国重型汽车集团公司，专业生产中等功率柴油发动机用喷油泵总成和喷油器。现有职工900余人，固定资产2963万元。1981年引进美国康明斯（CUMMINS）发动机公司PT喷油系设计制造技术专利和进口成套的工艺设备及质量检测设备。1990年,斯泰尔(STYRE)P型喷油泵的技术改造已完成,形成上百台份的批量生产。该厂是一个技术密集、资金密集型企业。

厂　长

厂　徽

1　产品系列特点:

油泵油嘴是柴油机的关键零部件,是发动机的心脏,直接关系发动机的性能指标。PT燃油系的整个生产过程采用康明斯公司的质量控制方法,斯泰尔P型喷油系按国家部级标准生产。

商　标

主要产品有:为"重庆—康明斯"NH和K两个系列各种用途高速柴油机配套的PT喷油系总成,为"重庆—斯泰尔"WD615系列发动机和X6130发动机配套的P型喷油泵及喷油器总成,为国产6102、4102型柴油机配套的喷油器总成,为各种国产、进口汽车柴油机配套与维修的各种油泵油嘴精密偶件,为"重庆—雅马哈"CY80型摩托车配套的润滑油泵总成等。上述产品还向社会提供维修配件的技术服务。

2　产品经营服务方式、特点:

工厂面向社会提供具有80年代国际先进水平的汽车零部件和优良的技术服务,也为主机厂配套,工厂还在重庆杨家坪和沈阳农机公司增设经营维修窗口,为各地用户提供方便。

3　企业的发展前景、方向

"八五"期间工厂将继续发展PT喷油系统和P型泵(为在车、船、矿山、发电、工程和机械等方面使用的机型配套)。不断开发新产品,在PT油杯出口基础上,力争扩大产量,增加品种。"高质、求实、创新、外向"是工厂的办厂方针,即质量第一,用户至上,不断创新,面向世界,加入国际大循环,使工厂发展成为外向型企业。

重庆汽车配件制造厂

重庆汽车配件制造厂是中汽总公司直属厂,现有职工2500余人,其中工程技术人员300余人,固定资产4500万元,1990年工业总产值3500万元。

该厂是生产汽车制动、液压制动和转向零部件的专业厂,积累了丰富的生产经验,产品质量在全国同行业中居领先地位。厂内有行业中最全的测试手段,由中汽总公司投资兴建的重庆汽车气动元件研究所设在该厂,该所负责全行业的检测任务并完成了汽车气动阀类、转向零部件类的多个行业标准的制订、修订以及产品质量分等标准的制订工作。

厂长

1985 年工厂与德国 WABCO 公司签订了"汽车气制动元件技术转让合同",引进了 WABCO 公司具有 80 年代国际先进水平的七种共 15 个型号的气动元件并引进了包括压铸机、数控机床在内的数十台关键加工设备。目前,结合技术引进而进行的工厂技术改造项目已竣工验收,已形成年产 75 万只气动元件的生产能力。引进产品 3514CF 系列气制动阀被评为 1989 年市优、省优以及 1990 年部优产品,并完成了 Steyr、EQ153 等车型的配套。

该厂愿竭诚为全国广大用户服务。

贵州凯里国营宇光电工厂

厂长　傅荣德

贵州凯里国营宇光电工厂,是机电部中国振华电子工业公司真空电子器件专业厂。现有职工 1400 余人,其中具有高中级职称的专业技术人员 300 余人。该厂于 1966 年 8 月开始筹建,1970 年正式投产以来,先后研制和生产了微波真空器件 70 余种。1980 年 5 月,我国第一次向南太平洋发射洲际运载火箭成功,该厂为火箭测控系统提供了 5 种微波电子管,受到国防科工委和四级部的嘉奖。该厂研制和生产的 B—1 行波管和 K—144 速调管被评为部优产品。党中央国务院表彰正负电子对撞机有功人员,该厂受到奖励,工程纪念碑上刻有该厂厂名,建厂 20 余年来,该厂为国防建设做出了重要贡献。

近年来,该厂积极调整产品结构,开发民品,建成了黑白显像管生产线和电光源产品生产线,并使之形成一定的经济批量,产品投放市场,取得明显的经济效益和社会效益。

该厂于 1989 年晋升为贵州省先进企业。

厂　徽

1　产品系列特点:

H 系列汽车灯泡:该厂生产 H_1、H_2、H_4 塔式、三爪、平板型系列汽车灯。产品质量达到轻工部标准。1989 年 10 月正式签订合同,从匈牙利通斯拉姆公司引进单班年产 200 万只 H_4 汽车灯生产线。

H_4 汽车前照灯是国际上普遍使用的新光源,具有体积小,光色好、光效高、使用方便、光输稳定、近光会车不眩目等特点。

商　标

产品经营方式:自产自销(批零兼营)。

产品经营特点:与国内汽车配套,出口国际市场。

2　企业发展前景、方向

高科技、高技术军用微波管系列;

黑白显像管年产 50 万只,并准备引进单色显示器生产线并生产 70 万只;

引进匈牙利通斯拉姆公司 H_4 汽车前灯生产线,单班年产 200 万只,"八五"后期达到年产 400 万只;

高效电子节能灯近期内达到年产 30 万只,"八五"期间达到 300 万只;

高压真空开关管近期内达到年产 1 万只,"八五"后期达到 5 万只。

强化企业管理,调整产品结构,以价廉质优的产品投放市场。

国营二二八厂

国营长春228厂座落在吉林省长春市，隶属于中国兵器工业总公司。该厂经过30多年的建设和改造，已经成为工艺门类齐全、技术基础雄厚、专业技术人材济济、设备精良、检测手段先进、全面质量管理严格的现代化企业。

遵照中央军转民的方针，该厂瞄准国际先进水平的汽车离合器，1985年与一汽联合引进英国AP公司AUTOMOTIVE PRODUCTS P/C膜片弹簧离合器制造技术，从英国、德国、日本、苏联、奥地利等国家引进关键设备26台套，建成了年产25万套∅180～430多种规格膜片弹簧离合器生产基地。膜片弹簧离合器是目前国际上广泛采用的汽车离合器，它具有结构简单、使用寿命长、传动扭矩大、踏板力小、操作轻便、适应高速等优点，是改变我国汽车产品落后面貌、提高汽车性能的高层次新产品。该厂产品可为重型、中型、轻型、微型、轿车等多种车型配套。该厂已成为我国目前技术水平较高、生产规模较大的现代化汽车离合器专业厂。

以质量为生命，以质量求振兴、求发展，是该厂的一贯经营方针。先进的工艺水平和雄厚的技术实力是产品质量的可靠保证。该厂引进国外先进技术关键设备，并配以国内的优质设备组成了12条生产线，可对生产的离合器进行分离行程、分离力、压盘升程、夹紧力、拖拽分离力矩、滞后值、夹紧厚度、面压缩特性、平等度等9项技术指标数据进行全过程测试，从而保证了每件产品均达到质量标准。

以市场为导向，竭诚为用户服务是该厂的宗旨。该厂膜片弹簧离合器除满足一汽和兵器工业内部军转民汽车产品配套外，还为国产和引进的其它车型配套，并向社会提供维修备件。根据用户的需要，既可大批量生产，也可零星订货，方便灵活，平等互利，诚实信用。

该厂膜片弹簧离合器生产线，经英国AP公司专家组逐工序逐零件鉴定，认为已经具备大批量生产能力并同意大批量生产，DS330离合器经严格的全面考核试验，达到AP公司的质量水平，并正式为解放CA141型汽车装车配套。为6～9t载货汽车配套的DS350膜片弹簧离合器已投入试制；为轻型车、微型车、轿车配套的DST系列离合器已列入开发计划。按“八五”规划要求，该厂1995年将达到年产30万套离合器的生产能力，2000年将形成80万套的生产能力。目前，离合器二期改造已由兵器总公司批准，列入国家第三批军转民重点工程。

二　1990 年各省　自治区　直辖市

序号	企业名称	主要产品产量		全年工业总产值（1980 年不变价）（万元）
北京市				
1	北京汽车摩托车联合制造公司	BJ1021 系列载货车 BJ1022 系列载货车 BJ2032 系列载货车 BM021A 型摩托车	9045 辆 22 辆 10850 辆 14000 辆	41797
2	北京第二汽车制造厂	汽车专用底盘 汽车钢板弹簧	900 辆 323978 架	2341
3	北京吉普汽车有限公司	BJ2020LM、BJ2020LU、BJ2020LJ、BJ2020NM、BJ2020NU 汽车 BJ/XJ2021 汽车	31754 辆 6106 辆	111000
4	北京燕京汽车厂	YJ6500、YJ6500GD 型旅行车 YJ5020 系列汽车	778 辆 1231 辆	8469
5	北京轻型汽车有限公司	BJ1040 系列汽车 BJ1040 系列汽车底盘 BJ1041 系列汽车 BJ1041 系列汽车底盘	11142 辆 4805 辆 1104 辆 160 辆	26181
6	北京重型汽车制造厂	BJZ3364 型自卸汽车	170 辆	3260
7	北京市旅行车股份有限公司	BJ6500 系列汽车 BJ5030 系列汽车	3029 辆 201 辆	9424
8	北京重型电机厂	改装 JN162 型加油车 EQ140、CA141 型加油车 EQ144 型保温加油车	16 辆 118 辆 15 辆	15498
9	北京市商用汽车制造厂	改装 BS431 型厢式车 BS121 型、BS212 型轻型越野汽车 BS660 型小客车	193 辆 269 辆 12 辆	502
10	北京市客车总厂	改装 BJ631 型旅行车 BK141、BK6150 型汽车 BK663、BK652C 型公共汽车	1236 辆 195 辆 245 辆	9034

注：表中括号内数为按历年数估算数，仅供参考。

汽车工业主要企业基本情况一览表

全年工业总产值(1990年不变价)(万元)	汽车工业总产值(1980年不变价)(万元)	汽车工业总产值(1990年不变价)(万元)	全年工业净产值(现行价)(万元)	年末职工人数(人)	生产建筑面积(m²)	年末固定资产		定额流动资金全年平均余额(万元)
						原值(万元)	净值(万元)	
5[illegible]697	29742	42033	8330	9561	285563	19795	12047	20263
[illegible]023	2341	4023	328	1086	26499	1149	711	1977
1[illegible]476	107132	182668	26746	4923	149020	29306	19878	30889
1[illegible]284	8254	13835	3743	2099	65098	3979	2850	4555
4[illegible]430	25894	42034	14457	5661	113320	11281	9196	14406
5[illegible]54	3260	5754	1812	1951	52752	2982	833	4224
1[illegible]236	9384	17163	3341	2149	33372	5169	3999	3980
2[illegible]524	1418	1816	5081	7760	222942	23019	13778	22446
1[illegible]17	502	1518	379	643	29537	947	519	2696
1[illegible]348	9034	12848	3690	3839	60286	4072	2600	7108

序号	企业名称	主要产品产量		全年工业总产值（1980年不变价）（万元）
11	北京市清洁机械厂	改装各种环卫环保车	211 辆	748
12	北京市客车总厂一厂	改装 BK6581、BK6590 型旅行车 BK5040 型工程车	1355 辆 126 辆	3854
13	北京新海汽车改装工厂	改装 XHQ1020S、XHQ1030S 轻型载货汽车 XHQ6470 轻型客车	898 辆 104 辆	(3850)
14	北京内燃机总厂	492Q 汽油机 475 汽油机 921 柴油机 931 柴油机	148032 台 300 台 232 台 25 台	47672
15	北京齿轮总厂	BJ212 型汽车变速器 BJ212 型汽车分动器	53000 台 43816 台	11456
16	北京汽车装饰制造厂	BJ2020N 汽车前靠垫， BJ2020N 汽车前靠背 BJ2020N 汽车车篷	51600 件 50494 件 28100 件	5359
17	北京市汽车机油泵厂	492Q 汽油机机油泵 021A 发电机	133000 台 11900 台	1392
18	北京市汽车灯厂	CA141 汽车 701 型前大灯 CA212 汽车 200A 型前大灯	56154 只 111509 只	1801
19	北京市汽车电机厂	BJ212 汽车电机 BJ130、NJ130 汽车电机 EQ140 汽车电机	118326 台 40460 台 11146 台	2101
20	北京市汽车起动机厂	BJ212 汽车起动机 BJ122 汽车起动机 切诺基汽车起动机	127296 台 266 台 57 台	1191
21	北京市内燃机附件一厂	492Q 汽油机配气机构 BJ212 汽车起动机	96000 台 110010 台	2021
22	北京市汽车水泵厂	BJ212 型汽车水泵	137350 台	785
23	北京市汽车配件总厂	BJ2020 汽车轮毂总成 BJ2020 汽车减震器 BJ130 汽车钢圈 BJ2020 制动总泵	80000 套 329502 只 100000 套 20545 台	6378

续

全年工业总产值（1990年不变价）（万元）	汽车工业总产值（1980年不变价）（万元）	汽车工业总产值（1990年不变价）（万元）	全年工业净产值（现行价）（万元）	年末职工人数（人）	生产建筑面积（m²）	年末固定资产 原值（万元）	年末固定资产 净值（万元）	定额流动资金全年平均余额（万元）
1598	748	1598	512	536	11039	1102	973	1926
5199	3854	5199	1352	593	10400	486	371	1986
4246	(3850)	4246	843	439	9020	171	104	537
76287	40579	64742	14148	12914	326943	29009	16510	27241
16935	11456	16935	5630	5021	110479	12035	5602	7769
5734	5351	5726	1245	643	21861	1035	642	1784
2019	1392	2019	441	479	8299	486	313	600
2224	1801	2224	698	852	14936	716	328	1073
3200	2101	3200	658	938	8748	554	298	751
2755	1191	2755	544	724	13842	729	470	815
3549	2021	3549	912	591	7815	771	536	844
1411	785	1411	247	428	3715	423	264	625
7591	6364	7577	2512	4099	76381	4172	2274	5660

序号	企业名称	主要产品产量		全年工业总产值（1980年不变价）（万元）
24	北京市化油器厂	492汽油机机油泵 492汽油机分电器传动装置 021型摩托车化油器	119000台 112950台 78321台	1163
25	北京市双桥农场黑庄户汽车配件厂	492Q汽油机飞轮总成 492Q汽油机压盘总成 492Q、492QA₂汽油机进排气歧管总成	133820只 94973只 119257只	1384
26	北京市汽车钢圈总厂	BJ1040汽车钢圈 BJ1021汽车钢圈 组装BJ130S载货汽车 BJ2021汽车钢圈	80022只 230373只 2302辆 37039只	4501
27	北京市第二汽车齿轮厂	BJ212汽车单向器总成 492Q汽油机曲轴正时齿轮 429Q汽油机凸轮轴正时齿轮	359881只 107029只 164250只	2137
28	北京汽车水箱厂	BJ212、BJ130、CA10型汽车散热器	29216只	1137
29	密云县汽车配件厂	BJ130、BJ212汽车变速器一轴、二轴 BJ130汽车变速器总成 BJ130汽车齿套	34548根 1041台 34671只	1353
30	航空航天工业部曙光电机厂	各型汽车发电机、起动机	136745台	2729
天 津 市				
31	天津市汽车制造厂	TJ1043系列载货汽车	9796辆	19195
32	天津市客车厂	TJ620B、TJ6481型旅行车 TJ620B型三类底盘 TJ120型厢式货车	2723辆 1700辆 50辆	20742
33	天津市微型汽车厂	TJ1010型厢式汽车 TJ1010A型载货汽车 TJ7100型微型轿车	8460辆 940辆 2920辆	37049
34	天津客车装配厂	改装TJK6926A型客车 TJK6996型客车 TJK6156A型铰接客车	120辆 18辆 70辆	1423
35	天津市迅达摩托车公司	K80、K100、K125型摩托车	7800辆	2882

续

全年工业总产值（1990年不变价）（万元）	汽车工业总产值（1980年不变价）（万元）	汽车工业总产值（1990年不变价）（万元）	全年工业净产值（现行价）（万元）	年末职工人数（人）	生产建筑面积（m²）	年末固定资产 原值（万元）	年末固定资产 净值（万元）	定额流动资金全年平均余额（万元）
1331	1163	1331	320	678	6364	669	439	597
2362	1884	2362	304	815	15380	727	509	294
4476	4501	4476	1031	992	34600	3671	2792	1251
2676	2137	2676	852	737	10532	929	479	1476
1899	927	1741	368	352	7685	380	239	252
1618	1353	1618	563	608	13100	788	577	570
4559	1470	2939	1232	3500	96281	5835	2862	2001
[illegible]0024	19195	30024	3490	3754	92380	7694	4748	9837
23706	20742	23706	4870	2736	53086	4394	2730	4966
5[illegible]625	36749	50372	8899	2449	72214	16525	14567	13936
[illegible]635	1385	1587	490	1470	32049	1101	648	1451
[illegible]610	2882	3610	593	1320	54992	(6000)	(5383)	2464

序号	企业名称	主要产品产量		全年工业总产值（1980年不变价）（万元）
36	天津市汽车发动机制造厂	492Q-A型汽油机	10097台	3629
37	天津市内燃机厂	TJ370Q型汽油机	10217台	3930
38	天津市汽车桥厂	TJ130型汽车前桥总成 TJ130、TJ110型汽车后桥总成	9265根 18595根	3538
39	天津市点火线圈厂	汽车暖风机 点火线圈 车灯开关	34731台 135440只 12.32万只	1243
40	天津市汽车齿轮厂	TJ132型汽车变速器总成 TJ130、TJ110型汽车螺旋伞齿轮	11805台 49844件	2191
41	天津市汽车水箱厂	各型汽车散热器	28551只	692
42	天津市汽车装具厂	TJ1040、TJ1010、TJ7100、TJ6481型汽车座椅	47111只	2071
43	天津市内燃机电机厂	JF131D、JF134型发电机	40539台	852
44	天津市汽车水泵厂	各型汽车水泵	193230只	1617
45	天津市散热器厂	TJ130型汽车散热器	8312只	1760
46	天津市专用汽车厂	TJ1048型载货汽车 TJ1043系列汽车货厢 TJ1043系列汽车车架总成	360辆 3117台 6471台	3460
47	天津市汽车钢圈厂	TJ133C型汽车钢圈	80160只	1793
48	天津市汽车锁厂	TJ133、TJ110型汽车门锁	213515件	910
49	天津市汽车车架厂	TJ130系列车架	4200台	1437
50	天津市南郊区汽车缸盖厂	492Q型发动机气缸体 BJ212型汽车缸盖 BJ212型汽车进排气歧管	12000只 15000只 13000只	1443
	河北省			
51	石家庄市汽车制造厂	SQ6470系列越野汽车 SQ1030系列轻型载货汽车 SQ6470型客车	144辆 93辆 217辆	5088
52	长征汽车制造厂	T815型自卸汽车 T815型汽车底盘 牵引汽车	653辆 824辆 23辆	9623

续

全年工业总产值（1990年不变价）（万元）	汽车工业总产值（1980年不变价）（万元）	汽车工业总产值（1990年不变价）（万元）	全年工业净产值（现行价）（万元）	年末职工人数（人）	生产建筑面积（m²）	年末固定资产 原值（万元）	年末固定资产 净值（万元）	定额流动资金全年平均余额（万元）
5410	3629	5410	1146	1645	43673	3084	1817	2481
6744	3750	6437	1620	2300	46594	11003	9264	2852
4627	(3538)	(4627)	1249	1585	27061	3031	2228	2482
1399	1232	1388	282	578	6853	319	203	342
2383	2322	2358	1009	1859	31952	2762	1310	1742
1341	692	1341	443	386	5300	763	559	746
2075	2071	2075	549	536	14190	575	404	1063
1262	791	1183	386	636	11858	589	271	594
2434	1380	2042	699	558	14401	950	663	418
2516	1199	1417	576	818	18172	1044	557	1320
10634	(3700)	(3870)	421	1743	37273	1803	1073	5359
2881	1655	2661	569	533	14613	1139	681	582
1429	910	1429	388	441	3311	253	169	284
1909	1405	1878	275	642	7085	439	308	670
1944	1443	1944	998	270	1900	149	130	210
6015	5085	6012	1446	2239	72043	3058	2015	4701
1[illegible]162	7771	8239	2544	5767	146806	8633	5446	6743

序号	企业名称	主要产品产量		全年工业总产值（1980年不变价）（万元）
53	国营河北胜利客车厂	SL6540等型客车	1156辆	7250
		厢式专用车	344辆	
54	河北红星旅行车制造厂	HX6481、6400型旅行车	911辆	4608
		底盘	1190辆	
55	河北客车厂	改装长途、城市客车	298辆	2906
		旅行车	73辆	
		救护车	50辆	
56	石家庄市汽车改装厂	改装SCG630型旅行车	29辆	980
		SCG121等型厢式专用车	214辆	
		SCG121型载货汽车	117辆	
57	保定汽车制造厂	客货两用车	469辆	3160
		轻型越野汽车	418辆	
		汽车底盘	252辆	
58	保定市长城汽车工业公司	改装厢式客车	270辆	3278
		载货汽车	140辆	
		越野汽车	160辆	
59	中国人民解放军第九五〇六工厂	改装汽车	811辆	(4500)
60	秦皇岛市抚宁县京岛汽车改装厂	改装JD1030S型载货汽车	669辆	782
61	航空航天工业部石家庄飞机制造厂	MX50、80、100、125型摩托车	15118辆	4351
62	河北省保定地区华北汽车改装厂	改装HBQ2020型越野汽车	151辆	1337
		492QB汽油机气缸体	16698只	
63	国营第五四六〇厂	F8L413F风冷柴油机	234台	2950
		BF8L413F风冷柴油机	36台	
64	唐山齿轮厂	轻型汽车变速器	22219台	4022
		微型汽车变速器	11000台	
		汽车制动鼓、泵	55170台	
65	石家庄内燃机配件总厂	BJ212型汽车气缸套	59万件	5467
		活塞	39万只	
		活塞环	373万只	
66	华北车身总厂	BJ212型越野汽车车身	4930台	2554
		改装越野汽车	80辆	

续

全年工业总产值（1990年不变价）（万元）	汽车工业总产值（1980年不变价）（万元）	汽车工业总产值（1990年不变价）（万元）	全年工业净产值（现行价）（万元）	年末职工人数（人）	生产建筑面积（m²）	年末固定资产		定额流动资金全年平均余额（万元）
						原值（万元）	净值（万元）	
9122	7223	9095	2016	2892	52895	6401	5797	2643
7499	4599	7386	1277	1808	87650	3221	2132	2603
4345	2129	3113	422	1171	83125	2723	1835	3805
1703	980	1703	424	558	20527	936	664	643
4440	3039	4227	1239	1887	30795	2897	2383	1983
3433	3278	3433	416	520	4200	310	271	280
5190	（4500）	5190	1127	786	15236	1190	1120	2204
2836	770	1806	651	376	5818	326	292	334
3933	2365	3613	1291	3840	91409	5170	3637	3663
1334	1069	1265	530	940	21669	1262	1040	391
4570	1110	1977	336	2885	92715	8843	7031	5995
5[illegible]66	3806	5050	1763	2353	54211	6441	4370	2316
10[illegible]11	3280	6007	4577	4340	111696	7978	4356	3786
2650	2554	2650	1268	1209	44669	4470	3572	1064

序号	企业名称	主要产品产量		全年工业总产值（1980年不变价）（万元）
67	承德市汽车挂车制造厂	改装半挂汽车列车 全挂车1辆，其它改装汽车	144辆 155辆	5775
68	廊坊制动空压机厂	空压机	45805台	2207
69	河北省张家口拖车总厂	各型拖挂车 半挂车	5526辆 95辆	4376
山西省				
70	山西汽车制造厂	改装SXQ3091型自卸车	635辆	2291
内蒙古自治区				
71	包头内燃机配件厂	492Q型发动机活塞 492Q型发动机气缸套	878500只 263500只	2227
72	内蒙古汽车齿轮厂	EQ140型汽车螺旋伞齿轮	2428套	882
73	内蒙古第一通用机械厂	JH70型摩托车前叉总成 JH125型摩托车前减震器	30326套 11044套	1261
74	呼和浩特油泵油嘴厂	柱塞泵 液压油缸 前盖 后盖	4万件 9万件 4万件 8万件	1179
辽宁省				
75	丹东汽车制造厂	DD680G、652型大客车 DD347型自卸车	1139辆 400辆	14968
76	辽宁省凌河汽车制造厂	LN143E8型载货汽车 LN142、142E型载货汽车	383辆 5辆	2101
77	锦州重型机械厂	改装QY8、8B型起重汽车 QY16A、QY25A型起重汽车 QY8BZ型测井车	349辆 10辆 10辆	4409
78	鞍山客车制造总厂	改装AK340、AK680、AK662、AK642等型客车 厢式专用车	305辆 2辆	1593
79	本溪重型汽车制造厂	改装BQ355B1、BQ141 I×I型自卸车 BQ940型半挂汽车列车	344辆 17辆	4804
80	朝阳柴油机厂	6102系列柴油机 4102型柴油机	13286台 914台	11490

续

全年工业总产值（1990年不变价）（万元）	汽车工业总产值（1980年不变价）（万元）	汽车工业总产值（1990年不变价）（万元）	全年工业净产值（现行价）（万元）	年末职工人数（人）	生产建筑面积（m^2）	年末固定资产		定额流动资金全年平均余额（万元）
						原值（万元）	净值（万元）	
6[illegible]50	5272	6136	1125	1137	24912	1874	1586	2685
2[illegible]44	2140	2278	934	1491	37500	1574	871	1029
6[illegible]52	3858	6149	1510	2358	47283	2478	1427	2724
3[illegible]09	2291	3709	94	2359	49856	4241	2976	3481
5[illegible]5	1828	3907	1820	1690	33455	2083	1390	1086
11[illegible]6	850	1102	506	621	14032	1237	707	453
12[illegible]9	1122	1159	490	1317	14453	1485	956	1056
13[illegible]7	1100	1300	260	811	16171	1208	795	410
1353[illegible]	12524	14968	2654	4908	165201	10677	7303	9202
[illegible]54[illegible]	1904	2297	767	1709	60708	6334	4331	6110
550[illegible]	4409	5502	1578	1633	46626	4263	3656	3801
226[illegible]	1509	2178	168	1315	20750	1877	1353	1518
5[illegible]71	2870	3311	1719	2847	78649	5819	4153	4496
18[illegible]05	11490	18305	4197	6660	111191	9892	6443	5118

序号	企业名称	主要产品产量		全年工业总产值（1980年不变价）（万元）
81	辽宁省凌河汽车发动机厂	6101Q—3型汽油机 6102AQ、BQ型柴油机 6101Q—3型汽油机曲轴	1303台 22台 417根	905
82	第一汽车制造厂辽阳汽车弹簧厂	CA141、JN151B、EQ140型汽车钢板弹簧	307601架	4568
83	凤城内燃机配件总厂	LNH201A、231SC、102、204等型化油器 492Q型汽油机活塞	105629只 17.93万只	1202
84	营口市活塞厂	6102、6110、6100、4102型发动机铝活塞	53.09万只	1180
85	地方国营凤城满族自治县直流电机厂	QD251、QD252、QD261型直流起动机	45601台	1420
86	解放汽车工业企业联营公司本溪曲轴厂	CA10B、BJ212型汽车曲轴	24110根	45010
87	辽宁省凌河汽车配件厂	BJ212、CA141型汽车气缸套 BJ212、CA141型汽车活塞环	16.50万只 73.46万只	844
88	营口汽车轴瓦厂	CA10、BJ212、CA141型汽车曲轴瓦、连杆瓦	115万片	952
89	丹东曙光车桥总厂	BJ121、BJ212L型汽车前桥 BJ121、BJ212型汽车后桥	2599根 2642根	1211
沈阳市				
90	金杯汽车股份有限公司	SY132D、C型载货汽车 SY622C型旅行车 492Q—1、2型汽油机	6224辆 4402辆 19825台	76663
91	沈阳双马汽车制造厂	SM130型载货汽车 SM131型载货汽车 SM121型载货汽车	172辆 2254辆 144辆	9764
92	国营松辽汽车厂	SL620型客车 SL420型厢式专用车 SL6420B型越野车	900辆 608辆 195辆	6749
93	沈阳飞机制造公司汽车厂	SF212系列轻型越野车 SL650型旅游客车 改装SF660、662型团体客车	1306辆 58辆 312辆	7918
94	沈阳齿轮厂	BJ212、DD680型汽车变速器 BJ212型汽车分动器 BJ212型汽车前后桥	10410台 11386台 1758根	3451

续

全年工业总产值（1990年不变价）（万元）	汽车工业总产值（1980年不变价）（万元）	汽车工业总产值（1990年不变价）（万元）	全年工业净产值（现行价）（万元）	年末职工人数（人）	生产建筑面积（m²）	年末固定资产		定额流动资金全年平均余额（万元）
						原值（万元）	净值（万元）	
1801	879	1749	128	1093	44019	2206	1169	2078
6412	4568	6412	967	1495	32522	3134	1795	1446
1970	991	1681	480	1115	10236	639	464	527
2077	1108	1937	1030	348	8162	517	325	392
1468	1420	1468	338	500	7592	364	257	488
6135	4264	5611	2771	2493	60177	4085	3354	1662
1375	821	1352	497	898	24470	1209	853	605
1273	809	1130	994	566	11772	1383	1214	377
1546	1213	1546	281	160	6170	318	280	320
114326	76663	114326	16067	51124	751000	69298	50014	55167
13638	4883	7821	-273	7589	128231	13181	8272	16085
9613	4581	9400	1309	2197	48273	4270	3150	3958
8947	7918	5947	2840	2508	89252	6914	4821	9252
4789	2321	3053	1483	3329	57269	3468	2034	2008

序号	企业名称	主要产品产量		全年工业总产值（1980年不变价）（万元）
95	中国人民解放军第七四〇七工厂	BJ212、BJ222、SL620、BJ121 等型汽车前桥 BJ212、BJ222、SL620、BJ121 型汽车后桥	20570 根 22280 根	6935
96	沈阳黎明发动机制造公司摩托车厂	HK50C 型摩托车 IE40F 型摩托车发动机	11500 辆 26500 台	2429
大连市				
97	大连客车厂	改装 DK6892 型客车 JT611H 型客车 JT611HK 型客车	400 辆 18 辆 5 辆	2640
98	瓦房店客车厂	改装 WK174A 型铰接客车 WK141A 型客车 WK311S 型客车	79 辆 92 辆 74 辆	1432
99	金州重型机器厂分厂	改装 JZ151280GYQ、JZ15130GYQ 等型气罐车	38 辆	1476
100	国营五二三厂	改装 YD5260GYQ、5150GYQ、5260GYQ 型罐车	95 辆	8661
101	解放汽车工业企业联营公司大连柴油机厂	6110 型柴油机	15022 台	12303
102	大连油泵油嘴厂	解放、东风系列汽车高压油泵 喷油器总成 喷油嘴偶件	17503 台 173100 只 1552388 副	3008
吉林省				
103	第一汽车制造厂吉林轻型车厂	JL1010H 型双排座载货汽车 JL110G 型微型客车	2752 辆 460 辆	12757
104	四平专用汽车制造厂	改装 SP349、348、347 型自卸车 SP933C 型半挂汽车列车 SP144、141 型水泥车	494 辆 61 辆 46 辆	4905
105	四平客车厂	改装 SPK6150 型铰接客车 SP6970 型团体客车 SPK5060 型工程车	43 辆 194 辆 37 辆	1886
106	延边公路客车厂	改装 ZY6900、6890、6970 型公路客车	381 辆	2169
107	通化市石油化工机械厂	改装 THS5270TJC、5210TJC、5090TJC、5100BC 等型修井车、送泵车	88 辆	3073
108	四平仪表厂	S-6 系列仪表板总成 8212D、232D 等型传感器 C253 型仪表软轴	65715 只 29.24 万只 12.59 万根	2392

续

全年工业总产值（1990年不变价）（万元）	汽车工业总产值（1980年不变价）（万元）	汽车工业总产值（1990年不变价）（万元）	全年工业净产值（现行价）（万元）	年末职工人数（人）	生产建筑面积（m²）	年末固定资产		定额流动资金全年平均余额（万元）
						原值（万元）	净值（万元）	
7888	6935	7888	1649	1498	27223	2744	2001	2000
4266	2288	4115	2647	2743	22875	1937	98	2866
3786	2640	3786	724	1278	31389	2459	1717	2037
2293	1090	1694	429	1403	32883	1888	1323	1980
2300	996	1738	292	1268	12728	516	319	814
12709	1041	2560	2786	5459	145778	13932	8691	9768
199[illegible]9	12288	19984	3154	2355	87507	6533	4035	3001
6522	2240	4981	2786	2057	43035	4078	2121	1398
14045	12251	13585	1274	10118	167556	26222	20644	25047
5655	4245	5042	942	1771	50065	2496	1983	3984
2492	1886	2492	283	2027	42307	2919	2125	3120
2880	2169	2880	482	987	24418	1733	1320	1435
3520	2577	2723	1120	1428	31264	2065	984	2323
3241	2363	3212	1076	1489	38926	4140	3507	1468

序号	企业名称	主要产品产量		全年工业总产值（1980年不变价）（万元）
109	公主岭播种机厂	CA141型汽车左、右车头锁 左、右锁体总成 左右门锁手柄	151415只 161701只 38620只	1550
长春市				
110	第一汽车制造厂	CA141型载货汽车 CA141型载货汽车底盘 奥迪100型轿车 CA151型汽车 CA151型客车底盘	55587辆 5761辆 4200辆 928辆 2399辆	260501
111	长春消防器材总厂	改装CG35/30型水罐消防车 CP10CA型泡沫消防车	94辆 154辆	2071
112	长春市汽油机总厂	AX100A、B、C型摩托车	18122辆	6784
113	第一汽车制造厂长春轻型发动机厂	492Q型汽油机	7323台	1863
114	国营首钢柴油机厂	6110系列柴油机	1236台	9708
115	第一汽车制造厂长春市齿轮厂	CAS5-20型变速器 CAS5-25型变速器	10169台 445台	1636
116	长春市汽车油箱厂	CA141型汽车油箱	80406只	931
117	公主岭市玛钢件厂	CA141、CA15型汽车铸件 制动调整臂 垫板	1927t 288656只 63235只	1251
118	解放汽车工业企业联营公司辽源汽车电器厂	CA141、EQ140型汽车起动机 发电机	41460台 56233台	2298
119	公主岭市汽车机油滤清器厂	CA141型汽车制动室 CA141、CA15型汽车机油滤清器	217236只 46442只	1451
120	公主岭气门芯厂	CA141型汽车刮水器总成 挂车制动阀 TC_1型轮胎气门芯	47000只 4.60万只 4130万只	2003
121	国营向阳仪表厂	201A型化油器 101B型化油器	108643只 28476只	1547
122	长春航空机载设备公司	CJH101、101A、101C等型化油器	28279只	4421
123	国营东北光学仪器厂	CA141型汽车离合器盖及压盘 CA141离合器从动盘	148568件 168169件	2090

续

全年工业总产值（1990年不变价）（万元）	汽车工业总产值（1980年不变价）（万元）	汽车工业总产值（1990年不变价）（万元）	全年工业净产值（现行价）（万元）	年末职工人数（人）	生产建筑面积（m²）	年末固定资产		定额流动资金全年平均余额（万元）
						原值（万元）	净值（万元）	
1713	(1200)	1283	490	1380	28960	978	447	1201
304552	260501	304552	106851	73628	1702948	202878	91713	141577
2278	2043	2241	427	658	19767	1201	725	1158
9073	6781	9070	2148	1046	33852	3639	2941	1884
3279	1863	3279	510	1155	16554	985	615	1437
1[illegible]132	1978	1434	3368	6958	153022	16174	8539	6358
[illegible]657	1634	1655	438	1423	27367	1790	1378	1224
2[illegible]25	716	1809	221	642	4441	677	537	222
1[illegible]44	1153	1257	370	989	15895	664	381	549
2832	2298	2832	710	1643	35517	1559	799	2255
17[illegible]3	1267	1510	380	563	10844	746	590	586
27[illegible]1	1814	2560	946	1973	20387	1075	660	564
[illegible]60[illegible]	1288	1343	334	3020	47158	4227	2469	1474
541[illegible]	1913	1963	1790	5914	95295	10682	7166	4839
2506	941	1295	615	3500	61304	4734	2778	2402

序号	企业名称	主要产品产量		全年工业总产值（1980年不变价）（万元）
黑龙江省、哈尔滨市				
124	国营星光机器厂	XG1040系列轻型载货汽车	480辆	3662
125	哈尔滨飞机制造公司	HFJ1010系列载货汽车	3750辆	25908
126	黑龙江客车厂	改装LJ662等型客车	771辆	4602
127	哈尔滨客车厂	改装HK348型客车	465辆	4655
128	国营建成机械厂	改装液化石油气罐车	127辆	9208
129	哈尔滨工程机械制造厂	改装各种吨位起重汽车	96辆	5040
130	东安发动机制造公司	DA462型汽油机	4404台	3314
131	哈尔滨汽车电器厂	各型汽车喇叭 点火线圈 蜂鸣器	105万只 73.80万只 2万只	2474
132	哈尔滨汽车齿轮厂	改装汽车 CA141型汽车取力器 JN150型汽车中间轴	23辆 2477台 4036根	1948
133	哈尔滨拖拉机配件厂	改装焊接工程车 打拔桩车 通井机	28辆 16辆 22辆	2703
上海市				
134	上海汽车厂	SH7221型轿车 SH1020SP型客货两用车	6072辆 1128辆	29352
135	上海重型汽车厂	SH1082系列载货汽车 自卸汽车 SH1281系列载货汽车	1018辆 232辆 99辆	6279
136	上海第二汽车底盘厂	SD6580型汽车三类底盘 救护车	357辆 170辆	4096
137	上海大众汽车有限公司	LX330型上海·桑塔纳轿车	18537辆	54741
138	上海电车厂	浦江牌汽车底盘 电车底盘	330辆 225辆	1220
139	上海客车厂	改装SK641系列客车 铰接式客车 铰接式电车	174辆 412辆 200辆	3949
140	上海旅游客车厂	改装SLK6970、6561等型大客车	400辆	1368

续

全年工业总产值（1990年不变价）（万元）	汽车工业总产值（1980年不变价）（万元）	汽车工业总产值（1990年不变价）（万元）	全年工业净产值（现行价）（万元）	年末职工人数（人）	生产建筑面积（m²）	年末固定资产		定额流动资金全年平均余额（万元）
						原值（万元）	净值（万元）	
3865	1427	1613	−556	6975	163882	15815	10230	2088
33351	7946	11930	12158	17257	351033	35138	16672	45641
5852	4408	5658	609	872	24357	3273	2538	3701
3978	4655	3978	838	1481	39562	1293	829	3799
[illegible]	2711	2758	3675	8456	158620	12459	6499	8969
[illegible]	3585	3608	1779	2698	77189	5233	3229	5003
3912	3314	3912	1204	5263	100889	15128	8164	8633
4234	2434	4193	1149	1314	16261	1803	1131	1258
2419	1948	2419	557	2405	32030	4206	2589	1919
[illegible]	1560	1623	496	1882	65125	4769	3424	3515
[illegible]	25171	31254	11155	1521	69036	7523	6066	4772
[illegible]	6235	9834	997	2066	57385	3216	1275	5884
[illegible]	4092	5684	1362	1761	42203	2549	1579	2342
[illegible]	53757	192785	36628	2993	164726	67447	59285	33787
[illegible]	852	2256	620	1089	22927	1352	636	1204
[illegible]	3947	7656	1698	1890	41917	1300	690	2263
[illegible]	1271	2998	723	880	13336	438	312	1254

序号	企业名称	主要产品产量		全年工业总产值（1990年不变价）（万元）
141	上海飞机制造厂	改装SF6960、6961、6970等型客车	252辆	15364
142	上海万象汽车厂	改装SXC6600系列、SXC6560型客车	436辆	2715
143	上海格拉曼国际消防装备有限公司	改装水罐、泡沫消防车 喷洒车	495辆 35辆	2722
144	上海易初摩托车有限公司	XF250系列、XF125A型摩托车	140032辆	37461
145	上海汽车发动机厂	680Q型汽油机 气缸体 气缸盖	9352只 464只 3500只	5384
146	上海柴油机厂	6135型柴油机	3124台	18808
147	上海汽油机厂	1E65F型汽油机	14712台	1101
148	上海汽车电器总厂	起动机 硅发电机	57266台 25258台	9010
149	上海汽车配件厂	CA30、SH760L型汽车散热器 SM250型摩托车空气滤清器	10018台 55604只	1816
150	上海汽车齿轮厂	SH760等汽车变速器 螺旋伞齿轮	9068台 34401套	3315
151	上海纳铁福传动轴有限公司	SH142C、SH760型汽车传动轴总成	7945根	2533
152	上海汽车底盘厂	SH760、SH361型汽车转向器总成 XF250型摩托车及SH760型轿车减震器	10488只 24万只	3683
153	上海实业交通电器有限公司	FJ111型调节器 电喇叭 继电器	32.50万只 12.90万只 29.80万只	4571
154	上海小糸车灯有限公司	SH760A型轿车前大灯总成 250D型摩托车前大灯总成	18101只 71265只	2396
155	上海离合器厂	SH760等型汽车离合器压盘总成 离合器钢片总成	19389件 77974件	1143
156	上海第一汽车附件厂	CA10等型汽车活塞销 SH760等型汽车化油器 SH760型轿车汽油泵	29.20万只 6.30万只 1.70万只	2264

续

全年工业总产值（1990年不变价）（万元）	汽车工业总产值（1980年不变价）（万元）	汽车工业总产值（1990年不变价）（万元）	全年工业净产值（现行价）（万元）	年末职工人数（人）	生产建筑面积（m²）	年末固定资产		定额流动资金全年平均余额（万元）
						原值（万元）	净值（万元）	
1[illegible]095	1957	2431	10214	6554	234249	17579	9439	5171
[illegible]928	2715	2928	954	763	12758	1096	894	1074
[illegible]650	2358	4166	1403	861	32847	1414	1240	1691
52002	37461	52002	12023	3047	57574	12712	10757	7361
9598	5240	9505	2552	1516	51590	2784	1411	2413
34[illegible]82	2670	4551	11948	9359	266948	20885	9289	8129
1[illegible]33	1101	1533	175	726	11160	836	632	902
17[illegible]09	5352	10370	4488	3971	54016	4031	2290	5434
3[illegible]18	879	1828	711	955	15195	865	447	1323
4[illegible]77	2467	3243	1615	1767	50783	10620	8270	2404
27[illegible]7	2533	2767	1800	1021	33992	2248	1181	1319
41[illegible]7	3660	4164	1813	1416	28499	3391	2285	1644
71[illegible]6	4088	6285	1808	1273	21092	2416	2004	2324
2850	2282	2723	766	611	10935	2516	1903	1102
1694	1082	1694	554	452	10874	286	120	649
[illegible]69[illegible]	2051	3258	1173	1680	37517	1878	950	1144

序号	企业名称	主要产品产量		全年工业总产值（1980年不变价）（万元）
157	上海内燃机配件总厂	JN150、BJ130型汽车气缸套 XF250型摩托车气缸套 SH760、SJ130、CA10型汽车活塞环	20622只 140338只 27.18万片	1605
158	上海汽车钢圈厂	SH760、EQ140型汽车钢圈	61147套	1187
159	上海易初通用机器有限公司	SH760型轿车空压机	7154台	3091
160	上海摩托车配件厂	XF250型摩托车轮毂 鼓盖组合	14.96万只 23.63万只	985
161	上海气门厂	BJ130等型汽车进排气门	71.40万只	1320
162	上海汽车锻造总厂	SH361型汽车前、后制动鼓	3307只	2215
163	上海拖拉机内燃机公司	6135、6120型柴油机喷油嘴偶件 SH142型汽车前、后桥总成	50万只 1784根	16333
江苏省				
164	镇江汽车股份有限公司	ZJ220型载货汽车	170辆	1814
165	常州客车制造厂	CJ6921、CJ6921T型客车 CJ6151型铰接客车 CJ6620LN、CJ6600LN型旅游车	364辆 204辆 108辆	3962
166	扬州客车制造厂	改装JT6960、JT6970、JT6890、JS6970型长途客车	1350辆	7550
167	无锡汽车制造厂	改装XQ6960型客车 XQ6941型旅行车 XQ5050XUL型厢式修理车	60辆 37辆 141辆	2917
168	常熟专用汽车制造厂	改装CSZ3090SE、CSZ3090LE、CSZ3092LE、CS3140E型自卸车 CSZ3170HE等型半挂车 EQF140型载货汽车	158辆 113辆 45辆	2053
169	徐州重型机械厂	改装QYJ5型救护车 QY8B、QY12、QY16、QY20、QY25A型起重汽车	20辆 360辆	10855
170	徐州特种汽车总厂	改装XZBG13型半挂牵引汽车列车	536辆	2161
171	丹阳市灯具厂	改装DYK657型旅行车 DYK5040GY型加油车 各型汽车灯	59辆 20辆 497700只	1219
172	南通市特种车辆厂	改装6461型客车	300辆	1065

续

全年工业总产值(1990年不变价)(万元)	汽车工业总产值(1980年不变价)(万元)	汽车工业总产值(1990年不变价)(万元)	全年工业净产值(现行价)(万元)	年末职工人数(人)	生产建筑面积(m²)	年末固定资产 原值(万元)	年末固定资产 净值(万元)	定额流动资金全年平均余额(万元)
206	645	1271	1539	2082	52923	3154	1405	769
[illegible]992	850	1461	491	485	11630	563	275	778
[illegible]407	3005	3320	751	1017	22843	4737	3753	1434
[illegible]95	985	1894	174	186	7100	289	261	65
2[illegible]22	726	1309	636	761	8095	751	456	791
4[illegible]10	1507	2624	747	1280	30116	4540	3785	1517
26[illegible]68	1936	2818	7057	9130	215239	12668	7185	11463
1[illegible]46	1403	1537	625	1450	43582	1662	1086	2002
51[illegible]3	3962	5193	1061	2040	78221	3268	1686	3017
106[illegible]6	7175	10301	2665	2505	60538	2379	1202	2623
26[illegible]8	2917	2648	776	1039	37565	2176	1722	2005
[illegible]29[illegible]	2053	2298	340	549	31742	1509	1262	673
1[illegible]00	10755	13909	4351	3705	108805	7530	5790	9396
311[illegible]	2161	3112	572	974	26943	1034	726	1640
1[illegible]26	1143	1273	305	751	20000	909	655	710
1[illegible]90	1065	1590	384	483	7200	254	168	363

序号	企业名称	主要产品产量		全年工业总产值（1980年不变价）（万元）
173	淮阴市汽车改装厂	改装JSBG13、JSBG13X、JSBGTL26型半挂汽车列车	541辆	2320
		HY140X型厢式车	25辆	
		HY340、HX341型自卸车	51辆	
174	江都汽车总厂	改装TB622型客车	889辆	4300
		TJ133型载货汽车	127辆	
175	镇江冷藏汽车厂	改装EQ140型冷藏车、保温车、运钞车	297辆	2407
176	扬州柴油机厂	$495Q_1$型柴油机	1790台	5740
		$495Q_2$型柴油机	10602台	
177	常州兰翔机械总厂	750PG8型摩托车发动机	7049台	6490
		LMF50型摩托车发动	8002台	
178	国营武进电机厂	NJD131等型汽车起动机	136426台	3340
179	苏州汽车配件一厂	EQ140、NJ130型汽车离合器压板及盖总成	31431件	1004
		BJ130型汽车转向机	1365台	
		离合器钢片总成	61085件	
180	金湖县汽车配件厂	SK644型汽车电磁开关	4.59万只	1301
181	镇江汽车配件厂	汽车车架	420台	1631
182	镇江汽车钢圈厂	各型汽车钢圈	287848只	1904
183	扬州汽车电机厂	各型汽车起动机	33578台	1405
184	江苏省如东县黄油枪厂	BJ212型汽车进排气门	7.60万只	2030
		EQ140、CA10型汽车气门挺杆	18146根	
		65—3Q型黄油枪	113198支	
185	镇江市特种车辆厂	改装各型汽车	210辆	(2600)
		京江牌旅行车	3辆	
186	张家港市特种汽车改装厂	改装SQ621型客车	266辆	1442
		SQ130HN3系列专用车	128辆	
		SQ621B型高电压测试车	33辆	
187	江苏省仪征汽车制造厂	YQ621、YQ6460型客车	3651辆	25079
		YQ121型客货两用车	1310辆	
		YQ6450型汽车三类底盘	138辆	

续

全年工业总产值（1990年不变价）（万元）	汽车工业总产值（1980年不变价）（万元）	汽车工业总产值（1990年不变价）（万元）	全年工业净产值（现行价）（万元）	年末职工人数（人）	生产建筑面积（m^2）	年末固定资产		定额流动资金全年平均余额（万元）
						原值（万元）	净值（万元）	
3434	2320	3434	354	474	8113	520	410	1147
5458	4131	5289	767	697	15997	1060	939	721
3459	2379	3431	552	445	28941	1976	1598	2485
[illegible]935	5204	8101	1751	2515	72739	4088	2462	2303
[illegible]857	2710	2950	2842	4483	47659	5330	4276	8899
[illegible]455	2336	3313	564	672	21570	705	479	560
[illegible]42	1003	1241	285	692	13426	520	288	386
1[illegible]74	1301	1374	373	367	10227	655	472	121
1[illegible]82	1631	1882	401	516	15190	699	492	374
2[illegible]77	1900	2174	617	647	12448	1064	729	627
1[illegible]16	1405	1216	367	594	8639	464	311	445
2[illegible]8	1031	1328	457	928	10532	1084	886	638
28[illegible]0	(2300)	2470	461	1148	35049	1026	610	1320
20[illegible]	1442	2079	341	648	19223	812	435	1082
2362[illegible]	25079	23626	6735	1303	71745	5020	4537	1497

序号	企业名称	主要产品产量	全年工业总产值（1980年不变价）（万元）
188	江苏省如皋县客车厂	改装 RQ1040 型双排座汽车 81 辆 RQ6480 型客车 289 辆 RQ5020 系列专用车 117 辆	2084
189	无锡雅西摩托车厂	80ml、100ml、125ml 摩托车 5000 辆	2002
190	扬州缸套厂	汽车缸套	1321
南京市			
191	南京汽车制造厂	NJ1041S、NJ1041MS 型 1.5t 客货两用车 16907 辆 NJ1061 系列载货汽车 11997 辆	83302
192	江苏省国营南京第四机床厂	DQ212 型越野汽车 418 辆 DQ213 越野汽车 19 辆 DQ2020 越野汽车 22 辆	1681
193	南京特种汽车制配厂	EQ6111G18D 型柴油载货汽车、EQ9142 型汽油载货汽车 83 辆 NJ340、NJ940C(D)型自卸车、半挂汽车列车 439 辆	5354
194	南京客车制造厂	改装 YH640 型客车 338 辆 YH844 型客车 30 辆	1499
195	南京晨光机器厂	改装 CG140JY、CG141JY、CG144JY 型加油车 749 辆 CG140RY、CG141RY、CG144RY 型运油车 284 辆	5644
196	国营金城机械厂	50～100ml 摩托车 23056 辆	8507
197	国营玉河机器厂	50Q-ZC 型摩托车 26957 辆	5597
198	南京东山汽车发动机厂	NJ4102 型柴油发动机 1745 台	1242
199	江苏省金陵汽车制配厂	CA10 型汽车气缸套 35592 只 CA141 型汽车铝活塞 15.14 万只 CA141 型汽车活塞环 64.87 万片	1711
200	南京电瓷总厂火花塞分厂	各型汽车火花塞 2559 万只	3869
201	南京汽车电器厂	EQ140、NJ130、NJ131、CA10 等型汽车分电器 58880 只 CA10、NJ130、EQ140、BJ212 等型汽车调节器 50520 只	1233
202	南京汽车电机厂	JF132、JF13 系列汽车发电机 29343 台 NJ131、BJ130、ZJ120 型汽车刮水器 19433 只	1154
203	南京汽车附件七厂	NJ134、EQ140 型汽车制动器 1842 台	1625
204	南京汽车变速箱厂	NJ131 型汽车变速器 18730 台 NJ221 系列汽车分动器 1855 台	1469

续

全年工业总产值（19[illegible]0年不变价）（万元）	汽车工业总产值（1980年不变价）（万元）	汽车工业总产值（1990年不变价）（万元）	全年工业净产值（现行价）（万元）	年末职工人数（人）	生产建筑面积（m^2）	年末固定资产 原值（万元）	年末固定资产 净值（万元）	定额流动资金全年平均余额（万元）
[illegible]380	2084	2380	400	458	8776	290	192	500
[illegible]355	2002	2355	385	323	13330	518	411	581
[illegible]750	(1321)	(1750)	525	678	10360	823	661	367
[illegible]05[illegible]90	82784	103693	14059	20120	582473	46632	28488	25432
2[illegible]76	1105	1703	1048	1043	63117	2807	1545	2752
5[illegible]35	5354	5785	862	1642	20190	1846	1350	4022
1[illegible]4	1494	1959	476	962	25140	674	477	766
70[illegible]7	5644	7017	2015	2199	106318	9868	6646	7136
126[illegible]3	6803	10599	3683	5286	108898	10701	6273	4730
[illegible]7[illegible]2	3890	4869	1581	1624	57970	3186	2010	3142
[illegible]45[illegible]	1215	1430	391	805	28000	1146	733	379
295[illegible]	1653	2890	1142	1173	34409	1634	945	781
720	3369	7204	1816	1212	23451	3381	2837	(2000)
151[illegible]	1233	1516	479	797	9942	421	310	408
1[illegible]65	1154	1565	549	663	8514	369	217	532
1484	1625	1484	477	566	14059	420	275	308
14[illegible]4	1439	1440	365	529	11979	1122	874	364

序号	企业名称	主要产品产量		全年工业总产值（1980年不变价）（万元）
浙江省				
205	第二汽车制造厂杭州汽车厂	HZ1090FD、HZ1110H型载货汽车 HZ1110WK型客车底盘 HZ1090FD载货汽车底盘	533辆 2553辆 65辆	9187
206	浙江客车厂	改装 ZJK6971、ZJK6970TR型客车 HZ621、HZ622、HZ623型旅行车	392辆 104辆	3060
207	浙江省海宁救护车厂	改装 HK521、HK520、ZHK5031型专用汽车 ZHK1030型载货汽车 ZHK2020型越野汽车	645辆 431辆 36辆	3272
208	浙江省温岭摩托车总厂	250、AX100等型摩托车	4015辆	2378
209	杭州汽车发动机厂	6120、6130、WD615.67等型柴油机	6502台	10898
210	杭州链条总厂	08B—1型滚子链条	9489万节	7148
211	嘉兴汽车钢圈厂	NJ136、EQ140、BJ212、JN150等型汽车钢圈	64797只	1938
212	绍兴仪表总厂	CA10型汽车仪表 EQ140型汽车仪表板总成	15.32万只 2813只	1332
213	浙江双飞汽车齿轮箱集团公司	EQ140型汽车变速器	5312台	3002
214	杭州汽车配件厂	EQ140型汽车传动轴总成 NJ131、NJ136、BJ130等型汽车制动加力泵	13397根 3112只	973
215	绍兴汽车配件厂	EQ140、BJ130型汽车横直拉杆 NJ130型汽车变速器总成	29890件 1869台	1081
216	杭州磨擦材料有限公司	BJ130、BJ212、JN150、JN162等型汽车磨擦材料	701t	3109
217	浙江金华汽车齿轮厂	EQ140型汽车变速器	1780台	1770
218	萧山汽车滤清器厂	6120、X6130型柴油机机油冷却器 斯泰尔汽车机油冷却器	9763只 538只	910
219	杭州万向节总厂	CA10、EQ140、NJ130、BJ212、JN150等型汽车万向节	107.76万套	55531
220	杭州离合器钢片厂	CA15、EQ140、BJ212、CA141等型汽车离合器钢片总成	338695件	1257
221	浙江汽车工业联营公司温岭县汽车配件厂	各型汽车电动刮水器 汽车电动洗涤器 汽车暖风电机	108389套 34001台 11245台	2230
222	杭州车桥厂	EQ140、HP150等型汽车后桥总成 DHZ140AD型半挂汽车三轴总成	3303根 76根	1383

续

全年工业总产值（1990年不变价）（万元）	汽车工业总产值（1980年不变价）（万元）	汽车工业总产值（1990年不变价）（万元）	全年工业净产值（现行价）（万元）	年末职工人数（人）	生产建筑面积（m²）	年末固定资产 原值（万元）	年末固定资产 净值（万元）	定额流动资金全年平均余额（万元）
14[illegible]68	8325	13135	2506	1960	74077	5224	3874	5612
3[illegible]97	2967	3279	375	985	32707	1175	885	1281
4[illegible]75	3166	4584	909	248	7341	307	205	698
2[illegible]28	2076	1812	474	558	11010	332	238	894
15[illegible]10	10898	15110	4233	3354	92382	10738	7978	4683
11[illegible]79	4892	7681	2937	3405	71275	4296	2974	3659
3[illegible]35	1713	2810	505	785	24214	1082	675	824
1[illegible]70	1193	1642	453	474	12972	332	167	802
3[illegible]94	2966	3456	1135	583	19497	1361	1031	937
1[illegible]31	973	1231	314	574	9200	380	206	289
1[illegible]08	1079	1307	474	441	9327	407	198	467
5[illegible]60	3109	5060	1351	1267	45024	1985	1727	1838
2[illegible]84	1441	1708	612	834	42354	1878	1148	993
1[illegible]02	910	1302	395	442	10840	414	294	301
6[illegible]08	5173	6021	2203	2343	31343	2041	1222	3381
1[illegible]57	1257	1657	433	293	5982	312	213	858
2[illegible]62	2230	2162	679	325	8067	691	584	437
1[illegible]04	1382	1403	365	524	9893	352	203	588

序号	企业名称	主要产品产量		全部工业总产值（1980年不变价）（万元）
223	浙江萧山汽车制动器厂	各型汽车制动泵总成 汽车制动器总成 汽车制动室总成	31.68万只 4.22万台 0.24万只	1145
224	杭州曲轴总厂	EQ140、CA10、CA141、BJ212型汽车曲轴	24940根	1280
225	浙江省玉环进口汽车配件总厂	LADE210S型汽车机油泵 POLDNEZ汽车横、直拉杆 POLDNEZ汽车制动总泵 POLDNEZ汽车离合器钢片总成	15540只 21120套 9000只 10120套	2579
226	绍兴第二汽车配件厂	BJ130、EQ140型汽车转向直拉杆总成 BJ130型汽车转向横拉杆总成	18666件 4700件	1067
宁波市				
227	宁波拖拉机汽车制造总厂	NPS1040型载货汽车 NPS104型载货汽车底盘	102辆 645辆	3245
228	地方国营奉化汽车空压机厂	6105Q、X6130、X6310Q_3型汽车空压机	29599台	1159
安徽省				
229	合肥淝河汽车制造厂	HFF1150型载货汽车 HFF1150A型长轴距载货汽车 HFF3140型自卸汽车	273辆 203辆 49辆	3110
230	合肥江淮汽车制造厂	HFC1060C_2系列柴油载货汽车	266辆	2831
231	安徽省淮海机械厂	HH111A型微型汽车 HH1012型微型汽车 HH1012型微型汽车底盘	391辆 130辆 50辆	2207
232	合肥客车厂	改装JT6910型客车 HK6911型客车 JT6150型客车	301辆 63辆 32辆	2053
233	蚌埠起重机厂	改装QY8型起重汽车 QY8E型起重汽车	17辆 54辆	1665
234	蚌埠拖拉机附件厂	JX0710型汽车配件 JX0710CT型汽车配件	1.10万件 8.48万件	2455
235	安庆活塞环厂	EQ140型汽车活塞环 BJ212型汽车活塞环	305万片 258万片	1319

续

全年工业总产值（1990年不变价）（万元）	汽车工业总产值（1980年不变价）（万元）	汽车工业总产值（1990年不变价）（万元）	全年工业净产值（现行价）（万元）	年末职工人数（人）	生产建筑面积（m²）	年末固定资产		定额流动资金全年平均余额（万元）
						原值（万元）	净值（万元）	
1147	1144	1146	425	697	13891	624	461	1176
2[illegible]21	821	1292	655	1054	15992	1050	747	848
2718	2579	2718	734	685	7647	465	299	742
1275	1054	1262	415	359	5751	226	137	503
4[illegible]72	2167	2671	185	2387	95672	3376	1945	2684
1[illegible]44	1154	1438	588	468	12094	486	351	449
5177	2843	4822	1126	2709	73152	3523	1935	3659
3383	2510	2986	551	3035	86134	4460	2739	4533
2735	2207	2785	290	2006	24242	3475	2702	3193
31[illegible]7	2053	3147	67	951	25882	843	460	1290
16[illegible]4	1627	1646	437	826	29877	1252	811	1587
31[illegible]4	1336	1455	1075	1400	46556	2244	1323	874
1826	1179	1563	955	723	12005	667	401	185

序号	企业名称	主要产品产量		全年工业总产值（1980年不变价）（万元）
236	安庆地区汽车钢板弹簧厂	NJ131型汽车钢板弹簧	1426t	1539
237	芜湖仪表厂	8-1R型汽车仪表板总成 8-5型汽车仪表板总成	19419只 18594只	2302
福建省				
238	福建客车厂	改装FJK6950、FJK6810、FJK6620型客车	160辆	1265
239	南平汽车配件厂	各型汽车活塞 汽车活塞环 汽车气缸套	82.28万只 77.60万组 10.00万只	2034
240	仙游电机厂	JFW/WSF型汽车发电机	12.00万台	1378
241	邵武林业汽车保修厂	改装SW—7Y—1.5型载货汽车	1075辆	2264
242	中国人民解放军第七四二七工厂	BM212A、BM213A型越野汽车 BM1020KH型载货汽车	241辆 75辆	2606
243	三明市汽车车身厂	EQ140型汽车驾驶室	1890台	1574
江西省				
244	江西汽车制造厂	JX1030DS轻型载货汽车 JX1064AD型轻型载货汽车	4501辆 1100辆	25171
245	江西消防车辆制造厂	BJ212L型越野车 XF2030系列越野车 XFC2030型越野汽车三类底盘	370辆 205辆 291辆	3616
246	航空航天工业部昌河飞机制造厂	CH6590型旅行车 CH1010型厢式货车	573辆 1605辆	10175
247	上饶客车厂	改装SR6995H型客车 SR5060型电力工程车	475辆 53辆	2952
248	萍乡客车厂	改装PK6970等系列客车 铰接车 矿山救护车	139辆 24辆 69辆	1658
249	江西制氧机厂	改装各型液化石油气罐车 液氨罐车 冷藏车	114辆 6辆 2辆	2486
250	南昌飞机制造公司	CJ750型三轮摩托车 HD125型两轮摩托车	16050辆 5008辆	16882

续

全年工业总产值（19[illegible]年不变价）（万元）	汽车工业总产值（1980年不变价）（万元）	汽车工业总产值（1990年不变价）（万元）	全年工业净产值（现行价）（万元）	年末职工人数（人）	生产建筑面积（m²）	年末固定资产 原值（万元）	年末固定资产 净值（万元）	定额流动资金全年平均余额（万元）
680	1481	1617	459	596	14178	525	427	765
269	2302	2269	898	961	24904	1127	760	799
829	1265	1829	427	1060	46077	1212	558	1025
098	2022	4086	1657	1517	27836	2272	1423	1092
[illegible]977	1378	1977	287	259	3525	230	171	333
[illegible]716	2264	2716	641	958	28499	1573	566	530
[illegible]697	1777	2521	903	1313	56611	2382	1424	2803
[illegible]868	1355	1648	817	627	20997	1333	993	487
3[illegible]188	24264	31324	15458	4990	125273	9889	7726	9293
[illegible]04	2712	2869	1205	2303	68930	2314	1527	2601
1[illegible]02	4858	7557	6844	6101	140383	11987	7957	13600
[illegible]31	2937	4616	1086	1103	28983	1307	915	945
2[illegible]38	1483	2037	812	1056	34734	1119	812	747
3[illegible]52	1700	2447	1231	1044	32539	2147	1429	1432
21 46	12684	16223	3641	12595	250749	18887	9666	23793

序号	企业名称	主要产品产量		全年工业总产值（1980年不变价）（万元）
251	国营赣江机械厂	CJ750 系列摩托车	2162 辆	1283
252	江西汽车附件三厂	JX1064、JX1030 型汽车车厢 座椅	5450 台 5500 套	1068
253	江西汽车板簧有限公司	EQ140 等型汽车钢板弹簧	9[illegible]903 架	1270
254	江西富奇汽车厂	FQ2022 型越野车 FQ2034 系列越野车	1362 辆 292 辆	4856
255	江西发动机总厂	492QC 系列汽油机	11100 台	3862
256	江西汽车底盘厂	JX1030 等型汽车后桥总成 减速器总成	2001 根 323 台	1900
257	江西汽车曲轴连杆厂	EQ140 等型汽车曲轴 连杆	3502 根 17.16 万根	1021
山东省				
258	济南汽车制造总厂	JN162、JN163 等型载货汽车 JN362 型自卸汽车 S149 型斯泰尔汽车 R1045 型罗曼汽车	5491 辆 617 辆 30 辆 101 辆	53371
259	泰安起重机总厂	改装 JNQ84、TSTQ12、TSTQ16 型起重汽车 TS362 型自卸汽车 JN150—06 型长轴载货汽车	97 辆 76 辆 20 辆	5608
260	济南汽车改装厂	改装 JG5090GYY、JG5100GYY、JG5130GYY 型运油车 JG5170GTY 型加油车 保温车	425 辆 27 辆 32 辆	3219
261	山东泰安交通车辆厂	改装 BG13A 型 10t 半挂汽车列车 BG26、BG37 型 20t、30t 半挂汽车列车	204 辆 20 辆	1463
262	济南重型机械厂	改装 JZ352、JZ362 型自卸车 TY11、TY10RY13 型油罐车 JZ950 型半挂汽车列车	160 辆 38 辆 11 辆	5272
263	淄博客车厂	改装 ZBK5170G、SD462 型汽车罐车 SD642 等型汽车	379 辆 295 辆	1571
264	济南客车厂	改装 JK6110、JK6910 等型客车	285 辆	3632
265	山东蓬莱汽车改装厂	改装 BJ130 系列专用车 黄河自卸车	17 辆 191 辆	2053

续

全年工业总产值(19 0年不变价)(万元)	汽车工业总产值(1980年不变价)(万元)	汽车工业总产值(1990年不变价)(万元)	全年工业净产值(现行价)(万元)	年末职工人数(人)	生产建筑面积(m^2)	年末固定资产 原值(万元)	年末固定资产 净值(万元)	定额流动资金全年平均余额(万元)
2370	1283	2370	693	628	30920	1244	829	966
1068			296	760	13744	376	306	226
1626	1270	1626	555	372	13553	1579	1212	1099
6405	4856	6405	1684	1582	54754	2772	1837	2755
5135	3797	5003	1086	2103	42785	2339	1760	2001
2337	1900	2337	791	906	23791	1236	618	878
1207	1021	1207	411	721	16948	662	340	224

[illegible]272	48607	55542	8361	19011	522766	39954	21522	43383
5874	1558	2117	487	3263	106983	6370	4679	5057
3956	3219	3956	686	769	16215	1645	1394	1928
2135	1463	2135	453	824	34867	1160	722	565
7805	1866	2333	1670	3013	89908	5754	3088	4069
2045	1260	1757	585	819	24534	899	475	496
[illegible]407	2469	2782	1290	1840	53060	3005	1939	2484
2204	(2053)	(2204)	301	428	6768	1516	1452	1078

序号	企　业　名　称	主　要　产　品　产　量		全年工业总产值（1980年不变价）（万元）
266	山东省聊城客车厂	改装 SD662 型长途客车 SD662ATH、JT680、JT661 等型长途客车	479 辆 71 辆	2541
267	烟台汽车制造厂	YT1041QS、YH1041QSC、YH1041CS 等型载货汽车 YT131 系列载货汽车	764 辆 52 辆	8[illegible]66
268	山东武城旅行车厂	改装 BWC6440 型旅行车	503 辆	2414
269	山东生建摩托车厂	SD750 型摩托车 SD125 型摩托车	8833 辆 264 辆	[illegible]500
270	山东省诸城摩托车厂	农用机动三轮车 货运三轮摩托车	4617 辆 70 辆	[illegible]801
271	济南轻骑摩托车总厂	QS90 型摩托车 QM50QW、QM50QD 型摩托车	12542 辆 42220 辆	2[illegible]22
272	潍纺柴油机厂	WD615 型柴油机	769 台	1[illegible]32
273	山东牟平发动机厂	6102QA 型柴油机	2368 台	[illegible]10
274	济南汽车配件厂	空压机 进排气门 气门挺杆	22238 台 82.26 万只 1319638 根	6[illegible]09
275	博山电机厂	JF1522A、JF11C(D)、JF1322 型汽车发电机 QD124A、QD124B、QD2202、QD123 型汽车起动机	39800 台 52100 台	[illegible]93
276	淄博市张店弹簧厂	JN150D 型汽车前、后钢板弹簧	2679 架	1[illegible]22
277	明水汽车配件厂	双腔制动室、自动排水调压器、双回路保险阀、手继动阀		2[illegible]10
278	山东梁山石棉制品厂	各型汽车气缸垫、进、排气管垫、从动盘总成等配件		1321
279	山东龙口市油泵厂	JN151、JN150、JN162 型汽车高压油泵 CA141、EQ140 系列柴油车提前器总成	5092 只 76527 只	1[illegible]70
280	山东活塞厂	各型汽车活塞 摩托车活塞	92.15 万只 10.64 万只	[illegible]209
281	济南市汽车车身厂	JN150 型汽车驾驶室	2332 台	1374
282	龙口市随机工具厂	CA141、CA10B 型汽车空压机 CA141、CA10B 型汽车水泵	39634 台 29561 只	1566

续

全年工业总产值（19[illegible]0年不变价）（万元）	汽车工业总产值（1980年不变价）（万元）	汽车工业总产值（1990年不变价）（万元）	全年工业净产值（现行价）（万元）	年末职工人数（人）	生产建筑面积（m^2）	年末固定资产		定额流动资金全年平均余额（万元）
						原值（万元）	净值（万元）	
3949	2541	3949	666	883	47836	1233	889	1149
0308	3526	3598	1345	1838	36159	2540	1710	2224
2414	2414	2414	588	736	10712	1422	1286	849
7990	4500	7990	1710	978	55376	3079	2287	1890
2070	（1801）	1975	382	456	11449	460	366	244
1527	24088	21492	3692	6346	91620	10422	8583	24719
0158	4823	4869	6410	7412	191400	29519	22572	11559
5160	2691	4452	1912	1834	54827	3677	2780	2045
7018	5847	6652	2402	2784	65952	4305	2582	3342
8896	1521	2091	3328	4604	153295	6314	3313	3715
1581	1377	1536	530	646	14542	1907	1291	679
2481	2010	2481	959	957	37535	1808	1392	794
2004	726	1102	852	855	35148	1067	613	839
2982	1743	2937	891	1145	17028	1324	957	667
7884	3131	4252	2759	1051	18920	2055	1617	978
1793	1166	1586	191	600	13000	570	422	341
1941	1231	1510	299	782	14000	824	579	1107

序号	企业名称	主要产品产量	全年工业总产值(1980年不变价)(万元)
青岛市			
283	第一汽车制造厂青岛汽车厂	QD1090K QD1095A 型柴油载货汽车 1982 辆 QD4100、QD4105 型半挂牵引汽车列车 152 辆	8165
284	青岛专用汽车制造厂	改装 QD362、QD352、QD361 型黄河自卸车 657 辆 QR10、QR19、QR10A 型罗曼自卸车 144 辆	8001
285	青岛水箱厂	CA15K、CA10C 型汽车散热器 13325 只	2115
河南省			
286	郑州轻型汽车制造厂	EQ6560D 型客车底盘 309 辆 EQ6560 型客车 122 辆 载货汽车及底盘 71 辆 EQ5060 型特种警车 41 辆 改装专用车 398 辆	3957
287	中国人民解放军第五四〇八工厂	KJ2020S 型汽车 152 辆 KJ2020 系列厢式专用车 1391 辆 KJ130D 型汽车底盘 65 辆	9521
288	郑州客车厂	改装 ZK90C10—4 型长途客车 341 辆	1745
289	鹤壁无线电四厂	改装 XX5180、XX5110 型水泥车 40 辆 XX5110XLD 型零担车 8 辆	4004
290	郑州市少林汽车改装厂	改装 SLG6601D 型旅行车 760 辆	2797
291	石油总公司第二石油机械厂	改装 4000m、6000m 试井车 66 辆 铁马立放运井架车 12 辆 15t、30t 修井机 13 台	8071
292	邮电部偃师摩托车厂	250、125、75 型摩托车 4529 辆 黄河牌边三轮摩托车 15 辆	1477
293	中国洛阳嘉陵摩托车厂	70 型摩托车 22000 辆 50Q₃ 型摩托车 26416 辆	8420
294	开封汽车发动机制造厂	EQ140 型汽车发动机 966 台 CA15 型汽车发动机 110 台 EQ140、CA15 型汽车气缸体 6628 只	1113
295	许昌汽车传动轴总厂	BJ212、BJ121 型汽车传动轴总成 45850 根 DD680、JN150 型汽车传动轴总成 7211 根 W50 型汽车传动轴总成 2378 根	2224

续

全年工业总产值（1990年不变价）（万元）	汽车工业总产值（1980年不变价）（万元）	汽车工业总产值（1990年不变价）（万元）	全年工业净产值（现行价）（万元）	年末职工人数（人）	生产建筑面积（m²）	年末固定资产		定额流动资金全年平均余额（万元）
						原值（万元）	净值（万元）	
1109	7385	10329	1893	2215	52679	3760	2570	6126
9555	8001	9555	1366	2201	63390	4261	2516	6228
2743	2098	2704	630	473	10566	1014	807	898
5675	3781	5499	1412	2796	48454	2590	1329	3319
8936	9621	8936	1315	1022	32358	1453	717	1739
2831	1731	2810	451	851	20844	846	426	905
4153	3983	4132	1160	941	32981	784	499	1154
4165	2660	4028	821	613	19500	538	388	570
3859	2923	3208	1862	3310	88545	12476	9082	5661
1401	1477	1401	221	1355	42665	2037	1312	452
15775	8407	15749	4167	3608	104992	5958	4423	6069
840	(733)	(1212)	354	1157	17478	836	396	771
245	2046	2128	975	1234	31722	1466	825	1455

序号	企业名称	主要产品产量		全年工业总产值（1980年不变价）（万元）
296	河南安阳市汽车配件总厂	CA10B、EQ140、JN150型汽车前后轮毂 其它配件	192860只	1500
297	第一拖拉机制造厂	DFH665N型越野汽车 汽油机	7辆 1436台	83188
298	河南省南阳汽车齿轮厂	EQ140型汽车螺旋伞齿轮	28318件	850
299	开封拖拉机电机电器厂	492Q型汽油机起动机 EQ140型汽车发电机	32496台 5095台	2795
湖北省				
300	第二汽车制造厂	EQ1090等型载货汽车 6102等型发动机 各型汽车底盘	74407辆 108369台 30110辆	334588
301	湖北汽车改装厂	HQG1100等型汽车 HQG3100型底盘 改装HQG3100等型汽车	793辆 285辆 555辆	7167
302	国营万山特种车辆制造厂	改装WS6482等型旅行车 WS5480型专用车	1611辆 117辆	6220
303	国营江北机械厂	JBC1040型载货汽车	1300辆	3347
304	湖北省郧阳地区汽车改装厂	改装EQ3090Z系列自卸车 YG5100PZ等型专用车	502辆 59辆	1907
305	航空航天工业部宏图飞机制造厂	改装HT5130GYQ等型液化石油气罐车 HT5130GYY等型专用车 JH750B型摩托车	161辆 46辆	3048
306	十堰市汽车改装厂	改装SGC5100GH等型专用车 SGC3090系列自卸车 SGC9170型半挂车	573辆 191辆	2750
307	湖北省轻型摩托车厂	50型摩托车	14847辆	1201
308	鄂城钢铁厂钢板弹簧分厂	汽车钢板弹簧	11103t	3378
309	湖北汽车电机厂	QD1211型起动机 JF1321型发电机 ZD1324型暖风电机 FT61型调节器	76072台 77418台 48150台 113000台	4304

续

全年工业总产值（19[illegible]0年不变价）（万元）	汽车工业总产值（1980年不变价）（万元）	汽车工业总产值（1990年不变价）（万元）	全年工业净产值（现行价）（万元）	年末职工人数（人）	生产建筑面积（m²）	年末固定资产		定额流动资金全年平均余额（万元）
						原值（万元）	净值（万元）	
1890	1500	1890	601	859	24500	680	451	430
1[illegible]8408	(1732)	2258	25514	38206	1072111	86241	38992	30674
1346	841	1336	274	649	16499	1243	634	543
4632	908	1504	926	2907	54491	2899	1625	2608
4[illegible]8251	330571	450996	114269	79075	1874525	315257	190345	141577
8304	7167	8304	1881	1845	35121	3005	2085	3740
9951	5712	9443	1693	2936	106854	8679	7611	7977
4207	3025	3812	884	2037	71359	6141	5069	3867
2800	1676	2569	288	474	24000	743	537	604
3483	2477	2758	953	2226	77352	4776	4036	2413
3867	2750	3867	346	658	15829	1018	872	1760
2387	1201	2387	740	965	20872	1098	905	973
3854	3378	3854	1182	721	10616	781	742	1118
6574	4304	6574	1834	1900	41711	2385	1534	1768

序号	企业名称	主要产品产量		全年工业总产值（1980年不变价）（万元）
310	湖北汽车附件厂	37F(C)型电线束 11C—08100型油门线 61C—03030型汽车导轨	21万根 24万根 23万根	2357
311	湖北第二汽车电器厂	EQ140型汽车分电器 EQ140型汽车点火线圈	177243只 196141只	1254
312	湖北汽车齿轮厂	EQ140、CA141型汽车取力器总成 EQ140型汽车分动器 EQ140型汽车变速器 EQ140型汽车螺旋伞齿轮	18938台 2139台 835台 12756套	1801
313	湖北汽车制动阀厂	3514系列制动阀 3519D型前、后制动室	43268只 75064只	2200
314	湖北省谷城汽车配件厂	各型汽车前轴 各型汽车前桥 各型汽车水泵	36443件 2404台 5350台	1750
315	湖北省郧阳地区汽车拨叉厂	EQ140型变速器零件	256万件	3517
316	湖北汽车传动轴厂	各型汽车传动轴	30605套	1102
317	湖北汽车缸盖厂	EQ140等型汽车气缸盖	43500只	864
318	湖北省监利县汽车配件厂	EQ140型汽车发动机 EQ140型汽车变速器壳 EQ140型机油泵总成	230台 25704只 5706只	1080
319	湖北轴瓦厂	EQ140等型汽车轴瓦	432.5万片	1070
320	湖北内燃机配件厂	EQ140型汽车发动机 EQ140型汽车曲轴 EQ140型汽车连杆 EQ140型汽车凸轮轴	401台 8970件 4170件 11607件	1220
321	湖北省十堰市汽车制动蹄厂	EQ140等型汽车制动蹄	117.67万件	3601
322	湖北省郧阳地区汽车容器厂	EQ140等型汽车油箱 EQ140型汽车消声器	159397只 171739只	2857
323	十堰市汽车缸套厂	EQ140型汽车气缸套 EQ140型汽车进、排气阀座	130.97万件 178.77万件	1258

续

全年工业总产值（1990年不变价）（万元）	汽车工业总产值（1980年不变价）（万元）	汽车工业总产值（1990年不变价）（万元）	全年工业净产值（现行价）（万元）	年末职工人数（人）	生产建筑面积（m^2）	年末固定资产		定额流动资金全年平均余额（万元）
						原值（万元）	净值（万元）	
2832	2357	2832	1274	988	22384	2164	1564	852
2127	1254	2127	786	870	15113	1211	810	507
2445	1586	2129	740	1180	24981	1820	1192	682
1601	2044	1524	460	448	11379	548	392	225
1848	1615	1848	595	755	14198	958	738	504
3986	3193	3798	987	1092	22018	2084	1616	338
1156	1102	1156	341	609	12597	436	225	228
2296	815	2277	479	436	19228	888	643	666
1682	1025	1627	464	665	17308	841	536	423
1304	892	1121	458	591	12660	539	363	241
1872	632	1098	393	1437	38717	1672	829	881
3616	3601	3616	380	640	12467	1358	843	328
5098	2623	4866	933	587	16974	1849	1491	1210
2913	1239	2894	719	983	21479	984	632	400

序号	企业名称	主要产品产量	全年工业总产值（1980年不变价）（万元）
324	黄石市离合器厂	各型汽车离合器从动盘总成 179321件 EQ140型汽车离合器压盘及盖总成 22356件	1602
325	湖北省郧西县汽车配件厂	EQ140型汽车零件 158.60件	1800
326	湖北活塞厂	各型汽车活塞 60.81万只	1151
327	湖北省房县汽车配件厂	EQ140型汽车气门挺杆 142.88万件 EQ140型汽车气门摇臂 126.51万件	1570
328	湖北汽车车架厂	EQ140等型车架 3867台	1173
329	湖北石首县汽车配件二厂	EQ140型汽车刮水器 107000套 EQ140型双腔制动阀 10500套 JJD161型刮水间歇调节器 23100套	2425
330	湖北车桥厂	EQ140型汽车后桥总成 1802台 EQ140型汽车减速器总成 6174台 EQ140型汽车螺旋伞齿轮 25030只	3007
331	湖北气门厂	各型汽车进、排气门 379.75万只	3164
332	湖北省钟祥活塞厂	各型汽车活塞 53万只	1250
333	十堰车桥轮毂厂	EQ140系列汽车轮毂 425327件 EQ140系列汽车制动鼓 425327件	7069
334	老河口市汽车车身厂	EQ140型汽车驾驶室 2667台	2288
335	第二汽车制造厂电气厂	QD1211型起动机 75014台 JFW132、JF138型发电机 115126台	3242
336	郧县汽车配件二厂	EQ140型汽车正时齿轮 289825只 EQ140型汽车手制动器零件 782444件	1126
337	随州市挂车总厂	改装SZG5160系列专用车 69辆 4t、5t汽车挂车 4139辆	3064
338	郧县汽车配件一厂	EQ140型汽车制动鼓 8万只 EQ140型汽车正时齿轮 18万只 EQ140型汽车离合器压盘 15万件	1123
339	石首市汽车配件三厂	EQ140型汽车驾驶室 414台 EQ140型汽车车门 9528对 EQ140型汽车翼子板 12820对	1509

续

全年工业总产值（1990年不变价）（万元）	汽车工业总产值（1980年不变价）（万元）	汽车工业总产值（1990年不变价）（万元）	全年工业净产值（现行价）（万元）	年末职工人数（人）	生产建筑面积（m^2）	年末固定资产 原值（万元）	年末固定资产 净值（万元）	定额流动资金全年平均余额（万元）
1114	922	1019	403	381	7405	509	384	371
2006	1400	1622	737	735	12836	1146	820	440
1911	1113	1887	990	371	9089	422	358	285
2148	1512	2100	305	476	13729	788	526	229
1302	1090	1219	383	469	18692	830	651	553
2245	2425	2245	701	723	21418	845	632	185
3298	2551	2842	846	884	31250	1759	1295	1090
5539	2843	5066	1336	916	18264	1147	840	589
1738	1228	1717	932	395	13181	527	426	283
8600	7069	8600	686	876	24676	3144	2389	457
2973	1175	1582	496	503	6032	301	227	476
3775	2959	3486	88	1775	42223	3491	2297	1508
1174	1115	1163	239	464	7312	698	537	230
4606	3064	4606	555	924	30456	898	586	1098
1575	1069	1522	391	801	13297	1163	778	305
1613	1509	1613	323	388	10183	379	264	315

序号	企业名称	主要产品产量		全年工业总产值（1980年不变价）（万元）
340	湖北随州市汽车改装总厂	改装自卸车 全桂车	907 辆 834 辆	5068
341	铁道部工程指挥部襄樊内燃机车厂	改装 TB342 型自卸车、 XJ343 型自卸车	290 辆 152 辆	19[illegible]0
342	湖北汽车灯具厂	各型汽车灯具	119.00 万只	2[illegible]26
343	湖北化油器厂	EQ140 等型汽车化油器 EQ140 等型汽车汽油泵 EQ140 等型汽车汽油滤清器	277077 只 221032 只 4360 只	2[illegible]9
	武汉市			
344	武汉轻型汽车制造总厂	WHQ2030X 型越野车 $WHQ1030S_2$ 等型载货汽车 WHQ2030X 型汽车底盘	639 辆 90 辆 180 辆	4[illegible]56
345	武汉客车厂	改装 WH644C 等型客车 L0101 等型专用车	220 辆 110 辆	1865
346	武汉汽轮发电机厂	改装 WF346、WF342 型自卸车 其它专用车	69 辆 524 辆	3[illegible]45
347	武汉市公用客车厂	改装 661 系列铰接客车 645 系列客车 6660 型客车	191 辆 93 辆 40 辆	2[illegible]01
348	武汉专用汽车厂	改装 WHZ5090GSNA 等型散装水泥车 其它专用车	248 辆 63 辆	2522
349	湖北客车厂	改装 JT662、HB90C10、EK6960 型公路客车	317 辆	1[illegible]74
350	武汉商业冷藏机械厂	改装 WSL5090XBWE、5090XBWC、 5040XBWB 等型保温车	182 辆	1022
351	武汉汽车标准件厂	各型汽车标准件	18547 万件	2323
352	武汉汽车车身附件总厂	改装 WCF3090 型自卸车 EQ140 型汽车玻璃升降器 WN20 型暖风机	666 辆 49684 对 16823 台	5098

续

全年工业总产值（1990年不变价）（万元）	汽车工业总产值（1980年不变价）（万元）	汽车工业总产值（1990年不变价）（万元）	全年工业净产值（现行价）（万元）	年末职工人数（人）	生产建筑面积（m^2）	年末固定资产		定额流动资金全年平均余额（万元）
						原值（万元）	净值（万元）	
6295	4479	5414	728	758	32448	1165	825	1580
2992	1255	1989	476	3174	67574	4992	3591	1461
2389	2126	2389	831	1092	18531	1678	1095	787
2909	2009	2909	1141	709	9986	822	645	416
5112	3961	4830	822	3767	135240	5322	2609	4321
2484	1865	2484	585	1580	40093	1575	934	1898
37054	2444	3015	15788	5277	135450	10235	4708	19844
3395	2027	2613	743	1952	41895	1613	887	1699
3159	2236	2780	720	682	33164	1672	1106	1297
1906	1174	1906	293	590	21720	697	437	1021
1757	907	1635	580	495	7799	373	255	478
3677	2677	3480	1196	2932	63124	4342	1930	2274
6050	4938	5890	1541	4255	76137	2209	1475	2707

序号	企业名称	主要产品产量		全年工业总产值(1980年不变价)(万元)
353	武汉汽车配件厂	EQ140等型汽车活塞 EQ140等型汽车活塞环 EQ140等型汽车轴瓦	141万只 1152万片 327万片	5453
354	中国人民解放军第七四三五工厂	各型汽车减震器	17.25万只	2452
355	湖北汽车挂车厂	改装GWBG17.13型半挂汽车列车 其它专用车 全挂车	276辆 267辆 925辆	2150
356	东风汽车工业联营公司武汉市气门厂	EQ140系列汽车进、排气门	283.07万只	2196
357	汉阳特种汽车制造厂	改装HY3090型自卸车 HY9140K型半挂汽车列车 专用车 HY3190型自卸车	253辆 203辆 57辆 4辆	5556
湖南省				
358	湖南省汽车制造厂	载货汽车 轻型客车底盘 轻型客车 改装自卸车 半挂汽车列车	203辆 846辆 81辆 552辆 65辆	5514
359	长沙汽车制造厂	CS130系列载货汽车 CS130系列载货汽车底盘 CS6600型客车 CS6600型客车底盘	402辆 474辆 55辆 172辆	2283
360	衡山专用汽车制造厂	改装HSZ6902型、HSZ6903型、HSZ6630型客车 其它专用车	287辆 61辆	2337
361	湖南专用汽车制造厂	改装HZC3090型自卸车 HZC5100JSQ型随车起重运输车 HZC5100GJY型、HZC5132GJY型加油车	265辆 98辆 62辆	2006
362	株洲汽车制造厂	改装ZQG5030XYC型运钞车 ZQ120型农用运输车 各型汽车传动轴 凸轮轴	60辆 1001辆 6538根 7570根	4072

续

全年工业总产值(1990年不变价)(万元)	汽车工业总产值(1980年不变价)(万元)	汽车工业总产值(1990年不变价)(万元)	全年工业净产值(现行价)(万元)	年末职工人数(人)	生产建筑面积(m^2)	年末固定资产		定额流动资金全年平均余额(万元)
						原值(万元)	净值(万元)	
8156	5405	8171	4143	3180	61017	4456	1888	1997
2430	2355	2334	698	1538	50368	2157	1432	1912
3160	1960	2935	339	1784	45947	2025	833	1467
2400	2128	2300	625	1081	13917	809	513	671
7846	5556	7846	1627	2991	100581	5335	3117	9166

全年工业总产值(1990年不变价)(万元)	汽车工业总产值(1980年不变价)(万元)	汽车工业总产值(1990年不变价)(万元)	全年工业净产值(现行价)(万元)	年末职工人数(人)	生产建筑面积(m^2)	年末固定资产原值(万元)	年末固定资产净值(万元)	定额流动资金全年平均余额(万元)
6168	5411	6055	288	3056	93612	3758	2082	4536
3056	2283	3056	581	1489	54148	2555	1677	2391
2517	2337	2517	886	1235	48000	1769	1049	1497
2893	1872	2697	295	875	24386	1650	1203	1572
4516	1839	2290	895	1721	50540	1906	1165	1772

序号	企业名称	主要产品产量	全年工业总产值（1980年不变价）（万元）
363	长沙客车厂	改装 CK6890 型、CK6891 型、CK6892 型客车 327 辆	2069
364	湖南省长沙果园交通机械厂	改装 CY6600 型客车 503 辆	4944
365	衡阳市第四机械厂	改装 HE6481 型客车 9 辆 其它改装专用车 76 辆	1666
366	长沙芙蓉汽车制造厂	改装 FR6600 型、FR6601 型客车 371 辆 FR130B 型双排座载货汽车 78 辆	2450
367	株洲市摩托车制造厂	后三轮摩托车 323 辆 边三轮摩托车 8877 辆	9148
368	航空航天工业部南方动力机械公司	IE56FM 型、FZP78FM 型、D2PT8FM 型摩托车发动机 56500 台 NF125 型摩托车 27066 辆	27823
369	长沙汽车发动机总厂	CS492Q—1A 型、CS492Q—1B 型、CS475Q 型汽油机 6423 台	1899
370	湖南省动力机厂	6105Q—1 型柴油机 2543 台	2964
371	长沙汽车电器厂	112 型发电机 2500 台 JF13 型发电机 54468 台 315 型起动机 60008 台 424 型调节器 41000 只	11502
372	株洲汽车齿轮厂	各型汽车齿轮 772294 件	4215
373	湘潭汽车配件厂	CA10 型、EQ140 型汽车发动机曲轴 12620 根 CA10 型汽车发动机连杆总成 12300 件 BJ212 型汽车发动机凸轮轴 5651 根	1311
374	湖南省汽车车桥厂	EQ6690 型客车底盘 35 辆 改装 HNQ9170 型半挂汽车列车 341 辆	2819
375	长沙化油器厂	各型汽车化油器 118422 只 汽油泵 42226 只 汽油滤清器 14759 只	1211
376	株洲火花塞厂	各型汽车火花塞 1102.48 万只	3065
377	衡阳汽车配件厂	6105 型、6110 型柴油机喷油泵 23554 只	2053
378	国营长江动力机械厂	CJ750 型摩托车发动机 7802 台 边三轮摩托车 235 辆	2605

续

全年工业总产值（1990年不变价）（万元）	汽车工业总产值（1980年不变价）（万元）	汽车工业总产值（1990年不变价）（万元）	全年工业净产值（现行价）（万元）	年末职工人数（人）	生产建筑面积（m²）	年末固定资产 原值（万元）	年末固定资产 净值（万元）	定额流动资金全年平均余额（万元）
3113	1258	2128	505	1641	58825	2111	1501	1898
5316	1580	1700	1123	703	20100	504	383	557
1681	1666	1681	498	809	28684	874	511	702
2500	2450	2500		744	8000	800	560	1392
8594	9148	8594	2969	2855	49650	1764	1154	2100
32876	16869	19297	11576	14652	315625	29262	16026	17858
2972	1880	2949	470	1510	43401	2839	2132	1981
4381	2346	3526	1288	2164	63673	3857	2052	1948
20339	8809	17646	4929	4770	114313	6449	3333	5825
5787	4095	5668	2157	2544	66977	7002	4354	2879
2145	1257	2059	672	874	22969	1216	735	580
3636	2004	2818	1071	2325	68000	4609	3065	1757
1428	1135	1314	709	599	8290	765	434	470
6282	2225	4778	2053	1999	46043	4005	2869	1938
2554	2043	2545	1430	1529	47983	2095	1279	655
3236	2498	3129	1041	1851	45898	3331	2388	1678

序号	企业名称	主要产品产量		全年工业总产值（1980年不变价）（万元）
379	中国人民解放军第七四二九工厂	CZC2020型、CZC2023型轻型越野汽车 492Q型汽油机 492Q型汽油机气缸体 气缸盖 曲轴 飞轮壳	795辆 208台 370只 5663只 230根 180只	3091
380	中国人民解放军第七三一九工厂	JY6420A型轻型越野汽车	164辆	3160
381	长沙新华汽车配件厂	改装EQ6600型客车 CA10型汽车球头销及帽 BJ130、BJ212型汽车横拉杆	180辆 22600只 3747根	1465
382	国营江滨机器厂	各型汽车活塞 125型摩托车齿轮	95838只 10634只	2884
广东省				
383	湛江三星汽车企业集团公司	SXZ1030型轻型载货汽车 SXZ1032型轻型载货汽车 SXZ5040型金融运钞车	155辆 925辆 420辆	17870
384	广东梅州齿轮厂	EQ140型、BJ212型汽车变速器齿轮及轴 EQ140、BJ212型螺旋伞齿轮	141865只 28757只	1380
385	广东省五华汽车电器厂	起动机 起动机配件 汽车发电机	20951台 13999件 8676台	1453
386	广东省韶关齿轮厂	EQ140型汽车变速器总成 EQ140—17型后桥螺旋伞齿轮	4304台 12660套	2061
387	广东省丰顺汽车配件厂	各型汽车离合器从动盘 压盘 制动器总成	168608套 7707套 11102套	706
388	广东省佛山市澜石机械厂	丰田、五十铃汽车车厢	5951台	2007
389	珠海市华粤有限公司	鼓式制动蹄 盘式制动蹄 制动蹄衬件	36万只 13万只 9万件	840

续

全年工业总产值（1990年不变价）（万元）	汽车工业总产值（1980年不变价）（万元）	汽车工业总产值（1990年不变价）（万元）	全年工业净产值（现行价）（万元）	年末职工人数（人）	生产建筑面积（m^2）	年末固定资产		定额流动资金全年平均余额（万元）
						原值（万元）	净值（万元）	
3745	2941	3523	1296	826	40100	1214	698	1036
4249	2505	3117	1535	1711	65854	2740	1670	1865
1624	1465	1624	335	504	15393	487	207	471
3079	2884	3079	1050	3371	10397	5540	4048	2307
22823	12000	15708	3477	2638	105860	7777	7072	10657
1493	1175	1250	769	1104	29079	1878	1126	1164
2341	1440	2300	502	530	9383	531	428	58
252[illegible]	1513	1706	586	1568	37772	3262	1827	1380
1437	706	1437	206	269	7125	346	263	301
20[illegible]2	(1465)	1461	990	380	19500	1133	719	1184
1298	840	1298	612	105	1407	315	238	361

序号	企业名称	主要产品产量		全年工业总产值（1980年不变价）（万元）
广州市				
390	广州羊城汽车厂	YC1041QS 型 1.5t 双排座汽车 YC1041QL 型 1.5t 双排座长轴距车 改装 YC1021QS 型 1.75t 双排座车	119 辆 117 辆 2069 辆	2346
391	广州客车厂	改装 GZK6874E Ⅰ 型团体客车 GZK6874E Ⅰ 型公共汽车 GZK6874EL 型团体加长客车	324 辆 115 辆 266 辆	4113
392	广州汽车制造厂	GZ660 等型珠江牌客车	643 辆	3336
393	广东市番禺县红桥客车厂	改装 HQK6660 等型客车	738 辆	4328
394	广东省客车厂	改装 GDK6890 型客车 GDK6560 型客车	493 辆 5 辆	2008
395	广州南华客车厂	改装 NH6561C 型小型客车 NH6600C 型轻型客车 NH5040XJHC 型救护车	229 辆 81 辆 17 辆	1242
396	广州摩托车公司	125C 型摩托车 125CA 型摩托车 125J Ⅰ (A)型警用摩托车	3324 辆 5176 辆 1185 辆	(12500)
397	广州标致汽车公司(有限)	505SW8 型八座旅行轿车 505SX 型五座轿车 505GL 型五座轿车 504PU 型载货汽车	2671 辆 129 辆 216 辆 2650 辆	17449
398	广州白云钢板弹簧厂	汽车、农机用钢板弹簧	4142.6t	675
深圳市				
399	第二汽车制造厂深圳联合公司	改装 EQ3090E 型自卸车 EQ3090F8D 自卸车 EQ1090F8D 型载货车	35 辆 246 辆 158 辆	(3000)
广西壮族自治区				
400	东风汽车联营公司柳州汽车厂	LZ1090D 型载货汽车 LZ3090D 等型自卸车 LZ5090XLDDJ 型厢式车 LZ1090 型货车底盘	4201 辆 1018 辆 4 辆 164 辆	17656
401	柳州微型汽车厂	LZW101D、LZW1010P、LZW1010SD、LZW1010G、LZW10101G 等型载货汽车	9115 辆	15072

续

全年工业总产值（1990年不变价）（万元）	汽车工业总产值（1980年不变价）（万元）	汽车工业总产值（1990年不变价）（万元）	全年工业净产值（现行价）（万元）	年末职工人数（人）	生产建筑面积（m²）	年末固定资产		定额流动资金全年平均余额（万元）
						原值（万元）	净值（万元）	
3745	2289	3698	1469	1209	29345	1948	1673	2024
7359	4113	7359	2187	2628	80624	2842	2064	4089
502[illegible]	3168	4856	1268	1821	71616	3958	3081	2580
4297	4328	4297	1151	560	33415	1027	625	2461
3283	1950	3209	633	997	33534	1552	1189	2047
2241	1165	2149	586	1090	33499	731	450	1973
13124	(11050)	(12700)	4471	1275	16081	430	341	4770
33882	17449	33882	2454	1886	56279	18458	15183	16958
1539	675	1539	557	148	444	169	111	525
(3800)	(2800)	3609	568	308	16723	1482	933	1829
265[illegible]8	17458	26400	4516	2462	92771	8165	6406	10844
233[illegible]8	13962	22218	4068	4719	179464	10602	7289	10806

序号	企业名称	主要产品产量	全年工业总产值（1980年不变价）（万元）
402	广西壮族自治区柳州农用运输车总厂	LZ2010—1、LZ3515、LZ3515W、LZ3815、LZ3815W 等型农用车 1069 辆 LZ2010 型农用自卸车 102 辆 6105Q 型气缸套 6987 只	3071
403	桂林客车厂	改装 QL662A、QL661B 等型客车 545 辆 GL6650、GL6650C 等型轻型客车 207 辆	4410
404	柳州市动力机械厂	6105QB 型柴油机 2500 台	3210
405	广西壮族自治区柳州机械厂	276Q 型汽油机 7700 台	5001
406	广西壮族自治区玉林柴油机厂	6QA、$6QA_1$、6QA6、6Q 型发动机 12135 台 TDL5020X 型轻型载货汽车 39 辆 TDL1030 型轻型载货汽车 25 辆	19272
四川省			
407	四川省华川轻型专用汽车厂	改装 DZ3040 型柴油自卸汽车 479 辆 DZ1040 型专用车 148 辆 DZ2010、DZ2010D 型农用自卸车、农用运输车 216 辆	1465
408	四川省华通汽车集团公司通工汽车厂	改装 TG2020、TG2020H、TG2022 型越野汽车 1893 辆 TG1030S、$TG1030S_1$ 型载货汽车 318 辆 TG6471 型客车 189 辆	9111
409	长江起重机厂	改装 QZC5080J、QZC5400J、QZC5500J、QZC5800J 型起重汽车 187 辆 QZC5162J、QZC5021J、QZC5250J 型起重汽车 127 辆	8337
410	四川省乐山客车厂	改装 LSK6120、LSK6110、LSK6950、LSK6630、LSK6800 型客车 187 辆 LSK5050 厢式车 68 辆	1684
411	东风汽车工业企业联营公司南充内燃机厂	6102 系列柴油发动机 5686 台 汽车配件 80000 件	4539
412	四川省泸州交通机械厂	汽车活塞环 467.87 万片 汽车后半轴 61925 根 后轴导管 16795 根	1780
413	绵阳汽车方向机厂	各型汽车转向机总成 47403 台	2241
414	四川化油器磁电机厂	汽车化油器 40000 只 汽车汽油泵 30000 只 50 型摩托车化油器 230000 只 125 型摩托车磁电机 20000 台	1092

续

全年工业总产值（1990年不变价）（万元）	汽车工业总产值（1980年不变价）（万元）	汽车工业总产值（1990年不变价）（万元）	全年工业净产值（现行价）（万元）	年末职工人数（人）	生产建筑面积（m²）	年末固定资产 原值（万元）	年末固定资产 净值（万元）	定额流动资金全年平均余额（万元）
3374	2612	2764	1113	1089	25867	1317	903	1434
5356	3528	4375	1686	1882	83248	2485	1726	2992
3585	3180	3300	695	1084	29031	1461	1056	1538
6407	3651	4788	2725	3295	145585	8491	6382	3640
20064	15572	15519	8465	5606	138247	7661	6014	7958
258[illegible]	1242	2358	403	850	21611	1101	923	1170
12623	8608	12008	3228	1618	40807	2240	1715	2128
10492	8337	10492	3334	3580	108393	5659	3381	10634
2299	1684	2299	515	971	23188	1019	716	1527
7118	4539	7118	2475	2106	40373	2933	2063	1521
18[illegible]0	1652	1736	912	1348	16907	1518	858	772
2142	2241	2142	1350	554	30003	864	523	581
1416	934	1247	464	986	21368	1740	951	762

序号	企业名称	主要产品产量		全年工业总产值（1980年不变价）（万元）
重庆市				
415	四川汽车制造厂	CQ30系列汽车	389辆	32104
		CQ19系列汽车	1296辆	
		斯达一斯泰尔系列汽车	218辆	
416	重庆专用汽车制造厂	CN1040型汽车	37辆	3015
		CN6950型汽车	156辆	
		改装CN6470型汽车	581辆	
		CN3060型汽车	84辆	
417	国营长安机器制造厂	SC1010、SC1010A型微型汽车	5189辆	29296
		SC1010X微型厢式载货汽车	6631辆	
		SC5010微型专用车	1550辆	
418	国营庆岩机械厂	QYJGK20、QYJGK14、QYJGK16、QYJGK18、QYJSP04型汽车	30辆	2678
		改装ZQ2030型铁马汽车	56辆	
419	重庆渝州汽车总厂	YZ1041S、YZ1041SZ型载货汽车	621辆	3181
		YZ1040Z型载货汽车	4辆	
		YZ1020S型载货汽车	315辆	
		YZ6471型客车	493辆	
420	国营西南车辆制造厂	XC2030、XC2630型载货汽车	41辆	7570
		XC2030、XC2630型载货汽车底盘	149辆	
		XC2630Z型自卸汽车	11辆	
421	中国人民解放军第三四〇三工厂	改装JHA6581系列汽车	496辆	2671
		CA10型汽车散热器	2678只	
		CA10型汽车钢板弹簧	711936片	
422	重庆客车总厂	改装CQ663型大客车	7辆	2786
		CQ643、CQ644型公共汽车	319辆	
		CKZ6965、CKZ6663型客车	19辆	
		CQ632型旅行车	69辆	
423	重庆红岩专用汽车制造厂	改装CQZ3190Z35型自卸汽车	198辆	5065
		CQZ3300Z32型自卸汽车	104辆	
424	重庆交通机械厂	改装CTT6660、CTT6560型客车	34辆	2306
		CA10型汽车曲轴	977根	
		CA10型汽车车架	162套	

续

全年工业总产值（1990年不变价）（万元）	汽车工业总产值（1980年不变价）（万元）	汽车工业总产值（1990年不变价）（万元）	全年工业净产值（现行价）（万元）	年末职工人数（人）	生产建筑面积（m²）	年末固定资产		定额流动资金全年平均余额（万元）
						原值（万元）	净值（万元）	
[illegible]6123	31158	35248	5000	6174	153063	16286	10195	22873
[illegible]5121	3015	5121	1040	1359	33509	1501	1025	2120
5[illegible]926	23367	46598	13091	11924	233738	21527	12242	20062
[illegible]077	1847	2189	605	2870	70165	5749	3036	4535
5[illegible]7[illegible]	3042	5720	1067	1843	61874	2997	2324	2550
8[illegible]34	4702	5417	1095	9706	216807	19199	12468	7996
37[illegible]3	2631	3704	810	1912	69221	3160	2352	2069
44[illegible]	2632	4352	1118	2015	35489	1759	1063	2108
607[illegible]	5065	6078	351	314	13298	740	542	499
316[illegible]	2169	2606	830	1859	75718	4530	3834	1097

序号	企业名称	主要产品产量		全年工业总产值(1980年不变价)(万元)
425	重庆汽车发动机厂	康明斯N系列柴油机 K系列柴油机	659台 57台	13774
426	国营嘉陵机器厂	CJ50、CJ50F、CJ50ZC型摩托车 JH50型摩托车 JH70型摩托车 JH125型摩托车	53000辆 55000辆 105150辆 7000辆	3[illegible]370
427	綦江齿轮厂	斯泰尔汽车变速器总成 EQ140型汽车变速器轴 EQ140型汽车螺旋伞齿轮 CA10型汽车转向节	303台 36800根 10459套 20014只	7296
428	重庆汽车配件制造厂	汽车制动总泵	35000只	3505
429	重庆红岩汽车弹簧厂	EQ140汽车弹簧前总成、后总成、副总成 斯泰尔汽车弹簧前总成、后总成、副总成	13486套 3042套	3002
430	国营渝川齿轮厂	SC2030型汽车三桥零部件 50型摩托车变速器 70、125型摩托车齿轮件	451套 70220台 70370套	1823
431	重庆油泵油嘴厂	小松汽车燃油泵 小松汽车喷油器	330只 6506只	1730
432	国营青山机械厂	SC110汽车变速器总成 JT50摩托车变速器 JH70摩托车传动主、副轴	19236台 10000套 34001只	4125
433	大足县汽车配件厂	汽车钢板弹簧	3044t	526
434	重庆电影机械厂	50、70型摩托车离合器	197203台	948
435	国营平山机械厂	SC2030汽车三桥及传动轴	349台份	3519
436	重庆机床厂	庆铃汽车变速器总成 SC110型汽车后桥总成 BJ130型汽车螺旋伞齿轮、半轴齿轮、行星齿轮	1249台 4689套 4805只	1086
437	国营江陵机器厂	JL462Q型汽油发动机	18060台	14152
438	国营建设机床厂	JS50Q—2、JS50Q—4型摩托车 CY80型摩托车	80500辆 71000辆	32063

续

全年工业总产值（1990年不变价）（万元）	汽车工业总产值（1980年不变价）（万元）	汽车工业总产值（1990年不变价）（万元）	全年工业净产值（现行价）（万元）	年末职工人数（人）	生产建筑面积（m^2）	年末固定资产 原值（万元）	年末固定资产 净值（万元）	定额流动资金全年平均余额（万元）
5976	4519	5313	4650	2873	84341	10432	6673	(6144)
7[illegible]429	35009	69129	13330	8143	170451	20353	14640	16324
[illegible]544	7204	8445	2094	5583	134781	12823	6733	5483
4[illegible]76	3466	4137	2177	2579	56859	4512	2943	1877
3[illegible]10	3001	3710	1313	1269	19257	2439	1604	1517
18[illegible]4	1815	1866	946	1736	35347	2612	1447	1458
18[illegible]9	1715	1851	1030	901	16149	2963	2118	991
[illegible]765	1924	2635	1242	2012	44410	3450	1981	1530
1052	526	1052	236	424	5257	307	249	355
1[illegible]28	879	1219	467	829	15059	1012	493	337
4[illegible]44	2119	2592	1001	2341	84879	6305	3394	6557
1208	1086	1208	305	635	10124	183	169	450
18865	9120	12900	4340	10170	221076	15056	9059	7338
51637	27949	45699	14061	18146	248691	22842	12977	24201

序号	企业名称	主要产品产量		全年工业总产值（1980年不变价）（万元）
439	国营红宇机械厂	微型汽车制动器总成 五十铃轻型汽车前、后制动器总成	10000台 2000台	2249
440	重庆长安汽车配件总厂	通用微型汽车换档装置总成，手制动器总成 通用微型汽车随车工具 微型汽车座椅 消声器总成	20268台 4864套 7263套 3289套	2748
441	重庆汽车制造厂	五十铃轻型载货汽车	4540辆	28766
成都市				
442	成都汽车制造厂	CD1041S、CD1041SL型双排座载货汽车 CD1041、CD1041L型单排座载货汽车	2285辆 124辆	7388
443	四川旅行车制造厂	CDL6601、CDL6602、CDL6603型旅行车	950辆	4364
444	四川省公路机械厂	CGC3040型自卸汽车 CGC1030、CGC1031型载货汽车	1149辆 219辆	2575
445	成都客车厂	改装CD664A、CD664E型铰接公共汽车 CD644A(E)型客车 CD320系列汽车	49辆 103辆 286辆	1567
446	成都拖拉机总厂	CDT1401、CDT1401S型载货汽车 改装CDT1030型厢式货车	301辆 302辆	3635
447	四川消防机械总厂	改装各种消防车	222辆	1379
448	四川省客车厂	改装EM6821、EM6921A、EM6921、EM6922、EM6111型公路客车 EM6601、EM6621型公路客车	620辆 156辆	3537
449	四川省成都轻型汽车改装总厂	改装CQQ2023A型越野汽车 CQQ5021X型专用汽车 CQQ1021B型客货车 JDK6901、6650、6547型客车	1579辆 1091辆 97辆 291辆	11818
450	成都内燃机总厂	490Q型柴油机 290Q型柴油机 495Q型柴油机	4414台 2741台 71台	4267
451	成都汽车配件厂	EQ140型汽车凸轮轴 CQ30290型汽车钢圈 CD130型汽车变速器总成	40416根 8033套 1200台	1737

续

全年工业总产值(1990年不变价)(万元)	汽车工业总产值(1980年不变价)(万元)	汽车工业总产值(1990年不变价)(万元)	全年工业净产值(现行价)(万元)	年末职工人数(人)	生产建筑面积(m^2)	年末固定资产 原值(万元)	年末固定资产 净值(万元)	定额流动资金全年平均余额(万元)
2264	1291	1272	973	1562	50778	6362	4632	1311
2521	2364	2073	1177	2365	19988	684	350	1345
[illegible]3693	28735	28663	19914	2099	80594	9583	8030	6349
3270	7388	8270	1785	1553	30285	3140	2452	3194
5360	4364	5360	1300	1548	43785	2078	1640	4650
4569	2035	3999	496	851	17772	1133	791	1697
3173	1567	3173	600	1072	35412	1271	727	1452
4353	2367	2964	552	2371	58980	2891	1563	2901
2076	1120	1821	522	1091	11458	1119	714	1730
5156	3511	4676	1362	1360	31363	1525	1057	2418
[illegible]6735	11301	16009	3709	2608	84054	3557	2902	3971
6619	1904	2990	1429	2849	73934	3931	2376	2913
2123	1737	2123	748	1292	31423	1967	938	969

序号	企 业 名 称	主 要 产 品 产 量		全年工业总产值（1980年不变价）（万元）
452	新都县钢圈厂	CA10、EQ140、JN150、CQ30290、五十铃型汽车钢圈	44659 套	1515
453	中国人民解放军第七四三六工厂	CJY6420B、SLC2020 型载货汽车 BJ212 汽车螺旋伞齿轮、变速器齿轮	929 辆 10269 套	2945
454	四川都江机械厂	CD130 型汽车前、后桥 CD632 型汽车前、后桥 SY3015，SY2513 型农用汽车前、后桥总成	10728 根 1932 根 9869 根	2537
455	四川专用汽车制造厂	改装各种专用汽车		5568
贵 州 省				
456	贵州专用汽车制造厂	改装 GG3091A 型自卸车 GG5090XLC 型冷藏车 GG5090XBW 型保温车	200 辆 11 辆 38 辆	1701
457	贵州客车制造厂	改装 GZ90C10 型大客车 GK6470 型轻型客车 其它专用车	9 辆 11 辆 14 辆	2773
458	国营乌江机械厂	GHT1030 型载货汽车	1375 辆	6486
459	贵州汽车制造厂	DGQ6100 型汽油发动机 EQ140 型汽车气缸盖 EQ140、CA10 型汽车活塞	2058 台 2349 只 29.63 万只	2305
460	贵州省汽车配件厂	EQ140 型汽车螺旋伞齿轮 EQ140 型汽车离合器钢片总成 EQ140 型汽车齿轮	41635 套 44910 件 33680 只	2551
461	国营南海机电厂	GHT1030 型汽车驾驶室 GHT1030 型汽车车架	1577 台 1681 台	3290
462	贵州国营华阳电工厂	各型汽车综合开关	6.92 万只	2528
463	国营贵阳电机厂	QD115A 系列汽车起动机 MJF—280B 型摩托车发电机	70363 台 11742 台	2358
464	国营高原机械厂	GHT1030 型汽车驾驶室总成 改装 GHT6470 型汽车 GHT5030 型救护车	1500 台 31 辆 3 辆	3560

续

全年工业总产值（199 年不变价）（万元）	汽车工业总产值（1980年不变价）（万元）	汽车工业总产值（1990年不变价）（万元）	全年工业净产值（现行价）（万元）	年末职工人数（人）	生产建筑面积（m²）	年末固定资产 原值（万元）	年末固定资产 净值（万元）	定额流动资金全年平均余额（万元）
843	1115	1371	509	641	24125	820	525	468
175	2577	4847	1336	1788	56112	2630	1541	2327
674	2476	2609	591	1038	28388	1665	1050	980
554	5568	7554	1207	2190	97063	3069	1586	5423
944	1604	1848	235	1079	23313	1571	824	2334
879	2706	2812	586	1273	32799	1094	547	1147
1 549	4812	8662	1575	1480	47062	2604	1653	3145
561	2678	5435	1334	2843	60297	4038	2262	2693
412	2523	3384	1269	1671	25240	3257	2238	1679
555	1527	1541	539	2147	67793	5783	3712	2779
620	1509	1309	1775	1655	38432	3166	2167	1472
800	1397	1448	1081	1837	41496	3652	2388	1348
229	1869	2394	502	1554	42019	3553	2057	1267

序号	企业名称	主要产品产量	全年工业总产值(1980年不变价)(万元)
云南省			
465	东风汽车工业企业联营公司云南汽车厂	各型汽油、柴油载货汽车 2484 辆 各型汽油、柴油自卸汽车 914 辆 客车 38 辆 改装自卸汽车 167 辆	9689
466	云南兰箭汽车厂	各型汽油、柴油载货汽车 746 辆 汽车底盘 56 辆	1764
467	云南金马机械厂	212 型越野汽车 707 辆 492Q 型汽油机 365 台	3336
468	昆明拖拉机厂	JM122、JM2410 型农用运输车 1056 辆	2795
469	云南客车厂	改装 YK6901、YK6910、YK6951、YK6952 型客车 211 辆 YK6550 型客车 4 辆	1462
470	云南航空工业总公司旅行车厂	改装 YH6560G、YH6560、YH6560JH 中型客车、旅行车 542 辆	1691
471	昆明茶花汽车厂	KQ130 系列汽车 538 辆 汽车底盘 611 辆	2871
472	昆明汽车厂	改装 KQ6481Y、KQ6481、KQ6480、KQ2030 型客车 469 辆 KQ1031、KQ1031Y 型专用车 116 辆	2678
473	昆明弹簧钢板厂	各型汽车钢板弹簧价值量 1809.89 万元	1424
陕西省			
474	陕西汽车制造总厂	SX360 型自卸汽车 159 辆 SX680B 型客车底盘 159 辆 SX161 型载货汽车 44 辆	9743
475	航空航天工业部陕西飞机制造公司	SFJ1010 型微型载货汽车 1002 辆 SFJ6900 型大客车 7 辆	3977
476	西北医疗设备厂	改装 XB5025 等系列专用车 1000 辆 XB411 等系列专用车 51 辆	4231
477	宝鸡消防器材厂	改装干粉水雾、水罐、泡沫等消防车 207 辆 通讯指挥车 9 辆	1805
478	宝鸡石油机械厂	改装 DC3—3500 等型电测车 79 辆 试井车 11 辆 测井车、通井车等 23 辆	11108

续

全年工业总产值（1990年不变价）（万元）	汽车工业总产值（1980年不变价）（万元）	汽车工业总产值（1990年不变价）（万元）	全年工业净产值（现行价）（万元）	年末职工人数（人）	生产建筑面积（m²）	年末固定资产		定额流动资金全年平均余额（万元）
						原值（万元）	净值（万元）	
17097	9540	16959	2447	3498	133234	6676	3919	7334
2581	1659	2484	475	2226	70021	7166	5672	4763
6005	1460	2607	1230	753	89447	3500	2111	2138
3510	2086	2525	730	1521	63317	3687	2128	1861
1682	1366	1586	391	890	22112	818	485	697
3338	1691	3338	500	1203	24638	1194	1064	1355
3697	2123	2685	524	1444	51238	2287	1586	2103
3092	2557	2932	894	750	27331	646	473	1082
1742	1413	1729	643	474	17383	828	603	365
12017	9383	11657	445	6112	194979	11054	5798	12831
5519	1958	3035	—172	9154	279445	28403	21705	26259
4938	4188	4890	1012	1589	41604	2241	1403	2941
2758	1389	2130	465	893	37546	1225	712	1294
11981	1762	1817	3113	6610	265978	21538	15694	18816

序号	企业名称	主要产品产量		全年工业总产值（1980年不变价）（万元）
479	国营四达机械制造公司	改装SDJ6110型大客车	141辆	7318
480	金州客车厂	改装JKC6480X型旅行车 电力计量车 各种监测车等	265辆 23辆 30辆	1311
481	国营渭阳柴油机厂	WY50型摩托车	20230辆	4740
482	陕西汽车齿轮厂	CQ19210、斯泰尔91系列及SX250摩托车变速器 SX250摩托车分动器 三桥齿轮	968台 241台 19748只	5383
483	航空航天工业部红原锻铸厂	微型车、红岩客车等曲轴 轴承盖 齿轮	3408根 15842只 10963只	6073
484	国营燎原机械厂	SX250、BJ374型汽车制动泵 举升缸 翻转机构	1225台 1495只 6071件	2216
485	中国人民解放军第三四〇二工厂	改装LS6911型客车 LS5040XJH等型救护车 YJ6501GD型旅行车	300辆 193辆 65辆	2653
西安市				
486	西安锅炉总厂	改装JY580型加油车 YO601型加油车 XY510型运油车	134辆 10辆 30辆	3111
487	西安汽车配件厂	CA10、EQ140型汽车活塞 活塞环 活塞销	34.51万只 6.58万组 78.65万只	1520
甘肃省				
488	中国人民解放军第七四三七工厂	BJ212型汽车万向节总成 CA10型汽车水泵总成	23468只 5481只	1016
489	甘肃省兰州客车厂	改装662、LZ662、LK6920、LK6920A型长途客车 LK551型囚车 LK6610、LK642型客车	412辆 4辆 5辆	1739

续

全年工业总产值（1990年不变价）（万元）	汽车工业总产值（1980年不变价）（万元）	汽车工业总产值（1990年不变价）（万元）	全年工业净产值（现行价）（万元）	年末职工人数（人）	生产建筑面积（m^2）	年末固定资产		定额流动资金全年平均余额（万元）
						原值（万元）	净值（万元）	
9002	1480	1560	2337	4466	154276	10056	3662	5049
2185	1011	1685	280	739	40000	487	452	340
6849	2999	4332	834	6836	163158	17494	11215	10373
6819	4990	6073	2116	3614	37259	16049	11840	3733
6679	2211	2495	1952	3117	71727	7787	5474	4265
2238	1580	1533	979	2670	54127	5655	3507	3262
3911	2579	3837	894	1974	72128	3819	2393	2519
5296	1758	2444	2227	2197	68499	3343	1916	4044
3042	1502	3024	1040	1462	30251	1532	767	271
1482	1016	1482	264	1476	33776	1793	697	1292
2961	1739	2961	341	702	37744	1946	1355	1027

序号	企业名称	主要产品产量		全年工业总产值（1980年不变价）（万元）
490	兰州专用汽车制造厂	LQ86$_5^4$型野外生活车 LQZF 沙漠成组营房车 LQ6700Q 型轻型客车底盘 LQ810A 型双轴拖车	81 辆 147 辆 30 辆 35 辆	2051
491	甘肃省驼铃客车厂	改装 JT662、TLK6910、GT1014、TLK6930、TLK6650、TLK6700 等型客车	241 辆	1413
492	兰州汽车齿轮厂	各型齿轮及齿轮轴 变速器 螺旋伞齿轮	313699 根 1579 台 29019 套	1980
青 海 省				
493	青海汽车制造厂	载货汽车 QH1092 型五 t 柴油车 QH1092C 型五 t 长轴距车 汽车底盘	1057 辆 450 辆 58 辆 41 辆	1769
494	青海汽车发动机厂	CA15 型汽车发动机 CA15 型汽车气缸体 492QA$_1$ 型发动机气缸套	1460 台 870 只 6293 只	802
新疆维吾尔自治区				
495	新疆第一汽车厂	改装 QG07、TSY9130 型半挂汽车列车 TSY3090 型自卸车 组装 CA1091、NJ1041 型汽车	304 辆 125 辆 469 辆	4400
496	东风汽车工业联营公司新疆汽车厂	EQ1090E、EQ1090F 等型载货汽车 XQD9130 型半挂车 EQD230 型沙漠越野车	936 辆 321 辆 140 辆	4397
497	新疆天山汽车厂	改装 TSQ1030 型公路运料车 TSQ5190GYY 型运油车 CA115、CA125 等型发动机	253 辆 25 辆 120 台	2136
498	新疆汽车改装厂	改装 XJG61100、XJG6902A、XJG6902B、XJG6902C 等型长途客车 XJG1021、XJG2020、SY1032C、SY1032D 等型载货汽车 XJG5020XGC 型专用汽车	220 辆 324 辆 127 辆	3003
499	新疆专用汽车厂	改装 XZC3091、XZC3092、XZC3092J 等型自卸车	460 辆	3188
500	中国人民解放军第七四三八工厂	TL2032 型越野车 TL1041 型载货汽车 BJ212 型组装车	135 辆 60 辆 2 辆	1771

续

全年工业总产值(1990年不变价)(万元)	汽车工业总产值(1980年不变价)(万元)	汽车工业总产值(1990年不变价)(万元)	全年工业净产值(现行价)(万元)	年末职工人数(人)	生产建筑面积(m^2)	年末固定资产 原值(万元)	年末固定资产 净值(万元)	定额流动资金全年平均余额(万元)
2104	2030	2082	223	1526	36932	2226	1196	2158
1792	1294	1647	350	1100	31675	1028	434	1263
2748	1954	2722	911	1805	38653	3554	1864	1657
3175	1742	3147	216	2937	62328	3442	1935	5524
1280	802	1279	160	780	27420	1483	914	732
3387	4358	4316	720	1680	39309	2255	940	1603
6889	4026	6502	1887	1494	74841	5539	3955	5344
2356	1362	1902	582	1774	41882	2056	1051	1538
3746	3003	3746	1121	1483	55303	2099	1450	3722
4176	2819	3785	772	2212	52473	3697	2125	3600
1795	1771	1795	567	777	25154	1411	768	942

三　1990年生产同类汽车产品

产品名称	产品产量	计算单位	企业名称	全员劳动生产率（1990年不变价）（元/人·年）	每一职工平均利税额（元/人）	万元汽车工业产值占用固定资产 原值（元）	净值（元）
重型载货汽车	2610	辆	济南汽车制造总厂	32656	951	6643	3506
	1035	辆	四川汽车制造厂	60124	1476	3729	2098
	481	辆	合肥淝河汽车制造厂	19323	1177	7135	3959
	44	辆	陕西汽车制造总厂	20002	-4477	9299	5208
中型载货汽车	69934	辆	第二汽车制造厂	58722	7472	6922	4362
	56515	辆	第一汽车制造厂	42861	3012	6542	3051
	4254	辆	东风汽车工业企业联营公司柳州汽车厂	109500	7545	2991	2394
	2481	辆	东风汽车工业企业联营公司云南汽车厂	48557	1742	3839	2314
	1982	辆	第一汽车制造厂青岛汽车厂	50267	29	3664	2522
轻型载货汽车	30026	辆	南京汽车制造厂	52669	2918	3422	1755
	12246	辆	北京轻型汽车有限公司	75457	6717	2466	2097
	9795	辆	天津市汽车制造厂	80927	94	2475	1552
	6316	辆	金杯汽车股份有限公司	22484	653	5564	3920
	5601	辆	江西汽车制造厂	66177	25863	2643	2080
	4540	辆	重庆汽车制造厂	145207	82873	3266	2832
	3709	辆	北京汽车摩托车联合制造公司	61576	7269	3195	1923
	2570	辆	沈阳双马汽车制造厂	18153	−7676	9406	5390
	2409	辆	成都汽车制造厂	54694	839	3513	2839
	1375	辆	国营乌江机械厂	73821	357	2805	1908
	1300	辆	国营江北机械厂	21619	696	15044	12395
微型载货汽车	9400	辆	天津市微型汽车厂	208505	23902	1981	1625
	9104	辆	柳州微型汽车厂	50461	2746	4151	2709
	3750	辆	哈尔滨飞机制造公司	22631	1810	8821	4168
	2755	辆	第一汽车制造厂吉林轻型车厂	14230	−5855	18890	15228
	1605	辆	航空航天工业部昌河飞机制造厂	22761	1929	8657	5834
	1093	辆	航空航天工业部陕西飞机制造公司	6090	−10084	50334	38567
轻型越野汽车	33416	辆	北京吉普汽车有限公司	383387	43117	1361	922
	1450	辆	富奇汽车厂	40693	2206	4242	2885
	1306	辆	沈阳飞机制造公司	35746	3116	7602	5260
	929	辆	中国人民解放军第七四三六工厂	35264	3969	5338	2764
	795	辆	中国人民解放军第七四二九工厂	48701	10168	3340	1977
	707	辆	云南省金马机械厂	79431	7844	5811	2455

注：本表工业总产值全部为1990年不变价。

主要企业经济效益指标

(1990年不变价)		万元定额流动资金		万元固定资产实现利润		百元产值利润额(元)	资金利税率(原值)(%)	百元资金利润额	
占用定额流动资金(元)	耗能总量(标准煤)(t)	产值(元)	利润(元)	原值(元)	净值(元)			固定资产原值+流动资金(元)	固定资产净值+流动资金(元)
7811	1.04	12803	94	110	209	0.73	2.22	0.51	0.65
6489	0.47	15410	167	290	516	1.08	2.46	1.06	1.26
7588	0.72	13179	539	573	1033	4.09	4.44	2.78	3.54
11007	1.54	9085	−2245	−2658	−4746	−24.70	−11.40	−12.20	−15.20
2482	1.60	40296	3550	1273	2020	8.81	13.75	9.37	12.88
4649	1.84	21511	875	622	1334	4.07	6.28	3.64	5.29
4108	0.10	24346	1093	1501	1875	4.49	9.78	6.32	6.90
4324	0.19	23125	336	379	628	1.45	4.43	1.78	2.19
5931	0.19	16861	9	14	21	0.05	0.06	0.05	0.06
2453	0.45	40773	1188	851	1659	2.91	9.60	4.96	6.92
3427	0.31	29178	1384	1923	2262	4.74	15.25	8.05	8.58
3276	0.38	30522	129	170	272	0.42	0.20	0.73	0.87
4825	0.58	20724	−266	−230	−327	−1.28	2.80	−1.23	−1.47
2967	0.14	33709	11714	13148	16711	34.75	71.59	61.95	68.87
2215	0.10	45149	21395	14509	16733	47.39	104.20	86.46	93.90
3512	0.28	28475	2351	2584	4294	8.25	17.60	12.31	15.19
11795	2.20	8478	−3712	−4654	−8121	−43.80	−19.90	−20.60	−25.50
3862	0.10	25892	30	33	40	0.11	2.08	0.16	0.17
3631	0.26	27542	32	41	60	0.12	0.91	0.18	0.21
10145	0.74	9857	14	9	11	0.14	1.41	0.06	0.06
2767	0.23	36144	3512	4905	5981	9.72	24.27	20.47	22.13
4864	0.39	20561	556	651	998	2.70	6.34	3.00	3.57
11902	1.81	8402	442	596	1261	5.25	3.86	2.54	3.27
18437	1.87	5424	−2583	−2522	−3128	−47.60	−11.40	−12.80	−14.10
10073	0.54	9928	551	642	952	5.55	4.52	2.97	3.49
47578	2.41	2102	−3541	−3347	−4368	−168.0	−16.90	−17.20	−19.60
1691	0.10	59138	4473	5556	8205	7.56	37.81	24.78	28.95
4301	0.35	23249	575	583	857	2.47	6.35	2.89	3.44
10341	1.28	9670	371	505	729	3.84	4.86	2.14	2.46
4801	0.35	20827	2066	1859	3590	9.92	14.14	9.79	13.11
2940	0.33	34013	6101	5371	9073	17.94	35.34	28.57	36.48
3559	0.43	28095	1876	1149	2719	6.68	10.54	7.13	11.10

产品名称	产品产量	计算单位	企业名称	全员劳动生产率(1990年不变价)(元/人·年)	每一职工平均利税额(元/人)	万元汽车工业产值占用固定资产 原值(元)	净值(元)
工矿、重型自卸车	170	辆	北京重型汽车制造厂	30124	3287	5030	1431
	232	辆	上海重型汽车厂	49461	—574	3280	1339
大、中型客车	1149	辆	丹东汽车制造厂	38371	1640	6209	4113
	641	辆	广州汽车制造厂	28036	1618	7591	5933
	364	辆	常州客车制造厂	25494	844	6167	3284
小型客车	3687	辆	江苏省仪征汽车制造厂	185153	20846	1587	1243
	3029	辆	北京市旅行车股份有限公司	80165	5880	2722	2311
	2723	辆	天津市客车厂	90103	10705	1640	893
	1611	辆	万山特种车辆制造厂	34516	882	9080	8097
	1156	辆	国营河北胜利客车厂	32510	4259	4954	4454
	911	辆	河北红星旅行车制造厂	44958	3835	3346	1933
	900	辆	国营松辽汽车厂	44003	2742	4295	3424
客车专用底盘	2553	辆	第二汽车制造厂杭州分厂	75781	6483	3324	2321
	875	辆	石家庄市汽车制造厂	26913	572	4016	2379
	846	辆	湖南省汽车制造厂	20664	—2865	6046	3417
	809	辆	郑州轻型汽车制造厂	20473	680	4738	2526
	555	辆	上海电车厂	25298	1659	5456	2859
轿车	18537	辆	上海大众汽车有限公司	698676	96452	2383	2768
	6072	辆	上海汽车厂	268510	48298	1940	1509
	3016	辆	广州标致汽车公司(有限)	197565	67568	4680	3954
改装中型自卸车	907	辆	湖北随州市汽车改装总厂	84610	3478	1934	1355
	666	辆	武汉汽车车身附件总厂	14628	397	3237	2176
	635	辆	山西汽车制造厂	15669	—1802	9932	6685
	502	辆	郧阳地区汽车改装厂	60211	3090	2870	2125
	494	辆	四平专用汽车制造厂	31665	—45	4463	3564
	442	辆	铁道部工程指挥部襄樊内燃机车厂	10091	—693	17076	12530
改装工矿、重型自卸车	438	辆	青岛专用汽车制造厂	43629	2831	4261	2566
	302	辆	重庆红岩专用汽车制造厂	192354	5962	1194	911
改装半挂牵引汽车列车	626	辆	山东汽车改装厂	40458	595	5131	3694
	541	辆	淮阴市汽车改装厂	74492	2718	1478	1191
	536	辆	徐州特种汽车总厂	32830	977	3390	2437
	341	辆	湖南省汽车车桥厂	15843	—622	15295	9978

续

1990年不变价)		万元定额流动资金		万元固定资产实现利润		百元产值利润额（元）	资金利税率（原值）（%）	百元资金利润额	
占用定额流动资金（元）	耗能总量（标准煤）（t）	产值（元）	利润（元）	原值（元）	净值（元）			固定资产原值＋流动资金（元）	固定资产净值＋流动资金（元）
7341	0.61	13622	930	1358	4775	6.83	8.82	5.52	7.79
5983	0.14	16714	－847	－1546	－3787	－5.07	－1.26	－5.47	－6.92
6148	0.56	16267	218	216	325	1.34	4.28	1.08	1.30
5313	0.20	18822	333	233	298	1.77	4.63	1.37	1.57
5810	0.42	17211	22	20	38	0.13	2.76	0.10	0.14
634	0.12	157840	14552	5808	7415	9.22	50.70	41.51	49.12
2319	0.22	43121	1857	1582	1863	4.31	14.61	8.54	9.30
2095	0.34	47735	4106	5244	9627	8.60	31.81	23.03	28.78
8448	0.55	11837	29	27	30	0.24	1.54	0.14	0.15
2905	0.45	34418	3521	2065	2297	10.23	16.72	13.02	13.90
3524	0.45	28378	2028	2135	3697	7.15	12.61	10.40	13.09
4210	0.52	23752	911	893	1120	3.83	7.50	4.51	5.02
4273	0.20	23404	1380	1773	2540	5.90	12.32	7.76	8.94
7819	0.33	12790	76	148	249	0.59	1.80	0.50	0.58
7492	0.45	13348	－2164	－2681	－4744	－16.20	－10.40	－12.00	－14.90
6036	0.42	16567	50	63	119	0.30	3.18	0.28	0.35
5339	0.72	18730	731	716	1366	3.91	7.52	3.62	4.76
1753	0.08	57060	5483	4032	3471	9.61	33.63	23.23	21.26
1527	0.10	65497	11812	9297	11949	18.03	64.59	52.02	59.40
5005	0.12	19980	5001	5349	6330	25.03	35.31	25.84	27.94
2918	0.08	34267	884	1333	1902	2.58	9.85	5.31	6.03
4596	0.35	21760	164	232	346	0.75	3.56	0.96	1.11
9384	2.06	10656	－1225	－1158	－1720	－11.50	－5.95	－5.95	－7.16
2350	0.08	42551	1251	1024	1383	2.94	10.72	5.63	6.57
7901	0.71	12656	－388	－688	－861	－3.07	－0.13	－2.48	－2.68
4884	1.06	20474	－1965	－562	－766	－9.60	－3.13	－4.37	－5.51
6518	0.31	15341	451	690	1146	2.94	6.02	2.73	3.24
821	0.02	121812	1008	693	908	0.83	15.38	4.11	4.78
4388	0.32	22787	6	5	7	0.03	1.54	0.03	0.03
3339	0.06	29945	630	1425	1768	2.11	7.57	4.37	4.65
5270	0.16	18976	207	322	448	1.09	3.44	1.26	1.42
6235	1.35	16040	－1684	－686	－1052	－10.50	－2.35	－4.88	－6.48

产品名称	产品产量	计算单位	企业名称	全员劳动生产率（1990年不变价）（元/人·年）	每一职工平均利税额（元/人）	万元汽车工业产值占用固定资产 原值（元）	万元汽车工业产值占用固定资产 净值（元）
改装各种专用汽车	1051	辆	西北医疗设备厂	32832	1768	4481	2845
	749	辆	南京晨光机器厂	32129	2532	13007	8554
	645	辆	浙江省海宁救护车厂	191615	18639	529	342
	525	辆	十堰市汽车改装厂	60608	1803	1354	985
	524	辆	武汉汽轮发电机厂	71922	18704	2676	1255
	500	辆	吉林洮南市联合汽车改装厂	11111	222	8200	5360
改装特大、大型客车	612	辆	上海客车厂	40862	5030	1685	909
	501	辆	黑龙江客车厂	64592	1567	5334	4315
	341	辆	郑州客车厂	32687	—903	3011	1557
	285	辆	济南客车厂	23768	1058	5982	3605
改装中型客车	705	辆	广州客车厂	27541	1956	3745	2751
	606	辆	四川省客车厂	38449	761	1847	872
	552	辆	山东省聊城客车厂	45755	4174	3072	2208
	545	辆	桂林客车厂	28872	2633	5552	3719
	498	辆	广东省客车厂	33030	—854	4504	3440
	475	辆	上饶客车厂	42410	6406	2497	1708
	465	辆	哈尔滨客车厂	27877	1614	3024	1986
改装小型客车	1236	辆	北京市客车总厂	33234	1975	3141	2045
	1110	辆	北京市客车总厂一厂	90100	13085	920	634
	889	辆	江都汽车总厂	74053	6115	1734	1546
	811	辆	中国人民解放军第九五〇六工厂	69108	10527	1326	1211
	760	辆	郑州市少林汽车改装厂	81515	5783	1132	926
	738	辆	广州市番禺县红桥客车厂	77985	7695	1745	956
	581	辆	重庆专用汽车制造厂	37932	2344	2231	1359
改装轻型载货、越野汽车	1893	辆	四川省华通汽车集团公司通工汽车厂	76409	10201	1150	741
	1579	辆	四川省成都轻型汽车改装总厂	64913	15985	1566	1164
	1075	辆	邵武林业汽车保修厂	28144	1367	5417	1711
	1001	辆	株洲汽车制造厂	26943	936	4041	2505
二轮轻便摩托车	42220	辆	济南轻骑摩托车总厂	34148	1113	4652	3905
	26957	辆	国营玉河机器厂	41178	5323	4213	2577
	20230	辆	国营渭阳柴油机厂	10305	—944	24610	16163
	14847	辆	湖北轻型摩托车厂	24869	210	4066	3347
	14650	辆	石家庄飞机制造厂	15834	855	8741	6285
	11500	辆	沈阳黎明发动机制造公司摩托车厂	15375	749	4659	225

续

1990年不变价）		万元定额流动资金		万元固定资产实现利润		百元产值利润额（元）	资金利税率（原值）（%）	百元资金利润额	
占用定额流动资金（元）	耗能总量（标准煤）（t）	产值（元）	利润（元）	原值（元）	净值（元）			固定资产原值＋流动资金（元）	固定资产净值＋流动资金（元）
6014	0.66	16628	372	500	787	2.24	5.18	2.13	2.53
10170	0.69	9833	554	433	658	5.63	3.40	2.43	3.01
1522	0.05	65709	3553	10226	15809	5.41	48.39	26.37	29.01
4552	0.07	21970	105	353	484	0.48	5.04	0.81	0.86
5358	0.33	18664	4040	8089	17243	21.65	32.38	26.94	32.73
8080	2.84	12376	0	0	0	0.00	1.23	0.00	0.00
2956	0.21	33831	2648	4646	8611	7.83	26.53	16.87	20.25
6541	0.85	15288	8	10	12	0.05	2.11	0.04	0.05
3220	0.28	31053	−1446	−1547	−2991	−4.66	−4.47	−7.47	−9.75
5637	1.64	17740	668	630	1044	3.77	3.83	3.24	4.07
5557	0.18	17995	364	541	736	2.02	7.64	2.18	2.44
5171	0.12	19339	78	218	463	0.40	3.11	0.57	0.67
2909	0.18	34375	2261	2141	2979	6.58	15.25	11.00	12.85
6839	0.43	14621	811	999	1491	5.55	9.01	4.48	5.25
6377	0.18	15680	—999	—1415	—1853	−6.37	—2.43	—5.86	—6.49
2047	0.11	48848	5004	4103	6000	10.24	33.35	22.54	27.28
9550	0.38	10471	101	318	485	0.96	4.60	0.77	0.83
5532	0.49	18076	352	621	954	1.95	6.85	2.25	2.57
3821	0.37	26174	3323	13805	20012	12.70	30.64	26.78	28.50
1363	0.11	73362	4175	3282	3681	5.69	27.52	18.38	19.56
4246	0.16	23552	2468	7903	8655	10.48	27.34	18.81	19.21
1415	0.19	70667	3072	3840	4694	4.35	28.80	17.07	18.57
5727	0.12	17460	926	3040	5547	5.31	13.20	7.10	7.94
4140	0.15	24155	1492	2769	4548	6.18	9.70	9.70	11.24
1772	0.12	56427	5816	8966	13909	10.31	48.03	35.28	41.01
2481	0.10	40314	4475	7088	9533	11.10	63.62	27.43	30.45
1952	0.64	51234	1681	606	1917	3.28	6.59	4.45	8.96
3925	0.39	25479	201	195	315	0.79	4.36	0.99	1.23
11501	0.34	8695	46	113	135	0.53	2.02	0.33	0.34
4681	0.35	21364	2127	2363	3863	9.96	14.53	11.19	13.72
15145	3.32	6603	−687	−423	−644	−10.40	−2.30	−2.62	−3.32
4074	0.35	24546	92	92	111	0.37	1.04	0.46	0.50
6175	0.71	16194	206	145	202	1.27	3.62	0.85	1.02
6966	0.34	14356	74	111	2297	0.52	4.35	0.44	0.72

产品名称	产品产量	计算单位	企业名称	全员劳动生产率（1990年不变价）（元/人·年）	每一职工平均利税额（元/人）	万元汽车工业产值占用固定资产 原值（元）	万元汽车工业产值占用固定资产 净值（元）
二轮普通摩托车	140032	辆	上海易初摩托车有限公司	172995	19587	1932	1639
	112150	辆	国营嘉陵机器厂	91555	13323	2689	1886
	71000	辆	国营建设机床厂	28702	2887	4635	2507
	23056	辆	国营金城机械厂	24654	2067	9372	5262
	22000	辆	中国洛阳嘉陵摩托车厂	46782	6935	3780	2491
	18122	辆	长春市汽油机总厂	86736	12949	3774	3097
	10368	辆	广州摩托车厂	256738	1659	390	279
边三轮摩托车	16050	辆	南昌飞机制造公司	17320	879	11052	5620
	8877	辆	株洲市摩托车制造厂	32727	2869	1613	1005
	8833	辆	山东生建摩托车厂	82456	9050	3620	2712
正三轮摩托车	4677	辆	山东省诸城摩托车厂	46626	2110	1898	1435
	4012	辆	国营望江机器制造厂	10506	172	14503	8444
	1284	辆	镇江跃进机械厂	14972	191	5196	3387
	1100	辆	江苏省邮政机械厂	34768	5526	3804	2245
汽车用汽油机	148332/880.00	台/万kW	北京内燃机总厂	59078	4751	4239	2402
	18060/72.24	台/万kW	国营江陵机器厂	18822	605	7533	4469
	9352/61.90	台/万kW	上海汽车发动机厂	62981	10975	2890	1423
	10097/55.89	台/万kW	天津市汽车发动机制造厂	34702	－292	4970	2628
汽车用柴油机	12135/157.75	台/万kW	广西壮族自治区玉林柴油机厂	37871	7610	4654	3647
	15022/156.00	台/万kW	大连柴油机厂	86349	2796	3233	2044
	14200/140.00	台/万kW	朝阳柴油机厂	28455	1594	5197	3451
	6502/91.44	台/万kW	杭州汽车发动机厂	46052	4078	6522	4923
	11100/69.06	台/万kW	江西发动机总厂	24878	1530	3806	2816
	12392/64.00	台/万kW	扬州柴油机厂	36247	2204	4744	2844
摩托车发动机	56500/49.84	台/万kW	航空航天工业部南方动力机械公司	22901	2843	8071	4334
	14712/12.98	台/万kW	上海汽油机厂	21357	－2304	4624	3399
	7802/12.63	台/万kW	国营长江动力机械厂	17978	1528	10511	7616
	28648/7.16	台/万kW	中国人民解放军第六九〇五工厂	36218	5084	4940	2528
	3200/5.65	台/万kW	山东省生建摩托车发动机厂	26345	1253	9405	5445
汽车挂车	5526	辆	河北省张家口拖车总厂	28158	1515	3379	1759
	4139	辆	随州市挂车总厂	52045	1360	1946	1314
	1350	辆	新疆齿轮厂	18753	945	9240	4688
	882	辆	太原市红旗汽车修理厂	19223	446	6051	3788
	777	辆	淄博市博山汽车挂车制造厂	23280	965	2930	1175

续

1990年不变价）		万元定额流动资金		万元固定资产实现利润		百元产值利润额（元）	资金利税率（原值）（%）	百元资金利润额	
占用定额流动资金（元）	耗能总量（标准煤）（t）	产值（元）	利润（元）	原值（元）	净值（元）			固定资产原值＋流动资金（元）	固定资产净值＋流动资金（元）
1416	0.10	70645	4824	3535	4166	6.83	33.83	20.40	22.35
2361	0.22	42348	4953	4350	6202	11.70	30.19	23.16	27.54
5296	1.06	18883	1555	1777	3286	8.24	11.45	8.29	10.56
4463	0.67	22408	1169	557	992	5.22	7.22	3.77	5.37
3853	0.52	25952	2928	2984	4529	11.28	19.45	14.78	17.78
2077	0.31	48139	4816	2651	3231	10.00	25.52	17.10	19.34
144	0.03	696178	2998	1103	1545	0.43	12.10	8.07	10.20
14666	1.08	6818	317	420	827	4.65	2.62	1.81	2.29
2444	0.16	40924	2624	3975	6378	6.41	21.61	15.81	18.59
2365	0.66	42281	3186	2082	2779	7.54	18.34	12.59	14.84
1236	0.18	80936	1738	1131	1496	2.15	15.14	6.85	8.04
9498	1.55	10528	102	67	115	0.97	0.68	0.40	0.54
6366	0.27	15708	30	37	56	0.19	1.16	0.16	0.20
5142	0.14	19446	2523	3410	5778	12.97	17.77	14.50	17.56
4208	0.55	23766	1579	1568	2766	6.65	11.22	7.87	10.05
3889	1.55	25710	291	150	253	1.13	2.82	0.99	1.35
2539	0.25	39385	4935	4336	8805	12.53	32.41	23.08	31.62
4585	1.26	21809	－333	－307	－581	－1.53	－0.88	－1.60	－2.12
5128	0.52	19502	1460	1608	2052	7.49	26.56	7.65	8.53
1502	0.34	66595	2158	1002	1585	3.24	6.84	6.84	9.14
2796	1.63	35766	1017	547	824	2.84	7.01	3.56	4.55
3100	0.50	32263	1414	672	890	4.38	9.20	4.55	5.46
3999	0.51	25008	775	814	1100	3.10	8.09	3.97	4.55
2843	0.76	35177	1817	1089	1817	5.17	8.84	6.81	9.08
5432	0.79	18409	1539	1036	1929	8.36	9.20	6.19	8.56
5881	0.27	17004	－2513	－3196	－4348	－14.80	－10.30	－14.10	－15.90
5363	0.95	18647	1639	836	1154	8.79	5.54	5.54	6.77
4132	0.31	24202	3035	2538	4961	12.54	15.47	13.82	18.83
3642	1.90	15056	12	9	15	0.08	2.96	0.05	0.07
1430	1.03	22575	810	1062	2041	3.59	7.69	4.60	5.80
2385	0.11	41934	635	779	1153	1.52	6.04	3.50	4.10
3586	1.61	10432	63	65	128	0.60	2.72	0.32	0.42
5731	0.23	17450	3	3	5	0.02	2.01	0.02	0.02
6099	0.67	16395	305	635	1583	1.86	4.59	2.06	2.56

产品名称	产品产量	计算单位	企业名称	全员劳动生产率（1990年不变价）（元/人·年）	每一职工平均利税额（元/人）	万元汽车工业产值占用固定资产 原值（元）	万元汽车工业产值占用固定资产 净值（元）
气缸体	16789	只	河北省保定地区华北汽车改装厂	17895	1957	8018	6420
	12000	只	天津市南郊区汽车缸盖厂	73340	4679	751	659
	7870	只	南充劳动工厂	34767	643	5083	3245
	6837	只	湖北省监利县汽车配件厂	25142	2320	4741	2972
气缸盖	43500	只	湖北汽车缸盖厂	53025	1513	3553	2409
	32411	只	湖北罗田汽车配件厂	20185	3384	4365	3282
	20527	只	河南省扶沟缸盖厂	17082	1925	4200	3131
气缸套	1309700	只	十堰市汽车缸套厂	29694	3861	4151	2889
	590000	只	石家庄内燃机配件总厂	23528	3167	7291	3978
	507700	只	山东省临朐气缸套厂	24164	1902	4081	2837
气缸垫	78	万只	广州白云机电工业公司	30701	1722	5159	3892
	73	万只	泰州市机械配件厂	19404	1318	3001	2064
曲轴	26920	根	山东省临清市汽车零件厂	14294	2004	5201	3642
	24940	根	杭州曲轴总厂	21535	2162	4311	3059
	24110	根	解放汽车工业企业联营公司本溪曲轴厂	21214	1351	6611	5304
	14900	根	长沙内燃机配件总厂	23799	2785	7434	4558
凸轮轴	40416	根	成都汽车配件厂	16585	2496	8649	4141
	36550	根	湖北省汽车凸轮轴厂	18245	1372	3687	2507
	19840	根	昆明市凸轮轴厂	10692	1824	12658	8479
连杆总成	171573	根	江西汽车曲轴连杆厂	15633	1559	5148	2824
	81000	根	山东沂水汽车配件厂	18441	1408	7680	5364
	66990	根	湖北省石门连杆厂	16198	898	5770	3397
活塞	92	万只	山东活塞厂	76102	6620	2209	1699
	88	万只	包头内燃机配件厂	30325	3450	4631	3017
	82	万只	南平汽车配件厂	27765	4198	5159	3189
活塞环	1152	万片	武汉汽车配件厂	26268	3926	5232	2132
	805	万片	安庆活塞环厂	25718	7289	3848	2253
曲轴瓦 连杆瓦 凸轮轴瓦	204	万只	湖北轴瓦厂	22757	6422	4536	3079
	172	万只	株洲市轴瓦厂	27355	6315	4667	3137

续

990年不变价)		万元定额流动资金		万元固定资产实现利润		百元产值利润额（元）	资金利税率（原值）（%）	百元资金利润额	
用定额动资金（元）	耗能总量（标准煤）（t）	产值（元）	利润（元）	原值（元）	净值（元）			固定资产原值＋流动资金（元）	固定资产净值＋流动资金（元）
3087	2.04	32396	3203	1233	1540	9.89	11.93	8.90	10.40
1081	1.71	92548	3571	5137	5859	3.86	34.83	21.07	22.19
5709	1.40	17515	2	3	4	0.01	1.71	0.01	0.02
2599	0.56	38472	2488	1364	2176	6.47	13.00	8.81	11.61
2926	0.86	34174	267	220	324	0.78	4.44	1.21	1.47
3155	2.38	31692	1835	1327	1764	5.79	22.29	7.70	8.99
2085	1.81	47961	3822	1897	2545	7.97	17.93	12.68	15.28
1381	1.02	72386	6498	2163	3107	8.98	23.66	16.23	21.02
3781	3.09	26447	2412	1251	2292	9.12	12.16	8.24	11.75
1923	1.42	52007	2536	1195	1719	4.88	13.11	8.12	10.25
5715	0.30	17498	121	134	178	0.69	5.18	0.64	0.72
1310	0.11	76318	2232	974	1417	2.92	15.76	6.78	8.67
3316	1.01	30157	2883	1838	2625	9.56	16.82	11.23	13.74
3997	1.09	25017	1803	1672	2333	7.21	12.08	8.67	10.17
2962	1.90	33761	2190	981	1223	6.49	7.27	6.78	7.85
2717	1.13	36811	2636	963	1571	7.16	11.52	7.05	9.84
4566	0.58	21899	2111	1114	2327	9.64	11.39	7.29	11.07
3333	0.54	30000	513	464	682	1.71	10.84	2.44	2.93
5742	0.91	17417	1939	880	1313	11.13	9.27	6.05	7.83
1854	0.50	53939	3212	1157	2109	5.96	14.24	8.50	12.73
4474	1.82	22354	1529	891	1275	6.84	7.73	5.63	6.95
3755	0.97	26634	549	357	516	2.06	5.82	2.17	2.66
1240	0.86	80635	4585	2574	3347	5.69	25.22	16.49	19.35
2778	2.05	35993	3252	1951	2995	9.04	19.75	12.19	15.59
2672	1.72	37419	4123	2135	3455	11.02	19.36	14.07	18.80
2445	1.05	40906	3555	1661	4076	8.69	19.43	11.32	18.99
1180	1.58	84737	17969	5510	9414	21.21	65.83	42.17	61.77
2149	0.42	46527	9224	4371	6438	19.83	49.09	29.66	37.92
3099	0.29	32266	3971	2638	3923	12.31	29.73	15.85	19.74

产品名称	产品产量	计算单位	企业名称	全员劳动生产率（1990年不变价）（元/人·年）	每一职工平均利税额（元/人）	万元汽车工业产值占用固定资产 原值（元）	万元汽车工业产值占用固定资产 净值（元）
正时齿轮	289825	只	郧县汽车配件二厂	25408	2385	4999	3773
	271279	只	北京市第二汽车齿轮厂	36704	8034	3383	1844
进排气门	380	万只	湖北气门厂	66256	6651	2086	1532
	283	万只	武汉市进排气门厂	23168	2053	2807	1814
	154	万只	湖南气门厂	23344	3140	4044	2883
机油泵	133000	只	北京市汽车机油泵厂	42060	4881	2203	1533
	119000	只	北京市化油器厂	19234	1506	5044	3395
	73720	只	地方国营绍兴汽车油泵厂	24115	4688	1545	999
汽油泵	181206	只	天津市汽油泵厂	15733	3107	4862	2197
	125660	只	长沙汽车附件一厂	13124	127	2225	1215
	50000	只	无锡县汽车油泵厂	21717	1299	2303	1825
化油器	277077	只	湖北省化油器厂	40515	8131	2331	1777
	137119	只	国营向阳仪表厂	5592	452	30673	18178
	118422	只	长沙化油器厂	24827	5407	5724	3349
	105629	只	凤城内燃机配件总厂	18458	1037	3780	2853
	79786	只	沈阳新乐精密机器公司	14552	−1300	11102	6670
高压油泵	23554	只	衡阳汽车配件厂	17154	2740	7102	3966
	18247	只	洛阳市汽车配件厂	10087	624	5455	2909
	5092	只	山东龙口市油泵厂	20819	2869	6210	4463
柱塞偶件及喷油器	1725488	套	大连油泵油嘴厂	32190	3630	7349	3671
	500000	套	上海拖拉机内燃机公司	29808	472	4558	2528
	359100	套	杭州油泵油嘴厂	29106	4524	4751	3553
油箱	159397	只	湖北省郧阳地区汽车容器厂	87745	9878	3349	2630
	80406	只	长春市汽车油箱厂	31351	1757	3708	2917
	27787	只	淮阴市汽车油箱厂	19737	2085	2969	2431
空气滤清器	52688	只	天津市汽车空气滤清器厂	12979	1048	4910	3030
	19728	只	北京市汽车滤清器厂	33357	5710	4049	2786
	14300	只	阜阳市汽车配件厂	20544	1133	3824	1547
	12000	只	湖北省新洲县第二汽车配件厂	8729	188	13049	10283
进排气歧管	119257	只	北京市双桥农场黑庄户汽车配件厂	29377	1785	2532	1681
	16210	只	通榆县汽车铸造厂	3426	19	19550	10032

续

1990年不变价)		万元定额流动资金		万元固定资产实现利润		百元产值利润额(元)	资金利税率(原值)(%)	百元资金利润额	
占用定额流动资金(元)	耗能总量(标准煤)(t)	产值(元)	利润(元)	原值(元)	净值(元)			固定资产原值+流动资金(元)	固定资产净值+流动资金(元)
1979	0.37	50527	2641	1046	1386	5.23	13.58	7.49	9.09
5517	0.51	18126	3052	4977	9131	16.84	24.59	18.92	22.88
1163	0.39	85966	6791	3786	5157	7.90	33.77	24.31	29.31
2918	0.45	34272	1943	2020	3126	5.67	16.15	9.90	11.98
2501	0.60	39990	3715	2298	3223	9.29	20.55	14.20	17.26
2973	0.26	33637	2514	3393	4860	7.47	22.42	14.44	16.57
4484	0.31	22302	772	687	1020	3.46	8.22	3.64	4.40
5165	0.30	19359	2585	8642	13363	13.35	28.97	19.90	21.66
3100	0.40	32262	4498	2867	6345	13.94	24.80	17.51	26.32
3569	0.12	28016	−1010	−1620	−2962	−3.60	1.68	−6.22	−7.53
2048	0.13	48831	1192	1060	1338	2.44	13.75	5.61	6.30
1429	0.40	69962	6999	4291	5630	10.00	53.37	26.60	31.20
10978	5.52	9109	632	226	382	6.94	2.32	1.67	2.38
3574	0.45	27977	5534	3456	5906	19.78	25.46	21.27	28.57
3137	0.92	31879	692	574	758	2.17	9.52	3.14	3.62
6204	0.95	16118	−1874	−1048	−1744	−11.60	−5.16	−6.72	−9.03
2573	0.86	38865	4177	1513	2710	10.75	16.57	11.11	16.43
5518	0.80	18123	270	273	511	1.49	5.63	1.36	1.76
3441	0.77	29062	2699	1495	2081	9.29	14.61	9.62	11.75
2806	0.57	35643	2935	1120	2243	8.23	14.54	8.11	12.71
4348	0.50	23001	39	38	68	0.17	1.78	0.19	0.25
1750	0.29	57149	5967	2198	3105	10.44	23.91	16.06	20.42
2487	0.35	40205	3856	2864	3647	9.59	20.21	16.43	18.74
1225	0.68	81610	2003	663	841	2.45	12.73	4.98	5.92
1734	0.40	57670	3460	2021	2468	6.00	22.46	12.76	14.41
4173	0.61	23962	819	696	1128	3.42	8.89	3.76	4.75
3061	0.46	32665	3666	2772	4028	11.22	24.08	15.78	19.19
2564	0.19	39008	1139	764	1888	2.92	8.64	4.57	7.11
9587	1.35	10430	40	29	37	0.38	0.95	0.17	0.19
1245	0.76	80336	2745	1349	2033	3.42	16.09	9.05	11.68
8746	3.88	11434	−1103	−493	−962	−9.65	0.20	−3.41	−5.14

产品名称	产品产量	计算单位	企业名称	全员劳动生产率（1990年不变价）（元/人·年）	每一职工平均利税额（元/人）	万元汽车工业产值占用固定资产 原值（元）	万元汽车工业产值占用固定资产 净值（元）
消声器	46400	只	广东汽车消声器联营厂	22221	1263	1815	1225
	31388	只	上海贤华机器厂	34962	3224	2519	1750
总成	24990	只	贵州红湖机械厂	29440	3087	8513	4653
水泵	193230	只	天津市汽车水泵厂	44335	6301	4287	2973
总成	137350	只	北京市汽车水泵厂	33124	5155	2650	1627
散热器	29216	只	北京汽车水箱厂	58236	7856	1897	1155
	28551	只	天津市汽车水箱厂	35003	5885	5692	4309
总成	20050	只	大连水箱厂	74295	8141	1381	1173
	17691	只	国营长江电工厂	3218	234	6588	3617
飞轮	30000	只	北京市海淀区温泉内燃机配件厂	20889	3604	7234	4711
总成	11264	只	天津大学机电分校工厂	11232	2421	17071	11371
离合器	35000	台	天津市汽车配件一厂	8113	—460	11403	6829
	17997	台	重庆砂轮厂	6481	—146	7613	3015
总成	11421	台	黑龙江省星光离合器厂	10000	662	10305	5317
离合器	338695	件	杭州离合器钢片厂	51944	6063	1824	1255
钢片	179321	件	黄石市离合器厂	30260	3645	4897	3815
总成	168608	件	广东省丰顺汽车配件厂	53211	2630	1734	1205
	53000	台	北京齿轮总厂	33808	5925	6515	3174
变	33219	台	唐山齿轮厂	22581	2838	12337	8548
速	19236	台	国营青山机械厂	24940	2747	6480	3505
器	18730	台	南京汽车变速箱厂	28258	2014	7756	6294
总	11805	台	天津市汽车齿轮厂	12757	509	11906	5811
成	10624	台	第一汽车制造厂长春市齿轮厂	12184	7683	11007	8288
	10410	台	沈阳齿轮厂	14914	789	6087	3375
分动器	2545	台	大同齿轮厂	22233	1294	11918	7196
总成	140	台	山东省寿光县齿轮箱厂	18512	971	4339	2645
变速器	772294	件	株洲汽车齿轮厂	22993	2645	10745	6441
分动器	500000	件	北京市黑庄户汽车齿轮配件厂	27419	16452	10706	8235
取力器	180000	件	天津市汽车变速箱配件厂	5132	—1149	6060	4060
齿轮及轴	170000	件	南京汽车工业联营公司兴化齿轮厂	20117	2631	6198	4453

续

(1990年不变价)		万元定额流动资金		万元固定资产实现利润		百元产值利润额(元)	资金利税率(原值)(%)	百元资金利润额	
占用定额流动资金(元)	耗能总量(标准煤)(t)	产值(元)	利润(元)	原值(元)	净值(元)			固定资产原值+流动资金(元)	固定资产净值+流动资金(元)
2001	0.43	49980	383	423	626	0.77	14.90	2.01	2.38
3159	0.13	31656	1760	2207	3176	5.56	16.24	9.79	11.32
5315	0.78	18815	1859	1161	2124	9.88	7.58	7.14	9.91
2047	0.57	48852	5813	2776	4004	11.90	26.74	18.79	23.71
4431	0.21	22567	2044	3417	5566	9.06	21.98	12.79	14.95
1447	0.30	69115	7269	5543	9100	10.52	43.99	31.45	40.41
5562	0.22	17978	3023	2954	3902	16.81	14.94	14.94	17.03
3089	0.47	32374	1453	3250	3824	4.49	24.52	10.04	10.53
4573	0.53	21865	−486	−338	−615	−2.22	6.51	−1.99	−2.72
3657	0.93	27341	3048	1541	2367	11.15	15.84	10.24	13.32
11176	1.51	8947	1537	1006	1511	17.18	8.57	6.08	7.62
8461	0.51	11819	−1317	−997	−1632	−11.10	−2.91	−5.61	−7.29
7591	1.53	13173	−1369	−1365	−3446	−10.40	−1.48	−6.83	−9.80
6718	1.02	14885	82	53	103	0.55	3.89	0.32	0.46
5177	0.24	19317	1400	3974	5777	7.25	16.67	10.35	11.27
3639	0.56	27477	2190	1628	2089	7.97	15.42	9.34	10.69
2096	0.22	47699	1182	1429	2057	2.48	12.90	6.47	7.51
4587	0.94	21798	2687	1892	3885	12.33	15.79	11.10	15.89
4586	0.93	21806	1870	695	1003	8.57	7.74	5.07	6.53
3210	0.51	31157	2832	1403	2593	9.09	11.37	9.38	13.54
2527	0.19	39571	872	284	350	2.20	7.14	2.14	2.50
7386	1.00	13538	293	182	372	2.16	2.09	1.12	1.64
7394	1.73	13525	7784	5229	6945	57.55	34.31	31.28	36.70
4193	1.40	23852	77	53	95	0.32	5.15	0.31	0.42
4659	2.65	21465	1110	434	719	5.17	3.51	3.12	4.36
11688	1.83	8556	220	593	971	2.57	3.27	1.61	1.79
5079	1.29	19690	1401	662	1105	7.12	7.42	4.50	6.18
2941	1.88	34000	7200	1978	2571	21.18	43.97	15.52	18.95
6342	0.93	15768	−3747	−3921	−5853	−23.80	−18.10	−19.20	−22.80
5689	0.79	17579	1608	1476	2064	9.15	11.00	7.70	9.04

产品名称	产品产量	计算单位	企业名称	全员劳动生产率（1990年不变价）（元/人·年）	每一职工平均利税额（元/人）	万元汽车工业产值占用固定资产	
						原值（元）	净值（元）
传动轴总成	55439	根	许昌汽车传动轴总厂	18862	4273	6727	3712
	47553	根	北京市汽车传动轴厂	21751	2838	2934	1405
	46502	根	天津市汽车传动轴厂	14665	946	6326	2917
	30605	根	湖北汽车传动轴厂	19560	1937	3683	1992
	26113	根	武汉汽车传动轴厂	11187	1207	6957	4175
万向节总成	1077613	只	杭州万向节总厂	30639	5324	2986	1737
	422338	只	青岛万向节厂	13439	581	5728	2500
	183716	只	广州轴承厂	16359	834	6741	3725
螺旋伞齿轮	85157	件	贵州省汽车配件厂	20815	3167	8285	5370
	57514	件	广东梅州齿轮厂	13428	2818	14279	8537
	50060	件	湖北车桥厂	37311	2088	5512	4021
	49500	件	清江齿轮厂	15760	1256	15589	11233
转向机总成	47403	台	绵阳汽车方向机厂	39161	13276	3738	2245
	34228	台	北京市汽车摩托车联合制造公司转向机厂	19695	1607	13170	9897
	24760	台	天津市转向机厂	12430	1575	1660	4044
	17016	台	成都汽车拖拉机配件厂	12811	1737	6666	4229
	15513	台	湖北汽车方向机厂	22283	2837	5108	3642
	14890	台	太原汽车修造厂	8757	395	11628	5136
	14759	台	宁波方向机厂	15751	1890	6479	4861
转向盘	150000	只	湖北汽车工程塑料厂	42150	6112	4171	2603
	121681	只	大连第一塑料厂	48882	2297	3605	1730
转向节	42753	只	山东省聊城生建汽车配件厂	17740	—3310	14622	11109
	28346	只	湖北省黄陂汽车配件厂	16568	2015	7250	4119
转向直拉杆	40390	件	丹徒县机械厂	21590	2211	3624	2564
	18666	件	绍兴第二汽车配件厂	36838	5599	1759	1119
	12305	件	建湖县第二汽车配件厂	17355	3025	3571	2113
转向横拉杆	17678	件	绍兴汽车配件厂	29662	4092	3139	1616
	9750	件	上海第八汽车配件厂	12660	1107	4823	2792
	3853	件	重庆新工汽配厂	7817	329	9078	5749
液压制动总泵	84905	台	北京市四季青汽车液压件厂	14800	532	6161	3114
	36896	台	武汉市汽车制动泵厂	12551	1536	5826	1483
	32330	台	湖北罗田汽车制泵厂	18419	1581	5253	3525

续

(1990年不变价)		万元定额流动资金		万元固定资产实现利润		百元产值利润额(元)	资金利税率(原值)(%)	百元资金利润额	
占用定额流动资金(元)	耗能总量(标准煤)(t)	产值(元)	利润(元)	原值(元)	净值(元)			固定资产原值+流动资金(元)	固定资产净值+流动资金(元)
6840	1.02	14621	1535	1561	2828	10.50	17.61	7.74	9.95
6876	0.48	14543	1348	3160	6598	9.27	13.29	9.45	11.19
8216	0.72	12171	338	439	952	2.78	4.44	1.91	2.49
1971	1.03	50724	3010	1611	2979	5.93	17.52	10.49	14.97
3154	0.29	31705	1551	703	1172	4.89	10.67	4.84	6.68
5615	0.73	17809	2328	4378	7316	13.07	21.84	15.20	17.66
4079	1.08	24516	2	2	4	0.01	4.42	0.01	0.01
5043	1.27	19829	185	138	250	0.93	4.32	0.79	1.06
4962	1.15	20155	1939	1161	1791	9.62	11.58	7.26	9.31
9314	1.56	10737	1861	1214	2016	17.33	10.63	7.34	9.67
3835	0.44	26072	925	643	882	3.55	6.95	3.79	4.51
8601	1.02	11627	449	248	344	3.86	3.30	1.60	1.95
2710	0.31	36895	10649	7721	12860	28.86	52.57	44.76	58.25
5898	0.65	16955	770	345	459	4.54	4.35	2.38	2.88
3444	0.79	29038	1762	3656	1500	6.07	24.83	11.89	8.10
8300	0.28	12049	460	573	903	3.82	9.06	2.55	3.05
3596	1.08	27810	2500	1760	2468	8.99	14.62	10.33	12.42
11443	2.32	8739	203	200	452	2.32	1.95	1.01	1.40
3410	0.37	29324	160	84	112	0.54	12.14	0.55	0.66
1787	1.16	55975	6231	2669	4277	11.13	24.34	18.69	25.36
3334	1.10	29996	407	377	785	1.36	6.78	1.96	2.68
10182	3.21	9822	−2181	−1519	−1999	−22.20	−7.52	−8.95	−10.40
3822	0.88	26165	2321	1224	2154	8.87	12.05	8.01	11.17
1285	0.71	77805	5790	2053	2902	7.44	22.46	15.16	19.33
3985	0.42	25095	2405	5449	8564	9.58	26.73	16.69	18.78
3571	1.32	28001	2800	2800	4667	10.00	24.40	14.00	17.50
3575	0.39	27974	2693	3067	5959	9.63	20.57	14.34	18.55
6612	0.26	15124	455	624	1078	3.01	7.65	2.63	3.20
12161	0.57	8223	346	463	732	4.21	1.98	1.98	2.35
7563	0.83	13222	0	0	0	0.00	2.62	0.00	0.00
6451	0.42	15501	886	982	3856	5.72	10.15	4.66	7.21
2201	0.69	45425	2278	955	1423	5.02	12.13	6.73	8.76

产品名称	产品产量	计算单位	企业名称	全员劳动生产率（1990年不变价）（元/人·年）	每一职工平均利税额（元/人）	万元汽车工业产值占用固定资产 原值（元）	净值（元）
制动分泵	108339	只	江西省萍乡市汽车配件二厂	13389	845	5006	1378
	44904	只	余姚制动器厂	15930	2688	4478	3075
空压机总成	45805	台	廊坊制动空压机厂	14301	1721	6137	3195
	39634	台	龙口市随机工具厂	24949	2379	4248	3371
	34980	台	山东龙口市气泵厂	25869	4100	3774	2406
气压制动总泵	43268	只	湖北汽车制动阀厂	35981	3600	3417	2484
	35000	只	重庆汽车配件制造厂	16521	3465	8962	5213
	28195	只	湖北刹车装置厂	13183	130	7946	5582
前后制动室	217236	只	公主岭市汽车机油滤清器厂	33126	4203	4867	3934
	77058	只	河北省尚义县刹车元件厂	12612	700	7382	4385
	72950	只	白城市汽车配件厂	17778	1190	4668	3420
制动凸轮	38553	只	浙江省浦江县汽车配件厂	24876	3592	3401	2347
	20952	只	山西省隰县汽车配件厂	10402	702	6138	2811
鼓式制动器总成	171700	台	上海市大同汽车配件厂	15570	4293	7630	3588
	61300	台	河南省原阳县汽车制动器厂	24672	3016	4381	3056
	45000	台	湖北汽车制动器厂	13386	832	5533	2650
	42200	台	浙江萧山汽车制动器厂	16864	1583	4274	3052
制动鼓	224488	只	十堰市汽车配件铸造厂	18626	2700	4132	2532
	112409	只	北京市汽车制动鼓厂	14904	744	5589	3580
制动蹄	1176745	只	湖北省十堰市汽车制动蹄厂	58505	3845	3667	2549
	492200	只	珠海市华粤有限公司	141118	40257	2286	1721
手制动器总成	33000	台	山东省莱州市第二汽车配件厂	23636	3136	4216	3225
	30702	台	天津市汽车配件二厂	18095	1779	3860	2813
	12656	台	湖南省邵东汽车手制动器厂	12369	1521	4618	1930
	12500	台	河北省文安县大留镇汽车配件厂	14513	3879	2305	2622
钢板弹簧总成	323978	架	北京第二汽车制造厂	38310	4119	3298	1783
	307601	架	第一汽车制造厂辽阳汽车弹簧厂	42605	678	4765	2829
	222060	架	鄂城钢铁厂钢板弹簧分厂	53602	8831	2027	1924
	150000	架	安庆地区汽车钢板弹簧厂	29066	3334	3531	2528

续

（[illegible]90年不变价）		万元定额流动资金		万元固定资产实现利润		百元产值利润额（元）	资金利税率（原值）（%）	百元资金利润额	
占用定额流动资金（[illegible]元）	耗能总量（标准煤）（t）	产值（元）	利润（元）	原值（元）	净值（元）			固定资产原值＋流动资金（元）	固定资产净值＋流动资金（元）
6687	1.01	14955	211	282	1026	1.41	5.39	1.21	1.75
2246	0.44	44520	5655	2836	4131	12.70	25.09	18.89	23.87
4515	1.28	22149	1714	1261	2422	7.74	11.62	7.27	10.04
7332	0.77	13638	1107	1911	2409	8.12	10.59	7.01	7.59
8448	0.70	11837	1466	3281	5147	12.38	16.09	10.13	11.41
1478	0.43	67651	3808	1647	2266	5.63	21.47	11.50	14.21
4537	0.86	22042	3180	1610	2767	14.43	15.68	10.69	14.80
6125	0.66	16326	−242	−187	−266	−1.48	0.73	−1.05	−1.27
3879	0.75	25777	2566	2045	2530	9.95	16.45	11.38	12.74
[illegible]9091	1.55	11000	647	796	1340	5.88	4.27	3.57	4.36
[illegible]3206	0.89	31192	1006	691	943	3.22	8.73	4.09	4.87
[illegible]2897	0.60	34517	3585	3054	4426	10.39	23.48	16.49	19.81
[illegible]7433	3.45	13454	267	323	705	1.98	4.98	1.46	1.93
[illegible]924	0.37	10076	2198	2859	6080	21.82	16.95	12.43	16.14
[illegible]689	0.71	37184	3308	2030	2911	8.90	17.34	12.58	15.48
[illegible]280	0.99	18938	661	631	1297	3.49	5.75	3.23	4.38
1[illegible]257	0.41	9750	273	655	905	2.80	6.46	1.93	2.10
668	2.09	37486	3731	2409	3932	9.95	21.32	14.64	19.14
175	1.87	19322	0	0	0	0.00	4.64	0.00	0.00
[illegible]907	0.33	110265	4553	1126	1758	4.13	14.37	9.03	12.68
[illegible]79	0.06	35990	8806	10706	14220	24.47	56.33	48.32	54.38
[illegible]29	1.00	28333	2500	2093	2727	8.82	17.47	11.39	13.04
[illegible]29	0.41	36650	2081	1471	2019	5.68	14.93	8.62	10.25
[illegible]49	1.22	12423	1282	2235	5348	10.32	10.27	8.15	10.34
4[illegible]68	0.13	23429	4290	6528	6984	18] 10.27	8.15	10.34	
4[illegible]68	0.13	23429	4290	6528	6984	18.31	37.78	25.89	26.58
4[illegible]14	0.93	20349	1318	1964	3633	6.48	13.09	7.89	9.67
2[illegible]55	2.73	44350	−663	−314	−528	−1.49	2.27	−2.13	−2.94
2[illegible]01	1.15	34472	1789	2560	2697	5.19	33.43	10.53	10.75
4[illegible]29	0.93	21147	1525	1985	3083	7.21	14.25	8.62	10.20

产品名称	产品产量	计算单位	企业名称	全员劳动生产率（1990年不变价）（元/人·年）	每一职工平均利税额（元/人）	万元汽车工业产值占用固定资产 原值（元）	万元汽车工业产值占用固定资产 净值（元）
前桥总成	5566	根	丹东五一八内燃机配件总厂	25924	2567	6283	3399
	2500	根	云南省红河汽车配件厂	11862	1591	10925	8333
	2421	根	国营河北第四机械厂	7670	—2139	27893	23203
后桥总成	22280	根	中国人民解放军第七四〇七工厂	53951	4371	3077	2222
	18595	根	天津市汽车桥厂	29528	2688	6469	4848
	11436	根	四川都江机械厂	26159	377	5863	3747
前轴	36443	根	湖北省谷城汽车配件厂	23994	1747	4249	3197
	11481	根	鞍山市汽车配件厂	17117	—346	7134	5360
	9503	根	雅安汽车配件总厂	17276	2116	12894	5943
半轴	95514	根	北京市汽车半轴厂	25447	4258	6176	3476
	55545	根	秦皇岛市汽车配件厂	11389	346	12065	7639
减震器总成	329502	只	北京市汽车配件总厂	19102	1012	5400	3059
	214078	只	河南省淅川汽车配件厂	17187	2234	6712	4298
	172500	只	中国人民解放军第七四三五工厂	15999	5723	7807	4810
	163132	只	天津市汽车减震器厂	25365	7112	6440	4762
	156568	只	成都市汽车减震器厂	57556	6169	3301	2061
钢圈总成	351741	只	北京市汽车钢圈总厂	45352	5879	8047	6298
	287848	只	镇江汽车钢圈厂	33338	1975	4632	3200
	164797	只	嘉兴汽车钢圈厂	38365	663	3470	2085
	91884	只	唐山汽车钢圈厂	18000	3486	7276	5059
	89164	只	柳州市钢圈厂	31023	3588	4614	3131
	88209	只	衡阳县钢圈厂	41981	3804	3980	3505
轮毂	425327	只	十堰车桥轮毂厂	98062	3758	3647	2895
	192860	只	河南安阳市汽车配件总厂	23276	4544	3040	2354
	52000	只	青岛汽车配件八厂	14853	1382	5786	3766
轮胎螺栓	853	万套	石家庄市标准件二厂	8470	673	8559	4580
	70	万套	高邮县汽车配件厂	14842	1089	4693	3403
车架总成	11134	台	金州汽车部件总厂	16155	628	12672	9974
	6471	台	天津市专用汽车厂	75741	159	1732	1058
	4200	台	天津市汽车车架厂	28156	3422	1805	1432
	3867	台	湖北汽车车架厂	27703	1645	6733	5416
	3764	台	哈尔滨市汽车配件四厂	17170	1944	8350	6414

续

(990年不变价)		万元定额流动资金		万元固定资产实现利润		百元产值利润额(元)	资金利税率(原值)(%)	百元资金利润额	
占用定额流动资金(元)	耗能总量(标准煤)(t)	产值(元)	利润(元)	原值(元)	净值(元)			固定资产原值+流动资金(元)	固定资产净值+流动资金(元)
3018	2.57	33138	2059	989	1828	6.21	10.64	6.68	9.68
5044	0.85	19827	1817	839	1100	9.17	9.77	5.74	6.85
9562	3.43	10458	−3529	−1210	−1454	−33.70	−9.01	−9.01	10.30
2536	0.47	39436	2006	1653	2289	5.09	14.44	9.06	10.69
5364	0.56	18643	573	475	633	3.07	7.69	2.60	3.01
3758	0.27	26612	44	28	44	0.16	1.53	0.17	0.22
2729	1.05	36643	1678	1078	1432	4.58	10.43	6.56	7.73
6984	2.40	14318	−1561	−1528	−2034	−10.90	−1.43	−7.72	−8.83
7551	3.03	13244	1165	682	1267	8.80	6.68	4.30	6.07
7567	1.56	13216	1529	1873	3328	11.57	12.18	8.42	10.48
6834	1.87	14633	212	120	190	1.45	1.76	0.77	1.00
7469	0.56	13388	3	4	6	0.02	4.12	0.02	0.02
4813	1.53	20779	2100	1506	2351	10.11	12.75	8.77	11.09
8194	0.37	12204	1314	1379	2238	10.77	23.28	6.73	8.28
4336	0.68	23063	5341	3596	4863	23.16	26.76	21.49	25.45
4275	0.12	23390	2064	2673	4281	8.82	15.65	11.65	13.93
2795	0.40	35772	3339	1160	1482	9.33	11.96	8.61	10.26
2882	0.57	34699	418	260	377	1.21	7.90	1.60	1.98
2931	0.31	34117	23	19	32	0.07	2.92	0.10	0.13
4041	1.81	24749	3530	1960	2819	14.26	17.98	12.60	15.67
1615	0.66	61914	4568	1599	2356	7.38	18.56	11.84	15.54
904	0.44	52524	2695	1289	1464	5.13	15.40	8.72	9.49
531	0.29	188225	4266	621	783	2.27	9.17	5.42	6.61
2275	1.27	43953	7302	5466	7056	16.61	36.73	31.26	35.89
5586	3.73	17902	1384	1336	2053	7.73	10.31	6.80	8.27
3941	2.19	11184	99	103	193	0.88	4.54	0.50	0.65
4542	1.15	22018	996	964	1330	4.53	9.16	4.90	5.70
5565	0.75	15233	5	3	3	0.03	2.08	0.02	0.02
5039	0.25	19845	−265	−772	−1263	−1.34	0.31	−1.97	−2.19
5568	0.43	28030	2104	4159	5242	7.51	22.99	13.97	15.02
539	0.55	22029	647	436	542	2.94	5.63	2.61	2.95
223	1.20	23678	2518	1274	1658	10.63	11.46	8.46	10.00

产品名称	产品产量	计算单位	企业名称	全员劳动生产率（1990年不变价）（元/人·年）	每一职工平均利税额（元/人）	万元汽车工业产值占用固定资产 原值（元）	万元汽车工业产值占用固定资产 净值（元）
发电机	169000	台	北京市汽车电机厂	34296	3468	1743	950
	136745	台	航空航天工业部曙光电机厂	13131	491	12646	6265
	120000	台	仙游电机厂	77835	5000	1161	890
	56968	台	长沙汽车电器厂	44216	4315	3273	1563
起动机	136426	台	国营武进电机厂	69937	3639	1536	1062
	127619	台	北京市汽车起动机厂	37685	3819	2203	1308
	110010	台	北京市内燃机附件一厂	59057	8579	2046	1454
调节器	325000	只	上海实业交通电器有限公司	56633	6100	3325	2837
	144000	只	哈尔滨交通器材厂	25810	4221	4546	2340
分电器	302300	只	上海申达汽车分电器厂	20677	2241	3914	2525
	177243	只	湖北第二汽车电器厂	25139	3548	5206	3278
点火线圈	738043	只	哈尔滨汽车电器厂	32443	4054	3174	2152
	61878	只	浙江省东阳汽车电器厂	18855	3009	3544	2417
	58340		闽东无线电厂	15866	78	6694	5160
火花塞	2559	万只	南京电瓷总厂火花塞分厂	81218	14126	5246	3559
	1102	万只	株洲火花塞厂	33043	5760	5715	3442
蓄电池	504164	kVAh	沈阳蓄电池厂	55339	6529	3596	2214
	188655	kVAh	天津市蓄电池厂	81053	9842	3936	2582
	170000	kVAh	湖北汽车蓄电池厂	65190	8092	2268	1273
车灯总成	1190000	只	湖北汽车灯具厂	23060	4875	6772	4531
	497700	只	丹阳市灯具厂	17537	688	5807	3929
	418034	只	国营汉光电工厂	10036	1730	27122	18734
仪表板总成	65719	只	四平仪表厂	21975	3205	10490	9386
	38013	只	芜湖仪表厂	24322	4852	4836	3240
	33700	只	上海延锋汽车内饰件厂	48648	10053	5700	4321
	31159	只	北京汽车仪表厂	22811	188	5666	3580
驾驶室及乘用车车身总成	4930	台	华北车身总厂	22418	3644	15566	12395
	2667	台	老河口市汽车车身厂	61173	3842	890	575
	2332	台	济南市汽车车身厂	29888	858	3774	2368
	2250	台	栖霞县野夼汽车配件厂	17843	3207	7939	5521
	2057	台	唐海县机械厂	17214	386	7168	5541
货厢总成	5951	台	广东省佛山市澜石机械厂	52834	3655	5210	3330
	5450	台	江西汽车附件三厂	20603	2482	2288	1933
	3520	台	成都市汽车车箱厂	14369	4060	4638	2344
刮水器总成	107000	只	湖北石首县汽车配件二厂	30800	3652	3363	2432
	83119	只	上海飞跃汽车配件厂	11612	1220	6191	2992

续

（1 90年不变价）		万元定额流动资金		万元固定资产实现利润		百元产值利润额（元）	资金利税率（原值）（%）	百元资金利润额	
占用定额流动资金（元）	耗能总量（标准煤）(t)	产值（元）	利润（元）	原值（元）	净值（元）			固定资产原值＋流动资金（元）	固定资产净值＋流动资金（元）
2347	0.11	42607	2991	4027	7386	7.02	24.72	17.16	21.29
4389	1.04	22782	263	91	184	1.15	2.20	0.68	1.08
1682	0.11	59441	2279	3301	4307	3.83	22.59	13.48	14.90
3301	0.49	30296	2922	2946	6171	9.64	17.11	14.67	19.83
1257	0.20	79549	3798	3110	4497	4.77	18.63	17.10	20.59
2957	0.28	33818	2206	2960	4986	6.52	19.64	12.64	15.29
2378	0.30	42056	4570	5311	7475	10.87	32.84	24.57	28.36
[illegible]3698	0.12	27039	2227	2477	2903	8.24	17.41	11.73	12.60
[illegible]4223	0.48	23678	3058	2841	5520	12.92	24.51	14.73	19.68
[illegible]3549	0.31	28174	1818	1649	2557	6.45	14.52	8.65	10.63
[illegible]2384	0.47	41948	4373	2002	3180	10.42	18.60	13.73	18.41
3000	0.57	33328	2535	2397	3536	7.61	20.43	12.32	14.77
5463	0.30	18306	2169	3343	4902	11.85	19.35	13.35	15.04
1[illegible]754	0.46	5632	−189	−502	−652	−3.36	0.20	−1.38	−1.47
[illegible]776	0.86	36020	2980	1577	2090	8.27	21.68	10.31	12.28
[illegible]057	1.92	24650	4129	2931	4866	16.75	23.45	17.14	22.34
[illegible]460	0.71	40656	2148	1469	2386	5.28	19.48	8.72	11.30
[illegible]627	1.53	38068	2686	1793	2733	7.06	21.54	10.75	13.55
[illegible]326	0.97	75391	6015	3518	6267	7.98	34.54	22.20	30.69
[illegible]294	0.43	30356	4235	2060	3079	13.95	21.00	13.86	17.83
577	0.25	17931	39	38	56	0.22	3.59	0.19	0.23
1292	3.34	8135	1263	573	829	15.53	4.37	3.94	5.01
4[illegible]69	0.96	21887	1879	818	868	8.59	9.77	5.70	5.94
3[illegible]19	0.22	28415	3823	2782	4152	13.45	23.88	16.10	19.90
4[illegible]35	0.30	22051	3128	2489	3283	14.18	20.19	13.86	16.02
6[illegible]37	0.36	16034	139	153	236	0.87	0.73	0.73	0.88
4[illegible]17	0.66	24897	2861	738	891	11.49	8.30	5.87	6.79
1[illegible]01	0.08	62453	2588	4656	6139	4.14	25.21	16.64	18.21
2[illegible]51	0.16	46491	595	339	431	1.28	5.48	2.16	2.50
2[illegible]91	0.37	47832	6154	1621	2330	12.87	17.92	12.83	16.90
9[illegible]70	0.88	10341	0	0	0	0.00	1.49	0.00	0.00
5[illegible]12	0.27	16916	0	0	0	0.00	6.22	0.00	0.00
1[illegible]94	0.07	66947	4881	3186	3772	7.29	31.85	19.28	21.28
5[illegible]09	0.22	19574	2464	2714	4426	12.59	32.45	12.92	15.83
[illegible]24	0.37	121303	8309	2037	2816	6.85	28.31	16.36	21.03
115[illegible]9	0.14	8666	344	640	1325	3.96	7.67	2.24	2.73

《China Auto》 征 订 启 事

《Chilna Auto》(中国汽车)是经国家科委正式批准,由中汽总公司组织汽车行业各大公司、研究所、报社、学会共同创办的行业性技术与信息兼容的国家级英文刊物,由中国汽车技术研究中心负责编辑、出版、发行。

该刊物为国内唯一对外全面介绍中国汽车工业的英文刊物,宣传国家的方针政策,报导国内汽车发展趋势、状况、科研及市场情况等,加强国外同行业人士对我国汽车工业的了解,吸引外资、促进合作,加速我国汽车工业的发展。《China Auto》创办近一年,订户已遍及英国、法国、德国、意大利、美国、加拿大、澳大利亚、日本和香港等国家和地区。本刊将成为国内汽车行业生产、经营、销售以及管理、科研、教学等部门的必读刊物。

《China Auto》为月刊,16 开 16 页,主要栏目包括中国汽车工业发展方针、政策、科技现状与展望、对外合作、国际技术会议,新产品、统计数字、企业介绍等。国内外公开发行。国内订价30 元/年;国外订价 72 美元/年。

欢迎各界人士前来订阅。

订阅请与天津市 59 信箱情报所发行科联系

邮政编码:300162

开 户 行:中国农业银行天津市万新庄营业所

帐　　号:206-5381770

收款单位:中国汽车技术研究中心

联系电话:(天津)470547

1992 年《摩托车技术》征稿征订启事

《摩托车技术》杂志,是摩托车行业唯一的国家技术刊物。本刊将本着全心全意为行业服务的原则,按照“理论与实际相结合”、“普及与提高相结合”、“国内与国外相结合”的方针积极报道国内外摩托车技术发展趋势、动向、科研成果、管理技术、市场信息等;宣传国家有关摩托车行业的方针、政策、规划和发展。促进摩托车事业稳步、协调、健康地发展。

我们热切期望摩托车行业广大科技人员、管理人员和工人同志们、摩托车爱好者及海外朋友踊跃投稿和订阅本刊。

本刊为双月刊,邮局公开发行。

邮发代号:6—70

定　　价:1.40 元(全年 8.4 元)

刊　　号:ISSN1001-7666(国际标准刊号)
CN12-1168(国内统一刊号)

地　　址:天津市 59 号信箱(天津市万新村程林庄道天山路口)

邮政编码:300162

附　录　1

国内有关资料

表1　全国工农业总产值　　单位:亿元

年　份	工农业总产值	农业总产值	工业总产值	在工业总产值中	
				轻工业总产值	重工业总产值
1970	3138	1058	2080	960	1120
1975	4467	1343	3124	1376	1748
1980	7077	2180	4897	2309	2588
1981	7580	2460	5120	2637	2488
1982	8291	2785	5506	2766	2740
1983	9211	3123	6088	2954	3134
1984	10797	3755	7042	3335	3707
1985	13336	4580	8756	4088	4668
1986	15207	5358	9849	4597	5252
1987	18489	4676	13813	6656	7157
1988	24089	5865	18224	8979	9245
1989	28552	6535	22017	10761	11256
1990	31513	7662	23851	11799	12052

注:本部分资料来源除表后注明者外,其余全部来源于国家统计局。本表按当年价格计算。

表2　全国石油工业产品产量　　单位:万 t

产品＼年份		1982	1983	1984	1985	1986	1987	1988	1989	1990
原　油①		10212.3	10607.0	11461.0	12500.0	13069.0	13414.0	13705.0	13764.1	13830.6
汽　油		1114.1	1264.4	1350.2	1438.2	1646.8	1712.4	1884.5	2065.1	2157.1
其中	66号汽油	9.2								
	70号汽油	932.8				1313.7	1260.5	1258.5	1294.2	
	75号汽油	2.5						2.1		
	85号汽油								17.7	
	90号汽油					184.8	305.1	420.4	499.3	
柴　油		1746.3	1903.5	1946.5	1969.2	2199.3	2338.2	2455.3	2581.5	2609.4
其中	轻柴油	1556.5				2035.4	2180.8		2383.0	
	零号柴油	1116.1				1634.2	1755.1		1910.0	
	重柴油								134.5	

注:①包括天然原油、人造原油。

表3　全国钢　煤　生铁　天然气　电　橡胶产量

年份＼产品	钢(万 t)	钢材(万 t)	煤(亿 t)	生铁(万 t)	天然气(亿 m^3)	发电量(亿 kWh)	合成橡胶(万 t)
1957	535	415	1.31	594	0.7	193	
1962	667	455	2.20	805	12.1	458	
1965	1223	881	2.32	1077	11.0	676	
1970	1779	1188	3.54	1706	28.7	1159	
1975	2390	1622	4.82	2449	88.5	1958	
1980	3712	2716	6.20	3802	142.7	3006	
1981	3560	2670	6.22	3417	127.4	3093	
1982	3716	2920	6.66	3551	119.3	3277	
1983	4002	3072	7.15	3738	122.1	3514	16.89
1984	4347	3372	7.89	4001	124.3	3770	17.41
1985	4666	5693	8.50	4384	129.3	4107	18.11
1986	5220	4058	8.94	5064	137.6	4495	18.84
1987	5628	4386	9.28	5503	138.9	4973	21.87
1988	5943	4689	9.80	5943	142.64	5452	25.76
1989	6159	4859	10.54	5820	150.49	5848	29.22
1990	6604	5121	10.80	6187	152.10	6180	

注:表1～16不含台湾省数据。

表 4　全国历年货运量　　　　单位:万 t

年份	货运量总计	铁路	公路	水运	管道	民航
1949	16097	5589	7063	2543		2.4
1952	31516	13217	13158	5141		0.2
1957	80365	27421	37505	15438		0.8
1962	85521	35261	32794	17464		1.8
1965	121083	49100	48987	22993		2.7
1970	150359	68132	56779	25444		3.7
1975	202478	88955	72449	34987	6032	4.7
1976	201757	84066	74256	35528	7902	5.3
1977	223915	95309	80833	38861	8907	5.3
1978	248946	110119	85182	43292	10347	6.4
1979	537508	111893	371036	43229	11342	8.0
1980	546537	111279	382048	42676	10525	8.9
1981	523764	107673	363663	41490	10929	9.4
1982	548205	113495	379205	44329	11161	10.2
1983	576887	118784	401413	45058	11620	11.6
1984	716907	124074	533382	46892	12544	15.0
1985	745762	130709	538062	63322	13650	19.5
1986	853557	135636	620113	82962	14825	22.4
1987	948229	140653	711424	80979	15143	29.9
1988	982195	144948	732315	89281	15618	32.8
1989	988435	151489	733781	87493	15641	31.0
1990	970602	150681	724040	80091	15751	37.0

注:管道运输 $1m^3$ 折 1t,铁路含地方铁路,公路运输自 1979 年、水运自 1985 年起含非交通运输部门数。

表 5　全国历年货物周转量　　　　单位:亿 tkm

年份	货物周转量	铁路	公路	其中:交通部门	水运	管道	民航
1952	762	602	14	14	146		
1957	1810	1346	48	48	416		0.1
1962	2236	1721	62	62	453		0.2
1965	3463	2698	95	95	670		0.3
1970	4565	3496	138	138	931		0.4
1975	7297	4256	203	203	2575	262	0.6
1980	12026	5717	764	255	5053	491	1.4
1981	12143	5712	780	253	5150	499	1.7
1982	13049	6120	949	303	5477	501	2.0
1983	14054	6647	1084	335	5788	534	2.3
1984	15694	7248	1536	354	6335	572	3.1
1985	18126	8126	1693	354	7700	603	4.2
1986	20148	8765	2118	369	8848	612	4.8
1987	22228	9472	2660	391	9465	625	6.5
1988	23825	9878	3220	421	10070	650	7.3
1989	25591	10394	3375	406	11187	629	6.9
1990	26207	10622	3358	360	11592	627	8.2

表 6　全国历年客运量

单位:万人

年　份	客运量总计	铁　路	公　路	水　运	民　航
1949	13695	10297	1809	1562	27
1952	24518	16352	4559	3605	2
1957	63821	31262	23772	8780	7
1962	122154	75003	30737	16397	17
1965	96334	41245	43693	11369	27
1970	130056	52455	61812	15767	22
1975	192969	70465	101350	21015	139
1980	341703	92122	222799	26439	343
1981	384763	95219	261559	27584	401
1982	428964	99923	300610	27987	445
1983	470614	106044	336965	27214	391
1984	530217	113353	390336	25974	554
1985	620206	112110	476486	30863	747
1986	688212	108579	544259	34377	995
1987	746422	112479	593682	38951	1310
1988	809592	122645	650473	35032	1442
1989	791373	113807	644508	31778	1283
1990	772682	95712	648085	27225	1660

注:从 1985 年起含非交通部门客运量。

表 7　全国历年旅客周转量

单位:亿人 km

年　份	旅客周转量总计	铁　路	公　路	水　运	民　航
1949	15.50	130	8.0	15.2	1.9
1952	248.4	201	22.7	24.5	0.2
1957	496.3	361	88.1	46.4	0.8
1962	1085.6	859	141.5	83.9	1.2
1965	697.1	479	168.2	47.1	2.5
1970	1030.9	718	240.1	71.0	1.8
1975	1435.5	955	374.5	90.6	15.4
1980	2281.0	1383	729.5	129.1	39.6
1981	2500.0	1473	839.0	137.8	50.0
1982	2743.0	1575	963.9	144.5	59.5
1983	3095.0	1776	1105.0	153.9	59.0
1984	3621.0	2046	1336.9	153.5	83.5
1985	4437.0	2416	1724.9	178.6	117.0
1986	4897.0	2587	1981.7	182.1	146.3
1987	5416.0	2843	2199.4	195.9	187.0
1988	6207.0	3260	2528.2	203.9	214.5
1989	6073.0	3037	2662.0	188.3	186.8
1990	5628.0	2613	2620	164.9	230.5

注:旅客周转量从 1985 年起含非交通部门数。

表8　全国公路里程及构成

单位:km

项目 \ 年份	公路里程总计	总计中等级路面					按路面分					晴雨通车里程
		合计	一级	二级	三级	四级	有路面里程	其中:中级路面	低级路面	无路面	高级次高级路面	
1981	897462	536670	203	14434	111602	410431	676250	165421	246779	264051	221210	622401
1982	906963	550294	231	15665	115249	419149	691837	173089	251940	266808	215126	640091
1983	915079	562815	255	17167	119203	426190	706670	180133	256750	268787	209409	651076
1984	926746	580381	328	18693	124031	437329	725030	187488	265027	272515	201716	671415
1985	942395	606443	422	21194	128541	456286	750331	195279	280630	274630	192064	694123
1986	962769	637710	748	23762	136790	476410	780431	203779	292596	284056	182338	723635
1987	982243	668390	1341	27999	147838	491212	810711	216027	303484	291200	171532	752500
1988	999553	697271	1673	32949	159376	503126	842252	230781	312844	298627	157301	781011
1989	1014342	715923	2101	38053	164345	511105	862505	316653	301399	151837	244453	797237
1990	1028348	741104	2617	43376	169756	524833	883464	320148	303358	144884	259958	822253

表9　历年公路运输技术经济主要指标

指标 \ 年份		单位	1985	1986	1987	1988	1989	1990
直属企业	载货汽车完好率	%	88.9	89.5	86.1	84.0	83.8	81.6
	载货汽车工作率	%	56.3	59.9	57.6	61.1	62.1	54.2
	载货汽车实载率	%	50.3	56.6	55.2	53.2	58.8	56.9
	载货汽车车吨年产量	tkm	18604	19431	13685	20013	23304	19119
	载货汽车单车年产量	tkm	294336	333160	317425	387717	425496	35770
地方企业	载客汽车完好率	%	89.7	88.9	89.0	87.6	86.9	88.5
	载客汽车工作率	%	82.3	80.7	80.2	78.1	75.8	77.6
	载客汽车实载率	%	86.7	83.5	83.8	84.5	82.2	74.7
	载客汽车车座年产量	人km	50558	48393	48603	48801	46359	42848
	载客汽车单车年产量	人km	2185246	2127860	2158612	2192034	2095828	1893516
	每百车公里耗汽油	L	30.0	29.9	30.3	30.9	30.7	29.8
	每百车公里耗柴油	L	26.9	27.4	25.0	25.2	27.9	24.1
	每百人公里耗汽油	L	8.0	8.1	8.2	8.2	8.1	8.7
	每百人公里耗柴油	L	6.1	6.4	6.2	6.4	6.5	7.2
	载货汽车完好率	%	87.1	86.7	86.6	86.3	86.0	86.0
	载货汽车工作率	%	68.7	67.4	67.7	68.1	66.3	61.1
	载货汽车实载率	%	63.7	63.8	64.1	65.7	66.1	65.0
	载货汽车车吨年产量	tkm	34731	34178	34017	35469	34634	29773
	载货汽车单车年产量	tkm	195225	198718	204844	221001	220223	192668
	每百车公里耗汽油	L	36.0	36.4	37.3	37.3	37.5	37.0
	每百车公里耗柴油	L	32.7	34.0	34.8	35.4	35.5	35.8
	每百吨公里耗汽油	L	7.7	7.6	7.6	7.2	7.1	7.1
	每百吨公里耗柴油	L	5.3	5.1	5.1	4.9	4.7	4.8

表10　全国汽车保有量及驾驶员统计

年份	保有量（辆）①总计	货车合计	货车其中：大型	客车合计	客车其中：大型	特种车合计	特种车其中：油罐车	特种车其中：起重汽车	其它机动车（辆）合计	三轮汽车	摩托车	简易汽车	汽车挂车（辆）	汽车驾驶员（人）
1982	2157453	1567507	1480573	441820	145769	148126	36481		440217	25428	319951	94838	196295	3031[illegible]33
1983	2326331	1694425	1576738	477759	161276	154147		36954	512464	24287	405627	82550	234752	3268[illegible]33
1984	2604096	1883678	1695634	562766	182267	157652			799339		598917		317203	
1985	2887126	2231755		794452										
1986	3619534	2465689		966149		187696			2282918		1483232		343489	5170[illegible]12
1987	4080689	2812068	2105752	1114622	273577	153999			2782249		2477639		426074	5568[illegible]43
1988	4643839	3178481	2280456	1305773	299376	161585			318185		3023941		447353	
1989	5113204	3463735		1464297	311900	185200			374700		3593300		474500	
1990	5513580	3684784		1621904	333000	206900					4212800		499000	

注：资料来源，国家统计局、交通部。

①汽车保有量统计到每年的六月末，1986年以后统计到年末。

表11　1988～1990年公路部门营运汽车拥有量

年份		合计	1.客车 辆数（辆）	其中：大型（辆）	其中：小型（辆）	客位（座）	其中：大型（座）	其中：小型（座）
1988	全国总计	306943	101646	96505	5141	4418434	4373886	44548
	地方总计	305056	101646	96505	5141	4418434	4373886	44548
1989	全国总计	308513	104921	99341	5580	4572268	4522922	49346
	地方总计	307848	104881	99305	5576	4570469	4521159	49310
1990	全国总计	312985	107642	101728	5914	4689200	4635591	53609
	地方总计	312517	107598	101693	5905	4687384	4633851	53533

2.普通载货汽车 辆数（辆）	吨位（t）	其中：大型 辆数（辆）	其中：大型 吨位（t）	其中：小型 辆数（辆）	其中：小型 吨位（t）	3.专用载货汽车 辆数（辆）	3.专用载货汽车 吨位（t）	4.其它专用汽车（辆）
199319	1241111	196921	1235807	2398	5304	4136	49364	2337
197867	1227742	195472	1222445	2395	5297	3695	40403	2313
197264	1247445	194605	1241990	2664	5455	3615	38547	2713
196918	1242724	194259	1237269	2664	5455	3358	32843	2691
198122	1270631	196025	1266263	2097	4368	4046	45427	3175
197779	1265766	195682	1261398	2097	4368	3785	39642	3155

表 12 1985～1990 年全国私人汽车及其它车辆拥有量

年份	总计（辆）	货车 辆数（辆）	货车 吨位（t）	客车 辆数（辆）	客车 座位（座）	特种车（辆）	运输用拖拉机（辆）	其它机动车（辆） 合计	其它机动车（辆） 其中：摩托车	载货挂车（辆）
1985	284879	264839	1104101	19342	428860	698	1260487	842320	518361	51583
1986	347079	312260	1270935	34372	741600	447	1750518	1330892	888061	61550
1987	422866	349124	1537170	73430	1196020	81①	2619262	1810077	1663596	107706
1988	604215	448012	1945076	152899	2006887	173	2983157	2403243	2219222	123035
1989	731224	527860	2254636	202837	2500465		3298386	2952126	2712329	107073
1990	816173	574757	2513011	240684	2774729	437	3709264	3359169	3095820	114453

注：1987 年的特种车只包括无运量的。

表 13 地方公路交通运输部门全民所有制单位全部职工人数 单位：人

年份	总计	汽车运输 计	汽车运输 司机	汽车运输 保修队	民间运输	公路养护	装卸业务	其它
1983	1703847	1034458	256260	273202	37376	575048	32451	24514
1984	1725139	1045422	260787	266635	32745	601762	30910	14300
1985	1763759	1089191	273252	276930	23183	603745	28688	18952
1986	1787996	1116800	287983		18905	621071		31220
1987	2327040	1146008	287633	247430	16151	615105		28501
1988	1833275	1139820	290076		12491	634133		46831
1989	1814292	1142345	299982		2908	622213		46826
1990	1865220	1169604	285669		3271	630909		61436

注：资料来源，交通部中国公路车辆机械公司。

表 14 全国历年公路交通事故统计

年份	事故次数（次） 合计	事故次数（次） 特大	事故次数（次） 重大事故	死亡人数（人）	受伤人数（人） 合计	受伤人数（人） 重伤	经济损失（万元）
1979	117848	1126	23627	21856	80855	31034	5374.0
1980	116692	440	22269	21818	80824	31618	4960.2
1981	114679	340	23201	22499	79546	31893	5083.7
1982	103777	462	23748	22164	71385	32594	4859.4
1983	107758	772	25525	23944	73957	35505	5835.8
1984	118886	872	28215	25251	79865	38322	7336.3
1985	202394			40906	136829		
1986	295130			50063	185785		24018.0
1987	298147	2074	46895	53439	187399		27938.9
1988	276071	1748	52198	54814	170598		30861.0
1989	258030			50441	159002		33598.2
1990	250297	2307	48047	48271	155072		36354.8

表 15 有关公路交通运输的法规目录(部分)

序号	法规名称	颁布机关	批准日期
1	贷款修建高等级公路和大型公路桥梁、隧道收取车辆通行费规定	交通部	1988.1.5
2	关于进一步贯彻执行《公路运输管理费征收和使用规定》的通知	交通部	1988.1.9
3	汽车货物运输规则	交通部	1988.1.26
4	中华人民共和国公路管理条例实施细则	交通部	1988.6.28
5	全民所有制交通企业设备管理办法	交通部	1989.2.10
6	关于整顿治理道路、水路运输市场的决定	交通部	1989.2.25
7	超限运输车辆行驶公路管理规定	交通部	1989.12.11
8	交通运输公共场所卫生管理办法	交通部	1989.12.14
9	交通行业国家级企业审定办法的补充规定	交通部	1989.12.19
10	出租汽车旅游汽车客运管理办法	交通部	1989.12.18

注:资料来源,交通部

表 16 中国石化销售公司系统加油站统计 单位:座

项目 \ 年份	1984	1985	1986	1987	1988	1989	1990
新增量		1153	693	612	347	327	
保有量	1963	3116	3809	4421	4768	5095	

注:资料来源,中国石化销售公司办公室

附 录 2

国外有关资料

表1 1950～1990年世界

年份 \ 国别	澳大利亚	巴 西	加拿大	法 国	意大利	日 本	南朝鲜
1990	362781	914576	1922847	3768993	1989019	13486796	1321630
1989	387965	1013232	1933599	3919776	2220774	13025741	1129470
1988	350580	1068756	1954198	3698465	2111091	12699807	1083655
1987	317429	920071	1648573	3493210	1900579	12249174	979739
1986	338997	1056507	1854418	3194615	1831700	12259817	601546
1985	411332	968214	1930494	3016107	1572907	12271095	378700
1984	405084	831237	1877966	3062152	1594788	11392711	238807
1983	368267	694061	1523324	3335862	1575151	11055711	197876
1982	408570	860593	1270012	3148807	1453043	10731794	163484
1981	391614	779836	1198416	3019370	1433743	11179962	133905
1980	364109	1165207	1373054	3378433	1611856	11042884	123135
1979	461468	1127966	1602369	3613458	1632289	9635546	204447
1978	384966	1062197	1805737	3507930	1656115	9269153	156418
1977	452592	919242	1698904	3507881	1583917	8514522	83000
1976	456216	985469	1640912	3402715	1596677	7841447	48292
1975	456167	929805	1449660	2861305	1458629	6941591	36264
1974	489339	858479	1481595	3462847	1772515	6551840	30290
1973	454190	729135	1587500	3569179	1957994	7082757	26314
1972	466197	608985	1459695	3328320	1839793	6294438	18648
1971	470122	516038	1372328	3010294	1817019	5810774	23002
1970	473790	416047	1157476	2750086	1854252	5289157	28819
1969	451917	349519	1350708	2459072	1595951	4674932	30994
1968	418307	278473	1169498	2075617	1663648	4085826	17657
1967	366547	225418	939635	2009672	1542669	3146486	6604
1966	343929	224574	896119	2024552	1365898	2286399	3430
1965	407569	185187	852274	1641696	1175548	1875614	141
1964	411750	183707	668508	1615896	1090078	1702475	249
1963	374058	174191	631356	1736977	1180536	1283531	1254
1962	329629	191194	505187	1536133	946793	990706	1777
1961	231651	145584	386923	1244223	759140	813879	
1960	326250	133041	397739	1369210	644633	481551	
1959	263592	96114	367939	1283159	500784	262814	
1958	241324	60983	356418	1127549	403560	188303	
1957	213620	30542	413577	927956	351815	181977	
1956	204176		471350	827079	315802	111066	
1955	218004		452114	725061	268766	68932	
1950	126721		387726	357552	127847	31597	

汽车产量 单位:辆

墨西哥	西班牙	瑞　典	英　国	美　国	苏　联	联邦德国	世界总计
753319	1724590	410268	1460636	9771817	1885800	4648411	48654360
641275	2045557	465876	1625672	10847627	2017600	4851647	49673919
512626	1866464	483624	1544105	11208057	2146320	4625314	48886770
395258	1680000	502000	1389712	10907731	2269000	4634073	46388000
341052	1532623	487152	1247647	11335241	2270000	4596963	45710000
443600	1417064	461180	1311256	11651366	2300000	4445920	44072000
343698	909270	403940	1106337	10924077	2136400	4001273	41800000
285485	1288721	396697	1289111	9512781	2094000	4083055	39734719
472637	1069507	349066	1156477	6876034	2172700	4062655	36112594
597118	987474	313679	1184205	7981167	2197500	3897007	37230055
490006	1181659	298400	1312904	8010374	2199200	3878553	38513635
444426	1122918	354820	1478512	11391867	2173200	4249725	41518599
384128	1143831	305534	1607467	12830046	2150981	4186364	42299436
280813	1129700	286091	1714029	12727243	2088369	4104216	40946772
324970	866240	367780	1705506	11484169	2024660	3868089	38341012
360678	814164	366753	1648399	8991091	1964056	3186208	32998363
350755	837414	368359	1936685	10052265	1846000	3099777	34732826
285513	822020	378042	2163941	12674613	1602000	3949065	39917739
229766	695217	350989	2329430	11299236	1379000	3815982	35577783
210840	532358	317295	2198146	10655574	1142700	3982722	33423579
192841	536026	310887	2098198	8266718	916118	3842247	29403479
165164	454571	271440	2182793	10181263	844300	3604567	29809527
143478	393433	244786	2225122	10797851	800900	3106958	28356002
126365	361637	214650	1937199	8996490	728800	2482319	24022706
113807	340418	199910	2042354	10363418	675300	3050708	24851947
96654	228935	205717	2177261	11118020	634312	2976477	24266799
90752	178128	184184	2332376	9304403	603100	2909657	21727002
69135	131988	167850	2011720	9108305	587012	2667896	20373248
66637	100163	151568	1674530	8191494	577500	2356612	17999263
62563	75000	131755	1464134	6650282	555330	2147825	15228245
49807	58209	128527	1810700	7901502	523591	2055149	16488340
51118	56800	112394	1560427	6723204	494994	1718566	13916125
38955	31050	91179	1365407	5114807	511074	1495256	11289036
41106	30436	71654	1149095	7220431	495408	1212232	12399816
39387	4500	57274	1004544	6905458	464632	1075619	11675203
32275	3972	50299	1237068	9204049	445268	908742	13628103
21575	253	17553	783677	8005859	362895	306064	10577426

表2 世界25个年产十万辆以上轿车的国家和地区

名次	国名	1990年 总产量(辆)	1990年 占世界产量(%)	1989年 总产量(辆)	1989年 占世界总产量(%)	1990年比1989年增长(%)
	世界总计	35862878	100.0	35688177	100.0	+0.5
	西欧总计	13314500	37.1	13281654	37.2	+0.5
1	日本	10105786	28.2	9308883	26.1	+8.6
2	美国	6068054	16.9	6815106	19.1	−11.0
3	德国(原联邦德国)	4643649	12.9	4525165	12.7	+2.6
4	法国	2874880	8.0	2867927	8.0	+0.2
5	意大利	1954546	5.5	2053214	5.8	−4.8
6	西班牙	1797665	5.0	1728157	4.8	+4.0
7	英国	1259707	3.5	1288651	3.6	−2.2
8	苏联	1082020	3.0	1074384	3.0	+0.7
9	南朝鲜	932808	2.6	857967	2.4	+8.7
10	加拿大	929520	2.6	973899	2.7	−4.6
11	巴西	707769	2.0	782202	2.2	−9.5
12	墨西哥	508060	1.4	353533	1.0	+43.7
13	澳大利亚	406767	1.1	393672	1.1	+3.3
14	瑞典	340855	1.0	382391	1.1	−10.9
15	比利时	311871	0.9	302846	0.8	+3.0
16	波兰	291578	0.8	294896	0.8	−1.1
17	南非	244691	0.7	244011	0.7	+0.3
18	德国(原民主德国)	190000	0.5	220845	0.6	−14.0
19	捷克	187784	0.5	183593	0.5	+2.3
20	印度	178787	0.5	177358	0.5	0.8
21	南斯拉夫	153017	0.4	180950	0.5	−15.4
22	土耳其	148812	0.4	118313	0.3	+25.8
23	荷兰	121350	0.3	133285	0.4	−9.0
24	罗马尼亚	115000	0.3	115000	0.3	
25	中国台湾	106714	0.3	114832	0.3	−7.1

表3 1990年世界十大集团轿车产量

名次	集团名	1990年产量（万辆）	占世界产量（%）	名次	集团名	1990年产量（万辆）	占世界产量（%）
1	通用	524.6	14.6	7	别儒/雪铁龙	197.3	5.5
2	福特	398.0	11.1	8	本田	195.0	5.4
3	丰田	377.5	10.5	9	雷诺	173.0	4.8
4	大众	288.4	8.0	10	马兹达	123.1	3.4
5	日产	236.2	6.6		合计	2727.3	76.0
6	菲亚特	214.2	6.1		世界总计	3586.3	100.0

表4 世界主要国家商用车产量 单位：千辆

年份 \ 国名	联邦德国	法国	英国	意大利	瑞典	西班牙	苏联	日本	美国	巴西
1960	230	194	458	49	19	18	385	316	1202	40
1965	236	219	455	72	24	66	415	1179	1803	46
1970	314	292	457	134	32	86	570	2110	1734	72
1975	259	315	381	110	51	118	763	2374	2270	157
1976	301	423	372	120	51	113	776	2813	3000	216
1977	295	415	386	144	52	141	800	3083	3489	187
1978	296	397	385	148	52	158	839	3816	3723	187
1979	317	393	408	151	58	157	859	3460	3046	201
1980	358	440	389	167	63	153	872	4005	1637	224
1981	319	408	230	176	55	132	874	4206	1687	194
1982	301	372	269	156	54	142	866	3850	1910	186
1983	293	375	245	181	52	147	880	3960	2422	122
1984	255	349	225	162	59	132	885	4392	3161	185
1985	279	384	266	184	60	188	900	4624	3463	208
1986	286	422	229	159	66	251	900	4450	3501	241
1987	260	411	247	199	70	302	870	4358	3805	237
1988	279	474	317	227	76.5	368	885	4501	4097	286
1989	288	511	327	249	81.7	407	844	3973	4025	282
1990	292	474	257	231	60.6	320	751	3539	3703	251

表5 主要国家历年汽车产量及品种构成

单位:万辆

国别	年份	总产量（万辆）	轿车		商用车	
			产量（万辆）	占总产量（%）	产量（万辆）	占总产量（%）
美国	1980	801	638	79.6	163	20.4
	1981	793	625	78.8	168	21.2
	1982	698	507	72.6	191	27.4
	1983	920.54	678.12	74	242.42	26
	1984	1094	777.0	71	317.0	29
	1985	1164.8	818.5	70.3	346.3	29.7
	1986	1131.5	782.9	69.2	350.5	30.9
	1987	1090.8	709.7	65.0	381.1	34.9
	1988	1120.8	711.1	63.4	409.7	36.6
	1989	1084.8	682.3	62.9	402.5	37.1
	1990	977.2	606.9	62.1	370.3	37.9
苏联	1980	220	133	60.3	87	39.2
	1981	219	132	60.2	87	39.6
	1982	218	131	60.1	87	39.7
	1983	220.5	130.5	59	90.0	41
	1984	220.9	133.0	60.2	87.9	39.7
	1985	223.2	133.2	59.6	90.0	40.3
	1986	227.0	133.4	58.7	93.6	41.2
	1987	226.9	132.9	58.5	94.0	41.4
	1988	214.6	126.1	58.8	88.5	41.2
	1989	201.8	117.4	58.2	84.4	41.8
日本	1980	1105	704	64.0	401	36.0
	1981	1118	697	62.0	421	38.0
	1983	1111.1	715.2	64	395.9	36
	1984	1139.3	707.3	62	432.0	38
	1985	1227.1	764.7	62.3	462.5	37.6
	1986	1226.0	781.0	63.7	445.0	36.2
	1987	1224.9	789.1	64.4	435.8	35.5
	1988	1267.0	819.8	64.7	450.1	35.3
	1989	1302.6	905.2	69.5	397.3	30.5
	1990	1348.7	994.8	73.8	353.9	26.2
联邦德国	1980	388	352	90.8	36	9.2
	1981	391	359	91.9	32	8.1
	1982	406	376	92.5	30	7.4

续

国别	年份	总产量（万辆）	轿车		商用车	
			产量（万辆）	占总产量（%）	产量（万辆）	占总产量（%）
联邦德国	1983	417.1	387.8	93	29.3	7
	1984	401	375.0	94	26.0	6
	1985	444.6	416.7	93.7	27.9	6.2
	1986	459.7	431.1	93.7	28.6	6.2
	1987	463.4	437.4	94.3	26.0	5.7
	1988	462.5	434.6	94.0	27.9	6.0
	1989	485.2	456.4	94.1	28.8	5.9
	1990	464.8	435.6	93.7	29.2	6.3
英国	1980	131	92	70.4	39	29.6
	1981	119	96	80.6	23	19.4
	1982	116	89	76.8	27	23.2
	1983	129	104.5	81	24.5	19
	1984	113.4	90.9	80.1	22.4	19.7
	1985	131.4	104.8	79.7	26.6	20.2
	1986	124.8	101.9	81.6	22.8	18.2
	1987	139.0	114.3	82.2	24.7	17.8
	1988	154.4	122.7	79.5	31.7	20.5
	1989	162.6	129.9	79.9	32.7	20.1
	1990	146.1	120.4	82.4	25.7	17.6
法国	1983	333.6	296.1	89	37.5	11
	1984	306.2	271.3	88.6	34.9	11.3
	1985	301.6	263.2	87.2	38.4	12.7
	1986	319.5	277.3	86.7	42.2	13.2
	1987	349.3	305.2	87.3	44.1	12.7
	1988	369.8	322.4	87.2	47.0	12.8
	1989	392.0	340.9	87.0	51.1	13.0
	1990	376.9	329.5	87.4	47.4	12.6
意大利	1983	157.5	139.6	89	17.9	11
	1984	160.1	143.9	89.8	16.2	10.1
	1985	157.3	138.9	88.3	18.4	11.6
	1986	183.2	165.2	90.1	18.0	9.8
	1987	190.1	170.1	89.4	19.9	10.4
	1988	211.1	188.4	89.2	22.7	10.8
	1989	222.1	197.2	88.8	24.9	11.2
	1990	198.9	175.8	88.4	23.1	11.6

表6 主要国家历年汽车保有量及品种构成 单位:万辆

国别	年份	总保有量（万辆）	轿车		商用车	
			数量（万辆）	占总保有量（%）	数量（万辆）	占总保有量（%）
美国	1970	10681	8878	83.1	1803	16.9
	1980	15336	12087	78.8	3249	21.2
	1981	15731	12345	78.5	3386	21.5
	1982	16044	12482	77.8	3562	22.2
	1983	16193.9	12538.2	77	3655.7	23
	1984	16580.2	12906.7	77	3649.2	23
	1985	16861	13005.3	77.1	3855.4	22.8
	1986	17023.7	13036.4	76.5	3987.3	23.4
	1987	17619.1	13543.1	76.8	4076.0	23.2
	1988	18099.2	13904.1	76.8	4194.8	23.2
	1989	18346.8	14065.5	76.7	4281.3	23.3
苏联	1975	985	473	48.0	512	52.0
	1980	1716	925	53.9	791	46.1
	1983	1900	1050.0	55	850.0	45
	1985	2000.0	1100.0	55	900.0	45
	1986	2100.0	1150.0	54.7	950.0	45.2
	1987	2070.2	1197.0	57.8	873.2	42.2
	1988	2157.3	1258.1	58.3	899.2	41.7
	1989	2207.5	1268.8	57.5	938.7	42.5
日本	1980	3786	2366	62.0	1420	38.0
	1981	3962	2461	62.0	1501	38.0
	1982	4135	2554	62.0	1581	38.0
	1983	4182.2	2638.5	63.0	1543.7	37.0
	1984	4452.3	2714.4	61.0	1737.9	39.0
	1985	4452.4	2714.4	60.9	1738.0	39
	1986	4615.8	2784.5	60.3	1831.3	39.6
	1987	4797.3	2865.4	59.7	1931.9	40.3
	1988	4990.2	2947.8	59.1	2042.4	40.9
	1989	5245.0	3077.6	58.7	2167.4	41.3

续

国别	年份	总保有量（万辆）	轿车		商用车	
			数量（万辆）	占总保有量（%）	数量（万辆）	占总保有量（%）
联邦德国	1980	2486	2324	93.5	162	6.5
	1981	2875	2681	93.2	194	6.7
	1983	2636.3	2468.9	94	167.4	6.0
	1984	2650.3	2468.9	93.1	181.4	6.8
	1985	2722.2	2537.8	93.2	184.4	6.7
	1986	2798.2	2609.9	93.2	188.5	6.7
	1987	2916.9	2722.3	93.3	194.6	6.7
	1988	3031.9	2830.4	93.4	201.6	6.6
	1989	3128.3	2919.0	93.3	209.3	6.7
英国	1980	1736	1544	88.9	192	11.1
	1983	1830.9	1661.2	91.0	169.7	9.0
	1984	2068.0	1862.1	90.0	205.9	9.9
	1985	2180.7	1906.3	87.4	274.4	12.5
	1986	2225.1	1945.8	87.4	279.3	12.5
	1987	2279.2	1995.6	87.1	283.6	12.9
	1988	2362.2	2063.3	87.3	298.9	12.7
	1989	2470.7	2151.1	87.1	319.6	12.9
法国	1983	2383.0	2060	86.4	323	13.6
	1984	2383.0	2060.0	86.4	303.7	12.7
	1985	2391.1	2080.0	86.9	311.1	13.0
	1986	2436.6	2094.0	85.9	342.6	14.0
	1987	2570.0	2150.0	83.7	420.0	16.3
	1988	2634.0	2197.0	83.2	437.0	16.6
	1989	2708.0	2252.0	83.2	457.0	16.8
意大利	1983	2192.0	2025	92.4	167	7.6
	1984	2217.0	2045.0	92.2	172.0	7.7
	1985	2283.3	2100.0	91.9	183.0	8.0
	1986	2345.6	2160.0	92.0	185.6	7.9
	1987	2395.6	2210.0	92.3	185.6	7.7
	1988	2471.6	2280.0	92.2	191.6	7.8
	1989	2550.0	2350.0	92.2	200.0	7.8

表 7 主要国家汽车出口量构成

单位:辆

年 份	日 本			美 国			联 邦 德 国		
	轿 车	商用车	合 计	轿 车	商用车	合 计	轿 车	商用车	合 计
1980	3947160	2019801	5966961	559721	203475	763010	1873494	210760	2084254
1981	3946542	2101905	6048447	505965	187312	693277	1949479	203848	2153327
1982	3770036	1820477	5590513	378877	127048	505925	2194229	203692	2397921
1983	3806396	1863114	5669510	537839	153711	691550	2188810	165716	2354526
1984	3980619	2128565	6109184	591454	191192	782646	2232995	155662	2388657
1985	4426762	2303710	6730472	665524	230731	896255	2568053	177817	2745870
1988	4825325	1288845	6114110	781171	236385	1017556	2507067	169824	2676891
1989	4776658	1160366	5937024	626322	310040	936362	2721829	175876	2897705
1990	4864014	1074876	5938890	547878	270561	818445	259722	167923	2765645

年 份	美 国			英 国			意 大 利		
	轿 车	商用车	合 计	轿 车	商用车	合 计	轿 车	商用车	合 计
1980	1529652	178126	1707778	359145	121882	481027	511139	80387	591526
1981	1393602	157224	1550826	300623	117248	417871	423515	91133	514648
1982	1463502	139886	1603383	313025	90850	403875	437311	90681	527992
1983	1613720	142896	1756616	273616	91667	365283	491515	109455	600965
1984	1529683	146848	1676531	219172	76482	295654	480667	102959	583626
1985	1538851	161016	1699867	240247	51505	291752	449803	115930	565733
1988	1832519	202330	2034849	261146	70715	331861	686419	140917	827336
1989	1898525	212967	2111492	339006	92272	431278	694700	151869	846569
1990	1881998	213502	2095500	414105	96221	510326	742597	158282	900879

年 份	加 拿 大			瑞 典		
	轿 车	商用车	合 计	轿 车	商用车	合 计
1980	625536	337757	963293	154554	40768	195322
1981	618525	362213	980738	167259	39112	206371
1982	674643	387221	1061864	186717	38335	225052
1983	792775	452555	1245330	208839	30650	239489
1984	852137	676306	1528443	207958	35410	243368
1985	883930	685704	1569634	222100	35950	258050
1988	866952	734819	1601771	191978	22589	214567
1989	785981	771789	1557770	179749	25620	205369
1990	799346	686617	1485963	182616	22846	205462

表8 主要国家公路里程 每车每人拥有长度

国别	年份	公路里程 (km)	汽车保有量 (万辆)	每车拥有长度 (m/辆)	人口 (百万人)	每人拥有长度 (m/人)	高速公路里程 (km)
美国	1980	6365600	15589.0	40.8	227.6	27.9	69200
	1981	6199000	15976.0	38.8	229.8	26.9	83000
	1982	6221400	16044.0	38.7	232.0	26.8	80000
	1983	6242300	16194.0	38.5	234.2	26.6	80500
	1984	6261900	16861.0	37.1	236.8	26.4	81100
	1985	6213900	17023.7	36.5	239.3	25.9	81700
	1986	6242200	16624.9	37.5	241.6	25.9	83300
	1987	6231800	17619.1	35.7	243.9	25.6	83200
日本	1980	1113400	3785.6	29.4	116.8	9.5	2579
	1981	1118100	3962.1	28.2	117.6	9.5	2860
	1982	1123000	4134.6	27.1	118.4	9.4	2993
	1983	1123300	4293.2	26.1	119.2	9.4	3232
	1984	1125200	4452.4	25.2	120.0	9.3	3435
	1985	1127500	4615.7	24.2	120.8	9.3	3555
	1986	1127400	4615.8	24.4	121.5	9.3	3721
	1987	1098900	4797.3	22.9	122.1	9.0	3910
	1988	1104300	4990.2	22.1	122.6	9.0	4280
	1989	1110000	5245.0	21.2	123.3	9.0	4407
联邦德国	1980	485400	2496.7	19.4	61.6	78.7	7538
	1981	484500	2545.0	19.0	61.7	78.5	7784
	1982	486900	2581.5	18.8	61.6	79.0	7919
	1983	486400	2650.3	18.3	61.3	79.3	8080
	1984	487000	2722.2	17.8	61.0	79.8	8198
	1985	491300	2798.2	17.6	61.0	80.5	8350
	1986	492500	2916.9	16.9	61.1	80.6	8437
	1987	493600	3031.9	16.3	61.1	80.8	8618
	1988	496700	3128.3	15.9	61.4	80.9	8721
法国	1980	803000	2172.1	36.9	53.6	149.8	5264
	1981	803800	2246.6	35.7	54.0	148.8	5734
	1982	804500	2319.0	34.6	54.3	148.1	5907
	1983	802600	2383.0	33.6	54.6	146.4	6085
	1984	804500	2391.1	33.6	54.8	146.8	6284
	1985	805000	2436.6	33.0	55.1	146.0	6438
	1986	805000	2492.0	32.3	55.3	145.6	6265
	1987	805000	2570.0	31.3	55.5	145.0	6440
	1988	805100	2634.0	30.1	55.8	144.3	6570
	1989	805500	2709.0	29.7	56.0	143.8	6950

表9 主要国家汽车油耗量 单位:kt/年

国别	年份	汽油耗量	柴油耗量	合计
美国	1980	304953	36600	341553
	1981	313646	36068	349714
	1982	272715	39238	311953
	1983	313515	42550	356065
	1984	322986	46030	369016
	1985	330209	46969	377178
	1986	342560	48802	391362
	1987	347617	50460	398077
日本	1980	25699	17543	43243
	1981	26253	17752	44005
	1982	26321	18081	44402
	1983	26876	19620	46496
	1984	26842	19024	45866
	1985	27370	19858	47228
	1986	28160	21173	49333
	1987	28722	24097	52819
	1988	29638	24988	54626
	1989	32023	27279	59302
联邦德国	1980	23551	9880	33431
	1981	22099	10070	32169
	1982	22540	10270	32810
	1983	22849	10730	33579
	1984	23451	11140	34591
	1985	22941	11645	34586
	1986	23965	12594	36559
	1987	24845	13186	38031
	1988	25369	13603	38922
	1989	25317	14382	39699

国别	年份	汽油耗量	柴油耗量	合计
英国	1980	19145	5816	24961
	1981	18720	5516	24236
	1982	19247	5731	24978
	1983	19570	6190	25760
	1984	20230	6755	26985
	1985	20400	7110	27510
	1986	21470	7866	29336
	1987	22183	8468	30651
	1988	23500	9370	32870
法国	1980	17482	17861	35343
	1981	9094	9401	18495
	1982	18006	9968	27974
	1983	18277	10182	28459
	1984	18075	10250	28325
	1985	17766	10519	28285
	1986	18245	10471	28716
	1987	18260	12406	30666
	1988	18579	13900	32479
	1989	18250	15542	33792
意大利	1980			
	1981			
	1982	11948	11451	23399
	1983	11589	11595	23184
	1984	11544	11759	23303
	1985	11694	13297	24991
	1986	11790	14942	26732
	1987	12063	15796	27859
	1988	12270	16466	28736

表10　国外部分轿车技术性能参数

国别　车型	外形尺寸 长×宽×高 (mm)	轴　距 (mm)	轮　距 前/后 (mm)	空车 质量 (kg)	最大车速 (km/h)	排量 (L)	压缩比	缸径/冲程 (mm)	功　率 (kW/r/min)	最大扭矩 (N·m/r/min)
意大利 菲亚特　TIPO	3958×1700×1430	2540	1448/1421	1180	207	2.0	10.5	84/90	107/6250	173/5000
日本 马兹达　121	3800×1650×1470	2395	1420/1400	835/850	164	1.324	9.4	71/83.6	54/6000	106/3700
日本 本田　Accord　EXi	4535×1695×1355	2600	1480/1475	1105	195	1.955	9.4	82.7/91.0	98/5500	166/5500
美国 福特　Escort	4040×1658×1345	2525	1440/1462	930/975	163	1.392	8.5	77.2/74.3	52/5600	103/4000
日本 大发　Cuore　GLX	3300×1400×1410	2280	1215/1205	640	135	0.847		66.6/81.0	30/5500	65/3200
德国 奥贝尔　Corsa　Gsi	3620×1530×1370	2343	1320/1307	835	186	1.586	10	79/81.5	72/5600	132/3400
德国 巴依尔　325i	4433×1698×1349	2700	1408/1421	1295	233	2.494	9.7	84.0/75.0	141/5900	245/4700
日本 三菱　ColtGLXi1.5	3950×1670×1380	2390	1430/1430	935	170	1.468	9.2	75.5/82.0	66/6000	126/3000
德国 大众帕萨特　GL2.0i	4580×1700×1430	2620	1479/1422	1155	191	1.984	10	92.8/82.5	85/5400	166/3200
美国 福特　Probs　GT	4500×1740×1320	2520	1460/1470	1350	220	2.184	7.8	86/94	108/4300	258/3500

续

国别　车型	外形尺寸 长×宽×高 (mm)	轴　距 (mm)	轮　距 前/后 (mm)	空车质量 (kg)	最大车速 (km/h)	排　量 (L)	压缩比	缸径/冲程 (mm)	功　率 (kW/r/min)	最大扭矩 (N·m/r/min)
德国 大众马球　CL	3770×1570×1350	2340	1320/1346	785	145	1.043	10	75/59	33/5200	76/2800
意大利 阿尔法　Boxer　16V	4080×1610×1350	2480	1366/1365	1005	203	1.712	10	87.0/72.2	97/6500	151/4700
日本 日产　Sunny　1.4LX	4150×1690×1400	2340	1445/1430	1015	170	1.392	9.5	73.6/81.8	55/6000	112/4000
德国(柴油机增压) 默谢台斯　250TD	4760×1740×1480	2800	1500/1490	1510	165	2.497	22	87/84	66/4600	158/2800
德国 默谢台斯　400SEL	5210×1890×1490	3140	1602/1574	2000	245	4.196	10	92.0/78.9	210/5700	410/3900
德国 奥迪　100　2.8E　Quattro	4790×1780×1430	2690	1520/1520	1500	218	2.771	10	82.5/86.5	128/5500	245/3000
意大利 菲亚特　Tempra2.0i.e.sx	4350×1700×1450	2540	1435/1415	1190	195	1.995	9.5	84/90	83/5750	156/3300
意大利 西亚兰　Dedra 2000 Turbo	4340×1700×1430	2540	1449/1421	1275	215	1.995	7.5	84/90	119/5500	274/3250
法国 雷诺　Espace　RT　V6	4430×1800×1690	2580	1517/1508	1342	195	2.849	9.5	91/73	110/5400	225/2500
法国 别儒 205XE	3700×1570×1370	2420	1350/1300	790	164	1.124	9.4	72/69	44/6200	88/3800

表 11 国外部分大客车主要技术性能参数

国别 车型	发动机	排量 (L)	功率 (kW/r//min)	扭矩 (N·m/r/min)	变速器	轮胎尺寸	悬架	轴距 (mm)	长/宽/高 (mm)	最小转弯直径 (mm)	总质量 (kg)	座/立席数
意大利 依维柯 315.8、17 Turbo	6 缸柴油	5.5	123.5/2700	500.2/1600	ZFS6-36 6 个前进档 一个倒档	前后 9.5R/17.5	前后 空气	3610	7550/2380/3000	13000	9200	28+1/0
德国 曼 SR 292	6 缸柴油	11.4	213/2200	1030/1500	ZFS60-90vry 6 个前进档 1 个倒档	前后 11R22.5	前中后 空气	6160	12000/2500/3150	19400	17600	56+1/0
日本 五十铃 LV 314L	6 缸柴油	11.0	150/2300	685/1400	自动变速器 5 个前进档 1 个倒档	前后 10.00～20	钢板弹簧	5000	10500/2490/3155	17200	16000	50/50
匈牙利 依卡露斯 260	6 缸柴油	10.0	141/2100	697/1300	Praga 2 个前进档 1 个倒档	前后 11R20	钢板弹簧	5400	11000/2500/3040	17880	16000	43/43
德国 尼奥普兰 N416—CH	6 缸柴油	11.0	177/2200	1079/1300	ZF 自动变速器	前后 11/70R/22.5	前后 空气簧	6150	11810/2500/2910	19800	16000	53/47
德国 凯塞鲍尔 SETRA	6 缸柴油	10.9	159/2300	784/1200	ZFS6—65vsy 6 前 1 倒	前后 11R22—5	前后 空气簧	4570	9340/2500/3090	13800	16000	34-39/0
奥地利 斯泰尔 11 HUG 200	6 缸天燃气	9.9	140/2300	755/1000	ZF5HP500 5 前 1 倒	前后 11R22—5	前后 空气簧	5465	11482/2500/3013	19900	15700	34/55
德国 默谢台斯—本茨 450G	6 缸柴油	11.9	206/2200	1177/2200	DB 自动变速器	前后 11/hoR22.5	前后 空气簧	5625	17400/2500/3060	2000	27000	160～180
瑞典 斯堪尼亚 K192—30	6 缸柴油	8.5	185/2200	979/1200	5 前 1 倒	前后 11R22.5	前后 空气簧	6000	10715/2500/—	15800	17500	45/0

表12 国外部分载货车主要技术性能参数

国别 车型	空车质量 (kg)	总质量 (kg)	发动机	排量 (L)	功率 (kW/r/min)	最大扭矩 (N·m/r/min)	离合器	变速器	最小转弯直径 (mm)	车架	轴距 (mm)	长/宽/高 (mm)
英国 福特 Cargo 0711	2155	4300	6缸柴油	5.9	81/2600	335/1500	单片 干式	4个前进档 1个倒档	11900	梯形	3200	5808/2164/2462
德国 依发 ROBUR LO3000KF	2675	5700	4缸汽油	3.3	55/2800	230/1800	单片 干式	5个前进档 1个倒档	11250	梯形	3025	6075/2405/2450
荷兰 达夫 FA900—DT	3150	7800	6缸柴油	6.2	111/2400	495/1600	单片 干式	5个前进档 1个倒档	11300	梯形	3250	6260/2140/2490
德国 曼 10.136F—425	2950	10000	6缸柴油	5.7	100/3000	353/1600	单片 干式	5个前进档 1个倒档	14400	梯形	4250	7546/2200/2411
瑞典 沃尔沃 F406—30	2795	6500	6缸柴油	3.6	92/3600	295/2600	单片 干式	5个前进档 1个倒档	10000	梯形	3000	6030/2250/2450
法国 雷诺 S150.11/52	3950	11000	6缸柴油	5.5	111/2900	441/1800	单片 干式	5个前进档 1个倒档	18000	梯形	5200	9440/2223/2573
瑞典 斯堪尼亚 R142E42	9400	34000	8缸柴油	14.2	291/2000	1605/1300	双片 干式	5个前进档 1个倒档	16300	梯形	4200	8410/2500/2810
日本 五十铃 NKR552	1810	4400	6缸柴油	2.8	57/3600	172/2000	单片 干式	5个前进档 1个倒档	10400	梯形	2490	4590/1690/1990
奥地利 斯泰尔 891.170/K33	4870	16000	6缸柴油	6.6	125/2800	480/1700	单片 干式	5个前进档 1个倒档	12300	梯形	3300	6036/2428/2978

产品介绍目录

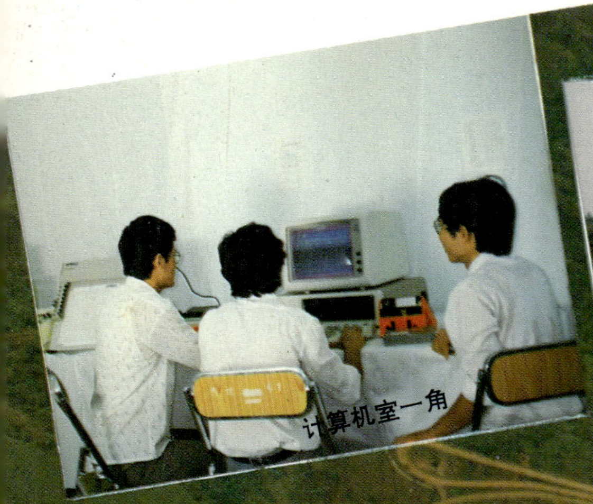

计算机室一角

长坡道试验

我国第一个汽车试验研究基地诞生在祖国的南疆。
高速环道像一条玉环镶在绿色的地毯上：

卵石路试验

3)国内唯一供汽车进行操纵稳定性试验的试验圆场，面积$2\times10^4m^2$，混凝土路面。

4)第一个国内汽车防尘试验的防尘洞。

5)汽车湿热耐候试验的非金属曝晒场。

此外，还有配套的发动机、非金属、油料、电器、计算机及数据库室，及保修机加车间等。

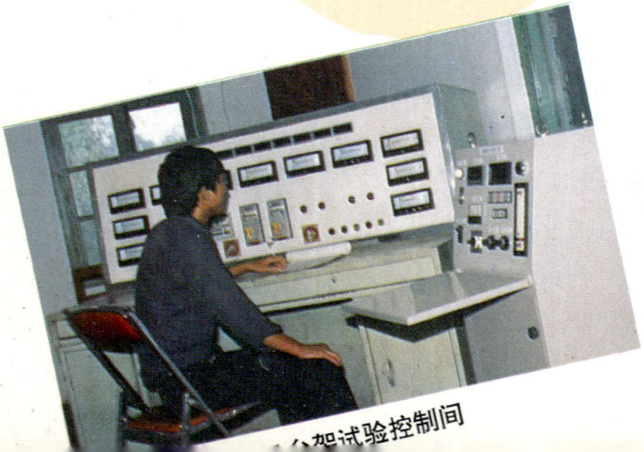

…架试验控制间

搓板路试验

我国第一个汽车试验研究基地

海南汽车试验研究所

海南汽车试验研究所是我国第一个汽车试验及研究基地，它拥有：

1)当前最长的汽车高速试验及性能测试跑道，全长 6.042Km，弯道最高车速 160Km/h。

2)种类最齐全，供各类汽车强化试验的可靠性跑道，共 29 种典型路面，长 10Km。

高速环形跑道

扭曲路试验

涉水路试验

操纵稳定性试验圆场

中国长江动力公司(集团)特种汽车制造厂(原武汉汽轮发电机厂汽车分厂)是我国生产专用汽车的主要厂家之一,具有近 30 年设计、生产专用汽车的历史,拥有一支能独立进行专用汽车设计、工艺、制造和经营的技术队伍,年生产能力 6000 辆,产品行销许多国家和地区。

本厂已用解放、东风、黄河和依发等汽车专用底盘改装有自卸车、载货车、半挂汽车列车、粉尘自卸车、粮食散装自卸车。近年来还开发了扫路机、双层大客车和混合动力双层大客车,亦可根据用户要求,设计产各种车辆,进行技术咨询,供应车配件,提供汽车修理和技术服

中国长江动力公司(集团)特种汽车制造厂

厂址 武汉市武昌关山 电话 701036 电挂 5509 邮编 430074

古有战车驰疆场　今有山鹿耀军威

成都山鹿汽车厂是中汽总公司、解放军总后勤部轻型越野车生产厂家之一，主要产品是山鹿牌轻型越野汽车、轻型客车以及变型车，并根据用户要求，改装成各种专用车，满足公安、刑事、交通勘察、稽察、森林消防、计划生育、矿山抢险、救灾及新闻采访等部门的用车。产品设计先进，乘座舒适、操作灵活、安全可靠，是理想的办公、乘坐、交通工具。

地址 成都市上沙河铺街202号　电话 442736　电挂 4273　邮编 610066　厂长 魏长贵

上海汽車底盤廠

生產最早
品種最多
引進最先

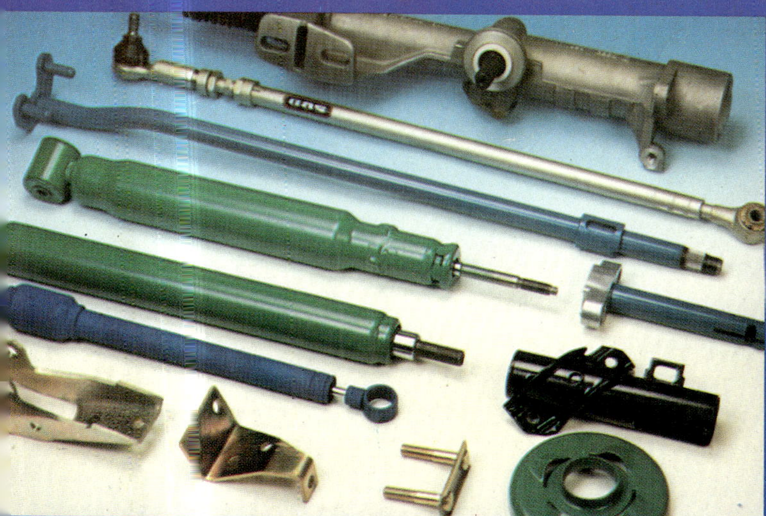

減振器
轉向器

桑塔納轉向系統
桑塔納減振器
斯太爾減振器
35D 油氣懸掛
35D 舉升缸
CG125 摩托車減振器

上海汽車底盤廠
廠址　上海市浦東南路1942號
電話　8835411
電報　0684
郵編　200127

Shanghai Automobile Chassis Plant
Add: 1942, Pu Dong Nan Road, Shanghai,
Tel: 8835411
Cable: 0684
Post Office No: 200127

WS6488 轻型客车

WS6450(8 座)豪华客

厂长 刘成玉

WS6600NH 豪华型客车

WS6488 科普汽车

万山特种汽车制造厂系航空航天工业部所属大型专用车科研生产厂，也是国家计划内汽车定点生产厂。主要生产 WS6422、WS6602、WS6600 三个系列 42 种变型专用车，年生产能力一万辆。

该厂生产的 WS6482 型旅行车，在 1987、1988 年全国两届国产轻微型汽车万公里质量测试赛中，荣获可靠性、综合性金奖，并荣获湖北省优质产品称号。WS6482 型旅行车又荣获了航天部"民用十佳新产品"和部优质产品称号。WS6602 型旅行车是 WS631A 改进型。WS631A 旅行车在 1987 年全国轻型汽车测试赛中荣获经济性金奖，1988 年荣获湖北省优质产品称号。WS6600N 型豪华旅行车在全国乘用车展评上，荣获了"新产品优秀设计奖"

东至黄海之滨，西到青藏高原，南起天涯海角，北至漠河边陲，到都有万山牌旅行车的足迹。欢迎选购"万山"牌汽车。"万山"牌汽永远竭诚为广大用户服务。

通讯处 湖北远安 87 号信箱 电话 (07272)22995 电挂 湖北红星 8612 邮编 444212

航空航天工業部國營萬山特種車輛製造廠

MAS STATE WANSHAN SPECIAL VEHICLE WORKS

创建一流企业生产一流产品提供一流服务

我厂 1990 年率先从德国引进组合开关的关键技术和设备，为一汽奥迪轿车独家配套后，"八·五"期间还将引进"高尔夫"轿车组合开关关键技术和设备；组建模具加工中心等，形成 30 万只组合开关生产能力，将为"高尔夫"、"雪铁龙"、"桑塔纳"、"标致"等国内外轿车配套 20 万只，成为我国"高起点、专业化、大批量"生产汽车组合开关的主要基地。

我厂是中国汽车工业总公司生产汽车组合开关的定点企业。目前，年生产组合开关十万余只，占全国总量的 1/3 以上。

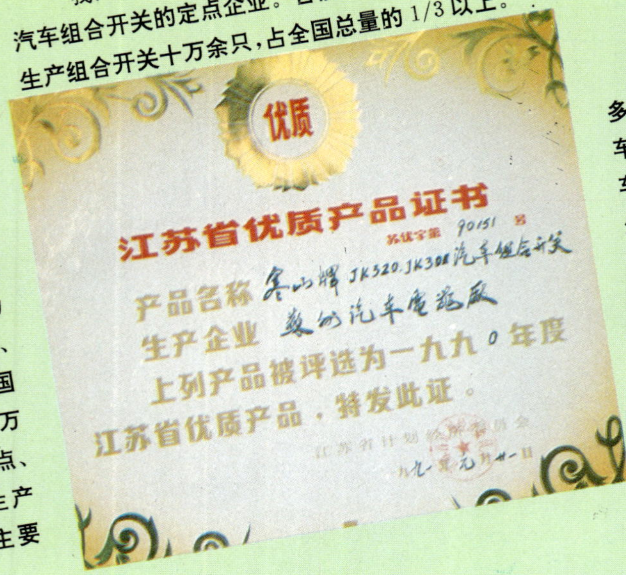
优质

江苏省优质产品证书

苏优字第 90151 号

产品名称 寒山牌 JK320.JK308汽车组合开关

生产企业 苏州汽车电器厂

上列产品被评选为一九九0年度江苏省优质产品，特发此证。

我厂产品已系列化、多品种。除能为各类重型车、中型车、轻型车和轿车配套组合开关外，还生产点火开关、电磁开关和翘板开关等各类汽车电器产品，技术水平和生产能力居同行业之首。

我们的目标是"创建一流企业，生产一流产品，提供一流服务"。

厂址 江苏省苏州市西园路 27 号
电话 732294 电挂 2294
邮编 215008

SD 苏州汽车电器厂

国家二级企业 省级先进企业

成都市水箱厂

本产品适用于各种 130 系列轻型汽车，效果普遍良好，两年来，全国行业检查都被评为一等品，1989 年 290 型散热器获四川省优质产品奖。

大陆

厂址 成都市外东成仁路五桂桥 电话 443361 电挂 0137 传真 (028)447502 邮编 610061

MIRA专家来二汽提交汽车试验场设计

东风汽车工程研究院汽车试验场，即二汽汽车试验场，建有高速环道、典型强化路、比利时环道，普通路环道，标准坡道，涉水池，溅水池等试验设施，以及相配套的试验后勤保障设施。可进行轴荷13t以下的各种载货车、乘用车和专用车辆的道路试验。试验道路和设施按照英国MIRA提供的技术并建造，符合国际试验方法和法规要求，并具备采用国际标准的条件。

二汽汽车试验场的宗旨是为全国汽车行业的产品开发和创优服务。先进的试验设施、严密的运行管理制度和周到的服务保障体系，为车辆试验安全、质量、效率以及试验人员的舒适生活提供了可靠的保证。

普通路环道

比利时路

餐厅大师傅在烹

车辆的试金石
试验场
GROVNO OF THE
GINEERING RESEARCH INSTITUTE
中央控制楼
汽车试验场全景
典型强化路
整车拆装间
高速试车环道

柳州汽车厂

东风汽车工业联营公司

枊州汽车厂始建于 1947 年，全厂面积 685 000m²，职工 3 000 多名专业技术人员 500 多人，拥有资产 9 000 多万元各种设备 900 ，组成 30 多条生产线，具有年产 辆汽车的能力。80 年代初，率先生产东风柴油车，
LE1090（141）型、
DDJ（142）型长轴
L1090DK（142A）
长轴、LE1090FJ、
、EK 型长短轴距
铺、双排座车和
0D （341） 型
0D01（340）型柴、

东风 LE1090FJ 型、LE1090FK 型 5t 长轴距带卧铺柴油载货汽车

LE5020X 客货车

东风 LE1090DJ 型（原 142）、LE1090DK 型（原 142A）5t 加长轴距柴油载货汽车

汽油自卸车。LE5090D 厢式及 LE6920TJZ 型客车底盘等 10 多个品种供用户选择。最近试制成功的 LE5020X 客货车也将于 1991 年底投放市场。

LE3090D01 型（原 340）东风 LE3090D 型（原 341）4.5t 柴油、汽油自卸汽车

厂址：广西区柳州市屏山大道286号　　电话 33982 33041　　电挂 4767　　邮编 545005

山东聊城活塞环厂

本厂为机械电子工业部活塞环定点生产厂，可生产规格从Φ30mm～Φ640mm的各种材质、型式、表面进行磷化、镀铬、喷钼等处理的活塞环。主导产品95系列新型环1989年曾获机械电子工业部优质产品称号，WD615斯泰尔汽车活塞环被中国重型汽车集团公司批准为定点生产产品。该厂生产的活塞环为国内荣获国优、部优奖的492Q、6102Q、6110A、X6130等汽车发动机主机厂装机配套。1989年该厂晋升为国家二级企业。

厂址 山东聊城市花园北路37号
电挂 6993
电话 222629
邮编 252051

武 进 光 学 仪 器 厂

本厂系中国汽车工业总公司定点专业化生产汽车后视镜厂家。设备先进、技术力量雄厚、有一套完整的质量保证体系。目前已形成汽车后视镜、汽车内视镜两个系列。配备客、货、重、微、轿车等五大类八十多个品种。达到本年产近80万只的生产能力，欢迎广大用户惠顾。

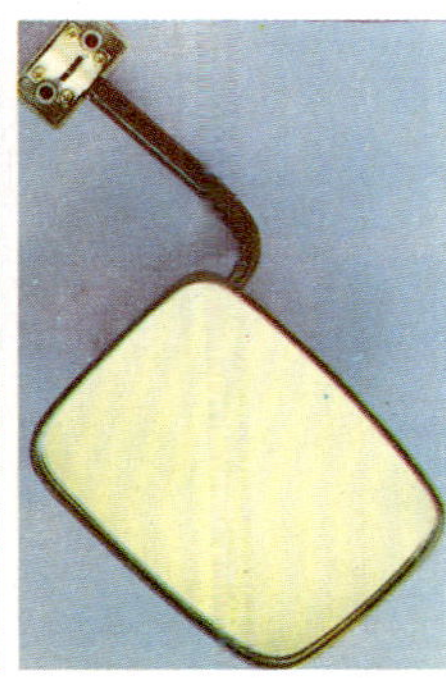

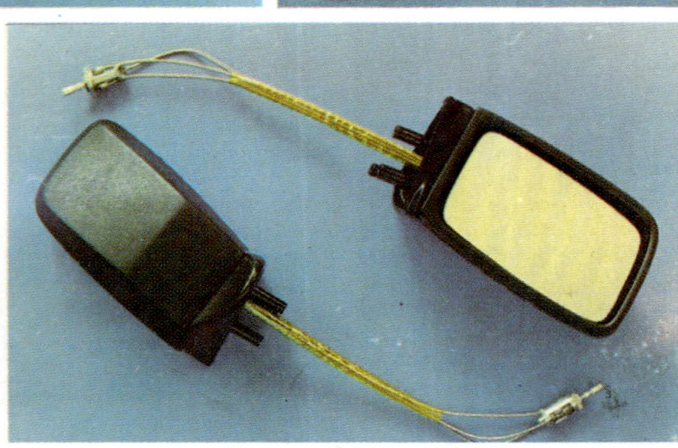

厂址 江苏省常州市西门外小河镇　电话 小河总机转　电挂 0342　邮编 213138

国营江陵机器厂

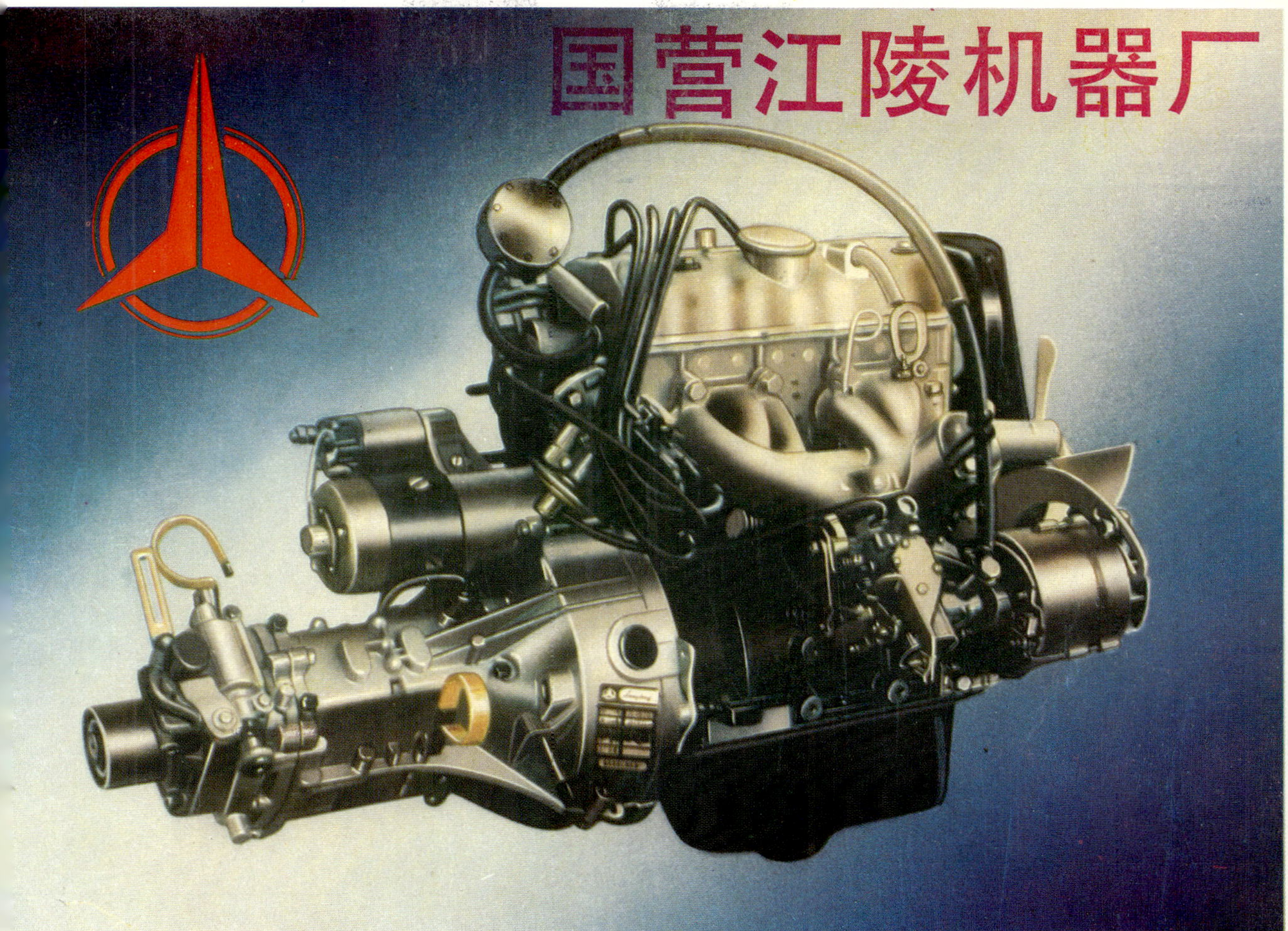

我厂是机械电子工业部的大型一类骨干企业，是国家微型汽车发动机系列产品的定点生产厂家。我厂技术力量雄厚，设备精良，开发生产的JL462Q型汽油机，质量精良，驰名全国，该机升功率大、油耗低、污染少，结构紧凑，维修方便。该机主要用作各种微型汽车、专用微型车和工程机械(石油地质钻探，叉车等)的动力装置。我厂研制生产的37mm高炮用人工消雹催雨弹获部优、国优产品奖。

江 陵 牌

厂址　四川省重庆市江北区大石坝

电话　752461 752462

邮编　630021

电挂　9041

湖北汽车改

湖北汽车改装厂，位于历史悠久的编钟之乡——随州市，系东风汽车工业联营公司成员厂及二汽合资经营企业，是国家定点生产改装汽车的主要专业厂家，1990 年晋升为国家二级企业。

该厂创建于 1966 年 5 月。如今，已经形成比较完整的科研、设计、计量检测和法律顾问机构，从事开发、生产以东风系列为主体的各种汽油、柴油载货车、自卸车、油罐车及其它专用车辆，拥有总装、改装汽车各 3 000 辆的能力。HQG 3100(HQ 342)自卸车，1989、1990 年连续两年获国家质量检测一等品；HQG 5100 GJY(HQ 631 JY)加油车，1990 年获湖北省优质产品奖。

厂址　湖北省随州市五眼桥街 55 号
电话　(07202)23383、24361
电报　3151　　　　　　邮编　441300

HQJ3100E(HQ342)自卸车
底盘型号：EQ3090EJ(EQ140—1L)
货厢内部尺寸(长×宽×高)：3 300×2 234×
举升角：50°
额定装载质量：4 500kg

HQG3101AFD(HQDH342)柴油自卸车
发动机型号：6102QA(南充)、6105QA(玉林、
货厢内部尺寸(长×宽×高)：3 700×2 234×
额定装载质量：4 500kg
底盘型号：EQ3090EJ(EQ140—EL)

楚风

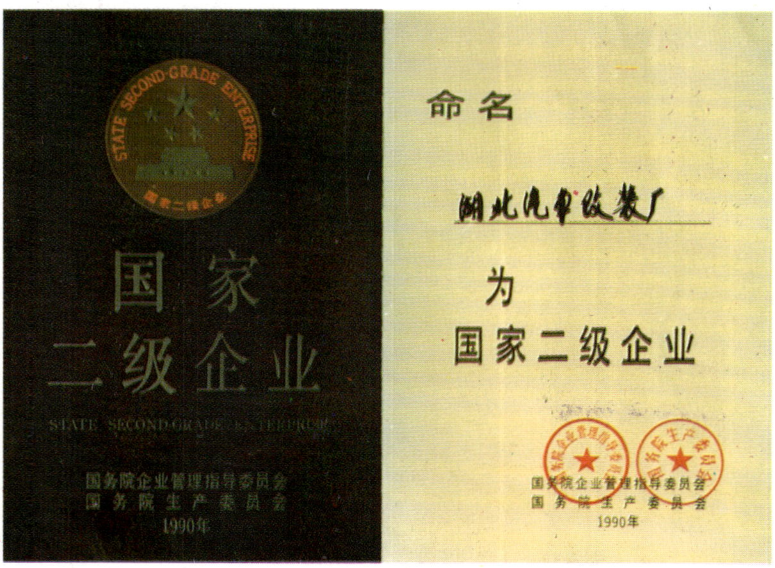

装厂

HQC3102E(HQ343)三面翻自卸车发动机型号:6102QA(南充)、6105QA(玉林、湖动)货厢内部尺寸(长×宽×高)3 700×2 300×556mm 举升角(三面):43° 额定装载质量:4 500kg HQG5100GJFY(HQF631JY)加油车底盘型号:EQ1090FJ(EQF140—1J)加油流量:800L/min 扬程:24m 自吸高度:5m 额定容量:6 300L HQG1100FD(HQDF140—1)柴油载货车发动机型号:6 102QA(南充)、6 105QA(玉林、湖动)额定装载质量:5 000kg HQG5140GJYF(HQ144JY)底盘型号:EQ1130FJ(EQ144J)加油流量:800L/min 扬程:24m 自吸高度:5m 额定容量:9 500L

HQG1102FD 轻抛货物运输车(柴油)发动机型号:6 102QA(南充)、6 105QA(玉林、湖动)货厢内部尺寸(长×宽×高):4 100×2 250×650mm 举升角:52° 额定装载质量:7 500kg

山东蓬莱汽车改装厂

山东蓬莱汽车改装厂，建于一九七五年六月，是山东省机械工业厅、中国汽车工业总公司定点的专用汽车改装厂，工厂占地 166500m²，现有职工 500 余人，工程技术人员 41 名，固定资产 1700 万元。年产 130 系列改装车 300 余辆，黄河牌载重自卸车 500 余辆，总产值 7000 万元。

厂址 山东省蓬莱县城东
电话 2996　2786
电挂 3086
邮编 265600

该厂生产的 130 系列改装车采用北京客车专用底盘改装成旅行车、救护车等各种专用车十二种。

1988 年与济汽总厂联营为济南汽车制造总厂改装二分厂，采用黄河底盘改装成：JN362 系列自卸车，20～40t 集装箱半挂车、加油车，斯太尔自卸车等，车型设计合理、造型美观、技术性能可靠、车速高、油耗底、经济合理。

衡阳汽车配件厂是国家最早生产车用高压喷油泵总成和喷油嘴、柱塞、出油阀等三对精密偶件的专业化工厂，国家二级企业

该厂生产的"南岳牌"喷油泵总成有 A 型、P 型两大系列，4～6 缸共十二个品种；三对精密偶件有四十五个品种。产品主要为"解放"、"东风"、"重型"三大汽车企业集团的柴油机配套，同时也为各种进口汽车配套。该厂科研、技术力量雄厚，产品质量在国内享有盛誉。6105Q 型、6110AQ 型两种喷油泵多年来保持省优"称号，A 型多缸泵在八九年全国油泵油嘴行业评比中名列第一，获机电部二等奖。近年来产品基本实现了全部产品的更新换代。

衡阳汽车配件厂

通讯地址　湖南省衡阳市第 10 号信箱
电话　23551　电挂　7120　邮编　421007
厂址　湖南省衡阳市白沙洲

中国人民解放军第六四五五工厂

中国人民解放军第六四五五工厂（济南鲁泉机械厂）是改装汽车定点生产厂，主要产品有保温车、油罐车、自卸车、油田专用车和保温集装箱。装载质量 1.5～10t，共三个系列十几个品种。以生产厢式车、罐用车和油田专用车为主。我厂坚持“质优、价廉、服务好”的宗旨，竭诚为各界服务。

地址 济南市历城 804 信箱
电话 664170
邮编 250116

湖北航天汽车工业公司是航空航天工业部所属军民结合、技工贸结合的大型国营企业。是国家计划内生产企业，为国家一级计量单位。公司拥有密集的技术力量和精良的机械设备：高级职称的工程技术人员 122 人，中级职称的 600 余人；高、精、尖设备 2 050 台(套)。

公司主要产品有：WS8、10、16、19 座系列旅行车、专用车；JBC1040 型 1.5t、2.0t 系列轻型货车。

我公司的产品畅销全国三十个省、市、自治区，深受广大用户青睐。在全国汽车行业质量评比中，多次领奖。WS6130 高级旅行车最近评定为九　年度国家级新产品。上列两种车型均为省、部优产品，并在中国人民保险公司进行了质量信誉保险。

为向用户提供全面周到的服务，公司在全国各大、中城市均设有汽车销售和维修服务网点，欢迎惠顾。

航空航天工業部湖北航天汽車工業公司

通讯地址　湖北远安 120 信箱　电话　远安转 78 专线 2089　电挂　湖北红星 8620　　邮编　444200

张家港市牡丹客车厂

张家港市牡丹客车厂系特种车辆和汽装专业生产厂，是市属集体企业中的企业。

该厂主导产品有“牡丹”牌 WD622 型、181 型轻型客车及变型车。其中，22 型轻型客车 1977 年获国家城市建颁发的生产许可证 1989 年获省优质称号，1989、1990 年连续两年又获国量行检一等品。

1990 年下半年，该厂又采用 NJ1041S 底盘改装了 MD6600 型(汽油车)和 00A(柴油车)轻型客车，并已投放市受用户的青睐。

张家港市乐余镇乐红路 68 号

电话　221101　　电挂　6538　　邮编　215621

中国人民解放军总后勤部汽车试验场是我军唯一的综合性汽车试验基地，也是中国汽车工业总公司确认的全国汽车鉴定试验单位。

该场受总后车船部的领导，其任务是承担新型军用汽车的选型与定型试验；国外样车的结构性能分析评价试验；现装备车型的生产质量和改进试验；军用专用汽车的定型试验；发展新型车辆的专项研究试验，以及对外技术咨询和民用汽车定型试验、质量抽查试验等。该场按照国际标准和国家有关标准、规范进行试验并提供完整准确的试验报告。

试验场大楼夜景

鱼鳞坑路

该场区覆盖面积 9000 亩。现已建成 11km 汽车综合可靠性试验路、10km 越野试验路、6.6km 汽车强化特性试验路（包括扭曲路、搓板路、石块路、鱼鳞坑路、卵石路、混凝土路、沥青路、沙石路等）、4km 高速试验环道、2.2km 综合性能试验路，并建设了 15 400 多平方米的车间、库房、加油站、办公楼、招待所、食堂等附属工程及服务设施。其中，高速试验环道和综合性能试验路荣获 1990 年国家鲁班奖。该场还有一支经过长期试验实践和院校培训的技术队伍和价值数百万元的国内较先

会议室

总后汽车试验场地址：

南京办公区地址　南京市中央门外安怀村452号

邮编　210037　　电话　505619　　电挂　7047

试验区地址　安徽省定远县

邮编　233210　　电话　蚌埠 81702 81703 转 959、979

主任　胡启贵　　副主任　朱浩清

扭曲路

舒适的客房

试验场全景

搓板路

卵石路

高速环道曲线段

进的试验仪器、设备，完全能胜任各项试验和检测任务。

该场本着为部队装备现代化和国家汽车工业的发展做贡献的宗旨，竭诚为汽车行业客户服务。

总后汽车试验场

成都汽车制造厂

"環都"牌
"HUAN DU" Brand

厂址　四川成都市外北驷马桥
电话　332230　333087
电报　3097(成都)
邮编　610081

新乡市长垣微型汽车配件厂

厂长　魏峰岭

我厂是县办企业，是河南省重点技改项目。我厂设备精良、检测手段齐全。我厂有高中级职称 17 名，专业技术人员 29 名，是专业生产汽车减振器厂家。我厂生产的铃木 110 微型汽车前减振器总成，1989 年通过省科委技术进步

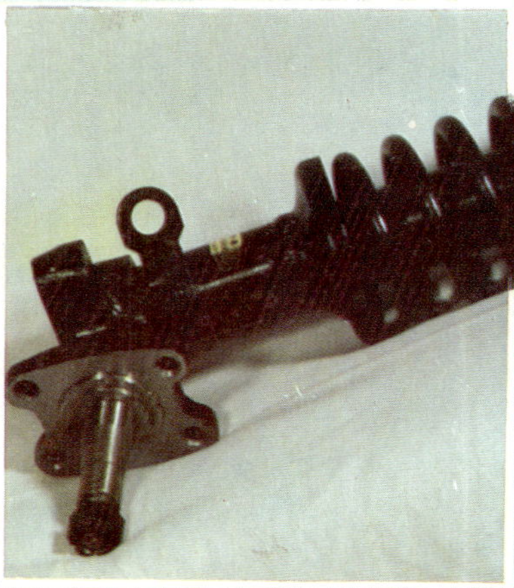

二等奖、新乡市科技成果二等奖。现在已与四个汽车制造厂家配套，产品销往全国各地，性能稳定，质量可靠，可以生产国产进口汽车减振器 27 种，产品实行“三包”。

厂址　河南省长垣县工业区　　电报　长垣县 1792　　电话　长垣 834　　邮编　453400

青岛汽车配件厂

青岛汽车配件厂是生产系列汽车配件产品的主要企业之一，系青岛市机械局直属企业。

主要产品有：活塞系列产品、飞轮齿圈系列产品，内燃机油泵系列产品，分电器传动装置系列产品。

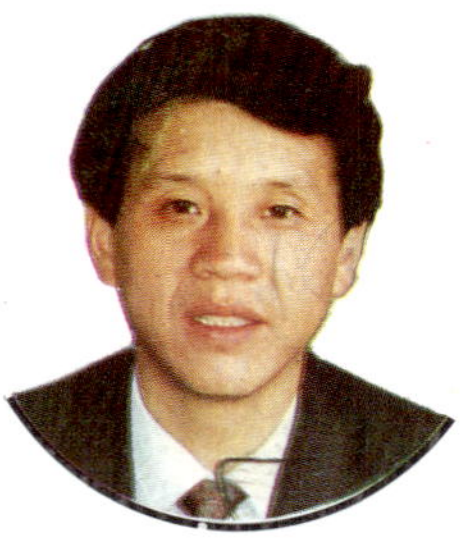

本厂有 25 年生产汽车配件系列产品的历史，技术力量强，生产设备先进，检测手段齐备，生产全过程有严格的质量管理控制，提供优良的用户服务，产品实行“三包”。

本企业开展工贸一体化经营，和青岛经济技术开发区联营组建了汽车配件联合公司和一个高档次活塞专业生产厂。“八·五”期间建成以活塞为主导产品的系列汽车配件生产基地。

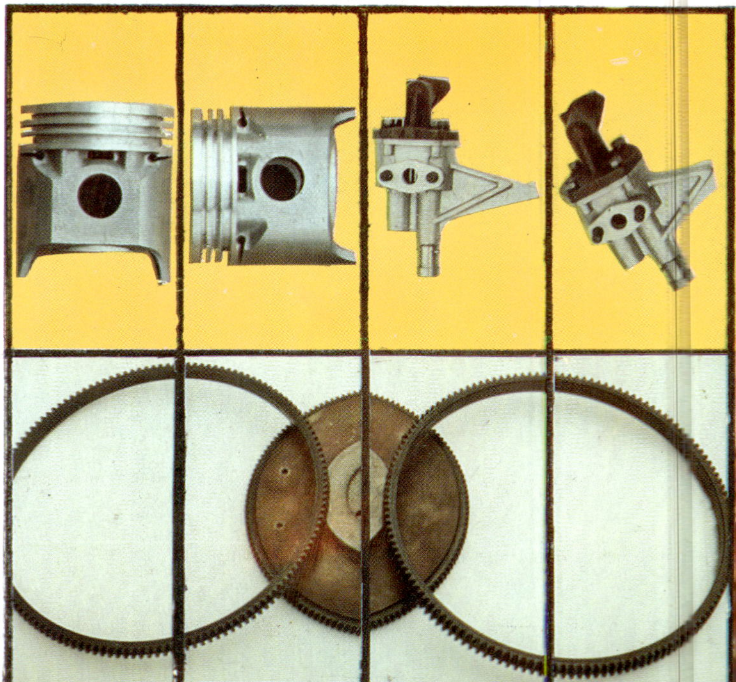

厂址　青岛市四方区小贝干路 85 号

电话　334210

电挂　4210

邮编　266032　厂长　王培耿

青光牌

福建省建瓯活塞厂

FU JIAN SHENG JIAN OU HUO SAI CHANG

电话 32323 32658　电挂 2623　邮编 353100

厂长 何玉金　厂址 福建省建瓯县城关东郊

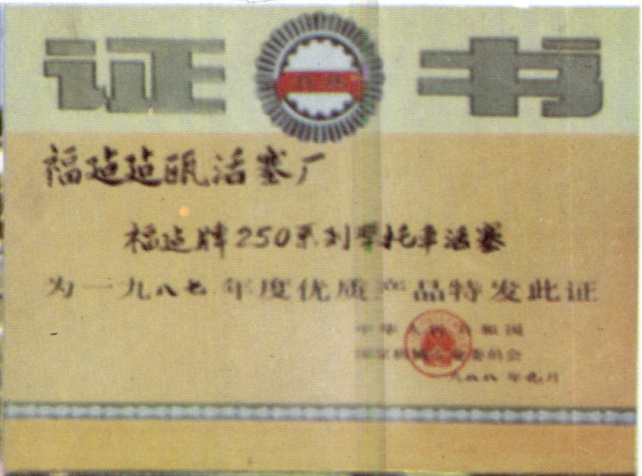

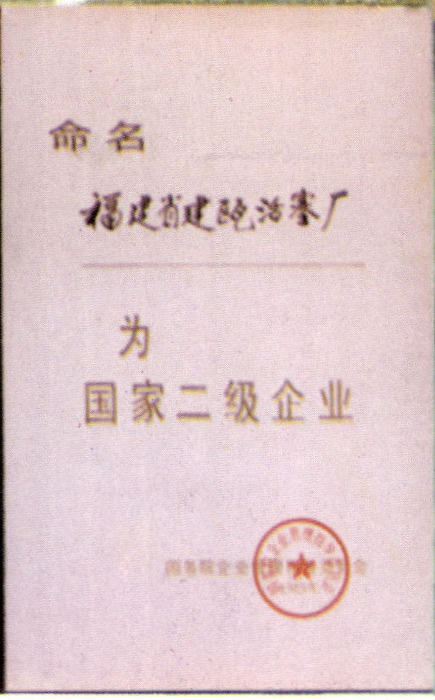

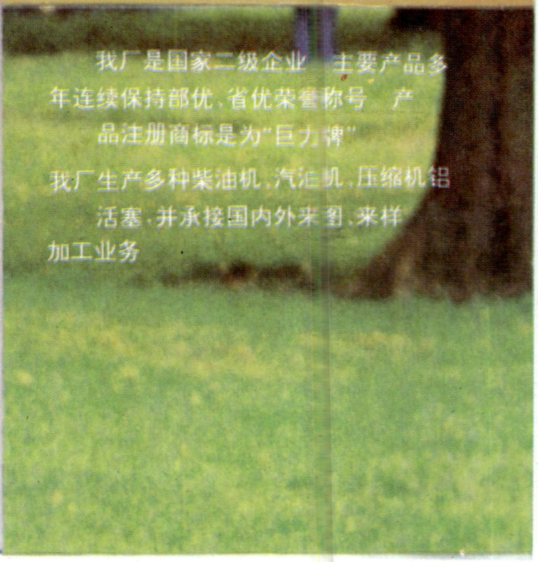

泰州市跃进机械厂

我厂系国家机电部、江苏省机械厅定点生产汽车、拖拉机、内燃机用发电机调节器等交通电器的专业厂。主要产品有“江苏”牌交流、直流、电子系列发电机调节器、JK290预热起动开关、JK260手掀起动开关、嘉陵50型、雅马哈100型磁电机等二十余种，规格品种齐全，工艺先进、技术力量雄厚、检测手段完备，年产量60万台以上，其中FT111系列交流发电机调节器1988年以来先后荣获江苏省机械厅、国家机电部优质产品称号。产品畅销全国各地，并有部分出口，深受国内外广大用户欢迎。

厂址　江苏省泰州市扬州路520号

电话　26561

电挂　6460　邮编　225300

武汉汽车配件厂

我厂系国家二级企业，机械电子工业部大型企业。设有汽车发动机等内燃机用活塞、活塞环、轴瓦行业技术归口所和产品检测中心。工厂现有产品设计、工艺等工程技术人员300多人，其中高级工程师40余人，技术力量雄厚，设备精良，测试手段先进齐全。工厂从70年代末期起先后引进了美国，英国及日本的活塞、活塞环设计、制造、测试和表面处理等先进技术，开发了各种具有80年代水平的产品，并为我国引进的轻、重型汽车和其它各主机配套。活塞、活塞环、轴瓦获省优质产品称号，其中，活塞环为部系列优质产品。产品畅销全国三十个省、市、自治区，并有部分产品出口国外。

厂址　武汉市汉口铁桥北村1号

电话　332174

电挂　4710

邮编　430033

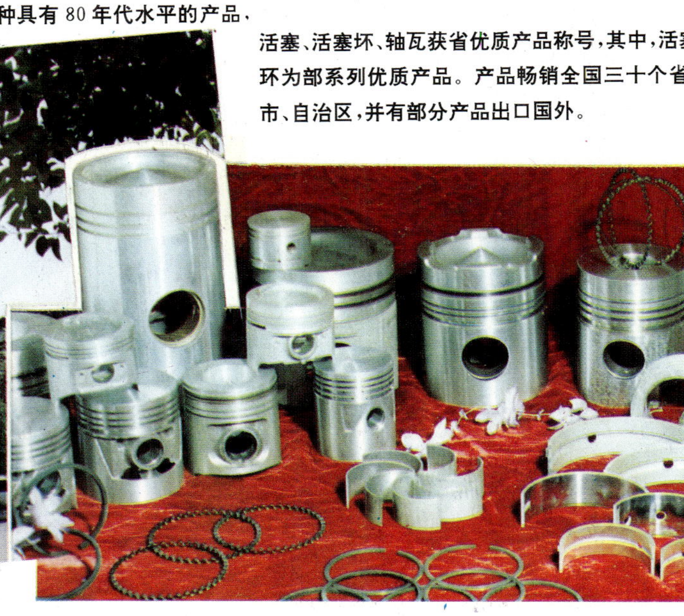

厂长　李万新

微型邮政车

我厂是我国直升飞机生产基地和航空工业的重点骨干企业。1975年以来，开始生产民品，先后试制生产“昌河牌”CH5591系列旅行车、CH1010系列微型厢式货车、CH6600豪华旅游车和CH1011双徘座微型货车。

我厂拥有高、中级职称人员800

厂址　江西省景德镇市东郊三家坂

电话　442019　　电挂　3109　　邮编　333002

CH6531 客车

CH6600 豪华客车

微型公安指挥车

直升运输机

CH6591 旅行客车

微型厢式车

余名、具有较雄厚的科研生产力量和全面的冷热加工能力及手段。有汽车冲压、焊接、浸漆、总装等生产线。有较强的制造模具优势、被列为江西省模具开发中心。并与国内外飞机、汽车厂家、科研机构建立了合作关系。在全国大中城市有维修网点，竭诚为用户服务。

昌河牌 CH6591 系列高顶旅行车、采用 130 底盘加长轴距，具有良好的稳定性与减振性。车身设计合理、防振性强。适合各行业使用。该系列车车种有 CH6600 豪华车、科普车、电力计量车、救护车、工具车、检察车等。

CH1010 系列微型厢式货车，造型美观、灵活、轻便，有良好的动力性、操纵稳定、安全、油耗低、价格适当，最宜我国城市和郊区运输使用。

我厂还可改装微型公安车、公安囚车、工商、行政管理车、运钞车、邮政车、救护车,电力计量车、科普车等多种专用车，欢迎广大客户惠顾。

昌河飞机制造厂

山东省生建摩托车厂

SHANDONG

山东省生建摩托车厂是国家专用
摩托车定点厂及公安部
警用摩托车唯一定点生产厂
省级先进企业
年产销摩托车一万辆以上

交通方便、厂内设专用铁路线
设备齐全、工艺先进、有居国
内一流水平的阴极
电泳底漆静电
喷漆流水线
山东 750 型摩托车系省优产品

如虎添翼

厂址　济南市党家庄西　　电话　664001
电挂　3400　　邮编　250116

鞍　山　客　车　制　造　总　厂

鞍山客车制造总厂是中国汽车工业总公司和建设部生产大客车的重点厂家之一、东风汽车工业联营公司成员厂。

技术力量雄厚，具有独立设计各种客车和特种车的能力；工艺装备配套齐全，生产设备、检测手段完善。产品畅销全国各地，并打入国际市场。

产品结构合理，造型美观，视野宽阔，操纵轻便灵活，乘坐舒适。主要产品有：AK642、AK340H、AK6970（出口产品）、团体客车、AK662、AK6971（中档）型长途客车；AK6980H型、AK6110CH型旅游大客车（中、高档）；AK140、AK681型公共汽车及绞接客车；AK854系列特种车。其中AK642、AK340H型团体客车，曾被评为辽宁省优质产品，在东风汽车工业公司行检中获优秀杯奖。AK6110H型旅游大客车是该厂最新推出的新产品，147 kW功率大，动力性好，65座位，适用于长途旅游。

厂址　辽宁省鞍山市铁西区九道街253号

电话　42815

电挂　1356　　邮编　114012

紅橋牌系列客車

紅橋牌 HQK6510
"全冠"系列小型客車

HQK6630 系列豪華中型旅遊客車，在88年全國乘用車評比中榮獲最高榮譽"中華杯"獎。

紅橋客車廠位於廣州市南郊番禺縣內，1962年開始生產客車,有30年客車生產經驗，技術力量雄厚，設備齊全，工藝先進，產品開發能力强，是國家客車定點生產廠，紅橋客車造型美觀，工藝精細性能可靠，在用戶中享有良好聲譽。

紅橋客車廠

廠址 廣州市番禺縣市橋
電話 4878866 4870375
電掛 4767 郵碼 51 400

第二汽車製造廠

第二汽车制造厂，始建于1969年
个分厂组成，拥有职工8万多人。设备2.5
逾14万辆。是我国规模最大的新兴汽车
二汽荟萃国内外机械工业的精华，广
线在内的650余条汽车生产流水线，包括
零部件制造质量和整车装配质量。装备中
制造能力，保证了汽车产品和技术装备的
了专业技术、开发能力、配套齐全的、以汽
二汽拥有一万多名工程技术人员和管
师、技术员，形成阵容整齐的技术人员、管
条件。
以“质量第一、信誉第一、服务第一”为
7种，变型车150多种和11大类210种、
速高、耗油省、道路适应性强、性能可靠、经
年4月累计生产东风牌汽车100万辆。
以二汽为核心的二汽集团已幅射到全
年产值达90余亿元的庞大企业群体。在国
周到的售后服务，以解决用户的后顾之忧
二汽通过自己的外资机构，已同世界
术和贸易联系。
“伸展经销和产品开发两翼，以经济规
汽和二汽集团的奋斗目标。富有进取精神
作出贡献。

EQ1118G型6t载货汽车（EQ145）

EQ1141型8t载货汽车（EQ153）

AEOLUS

亍设计装备建设起来的现代化汽车厂。由 36
L建筑面积 190 万平方米，年生产东风牌汽车

工艺、新技术、新材料和新设备。含 157 条自动
寺种工艺，设备先进、工艺可靠，保证了汽车
铸锻、冲模、专用机床、非标设备、专用工装等
支术中心配备有国内外高水平检测设备，形成
的新工艺、新材料及相关技术开发体系。
中有中国老一辈的汽车专家，又有中青年工程
人。教育中心为职工的知识更新创造了良好的

东风系列载货车和高越野性汽车。其基本车型
车经过精心设计、严格试验，具有马力大、车
特点，是受用户欢迎的畅销汽车。截止 1991

、市、自治区，形成 360 家企业，30 余万职工，
贸易分公司、270 个技术服务站，为用户进行

家和地区 300 多家工厂，公司建立了生产技

础，拓宽产品系列，立足国内，走向世界"是二
正再接再励、奋发图强，与振兴中国汽车工业

厂址　湖北省十堰市
电话　23581　　电挂　0057
邮编　442001

EQ1130 F 型 8 t 载货汽车　（EQ144）

EQ1090 F1 型 5 t 长轴距载货汽车（EQF140/ 47）

EQ1090 F 型 5 t 载货汽车（EQF140）

沈阳三山汽车工业联营公司是中国汽车工业总公司、公安部、辽宁省定点汽车改装企业。主要产品有 HSB1030 系列轻型客货两用汽车、HSB9130 系列半挂运输车、HSB5100GY 系列油槽车、HSB1021GD 轻型载货汽车、HSB3090 自卸汽车和车用节油系列产品：JZ—A 机油增效剂、MH 内燃机快速磨合剂、CZ—A 柴油增效剂、QZ—A 汽油增效剂等。产品集航天工艺技术和鞍钢优质钢材于一体，质量优良，坚固耐用、安全可靠。其中 HSB1030 轻型汽车曾获全国星火计划成果铜奖、辽宁省优秀新产品金鹰奖等。HSB9130 型 10t 系列半挂车获农业部优质产品和辽宁省优秀新产品奖，JZ—A 机油增效剂荣获全国星火计划成果银奖、省优秀新产品金鹰奖、泰国曼谷国际博览会金奖等；QZ—A 汽油增效剂获泰国国际博览会金奖等。我公司产品畅销国内外，售前售后优质服务，欢迎广大用户光临，进行广泛的经济技术合作。

沈阳三山汽车工业联营公司

厂址 沈阳市浑河火车站西　　电话 316526

电挂 0218　　邮编 110166

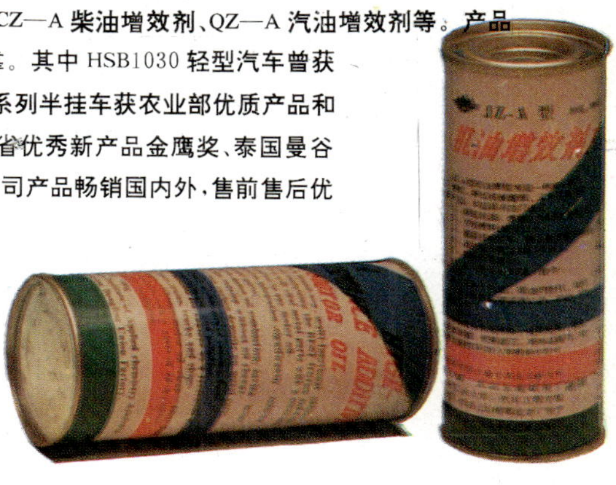

用户第一
质量第一
信誉第一
我厂是生产各种汽车门锁的专业工厂、中汽总公司成员单位。全厂有职工630人，其中工程技术人员85人，主要产品门锁有四个系列、四十多种规格，长期与南京汽车制造厂、北京汽车制造厂、济南汽车制造厂、四川汽车制造厂、上海大众汽车有限公司等三十多家大、中型主机厂配套，在国内100多家省、市汽配公司经销，并具有年产60万把的生产能力。
工厂技术力量雄厚，生产设备先进，检测手段齐全，有较强的新产品开发能力。愿为广大用户提供最佳服务。
皓月
Haoyue
扬州市靖江汽车锁厂
厂址　江苏省靖江县东兴镇
厂休日　星期日
厂长　曹茂盛
电话　22944转
电挂　2132
邮编　214533

凌河汽车工业公司

凌河汽车工业公司是定点汽车生产厂，下属6个专业生产厂。主要产品有凌河牌5～6t载货汽车、5t自卸车、10t半挂车以及中型客车底盘和各种专用车底盘，同时生产84kw（115马力）汽油发动机、92kw（125马力）柴油发动机总成及曲轴、凸轮轴、活塞、活塞环、缸套、燃油泵等发动机零件、前后桥、传动轴、轮毂、刹车鼓、汽车仪表等。部分产品获得部优、省优、市优质产品称号。

地址　辽宁省凌源县凌河大街　　邮编　122500
电话　22621　　传真　(04286)24575　　电挂　4444

凌河汽车制造厂

“凌河牌”LH 6980E 型客车底盘

“凌河牌”LH1110E 型 6t 柴油平头载货汽车

“凌河牌”LH1110 型 5t 载货汽车

“凌河牌”LH3110 型自卸汽车

辽宁省凌河汽车
发动机厂
地址 辽宁省凌源县河东
电话 22512 电挂 59
邮编 1225
凸轮轴、曲轴
凌河 6102 柴油机
汽车仪表
辽宁省凌河汽车铸造厂
地址 辽宁省凌河县凌源
电话 23912
电挂 2984
邮编 122500
铸件
前桥
钢圈
辽宁省凌
河汽车配
件厂
2351
电挂 6792
122502
地址 辽宁省凌源县万元店镇
电话 22721 电挂 7230
邮编 122502
辽宁省凌河汽车
燃油泵厂
辽宁省凌河汽车
底盘厂
地址 辽宁省凌源县万元店镇
电话 22491 电挂 1646
邮编 122502
套 活塞 活塞环 6102DQ 柴油发动机 燃油泵 后桥 传动轴 方向机总成

运输大师

为您提供四个系列、十个基本车型和八十多种变型的运输车。

其中包括 20t 至 80t 各式半挂运输车，集装箱、冷藏车等厢式半挂运输车，油罐车、水泥散装等各式罐车以及 100t 以上组合式全挂运输车等。

承德市汽车挂车制造厂

厂址 河北省承德市石洞路北 14 号
电话 223745 222311
邮编 067000

承德市汽车挂车制造厂位于闻名中外的承德"避暑山庄"之侧，是全民所有制的中型企业。二十多年来，该厂经过不懈地努力，已在国内重型改装车行业中确立了牢固的地位，无论生产品种、数量、还是销售市场，均居国内前列。

"开拓、进取、勤奋、求实"是该厂的办厂方针；用户即朋友，为用户提供尽善尽美的服务是该厂的宗旨；为节约能源和制造更加符合交通运输行业多种多样需求的优质产品，是该厂不断努力奋斗的目标。

开拓 进取 勤奋 求实

电挂 3159 传真 223168
电传 27721 CDATF CN

●保质　　●保量

珠海市运通机械经销部，是一个全民所有制的经销部。经销部专营代理香港运输（亚洲）机械公司所有先进的进口汽车维修检测设备及专用、常用的汽车维修工具、仪器、仪表等用品。常备现货；保质、保量地供应客户，价格合理、保证售后服务等特点。现将汽车维修厂常用经销部经营的设备及工具进行分类介绍。

一、发动机诊断/维修线

1. 美国“ALLEN”、“BEAR”厂大型智能发动机分析电脑。
2. 美国“PENTRON”汽车测试仪器，是当今市场上种类、规格最完整的专用、轻便式故障诊断测试仪器。
3. 德国“LEITENBERGER”气缸/小箱等测试仪表。
4. 美国“LISLE”发动机维修专用工具。
5. 意大利“PASTORINO”及日本“WISE”常用、专用套装工具。
6. 意大利“APAC”发动机吊机、变速箱千斤顶。
7. 美国“ALLTEST”万用柴油发动机检测转换器，柴油机转速表、正时灯等。
8. 德国“HEINE”发动机、内规镜及放大器。
9. 美国“WHITE”雪种自动加注连回收机。
10. 德国“马哈”发动机测功机及底盘测功机。
11. 英国“MERLIN”柴油泵测试台。

二、轮胎/制动维修线

1. 美国“DYNABAL”工厂轮胎平衡机、从基本电脑跳字、按键式，到动态模拟路面平衡式，普及型号2[illegible]00、2400TC、4700等。
2. 意大利“FAIP”轮胎装拆机，规格有从钢圈9″～50″，半自动、全自动及带真空冲气装置。普及型号F34、F36、CT26、F50/2等。

3. 意大利“SIMPES—HPA”前轮定位仪，由光学式至全电脑式一系列产品，并与前轮定位仪配合使用的丹麦产“STENAΦJ”四柱升降台、举车机桥板预留转盘位置、并配与车桥千斤顶，可以单独地将前桥或后桥举起，以便检查、调整，是前轮定位工作的必备工具。

优价　合理

4. 美国“X31”厂系列专业修补轮胎产品，特别介绍冷补轮胎专业化，包括胶贴、专用胶水、补真空胎胶绳连专用工具、胶粒连专用枪等。
5. 大量供应美国/德国轮胎平衡铅粒、规格有5g～100g。

6. 美国“PERFORMANCE”制动鼓及碟光机。
7. 英国“PCL”、意大利“RAASM”轮胎充气装置。
8. 意大利“RAASM”、瑞典“VACULA”制动放气系统。

三、全面性车身维修线

1. 美国“BLACK HAWK”车架. 车身矫正系统，常用型号FM10、FM9。
2. 日本“DAIDO”多功能组焊机，常用型号有VM33、VM88以及日本“BIG”风动打磨工具。
3. 意大利“APAC”车架拉正机、“CEM”等离子切割机、二氧化碳保护焊机以及翼子板修理专用手工具配套等。
4，奥地利. 荷兰修补挡风玻璃专业用品。

四、喷漆线

1. 意大利“FB”烤漆房，有多种规格设计，常用型号FB5、FB6、FB9。
2. 法国“FAS”调色机、英国“BINKS”高级喷枪及日本“BIG”打腊工具、瑞典油水隔、快速连双重安全装置接头。

五、其它设备

丹麦产四柱、双柱升降机，规格由2t～60t，卧式千斤顶，气动由2t～60t、冷电机、大型洗车机、冷热水机、冷水机等。意大利“RAASM”加油设备，有手动、气动、流动式、固定式等多种规格。

六、汽车年检测线/生产汽车终端质量检测线

全国通行牌子，包括日本“日产”、德国“马哈”、意大利“SIMPES－HPA”等. 分手动、半自动、全自动. 大/小车规格。

销部

经理　王建忠

中国汽车技术研究中心

中国汽车技术研究中心建于1985年，是直属中国汽车工业总公司的综合性科研设计单位。设有中国汽车质量监督检验所、中国汽车工业总公司天津设计研究院、产品研究部、汽车工业发展研究部、汽车标准化研究所、技术情报研究所、经济管理法规研究室。

经过六年的建设与发展，以汽车技术研究与服务为中心，开展了汽车技术发展方向的研究与预测、汽车性能参数评价、测试方法的研究；承担汽车节能、安全、环保等社会公益性课题的研究；对国内汽车产品及零部件质量检测评定；搜集和研究国内外汽车工业科技情报、开展文献资料检索、借阅等服务工作、并负责行业期刊管理；建立了中国汽车工业基本情况数据库和汽车产品技术数据库；负责汽车行业标准化工作归口管理及组织制订国内汽车标准、对各汽车及零部件厂制订产品企业标准进行咨询与认证；承担ISO/TC22(国际标准化组织/道路车辆技术委员会)在我国的归口业务工作，及国际和国外标准的技术咨询工作；承担工程项目的论证、可行性研究、老厂技术改造及新建厂的工厂设计等任务。

近年来为行业所做的工作，主要有进行汽车产品质量监督检验与新产品定型试验40余厂次，承担产品评优、质量抽查等行检工作，并自行设计、试制汽车安全带、底盘等试验台，可按国际标准检测安全带等汽车零部件，组织中小企业联合开发6400、6450、6600、6700四大系列车型，开发了CAC—1汽车操纵稳定性测试仪等检测仪器，进行了"汽车安全带性能测试方法"、"国产汽油车用工况法测定排放状况"等科研课题，中国汽车工业总公司委托编制汽车工业"八五"期间科技发展规划，并承担了汽车工业与相关工业协调发展的研究，编辑出版《中国汽车工业年鉴》、《中国汽车工业基本情况》、《China Auto》、《国外汽车》、《汽车情报》、《摩托车技术》等书刊，为行业技术引进、技术改造项目做了一定数量的评估、可行性研究和工厂设计工作。其中"农村交通运输的发展方向问题"，获汽车工业科学技术进步奖一等奖，在荣获国家科学技术进步一等奖的"国家十二个重要领域技术政策的研究"中做出突出贡献，CAC—1汽车操纵稳定性测试仪、汽车清洁度、《汽车工业小百科》等多项成果获汽车工业科学技术进步二、三等奖。

目前，联合国工发组织援建的汽车安全试验室、与美国底特律试验公司合资的TDTL试验公司及国家轿车质量监督检验测试中心、国家环保局汽车排放控制设备质量监督检验中心、汽车进出口商检试验室等项目正在筹建中，这些机构的建成，将会为汽车工业的发展做出更大贡献。

地址　天津市河东区万新村程林庄道天山路口
电话　473100　　电挂　8760　　邮编　300162
传真(022)473843

中国汽车工业工程咨询公司

热忱为汽车工业企事业单位提供咨询服务

中国汽车工业工程咨询公司是专门为汽车工业企、事业单位及有关行政部门服务的工程咨询机构。

本公司的宗旨：在国家和汽车工业的方针、政策指导下，本着公正、科学、可靠的原则从工程咨询经营角度，为客户提供优良的服务。

本公司及其专家机构，拥有一批汽车行业专业的，经验丰富的高级技术、经济专家、并且和国内各汽车设计、研究院、所，实行广泛的，密切的合作，组成汽车行业工程前期工作和工程设计工作的系统和网络，具备比较优良的工程咨询能力。

几年来，本公司承担了第二汽车厂轿车生产厂址的选择方案，第二汽车厂 30 万辆轿车合资企业可行性研究报告的评估，第一汽车厂 15 万辆轿车合资企业可行性研究报告的评估，包头第一机械厂引进奔驰重型汽车项目可行性研究报告的评估，江西汽车厂引进奔驰重型汽车项目可行性研究报告的评估，以及部分轿车关键零部件企业、三资企业可行性研究报告编制、评估等等，受到委托单位的领导部门及有关企业的好评。

本公司承办的工程咨询项目：

- 地区及部门汽车行业综合性规划的组织与评价；
- 企、事业单位技术改造、基本建设项目的总体规划，可行性研究报告的编制和评估；
- 企、事业单位在项目建设时期的跟踪咨询，项目验收的终止评估；
- 企、事业单位的资产评估；
- 企、事业单位的技术装备开发、成套咨询服务；
- 新技术、新产品的开发、研制、推广、销售；
- 受理外商、金融机构委托的各项咨询服务工作；
- 其他工程咨询业务。

我们作为汽车工业的咨询业者，热忱地为海内外客户竭诚服务。

经理：陈光祖　副经理：戴激　汤长恒　总工程师：颜家华
电话：3273831　3267058　电报：6481 北京
电传：22556　CNAIC CN　传真：01　3267058
邮编：100860　地址：北京复兴门外大街 16 号

黄

黄河 JN162 系列汽车，是济南汽车制造总厂的主导产品。该车载重 10t，功率大（160kw）、 油耗省（≤25l/100km）；平头驾驶室可翻转 60°；设有卧铺、内饰考究、驾乘舒适；采用宽幅双曲面风挡玻璃、视野宽阔；液压内助力方向机、使操作极为轻便。

该系列汽车的变形产品有 JN163 型加长轴距载货汽车；JN462 型拖挂车；JN362 型自卸车；JN1221 型驱动型式 6×2 载货汽车及供改装各类专用汽车的底盘等，总计有八十余个品种供用户选择。

地　　址　济南市天桥区
　　　　　工商河路 13 号
电　　话　551199
电　　报　0314
邮　　编　250031